2026

7·9급 공무원 시험대비
박문각 공무원
기본서

요약서 같은 기본이론서

전면 개정으로 더욱 슬림해진 구성
최신 판례 및 법령 완벽 반영
엄선된 기출OX 1,800문항 수록

강성빈 편저

강성빈
행정법총론
★★★★★
요.기.서

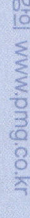

PREFACE
머리말

지난 2020년 초판을 발행한 이래 어느새 다섯 번째 개정판을 출간하게 되었습니다. 그동안 각 개정판을 발행하면서 최신판례와 법령을 추가·수정하는 등의 개정작업을 통해 초판의 내용에 대한 수정·보완이 매년 이루어졌으나, 큰 틀에서는 초판의 형식은 그대로 유지한 채 이루어지는 '일부개정'을 벗어나지 못하였습니다.

그러나 해가 거듭될수록 기본이론서를 바라보는 저자의 아쉬움은 커져갔고, 그것이 더 이상 용인할 수 없는 정도가 되었다고 판단하여, 2026 시즌을 준비하면서 큰 결심하에 기본이론서를 전면개정하게 되었습니다.

이 책의 주요 특징은 다음과 같습니다.

첫째, 구판의 내용 중 최신 출제경향에 부합하지 않는, 즉 시험에 출제될 확률이 존재하지 않는 내용은 모두 삭제하거나 또는 간소화하였고, 판례의 경우 판결요지 중 '시험에 출제되는 부분'만을 압축하여 수록함으로써, 증보(增補)된 내용이 적지 않음에도 불구하고, 구판 대비 교재의 분량을 25% 이상 감축하였습니다. 또한 이와 같이 분량을 압축하면서도 시험에 출제되는 중요한 내용은 빠지지 않고 모두 수록하였는바, 결과적으로 본 교재는 수험기간 초기에 이론공부를 할 때뿐만이 아닌, 시험 직전에 최종 회독을 하는 단계에서도 활용할 수 있는 '요약서 같은 기본이론서'의 성격을 가지게 되었습니다.

둘째, 판례의 내용 중 핵심을 이루는 키워드 또는 문장에 색과 밑줄로 표시함으로써 회독의 강약을 조절할 수 있게 하는 동시에 회독속도가 비약적으로 증가할 수 있도록 하였습니다. 이를 통해 반복회독의 수월성을 향상시키는 한편, 길고 어려운 내용을 담은 판례를 쉽고 직관적으로 이해할 수 있게 함으로써 진입장벽이 높은 행정법에 대한 접근 가능성을 획기적으로 높였습니다. 또한 누적 및 최근 출제빈도를 반영하여 모든 판례와 조문에 수험적 중요도에 따라 ★표시를 1개부터 3개까지 차등적으로 부여함으로써 수험생 스스로 회독의 강약조절을 할 수 있도록 하였습니다.

셋째, 최신 출제경향을 고려하여 엄선한 기출 OX선지 약 1,800개를 본문 내용과 모두 연결되도록 각 페이지에 수록하였습니다. 그 결과 본 교재는 '이론서'와 'OX문제집'의 기능을 동시에 수행할 수 있는 진정한 '올인원' 교재가 되었습니다. 특히 교재에 수록된 OX문제는 이미 지난 2025 국가직 9급 시험을 통해 그 '적중률'에 대하여 검증을 마친 '기출선지OX 교재'에 수록된 OX문제와 그 내용을 같이하는 것인 만큼, 본 교재에 수록된 OX문제만 잘 정리하여도 실전에서 충분히 100점을 받을 수 있을 것입니다.

넷째, 25. 5. 1. 기준 판례공보에 게재된 최신판례와 제·개정된 법령의 내용을 모두 반영하였고, 집필일 기준 가장 최근의 시험이었던 2025. 국회직 8급 시험에 출제된 주요 내용까지 모두 반영하였습니다.

초판을 발행할 때보다 더 많은 시간과 노력을 할애하여 출간하게 된 당해 기본이론서, 별칭 '요기서'는 공무원 행정법 공부를 함에 있어서 구판과 비교할 수 없을 정도의 수험적 효용성을 수험생 여러분께 제공해 드릴 것이라 확신합니다. 여러 권의 교재를 보실 필요 없이, 오직 요기서 한 권만 보더라도 시험의 종류를 불문하고 객관식 행정법총론에서는 100점을 받지 못할 일이 없을 것입니다.

본 교재가 출간됨에 있어서 많은 분들의 도움이 있었습니다. 박문각 공무원 학원에 입성한 이래 단 한 번도 믿음과 지지를 잃지 않아 주시는 상무님, 매 교재의 집필 및 편집과정을 진두지휘하여 주시는 이사님, 전면개정이라는 큰 작업임에도 저자만큼 꼼꼼히 편집과 검수를 진행하여 주신 편집부의 모든 직원분들께 이 지면을 통해 감사의 인사를 올립니다.

본 교재의 구체적인 내용을 비롯하여 행정법 공부와 관련해 문의하실 내용이 있으신 수험생께서는 네이버카페 '강성빈 행정법'을 통해 문의사항을 남겨주시면 감사하겠습니다. 본 교재가 수험생 여러분의 행정법 실력을 비약적으로 향상시키는 데 큰 도움이 되기를 바라며, 이를 통해 2026년에 꼭 합격의 결실을 거두시기를 진심으로 기도합니다. 합격의 그날까지 하나님의 은혜와 인도하심이 늘 여러분과 함께하시기를 바랍니다.

2025. 6.

변호사 강성빈

GUIDE
이 책의 구성과 특징

❶ 전면 개정으로 더욱 슬림해진 구성

방대한 행정법 전 범위를 빠르게 회독할 수 있도록 전면 개정을 거쳐 450p 정도로 슬림하게 구성하였습니다. 총 53개의 핵심 주제로 압축하면서도 중요한 내용은 빠짐없이 담아, 요약서처럼 간결함과 기본서의 체계적인 구성을 모두 갖추었습니다.

❷ 한눈에 보이는 핵심! 키워드 강조로 회독 효율 극대화

판례 내용 중 핵심 키워드와 문장에 색상과 밑줄 표시를 적용하여, 길고 복잡한 내용을 보다 쉽고 빠르게 이해할 수 있도록 구성했습니다. 또한 모든 판례와 조문에는 수험적 중요도를 반영★(1~3개)하여 학습 시 우선순위를 명확히 파악할 수 있어 효율적인 시간 배분과 집중 학습이 가능합니다.

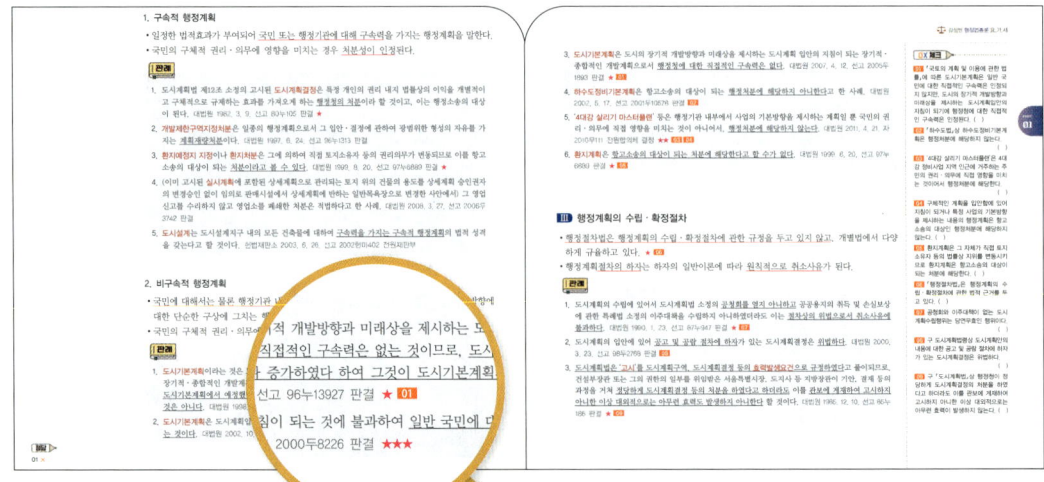

③ 최신 판례 및 법령 완벽 반영

2025.5.1. 기준 최신 판례와 개정 법령은 물론, 가장 최근 시행된 2025. 국회직 8급 시험의 출제 내용까지 모두 반영하였습니다.

④ 엄선된 약 1,800문항의 기출 OX, 이론과 완벽히 매칭되어 수록

최신 출제경향을 반영해 엄선한 약 1,800개의 기출 OX 선지를 본문 이론과 직접 연결하여 각 페이지에 배치했습니다. 이론을 학습하면서 동시에 문제풀이까지 한 번에 가능합니다.

CONTENTS 차례

Part 01 행정작용법

Chapter 1 법치행정과 행정입법 · 10
주제 1 법치행정의 원리 · 10
주제 2 행정입법 · 14

Chapter 2 행정행위의 내용 · 32
주제 3 행정행위 및 기속행위와 재량행위 · 32
주제 4 행정행위의 내용 · 42

Chapter 3 행정행위의 부관 · 60
주제 5 행정행위의 부관 · 60

Chapter 4 행정행위의 요건과 효력 · 68
주제 6 행정행위의 요건 · 68
주제 7 행정행위의 효력 · 72

Chapter 5 행정행위의 하자 · 78
주제 8 행정행위의 하자 · 78

Chapter 6 행정행위의 취소와 철회 · 93
주제 9 행정행위의 취소와 철회 · 93

Chapter 7 그 밖의 행정의 주요 행위형식 · 101
주제 10 단계적 행정결정 · 101
주제 11 행정계획 · 104
주제 12 재개발·재건축 사업 · 109
주제 13 공법상 계약 · 113
주제 14 행정상 사실행위와 행정지도 · 117

Part 02 행정쟁송법

Chapter 1 행정소송 개관 · 124
주제 15 행정소송 개관 · 124

Chapter 2 취소소송의 소송요건 · 126
주제 16 대상적격 · 126
주제 17 원고적격 · 142
주제 18 소의 이익(권리보호의 필요) · 152
주제 19 피고적격 · 160
주제 20 제소기간 · 165
주제 21 전심절차 · 171
주제 22 관할법원 · 174

Chapter 3 가구제 · 177
주제 23 집행정지 · 177

Chapter 4 취소소송의 심리 · 183
주제 24 심리의 일반원칙 · 183
주제 25 구체적 심리과정 · 188
주제 26 처분사유의 추가·변경 · 196

Chapter 5 취소소송의 판결 · 200
주제 27 판결의 종류 · 200
주제 28 판결의 효력 · 204

Chapter 6 그 밖의 항고소송 · 212
주제 29 무효등확인소송과 부작위법확인소송 · 212

Chapter 7 당사자소송 · 216
주제 30 당사자소송 · 216

Chapter 8 객관적 소송 · 224
주제 31 객관적 소송 · 224

Chapter 9 행정심판 · 225
주제 32 행정심판 · 225

Part 03 행정법통론

Chapter 1 행정법의 효력 · 244
주제 33 통치행위 · 244
주제 34 행정법의 법원과 효력 · 246
주제 35 행정법의 일반원칙 · 254

Chapter 2 행정상 법률관계 · 266
주제 36 행정법관계의 당사자와 개인적 공권 · 266
주제 37 행정법관계에 대한 민법의 적용 · 271

Chapter 3 사인의 공법행위 · 275
주제 38 신고 · 275
주제 39 신청 · 283

Part 04 행정의 실효성 확보수단

Chapter 1 실효성 확보수단 개관 · 290
주제 40 실효성 확보수단의 체계 · 290

Chapter 2 행정상 강제 · 292
주제 41 행정상 강제집행 · 292
주제 42 즉시강제 · 304

Chapter 3 행정벌 · 307
주제 43 행정형벌 · 307
주제 44 행정질서벌(과태료) · 312

Chapter 4 새로운 행정의 실효성 확보수단 · 319
주제 45 행정조사 · 319
주제 46 새로운 행정의 실효성 확보수단 · 327

Part 05 행정절차와 행정정보

Chapter 1 행정절차 · 340
주제 47 행정절차법 · 340
주제 48 인허가의제 제도 · 359

Chapter 2 행정정보 · 364
주제 49 정보공개법 · 364
주제 50 개인정보 보호법 · 384

Part 06 행정상 손해전보

Chapter 1 국가배상 · 396
주제 51 국가배상법 · 396

Chapter 2 손실보상 · 424
주제 52 행정상 손실보상 · 424
주제 53 토지보상법 · 432

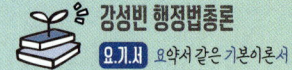

Chapter 1 법치행정과 행정입법

Chapter 2 행정행위의 내용

Chapter 3 행정행위의 부관

Chapter 4 행정행위의 요건과 효력

Chapter 5 행정행위의 하자

Chapter 6 행정행위의 취소와 철회

Chapter 7 그 밖의 행정의 주요 행위형식

PART 01

행정작용법

01 법치행정과 행정입법

주제 1 법치행정의 원리

I 의의

> **행정기본법 제8조【법치행정의 원칙】**
> 행정작용은 법률에 위반되어서는 아니 되며, 국민의 권리를 제한하거나 의무를 부과하는 경우와 그 밖에 국민생활에 중요한 영향을 미치는 경우에는 법률에 근거하여야 한다. ★ 01
>
> **행정기본법 제16조【결격사유】**
> ① 자격이나 신분 등을 취득 또는 부여할 수 없거나 인가, 허가, 지정, 승인, 영업등록, 신고 수리 등을 필요로 하는 영업 또는 사업 등을 할 수 없는 사유는 법률로 정한다. 02

II 법률우위의 원칙

1. 의의

- 행정작용은 법률에 위반되어서는 안 된다는 원칙을 말한다(행정의 법률에의 구속성).
- 일정한 사항을 규율하는 법률이 존재하는 경우에 행정작용은 그 법률을 위반해서는 안 된다는 소극적 의미의 원칙이다.

2. 적용범위

- 법률우위의 원칙은 침익적·수익적 행정작용을 불문하고 행정의 모든 영역에서 제한 없이 적용된다.
- 따라서 공법형식의 행정작용은 물론 사법형식으로 이루어지는 행정작용에도 적용된다.

III 법률유보의 원칙

1. 의의

- 행정작용이 행하여지기 위해서는 법률의 근거가 있어야 한다는 원칙을 말한다.

2. 내용

- 조직법적 근거는 모든 행정권 행사에 있어서 당연히 요구되는 것이므로, 법률유보의 원칙에서 요구되는 법적 근거는 조직법적 근거가 아니라 작용법적 근거를 말한다. ★ 03
- 근거가 되는 법률이 존재하지 않는 경우 행정기관은 행정작용을 할 수 없고, 적극적으로 그 제정을 요구하여 법률이 마련된 경우 행정작용을 할 수 있다는 점에서 적극적 의미의 원칙이다.

OX 체크

01 행정작용은 법률에 위반되어서는 아니 되며, 국민의 권리를 제한하거나 의무를 부과하는 경우와 그 밖에 국민생활에 중요한 영향을 미치는 경우에는 법률에 근거해야 한다. ( )

02 자격이나 신분 등을 취득 또는 부여할 수 없거나 인가, 허가, 지정, 승인, 영업등록, 신고 수리 등을 필요로 하는 영업 또는 사업 등을 할 수 없는 사유는 법률로 정하여야 한다. ( )

03 법률유보의 원칙에서 요구되는 법적 근거는 작용법적 근거를 의미한다. ( )

정답
01 ○ 02 ○ 03 ○

판례

구 여객자동차운수사업법에는 관할관청은 개인택시 운송사업자의 운전면허가 취소된 때에 그의 개인택시운송사업면허를 취소할 수 있도록 규정되어 있을 뿐 그에게 운전면허 취소사유가 있다는 사유만으로 개인택시운송사업면허를 취소할 수 있도록 하는 규정은 없으므로, 관할관청으로서는 비록 개인택시운송사업자에게 운전면허 취소사유가 있다 하더라도 그로 인하여 운전면허 취소처분이 이루어지지 않은 이상 개인택시운송사업면허를 취소할 수는 없다. 대법원 2008. 5. 15. 선고 2007두26001 판결 ★ 01

- 법률유보의 원칙은 행정작용이 법률에 '근거하여' 이루어져야 한다는 것을 의미하므로, 법률에 근거가 있으면 그 법률의 위임을 받은 하위법령(위임입법)에 의해서도 행정작용이 가능하다.

판례

법률유보의 원칙은 '법률에 의한' 규율만을 뜻하는 것이 아니라 '법률에 근거한' 규율을 요청하는 것이므로 기본권 제한의 형식이 반드시 법률의 형식일 필요는 없고 법률에 근거를 두면서 헌법 제75조가 요구하는 위임의 구체성과 명확성을 구비하기만 하면 위임입법에 의하여도 기본권 제한을 할 수 있다 할 것이다. 헌법재판소 2005. 2. 24. 선고 2003헌마289 결정 ★ 02

3. 적용범위 : 중요사항(본질사항)유보설

(1) 의의
- 공동체나 시민에게 중요한(본질적인) 행정작용은 침익적·수익적인지를 불문하고 법률의 근거를 요하고, 그 중요성의 정도에 비례하여 구체적인 규율을 하여야 한다는 견해이다.
- 일반적으로 행정작용과 국민의 기본권과의 관련성을 기준으로 중요사항인지 여부를 판단한다.
- 매우 중요한 사항은 반드시 국회에서 제정한 법률에서 직접 정해야 하고, 덜 중요한 사항은 위임입법을 통해서도 정할 수 있으며, 중요하지 않은 사항에 대해서는 법률의 근거를 요하지 않는다.

판례

1. 어떠한 사안이 국회가 형식적 법률로 스스로 규정하여야 하는 본질적 사항에 해당되는지는, 구체적 사례에서 관련된 이익 내지 가치의 중요성, 규제 또는 침해의 정도와 방법 등을 고려하여 개별적으로 결정하여야 하지만, 규율대상이 국민의 기본권 및 기본적 의무와 관련한 중요성을 가질수록 그리고 그에 관한 공개적 토론의 필요성 또는 상충하는 이익 사이의 조정 필요성이 클수록, 그것이 국회의 법률에 의해 직접 규율될 필요성은 더 증대된다. 대법원 2015. 8. 20. 선고 2012두23808 판결 ★ 03

2. 오늘날 법률유보원칙은 단순히 행정작용이 법률에 근거를 두기만 하면 충분한 것이 아니라, 국가공동체와 그 구성원에게 기본적이고도 중요한 의미를 갖는 영역, 특히 국민의 기본권실현과 관련된 영역에 있어서는 국민의 대표자인 입법자가 그 본질적 사항에 대해서 스스로 결정하여야 한다는 요구까지 내포하고 있다(의회유보원칙). 헌법재판소 1999. 5. 27. 선고 98헌바70 결정 ★ 04

3. 국민의 권리와 의무의 형성에 관한 사항을 비롯하여 국가의 통치조직과 작용에 관한 기본적이고 본질적인 사항은 반드시 국회가 정하여야 할 것이다. 헌법재판소 2006. 3. 30. 선고 2005헌바31 결정

OX 체크

01 개인택시운송사업자의 운전면허가 아직 취소되지 않았더라도 운전면허 취소사유가 있다면 행정청은 명문 규정이 없더라도 개인택시운송사업면허를 취소할 수 있다. ( )

02 법률유보의 원칙은 '법률에 의한 규율'만을 요청하는 것이 아니라 '법률에 근거한 규율'을 요청하는 것이기 때문에 기본권의 제한에는 법률의 근거가 필요할 뿐이고 기본권제한의 형식이 반드시 법률의 형식일 필요는 없다. ( )

03 규율대상이 국민의 기본권 및 기본적 의무와 관련한 중요성을 가질수록 그리고 그에 관한 공개적 토론의 필요성 또는 상충하는 이익 사이의 조정 필요성이 클수록, 그것이 국회의 법률에 의해 직접 규율될 필요성은 더 증대된다고 보아야 한다. ( )

04 법률유보의 원칙은 단순히 행정작용이 법률에 근거를 두기만 하면 충분한 것이 아니라, 국가공동체와 그 구성원에게 기본적이고도 중요한 의미를 갖는 영역에 있어서는 행정에 맡길 것이 아니라 국민의 대표인 입법자 스스로 그 본질적 사항에 대하여 결정하여야 한다는 요구까지 내포한다. ( )

정답
01 ✕ 02 ○ 03 ○ 04 ○

(2) 중요사항으로 본 사례(법률의 근거 필요)

판례

1. <u>텔레비전방송수신료 금액의 결정</u>. 헌법재판소 1999. 5. 27. 선고 98헌바70 결정 ★ 01

2. <u>지방의회의원에 대하여 유급보좌인력을 두는 것은 지방의회의원의 신분·지위 및 그 처우에 관한 현행 법령상의 제도에 중대한 변경을 초래하는 것으로서, 이는 개별 지방의회의 조례로써 규정할 사항이 아니라 국회의 법률로써 규정하여야 할 입법사항이다.</u> 대법원 2013. 1. 16. 선고 2012추84 판결 ★ 02

3. <u>병의 복무기간</u>. 대법원 1985. 2. 28. 선고 85초13 판결

4. [1] <u>법외노조 통보</u>는 적법하게 설립된 노동조합의 법적 지위를 박탈하는 중대한 <u>침익적 처분</u>으로서 원칙적으로 국민의 대표자인 <u>입법자가 스스로 형식적 법률로써 규정</u>하여야 할 사항이고, 행정입법으로 이를 규정하기 위하여는 반드시 법률의 명시적이고 구체적인 위임이 있어야 한다. 그런데 노동조합 및 노동관계조정법 <u>시행령 제9조 제2항은 법률의 위임 없이 법률이 정하지 아니한 법외노조 통보에 관하여 규정함으로써 헌법상 노동3권을 본질적으로 제한하고 있으므로 그 자체로 무효이다.</u> ★ 03

   [2] <u>법외노조 통보는 이미 법률에 의하여 법외노조가 된 것을 사후적으로 고지하거나 확인하는 행위가 아니라 그 통보로써 비로소 법외노조가 되도록 하는 형성적 행정처분</u>이다. (중략) 노동조합법 시행령 제9조 제2항은 법률이 정하고 있지 아니한 사항에 관하여, <u>법률의 구체적이고 명시적인 위임도 없이 헌법이 보장하는 노동3권에 대한 본질적인 제한을 규정한 것으로서 법률유보원칙에 반한다.</u> ★

   [3] 노동조합 및 노동관계조정법 시행령 제9조 제2항은 법률의 구체적이고 명시적인 위임 없이 법률이 정하고 있지 아니한 법외노조 통보에 관하여 규정함으로써 헌법이 보장하는 노동3권을 본질적으로 제한하는 것으로 <u>법률유보의 원칙에 위반되어 그 자체로 무효이므로 그에 기초한 위 법외노조 통보는 법적 근거를 상실하여 위법</u>하다고 한 사례. 대법원 2020. 9. 3. 선고 2016두32992 전원합의체 판결 ★

5. 법인세, 종합소득세와 같이 납세의무자에게 조세의 납부의무뿐만 아니라 <u>스스로 과세표준과 세액을 계산하여 신고하여야 하는 의무까지 부과하는 경우에는 신고의무 이행에 필요한 기본적인 사항과 신고의무불이행 시 납세의무자가 입게 될 불이익 등은 납세의무를 구성하는 기본적, 본질적 내용으로서 법률로 정하여야 한다.</u> 대법원 2015. 8. 20. 선고 2012두23808 판결 04

6. 탄소중립기본법 제8조 제1항에서 2031년부터 2049년까지의 <u>온실가스 감축목표</u>에 관하여 대강의 정량적 수준도 규정하지 않은 것은 의회유보원칙을 포함하는 법률유보원칙을 위반한 것이다. 헌법재판소 2024. 8. 29.자 2020헌마389 등 전원재판부 결정

7. <u>토초세법상의 기준시가</u>. 헌법재판소 1994. 7. 29. 선고 92헌바49,52 결정 05

8. <u>자산의 취득 및 양도 시기</u>는 양도소득세 납세의무의 존부 및 성립시기 등을 결정하는데 있어 중요한 사항 내지 본질적 내용이다. 헌법재판소 2015. 7. 30. 선고 2013헌바204 결정

---

01 텔레비전방송수신료금액의 결정은 납부의무자의 범위와는 달리 수신료에 관한 본질적인 중요한 사항이 아니므로 국회가 스스로 결정할 필요는 없다. ( )

02 지방의회의원에 대하여 유급보좌인력을 두는 것은 지방의회의원의 신분·지위 및 그 처우에 관한 현행 법령상의 제도에 중대한 변경을 초래하는 것으로서, 이는 개별 지방의회의 조례로써 규정할 사항이 아니라 국회의 법률로써 규정하여야 할 입법사항이다. ( )

03 법외노조 통보는 적법하게 설립된 노동조합의 법적 지위를 박탈하는 중대한 침익적 처분으로서 원칙적으로 국민의 대표자인 입법자가 스스로 형식적 법률로써 규정하여야 할 사항이고, 행정입법으로 이를 규정하기 위하여는 반드시 법률의 명시적이고 구체적인 위임이 있어야 한다. ( )

04 납세의무자에게 조세의 납부의무뿐만 아니라 스스로 과세표준과 세액을 계산하여 신고하여야 하는 의무까지 부과하는 경우에 신고의무불이행에 따른 납세의무자가 입게 될 불이익은 법률로 정하여야 한다. ( )

05 헌법재판소는 구「토지초과이득세법」상의 기준시가는 국민의 납세의무의 성부 및 범위와 직접적인 관계를 가지고 있는 중요한 사항임에도 불구하고 해당 내용을 법률에 규정하지 않고 하위법령에 위임한 것은 헌법 제75조에 반한다고 판단한 바 있다. ( )

정답
01 × 02 ○ 03 ○ 04 ○ 05 ○

(3) 중요사항으로 보지 않은 사례(법률의 근거 불요)

1. <u>수신료 징수업무</u>를 한국방송공사가 직접 수행할 것인지 제3자에게 위탁할 것인지, 위탁한다면 누구에게 위탁하도록 할 것인지, 위탁받은 자가 자신의 고유업무와 결합하여 징수업무를 할 수 있는지는 <u>국민의 기본권제한에 관한 본질적인 사항이 아니라 할 것이다.</u> 헌법재판소 2008. 2. 28. 선고 2006헌바70 결정 ★ 01

2. 전기요금은 전기판매사업자가 전기사용자와 체결한 전기공급계약에 따라 전기를 공급하고 그에 대한 대가로 전기사용자에게 부과되는 것으로서, 조세 내지 부담금과는 구분된다. 즉 <u>한국전력공사가 전기사용자에게 전기요금을 부과하는 것이 국민의 재산권에 제한을 가하는 행정작용에 해당한다고 볼 수 없다.</u>
전기요금의 산정이나 부과에 필요한 세부적인 기준을 정하는 것은 전문적이고 정책적인 판단을 요할 뿐 아니라 기술의 발전이나 환경의 변화에 즉각적으로 대응할 필요가 있다. <u>전기요금의 결정에 관한 내용을 반드시 입법자가 스스로 규율해야 하는 부분이라고 보기 어려우므로,</u> 심판대상조항은 의회유보원칙에 위반되지 아니한다. 헌법재판소 2021. 4. 29. 선고 2017헌가25 전원재판부 결정 ★ 02

3. <u>국가공무원인 교원의 보수에 관한 구체적인 내용(보수 체계, 보수 내용, 지급 방법 등)</u>까지 반드시 법률의 형식으로만 정해야 하는 '기본적인 사항'이라고 보기는 어렵고, 이를 행정부의 하위법령에 <u>위임하는 것은 불가피하다.</u> 대법원 2023. 10. 26. 선고 2020두50966 판결 ★ 03

4. <u>입주자대표회의</u> 구성원이 될 수 있는 자격 및 동별 대표자가 될 수 있는 자격. 헌법재판소 2016. 7. 28. 선고 2014헌바158,174 결정

OX 체크

01 수신료 징수업무를 한국방송공사가 직접 수행할 것인지 제3자에게 위탁할 것인지, 위탁한다면 누구에게 위탁하도록 할 것인지, 위탁받은 자가 자신의 고유업무와 결합하여 징수업무를 할 수 있는지는 징수업무 처리의 효율성 등을 감안하여 결정할 수 있는 사항으로서 국민의 기본권제한에 관한 본질적인 사항이 아니다. ( )

02 전기요금의 결정에 관한 내용은 반드시 입법자가 스스로 규율해야 하는 부분에 해당하므로 한국전력공사가 작성하여 산업통상자원부장관의 인가를 받은 공급약관에 따라 전기요금을 결정하도록 하는 것은 의회유보원칙에 위반된다. ( )

03 국가공무원인 교원의 보수에 관한 구체적인 내용(보수 체계, 보수 내용, 지급 방법 등)은 반드시 법률의 형식으로만 정해야 하는 '기본적인 사항'에 해당하므로, 이를 행정부의 하위법령에 위임하는 것은 의회유보의 원칙에 위배되어 허용되지 아니한다. ( )

정답
01 O 02 ✗ 03 ✗

주제 2 | 행정입법

I 의의

- 행정입법이란 행정기관이 일반적·추상적 규범을 정립하는 작용 또는 그에 따라 정립된 규범을 말한다.
- 행정입법은 상위법령의 수권(위임)에 의하여 제정되며 국민에 대하여 대외적 구속력을 갖는 법규명령과 상위법령의 수권 없이 직권으로 제정되며 대외적 구속력을 갖지 않는 행정규칙으로 구분된다. ★

II 법규명령

1. 의의

(1) 법규명령의 의의 및 종류

- 행정기관이 제정하는 대외적 구속력을 갖는 일반적·추상적 규범을 말한다.
- 법률의 위임을 받아 제정되는 대통령령(시행령)과 법률 또는 대통령령의 위임을 받아 제정되는 총리령·부령(시행규칙)이 있다.
- 헌법기관인 국회·대법원·헌법재판소·중앙선거관리위원회·감사원에서 직권으로 제정한 규칙 또한 대외적 구속력이 인정되는 법규명령의 성격을 갖는다. ★ 01
- 법규명령은 상위법령의 위임을 받아 그 위임 받은 범위에서 국민의 권리와 의무에 관하여 새로운 사항을 정하는 위임명령과 상위법령의 집행을 위해 필요한 절차·형식 등의 세부사항을 상위법령의 위임 없이 직권으로 정하는 집행명령으로 구분된다.
- 그 밖에 법규명령의 종류로는, 헌법적 효력을 갖는 계엄조치(헌법대위명령), 법률의 효력을 갖는 긴급명령 및 긴급재정·경제명령(법률대위명령) 등이 있다.

(2) 법규명령의 성립·효력·소멸

- 법규명령은 정당한 제정권자가 제정하여 공포함으로써 성립하고 효력을 발생한다.
- 수권법령의 효력이 상실되면 법규명령도 당연히 소멸하게 된다.

법규명령의 위임근거가 되는 법률에 대하여 위헌결정이 선고되면 그 위임에 근거하여 제정된 법규명령도 원칙적으로 효력을 상실한다. 대법원 2001. 6. 12. 선고 2000다18547 판결 ★ 02

2. 법규명령(위임명령)의 요건(한계)

(1) 상위법령의 위임(수권)

- 법규명령은 상위법령의 위임이 있는 경우에만 제정할 수 있으므로, 위임 없이 제정되거나 위임의 한계를 벗어난 경우에는 법규명령으로서의 효력(대외적 구속력)이 인정될 수 없다.

OX 체크

01 중앙선거관리위원회규칙은 법규명령이므로 구체적 규범통제의 대상이 될 수 있다. ( )

02 법규명령의 위임근거가 되는 법률에 대하여 위헌결정이 선고되더라도 그 위임에 근거하여 제정된 법규명령은 별도의 폐지행위가 있어야 효력을 상실한다. ( )

정답
01 ○ 02 ×

> **판례**

1. 법률의 시행령은 모법인 법률에 의하여 위임받은 사항이나 법률이 규정한 범위 내에서 법률을 현실적으로 집행하는 데 필요한 세부적인 사항만을 규정할 수 있을 뿐, 법률에 의한 위임이 없는 한 법률이 규정한 개인의 권리·의무에 관한 내용을 변경·보충하거나 법률에 규정되지 아니한 새로운 내용을 규정할 수는 없다. 대법원 2020. 9. 3. 선고 2016두32992 전원합의체 판결 ★★★ 01

2. 법령의 위임이 없음에도 법령에 규정된 처분 요건에 해당하는 사항을 부령에서 변경하여 규정한 경우에는 그 부령의 규정은 행정청 내부의 사무처리 기준 등을 정한 것으로서 행정조직 내에서 적용되는 행정명령의 성격을 지닐 뿐 국민에 대한 대외적 구속력은 없다고 보아야 한다. 대법원 2013. 9. 12. 선고 2011두10584 판결 ★★★ 02

3. 법률의 위임 규정 자체가 그 의미 내용을 정확하게 알 수 있는 용어를 사용하여 위임의 한계를 분명히 하고 있는데도 시행령이 그 문언적 의미의 한계를 벗어났다든지, 위임 규정에서 사용하고 있는 용어의 의미를 넘어 그 범위를 확장하거나 축소함으로써 위임 내용을 구체화하는 단계를 벗어나 새로운 입법을 한 것으로 평가할 수 있다면, 이는 위임의 한계를 일탈한 것으로서 허용되지 않는다. 대법원 2012. 12. 20. 선고 2011두30878 전원합의체 판결 03

4. 법률의 시행령은 법률에 의한 위임이 없으면 개인의 권리·의무에 관한 내용을 변경·보충하거나 법률에 규정되지 아니한 새로운 내용을 정할 수는 없지만, 시행령의 내용이 모법의 입법 취지와 관련 조항 전체를 유기적·체계적으로 살펴보아 모법의 해석상 가능한 것을 명시한 것에 지나지 아니하거나 모법 조항의 취지에 근거하여 이를 구체화하기 위한 것인 때에는 모법의 규율 범위를 벗어난 것으로 볼 수 없으므로, 모법에 이에 관하여 직접 위임하는 규정을 두지 않았다고 하더라도 이를 무효라고 볼 수 없다. 대법원 2016. 12. 1. 선고 2014두8650 판결 ★ 04

5. 법령의 위임관계는 반드시 하위 법령의 개별조항에서 위임의 근거가 되는 상위 법령의 해당 조항을 구체적으로 명시하고 있어야만 하는 것은 아니라고 할 것이다. 대법원 1999. 12. 24. 선고 99두5658 판결 ★ 05

- 위임의 근거가 없어 무효인 법규명령이더라도 사후에 법 개정으로 위임의 근거가 부여되면 그때부터는 유효한 법규명령이 된다. 반대로 유효한 법규명령이더라도 법 개정으로 위임의 근거가 없어지게 되면 그때부터 무효인 법규명령이 된다.

> **판례**

일반적으로 법률의 위임에 의하여 효력을 갖는 법규명령의 경우, 구법에 위임의 근거가 없어 무효였더라도 사후에 법 개정으로 위임의 근거가 부여되면 그때부터는 유효한 법규명령이 되나, 반대로 구법의 위임에 의한 유효한 법규명령이 법 개정으로 위임의 근거가 없어지게 되면 그때부터 무효인 법규명령이 되므로, 어떤 법령의 위임 근거 유무에 따른 유효 여부를 심사하려면 법 개정의 전·후에 걸쳐 모두 심사하여야만 그 법규명령의 시기에 따른 유효·무효를 판단할 수 있다. 대법원 1995. 6. 30. 선고 93추83 판결 ★★★ 06

(2) 포괄위임의 금지

① 원칙 : 포괄위임의 금지
- 법규명령에 대한 상위법령의 위임은 일반적이고 포괄적인 위임이어서는 안 되며, 구체적으로 범위를 정한 위임이어야 한다. ★
- 구체적 위임이 있는지 여부는 예측가능성을 기준으로 판단하고, 요구되는 구체성의 정도는 수권하는 내용이 침익적인 것인지 아니면 수익적인 것인지에 따라 달라진다.
- 한편 국회전속적 입법사항이라 하더라도 그와 관련된 절차적 사항 등 세부적인 사항에 대해서는 입법자는 법률에서 구체적으로 범위를 정하여 법규명령에 위임할 수 있다.

> **판례**

6. 입찰참가자격을 제한받은 자가 법인이나 단체인 경우에는 그 대표자에 대하여도 입찰참가자격 제한을 할 수 있도록 규정한 구 공기업·준정부기관 계약사무규칙은 상위법령의 위임 없이 규정한 것이므로 이는 위임입법의 한계를 벗어난 것으로서 대외적 효력을 인정할 수 없다. 대법원 2017. 6. 15. 선고 2016두52378 판결

7. 입찰참가자격의 제한을 받은 자가 법인이나 단체인 경우 그 대표자에 대해서도 입찰참가자격을 제한하도록 규정한 구 지방자치단체를 당사자로 하는 계약에 관한 법률 시행령은 위임범위를 벗어난 것으로 볼 수 없다. 대법원 2022. 7. 14. 선고 2022두37141 판결

8. '소속 지방법무사회는 법무사 사무원이 법무사 사무원으로서의 업무수행에 지장이 있다고 인정되는 행위를 하였을 경우에는 그 채용승인을 취소하여야 한다.'고 규정한 법무사규칙 조항은 모법의 위임 범위를 일탈한 것으로 볼 수 없다. 대법원 2020. 4. 9. 선고 2015다34444 판결

OX 체크

01 법률의 시행령은 법률에 의한 위임 없이도 법률이 규정한 개인의 권리·의무에 관한 내용을 변경·보충하거나 법률에 규정되지 아니한 새로운 내용을 규정할 수 있다. ( )

02 법령의 위임이 없음에도 법령에 규정된 처분 요건에 해당하는 사항을 부령에서 변경하여 규정한 경우에는 그 부령의 규정은 행정명령의 성격을 지닐 뿐 국민에 대한 대외적 구속력은 없다. ( )

03 위임명령이 위임 내용을 구체화하는 단계를 벗어나 새로운 입법을 한 것으로 평가할 수 있다면 이는 위임의 한계를 일탈한 것으로서 허용되지 않는다. ( )

04 법률의 시행령이나 시행규칙의 내용이 모법의 입법 취지와 관련 조항 전체를 유기적·체계적으로 살펴보아 모법의 해석상 가능한 것을 명시한 것에 지나지 아니하는 때에는 모법에 이에 관하여 직접 위임하는 규정을 두지 아니하였다고 하더라도 이를 무효라고 볼 수 없다. ( )

05 법령의 위임관계는 반드시 하위법령의 개별조항에서 위임의 근거가 되는 상위법령의 해당 조항을 구체적으로 명시하고 있어야만 하는 것은 아니다. ( )

06 일반적으로 법률의 위임에 따라 효력을 갖는 법규명령의 경우에 위임의 근거가 없어 무효였다면 나중에 법 개정으로 위임의 근거가 부여되었다고 하여 그때부터 유효한 법규명령이 되는 것은 아니다. ( )

정답

01 ✕　02 ◯　03 ◯　04 ◯　05 ◯
06 ✕

OX 체크

01 위임입법에 있어 구체적인 위임의 범위는 일률적으로 정할 수는 없지만, 적어도 위임명령에 규정될 내용과 범위의 기본사항이 구체적으로 규정되어 있어서 누구라도 해당 법률이나 상위법령으로부터 위임명령에 규정될 내용의 대강을 예측할 수 있어야 한다. ( )

02 헌법에서 채택하고 있는 조세법률주의의 원칙상 과세요건과 징수절차에 관한 사항을 명령·규칙 등 하위법령에 구체적·개별적으로 위임하여 규정할 수 없다. ( )

03 특히 긴급한 필요가 있거나 미리 법률로 자세히 정할 수 없는 부득이한 사정이 있어 법률에 형벌의 종류·상한·폭을 명확히 규정하더라도, 행정형벌에 대한 위임입법은 허용되지 않는다. ( )

04 위임입법에 있어 급부행정 영역에서는 기본권침해 영역보다는 위임의 구체성의 요구가 다소 약화되어도 무방하다. ( )

05 법률의 시행령이 형사처벌에 관한 사항을 규정하면서 법률의 명시적인 위임 범위를 벗어나 처벌의 대상을 확장하는 것은 위임입법의 한계를 벗어난 것으로 그 시행령은 무효이다. ( )

06 다양한 사실관계를 규율하거나 사실관계가 수시로 변화될 것이 예상되는 분야에서는 다른 분야에 비하여 상대적으로 입법위임의 명확성·구체성이 완화된다. ( )

07 자치조례에 대한 법률의 위임은 반드시 구체적으로 범위를 정하여 할 필요가 없으며 포괄적인 것으로 족하다. ( )

08 법률이 공법적 단체 등의 정관에 자치법적 사항을 위임한 경우에는 헌법 제75조가 정하는 포괄적인 위임입법의 금지는 원칙적으로 적용되지 않지만, 그 사항이 국민의 권리·의무에 관련되는 것일 경우에는 적어도 국민의 권리·의무에 관한 기본적이고 본질적인 사항은 국회가 정하여야 한다. ( )

09 구 「도시 및 주거환경정비법」에서 주택재개발사업시행인가 신청시 토지 등 소유자의 동의요건을 재개발조합의 정관에 포괄적으로 위임하고 있는 것은 헌법 제75조에서 정하고 있는 포괄위임입법금지 원칙에 위배된다. ( )

정답
01 ○   02 ×   03 ×   04 ○   05 ○
06 ○   07 ○   08 ○   09 ×

판례

1. 구체적인 위임의 범위는 규제하고자 하는 대상의 종류와 성격에 따라 달라지는 것이어서 일률적 기준을 정할 수는 없지만, 적어도 위임명령에 규정될 내용 및 범위의 기본사항이 구체적으로 규정되어 있어서 누구라도 당해 법률이나 상위법령으로부터 위임명령에 규정될 내용의 대강을 예측할 수 있어야 하나, 이 경우 그 예측가능성의 유무는 당해 위임조항 하나만을 가지고 판단할 것이 아니라 그 위임조항이 속한 법률의 전반적인 체계와 취지 및 목적, 당해 위임조항의 규정형식과 내용 및 관련 법규를 유기적·체계적으로 종합하여 판단하여야 하며, 나아가 각 규제 대상의 성질에 따라 구체적·개별적으로 검토함을 요한다. 대법원 2015. 1. 15. 선고 2013두14238 판결 ★ **01**

2. 헌법에서 채택하고 있는 조세법률주의의 원칙은 과세요건과 징수절차 등 조세권행사의 요건과 절차는 국민의 대표기관인 국회가 제정한 법률로써 규정하여야 한다는 것이나, 과세요건과 징수절차에 관한 사항을 명령·규칙 등 하위법령에 위임하여 규정하게 할 수 없는 것은 아니고, 이러한 사항을 하위법령에 위임하여 규정하게 하는 경우 구체적·개별적 위임만이 허용되며 포괄적·백지적 위임은 허용되지 아니하고, 이러한 법률 또는 그 위임에 따른 명령·규칙의 규정은 일의적이고 명확하여야 한다는 것이다. 대법원 1994. 9. 30. 자 94부18 결정 ★ **02**

3. 형벌법규에 대하여도 특히 긴급한 필요가 있거나 미리 법률로서 자세히 정할 수 없는 부득이한 사정이 있는 경우에 한하여 수권법률이 구성요건의 점에서는 처벌대상인 행위가 어떠한 것일거라고 이를 예측할 수 있을 정도로 구체적으로 정하고, 형벌의 점에서는 형벌의 종류 및 그 상한과 폭을 명확히 규정하는 것을 조건으로 위임입법이 허용되며 이러한 위임입법은 죄형법정주의에 반하지 않는다. 헌법재판소 1996. 2. 29. 선고 94헌마213 결정 ★ **03**

4. 처벌법규나 조세법규와 같이 국민의 기본권을 직접적으로 제한하거나 침해할 소지가 있는 영역에서는 구체성·명확성의 요구가 강화되어 그 위임의 요건과 범위가 일반적인 급부행정 영역에서보다 더 엄격하게 제한되어야 한다. 헌법재판소 1996. 6. 26. 선고 93헌바2 결정 ★ **04**

5. 법률의 시행령이 형사처벌에 관한 사항을 규정하면서 법률의 명시적인 위임 범위를 벗어나 처벌의 대상을 확장하는 것은 죄형법정주의의 원칙에도 어긋나는 것이므로, 그러한 시행령은 위임입법의 한계를 벗어난 것으로서 무효이다. 대법원 2017. 2. 16. 선고 2015도16014 판결 ★ **05**

6. 다양한 사실관계를 규율하거나 사실관계가 수시로 변화될 것이 예상될 때에는 위임의 명확성의 요건이 완화되어야 한다. 헌법재판소 1991. 2. 11. 선고 90헌가27 결정 ★ **06**

② 예외 : **포괄위임의 허용**(조례 또는 공법적 단체의 정관)

- 법률이 조례나 공법적 단체의 정관에 자치법적 사항을 위임하는 경우에는 포괄위임금지의 원칙은 적용되지 않는다.

판례

1. 조례에 대한 법률의 위임은 법규명령에 대한 법률의 위임과 같이 반드시 구체적으로 범위를 정하여 할 필요가 없으며 포괄적인 것으로 족하다. 헌법재판소 1995. 4. 20. 선고 92헌마264, 279 결정 ★★★ **07**

2. [1] 법률이 공법적 단체 등의 정관에 자치법적 사항을 위임한 경우에는 헌법 제75조가 정하는 포괄적인 위임입법의 금지는 원칙적으로 적용되지 않는다고 봄이 상당하고, 그렇다 하더라도 그 사항이 국민의 권리·의무에 관련되는 것일 경우에는 적어도 국민의 권리·의무에 관한 기본적이고 본질적인 사항은 국회가 정하여야 한다. 대법원 2007. 10. 12. 선고 2006두14476 판결 ★ **08**

   [2] 도시정비법이 사업시행인가 신청시의 동의요건을 조합의 정관에 포괄적으로 위임하고 있다고 하더라도 헌법 제75조가 정하는 포괄위임입법금지의 원칙이 적용되지 아니하므로 이에 위배된다고 할 수 없다. 대법원 2007. 10. 12. 선고 2006두14476 판결 ★ **09**

(3) 지방자치단체의 조례

> **지방자치법 제28조【조례】**
> ① 지방자치단체는 법령의 범위에서 그 사무에 관하여 조례를 제정할 수 있다. 다만, 주민의 권리 제한 또는 의무 부과에 관한 사항이나 벌칙을 정할 때에는 법률의 위임이 있어야 한다. ★ 01

- 지방자치법 제28조 제1항 본문 규정에 따라 지방자치단체는 자치사무에 관하여는 법령의 위임이 없더라도 조례를 제정할 수 있다. ✦
- 다만, 지방자치단체가 국민의 권리 제한·의무 부과·벌칙에 관한 조례를 제정하기 위해서는 법률의 위임이 필요하고, 이때 필요한 위임은 포괄적인 것으로 족하다.

[판례]

1. 지방자치단체는 자치사무에 관하여 이른바 자치조례를 제정할 수 있고, 이러한 자치조례에 대해서는 지방자치법 제15조가 정하는 '법령의 범위 안'이라는 사항적 한계가 적용될 뿐, 일반적인 위임입법의 한계가 적용될 여지가 없으며, 여기서 말하는 '법령의 범위 안'이라는 의미는 '법령에 위반되지 아니하는 범위 안'으로 풀이된다. 대법원 2003. 5. 27. 선고 2002두7135 판결

2. 법률이 주민의 권리의무에 관한 사항에 관하여 구체적으로 아무런 범위도 정하지 아니한 채 조례로 정하도록 포괄적으로 위임하였다고 하더라도, 행정관청의 명령과는 달리, 조례도 주민의 대표기관인 지방의회의 의결로 제정되는 지방자치단체의 자주법인 만큼, 지방자치단체가 법령에 위반되지 않는 범위 내에서 주민의 권리의무에 관한 사항을 조례로 제정할 수 있는 것이다. 대법원 1991. 8. 27. 선고 90누6613 판결 ★

3. 담배자동판매기의 설치를 금지하고 설치된 판매기를 철거하도록 하는 조례는 그 내용이 국민의 권리를 제한하거나 국민에게 의무를 부과하는 것이므로 법률의 위임이 필요하다고 본 사례. 헌법재판소 1995. 4. 20. 선고 92헌마264,279 전원재판부 결정

4. 영유아 보육시설 종사자의 정년을 정하는 조례는 그 내용이 국민의 권리를 제한하는 것이므로 법률의 위임이 필요하다고 본 사례. 대법원 2009. 5. 28. 선고 2007추134 판결

5. 지방자치단체가 세 자녀 이상 세대 중 세 번째 이후 자녀에게 양육비 등을 지원할 수 있도록 하는 내용의 조례는 국민의 권리를 제한하거나 국민에게 의무를 부과하는 것이 아니므로 법률의 위임이 필요 없다고 본 사례. 대법원 2006. 10. 12. 선고 2006추38 판결

(4) 재위임

- 법률에서 위임받은 사항을 전혀 규정하지 않고 재위임하는 것은 허용되지 않고, 위임받은 사항에 관하여 대강을 정하고 그중의 특정사항을 범위를 정하여 하위법령에 다시 위임하는 경우에는 재위임이 허용된다.

[판례]

법률에서 위임받은 사항을 전혀 규정하지 않고 재위임하는 것은 복위임금지원칙에 반할 뿐 아니라 위임명령의 제정 형식에 관한 수권법의 내용을 변경하는 것이 되므로 허용되지 않으나, 위임받은 사항에 관하여 대강을 정하고 그중의 특정사항을 범위를 정하여 하위법령에 다시 위임하는 경우에는 재위임이 허용된다. 이러한 법리는 조례가 지방자치법 제22조 단서에 따라 주민의 권리제한 또는 의무부과에 관한 사항을 법률로부터 위임받은 후, 이를 다시 지방자치단체장이 정하는 '규칙'이나 '고시' 등에 재위임하는 경우에도 마찬가지이다. 대법원 2015. 1. 15. 선고 2013두14238 판결 ★ 02

✦ 지방자치단체의 사무는, 넓은 의미의 자치사무(주민의 복리증진을 위한 고유사무인 좁은 의미의 자치사무와, 법령으로부터 지방자치단체로 위임된 사무인 단체위임사무로 구성됨)와 기관위임사무(중앙정부 또는 다른 지방자치단체로부터 지방자치단체장이 위임받은 사무)로 구분되는데, 지방자치단체가 조례를 제정할 수 있는 사항은 지방자치단체의 고유사무인 자치사무와 개별 법령에 따라 지방자치단체에 위임된 단체위임사무에 한정된다.

OX 체크

01 지방자치단체는 법령에 위반되지 않는 범위 내에서 자치사무에 관하여 주민의 권리를 제한하거나 의무를 부과하는 사항이 아닌 한 법률의 위임 없이 조례를 제정할 수 있다. ( )

02 법률에서 위임받은 사항에 관하여 대강을 정하고 그 중의 특정사항을 범위를 정하여 하위법령에 다시 위임하는 경우에는 재위임이 허용된다. 이러한 법리는 조례가 「지방자치법」에 따라 주민의 권리제한 또는 의무부과에 관한 사항을 법률로부터 위임받은 후, 이를 다시 지방자치단체장이 정하는 '규칙'이나 '고시' 등에 재위임하는 경우에도 마찬가지이다. ( )

정답
01 ◯ 02 ◯

3. 법규명령의 하자

(1) 의의

> 행정기본법 제38조【행정의 입법활동】
> ① 국가나 지방자치단체가 법령등을 제정·개정·폐지하고자 하거나 그와 관련된 활동(법률안의 국회 제출과 조례안의 지방의회 제출을 포함한다)을 할 때에는 헌법과 상위 법령을 위반해서는 아니 되며, 헌법과 법령등에서 정한 절차를 준수하여야 한다.

- 법규명령의 내용이 헌법이나 상위법령에 위반되는 경우 그러한 법규명령은 하자 있는 법규명령이 된다.
- 법규명령이 상위법령에 위반되는지 여부를 판단할 때에는 법적 안정성을 위해 모법합치적 해석을 하여야 한다.

[판례]

1. 어느 시행령의 규정이 모법에 저촉되는지의 여부가 명백하지 아니하는 경우에는 모법과 시행령의 다른 규정들과 그 입법 취지, 연혁 등을 종합적으로 살펴 모법에 합치된다는 해석도 가능한 경우라면 그 규정을 모법위반으로 무효라고 선언하여서는 안 된다. 대법원 2001. 8. 24. 선고 2000두2716 판결 ★
2. 하위법령은 그 규정이 상위법령의 규정에 명백히 저촉되어 무효인 경우를 제외하고는 관련 법령의 내용과 입법 취지 및 연혁 등을 종합적으로 살펴서 그 의미를 상위법령에 합치되는 것으로 해석하여야 한다. 대법원 2013. 11. 28. 선고 2012두16565 판결

(2) 하자 있는 법규명령의 효력 ✦

- 하자 있는 법규명령은 공정력이 인정되지 않는 결과 그 위법의 정도를 불문하고 당연무효이다. ★
- 동일한 사항에 대해 하위법령이 상위법령에 저촉되는 경우 전부가 무효가 아니라 저촉되는 한도 내에서만 효력이 없다(대법원 2013. 9. 27. 선고 2012두15234 판결).
- 하자 있는 법규명령에 근거한 처분 또한 위법하게 되나, 그 위법의 정도는 원칙적으로 취소사유에 그친다.

[판례]

1. 일반적으로 시행령이 헌법이나 법률에 위반된다는 사정은 그 시행령의 규정을 위헌 또는 위법하여 무효라고 선언한 대법원의 판결이 선고되지 아니한 상태에서는 그 시행령 규정의 위헌 내지 위법 여부가 해석상 다툼의 여지가 없을 정도로 명백하였다고 인정되지 아니하는 이상 객관적으로 명백한 것이라 할 수 없으므로, 이러한 시행령에 근거한 행정처분의 하자는 취소사유에 해당할 뿐 무효사유가 되지 아니한다. 대법원 2007. 6. 14. 선고 2004두619 판결 ★★
2. 조례 제정권의 범위를 벗어나 국가사무를 대상으로 한 무효인 서울특별시 행정권한 위임조례의 규정에 근거하여 구청장이 건설업영업정지처분을 한 경우, 그 처분은 결과적으로 적법한 위임 없이 권한 없는 자에 의하여 행하여진 것과 마찬가지가 되어 그 하자가 중대하나, (중략) 위 처분의 위임 과정의 하자가 객관적으로 명백한 것이라고 할 수 없으므로 이로 인한 하자는 결국 당연무효사유는 아니라고 봄이 상당하다. 대법원 1995. 7. 11. 선고 94누4615 전원합의체 판결
3. (예외적으로 하자가 명백하여 무효로 본 사례) 국세청 훈령 20조 등은 주류판매업자에 대한 관계에 있어서는 상위 법령에 근거가 없어 무효라 할 것이고 따라서 이 사건 처분은 무효인 훈령에 기초한 것으로서 그 위법의 하자가 중대하고 명백하여 당연무효이다. 대법원 1980. 12. 23. 선고 79누382 판결

- 한편, 법률조항의 위임에 따라 대통령령으로 규정한 내용이 헌법에 위반될 경우라도 그 대통령령의 규정이 위헌으로 되는 것은 별론으로 하고, 그로 인하여 정당하고 적법하게 입법권을 위임한 수권 법률조항까지도 위헌으로 되는 것은 아니다(헌법재판소 2019. 2. 28. 선고 2017헌바245 전원재판부 결정). ★ 01

4. 하자 있는 법규명령의 통제

(1) 구체적 규범통제: 명령·규칙 위헌·위법 심사

> **헌법 제107조**
> ② 명령·규칙(주: 법규명령 및 자치법규) 또는 처분이 헌법이나 법률에 위반되는 여부가 재판의 전제가 된 경우에는 대법원은 이를 최종적으로 심사할 권한을 가진다.

- 구체적 사건에 관한 재판에서 법규명령의 위헌·위법 여부가 선결문제가 되는 경우 각급 법원이 이를 심사·통제하는 것을 말한다. ★ 03

판례

1. 헌법 제107조 제2항의 규정에 따르면 행정입법의 심사는 일반적인 재판절차에 의하여 구체적 규범통제의 방법에 의하도록 명시하고 있으므로, 당사자는 구체적 사건의 심판을 위한 선결문제로서 행정입법의 위법성을 주장하여 법원에 대하여 당해 사건에 대한 적용 여부의 판단을 구할 수 있을 뿐 행정입법 자체의 합법성의 심사를 목적으로 하는 독립한 신청을 제기할 수는 없다(주: 추상적 규범통제는 인정되지 않음). 대법원 1994. 4. 26. 자 93부32 결정 ★ 02

2. 법원이 법률 하위의 법규명령, 규칙, 조례, 행정규칙 등이 위헌·위법인지를 심사하려면 그것이 '재판의 전제'가 되어야 한다. 여기에서 '재판의 전제'란 구체적 사건이 법원에 계속 중이어야 하고, 위헌·위법인지가 문제된 경우에는 규정의 특정 조항이 해당 소송사건의 재판에 적용되는 것이어야 하며, 그 조항이 위헌·위법인지에 따라 그 사건을 담당하는 법원이 다른 판단을 하게 되는 경우를 말한다. 따라서 법원이 구체적 규범통제를 통해 위헌·위법으로 선언할 심판대상은, 해당 규정의 전부가 불가분적으로 결합되어 있어 일부를 무효로 하는 경우 나머지 부분이 유지될 수 없는 결과를 가져오는 특별한 사정이 없는 한, 원칙적으로 해당 규정 중 재판의 전제성이 인정되는 조항에 한정된다. 대법원 2019. 6. 13. 선고 2017두33985 판결 ★ 04 05

- 법규명령이 위헌·위법하다는 법원의 판단이 확정된 경우, 구체적 규범통제의 성격상 당해 법규명령은 일반적으로 효력을 상실하는 것이 아니라, 당해 사건에 한하여 그 적용이 배제된다. 이 경우 대법원은 그 사유를 행정안전부장관과 소관 행정청에 통보하여야 한다. ★ 06

> **행정소송법 제6조 【명령·규칙의 위헌판결등 공고】**
> ① 행정소송에 대한 대법원판결에 의하여 명령·규칙이 헌법 또는 법률에 위반된다는 것이 확정된 경우에는 대법원은 지체없이 그 사유를 행정안전부장관에게 통보하여야 한다. ★ 07
> ② 제1항의 규정에 의한 통보를 받은 행정안전부장관은 지체없이 이를 관보에 게재하여야 한다.
>
> **행정소송규칙 제2조 【명령·규칙의 위헌판결 등 통보】**
> ① 대법원은 재판의 전제가 된 명령·규칙이 헌법 또는 법률에 위배된다는 것이 법원의 판결에 의하여 확정된 경우에는 그 취지를 해당 명령·규칙의 소관 행정청에 통보하여야 한다.
> ② 대법원 외의 법원이 제1항과 같은 취지의 재판을 하였을 때에는 해당 재판서 정본을 지체 없이 대법원에 송부하여야 한다.

헌법 제89조
다음 사항은 국무회의의 심의를 거쳐야 한다.
3. 헌법개정안·국민투표안·조약안·법률안 및 대통령령안 08

OX 체크

01 법률조항의 위임에 따라 대통령령으로 규정한 내용이 헌법에 위반되는 경우에는 그로 인하여 모법인 해당 수권 법률조항도 위헌이 된다. ( )

02 헌법 제107조제2항은 구체적 규범통제를 규정하고 있기 때문에 당사자는 구체적 사건의 심판을 위한 선결문제로서 행정입법의 위법성을 주장하여 법원에 대하여 당해 사건에 대한 적용 여부의 판단을 구할 수 있다. ( )

03 대법원 이외의 각급법원도 구체적 규범통제의 방법으로 법규명령 조항에 대한 위헌·위법 판단을 할 수 있다. ( )

04 법원이 법률 하위의 법규명령이 위헌·위법인지를 심사하려면 그것이 재판의 전제가 되어야 하는데, 여기에서 재판의 전제란 구체적 사건이 법원에 계속 중이어야 하고, 위헌·위법인지가 문제 된 경우에는 그 법규명령의 특정 조항이 해당 소송사건의 재판에 적용되는 것이어야 하며, 그 조항이 위헌·위법인지에 따라 그 사건을 담당하는 법원이 다른 판단을 하게 되는 경우를 말한다. ( )

05 법원이 구체적 규범통제를 통해 위헌·위법으로 선언할 심판대상은, 해당 규정의 전부가 불가분적으로 결합되어 있어 일부를 무효로 하는 경우 나머지 부분이 유지될 수 없는 결과를 가져오는 특별한 사정이 없는 한, 원칙적으로 해당 규정 중 재판의 전제성이 인정되는 조항에 한정된다. ( )

06 행정입법이 대법원에 의하여 위법하다는 판정이 있더라도 일반적으로 그 효력이 상실되는 것은 아니다. ( )

07 행정소송에 대한 대법원판결에 의하여 명령·규칙이 헌법 또는 법률에 위반된다는 것이 확정된 경우에는 대법원은 지체없이 그 사유를 법무부장관에게 통보하여야 한다. ( )

08 총리령·부령의 제정절차는 대통령령의 경우와는 달리 국무회의의 심의는 거치지 않아도 된다. ( )

정답
01 × 02 ○ 03 ○ 04 ○ 05 ○
06 ○ 07 × 08 ○

행정소송규칙 제7조 【명령·규칙 소관 행정청에 대한 소송통지】
① 법원은 명령·규칙의 위헌 또는 위법 여부가 쟁점이 된 사건에서 그 명령·규칙 소관 행정청이 피고와 동일하지 아니한 경우에는 해당 명령·규칙의 소관 행정청에 소송계속 사실을 통지할 수 있다.
② 제1항에 따른 통지를 받은 행정청은 법원에 해당 명령·규칙의 위헌 또는 위법 여부에 관한 의견서를 제출할 수 있다.

행정기본법 제39조 【행정법제의 개선】
① 정부는 권한 있는 기관에 의하여 위헌으로 결정되어 법령이 헌법에 위반되거나 법률에 위반되는 것이 명백한 경우 등 대통령령으로 정하는 경우에는 해당 법령을 개선하여야 한다. **01**

(2) 처분적 법규명령에 대한 항고소송

- 법규명령은 일반적·추상적인 규범으로서 처분이 아니므로 원칙적으로 항고소송의 대상이 될 수 없다.

행정소송의 대상이 될 수 있는 것은 구체적인 권리의무에 관한 분쟁이어야 하고 일반적·추상적인 법령 그 자체로서 국민의 구체적인 권리의무에 직접적인 변동을 초래하는 것이 아닌 것은 그 대상이 될 수 없으므로, 구체적인 권리의무에 관한 분쟁을 떠나서 재무부령 자체의 무효확인을 구하는 청구는 행정소송의 대상이 아닌 사항에 대한 것으로서 부적법하다. 대법원 1987. 3. 24. 선고 86누656 판결 ★ **02**

- 다만 구체적 성질을 갖는 법규명령(처분적 법규명령)은 예외적으로 항고소송의 대상이 될 수 있다. **03**

조례가 집행행위의 개입 없이도 그 자체로서 직접 국민의 구체적인 권리의무나 법적 이익에 영향을 미치는 등의 법률상 효과를 발생하는 경우 그 조례는 항고소송의 대상이 되는 행정처분에 해당한다. 대법원 1996. 9. 20. 선고 95누8003 판결 ★★★ **04**

(3) 헌법소원

- 법규명령이 별도의 집행행위를 매개하지 않고 직접 국민의 기본권을 침해하는 경우에는 헌법소원의 대상이 될 수 있다.

입법부·행정부·사법부에서 제정한 규칙이 별도의 집행행위를 기다리지 않고 직접 기본권을 침해하는 것일 때에는 모두 헌법소원심판의 대상이 될 수 있는 것이다(주: 법무사법 시행규칙에 대한 헌법소원심판청구를 인용한 사례). 헌법재판소 1990. 10. 15. 선고 89헌마178 결정 **05**

5. 행정입법부작위

(1) 의의

- 행정권에게 법규명령을 제·개정할 법적 의무가 있음에도 합리적인 이유 없이 이를 지체하여 법규명령을 제·개정하지 않는 것을 말한다.

(2) 요건

- 입법부가 법률로써 행정부에 대하여 특정한 사항을 위임하는 등의 이유로 행정권에게 행정입법을 제·개정할 작위의무가 있어야 한다.

입법부가 법률로써 행정부에게 특정한 사항을 위임했음에도 불구하고 행정부가 정당한 이유 없이 이를 이행하지 않는다면 권력분립의 원칙과 법치국가 내지 법치행정의 원칙에 위배되는 것으로서 위법함과 동시에 위헌적인 것이 된다. 대법원 2007. 11. 29. 선고 2006다3561 판결

- 행정입법의 제정 없이 상위 법령의 규정만으로도 집행이 이루어질 수 있는 경우 등에는 행정권에게 행정입법을 해야 할 작위의무는 인정되지 않는다.

1. 삼권분립의 원칙, 법치행정의 원칙을 당연한 전제로 하고 있는 우리 헌법하에서 행정권의 행정입법 등 법집행의무는 헌법적 의무라고 보아야 할 것이다. 그런데 이는 행정입법의 제정이 법률의 집행에 필수불가결한 경우로서 행정입법을 제정하지 아니하는 것이 곧 행정권에 의한 입법권 침해의 결과를 초래하는 경우를 말하는 것이므로, 만일 하위 행정입법의 제정 없이 상위 법령의 규정만으로도 집행이 이루어질 수 있는 경우라면 하위 행정입법을 하여야 할 헌법적 작위의무는 인정되지 아니한다. 헌법재판소 2005. 12. 22. 선고 2004헌마66 결정 ★★ 01

2. [1] 행정부가 위임 입법에 따른 시행명령을 제정하지 않거나 개정하지 않은 것에 정당한 이유가 있었다면 그런 경우에는 헌법재판소가 위헌확인을 할 수 없을 것이다. 그러한 정당한 이유가 인정되기 위해서는 그 위임 입법 자체가 헌법에 위반된다는 것이 누가 보아도 명백하거나, 위임 입법에 따른 행정입법의 제정이나 개정이 당시 실시되고 있는 전체적인 법질서 체계와 조화되지 아니하여 그 위임 입법에 따른 행정입법 의무의 이행이 오히려 헌법질서를 파괴하는 결과를 가져옴이 명백할 정도는 되어야 한다.

    [2] 삼권분립의 원칙과 법치행정의 원칙을 당연한 전제로 하고 있는 우리 헌법 아래에서 행정권의 행정입법의무는 헌법적 의무라고 보아야 할 것이나, 입법부가 어떤 법률조항의 시행 여부나 시행 시기까지 행정권에 위임하여 재량권을 부여한 경우에는 행정권이 설사 하위 행정입법을 하지 아니하더라도 행정권에 의하여 입법권이 침해되는 결과를 초래하는 것이 아니므로, 행정권에게 헌법에서 유래하는 행정입법의 작위의무가 있다고 볼 수 없다. 헌법재판소 2023. 10. 26. 선고 2020헌마93 전원재판부 결정

- 합리적 이유 없이 상당한 기간이 경과하도록 행정입법을 하지 않았어야 한다.

상위법령을 시행하기 위하여 하위법령을 제정하거나 필요한 조치를 함에 있어서는 상당한 기간을 필요로 하며 합리적인 기간 내의 지체를 위헌적인 부작위로 볼 수 없다. 헌법재판소 1998. 7. 16. 선고 96헌마246 전원재판부

OX 체크

01 행정권의 행정입법 등 법집행의무는 헌법적 의무라고 보아야 할 것이므로, 하위 행정입법의 제정 없이 상위 법령의 규정만으로 집행이 이루어질 수 있는 경우라도 하위 행정입법을 하여야 할 헌법적 작위의무는 인정된다. ( )

정답
01 ×

(3) 불복방법

① 부작위위법확인소송

- 추상적인 법령에 관한 제정의 여부 등은 그 자체로서 국민의 구체적인 권리의무에 직접적인 변동을 초래하는 것이 아니므로, 행정입법부작위는 부작위위법확인소송의 대상이 되지 않는다. ★★★ 01

부작위위법확인소송의 대상이 될 수 있는 것은 구체적 권리의무에 관한 분쟁이어야 하고 추상적인 법령에 관하여 제정의 여부 등은 그 자체로서 국민의 구체적인 권리의무에 직접적 변동을 초래하는 것이 아니어서 그 소송의 대상이 될 수 없다. 대법원 1992. 5. 8. 선고 91누11261 판결 ★★ 02

② 국가배상청구소송

- 행정입법부작위로 인하여 국민에게 재산상 손해가 발생한 경우 국가배상청구가 가능하다. ★★

구 군법무관임용법 제5조 제3항과 군법무관임용 등에 관한 법률 제6조가 군법무관의 보수의 구체적 내용을 시행령에 위임했음에도 불구하고 행정부가 정당한 이유 없이 시행령을 제정하지 않은 것은 불법행위에 해당한다(주 : 대통령령을 제정하지 아니한 입법부작위가 국가배상책임을 구성하는 것으로 본 사례). 대법원 2007. 11. 29. 선고 2006다3561 판결 03

③ 헌법소원심판

- 행정입법을 제정할 작위의무가 있는 경우에 이를 부작위하는 것도 공권력의 불행사에 해당하므로 행정입법부작위는 헌법소원의 대상이 된다.

진정입법부작위(주: 입법자가 어떤 사항에 관하여 전혀 입법을 하지 아니한 것)는 헌법에서 기본권보장을 위해 명시적인 입법위임을 하였음에도 입법자가 이를 방치하고 있거나 헌법해석상 특정인에게 구체적인 기본권이 생겨 이를 보장하기 위한 국가의 행위의무가 발생한 경우가 명백함에도 입법자가 아무런 입법조치를 취하고 있지 않은 경우에 헌법소원의 대상이 된다. 헌법재판소 2013. 4. 16. 선고 2013헌마159 결정

- 다만, 행정입법을 하였으나 그 내용이 불충분한 부진정입법부작위의 경우 입법부작위를 대상으로 헌법소원을 제기하여야 하는 것이 아니라, 불완전하게 제정된 행정입법을 그 대상으로 하여야 한다.

6. 집행명령

헌법 제75조
대통령은 법률에서 구체적으로 범위를 정하여 위임받은 사항과 법률을 집행하기 위하여 필요한 사항에 관하여 대통령령을 발할 수 있다.

헌법 제95조
국무총리 또는 행정각부의 장은 소관사무에 관하여 법률이나 대통령령의 위임 또는 직권으로 총리령 또는 부령을 발할 수 있다.

OX 체크

01 행정청이 법률의 위임에 따른 구체적인 입법의무를 부담하고 있음에도 불구하고 행정입법을 하지 아니하는 경우에는 부작위위법확인소송으로 이를 다툴 수 있다. ( )

02 국민의 구체적인 권리의무에 직접적으로 변동을 초래하지 않는 추상적인 법령의 제정 여부 등은 부작위위법확인소송의 대상이 될 수 없다. ( )

03 대통령령의 입법부작위에 대한 국가배상책임은 인정되지 않는다. ( )

정답
01 ✕ 02 ◯ 03 ✕

- 집행명령이란 상위법령의 집행을 위해 필요한 절차·형식 등의 세부사항을 상위법령의 위임 없이 직권으로 정하는 법규명령을 말한다.
- 집행명령은 국민의 권리와 의무에 관한 새로운 사항을 정하지 아니하므로 상위법령의 위임이 없더라도 직권으로 제정할 수 있다. 01

판례

1. 헌법 제75조는 '대통령은 법률에서 구체적으로 범위를 정하여 위임받은 사항과 법률을 집행하기 위하여 필요한 사항에 관하여 대통령령을 발할 수 있다.'고 규정하고 있는바, 그 취지는 모든 대통령령의 제정에 있어서 법률의 위임이 있어야 한다는 것이 아니고, 대통령은 국민의 기본권 제한 등 헌법이 반드시 법률에 의하여서만 규율할 수 있도록 하는 것을 제외하고는 법률의 집행을 위한 구체적인 방법과 절차 등에 관하여 대통령령을 제정할 수 있다는 것이다. 대법원 2007. 1. 11. 선고 2004두10432 판결
2. 행정관청이 일반적 직권에 의하여 제정하는 집행명령은 상위법령이 규정한 범위 내에서 이를 현실적으로 집행하는 데 필요한 세부적인 사항만을 규정할 수 있을 뿐, 상위법령의 위임이 없는 한 상위법령이 규정한 개인의 권리·의무에 관한 내용을 변경·보충하거나 상위법령에 규정되지 아니한 새로운 내용을 규정할 수는 없다. 대법원 2012. 7. 5. 선고 2010다72076 판결 ★ 02
3. 상위법령의 시행에 필요한 세부적 사항을 정하기 위하여 행정관청이 일반적 직권에 의하여 제정하는 이른바 집행명령은 근거법령인 상위법령이 폐지되면 특별한 규정이 없는 이상 실효되는 것이나, 상위법령이 개정됨에 그친 경우에는 개정법령과 성질상 모순, 저촉되지 아니하고 개정된 상위법령의 시행에 필요한 사항을 규정하고 있는 이상 그 집행명령은 상위법령의 개정에도 불구하고 당연히 실효되지 아니하고 개정법령의 시행을 위한 집행명령이 제정, 발효될 때까지는 여전히 그 효력을 유지한다. 대법원 1989. 9. 12. 선고 88누6962 판결 ★ 03

III 행정규칙

1. 의의

- 행정규칙이란 행정조직 내부에서의 행정사무처리기준으로서 제정된 일반적·추상적 규범을 말한다.
- 행정규칙은 내용에 따라 조직규칙, 근무규칙, 법령해석규칙, 재량준칙 등으로 구분되고, 형식에 따라 훈령, 지시, 예규, 일일명령, 고시 등으로 구분된다.

2. 행정규칙의 효력

(1) 대내적 구속력

- 상급행정기관에 의하여 제정된 행정규칙은 대내적 구속력이 있으므로 하급행정기관은 이를 준수해야 할 복종의무가 있고, 따라서 공무원이 행정규칙을 위반한 경우 징계사유가 된다. ★

OX 체크

01 집행명령은 새로운 법규사항을 규정하지 않으므로 법령의 수권 없이 제정될 수 있다. ( )

02 집행명령은 상위법령의 집행에 필요한 세칙을 정하는 범위 내에서만 가능하고 새로운 국민의 권리·의무를 정할 수 없다. ( )

03 집행명령은 상위법령이 개정되더라도 개정법령과 성질상 모순·저촉되지 아니하고 개정된 상위법령의 시행에 필요한 사항을 규정하고 있는 이상, 개정법령의 시행을 위한 집행명령이 제정·발효될 때까지는 여전히 그 효력을 유지한다. ( )

정답
01 ○ 02 ○ 03 ○

(2) 대외적 구속력

- 행정규칙은 행정조직 내부에서만 효력을 가질 뿐, 대외적 구속력을 갖지 못한다.

1. 상급행정기관이 소속 공무원이나 하급행정기관에 대하여 업무처리지침이나 법령의 해석·적용 기준을 정해 주는 '행정규칙'은 일반적으로 행정조직 내부에서만 효력을 가질 뿐 대외적으로 국민이나 법원을 구속하는 효력이 없다. 처분이 행정규칙을 위반하였다고 해서 그러한 사정만으로 곧바로 위법하게 되는 것은 아니고, 처분이 행정규칙을 따른 것이라고 해서 적법성이 보장되는 것도 아니다. 처분이 적법한지는 행정규칙에 적합한지 여부가 아니라 상위법령의 규정과 입법 목적 등에 적합한지 여부에 따라 판단해야 한다. 이는 상급행정기관이 소속 공무원이나 하급행정기관에 하는 개별·구체적인 지시도 마찬가지이다. 처분이 적법한지는 상급행정기관의 지시를 따른 것인지 여부가 아니라, 헌법과 법률, 대외적으로 구속력 있는 법령의 규정과 입법 목적, 비례·평등원칙과 같은 법의 일반원칙에 적합한지 여부에 따라 판단해야 한다. 대법원 2019. 7. 11. 선고 2017두38874 판결 ★★ 01 02

2. 전결과 같은 행정권한의 내부위임은 법령상 처분권자인 행정관청이 내부적인 사무처리의 편의를 도모하기 위하여 그의 보조기관 또는 하급 행정관청으로 하여금 그의 권한을 사실상 행사하게 하는 것으로서 법률이 위임을 허용하지 않는 경우에도 인정되는 것이므로, 설사 행정관청 내부의 사무처리규정에 불과한 전결규정에 위반하여 원래의 전결권자 아닌 보조기관 등이 처분권자인 행정관청의 이름으로 행정처분을 하였다고 하더라도 그 처분이 권한 없는 자에 의하여 행하여진 무효의 처분이라고는 할 수 없다. 대법원 1998. 2. 27. 선고 97누1105 판결 ★★ 03

- 다만, 행정의 자기구속의 원칙이 적용될 수 있는 경우에는 (간접적으로) 대외적 구속력이 인정될 수 있다.

재량권 행사의 준칙인 행정규칙이 그 정한 바에 따라 되풀이 시행되어 행정관행이 이루어지게 되면 평등의 원칙이나 신뢰보호의 원칙에 따라 행정기관은 그 상대방에 대한 관계에서 그 규칙에 따라야 할 자기구속을 받게 되므로, 이러한 경우에는 특별한 사정이 없는 한 그를 위반하는 처분은 평등의 원칙이나 신뢰보호의 원칙에 위배되어 재량권을 일탈·남용한 위법한 처분이 된다. 대법원 2009. 12. 24. 선고 2009두7967 판결 ★★★ 04

- 한편, 행정규칙이 객관적으로 보아 타당하지 않다고 볼 만한 특별한 사정이 없는 한 행정청의 의사는 가능한 한 존중되어야 하고, 이러한 행정규칙에 따른 처분은 특별한 사정이 없는 한 적법한 것으로 본다.

1. 법령상의 어떤 용어가 별도의 법률상의 의미를 가지지 않으면서 일반적으로 통용되는 의미를 가지고 있다면, 상위규범에 그 용어의 의미에 관한 별도의 정의규정을 두고 있지 않고 권한을 위임받은 하위규범에서 그 용어의 사용기준을 정하고 있다 하더라도 하위규범이 상위규범에서 위임한 한계를 벗어났다고 볼 수 없으며, 행정규칙에서 사용하는 개념이 달리 해석할 여지가 있다 하더라도 행정청이 수권의 범위 내에서 법령이 위임한 취지 및 형평과 비례의 원칙에 기초하여 합목적적으로 기준을 설정하여 그 개념을 해석·적용하고 있다면, 개념이 달리 해석할 여지가 있다는 것만으로 이를 사용한 행정규칙이 법령의 위임 한계를 벗어났다고는 할 수 없다. 대법원 2008. 4. 10. 선고 2007두4841 판결

2. 추가감면 신청 시 그에 필요한 기준을 정하는 것은 행정청의 재량에 속하므로 그 기준이 객관적으로 보아 합리적이 아니라든가 타당하지 아니하여 재량권을 남용한 것이라고 인정되지 않는 이상 행정청의 의사는 가능한 한 존중되어야 한다. 대법원 2013. 11. 14. 선고 2011두28783 판결 05

OX 체크

01 행정처분이 법규성이 없는 내부지침 등의 규정에 위배된다고 하더라도 그 이유만으로 처분이 위법하게 되는 것은 아니며, 내부지침 등에서 정한 요건에 부합한다고 하여 반드시 그 처분이 적법한 것이라고 할 수도 없다. ( )

02 대외적으로 처분 권한이 있는 처분청이 상급행정기관의 지시를 위반하는 처분을 한 경우, 그러한 사정만으로 처분이 곧바로 위법하게 되는 것은 아니다. ( )

03 행정관청 내부의 사무처리규정에 불과한 전결규정에 위반하여 원래의 전결권자 아닌 보조기관 등이 처분권자인 행정관청의 이름으로 행정처분을 한 경우, 그 처분은 권한 없는 자에 의하여 행하여진 것으로 무효이다. ( )

04 재량권행사의 준칙인 행정규칙이 그 정한 바에 따라 되풀이 시행되어 행정관행이 이루어지게 되면 평등의 원칙이나 신뢰보호의 원칙에 따라 행정기관은 그 상대방에 대한 관계에서 그 규칙에 따라야 할 자기구속을 받게 된다. ( )

05 행정규칙이 이를 정한 행정기관의 재량에 속하는 사항에 관한 것인 때에는 그 규정 내용이 객관적 합리성을 결여하였다는 등의 특별한 사정이 없는 한 법원은 이를 존중하는 것이 바람직하다. ( )

정답
01 ○ 02 ○ 03 × 04 ○ 05 ○

3. 처분기준이 그 자체로 헌법 또는 법률에 합치되지 않거나 그 기준을 적용한 결과가 처분사유인 위반행위의 내용 및 관계 법령의 규정과 취지에 비추어 현저히 부당하다고 인정할 만한 합리적인 이유가 없는 한, 섣불리 그 기준에 따른 처분이 재량권의 범위를 일탈하였다거나 재량권을 남용한 것으로 판단해서는 안 된다. 대법원 2019. 9. 26. 선고 2017두48406 판결

3. 행정규칙의 성립

- 행정규칙은 법률의 위임을 요하지 않고 행정권이 직권으로 제정할 수 있다.
- 행정규칙은 하급행정기관 등을 그 수범대상으로 할 뿐 국민을 수범대상으로 하지 않으므로, 행정규칙이 효력을 발함에 있어서는 공포를 요하지 않는다. 따라서 특별한 규정이 없는 한, 행정규칙은 수범기관에 도달된 때부터 효력이 발생한다. ★ 01

전항의 국세청훈령은 국세청장이 구 소득세법시행령 제170조 제4항 제2호에 해당할 거래를 행정규칙의 형식으로 지정한 것에 지나지 아니하므로 적당한 방법으로 이를 표시, 또는 통보하면 되는 것이지, 공포하거나 고시하지 아니하였다는 이유만으로 그 효력을 부인할 수 없다. 대법원 1990. 5. 22. 선고 90누639 판결

4. 하자 있는 행정규칙

(1) 하자 있는 행정규칙의 효력

- 상위법령에 위반되는 하자 있는 행정규칙은 당연무효이다.

1. 행정규칙의 내용이 상위법령에 반하는 것이라면 법치국가원리에서 파생되는 법질서의 통일성과 모순금지원칙에 따라 그것은 법 질서상 당연무효이고, 행정내부적 효력도 인정될 수 없다. 이러한 경우 법원은 해당 행정규칙이 법질서상 부존재하는 것으로 취급하여 행정기관이 한 조치의 당부를 상위법령의 규정과 입법 목적 등에 따라서 판단하여야 한다. 대법원 2019. 10. 31. 선고 2013두20011 판결 ★ 02 03
2. [1] 법무부장관이 공증인이 직무수행에서 준수하여야 할 세부적인 사항을 규정한 '집행증서 작성사무 지침'은 상위법령의 구체적인 위임 없이 제정된 것으로서 그 법적 성격은 '행정규칙'이라고 보아야 한다.
[2] '집행증서 작성사무 지침' 제4조는 법률에 의하여 허용되는 쌍방대리 형태의 촉탁행위에 대하여 '대부업자 등'의 금전대부계약에 따른 채권·채무에 관한 경우에는 행정규칙의 형식으로 일반적으로 공증인에게 촉탁을 거절하여야 할 의무를 부과하는 것이어서 '법률우위원칙'에 위배되어 무효라고 보아야 한다. 대법원 2020. 11. 26. 선고 2020두42262 판결

(2) 하자 있는 행정규칙에 대한 사법적 통제

① 구체적 규범통제
- 행정규칙은 법원의 명령·규칙심사권의 대상이 되는 명령·규칙(법규명령)에 포함되지 않는다.
- 다만, 법령보충규칙의 경우 대외적 구속력이 인정되어 명령·규칙심사의 대상이 된다.

OX 체크

01 행정기관 내부의 사무처리준칙에 불과한 행정규칙은 공포되어야 하는 것은 아니므로 특별한 규정이 없는 한, 수명기관에 도달된 때부터 효력이 발생한다. ( )

02 행정규칙의 내용이 상위법령이나 법의 일반원칙에 반하는 것이라면 행정내부적 효력도 인정될 수 없다. ( )

03 법령에 반하는 위법한 행정규칙은 무효이므로 위법한 행정규칙을 위반한 것은 징계사유가 되지 않는다. ( )

정답
01 ○ 02 ○ 03 ○

OX 체크

01 항정신병 치료제의 요양급여 인정기준에 관한 보건복지부 고시가 다른 집행행위의 매개 없이 그 자체로서 직접 국민의 구체적인 권리의무와 법률관계를 규율하는 성격을 가질 때에는 항고소송의 대상이 되는 행정처분에 해당한다. ( )

02 법령보충적 행정규칙은 물론이고 재량권 행사의 준칙이 되는 행정규칙이 행정의 자기구속원리에 따라 대외적 구속력을 가지는 경우에는 헌법소원의 대상이 될 수 있다. ( )

03 한국수력원자력 주식회사가 조달하는 기자재, 용역 및 정비공사, 기기수리의 공급자에 대한 관리업무 절차를 규정함을 목적으로 제정·운용하고 있는 '공급자관리지침' 중 등록취소 및 그에 따른 일정 기간의 거래제한조치에 관한 규정들은 상위 법령의 구체적 위임 없이 정한 것이어서 대외적 구속력이 없는 행정규칙이다. ( )

04 「국가를 당사자로 하는 계약에 관한 법률」에 따라 체결된 계약은 사법상 계약이나, 동법 및 동법 시행령상의 입찰절차나 낙찰자 결정기준에 관한 규정을 단순히 국가의 내부규정에 불과한 것이라고 할 수는 없다. ( )

05 한국철도시설공단(현 국가철도공단)이 공사낙찰적격심사 감점처분의 근거로 내세운 규정은 공사낙찰적격심사세부기준이고, 이러한 규정은 공공기관이 사인과의 계약관계를 공정하고 합리적·효율적으로 처리할 수 있도록 관계 공무원이 지켜야 할 계약사무처리에 관한 필요한 사항을 규정한 것으로서 공공기관의 내부규정에 불과하여 대외적 구속력이 없다. ( )

② 항고소송
- 일반적·추상적 규범인 행정규칙은 처분성이 없으므로 원칙적으로 항고소송의 대상이 될 수 없다.
- 다만, 법령보충규칙인 행정규칙이 구체성을 가지면 예외적으로 항고소송의 대상이 될 수 있다.

판례

고시 또는 공고의 법적 성질은 일률적으로 판단될 것이 아니라 고시에 담겨진 내용에 따라 구체적인 경우마다 달리 결정된다고 보아야 한다. 즉, 고시가 일반·추상적 성격을 가질 때는 법규명령 또는 행정규칙에 해당하지만, 고시가 구체적인 규율의 성격을 갖는다면 행정처분에 해당한다. 헌법재판소 1998. 4. 30. 선고 97헌마141 결정 ★

③ 헌법소원
- 법령보충규칙의 경우 또는 행정의 자기구속의 원칙이 적용되는 경우에 있어서 행정규칙은 헌법소원의 대상이 될 수 있다. ★

판례

1. '청소년유해매체물의 표시방법'에 관한 정보통신부고시는 상위법령과 결합하여 대외적 구속력을 갖는 법규명령으로 기능하고 있는 것이므로 헌법소원의 대상이 된다. 헌법재판소 2004. 1. 29. 선고 2001헌마894 결정 ★

2. 행정규칙이 법령의 규정에 의하여 행정관청에 법령의 구체적 내용을 보충할 권한을 부여한 경우나 재량권행사의 준칙인 규칙이 그 정한 바에 따라 되풀이 시행되어 행정관행이 이룩되게 되면, 평등의 원칙이나 신뢰보호의 원칙에 따라 행정기관은 그 상대방에 대한 관계에서 그 규칙에 따라야 할 자기구속을 당하게 되는 경우에는 대외적인 구속력을 가지게 되는 바, 이러한 경우에는 헌법소원의 대상이 될 수도 있다. 헌법재판소 2001. 5. 31. 선고 99헌마413 결정 ★

5. 행정규칙으로 본 사례

판례

1. 한국수력원자력 주식회사가 조달하는 기자재, 용역 및 정비공사, 기기수리의 공급자에 대한 관리업무 절차를 규정함을 목적으로 제정·운용하고 있는 '공급자관리지침' 중 등록취소 및 그에 따른 일정 기간의 거래제한조치에 관한 규정들은 공공기관으로서 행정청에 해당하는 한국수력원자력 주식회사가 상위법령의 구체적 위임 없이 정한 것이어서 대외적 구속력이 없는 행정규칙이다. 대법원 2020. 5. 28. 선고 2017두66541 판결 ★

2. 국가를 당사자로 하는 계약에 관한 법률 및 그 시행령상의 입찰절차나 낙찰자 결정기준에 관한 규정은 국가가 사인과의 사이의 계약관계를 공정하고 합리적·효율적으로 처리할 수 있도록 관계 공무원이 지켜야 할 계약사무처리에 관한 필요한 사항을 규정한 것으로, 국가의 내부규정에 불과하다 할 것이다. 대법원 2001. 12. 11. 선고 2001다33604 판결 ★ **04**

3. 한국철도시설공단이 원고에 대하여 한 공사낙찰적격심사 감점처분의 근거로 내세운 규정은 한국철도시설공단의 공사낙찰적격심사세부기준 (중략) 공공기관의 내부규정에 불과하여 대외적 구속력이 없는 것임을 알 수 있다. 대법원 2014. 12. 24. 선고 2010두6700 판결 ★ **05**

정답
01 ○ 02 ○ 03 ○ 04 × 05 ○

4. 국토계획법 시행령 제56조 제1항 [별표 1의2] '개발행위허가기준'은 국토계획법 제58조 제3항의 위임에 따라 제정된 대외적으로 구속력 있는 법규명령에 해당한다. 그러나 국토계획법 시행령에 따라 국토교통부장관이 국토교통부 훈령으로 정한 '개발행위허가운영지침'은 (중략) 행정규칙에 불과하여 대외적 구속력이 없다. 대법원 2023. 2. 2. 선고 2020두43722 판결 ★
5. 서울특별시가 정한 개인택시운송사업면허지침은 재량권 행사의 기준으로 설정된 행정청의 내부의 사무처리준칙에 불과하므로, 대외적으로 국민을 기속하는 법규명령의 경우와는 달리 외부에 고지되어야만 효력이 발생하는 것은 아니다. 대법원 1997. 1. 21. 선고 95누12941 판결
6. 2006년 교육공무원 보수업무 등 편람. 대법원 2010. 12. 9. 선고 2010두16349 판결
7. 서울특별시 토지의 형질변경 등 행위허가 사무취급요령. 대법원 1999. 2. 23. 선고 98두17845 판결

IV 형식과 내용의 불일치

1. 개관 ★★★

형식		내용		성질
법규명령 (시행령, 시행규칙)	시행령	행정규칙		법규명령
	시행규칙	행정규칙	인허가의 기준	법규명령
			제재처분의 기준	행정규칙
행정규칙(고시, 훈령, 예규, 지침 등)		법규명령		법규명령

2. 법규명령 형식의 행정규칙

(1) 시행령 형식 : 법규명령

판례

1. 당해 처분의 기준이 된 주택건설촉진법시행령은 규정형식상 대통령령이므로 그 성질이 부령인 시행규칙이나 또는 지방자치단체의 규칙과 같이 통상적으로 행정조직 내부에 있어서의 행정명령에 지나지 않는 것이 아니라 대외적으로 국민이나 법원을 구속하는 힘이 있는 법규명령에 해당한다. 대법원 1997. 12. 26. 선고 97누15418 판결
2. 국토계획법 및 국토의 계획 및 이용에 관한 법률 시행령이 정한 이행강제금의 부과기준은 단지 상한을 정한 것에 불과한 것이 아니라, 위반행위 유형별로 계산된 특정 금액을 규정한 것이므로 행정청에 이와 다른 이행강제금액을 결정할 재량권이 없다고 보아야 한다. 대법원 2014. 11. 27. 선고 2013두8653 판결 **01**
3. 구 청소년보호법 시행령 제40조 [별표 6]의 위반행위의 종별에 따른 과징금 처분기준은 법규명령이기는 하나 (중략) 여러 요소를 종합적으로 고려하여 사안에 따라 적정한 과징금의 액수를 정하여야 할 것이므로 그 수액은 정액이 아니라 최고한도액이다. 대법원 2001. 3. 9. 선고 99두5207 판결 ★ **02**
4. 경찰공무원의 채용시험 또는 경찰간부후보생 공개경쟁선발시험에서 부정행위를 한 응시자에 대하여는 당해 시험을 정지 또는 무효로 하고, 그로부터 5년간 이 영에 의한 시험에 응시할 수 없도록 규정하고 있는 경찰공무원임용령 제46조 제1항은 행정청 내부의 사무처리기준을 규정한 재량준칙이 아니라 일반 국민이나 법원을 구속하는 법규명령에 해당하므로, 그에 의한 처분은 재량행위가 아니라 기속행위라고 한 사례. 대법원 2008. 5. 29. 선고 2007두18321 판결 **03**

OX 체크

01 「국토의 계획 및 이용에 관한 법률」 및 같은 법 시행령이 정한 이행강제금의 부과기준은 단지 상한을 정한 것에 불과한 것이므로 행정청에 이와 다른 이행강제금액을 결정할 재량권이 있다. ( )

02 구 「청소년보호법」 제49조 제1항, 제2항에 따른 동법 시행령 제40조 [별표 6]의 위반행위의 종별에 따른 과징금처분기준은 법규명령에 해당하고 과징금처분기준의 수액은 최고한도액이 아니라 정액이다. ( )

03 "경찰공무원의 채용시험 또는 경찰간부후보생 공개경쟁선발시험에서 부정행위를 한 응시자에 대하여는 당해 시험을 정지 또는 무효로 하고, 그로부터 5년간 이 영에 의한 시험에 응시할 수 없게 한다."라고 규정한 경찰공무원임용령 제46조 제1항은 그 수권형식과 내용에 비추어 이는 행정청 내부의 사무처리기준을 정한 재량준칙에 해당한다. ( )

정답
01 ✗   02 ✗   03 ✗

OX 체크

01 구 「여객자동차 운수사업법」 제11조 제4항의 위임에 따라 시외버스 운송사업의 사업계획변경에 관한 절차, 인가기준 등을 구체적으로 규정한 구 「여객자동차 운수사업법 시행규칙」 제31조 제2항 제1호 등은 행정청 내부의 사무처리준칙을 규정한 행정규칙에 불과하여 대외적 구속력이 없다. ( )

02 부령의 형식으로 정해진 제재적 행정처분의 기준은 그 규정의 성질과 내용이 행정청 내부의 사무처리준칙을 정한 것에 불과하므로 대외적으로 국민이나 법원을 구속하는 것은 아니다. ( )

03 구 「식품위생법 시행규칙」 제53조가 정한 [별표 15]의 행정처분기준은 구 「식품위생법」 제58조에 따른 영업허가의 취소 등에 관한 행정처분의 기준을 정한 것으로 대외적 구속력이 있다. ( )

04 헌법 제40조와 헌법 제75조, 제95조의 의미를 살펴보면, 의회가 구체적으로 범위를 정하여 위임한 사항에 관하여는 당해 행정기관이 법정립의 권한을 갖게 되고, 입법자가 규율의 형식도 선택할 수도 있다 할 것이다. ( )

05 헌법이 인정하고 있는 위임입법의 형식은 예시적인 것으로 보아야 할 것이고, 그것은 법률이 행정규칙에 위임하더라도 그 행정규칙은 위임된 사항만을 규율할 수 있으므로, 국회입법의 원칙과 상치되지도 않는다. ( )

정답
01 ✕ 02 ○ 03 ✕ 04 ○ 05 ○

---

(2) 시행규칙 형식으로 정한 **수익적** 인허가의 기준: **법규명령**

구 여객자동차 운수사업법 시행규칙 제31조 제2항 제1호, 제2호, 제6호는 구 여객자동차 운수사업법 제11조 제4항의 위임에 따라 시외버스운송사업의 사업계획변경에 관한 절차, 인가기준 등을 구체적으로 규정한 것으로서, 대외적인 구속력이 있는 법규명령이라고 할 것이고, 그것을 행정청 내부의 사무처리준칙을 규정한 행정규칙에 불과하다고 할 수는 없다. 대법원 2006. 6. 27. 선고 2003두4355 판결 ★★ **01**

(3) 시행규칙 형식으로 정한 **침익적** 제재처분의 기준: **행정규칙**

1. 제재적 행정처분의 기준이 부령 형식으로 규정되어 있더라도 그것은 행정청 내부의 사무처리준칙을 규정한 것에 지나지 않아 대외적으로 국민이나 법원을 기속하는 효력이 없다. 대법원 2019. 9. 26. 선고 2017두48406 판결 ★★★ **02**

2. 구 식품위생법시행규칙 제53조에서 [별표 15]로 식품위생법 제58조에 따른 행정처분의 기준을 정하였다고 하더라도 이는 형식만 부령으로 되어 있을 뿐, 그 성질은 행정기관 내부의 사무처리준칙을 정한 것으로서 행정명령의 성질을 가지는 것이고, 대외적으로 국민이나 법원을 기속하는 힘이 있는 것은 아니므로, 같은 법 제58조 제1항에 의한 처분의 적법 여부는 같은 법 시행규칙에 적합한 것인가의 여부에 따라 판단할 것이 아니라 같은 법의 규정 및 그 취지에 적합한 것인가의 여부에 따라 판단하여야 한다. 대법원 1995. 3. 28. 선고 94누6925 판결 ★ **03**

3. 입찰참가자격 제한기준을 정하고 있는 구 공기업·준정부기관 계약사무규칙(부령) 제15조 제2항, 국가를 당사자로 하는 계약에 관한 법률 시행규칙 제76조 제1항 [별표 2], 제3항. 대법원 2014. 11. 27. 선고 2013두18964 판결

4. 도로교통법시행규칙 제53조 제1항이 정한 [별표 16]의 운전면허행정처분기준. 대법원 1997. 5. 30. 선고 96누5773 판결

5. 자동차운수사업법 제31조 등의 규정에 의한 사업면허의 취소 등의 처분에 관한 규칙(부령). 대법원 1990. 1. 25. 선고 89누3564 판결

6. 교육공무원 징계양정 등에 관한 규칙(부령) 제2조 제1항 [별표]의 징계양정 기준. 대법원 2019. 12. 24. 선고 2019두48684 판결

3. 행정규칙 형식의 법규명령(법령보충규칙): **법규명령**

(1) 행정규칙 형식의 법규명령 제정 가부

- 헌법이 인정하고 있는 위임입법의 형식은 예시적인 것에 불과하므로, 법률이 법규명령이 아닌 행정규칙에 입법사항을 위임하는 것도 가능하다.

헌법 제40조와 헌법 제75조, 제95조의 의미를 살펴보면, 국회입법에 의한 수권이 입법기관이 아닌 행정기관에게 법률 등으로 구체적인 범위를 정하여 위임한 사항에 관하여는 당해 행정기관에게 법정립의 권한을 갖게 되고, 입법자가 규율의 형식도 선택할 수 있다 할 것이므로, 헌법이 인정하고 있는 위임입법의 형식은 예시적인 것으로 보아야 할 것이고, 그것은 법률이 행정규칙에 위임하더라도 그 행정규칙은 위임된 사항만을 규율할 수 있으므로, 국회입법의 원칙과 상치되지도 않는다. 헌법재판소 2006. 12. 28. 선고 2005헌바59 결정 ★ **04** **05**

(2) 법령보충규칙의 법적 성격

> **행정기본법 제2조(정의)**
> 이 법에서 사용하는 용어의 뜻은 다음과 같다.
> 1. "법령등"이란 다음 각 목의 것을 말한다.
>   가. 법령: 다음의 어느 하나에 해당하는 것 ★
>   1) 법률 및 대통령령·총리령·부령
>   2) 국회규칙·대법원규칙·헌법재판소규칙·중앙선거관리위원회규칙 및 감사원규칙
>   3) 1) 또는 2)의 위임을 받아 중앙행정기관(「정부조직법」 및 그 밖의 법률에 따라 설치된 중앙행정기관을 말한다. 이하 같다)의 장, 국회의장, 대법원장, 헌법재판소장, 중앙선거관리위원회위원장, 감사원장 등이 정한 훈령·예규 및 고시 등 행정규칙 **01**

- 법령보충규칙은 수권법령과 결합하여 대외적 구속력이 있는 법규명령으로서의 효력을 갖는다.

> **[판례]**
> 법령의 규정이 특정행정기관에게 그 법령내용의 구체적 사항을 정할 수 있는 권한을 부여하면서 그 권한행사의 절차나 방법을 특정하고 있지 아니한 관계로 수임행정기관이 행정규칙의 형식으로 그 법령의 내용이 될 사항을 구체적으로 정하고 있다면 그와 같은 행정규칙, 규정은 행정규칙이 갖는 일반적 효력으로서가 아니라, 행정기관에 법령의 구체적 내용을 보충할 권한을 부여한 법령규정의 효력에 의하여 그 내용을 보충하는 기능을 갖게 된다 할 것이므로 이와 같은 행정규칙, 규정은 당해 법령의 위임한계를 벗어나지 아니하는 한 그것들과 결합하여 대외적인 구속력이 있는 법규명령으로서의 효력을 갖게 된다. 대법원 1987. 9. 29. 선고 86누484 판결 ★★ **02**

- 그러나 법령의 위임을 받은 경우라도 위임에 따라 규율하는 내용이 단순히 행정적 편의를 도모하기 위한 것인 경우에는 법규명령이 아니라 행정규칙의 성질을 갖는 것으로 본다.

> **[판례]**
> 위와 같은 작성요령은 법률의 위임을 받은 것이기는 하나 법인세의 부과징수라는 행정적 편의를 도모하기 위한 절차적 규정으로서 단순히 행정규칙의 성질을 가지는 데 불과하여 과세관청이나 일반국민을 기속하는 것이 아니다(구 법인세법시행규칙 제45조 제3항 제6호에 따른 '소득금액조정합계표 작성요령'의 법적 성질을 행정규칙으로 본 사례). 대법원 2003. 9. 5. 선고 2001두403 판결 **03**

- 법령의 위임에 따라 행정규칙의 형식으로 재량권 행사의 기준을 정한 경우에도 당해 행정규칙은 재량준칙에 해당한다.

> **[판례]**
> 1. 위임근거인 산업재해보상보험법 시행령 [별표 3] '업무상 질병에 대한 구체적인 인정 기준'이 예시적 규정에 불과한 이상, 그 위임에 따른 고용노동부 고시(「뇌혈관 질병 또는 심장 질병 및 근골격계 질병의 업무상 질병 인정 여부 결정에 필요한 사항」) 또한 근로복지공단에 대하여 행정내부적으로 업무처리지침이나 법령의 해석·적용 기준을 정해주는 '행정규칙'이라고 보아야 한다. 대법원 2020. 12. 24. 선고 2020두39297 판결
> 2. 독점규제 및 공정거래에 관한 법령은 과징금 산정에 필요한 참작사유를 포괄적·예시적으로 규정하면서 구체적인 고려사항과 세부기준은 공정거래위원회의 고시에 위임하고 있음을 알 수 있다. (중략) 위 고시조항은 과징금 산정에 관한 재량권 행사의 기준으로 마련된 행정청 내부의 사무처리준칙, 즉 재량준칙이다. 대법원 2020. 11. 12. 선고 2017두36212 판결

OX 체크

01 중앙행정기관의 장이 정한 훈령·예규 및 고시 등 행정규칙은 상위 법령의 위임이 있다고 하더라도 「행정기본법」상의 '법령'에 해당하지 않는다. ( )

02 행정 각부의 장이 정하는 고시는 법령의 규정으로부터 구체적 사항을 정할 수 있는 권한을 위임받아 그 법령 내용을 보충하는 기능을 가진 경우라도 그 형식상 대외적으로 구속력을 갖지 않는다. ( )

03 대법원은 행정적 편의를 도모하기 위해 법령의 위임을 받아 제정된 절차적 규정을 법령보충적 행정규칙으로 본다. ( )

정답
01 ✗ 02 ✗ 03 ✗

(3) 법령보충규칙의 한계

- 법령보충규칙은 전문적·기술적 사항이나 경미한 사항으로서 업무의 성질상 위임이 불가피한 사항에 한정되어 인정된다(행정규제기본법 제4조 제2항 단서).

> **판례**
>
> 행정규칙은 법규명령과 같은 엄격한 제정 및 개정절차를 요하지 아니하므로, 재산권 등과 같은 기본권을 제한하는 작용을 하는 법률이 입법위임을 할 때에는 대통령령, 총리령, 부령 등 법규명령에 위임함이 바람직하고, 고시와 같은 형식으로 입법위임을 할 때에는 적어도 행정규제기본법 제4조 제2항 단서에서 정한 바와 같이 법령이 전문적·기술적 사항이나 경미한 사항으로서 업무의 성질상 위임이 불가피한 사항에 한정된다 할 것이고, 그러한 사항이라 하더라도 포괄위임금지의 원칙상 법률의 위임은 반드시 구체적·개별적으로 한정된 사항에 대하여 행하여져야 한다. 헌법재판소 2016. 2. 25. 선고 2015헌바191 결정 ★

- 법령보충규칙은 법규명령의 성격을 가지므로, 법규명령의 한계에 관한 법리가 그대로 적용된다.

> **판례**
>
> 1. 고시가 비록 법령에 근거를 둔 것이더라도 규정 내용이 법령의 위임 범위를 벗어난 것일 경우에는 법규명령으로서의 대외적 구속력을 인정할 여지는 없다. 대법원 2016. 8. 17. 선고 2015두51132 판결
> 2. 법률의 위임 규정 자체가 의미 내용을 정확하게 알 수 있는 용어를 사용하여 위임의 한계를 분명히 하고 있는데도 고시에서 문언적 의미의 한계를 벗어났다든지, 위임 규정에서 사용하고 있는 용어의 의미를 넘어 범위를 확장하거나 축소함으로써 위임 내용을 구체화하는 단계를 벗어나 새로운 입법을 한 것으로 평가할 수 있다면, 이는 위임의 한계를 일탈한 것으로서 허용되지 아니한다. 대법원 2016. 8. 17. 선고 2015두51132 판결

(4) 시행규칙으로 정할 사항을 행정규칙으로 정한 경우

- 상위법령에서 세부사항 등을 시행규칙으로 정하도록 위임하였음에도 이를 고시 등 행정규칙으로 정한 경우, 대외적 구속력을 가지는 법규명령으로서의 효력이 인정되지 않는다.

> **판례**
>
> 법령의 규정이 특정 행정기관에게 법령 내용의 구체적 사항을 정할 수 있는 권한을 부여하면서 권한행사의 절차나 방법을 특정하지 아니한 경우에는 수임 행정기관은 행정규칙이나 규정 형식으로 법령 내용이 될 사항을 구체적으로 정할 수 있다. 이 경우 행정규칙 등은 당해 법령의 위임한계를 벗어나지 않는 한 대외적 구속력이 있는 법규명령으로서 효력을 가지게 되지만, 이는 행정규칙이 갖는 일반적 효력이 아니라 행정기관에 법령의 구체적 내용을 보충할 권한을 부여한 법령 규정의 효력에 근거하여 예외적으로 인정되는 것이다. 따라서 그 행정규칙이나 규정이 상위법령의 위임범위를 벗어난 경우에는 법규명령으로서 대외적 구속력을 인정할 여지는 없다.
>
> 이는 행정규칙이나 규정 '내용'이 위임범위를 벗어난 경우뿐 아니라 상위법령의 위임규정에서 특정하여 정한 권한행사의 '절차'나 '방식'에 위배되는 경우도 마찬가지이므로, 상위법령에서 세부사항 등을 시행규칙으로 정하도록 위임하였음에도 이를 고시 등 행정규칙으로 정하였다면 그 역시 대외적 구속력을 가지는 법규명령으로서 효력이 인정될 수 없다. 대법원 2012. 7. 5. 선고 2010다72076 판결 ★★

판례

'선정기준액'은 기초연금 수급자가 65세 이상인 사람 중 100분의 70 수준이 되도록 정해야 하는 것으로, 이는 전체 노인가구의 소득·재산 수준과 생활실태를 다양한 자료에 의해 파악한 다음 이를 통계화하여 분석하고 그 밖에 물가상승률, 국가재정상황 등도 종합적으로 고려하여 전문적·기술적으로 판단할 수밖에 없는데 그러한 판단을 하려면 고도의 전문성이 필요하므로, 이러한 내용을 법규명령이 아닌 보건복지부 고시에 위임하는 것은 허용된다. 헌법재판소 2016. 2. 25. 선고 2015헌바191 결정

OX 체크

01 법률이 일정한 사항을 고시와 같은 행정규칙에 위임하는 것은 전문적·기술적 사항이나 경미한 사항으로서 업무의 성질상 위임이 불가피한 사항에 한정된다. ( )

02 법령의 규정이 특정 행정기관에게 법령 내용의 구체적 사항을 정할 수 있는 권한을 부여하면서 권한행사의 절차나 방법을 특정하지 아니한 경우에는 수임 행정기관은 행정규칙으로 법령 내용이 될 사항을 구체적으로 정할 수 있다. ( )

03 상위법령에서 세부사항 등을 시행규칙으로 정하도록 위임하였으나, 이를 고시 등 행정규칙으로 정하였더라도 이는 대외적 구속력을 가지는 법규명령으로서 효력이 인정된다. ( )

정답
01 ○ 02 ○ 03 ✗

(5) 공포 요부

- 법령보충규칙은 법규명령의 성질을 가지나 그 형식이 행정규칙인 이상 법규명령과 달리 그 효력을 발함에 있어 공포를 요하지 않는다.

법령보충규칙은 그 자체가 법령은 아니고 행정규칙에 지나지 않으므로 적당한 방법으로 이를 일반인 또는 관계인에게 표시 또는 통보함으로써 그 효력이 발생한다. 대법원 1993. 11. 23. 선고 93도662 판결

(6) 법령보충규칙으로 본 사례

1. 금융위원회의 설치 등에 관한 법률 제60조의 위임에 따라 금융위원회가 고시한 '금융기관 검사 및 제재에 관한 규정' 제18조 제1항. 대법원 2019. 5. 30. 선고 2018두52204 판결 ★ 01
2. 구 국민건강보험법의 위임에 따라 보건복지부장관이 정하여 고시한 '요양급여의 적용기준 및 방법에 관한 세부사항' 중 '요양기관의 시설·인력 및 장비 등의 공동이용 시 요양급여비용 청구에 관한 사항' 부분. 대법원 2021. 1. 14. 선고 2020두38171 판결
3. 보건사회부장관이 정한 1994년도 노인복지사업지침. 대법원 1996. 4. 12. 선고 95누7727 판결
4. 택지개발업무처리지침. 대법원 2008. 3. 27. 선고 2006두3742,3759 판결
5. 산업자원부장관이 공업배치 및 공장설립에 관한 법률 제8조의 규정에 따라 공장입지의 기준을 구체적으로 정한 고시. 대법원 2003. 9. 26. 선고 2003두2274 판결
6. 보건사회부장관의 고시인 식품제조영업허가기준. 대법원 1994. 3. 8. 선고 92누1728 판결
7. 한국표준산업분류. 헌법재판소 2006. 12. 28. 선고 2005헌바59 결정
8. 구 지방공무원보수업무 등 처리지침 [별표 1] '직종별 경력환산율표 해설'이 정한 민간근무경력의 호봉 산정에 관한 부분. 대법원 2016. 1. 28. 선고 2015두53121 판결 02
9. 국세청장의 훈령 형식으로 제정된 재산제세조사사무처리규정. 대법원 1988. 5. 10. 선고 87누1028 판결
10. 공익사업을 위한 토지 등의 취득 및 보상에 관한 법률 제68조 제3항의 위임에 따라 협의취득의 보상액 산정에 관한 구체적 기준을 정하고 있는 공익사업을 위한 토지 등의 취득 및 보상에 관한 법률 시행규칙. 대법원 2012. 3. 29. 선고 2011다104253 판결

OX 체크

01 「금융위원회의 설치 등에 관한 법률」에 따라 금융위원회가 고시한 '금융기관 검사 및 제재에 관한 규정' 제18조 제1항은 위 법률의 위임에 따라 법령의 내용이 될 사항을 구체적으로 정한 것으로서, 그 위임 한계를 벗어나지 않는다면 그와 결합하여 대외적으로 구속력이 있는 법규명령의 효력을 가진다. ( )

02 구「지방공무원보수업무 등 처리지침」[별표 1] '직종별 경력환산율표 해설'이 정한 민간근무경력의 호봉 산정에 관한 부분은 「지방공무원법」과 구「지방공무원 보수규정」[별표 3]의 단계적 위임에 따라 행정규칙의 형식으로 법령의 내용이 될 사항을 구체적으로 정한 것이고, 법령의 내용 및 취지에 저촉된다거나 위임 한계를 벗어났다고 보기 어렵다면, 대외적 구속력이 있는 법규명령으로서의 효력을 갖는다. ( )

정답
01 O 02 O

Chapter 02 행정행위의 내용

주제 3 행정행위 및 기속행위와 재량행위

I 행정행위

1. 의의

- 행정행위는 강학상(학술상) 용어로서, 실정법이나 실무에서는 '처분', '행정처분'이라는 용어로 사용되고 있다.
- 행정행위란 행정청이 구체적 사실에 관하여 행하는 법 집행으로서 공권력의 행사를 말한다. ✦

2. 행정행위의 개념요소

> 행정기본법 제2조 【정의】
> 이 법에서 사용하는 용어의 뜻은 다음과 같다.
> 4. "처분"이란 행정청이 구체적 사실에 관하여 행하는 법 집행으로서 공권력의 행사 또는 그 거부와 그 밖에 이에 준하는 행정작용을 말한다.

(1) 행정청의 행위

- 행정청이란 행정에 관한 의사를 결정하여 표시하는 국가 또는 지방자치단체의 기관 및 그 밖에 법령 등에 따라 행정에 관한 의사를 결정하여 표시하는 권한을 가지고 있거나 그 권한을 위임 또는 위탁받은 공공단체 또는 그 기관이나 사인을 말한다.

(2) 구체적 사실에 관한 행위

- 규율 대상인 사람이 특정인인 경우를 '개별적', 불특정 다수인인 경우를 '일반적'이라 한다.
- 규율 대상인 사건이 특정 사건인 경우를 '구체적', 불특정 사건인 경우를 '추상적'이라 한다.
- 처분은 추상적 사실이 아닌 구체적 사실을 규율하는 행위로서, 개별적·구체적 행위 및 일반적·구체적 행위(일반처분) 모두 처분에 해당할 수 있다.

> **판례**
> 1. 구 청소년보호법에 따른 **청소년유해매체물 결정 및 고시처분**은 당해 유해매체물의 소유자 등 특정인만을 대상으로 한 행정처분이 아니라 일반 불특정 다수인을 상대방으로 하여 일률적으로 표시의무, 포장의무, 청소년에 대한 판매·대여 등의 금지의무 등 각종 의무를 발생시키는 행정처분이다. 대법원 2007. 6. 14. 선고 2004두619 판결 **01**
> 2. 도로교통법 제10조 제1항의 취지에 비추어 볼 때, 지방경찰청장이 **횡단보도를 설치**하여 보행자의 통행방법 등을 규제하는 것은 행정청이 특정사항에 대하여 의무의 부담을 명하는 행위이고 이는 국민의 권리의무에 직접 관계가 있는 행위로서 행정처분이라고 보아야 할 것이다. 대법원 2000. 10. 27. 선고 98두8964 판결 ★ **02**

OX 체크

01 청소년유해매체물 결정 및 고시처분은 항고소송의 대상이 되는 행정처분에 해당한다. ( )

02 시·도경찰청장이 횡단보도를 설치하여 보행자 통행방법 등을 규제하는 것은 국민의 권리·의무에 직접 관계가 있는 행위로서 행정처분이다. ( )

✦ 통설인 '이원설'은 행정소송법에서 말하는 '처분'은 '그 밖에 이에 준하는 행정작용(권력적 사실행위)'을 포함하는 것으로서, 법적 행위만을 의미하는 행정행위보다 더 넓은 개념이라고 한다.

01 ○ 02 ○

(3) 법 집행행위

- 법 집행행위란 외부에 대하여 직접 법적 효과를 발생시키는 행위, 즉 국민의 권리와 의무에 대하여 직접 영향을 미치는 행위를 말한다.
- 따라서 행정조직 내부의 행위나 국민의 권리·의무에 영향을 미치지 않는 사실행위는 행정행위가 아니다.

(4) 공권력적 행위

- 행정행위는 공권력의 행사로서 행정청이 우월한 지위에서 일방적으로 국민에게 권리를 부여하거나 의무를 명하는 행위이다.
- 따라서 비권력적 행위인 공법상 계약, 행정지도 등은 행정행위가 아니고, 조달계약 체결과 같은 사법형식의 행정작용 또한 행정행위가 아니다.

3. 종류

(1) 침익적·수익적 행정행위

- 침익적 행정행위란 상대방의 권리를 제한하거나 상대방에게 의무를 부과하는 행정행위를 말한다.
- 수익적 행정행위란 상대방에게 이익을 부여하는 행정행위를 말한다.
- 복효적 행정행위란 하나의 행위가 이익과 불이익의 효과를 동시에 발생시키는 행정행위를 말하며, 특히 일방에는 이익이 타방에는 불이익이 귀속되는 경우를 제3자효를 수반하는 행정행위라 한다.

(2) 대인적·대물적 행정행위

- 대인적 행정행위란 사람을 대상으로 하여 행해지는 행정행위를 말하며, 일신전속적 성격으로 인해 원칙적으로 제3자에게 승계될 수 없다.
- 대물적 행정행위란 사물을 대상으로 하여 행해지는 행정행위를 말하며, 원칙적으로 제3자에게 승계될 수 있다.

> **판례**
>
> 1. 건축허가는 대물적 허가의 성질을 가지는 것으로 그 허가의 효과는 허가대상 건축물에 대한 권리변동에 수반하여 이전되고, 별도의 승인처분에 의하여 이전되는 것이 아니며, 건축주 명의변경은 당초의 허가대장상 건축주 명의를 바꾸어 등재하는 것에 불과하므로 행정소송의 대상이 될 수 없다. 대법원 1979. 10. 30. 선고 79누190 판결 ★ 01
> 2. 건축허가는 대물적 성질을 갖는 것이어서 행정청으로서는 허가를 할 때에 건축주 또는 토지 소유자가 누구인지 등 인적 요소에 관하여는 형식적 심사만 한다. 대법원 2017. 3. 15. 선고 2014두41190 판결 ★ 02

OX 체크

01 건축허가는 대물적 허가에 해당하므로, 허가의 효과는 허가대상 건축물에 대한 권리변동에 수반하여 이전되고 별도의 승인처분에 의하여 이전되는 것은 아니다. (   )

02 건축허가는 대물적 성질을 갖는 것이어서 행정청으로서는 허가를 할 때에 건축주 또는 토지 소유자가 누구인지 등 인적 요소에 관하여는 형식적 심사만 한다. (   )

정답
01 ○   02 ○

Ⅱ 기속행위와 재량행위

1. 의의

(1) 기속행위
- 법에서 정한 일정한 요건이 충족되면 행정청이 결정(선택)의 여지없이 반드시 어떠한 행위를 해야 하거나 하지 말아야 하는 행정행위를 말한다.

(2) 재량행위
- 법규의 해석상 행정청에게 어떠한 행위를 할 것인지 여부(결정재량)와, 만약 한다면 어떤 종류의 행위를 선택할 것인지 여부(선택재량)에 대한 결정·선택권이 주어진 행정행위를 말한다.

(3) 기속재량행위
- 법이 정한 요건을 충족하면 원칙적으로 신청에 따른 처분을 해야 하는 기속행위지만, 예외적으로 중대한 공익상 필요가 있는 경우 등에는 신청을 받아들이지 않는 거부처분을 할 수 있는 행정행위를 말한다.

> **판례**
>
> 1. 건축허가권자는 건축허가신청이 건축법 등 관계 법규에서 정하는 어떠한 제한에 배치되지 않는 이상 당연히 같은 법조에서 정하는 건축허가를 하여야 하고, 중대한 공익상의 필요가 없는데도 관계 법령에서 정하는 제한사유 이외의 사유를 들어 요건을 갖춘 자에 대한 허가를 거부할 수는 없다. 대법원 2009. 9. 24. 선고 2009두8946 판결 ★★ **01**
> 2. 구 대기환경보전법상 배출시설 설치허가를 기속재량행위로 본 사례. 대법원 2013. 5. 9. 선고 2012두22799 판결
> 3. 주유소등록신청을 받은 행정청은 주유소설치등록신청이 석유사업법, 같은 법 시행령, 혹은 위 시행령의 위임을 받은 시·지사의 고시 등 관계 법규에 정하는 제한에 배치되지 않고, 그 신청이 법정등록 요건에 합치되는 경우에는 특별한 사정이 없는 한 이를 수리하여야 하고, 관계 법령에서 정하는 제한사유 이외의 사유를 들어 등록을 거부할 수는 없는 것이나, 심사결과 관계 법령상의 제한 이외의 중대한 공익상 필요가 있는 경우에는 그 수리를 거부할 수 있다. 대법원 1998. 9. 25. 선고 98두7503 판결
> 4. 채광계획인가는 기속재량행위에 속하는 것으로 보아야 한다. 대법원 1997. 6. 13. 선고 96누12269 판결
> 5. 산림법 부칙에 의한 형질변경허가 등 산림의 용도변경에 필요한 처분은 기속행위가 아닌 기속재량행위이다. 대법원 1998. 9. 25. 선고 97누19564 판결 **02**

(4) 구별기준 : 법문언기준설
- 일차적으로 당해 행정행위의 근거가 된 법규의 문언·형식·체계를 기준으로 구별한다. 다만, 법규의 내용이 명확하지 않는 경우 행정행위의 목적·효과·특성·상대방 등 행정행위와 관련된 일체의 사정을 부수적으로 고려하여 판단한다.
- 수익적 행정행위는 원칙적으로 재량행위인 것으로 본다.

OX체크

01 건축허가권자는 중대한 공익상의 필요가 없음에도 관계 법령에서 정하는 제한사유 이외의 사유를 들어 건축허가 요건을 갖춘 자에 대한 허가를 거부할 수 있다. ( )

02 산림형질변경허가시 법령상의 금지 또는 제한지역에 해당하지 않더라도 국토 및 자연의 유지와 상수원 수질과 같은 환경의 보전 등을 위한 중대한 공익상의 필요가 있을 경우 그 허가를 거부할 수 있다. ( )

정답
01 × 02 ○

1. 행정행위가 그 재량성의 유무 및 범위와 관련하여 이른바 기속행위 내지 기속재량행위와 재량행위 내지 자유재량행위로 구분된다고 할 때, 그 구분은 당해 행위의 근거가 된 법규의 체계·형식과 그 문언, 당해 행위가 속하는 행정 분야의 주된 목적과 특성, 당해 행위 자체의 개별적 성질과 유형 등을 모두 고려하여 판단하여야 한다. 대판 2001. 2. 9. 선고 98두17593 판결 **01**
2. 개발제한구역 내에서의 예외적인 개발행위의 허가는 상대방에게 수익적인 것이 틀림이 없으므로 그 법률적 성질은 재량행위 내지 자유재량행위에 속하는 것이다. 대판 2004. 3. 25. 선고 2003두12837 판결

2. 구별 실익

(1) 사법심사의 방식 ✦

행정행위를 기속행위와 재량행위로 구분하는 경우 양자에 대한 사법심사는, 기속행위의 경우 그 법규에 대한 원칙적인 기속성으로 인하여 법원이 사실인정과 관련 법규의 해석·적용을 통하여 일정한 결론을 도출한 후 그 결론에 비추어 행정청이 한 판단의 적법 여부를 독자의 입장에서 판정하는 방식에 의하게 되나, 재량행위의 경우 행정청의 재량에 기한 공익판단의 여지를 감안하여 법원은 독자의 결론을 도출함이 없이 당해 행위에 재량권의 일탈·남용이 있는지 여부만을 심사하게 되고, 이러한 재량권의 일탈·남용 여부에 대한 심사는 사실오인, 비례·평등의 원칙 위배 등을 그 판단 대상으로 한다. 대법원 2005. 7. 14. 선고 2004두6181 판결 ★★★ **02 03 04**

(2) 부관의 부가가능성

- 기속행위 또는 기속재량행위에는 법령에 특별한 근거가 없는 한 부관을 부가할 수 없는 반면, 재량행위에는 부관을 부가할 수 있다.

기속행위에 대하여는 법령상 특별한 근거가 없는 한 부관을 붙일 수 없고 가사 부관을 붙였다 하더라도 이는 무효이다. 대법원 1993. 7. 27. 선고 92누13998 판결 ★★★

(3) 법원의 통제 범위

- 기속행위는 행정권 행사에 잘못이 있는 경우 곧바로 위법한 행위가 되므로 법원의 통제 대상이 된다.
- 재량행위는 재량권의 한계를 넘어 위법한 것으로 되지 않는 한 설령 부당한 행위가 될지라도 법원에 의해 통제되지 않는다.

(4) 선원주의

- 선원주의란 경원관계에 있어서 요건을 충족한 자가 여러 명인 경우 먼저 신청한 자에게 효과를 부여하여야 하는 원칙을 말한다.
- 기속행위의 경우 선원주의가 적용되지만, 재량행위의 경우 선원주의가 적용되지 않는다.

OX 체크

01 기속행위와 재량행위의 구분은 당해 행위의 근거가 된 법규의 체재·형식과 그 문언, 당해 행위가 속하는 행정 분야의 주된 목적과 특성, 당해 행위 자체의 개별적 성질과 유형 등을 모두 고려하여 판단하여야 한다. ( )

02 기속행위의 경우 법원이 사실인정과 관련 법규의 해석·적용을 통하여 일정한 결론을 도출한 후 그 결론에 비추어 행정청이 한 판단의 적법 여부를 독자의 입장에서 판정한다. ( )

03 재량행위에 대한 사법심사의 경우 법원은 행정청의 재량에 기한 공익판단의 여지를 감안하면서 독자적인 결론을 도출한 후 당해 행위에 재량권의 일탈·남용이 있는지 여부를 심사하여야 한다. ( )

04 재량행위에 대한 법원의 심사는 재량권의 일탈 또는 남용 및 재량권의 한계 내에서의 행정청의 판단, 즉 합목적성 내지 공익성의 판단 등을 대상으로 한다. ( )

✦ 사법심사와 관련하여, 기속행위는 원칙적으로 일부취소 판결이 가능하나, 재량행위는 원칙적으로 일부취소 판결이 불가능하다는 점에서도 중요한 차이가 존재한다(자세한 내용은 후술함).

정답
01 ○ 02 ○ 03 ✕ 04 ✕

3. 재량의 한계

(1) 의의

> **행정기본법 제21조 【재량행사의 기준】**
> 행정청은 재량이 있는 처분을 할 때에는 관련 이익을 정당하게 형량하여야 하며, 그 재량권의 범위를 넘어서는 아니 된다.
>
> **행정소송법 제27조 【재량처분의 취소】**
> 행정청의 재량에 속하는 처분이라도 재량권의 한계를 넘거나 그 남용이 있는 때에는 법원은 이를 취소할 수 있다.

- 행정청에 재량이 부여된 경우에도 그 재량은 일정한 한계 내에서 행사되어야 하며, 재량권 행사가 이러한 한계를 넘는 경우에는 위법한 재량행사가 되어 사법심사의 대상이 된다.
- 재량의 외적 한계를 벗어난 경우를 재량의 일탈, 재량의 내적 한계를 벗어난 경우를 남용이라 한다.

판례

1. 재량행위에 대한 법원의 사법심사는 당해 행위가 사실오인, 비례·평등의 원칙 위배, 당해 행위의 목적 위반이나 부정한 동기 등에 근거하여 이루어짐으로써 재량권을 일탈·남용한 위법이 있는지 여부만을 심사하게 되는 것이나, 법원의 심사결과 행정청의 재량행위가 사실오인 등에 근거한 것이라고 인정된다면 이는 재량권을 일탈·남용한 것으로서 위법하여 그 취소를 면치 못한다. 대법원 2001. 7. 27. 선고 99두2970 판결 ★ 01

2. [1] 처분의 근거 법령이 행정청에 처분의 요건과 효과 판단에 일정한 재량을 부여하였는데도, 행정청이 자신에게 재량권이 없다고 오인한 나머지 처분으로 달성하려는 공익과 그로써 처분상대방이 입게 되는 불이익의 내용과 정도를 전혀 비교형량 하지 않은 채 처분을 하였다면, 이는 재량권 불행사로서 그 자체로 재량권 일탈·남용으로 해당 처분을 취소하여야 할 위법사유가 된다. ★★ 02
[2] (병무청장이 법무부장관에게 '가수 갑이 공연을 위하여 국외여행허가를 받고 출국한 후 미국 시민권을 취득함으로써 사실상 병역의무를 면탈하였다'는 이유로 입국 금지를 요청함에 따라 법무부장관이 갑의 입국금지결정을 하였는데, 갑이 재외공관의 장에게 재외동포(F-4) 체류자격의 사증발급을 신청하자 재외공관장이 처분이유를 기재한 사증발급 거부처분서를 작성해 주지 않은 채 갑의 아버지에게 전화로 사증발급이 불허되었다고 통보한 사안에서) 재외공관장이 자신에게 주어진 재량권을 전혀 행사하지 않고 오로지 13년 7개월 전에 입국금지결정이 있었다는 이유만으로 그에 구속되어 사증발급 거부처분을 한 것이 비례의 원칙에 반하는 것인지 판단했어야 함에도, 입국금지결정에 따라 사증발급 거부처분을 한 것이 적법하다고 본 원심판단에 법리를 오해한 잘못이 있다고 한 사례. 대법원 2019. 7. 11. 선고 2017두38874 판결

3. 행정청이 제재처분 양정을 하면서 공익과 사익의 형량을 전혀 하지 않았거나 이익형량의 고려대상에 마땅히 포함하여야 할 사항을 누락한 경우 또는 이익형량을 하였으나 정당성·객관성이 결여된 경우에는 제재처분은 재량권을 일탈·남용한 것이라고 보아야 한다. 처분상대방에게 법령에서 정한 임의적 감경사유가 있는 경우에, 행정청이 감경사유까지 고려하고도 감경하지 않은 채 개별처분기준에서 정한 상한으로 처분을 한 경우에는 재량권을 일탈·남용하였다고 단정할 수는 없으나, 행정청이 감경사유를 전혀 고려하지 않았거나 감경사유에 해당하지 않는다고 오인하여 개별처분기준에서 정한 상한으로 처분을 한 경우에는 마땅히 고려대상에 포함하여야 할 사항을 누락하였거나 고려대상에 관한 사실을 오인한 경우에 해당하여 재량권을 일탈·남용한 것이라고 보아야 한다. 대법원 2020. 6. 25 선고 2019두52980 판결 ★

OX 체크

01 사실의 존부에 대한 판단에도 재량권이 인정될 수 있으므로, 사실을 오인하여 재량권을 행사한 경우라도 처분이 위법한 것은 아니다. ( )

02 처분의 근거 법령이 행정청에 처분의 요건과 효과 판단에 관하여 일정한 재량을 부여하였는데도, 행정청이 자신에게 재량권이 없다고 오인하여 전혀 비교형량하지 않은 채 처분을 하였다면, 이는 재량권 불행사로서 그 자체로 재량권 일탈·남용에 해당한다. ( )

정답
01 ✕   02 ○

4. 제재적 행정처분이 사회통념상 재량권의 범위를 일탈하였거나 남용하였는지 여부는 처분사유로 된 위반행위의 내용과 당해 처분행위에 의하여 달성하려는 공익목적 및 이에 따르는 제반 사정 등을 객관적으로 심리하여 <u>공익침해의 정도와 그 처분으로 인하여 개인이 입게 될 불이익을 비교·교량하여 판단하여야 한다.</u> 대법원 2001. 3. 9. 선고 99두5207 판결

5. 한정면허의 갱신 여부에 관하여 <u>신규로 면허를 신청하는 경우보다 훨씬 중대한 이해관계를 갖는다.</u> 따라서 <u>이러한 사정은</u> 한정면허의 내용, 그 경위와 목적, 종전 한정면허 당시와 비교한 사정변경 여부 등과 함께 한정면허의 갱신 여부를 심사하는 과정에서 고려대상에 포함되어야 한다. 대법원 2020. 6. 11. 선고 2020두34384 판결

6. 공법상 계약 체결에 따른 권리를 취득한 상대방이 그러한 권리의 실질적 보장을 위한 방법의 하나로 공법상 계약의 상대방 측인 행정청을 상대로 수익적 행정행위를 신청하였고 그러한 신청이 공법상 계약에 따른 권리·의무의 이행방식에 위배되는 것이 아니라면, 수익적 행정행위 형식으로 공법상 계약의 권리를 실현시키기 어려운 사정변경이 생겼거나 중대한 공익상의 필요가 발생한 경우와 같이 <u>특별한 사정이 없는 이상,</u> 행정청으로서는 수익적 행정행위에 관한 재량권을 <u>공법상 계약에 반하지 않는 범위에서</u> 행사하여야 한다. 대법원 2025. 2. 27. 선고 2024두47890 판결

7. 만약 행정청이 과거 상대방에게 한 특정한 처분으로 인하여 그에게 <u>유리한 사실관계가 형성되었음을 인식하고 있었음에도</u> 이를 반영하지 않은 채 재량권을 행사하였다면, 이는 행정청의 <u>사실오인</u>에 기초한 것으로서 재량권 일탈·남용에 해당하여 위법하다. 행정청이 상대방에게 그와 같은 사실관계에 관한 자료의 제출을 요청하였으나 그가 이를 제대로 이행하지 않은 경우라고 하더라도, 그러한 사정으로 인하여 행정청이 사실오인을 일으켰다는 등의 <u>특별한 사정이 없는 한,</u> 마찬가지라고 할 것이다. 대법원 2025. 3. 13. 선고 2024두58692 판결

(2) 재량의 일탈·남용을 인정한 사례

1. 행정청이 면허발급 여부를 심사함에 있어서 <u>이미 설정된 면허기준의 해석상 당해 신청이 면허발급의 우선순위에 해당함이 명백함에도</u> 이를 제외시켜 면허거부처분을 하였다면 특별한 사정이 없는 한 그 거부처분은 재량권을 남용한 위법한 처분이 된다. 대법원 2010. 1. 28. 선고 2009두19137 판결 ★ 01

2. 경찰공무원에 대한 징계위원회의 심의과정에 감경사유에 해당하는 공적 사항이 제시되지 아니한 경우에는 그 징계양정이 <u>결과적으로 적정한지와 상관없이</u> 이는 관계 법령이 정한 징계절차를 지키지 않은 것으로서 <u>위법하다.</u> 대법원 2012. 10. 11. 선고 2012두13245 판결 02

3. 주유소 영업의 양도인이 등유가 섞인 유사휘발유를 판매한 바를 <u>모르고</u> 이를 양수한 석유판매 영업자에게 전 운영자인 양도인의 위법사유를 들어 사업정지기간 중 <u>최장기인 6월의 사업정지</u>에 처한 영업정지처분이 석유사업법에 의하여 실현시키고자 하는 공익목적의 실현보다는 양수인이 입게 될 손실이 훨씬 커서 재량권을 일탈한 것으로서 위법하다. 대법원 1992. 2. 25. 선고 91누13106

4. 요양급여비용을 징수할 때 <u>고려해야 할 사항을 고려하지 않고</u> 의료기관의 개설명의자나 비의료인 개설자를 상대로 요양급여비용 전액을 징수하는 것은 다른 특별한 사정이 없는 한 <u>비례의 원칙에 위배되어 재량권을 일탈·남용한 것으로 볼 수 있다.</u> 대법원 2020. 7. 9. 선고 2018두44838 판결

OX 체크

01 행정청이 개인택시운송사업면허 발급 여부를 심사함에 있어서 이미 설정된 면허기준의 해석상 당해 신청이 면허발급의 우선순위에 해당함이 명백함에도 면허거부처분을 하였다면 특별한 사정이 없는 한 그 거부처분은 위법한 처분이 된다. ( )

02 경찰공무원에 대한 징계위원회 심의과정에서 감경사유에 해당하는 공적(功績) 사항이 제시되지 아니한 경우에는 징계양정 결과가 적정한지 여부와 무관하게 징계처분은 위법하다. ( )

정답
01 O   02 O

(3) 재량의 일탈·남용을 부정한 사례

1. 음주운전으로 인한 교통사고를 방지할 공익상의 필요는 매우 크다 아니할 수 없으므로, 음주운전 내지 그 제재를 위한 음주측정 요구의 거부 등을 이유로 한 자동차운전면허의 취소에 있어서는 일반의 수익적 행정행위의 취소와는 달리 그 취소로 인하여 입게 될 당사자의 개인적인 불이익보다는 이를 방지하여야 하는 일반예방적인 측면이 더욱 강조되어야 할 것이고, 특히 당해 운전자가 영업용 택시를 운전하는 등 자동차 운전을 업으로 삼고 있는 자인 경우에는 더욱 그러하다. 대법원 1995. 9. 26. 선고 95누6069 판결 ★ 01

2. (지방공무원 복무조례개정안에 대한 의견을 표명하기 위하여 전국공무원노동조합 간부 10여 명과 함께 시장의 사택을 방문한 위 노동조합 시지부 사무국장에게 지방공무원법 제58조에 정한 집단행위 금지의무를 위반하였다는 등의 이유로 징계권자가 파면처분을 한 사안에서) 그 징계처분이 사회통념상 현저하게 타당성을 잃거나 객관적으로 명백하게 부당하여 징계권의 한계를 일탈하거나 재량권을 남용하였다고 볼 수 없다. 대법원 2009. 6. 23. 선고 2006두16786 판결

3. 생물학적 동등성 시험 자료 일부에 조작이 있음을 이유로 해당 의약품의 회수 및 폐기를 명한 행정처분이 재량권을 일탈·남용하여 위법하다고 볼 수 없다. 대법원 2008. 11. 13. 선고 2008두8628 판결 02

4. (생활협동조합의 명의를 빌려 의료기관을 개설한 실질적 개설자인 원고에 대하여 국민건강보험법에 의거하여 위 의료기관에 지급된 요양급여비용 전액을 징수한 사안에서) 의료기관의 실질적 개설자에 대한 부당이득징수처분은 재량행위에 해당하고, 실질적 개설자인 비의료인에 대하여 요양급여비용 전액을 징수하는 것은 (중략) 재량권 일탈·남용에 해당하지 않는다. 대법원 2020. 6. 11. 선고 2018두37250 판결 03

5. 경찰공무원이 담당사건의 고소인으로부터 금품을 수수하고 향응과 양주를 제공받았으며 이를 은폐하기 위하여 고소인을 무고하는 범죄행위를 하였다는 사유로 해임처분을 받은 경우, 위 징계사유 중 금품수수사실이 인정되지 않더라도 나머지 징계사유만으로도 해임처분의 타당성이 인정되어 재량권의 범위를 일탈·남용한 것이 아니라고 한 사례. 대법원 2002. 9. 24. 선고 2002두6620 판결

6. 수입 녹용 중 전지 3대를 절단부위로부터 5cm까지의 부분을 절단하여 측정한 회분함량이 기준치를 0.5% 초과하였다는 이유로 수입 녹용 전부에 대하여 전량 폐기 또는 반송처리를 지시한 처분은 재량권을 일탈·남용한 경우에 해당하지 않는다. 대법원 2006. 4. 14. 선고 2004두3854 판결 04

4. 구체적 판례

(1) 기속행위로 본 사례

1. 육아휴직 중인 여성 교육공무원이 출산휴가 요건을 갖추어 복직신청을 하는 경우는 물론 그 이전에 미리 출산을 이유로 복직신청을 하는 경우에도 임용권자는 출산휴가 개시 시점에 휴직사유가 없어졌다고 보아 복직명령과 동시에 출산휴가를 허가하여야 한다. 대법원 2014. 6. 12. 선고 2012두4852 판결 ★ 05

2. 난민 인정에 관한 신청을 받은 행정청은 원칙적으로 법령이 정한 난민 요건에 해당하는지를 심사하여 난민 인정 여부를 결정할 수 있을 뿐이고, 이와 무관한 다른 사유만을 들어 난민 인정을 거부할 수는 없다. 대법원 2017. 12. 5. 선고 2016두42913 판결 ★ 06

3. 국유재산의 무단점유 등에 대한 변상금 징수의 요건은 국유재산법에 명백히 규정되어 있으므로 변상금을 징수할 것인가는 처분청의 재량을 허용하지 않는 기속행위이고, 여기에 재량권 일탈·남용의 문제는 생길 여지가 없다. 대법원 1998. 9. 22. 선고 98두7602 판결 ★ 07

판례

7. 경찰공무원이 그 단속의 대상이 되는 신호위반자에게 먼저 적극적으로 돈을 요구하고 다른 사람이 볼 수 없도록 돈을 접어 건네주도록 전달방법을 구체적으로 알려주었으며 동승자에게 신고시 범칙금 처분을 받게 된다는 등 비위신고를 막기 위한 말까지 하고 금품을 수수한 경우, 비록 그 받은 돈이 1만 원에 불과하더라도 위 금품수수행위를 징계사유로 하여 당해 경찰공무원을 해임처분한 것은 징계재량권의 일탈·남용이 아니다. 대법원 2006. 12. 21. 선고 2006두16274 판결

OX 체크

01 음주운전으로 인한 운전면허취소처분의 재량권 일탈·남용 여부를 판단할 때, 운전면허의 취소로 입게 될 당사자의 불이익보다 음주운전으로 인한 교통사고를 방지하여야 하는 일반예방적 측면이 더 강조되어야 한다. ( )

02 생물학적 동등성 시험자료에 조작이 있음을 이유로 해당 의약품의 회수, 폐기를 명한 처분에 어떠한 재량권의 일탈·남용이 있다고 할 수는 없다. ( )

03 생활협동조합의 명의를 빌려 의료기관을 개설한 실질적 개설자인 비의료인에 국민건강보험법 제57조 제2항에 의거하여 위 의료기관에 지급된 요양급여비용 전액을 징수하는 것은 재량권 일탈·남용에 해당하지 않는다. ( )

04 지방식품의약품안전청장이 수입 녹용 중 전지 3대를 절단부위로부터 5cm까지의 부분을 절단하여 측정한 회분함량이 기준치를 0.5% 초과하였다는 이유로 수입 녹용 전부에 대하여 전량 폐기 또는 반송처리를 지시한 처분은 재량권의 일탈·남용에 해당하지 않는다. ( )

05 「국가공무원법」상 휴직 사유 소멸을 이유로 한 신청에 대한 복직명령은 재량행위이다. ( )

06 난민 인정에 관한 신청을 받은 행정청은 원칙적으로 법령이 정한 난민 요건에 해당하는지를 심사하여 난민 인정 여부를 결정할 수 있을 뿐이고, 법령이 정한 난민 요건과 무관한 다른 사유만을 들어 난민 인정을 거부할 수는 없다. ( )

07 국유재산의 무단점유에 대한 변상금 징수의 요건은 「국유재산법」에 명백히 규정되어 있으므로 변상금을 징수할 것인가는 처분청의 재량을 허용하지 않는 기속행위이다. ( )

정답
01 ○ 02 ○ 03 ○ 04 ○ 05 ✕
06 ○ 07 ○

4. (마을버스 운수업자 甲이 유류사용량을 실제보다 부풀려 유가보조금을 과다 지급받은 데 대하여 관할 시장이 甲에게 부정수급기간 동안 지급된 유가보조금 전액을 회수하는 내용의 처분을 한 사안에서) 국토해양부장관 또는 시·도지사는 여객자동차 운수사업자가 '거짓이나 부정한 방법으로 지급받은 보조금'에 대하여 반환할 것을 명하여야 하고, 위 규정을 '정상적으로 지급받은 보조금'까지 반환하도록 명할 수 있는 것으로 해석하는 것은 문언의 범위를 넘어서는 것이며, 위 환수처분은 국토해양부장관 또는 시·도지사가 지급받은 보조금을 반환할 것을 명하여야 하는 기속행위라고 본 원심판단을 정당하다고 한 사례. 대법원 2013. 12. 12. 선고 2011두3388 판결 ★ 01

5. 술에 취한 상태에 있다고 인정할 만한 상당한 이유가 있음에도 불구하고 경찰공무원의 측정에 응하지 아니한 때에는 필요적으로 운전면허를 취소하도록 되어 있어 처분청이 그 취소 여부를 선택할 수 있는 재량의 여지가 없음이 그 법문상 명백하다. 대법원 2004. 11. 12. 선고 2003두12042 판결

6. 병역의무자가 보충역에 해당하는 이상 지방병무청장으로서는 관련 법령에 따라 병역의무자를 공익근무요원으로 소집하여야 하는 것이고, 이와 같이 보충역을 공익근무요원으로 소집함에 있어 지방병무청장에게 재량이 있다고 볼 여지는 없다. 대법원 2002. 8. 23. 선고 2002두820 판결

7. 건설기술 진흥법 제53조 제1항에서 규정한 벌점부과처분은 부과 여부에 관한 한 행정청의 재량이 인정되지 않는 기속행위이다. 대법원 2024. 4. 25. 선고 2023두54242 판결

(2) 재량행위로 본 사례

판례

1. 귀화허가는 외국인에게 대한민국 국적을 부여함으로써 국민으로서의 법적 지위를 포괄적으로 설정하는 행위에 해당한다. 법무부장관은 귀화신청인이 귀화 요건을 갖추었다 하더라도 귀화를 허가할 것인지 여부에 관하여 재량권을 가진다고 보는 것이 타당하다. 대법원 2010. 10. 28. 선고 2010두6496 판결 ★ 02

    귀화신청인이 구 국적법 제5조 각 호에서 정한 귀화요건을 갖추지 못한 경우 법무부장관은 귀화 허부에 관한 재량권을 행사할 여지없이 귀화불허처분을 하여야 한다. 대법원 2018. 12. 13. 선고 2016두31616 판결 ★ 03

2. 출입국관리법상 체류자격 변경허가는 신청인에게 당초의 체류자격과 다른 체류자격에 해당하는 활동을 할 수 있는 권한을 부여하는 일종의 설권적 처분의 성격을 가지므로, 허가권자는 신청인이 관계 법령에서 정한 요건을 충족하였더라도, 신청인의 적격성, 체류 목적, 공익상의 영향 등을 참작하여 허가 여부를 결정할 수 있는 재량을 가진다. 대법원 2016. 7. 14. 선고 2015두48846 판결

3. 재외동포에 대한 사증발급은 행정청의 재량행위에 속하는 것으로서, 재외동포가 사증발급을 신청한 경우에 출입국관리법 시행령 [별표 1의2]에서 정한 재외동포체류자격의 요건을 갖추었다고 해서 무조건 사증을 발급해야 하는 것은 아니다. 대법원 2019. 7. 11. 선고 2017두38874 판결 ★★ 04

4. 법무부장관은 난민인정 결정을 취소할 공익상의 필요와 취소로 당사자가 입을 불이익 등 여러 사정을 참작하여 취소 여부를 결정할 수 있는 재량이 있다. 대법원 2017. 3. 15. 선고 2013두16333 판결

5. 여객자동차 운수사업법에 의한 개인택시운송사업의 면허는 특정인에게 권리나 이익을 부여하는 행정청의 재량행위이고, 위 법과 그 시행규칙의 범위 내에서 면허를 위하여 필요한 기준을 정하는 것 역시 행정청의 재량에 속하는 것이므로, 행정청이 개인택시운송사업의 면허를 하면서, 택시 운전경력이 버스 등 다른 차종의 운전경력보다 개인택시의 운전업무에 더 유용할 수 있다는 점 등을 고려하여 택시의 운전경력을 다소 우대하는 것이 객관적으로 합리적이 아니라거나 타당하지 않다고 볼 수 없다. 대법원 2004. 11. 12. 선고 2004두9463 판결 ★★★

6. 공유수면 관리 및 매립에 관한 법률에 따른 공유수면의 점용·사용허가는 특정인에게 공유수면 이용권이라는 독점적 권리를 설정하여 주는 처분으로서 처분 여부 및 내용의 결정은 원칙적으로 행정청의 재량에 속한다. 대법원 2017. 4. 28. 선고 2017두30139 판결 ★★

판례

8. 교육환경보호구역에서 건축물을 건축하려는 자가 제출한 교육환경평가서를 심사한 결과 그 내용 중 교육환경 영향평가 결과와 교육환경 보호를 위한 조치 계획이 '평가대상별 평가 기준'에 부합하거나 그 이상이 되도록 할 수 있는 구체적인 방안과 대책 등이 포함되어 있다면, 교육감은 원칙적으로 제출된 교육환경평가서를 승인하여야 한다. 대법원 2020. 10. 15. 선고 2019두45739 판결

9. 사회복지사업법 제42조 제3항 단서는 제1호, 제2호의 사유가 있는 경우 '이미 지급한 보조금의 전부 또는 일부'의 반환을 명하여야 한다는 의미로 해석된다. 또한 사회복지사업법 제42조 제3항 단서에서 규정하고 있는 보조금 환수처분은 이미 지급받은 보조금 전액을 환수 대상으로 하되, 그 환수 범위는 (중략) 등을 종합하여 개별적으로 결정해야 하는 재량행위의 성격을 지니고 있다. 대법원 2024. 6. 13. 선고 2023두54112 판결

10. 의료기관이 의료법 제64조 제1항 제8호(의료기관 개설자가 거짓으로 진료비를 청구하여 금고 이상의 형을 선고받고 그 형이 확정된 때)에 해당하면 관할 행정청은 반드시 해당 의료기관에 대하여 더 이상 의료업을 영위할 수 없도록 개설 허가 취소처분(또는 폐쇄명령)을 하여야 할 뿐 선택재량을 가지지 못한다. 대법원 2021. 3. 11. 선고 2019두57831 판결

OX 체크

01 「여객자동차 운수사업법」에 따르면, 여객자동차 운수사업자가 거짓이나 부정한 방법으로 지급받은 보조금에 대한 국토교통부장관 또는 시·도지사의 환수처분은 기속행위에 해당한다. ( )

02 귀화허가는 강학상 허가에 해당하므로, 귀화신청인이 귀화 요건을 갖추어서 귀화허가를 신청한 경우에 법무부장관은 귀화허가를 해 주어야 한다. ( )

03 귀화신청인이 구 「국적법」에서 정한 귀화요건을 갖추지 못한 경우에도 법무부장관은 귀화 허부에 관한 재량권을 행사할 수 있고, 재량권 행사 결과에 따라 귀화불허처분을 할 수 있다. ( )

04 재외동포에 대한 사증발급은 행정청의 기속행위에 속하는 것으로서, 재외동포가 사증발급을 신청한 경우에 구 「출입국관리법 시행령」 [별표 1의2]에서 정한 재외동포체류자격의 요건을 갖추었다면 사증을 발급해야 한다. ( )

정답

01 ○   02 ×   03 ×   04 ×

판례

23. 야생동·식물보호법에 의한 용도변경승인 행위 및 용도변경의 불가피성 판단에 필요한 기준을 정하는 행위. 대법원 2011. 1. 27. 선고 2010두23033 판결
24. 비관리청 항만공사 시행허가. 대법원 2011. 1. 27. 선고 2010두20508 판결
25. 감정평가사시험을 실시함에 있어 합격기준의 선택. 대법원 1996. 9. 20. 선고 96누6882 판결
26. 국립묘지의 영예성 훼손 여부에 대한 심의위원회의 결정. 대법원 2013. 12. 26. 선고 2012두19571 판결
27. 논술형으로 치르는 사법시험 2차 시험의 채점. 대법원 2007. 1. 11. 선고 2004두10432 판결
28. 대학수학능력시험 및 각 대학별 입학전형. 대법원 2007. 12. 13. 선고 2005다66770 판결

OX 체크

01 「국토의 계획 및 이용에 관한 법률」상 개발행위허가는 허가기준 및 금지요건이 불확정개념으로 규정된 부분이 많아 그 요건에 해당하는지 여부는 행정청의 재량판단의 영역에 속한다. ( )
02 구 「주택건설촉진법」 제33조에 의한 주택건설사업계획의 승인은 인간이 본래 가지고 있는 자연적 자유의 회복을 내용으로 하는 행정청의 기속행위에 속한다. ( )
03 「가축분뇨의 관리 및 이용에 관한 법률」에 따른 가축분뇨 처리방법 변경허가는 허가권자의 재량행위에 해당한다. ( )
04 공무원 임용을 위한 면접전형에서 임용신청자의 능력이나 적격성 등에 관한 판단은 면접위원의 고도의 교양과 학식, 경험에 기초한 자율적 판단에 의존하는 것으로서 면접위원의 자유재량에 속하고, 그와 같은 판단이 현저하게 재량권을 일탈·남용하지 않은 한 이를 위법하다고 할 수 없다. ( )
05 건설공사를 계속하기 위한 매장문화재의 발굴허가신청에 대하여, 이를 원형 그대로 매장되어 있는 상태를 유지하기 위해 「문화재보호법」 등 관계법령이 정하는 바에 따라 내린 허가권자의 불허가 조치는 재량권의 일탈·남용에 해당하지 아니한다. ( )
06 「의료법」상 신의료기술의 안전성·유효성 평가나 신의료기술의 시술로 국민보건에 중대한 위해가 발생하거나 발생할 우려가 있는지 여부에 대한 판단과, 그 경우 행정청이 어떠한 종류와 내용의 지도나 명령을 할 것인지의 판단에 관해서는 행정청에 재량권이 부여되어 있다. ( )

정답
01 ○ 02 × 03 ○ 04 ○ 05 ○
06 ○

---

7. 토지형질변경의 허가가 신청된 당해 토지의 합리적인 이용이나 도시계획사업에 지장이 될 우려가 있는지 여부와 공익상 또는 이해관계인의 보호를 위하여 부관을 붙일 필요의 유무나 그 내용 등을 판단함에 있어서 행정청에 재량의 여지가 있으므로 그에 관한 판단 기준을 정하는 것 역시 행정청의 재량에 속한다. 대법원 1999. 2. 23. 선고 98두17845 판결 ★★

8. 국토의 계획 및 이용에 관한 법률상 개발행위허가는 허가기준 및 금지요건이 불확정개념으로 규정된 부분이 많아 그 요건에 해당하는지 여부는 행정청의 재량판단의 영역에 속한다. 대법원 2021. 3. 25. 선고 2020두51280 판결 ★★ 01

9. 구 주택건설촉진법에 의한 주택건설사업계획의 승인. 대법원 2007. 5. 10. 선고 2005두13315 판결 ★ 02

10. 가축분뇨법에 따른 처리방법 변경허가. 대법원 2021. 6. 30 선고 2021두35681 판결 ★ 03

11. 학교용지부담금 부과. 대법원 2022. 12. 29 선고 2020두49041 판결

12. 개발제한구역 내에서 제12조 제1항 단서에 따른 허가를 받지 아니하고 토지의 형질변경 등 개발행위를 한 경우 그 위반행위자 등에 대한 행정청의 시정명령은 재량행위에 해당한다. 대법원 2022. 8. 31. 선고 2021두46971 판결

13. 행정청이 복수의 민간공원추진자로부터 자기의 비용과 책임으로 공원을 조성하는 내용의 공원조성계획 입안 제안을 받은 후 도시·군계획시설사업 시행자지정 및 협약체결 등을 위하여 순위를 정하여 그 제안을 받아들이거나 거부하는 행위 또는 특정 제안자를 우선협상자로 지정하는 행위는 재량행위로 보아야 한다. 대법원 2019. 1. 10. 선고 2017두43319 판결

14. 교과서검정. 대법원 1992. 4. 24. 선고 91누6634 판결

15. 공무원 임용을 위한 면접전형에서 임용신청자의 능력이나 적격성 등에 관한 판단. 대법원 2008. 12. 24. 선고 2008두8970 판결 ★ 04

16. 구 전염병예방법에 따른 예방접종으로 인한 질병, 장애 또는 사망의 인정 여부 결정. 대법원 2014. 5. 16. 선고 2014두274 판결

17. 구 문화재보호법에 의한 건설공사를 계속하기 위한 고분발굴허가. 대법원 2000. 10. 27. 선고 99두264 판결 05

18. 대학이 복수의 후보자에 대하여 순위를 정하여 추천한 경우 교육부장관이 후순위 후보자를 임용제청했더라도 이로 인하여 헌법과 법률이 보장하는 대학의 자율성이 제한된다고는 볼 수 없다. 이처럼 대학 총장 임용에 관해서는 임용권자에게 일반 국민에 대한 행정처분이나 공무원에 대한 징계처분에 비하여 광범위한 재량이 주어져 있다고 볼 수 있다. 따라서 대학에서 추천한 후보자를 총장 임용제청이나 총장 임용에서 제외하는 결정이 대학의 장에 관한 자격을 정한 관련 법령 규정에 어긋나지 않고 사회통념에 비추어 불합리하다고 볼 수 없다면 쉽사리 위법하다고 판단해서는 안 된다. 대법원 2018. 6. 15. 선고 2016두57564 판결

19. 군인사법상 현역복무 부적합 여부 판단. 대법원 2019. 12. 27. 선고 2019두37073 판결

20. 국방부장관 또는 관할부대장 등의 전문적·군사적 판단. 대법원 2020. 7. 9. 선고 2017두39785 판결

21. 신의료기술의 안전성·유효성 평가나 신의료기술의 시술로 국민보건에 중대한 위해가 발생하거나 발생할 우려가 있는지에 관한 판단은 고도의 의료·보건상의 전문성을 요하므로, (중략) 특별한 사정이 없는 한 존중되어야 한다. 대법원 2016. 1. 28. 선고 2013두21120 판결 06

22. '환경오염 발생 우려'와 같이 장래에 발생할 불확실한 상황과 파급효과에 대한 예측이 필요한 요건에 관한 행정청의 재량적 판단은 그 내용이 현저히 합리성을 결여하였다거나 상반되는 이익이나 가치를 대비해 볼 때 형평이나 비례의 원칙에 뚜렷하게 배치되는 등의 사정이 없는 한 폭넓게 존중하여야 한다. 대법원 2021. 3. 25. 선고 2020두51280 판결 ★

5. 불확정개념과 판단여지(강학상 논의)

- 불확정개념이란 법률의 요건 부분에 사용된 추상적이고 다의적 해석이 가능하도록 정해진 개념을 말한다.
- 고도의 전문적 판단을 요하는 영역이나 정책적 결정 등 행정청의 결정에 대하여 사법부가 그 정당성을 판단하는 것이 불가능하거나 합당하지 않아 불확정개념의 해석에 관한 행정청의 판단을 존중해 줄 수밖에 없는 영역이 존재하는데, 이러한 영역을 판단여지라고 한다.
- 재량과 판단여지의 구별을 긍정하는 견해에서는, 판단여지는 법률요건에 대한 인식의 문제이나 재량은 법률효과의 선택의 문제로 본다(판례는 판단여지 개념을 사용하지 않음).

주제 4 행정행위의 내용

I 허가

1. 허가의 의의

(1) 의의
- 허가란 질서유지(공익)를 위해 일반적·잠정적으로 제한·금지된 국민의 자연적 자유를 일정한 요건이 충족되면 그 금지를 해제함으로써 회복시켜주는 행정행위를 말한다(금지의 해제 또는 자유의 회복). ★

(2) 법적 성질
① 원칙: 기속행위
- 허가는 법령에 특별한 규정이 없는 한 원칙적으로 기속행위이다.

1. 식품위생법상 일반음식점영업허가는 성질상 일반적 금지의 해제에 불과하므로 허가권자는 허가신청이 법에서 정한 요건을 구비한 때에는 허가하여야 하고 관계 법령에서 정하는 제한사유 외에 공공복리 등의 사유를 들어 허가신청을 거부할 수는 없고, 이러한 법리는 일반음식점 허가사항의 변경허가에 관하여도 마찬가지이다. 대법원 2000. 3. 24. 선고 97누12532 판결

2. 주류판매업 면허는 설권적 행위가 아니라 주류판매의 질서유지, 주세 보전의 행정목적 등을 달성하기 위하여 개인의 자연적 자유에 속하는 영업행위를 일반적으로 제한하였다가 특정한 경우에 이를 회복하도록 그 제한을 해제하는 강학상의 허가로 해석되므로 주세법에 열거된 면허제한사유에 해당하지 아니하는 한 면허관청으로서는 임의로 그 면허를 거부할 수 없다. 대법원 1995. 11. 10. 선고 95누5714 판결 ★ 01

3. 기부금품모집규제법상의 기부금품모집허가는 공익목적을 위하여 일반적·상대적으로 제한된 기본권적 자유를 다시 회복시켜주는 강학상의 허가에 해당하는 만큼 기부금품 모집행위가 같은 법 제4조 제2항의 각 호의 사업에 해당하는 경우에는 특별한 사정이 없는 한 그 모집행위를 허가하여야 하는 것으로 풀이하여야 한다. 대법원 1999. 7. 23. 선고 99두3690 판결

4. 지적소관청은 토지분할신청이 건축법령이나 국토계획법령 등 관계 법령에서 정하는 어떠한 제한에 해당되지 않는 이상 신청내용에 따라 토지분할등록을 하여야 하고, 관계 법령에서 정하는 제한사유 이외의 사유를 들어 거부할 수는 없다. 대법원 2018. 6. 28. 선고 2015두47737 판결

OX체크

01 주류판매업면허는 강학상의 허가로 해석되므로 「주세법」에 열거된 면허제한사유에 해당하지 아니하는 한 면허관청으로서는 임의로 그 면허를 거부할 수 없다. ( )

◆ 법령에서 허가를 재량행위로 규정하고 있는 경우 허가는 재량행위의 성질을 갖는다.

유기장영업허가는 유기장 경영권을 설정하는 설권행위가 아니고 일반적 금지를 해제하는 영업자유의 회복이라 할 것이므로 그 영업상의 이익은 반사적 이익에 불과하고 행정행위의 본질상 금지의 해제나 그 해제를 다시 철회하는 것은 공익성과 합목적성에 따른 당해 행정청의 재량행위라 할 것이다. 대법원 1986. 11. 25. 선고 84누147 판결

정답
01 ○

- 다만, 예외적으로 신청을 거부해야 할 중대한 공익상 필요가 있는 경우에는 허가는 기속재량행위가 된다.

> **판례**
>
> 1. 건축허가권자는 건축허가신청이 건축법 등 관계 법규에서 정하는 어떠한 제한에 배치되지 않는 이상 당연히 같은 법조에서 정하는 건축허가를 하여야 하고, 중대한 공익상의 필요가 없음에도 불구하고, 요건을 갖춘 자에 대한 허가를 관계 법령에서 정하는 제한사유 이외의 사유를 들어 거부할 수는 없다. 대법원 2006. 11. 9. 선고 2006두1227 판결 ★★
> 2. 산림훼손행위는 국토의 유지와 환경의 보전에 직접적으로 영향을 미치는 행위이므로 법령이 규정하는 산림훼손 금지 또는 제한지역에 해당하는 경우는 물론 금지 또는 제한지역에 해당하지 않더라도 허가관청은 산림훼손허가신청 대상토지의 현상과 위치 및 주위의 상황 등을 고려하여 국토 및 자연의 유지와 환경의 보전 등 중대한 공익상 필요가 있다고 인정될 때에는 허가를 거부할 수 있고, 그 경우 법규에 명문의 근거가 없더라도 거부처분을 할 수 있다. 대법원 1997. 9. 12. 선고 97누1228 판결 ★ 01
> 3. 국토 및 자연의 유지와 환경의 보전 등 중대한 공익상 필요가 있는 경우, 입목굴채 허가를 거부할 수 있다. 대법원 2001. 11. 30. 선고 2001두5866 판결
> 4. 법령상 토사채취가 제한되지 않는 산림 내에서의 토사채취에 대하여 국토와 자연의 유지, 환경보전 등 중대한 공익상 필요를 이유로 그 허가를 거부할 수 있다. 대법원 2007. 6. 15. 선고 2005두9736 판결
> 5. 사설묘지 설치허가 신청 대상지가 관련 법령에서 규정한 설치제한구역에 해당하지 않더라도 중대한 공익상 필요가 있는 경우 그 허가를 거부할 수 있다. 대법원 2008. 4. 10. 선고 2007두6106 판결 ★

② 인허가의제의 경우

- 인허가의제에서 의제되는 인허가가 재량행위인 경우에는 주된 인허가가 기속행위인 경우에도 그 한도 내에서는 재량행위로 된다.

> **판례**
>
> 1. 국토의 계획 및 이용에 관한 법률에 따른 토지의 형질변경허가는 그 금지요건이 불확정개념으로 규정되어 있어 그 금지요건에 해당하는지 여부를 판단함에 있어서 행정청에 재량권이 부여되어 있다고 할 것이므로, 국토계획법에 따른 토지의 형질변경행위를 수반하는 건축허가는 재량행위에 속한다. 대법원 2013. 10. 31. 선고 2013두9625 판결 ★★ 02
> 2. 국토의 계획 및 이용에 관한 법률에 따른 개발행위허가와 농지법에 따른 농지전용허가·협의는 금지요건·허가기준 등이 불확정개념으로 규정된 부분이 많아 그 요건·기준에 부합하는지의 판단에 관하여 행정청에 재량권이 부여되어 있으므로, 그 요건에 해당하는지 여부는 행정청의 재량판단의 영역에 속한다. 나아가 국토계획법이 정한 용도지역 안에서 토지의 형질변경행위·농지전용행위를 수반하는 건축허가 역시 재량행위에 해당한다. 대법원 2017. 10. 12. 선고 2017두48956 판결 ★
> 3. 채광계획인가를 받으면 공유수면 점용허가를 받은 것으로 의제되고, 이 공유수면 점용허가는 자유재량에 의하여 허가의 여부를 결정하여야 할 것이므로, 공유수면 점용허가를 필요로 하는 채광계획 인가신청에 대하여도, 공유수면 관리청이 재량적 판단에 의하여 공유수면 점용의 허가 여부를 결정할 수 있다. 대법원 2002. 10. 11. 선고 2001두151 판결
> 4. 국토의 계획 및 이용에 관한 법률이 정한 용도지역 안에서의 건축허가 요건에 해당하는지 여부는 행정청의 재량판단의 영역에 속한다. 대법원 2017. 3. 15. 선고 2016두55490 판결

OX 체크

01 법규에 명문의 근거가 없음에도 환경보전이라는 중대한 공익상의 이유로 산림훼손허가를 거부하는 것은 법률유보의 원칙에 비추어 허용되지 않는다. ( )

02 「국토의 계획 및 이용에 관한 법률」에 의해 지정된 도시지역 안에서 토지의 형질변경행위를 수반하는 건축허가는 재량행위에 속한다. ( )

정답
01 ×   02 ○

2. 허가의 신청

(1) 허가 여부 판단의 기준시 : 처분시

> 행정기본법 제14조【법 적용의 기준】
> ② 당사자의 신청에 따른 처분은 법령등에 특별한 규정이 있거나 처분 당시의 법령등을 적용하기 곤란한 특별한 사정이 있는 경우를 제외하고는 처분 당시의 법령등에 따른다. ★★★ 01

허가 등의 행정처분은 원칙적으로 처분시의 법령과 허가기준에 의하여 처리되어야 하고 허가신청 당시의 기준에 따라야 하는 것은 아니며, 비록 허가신청 후 허가기준이 변경되었다 하더라도 그 허가관청이 허가신청을 수리하고도 정당한 이유 없이 그 처리를 늦추어 그 사이에 허가기준이 변경된 것이 아닌 이상 변경된 허가기준에 따라서 처분을 하여야 한다. 대법원 2006. 8. 25. 선고 2004두2974 판결 ★

(2) 허가신청의 요부

- 통상 허가는 신청을 전제로 행하여지나, 허가가 신청을 반드시 전제로 하는 것은 아니며 신청을 전제로 하지 않는 허가도 있다(예 집합금지의 해제).
- 따라서 신청한 허가의 내용과 다른 내용을 가진 허가도 당연무효는 아니다.

개축허가신청에 대하여 행정청이 착오로 대수선 및 용도변경 허가를 하였다 하더라도 취소 등 적법한 조치 없이 그 효력을 부인할 수 없음은 물론 더구나 이를 다른 처분(즉 개축허가)으로 볼 근거도 없다. 대법원 1985. 11. 26. 선고 85누382 판결

3. 허가의 효과

(1) 허가를 받은 자의 이익 : 원칙 반사적 이익

- 허가를 받음으로써 누리게 되는 이익은 원칙적으로 공익보호의 결과 반사적으로 얻게 되는 반사적(사실상) 이익에 그치고, 따라서 허가업자는 경업자에 대한 허가처분을 다툴 원고적격을 갖지 못한다. ★ 02

1. 한의사 면허는 경찰금지를 해제하는 명령적 행위(강학상 허가)에 해당하고, 한약조제시험을 통하여 약사에게 한약조제권을 인정함으로써 한의사들의 영업상 이익이 감소되었다고 하더라도 이러한 이익은 사실상의 이익에 불과하고 약사법이나 의료법 등의 법률에 의하여 보호되는 이익(주 : 법률상 이익)이라고는 볼 수 없다. 대법원 1998. 3. 10. 선고 97누4289 판결 ★ 03
2. 공중목욕장업 경영 허가는 경찰금지의 해제로 인한 영업자유의 회복이라고 볼 것이므로 이 영업의 자유는 법률이 직접 공중목욕장업 피허가자의 이익을 보호함을 목적으로 한 경우에 해당되는 것이 아니고 법률이 공중위생이라는 공공의 복리를 보호하는 결과로서 영업의 자유가 제한되므로 인하여 간접적으로 관계자인 영업자유의 제한이 해제된 피허가자에게 이익을 부여하게 되는 경우에 해당되는 것이므로 이 사건 허가처분에 의하여 목욕장업에 의한 이익이 사실상 감소된다 하여도 이 불이익은 본건 허가처분의 단순한 사실상의 반사적 결과에 불과하다. 대법원 1963. 8. 31. 선고 63누101 판결

OX 체크

01 당사자의 신청에 따른 처분은 법령등에 특별한 규정이 있거나 신청 당시의 법령등을 적용하기 곤란한 특별한 사정이 있는 경우를 제외하고는 신청 당시의 법령등에 따른다. ( )

02 이미 허가한 영업시설과 동종의 영업허가를 함으로써 기존 업자의 영업이익에 피해가 발생한 경우 기존 업자는 동종의 신규 영업허가의 취소소송을 제기할 수 있는 원고적격이 인정된다. ( )

03 한의사 면허는 강학상 특허에 해당하고, 한약조제시험을 통하여 약사에게 한약조제권을 인정함으로써 한의사의 영업상 이익이 감소되었다면 이러한 이익은「약사법」이나「의료법」등의 법률에 의하여 보호되는 법률상 이익이라 볼 수 있다. ( )

정답
01 ✕ 02 ✕ 03 ✕

- 다만, 허가의 근거 또는 관련 법규가 **기존업자의 이익(사익)을 보호**하는 성격을 갖는 것으로 해석되는 경우에는, 그 허가를 통해 얻게 된 이익은 <u>법률상 이익</u>에 해당하게 되고, 이 경우 허가업자는 경업자에 대한 허가처분을 다툴 <u>원고적격</u>을 갖는다.

판례

1. 일반적으로 면허나 인·허가 등의 <u>수익적 행정처분의 근거가 되는 법률</u>이 해당 <u>업자들 사이의 과당경쟁으로 인한 경영의 불합리를 방지</u>하는 것도 그 목적으로 하고 있는 경우, 다른 업자에 대한 면허나 인·허가 등의 수익적 행정처분에 대하여 이미 같은 종류의 면허나 인·허가 등의 수익적 행정처분을 받아 영업을 하고 있는 <u>기존의 업자는 경업자에 대하여 이루어진 면허나 인·허가 등 행정처분의 상대방이 아니라 하더라도 당해 행정처분의 취소를 구할 <u>원고적격이 있다</u>. 대법원 2006. 7. 28. 선고 2004두6716 판결 ★★ **01**

2. (거리제한 규정이 있는 사례) 담배 <u>일반</u>소매인으로 지정되어 영업을 하고 있는 기존업자의 <u>신규 일반</u>소매인에 대한 이익이 '법률상 보호되는 이익'에 해당한다. 대법원 2008. 3. 27. 선고 2007두23811 판결

3. (거리제한 규정이 없는 사례) 담배 <u>일반</u>소매인으로 지정되어 영업을 하고 있는 기존업자의 <u>신규 구내</u>소매인에 대한 이익이 법률상 보호되는 이익으로서 기존 업자가 신규 구내소매인 지정처분의 취소를 구할 <u>원고적격이 있다고 할 수 없다</u>. 대법원 2008. 4. 10. 선고 2008두402 판결 **02**

(2) 다른 법률상의 제한

- 허가가 있으면 당해 허가의 대상이 된 행위에 대한 금지만이 해제될 뿐 <u>다른 법률에 의한 금지까지 해제되는 것은 아니다</u>. **03**
- 예컨대, 공무원이 식품위생법상 영업허가를 받은 경우, 식품위생법상의 금지만이 해제될 뿐 공무원법상의 영리업무금지까지 해제되는 것은 아니다. ★

(3) 무허가행위의 효과

- 무허가행위는 <u>위법한 행위</u>가 되어 행정상 강제나 행정벌의 대상이 될 수 있다.
- 그러나 무허가행위라 하여 그 <u>사법상 효력</u>까지 당연히 부정되는 것은 아니다. ★ **04**

4. 허가의 기간과 갱신

(1) 의의

- 허가에 부가되는 기간에는 허가 자체의 존속기간과 허가조건의 존속기간(갱신기간)이 있다.
- **허가 자체의 존속기간**의 경우 그 <u>기간이 만료되면 허가는 당연실효</u>되는 반면, **허가조건의 존속기간**의 경우 <u>기간이 만료되기 전에 당사자의 갱신 신청이 있으면 행정청은 그 조건의 개정(갱신)</u>을 고려해야 한다.

판례

일반적으로 행정처분에 효력기간이 정하여져 있는 경우에는 그 기간의 경과로 그 행정처분의 효력은 상실되고, 다만 <u>허가에 붙은 기한이 그 허가된 사업의 성질상 부당하게 짧은</u> 경우에는 이를 그 허가 자체의 존속기간이 아니라 그 <u>허가조건의 존속기간</u>으로 보아 그 기한이 도래함으로써 그 <u>조건의 개정을 고려</u>한다는 뜻으로 해석할 수는 있지만, 그와 같은 경우라 하더라도 그 허가기간이 연장되기 위하여는 그 종기가 도래하기 전에 그 허가기간의 연장에 관한 신청이 있어야 하며, 만일 그러한 연장신청이 없는 상태에서 허가기간이 만료하였다면 그 <u>허가의 효력은 상실</u>된다. 대법원 2007. 10. 11. 선고 2005두12404 판결 ★ **05**

OX 체크

01 수익적 행정처분의 근거가 되는 법률이 해당 업자들 사이의 과다경쟁으로 인한 경영의 불합리를 방지하는 목적도 가지고 있는 경우, 기존업자가 경업자에 대한 면허나 인·허가 등의 수익적 행정처분의 취소를 구할 원고적격이 있다. ( )

02 담배소매인 중에서 구내소매인 지정 처분의 취소를 구하는 일반소매인은 원고적격이 있다. ( )

03 허가는 근거법상의 금지를 해제하는 효과만 있을 뿐, 타법에 의한 금지까지 해제하는 효과가 있는 것은 아니다. ( )

04 허가를 받지 않고 행한 영업행위는 행정상 강제집행이나 처벌의 대상은 되지만, 행위 자체의 법률적 효력은 영향을 받지 않는 것이 원칙이다. ( )

05 허가에 붙은 기한이 그 허가된 사업의 성질상 부당하게 짧아 그 기한을 허가조건의 존속기간으로 볼 수 있는 경우에 허가기간이 연장되기 위하여는 그 종기가 도래하기 전에 그 허가기간의 연장에 관한 신청이 있어야 한다. ( )

정답

01 O 02 X 03 O 04 O 05 O

(2) 허가조건의 존속기간(갱신기간)

① 갱신기간 내에 적법한 갱신 신청이 있는 경우

- 갱신기간이 도과하기 전에 당사자의 갱신 신청이 있는 경우 그 조건의 개정을 고려할 수는 있으나 특별한 사정이 없는 한 기간을 갱신하거나 연장해 주어야 한다. 다만, 사정변경이 있는 경우 신뢰보호이익과 공익을 비교·형량하여 갱신 또는 기간연장을 거부할 수 있다.

> **판례**
>
> 당초에 붙은 기한을 허가 자체의 존속기간이 아니라 허가조건의 존속기간으로 보더라도 그 후 당초의 기한이 상당 기간 연장되어 연장된 기간을 포함한 존속기간 전체를 기준으로 볼 경우 더 이상 허가된 사업의 성질상 부당하게 짧은 경우에 해당하지 않게 된 때에는 관계 법령의 규정에 따라 허가 여부의 재량권을 가진 행정청으로서는 그때에도 허가조건의 개정만을 고려하여야 하는 것은 아니고 재량권의 행사로서 더 이상의 기간연장을 불허가 할 수도 있는 것이며, 이로써 허가의 효력은 상실된다. 대법원 2004. 3. 25. 선고 2003두12837 판결 ★

- 허가의 갱신이 있으면 종전 허가는 동일성을 유지한 채로 계속하여 효력을 가지게 되고, 따라서 행정청은 갱신 전에 있었던 법 위반사실을 이유로 하여 갱신 후에도 제재처분을 할 수 있다.

> **판례**
>
> 유료직업 소개사업의 허가갱신은 허가취득자에게 종전의 지위를 계속 유지시키는 효과를 갖는 것에 불과하고 갱신 후에는 갱신 전의 법위반사항을 불문에 붙이는 효과를 발생하는 것이 아니므로 일단 갱신이 있은 후에도 갱신 전의 법위반사실을 근거로 허가를 취소할 수 있다. 대법원 1982. 7. 27. 선고 81누174 판결 ★

- 갱신기간 내에 적법한 갱신 신청이 있었던 이상 갱신기간이 도과하도록 갱신 가부의 결정이 없는 경우에도 허가의 효력은 소멸하지 않는다.
- 행정청이 갱신제를 운용하는 경우 상대방은 갱신 여부에 관하여 공정한 심사를 요구할 권리를 가진다.

> **판례**
>
> 행정청이 관계 법령의 규정이나 자체적인 판단에 따라 처분상대방에게 특정한 권리나 이익 또는 지위 등을 부여한 후 일정한 기간마다 심사하여 갱신 여부를 판단하는 이른바 '갱신제'를 채택하여 운용하는 경우에는, 처분상대방은 합리적인 기준에 의한 공정한 심사를 받아 그 기준에 부합되면 특별한 사정이 없는 한 갱신되리라는 기대를 가지고 갱신 여부에 관하여 합리적인 기준에 의한 공정한 심사를 요구할 권리를 가진다.
> 여기에서 '공정한 심사'란 갱신 여부가 행정청의 자의가 아니라 객관적이고 합리적인 기준에 의하여 심사되어야 할 뿐만 아니라, 처분상대방에게 사전에 심사기준과 방법의 예측가능성을 제공하고 사후에 갱신 여부 결정이 합리적인 기준에 의하여 공정하게 이루어졌는지를 검토할 수 있도록 심사기준이 사전에 마련되어 공표되어 있어야 함을 의미한다. ★

OX 체크

01 허가에 붙은 기한이 그 허가된 사업의 성질상 부당하게 짧아서 이 기한이 허가 자체의 존속기간이 아니라 허가조건의 존속기간으로 해석되는 경우에는 허가 여부의 재량권을 가진 행정청은 허가조건의 개정만을 고려할 수 있고, 그 후 당초의 기한이 상당 기간 연장되어 그 기한이 부당하게 짧은 경우에 해당하지 않게 된 때라도 더 이상의 기간연장을 불허가할 수는 없다. ( )

02 유료직업 소개사업의 허가갱신은 허가취득자에게 종전의 지위를 계속 유지시키는 효과를 갖는 것에 불과하고, 갱신 후에는 갱신 전의 법위반사항을 불문에 붙이는 효과가 발생하는 것은 아니다. ( )

03 허가조건의 존속기간 내에 적법한 갱신신청이 있었음에도 갱신가부의 결정이 없으면 주된 행정행위는 효력이 상실된다. ( )

정답
01 × 02 ○ 03 ×

사전에 공표한 심사기준 중 경미한 사항을 변경하거나 다소 불명확하고 추상적이었던 부분을 명확하게 하거나 구체화하는 정도를 뛰어넘어, 심사대상기간이 이미 경과하였거나 상당 부분 경과한 시점에서 처분상대방의 갱신 여부를 좌우할 정도로 중대하게 변경하는 것은 갱신제의 본질과 사전에 공표된 심사기준에 따라 공정한 심사가 이루어져야 한다는 요청에 정면으로 위배되는 것이므로, 갱신제 자체를 폐지하거나 갱신상대방의 수를 종전보다 대폭 감축할 수밖에 없도록 만드는 중대한 공익상 필요가 인정되거나 관계 법령이 제·개정되었다는 등의 특별한 사정이 없는 한, 허용되지 않는다. 대법원 2020. 12. 24. 선고 2018두45633 판결 ★ 01

② 갱신기간 내에 적법한 갱신 신청이 없는 경우
- 허가조건의 존속기간의 경우에도 갱신기간 내에 적법한 갱신 신청이 없었던 이상 기간의 만료로 허가는 당연실효된다.

종전의 허가가 기한의 도래로 실효한 이상 원고가 종전 허가의 유효기간이 지나서 신청한 이 사건 기간연장신청은 그에 대한 종전의 허가처분을 전제로 하여 단순히 그 유효기간을 연장하여 주는 행정처분을 구하는 것이라기보다는 종전의 허가처분과는 별도의 새로운 허가를 내용으로 하는 행정처분을 구하는 것이라고 보아야 할 것이어서, 이러한 경우 허가권자는 이를 새로운 허가신청으로 보아 법의 관계 규정에 의하여 허가요건의 적합 여부를 새로이 판단하여 그 허가 여부를 결정하여야 할 것이다. 대법원 1995. 11. 10. 선고 94누11866 판결 ★ 02

(3) 허가 자체의 존속기간
- 허가 자체의 존속기간이 만료되면 당해 허가는 당연실효되고, 이 경우 상대방이 한 기간연장 신청은 갱신 신청이 아닌 새로운 허가의 신청이다.

어업에 관한 허가 또는 신고의 경우에는 어업면허와 달리 유효기간연장제도가 마련되어 있지 아니하므로 그 유효기간이 경과하면 그 허가나 신고의 효력이 당연히 소멸하며, 재차 허가를 받거나 신고를 하더라도 허가나 신고의 기간만 갱신되어 종전의 어업허가나 신고의 효력 또는 성질이 계속된다고 볼 수 없고 새로운 허가 내지 신고로서의 효력이 발생한다고 할 것이다. 대법원 2011. 7. 28. 선고 2011두5728 판결

5. 영업허가의 양도와 제재사유의 승계

(1) 영업허가의 양도
① 의의
- 영업허가의 양도란 허가받은 영업을 양도인과 양수인 간의 합의에 의해 양수인에게 이전하는 것을 말한다.
- 대물적 허가는 명문의 규정이 없는 경우에도 양도가 가능하다.

② 영업허가의 양도와 지위승계신고의 수리
- 영업허가 양도의 경우 통상 법령에서 영업양도사실을 행정청에 신고하도록 규정하고 있고, 이때 신고는 행정청의 수리처분에 의하여 효력을 발생하게 된다.

OX 체크

01 사전에 공표한 갱신기준을 심사대상기간이 이미 경과하였거나 상당부분 경과한 시점에서 처분상대방의 갱신여부를 좌우할 정도로 중대하게 변경하는 것은 특별한 사정이 없는 한 허용되지 않는다. ( )

02 기한의 도래로 실효한 종전의 허가에 대한 기간연장신청은 새로운 허가를 내용으로 하는 행정처분을 구하는 것이 아니라, 종전의 허가처분을 전제로 하여 단순히 그 유효기간을 연장하여 주는 행정처분을 구하는 것으로 보아야 한다. ( )

정답
01 O 02 ×

OX 체크

01 구 「관광진흥법」에 의한 지위승계신고를 수리하는 허가관청의 행위는 사실적인 행위에 불과하여 항고소송의 대상이 되지 않는다. (　)

02 「식품위생법」상 허가영업자의 지위승계신고수리처분을 하는 경우 「행정절차법」 규정 소정의 당사자에 해당하는 종전의 영업자에게 행정절차를 실시하여야 한다. (　)

03 사실상 영업이 양도·양수되었지만 승계신고 및 수리처분이 있기 전에 양도인이 허락한 양수인의 영업 중 발생한 위반행위에 대한 행정적 책임은 양수인에게 귀속된다. (　)

04 주택건설사업의 양수인이 사업주체의 변경승인신청을 한 이후에 행정청이 양도인에 대하여 그 사업계획변경승인의 전제로 되는 사업계획승인을 취소하는 처분을 한 경우, 아직 양수인이 사업계획변경승인을 받지 못한 이상 양수인으로서는 사업계획승인취소를 다툴 원고적격이 인정되지 않는다. (　)

판례

영업양도에 따른 지위승계신고를 수리하는 허가관청의 행위는, 단순히 양도·양수인 사이에 이미 발생한 사법상의 사업양도의 법률효과에 의하여 양수인이 그 영업을 승계하였다는 사실의 신고를 접수하는 행위에 그치는 것이 아니라, 실질에 있어서 양도자의 사업허가를 취소함과 아울러 양수자에게 적법히 사업을 할 수 있는 권리를 설정하여 주는 행위로서 사업허가자의 변경이라는 법률효과를 발생시키는 행위이다(주: 지위승계신고의 수리행위는 '처분'이라는 의미). 대법원 2001. 2. 9. 선고 2000도2050 판결 ★★ **01**

- 신고의 수리처분은 양도인의 종전 허가를 철회하는, 즉 권익을 제한하는 처분에 해당하므로 행정청이 그 수리처분을 함에 있어서는 양도인에 대하여 행정절차법상의 절차를 거쳐야 한다.

판례

행정청이 구 식품위생법 규정에 의하여 영업자지위승계신고를 수리하는 처분은 종전의 영업자의 권익을 제한하는 처분이라 할 것이고 따라서 종전의 영업자는 그 처분에 대하여 직접 그 상대가 되는 자에 해당한다고 봄이 상당하므로, 행정청으로서는 위 신고를 수리하는 처분을 함에 있어서 행정절차법 규정 소정의 당사자에 해당하는 종전의 영업자에 대하여 위 규정 소정의 행정절차를 실시하고 처분을 하여야 한다. 대법원 2003. 2. 14. 선고 2001두7015 판결 ★★★ **02**

- 신고에 대한 수리처분이 있기 전에는 여전히 종전 영업자인 양도인이 영업허가자이므로, 영업 중 발생한 법 위반행위에 대한 제재처분의 상대방도 양도인이 된다.

판례

사실상 영업이 양도·양수되었지만 아직 승계신고 및 그 수리처분이 있기 이전에는 여전히 종전의 영업자인 양도인이 영업허가자이고, 양수인은 영업허가자가 되지 못한다 할 것이어서 행정제재처분의 사유가 있는지 여부 및 그 사유가 있다고 하여 행하는 행정제재처분은 영업허가자인 양도인을 기준으로 판단하여 그 양도인에 대하여 행하여야 할 것이고, 한편 양도인이 그의 의사에 따라 양수인에게 영업을 양도하면서 양수인으로 하여금 영업을 하도록 허락하였다면 그 양수인의 영업 중 발생한 위반행위에 대한 행정적인 책임은 영업허가자인 양도인에게 귀속된다고 보아야 할 것이다. 대법원 1995. 2. 24. 선고 94누9146 판결 ★★★ **03**

- 지위승계신고가 있은 후 수리처분이 있기 전에 양도인에 대하여 제재처분이 행해진 경우, 양수인은 비록 제재처분의 직접 상대방은 아니나 그 처분을 다툴 법률상 이익을 갖는다.

판례

1. 수허가자의 지위를 양수받아 명의변경신고를 할 수 있는 양수인의 지위는 단순한 반사적 이익이나 사실상의 이익이 아니라 산림법령에 의하여 보호되는 직접적이고 구체적인 이익으로서 법률상 이익이라고 할 것이고, 채석허가가 유효하게 존속하고 있다는 것이 양수인의 명의변경신고의 전제가 된다는 의미에서 관할 행정청이 양도인에 대하여 채석허가를 취소하는 처분을 하였다면 이는 양수인의 지위에 대한 직접적 침해가 된다고 할 것이므로 양수인은 채석허가를 취소하는 처분의 취소를 구할 법률상 이익을 가진다. 대법원 2003. 7. 11. 선고 2001두6289 판결 ★★

2. 사업주체의 변경승인신청이 된 이후에 행정청이 양도인에 대하여 그 사업계획변경승인의 전제로 되는 사업계획승인을 취소하는 처분을 하였다면 양수인은 그 처분 이전에 양도인으로부터 토지와 사업승인권을 사실상 양수받아 사업주체의 변경승인신청을 한 자로서 그 취소를 구할 법률상의 이익을 가진다. 대법원 2000. 9. 26. 선고 99두646 판결 ★★★ **04**

정답

01 ✗　02 ○　03 ✗　04 ✗

(2) 제재사유 및 제재처분의 승계
① 제재사유의 승계
- 대물적 허가에 존재하는 제재사유는 그 허가가 양도되면 이에 수반하여 함께 이전되므로, 행정청은 원칙적으로 양도인의 법 위반사실을 이유로 양수인에 대하여 제재처분을 할 수 있다.

〈제재사유의 승계를 인정한 사례〉

1. 만일 어떠한 공중위생영업에 대하여 그 영업을 정지할 위법사유가 있다면, 관할 행정청은 그 영업이 양도·양수되었다 하더라도 그 업소의 양수인에 대하여 영업정지처분을 할 수 있다고 봄이 상당하다. 대법원 2001. 6. 29. 선고 2001두1611 판결 ★★★ 01

2. 개인택시 운송사업을 양수한 사람은 양도인의 운송사업자로서의 지위를 승계하는 것이므로, 관할관청은 개인택시 운송사업의 양도·양수에 대한 인가를 한 후에도 그 양도·양수 이전에 있었던 양도인에 대한 운송사업면허 취소사유를 들어 양수인의 사업면허를 취소할 수 있는 것이고, 가사 양도·양수 당시에는 양도인에 대한 운송사업면허 취소사유가 현실적으로 발생하지 않은 경우라도 그 원인되는 사실이 이미 존재하였다면, 관할관청으로서는 그 후 발생한 운송사업면허 취소사유에 기하여 양수인의 사업면허를 취소할 수 있는 것이다. 대법원 2010. 4. 8. 선고 2009두17018 판결 ★★★ 02

3. 갑 회사에게 부과된 벌점은 분할되는 회사의 공법상 의무 또는 이와 관련한 재산적 가치가 있는 사실관계에 해당하므로, 분할신설회사인 을 회사에 귀속된 후 이를 흡수합병한 원고에게 승계되었다고 봄이 타당하다(주: 제재처분 후 제재처분 효과의 승계를 인정한 사례). 대법원 2023. 4. 27. 선고 2020두47892 판결

〈제재사유의 승계를 부정한 사례〉

1. 종전 사업시행자가 농업인 등에 해당하지 않음에도 부정한 방법으로 사업계획승인을 받음으로써 그 승인에 대한 취소사유가 있더라도, 행정청이 사업시행자 변경으로 인한 사업계획 변경승인 과정에서 변경되는 사업시행자가 농업인 등에 해당하는지 여부에 관하여 새로운 심사를 거쳤다면, 지위 승계 등에 관한 별도의 명문 규정이 없는 이상, 종전 사업시행자가 농업인 등이 아님에도 부정한 방법으로 사업계획승인을 취득하였다는 이유만을 들어 변경된 사업시행자에 대한 사업계획 변경승인을 취소할 수는 없다. 대법원 2018. 4. 24. 선고 2017두73310 판결

2. 특별한 규정이 없는 한 신설회사에 대하여 분할하는 회사의 분할 전 법 위반행위를 이유로 과징금을 부과하는 것은 허용되지 않는다(주: 제재처분 전 제재사유의 승계를 부정한 사례). 대법원 2011. 5. 26. 선고 2008두18335 판결

3. 회사 분할 시 특별한 규정이 없는 한 신설회사에 대하여 분할하는 회사의 분할 전 하도급거래 공정화에 관한 법률 위반행위를 이유로 하도급법 제25조 제1항에 따른 시정조치를 명하는 것은 허용되지 않는다(주: 제재처분 전 제재사유의 승계를 부정한 사례). 대법원 2023. 6. 15. 선고 2021두55159 판결 03

② 제재처분의 승계
- 제재처분의 효과는 이미 양도인의 영업자의 지위에 포함된 것이므로 양수인의 선·악의를 불문하고 양수인에게 당연히 이전된다. 다만, 선의의 양수인에 대해서는 제재처분의 승계를 부정하는 규정을 두는 경우가 있다.

OX 체크

01 어떠한 공중위생영업에 대하여 그 영업을 정지할 위법사유가 있다면, 관할 행정청은 그 영업이 양도·양수되었다 하더라도 그 업소의 양수인에 대하여 영업정지처분을 할 수 있다. ( )

02 관할 행정청은 여객자동차운송사업의 양도·양수에 대한 인가를 한 후에도 그 양도·양수 이전에 있었던 양도인에 대한 운송사업면허 취소사유를 들어 양수인의 사업면허를 취소할 수 있다. ( )

03 분할하는 회사의 분할 전 「하도급거래 공정화에 관한 법률」 위반행위를 이유로 신설회사에 대하여 동법에 따른 시정조치를 명하는 것이 허용된다. ( )

정답
01 ○ 02 ○ 03 ✕

> **OX 체크**
>
> **01** 불법증차를 실행한 운송사업의 양수인에 대하여는 양수인의 지위승계 전에 불법증차에 관하여 발생한 유가보조금 부정수급액에 대해서까지 양수인을 상대로 반환명령을 할 수 있다. ( )

판례

1. 화물자동차법에서 '운송사업자'란 화물자동차법 제3조 제1항에 따라 화물자동차 운송사업 허가를 받은 자를 말하므로, '운송사업자로서의 지위'란 운송사업 허가에 기인한 공법상 권리와 의무를 의미하고, 그 '지위의 승계'란 양도인의 공법상 권리와 의무를 승계하고 이에 따라 양도인의 의무위반행위에 따른 위법상태의 승계도 포함하는 것이라고 보아야 한다. 불법증차를 실행한 운송사업자로부터 운송사업을 양수하고 화물자동차법에 따른 신고를 하여 화물자동차법에 따라 운송사업자의 지위를 승계한 경우에는 설령 양수인이 영업양도·양수 대상에 불법증차 차량이 포함되어 있는지를 구체적으로 알지 못하였다 할지라도, 양수인은 불법증차 차량이라는 물적 자산과 그에 대한 운송사업자로서의 책임까지 포괄적으로 승계한다.
따라서 관할 행정청은 양수인의 선의·악의를 불문하고 양수인에 대하여 불법증차 차량에 관하여 지급된 유가보조금의 반환을 명할 수 있다. 다만 그에 따른 양수인의 책임범위는 지위승계 후 발생한 유가보조금 부정수급액에 한정되고, 지위승계 전에 발생한 유가보조금 부정수급액에 대해서까지 양수인을 상대로 반환명령을 할 수는 없다. 유가보조금 반환명령은 '운송사업자등'이 유가보조금을 지급받을 요건을 충족하지 못함에도 유가보조금을 청구하여 부정수급하는 행위를 처분사유로 하는 '대인적 처분'으로서, '운송사업자'가 불법증차 차량이라는 물적 자산을 보유하고 있음을 이유로 한 운송사업 허가취소 등의 '대물적 제재처분'과는 구별되고, 양수인은 영업양도·양수 전에 벌어진 양도인의 불법증차 차량의 제공 및 유가보조금 부정수급이라는 결과 발생에 어떠한 책임이 있다고 볼 수 없기 때문이다. 대법원 2021. 7. 29. 선고 2018두55968 판결 ★★★ **01**

2. 석유판매업 등록은 원칙적으로 대물적 허가의 성격을 갖고, 또 석유판매업자가 같은 법 제26조의 유사석유제품 판매금지를 위반함으로써 같은 법에 따라 받게 되는 사업정지 등의 제재처분은 사업자 개인의 자격에 대한 제재가 아니라 사업의 전부나 일부에 대한 것으로서 대물적 처분의 성격을 갖고 있으므로, 위와 같은 지위승계에는 종전 석유판매업자가 유사석유제품을 판매함으로써 받게 되는 사업정지 등 제재처분의 승계가 포함되어 그 지위를 승계한 자에 대하여 사업정지 등의 제재처분을 취할 수 있다고 보아야 하고, 지위승계의 효과에 있어서 과징금부과처분을 사업정지처분과 달리 볼 이유가 없다. 대법원 2003. 10. 23. 선고 2003두8005 판결

6. 예외적 승인(허가)

(1) **의의**
- 예외적 승인이란 사회적으로 유해하거나 바람직하지 않은 행위를 법령상 원칙적으로 금지하고, 예외적인 경우에만 그 금지를 해제하여 당해 행위를 적법하게 할 수 있게 해주는 행위를 말한다.
- 개발제한구역 내 건축허가 또는 용도변경허가, 학교환경위생정화구역 내 금지해제조치, 치료목적의 마약류사용허가, 사행행위 영업허가, 토지보상법에 따른 타인 토지에의 출입허가 등이 그 예이다.

(2) **법적 성질(허가와의 구별)**
- 허가는 예방적 금지의 해제인 반면, 예외적 승인은 억제적 금지의 해제이다.
- 허가는 원칙적으로 기속행위인 반면, 예외적 승인은 재량행위이다.

> **정답**
> 01 ×

1. <u>개발제한구역 내</u>에서는 구역지정의 목적상 건축물의 건축 및 공작물의 설치 등 <u>개발행위가 원칙적으로 금지되고</u>, 다만 구체적인 경우에 이러한 구역지정의 목적에 위배되지 아니할 경우 <u>예외적으로 허가에 의하여 그러한 행위를 할 수 있게 되어 있음</u>이 그 규정의 체제와 문언상 분명하고, 이러한 <u>예외적인 개발행위의 허가</u>는 상대방에게 수익적인 것이 틀림이 없으므로 그 법률적 성질은 <u>재량행위 내지 자유재량행위에 속하는 것</u>이다. 대법원 2004. 3. 25. 선고 2003두12837 판결 ★ `01`

2. 시·도교육위원회교육감 또는 교육감이 지정하는 자가 <u>학교환경위생정화구역 안</u>에서의 금지행위 및 시설의 해제신청에 대하여 그 행위 및 시설이 학습과 학교보건에 나쁜 영향을 주지 않는 것인지의 여부를 결정하여 그 금지행위 및 시설을 <u>해제하거나 계속하여 금지(해제거부)</u>하는 조치는 시·도교육위원회교육감 또는 교육감이 지정하는 자의 <u>재량</u>행위에 속한다. 대법원 1996. 10. 29. 선고 96누8253 판결 ★

7. 그 밖의 허가 관련 판례

1. 건축허가서는 허가된 건물에 관한 실체적 권리의 득실변경의 공시방법이 아니며 그 추정력도 없으므로 <u>건축허가서에 건축주로 기재된 자가 그 소유권을 취득하는 것은 아니며, 건축 중인 건물의 소유자와 건축허가의 건축주가 반드시 일치하여야 하는 것도 아니다.</u> 대법원 2009. 3. 12. 선고 2006다28454 판결 `02`

2. 건축허가를 받은 자가 건축허가가 취소되기 전에 공사에 착수하였다면 허가권자는 그 착수기간이 지났다고 하더라도 건축허가를 취소하여야 할 <u>특별한 공익상 필요가 인정되지 않는 한 건축허가를 취소할 수 없다.</u> 이는 건축허가를 받은 자가 건축허가가 취소되기 전에 공사에 착수하려 하였으나 허가권자의 위법한 공사중단명령으로 공사에 착수하지 못한 경우에도 마찬가지이다. 대법원 2017. 7. 11. 선고 2012두22973 판결

3. <u>식품접객업의 영업허가를 신청한 당해 건축물이 하천법 제45조 소정의 허가를 받지 아니한 무허가 건물이라고 한다면</u>, 비록 그 건물이 <u>식품위생법이 규정하는 물적 시설요건을 갖추었다고 하더라도 적법한 식품접객업의 영업허가를 받을 수 없다.</u> 대법원 1999. 3. 9. 선고 98두19070 판결

II 특허

1. 의의

- 특허란 특정인에 대하여 <u>새로운 권리·능력·포괄적인 법률관계 등을 설정하는 행위</u>를 말한다(설권행위). ★
- 특허의 예로는 각종 운송사업면허나 <u>점용허가</u>, <u>귀화허가</u> 및 <u>공무원임명</u> 등이 있다.
- 특허는 허가와 달리 원칙적으로 재량행위이다. ★ `03`
- 특허는 허가와 달리 반드시 상대방의 신청이 필요한 협력을 요하는 행정행위이다.

OX 체크

`01` 개발제한구역 내의 건축물의 용도변경허가는 공공의 질서를 위하여 잠정적으로 금지하고, 법상의 요건을 갖춘 경우에 그 금지를 해제하여 본래의 자유를 회복시켜 주는 행위로 기속행위이다. ( )

`02` 건축허가시 건축허가서에 건축주로 기재된 자는 당연히 그 건물의 소유권을 취득하며, 건축 중인 건물의 소유자와 건축허가의 건축주는 일치하여야 한다. ( )

`03` 상대방에게 권리, 능력, 법적 지위, 포괄적 법률관계를 설정하는 특허는 형성적 행정행위이며 원칙적으로 기속행위이다. ( )

정답
01 ✕ 02 ✕ 03 ✕

2. 효과: 법률상 이익

- 특허에 의해 창설되는 권리는 독점적·배타적 권리로서, 이러한 이익은 단순한 반사적 이익이 아닌 법률상 이익이다. ★

1. 광업법상 이미 광업권이 설정된 동일한 구역에 대하여 동일한 광물에 대한 광업권을 중복설정할 수 없다. 대법원 1986. 2. 25. 선고 85누712 판결
2. 특별한 경우가 아니면 같은 업무구역 안에 중복된 어업면허는 당연무효이다. 대법원 1978. 4. 25. 선고 78누42 판결

3. 특허로 본 사례

1. 귀화허가는 외국인에게 대한민국 국적을 부여함으로써 국민으로서의 법적 지위를 포괄적으로 설정하는 행위에 해당한다. (중략) 법무부장관은 귀화신청인이 법률이 정하는 귀화요건을 갖추었다고 하더라도 귀화를 허가할 것인지 여부에 관하여 재량권을 가진다. 대법원 2010. 7. 15. 선고 2009두19069 판결 ★★★

2. 출입국관리법상 체류자격 변경허가는 신청인에게 당초의 체류자격과 다른 체류자격에 해당하는 활동을 할 수 있는 권한을 부여하는 일종의 설권적 처분의 성격을 가지므로, 허가권자는 신청인이 관계 법령에서 정한 요건을 충족하였더라도, 신청인의 적격성, 체류 목적, 공익상의 영향 등을 참작하여 허가 여부를 결정할 수 있는 재량을 가진다. 대법원 2016. 7. 14. 선고 2015두48846 판결 ★ 01

3. 공증사무는 국가 사무로서 공증인 인가·임명행위는 국가가 사인에게 특별한 권한을 수여하는 행위이다. 대법원 2019. 12. 13. 선고 2018두41907 판결

4. 여객자동차운수사업법에 따른 개인택시운송사업면허는 특정인에게 권리나 이익을 부여하는 재량행위이고, 행정청이 면허 발급 여부를 심사함에 있어 이미 설정된 면허기준의 해석상 당해 신청이 면허발급의 우선순위에 해당함이 명백함에도 불구하고 이를 제외시켜 면허거부처분을 하였다면 특별한 사정이 없는 한 그 거부처분은 재량권을 남용한 위법한 처분이다. 대법원 2002. 1. 22. 선고 2001두8414 판결 ★★★ 01

5. 마을버스운송사업면허의 허용 여부는 (중략) 법령이 특별히 규정한 바가 없으면 행정청의 재량에 속하는 것이라고 보아야 할 것이고, 마을버스 한정면허시 확정되는 마을버스 노선을 정함에 있어서도 기존 일반노선버스의 노선과의 중복 허용 정도에 대한 판단도 행정청의 재량에 속한다고 할 것이며, 노선의 중복 정도는 마을버스 노선과 각 일반버스노선을 개별적으로 대비하여 판단하여야 한다. 대법원 2002. 6. 28. 선고 2001두10028 판결 ★ 02

6. 자동차운수사업법에 의한 자동차운수사업면허는 특정인에게 특정한 권리를 설정하는 행위로서 법령에 특별한 규정이 없으면 행정청의 재량에 속하는 것이고, 그 면허를 위하여 정하여진 순위 내에서의 운전경력 인정방법의 기준 설정 역시 행정청의 재량에 속한다 할 것이므로, 설정된 기준이 객관적으로 타당하지 않다고 보여지지 않는 한 이에 기하여 운전경력을 산정한 것을 위법하다고 할 수 없다. 대법원 1997. 1. 21. 선고 95누12941 판결

7. 도로법 제40조 제1항에 의한 도로점용은 일반공중의 교통에 사용되는 도로에 대하여 이러한 일반사용과는 별도로 도로의 특정부분을 유형적·고정적으로 특정한 목적을 위하여 사용하는 이른바 특별사용을 뜻하는 것이고, 이러한 도로점용의 허가는 특정인에게 일정한 내용의 공물사용권을 설정하는 설권 행위로서, 공물관리자가 신청인의 적격성, 사용목적 및 공익상의 영향 등을 참작하여 허가를 할 것인지의 여부를 결정하는 재량행위이다. 대법원 2002. 10. 25. 선고 2002두5795 판결 ★★★ 03

OX 체크

01 「여객자동차 운수사업법」상 개인택시운송사업면허 및 「출입국관리법」상 체류자격 변경허가는 모두 재량행위이다. ( )

02 마을버스운송사업면허의 허용 여부는 운수행정을 통한 공익실현과 아울러 합목적성을 추구하기 위하여 보다 구체적 타당성에 적합한 기준에 의하여야 할 것이므로 행정청의 재량에 속하는 것이라고 보아야 한다. ( )

03 「도로법」상 도로점용허가는 공물관리자가 신청인의 적격성, 사용목적 및 공익상 영향 등을 참작하여 허가 여부를 결정하는 재량행위이다. ( )

정답 01 ○ 02 ○ 03 ○

8. 하천유수를 본래의 공용목적에 따라 타인의 공동이용을 방해하지 않는 한도에서 자유로이 사용하는 것을 넘어서 일반인에게는 허용되지 않는 특별한 공물사용권을 설정받아 일정기간 배타적으로 사용하기 위해서는 하천법에 의해 하천점용허가를 받아야 한다. 2011. 1. 13. 선고 2009다21058 판결
9. 구 공유수면관리법에 따른 공유수면의 점·사용허가는 특정인에게 공유수면 이용권이라는 독점적 권리를 설정하여 주는 처분으로서 그 처분의 여부 및 내용의 결정은 원칙적으로 행정청의 재량에 속한다. 대법원 2004. 5. 28. 선고 2002두5016 판결 ★ 01
10. 공유수면매립면허는 설권행위인 특허의 성질을 갖는 것이므로 원칙적으로 행정청의 자유재량에 속하며, 일단 실효된 공유수면매립면허의 효력을 회복시키는 행위도 특단의 사정이 없는 한 새로운 면허부여와 같이 면허관청의 자유재량에 속한다고 할 것이다. 대법원 1989. 9. 12. 선고 88누9206 판결 ★
11. 구 수도권대기환경특별법 제14조 제1항에서 정한 대기오염물질 총량관리사업장 설치의 허가 또는 변경허가는 특정인에게 인구가 밀집되고 대기오염이 심각하다고 인정되는 수도권 대기관리권역에서 총량관리대상 오염물질을 일정량을 초과하여 배출할 수 있는 특정한 권리를 설정하여 주는 행위로서 그 처분의 여부 및 내용의 결정은 행정청의 재량에 속한다. 대법원 2013. 5. 9. 선고 2012두22799 판결 ★★ 02
12. 개발촉진지구 안에서 시행되는 지역개발사업에 관한 지정권자의 실시계획승인처분은 설권적 처분의 성격을 가진 독립된 행정처분이다. 대법원 2014. 9. 26. 선고 2012두5602 판결
13. 관세법 제78조 소정의 보세구역의 설영특허는 보세구역의 설치, 경영에 관한 권리를 설정하는 이른바 공기업의 특허로서 그 특허의 부여여부는 행정청의 자유재량에 속하며, 특허기간이 만료된 때에 특허는 당연히 실효되는 것이어서 특허기간의 갱신은 실질적으로 권리의 설정과 같으므로 그 갱신여부도 특허관청의 자유재량에 속한다. 대법원 1989. 5. 9. 선고 88누4188 판결 ★ 03

> **OX 체크**
>
> **01** 공유수면의 점용·사용허가는 특정인에게 공유수면 이용권이라는 독점적 권리를 설정하여 주는 처분이 아니라 일반적인 상대적 금지를 해제하는 처분이다. ( )
>
> **02** 구「수도권대기환경특별법」상 대기오염물질 총량관리사업장 설치허가는 재량행위이다. ( )
>
> **03** 관세법 소정의 보세구역 설영특허는 공기업의 특허로서 그 특허의 부여 여부는 행정청의 자유재량에 속하고, 설영특허에 특허기간이 부가된 경우 그 기간의 갱신 여부도 행정청의 자유재량에 속한다. ( )
>
> **04** 인가는 당사자의 법률적 행위를 보충하여 그 법률적 효력을 완성시키는 행정주체의 보충적 의사표시로서의 법률행위적 행정행위이다. ( )
>
> **05** 기본행위가 성립하지 않거나 무효인 경우에 인가가 있어도 당해 인가는 무효가 된다. ( )

Ⅲ 인가

1. 의의

- 인가란 타인의 법률적 행위를 보충하여 그 법률적 효력을 완성시켜주는 행정행위를 말한다(보충행위). ★ 04
- 인가는 반드시 상대방의 신청이 필요한 협력을 요하는 행정행위이다.
- 인가의 대상이 되는 행위는 제3자의 법률적 행위에 한하며, 법률적 행위인 이상 공법상 행위일 수도 있고 사법상 행위일 수도 있다.

2. 인가의 효과

- 인가는 기본행위가 효력을 발생하기 위한 효력요건으로서, 인가가 있으면 인가의 대상이 된 유동적 무효 상태에 있던 기본행위가 법적 효력을 발생하게 된다.
- 일반적으로 무인가행위는 허가와 달리 행정상 강제나 처벌의 대상이 되지는 않는다.

3. 기본행위와 인가의 관계 : 인가의 보충성

(1) **기본행위의 하자**

- 기본행위가 성립하지 않거나 하자가 있어 무효인 경우, 인가가 있다 하여 무효인 기본행위가 유효로 되는 것은 아니고 인가 또한 무효이다. 즉 인가가 있다고 하여 기본행위의 하자가 치유되는 것은 아니다. ★ 05

> **정답**
> 01 ✕ 02 ○ 03 ○ 04 ○ 05 ○

OX 체크

 재단법인의 정관변경 결의에 하자가 있더라도, 그에 대한 인가가 있었다면 기본행위인 정관변경 결의는 유효한 것으로 된다. ( )

 유효한 기본행위를 대상으로 인가가 행해진 후에 기본행위가 취소되거나 실효된 경우에는 인가도 실효된다. ( )

 인가처분에 하자가 없다면 기본행위에 하자가 있다 하더라도 따로 그 기본행위의 하자를 다투는 것은 별론으로 하고 기본행위의 무효를 내세워 바로 그에 대한 행정청의 인가처분의 취소 또는 무효확인을 소구할 법률상의 이익이 없다. ( )

판례

1. 사립학교법에 의한 학교법인의 임원에 대한 감독청의 취임승인은 학교법인의 임원선임행위를 보충하여 그 법률상의 효력을 완성케 하는 보충적 행정행위로서 성질상 기본행위를 떠나 승인처분 그 자체만으로는 법률상 아무런 효력도 발생할 수 없으므로 기본행위인 학교법인의 임원 선임행위가 불성립 또는 무효인 경우에는 비록 그에 대한 감독청의 취임승인이 있었다 하여도 이로써 무효인 그 선임행위가 유효한 것으로 될 수는 없다. 대법원 1987. 8. 18. 선고 86누152 판결 ★★

2. 도시재개발에 의한 행정청의 인가는 주택개량재개발조합의 관리처분계획에 대한 법률상의 효력을 완성시키는 보충행위로서 그 기본 되는 관리처분계획에 하자가 있을 때에는 그에 대한 인가가 있었다 하여도 기본행위인 관리처분계획이 유효한 것으로 될 수 없다. 대법원 2001. 12. 11. 선고 2001두7541 판결

- 기본행위에 취소사유가 있는 경우, 기본행위가 취소되지 않는 한 인가의 효력에는 아무런 영향이 없고, 반대로 기본행위가 취소되거나 실효되면 인가 또한 실효된다.

판례

외자도입법에 따른 기술도입계약에 대한 인가는 기본행위인 기술도입계약을 보충하여 그 법률상 효력을 완성시키는 보충적 행정행위에 지나지 아니하므로 기본행위인 기술도입계약이 해지로 인하여 소멸되었다면 위 인가처분은 무효선언이나 그 취소처분이 없어도 당연히 실효된다. 대법원 1983. 12. 27. 선고 82누491 판결

- 기본행위에 하자가 있는 경우, 그 기본행위의 하자를 다투어야 하며 기본행위의 하자를 이유로 인가처분의 취소 또는 무효확인을 구할 법률상 이익은 없다.

판례

강학상의 '인가'에 속하는 행정처분에 있어서 인가처분 자체에 하자가 있다고 다투는 것이 아니라 기본행위에 하자가 있다 하여 그 기본행위의 효력에 관하여 다투는 경우에는 민사쟁송으로서 따로 그 기본행위의 취소 또는 무효확인 등을 구하는 것은 별론으로 하고 기본행위의 불성립 또는 무효를 내세워 바로 그에 대한 감독청의 인가처분의 취소를 구하는 것은 특단의 사정이 없는 한 소구할 법률상의 이익이 있다고 할 수 없다. 대법원 1995. 12. 12. 선고 95누7338 판결 ★★★

(2) 인가의 하자

- 기본행위가 적법유효하고 보충행위인 인가처분 자체에만 하자가 있다면 그 인가처분의 무효나 취소를 주장할 수 있다.

판례

기본행위가 적법·유효하고 보충행위인 인가처분 자체에만 하자가 있다면 그 인가처분의 무효나 취소를 주장할 수 있다고 할 것이지만, 인가처분에 하자가 없다면 기본행위에 하자가 있다 하더라도 따로 그 기본행위의 하자를 다투는 것은 별론으로 하고 기본행위의 무효를 내세워 바로 그에 대한 행정청의 인가처분의 취소 또는 무효확인을 소구할 법률상의 이익이 있다고 할 수 없다. 대법원 2001. 12. 11. 선고 2001두7541 판결

정답
01 ✗   02 ○   03 ○

4. 인가로 본 사례

1. 국토이용관리법상 토지거래허가가 규제지역 내의 모든 국민에게 전반적으로 토지거래의 자유를 금지하고 일정한 요건을 갖춘 경우에만 금지를 해제하여 계약체결의 자유를 회복시켜 주는 성질의 것이라고 보는 것은 위법의 입법취지를 넘어선 지나친 해석이라고 할 것이고, 규제지역 내에서도 토지거래의 자유가 인정되나 다만 위 허가를 허가 전의 유동적 무효 상태에 있는 법률행위의 효력을 완성시켜 주는 인가적 성질을 띤 것이라고 보는 것이 타당하다. 대법원 1991. 12. 24. 선고 90다12243 전원합의체 판결 ★★ 01

2. 구 사립학교법은 학교법인의 이사장·이사·감사 등의 임원은 이사회의 선임을 거쳐 관할청의 승인을 받아 취임하도록 규정하고 있는바, 관할청의 임원취임승인행위는 학교법인의 임원선임행위의 법률상 효력을 완성케 하는 보충적 법률행위이다. 대법원 2007. 12. 27. 선고 2005두9651 판결 ★

3. 민법에서 말하는 재단법인의 정관변경 허가는 법률상의 표현이 허가로 되어 있기는 하나, 그 성질에 있어 법률행위의 효력을 보충해 주는 것이지 일반적 금지를 해제하는 것이 아니므로, 그 법적 성격은 인가라고 보아야 한다. 대법원 1996. 5. 16. 선고 95누4810 판결 ★ 02

4. 공익법인의 기본재산에 대한 감독관청의 처분허가의 법률적 성질이 형성적 행정행위로서의 인가에 해당한다고 하여 조건으로서의 부관의 부과가 허용되지 아니한다고 볼 수는 없고, 다만 구체적인 경우에 그것이 조건, 기한, 부담, 철회권의 유보 중 어느 종류의 부관에 해당하는지는 당해 부관의 내용, 경위 기타 제반 사정을 종합하여 판단하여야 할 것이다. ★★

5. 자동차관리법상 자동차관리사업자로 구성하는 사업자단체인 조합 또는 협회의 설립인가처분은 국토해양부장관 또는 시·도지사가 자동차관리사업자들의 단체결성행위를 보충하여 효력을 완성시키는 처분에 해당한다. 대법원 2015. 5. 29. 선고 2013두635 판결 ★ 03

6. 관할관청의 개인택시 운송사업면허의 양도·양수에 대한 인가에는 양도인과 양수인 간의 양도행위를 보충하여 그 법률효과를 완성시키는 의미에서의 인가처분뿐만 아니라 양수인에 대해 양도인이 가지고 있던 면허와 동일한 내용의 면허를 부여하는 처분이 포함되어 있다고 볼 것이어서, 양수인이 구 자동차운수사업법시행규칙 제15조 제1항 소정의 개인택시 운송사업면허취득의 자격요건인 운전경력에 미달됨이 사후에 밝혀진 경우에는 관할관청은 면허를 받을 자격이 없는 자에 대한 하자 있는 처분으로서 개인택시 운송사업면허 양도·양수인가처분을 취소할 수 있음은 물론 양수인에 대한 개인택시 운송사업면허처분을 취소할 수도 있다. 대법원 1994. 8. 23. 선고 94누4882 판결

7. 공유수면매립의 면허로 인한 권리의무의 양도·양수에 있어서의 면허관청의 인가는 효력요건으로서, 위 각 규정은 강행규정이라고 할 것인바, 위 면허의 공동명의자 사이의 면허로 인한 권리의무양도약정은 면허관청의 인가를 받지 않은 이상 법률상 아무런 효력도 발생할 수 없다. 대법원 1991. 6. 25. 선고 90누5184 판결 ★ 04

OX 체크

01 토지거래허가구역 내의 토지거래계약에 대한 행정청의 허가는 강학상 인가에 해당한다. ( )

02 재단법인의 정관변경에 대한 행정청의 허가는 강학상 인가에 해당한다. ( )

03 「자동차관리법」상 자동차관리사업자로 구성하는 사업자단체인 조합 또는 협회의 설립인가처분은 자동차관리사업자들의 단체결성행위를 보충하여 효력을 완성시키는 처분에 해당한다. ( )

04 공유수면매립면허의 공동명의자 사이의 면허로 인한 권리의무양도약정은 면허관청의 인가를 받지 않은 이상 법률상 아무런 효력도 발생할 수 없다. ( )

정답
01 ○ 02 ○ 03 ○ 04 ○

OX 체크

01 「사회복지사업법」상 사회복지법인의 정관변경을 허가할 것인지 여부는 주무관청의 정책적 판단에 따른 재량에 맡겨져 있다. ( )

02 공익법인의 기본재산 처분에 대한 허가의 법률적 성질은 형성적 행정행위로서의 인가에 해당하므로, 그 허가에 조건으로서의 부관의 부과가 허용되지 아니한다. ( )

03 재단법인의 임원취임을 인가 또는 거부할 것인지 여부는 주무관청의 권한에 속하는 사항이라고 할 것이고, 재단법인의 임원취임승인 신청에 대하여 주무관청이 이에 기속되어 이를 당연히 승인(인가)하여야 하는 것은 아니다. ( )

04 자동차관리사업자로 구성하는 사업자단체 설립인가는 인가권자가 가지는 지도·감독 권한의 범위 등과 아울러 설립인가에 관하여 구체적인 기준이 정하여져 있지 않은 점 등에 비추어 재량행위로 보아야 한다. ( )

05 주택재건축사업시행의 인가는 상대방에게 권리나 이익을 부여하는 효과를 가진 이른바 수익적 행정처분으로서 법령에 행정처분의 요건에 관하여 일의적으로 규정되어 있지 아니한 이상 행정청의 재량행위에 속한다. ( )

06 특정의 사실 또는 법률관계의 존재를 공적으로 증명하는 공적 증거력을 부여하는 행정행위는 확인행위로서 당선인결정, 장애등급결정, 행정심판의 재결 등이 그 예이다. ( )

07 건축허가관청은 특단의 사정이 없는 한 건축허가내용대로 완공된 건축물의 준공을 거부할 수 없다. ( )

5. 인가의 법적성질

• 인가는 기속행위인 경우도 있고, 재량행위인 경우도 있다.

 판례

⟨기속행위로 본 사례⟩
1. 국토이용관리법상 토지거래허가. 대법원 1997. 6. 27. 선고 96누9362 판결 ★
2. 학교법인 이사취임승인처분. 대법원 1992. 9. 22. 선고 92누5461 판결
3. 관리처분계획에 대한 인가. 대법원 2012. 8. 30. 선고 2010두24951 판결

⟨재량행위로 본 사례⟩
1. 사회복지법인의 정관변경허가. 대법원 2002. 9. 24. 선고 2000두5661 판결 ★ **01**
2. 공익법인의 기본재산의 처분에 관한 주무관청의 허가. 대법원 2005. 9. 28. 선고 2004다50044 판결 ★★ **02**
3. 재단법인의 임원취임에 대한 행정청의 승인(인가). 대법원 2000. 1. 28. 선고 98두16996 판결 ★ **03**
4. 자동차관리법상 자동차관리사업자로 구성하는 사업자단체인 조합 또는 협회의 설립인가. 대법원 2015. 5. 29. 선고 2013두635 판결 ★ **04**
5. 주택재건축사업시행의 인가. 대법원 2007. 7. 12. 선고 2007두6663 판결 **05**

Ⅳ 그 밖의 행정행위의 내용

1. 확인

• 확인(행위)란 특정한 사실 또는 법률관계의 존부 또는 정부에 관하여 의문이 있거나 다툼이 있는 경우에 행정청이 이를 공권적으로 확인하는 행위를 말한다. ★ **06**
• 확인은 원칙적으로 행정청에게 재량이 인정될 수 없는 기속행위이다.
• 확인은 준사법적 행위이므로 불가변력이 발생한다고 보는 것이 일반적이다.
• 확인의 예로는 당선인결정, 장애등급결정, 행정심판의 재결, 국가유공자등록결정, 민주화운동 관련자결정, 국가시험합격자결정, 교과서의 검정, 도로·하천구역의 결정, 이의신청의 재결, 소득금액의 결정, 발명특허 등이 있다. ★ **06**

판례

1. 준공검사처분은 건축허가를 받아 건축한 건물이 건축허가사항대로 건축행정목적에 적합한가의 여부를 확인하고, 준공검사필증을 교부하여 줌으로써 허가받은 자로 하여금 건축한 건물을 사용, 수익할 수 있게 하는 법률효과를 발생시키는 것이다. 허가관청은 특단의 사정이 없는 한 건축허가내용대로 완공된 건축물의 준공을 거부할 수 없다고 하겠으나, (중략) 건축주가 건축허가내용대로 완공하였으나 건축허가 자체에 하자가 있어서 위법한 건축물이라는 이유로 허가관청이 준공을 거부하려면 건축허가의 취소에 있어서와 같은 조리상의 제약이 따른다고 할 것이고, 만약 당해 건축허가를 취소할 수 없는 특별한 사정이 있는 경우라면 그 준공도 거부할 수 없다고 할 것이다. 대법원 1992. 4. 10. 선고 91누5358 판결 **07**

정답
01 ○ 02 × 03 ○ 04 ○ 05 ○
06 × 07 ○

2. 친일반민족행위자 재산의 국가귀속에 관한 특별법에서 정한 <u>친일재산</u>은 친일반민족행위자 재산조사위원회가 국가귀속결정을 하여야 비로소 국가의 소유로 되는 것이 아니라 <u>특별법의 시행에 따라 그 취득·증여 등 원인행위시에 소급하여 당연히 국가의 소유</u>로 되고, 위 위원회의 <u>국가귀속결정</u>은 당해 재산이 친일재산에 해당한다는 사실을 <u>확인</u>하는 이른바 준법률행위적 행정행위의 성격을 가진다. 대법원 2008. 11. 13. 선고 2008두13491 판결 ★ **01**

3. <u>국방전력발전업무훈령에 의한 연구개발확인서 발급</u>은 (중략) 사업관리기관이 개발업체에게 해당 품목의 양산과 관련하여 <u>경쟁입찰에 부치지 않고 수의계약의 방식으로 국방조달계약을 체결할 수 있는 지위</u>(경쟁입찰의 예외사유)가 있음을 인정해 주는 '<u>확인적 행정행위</u>'로서 공권력의 행사인 '처분'에 해당하고, 연구개발확인서 발급 거부는 신청에 따른 처분 발급을 거부하는 '거부처분'에 해당한다. 대법원 2020. 1. 16. 선고 2019다264700 판결 ★ **02**

2. 통지

- 통지란 특정인 또는 불특정 다수인에게 <u>특정한 사실을 알리는 행위</u>로서, 그 자체로 일정한 <u>법적 효과를 발생시키는 행위</u>를 말한다.
- 통지는 행정행위라는 점에서 아무런 법적 효과를 발생시키지 않는 사실의 통지(사실행위) 및 행정행위의 효력발생요건인 통지와 구분된다.

〈통지처분으로 본 사례〉

1. 임용권자가 <u>임용기간이 만료된 조교수에 대하여 재임용을 거부하는 취지로 한 임용기간만료의 통지</u>는 위와 같은 대학교원의 법률관계에 영향을 주는 것으로서 <u>행정소송의 대상이 되는 처분에 해당한다</u>. 대법원 2004. 4. 22. 선고 2000두7735 전원합의체 판결 ★ **03**

2. 부당한 공동행위 자진신고자 등의 시정조치 또는 <u>과징금 감면신청에 대한 감면불인정 통지</u>는 항고소송의 대상이 되는 <u>행정처분에 해당한다</u>고 보아야 한다. 대법원 2012. 9. 27. 선고 2010두3541 **04**

〈처분이 아닌 사실행위로 본 사례〉

1. <u>국가공무원법상 당연퇴직은 결격사유가 있을 때 법률상 당연히 퇴직</u>하는 것이지 공무원관계를 소멸시키기 위한 별도의 행정처분을 요하는 것이 아니며, <u>당연퇴직의 인사발령</u>은 법률상 당연히 발생하는 퇴직사유를 공적으로 확인하여 알려주는 이른바 관념의 통지에 불과하고 공무원의 신분을 상실시키는 새로운 형성적 행위가 아니므로 행정소송의 대상이 되는 독립한 <u>행정처분이라고 할 수 없다</u>. 대법원 1995. 11. 14. 선고 95누2036 판결 ★★★ **05**

2. 국가공무원법 제74조에 의하면 공무원이 소정의 <u>정년에 달하면 그 사실에 대한 효과로서 공무담임권이 소멸되어 당연히 퇴직</u>되고 따로 그에 대한 행정처분이 행하여져야 비로소 퇴직되는 것은 아니라 할 것이며 피고의 원고에 대한 <u>정년퇴직 발령</u>은 정년퇴직 사실을 알리는 이른바 관념의 통지에 불과하므로 <u>행정소송의 대상이 되지 아니한다</u>. 대법원 1983. 2. 8. 선고 81누263 판결 **06**

3. <u>국민건강보험 직장가입자 또는 지역가입자 자격 변동</u>은 법령이 정하는 사유가 생기면 별도 처분 등의 개입 없이 사유가 발생한 날부터 변동의 효력이 <u>당연히 발생</u>하므로, 국민건강보험공단이 갑 등에 대하여 가입자 자격이 변동되었다는 취지의 '<u>직장가입자 자격상실 및 자격변동 안내</u>' 통보를 하였거나, 그로 인하여 사업장이 국민건강보험법상의 적용대상사업장에서 제외되었다는 취지의 '<u>사업장 직권탈퇴에 따른 가입자 자격상실 안내</u>' 통보를 하였더라도, 이는 갑 등의 가입자 자격의 변동 여부 및 시기를 확인하는 의미에서 한 <u>사실상 통지행위에 불과할 뿐</u>, 위 각 통보에 의하여 가입자 자격이 변동되는 효력이 발생한다고 볼 수 없고, 또한 위 각 통보로 갑 등에게 지역가입자로서의 건강보험료를 납부하여야 하는 의무가 발생함으로써 갑 등의 권리의무에 직접적 변동을 초래하는 것도 아니므로, 위 각 <u>통보의 처분성이 인정되지 않는다</u>. 대법원 2019. 2. 14. 선고 2016두41729 판결 ★★★ **07**

OX 체크

01 「친일반민족행위자 재산의 국가귀속에 관한 특별법」에 따른 친일재산은 친일반민족행위자 재산조사위원회가 국가귀속결정을 하여야 비로소 국가의 소유로 된다. ( )

02 방위사업법령 및 '국방전력발전업무훈령'에 따른 연구개발확인서 발급은 사업관리기관이 개발업체에게 해당 품목의 양산과 관련하여 수의계약의 방식으로 국방조달계약을 체결할 수 있는 지위가 있음을 인정해 주는 확인적 행정행위로서 처분에 해당한다. ( )

03 임용기간이 만료된 국립대학 조교수에 대하여 재임용을 거부하는 취지로 한 임용기간만료의 통지는 항고소송의 대상이 되는 행정처분에 해당한다. ( )

04 부당한 공동행위의 자진신고자가 한 감면신청에 대해 공정거래위원회가 감면인정 통지를 한 것은 항고소송의 대상인 행정처분으로 볼 수 없다. ( )

05 공무원에 대한 당연퇴직의 인사발령은 공무원의 신분을 상실시키는 새로운 형성적 행위이므로 행정소송의 대상이 되는 행정처분이다. ( )

06 정년에 달한 공무원에 대한 정년퇴직 발령은 정년퇴직 사실을 알리는 이른바 관념의 통지에 불과하여 행정소송의 대상이 될 수 없다. ( )

07 국민건강보험공단이 행한 '직장가입자 자격상실 및 자격변동 안내' 통보는 가입자 자격의 변동 여부 및 시기를 확인하는 의미에서 한 사실상 통지행위에 불과할 뿐, 항고소송의 대상이 되는 행정처분에 해당하지 않는다. ( )

정답
01 ✕   02 ○   03 ○   04 ✕   05 ✕
06 ○   07 ○

OX체크

01 영업양도행위가 무효임에도 행정청이 승계신고를 수리하였다면 양도자는 민사쟁송이 아닌 행정소송으로 신고수리처분의 무효확인을 구할 수 있다. ( )

02 지적공부 소관청의 지목변경신청 반려행위는 국민의 권리관계에 영향을 미친다고 볼 수 없어서 행정처분에 해당하지 않는다. ( )

03 건축물대장 소관청의 용도변경신청 거부행위는 국민의 권리관계에 영향을 미치는 것으로서 항고소송의 대상이 되는 행정처분에 해당한다. ( )

04 지적공부 소관청의 토지대장 직권말소행위는 항고소송의 대상이 되는 행정처분에 해당한다. ( )

05 의료유사업자 자격증 갱신발급행위는 유사의료업자의 자격을 부여 내지 확인하는 것이 아니라 특정한 사실 또는 법률관계의 존부를 공적으로 증명하는 소위 공증행위에 속하는 행정행위라 할 것이다. ( )

06 건설업면허증 및 건설업면허수첩의 재교부는 건설업의 면허를 받았다고 하는 특정사실에 대하여 형식적으로 그것을 증명하고 공적인 증거력을 부여하는 행정행위이다. ( )

07 특허청장의 상표사용권 설정등록행위는 사인간의 법률관계의 존부를 공적으로 증명하는 준법률행위적 행정행위이다. ( )

08 토지대장의 기재는 토지소유권을 제대로 행사하기 위한 전제요건으로서 토지소유자의 실체적 권리관계에 밀접하게 관련되어 있으므로 토지대장상의 소유자명의변경신청을 거부한 행위는 국민의 권리관계에 영향을 미치는 것이어서 항고소송의 대상이 되는 행정처분에 해당한다. ( )

09 행정청이 무허가건물관리대장에서 무허가건물을 삭제하는 행위는 항고소송의 대상이 되는 행정처분에 해당한다. ( )

3. 수리

- 수리란 신고 등 타인의 행위를 행정청이 적법한 행위로서 받아들임으로써 일정한 법적 효과를 발생시키는 행위를 말한다.
- 수리는 원칙적으로 기속행위이다.
- 수리는 행정행위라는 점에서 단순한 사실행위인 접수행위와 구분된다.

판례

사업양도·양수에 따른 허가관청의 지위승계신고의 수리는 적법한 사업의 양도·양수가 있었음을 전제로 하는 것이므로 그 수리대상인 사업양도·양수가 존재하지 아니하거나 무효인 때에는 수리를 하였다 하더라도 그 수리는 유효한 대상이 없는 것으로서 당연히 무효라 할 것이고, 사업의 양도행위가 무효라고 주장하는 양도자는 민사쟁송으로 양도·양수행위의 무효를 구함이 없이 막바로 허가관청을 상대로 하여 행정소송으로 위 신고수리처분의 무효확인을 구할 법률상 이익이 있다. 대법원 2005. 12. 23. 선고 2005두3554 판결 ★★★

4. 공증

- 공증이란 특정한 사실 또는 법률관계의 존부를 공적으로 증명하는 행위를 말한다. ★
- 공증의 예로는 부동산등기부의 등기, 선거인명부에의 등록, 광업원부에의 등록, 토지대장에의 등재, 특허의 등록, 합격증서 발급, 영수증 교부, 여권 발급 등이 있다.

판례

〈공증처분으로 본 사례〉

1. 토지대장 지목변경신청 반려행위. 대법원 2004. 4. 22. 선고 2003두9015 전원합의체 판결 ★★★ 02
2. 건축물대장 용도변경신청 거부행위. 대법원 2009. 1. 30. 선고 2007두7277 판결 ★★★ 03
3. 토지대장을 직권으로 말소한 행위. 대법원 2013. 10. 24. 선고 2011두13286 판결 ★ 04
4. 건축물대장을 직권으로 말소한 행위. 대법원 2010. 5. 27. 선고 2008두22655 판결 ★
5. 건축물대장 작성신청 거부행위. 대법원 2009. 2. 12. 선고 2007두17359
6. 구분소유 건축물을 하나의 건축물로 건축물대장을 합병한 행위. 대법원 2009. 5. 28. 선고 2007두19775 판결
7. 의료유사업자 자격증 갱신발급행위. 대법원 1979. 5. 22. 선고 79누39 판결 ★ 05
8. 건설업면허증 및 건설업면허수첩의 재교부. 대법원 1994. 10. 25. 선고 93누21231 판결 ★ 06
9. 특허청장의 상표사용권설정등록행위. 대법원 1991. 8. 13. 선고 90누9414 판결 07

〈처분이 아닌 사실행위로 본 사례〉

1. 토지대장상의 소유자명의변경신청을 거부한 행위. 대법원 2012. 1. 12. 선고 2010두12354 판결 ★★★ 08
2. 무허가건물을 무허가건물관리대장에서 삭제하는 행위. 대법원 2009. 3. 12. 선고 2008두11525 판결 ★ 09

정답

01 ○ 02 × 03 ○ 04 ○ 05 ○
06 ○ 07 ○ 08 × 09 ×

5. 그 밖의 행정행위

(1) 하명
- 행정청이 국민에게 작위·부작위·급부·수인 등의 의무를 명하는 행위를 말한다.
- 하명에 따른 의무를 이행하지 않는 경우 행정상 강제집행이 행해지거나 행정벌이 부과될 수 있다.

(2) 면제
- 법령에 의해 정해진 작위·급부·수인의무를 특정한 경우에 해제해주는 행정행위를 말한다.

(3) 대리
- 제3자가 하여야 할 행위를 행정기관이 대신하여 행함으로써 제3자가 스스로 행한 것과 같은 효과를 발생시키는 행정행위를 말한다.
- 대리의 예로는 강제징수절차에서 압류재산의 공매처분, 감독청에 의한 공법인의 정관작성 또는 임원 임명, 토지수용위원회의 수용재결, 행려병자나 사자의 유류품 처분 등이 있다.

6. 내용에 따른 행정행위의 체계 ★ 01 02

〈법률행위적 행정행위〉
- 행정청의 의사표시를 구성요소로 함
- 행정행위의 법적 효과가 행정청의 의사표시(효과의사)의 내용에 따라 발생함
- 명령적 행위(하명, 면제, 허가) 및 형성적 행위(특허, 인가, 대리)

〈준법률행위적 행정행위〉
- 행정청의 의사표시를 구성요소로 하지 않음
- 행정행위의 법적 효과가 행정청의 의사표시가 아닌 법률이 정한 바에 따라 발생함
- 확인, 통지, 수리, 공증

OX 체크

01 행정청의 의사표시를 요소로 하는 법률행위적 행정행위 중에서 명령적 행위에는 하명, 허가, 대리가 속한다. ( )

02 형성적 행정행위는 명령적 행정행위와 함께 법률행위적 행정행위에 속하며, 이에는 특허·인가·대리가 속한다. ( )

정답
01 × 02 ○

Chapter 03 행정행위의 부관

주제 5 행정행위의 부관

I 부관의 의의

- 행정행위의 효과를 제한하기 위하여 <u>주된 행정행위의 의사표시에 부가된 종된 의사표시</u>를 말한다.
- 부관은 부종성을 가지므로 명문의 규정이나 약정이 없는 한 주된 행정행위가 효력을 상실하면 부관도 효력을 상실한다.

II 부관의 종류

1. 조건

- 행정행위의 효력의 발생 또는 소멸을 장래의 불확실한 사실에 의존시키는 부관을 말한다.
- <u>조건이 성취되어야 행정행위가 비로소 효력을 발생하는 조건을 정지조건</u>이라 하고, 행정행위가 일단 효력을 발생하고 조건이 성취되면 행정행위가 효력을 상실하는 조건을 <u>해제조건</u>이라 한다.
- 일정한 기간 내에 공사에 착수할 것을 조건으로 하는 공유수면매립면허는 해제조건부 면허의 예이다.

2. 기한

- 행정행위의 효력의 발생 또는 소멸을 장래의 발생이 확실한 사실에 의존시키는 부관을 말한다.
- 기한이 도래함으로써 행정행위의 효력이 발생하는 기한을 시기, 기한이 도래함으로써 행정행위가 효력을 상실하는 기한을 종기라 한다.

3. 철회권의 유보

- 행정행위를 행함에 있어 <u>일정한 경우에 행정행위를 철회(변경)할 수 있음을 정한 부관</u>을 말한다.
- 철회권이 유보된 경우에도 이를 행사함에 있어서는 <u>철회의 제한이론인 이익형량의 원칙이 적용된다.</u> 다만, 당해 행정행위의 철회시 <u>상대방은 신뢰보호의 원칙을 원용할 수 없다.</u> **01**

> **판례**
>
> 행정청이 종교단체에 대하여 <u>기본재산전환인가를 함에 있어 인가조건을 부가하고 그 불이행 시 인가를 취소할 수 있도록 한 경우, 인가조건의 의미는 철회권을 유보한 것이다.</u> 대법원 2003. 5. 30. 선고 2003다6422 판결 ★ **02**

OX 체크

01 행정행위의 부관으로 철회권의 유보가 되어 있는 경우라 하더라도 그 철회권의 행사에 대해서는 행정행위의 철회의 제한에 관한 일반원리가 적용된다. ( )

02 행정청이 종교단체에 대하여 기본재산전환인가를 함에 있어 인가조건을 부가하고 그 불이행 시 인가를 취소할 수 있도록 하였다면 그 인가조건은 부관으로서 철회권의 유보에 해당한다. ( )

정답
01 O 02 O

4. 법률효과의 일부배제

- 법률이 행정행위에 부여한 법률효과의 일부를 배제하는 행정청의 의사표시를 말한다.
- 법률이 인정하는 효력을 행정청이 배제하는 것이므로 이를 위해서는 반드시 법률에 근거가 있어야 한다.

5. 부담

(1) 의의

- 행정행위의 주된 내용에 부가하여 그 행정행위의 상대방에게 작위·부작위·급부·수인 등의 의무를 부과하는 부관을 말한다.

(2) 조건과의 구별

- 부담부 행정행위는 부담에 따른 의무의 이행 여부와 무관하게 처음부터 즉시 효력을 발생하는 반면, 정지조건부 행정행위는 조건이 성취되어야 비로소 효력이 발생한다. ★
- 부담에 따른 의무의 불이행이 있어도 부담부 행정행위가 곧바로 효력을 상실하는 것은 아니고 행정행위의 철회사유가 될 뿐인 반면, 해제조건부 행정행위는 조건 성취시 당연히 효력이 상실된다.

부담부 행정처분에 있어서 처분의 상대방이 부담(의무)을 이행하지 아니한 경우에 처분행정청으로서는 이를 들어 당해 처분을 취소(철회)할 수 있다. 대법원 1989. 10. 24. 선고 89누2431 판결 ★★ 01

- 부담과 조건의 구별이 명확하지 않을 경우, 원칙적으로 상대방에게 유리한 부담으로 추정해야 한다(기한의 경우에도 마찬가지). ★ 02

사도개설허가에서 정해진 공사기간은 공사기간을 준수하여 공사를 마치도록 하는 의무를 부과하는 일종의 부담에 불과한 것이지, 사도개설허가 자체의 존속기간(유효기간)을 정한 것이라 볼 수 없고, 따라서 사도개설허가에서 정해진 공사기간 내에 사도로 준공검사를 받지 못하였다 하더라도, 이를 이유로 행정관청이 새로운 행정처분을 하는 것은 별론으로 하고, 사도개설허가가 당연히 실효되는 것은 아니다. 대법원 2004. 11. 25. 선고 2004두7023 판결 ★ 03

(3) 부담의 부가방법

- 부담은 행정청이 행정처분을 하면서 일방적으로 부가할 수도 있지만 부담을 부가하기 이전에 상대방과 협의하여 부담의 내용을 협약의 형식으로 미리 정한 다음 행정처분을 하면서 이를 부가할 수도 있다.

수익적 행정처분에 있어서는 법령에 특별한 근거규정이 없다고 하더라도 그 부관으로서 부담을 붙일 수 있고, 그와 같은 부담은 행정청이 행정처분을 하면서 일방적으로 부가할 수도 있지만 부담을 부가하기 이전에 상대방과 협의하여 부담의 내용을 협약의 형식으로 미리 정한 다음 행정처분을 하면서 이를 부가할 수도 있다. 대법원 2009. 2. 12. 선고 2005다65500 판결 ★★★ 04 05

OX 체크

01 부담부 행정처분에 있어서 처분의 상대방이 부담을 이행하지 아니한 경우에 처분청이 이를 들어 당해 처분을 철회할 수 없다. ( )

02 부담과 조건의 구별이 애매한 경우 조건으로 보는 것보다 부담으로 해석하는 것이 상대방에게 유리하다. ( )

03 사도개설허가에서 정해진 공사기간은 사도개설허가 자체의 존속기간을 정한 것이라 볼 수 있으므로 공사기간 내에 사도로 준공검사를 받지 못하였다면 사도개설허가는 당연히 실효된다. ( )

04 수익적 행정처분에 있어서는 법령에 특별한 근거규정이 있는 경우에만 그 부관으로서 부담을 붙일 수 있다. ( )

05 수익적 행정처분에 있어서는 행정청이 행정처분을 하면서 부담을 일방적으로 부가할 수 있을 뿐, 부담을 부가하기 이전에 상대방과 협의하여 부담의 내용을 협약의 형식으로 미리 정한 다음 부가할 수는 없다. ( )

정답
01 ✕ 02 ○ 03 ✕ 04 ✕ 05 ✕

(4) 부담과 그 이행으로서의 사법상 법률행위

- 부담과 그 부담의 이행행위인 사법상 법률행위는 별개의 독립된 행위이므로 그 효력도 별개로 논해야 한다.

1. 행정처분에 부담인 부관을 붙인 경우 부관의 무효화에 의하여 본체인 행정처분 자체의 효력에도 영향이 있게 될 수는 있지만, 그 처분을 받은 사람이 부담의 이행으로 사법상 매매 등의 법률행위를 한 경우에는 그 부관은 특별한 사정이 없는 한 법률행위를 하게 된 동기 내지 연유로 작용하였을 뿐이므로 이는 법률행위의 취소사유가 될 수 있음은 별론으로 하고 그 법률행위 자체를 당연히 무효화하는 것은 아니다. ★★★ 01
또한 행정처분에 붙은 부담인 부관이 제소기간의 도과로 확정되어 이미 불가쟁력이 생겼다면 그 하자가 중대하고 명백하여 당연 무효로 보아야 할 경우 외에는 누구나 그 효력을 부인할 수 없을 것이지만, 부담의 이행으로서 하게 된 사법상 매매 등의 법률행위는 부담을 붙인 행정처분과는 어디까지나 별개의 법률행위이므로 그 부담의 불가쟁력의 문제와는 별도로 법률행위가 사회질서 위반이나 강행규정에 위반되는지 여부 등을 따져보아 그 법률행위의 유효 여부를 판단하여야 한다 (주: 부담에 불가쟁력이 발생하였더라도 부담의 이행행위인 사법행위에 대해서는 별도로 민사소송이 가능하다고 본 사례). 대법원 2009. 6. 25. 선고 2006다18174 판결 ★★★ 02 03

2. 토지소유자가 토지형질변경행위허가에 붙은 기부채납의 부관에 따라 토지를 국가나 지방자치단체에 기부채납(증여)한 경우, 기부채납의 부관이 당연무효이거나 취소되지 아니한 이상 토지소유자는 위 부관으로 인하여 증여계약의 중요부분에 착오가 있음을 이유로 증여계약을 취소할 수 없다. 대법원 1999. 5. 25. 선고 98다53134 판결 ★★★ 04

III 부관의 한계

1. 부관의 가능성

(1) 기속행위와 재량행위

> 행정기본법 제17조【부관】★★★
> ① 행정청은 처분에 재량이 있는 경우에는 부관(조건, 기한, 부담, 철회권의 유보 등을 말한다)을 붙일 수 있다.
> ② 행정청은 처분에 재량이 없는 경우에는 법률에 근거가 있는 경우에 부관을 붙일 수 있다. 05

1. 일반적으로 기속행위나 기속적 재량행위에는 부관을 붙일 수 없고 가사 부관을 붙였다 하더라도 무효이다. 따라서 건축허가를 하면서 일정 토지를 기부채납하도록 하는 내용의 허가조건은 부관을 붙일 수 없는 기속행위 내지 기속적 재량행위인 건축허가에 붙인 부담이거나 또는 법령상 아무런 근거가 없는 부관이어서 무효이다. 대법원 1995. 6. 13. 선고 94다56883 판결 ★★ 06

2. (법률에 근거가 있는 사례) 건축허가 시 보차혼용통로를 조성·제공하도록 한 것은 구 건축법 제61조 제1항의 규정에 따른 것일 뿐이지 수익적 행정행위인 건축허가에 부가된 부관으로서 부담이라고 할 수는 없으므로, 보차혼용통로를 조성·제공하도록 한 것이 기속행위나 기속재량행위에 붙은 부관이어서 무효라고 볼 것은 아니다. 대법원 2012. 10. 11. 선고 2011두8277 판결

OX 체크

01 행정처분에 부담인 부관을 붙인 경우 부관의 무효화에 의하여 본체인 행정처분 자체의 효력에도 영향이 있게 될 수 있으며, 그 처분을 받은 사람이 부담의 이행으로 사법상 매매 등의 법률행위를 한 경우 그 법률행위 자체는 당연무효이다. ( )

02 부담의 이행으로서 하게 된 사법상 매매 등의 법률행위는 부담을 붙인 행정처분과는 별개의 법률행위이므로, 그 부담의 불가쟁력의 문제와는 별도로 법률행위가 사회질서 위반이나 강행규정에 위반되는지 여부 등을 따져보아 그 법률행위의 유효 여부를 판단하여야 한다. ( )

03 행정처분에 붙은 부담인 부관이 불가쟁력이 생겼다 하더라도, 당해 부담이 당연무효가 아닌 이상 그 부담의 이행으로서 하게 된 매매 등 사법상 법률행위의 효력을 민사소송으로 다툴 수는 없다. ( )

04 토지소유자가 토지형질변경행위허가에 붙은 기부채납의 부관에 따라 토지를 국가나 지방자치단체에 기부채납한 경우, 기부채납의 부관이 당연무효이거나 취소되지 아니한 이상 토지소유자는 위 부관으로 인하여 기부채납계약의 중요부분에 착오가 있음을 이유로 기부채납계약을 취소할 수 없다. ( )

05 행정청은 처분에 재량이 없는 경우에는 법률에 근거가 있는 경우에 부관을 붙일 수 있다. ( )

06 기속행위에 대해서는 법령상 특별한 근거가 없는 한 부관을 붙일 수 없고, 가사 부관을 붙였다고 하더라도 이는 무효이다. ( )

정답
01 ✕ 02 ○ 03 ✕ 04 ○ 05 ○
06 ○

3. 재량행위에 있어서는 관계 법령에 명시적인 금지규정이 없는 한 행정목적을 달성하기 위하여 조건이나 기한, 부담 등의 부관을 붙일 수 있고, 그 부관의 내용이 이행 가능하고 비례의 원칙 및 평등의 원칙에 적합하며 행정처분의 본질적 효력을 저해하지 아니하는 이상 위법하다고 할 수 없다. 대법원 2004. 3. 25. 선고 2003두12837 판결 ★★

4. 일반적으로 보조금 교부결정에 관해서는 행정청에게 광범위한 재량이 부여되어 있고, 행정청은 보조금 교부결정을 할 때 법령과 예산에서 정하는 보조금의 교부 목적을 달성하는 데에 필요한 조건을 붙일 수 있다. 대법원 2021. 2. 4. 선고 2020두48772 판결 ★ 01

(2) 신분설정행위

- 귀화허가 또는 공무원의 임명행위와 같은 신분설정행위에는 당사자의 지위를 보장하기 위해 부관을 붙일 수 없다. 02

(3) 준법률행위적 행정행위

- 부관을 '행정행위의 효과를 제한하기 위하여 주된 행정행위의 의사표시에 부가된 종된 의사표시'로 이해하는 종래의 통설에 따르면, 의사표시를 전제로 하지 않는 준법률행위적 행정행위에는 부관을 붙일 수 없다.

2. 부관의 내용상 한계

> 행정기본법 제17조【부관】 03
> ④ 부관은 다음 각 호의 요건에 적합하여야 한다. ★
>   1. 해당 처분의 목적에 위배되지 아니할 것
>   2. 해당 처분과 실질적인 관련이 있을 것
>   3. 해당 처분의 목적을 달성하기 위하여 필요한 최소한의 범위일 것

(1) 법령

- 부관은 법령에 위반되어서는 안 된다.

부제소특약에 관한 부관은 당사자가 임의로 처분할 수 없는 공법상의 권리관계를 대상으로 하여 사인의 국가에 대한 공권인 소권을 당사자의 합의로 포기하는 것으로서 허용될 수 없다. 대법원 1998. 8. 21. 선고 98두8919 판결 ★ 04

(2) 주된 행정행위의 목적

- 부관은 주된 행정행위의 목적에 위배되어서는 안 된다.

기선선망어업의 허가를 하면서 운반선, 등선 등 부속선을 사용할 수 없도록 제한한 부관은 그 어업허가의 목적달성을 사실상 어렵게 하여 그 본질적 효력을 해하는 것일 뿐만 아니라 위 시행령의 규정에도 어긋나는 것이며, 더욱이 어업조정이나 기타 공익상 필요하다고 인정되는 사정이 없는 이상 위법한 것이다. 대법원 1990. 4. 27. 선고 89누6808 판결 ★★ 05

OX 체크

01 일반적으로 보조금 교부결정은 법령과 예산에서 정하는 바에 엄격히 기속되므로, 행정청은 보조금 교부결정을 할 때 조건을 붙일 수 없다. ( )

02 법률행위적 행정행위에는 부관을 붙일 수 있는 것이 원칙이므로 귀화허가 및 공무원의 임명행위 등과 같은 신분설정행위에는 부관을 붙일 수 있다. ( )

03 부관은 해당 처분의 목적에 위배되지 아니하여야 하며, 그 처분과 실질적인 관련이 있어야 하고 또한 그 처분의 목적을 달성하기 위하여 필요한 최소한의 범위 내에서 붙여야 한다. ( )

04 행정청이 처분을 하면서 부제소특약의 부관을 붙인 것은 당사자가 임의로 처분할 수 없는 공법상 권리관계를 대상으로 하여 사인의 국가에 대한 소권을 당사자의 합의로 포기하는 것으로 허용될 수 없다. ( )

05 기선선망어업의 허가를 하면서 운반선, 등선 등 부속선을 사용할 수 없도록 제한한 부관은 그 어업허가의 목적달성을 사실상 어렵게 하여 그 본질적 효력을 해하는 것이므로 위법한 것이다. ( )

정답
01 × 02 × 03 ○ 04 ○ 05 ○

(3) 행정법의 일반원칙

- 부관은 행정법의 일반원칙에 위배되어서는 안 된다.

1. <u>부관의 내용은 적법하고 이행 가능하여야 하며 비례의 원칙 및 평등의 원칙에 적합하고 행정처분의 본질적 효력을 해하지 아니하는 한도의 것이어야 한다.</u> 대법원 1997. 3. 14. 선고 96누16698 판결

2. 부담은 법치주의와 사유재산 존중, 조세법률주의 등 헌법의 기본원리에 비추어 비례의 원칙이나 <u>부당결부의 원칙</u>에 위반되지 않아야만 적법한 것인바, 행정처분과 부관 사이에 <u>실제적 관련성</u>이 있다고 볼 수 없는 경우 공무원이 위와 같은 공법상의 제한을 회피할 목적으로 행정처분의 상대방과 사이에 <u>사법상 계약을 체결하는 형식</u>을 취하였다면 이는 법치행정의 원리에 반하는 것으로서 <u>위법하다.</u> 대법원 2009. 12. 10. 선고 2007다63966 판결 ★★★ 01

3. <u>65세대의 공동주택을 건설하려는 사업주체(지역주택조합)에게 주택건설촉진법 제33조에 의한 주택건설사업계획의 승인처분을 함에 있어 그 주택단지의 진입도로 부지의 소유권을 확보하여 진입도로 등 간선시설을 설치하고 그 부지 소유권 등을 기부채납하며 그 주택건설사업 시행에 따라 폐쇄되는 인근 주민들의 기존 통행로를 대체하는 통행로를 설치하고 그 부지 일부를 기부채납하도록 조건을 붙인 것은 위법한 부관이라 할 수 없다.</u> 대법원 1997. 3. 14. 선고 96누16698 판결

(4) 부관의 이행가능성

- 부관은 이행 가능하여야 한다.

<u>토지분할 조건부 건축허가</u>는, 건축허가 신청에 앞서 토지분할절차를 완료하도록 하는 대신, 건축허가 신청인의 편의를 위해 건축허가에 따라 우선 건축공사를 완료한 후 사용승인을 신청할 때까지 토지분할절차를 완료할 것을 허용하는 취지이다. 행정청이 객관적으로 처분상대방이 이행할 가능성이 없는 조건을 붙여 행정처분을 하는 것은 법치행정의 원칙상 허용될 수 없으므로, 건축행정청은 신청인의 건축계획상 하나의 대지로 삼으려고 하는 '하나 이상의 필지의 일부'가 관계 법령상 토지분할이 가능한 경우인지를 심사하여 토지분할이 관계 법령상 제한에 해당되어 명백히 불가능하다고 판단되는 경우에는 토지분할 조건부 건축허가를 거부하여야 한다. 대법원 2018. 6. 28. 선고 2015두47737 판결 02

3. 부관의 시간적 한계 : 부관의 사후부가·변경

> 행정기본법 제17조 【부관】
> ③ 행정청은 부관을 붙일 수 있는 처분이 다음 각 호의 어느 하나에 해당하는 경우에는 그 <u>처분을 한 후에도 부관을 새로 붙이거나 종전의 부관을 변경할 수 있다.</u> ★★★
> 1. <u>법률</u>에 근거가 있는 경우
> 2. <u>당사자의 동의</u>가 있는 경우
> 3. <u>사정이 변경</u>되어 부관을 새로 붙이거나 종전의 부관을 변경하지 아니하면 해당 처분의 목적을 달성할 수 없다고 인정되는 경우

OX 체크

01 행정처분과 부관 사이에 실제적 관련성이 있다고 볼 수 없는 경우, 공무원이 공법상의 제한을 회피할 목적으로 행정처분의 상대방과 사이에 사법상 계약을 체결하는 형식을 취하였더라도 법치행정의 원리에 반하는 것으로서 위법하다고 볼 수 없다. ( )

02 건축행정청은 신청인의 건축계획상 하나의 대지로 삼으려고 하는 '하나 이상의 필지의 일부'가 관계 법령상 토지분할이 가능한 경우인지를 심사하여 토지분할이 관계 법령상 제한에 해당되어 명백히 불가능하다고 판단되는 경우에는 토지분할 조건부 건축허가를 거부하여야 한다. ( )

판례

다만 예외적으로 <u>토지분할이 재량행위인 개발행위허가의 대상이 되는 경우</u>, 개발행위에 해당하는 토지분할을 허가할지에 관한 처분권한은 개발행위허가 행정청에 있고, 토지분할 허가 가능성에 관한 건축행정청의 판단이 개발행위허가 행정청의 판단과 다를 여지도 있으므로, <u>건축행정청은 자신의 심사 결과 토지분할에 대한 개발행위허가를 받기 어렵다고 판단되는 경우에는 개발행위허가 행정청의 전문적인 판단을 먼저 받아보라는 의미에서 건축허가 신청인이 먼저 토지분할 절차를 거쳐야 한다는 이유로 토지분할 조건부 건축허가를 거부할 수는 있다.</u> 그러나 이러한 사유가 아니라면 건축행정청은 건축허가신청이 건축법 등 관계 법령에서 정하는 어떠한 제한에 해당되지 않는 이상 같은 법령에서 정하는 건축허가를 하여야 하고, 중대한 공익상의 필요가 없에도 요건을 갖춘 자에 대한 허가를 관계 법령에서 정하는 제한사유 이외의 사유를 들어 거부할 수는 없다. 대법원 2018. 6. 28. 선고 2015두47737 판결

정답
01 × 02 ○

행정처분에 이미 부담이 부가되어 있는 상태에서 그 의무의 범위 또는 내용 등을 변경하는 부관의 사후변경은, 법률에 명문의 규정이 있거나 그 변경이 미리 유보되어 있는 경우 또는 상대방의 동의가 있는 경우에 한하여 허용되는 것이 원칙이지만, 사정변경으로 인하여 당초에 부담을 부가한 목적을 달성할 수 없게 된 경우에도 그 목적달성에 필요한 범위 내에서 예외적으로 허용된다. 대법원 1997. 5. 30. 선고 97누2627 판결 ★★★ 01 02

Ⅳ 부관의 하자와 불복방법

1. 부관의 하자

(1) 부관 부가의 적법성 판단 기준시 : 처분시

행정청이 수익적 행정처분을 하면서 부가한 부담의 위법 여부는 처분 당시 법령을 기준으로 판단하여야 하고, 부담이 처분 당시 법령을 기준으로 적법하다면 처분 후 부담의 전제가 된 주된 행정처분의 근거 법령이 개정됨으로써 행정청이 더 이상 부관을 붙일 수 없게 되었다 하더라도 곧바로 위법하게 되거나 그 효력이 소멸하게 되는 것은 아니다. 따라서 행정처분의 상대방이 수익적 행정처분을 얻기 위하여 행정청과 사이에 행정처분에 부가할 부담에 관한 협약을 체결하고 행정청이 수익적 행정처분을 하면서 협약상의 의무를 부담으로 부가하였으나 부담의 전제가 된 주된 행정처분의 근거 법령이 개정됨으로써 행정청이 더 이상 부관을 붙일 수 없게 된 경우에도 곧바로 협약의 효력이 소멸하는 것은 아니다. 대법원 2009. 2. 12. 선고 2005다65500 판결 ★★★ 03 04

(2) 위법한 부관이 붙은 행정행위의 효력

- 부관이 주된 행정행위의 본질적인 부분인 경우 부관이 위법하면 주된 행정행위도 위법하게 된다.
- 부관이 주된 행정행위의 본질적인 부분이 아닌 경우 부관이 위법하다는 사유만으로 주된 행정행위가 위법하게 되는 것은 아니다.

| 판례 |

1. 기부채납받은 공원시설의 사용·수익허가에서 그 허가기간은 행정행위의 본질적 요소에 해당한다고 볼 것이어서, 부관인 허가기간에 위법사유가 있다면 이로써 이 사건 허가 전부가 위법하게 된다. 대법원 2001. 6. 15. 선고 99두509 판결 ★
2. 도로점용허가의 점용기간은 행정행위의 본질적인 요소에 해당한다고 볼 것이어서, 부관인 점용기간을 정함에 있어서 위법사유가 있다면 이로써 도로점용허가처분 전부가 위법하게 된다. 대법원 1985. 7. 9. 선고 84누604 판결 ★★★ 05

OX 체크

01 부관은 면허 발급 당시에 붙이는 것뿐만 아니라 면허 발급 이후에 붙이는 것도 법률에 명문의 규정이 있거나 변경이 미리 유보되어 있는 경우 또는 상대방의 동의가 있는 경우 등에는 특별한 사정이 없는 한 허용된다. ( )

02 사정변경으로 당초에 부담을 부가한 목적을 달성할 수 없게 된 경우에도 그 목적달성에 필요한 범위 내에서 예외적으로 부담의 사후변경이 허용된다. ( )

03 처분 당시 법령을 기준으로 처분에 부가된 부담이 적법하였더라도, 처분 후 부담의 전제가 된 주된 행정처분의 근거 법령이 개정됨으로써 행정청이 더 이상 부관을 붙일 수 없게 되었다면 그때부터 부담의 효력은 소멸한다. ( )

04 행정청이 수익적 행정처분을 하면서 사전에 상대방과 체결한 협약상의 의무를 부담으로 부가하였는데, 부담의 전제가 된 주된 행정처분의 근거 법령이 개정되어 부관을 붙일 수 없게 된 경우에는 곧바로 협약의 효력이 소멸한다. ( )

05 도로점용허가의 점용기간을 정함에 있어 위법사유가 있다면 도로점용허가처분 전부가 위법하게 된다. ( )

정답
01 ○ 02 ○ 03 × 04 × 05 ○

2. 불복방법

- 부관 중 부담은 처분성이 있으므로 독립하여 행정쟁송의 대상이 될 수 있지만, 부담 이외의 부관은 독립하여 그 대상이 될 수 없다.

> **판례**
>
> 1. 현행 행정쟁송제도 아래서는 부관 그 자체만을 독립된 쟁송의 대상으로 할 수 없는 것이 원칙이나 행정행위의 부관 중에서도 행정행위에 부수하여 그 행정행위의 상대방에게 일정한 의무를 부과하는 행정청의 의사표시인 부담의 경우에는 다른 부관과는 달리 행정행위의 불가분적인 요소가 아니고 그 존속이 본체인 행정행위의 존재를 전제로 하는 것일 뿐이므로 부담 그 자체로서 행정쟁송의 대상이 될 수 있다. 대법원 1992. 1. 21. 선고 91누1264 판결 ★★★ 01
>
> 2. 행정행위의 부관은 부담인 경우를 제외하고는 독립하여 행정소송의 대상이 될 수 없는 바, 기부채납 받은 행정재산에 대한 사용·수익허가에서 공유재산의 관리청이 정한 사용·수익허가의 기간은 그 허가의 효력을 제한하기 위한 행정행위의 부관으로서 이러한 사용·수익허가의 기간에 대해서는 독립하여 행정소송을 제기할 수 없으며, 결국 이 사건 청구는 부적법하여 각하를 면할 수 없다. 대법원 2001. 6. 15. 선고 99두509 판결 ★★★ 02
>
> 3. 행정청이 한 공유수면매립준공인가 중 매립지 일부에 대하여 한 국가귀속처분은 매립준공인가를 함에 있어서 매립의 면허를 받은 자의 매립지에 대한 소유권취득을 규정한 공유수면매립법조의 효과 일부를 배제하는 부관(주: 법률효과의 일부배제)을 붙인 것이므로 이러한 행정행위의 부관에 대하여는 독립하여 행정소송의 대상으로 삼을 수 없다. 대법원 1991. 12. 13. 선고 90누8503 판결 ★★★ 03

- 위법한 부관에 있어서 신청인이 부관부 행정행위의 변경을 청구하고 행정청이 이를 거부한 경우, 신청인은 그 거부처분의 취소를 구하는 쟁송을 제기할 수 있다(대법원 1990. 4. 27. 선고 89누6808 판결). ★ 04

OX 체크

01 행정행위의 부관은 부담의 경우를 제외하고는 독립하여 행정소송의 대상이 될 수 없다. ( )

02 기부채납 받은 행정재산에 대한 사용·수익허가에서 공유재산의 관리청이 정한 사용·수익허가의 기간은 그 허가의 효력을 제한하기 위한 행정행위의 부관으로서 독립하여 행정소송의 대상으로 삼을 수 있다. ( )

03 지방국토관리청장이 일부 공유수면매립지를 국가 또는 지방자치단체에 귀속처분한 것은 법률효과의 일부를 배제하는 부관을 붙인 것이므로 이러한 행정행위의 부관은 독립하여 행정쟁송 대상이 될 수 없다. ( )

04 위법한 부담 이외의 부관으로 인해 권리를 침해받은 자는 부관부행정행위 전체를 취소청구하든지, 아니면 행정청에 부관이 없는 처분으로의 변경을 청구한 다음 그것이 거부된 경우에 거부처분취소소송을 제기하여야 한다. ( )

정답
01 ○ 02 × 03 ○ 04 ○

V 법정부관

- 행정청의 의사표시에 의한 것이 아닌, 법령의 규정에 의해 직접 부가된 부관을 말한다. `01`
- 법정부관에는 부관의 한계에 관한 일반적인 내용이 적용되지 않는다. ★

판례

1. 임시이사를 선임하면서 임기를 '후임 정식이사가 선임될 때까지'로 기재한 것은 근거 법률의 해석상 당연히 도출되는 사항을 주의적·확인적으로 기재한 이른바 '법정부관'일 뿐, 행정청의 의사에 따라 붙이는 본래 의미의 행정처분 부관이라고 볼 수 없다. 후임 정식이사가 선임되었다는 사유만으로 임시이사의 임기가 자동적으로 만료되어 임시이사의 지위가 상실되는 효과가 발생하지 않고, 관할 행정청이 후임 정식이사가 선임되었음을 이유로 임시이사를 해임하는 행정처분을 해야만 비로소 임시이사의 지위가 상실되는 효과가 발생한다. 대법원 2020. 10. 29. 선고 2017다269152 판결 ★ `02`

2. [1] 공익상의 이유로 허가를 할 수 없는 영업의 종류를 지정할 권한을 부여한 구 식품위생법에 따라 보건사회부장관이 발한 고시인 식품영업허가기준은 실질적으로 법의 규정내용을 보충하는 기능을 지니면서 그것과 결합하여 대외적으로 구속력이 있는 법규명령의 성질을 가진 것이므로, 위 고시에 정한 허가기준에 따라 보존음료수 제조업 허가에 붙여진 전량수출 또는 주한 외국인에 대한 판매에 한한다는 내용의 조건은 이른바 법정부관으로서 행정청의 의사에 기하여 붙여지는 본래의 의미에서의 행정행위의 부관은 아니다. 따라서 이와 같은 법정부관에 대하여는 행정행위에 부관을 붙일 수 있는 한계에 관한 일반적인 원칙이 적용되지는 않지만, 위 고시가 헌법상 보장된 기본권을 침해하는 것으로서 헌법에 위반될 때에는 그 효력이 없는 것으로 볼 수밖에 없다. ★ `03` `04`
   [2] 위 고시가 보존음료수 제조업의 허가를 받은 제조업자들이 보존음료수를 내국인에게 판매하지 못하도록 금지하고 있는 것은 헌법상 보장된 직업의 자유와 국민의 행복추구권을 침해하는 것으로서 헌법에 위반되어 무효라고 할 것이므로, 이 고시를 내용으로 하는 위 허가조건(법정부관) 역시 무효라고 할 것이니 이를 위반하여 보존음료수를 내국인에게 판매하였다고 하더라도 식품위생법 제77조 제3호(주 : 과징금부과처분사유)에 해당한다고 할 수 없다(무효인 위 고시에 따라서 지게 되는 의무를 이행하지 아니하였다는 이유로 원고들에 대하여 과징금을 부과하는 제재적 행정처분을 하는 것은 위법하다고 본 사례). 대법원 1995. 11. 14. 선고 92도496 판결

VI 그 밖의 부관에 관한 판례

판례

1. 도로점용허가 대상 도로가 아닌 다른 도로의 관리청이 그 필요에 따라 도로점용허가 대상 도로에 관한 공사를 시행하는 경우에는 당초 도로점용허가를 한 처분청과 처분상대방 사이의 공사비용 부담주체 결정에 관한 부관인 조건을 원용할 수 없다. 대법원 2024. 10. 31. 선고 2022다250626 판결

2. 행정행위의 부관인 부담에 정해진 바에 따라 당해 행정청이 아닌 다른 행정청이 그 부담상의 의무이행을 요구하는 의사표시를 하였을 경우, 이러한 행위가 당연히 또는 무조건으로 행정소송법상 항고소송의 대상이 되는 처분에 해당한다고 할 수는 없다. 대법원 1992. 1. 21. 선고 91누1264 판결 ★ `05`

OX 체크

`01` 행정행위의 부관은 법령이 직접 행정행위의 조건이나 기한 등을 정한 경우와 구별되어야 한다. ( )

`02` 행정청이 임시이사를 선임하면서 임기를 '후임 정식이사가 선임될 때까지'로 기재한 것은 근거 법률의 해석상 당연히 도출되는 사항을 주의적·확인적으로 기재한 이른바 '법정부관'일 뿐, 행정청의 의사에 따라 붙이는 본래 의미의 행정처분 부관이라고 볼 수 없고, 후임 정식이사가 선임되면 임시이사의 임기는 자동적으로 만료되어 임시이사의 지위가 상실되는 효과가 발생한다. ( )

`03` 고시에서 정하여진 허가기준에 따라 보존음료수 제조업의 허가에 부가된 조건은 행정행위에 부관을 부가할 수 있는 한계에 관한 일반적인 원칙이 적용되지 아니한다. ( )

`04` 법정부관에 대하여는 행정행위에 부관을 붙일 수 있는 한계에 관한 일반적인 원칙이 적용된다. ( )

`05` 행정행위의 부관인 부담에 정해진 바에 따라 당해 행정청이 아닌 다른 행정청이 그 부담상의 의무이행을 요구하는 의사표시를 하였을 경우, 이러한 행위가 당연히 항고소송의 대상이 되는 처분에 해당한다고 할 수는 없다. ( )

정답
01 ○ 02 × 03 ○ 04 × 05 ○

Chapter 04 행정행위의 요건과 효력

주제 6 행정행위의 요건

I 성립(존재)요건

- 행정행위가 성립(존재)하기 위해서는 행정청의 행정의사가 내부적으로 결정되고(내부적 성립), 그 결정된 의사가 외부적으로 표시(외부적 성립)되어야 한다.
- 행정의사의 외부적 표시는 공식적인 것이어야 하므로, 공무원에 의한 사적인 통지나 우연히 알게 된 것으로는 행정행위는 성립하지 않는다.
- 행정행위는 통상 서명에 의한 결재권자의 결재가 있음으로써 성립하고, 성립요건을 결여한 행정행위는 부존재하는 것이 되어 부존재확인청구소송의 대상이 된다.

판례

1. 공문서(전자공문서 포함)는 결재권자가 서명 등의 방법으로 결재함으로써 성립된다. 여기서 '결재'란 문서의 내용을 승인하여 문서로서 성립시킨다는 의사를 서명 등을 통해 외부에 표시하는 행위이다. 결재권자의 결재가 있었는지 여부는 결재권자가 서명을 하였는지 뿐만 아니라 문서에 대한 결재권자의 지시 사항, 결재의 대상이 된 문서의 종류와 특성, 관련 법령의 규정 및 업무 절차 등을 종합적으로 고려하여야 한다. 대법원 2020. 12. 10. 선고 2015도19296 판결

2. 행정처분의 외부적 성립은 행정의사가 외부에 표시되어 행정청이 자유롭게 취소·철회할 수 없는 구속을 받게 되는 시점을 확정하는 의미를 가지므로, 어떠한 처분의 외부적 성립 여부는 행정청에 의해 행정의사가 공식적인 방법으로 외부에 표시되었는지를 기준으로 판단하여야 한다. 대법원 2017. 7. 11. 선고 2016두35120 판결 ★★ 01

3. [1] 일반적으로 처분이 주체·내용·절차와 형식의 요건을 모두 갖추고 외부에 표시된 경우에는 처분의 존재가 인정된다. 행정의사가 외부에 표시되어 행정청이 자유롭게 취소·철회할 수 없는 구속을 받게 되는 시점에 처분이 성립하고, 그 성립 여부는 행정청이 행정의사를 공식적인 방법으로 외부에 표시하였는지를 기준으로 판단해야 한다. ★ 02
[2] (법무부장관이 갑의 입국을 금지하는 결정을 하고, 그 정보를 내부전산망인 '출입국관리정보시스템'에 입력하였으나, 갑에게는 통보하지 않은 사안에서) 행정청이 행정의사를 외부에 표시하여 행정청이 자유롭게 취소·철회할 수 없는 구속을 받기 전에는 '처분'이 성립하지 않으므로 법무부장관이 출입국관리법 및 동법 시행령에 따라 위 입국금지결정을 했다고 해서 '처분'이 성립한다고 볼 수는 없고, 위 입국금지결정은 법무부장관의 의사가 공식적인 방법으로 외부에 표시된 것이 아니라 단지 그 정보를 내부전산망인 '출입국관리정보시스템'에 입력하여 관리한 것에 지나지 않으므로, 위 입국금지결정은 항고소송의 대상이 될 수 있는 '처분'에 해당하지 않는다. 대법원 2019. 7. 11. 선고 2017두38874 판결 ★ 03 04

OX 체크

01 행정의사가 외부에 표시되어 행정청이 자유롭게 취소·철회할 수 없는 구속을 받게 되는 시점에 처분이 성립하고, 그 성립 여부는 행정청이 행정의사를 공식적인 방법으로 외부에 표시하였는지를 기준으로 판단해야 한다. ( )

02 일반적으로 행정행위가 주체·내용·절차와 형식의 요건을 모두 갖추고 외부에 표시된 경우에 행정행위의 존재가 인정된다. ( )

03 법무부장관의 입국금지결정이 그 의사가 공식적인 방법으로 외부에 표시된 것이 아니라 단지 그 정보를 내부 전산망인 출입국관리정보시스템에 입력하여 관리한 것에 지나지 않은 경우, 이는 항고소송의 대상에 해당되지 않는다. ( )

04 법무부장관의 입국금지결정에는 공정력과 불가쟁력이 발생하므로 재외공관장은 甲에게 사증을 발급할 수 없다. ( )

정답
01 ○ 02 ○ 03 ○ 04 ×

Ⅱ 효력발생요건

1. 처분통지의 도달

- 상대방 있는 행정행위는 상대방에게 통지되어 그 통지가 도달되어야 효력을 발생한다.
- <u>도달</u>이란 상대방이 <u>알 수 있는 상태</u>에 두는 것을 말하고 상대방이 <u>현실적</u>으로 수령하여 알았을 것을 의미하지 않는다.

판례

1. 행정처분의 효력발생요건으로서의 <u>도달</u>이란 처분상대방이 처분서의 내용을 현실적으로 알았을 필요까지는 없고 처분상대방이 <u>알 수 있는 상태</u>에 놓임으로써 충분하며, 처분서가 처분상대방의 주민등록상 주소지로 송달되어 처분상대방의 사무원 등 또는 그 밖에 우편물 수령권한을 위임받은 사람이 <u>수령하면</u> 처분상대방이 알 수 있는 상태가 되었다고 할 것이다. 대법원 2017. 3. 9. 선고 2016두60577 판결 ★ **01**

2. 납세고지서의 교부송달 및 우편송달에 있어서는 반드시 납세의무자 또는 그와 일정한 관계에 있는 사람의 현실적인 수령행위를 전제로 하고 있다고 보아야 하며, 납세자가 과세처분의 내용을 이미 알고 있는 경우에도 납세고지서의 송달이 불필요하다고 할 수는 없다. 대법원 2004. 4. 9. 선고 2003두13908 판결 **02**

3. 상대방 있는 행정처분은 특별한 규정이 없는 한 의사표시에 관한 일반법리에 따라 상대방에게 고지되어야 효력이 발생하고, 상대방 있는 행정처분이 상대방에게 <u>고지되지 아니한 경우</u>에는 상대방이 인터넷 홈페이지 접속 등 <u>다른 경로를 통해</u> 행정처분의 내용을 <u>알게 되었다고 하더라도</u> 행정처분의 효력이 발생한다고 볼 수 없다. 대법원 2019. 8. 9. 선고 2019두38656 판결 ★★★ **03**

- 한편 망인에 대한 서훈취소와 같이 상대방이 존재하지 않는 행정행위의 경우, 행정결정이 처분권자의 의사에 따라 상당한 방법으로 대외적으로 표시됨으로써 행정행위로서 성립하여 효력이 발생한다(대법원 2014. 9. 26. 선고 2013두2518 판결).

2. 처분통지의 방식

(1) 의의

- 상대방이 특정되어 있는 행정행위의 경우 원칙적으로 송달의 방법에 의하고, 송달이 불가능하거나 또는 상대방이 불특정 다수인인 경우에는 공고 또는 고시의 방법에 의한다.

(2) 송달

① 개관
- 송달은 우편, 교부 또는 정보통신망 이용 등의 방법으로 하되, 송달받을 자의 주소·거소·영업소·사무소 또는 전자우편주소로 한다. 다만, 송달받을 자가 동의하는 경우에는 그를 만나는 장소에서 송달할 수 있다.

② 우편송달
- 처분서가 상대방의 주민등록상 주소지로 송달되어 상대방 또는 상대방의 사무원 등 또는 그 밖에 우편물 수령권한을 위임받은 사람이 <u>수령하면</u> 도달된 것으로 본다.
- <u>내용증명우편이나 등기우편</u>의 경우 <u>도달이 추정</u>되나, <u>보통우편</u>의 경우에는 <u>도달이 추정되지 않는다</u>.

OX 체크

01 행정처분의 효력발생요건으로서의 도달이란 처분 상대방이 처분서의 내용을 현실적으로 알았을 필요까지는 없고 처분상대방이 알 수 있는 상태에 놓임으로써 충분하다. ( )

02 납세고지서의 교부송달 및 우편송달에 있어서 반드시 납세의무자 또는 그와 일정한 관계에 있는 사람의 현실적인 수령행위를 전제로 하고 있다고 보아야 하며, 납세자가 과세처분의 내용을 이미 알고 있는 경우에도 납세고지서의 송달이 불필요하다고 할 수 없다. ( )

03 상대방 있는 행정처분이 상대방에게 고지되지 아니한 경우에는 특별한 규정이 없는 한 상대방이 다른 경로를 통해 행정처분의 내용을 알게 되었다고 하더라도 행정처분의 효력이 발생한다고 볼 수 없다. ( )

정답
01 ○ 02 ○ 03 ○

OX 체크

01 처분서를 보통우편의 방법으로 발송한 경우에는 그 우편물이 상당한 기간 내에 도달하였다고 추정할 수 없다. ( )

02 등기에 의한 우편송달의 경우라도 수취인이 주민등록지에 실제로 거주하지 않는 경우에는 우편물의 도달사실을 처분청이 입증해야 한다. ( )

03 상대방이 부당하게 등기취급 우편물의 수취를 거부함으로써 우편물의 내용을 알 수 있는 객관적 상태의 형성을 방해한 경우 그러한 부당한 수취 거부가 없었더라면 상대방이 우편물의 내용을 알 수 있는 객관적 상태에 놓일 수 있었던 때, 즉 수취 거부 시에 의사표시의 효력이 생긴 것으로 보아야 한다. ( )

04 교부에 의한 송달은 수령확인서를 받고 문서를 교부함으로써 하며, 송달하는 장소에서 송달받을 자를 만나지 못한 경우에는 그 사무원 피용자 또는 동거인으로서 사리를 분별할 지능이 있는 사람에게 문서를 교부할 수 있다. ( )

05 수취인이 송달을 회피하는 정황이 있어 부득이 사업장에 납세고지서를 두고 왔다면 납세고지서의 송달이 이루어진 것이다. ( )

판례

1. 우편물이 <u>등기</u>취급의 방법으로 발송된 경우 그것이 도중에 유실되었거나 반송되었다는 등의 특별한 사정에 대한 반증이 없는 한 그 무렵 수취인에게 배달되었다고 <u>추정</u>할 수 있다. 대법원 2017. 3. 9. 선고 2016두60577 판결 ★

2. 내용증명우편이나 등기우편과는 달리, <u>보통</u>우편의 방법으로 발송되었다는 사실만으로는 그 우편물이 상당한 기간 내에 도달하였다고 <u>추정할 수 없고</u>, 송달의 효력을 주장하는 측에서 증거에 의하여 이를 입증하여야 한다. 대법원 2009. 12. 10. 선고 2007두20140 판결 ★ **01**

3. (반증에 의해 도달 추정이 깨진 사례) 우편물이 등기취급의 방법으로 발송된 경우, 특별한 사정이 없는 한, 그 무렵 수취인에게 배달되었다고 보아도 좋을 것이나, <u>수취인이나 그 가족이 주민등록지에 실제로 거주하고 있지 아니하면서 전입신고만</u>을 해 둔 경우에는 그 사실만으로써 주민등록지 거주자에게 송달수령의 권한을 위임하였다고 보기는 어려울 뿐 아니라 수취인이 주민등록지에 실제로 거주하지 아니하는 경우에도 우편물이 수취인에게 도달하였다고 추정할 수는 없고, 따라서 이러한 경우에는 우편물의 도달사실을 과세관청이 입증해야 할 것이다. 대법원 1998. 2. 13. 선고 97누8977 판결 **02**

4. (조합원이 행정주체인 조합에 대하여 등기우편물을 발송한 사례) 상대방이 <u>부당하게 등기취급 우편물의 수취를 거부</u>함으로써 우편물의 내용을 알 수 있는 객관적 상태의 형성을 방해한 경우 그러한 상태가 형성되지 아니하였다는 사정만으로 <u>발송인의 의사표시의 효력을 부정하는 것</u><u>은 신의성실의 원칙에 반하므로 허용되지 아니한다</u>. 이러한 경우에는 부당한 수취 거부가 없었더라면 상대방이 우편물의 내용을 알 수 있는 객관적 상태에 놓일 수 있었던 때, 즉 <u>수취 거부 시에 의사표시의 효력이 생긴 것</u>으로 보아야 한다. 이때 우편물의 수취를 거부한 것에 정당한 사유가 있는지에 관해서는 수취 거부를 한 상대방이 이를 증명할 책임이 있다. 대법원 2020. 8. 20. 선고 2019두34630 판결 **03**

③ 교부송달(행정절차법 제14조 제2항)
- 교부에 의한 송달은 수령확인서를 받고 문서를 교부함으로써 하며, 송달하는 장소에서 송달받을 자를 만나지 못한 경우에는 그 사무원·피용자 또는 동거인으로서 사리를 분별할 지능이 있는 사람에게 문서를 교부할 수 있다(보충송달). **04**

판례

송달받을 사람의 동거인에게 송달할 서류가 교부되고 그 동거인이 사리를 분별할 지능이 있는 이상 송달받을 사람이 그 서류의 내용을 실제로 알지 못한 경우에도 송달의 효력은 있다. 이 경우 <u>사리를 분별할 지능이 있다고 하려면</u>, 사법제도 일반이나 소송행위의 효력까지 이해할 수 있는 능력이 있어야 한다고 할 수는 없을 것이지만 적어도 <u>송달의 취지를 이해하고 그가 영수한 서류를 송달받을 사람에게 교부하는 것을 기대할 수 있는 정도의 능력은 있어야 한다</u>. 대법원 2011. 11. 10. 선고 2011재두148 판결

- 다만, 문서를 송달받을 자 또는 그 사무원등이 정당한 사유 없이 송달받기를 거부하는 때에는 그 사실을 수령확인서에 적고, 문서를 송달할 장소에 놓아둘 수 있다(유치송달).

판례

납세고지서의 송달을 받아야 할 자가 부과처분 제척기간이 임박하자 그 수령을 회피하기 위하여 일부러 송달을 받을 장소를 비워 두어 세무공무원이 <u>송달을 받을 자와 보충송달을 받을 자를 만나지 못하여</u> 부득이 사업장에 납세고지서를 두고 왔다고 하더라도 이로써 <u>신의성실의 원칙을 들어 그 납세고지서가 송달되었다고 볼 수는 없다</u>. 대법원 2004. 4. 9. 선고 2003두13908 판결 ★ **05**

정답
01 ○ 02 ○ 03 ○ 04 ○ 05 ✕

④ 전자적 통지(행정절차법 제14조 제3항)
- 정보통신망을 이용한 송달은 송달받을 자가 동의하는 경우에만 한다. ★ 01
- 정보통신망을 이용하여 전자문서로 송달하는 경우에는 송달받을 자가 지정한 컴퓨터 등에 입력된 때에 도달된 것으로 본다. ★ 02

(3) 공고 또는 고시

① 행정절차법상 공고(행정절차법 제14조 제4항)
- 송달받을 자의 주소 등을 통상적인 방법으로 확인할 수 없거나 송달이 불가능한 경우에는 송달받을 자가 알기 쉽도록 관보, 공보, 게시판, 일간신문 중 하나 이상에 공고하고 인터넷에도 공고하여야 한다(공시송달). ★ 03
- 이 경우에는 다른 법령 등에 특별한 규정이 있는 경우를 제외하고는 공고일부터 14일이 지난 때에 그 효력이 발생한다. 다만, 긴급히 시행하여야 할 특별한 사유가 있어 효력 발생 시기를 달리 정하여 공고한 경우에는 그에 따른다. ★ 04

② 개별법상 고시 또는 공고(일반처분)
- 개별법에서 고시 또는 공고를 행정행위의 통지방법으로 규정하고 있는 경우가 있고, 일반처분의 통지는 명문의 규정이 없더라도 고시 또는 공고의 방법으로 통지할 수 있다.
- 고시 또는 공고의 효력발생일을 법령에서 명시적으로 정한 경우에는 그에 의하며, 명시적인 규정이 없는 경우에는 「행정 효율과 협업 촉진에 관한 규정」에 따라 고시 또는 공고가 있은 날로부터 5일이 경과한 때에 효력이 발생한다. ★

> **판례**
>
> 청소년유해매체물 결정 및 고시처분은 정보통신윤리위원회가 특정 인터넷 웹사이트를 청소년유해매체물로 결정하고 청소년보호위원회가 효력발생시기를 명시하여 고시함으로써 그 명시된 시점에 효력이 발생하였다고 봄이 상당하고, 정보통신윤리위원회와 청소년보호위원회가 위 처분이 있었음을 위 웹사이트 운영자에게 제대로 통지하지 아니하였다고 하여 그 효력 자체가 발생하지 아니한 것으로 볼 수는 없다. 대법원 2007. 6. 14. 선고 2004두619 판결 ★ 05

III 적법요건

1. 주체에 관한 요건
- 행정행위는 정당한 권한을 가진 행정청이 그 권한의 범위 내에서 행하여야 한다.

2. 절차에 관한 요건
- 행정행위를 행함에 있어 행정절차법 등 관련 법령에 따라 일정한 절차가 요구되는 경우에는 그 절차를 거쳐야 한다.

3. 형식에 관한 요건
- 행정행위는 원칙적으로 문서로 하여야 한다.

4. 내용에 관한 요건
- 행정행위는 그 내용이 적법하여야 하며 법률상·사실상 실현가능하고 관계인이 인식할 수 있을 정도로 명확해야 한다.

OX 체크

01 정보통신망을 이용한 송달은 송달받을 자가 동의하는 경우에만 한다. ( )

02 정보통신망을 이용하여 전자문서로 송달하는 경우에는 송달받을 자가 지정한 컴퓨터 등에 입력된 때에 도달된 것으로 본다. ( )

03 송달이 불가능한 경우에는 송달받을 자가 알기 쉽도록 관보, 공보, 게시판, 일간신문 중 하나 이상에 공고하고 인터넷에도 공고하여야 한다. ( )

04 송달이 불가능하여 관보, 공보 등에 공고한 경우에는 다른 법령등에 특별한 규정이 있는 경우를 제외하고는 공고일부터 14일이 지난 때에 그 효력이 발생한다. 다만, 긴급히 시행하여야 할 특별한 사유가 있어 효력 발생 시기를 달리 정하여 공고한 경우에는 그에 따른다. ( )

05 구 「청소년 보호법」에 따라 정보통신윤리위원회가 특정 웹사이트를 청소년유해매체물로 결정하고 청소년보호위원회가 효력발생시기를 명시하여 고시하였으나 정보통신윤리위원회와 청소년보호위원회가 웹사이트 운영자에게는 위 처분이 있었음을 통지하지 않았다면 그 효력이 발생하지 않는다. ( )

정답
01 ○ 02 ○ 03 ○ 04 ○ 05 ✗

주제 7 행정행위의 효력

I 공정력

1. 선결문제와 공정력

(1) 선결문제

> 행정소송법 제11조【선결문제】
> ① 처분 등의 효력 유무 또는 존재 여부가 민사소송의 선결문제로 되어 당해 민사소송의 수소법원이 이를 심리·판단하는 경우에는 제17조(행정청의 소송참가), 제25조(행정심판기록의 제출명령), 제26조(직권심리) 및 제33조의 규정을 준용한다. ★ 01
> ② 제1항의 경우 당해 수소법원은 그 처분 등을 행한 행정청에게 그 선결문제로 된 사실을 통지하여야 한다.

- 선결문제란 소송에서 본안판단을 함에 있어서 그 해결이 필수적으로 전제가 되는 법문제를 말한다.

(2) 공정력

> 행정기본법 제15조【처분의 효력】
> 처분은 권한이 있는 기관(주: 처분청, 행정심판위원회, 행정법원)이 취소 또는 철회하거나 기간의 경과 등으로 소멸되기 전까지는 유효한 것으로 통용된다. 다만, 무효인 처분은 처음부터 그 효력이 발생하지 아니한다. ★★★ 02

- 공정력이란 행정행위에 하자가 있더라도 그것이 당연무효가 아닌 한 권한 있는 기관에 의하여 취소되기 전까지는 누구도 그 효력을 부인할 수 없어 일단 유효한 것으로 통용되는 힘을 말하는 것으로서, 법적 안정성을 위해 인정되는 효력이다.

행정처분이 아무리 위법하다고 하여도 그 하자가 중대하고 명백하여 당연무효라고 보아야 할 사유가 있는 경우를 제외하고는 아무도 그 하자를 이유로 무단히 그 효과를 부정하지 못한다. 대법원 1994. 11. 11. 선고 94다28000 판결 ★ 03

- 공정력은 행정행위의 적법성을 추정하는 효력은 아니므로, 입증책임의 분배와는 관련이 없다.

2. 민사소송에서의 선결문제와 공정력

(1) 행정행위의 위법 여부가 선결문제인 경우(국가배상청구소송)

> 영업허가취소처분 － 취소소송(행정소송)
>   － 국가배상청구소송(민사소송) － if 위법 ➡ 청구인용
>   *선결문제: 처분의 위법 － if 적법 ➡ 청구기각
> Q. 수소법원인 민사법원이 선결문제인 처분의 위법·적법 여부를 판단할 수 있는지? ○ (∵ 행소법§11)

OX 체크

01 처분의 효력 유무가 민사소송의 선결문제로 되어 당해 소송의 수소법원이 이를 심리·판단하는 경우 수소법원은 필요하다고 인정할 때에는 직권으로 증거조사를 할 수 있고, 당사자가 주장하지 아니한 사실에 대하여도 판단할 수 있다. ( )

02 처분은 무효가 아닌 한 권한이 있는 기관이 취소 또는 철회하거나 기간의 경과 등으로 소멸되기 전까지는 유효한 것으로 통용된다. ( )

03 행정처분이 아무리 위법하다고 하여도 그 하자가 중대하고 명백하여 당연 무효라고 보아야 할 사유가 있는 경우를 제외하고는 아무도 그 하자를 이유로 무단히 그 효과를 부정하지 못한다. ( )

정답
01 ○ 02 ○ 03 ○

- 민사소송절차에서 수소법원은 선결문제로 된 행정행위의 위법 여부를 심리·판단하여 그 위법성이 인정될 경우 이를 전제로 국가배상청구에 대해 청구인용판결을 할 수 있다.

> **판례**
>
> 1. 위법한 행정대집행이 완료되면 그 처분의 무효확인 또는 취소를 구할 소의 이익은 없다 하더라도, 미리 그 행정처분의 취소판결이 있어야만, 그 행정처분의 위법임을 이유로 한 손해배상청구를 할 수 있는 것은 아니다. 대법원 1972. 4. 28. 선고 72다337 판결 ★★★ 01 02
> 2. 물품세 과세대상이 아닌 것을 세무공무원이 직무상 과실로 과세대상으로 오인하여 과세처분을 행함으로 인하여 손해가 발생된 경우에는, 동 과세처분이 취소되지 아니하였다 하더라도, 국가는 이로 인한 손해를 배상할 책임이 있다. 대법원 1979. 4. 10. 선고 79다262 판결 ★ 03

(2) 행정행위의 **효력** 유무가 선결문제인 경우(**부당이득**반환청구소송)

```
과세처분 - 무효확인소송(행정소송)
        - 부당이득반환청구소송(민사소송) - if 적법 ➡ 청구기각
        *선결문제: 처분의 무효       - if 위법 - 무효 ➡ 청구인용
                                        - 취소사유 ➡ 청구기각(∵공정력)
```

① 행정행위가 **무효**인 경우

- 민사소송절차에서 수소법원은 선결문제로 된 행정행위의 효력 유무를 심리·판단하여 행정행위가 무효인 것으로 판단될 경우 이를 전제로 <u>부당이득반환청구에 대해 청구인용판결을 할 수 있다</u>(민사법원이 행정행위에 대한 '무효확인판결'을 할 수 있는 것은 아님). ★ 04

> **판례**
>
> 민사소송에 있어서 어느 행정처분의 당연무효 여부가 선결문제로 되는 때에는 <u>이를 판단하여 당연무효임을 전제로 판결할 수 있고 반드시 행정소송 등의 절차에 의하여 그 취소나 무효확인을 받아야 하는 것은 아니다.</u> 대법원 2010. 4. 8. 선고 2009다90092 판결 ★★★ 05

② 행정행위의 하자가 **취소사유**에 불과한 경우

- 행정행위의 하자가 취소사유에 불과한 경우, 그 행정행위는 <u>공정력</u>에 의해 권한 있는 기관에 의하여 취소되기 전까지는 <u>유효</u>한 것으로 통용되므로, 수소법원인 민사법원은 청구기각판결을 하여야 한다. ★

> **판례**
>
> 1. 과세처분이 당연무효라고 볼 수 없는 한 과세처분에 취소할 수 있는 위법사유가 있다 하더라도 그 과세처분은 행정행위의 공정력 또는 집행력에 의하여 그것이 적법하게 <u>취소되기 전까지는 유효</u>하다 할 것이므로, 민사소송절차에서 그 과세처분의 효력을 부인할 수 없다. 대법원 1999. 8. 20. 선고 99다20179 판결 ★
> 2. 조세의 과오납이 <u>부당이득</u>이 되기 위하여는 납세 또는 조세의 징수가 실체법적으로나 절차법적으로 전혀 법률상의 근거가 없거나 과세처분의 하자가 중대하고 명백하여 <u>당연무효</u>이어야 하고, 과세처분의 하자가 단지 <u>취소할 수 있는 정도</u>에 불과할 때에는 과세관청이 이를 스스로 취소하거나 항고소송절차에 의하여 <u>취소되지 않는 한</u> 그로 인한 조세의 납부가 <u>부당이득이 된다고 할 수 없다.</u> 대법원 1994. 11. 11. 선고 94다28000 판결 ★★★ 06

OX 체크

01 영업허가취소처분으로 손해를 입은 자가 제기한 국가배상청구소송에서 법원은 영업허가취소처분에 취소사유에 해당하는 하자가 있는 경우에는 영업허가취소처분의 위법을 이유로 배상청구를 인용할 수 없다. ( )

02 계고처분이 위법한 경우 행정대집행이 완료되면 그 처분의 취소를 구할 소의 이익은 없다 하더라도, 미리 그 행정처분의 취소판결이 있어야만 그 행정처분의 위법임을 이유로 손해배상 청구를 할 수 있는 것은 아니다. ( )

03 물품세 과세대상이 아닌 것을 세무공무원이 직무상 과실로 과세대상으로 오인하여 과세처분을 행함으로 인하여 손해가 발생된 경우에는, 동 과세처분이 취소되지 아니하였다 하더라도, 국가는 이로 인한 손해를 배상할 책임이 있다. ( )

04 민사소송에 있어서 어느 행정처분의 당연무효 여부가 선결문제로 되는 때에는 당해 소송의 수소법원은 이를 판단하여 그 행정처분의 무효확인판결을 할 수 있다. ( )

05 민사소송에서 어느 행정처분의 당연무효 여부가 선결문제로 되는 경우 행정소송 등의 절차에 의하여 그 취소나 무효확인을 받아야 한다. ( )

06 과세처분의 하자가 단지 취소할 수 있는 정도에 불과할 때에는 과세관청이 이를 스스로 취소하거나 항고쟁송절차에 의하여 취소되지 않는 한, 그로 인한 조세의 납부가 부당이득이 된다고 할 수 없다. ( )

정답
01 ✕ 02 ○ 03 ○ 04 ✕ 05 ✕
06 ○

3. 형사소송에서의 선결문제와 공정력

(1) 행정행위의 위법 여부가 선결문제인 경우(명령위반죄)

시정명령 ➡ × ➡ 명령위반죄 기소(형사소송) – if 명령 위법 ➡ 무죄
　　　　　　　　　　　　＊선결문제: 명령의 적법 – if 명령 적법 ➡ 유죄
Q. 수소법원인 형사법원이 선결문제인 명령의 위법·적법 여부를 판단할 수 있는지? ○ (∵행소법§11)

 판례

1. 행정청으로부터 시정명령을 받은 자가 이를 위반한 경우, 그로 인하여 개발제한구역법 제32조 제2호에 정한 처벌을 하기 위하여는 시정명령이 적법한 것이라야 하고, 시정명령이 당연무효가 아니더라도 위법한 것으로 인정되는 한 개발제한구역법 제32조 제2호 위반죄가 성립될 수 없다. 대법원 2017. 9. 21. 선고 2017도7321 판결 ★★★ 01

2. 명령을 정당한 사유 없이 위반한 자는 같은 법 제48조의2 제1호에 의하여 행정형벌에 처해지는데, 위 명령이 행정처분으로서 하자가 있어 무효인 경우에는 명령에 따른 의무위반이 생기지 아니하므로 행정형벌을 부과할 수 없다. 대법원 2011. 11. 10. 선고 2011도11109 판결 ★ 02

(2) 행정행위의 효력 유무가 선결문제인 경우(무면허범죄)

면허 ➡ 행위 ➡ 무면허범죄 기소(형사소송) – if 면허 적법 ➡ 무죄
　　　　　　　　　＊선결문제: 면허의 무효 – if 면허 위법 – 무효 ➡ 유죄
　　　　　　　　　　　　　　　　　　　　 – 취소사유 ➡ 무죄 (∵공정력)

 판례

1. 연령미달의 결격자인 피고인이 소외인의 이름으로 운전면허시험에 응시, 합격하여 교부받은 운전면허는 당연무효가 아니고 도로교통법 제65조 제3호의 사유에 해당함에 불과하여 취소되지 않는 한 유효하므로 피고인의 운전행위는 무면허운전에 해당하지 아니한다. 대법원 1982. 6. 8. 선고 80도2646 판결 ★★ 03

2. 물품을 수입하고자 하는 자가 일단 세관장에게 수입신고를 하여 그 면허를 받고 물품을 통관한 경우에는, 세관장의 수입면허가 중대하고도 명백한 하자가 있는 행정행위이어서 당연무효가 아닌 한 관세법 제181조 소정의 무면허수입죄가 성립될 수 없다. 대법원 1989. 3. 28. 선고 89도149 판결 04

3. 과세대상과 납세의무자 확정이 잘못되어 당연무효한 과세에 대하여는 체납이 문제될 여지가 없으므로 체납범이 성립하지 않는다. 대법원 1971. 5. 31. 선고 71도742 판결 05

4. [주의] 자동차 운전면허 취소처분을 받은 사람이 자동차를 운전하였으나 운전면허 취소처분의 원인이 된 교통사고 또는 법규 위반에 대하여 범죄사실의 증명이 없는 때에 해당한다는 이유로 무죄판결이 확정된 경우에는 그 취소처분이 취소되지 않았더라도 도로교통법에 규정된 무면허운전의 죄로 처벌할 수는 없다고 보아야 한다. 대법원 2021. 9. 16. 선고 2019도11826 판결 ★★ 06

4. 공정력과 구성요건적 효력의 구별(강학상 논의)

구분	전통적 견해(판례): 공정력	공정력과 구성요건적 효력을 구별하는 견해
범위	상대방(이해관계인) 및 모든 국가기관	공정력: 상대방(이해관계인)
		구성요건적 효력: 모든 국가기관
이론적 근거	법적 안정성 (행정의 안정성 및 실효성 확보)	공정력: 법적 안정성
		구성요건적 효력: 국가기관 상호 간 권한존중

OX 체크

01 구「도시계획법」상 원상회복 등의 조치명령을 받고도 이를 따르지 않은 자에 대해 형사처벌을 하기 위해서는 적법한 조치명령이 전제되어야 하며, 이때 형사법원은 그 적법여부를 심사할 수 있다. ( )

02 구「소방시설 설치·유지 및 안전관리에 관한 법률」제9조에 의한 소방시설 등의 설치 또는 유지·관리에 대한 명령이 행정처분으로서 하자가 있어 무효인 경우에는 명령에 따른 의무위반이 생기지 아니하므로, 명령위반을 이유로 행정형벌을 부과할 수 없다. ( )

03 연령미달 결격자가 다른 사람 이름으로 교부받은 운전면허는 당연무효가 아니라 취소되지 않는 한 유효하므로 그 연령미달 결격자의 운전행위는 무면허운전에 해당하지 아니한다. ( )

04 물품을 수입하고자 하는 자가 일단 세관장에게 수입신고를 하여 그 면허를 받고 물품을 통관한 경우에는, 세관장의 수입면허가 중대하고도 명백한 하자가 있는 행정행위이어서 당연무효가 아닌 한 「관세법」제181조 소정의 무면허수입죄가 성립될 수 없다. ( )

05 과세대상과 납세의무자 확정이 잘못되어 당연무효한 과세에 대하여는 체납이 문제될 여지가 없으므로 체납범이 성립하지 않는다. ( )

06 자동차 운전면허 취소처분을 받은 사람이 자동차를 운전하였으나 운전면허 취소처분의 원인이 된 교통사고 등에 대하여 무죄판결이 확정되었다 하더라도 그 취소처분이 취소되지 않은 이상 「도로교통법」에 규정된 무면허운전의 죄로 처벌할 수 있다. ( )

정답
01 ○ 02 ○ 03 ○ 04 ○ 05 ○
06 ×

Ⅱ 확정력(존속력)

1. 불가쟁력(형식적 확정력)

(1) 의의
- 하자 있는 행정행위라 할지라도 불복기간이 경과하거나 쟁송절차가 종료된 경우에는 더 이상 그 행정행위의 효력을 다툴 수 없게 하는 효력을 말한다(절차적 확정력).

(2) 효력
- 불가쟁력이 발생한 행정행위에 대해 행정소송을 제기하면 부적법 각하된다.
- 불가쟁력은 행정행위의 상대방(이해관계인)에 대해서만 미칠 뿐 처분청을 구속하지는 않으므로, 처분청은 불가쟁력이 발생한 후에도 당해 행정행위를 직권으로 취소 또는 철회할 수 있다. ★★★ 01
- 국가배상청구는 처분의 효력을 다투는 것이 아니므로 불가쟁력이 발생한 행정행위로 인해 손해를 입은 국민은 국가배상청구를 할 수 있다. ★★ 02
- 무효인 행정행위에 대해서는 무효확인소송을 제기할 수 있는 기간이 제한되고 있지 않으므로, 무효인 행정행위에는 불가쟁력이 발생하지 않는다.
- 불복기간의 경과로 행정행위에 불가쟁력이 발생하였다고 하여 기판력이 인정되는 것은 아니다.

> **판례**
>
> 일반적으로 행정처분이나 행정심판 재결이 불복기간의 경과로 확정될 경우 그 확정력은, 처분으로 법률상 이익을 침해받은 자가 당해 처분이나 재결의 효력을 더 이상 다툴 수 없다는 의미일 뿐, 더 나아가 판결과 같은 기판력이 인정되는 것은 아니어서 그 처분의 기초가 된 사실관계나 법률적 판단이 확정되고 당사자들이나 법원이 이에 기속되어 모순되는 주장이나 판단을 할 수 없게 되는 것은 아니다(피재해자에게 이루어진 요양승인처분이 불복기간의 경과로 확정되었다 하더라도 사업주는 피재해자가 재해 발생 당시 자신의 근로자가 아니라는 사정을 들어 보험급여액징수처분의 위법성을 주장할 수 있다고 한 사례). 대법원 2008. 7. 24. 선고 2006두20808 판결 ★★★ 03

- 불가쟁력이 발생한 행정행위에 대해서는 원칙적으로 취소 또는 철회신청권이 인정되지 않는다.

> **판례**
>
> 제소기간이 이미 도과하여 불가쟁력이 생긴 행정처분에 대하여는 개별 법규에서 그 변경을 요구할 신청권을 규정하고 있거나 관계 법령의 해석상 그러한 신청권이 인정될 수 있는 등 특별한 사정이 없는 한 국민에게 그 행정처분의 변경을 구할 신청권이 있다 할 수 없다. 대법원 2007. 4. 26. 선고 2005두11104 판결 ★ 04

OX 체크

01 제소기간의 경과 등으로 처분에 불가쟁력이 발생하였다 하여도 행정청은 실권의 법리에 해당하지 않는다면 직권으로 처분을 취소할 수 있다. ( )

02 불가쟁력이 발생한 행정행위로 손해를 입은 국민은 국가배상청구를 할 수 있다. ( )

03 행정처분이 불복기간의 경과로 인하여 확정될 경우 그 처분의 기초가 된 사실관계나 법률적 판단이 확정되고 당사자들이나 법원이 이에 기속되어 모순되는 주장이나 판단을 할 수 없게 된다. ( )

04 제소기간이 이미 도과하여 불가쟁력이 생긴 행정처분에 대하여는 개별 법규에서 그 변경을 요구할 신청권을 규정하고 있거나 관계 법령의 해석상 그러한 신청권이 인정될 수 있는 등 특별한 사정이 없는 한 국민에게 그 행정처분의 변경을 구할 신청권이 있다 할 수 없다. ( )

정답
01 ○ 02 ○ 03 × 04 ○

(3) 예외 재심사청구

> **행정기본법 제37조【처분의 재심사】** ★★
> ① 당사자는 처분(제재처분 및 행정상 강제는 제외한다. 이하 이 조에서 같다)이 행정심판, 행정소송 및 그 밖의 쟁송을 통하여 다툴 수 없게 된 경우(법원의 확정판결이 있는 경우는 제외한다)라도 다음 각 호의 어느 하나에 해당하는 경우에는 해당 처분을 한 행정청에 처분을 취소·철회하거나 변경하여 줄 것을 신청할 수 있다. `01` `02` `03`
>   1. 처분의 근거가 된 사실관계 또는 법률관계가 추후에 당사자에게 유리하게 바뀐 경우
>   2. 당사자에게 유리한 결정을 가져다주었을 새로운 증거가 있는 경우
>   3. 「민사소송법」 제451조에 따른 재심사유에 준하는 사유가 발생한 경우 등 대통령령으로 정하는 경우
> ② 제1항에 따른 신청은 해당 처분의 절차, 행정심판, 행정소송 및 그 밖의 쟁송에서 당사자가 중대한 과실 없이 제1항 각 호의 사유를 주장하지 못한 경우에만 할 수 있다.
> ③ 제1항에 따른 신청은 당사자가 제1항 각 호의 사유를 안 날부터 60일 이내에 하여야 한다. 다만, 처분이 있은 날부터 5년이 지나면 신청할 수 없다.
> ④ 제1항에 따른 신청을 받은 행정청은 특별한 사정이 없으면 신청을 받은 날부터 90일(합의제행정기관은 180일) 이내에 처분의 재심사 결과(재심사 여부와 처분의 유지·취소·철회·변경 등에 대한 결정을 포함한다)를 신청인에게 통지하여야 한다. 다만, 부득이한 사유로 90일(합의제행정기관은 180일) 이내에 통지할 수 없는 경우에는 그 기간을 만료일 다음 날부터 기산하여 90일(합의제행정기관은 180일)의 범위에서 한 차례 연장할 수 있으며, 연장 사유를 신청인에게 통지하여야 한다.
> ⑤ 제4항에 따른 처분의 재심사 결과 중 처분을 유지하는 결과에 대해서는 행정심판, 행정소송 및 그 밖의 쟁송수단을 통하여 불복할 수 없다. `04`
> ⑥ 행정청의 제18조에 따른 취소와 제19조에 따른 철회는 처분의 재심사에 의하여 영향을 받지 아니한다.
> ⑦ 제1항부터 제6항까지에서 규정한 사항 외에 처분의 재심사의 방법 및 절차 등에 관한 사항은 대통령령으로 정한다.
> ⑧ 다음 각 호의 어느 하나에 해당하는 사항에 관하여는 이 조를 적용하지 아니한다. `05`
>   1. 공무원 인사 관계 법령에 따른 징계 등 처분에 관한 사항
>   2. 「노동위원회법」 제2조의2에 따라 노동위원회의 의결을 거쳐 행하는 사항
>   3. 형사, 행형 및 보안처분 관계 법령에 따라 행하는 사항
>   4. 외국인의 출입국·난민인정·귀화·국적회복에 관한 사항
>   5. 과태료 부과 및 징수에 관한 사항
>   6. 개별 법률에서 그 적용을 배제하고 있는 경우

📍 **행정기본법 시행령 제12조(처분의 재심사 신청 사유)**
법 제37조 제1항 제3호에서 "「민사소송법」 제451조에 따른 재심사유에 준하는 사유가 발생한 경우 등 대통령령으로 정하는 경우"란 다음 각 호의 어느 하나에 해당하는 경우를 말한다.
1. 처분 업무를 직접 또는 간접적으로 처리한 공무원이 그 처분에 관한 직무상 죄를 범한 경우
2. 처분의 근거가 된 문서나 그 밖의 자료가 위조되거나 변조된 것인 경우
3. 제3자의 거짓 진술이 처분의 근거가 된 경우
4. 처분에 영향을 미칠 중요한 사항에 관하여 판단이 누락된 경우

OX 체크

`01` 처분으로 법률상 이익이 침해된 제3자는 해당 처분에 대해 재심사를 청구할 수 있다. ( )

`02` 당사자는 제재처분이 행정심판, 행정소송 및 그 밖의 쟁송을 통하여 다툴 수 없게 된 경우에도 그 처분의 근거가 된 사실관계 또는 법률관계가 추후에 당사자에게 유리하게 바뀐 경우에는 해당 처분을 한 행정청에 처분을 취소·철회하거나 변경하여 줄 것을 신청할 수 있다. ( )

`03` 「행정기본법」에 따르면, 당사자는 처분에 대하여 법원의 확정판결이 있는 경우에는 처분의 근거가 된 사실관계 또는 법률관계가 추후에 당사자에게 유리하게 바뀐 경우에도 해당 처분을 한 행정청이 처분을 취소·철회하거나 변경하여 줄 것을 신청할 수는 없다. ( )

`04` 「행정기본법」에 따르면, 처분을 유지하는 재심사 결과에 대하여는 행정심판, 행정소송 및 그 밖의 쟁송수단을 통하여 불복할 수 없다. ( )

`05` 공무원 인사 관계 법령에 따른 징계 등 처분에 관한 사항은 재심사의 대상에서 제외된다. ( )

정답
01 ✗ 02 ✗ 03 ○ 04 ○ 05 ○

2. 불가변력(실질적 확정력)

(1) 의의
- 행정행위를 한 행정청이 당해 행정행위를 직권으로 취소·철회 또는 변경할 수 없게 하는 힘을 말한다(실체적 존속력).
- 모든 행정행위에 인정되는 효력이 아니라, 준사법적 행정행위(예 행정심판의 재결, 이의신청에 따른 직권취소, 토지수용재결) 또는 확인행위 등에 대해서만 인정되는 효력이다.

(2) 효력
- 행정청은 불가변력이 있는 행정행위를 직권으로 취소·철회 또는 변경할 수 없다.
- 불가변력이 있는 행정행위라도, 불가쟁력이 발생하지 않은 한, 상대방 또는 이해관계인은 행정소송을 제기할 수 있다. 01
- 불가변력은 당해 행정행위에만 인정되는 것이므로, 비록 동종의 행정행위라 하더라도 그 대상을 달리할 때에는 불가변력은 인정될 여지가 없다(대법원 1974. 12. 10. 선고 73누129 판결). ★ 02

Ⅲ 그 밖의 행정행위의 효력

1. 내용적 구속력
- 유효한 행정행위의 효력은 처분청 및 관계 행정청과 상대방 및 이해관계인에 대하여 미친다.

2. 강제력

(1) 자력집행력
- 행정법상 의무를 이행하지 않는 경우에 행정청이 직접 실력을 행사하여 자력으로 그 의무의 이행을 실현시키는 힘을 말한다.

(2) 제재력
- 행정법상 의무를 이행하지 않는 경우에 그에 대한 제재로서 행정벌을 부과할 수 있는 힘을 말한다.

OX 체크

01 불가변력이 인정되는 행정행위에 대하여 상대방은 행정쟁송절차에 의하여 그 효력을 다툴 수 없다. ( )

02 행정행위의 불가변력은 당해 행정행위에 대해서만 인정되는 것이 아니고, 동종의 행정행위라면 그 대상을 달리하더라도 인정된다. ( )

정답
01 × 02 ×

Chapter 05 행정행위의 하자

주제 8 행정행위의 하자

I 의의

1. 일반론

- 행정행위의 하자란 행정행위를 위법하게 만드는 사유를 말한다.
- 행정행위의 위법 여부는 '처분시'의 법령 및 사실 상태를 기준으로 판단한다.

> **판례**
>
> 1. 행정처분에 있어 수개의 처분사유 중 일부가 적법하지 않다고 하더라도 다른 처분사유로써 그 처분의 정당성이 인정되는 경우에는 그 처분을 위법하다고 할 수 없다. 대법원 2013. 10. 24. 선고 2013두963 판결 ★★ **01**
>
> 2. 여러 처분사유에 관하여 하나의 제재처분을 하였을 때 그중 일부가 인정되지 않는다고 하더라도 나머지 처분사유들만으로도 처분의 정당성이 인정되는 경우에는 그 처분을 위법하다고 보아 취소하여서는 아니 된다. 대법원 2020. 5. 14. 선고 2019두63515 판결 ★★ **02**

2. 행정행위의 부존재, 무효, 취소

(1) 행정행위의 부존재

- 행정행위가 성립요건을 갖추지 못하여 행정행위라고 볼 수 있는 외관이 존재하지 않는 경우를 말한다.
- 부존재확인소송의 대상이 된다.

(2) 행정행위의 무효와 취소

- 무효인 행정행위란 행정행위가 성립하였으나 처음부터 효력이 발생하지 않는 경우를 말하고, 취소할 수 있는 행정행위란 행정행위의 하자에도 불구하고 공정력에 의해 권한 있는 기관이 취소하기 전까지는 유효한 경우를 말한다.
- 원칙적으로 행정행위의 하자가 내용상 중대하고 외관상 명백한 경우에는 무효인 하자가 되고, 두 요건 중 하나라도 충족하지 않은 경우에는 취소사유가 된다(중대명백설).

> **판례**
>
> 하자 있는 행정처분이 당연무효가 되기 위하여는 그 하자가 법규의 중요한 부분을 위반한 중대한 것으로서 객관적으로 명백한 것이어야 하며 하자가 중대하고 명백한 것인지 여부를 판별함에 있어서는 그 법규의 목적, 의미, 기능 등을 목적론적으로 고찰함과 동시에 구체적 사안 자체의 특수성에 관하여도 합리적으로 고찰함을 요한다. 대법원 1995. 7. 11. 선고 94누4615 전원합의체 판결

OX 체크

01 행정처분에 있어 여러 개의 처분사유 중 일부가 적법하지 않으면 다른 처분사유로써 그 처분의 정당성이 인정된다고 하더라도, 그 처분은 위법하게 된다. ( )

02 여러 처분사유에 관하여 하나의 제재처분을 하였을 때 그중 일부가 인정되지 않고 나머지 처분사유들만으로 처분의 정당성이 인정된다고 하더라도 그 처분은 위법하다고 보아 취소할 수 있다. ( )

정답
01 ✕ 02 ✕

• 강학상 논의로, 하자가 중대하기만 하면 원칙적으로 무효이고, 명백성은 법적 안정성이나 제3자의 신뢰를 보호할 필요가 있는 경우에만 보충적으로 요구된다고 보는 명백성 보충요건설이 있다.

II 구체적 위법사유

1. 주체의 하자 : (원칙) 무효

(1) 무효로 본 사례

1. 구 폐기물처리시설 설치촉진 및 주변지역 지원 등에 관한 법률에 정한 입지선정위원회가 그 구성방법 및 절차에 관한 같은 법 시행령의 규정에 위배하여 군수와 주민대표가 선정·추천한 전문가를 포함시키지 않은 채 임의로 구성되어 의결을 한 경우, 그에 터 잡아 이루어진 폐기물처리시설 입지결정처분의 하자는 중대한 것이고 객관적으로도 명백하므로 무효사유에 해당한다. 대법원 2007. 4. 12. 선고 2006두20150 판결 ★ 01

2. (내부위임 받은 자가 자신의 명의로 처분을 한 사례) 운전면허에 대한 정지처분권한은 경찰청장으로부터 경찰서장에게 권한위임된 것이므로 음주운전자를 적발한 단속 경찰관으로서는 관할 경찰서장의 명의로 운전면허정지처분을 대행처리할 수 있을지는 몰라도 자신의 명의로 이를 할 수는 없다 할 것이므로, 단속 경찰관이 자신의 명의로 운전면허행정처분통지서를 작성·교부하여 행한 운전면허정지처분은 비록 그 처분의 내용·사유·근거 등이 기재된 서면을 교부하는 방식으로 행하여졌다고 하더라도 권한 없는 자에 의하여 행하여진 점에서 무효의 처분에 해당한다. 대법원 1997. 5. 16. 선고 97누2313 판결 ★

3. 국세부과의 제척기간이 경과한 후에 이루어진 부과처분은 무효이다. 대법원 2019. 8. 30. 선고 2016두62726 판결

(2) 취소사유로 본 사례

1. [1] 권한의 범위를 넘어서는 권한유월의 행위는 무권한 행위로서 원칙적으로 무효라고 할 것이나, 행정청의 공무원에 대한 의원면직처분은 공무원의 사직의사를 수리하는 소극적 행정행위에 불과하고, 당해 공무원의 사직의사를 확인하는 확인적 행정행위의 성격이 강하며 재량의 여지가 거의 없기 때문에 의원면직처분에서의 행정청의 권한유월 행위를 다른 일반적인 행정행위에서의 그것과 반드시 같이 보아야 할 것은 아니다. ★ 02
[2] 5급 이상의 국가정보원직원에 대한 의원면직처분이 임면권자인 대통령이 아닌 국가정보원장에 의해 행해진 것으로 위법하고, 나아가 국가정보원직원의 명예퇴직원 내지 사직서 제출이 직위해제 후 1년여에 걸친 국가정보원장 측의 종용에 의한 것이었다는 사정을 감안한다 하더라도 그러한 하자가 중대한 것이라고 볼 수는 없으므로, 대통령의 내부결재가 있었는지에 관계없이 당연무효는 아니다. 대법원 2007. 7. 26. 선고 2005두15748 판결 ★ 03

2. 세관출장소장에게 관세부과처분을 할 권한이 있다고 객관적으로 오인할 여지가 다분하다고 인정되므로 결국 적법한 권한 위임 없이 세관출장소장에 의하여 행하여진 관세부과처분이 그 하자가 중대하기는 하지만 객관적으로 명백하다고 할 수 없어 당연무효는 아니다. 대법원 2004. 11. 26. 선고 2003두2403 판결 ★ 04

OX 체크

01 위법하게 구성된 폐기물처리시설 입지선정위원회가 의결을 한 경우, 그에 터잡아 이루어진 폐기물처리시설 입지결정처분의 하자는 무효사유로 본다. ( )

02 행정청이 권한을 유월하여 공무원에 대한 의원면직처분을 하였다면 그러한 처분은 다른 일반적인 행정행위에서의 그것과 같이 보아 당연무효로 보아야 한다. ( )

03 무권한의 행위는 원칙적으로 무효라고 할 것이므로, 5급 이상의 국가정보원 직원에 대해 임면권자인 대통령이 아닌 국가정보원장이 행한 의원면직처분은 당연무효에 해당한다. ( )

04 적법한 권한 위임 없이 세관출장소장에 의하여 행하여진 관세부과처분은 당연무효이다. ( )

정답
01 O 02 × 03 × 04 ×

OX 체크

01 환경영향평가의 실시대상사업에 대하여 환경영향평가를 거치지 않고 행한 승인 등 처분은 당연 무효이다. ( )

02 환경영향평가절차를 거쳤다면, 환경영향평가의 내용이 다소 부실하다 하더라도, 그 부실의 정도가 환경영향평가를 하지 아니한 것과 다를 바 없는 정도의 것이 아니라면 당연히 당해 승인 등 처분이 위법하게 되는 것은 아니다. ( )

03 과세관청이 과세예고 통지 후 과세전적부심사 청구나 그에 대한 결정이 있기 전에 과세처분을 한 경우, 특별한 사정이 없는 한 그 과세처분은 절차상 하자가 중대·명백하여 당연무효이다. ( )

04 도시관리계획결정·고시와 그 도면에 특정 토지가 도시관리계획에 포함되지 않았음이 명백한데도 도시관리계획을 집행하기 위한 후속 계획이나 처분에서 그 토지가 도시관리계획에 포함된 것처럼 표시되어 있는 경우, 이는 원칙적으로 취소사유에 해당한다. ( )

05 행정청이 청문을 거쳐야 하는 처분을 하면서 청문절차를 거치지 않는 경우에는 그 처분은 위법하지만 당연무효인 것은 아니다. ( )

06 구 「학교보건법」상 학교환경위생정화구역에서의 금지행위 및 시설의 해제 여부에 관한 행정처분을 하면서 학교환경위생정화위원회의 심의를 누락한 흠은 행정처분을 위법하게 하는 취소사유가 된다. ( )

07 행정청이 사전에 교통영향평가를 거치지 아니한 채 '건축허가 전까지 교통영향평가 심의필증을 교부받을 것'을 부관으로 붙여서 한 '실시계획변경 승인 및 공사시행변경 인가 처분'은 그 하자가 중대하고 객관적으로 명백하여 당연무효이다. ( )

정답
01 ○ 02 ○ 03 ○ 04 × 05 ○
06 ○ 07 ×

---

3. 교육인적자원부장관이 공립유치원 교사의 임용권을 당해 교육감에게 위임하였고, 교육감은 공립유치원 교사의 관내전보, 직위해제, 의원면직, 신규채용권한을 교육장에게 재위임하였을 뿐 직권면직 권한까지 재위임한 바는 없으므로 교육장이 공립유치원 교사인 원고에 대하여 이 사건 직권면직처분을 한 것은 적법한 위임 없이 권한 없는 자가 행한 처분으로서 그 하자가 중대하다고 할 것이나, 객관적으로 명백하다고는 할 수 없어 당연무효는 아니라고 본 사례. 대법원 2007. 9. 21. 선고 2005두11937 판결

2. 절차의 하자 : (원칙) 취소사유

(1) 무효로 본 사례

판례

1. 구 환경영향평가법상 환경영향평가를 실시하여야 할 사업에 대하여 환경영향평가를 거치지 아니하였음에도 승인 등 처분을 한 경우, 그 처분의 하자는 행정처분의 당연무효사유에 해당한다. ★★ **01**

    환경영향평가법령에서 정한 환경영향평가를 거쳐야 할 대상사업에 대하여 그러한 환경영향평가를 거치지 아니하였음에도 승인 등 처분을 하였다면 그 처분은 위법하다 할 것이나, 그러한 절차를 거쳤다면, 비록 그 환경영향평가의 내용이 다소 부실하다 하더라도, 그 부실의 정도가 환경영향평가제도를 둔 입법 취지를 달성할 수 없을 정도이어서 환경영향평가를 하지 아니한 것과 다를 바 없는 정도의 것이 아닌 이상, 그 부실은 당해 승인 등 처분에 재량권 일탈·남용의 위법이 있는지 여부를 판단하는 하나의 요소로 됨에 그칠 뿐, 그 부실로 인하여 당연히 당해 승인 등 처분이 위법하게 되는 것이 아니다. 대법원 2006. 3. 16. 선고 2006두330 전원합의체 ★★ **02**

2. 과세예고 또는 세무조사결과 통지 후 과세전적부심사 청구나 그에 대한 결정이 있기도 전에 과세처분을 하는 것은 (중략) 그와 같은 과세처분은 납세자의 절차적 권리를 침해하는 것으로서 절차상 하자가 중대하고도 명백하여 무효이다. 대법원 2020. 10. 29. 선고 2017두51174 판결 ★ **03**

3. 도시관리계획결정·고시와 그 도면에 특정 토지가 도시관리계획에 포함되지 않았음이 명백한데도 도시관리계획을 집행하기 위한 후속 계획이나 처분에서 그 토지가 도시관리계획에 포함된 것처럼 표시되어 있는 경우가 있다. 이것은 실질적으로 도시관리계획결정을 변경하는 것에 해당하여 구 국토의 계획 및 이용에 관한 법률에서 정한 도시관리계획 변경절차를 거치지 않는 한 당연무효이다. 대법원 2019. 7. 11. 선고 2018두47783 판결 ★ **04**

(2) 취소사유로 본 사례

1. 세액산출근거가 기재되지 아니한 납세고지서에 의한 부과처분은 강행법규에 위반하여 취소대상이 된다. 대법원 1985. 4. 9. 선고 84누431 판결 ★★

2. 행정청이 침해적 행정처분을 함에 즈음하여 청문을 실시하지 않아도 되는 예외적인 경우에 해당하지 않는 한 반드시 청문을 실시하여야 하고, 그 절차를 결여한 처분은 위법한 처분으로서 취소사유에 해당한다. 대법원 2004. 7. 8. 선고 2002두8350 판결 ★★ **05**

3. 행정청이 구 학교보건법 소정의 학교환경위생정화구역 내에서 금지행위 및 시설의 해제 여부에 관한 행정처분을 하면서 절차상 학교환경위생정화위원회의 심의를 누락한 흠이 있다면 (중략) 특별한 사정이 없는 한 이는 행정처분을 위법하게 하는 취소사유가 된다. 대법원 2007. 3. 15. 선고 2006두15806 판결 ★★ **06**

4. 행정청이 사전에 교통영향평가를 거치지 아니한 채 '건축허가 전까지 교통영향평가 심의필증을 교부받을 것'을 부관으로 붙여서 한 '실시계획변경 승인 및 공사시행변경 인가 처분'에 중대하고 명백한 흠이 있다고 할 수 없어 이를 무효로 보기 어렵다. 대법원 2010. 2. 25. 선고 2009두102 판결 ★ **07**

5. 주민등록을 말소하는 처분을 한 경우 이 처분이 주민등록법에 규정한 최고, 공고의 절차를 거치지 아니하였다 하더라도 그러한 하자는 중대하고 명백한 것이라고 할 수 없어 처분의 당연무효사유에 해당하는 것이라고는 할 수 없다. 대법원 1994. 8. 26. 선고 94누3223 판결 ★ 01

6. 기업자가 토지소유자와 협의를 거치지 아니한 채 토지의 수용을 위한 재결을 신청하였다는 등의 하자는 절차상 위법으로서 이의재결의 취소를 구할 수 있는 사유가 될지언정 당연무효의 사유라고 할 수는 없다. 대법원 1993. 8. 13. 선고 93누2148 판결 02

7. 같은 법 제3조에서 건설부장관이 택지개발예정지구를 지정함에 있어 미리 관계중앙행정기관의 장과 협의를 하라고 규정한 의미는 그의 자문을 구하라는 것이지 그 의견을 따라 처분을 하라는 의미는 아니라 할 것이므로 이러한 협의를 거치지 아니하였다고 하더라도 이는 위 지정처분을 취소할 수 있는 원인이 되는 하자 정도에 불과하고 위 지정처분이 당연무효가 되는 하자에 해당하는 것은 아니다. 대법원 2000. 10. 13. 선고 99두653 판결 03

(3) 예산편성 절차의 하자

예비타당성조사를 실시하지 아니한 하자는 원칙적으로 예산 자체의 하자일 뿐, 그로써 곧바로 각 처분의 하자가 된다고 할 수 없어, 예산이 각 처분 등으로써 이루어지는 '4대강 살리기 사업' 중 한강 부분을 위한 재정 지출을 내용으로 하고 있고 예산의 편성에 절차상 하자가 있다는 사정만으로 각 처분에 취소사유에 이를 정도의 하자가 존재한다고 보기 어렵다고 한 사례. 대법원 2015. 12. 10. 선고 2011두32515 판결 ★ 04

(4) 절차 하자가 경미한 경우

1. 민원사무를 처리하는 행정기관이 민원 1회 방문 처리제를 시행하는 절차의 일환으로 민원사항의 심의·조정 등을 위한 민원조정위원회를 개최하면서 민원인에게 회의일정 등을 사전에 통지하지 아니하였다 하더라도, 이러한 사정만으로 곧바로 민원사항에 대한 행정기관의 장의 거부처분에 취소사유에 이를 정도의 흠이 존재한다고 보기는 어렵다. 대법원 2015. 8. 27. 선고 2013두1560 판결 ★ 05

2. 개발행위허가의 신청 내용이 허가 기준에 맞지 않는다고 판단하여 개발행위허가신청을 불허가하였다면 이에 앞서 도시계획위원회의 심의를 거치지 않았다고 하여 이러한 사정만으로 곧바로 그 불허가처분에 취소사유에 이를 정도의 절차상 하자가 있다고 보기는 어렵다. 대법원 2015. 10. 29. 선고 2012두28728 판결

3. 납세고지서의 세율이 잘못 기재되었다고 하더라도 납세고지서에 기재된 문언 내용 등에 비추어 원천징수의무자 등 납세자가 세율이 명백히 잘못된 오기임을 알 수 있고 납세고지서에 기재된 다른 문언과 종합하여 정당한 세율에 따른 세액의 산출근거를 쉽게 알 수 있어 납세자의 불복 여부의 결정이나 불복신청에 지장을 초래하지 않을 정도라면, 납세고지서의 세율이 잘못 기재되었다는 사정만으로 그에 관한 징수처분을 위법하다고 볼 것은 아니다. 대법원 2019. 7. 4. 선고 2017두38645 판결

OX 체크

01 「주민등록법」상 최고·공고절차가 생략된 주민등록말소처분은 당연무효이다. ( )

02 사업시행자가 토지소유자와 협의를 거치지 아니한 채 토지의 수용을 위한 재결을 신청하였다는 하자는 절차상 위법으로서 이의재결의 취소를 구할 수 있는 사유가 될지언정 당연무효의 사유라고 할 수는 없다. ( )

03 「택지개발촉진법」상 택지개발예정지구를 지정함에 있어 거쳐야 하는 관계중앙행정기관의 장과의 협의를 거치지 않은 택지개발예정지구 지정처분은 위법하나 당연무효는 아니다. ( )

04 '4대강 살리기 사업' 중 한강 부분에 관한 각 하천공사시행계획 및 각 실시계획승인처분에 보의 설치와 준설 등에 대한 예비타당성조사를 실시하지 아니한 하자는 예산 자체의 하자가 되며 이에 따라 해당 하천 부분에 관한 각 하천공사시행계획 및 각 실시계획승인처분의 하자도 인정된다. ( )

05 민원사무를 처리하는 행정기관이 민원조정위원회를 개최하면서 민원인에게 그 회의일정 등을 사전에 통지하여야 함에도 불구하고 그러하지 아니한 경우에 이러한 사정만으로 곧바로 그 민원사항에 대한 행정기관의 장의 거부처분이 위법하다고 볼 수는 없다. ( )

정답
01 × 02 ○ 03 ○ 04 × 05 ○

3. 형식의 하자(문서주의 위반) : (원칙) 무효

판례

1. 행정절차법 제24조는 행정청이 처분을 하는 때에는 다른 법령 등에 특별한 규정이 있는 경우를 제외하고는 문서로 하여야 한다고 규정하고 있는데, (중략) 위 규정을 위반하여 행하여진 행정청의 처분은 하자가 중대하고 명백하여 원칙적으로 무효이다. 대법원 2011. 11. 10. 선고 2011도11109 판결 ★ 01

2. 면허관청이 운전면허정지처분을 하면서 통지서에 의하여 면허정지사실을 통지하지 아니하거나 처분집행예정일 7일 전까지 이를 발송하지 아니한 경우에는 특별한 사정이 없는 한 위 관계 법령이 요구하는 절차·형식을 갖추지 아니한 조치로서 그 효력이 없고, 이와 같은 법리는 면허관청이 임의로 출석한 상대방의 편의를 위하여 구두로 면허정지사실을 알렸다고 하더라도 마찬가지이다. 대법원 1996. 6. 14. 선고 95누17823 판결 ★ 02

4. 내용의 하자

(1) 일반론

- 행정행위의 내용이 법령을 위반하는 등의 하자가 있는 경우 중대명백성에 따라 판단한다.

판례

1. 행정청이 어느 법률관계나 사실관계에 대하여 어느 법률의 규정을 적용하여 행정처분을 한 경우에 그 법률관계나 사실관계에 대하여는 그 법률의 규정을 적용할 수 없다는 법리가 명백히 밝혀져 그 해석에 다툼의 여지가 없음에도 행정청이 위 규정을 적용하여 처분을 한 때에는 그 하자가 중대하고도 명백하다고 할 것이나, 그 법률관계나 사실관계에 대하여 그 법률의 규정을 적용할 수 없다는 법리가 명백히 밝혀지지 아니하여 그 해석에 다툼의 여지가 있는 때에는 행정관청이 이를 잘못 해석하여 행정처분을 하였더라도 이는 그 처분 요건사실을 오인한 것에 불과하여 그 하자가 명백하다고 할 수 없다. 대법원 2009. 9. 24. 선고 2009두2825 판결 ★ 03

2. 일반적으로 과세대상이 되는 법률관계나 사실관계(소득 또는 행위)가 전혀 없는 사람에게 한 과세처분은 그 하자가 중대하고도 명백하다고 할 것이지만, 과세대상이 되지 아니하는 어떤 법률관계나 사실관계에 대하여 이를 과세대상이 되는 것으로 오인할 만한 객관적인 사정이 있는 경우에 그것이 과세대상이 되는지의 여부가 그 사실관계를 정확히 조사하여야 비로소 밝혀질 수 있는 경우라면, 그 하자가 중대한 경우라도 외관상 명백하다고 할 수 없으므로 과세요건 사실을 오인한 위법의 과세처분을 당연무효라고 볼 수 없다. 대법원 2001. 6. 29. 선고 2000다17339 판결

(2) 무효로 본 사례

판례

1. 법령 규정의 문언만으로는 처분 요건의 의미가 분명하지 아니하여 그 해석에 다툼의 여지가 있었더라도 해당 법령 규정의 위헌 여부 및 그 범위, 법령이 정한 처분 요건의 구체적 의미 등에 관하여 법원이나 헌법재판소의 분명한 판단이 있고, 행정청이 그러한 판단 내용에 따라 법령 규정을 해석·적용하는 데에 아무런 법률상 장애가 없는데도 합리적 근거 없이 사법적 판단과 어긋나게 행정처분을 하였다면 그 하자는 객관적으로 명백하다고 봄이 타당하다. 대법원 2017. 12. 28. 선고 2017두30122 판결 04

2. 행정청이 법령 규정의 문언상 처분 요건의 의미가 분명함에도 합리적인 근거 없이 그 의미를 잘못 해석한 결과, 처분 요건이 충족되지 아니한 상태에서 해당 처분을 한 경우에는 법리가 명백히 밝혀지지 아니하여 그 해석에 다툼의 여지가 있다고 볼 수는 없다. 대법원 2014. 5. 16. 선고 2011두27094 판결

OX 체크

01 건물 소유자에게 소방시설 불량사항을 시정·보완하라는 명령을 구두로 고지한 것은 「행정절차법」에 위반한 것으로 하자가 중대·명백하여 당연무효이다. ( )

02 면허관청이 운전면허정지처분을 하면서 통지서에 의하여 면허정지사실을 통지하지 아니하거나 처분집행예정일 7일 전까지 이를 발송하지 아니한 경우에는 절차와 형식을 갖추지 아니한 조치로서 효력이 없으나, 면허관청이 임의로 출석한 상대방의 편의를 위하여 구두로 면허정지사실을 알렸다면 운전면허정지처분의 효력이 인정된다. ( )

03 행정청이 어느 법률관계나 사실관계에 대하여 어느 법률의 규정을 적용하여 행정처분을 한 경우에, 그 법률관계나 사실관계에 대하여는 그 법률의 규정을 적용할 수 없다는 법리가 명백히 밝혀져 해석에 다툼의 여지가 없음에도 행정청이 그 규정을 적용하여 처분을 한 때에는 하자가 중대하고 명백하다. ( )

04 법령 규정의 문언만으로는 처분 요건의 의미가 분명하지 아니하여 그 해석에 다툼의 여지가 있었더라도 이에 대한 법원이나 헌법재판소의 분명한 판단이 있었다면 합리적 근거 없이 이에 벗어난 행정처분의 하자는 당연무효이다. ( )

정답
01 ○ 02 × 03 ○ 04 ○

3. 신청에 의한 처분의 경우에는 신청에 대하여 일단 거부처분이 행해지면 그 거부처분이 적법한 절차에 의하여 취소되지 않는 한, 사유를 추가하여 거부처분을 반복하는 것은 존재하지도 않는 신청에 대한 거부처분으로서 당연무효이다. 대법원 1999. 12. 28. 선고 98두1895 판결 ★ 01

4. 만일 국토계획법령이 정한 도시계획시설사업의 대상 토지의 소유와 동의 요건을 갖추지 못하였는데도 사업시행자로 지정하였다면, 이는 국토계획법령이 정한 법규의 중요한 부분을 위반한 것으로서 특별한 사정이 없는 한 그 하자가 중대하다고 보아야 한다(주 : 무효로 본 사례). 대법원 2017. 7. 11. 선고 2016두35120 판결 ★ 02

5. 국유재산 또는 공유재산에 대한 점유나 사용·수익을 정당화할 법적 지위에 있는 자에 대하여 이루어진 변상금 부과처분은 당연무효이다. 대법원 2024. 10. 8. 선고 2023다210991 판결

(3) 취소사유로 본 사례

1. 어떤 행정처분이 실효의 법리를 위반하여 위법한 것이라고 하더라도, 이러한 하자의 존부는 개별·구체적인 사정을 심리한 후에야 판단할 수 있는 사항이어서 객관적으로 명백한 것이라고 할 수 없으므로, 이는 행정처분의 취소사유에 해당할 뿐 당연무효사유는 아니다. 대법원 2021. 12. 30. 선고 2018다241458 판결 ★ 03

2. 공유수면에 대한 적법한 사용인지 무단 사용인지의 여부에 관한 판단을 그르쳐 변상금 부과처분을 할 것을 사용료 부과처분을 하거나 반대로 사용료 부과처분을 할 것을 변상금 부과처분을 한 경우, 그 부과처분의 하자는 중대한 하자라고 할 수 없다. 대법원 2013. 4. 26. 선고 2012두20663 판결

5. 그 밖의 행정행위의 하자에 관한 판례

(1) 무효로 본 사례

1. 부동산을 양도한 사실이 없음에도 세무당국이 부동산을 양도한 것으로 오인하여 양도소득세를 부과하였다면 그 부과처분은 착오에 의한 행정처분으로서 그 표시된 내용에 중대하고 명백한 하자가 있어 당연무효이다. 대법원 1983. 8. 23. 선고 83누179 판결 04

2. 개발부담금 납부의무자는 사업시행자인 주택조합이고 그 조합원들이 아니므로, 납부의무자가 아닌 조합원들에 대한 개발부담금 부과처분은 그 처분의 법적 근거가 없는 것으로서 그 하자가 중대하고도 명백하여 무효이다. 대법원 1998. 5. 8. 선고 95다30390 판결

3. 자사고 지정을 취소하는 과정에서 교육감의 재량을 절차적으로 통제할 필요가 있는 점 등에 비추어 볼 때, 구 초·중등교육법 시행령 제91조의3 제5항에서 말하는 교육부장관과의 사전 협의는 특별한 사정이 없는 한 교육부장관의 적법한 사전 동의를 의미한다. 대법원 2018. 7. 12. 선고 2014추33 판결

4. 건설공사시 문화재보존의 영향 검토에 관한 문화재보호법에서 정한 '문화재청장과 협의'가 '문화재청장의 동의'를 말한다고 한 사례. 대법원 2006. 3. 10. 선고 2004추119 판결

5. 관계 행정청이 군사시설보호구역 안에서 가옥 기타 축조물의 신축 또는 증축, 입목의 벌채 등을 허가하고자 할 때에는 미리 관할 부대장과 협의를 하도록 규정하고 있고, 구 군사시설보호법시행령 제10조 제2항에 비추어 보면, 여기서 협의는 동의를 뜻한다. 대법원 1995. 3. 10. 선고 94누12739 판결

OX 체크

01 신청에 의한 처분의 경우에는 신청에 대하여 일단 거부처분이 행해지면 그 거부처분이 적법한 절차에 의하여 취소되지 않는 한, 사유를 추가하여 거부처분을 반복하는 것은 존재하지도 않는 신청에 대한 거부처분으로서 당연무효이다. ( )

02 국토계획법령이 정한 도시계획시설사업의 대상 토지의 소유와 동의 요건을 갖추지 못하였는데도 행정청이 사업시행자로 지정하였다면, 이는 국토계획법령이 정한 법규의 중요한 부분을 위반한 것으로서 특별한 사정이 없는 한 그 하자가 중대하다고 보아야 한다. ( )

03 어떤 행정처분이 실효의 법리를 위반하여 위법한 것이라면 이는 행정처분의 당연무효사유에 해당한다. ( )

04 부동산을 양도한 사실이 없음에도 세무당국이 부동산을 양도한 것으로 오인한 양도소득세 부과처분은 착오에 의한 행정처분으로서 취소할 수 있는 행정행위에 해당한다. ( )

정답

01 ○ 02 ○ 03 ✕ 04 ✕

OX 체크

01 위헌으로 결정된 법률 또는 법률의 조항은 그 결정이 있는 날부터 효력을 상실한다. ( )

6. 부과금 면제대상인 조합이나 중앙회의 업무 및 재산에 대하여 농지보전부담금을 부과한 처분은 부과대상이 아닌 자에 대하여 부과금을 부과한 것으로서 법규의 중요한 부분을 위반한 중대한 하자가 있고 그 하자는 객관적으로 명백하다. 대법원 2015. 6. 23. 선고 2013다209008 판결

7. 공정거래위원회가 법 제24조 소정의 시정명령 등 행정처분을 하기 위해서는 그 대상이 되는 '이익제공강요' 및 '불이익제공'의 내용이 구체적으로 명확하게 특정되어야 하고, 그러하지 아니한 상태에서 이루어진 그 시정명령 등 행정처분은 위법하다고 할 것이다. 대법원 2007. 1. 12. 선고 2004두7139 판결

(2) 취소사유로 본 사례

1. 행정청이 사전환경성검토협의를 거쳐야 할 대상사업에 관하여 법의 해석을 잘못한 나머지 세부용도지역이 지정되지 않은 개발사업 부지에 대하여 사전환경성검토협의를 할지 여부를 결정하는 절차를 생략한 채 승인 등의 처분을 한 사안에서, 그 하자가 객관적으로 명백하다고 할 수 없다고 한 사례 대법원 2009. 9. 24. 선고 2009두2825 판결

2. 민간투자심의위원회는 스스로 민간제안사업의 민간투자사업 추진 여부나 사업시행자 지정 여부를 결정하는 것이 아니고 의사결정권자의 자문에 응하여 심의하는 기관에 불과하므로, 위와 같은 절차규정 위반은 이 사건 사업시행자지정처분을 무효로 할 만한 중대하고 명백한 하자라고 볼 수 없다. 대법원 2009. 4. 23. 선고 2007두13159 판결

3. 교수위원들이 법학교육위원회 제15차 회의에 관여한 것은 소속대학에 대한 관계에서 제척규정을 위반한 것이기는 하나, (중략) 그러한 위반은 이 사건 인가처분의 무효사유가 아니라 취소사유에 해당한다. 대법원 2009. 12. 10. 선고 2009두8359 판결

4. 행정청의 주택재개발정비사업 조합설립추진위원회 설립승인처분이 정비구역의 지정·고시 전에 정비예정지역에 의하여 확정된 토지등소유자의 과반수 동의를 얻어 구성된 추진위원회에 대하여 이루어진 것이라고 하더라도, 그 하자가 중대하거나 명백하다고 할 수 없다. 대법원 2010. 9. 30. 선고 2010두9358 판결

Ⅲ 처분의 근거법률에 대한 위헌결정의 효력

1. 위헌결정의 장래효

> 헌법재판소법 제47조 【위헌결정의 효력】
> ② 위헌으로 결정된 법률 또는 법률의 조항은 그 결정이 있는 날부터 효력을 상실한다. ★ **01**

- 법적 안정성을 위해 헌법재판소법은 법률에 대한 위헌결정이 장래효를 갖는 것으로 정하고 있다.

2. 위헌결정의 소급효

(1) 소급효가 인정되는 범위

- 당사자의 권리구제를 위해 판례는 당해·동종·병행·일반사건의 경우 위헌결정의 소급효를 인정한다.

정답
01 ○

헌법재판소의 위헌결정의 효력은 ㉠ 위헌제청을 한 당해 사건, ㉡ 위헌결정이 있기 전에 이와 동종의 위헌 여부에 관하여 헌법재판소에 위헌여부심판제청을 하였거나 법원에 위헌여부심판제청신청을 한 경우의 당해 사건(동종사건)과 ㉢ 따로 위헌제청신청은 아니하였지만 당해 법률 또는 법률의 조항이 재판의 전제가 되어 법원에 계속 중인 사건(병행사건)뿐만 아니라 ㉣ 위헌결정 이후에 위와 같은 이유로 제소된 일반사건에도 미친다. 대법원 1993. 1. 15. 선고 91누5747 판결 ★★★ **01**

- 다만 위헌결정 이후에 제소된 일반사건의 경우, 권리구제의 필요성보다 법적 안정성의 요청이 더 큰 경우에는 위헌결정의 소급효가 인정되지 않는다.

법적 안정성의 유지나 당사자의 신뢰보호를 위하여 불가피한 경우에 위헌결정의 소급효를 제한하는 것은 오히려 법치주의의 원칙상 요청되는 바라 할 것이다(금고 이상의 형의 선고유예를 받은 경우에 공무원직에서 당연히 퇴직하는 것으로 규정한 구 지방공무원법에 대한 헌법재판소의 위헌결정의 소급효를 일반사건에서 제한한 사례). 대법원 2005. 11. 10. 선고 2005두5628 판결

(2) **불가쟁력**이 발생한 경우 : 소급효 **부정**

- 불가쟁력이 발생한 행정행위에 대해서는 위헌결정의 소급효가 인정되지 않는다.

위헌인 법률에 근거한 행정처분이 당연무효인지의 여부는 위헌결정의 소급효와는 별개의 문제로서, 위헌결정의 소급효가 인정된다고 하여 위헌인 법률에 근거한 행정처분이 당연무효가 된다고는 할 수 없고, 오히려 이미 취소소송의 제기기간을 경과하여 확정력이 발생한 행정처분에는 위헌결정의 소급효가 미치지 않는다고 보아야 한다. 대법원 1994. 10. 28. 선고 92누9463 판결 ★★★ **02**

(3) 위헌인 법률에 근거한 처분의 효력 : (원칙) **취소사유**

- 법률이 헌법에 위반되는지 여부는 헌법재판소의 위헌결정이 있기 전까지는 객관적으로 명백한 것이라고 할 수 없으므로, 위헌인 법률에 근거한 처분의 하자는 원칙적으로 취소사유에 해당한다.

일반적으로 법률이 헌법에 위반된다는 사정이 헌법재판소의 위헌결정이 있기 전에도 객관적으로 명백한 것이라고 할 수는 없으므로 특별한 사정이 없는 한 이러한 하자는 위 행정처분의 취소사유에 해당할 뿐 당연무효사유는 아니라고 봄이 상당하다. 대법원 1994. 10. 28. 선고 93다41860 판결 ★★★ **03**

- 법률에 대한 위헌결정이 있은 후 위헌으로 결정된 그 법률에 근거하여 이루어진 처분은 당연무효이다. ★ **04**
- 다만, 헌법재판소는 예외적으로 행정처분을 무효로 보더라도 법적 안정성을 크게 해치지 않는 반면에 그 하자가 중대하여 권리구제가 필요한 경우에는 무효로 본다.

또 다른 한가지의 불소급의 원칙의 예외로 볼 것은, ㉣ (일반사건의 경우) 당사자의 권리구제를 위한 구체적 타당성의 요청이 현저한 반면에 소급효를 인정하여도 법적 안정성을 침해할 우려가 없고 나아가 구법에 의하여 형성된 기득권자의 이익이 해쳐질 사안이 아닌 경우로서 소급효의 부인이 오히려 정의와 형평 등 헌법적 이념에 심히 배치되는 때에도 소급효를 인정할 수 있다. 헌법재판소 1993. 5. 13. 선고 92헌가10 등 결정

OX 체크

01 헌법재판소의 위헌결정의 효력은 위헌제청을 한 당해 사건은 물론 위헌제청신청은 아니하였지만 당해 법률 또는 법률의 조항이 재판의 전제가 되어 법원에 계속 중인 사건에도 미친다. ( )

02 위헌인 법률에 근거한 행정처분이 당연무효인지의 여부는 위헌결정의 소급효와는 별개의 문제로서 취소소송의 제기기간을 경과하여 확정력이 발생한 행정처분에는 위헌결정의 소급효가 미치지 않는다. ( )

03 행정처분이 발하여진 후에 헌법재판소가 그 행정처분의 근거가 된 법률을 위헌으로 결정하였다면, 그 행정처분은 특별한 사정이 없는 한 당연무효이다. ( )

04 법률이 위헌으로 결정된 후 그 법률에 근거하여 발령되는 행정처분은 위헌결정의 기속력에 반하므로 그 하자가 중대하고 명백하여 당연무효가 된다. ( )

정답
01 ○   02 ○   03 ✕   04 ○

OX 체크

01 행정처분 자체의 효력이 쟁송기간 경과 후에도 존속 중인 경우, 그 행정처분이 위헌인 법률에 근거하여 내려졌고 그 목적달성을 위해 필요한 후행 행정처분이 아직 이루어지지 않았다면 그 하자가 중대하여 그 구제가 필요한 경우에 대하여서는 쟁송기간 경과 후라도 무효확인을 구할 수 있다. ( )

02 행정처분이 있은 후에 집행단계에서 그 처분의 근거된 법률이 위헌으로 결정되는 경우 그 처분의 집행이나 집행력을 유지하기 위한 행위는 위헌결정의 기속력에 위반되어 허용되지 않는다. ( )

03 과세처분에 불가쟁력이 발생하였고, 조세채권의 집행을 위한 체납처분의 근거규정 자체에 대하여는 따로 위헌결정이 내려진 바 없다고 하더라도, 과세처분의 근거법률에 대한 위헌결정이 있은 이후에는 조세채권의 집행을 위한 새로운 체납처분에 착수하거나 이를 속행하는 것은 더 이상 허용되지 않는다. ( )

04 과세처분의 근거규정에 대한 헌법재판소의 위헌결정이 내려진 후 행한 체납처분은 그 하자가 객관적으로 명백하다고 할 수 없다. ( )

05 근거법률의 위헌결정 이전에 이미 부담금 부과처분과 압류처분 및 이에 기한 압류등기가 이루어지고 각 처분이 확정된 경우에는 기존의 압류등기나 교부청구로도 다른 사람에 의하여 개시된 경매절차에서 배당을 받을 수 있다. ( )

06

판례

[본문 2010두10907 전원합의체 판결에 있어서의 소수의견] 과세처분과 압류처분은 별개의 행정처분이므로 선행처분인 과세처분이 당연무효인 경우를 제외하고는 과세처분의 하자를 이유로 후속 체납처분인 압류처분의 효력을 다툴 수 없다고 봄이 타당한 점, 압류처분 등 체납처분은 과세처분과는 별개의 행정처분으로서 과세처분 근거규정이 직접 적용되지 않고 체납처분 관련 규정이 적용될 뿐이므로, 과세처분 근거규정에 대한 위헌결정의 기속력은 체납처분과는 무관하고 이에 미치지 않는다고 보아야 한다는 점 (중략) 등에 비추어 보면, 과세처분의 근거규정에 대한 헌법재판소의 위헌결정이 있었다는 이유만으로 체납처분이 위법하다고 보는 다수의견에는 찬성할 수 없다.

정답

01 ○ 02 ○ 03 ○ 04 × 05 ×
06 ○

판례

행정처분 자체의 효력이 쟁송기간 경과 후에도 존속 중인 경우, 특히 그 처분이 위헌법률에 근거하여 내려진 것이고 그 행정처분의 목적달성을 위하여서는 후행 행정처분이 필요한데 후행행정처분은 아직 이루어지지 않은 경우, 그 행정처분을 무효로 하더라도 법적 안정성을 크게 해치지 않는 반면에 그 하자가 중대하여 그 구제가 필요한 경우에 대하여서는 그 예외를 인정하여 이를 당연무효사유로 보아서 쟁송기간 경과 후에라도 무효확인을 구할 수 있는 것이라고 봐야 할 것이다. 헌법재판소 1994. 6. 30. 선고 92헌바23 결정 ★ 01

3. 위헌인 법률에 근거한 처분의 집행력

- 위헌인 법률에 근거한 처분에 불가쟁력이 발생한 경우에도, 그 처분의 집행이나 집행력을 유지하기 위한 행위는 위헌결정의 기속력에 위반되어 허용되지 않는다.

판례

1. 위헌결정 전에 이미 형성된 법률관계에 기한 후속처분이라도 그것이 새로운 위헌적 법률관계를 생성·확대하는 경우라면 이를 허용할 수 없다. 따라서 조세 부과의 근거가 되었던 법률규정이 위헌으로 선언된 경우, 비록 그에 기한 과세처분이 위헌결정 전에 이루어졌고, 과세처분에 대한 제소기간이 이미 경과하여 조세채권이 확정되었으며, 조세채권의 집행을 위한 체납처분의 근거규정 자체에 대하여는 따로 위헌결정이 내려진 바 없다고 하더라도, 위와 같은 위헌결정 이후에 조세채권의 집행을 위한 새로운 체납처분에 착수하거나 이를 속행하는 것은 더 이상 허용되지 않고, 나아가 이러한 위헌결정의 효력에 위배하여 이루어진 체납처분은 그 사유만으로 하자가 중대하고 객관적으로 명백하여 당연무효이다. 대법원 2012. 2. 16. 선고 2010두10907 전원합의체 판결 ★★★ 02 03 04

2. 위헌법률에 기한 행정처분의 집행이나 집행력을 유지하기 위한 행위는 위헌결정의 기속력에 위반되어 허용되지 않는다고 보아야 할 것인데, 그 위헌결정 이전에 이미 부담금 부과처분과 압류처분 및 이에 기한 압류등기가 이루어지고 위의 각 처분이 확정되었다고 하여도, 위헌결정 이후에는 별도의 행정처분인 매각처분, 분배처분 등 후속 체납처분절차를 진행할 수 없는 것은 물론이고, 특별한 사정이 없는 한 기존의 압류등기나 교부청구만으로는 다른 사람에 의하여 개시된 경매절차에서 배당을 받을 수도 없다. 대법원 2002. 8. 23. 선고 2001두2959 판결 ★ 05

Ⅳ 하자의 치유

1. 의의

- 성립 당시에 하자 있는 행정행위가 사후 하자의 원인이 된 적법요건을 보완하거나 그 하자가 취소사유가 되지 않을 정도로 경미해진 경우, 성립 당시의 하자에도 불구하고 이를 적법한 것으로 보아 효력을 유지시키는 것을 말한다.
- 행정행위의 무용한 반복을 피하고 당사자의 법적 안정성을 위해 예외적으로 인정된다.

판례

하자의 치유는 행정행위의 성질이나 법치주의의 관점에서 볼 때 원칙적으로 허용될 수 없는 것이고, 예외적으로 행정행위의 무용한 반복을 피하고 당사자의 법적 안정성을 위해서 허용될 수 있다. 그리고 이 경우에도 다른 국민의 권리나 이익을 침해하지 않는 범위에서 구체적 사정에 따라 합목적적으로 인정되어야 한다. 대법원 2002. 7. 9. 선고 2001두10684 판결 ★ 06

2. 허용 범위

(1) 절차 하자

- 하자의 치유는 절차·형식상 하자의 경우에만 인정되고, 내용상 하자의 경우 인정되지 않는다. ★ 01

1. 처분상대방이나 관계인의 의견진술권이나 방어권 행사에 실질적으로 지장이 초래되었다고 볼 수 없는 특별한 사정이 있는 경우에는, 절차 규정 위반으로 인하여 처분절차의 절차적 정당성이 상실되었다고 볼 수 없으므로 해당 처분을 취소할 것은 아니다. 대법원 2021. 2. 4. 선고 2015추528 판결
2. 이 사건 처분에 관한 하자가 행정처분의 내용에 관한 것이고 새로운 노선면허가 이 사건 소 제기 이후에 이루어진 사정 등에 비추어 하자의 치유를 인정치 않은 원심의 판단은 정당하고, 거기에 소론이 지적하는 바와 같은 법리오해의 위법이 있다 할 수 없다. 대법원 1991. 5. 28. 선고 90누1359 판결

(2) 취소사유인 하자

- 하자의 치유는 취소할 수 있는 행정행위에 대해서만 인정되고, 무효인 행정행위에 대해서는 인정되지 않는다. ★

징계처분이 중대하고 명백한 흠 때문에 당연무효의 것이라면 징계처분을 받은 자가 이를 용인하였다 하여 그 흠이 치료되는 것은 아니다. 대법원 1989. 12. 12. 선고 88누8869 판결 ★ 02

3. 구체적 판례

(1) 하자의 치유를 인정한 사례

1. 행정청이 식품위생법상의 청문절차를 이행함에 있어 소정의 청문서 도달기간을 지키지 아니하였다면 이는 청문의 절차적 요건을 준수하지 아니한 것이므로 이를 바탕으로 한 행정처분은 일단 위법하다고 보아야 할 것이지만, 이러한 청문제도의 취지는 처분으로 말미암아 받게 될 영업자에게 미리 변명과 유리한 자료를 제출할 기회를 부여함으로써 부당한 권리침해를 예방하려는 데에 있는 것임을 고려하여 볼 때, 가령 행정청이 청문서 도달기간을 다소 어겼다 하더라도 영업자가 이에 대하여 이의하지 아니한 채 스스로 청문일에 출석하여 그 의견을 진술하고 변명하는 등 방어의 기회를 충분히 가졌다면 청문서 도달기간을 준수하지 아니한 하자는 치유되었다고 봄이 상당하다. 대법원 1992. 10. 23. 선고 92누2844 판결 ★★★ 03
2. 과세관청이 과세처분에 앞서 납세의무자에게 보낸 과세예고통지서 등에 의하여 납세의무자가 그 처분에 대한 불복 여부의 결정 및 불복신청에 전혀 지장을 받지 않았음이 명백하다면, 이로써 납세고지서의 흠결이 보완되거나 하자가 치유된다. 대법원 1998. 6. 26. 선고 96누12634 판결 ★ 04

OX 체크

06 하자 있는 행정행위의 치유는 행정행위의 성질이나 법치주의의 관점에서 볼 때 원칙적으로 허용될 수 없으며, 예외적으로 행정행위의 무용한 반복을 피하고 당사자의 법적 안정성을 위해 이를 허용하는 때에도 국민의 권리나 이익을 침해하지 않는 범위에서 구체적 사정에 따라 합목적적으로 인정할 필요가 있다. ( )

OX 체크

01 행정행위의 내용상의 하자는 치유의 대상이 될 수 있으나, 형식이나 절차상의 하자에 대해서는 치유가 인정되지 않는다. ( )

02 징계처분이 중대하고 명백한 하자 때문에 당연무효의 것이라면 징계처분을 받은 자가 이를 용인하였다 하여 그 하자가 치유되는 것은 아니다. ( )

03 행정청이 청문서 도달기간을 어겼다면 당사자가 이에 대하여 이의하지 아니한 채 스스로 청문일에 출석하여 방어의 기회를 충분히 가졌더라도 청문서 도달기간을 준수하지 아니한 하자가 치유되는 것은 아니다. ( )

04 부과처분에 앞서 보낸 과세예고통지서에 납세고지서의 필요적 기재사항이 제대로 기재되어 있었더라도, 납세고지서에 그 기재사항의 일부가 누락되었다면 이유제시의 하자는 치유의 대상이 될 수 없다. ( )

정답
01 × 02 ○ 03 × 04 ×

OX 체크

01 면허의 취소처분에는 그 근거가 되는 법령이나 취소권 유보의 부관 등을 명시하여야 함은 물론 처분을 받은 자가 어떠한 위반사실에 대하여 당해 처분이 있었는지를 알 수 있을 정도로 사실을 적시할 것을 요하지만, 이와 같은 취소처분의 근거와 위반사실의 적시를 빠뜨린 하자는 피처분자가 처분 당시 그 취지를 알고 있었거나 그 후 알게 되었다면 그 하자는 치유될 수 있다. ( )

02 납세고지서에 세액산출근거 등의 기재사항이 누락되었거나 과세표준과 세액의 계산명세서가 첨부되지 않은 납세고지의 하자는 납세의무자가 그 나름대로 산출근거를 알고 있다거나 사실상 이를 알고서 쟁송에 이르렀다 하더라도 치유되지 않는다. ( )

03 세액산출근거가 기재되지 아니한 납세고지서에 의한 부과처분은 강행법규에 위반하여 취소대상이 된다고 할 것이지만 이와 같은 하자는 납세의무자가 전심절차에서 이를 주장하지 아니하였거나, 그 후 부과된 세금을 자진납부하였다거나, 또는 조세채권의 소멸시효기간이 만료된 경우 치유된다. ( )

04 수도과태료의 부과처분에 대한 납세고지서의 송달이 부적법하면 그 부과처분은 효력이 발생할 수 없지만 처분의 상대방이 객관적으로 위 부과처분의 존재를 인식할 수 있었다는 사실로써 송달의 하자가 치유된다. ( )

05 토지등급결정내용의 개별통지가 있었다고 볼 수 없어 토지등급결정이 무효라면, 토지소유자가 그 결정 이전이나 이후에 토지등급결정내용을 알았다 하더라도 개별통지의 하자가 치유되는 것은 아니다. ( )

06 재건축조합설립인가처분 당시 동의율을 충족하지 못한 하자는 후에 추가동의서가 제출되었다는 사정만으로도 치유된다. ( )

07 선행처분인 개별공시지가결정이 위법하여 그에 기초한 개발부담금 부과처분도 위법하게 되었지만 그 후 적법한 절차를 거쳐 공시된 개별공시지가결정이 종전의 위법한 공시지가결정과 그 내용이 동일하다면 위법한 개별공시지가결정에 기초한 개발부담금 부과처분은 적법하게 된다. ( )

(2) 하자의 치유를 부정한 사례

1. 취소처분의 근거와 위반사실의 적시를 빠뜨린 하자는 피처분자가 처분 당시 그 취지를 알고 있었다거나 그 후 알게 되었다 하여도 치유될 수 없다. 대법원 1990. 9. 11. 선고 90누1786 판결 ★ **01**

2. 납세고지서에 세액산출근거 등의 기재사항이 누락되었거나 과세표준과 세액의 계산명세서가 첨부되지 않았다면 적법한 납세의 고지라고 볼 수 없으며, 위와 같은 납세고지의 하자는 납세의무자가 그 나름대로 산출근거를 알고 있다거나 사실상 이를 알고서 쟁송에 이르렀다 하더라도 치유되지 않는다. 대법원 2002. 11. 13. 선고 2001두1543 판결 ★ **02**

3. 세액산출근거가 기재되지 아니한 납세고지서에 의한 부과처분은 강행법규에 위반하여 취소대상이 된다 할 것이므로 이와 같은 하자는 납세의무자가 전심절차에서 이를 주장하지 아니하였거나, 그 후 부과된 세금을 자진납부하였다거나, 또는 조세채권의 소멸시효기간이 만료되었다 하여 치유되는 것이라고는 할 수 없다. 대법원 1985. 4. 9. 선고 84누431 판결 ★ **03**

4. 하자치유의 한계

(1) 송달의 하자

- 행정행위의 효력발생요건인 송달의 하자에 대해서는 치유가 인정되지 않는다.

1. 송달이 부적법하여 송달의 효력이 발생하지 아니하는 이상 상대방이 객관적으로 위 부과처분의 존재를 인식할 수 있었다 하더라도 그와 같은 사실로써 송달의 하자가 치유된다고 볼 수 없다. 대법원 1988. 3. 22. 선고 87누986 판결 ★ **04**

2. 토지등급결정내용의 개별통지가 있다고 볼 수 없어 토지등급결정이 무효인 이상, 토지소유자가 그 결정 이전이나 이후에 토지등급결정내용을 알았다거나 또는 그 결정 이후 매년 정기 등급수정의 결과가 토지소유자 등의 열람에 공하여졌다 하더라도 개별통지의 하자가 치유되는 것은 아니다. 대법원 1997. 5. 28. 선고 96누5308 판결 ★ **05**

(2) 국민의 권리와 이익을 침해하는 경우

- 하자의 치유는 국민의 권리와 이익을 침해하지 않는 범위에서만 인정된다.

1. (주택재개발정비사업조합 설립추진위원회가 주택재개발정비사업조합 설립인가처분의 취소소송에 대한 1심 판결 이후 정비구역 내 토지 등 소유자의 4분의 3을 초과하는 조합설립동의서를 새로 받은 사안에서) 하자의 치유를 인정하였을 때 원고들을 비롯한 토지 등 소유자들에게 아무런 손해가 발생하지 않는다고 단정할 수 없으므로 위 설립인가처분의 하자가 치유된다고 볼 수 없다. 대법원 2010. 8. 26. 선고 2010두2579 판결 ★★ **06**

2. 선행처분인 개별공시지가결정이 위법하여 그에 기초한 개발부담금 부과처분도 위법하게 된 경우 그 하자의 치유를 인정하면 개발부담금 납부의무자로서는 위법한 처분에 대한 가산금 납부의무를 부담하게 되는 등 불이익이 있을 수 있으므로, 그 후 적법한 절차를 거쳐 공시된 개별공시지가결정이 종전의 위법한 공시지가결정과 그 내용이 동일하다는 사정만으로는 위법한 개별공시지가결정에 기초한 개발부담금 부과처분이 적법하게 된다고 볼 수 없다. 대법원 2001. 6. 26. 선고 99두11592 판결 **07**

정답

01 ✗ 02 ○ 03 ✗ 04 ✗ 05 ○
06 ✗ 07 ✗

3. 이 사건에 있어서는 원고의 적법한 허가신청이 참가인들의 신청과 경합되어 있어 이 사건 처분의 치유를 허용한다면 원고에게 불이익하게 되므로 이를 허용할 수 없다. 대법원 1992. 5. 8. 선고 91누13274 판결

(3) 시간적 한계 : 행정쟁송제기 전

- 하자의 치유는 행정쟁송을 제기하기 이전까지만 가능하다. ★

1. 치유를 허용하려면 늦어도 과세처분에 대한 불복여부의 결정 및 불복신청에 편의를 줄 수 있는 상당한 기간 내에 하여야 한다. 대법원 1983. 7. 26. 선고 82누420 판결 ★ 01
2. 과세처분에 대한 전심절차가 모두 끝나고 상고심의 계류 중에 세액산출근거의 통지가 있었다고 하여 이로써 위 과세처분의 하자가 치유되었다고는 볼 수 없다. 대법원 1984. 4. 10. 선고 83누393 판결 02

5. 하자치유의 효과 : 소급효

- 행정행위의 하자가 치유되면 당해 행정행위는 처분시부터 하자가 없는 적법한 행정행위인 것으로 된다. 따라서 하자가 치유된 경우 처분청은 그 하자를 이유로 당해 처분을 직권취소할 수 없다. ★ 03

6. 관련문제 : 하자 있는 행정행위의 전환

- 행정행위가 본래의 행정행위로서는 무효이나 다른 행정행위로 보면 그 요건이 충족되는 경우에 하자 있는 행정행위를 하자 없는 다른 행정행위로 인정하는 것을 말한다.

귀속재산을 불하받은 자가 사망한 후에 그 수불하자 대하여 한 그 불하처분은 사망자에 대한 행정처분이므로 무효이지만 그 취소처분을 수불하자의 상속인에게 송달한 때에는 그 송달시에 그 상속인에 대하여 다시 그 불하처분을 취소한다는 새로운 행정처분을 한 것이라고 할 것이다. 대법원 1969. 1. 21. 선고 68누190 판결 04

OX 체크

01 하자의 치유는 늦어도 행정처분에 대한 불복 여부의 결정 및 불복신청을 할 수 있는 상당한 기간 내에 해야 하므로, 소가 제기된 이후에는 하자의 치유가 인정될 수 없다. ( )

02 세액산출근거가 누락된 납세고지서에 의한 하자있는 과세처분에 대하여 전심절차가 모두 끝나고 상고심의 계류 중에 세액산출근거의 통지가 있었다면 위 과세처분의 하자가 치유되었다고 볼 수 있다. ( )

03 행정행위의 위법이 치유된 경우에는 그 위법을 이유로 당해 행정행위를 직권취소할 수 없다. ( )

04 귀속재산을 불하받은 자가 사망한 후에 불하처분 취소처분을 수불하자의 상속인에게 송달한 때에는 그 상속인에 대하여 다시 그 불하처분을 취소한다는 새로운 행정처분을 한 것으로 본다. ( )

정답

01 O 02 × 03 O 04 O

V 하자의 승계

1. 의의

(1) 하자승계의 의의

- 선행행위가 위법하지만 불가쟁력이 발생하여 이를 다툴 수 없게 되었을 때, 적법한 후행행위에 대한 행정쟁송과정에서 선행행위의 위법을 주장할 수 있는 것을 말한다.
- 한편, 후행행위의 하자가 적법한 선행행위에 승계되는 경우는 없다.

> **판례**
>
> 계고처분의 후속절차인 대집행에 위법이 있다고 하더라도, 그와 같은 후속절차에 위법성이 있다는 점을 들어 선행절차인 이 사건 계고처분이 부적법하다는 사유로 삼을 수는 없다. 대법원 1997. 2. 14. 선고 96누15428 판결 ★★★

(2) 논의의 전제조건

- 선·후행행위가 모두 처분이어야 하고, 선행행위에 취소사유인 위법이 존재해야 한다. 선행행위가 무효인 경우 후행행위도 당연히 무효이므로 별도로 하자의 승계가 논의될 여지가 없기 때문이다. 04

> **판례**
>
> 적법한 건축물에 대한 철거명령은 그 하자가 중대하고 명백하여 당연무효라고 할 것이고, 그 후행행위인 건축물철거 대집행계고처분 역시 당연무효라고 할 것이다. 대법원 1999. 4. 27. 선고 97누6780 판결 ★★★

- 선행행위에 불가쟁력이 발생해야 하고, 후행행위는 적법해야 한다.

2. 하자승계의 기준

(1) 원칙

- 선행행위와 후행행위가 결합하여 하나의 법적 효과를 완성하는 경우에는 선행행위의 하자가 후행행위에 승계되는 반면, 선행행위와 후행행위가 서로 독립하여 별개의 법적 효과를 목적으로 하는 경우 선행행위의 하자는 후행행위에 승계되지 않는다.

> **판례**
>
> 두 개 이상의 행정처분이 연속적으로 행하여지는 경우 선행처분과 후행처분이 서로 결합하여 1개의 법률효과를 완성하는 때에는 선행처분에 하자가 있으면 그 하자는 후행처분에 승계되므로 선행처분에 불가쟁력이 생겨 그 효력을 다툴 수 없게 된 경우에도 선행처분의 하자를 이유로 후행처분의 효력을 다툴 수 있는 반면, 선행처분과 후행처분이 서로 독립하여 별개의 법률효과를 목적으로 하는 때에는 선행처분에 불가쟁력이 생겨 그 효력을 다툴 수 없게 된 경우에는 선행처분의 하자가 중대하고 명백하여 당연무효인 경우를 제외하고는 선행처분의 하자를 이유로 후행처분의 효력을 다툴 수 없는 것이 원칙이다. 대법원 1994. 1. 25. 선고 93누8542 판결 ★★★

(2) 예외

- 선행행위와 후행행위가 서로 독립하여 별개의 법적 효과를 목적으로 하는 경우에도 선행행위의 불가쟁력이나 구속력이 그로 인하여 불이익을 입게 되는 자에게 수인한도를 넘는 가혹함을 가져오며, 그 결과가 당사자에게 예측가능한 것이 아닌 경우에는 선행행위의 위법을 후행행위의 위법사유로 주장할 수 있다.

OX 체크

01 계고처분의 후속절차인 대집행에 위법이 있다고 하더라도 그와 같은 후속절차에 위법성이 있다는 점을 들어 선행절차인 계고처분이 부적법하다는 사유로 삼을 수는 없다. ( )

02 적법한 건축물에 대한 철거명령은 그 하자가 중대하고 명백하여 당연무효라고 할 것이지만, 그 후행행위인 건축물철거 대집행계고처분은 당연무효라고 할 수 없다. ( )

03 자기완결적 신고에 해당하는 대문설치신고가 형식적 하자가 없는 적법한 요건을 갖춘 신고임에도 불구하고 관할 행정청이 수리를 거부한 후 당해 대문의 철거명령을 하였더라도, 후행행위인 대문철거 대집행계고처분이 당연무효가 되는 것은 아니다. ( )

04 도시계획시설사업 시행자 지정처분이 처분 요건을 충족하지 못하여 당연무효인 경우, 도시계획시설사업의 시행자가 작성한 실시계획을 인가하는 처분도 무효이다. ( )

05 2개 이상의 행정처분이 연속적 또는 단계적으로 이루어지는 경우 선행처분과 후행처분이 서로 합하여 1개의 법률효과를 완성하는 때에는 선행처분에 하자가 있으면 그 하자는 후행처분에 승계된다. ( )

정답
01 ○ 02 × 03 × 04 ○ 05 ○

[1] 선행처분과 후행처분이 서로 독립하여 별개의 효과를 목적으로 하는 경우에도 선행처분의 불가쟁력이나 구속력이 그로 인하여 불이익을 입게 되는 자에게 수인한도를 넘는 가혹함을 가져오며, 그 결과가 당사자에게 예측가능한 것이 아닌 경우에는 국민의 재판받을 권리를 보장하고 있는 헌법의 이념에 비추어 선행처분의 후행처분에 대한 구속력은 인정될 수 없다(주 : 하자가 승계된다는 의미). ★★★ 01

[2] 개별공시지가결정은 이를 기초로 한 과세처분 등과는 별개의 독립된 처분으로서 서로 독립하여 별개의 법률효과를 목적으로 하는 것이나, (중략) 개별공시지가결정에 위법이 있는 경우에는 그 자체를 행정소송의 대상이 되는 행정처분으로 보아 그 위법 여부를 다툴 수 있음은 물론 이를 기초로 한 과세처분 등 행정처분의 취소를 구하는 행정소송에서도 선행처분인 개별공시지가결정의 위법을 독립된 위법사유로 주장할 수 있다고 해석함이 타당하다. 대법원 1994. 1. 25. 선고 93누8542 판결 ★★★ 02

비교판례 1993년도 개별공시지가 결정에 대하여 한 재조사청구에 따른 조정결정을 통지받고서도 더 이상 다투지 아니한 경우까지 선행처분인 개별공시지가 결정의 불가쟁력이나 구속력이 수인한도를 넘는 가혹한 것이거나 예측불가능하다고 볼 수 없어, 위 개별공시지가 결정의 위법을 이 사건 과세처분의 위법사유로 주장할 수 없다. 대법원 1998. 3. 13. 선고 96누6059 판결 03

(3) 새로운 기준

- 선행처분이 '쟁송법적 처분'으로서 행정절차법에서 정한 처분절차를 준수하지 않아 선행처분의 상대방에게 방어권행사 및 불복의 기회가 보장되지 않은 경우 하자의 승계가 인정된다.

[1] 근로복지공단이 사업주에 대하여 하는 '개별 사업장의 사업종류 변경결정'은 행정청이 행하는 구체적 사실에 관한 법집행으로서의 공권력의 행사인 '처분'에 해당하고, 근로복지공단의 사업종류 변경결정에 따라 국민건강보험공단이 사업주에 대하여 하는 각각의 산재보험료 부과처분도 항고소송의 대상인 처분에 해당하므로, 사업주는 각각의 산재보험료 부과처분을 별도의 항고소송으로 다툴 수 있다. ★ 04

[2] 근로복지공단이 사업종류 변경결정을 하면서 개별 사업주에 대하여 사전통지 및 의견청취, 이유제시 및 불복방법 고지가 포함된 처분서를 작성하여 교부하는 등 실질적으로 행정절차법에서 정한 처분절차를 준수함으로써 사업주에게 방어권행사 및 불복의 기회가 보장된 경우에는, 그 사업종류 변경결정은 그 내용·형식·절차의 측면에서 단순히 조기의 권리구제를 가능하게 하기 위하여 행정소송법상 처분으로 인정되는 소위 '쟁송법적 처분'이 아니라, 개별·구체적 사안에 대한 규율로서 외부에 대하여 직접적 법적 효과를 갖는 행정청의 의사표시인 소위 '실체법적 처분'에 해당하는 것으로 보아야 한다. 이 경우 사업주가 행정심판법 및 행정소송법에서 정한 기간 내에 불복하지 않아 불가쟁력이 발생한 때에는 그 사업종류 변경결정이 중대·명백한 하자가 있어 당연무효가 아닌 한, 사업주는 그 사업종류 변경결정에 기초하여 이루어진 각각의 산재보험료 부과처분에 대한 쟁송절차에서는 선행처분인 사업종류 변경결정의 위법성을 주장할 수 없다고 봄이 타당하다. ★

[3] 다만 근로복지공단이 사업종류 변경결정을 하면서 실질적으로 행정절차법에서 정한 처분절차를 준수하지 않아 사업주에게 방어권행사 및 불복의 기회가 보장되지 않은 경우에는 이를 항고소송의 대상인 처분으로 인정하는 것은 사업주에게 조기의 권리구제기회를 보장하기 위한 것일 뿐이므로, 이 경우에는 사업주가 사업종류 변경결정에 대해 제소기간 내에 취소소송을 제기하지 않았다고 하더라도 후행처분인 각각의 산재보험료 부과처분에 대한 쟁송절차에서 비로소 선행처분인 사업종류 변경결정의 위법성을 다투는 것이 허용되어야 한다. 대법원 2020. 4. 9. 선고 2019두61137 판결 ★

OX 체크

01 선행처분과 후행처분이 서로 독립하여 별개의 법률효과를 발생시키는 경우에는 선행처분에 불가쟁력이 생겨 그 효력을 다툴 수 없게 되면 수인한도를 넘는 가혹함을 가져오며 그 결과가 당사자에게 예측가능하지 않더라도 하자의 승계가 인정되지 않는다. ( )

02 과세처분의 취소를 구하는 행정소송에서 선행처분인 개별공시지가결정의 위법을 독립된 위법사유로 주장할 수 있다. ( )

03 양도소득세 산정의 기초가 되는 개별공시지가결정에 대하여 한 재조사청구에 따른 조정결정을 통지받고서도 더 이상 다투지 않았다 하더라도 위 개별공시지가결정의 위법을 양도소득세부과처분의 위법사유로 주장할 수 있다. ( )

04 근로복지공단이 사업주에 대하여 하는 '개별 사업장의 사업종류 변경결정'만으로는 사업주의 권리·의무에 직접적인 변동이나 불이익이 발생한다고 볼 수 없고, 국민건강보험공단이 보험료 부과처분을 함으로써 비로소 사업주에게 현실적인 불이익이 발생하게 되므로, 위 사업종류 변경결정은 항고소송의 대상이 되는 처분에 해당하지 않는다. ( )

정답
01 × 02 ○ 03 × 04 ×

3. 구체적 판례

(1) 하자의 승계를 인정한 사례

① 집행절차와 징수절차를 이루는 각 처분 사이
- 대집행에 있어서 계고·영장에 의한 통지·실행·비용징수의 각 행위 사이 ★★ 01
- 강제징수에 있어서 독촉·압류·매각·청산의 각 행위 사이 ★
- 독촉처분과 가산금·중가산금 징수처분 사이

② 공시지가결정과 후행처분 사이(모두 '예외 승계' 사례)
- 개별공시지가결정과 과세처분 사이(이의신청 하지 않은 경우) ★★★
- 개별공시지가결정과 개발부담금처분 사이
- 표준지공시지가결정과 수용재결(보상금결정) 사이 ★★★ 02

③ 그 밖에 하자의 승계를 인정한 사례
- 친일반민족행위자결정과 독립유공자법 적용배제결정 사이(예외 승계 사례) ★ 03
- 주의 시정명령과 이행강제금 부과처분 사이(2019두55675)

(2) 하자의 승계를 부정한 사례

① 하명처분과 강제집행절차 사이
- 철거명령과 대집행 사이 ★★ 04
- 과세처분과 강제징수 사이 ★
- 소득금액변동통지와 징수처분(소득세납세고지) 사이 ★★ 05 06

② 개발사업에 있어서 각 절차 사이
- 도시계획결정과 사업실시계획인가 사이 ★ 07
- 사업실시계획인가와 수용재결 사이 ★
- 도시계획결정과 수용재결 사이 ★
- 사업인정과 수용재결 사이 ★ 08
- 사업시행계획과 관리처분계획 사이 ★ 09

③ 그 밖에 하자의 승계를 부정한 사례
- 표준지공시지가결정과 개별공시지가결정 사이 ★ 10
- 표준지공시지가결정과 과세처분 사이 ★
- 공무원에 대한 직위해제처분과 직권면직처분 사이 ★★ 11
- 보충역편입처분과 공익근무요원소집처분 사이 ★ 12
- 국제항공노선 운수권배분 실효처분 및 노선면허거부처분과 노선면허처분 사이 13
- 공인중개사에 대한 업무정지처분과 업무정지기간 중 중개업무를 하였음을 근거로 한 중개사무소 개설등록 취소처분 사이 ★ 14
- 취득세 신고행위와 징수처분 사이

OX 체크

01 대집행에 있어서 선행처분인 계고처분이 하자가 있는 위법한 처분이라면 후행처분인 대집행영장발부 통보처분도 위법한 것이라고 주장할 수 있다. ( )

02 수용보상금의 증액을 구하는 소송에서는 선행처분으로서 그 수용대상 토지 가격 산정의 기초가 된 비교표준지공시지가결정의 위법을 독립된 사유로 주장할 수 있다. ( )

03 친일반민족행위자로 결정한 최종발표와 그에 따라 그 유가족에 대하여 한 「독립유공자 예우에 관한 법률」 적용배제자 결정은 별개의 법률효과를 목적으로 하는 처분이다. ( )

04 건물철거명령이 당연무효가 아니고 불가쟁력이 발생하였다면 건물철거명령의 하자를 이유로 후행 대집행계고처분의 효력을 다툴 수 없다. ( )

05 과세관청의 선행처분인 소득금액변동통지에 하자가 존재하더라도 당연무효사유에 해당하지 않는 한 후행처분인 징수처분에 대한 항고소송에서 그 하자를 다툴 수 없다. ( )

06 선행처분인 소득금액변동통지에 하자가 존재하더라도 당연무효 사유에 해당하지 않는 한 그 하자는 후행처분인 소득세 납세고지처분에 그대로 승계되지 아니한다. ( )

07 「국토의 계획 및 이용에 관한 법률」상 도시·군계획시설결정과 실시계획인가는 동일한 법률효과를 목적으로 하는 것이므로 선행처분인 도시·군계획시설결정의 하자는 실시계획인가에 승계된다. ( )

08 「공익사업을 위한 토지 등의 취득 및 보상에 관한 법률」에 의한 사업인정의 고시 절차를 누락한 것을 이유로 수용재결처분의 취소를 구할 수 있다. ( )

09 「도시 및 주거환경정비법」상 사업시행계획에 관한 취소사유인 하자는 관리처분계획에 승계되지 않는다. ( )

10 취소사유에 해당하는 하자가 있는 표준지공시지가결정에 대한 취소소송의 제소기간이 지난 경우, 갑은 개별토지가격결정을 다투는 소송에서 그 개별토지가격 산정의 기초가 된 표준지공시지가의 위법성을 다툴 수 있다. ( )

11 선행처분인 공무원직위해제처분과 후행 직권면직처분 사이에는 하자의 승계가 인정된다. ( )

12 ~ 14

정답
01 ○ 02 ○ 03 ○ 04 ○ 05 ○
06 ○ 07 × 08 × 09 ○ 10 ○
11 × 12 ○ 13 ○ 14 ○

Chapter 06 행정행위의 취소와 철회

주제 9 행정행위의 취소와 철회

I 행정행위의 취소(직권취소)

1. 의의

> 행정기본법 제18조【위법 또는 부당한 처분의 취소】 01
> ① 행정청은 <u>위법 또는 부당한</u> 처분의 전부나 일부를 소급하여 <u>취소할 수 있다</u>. ★

(1) 직권취소의 의의
- 행정행위의 취소란 위법 또는 부당한 하자가 있음을 이유로 행정행위의 효력을 상실시키는 것을 말한다.
- '<u>부당</u>'이란 행정행위가 위법하지는 않으나 <u>합목적성</u>을 그르친 상태를 말한다.

(2) 철회와의 구별
- <u>취소는 성립 당시의 하자를 이유로 행정행위의 효력을 소멸시키는 것인 반면, 철회는 성립 당시에는 적법하였으나 사후에 생긴 사유를 이유로 행정행위의 효력을 소멸시키는 것</u>을 말한다.

> **[판례]**
>
> <u>행정행위의 취소는 일단 유효하게 성립한 행정행위를 그 행위에 위법 또는 부당한 하자가 있음을 이유로 소급하여 그 효력을 소멸시키는 별도의 행정처분이고, 행정행위의 철회는 적법요건을 구비하여 완전히 효력을 발하고 있는 행정행위를 사후적으로 그 행위의 효력의 전부 또는 일부를 장래에 향해 소멸시키는 행정처분이므로, 행정행위의 <u>취소사유</u>는 행정행위의 <u>성립 당시에 존재하였던 하자</u>를 말하고, <u>철회사유</u>는 행정행위가 <u>성립된 이후</u>에 새로이 발생한 것으로서 행정행위의 효력을 존속시킬 수 없는 사유</u>를 말한다. 대법원 2003. 5. 30. 선고 2003다6422 판결 ★★ 03

2. 법적 근거 요부: 불요

- 행정처분을 한 처분청은 그 처분의 성립에 하자가 있는 경우 <u>이를 취소할 별도의 법적 근거가 없다고 하더라도</u> 직권으로 이를 취소할 수 있다(대법원 2002. 5. 28. 선고 2001두9653 판결). ★★★ 01
- 침익적 처분뿐만 아니라 <u>수익적 처분도</u> 별도의 법적 근거 없이 직권취소가 가능하다. ★ 02

OX 체크

12 이미 불가쟁력이 발생한 보충역편입처분에 하자가 있다고 하더라도 그것이 당연무효의 사유가 아닌 한 공익근무요원소집처분에 승계되는 것은 아니다. ( )

13 선행처분인 국제항공노선 운수권 배분 실효처분 및 노선면허거부처분에 대하여 이미 불가쟁력이 생겨 그 효력을 다툴 수 없게 되었더라도 후행처분인 노선면허처분을 다투는 단계에서 선행처분의 하자를 다툴 수 있다. ( )

14 「공인중개사법」 위반으로 업무정지처분을 받고 그 업무정지기간 중 중개업무를 하였다는 이유로 중개사무소개설등록취소처분을 받은 경우, 양 처분은 그 내용과 효과를 달리하는 독립된 행정처분으로서 서로 결합하여 1개의 법률효과를 완성하는 때에 해당한다고 볼 수 없다. ( )

OX 체크

01 「행정기본법」은 직권취소나 철회의 일반적 근거규정을 두고 있고, 직권취소나 철회는 개별법률의 근거가 없어도 가능하다. ( )

02 행정행위를 한 처분청이 그 행위의 하자를 이유로 수익적 행정처분을 취소하려는 경우에는 별도의 법적 근거가 있어야 한다. ( )

03 행정행위의 철회 사유는 행정행위가 성립되기 이전에 발생한 것으로서 행정행위의 효력을 존속시킬 수 없는 사유를 말한다. ( )

[정답]
01 ○ 02 × 03 ×

OX 체크

01 권한없는 행정기관이 한 당연무효인 행정처분을 취소할 수 있는 권한은 당해 행정처분을 한 처분청에게 속하고, 당해 행정처분을 할 수 있는 적법한 권한을 가지는 행정청에게 그 취소권이 귀속되는 것이 아니다. ( )

02 직권취소는 행정행위의 성립상의 하자를 이유로 하는 것이므로, 개별법에 특별한 규정이 없는 「행정절차법」에 따른 절차규정이 적용되지 않는다. ( )

03 수익적 행정처분을 직권으로 취소하는 경우, 행정청이 종전 처분과 양립할 수 없는 처분을 함으로써 묵시적으로 종전의 수익적 행정처분을 취소할 수는 없다. ( )

04 당사자가 부정한 방법으로 수익적 처분을 받은 경우에도 행정청이 그 처분을 취소하려면 취소로 인하여 당사자가 입게 될 불이익을 취소로 달성되는 공익과 비교·형량하여야 한다. ( )

05 수익적 행정처분을 직권취소할 때에는 이를 취소하여야 할 중대한 공익상 필요와 취소로 인하여 처분상대방이 입게 될 기득권과 법적 안정성에 대한 침해 정도 등 불이익을 비교·교량한 후 공익상 필요가 처분상대방이 입을 불이익을 정당화할 만큼 강한 경우에 한하여 취소할 수 있다. ( )

06 수익적 행정처분에 대한 취소권 등의 행사는 기득권의 침해를 정당화할 만한 중대한 공익상의 필요 또는 제3자의 이익보호의 필요가 있는 때에 한하여 허용될 수 있다는 법리는 처분청이 수익적 행정처분을 직권으로 취소·철회하는 경우에 적용되는 법리일 뿐 쟁송취소의 경우에는 적용되지 않는다. ( )

07 수익적 행정처분에 하자가 있다고 하더라도 이를 취소하여야 할 필요성에 관한 증명책임은 행정처분의 상대방이 아니라 처분청에 있다. ( )

3. 취소권자

- 처분을 취소할 수 있는 권한은 <u>당해 처분을 한 처분청</u>에 속한다. 따라서 권한 없는 행정기관이 한 처분에 대한 취소권은 적법한 권한을 가진 행정청이 아니라 그 처분을 행한 처분청이 된다.

판례

<u>권한 없는 행정기관이 한 당연무효인 행정처분을 취소할 수 있는 권한은</u> 당해 행정<u>처분을 한 처분청</u>에게 속하고, 당해 행정처분을 할 수 있는 <u>적법한 권한을 가지는 행정청에게 그 취소권이 귀속되는 것이 아니다</u>. 대법원 1984. 10. 10. 선고 84누463 판결 ★★★ **01**

4. 취소의 절차 및 방법

- 직권취소는 그 자체가 하나의 독립적인 행정행위이므로, 직권취소를 행함에 있어서는 <u>이유제시, 사전통지 등 행정절차법상 절차를 준수하여야 한다</u>. ★ **02**
- 행정청은 종전 처분과 양립할 수 없는 처분을 함으로써 <u>묵시적으로 종전 처분을 취소할 수도 있다</u>(대법원 1999. 12. 28. 선고 98두1895 판결). **03**

5. 취소의 제한

(1) 이익형량

> 행정기본법 제18조 【위법 또는 부당한 처분의 취소】
> ② 행정청은 제1항에 따라 당사자에게 <u>권리나 이익을 부여하는 처분</u>을 취소하려는 경우에는 취소로 인하여 당사자가 입게 될 불이익을 취소로 달성되는 공익과 <u>비교·형량</u>하여야 한다. 다만, 다음 각 호의 어느 하나에 해당하는 경우에는 그러하지 아니하다. ★★★ **04**
> 1. 거짓이나 그 밖의 <u>부정한 방법</u>으로 처분을 받은 경우
> 2. 당사자가 <u>처분의 위법성을 알고</u> 있었거나 <u>중대한 과실</u>로 알지 못한 경우

판례

1. <u>수익적 행정처분을 취소할 때에는 이를 취소하여야 할 중대한 공익상 필요</u>와 취소로 인하여 처분상대방이 입게 될 기득권과 법적 안정성에 대한 침해 정도 등 불이익을 비교·교량한 후 <u>공익상 필요가 처분상대방이 입을 불이익을 정당화할 만큼 강한 경우에 한하여 취소할 수 있다</u>. 대법원 2020. 7. 23. 선고 2019두31839 판결 ★★★ **05**

2. 수익적 행정처분에 대한 취소권 등의 행사는 기득권의 침해를 정당화할 만한 중대한 공익상의 필요 또는 제3자의 이익보호의 필요가 있는 때에 한하여 허용될 수 있다는 법리는, <u>처분청이 수익적 행정처분을 직권으로 취소·철회하는 경우에 적용되는 법리일 뿐 쟁송취소의 경우에는 적용되지 않는다</u>. 대법원 2019. 10. 17. 선고 2018두104 판결 ★★★ **06**

3. 수익적 행정처분의 하자나 취소해야 할 필요성에 관한 증명책임은 기존 이익과 권리를 침해하는 처분을 한 <u>행정청</u>에 있다. 대법원 2014. 11. 27. 선고 2014두9226 판결 ★ **07**

정답
01 O 02 X 03 X 04 X 05 O
06 O 07 O

(2) 신뢰보호

1. 수익적 행정처분의 하자가 처분상대방의 사실은폐나 그 밖의 부정한 방법에 의한 신청행위에 기인한 것이라면 처분상대방은 행정처분에 의한 이익을 위법하게 취득하였음을 스스로 알아 취소가능성도 예상하고 있었다고 보아야 하므로, 그 자신이 행정처분에 관한 신뢰이익을 원용할 수 없음은 물론이고, 행정청이 이를 고려하지 아니하였다고 하여도 재량권 일탈·남용에는 해당하지 않는다. 대법원 2020. 7. 23. 선고 2019두31839 판결 ★★★ 01 02

2. 허위의 고등학교 졸업증명서를 제출하는 사위의 방법에 의한 하사관 지원의 하자를 이유로 하사관 임용일로부터 33년이 경과한 후에 행정청이 행한 하사관 및 준사관 임용취소처분은 적법하다. 대법원 2002. 2. 5. 선고 2001두5286 판결

6. 취소의 효과 : (원칙) 소급효

> **행정기본법 제18조【위법 또는 부당한 처분의 취소】**
> ① 행정청은 위법 또는 부당한 처분의 전부나 일부를 소급하여 취소할 수 있다. 다만, 당사자의 신뢰를 보호할 가치가 있는 등 정당한 사유가 있는 경우에는 장래를 향하여 취소할 수 있다. ★★★ 03

[1] 도로점용허가는 도로의 일부에 대한 특정사용을 허가하는 것으로서 도로의 일반사용을 저해할 가능성이 있으므로 그 범위는 점용목적 달성에 필요한 한도로 제한되어야 한다. 도로관리청이 도로점용허가를 하면서 특별사용의 필요가 없는 부분을 점용장소 및 점용면적에 포함하는 것은 그 재량권 행사의 기초가 되는 사실인정에 잘못이 있는 경우에 해당하므로 그 도로점용허가 중 특별사용의 필요가 없는 부분은 위법하다. ★
이러한 경우 도로점용허가를 한 도로관리청은 위와 같은 흠이 있다는 이유로 유효하게 성립한 도로점용허가 중 특별사용의 필요가 없는 부분을 직권취소할 수 있음이 원칙이다. (중략) 이에 따라 도로관리청이 도로점용허가 중 특별사용의 필요가 없는 부분을 소급적으로 직권취소하였다면, 도로관리청은 이미 징수한 점용료 중 취소된 부분의 점용면적에 해당하는 점용료를 반환하여야 한다. ★★ 04 05

[2] 점용료 부과처분에 취소사유에 해당하는 흠이 있는 경우 도로관리청으로서는 당초 처분 자체를 취소하고 흠을 보완하여 새로운 부과처분을 하거나, 흠 있는 부분에 해당하는 점용료를 감액하는 처분을 할 수 있다. 대법원 2019. 1. 17. 선고 2016두56721 판결 ★ 06

7. 직권취소의 취소

- 수익적 행정행위의 취소의 취소는 원칙적으로 인정되나, 침익적 행정행위의 취소의 취소는 인정되지 않는다.
- 다만, 수익적 행정행위의 취소 후 새롭게 형성된 제3자의 권익이 침해되는 경우에는 수익적 행정행위의 취소의 취소가 인정되지 않는다.

OX 체크

01 당사자의 부정한 방법에 의한 신청행위를 이유로 수익적 행정처분을 직권취소하는 경우, 당사자는 처분에 관한 신뢰이익을 원용할 수 없음은 물론 행정청이 이를 고려하지 아니하였다고 하여도 재량권의 일탈·남용이 아니다. ( )

02 수익적 처분이 상대방의 허위 기타 부정한 방법으로 인하여 행하여졌다면 상대방은 그 처분이 그와 같은 사유로 인하여 취소될 것임을 예상할 수 있으므로, 이러한 경우까지 상대방의 신뢰를 보호하여야 하는 것은 아니다. ( )

03 행정청은 당사자의 신뢰를 보호할 가치가 있는 등 정당한 사유가 있는 경우에는 위법한 처분을 장래를 향하여 취소할 수 있다. ( )

04 도로점용허가의 일부에 위법이 있는 경우, 도로점용허가 전부를 취소하여야 하며 도로점용허가 중 특별사용의 필요가 없는 부분에 대해서만 직권취소할 수 없다. ( )

05 도로관리청이 도로점용허가 중 특별사용의 필요가 없는 부분을 소급적으로 직권취소하였더라도, 도로관리청은 이미 징수한 점용료 중 취소된 부분의 점용면적에 해당하는 점용료를 반환하여야 하는 것은 아니다. ( )

06 점용료 부과처분에 취소사유에 해당하는 흠이 있는 경우 도로관리청으로서는 당초 처분 자체를 취소하고 흠을 보완하여 새로운 부과처분을 하거나, 흠 있는 부분에 해당하는 점용료를 감액하는 처분을 할 수 있다. ( )

정답
01 ○ 02 ○ 03 ○ 04 × 05 ×
06 ○

OX 체크

01 과세관청은 과세처분의 취소를 다시 취소함으로써 이미 효력을 상실한 과세처분을 소생시킬 수 있다. ( )

02 과세관청이 조세부과처분을 취소하면 그 부과처분으로 인한 법률효과는 일단 소멸하는 것이므로, 그 후 다시 동일한 과세대상에 대하여 조세부과처분을 하여도 이미 소멸한 법률효과가 다시 회복되는 것은 아니다. ( )

03 현역병 입영대상편입처분을 보충역편입처분으로 변경한 경우, 보충역편입처분에 불가쟁력이 발생한 이후 보충역편입처분이 하자를 이유로 직권취소 되었다면 종전의 현역병 입영대상편입처분의 효력이 되살아난다. ( )

04 행정처분을 한 처분청은 그 처분에 하자가 있는 경우에는 원칙적으로 별도의 법적 근거가 없더라도 스스로 이를 직권으로 취소할 수 있고, 이러한 경우 이해관계인에게는 처분청에 대하여 그 취소를 요구할 신청권이 부여된 것으로 볼 수 있다. ( )

05 처분에 대하여 행정심판이나 행정소송이 제기되어 쟁송이 진행되고 있는 도중에는 행정청은 스스로 대상처분을 취소할 수 없다. ( )

판례

1. 과세관청은 부과의 취소를 다시 취소함으로써 원부과처분을 소생시킬 수는 없고 납세의무자에게 종전의 과세대상에 대한 납부의무를 지우려면 다시 법률에서 정한 부과절차에 좇아 동일한 내용의 새로운 처분을 하는 수밖에 없다. 대법원 1995. 3. 10. 선고 94누7027 판결 ★★★ **01**

2. 과세관청이 부과처분을 취소하면 그 부과처분으로 인한 법률효과는 일단 소멸하는 것이므로, 그 후 다시 동일한 과세대상에 대하여 부과처분을 하여도 이미 소멸한 법률효과가 다시 회복되는 것은 아니고 새로운 부과처분에 근거한 법률효과가 생길 뿐이며, 그 새로운 부과처분의 내용이 실질에 있어서는 당초의 부과처분의 감액경정처분에 불과한 것이었다 하여 달리 해석할 것이 아니다. 대법원 1996. 9. 24. 선고 96다204 판결 ★ **02**

3. 지방병무청장이 재신체검사 등을 거쳐 현역병입영대상편입처분을 보충역편입처분이나 제2국민역편입처분으로 변경하거나 보충역편입처분을 제2국민역편입처분으로 변경하는 경우, 그 후 새로운 병역처분의 성립에 하자가 있었음을 이유로 하여 이를 취소한다고 하더라도 종전의 병역처분의 효력이 되살아난다고 할 수 없다. 대법원 2002. 5. 28. 선고 2001두9653 판결 ★ **03**

4. 일단 광업권취소처분을 한 후에 새로운 이해관계인이 생기기 전에 취소처분을 취소하여 그 광업권의 회복을 시켰다면 모르되 피고가 본건 취소처분을 한 후에 원고가 본건 광구에 대하여 선출원을 적법히 함으로써 이해관계인이 생긴 경우, 피고가 그 취소처분을 취소하여, 소외인 명의의 광업권을 복구시키는 조치는, 원고의 선출원 권리를 침해하는 위법한 처분이다. 대법원 1967. 10. 23. 선고 67누126 판결

8. 상대방(이해관계인)의 취소신청권 인정 여부 : 부정

판례

원래 행정처분을 한 처분청은 그 처분에 하자가 있는 경우에는 원칙적으로 별도의 법적 근거가 없더라도 스스로 이를 직권으로 취소할 수 있지만, 그와 같이 직권취소를 할 수 있다는 사정만으로 이해관계인에게 처분청에 대하여 그 취소를 요구할 신청권이 부여된 것으로 볼 수는 없다. 대법원 2006. 6. 30. 선고 2004두701 판결 ★ **04**

9. 행정쟁송 계속 중 직권취소 가부 : 가능

판례

1. 변상금 부과처분에 대한 취소소송이 진행 중이라도 그 부과권자로서는 위법한 처분을 스스로 취소하고 그 하자를 보완하여 다시 적법한 부과처분을 할 수도 있다. 대법원 2006. 2. 10. 선고 2003두5686 판결 ★★★ **05**

2. 흠 있는 부분에 해당하는 점용료를 감액하는 처분은 당초 처분 자체를 일부 취소하는 변경처분에 해당하고, 그 실질은 종래의 위법한 부분을 제거하는 것으로서 흠의 치유와는 차이가 있다. 그러므로 이러한 변경처분은 흠의 치유와는 성격을 달리하는 것으로서, 변경처분 자체가 신뢰보호 원칙에 반한다는 등의 특별한 사정이 없는 한 점용료 부과처분에 대한 취소소송이 제기된 이후에도 허용될 수 있다. 대법원 2019. 1. 17. 선고 2016두56721 판결

정답
01 ✗ 02 ○ 03 ✗ 04 ✗ 05 ✗

10. 급부처분의 직권취소와 환수처분

1. 국민연금법이 정한 수급요건을 갖추지 못하였음에도 연금 지급결정이 이루어진 경우에는 이미 지급된 급여 부분에 대한 환수처분과 별도로 지급결정을 취소할 수 있다. (중략) 연금 지급결정을 취소하는 처분과 그 처분에 기초하여 잘못 지급된 급여액에 해당하는 금액을 환수하는 처분이 적법한지를 판단하는 경우 비교·교량할 각 사정이 동일하다고는 할 수 없으므로, 연금 지급결정을 취소하는 처분이 적법하다고 하여 환수처분도 반드시 적법하다고 판단하여야 하는 것은 아니다. 대법원 2017. 3. 30. 선고 2015두43971 판결 ★ 01

2. (근로복지공단이, 출장 중 교통사고로 사망한 갑의 아내 을에게 요양급여 등을 지급하였다가 갑의 음주운전 사실을 확인한 후 요양급여 등 지급결정을 취소하고 이미 지급된 보험급여를 부당이득금으로 징수하는 처분을 한 사안에서) 요양급여 등 지급결정은 취소해야 할 공익상의 필요가 중대하여 을 등 유족이 입을 불이익을 정당화할 만큼 강하지만, 이미 지급한 보험급여를 부당이득금으로 징수하는 처분은 공익상의 필요가 을 등이 입게 된 불이익을 정당화할 만큼 강한 경우에 해당하지 않는다. 대법원 2014. 7. 24. 선고 2013두27159 판결

OX 체크

01 「산업재해보상보험법」상 각종 보험급여 등의 지급결정을 변경 또는 취소하는 처분과 처분에 터 잡아 잘못 지급된 보험급여액에 해당하는 금액을 징수하는 처분이 적법한지를 판단하는 경우, 지급결정을 변경 또는 취소하는 처분이 적법하다면 그에 터 잡은 징수처분도 적법하다고 판단해야 한다. ( )

02 행정청은 적법한 처분이 중대한 공익을 위하여 필요한 경우에는 그 처분을 장래를 향하여 철회할 수 있다. ( )

03 행정청은 처분을 철회하려는 경우에는 철회로 인하여 처분의 상대방이 입게 될 불이익과 철회로 달성되는 공익을 비교·형량하여야 한다. ( )

II 행정행위의 철회(직권철회)

1. 의의

(1) 직권철회의 의의

> 행정기본법 제19조【적법한 처분의 철회】
> ① 행정청은 적법한 처분이 다음 각 호의 어느 하나에 해당하는 경우에는 그 처분의 전부 또는 일부를 장래를 향하여 철회할 수 있다. ★ 02
>   1. 법률에서 정한 철회 사유에 해당하게 된 경우
>   2. 법령등의 변경이나 사정변경으로 처분을 더 이상 존속시킬 필요가 없게 된 경우
>   3. 중대한 공익을 위하여 필요한 경우
> ② 행정청은 제1항에 따라 처분을 철회하려는 경우에는 철회로 인하여 당사자가 입게 될 불이익을 철회로 달성되는 공익과 비교·형량하여야 한다. ★ 03

- 하자 없이 적법하게 성립한 행정행위의 효력을 성립 후에 발생한 새로운 사정을 이유로 장래를 향하여 소멸시키는 행위를 말한다.

2. 법적 근거 요부: 불요

행정행위를 한 처분청은 그 처분 당시에 그 행정처분에 별다른 하자가 없었고 또 그 처분 후에 이를 취소할 별도의 법적 근거가 없다 하더라도 원래의 처분을 그대로 존속시킬 필요가 없게 된 사정변경이 생겼거나 또는 중대한 공익상의 필요가 발생한 경우에는 별개의 행정행위로 이를 철회하거나 변경할 수 있다. 대법원 1992. 1. 17. 선고 91누3130 판결 ★★★

정답: 01 × 02 ○ 03 ○

OX 체크

01 수익적 행정행위의 철회는 특별한 다른 규정이 없는 한 「행정절차법」상의 절차에 따라 행해져야 한다. ( )

02 보건복지부장관이 어린이집에 대한 평가인증이 이루어진 이후에 새로이 발생한 사유를 들어 「영유아보육법」 제30조 제5항에 따라 평가인증을 철회하는 처분을 하면서도, 그 평가인증의 효력을 과거로 소급하여 상실시키기 위해서는, 특별한 사정이 없는 한 「영유아보육법」 제30조 제5항과는 별도의 법적 근거가 필요하다. ( )

03 행정청이 의료법인의 이사에 대한 이사취임승인취소처분(제1처분)을 직권으로 취소(제2처분)한 경우, 제1처분과 제2처분 사이에 법원에 의하여 선임결정된 임시이사들의 지위는 법원의 해임결정이 있어야 소멸된다. ( )

3. 철회의 절차 및 제한: 직권취소의 경우와 동일

- 철회 또한 그 자체가 하나의 독립적인 행정행위이므로 행정절차법상 절차를 준수하여야 한다.
- 수익적 행정행위를 철회함에 있어서는 이익형량, 신뢰보호의 원칙에 따른 제한이 있다.

4. 철회의 효과: 장래효

- 철회는 장래를 향하여 행정행위의 효력을 소멸시킨다. 철회의 효력을 과거로 소급시키기 위해서는 별도의 법적 근거가 필요하다.

> **판례**
>
> 영유아보육법에 따른 평가인증의 취소는 평가인증 당시에 존재하였던 하자가 아니라 그 이후에 새로이 발생한 사유로 평가인증의 효력을 소멸시키는 경우에 해당하므로, 법적 성격은 평가인증의 '철회'에 해당한다. 따라서 행정청이 평가인증을 철회하는 처분을 하면서도, 평가인증의 효력을 과거로 소급하여 상실시키기 위해서는, 특별한 사정이 없는 한 영유아보육법 제30조 제5항과는 별도의 법적 근거가 필요하다. 대법원 2018. 6. 28. 선고 2015두58195 판결 ★

5. 철회의 취소: 직권취소의 경우와 동일

> **판례**
>
> 행정처분이 취소되면 그 소급효에 의하여 처음부터 그 처분이 없었던 것과 같은 효과를 발생하게 되는바, 행정청이 의료법인의 이사에 대한 이사취임승인취소(철회)처분(제1처분)을 직권으로 취소(제2처분)한 경우에는 그로 인하여 이사가 소급하여 이사로서의 지위를 회복하게 되고, 그 결과 위 제1처분과 제2처분 사이에 법원에 의하여 선임결정된 임시이사들의 지위는 법원의 해임결정이 없더라도 당연히 소멸된다. 대법원 1997. 1. 21. 선고 96누3401 판결 ★★

6. 철회신청권 인정 여부: (원칙) 부정

- 처분 상대방 등에게는 원칙적으로 철회를 신청할 권리가 인정되지 않는다.

> **판례**
>
> 별도의 법적 근거가 없어도 별개의 행정행위로 이를 철회·변경할 수 있지만 이는 그러한 철회·변경의 권한을 처분청에게 부여하는 데 그치는 것일 뿐 상대방 등에게 그 철회·변경을 요구할 신청권까지를 부여하는 것은 아니라 할 것이므로, 이와 같이 법규상 또는 조리상의 신청권이 없이 한 국민들의 토지형질변경행위 변경허가신청을 반려한 당해 반려처분은 항고소송의 대상이 되는 처분에 해당되지 않는다. 대법원 1997. 9. 12. 선고 96누6219 판결

정답
01 O 02 O 03 ×

• 다만, 일정한 경우 처분 상대방 등에게 조리상 철회 신청권이 인정될 수 있다.

1. 지방자치단체장이 공장시설을 신축하는 회사에 대하여 사업승인 내지 건축허가 당시 부가하였던 조건을 이행할 때까지 신축공사를 중지하라는 명령을 한 경우, 위 회사에게는 중지명령의 원인사유가 해소되었음을 이유로 당해 공사중지명령의 해제(철회)를 요구할 수 있는 권리가 조리상 인정된다. 대법원 2007. 5. 11. 선고 2007두1811 판결 ★ 01

2. 건축주가 토지 소유자로부터 토지사용승낙서를 받아 그 토지 위에 건축물을 건축하는 대물적 성질의 건축허가를 받았다가 착공에 앞서 건축주의 귀책사유로 해당 토지를 사용할 권리를 상실한 경우, 건축허가의 존재로 말미암아 토지에 대한 소유권 행사에 지장을 받을 수 있는 토지 소유자로서는 건축허가의 철회를 신청할 수 있다고 보아야 한다. 따라서 토지 소유자의 위와 같은 신청을 거부한 행위는 항고소송의 대상이 된다. 대법원 2017. 3. 15. 선고 2014두41190 판결 ★ 02

3. 이 사건 사업계획에 대하여는 사업계획승인을 존속하기 어려운 사정의 변경이 있거나 사업계획승인을 취소할 중대한 공익상의 필요가 있다고 보아, 사업계획승인 취소사유에 해당하지 않는다는 이유로 사업계획승인 취소신청을 거부한 피고의 처분이 구 주택법에 위반되는 것은 아니지만 여기에 재량권 일탈·남용의 위법이 있다고 판단한 원심의 판단을 수긍한 사례. 대법원 2021. 1. 14. 선고 2020두46004 판결

7. 철회의 범위와 한계

• 철회사유가 발생한 경우에도 그 사유와 관련된 범위 내에서만 철회할 수 있다.

1. 보조사업자가 허위의 신청이나 기타 부정한 방법으로 보조금의 교부를 받았음을 이유로 보조금의 교부결정을 취소(철회)함에 있어서 전부를 취소할 것인지 일부를 취소할 것인지 여부와 일부를 취소하는 경우 그 범위는 (중략) 등을 종합하여 개별적으로 결정하여야 한다. 대법원 2005. 1. 28. 선고 2002두11165 판결

2. 국고보조조림결정에서 정한 조건에 일부만 위반했음에도 그 조림결정 전부를 취소(철회)한 것은 위법하다고 판단한 사례. 대법원 1986. 12. 9. 선고 86누276 판결

OX 체크

01 甲에 대한 공사중지명령의 원인 사유가 해소되었다면 甲은 공사중지명령의 해제를 신청할 수 있고, 이에 대한 거부는 처분성이 인정된다. ( )

02 건축주가 토지소유자로부터 토지사용승낙서를 받아 그 토지 위에 건축물을 건축하는 건축허가를 받았다가 착공에 앞서 건축주의 귀책사유로 해당 토지를 사용할 권리를 상실한 경우, 토지소유자의 건축허가 철회신청을 거부한 행위는 항고소송의 대상이 된다. ( )

정답
01 ◯ 02 ◯

Ⅲ 행정행위의 실효(당연실효)

1. 의의

- 유효한 행정행위의 효력이 일정한 사실의 발생에 의하여 장래를 향해 당연히 소멸하는 것을 말한다.

2. 실효의 사유

(1) 대상의 소멸

1. 신청에 의한 허가처분을 받은 원고가 그 영업을 폐업한 경우에는 그 영업허가는 당연 실효되고, 이런 경우 허가행정청의 허가취소처분은 허가의 실효됨을 확인하는 것에 불과하므로 원고는 그 허가취소처분의 취소를 구할 소의 이익이 없다고 할 것이다. 대법원 1981. 7. 14. 선고 80누593 판결 ★ 01

2. 요양기관이 속임수나 그 밖의 부당한 방법으로 보험자에게 요양급여비용을 부담하게 한 때에 구 국민건강보험법에 의해 받게 되는 요양기관 업무정지처분은 의료인 개인의 자격에 대한 제재가 아니라 요양기관의 업무 자체에 대한 것으로서 대물적 처분의 성격을 갖는다. 따라서 속임수나 그 밖의 부당한 방법으로 보험자에게 요양급여비용을 부담하게 한 요양기관이 폐업한 때에는 그 요양기관은 업무를 할 수 없는 상태일 뿐만 아니라 그 처분대상도 없어졌으므로 그 요양기관 및 폐업 후 그 요양기관의 개설자가 새로 개설한 요양기관에 대하여 업무정지처분을 할 수는 없다. 대법원 2022. 1. 27. 선고 2020두39365 판결 ★ 02

3. 종전의 결혼예식장영업을 자진 폐업한 이상 위 예식장영업허가는 자동적으로 소멸하고 위 건물 중 일부에 대하여 다시 예식장영업허가신청을 하였다 하더라도 이는 전혀 새로운 영업허가의 신청이다. 대법원 1985. 7. 9. 선고 83누412 판결

(2) 목적의 달성 또는 달성 불가능

일정한 정비예정구역을 전제로 추진위원회 구성 승인처분이 이루어진 후 정비구역이 정비예정구역과 달리 지정되었다는 사정만으로 승인처분이 당연히 실효된다고 볼 수 없고, 정비예정구역과 정비구역의 각 위치, 면적, 토지등소유자 및 동의자 수의 비교, 정비사업계획이 변경되는 내용과 정도, 정비구역 지정 경위 등을 종합적으로 고려하여 당초 승인처분의 대상인 추진위원회가 새로운 정비구역에서 정비사업을 계속 추진하는 것이 도저히 어렵다고 보여 그 추진위원회의 목적 달성이 사실상 불가능하다고 인정되는 경우에 한하여 그 실효를 인정함이 타당하다. 대법원 2013. 9. 12. 선고 2011두31284 판결

Chapter 07 그 밖의 행정의 주요 행위형식

주제 10 단계적 행정결정

I 확약

1. 의의

> 행정절차법 제40조의2 【확약】
> ① 법령등에서 당사자가 신청할 수 있는 처분을 규정하고 있는 경우 행정청은 당사자의 신청에 따라 장래에 어떤 처분을 하거나 하지 아니할 것을 내용으로 하는 의사표시(이하 "확약"이라 한다)를 할 수 있다.
> ② 확약은 <u>문서로</u> 하여야 한다. ★★★ 01
> ③ 행정청은 다른 행정청과의 협의 등의 절차를 거쳐야 하는 처분에 대하여 확약을 하려는 경우에는 확약을 하기 전에 그 절차를 거쳐야 한다. 02
> ④ 행정청은 다음 각 호의 어느 하나에 해당하는 경우에는 확약에 기속되지 아니한다. ★★★
>   1. 확약을 한 후에 <u>확약의 내용을 이행할 수 없을 정도로 법령등이나 사정이 변경</u>된 경우 03
>   2. <u>확약이 위법</u>한 경우 04
> ⑤ 행정청은 확약이 제4항 각 호의 어느 하나에 해당하여 확약을 이행할 수 없는 경우에는 지체 없이 당사자에게 그 사실을 통지하여야 한다.

- 확약은 장래 일정한 행정행위를 하거나 하지 아니할 것을 약속하는 의사표시를 말한다(내인가).
- 행정청은 별도의 법적 근거 없이도 확약을 할 수 있다. ★

2. 법적 성질 : 처분성 부정

> 어업권면허에 선행하는 우선순위결정은 행정청이 우선권자로 결정된 자의 신청이 있으면 어업권면허처분을 하겠다는 것을 약속하는 행위로서 강학상 확약에 불과하고 행정처분은 아니므로, 우선순위결정에 공정력이나 불가쟁력과 같은 효력은 인정되지 않는다. 대법원 1995. 1. 20. 선고 94누6529 판결 ★★★ 05 06 07

3. 확약의 효력

- 확약이 있으면 행정청은 확약의 내용인 행정행위를 하여야 할 법적 의무를 지며, 상대방은 행정청에 대해 확약의 내용을 이행할 것을 청구할 수 있다(행정청이 이를 거부하는 것은 <u>신뢰보호의 원칙</u> 위반이 될 수 있음).
- 다만, 확약을 한 후에 확약의 내용을 이행할 수 없을 정도로 <u>법령등이나 사정이 변경</u>되거나, <u>확약이 위법한 경우</u> 행정청은 확약에 기속되지 않는다.

OX 체크

01 「행정절차법」상 법령등에서 당사자가 신청할 수 있는 처분을 규정하고 있는 경우 행정청은 당사자의 신청에 따라 장래에 어떤 처분을 하거나 하지 아니할 것을 내용으로 하는 확약을 할 수 있으며, 문서 또는 말에 의한 확약도 가능하다. ( )

02 「행정절차법」에 따르면, 행정청은 다른 행정청과의 협의 등의 절차를 거쳐야 하는 처분에 대하여 확약을 하려는 경우에는 확약을 하기 전에 그 절차를 거쳐야 한다. ( )

03 「행정절차법」상 행정청은 확약을 한 후에 확약의 내용을 이행할 수 없을 정도로 법령등이나 사정이 변경된 경우에는 확약에 기속되지 아니하며, 그 확약을 이행할 수 없는 경우에는 지체 없이 당사자에게 그 사실을 통지하여야 한다. ( )

04 행정청이 당사자의 신청에 따라 장래에 어떤 처분을 하거나 하지 아니할 것을 내용으로 하는 의사표시인 확약을 했다면, 그 확약이 위법한 경우라도 행정청은 이에 기속된다. ( )

05 행정청의 확약에 대해 법률상 이익이 있는 제3자는 확약에 대해 취소소송으로 다툴 수 있다. ( )

06 어업권면허에 선행하는 우선순위결정은 행정청이 우선권자로 결정된 자의 신청이 있으면 어업권면허처분을 하겠다는 것을 약속하는 행위로서 그 우선순위결정에 공정력과 불가쟁력이 인정된다. ( )

07 행정청의 확약은 위법하더라도 중대명백한 하자가 있어 당연무효가 아닌 한 취소되기 전까지는 유효한 것으로 통용된다. ( )

정답
01 ✗   02 ○   03 ○   04 ✗   05 ✗
06 ✗   07 ✗

OX 체크

01 행정청이 상대방에게 장차 어떤 처분을 하겠다고 공적인 의사표명을 하면서 상대방에게 언제까지 처분의 발령을 신청하도록 유효기간을 둔 경우, 그 기간 내에 상대방의 신청이 없었다면 그 공적인 의사표명은 행정청의 별다른 의사표시를 기다리지 않고 실효된다. ( )

02 행정청이 상대방에게 확약을 한 후에 사실적·법률적 상태가 변경되었다면 확약은 행정청의 별다른 의사표시가 없더라도 실효된다. ( )

03 자동차운송사업 양도·양수인가 신청에 대하여 행정청이 내인가를 한 후 그 본인가신청이 있음에도 내인가를 취소한 경우, 다시 본인가에 대하여 별도로 인가여부의 처분을 한다는 사정이 보이지 않는다면 내인가취소는 행정 처분에 해당한다. ( )

04 구 「민원사무 처리에 관한 법률」에서 정한 사전심사결과(건축허가 불가) 통보는 항고소송의 대상이 되는 행정처분에 해당한다. ( )

05 공정거래위원회가 부당한 공동행위를 한 사업자들 중 자진신고자에 대하여 구 독점규제 및 공정거래에 관한 법령에 따라 과징금 부과처분(선행처분)을 한 뒤, 다시 자진신고자에 대한 사건을 분리하여 자진신고를 이유로 과징금 감면처분(후행처분)을 한 경우라도 선행처분의 취소를 구하는 소는 적법하다. ( )

판례

행정청이 상대방에게 장차 어떤 처분을 하겠다고 확약 또는 공적인 의사표명을 하였다고 하더라도, 그 자체에서 상대방으로 하여금 언제까지 처분의 발령을 신청을 하도록 유효기간을 두었는데도 그 기간 내에 상대방의 신청이 없었다거나 확약 또는 공적인 의사표명이 있은 후에 사실적·법률적 상태가 변경되었다면, 그와 같은 확약 또는 공적인 의사표명은 행정청의 별다른 의사표시를 기다리지 않고 실효된다. 대법원 1996. 8. 20. 선고 95누10877 판결 ★★ 01 02

4. 그 밖의 확약과 관련된 판례

판례

1. 내인가를 한 후 위 내인가에 기한 본인가신청이 있었으나 자동차운송사업 양도양수인가신청서가 합의에 의한 정당한 신청이라고 할 수 없다는 이유로 위 내인가를 취소한 경우, 위 내인가의 법적 성질이 행정행위의 일종으로 볼 수 있든 아니든 그것이 행정청의 상대방에 대한 의사표시임이 분명하고, 피고가 위 내인가를 취소함으로써 다시 본인가에 대하여 따로 인가 여부의 처분을 한다는 사정이 보이지 않는다면 위 내인가취소를 인가신청을 거부하는 처분으로 보아야 할 것이다. 대법원 1991. 6. 28. 선고 90누4402 판결 ★ 03

2. 구 민원사무처리법이 규정하는 사전심사결과 통보는 항고소송의 대상이 되는 행정처분에 해당하지 아니한다(주: 일반적으로 민원사무처리법상 사전심사는 조건부 확약의 성질을 갖는 것으로 봄). 대법원 2014. 4. 24. 선고 2013두7834 판결 ★ 04

II 가행정행위(잠정적 행정행위)

- 사실관계와 법률관계의 계속적인 심사를 유보한 상태에서 당해 행정법관계의 권리와 의무를 잠정적으로만 확정하는 행위, 즉 본행정행위가 있기 전까지 잠정적으로만 구속력을 가지는 행정행위를 말한다.

판례

공정거래위원회가 부당한 공동행위를 행한 사업자로서 구 독점규제 및 공정거래에 관한 법률에서 정한 자진신고자나 조사협조자에 대하여 과징금 부과처분(선행처분)을 한 뒤, 동법 시행령에 따라 다시 자진신고자 등에 대한 사건을 분리하여 자진신고 등을 이유로 한 과징금 감면처분(후행처분)을 하였다면, 후행처분은 자진신고 감면까지 포함하여 처분 상대방이 실제로 납부하여야 할 최종적인 과징금액을 결정하는 종국적 처분이고, 선행처분은 이러한 종국적 처분을 예정하고 있는 일종의 잠정적 처분으로서 후행처분이 있을 경우 선행처분은 후행처분에 흡수되어 소멸한다. 따라서 위와 같은 경우에 선행처분의 취소를 구하는 소는 이미 효력을 잃은 처분의 취소를 구하는 것으로 부적법하다. 대법원 2015. 2. 12. 선고 2013두987 판결 ★★★ 05

정답
01 ○ 02 ○ 03 ○ 04 × 05 ×

III 사전결정

- 최종적인 행정결정을 내리기 전에 사전적인 단계에서 최종적 행정결정의 요건 중 일부에 대해 종국적인 판단으로서 내린 결정을 말한다.
- 사전결정은 그 자체가 하나의 종국적인 행정행위이다.

판례

1. 행정청은 사람의 건강이나 주변 환경에 영향을 미치는지 여부 등 생활환경과 자연환경에 미치는 영향을 두루 검토하여 폐기물처리사업계획서의 적합 여부를 판단할 수 있으며, 이에 관해서는 행정청에 광범위한 재량권이 인정된다. 대법원 2019. 12. 24. 선고 2019두45579 판결

2. 폐기물처리업의 허가에 앞서 사업계획서에 대한 적정·부적정 통보 제도를 두고 있는 것은 폐기물처리업을 하고자 하는 자가 스스로 시설 등을 설치하여 허가신청을 하였다가 허가단계에서 그 사업계획이 부적정하다고 판명되어 불허가되면 허가신청인이 막대한 경제적·시간적 손실을 입게 되므로, 이를 방지하는 동시에 허가관청으로 하여금 미리 사업계획서를 심사하여 그 적정·부적정 통보 처분을 하도록 하고, 나중에 허가단계에서는 나머지 허가요건만을 심사하여 신속하게 허가업무를 처리하는 데 그 취지가 있다. 대법원 1998. 4. 28. 선고 97누21086 판결 ★ 01

3. 폐기물처리업의 허가를 받기 위하여는 먼저 사업계획서를 제출하여 허가권자로부터 사업계획에 대한 적정통보를 받아야 하고, 그 적정통보를 받은 자만이 일정기간 내에 시설, 장비, 기술능력, 자본금을 갖추어 허가신청을 할 수 있으므로, 결국 부적정통보는 허가신청 자체를 제한하는 등 개인의 권리 내지 법률상의 이익을 개별적이고 구체적으로 규제하고 있어 행정처분에 해당한다. 대법원 1998. 4. 28. 선고 97누21086 판결 ★ 02

4. 주택건설사업계획의 승인은 (중략) 행정청의 재량행위에 속하고, 그 전 단계인 주택건설사업계획의 사전결정이 있다 하여 달리 볼 것은 아니다. 따라서 피고가 이 사건 주택건설사업에 대한 사전결정을 하였다고 하더라도 사업승인 단계에서 그 사전결정에 기속되지 않고 다시 사익과 공익을 비교형량하여 그 승인 여부를 결정할 수 있다. 대법원 1999. 5. 25. 선고 99두1052 판결

IV 부분허가

- 원자력발전소와 같이 그 건설에 장기간의 시간이 소요되는 시설물의 건설에 있어서 시설의 일부분에 대하여 부여하는 종국적인 허가를 말한다.

판례

원자로 및 관계 시설의 부지사전승인처분은 그 자체로서 건설부지를 확정하고 사전공사를 허용하는 법률효과를 지닌 독립한 행정처분이기는 하지만, 건설허가 전에 신청자의 편의를 위하여 미리 그 건설허가의 일부 요건을 심사하여 행하는 사전적 부분 건설허가처분의 성격을 갖고 있는 것이어서 나중에 건설허가처분이 있게 되면 그 건설허가처분에 흡수되어 독립된 존재가치를 상실함으로써 그 건설허가처분만이 쟁송의 대상이 되는 것이므로, 부지사전승인처분의 취소를 구하는 소는 소의 이익을 잃게 되고, 따라서 부지사전승인처분의 위법성은 나중에 내려진 건설허가처분의 취소를 구하는 소송에서 이를 다투면 된다. 대법원 1998. 9. 4. 선고 97누19588 판결 ★★ 03 04

OX 체크

01 폐기물처리 사업계획서에 대한 적합통보가 있는 경우, 폐기물처리업의 허가 단계에서는 나머지 허가요건만을 심사한다. ( )

02 구 「폐기물관리법」 관계 법령상의 폐기물처리업허가를 받기 위한 사업계획에 대한 부적정통보는 허가신청 자체를 제한하는 등 개인의 권리 내지 법률상의 이익을 개별적이고 구체적으로 규제하고 있어 행정처분에 해당한다. ( )

03 원자로 및 관계시설의 부지사전승인처분은 그 자체로서 독립한 행정처분이 아니므로 이의 위법성을 직접 항고소송으로 다툴 수는 없고 후에 발령되는 건설허가처분에 대한 항고소송에서 다투어야 한다. ( )

04 구 「원자력법」상 원자로 및 관계 시설의 부지사전승인처분 후 건설허가처분까지 내려진 경우, 선행처분은 후행처분에 흡수되어 건설허가처분만이 행정쟁송의 대상이 된다. ( )

정답
01 ○ 02 ○ 03 × 04 ○

주제 11 행정계획

I 의의

- 행정주체나 그 기관이 행정활동을 행함에 있어 일정한 목표를 설정하고 그 목표를 달성하기 위하여 필요한 수단을 선정하고 조정하는 것을 말한다.

II 법적 성질: 행정계획의 종류

1. 구속적 행정계획

- 일정한 법적효과가 부여되어 국민 또는 행정기관에 대해 구속력을 가지는 행정계획을 말한다.
- 국민의 구체적 권리·의무에 영향을 미치는 경우 처분성이 인정된다.

판례

1. 도시계획법 제12조 소정의 고시된 도시계획결정은 특정 개인의 권리 내지 법률상의 이익을 개별적이고 구체적으로 규제하는 효과를 가져오게 하는 행정청의 처분이라 할 것이고, 이는 행정소송의 대상이 된다. 대법원 1982. 3. 9. 선고 80누105 판결 ★

2. 개발제한구역지정처분은 일종의 행정계획으로서 그 입안·결정에 관하여 광범위한 형성의 자유를 가지는 계획재량처분이다. 대법원 1997. 6. 24. 선고 96누1313 판결

3. 환지예정지 지정이나 환지처분은 그에 의하여 직접 토지소유자 등의 권리의무가 변동되므로 이를 항고소송의 대상이 되는 처분이라고 볼 수 있다. 대법원 1999. 8. 20. 선고 97누6889 판결 ★

4. (이미 고시된 실시계획에 포함된 상세계획으로 관리되는 토지 위의 건물의 용도를 상세계획 승인권자의 변경승인 없이 임의로 판매시설에서 상세계획에 반하는 일반목욕장으로 변경한 사안에서) 그 영업신고를 수리하지 않고 영업소를 폐쇄한 처분은 적법하다고 한 사례. 대법원 2008. 3. 27. 선고 2006두3742 판결 **01**

5. 도시설계는 도시설계지구 내의 모든 건축물에 대하여 구속력을 가지는 구속적 행정계획의 법적 성격을 갖는다고 할 것이다. 헌법재판소 2003. 6. 26. 선고 2002헌마402 전원재판부

2. 비구속적 행정계획

- 국민에 대해서는 물론 행정기관 내부에서도 구속력을 갖지 못하는, 앞으로의 행정의 방향에 대한 단순한 구상에 그치는 행정계획을 말한다.
- 국민의 구체적 권리·의무에 영향을 미치지 않으므로 처분성이 인정되지 않는다.

판례

1. 도시기본계획이라는 것은 도시의 장기적 개발방향과 미래상을 제시하는 도시계획 입안의 지침이 되는 장기적·종합적인 개발계획으로서 직접적인 구속력은 없는 것이므로, 도시계획시설결정 대상면적이 도시기본계획에서 예정했던 것보다 증가하였다 하여 그것이 도시기본계획의 범위를 벗어나 위법한 것은 아니다. 대법원 1998. 11. 27. 선고 96누13927 판결 ★ **02**

2. 도시기본계획은 도시계획입안의 지침이 되는 것에 불과하여 일반 국민에 대한 직접적인 구속력은 없는 것이다. 대법원 2002. 10. 11. 선고 2000두8226 판결 ★★★

OX 체크

01 이미 고시된 실시계획에 포함된 상세계획으로 관리되는 토지 위의 건물의 용도를 상세계획 승인권자의 변경승인 없이 임의로 판매시설에서 상세계획에 반하는 일반목욕장으로 변경한 경우, 행정청이 그 영업신고를 수리하지 않고 영업소를 폐쇄한 처분은 적법하다. ( )

02 도시기본계획은 도시의 장기적 개발 방향과 미래상을 제시하는 도시계획 입안의 지침이 되는 장기적·종합적인 개발계획으로서 직접적인 구속력이 있으므로, 도시계획시설결정 대상면적이 도시기본계획에서 예정했던 것보다 증가할 경우 도시기본계획의 범위를 벗어나 위법하다. ( )

정답
01 ○ 02 ✕

3. 도시기본계획은 도시의 장기적 개발방향과 미래상을 제시하는 도시계획 입안의 지침이 되는 장기적·종합적인 개발계획으로서 행정청에 대한 직접적인 구속력은 없다. 따라서 추모공원의 조성계획이 서울특별시 도시기본계획에 포함되어 있지 아니하다는 이유만으로는 이 사건 도시계획시설결정이 위법하다 할 수는 없다. 대법원 2007. 4. 12. 선고 2005두1893 판결 ★ 01 02

4. 하수도정비기본계획은 항고소송의 대상이 되는 행정처분에 해당하지 아니한다고 한 사례. 대법원 2002. 5. 17. 선고 2001두10578 판결 03

5. '4대강 살리기 마스터플랜' 등은 행정기관 내부에서 사업의 기본방향을 제시하는 계획일 뿐 국민의 권리·의무에 직접 영향을 미치는 것이 아니어서, 행정처분에 해당하지 않는다. 대법원 2011. 4. 21. 자 2010무111 전원합의체 결정 ★★ 04 05

6. 환지계획은 항고소송의 대상이 되는 처분에 해당한다고 할 수가 없다. 대법원 1999. 8. 20. 선고 97누6889 판결 ★ 06

Ⅲ 행정계획의 수립·확정절차

- 행정절차법은 행정계획의 수립·확정절차에 관한 규정을 두고 있지 않고, 개별법에서 다양하게 규율하고 있다. ★ 07
- 행정계획절차의 하자는 하자의 일반이론에 따라 원칙적으로 취소사유가 된다.

판례

1. 도시계획의 수립에 있어서 도시계획법 소정의 공청회를 열지 아니하고 공공용지의 취득 및 손실보상에 관한 특례법 소정의 이주대책을 수립하지 아니하였더라도 이는 절차상의 위법으로서 취소사유에 불과하다. 대법원 1990. 1. 23. 선고 87누947 판결 ★ 08

2. 도시계획의 입안에 있어 공고 및 공람 절차에 하자가 있는 도시계획결정은 위법하다. 대법원 2000. 3. 23. 선고 98두2768 판결 09

3. 도시계획법은 '고시'를 도시계획구역, 도시계획결정 등의 효력발생요건으로 규정하였다고 풀이되므로, 건설부장관 또는 그의 권한의 일부를 위임받은 서울특별시장, 도지사 등 지방장관이 기안, 결재 등의 과정을 거쳐 정당하게 도시계획결정 등의 처분을 하였다고 하더라도 이를 관보에 게재하여 고시하지 아니한 이상 대외적으로는 아무런 효력도 발생하지 아니한다 할 것이다. 대법원 1985. 12. 10. 선고 85누186 판결 ★ 10

OX 체크

01 「국토의 계획 및 이용에 관한 법률」에 따른 도시기본계획은 일반 국민에 대한 직접적인 구속력은 인정되지 않지만, 도시의 장기적 개발방향과 미래상을 제시하는 도시계획입안의 지침이 되기에 행정청에 대한 직접적인 구속력은 인정된다. ( )

02 구 「도시계획법」상 도시계획은 도시기본계획에 부합되어야 한다고 규정되어 있으므로, 서울특별시 도시기본계획에 포함되어 있지 않은 원지동 추모공원의 설치를 내용으로 하는 서울특별시장의 도시계획시설결정은 위법하다. ( )

03 「하수도법」상 하수도정비기본계획은 행정처분에 해당하지 않는다. ( )

04 '4대강 살리기 마스터플랜'은 4대강 정비사업 지역 인근에 거주하는 주민의 권리·의무에 직접 영향을 미치는 것이어서 행정처분에 해당한다. ( )

05 구체적인 계획을 입안함에 있어 지침이 되거나 특정 사업의 기본방향을 제시하는 내용의 행정계획은 항고소송의 대상인 행정처분에 해당하지 않는다. ( )

06 환지계획은 그 자체가 직접 토지소유자 등의 법률상 지위를 변동시키므로 환지계획은 항고소송의 대상이 되는 처분에 해당한다. ( )

07 「행정절차법」은 행정계획의 수립·확정절차에 관한 법적 근거를 두고 있다. ( )

08 공청회와 이주대책이 없는 도시계획수립행위는 당연무효인 행위이다. ( )

09 구 도시계획법령상 도시계획안의 내용에 대한 공고 및 공람 절차에 하자가 있는 도시계획결정은 위법하다. ( )

10 구 「도시계획법」상 행정청이 정당하게 도시계획결정의 처분을 하였다고 하더라도 이를 관보에 게재하여 고시하지 아니한 이상 대외적으로는 아무런 효력이 발생하지 않는다. ( )

정답

01 × 02 × 03 ○ 04 × 05 ○
06 × 07 × 08 × 09 ○ 10 ○

Ⅳ 계획재량과 통제: 형량명령

행정절차법 제40조의4 【행정계획】
행정청은 행정청이 수립하는 계획 중 국민의 권리·의무에 직접 영향을 미치는 계획을 수립하거나 변경·폐지할 때에는 관련된 여러 이익을 정당하게 형량하여야 한다. ★ 01

판례

1. 행정주체는 구체적인 행정계획을 입안·결정함에 있어서 비교적 광범위한 형성의 자유를 가지는 것이지만, 행정주체가 가지는 이와 같은 형성의 자유는 무제한적인 것이 아니라 그 행정계획에 관련되는 자들의 이익을 공익과 사익 사이에서는 물론이고 공익 상호 간과 사익 상호 간에도 정당하게 비교·교량하여야 한다는 제한이 있으므로, 행정주체가 행정계획을 입안·결정함에 있어서 이익형량을 전혀 행하지 아니하거나 이익형량의 고려 대상에 마땅히 포함시켜야 할 사항을 누락한 경우 또는 이익형량을 하였으나 정당성과 객관성이 결여된 경우에는 그 행정계획결정은 형량에 하자가 있어 위법하게 된다. 대법원 2007. 4. 12. 선고 2005두1893 판결 ★★★ 02 03 04

2. 행정주체가 구체적인 행정계획을 입안·결정할 때 가지는 형성의 자유의 한계에 관한 법리는 주민의 입안 제안 또는 변경신청을 받아들여 도시관리계획결정을 하거나 도시계획시설을 변경할 것인지를 결정할 때에도 동일하게 적용된다. 대법원 2012. 1. 12. 선고 2010두5806 판결 ★★★ 05

3. 형량명령의 법리는 산업입지법상 산업단지개발계획 변경권자가 산업단지 입주업체 등의 신청에 따라 산업단지개발계획을 변경할 것인지를 결정하는 경우에도 마찬가지로 적용된다. 대법원 2021. 7. 29. 선고 2021두33593 판결

Ⅴ 계획변경청구권

• 행정계획은 기본적으로 공익의 보호를 목적으로 하는 것이며 사익의 보호를 목적으로 하지 않기 때문에 계획변경청구권은 원칙적으로 인정되지 않는다.

판례

1. 국토이용계획은 장기성, 종합성이 요구되는 행정계획이어서 그 계획이 일단 확정된 후에 어떤 사정의 변동이 있다고 하여 지역주민이나 일반 이해관계인에게 일일이 그 계획의 변경을 신청할 권리를 인정하여 줄 수 없으므로 그 변경 거부행위를 항고소송의 대상이 되는 행정처분에 해당한다고 볼 수 없다. 대법원 2003. 9. 26. 선고 2003두5075 판결 ★ 06

2. 일단 도시계획시설사업의 시행에 착수한 뒤에는, 시행의 지연에 따른 손해나 손실의 배상 또는 보상을 함은 별론으로 하고, 도시계획결정 자체의 취소나 해제를 요구할 권리를 일부의 이해관계인에게 줄 수는 없는 것이다. 헌법재판소 2002. 5. 30. 선고 2000헌바58 등 결정 07

OX 체크

01 행정청은 행정청이 수립하는 계획 중 국민의 권리·의무에 직접 영향을 미치는 계획을 수립하거나 변경·폐지할 때에는 관련된 여러 이익을 정당하게 형량하여야 한다. (　)

02 행정주체는 구체적인 행정계획을 입안·결정함에 있어서 비교적 광범위한 형성의 자유를 가진다. (　)

03 행정주체가 행정계획을 입안·결정함에 있어서 행정계획에 관련되는 자들의 이익을 공익과 사익 사이에서는 물론이고 공익 상호 간과 사익 상호 간에도 정당하게 비교교량하여야 한다. (　)

04 행정주체가 행정계획을 입안·결정함에 있어서 이익형량의 고려 대상에 마땅히 포함시켜야 할 사항을 누락한 경우 그 행정계획결정은 재량권을 일탈·남용한 것으로서 위법하다. (　)

05 행정주체가 구체적인 행정계획을 입안·결정할 때 가지는 형성의 자유의 한계에 관한 법리는 주민의 입안 제안 또는 변경신청을 받아들여 도시관리계획결정을 하거나 도시계획시설을 변경할 것인지를 결정할 때에도 동일하게 적용된다. (　)

06 구 「국토이용관리법」상 국토이용계획이 확정된 후 일정한 사정의 변동이 있다면 지역주민에게 일반적으로 계획의 변경 또는 폐지를 청구할 권리가 있다. (　)

07 도시계획시설결정과 토지의 수용이 위법하더라도 당연무효가 아닌 경우에, 일단 도시계획시설사업의 시행에 착수한 뒤에도 이해관계인에게는 그 도시계획시설결정 자체의 취소를 청구할 법률상 이익이 있다. (　)

정답
01 ○　02 ○　03 ○　04 ○　05 ○
06 ×　07 ×

- 다만, 예외적으로 법규상 또는 조리상 계획변경신청권이 인정되는 경우가 있다.

판례

1. [1] 장래 일정한 기간 내에 관계 법령이 규정하는 시설 등을 갖추어 일정한 행정처분을 구하는 신청을 할 수 있는 법률상 지위에 있는 자의 국토이용계획변경신청을 거부하는 것이 실질적으로 당해 행정처분 자체를 거부하는 결과가 되는 경우에는 예외적으로 그 신청인에게 국토이용계획변경을 신청할 권리가 인정된다고 봄이 상당하므로, 이러한 신청에 대한 거부행위는 항고소송의 대상이 되는 행정처분에 해당한다. ★★ 01
   [2] 폐기물처리사업계획의 적정통보를 받은 자는 장래 일정한 기간 내에 관계 법령이 규정하는 시설 등을 갖추어 폐기물처리업허가신청을 할 수 있는 법률상 지위에 있다고 할 것인바, 피고로부터 폐기물처리사업계획의 적정통보를 받은 원고가 폐기물처리업허가를 받기 위하여는 이 사건 부동산에 대한 용도지역을 '농림지역 또는 준농림지역'에서 '준도시지역'으로 변경하는 국토이용계획변경이 선행되어야 하고, 원고의 위 계획변경신청을 피고가 거부한다면 이는 실질적으로 원고에 대한 폐기물처리업허가신청을 불허하는 결과가 되므로, 원고는 위 국토이용계획변경의 입안 및 결정권자인 피고에 대하여 그 계획변경을 신청할 법규상 또는 조리상 권리를 가진다고 할 것이다. 대법원 2003. 9. 23. 선고 2001두10936 판결

2. 문화재보호구역 내에 있는 토지소유자 등으로서는 위 보호구역의 지정해제를 요구할 수 있는 법규상 또는 조리상의 신청권이 있다. 대법원 2004. 4. 27. 선고 2003두8821 판결 ★★ 02

3. 산업단지개발계획상 산업단지 안의 토지 소유자로서 산업단지개발계획에 적합한 시설을 설치하여 입주하려는 자는 산업단지개발계획의 변경을 요청할 수 있는 법규상 또는 조리상 신청권이 있다. 이러한 신청에 대한 거부행위는 항고소송의 대상이 되는 행정처분에 해당한다고 보아야 한다. 대법원 2017. 8. 29. 선고 2016두44186 판결 ★★ 03

4. 도시계획구역 내 토지 등을 소유하고 있는 주민으로서는 입안권자에게 도시계획입안을 요구할 수 있는 법규상 또는 조리상의 신청권이 있다. 대법원 2004. 4. 28. 선고 2003두1806 판결 ★★ 04

5. 도시관리계획 구역 내 토지 등을 소유하고 있는 주민의 납골시설에 관한 도시관리계획의 입안제안을 반려한 군수의 처분은 항고소송의 대상이 되는 행정처분에 해당한다고 한 사례. 대법원 2010. 7. 22. 선고 2010두5745 판결

VI 권리구제

1. 항고소송

- 처분성이 인정되는 구속적 행정계획에 대해서는 항고소송이 가능하다.

판례

도시계획의 결정·변경 등에 관한 권한을 가진 행정청은 이미 도시계획이 결정·고시된 지역에 대하여도 다른 내용의 도시계획을 결정·고시할 수 있고, 이때에 후행 도시계획에 선행 도시계획과 서로 양립할 수 없는 내용이 포함되어 있다면, 특별한 사정이 없는 한 선행 도시계획은 후행 도시계획과 같은 내용으로 변경된다. ★★★ 05
후행 도시계획의 결정을 하는 행정청이 선행 도시계획의 결정·변경 등에 관한 권한을 가지고 있지 아니한 경우에 선행 도시계획과 서로 양립할 수 없는 내용이 포함된 후행 도시계획결정을 하는 것은 아무런 권한 없이 선행 도시계획결정을 폐지하고, 양립할 수 없는 새로운 내용이 포함된 후행 도시계획결정을 하는 것으로서, 선행 도시계획결정의 폐지 부분은 권한 없는 자에 의하여 행해진 것으로서 무효이다. 대법원 2000. 9. 8. 선고 99두11257 판결 ★★★ 06

OX 체크

01 장래 일정한 기간 내에 관계 법령이 규정하는 시설 등을 갖추어 일정한 행정처분을 구하는 신청을 할 수 있는 법률상 지위에 있는 자의 국토이용계획변경신청을 거부하는 것이 실질적으로 당해 행정처분 자체를 거부하는 결과가 되는 경우라도, 구「국토이용관리법」상 주민이 국토이용계획의 변경에 대하여 신청을 할 수 있다는 규정이 없으므로 그 신청인에게 국토이용계획변경을 신청할 권리가 인정된다고 볼 수 없다. ( )

02 문화재보호구역 내의 토지소유자가 문화재보호구역의 지정해제를 신청하는 경우에는 그 신청인에게 법규상 또는 조리상 행정계획 변경을 신청할 권리가 인정되지 않는다. ( )

03 산업단지개발계획상 산업단지 안의 토지 소유자로서 산업단지개발계획에 적합한 시설을 설치하여 입주하려는 자는 산업단지지정권자 또는 그로부터 권한을 위임받은 기관에 대하여 산업단지개발계획의 변경을 요청할 수 있는 법규상 또는 조리상 신청권이 있다. ( )

04 행정계획은 행정기관 내부의 행동 지침에 불과하므로, 도시계획구역 내 토지 등을 소유하고 있는 주민은 입안권자에게 도시계획입안을 요구할 수 있는 법규상 또는 조리상의 신청권이 없다. ( )

05 도시계획의 결정·변경 등에 관한 권한을 가진 행정청은 이미 도시계획이 결정·고시된 지역에 대하여도 다른 내용의 도시계획을 결정·고시할 수 있고, 이때에 후행 도시계획에 선행 도시계획과 서로 양립할 수 없는 내용이 포함되어 있다면, 특별한 사정이 없는 한 선행 도시계획은 후행 도시계획과 같은 내용으로 변경된다. ( )

06 후행 도시계획결정을 하는 행정청이 선행 도시계획의 결정·변경 등에 관한 권한을 가지고 있지 아니한 경우 선행 도시계획과 양립할 수 없는 내용이 포함된 후행 도시계획결정은 다른 특별한 사정이 없는 한 무효이다. ( )

정답

01 ✗ 02 ✗ 03 ○ 04 ✗ 05 ○
06 ○

2. 헌법소원

• 비구속적 행정계획이라도 예외적으로 헌법소원의 대상이 되는 경우가 있다.

1. 비구속적 행정계획안이나 행정지침이라도 국민의 기본권에 직접적으로 영향을 끼치고, 앞으로 법령의 뒷받침에 의하여 그대로 실시될 것이 틀림없을 것으로 예상될 수 있을 때에는, 공권력행위로서 예외적으로 헌법소원의 대상이 될 수 있다. 헌법재판소 2000. 6. 1. 선고 99헌마538 등 결정 ★★ 01

2. 서울대학교의 '94학년도 대학입학고사 주요요강'은 사실상의 준비행위에 불과하고 행정심판이나 행정쟁송의 대상이 될 수 있는 행정처분이나 공권력의 행사는 될 수 없지만, 그대로 시행될 수 있을 것이, 그것을 제정하여 발표하게 된 경위에 비추어 틀림없을 것으로 예상되므로 이를 제정·발표한 행위는 헌법소원의 대상이 되는 헌법재판소법 제68조 제1항 소정의 공권력의 행사에 해당된다. 헌법재판소 1992. 10. 1. 선고 92헌마68, 76 결정 ★ 02

3. 1999. 7. 22. 발표한 개발제한구역제도개선방안은 헌법소원의 대상이 되는 공권력의 행사라고 할 수 없다. 헌법재판소 2000. 6. 1. 선고 99헌마538 등 전원재판부 03

4. 2012년도와 2013년도 대학교육역량강화사업 기본계획은 헌법소원의 대상이 되는 공권력 행사에 해당하지 아니한다. 헌법재판소 2016. 10. 27. 선고 2013헌마576 결정 04

3. 장기미집행 도시계획시설결정의 실효제도

장기미집행 도시계획시설결정의 실효제도는 도시계획시설부지로 하여금 도시계획시설결정으로 인한 사회적 제약으로부터 벗어나게 하는 것으로서 결과적으로 개인의 재산권이 보다 보호되는 측면이 있는 것은 사실이나, 이와 같은 보호는 입법자가 새로운 제도를 마련함에 따라 얻게 되는 법률에 기한 권리일 뿐 헌법상 재산권으로부터 당연히 도출되는 권리는 아니다. 헌법재판소 2005. 9. 29. 선고 2002헌바84 등 전원재판부 ★ 05

OX 체크

01 구속력 없는 행정계획안이나 행정지침이라도 국민의 기본권에 직접적으로 영향을 끼치고 법령의 뒷받침에 의하여 그대로 실시될 것이 틀림없을 것으로 예상되는 때에는 예외적으로 헌법소원의 대상이 된다. ( )

02 국립대학의 대학입학고사 주요요강은 행정쟁송의 대상인 행정처분에 해당되지만 헌법소원의 대상인 공권력의 행사에는 해당되지 않는다. ( )

03 구 건설교통부장관이 구역지정의 실효성이 적은 7개 중소도시권은 개발제한구역을 해제하고 구역지정이 필요한 7개 대도시권은 개발제한구역을 부분조정 하는 등의 내용을 담은 '개발제한구역제도개선방안'을 발표한 것은 헌법소원의 대상이 되는 공권력의 행사에 해당되지 아니한다. ( )

04 국공립대학의 총장직선제 개선 여부를 재정지원 평가요소로 반영하고 이를 개선하지 않을 경우 다음 연도에 지원금을 삭감 또는 환수하도록 규정한 교육부장관의 '대학교육역량강화사업 기본계획'은 헌법소원의 대상이 된다. ( )

05 도시계획시설결정의 장기미집행으로 인해 재산권이 침해된 경우, 도시계획시설결정의 실효를 주장할 수 있고, 이는 헌법상 재산권으로부터 당연히 직접 도출되는 권리이다. ( )

정답
01 ○ 02 × 03 ○ 04 × 05 ×

주제 12 | 재개발·재건축 사업

I 개관 ★★★

1. **조합설립추진위원회 구성**
   - 조합설립추진위원회 구성승인처분(= 인가)
   - 구성승인처분 취소소송 계속 중 조합설립인가처분 있는 경우 ➡ 구성승인처분 다툴 소의 이익 ×

2. **조합설립**
   - 조합설립결의 ➡ 행정청에 조합설립인가 신청
   - 조합설립인가처분 : 조합에 행정주체(공법인)로서의 지위를 부여 ∴설권적 처분(특허)
   - if 조합설립결의에 하자가 존재하는 경우
     - 조합설립인가처분에 대한 항고소송 ○
     - 조합설립결의에 대한 민사소송 ×(확인의 이익 ×)

3. **사업시행계획**
   - 조합에서 사업시행계획 수립 ➡ 조합원총회결의 ➡ 행정청에 인가 신청
   - 사업시행계획 인가·고시(= 인가) ➡ 유동적 무효였던 사업시행계획의 효력 발생
     - 사업시행계획 = 구속적 행정계획 = 처분 ○
   - if 사업시행계획에 대한 조합원총회결의에 하자가 존재하는 경우
     - 사업시행계획 인가처분에 대한 항고소송 ×
     - 조합원총회결의에 대한 당사자소송 ×
     - 사업시행계획에 대한 항고소송 ○ (피고 : 조합)
   - if 사업시행계획 인가처분이 있기 前에 조합원총회결의의 하자를 다투는 경우
     ➡ 당사자소송 (조합을 피고로 하여 총회결의무효확인을 구해야 함)

4. **관리처분계획**(사업시행계획의 경우와 동일)

5. **토지소유자들이 직접 시행 (조합설립 ×)**
   - 조합설립 절차를 제외한 나머지 절차는 기본적으로 동일
   - 사업시행계획 인가처분 : 토지소유자들에게 행정주체로서의 지위를 부여 ∴설권적 처분(특허)
     - 토지소유자들이 수립한 계획 : 처분 ×

OX 체크

01 구「도시 및 주거환경정비법」상 조합설립추진위원회 구성승인처분은 조합의 설립을 위한 주체인 추진위원회의 구성행위를 보충하여 그 효력을 부여하는 처분이다. ( )

02 구「도시 및 주거환경정비법」상 조합설립추진위원회 구성승인처분을 다투는 소송 계속 중에 조합설립인가처분이 이루어졌다면 조합설립추진위원회 구성승인처분의 취소를 구할 법률상 이익은 없다. ( )

03「도시 및 주거환경정비법」에 근거한 조합설립인가처분은 행정주체로서의 지위를 부여하는 설권적 처분이고, 조합설립결의는 조합설립인가처분의 요건이므로, 조합설립결의에 하자가 있다면 그 하자를 이유로 직접 항고소송의 방법으로 조합설립인가처분의 취소 또는 무효확인을 구하여야 한다. ( )

04 재건축조합이 수립하는 관리처분계획에 대한 행정청의 인가는 강학상 인가에 해당한다. ( )

05「도시 및 주거환경정비법」에 기초하여 주택재건축정비사업조합이 수립한 사업시행계획은 인가·고시를 통해 확정되어도 이해관계인에 대한 직접적인 구속력이 없는 행정계획으로서 독립된 행정처분에 해당하지 아니한다. ( )

06「도시 및 주거환경정비법」에 따라 인가·고시된 관리처분계획은 구속적 행정계획으로서 처분성이 인정된다. ( )

07 주택재개발정비사업조합이 수립한 사업시행계획에 하자가 있음에도 불구하고 관할 행정청이 해당 사업시행계획에 대한 인가처분을 하였다면, 그 인가처분에는 고유한 하자가 없더라도 사업시행계획의 무효를 주장하면서 곧바로 그에 대한 인가처분의 무효확인이나 취소를 구하여야 한다. ( )

정답
01 ○ 02 ○ 03 ○ 04 ○ 05 ×
06 ○ 07 ×

Ⅱ 구체적 판례

> **판례**

1. 조합설립추진위원회 구성승인은 조합의 설립을 위한 주체인 추진위원회의 구성행위를 보충하여 효력을 부여하는 처분이므로, 시장·군수로부터 추진위원회 구성승인을 받은 추진위원회는 유효하게 설립된 비법인사단으로서 조합설립에 필요한 법률행위 등을 할 수 있다. 대법원 2014. 2. 27. 선고 2011두2248 판결 ★ **01**

2. 구 도시 및 주거환경정비법상 조합설립추진위원회 구성승인처분을 다투는 소송 계속 중 조합설립인가처분이 이루어진 경우 조합설립추진위원회 구성승인처분에 대하여 취소 또는 무효확인을 구할 법률상 이익이 없다. 대법원 2013. 1. 31. 선고 2011두11112 등 판결 ★ **02**

3. 행정청이 도시 및 주거환경정비법 등 관련 법령에 근거하여 행하는 조합설립인가처분은 단순히 사인들의 조합설립행위에 대한 보충행위로서의 성질을 갖는 것에 그치는 것이 아니라 법령상 요건을 갖출 경우 도시 및 주거환경정비법상 주택재건축사업을 시행할 수 있는 권한을 갖는 행정주체(공법인)로서의 지위를 부여하는 일종의 설권적 처분의 성격을 갖는다고 보아야 한다. ★★★ **03**
조합설립결의는 조합설립인가처분이라는 행정처분을 하는 데 필요한 요건 중 하나에 불과한 것이어서, 조합설립결의에 하자가 있다면 그 하자를 이유로 직접 항고소송의 방법으로 조합설립인가처분의 취소 또는 무효확인을 구하여야 하고, 이와는 별도로 조합설립결의 부분만을 따로 떼어내어 그 효력 유무를 다투는 확인의 소를 제기하는 것은 원고의 권리 또는 법률상의 지위에 현존하는 불안·위험을 제거하는 데 가장 유효·적절한 수단이라 할 수 없어 특별한 사정이 없는 한 확인의 이익은 인정되지 아니한다. 대법원 2009. 9. 24. 선고 2008다60568 판결 ★★★ **03**

4. 사업시행계획을 인가하는 행정청의 행위는 도시환경정비사업조합의 사업시행계획에 대한 법률상의 효력을 완성시키는 보충행위에 해당한다. 대법원 2010. 12. 9. 선고 2010두1248 판결 ★

5. 관리처분계획에 대한 행정청의 인가는 주택개량재개발조합의 관리처분계획에 대한 법률상의 효력을 완성시키는 보충행위이다. 대법원 2001. 12. 11. 선고 2001두7541 판결 ★ **04**

6. 재건축정비사업조합이 이러한 행정주체의 지위에서 위 법에 기초하여 수립한 사업시행계획은 인가·고시를 통해 확정되면 이해관계인에 대한 구속적 행정계획으로서 독립된 행정처분에 해당한다. 대법원 2009. 11. 2. 자 2009마596 결정 ★★ **05**

7. 도시재개발법상의 관리처분계획은 항고소송의 대상이 되는 행정처분이다. 대법원 2002. 12. 10. 선고 2001두6333 판결 ★★ **06**

8. 기본행위인 사업시행계획에는 하자가 없는데 보충행위인 인가처분에 고유한 하자가 있다면 그 인가처분의 무효확인이나 취소를 구하여야 할 것이지만, 인가처분에는 고유한 하자가 없는데 사업시행계획에 하자가 있다면 사업시행계획의 무효확인이나 취소를 구하여야 할 것이지 사업시행계획의 무효를 주장하면서 곧바로 그에 대한 인가처분의 무효확인이나 취소를 구하여서는 아니 된다. 대법원 2021. 2. 10. 선고 2020두48031 판결 ★ **07**

9. 조합의 사업시행계획도 원칙적으로 재건축결의에서 결정된 내용에 따라 작성되어야 하지만, 조합이 사업시행계획을 재건축결의에서 결정된 내용과 달리 작성한 경우 이러한 하자는 기본행위인 사업시행계획 작성행위의 하자이고, 이에 대한 보충행위인 행정청의 인가처분이 그 근거 조항인 위 법 제28조의 적법요건을 갖추고 있는 이상은 그 인가처분 자체에 하자가 있는 것이라 할 수 없다. 대법원 2008. 1. 10. 선고 2007두16691 판결 ★

10. (인가 후) 재건축정비사업조합이 이러한 행정주체의 지위에서 위 법에 기초하여 수립한 사업시행계획은 인가·고시를 통해 확정되면 이해관계인에 대한 구속적 행정계획으로서 독립된 행정처분에 해당하고, 이와 같은 사업시행계획안에 대한 조합 총회결의는 그 행정처분에 이르는 절차적 요건 중 하나에 불과한 것으로서, 그 계획이 확정된 후에는 항고소송의 방법으로 계획의 취소 또는 무효확인을 구할 수 있을 뿐, 절차적 요건에 불과한 총회결의 부분만을 대상으로 그 효력 유무를 다투는 확인의 소를 제기하는 것은 허용되지 아니한다. 대법원 2009. 11. 2. 자 2009마596 결정 ★★★

11. (인가 전) 조합설립변경 인가 또는 사업시행계획안에 대한 인가가 이루어지기 전에 행정주체인 재건축조합을 상대로 그 조합설립변경 결의 또는 사업시행계획 결의의 효력 등을 다투는 소송은 행정처분에 이르는 절차적 요건의 존부나 효력 유무에 관한 소송으로서 그 소송결과에 따라 행정처분의 위법 여부에 직접 영향을 미치는 공법상 법률관계에 관한 것이므로 이는 행정소송법상의 당사자소송에 해당한다. 대법원 2010. 7. 29. 선고 2008다6328 판결 ★★

12. (인가 후) 도시 및 주거환경정비법상 주택재건축정비사업조합이 같은 법 제48조에 따라 수립한 관리처분계획에 대하여 관할 행정청의 인가·고시까지 있게 되면 관리처분계획은 행정처분으로서 효력이 발생하게 되므로, 총회결의의 하자를 이유로 하여 행정처분의 효력을 다투는 항고소송의 방법으로 관리처분계획의 취소 또는 무효확인을 구하여야 하고, 그와 별도로 행정처분에 이르는 절차적 요건 중 하나에 불과한 총회결의 부분만을 따로 떼어내어 효력 유무를 다투는 확인의 소를 제기하는 것은 특별한 사정이 없는 한 허용되지 않는다. 대법원 2009. 9. 17. 선고 2007다2428 전원합의체판결 ★★★ 01 02

13. (인가 전) 도시 및 주거환경정비법상 행정주체인 주택재건축정비사업조합을 상대로 관리처분계획안에 대한 조합총회결의의 효력 등을 다투는 소송은 (중략) 행정소송법상의 당사자소송에 해당한다. 대법원 2009. 9. 17. 선고 2007다2428 판결 ★★ 03

14. [1] 토지 등 소유자들이 직접 시행하는 도시환경정비사업에서 토지 등 소유자에 대한 사업시행인가처분은 단순히 사업시행계획에 대한 보충행위로서의 성질을 가지는 것이 아니라 구 도시정비법상 정비사업을 시행할 수 있는 권한을 가지는 행정주체로서의 지위를 부여하는 일종의 설권적 처분의 성격을 가진다. ★★★ 04
    [2] 도시환경정비사업을 직접 시행하려는 토지 등 소유자들은 시장·군수로부터 사업시행인가를 받기 전에는 행정주체로서의 지위를 가지지 못한다. 따라서 그가 작성한 사업시행계획은 인가처분의 요건 중 하나에 불과하고 항고소송의 대상이 되는 독립된 행정처분에 해당하지 아니한다고 할 것이다. 대법원 2013. 6. 13. 선고 2011두19994 판결 ★ 05

〈그 밖의 주요 판례〉

15. 행정청이 구 도시정비법에 근거하여 행하는 사업시행계획 변경인가처분 중 '사업시행자를 조합 단독에서 조합과 주택공사등 공동으로 변경하는 결정 부분' 또는 '사업시행자를 조합과 주택공사등 공동에서 조합 단독으로 변경하는 결정 부분'은 주택공사등에 대하여 도시정비법상 도시환경정비사업을 시행할 수 있는 권한을 갖는 행정주체로서의 지위를 부여하거나 상실시키는 일종의 설권적 처분의 성격을 가지므로, 조합이 조합원 총회를 거쳐 주택공사등을 공동사업시행자에서 제외하는 내용의 결의를 한 후 관할 행정청의 인가를 받은 경우에는 설권적 처분의 요건인 조합원 총회의 효력 또는 그 총회 결의의 하자 등을 이유로 사업시행계획 변경인가처분 중 공동사업시행자 지위 상실 부분의 취소 또는 무효 확인을 구하는 것은 별론으로 하고, 그러한 설권적 처분의 요건에 불과한 조합원총회의 효력 또는 그 총회 결의에 따른 조합의 후속 집행행위의 효력을 다투는 확인의 소를 제기하는 것은 특별한 사정이 없는 한 허용되지 아니한다. 대법원 2023. 12. 21. 선고 2023다275424 판결

16. 구 도시 및 주거환경정비법 제20조 제3항은 조합이 정관을 변경하고자 하는 경우에는 총회를 개최하여 조합원 과반수 또는 3분의 2 이상의 동의를 얻어 시장·군수의 인가를 받도록 규정하고 있다. 여기서 시장 등의 인가는 그 대상이 되는 기본행위를 보충하여 법률상 효력을 완성시키는 행위로서 이러한 인가를 받지 못한 경우 변경된 정관은 효력이 없고, 시장 등이 변경된 정관을 인가하더라도 정관변경의 효력이 총회의 의결이 있었던 때로 소급하여 발생한다고 할 수 없다. 대법원 2014. 7. 10. 선고 2013도11532 판결 ★ 06

17. 주택재건축정비사업조합이 관리처분계획의 수립 혹은 변경을 통한 집단적인 의사결정 방식 외에 전체 조합원의 일부인 개별 조합원과 사적으로 그와 관련한 약정을 체결한 경우에도, 구속적 행정계획으로서 재건축조합이 행하는 독립된 행정처분에 해당하는 관리처분계획의 본질 및 전체 조합원 공동의 이익을 목적으로 하는 재건축조합의 행정주체로서 갖는 공법상 재량권에 비추어 재건축조합이 개별 조합원 사이의 사법상 약정에 직접적으로 구속된다고 보기는 어렵다. 대법원 2022. 7. 14. 선고 2022다206391 판결 ★ 07

OX 체크

01 「도시 및 주거환경정비법」상 관리처분계획에 대한 인가는 강학상 인가의 성격을 갖고 있으므로 관리처분계획에 대한 인가가 있더라도 관리처분계획안에 대한 총회의결에 하자가 있다면 민사소송으로 총회의결의 하자를 다투어야 한다. (   )

02 「도시 및 주거환경정비법」상의 주택재건축 정비사업조합이 수립한 관리처분계획에 대하여 관할 행정청의 인가·고시가 있은 후에 제기하는 관리처분계획에 대한 소송은 당사자소송에 해당한다. (   )

03 행정주체인 주택재건축정비사업조합을 상대로 관리처분계획안에 대한 조합총회결의의 효력을 다투는 소송은 「행정소송법」상 당사자소송에 해당한다. (   )

04 구 「도시 및 주거환경정비법」상 토지소유자들이 조합을 설립하지 아니하고 직접 도시환경정비사업을 시행하고자 하는 경우에 내려진 사업시행인가처분은 설권적 처분의 성격을 가진다. (   )

05 토지 등 소유자들이 도시환경정비사업을 위한 조합을 따로 설립하지 아니하고 직접 그 사업을 시행하고자 하는 경우, 사업시행계획인가처분은 일종의 설권적 처분의 성격을 가지므로 토지 등 소유자들이 작성한 사업시행계획은 독립된 행정처분이 아니다. (   )

06 주택재건축조합의 정관변경에 대한 시장·군수등의 인가는 그 대상이 되는 기본행위를 보충하여 법률상 효력을 완성시키는 행위로서 시장·군수등이 변경된 정관을 인가하면 정관변경의 효력이 총회의 의결이 있었던 때로 소급하여 발생한다. (   )

07 재건축조합이 전체 조합원의 일부인 개별 조합원과 사적으로 재건축에 관련한 신축상가입주의 약정을 체결한 경우, 구속적 행정계획으로서 관리처분계획의 본질과 재건축조합의 행정주체로서 갖는 공법상 재량권에 비추어 재건축조합은 그 사업상 약정에 직접적으로 구속되지 않는다. (   )

정답
01 ×   02 ×   03 ○   04 ○   05 ○
06 ×   07 ○

OX 체크

01 조합의 사업시행인가 신청 시의 토지 등 소유자의 동의요건은 토지 등 소유자의 재산상 권리·의무에 관한 기본적이고 본질적인 사항으로 법률유보의 원칙이 반드시 지켜져야 하는 영역이다. ( )

02 토지 등 소유자가 도시환경정비사업을 시행하는 경우, 사업시행인가 신청 시 필요한 토지 등 소유자의 동의요건을 정하는 것은 국민의 권리와 의무의 형성에 관한 기본적이고 본질적인 사항이 아니므로 국회의 법률로써 규정해야 할 사항이 아니다. ( )

03 「도시 및 주거환경정비법」상 주택재건축사업조합이 새로이 조합설립인가처분을 받은 것과 동일한 요건과 절차를 거쳐 조합설립변경인가처분을 받은 경우, 당초의 조합설립인가처분이 유효한 것을 전제로 해당 주택재건축사업조합이 시공사 선정 등의 후속 행위를 하였다 하더라도 특별한 사정이 없는 한 당초의 조합설립인가처분의 무효확인을 구할 소의 이익은 없다. ( )

18. 조합의 사업시행인가 신청 시의 토지 등 소유자의 동의요건은 토지 등 소유자의 재산상 권리·의무에 관한 기본적이고 본질적인 사항이라고 볼 수 없으므로 법률유보 내지 의회유보의 원칙이 반드시 지켜져야 하는 영역이라고 할 수 없다. 대법원 2007. 10. 12. 선고 2006두14476 판결 ★ **01**

19. 토지 등 소유자가 도시환경정비사업을 시행하는 경우 사업시행인가 신청 시 필요한 토지 등 소유자의 동의는 개발사업의 주체 및 정비구역 내 토지등소유자를 상대로 수용권을 행사하고 각종 행정처분을 발할 수 있는 행정주체로서의 지위를 가지는 사업시행자를 지정하는 문제로서 그 동의요건을 정하는 것은 국민의 권리와 의무의 형성에 관한 기본적이고 본질적인 사항이므로 국회가 스스로 행하여야 하는 사항에 속하는 것임에도 불구하고 사업시행인가 신청에 필요한 동의정족수를 토지등소유자가 자치적으로 정하여 운영하는 규약에 정하도록 한 것은 법률유보원칙에 위반된다. 헌법재판소 2012. 4. 24. 선고 2010헌바1 결정 ★ **02**

20. 주택재건축사업조합이 새로 조합설립인가처분을 받는 것과 동일한 요건과 절차를 거쳐 조합설립변경인가처분을 받는 경우 당초 조합설립인가처분의 유효를 전제로 당해 주택재건축사업조합이 매도청구권 행사, 시공자 선정에 관한 총회 결의, 사업시행계획의 수립, 관리처분계획의 수립 등과 같은 후속 행위를 하였다면 당초 조합설립인가처분이 무효 확인되거나 취소될 경우 그것이 유효하게 존재하는 것을 전제로 이루어진 위와 같은 후속 행위 역시 소급하여 효력을 상실하게 되므로, 특별한 사정이 없으면 위와 같은 형태의 조합설립변경인가가 있다고 하여 당초 조합설립인가처분의 무효확인을 구할 소의 이익이 소멸된다고 볼 수는 없다. 대법원 2012. 10. 25. 선고 2010두25107 판결 ★ **03**

21. 사업시행계획의 경우 그 인가처분의 유효를 전제로 분양공고 및 분양신청 절차, 분양신청을 하지 않은 조합원에 대한 수용절차, 관리처분계획의 수립 및 그에 대한 인가 등 후속 행위가 있었다면, 당초 사업시행계획이 무효로 확인되거나 취소될 경우 그것이 유효하게 존재하는 것을 전제로 이루어진 위와 같은 일련의 후속 행위 역시 소급하여 효력을 상실하게 되므로, 당초 사업시행계획을 실질적으로 변경하는 내용으로 새로운 사업시행계획이 수립되어 시장·군수로부터 인가를 받았다는 사정만으로 일률적으로 당초 사업시행계획의 무효확인을 구할 소의 이익이 소멸된다고 볼 수는 없다. 대법원 2013. 11. 28. 선고 2011두30199 판결

22. 주택재개발사업조합이 당초 조합설립변경인가 이후 적법한 절차를 거쳐 당초 변경인가를 받은 내용을 모두 포함하여 이를 변경하는 취지의 조합설립변경인가를 받은 경우, 당초 조합설립변경인가는 취소·철회되고 변경된 조합설립변경인가가 새로운 조합설립변경인가가 된다. 이 경우 당초 조합설립변경인가는 더 이상 존재하지 않는 처분이거나 과거의 법률관계가 되므로 특별한 사정이 없는 한 그 취소를 구할 소의 이익이 없다. 다만 당해 주택재개발사업조합이 당초 조합설립변경인가에 기초하여 사업시행계획의 수립 등 후속 행위를 하였다면 당초 조합설립변경인가가 무효로 확인되거나 취소될 경우 그 유효를 전제로 이루어진 후속 행위 역시 소급하여 효력을 상실하게 되므로, 위와 같은 형태의 변경된 조합설립변경인가가 있다고 하여 당초 조합설립변경인가의 취소를 구할 소의 이익이 소멸된다고 볼 수는 없다. 대법원 2013. 10. 24. 선고 2012두12853 판결

정답
01 × 02 × 03 ×

주제 13 공법상 계약

I 의의

1. 공법상 계약의 의의

<행정작용의 내용과 불복방법>
행정작용 — 공법형식 — 권력적 — 처분 ○ ➡ 항고소송, 행정심판
                              — 처분 × ➡ 헌법소원
                        — 비권력적(예 공법상 계약) ➡ 당사자소송
            — 사법형식 ➡ 민사소송

- 공법상 계약이란 공법적 효과의 발생을 목적으로 하여 대등한 당사자 사이의 의사표시의 합치로 성립하는 공법행위를 말한다.
- 어떠한 행정작용이 행정처분인지 아니면 공법상 또는 사법상 계약인지는 개별 사안에 따라 결정된다.

판례

1. 공법상 계약이란 공법적 효과의 발생을 목적으로 하여 대등한 당사자 사이의 의사표시 합치로 성립하는 공법행위를 말한다. 어떠한 계약이 공법상 계약에 해당하는지는 (중략) 종합적으로 고려하여 판단하여야 한다. 대법원 2024. 7. 11. 선고 2024다211762 판결

2. 행정청이 자신과 상대방 사이의 근로관계를 일방적인 의사표시로 종료시켰다고 하더라도 곧바로 그 의사표시가 행정청으로서 공권력을 행사하여 행하는 행정처분이라고 단정할 수는 없고, 관계 법령이 상대방의 근무관계에 관하여 구체적으로 어떻게 규정하고 있는지에 따라 그 의사표시가 항고소송의 대상이 되는 행정처분에 해당하는 것인지 아니면 공법상 계약관계의 일방 당사자로서 대등한 지위에서 행하는 의사표시인지 여부를 개별적으로 판단하여야 한다. 이러한 법리는 공법상 근무관계의 형성을 목적으로 하는 채용계약의 체결 과정에서 행정청의 일방적인 의사표시로 계약이 성립하지 아니하게 된 경우에도 마찬가지이다. 대법원 2014. 4. 24. 선고 2013두6244 판결 ★★ **01 02**

- 공법상 계약은 행정주체와 사인 간에는 물론, 행정주체 상호 간 및 사인 상호 간(예 공무수탁사인인 사업시행자와 사인 간)에도 체결될 수 있다. **03 04**

OX 체크

01 행정청이 자신과 상대방 사이의 법률관계를 일방적인 의사표시로 종료시켰다면 그 의사표시는 공법상 계약관계의 일방 당사자로서 대등한 지위에서 행하는 의사표시가 아니라 공권력행사로서 행정처분에 해당한다. ( )

02 공법상 근무관계의 형성을 목적으로 하는 채용계약의 체결 과정에서 행정청의 일방적인 의사표시로 계약이 성립하지 아니한 경우, 관계 법령이 상대방의 법률관계에 관하여 구체적으로 어떻게 규정하고 있는지에 따라 의사표시가 항고소송의 대상이 되는 처분에 해당하는지 아니면 공법상 계약관계의 일방 당사자로서 대등한 지위에서 행하는 의사표시인지를 개별적으로 판단하여야 한다. ( )

03 공법상 계약을 체결하는 당사자의 일방은 행정주체이어야 하며, 행정주체에는 공무를 수탁받은 사인도 포함된다. ( )

04 공법상 계약은 행정주체와 사인 간에만 체결 가능하며, 행정주체 상호 간에는 공법상 계약이 성립할 수 없다. ( )

정답
01 ✕ 02 ○ 03 ○ 04 ✕

Ⅱ 적법요건

1. 절차에 관한 요건

> **행정기본법 시행령 제6조【공법상 계약】**
> 행정청은 법 제27조에 따라 공법상 법률관계에 관한 계약을 체결할 때 법령등에 따른 관계 행정청의 동의, 승인 또는 협의 등이 필요한 경우에는 이를 모두 거쳐야 한다.

- 공법상 계약의 절차에 관한 일반법은 존재하지 않는다.
- 공법상 계약에 대해서는 행정절차법에 아무런 규정이 없고, 행정절차법이 적용되지도 않는다. ★

계약직공무원 채용계약해지의 의사표시는 일반공무원에 대한 징계처분과는 달라서 항고소송의 대상이 되는 처분 등의 성격을 가진 것으로 인정되지 아니하고, 일정한 사유가 있을 때에 국가 또는 지방자치단체가 채용계약 관계의 한쪽 당사자로서 대등한 지위에서 행하는 의사표시로 취급되는 것으로 이해되므로, 이를 징계해고 등에서와 같이 그 징계사유에 한하여 효력 유무를 판단하여야 하거나, 행정처분과 같이 행정절차법에 의하여 근거와 이유를 제시하여야 하는 것은 아니다. 대법원 2002. 11. 26. 선고 2002두5948 판결 ★★★ 01

2. 형식에 관한 요건

> **행정기본법 제27조【공법상 계약의 체결】**
> ① 행정청은 법령등을 위반하지 아니하는 범위에서 행정목적을 달성하기 위하여 필요한 경우에는 공법상 법률관계에 관한 계약을 체결할 수 있다. 이 경우 계약의 목적 및 내용을 명확하게 적은 계약서를 작성하여야 한다. ★★★ 02
> ② 행정청은 공법상 계약의 상대방을 선정하고 계약 내용을 정할 때 공법상 계약의 공공성과 제3자의 이해관계를 고려하여야 한다. ★ 03

3. 내용에 관한 요건

- 법률우위의 원칙은 공법상 계약에도 적용되므로, 공법상 계약은 법령 또는 행정법의 일반원칙 등에 위반되어서는 안 된다. 04
- 법률유보의 원칙은 공법상 계약에는 적용이 없다. 다만, 행정기본법에는 공법상 계약의 체결 근거에 대한 일반적인 규정을 두고 있다.

지방전문직공무원 채용계약에서 정한 채용기간이 만료한 경우 채용계약을 갱신하거나 채용기간을 연장할 것인지 여부는 지방자치단체장의 재량에 맡겨져 있는 것으로 보아야 할 것이다. 대법원 1993. 9. 14. 선고 92누4611 판결 ★ 05

OX 체크

01 계약직공무원 채용계약해지의 의사표시는 일반공무원에 대한 징계처분과는 다르지만, 「행정절차법」의 처분절차에 의하여 근거와 이유를 제시하여야 한다. ( )

02 「행정기본법」에 따르면 신속히 처리할 필요가 있거나 사안이 경미한 경우에는 말 또는 서면으로 공법상 계약을 체결할 수 있다. ( )

03 행정청은 공법상 계약의 상대방을 선정하고 계약 내용을 정할 때 공법상 계약의 공공성과 제3자의 이해관계를 고려하여야 한다. ( )

04 공법상 계약에는 법률우위의 원칙이 적용된다. ( )

05 「지방공무원법」상 지방전문직공무원 채용계약에서 정한 채용기간이 만료된 경우에는 채용계약의 갱신이나 기간연장 여부는 기본적으로 지방자치단체장의 재량이다. ( )

정답
01 ✕ 02 ✕ 03 ○ 04 ○ 05 ○

III 법적 규율

1. 실체법상 규율

- 공법상 계약에 대한 일반법은 존재하지 않는다. 따라서 공법상 계약에 대한 실체법상 규율은 우선 개별법이 정한 바에 따라 이루어지고, 개별법이 없는 경우 국가를 당사자로 하는 계약에 관한 법률, 지방자치단체를 당사자로 하는 계약에 관한 법률 및 민법에 관한 규정이 적용된다.

다른 법률에 특별한 규정이 있는 경우이거나 또는 지방계약법의 개별 규정의 규율내용이 매매, 도급 등과 같은 특정한 유형·내용의 계약을 규율대상으로 하고 있는 경우가 아닌 한, 지방자치단체를 당사자로 하는 계약에 관하여는 그 계약의 성질이 공법상 계약인지 사법상 계약인지와 상관없이 원칙적으로 지방계약법의 규율이 적용된다고 보아야 한다(지방계약법에 위반한 공법상 계약을 무효로 본 사례). 대법원 2020. 12. 10. 선고 2019다234617 판결 ★★ 01

- 공법상 계약에는 공정력이 인정되지 않으므로 위법한 공법상 계약은 그 하자의 중대명백성을 따질 것 없이 원칙적으로 모두 무효이다. ★ 02

구 국가를 당사자로 하는 계약에 관한 법률상의 요건과 절차를 거치지 않고 체결한 국가와 사인 간의 사법상 계약은 무효이다(주: 사법상 계약의 사례이나 공법상 계약의 경우에도 동일한 법리가 적용됨). 대법원 2015. 1. 15. 선고 2013다215133 판결

2. 소송법상 규율 : 당사자소송

1. 공법상 계약의 한쪽 당사자가 다른 당사자를 상대로 효력을 다투거나 이행을 청구하는 소송은 공법상의 법률관계에 관한 분쟁이므로 분쟁의 실질이 공법상 권리·의무의 존부·범위에 관한 다툼이 아니라 손해배상액의 구체적인 산정방법·금액에 국한되는 등의 특별한 사정이 없는 한 공법상 당사자소송으로 제기하여야 한다. 대법원 2021. 2. 4. 선고 2019다277133 판결 ★★★ 03

2. 지방전문직공무원 채용계약 해지의 의사표시에 대하여는 대등한 당사자 간의 소송형식인 공법상 당사자소송으로 그 의사표시의 무효확인을 청구할 수 있다. 대법원 1993. 9. 14. 선고 92누4611 판결 ★★★

3. 공중보건의사 채용계약 해지의 의사표시에 대하여는 대등한 당사자 간의 소송형식인 공법상의 당사자소송으로 그 의사표시의 무효확인을 청구할 수 있는 것이다. 대법원 1996. 5. 31. 선고 95누10617 판결 ★ 04

   비교판례 지방계약직공무원에 대해서도 채용계약상 특별한 약정이 없는 한, 지방공무원법 및 지방공무원 징계 및 소청규정에 정한 징계절차에 의하지 아니하고는 보수를 삭감할 수 없다고 봄이 상당하다(주: 계약직공무원에 대한 징계처분은 처분인 것으로 본 사례). 대법원 2008. 6. 12. 선고 2006두16328 판결 ★★ 05

4. 지방계약직공무원인 옴부즈만 채용행위는 공법상 대등한 당사자 사이의 의사표시의 합치로 성립하는 공법상 계약에 해당한다. 대법원 2014. 4. 24. 선고 2013두6244 06

5. 서울특별시립무용단 단원의 위촉은 공법상의 계약이라고 할 것이고, 따라서 그 단원의 해촉에 대하여는 공법상의 당사자소송으로 그 무효확인을 청구할 수 있다. 대법원 1995. 12. 22. 선고 95누4636 판결 ★★ 07

OX 체크

01 지방자치단체를 당사자로 하는 계약에 관하여는 그 계약의 성질이 사법상 계약인지 공법상 계약인지와 상관없이 원칙적으로「지방자치단체를 당사자로 하는 계약에 관한 법률」의 규율이 적용된다고 보아야 한다. (　)

02 공법상 계약이 법령 위반 등의 내용상 하자가 있는 경우에도 그 하자가 중대명백한 것이 아니면 취소할 수 있는 하자에 불과하고 이에 대한 다툼은 당사자소송에 의하여야 한다. (　)

03 공법상 계약의 한쪽 당사자가 다른 당사자를 상대로 효력을 다투거나 이행을 청구하는 소송은 공법상의 법률관계에 관한 분쟁이므로 분쟁의 실질이 공법상 권리·의무의 존부·범위에 관한 다툼이 아니라 손해배상액의 구체적인 산정방법·금액에 국한되는 등의 특별한 사정이 없는 한 당사자소송으로 제기하여야 한다. (　)

04 공중보건의사 채용계약 해지의 의사표시에 대하여는 공법상의 당사자소송으로 그 의사표시의 무효확인을 청구할 수 있다. (　)

05 채용계약상 특별한 약정이 없는 한, 지방계약직공무원에 대하여「지방공무원법」,「지방공무원 징계 및 소청 규정」에 정한 징계절차에 의하지 않고서는 보수를 삭감할 수 없다. (　)

06 지방자치단체가 근무기간을 정하여 임용하는 공무원으로 시민옴부즈만을 채용하는 행위는 공법상 계약에 해당한다. (　)

07 시립무용단원의 위촉은 공법상 계약에 해당하지만 해촉에 대하여는 민사소송으로 다투어야 한다. (　)

정답
01 ○　02 ×　03 ○　04 ○　05 ○
06 ○　07 ×

OX 체크

01 광주광역시문화예술회관장의 단원 위촉은 광주광역시문화예술회관장이 행정청으로서 공권력을 행사하여 행하는 행정처분에 해당한다. ( )

02 중소기업 정보화지원사업에 대한 지원금출연협약의 해지 및 환수통보는 공법상 계약에 따른 의사표시가 아니라 행정청이 우월한 지위에서 행하는 공권력의 행사로서 행정처분이다. ( )

03 甲 주식회사가 국책사업인 '한국형헬기 개발사업'에 개발주관사업자 중 하나로 참여하여 국가 산하 중앙행정기관인 방위사업청과 체결한 '한국형헬기 민군겸용 핵심구성품 개발협약'의 법률관계는 공법관계에 해당한다. ( )

04 중앙행정기관인 방위사업청과 부품개발 협약을 체결한 기업이 협약을 이행하는 과정에서 환율변동 및 물가상승 등 외부적 요인으로 발생한 초과비용 지급에 대한 소송은 민사소송에 의한다. ( )

05 「사회기반시설에 대한 민간투자법」에 따라 지방자치단체와 유한회사 간 체결한 터널 민간투자사업 실시협약은 공법상 계약에 해당한다. ( )

6. 광주광역시문화예술회관장의 단원 위촉은 광주광역시문화예술회관장이 행정청으로서 공권력을 행사하여 행하는 행정처분이 아니라 공법상의 근무관계의 설정을 목적으로 하여 광주광역시와 단원이 되고자 하는 자 사이에 대등한 지위에서 의사가 합치되어 성립하는 공법상 근로계약에 해당한다. 대법원 2001. 12. 11. 선고 2001두7794 판결 ★★ **01**

7. 중소기업 정보화지원사업에 따른 지원금 출연을 위하여 중소기업청장이 체결하는 협약은 공법상 대등한 당사자 사이의 의사표시의 합치로 성립하는 공법상 계약에 해당하므로, (중략) 협약의 해지 및 그에 따른 환수통보는 공법상 계약에 따라 행정청이 대등한 당사자의 지위에서 하는 의사표시로 보아야 하고, 이를 행정청이 우월한 지위에서 행하는 공권력의 행사로서 행정처분에 해당한다고 볼 수는 없다. 대법원 2015. 8. 27. 선고 2015두41449 판결 ★★★ **02**

8. 국책사업인 '한국형 헬기 개발사업'에 개발주관사업자 중 하나로 참여하여 국가 산하 중앙행정기관인 방위사업청과 '한국형헬기 민군겸용 핵심구성품 개발협약'을 체결한 갑 주식회사가 국가를 상대로 초과비용의 지급을 구하는 민사소송을 제기한 사안에서, 위 협약의 법률관계는 공법관계에 해당하므로 이에 관한 분쟁은 행정소송으로 제기하여야 한다고 한 사례. 대법원 2017. 11. 9. 선고 2015다215526 판결 ★ **03** **04**

9. 민간투자사업 실시협약의 성격을 공법상 계약으로 보아, 당사자소송으로 위 협약에 따른 재정지원금의 지급을 구하는 소를 적법한 소로 전제하여 본안 판단을 한 사례. 대법원 2019. 1. 31. 선고 2017두46455 판결 ★ **05**

10. 갑 주식회사 등으로 구성된 컨소시엄과 한국에너지기술평가원이 산업기술혁신 촉진법 제11조 제4항에 따라 산업기술개발사업에 관한 협약을 체결하고, (중략) 위 협약은 공법상 계약에 해당하고 그에 따른 계약상 정산의무의 존부·범위에 관한 갑 회사와 한국에너지기술평가원의 분쟁은 공법상 당사자소송의 대상이라고 한 사례. 대법원 2023. 6. 29. 선고 2021다250025 판결

11. 읍·면장의 이장에 대한 직권면직행위는 행정청으로서 공권력을 행사하여 행하는 행정처분이 아니라 서로 대등한 지위에서 이루어진 공법상 계약에 따라 그 계약을 해지하는 의사표시로 봄이 상당하다. 대법원 2012. 10. 25. 선고 2010두18963 판결

정답
01 ✗　02 ✗　03 ○　04 ✗　05 ○

주제 14 행정상 사실행위와 행정지도

I 행정상 사실행위

1. 의의

- 일정한 법적 효과의 발생을 목적으로 하는 것이 아니라 직접적으로는 사실상의 결과만을 가져오는 행정의 행위형식을 말한다.
- 처분성이 인정되는 권력적 사실행위와 처분성이 인정되지 않는 비권력적 사실행위로 구분된다.

2. 구체적 판례

(1) 권력적 사실행위로 본 사례

1. 교도소장이 수형자를 '접견내용 녹음·녹화 및 접견 시 교도관 참여대상자'로 지정한 행위는 항고소송의 대상이 되는 '처분'에 해당한다. 대법원 2014. 2. 13. 선고 2013두20899 판결 ★★ 01
2. 교도소장 등이 미결수용자를 다른 수용시설로 이송하기 위하여 사전에 법원의 허가를 받을 필요는 없다고 하더라도 이러한 이송처분이 행정소송의 대상이 되는 행정처분임에는 틀림없다. 대법원 1992. 8. 7. 자 92두30 결정 ★
3. 수형자의 서신을 교도소장이 검열하는 행위는 이른바 권력적 사실행위로서 행정심판이나 행정소송의 대상이 되는 행정처분으로 볼 수 있다. 헌법재판소 1998. 8. 27. 선고 96헌마398 결정 ★
4. 구속된 피의자가 검사조사실에서 수갑 및 포승을 사용한 상태로 피의자신문을 받도록 한 이 사건 수갑 및 포승 사용행위는 권력적 사실행위이다. 헌법재판소 2005. 5. 26. 선고 2001헌마728 결정
5. 단수처분은 항고소송의 대상이 되는 행정처분에 해당한다. 대법원 1979. 12. 28. 선고 79누218 판결 ★
6. 구청장이 사회복지법인에 특별감사 결과 지적사항에 대한 시정지시와 그 결과를 관계서류와 함께 보고하도록 지시한 경우, 그 시정지시는 비권력적 사실행위가 아니라 항고소송의 대상이 되는 행정처분에 해당한다고 한 사례. 대법원 2008. 4. 24. 선고 2008두3500 판결
7. 교육감이 학교법인에 대한 감사 실시 후 처리지시를 하고 그와 함께 그 시정조치에 대한 결과를 증빙서를 첨부한 문서로 보고하도록 한 것은, 의무의 부담을 명하거나 기타 법률상 효과를 발생하게 하는 것으로서 항고소송의 대상이 되는 행정처분에 해당한다고 한 사례. 대법원 2008. 9. 11. 선고 2006두18362 판결

(2) 비권력적 사실행위로 본 사례

1. 추첨방식에 의하여 운수사업 면허대상자를 선정하는 경우 추첨 자체는 다수의 면허신청자 중에서 면허를 받을 수 있는 신청자를 특정하여 선발하는 행정처분을 위한 사전 준비절차로서의 사실행위에 불과한 것이다. 대법원 1993. 5. 11. 선고 92누15987 판결
2. 수도사업자가 급수공사 신청자에 대하여 급수공사비 내역과 이를 지정기일 내에 선납하라는 취지로 한 납부통지는 강제성이 없는 의사 또는 사실상의 통지행위라고 풀이함이 상당하고, 이를 가리켜 항고소송의 대상이 되는 행정처분이라고 볼 수 없다. 대법원 1993. 10. 26. 선고 93누6331
3. 학교당국이 미납공납금을 완납하지 아니할 경우에 졸업증의 교부와 증명서를 발급하지 않겠다고 통고한 것은 일종의 비권력적 사실행위로서 헌법재판소법 제68조 제1항에서 헌법소원심판의 청구대상으로서의 '공권력'에는 해당된다고 볼 수 없다. 헌법재판소 2001. 10. 25. 선고 2001헌마113 결정

OX 체크

01 교도소장이 특정 수형자를 '접견내용 녹음·녹화 및 접견 시 교도관 참여대상자'로 지정한 행위는 수형자의 구체적 권리의무에 직접적 변동을 가져오는 행위로서 항고소송의 대상이 되는 행정처분에 해당한다. ( )

정답

01 O

3. 헌법소원의 가부 : 권력적 사실행위는 가능

• 권력적 사실행위는 보충성 원칙의 예외에 해당하여 헌법소원의 대상이 된다. ★

판례

1. 수형자의 서신을 교도소장이 검열하는 행위는 이른바 권력적 사실행위로서 행정심판이나 행정소송의 대상이 되는 행정처분으로 볼 수 있으나, 위 검열행위가 이미 완료되어 행정심판이나 행정소송을 제기하더라도 소의 이익이 부정될 수밖에 없으므로 헌법소원심판을 청구하는 외에 다른 효과적인 구제방법이 있다고 보기 어렵기 때문에 보충성의 원칙에 대한 예외에 해당한다. 헌법재판소 1998. 8. 27. 선고 96헌마398 결정 ★ 01

2. 마약류 관련 수형자에 대하여 마약류반응검사를 위하여 소변을 받아 제출하게 한 것은 권력적 사실행위로서 헌법재판소법 제68조 제1항의 공권력의 행사에 해당한다. 헌법재판소 2006. 7. 27. 선고 2005헌마277 결정 ★ 02

3. 피청구인이 청구인들로 하여금 육군훈련소 내 종교행사에 참석하도록 한 이 사건 종교행사 참석조치는 피청구인이 우월적 지위에서 청구인들에게 일방적으로 강제한 행위로, 헌법소원심판의 대상이 되는 권력적 사실행위에 해당한다. 헌법재판소 2022. 11. 24. 자 2019헌마941 결정

4. 금융위원회위원장이 2019. 12. 16. 시중 은행을 상대로 투기지역·투기과열지구 내 초고가 아파트(시가 15억 원 초과)에 대한 주택구입용 주택담보대출을 2019. 12. 17.부터 금지한 조치는 비록 행정지도의 형식으로 이루어졌으나, (중략) 규제적·구속적 성격을 갖는 행정지도로서 헌법소원의 대상이 되는 공권력 행사에 해당된다. 헌법재판소 2023. 3. 23. 선고 2019헌마1399 전원재판부 결정

5. 재무부장관이 제일은행장에 대하여 한 국제그룹의 해체준비착수지시와 언론발표 지시는 권력적 사실행위로서 헌법소원의 대상이 되는 공권력의 행사에 해당한다. 헌법재판소 1993. 7. 29. 선고 89헌마31 전원재판부

II 행정지도

1. 의의

(1) 행정지도의 의의

• 행정기관이 그 소관 사무의 범위에서 일정한 행정목적을 실현하기 위하여 특정인에게 일정한 행위를 하거나 하지 아니하도록 지도, 권고, 조언 등을 하는 행정작용을 말한다(행정절차법 제2조).
• 행정지도는 그 내용에 따라 조성적 행정지도, 조정적 행정지도 및 규제적 행정지도로 구분된다.
• 행정지도는 비권력적 사실행위의 성격을 갖는다. 03

(2) 법적 근거

• 행정지도는 비권력적 사실행위이므로 법률의 근거가 필요하지 않다. 03
• 행정지도도 행정작용이므로 법령 또는 행정법의 일반원칙 등에 위반되어서는 안 된다. 04

OX 체크

01 수형자의 서신을 교도소장이 검열하는 행위는 행정심판이나 행정소송의 대상이 되는 행정처분으로 볼 수 있다. ( )

02 교도소 내 마약류 관련 수형자에 대한 교도소장의 소변강제채취는 권력적 사실행위이나 헌법소원의 대상은 아니다. ( )

03 지도, 권고, 조언 등의 행정지도는 법령의 근거를 요하고 항고소송의 대상이 된다. ( )

04 행정지도는 작용법적 근거가 필요하지 않으므로, 비례원칙과 평등원칙에 구속되지 않는다. ( )

정답
01 ○ 02 × 03 × 04 ×

2. 행정절차법 규정

행정절차법 제48조【행정지도의 원칙】
① 행정지도는 그 목적 달성에 필요한 최소한도에 그쳐야 하며, 행정지도의 상대방의 의사에 반하여 부당하게 강요하여서는 아니 된다. ★★★ 01
② 행정기관은 행정지도의 상대방이 행정지도에 따르지 아니하였다는 것을 이유로 불이익한 조치를 하여서는 아니 된다. ★★★ 02

행정절차법 제49조【행정지도의 방식】
① 행정지도를 하는 자는 그 상대방에게 그 행정지도의 취지 및 내용과 신분을 밝혀야 한다. ★
② 행정지도가 말로 이루어지는 경우에 상대방이 제1항의 사항을 적은 서면의 교부를 요구하면 그 행정지도를 하는 자는 직무 수행에 특별한 지장이 없으면 이를 교부하여야 한다. ★★ 03

행정절차법 제50조【의견제출】
행정지도의 상대방은 해당 행정지도의 방식·내용 등에 관하여 행정기관에 의견제출을 할 수 있다. ★ 04

행정절차법 제51조【다수인을 대상으로 하는 행정지도】
행정기관이 같은 행정목적을 실현하기 위하여 많은 상대방에게 행정지도를 하려는 경우에는 특별한 사정이 없으면 행정지도에 공통적인 내용이 되는 사항을 공표하여야 한다. ★ 05

3. 위법한 행정지도를 따른 상대방의 행위

- 위법한 행정지도에 따라 행한 사인의 행위는 특별한 사정이 없는 한 위법성이 조각되지 않는다.

관행화되어 있다 하더라도 이는 법에 어긋나는 관행이라 할 것이므로 그와 같은 위법한 관행에 따라 허위 신고행위에 이르렀다고 하여 그 범법행위가 사회상규에 위배되지 않는 정당한 행위라고는 볼 수 없다. 대법원 1992. 4. 24. 선고 91도1609 판결 ★★ 06

4. 권리구제

(1) 행정쟁송

- 행정지도는 비권력적 사실행위이므로 처분성이 인정되지 않는다.

1. 세무당국이 소외 회사에 대하여 원고와의 주류거래를 일정기간 중지하여 줄 것을 요청한 행위는 권고 내지 협조를 요청하는 권고적 성격의 행위로서 행정처분이라고 볼 수 없는 것이므로 항고소송의 대상이 될 수 없다. 대법원 1980. 10. 27. 선고 80누395 판결 ★★ 07
2. 행정청이 전기·전화의 공급자에게 위법 건축물에 대한 전기·전화공급을 하지 말아 줄 것을 요청한 행위는 권고적 성격의 행위에 불과한 것으로서 항고소송의 대상이 되는 행정처분이라고 볼 수 없다. 대법원 1996. 3. 22. 선고 96누433 판결 ★ 08
3. 한국전력공사가 전기공급의 적법 여부를 조회한 데 대한 관할 구청장의 회신은 권고적 성격의 행위에 불과한 것으로서 항고소송의 대상이 되는 행정처분이라고 볼 수 없다. 대법원 1995. 11. 21. 선고 95누9099 판결

OX 체크

01 행정지도는 상대방의 의사에 반하여 부당하게 강요하여서는 안 된다. ( )

02 행정기관은 행정지도의 상대방이 행정지도에 따르지 않았다는 것을 이유로 불이익한 조치를 하여서는 아니 된다. ( )

03 행정지도가 말로 이루어지는 경우에 상대방이 행정지도의 취지 및 내용, 행정지도를 하는 자의 신분에 관한 사항을 적은 서면의 교부를 요구하면 그 행정지도를 하는 자는 직무 수행에 특별한 지장이 없으면 이를 교부하여야 한다. ( )

04 행정지도의 상대방은 그 내용에 동의하지 않는 경우 이를 따르지 않을 수 있으므로, 행정지도의 내용이나 방식에 대해 의견제출권을 갖지 않는다. ( )

05 행정기관이 같은 행정목적을 실현하기 위하여 많은 상대방에게 행정지도를 하려는 경우에는 특별한 사정이 없으면 행정지도에 공통적인 내용이 되는 사항을 공표하여야 한다. ( )

06 위법한 행정지도에 따라 행한 사인의 행위는 위법성이 조각되어 범법행위가 되지 않는다. ( )

07 세무당국이 주류제조회사에 대하여 특정 업체와의 주류거래를 일정기간 중지하여 줄 것을 요청한 행위는 권고적 성격의 행위로서 행정처분이라고 볼 수 없다. ( )

08 행정청이 위법 건축물에 대한 단전 및 전화통화 단절조치를 요청한 것은 항고소송의 대상이 되는 행정처분이라고 볼 수 없다. ( )

정답
01 ○ 02 ○ 03 ○ 04 × 05 ○
06 × 07 ○ 08 ○

OX 체크

01 성희롱 행위를 이유로 한 국가인권위원회의 인사조치권고에 대하여 성희롱 행위자로 결정된 자는 항고소송을 통해 다툴 수 있다. ( )

02 교육인적자원부장관의 대학총장들에 대한 학칙시정요구는 법령에 따른 것으로 행정지도의 일종이지만, 단순한 행정지도로서의 한계를 넘어 헌법소원의 대상이 되는 공권력의 행사라고 볼 수 있다. ( )

03 「국가배상법」이 정한 배상청구의 요건인 '공무원의 직무'에는 권력적 작용만이 아니라 행정지도와 같은 비권력적 작용도 포함된다. ( )

04 행정지도가 강제성을 띠지 않은 비권력적 작용으로서 행정지도의 한계를 일탈하지 아니하였다면, 그로 인하여 상대방에게 손해가 발생하였다 하더라도 행정기관은 손해배상책임이 없다. ( )

- 행정지도가 그 한계를 벗어나 상대방에게 일정한 법률상 의무를 부담시키는 경우, 그와 같은 행정지도는 권력적 사실행위가 되어 처분성이 인정된다.

판례

국가인권위원회의 성희롱결정과 이에 따른 시정조치의 권고는 불가분의 일체로 행하여지는 것인데 국가인권위원회의 이러한 결정과 시정조치의 권고는 성희롱 행위자로 결정된 자의 인격권에 영향을 미침과 동시에 공공기관의 장 또는 사용자에게 일정한 법률상의 의무를 부담시키는 것이므로 국가인권위원회의 성희롱결정 및 시정조치권고는 행정소송의 대상이 되는 행정처분에 해당한다고 보지 않을 수 없다. 대법원 2005. 7. 8. 선고 2005두487 판결 ★

(2) 헌법소원

- 행정지도가 그 한계를 벗어나 상대방에게 일정한 법률상 의무를 부담시키는 경우, 그와 같은 행정지도는 권력적 사실행위가 되어 헌법소원의 대상이 된다.

판례

교육인적자원부장관의 대학총장들에 대한 이 사건 학칙시정요구는 고등교육법에 따른 것으로서 그 법적 성격은 대학총장의 임의적인 협력을 통하여 사실상의 효과를 발생시키는 행정지도의 일종이지만, 그에 따르지 않을 경우 일정한 불이익조치를 예정하고 있어 사실상 상대방에게 그에 따를 의무를 부과하는 것과 다를 바 없으므로 단순한 행정지도로서의 한계를 넘어 규제적・구속적 성격을 상당히 강하게 갖는 것으로서 헌법소원의 대상이 되는 공권력의 행사라고 볼 수 있다. 헌법재판소 2003. 6. 26. 선고 2002헌마337 전원재판부 ★

(3) 국가배상청구

판례

1. 국가배상법이 정한 배상청구의 요건인 '공무원의 직무'에는 권력적 작용만이 아니라 행정지도와 같은 비권력적 작용도 포함되며 단지 행정주체가 사경제주체로서 하는 활동만 제외된다. 대법원 1998. 7. 10. 선고 96다38971 판결 ★★★

2. 행정지도가 강제성을 띠지 않은 비권력적 작용으로서 행정지도의 한계를 일탈하지 아니하였다면, 그로 인하여 상대방에게 어떤 손해가 발생하였다 하더라도 행정기관은 그에 대한 손해배상책임이 없다. 대법원 2008. 9. 25. 선고 2006다18228 판결 ★★ 04

정답
01 ○ 02 ○ 03 ○ 04 ○

III 행정의 자동결정

1. 의의

> 행정기본법 제20조 【자동적 처분】
> 행정청은 법률로 정하는 바에 따라 완전히 자동화된 시스템(인공지능 기술을 적용한 시스템을 포함한다)으로 처분을 할 수 있다. 다만, 처분에 재량이 있는 경우는 그러하지 아니하다. ★★ 02 03

- 행정의 자동결정이란 미리 입력된 프로그램에 따라 행정결정이 자동으로 행해지는 것을 말한다.
- 신호등에 의한 교통신호, 컴퓨터를 통한 학교배정 등이 그 예이다. ★ 04

2. 법적 성질

- 행정의 자동결정은 항고소송의 대상이 되는 행정처분에 해당한다. ★ 01
- 자동결정의 기준이 되는 프로그램은 행정규칙의 성질을 갖는다.

OX 체크

01 「행정기본법」상 자동적 처분은 항고소송의 대상이 된다. ( )

02 「행정기본법」상 자동적 처분을 할 수 있는 '완전히 자동화된 시스템'에는 '인공지능 기술을 적용한 시스템'이 포함되지 않는다. ( )

03 「행정기본법」은 재량행위에 대해서 자동적 처분을 허용하지 않고 있다. ( )

04 자동화된 행정결정의 예로는 컴퓨터를 통한 중·고등학생의 학교배정, 신호등에 의한 교통신호 등이 있다. ( )

정답
01 ○ 02 ✕ 03 ○ 04 ○

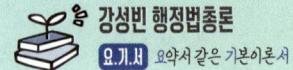

Chapter 1 행정소송 개관

Chapter 2 취소소송의 소송요건

Chapter 3 가구제

Chapter 4 취소소송의 심리

Chapter 5 취소소송의 판결

Chapter 6 그 밖의 항고소송

Chapter 7 당사자소송

Chapter 8 객관적 소송

Chapter 9 행정심판

PART 02

행정쟁송법

Chapter 01 행정소송 개관

주제 15 행정소송 개관

I 의의

1. 행정소송의 의의
- 행정청의 공권력 행사에 대한 불복 및 기타 공법상의 법률관계에 관한 분쟁에 대하여 법원이 소송절차를 거쳐 행하는 행정쟁송절차를 말한다.

2. 행정소송의 종류
- 행정소송은 개인의 권리구제를 목적으로 하는 주관적 소송과 개인의 권리구제와는 무관하게 행정의 적법성 확보를 목적으로 하는 객관적 소송으로 구분된다.
- 주관적 소송은 항고소송과 당사자소송으로, 객관적 소송은 기관소송과 민중소송으로 구분된다.

II 항고소송

1. 행정소송법 규정: 항고소송의 의의와 종류

> 행정소송법 제3조【행정소송의 종류】
> 행정소송은 다음의 네 가지로 구분한다.
> 1. 항고소송: 행정청의 처분등이나 부작위에 대하여 제기하는 소송
>
> 행정소송법 제4조【항고소송】
> 항고소송은 다음과 같이 구분한다.
> 1. 취소소송: 행정청의 위법한 처분등을 취소 또는 변경하는 소송
> 2. 무효등 확인소송: 행정청의 처분등의 효력 유무 또는 존재여부를 확인하는 소송
> 3. 부작위위법확인소송: 행정청의 부작위가 위법하다는 것을 확인하는 소송

2. 의무이행소송 : 부정

- 행정청에 대하여 신청에 따른 일정한 처분을 할 것을 구하는 내용의 소송을 말한다.
- 현행 행정소송법상 허용되지 아니한다(행정심판법에서는 '의무이행심판'을 규정함). 01

> **판례**
> 1. 현행 행정소송법상 행정청으로 하여금 일정한 행정처분을 하도록 명하는 이행판결을 구하는 소송이나 법원으로 하여금 행정청이 일정한 행정처분을 행한 것과 같은 효과가 있는 행정처분을 직접 행하도록 하는 형성판결을 구하는 소송은 허용되지 아니한다. 대법원 1997. 9. 30. 선고 97누3200 판결 ★ 02
> 2. 검사에게 압수물 환부를 이행하라는 청구는 행정청의 부작위에 대하여 일정한 처분을 하도록 하는 의무이행소송으로 현행 행정소송법상 허용되지 아니한다. 대법원 1995. 3. 10. 선고 94누14018 판결

3. 예방적 부작위(금지)소송 : 부정

- 장래에 있을 처분으로 인해 생길 불이익을 대비하기 위하여 사전에 행정청에 대해 일정한 처분을 하지 못하도록 금지 또는 부작위를 구하는 소송을 말한다.
- 현행 행정소송법상 허용되지 아니한다.

> **판례**
> 1. 현행 행정소송법에서는 장래에 행정청이 일정한 내용의 처분을 할 것 또는 하지 못하도록 할 것을 구하는 소송(의무이행소송, 의무확인소송 또는 예방적 금지소송)은 허용되지 않는다. 대법원 2021. 12. 30. 선고 2018다241458 판결 ★
> 2. 행정소송법상 행정청이 일정한 처분을 하지 못하도록 그 부작위를 구하는 청구는 허용되지 않는 부적법한 소송이다. 대법원 2006. 5. 25. 선고 2003두11988 판결 ★ 03
> 3. 신축건물의 준공처분을 하여서는 아니 된다는 내용의 부작위를 구하는 청구는 행정소송에서 허용되지 아니하는 것이므로 부적법하다. 대법원 1987. 3. 24. 선고 86누182 판결 ★ 04
> 4. 총포·화약안전기술협회가 매년 구체적인 회비를 산정·고지하는 처분을 하기 전에 갑 회사가 협회를 상대로 구체적으로 정해진 바도 없는 회비납부의무의 부존재 확인을 곧바로 구하는 것은 (중략) 현행 행정소송법상 허용되지 않는 의무확인소송 또는 예방적 금지소송과 마찬가지로 허용되지 않고, 갑 회사로서는 협회가 매년 구체적인 회비를 산정·고지하는 처분을 하면 그 처분의 효력을 항고소송의 방식으로 다투어야 한다. 대법원 2021. 12. 30 선고 2018다241458 판결 05

III 법적용례

> **행정소송법 제8조 【법적용례】**
> ① 행정소송에 대하여는 다른 법률에 특별한 규정이 있는 경우를 제외하고는 이 법이 정하는 바에 의한다.
> ② 행정소송에 관하여 이 법에 특별한 규정이 없는 사항에 대하여는 법원조직법과 민사소송법 및 민사집행법의 규정을 준용한다. ★ 06

OX 체크

01 「행정심판법」에서는 의무이행심판제도를 두고 있지만, 「행정소송법」에서는 의무이행소송제도를 두고 있지 않다. ( )

02 행정청으로 하여금 일정한 행정처분을 하도록 명하는 이행판결을 구하는 소송이나 법원으로 하여금 행정청이 일정한 행정처분을 행한 것과 같은 효과가 있는 행정처분을 직접 행하도록 하는 형성판결을 구하는 소송은 허용되지 아니한다. ( )

03 「행정소송법」상 행정청이 일정한 처분을 하지 못하도록 그 부작위를 구하는 청구는 허용되지 않는 부적법한 소송이다. ( )

04 신축건물의 준공처분을 하여서는 안된다는 내용의 부작위 청구소송은 허용되지 않는다. ( )

05 총포·화약안전기술협회가 구체적인 회비를 산정·고지하는 처분을 하기 전이더라도 회비납부의무를 다투고자 하는 자는 협회를 상대로 회비납부의무의 부존재 확인을 구하는 확인소송을 제기할 수 있다. ( )

06 행정소송에 관하여 「행정소송법」에 특별한 규정이 없는 사항에 대하여는 「법원조직법」과 「민사소송법」 및 「민사집행법」의 규정을 준용한다. ( )

정답
01 ○ 02 ○ 03 ○ 04 ○ 05 ✕
06 ○

Chapter 02 취소소송의 소송요건

주제 16 대상적격

I 행정소송법 규정

행정소송법 제2조【정의】
① 이 법에서 사용하는 용어의 정의는 다음과 같다.
　1. '처분등'이라 함은 행정청이 행하는 구체적 사실에 관한 법집행으로서의 공권력의 행사 또는 그 거부와 그 밖에 이에 준하는 행정작용(이하 '처분'이라 한다) 및 행정심판에 대한 재결을 말한다. ★
② 이 법을 적용함에 있어서 행정청에는 법령에 의하여 행정권한의 위임 또는 위탁을 받은 행정기관, 공공단체 및 그 기관 또는 사인이 포함된다.

II 처분

1. 처분성 판단의 기준

|판례|

1. 행정청의 어떤 행위가 항고소송의 대상이 될 수 있는지는 추상적·일반적으로 결정할 수 없고, (중략) 등을 참작하여 개별적으로 결정해야 한다. 대법원 2012. 9. 27. 선고 2010두3541 판결
2. 어떠한 처분의 근거가 행정규칙에 규정되어 있다고 하더라도, 그 처분이 상대방에게 권리의 설정 또는 의무의 부담을 명하거나 기타 법적인 효과를 발생하게 하는 등으로 그 상대방의 권리의무에 직접 영향을 미치는 행위라면, 이 경우에도 항고소송의 대상이 되는 행정처분에 해당한다. 대법원 2012. 9. 27. 선고 2010두3541 판결 ★★★ 01
3. 어떠한 처분에 법령상 근거가 있는지, 행정절차법에서 정한 처분절차를 준수하였는지는 본안에서 당해 처분이 적법한가를 판단하는 단계에서 고려할 요소이지, 소송요건 심사단계에서 고려할 요소가 아니다. 대법원 2020. 1. 16. 선고 2019다264700 판결 ★ 02
4. 행정청의 행위가 '처분'에 해당하는지가 불분명한 경우에는 그에 대한 불복방법 선택에 중대한 이해관계를 가지는 상대방의 인식가능성과 예측가능성을 중요하게 고려하여 규범적으로 판단하여야 한다. 대법원 2020. 4. 9. 선고 2019두61137 판결 ★ 03

OX 체크

01 어떠한 처분이 상대방에게 권리의 설정 또는 의무의 부담을 명하거나 기타 법적인 효과를 발생하게 하는 등으로 그 상대방의 권리의무에 직접 영향을 미치는 행위라도 그 처분의 근거가 행정규칙에 규정되어 있다면, 이 경우에 그 처분은 항고소송의 대상이 되는 행정처분에 해당하지 않는다. ( )

02 어떠한 처분에 법령상 근거가 있는지, 「행정절차법」에서 정한 처분 절차를 준수하였는지는 소송요건 심사단계에서 고려하여야 한다. ( )

03 행정청의 행위가 '처분'에 해당하는지가 불분명한 경우에는 그에 대한 불복방법 선택에 중대한 이해관계를 가지는 상대방의 인식가능성과 예측가능성을 중요하게 고려하여 규범적으로 판단하여야 한다. ( )

정답
01 × 02 × 03 ○

2. 처분의 개념요소

(1) 행정청의 행위

1. 상대방의 권리를 제한하는 행위라 하더라도 행정청 또는 그 소속기관이나 권한을 위임받은 공공단체 등의 행위가 아닌 한 이를 행정처분이라고 할 수 없다. 대법원 2008. 1. 31. 선고 2005두8269 판결 ★ 01
2. 지방의회의 의원징계의결은 그로 인해 의원의 권리에 직접 법률효과를 미치는 행정처분의 일종으로서 행정소송의 대상이 된다. 대법원 1993. 11. 26. 선고 93누7341 판결 ★★ 02
3. 지방의회 의장에 대한 불신임의결은 의장으로서의 권한을 박탈하는 행정처분의 일종으로서 항고소송의 대상이 된다. 대법원 1994. 10. 11. 자 94두23 결정 03
4. 지방의회의 의장선임의결은 행정처분의 일종으로서 항고소송의 대상이 된다. 대법원 1995. 1. 12. 선고 94누2602 판결
5. 병역법상 신체등위판정은 행정청이라고 볼 수 없는 군의관이 하도록 되어 있으며, 그 자체만으로 바로 병역법상의 권리의무가 정하여지는 것이 아니라 그에 따라 지방병무청장이 병역처분을 함으로써 비로소 병역의무의 종류가 정하여지는 것이므로 항고소송의 대상이 되는 행정처분이라 보기 어렵다. 대법원 1993. 8. 27. 선고 93누3356 판결 ★ 04

(2) 구체적 사실에 관한 행위

1. 의료기관의 명칭표시판에 진료과목을 함께 표시하는 경우 글자 크기를 제한하고 있는 구 의료법 시행규칙 제31조는 그 자체로서 국민의 구체적인 권리의무나 법률관계에 직접적인 변동을 초래하지 아니하므로 항고소송의 대상이 되는 행정처분이라고 할 수 없다. 대법원 2007. 4. 12. 선고 2005두15168 판결 ★ 05
2. 보건복지부 고시인 약제급여·비급여목록 및 급여상한금액표는 다른 집행행위의 매개 없이 그 자체로서 국민건강보험가입자, 국민건강보험공단, 요양기관 등의 법률관계를 직접 규율하는 성격을 가지므로 항고소송의 대상이 되는 행정처분에 해당한다. 대법원 2006. 9. 22. 선고 2005두2506 판결 ★ 06
3. 국립공주대학교 학칙의 [별표 2] 모집단위별 입학정원을 개정한 학칙개정행위를 처분으로 본 사례. 대법원 2009. 1. 30. 선고 2008두19550 판결

(3) 법 집행행위 : 국민의 권리·의무에 직접 영향을 미치는 행위

1. 교육부장관이 내신성적 산정기준의 통일을 기하기 위해 대학입시기본계획의 내용에서 내신성적 산정기준에 관한 시행지침을 마련하여 시·도 교육감에게 통보한 것은 행정조직 내부에서 내신성적 평가에 관한 내부적 심사기준을 시달한 것에 불과하므로 내신성적 산정지침을 항고소송의 대상이 되는 행정처분으로 볼 수 없다. 대법원 1994. 9. 10. 선고 94두33 판결 ★★ 07
2. 상급행정기관의 하급행정기관에 대한 승인·동의·지시 등은 행정기관 상호 간의 내부행위로서 국민의 권리 의무에 직접 영향을 미치는 것이 아니므로 항고소송의 대상이 되는 행정처분에 해당한다고 볼 수 없다. 대법원 1997. 9. 26. 선고 97누8540 판결

(4) 공권력적 행위

- 처분은 공권력적 행위이므로 공법상 계약, 비권력적 사실행위 등은 처분성이 부정된다.

3. 거부처분 : 신청을 거부한 행위가 거부처분이 되기 위한 요건

(1) 거부처분의 요건

국민의 적극적 행위 신청에 대하여 행정청이 그 신청에 따른 행위를 하지 않겠다고 거부한 행위가 항고소송의 대상이 되는 행정처분에 해당하는 것이라고 하려면, 그 신청한 행위가 공권력의 행사 또는 이에 준하는 행정작용이어야 하고, 그 거부행위가 신청인의 법률관계에 어떤 변동을 일으키는 것이어야 하며, 그 국민에게 그 행위발동을 요구할 법규상 또는 조리상의 신청권이 있어야 한다. 대법원 2007. 10. 11. 선고 2007두1316 판결 ★

(2) '처분'의 신청

- 신청한 행위가 처분성을 가져야 하므로, 예컨대 사법행위의 성질을 갖는 국유잡종재산(일반재산)에 대한 대부 신청의 거부는 처분성이 부정된다.

지방자치단체장이 국유 잡종재산을 대부하여 달라는 신청을 거부한 것은 항고소송의 대상이 되는 행정처분이 아니므로 행정소송으로 그 취소를 구할 수 없다. 대법원 1998. 9. 22. 선고 98두7602 판결 ★ 01

(3) 신청인의 권리·의무에 직접 영향

여기에서 '신청인의 법률관계에 어떤 변동을 일으키는 것'이라는 의미는 신청인의 실체상의 권리관계에 직접적인 변동을 일으키는 것은 물론, 그렇지 않다 하더라도 신청인이 실체상의 권리자로서 권리를 행사함에 중대한 지장을 초래하는 것도 포함한다. 대법원 2007. 10. 11. 선고 2007두1316 판결 ★ 02

(4) 법규상 또는 조리상 신청권의 존재

1. 거부처분의 처분성을 인정하기 위한 전제요건이 되는 신청권의 존부는 구체적 사건에서 신청인이 누구인가를 고려하지 않고 관계 법규의 해석에 의하여 일반 국민에게 그러한 신청권을 인정하고 있는가를 살펴 추상적으로 결정되는 것이고, 신청인이 그 신청에 따른 단순한 응답을 받을 권리를 넘어서 신청의 인용이라는 만족적 결과를 얻을 권리를 의미하는 것은 아니므로, 국민이 어떤 신청을 한 경우에 그 신청의 근거가 된 조항의 해석상 행정발동에 대한 개인의 신청권을 인정하고 있다고 보이면 그 거부행위는 항고소송의 대상이 되는 처분으로 보아야 하고, 구체적으로 그 신청이 인용될 수 있는가 하는 점은 본안에서 판단하여야 할 사항이다. 대법원 2009. 9. 10. 선고 2007두20638 판결 ★★ 03 04

2. 민원사무처리법의 각 규정에서 민원사항의 신청에 대한 행정기관의 절차적인 접수의무를 규정하고 있다고 하더라도 그로써 바로 민원인에게 그 민원에서 요구하는 행정기관의 행위에 대한 실체적인 신청권까지 인정되는 것이라고 볼 수는 없다. 대법원 1999. 8. 24. 선고 97누7004 판결 05

(5) 구체적 판례
① 거부행위의 처분성을 인정한 사례

1. 피해자의 의사와 무관하게 주민등록번호가 유출된 경우에는 조리상 주민등록번호의 변경을 요구할 신청권을 인정함이 타당하고, 구청장의 주민등록번호 변경신청 거부행위는 항고소송의 대상이 되는 행정처분에 해당한다. 대법원 2017. 6. 15. 선고 2013두2945 판결 ★★ 01

2. 기간제로 임용되어 임용기간이 만료된 국·공립대학의 조교수는 재임용 여부에 관하여 합리적인 기준에 의한 공정한 심사를 요구할 법규상 또는 조리상 신청권을 가진다고 할 것이니, 임용권자가 임용기간이 만료된 조교수에 대하여 재임용을 거부하는 취지로 한 임용기간만료의 통지는 위와 같은 대학교원의 법률관계에 영향을 주는 것으로서 행정소송의 대상이 되는 처분에 해당한다. 대법원 2004. 4. 22. 선고 2000두7735 전원합의체 판결 ★

3. 건축계획심의신청에 대한 반려처분은 항고소송의 대상이 되는 행정처분에 해당한다. 대법원 2007. 10. 11. 선고 2007두1316 판결 ★ 02

4. 임용지원자가 당해 대학의 교원임용규정 등에 정한 심사단계 중 중요한 대부분의 단계를 통과하여 다수의 임용지원자 중 유일한 면접심사 대상자로 선정되는 등으로 (중략) 대학교원으로 임용해 줄 것을 신청할 조리상의 권리가 있다. 대법원 2004. 6. 11. 선고 2001두7053 판결

5. 대학의 상근강사로서 근무를 마친 자가 정규교원에 임용하여 줄 것을 요청하는 내용의 탄원서에 대하여 교장이 민원서류 처리 결과통보의 형식으로 인사위원회에서 임용동의가 부결되어 임용하지 못한다는 설명을 담은 서신을 보낸 경우, 이는 항고소송의 대상이 되는 임용거부처분이다. 대법원 1990. 9. 25. 선고 89누4758 판결

6. 개발사업시행자가 납부한 개발부담금 중 부과처분 후에 납부한 학교용지부담금에 해당하는 금액에 대하여는 조리상 개발부담금 부과처분의 취소나 변경 등 개발부담금의 환급에 필요한 처분을 신청할 권리를 인정함이 타당하다. 대법원 2016. 1. 28. 선고 2013두2938 판결

7. 검사 지원자 중 한정된 수의 임용대상자에 대한 임용의 의사표시는 동시에 임용대상에서 제외한 자에 대한 임용거부의 의사표시를 포함한 것으로 볼 수 있다. 대법원 1991. 2. 12. 선고 90누5825 판결

② 거부행위의 처분성을 부정한 사례

1. 임용지원자 등과 유사한 지위에 있는 전임강사에 대하여는 임용권자가 정규교사로 특별채용한 전례가 있다 하더라도 그러한 사정만으로 임용지원자가 임용권자에게 자신의 임용을 요구할 법규상 또는 조리상 권리가 없다고 한 사례. 대법원 2005. 4. 15. 선고 2004두11626 판결 ★ 03

2. 당연퇴직된 공무원이 자신을 복직 또는 재임용시켜 줄 것을 요구하는 신청에 대하여 그와 같은 조치가 불가능하다는 행정청의 거부행위는 당연퇴직의 효과가 계속하여 존재한다는 것을 알려주는 일종의 안내에 불과하므로, 이와 같은 경우 행정청의 복직 또는 재임용거부행위는 항고소송의 대상이 되는 행정처분에 해당한다고 할 수 없다. 대법원 2005. 11. 25. 선고 2004두12421 판결

3. 국·공립 대학교원 임용지원자는 임용권자에게 임용 여부에 대한 응답을 신청할 법규상 또는 조리상 권리가 없다. 대법원 2003. 10. 23. 선고 2002두12489 판결

4. 행정청이 개별토지가격결정 조정신청에 대하여 정정불가 결정 통지를 한 것은 이른바 관념의 통지에 불과할 뿐 항고소송의 대상이 되는 처분이 아니다. 대법원 2002. 2. 5. 선고 2000두5043 판결

5. 행정자치부장관에게 훈장을 요구할 수 있는 법규상 또는 조리상 권리를 갖는다고 볼 수 없으므로, 훈장수여신청에 대한 거부통지는 항고소송의 대상이 되는 처분으로 볼 수 없다. 서울고등법원 2005. 4. 27. 선고 2004누8790 판결

OX 체크

01 인터넷 포털사이트의 개인정보 유출사고로 주민등록번호가 불법 유출되었음을 이유로 주민등록번호 변경신청을 하였으나 관할 구청장이 이를 거부한 경우, 그 거부행위는 처분에 해당하지 않는다. ( )

02 건축계획심의신청에 대한 반려처분은 항고소송의 대상이 되는 행정처분에 해당한다. ( )

03 임용지원자가 특별채용 대상자로서 자격을 갖추고 있고 유사한 지위에 있는 자에 대하여 정규교사로 특별채용한 전례가 있다 하더라도, 교사의 특별채용을 요구할 법규상 또는 조리상의 권리가 있다고 할 수 없다. ( )

정답
01 × 02 ○ 03 ○

4. 반복된 행위

(1) 침익적 행위의 반복 : (원칙) 최초의 행위만 처분성이 인정됨

1. 행정대집행법상의 건물철거의무는 제1차 철거명령 및 계고처분으로서 발생하였고 제2차, 제3차의 계고처분은 새로운 철거의무를 부과한 것이 아니고 다만 대집행기한의 연기통지에 불과하므로 행정처분이 아니다. 대법원 1994. 10. 28. 선고 94누5144 판결 ★★★ 01

2. 다시 공익근무요원 소집통지를 하였다고 하더라도 이는 최초의 공익근무요원 소집통지에 관하여 다시 의무이행기일을 정하여 알려주는 연기통지에 불과한 것이므로, 이는 항고소송의 대상이 되는 독립한 행정처분으로 볼 수 없다. 대법원 2005. 10. 28. 선고 2003두14550 판결

   [비교판례] 피고가 원고에게 「공공감사에 관한 법률」에 따라 감사결과 및 조치사항을 통보한 뒤, 그와 동일한 내용으로 원고에게 시정명령을 내리면서 그 근거법령으로 유아교육법을 명시하였다면, 비록 위 시정명령이 원고에게 부과하는 의무의 내용은 같을지라도, 「공공감사에 관한 법률」 제23조에 따라 통보된 조치사항을 이행하지 않은 경우와 유아교육법 제30조에 따른 시정명령을 이행하지 않은 경우에 당사자가 입는 불이익이 다르므로, 위 시정명령에 대하여도 처분성을 인정해야 한다고 본 사례. 대법원 2022. 9. 7. 선고 2022두42365 판결

(2) 신청에 대한 거부처분의 반복 : 각 거부처분의 처분성이 모두 인정됨

1. 수익적 행정처분을 구하는 신청에 대한 거부처분이 있은 후 당사자가 다시 신청을 한 경우에는 신청의 제목 여하에 불구하고 그 내용이 새로운 신청을 하는 취지라면 관할 행정청이 이를 다시 거절하는 것은 새로운 거부처분이라고 보아야 한다. 관계 법령이나 행정청이 사전에 공표한 처분기준에 신청기간을 제한하는 특별한 규정이 없는 이상 재신청을 불허할 법적 근거가 없으며, 설령 신청기간을 제한하는 특별한 규정이 있더라도 재신청이 신청기간을 도과하였는지는 본안에서 재신청에 대한 거부처분이 적법한가를 판단하는 단계에서 고려할 요소이지, 소송요건 심사단계에서 고려할 요소가 아니다. 대법원 2021. 1. 14. 선고 2020두50324 판결 ★★ 02

2. [1] 어떠한 처분이 수익적 행정처분을 구하는 신청에 대한 거부처분이 아니라고 하더라도, 해당 처분에 대한 이의신청의 내용이 새로운 신청을 하는 취지로 볼 수 있는 경우에는, 그 의의신청에 대한 결정의 통보를 새로운 처분으로 볼 수 있다. ★

   [2] 갑 시장이 을 소유 토지의 경계확정으로 지적공부상 면적이 감소되었다는 이유로 지적재조사위원회의 의결을 거쳐 을에게 조정금 수령을 통지하자(1차 통지), 을이 구체적인 이의신청 사유와 소명자료를 첨부하여 이의를 신청하였으나, 갑 시장이 지적재조사위원회의 재산정 심의·의결을 거쳐 종전과 동일한 액수의 조정금 수령을 통지한(2차 통지) 사안에서, 2차 통지는 1차 통지와 별도로 행정쟁송의 대상이 되는 처분으로 보는 것이 타당하다고 한 사례. 대법원 2022. 3. 17. 선고 2021두53894 판결

OX 체크

01 건물철거명령 및 철거대집행계고를 한 후에 이에 불응하자 다시 제2차, 제3차의 계고를 하였다면 철거의무는 처음에 한 건물철거명령 및 철거대집행계고로 이미 발생하였고 그 이후에 한 제2차, 제3차의 계고는 새로운 철거의무를 부과한 것이 아니라 대집행 기한을 연기하는 통지에 불과하다. ( )

02 거부처분이 있은 후 당사자가 다시 신청을 한 경우에는 그 내용이 새로운 신청을 하는 취지라면 관할 행정청이 이를 다시 거절하는 것은 새로운 거부처분이라고 보아야 한다. ( )

정답
01 ○ 02 ○

5. 공공계약 관련 법리

(1) 공공계약의 법적 성질

- 국가계약법, 지방계약법 또는 공공기관운영법에 따라 국가나 지방자치단체 또는 공공기관이 입찰방식에 의하여 사인과 체결하는 계약은 사법상 계약에 해당한다. 01

> **판례**
>
> 1. 국가를 당사자로 하는 계약에 관한 법률(국가계약법)에 따라 국가가 당사자가 되는 이른바 공공계약은 사경제 주체로서 상대방과 대등한 위치에서 체결하는 사법상 계약으로서 본질적인 내용은 사인 간의 계약과 다를 바가 없으므로, 그에 관한 법령에 특별한 정함이 있는 경우를 제외하고는 사적 자치와 계약자유의 원칙 등 사법의 원리가 그대로 적용된다. 대법원 2012. 9. 20.자 2012마1097 결정 ★★★ 02 03
> 2. 예산회계법(현 국가계약법)에 따라 체결되는 계약은 사법상의 계약이라고 할 것이고 동법상 입찰보증금은 사법상의 손해배상 예정으로서의 성질을 갖는 것이라고 할 것이므로 입찰보증금의 국고귀속조치는 국가가 사법상의 재산권의 주체로서 행위하는 것이지 공권력을 행사하는 것이거나 공권력작용과 일체성을 가진 것이 아니라 할 것이므로 이에 관한 분쟁은 행정소송이 아닌 민사소송의 대상이 될 수밖에 없다. 대법원 1983. 12. 27. 선고 81누366 판결 ★★★ 04

(2) 입찰참가자격제한조치의 법적 성질

- 국가나 지방자치단체 또는 공공기관이 법령이나 내부규정에 근거하여 한 입찰참가자격제한조치는 처분성이 인정된다. 05 06 07
- 이와 달리 계약에 근거한 입찰참가자격제한조치는 처분이 아닌 계약상 의사표시에 해당한다.

> **판례**
>
> 1. 국가를 당사자로 하는 계약에 관한 법률 또는 지방자치단체를 당사자로 하는 계약에 관한 법률에 의하여 국가의 각 중앙관서의 장 또는 지방자치단체의 장이 한 부정당업자의 입찰참가자격제한조치는 제재적 성격의 권력적 행위로서 처분이다. 대법원 1996. 12. 20. 선고 96누14708 판결 ★★★
> 2. 한국수력원자력 주식회사가 자신의 '공급자관리지침'에 근거하여 등록된 공급업체에 대하여 하는 '등록취소 및 그에 따른 일정 기간의 거래제한조치'는 행정청이 행하는 구체적 사실에 관한 법집행으로서의 공권력의 행사인 '처분'에 해당한다. 대법원 2020. 5. 28. 선고 2017두66541 판결 ★
> 3. 공기업·준정부기관이 법령 또는 계약에 근거하여 선택적으로 입찰참가자격 제한 조치를 할 수 있는 경우, 계약상대방에 대한 입찰참가자격 제한 조치가 법령에 근거한 행정처분인지 아니면 계약에 근거한 권리행사인지는 원칙적으로 의사표시의 해석 문제이다. 이때에는 공기업·준정부기관이 계약상대방에게 통지한 문서의 내용과 해당 조치에 이르기까지의 과정을 객관적·종합적으로 고찰하여 판단하여야 한다. 대법원 2018. 10. 25. 선고 2016두33537 판결 ★★ 08 09
> 4. 공기업·준정부기관이 입찰을 거쳐 계약을 체결한 상대방에 대해 위 규정들에 따라 계약조건 위반을 이유로 입찰참가자격제한처분을 하기 위해서는 입찰공고와 계약서에 미리 계약조건과 그 계약조건을 위반할 경우 입찰참가자격 제한을 받을 수 있다는 사실을 모두 명시해야 한다. 계약상대방이 입찰공고와 계약서에 기재되어 있는 계약조건을 위반한 경우에도 공기업·준정부기관이 입찰공고와 계약서에 미리 그 계약조건을 위반할 경우 입찰참가자격이 제한될 수 있음을 명시해 두지 않았다면, 위 규정들을 근거로 입찰참가자격제한처분을 할 수 없다. 대법원 2021. 11. 11. 선고 2021두43491 판결 ★ 10

OX 체크

01 「국가를 당사자로 하는 계약에 관한 법률」에 따라 국가가 당사자가 되는 이른바 공공계약에 관한 법적 분쟁은 원칙적으로 행정법원의 관할 사항이다. ( )

02 지방자치단체가 일방 당사자가 되는 이른바 '공공계약'이 사법상 계약에 해당하는 경우에도 법령에 특별한 규정이 없다면 사적자치와 계약자유의 원칙 등 사법의 원리가 그대로 적용되지는 않는다. ( )

03 구 「정부투자기관 관리기본법」의 적용 대상인 정부투자기관이 일방 당사자가 되는 계약은 사법상의 계약으로서 그에 관한 법령에 특별한 정함이 있는 경우를 제외하고는 사적 자치의 원칙이 그대로 적용된다. ( )

04 조달청장이 「예산회계법」에 따라 계약을 체결하거나 입찰보증금 국고귀속조치를 취하는 것은 사법관계에 해당한다. ( )

05 조달청장이 법령에 근거하여 입찰참가자격을 제한하는 것은 사법관계에 해당한다. ( )

06 「공공기관의 운영에 관한 법률」에 따른 입찰참가자격제한조치는 행정처분에 해당한다. ( )

07 「공기업·준정부기관 회계사무규칙」에 의한 한국전력공사의 부정당업자제재처분은 항고소송의 대상이 된다. ( )

08 공기업·준정부기관이 계약에 근거한 권리행사로서 입찰참가자격 제한 조치를 하였으므로 입찰참가자격 제한 조치는 행정처분이다. ( )

09 공기업·준정부기관이 법령 또는 계약에 근거하여 선택적으로 입찰참가자격 제한 조치를 할 수 있는 경우, 계약상대방에 대한 입찰참가자격 제한 조치가 법령에 근거한 행정처분인지 아니면 계약에 근거한 권리행사인지는 원칙적으로 의사표시 해석의 문제이다. ( )

10 공기업·준정부기관이 입찰을 거쳐 계약을 체결한 상대방에 대해 「공공기관의 운영에 관한 법률」 등에 따라 계약조건 위반을 이유로 입찰참가자격제한처분을 하기 위해서는 입찰공고와 계약서에 미리 계약조건과 그 계약조건을 위반할 경우 입찰참가자격 제한을 받을 수 있다는 사실을 모두 명시해야 한다. ( )

정답
01 ×   02 ×   03 ○   04 ○   05 ×
06 ○   07 ○   08 ×   09 ○   10 ○

OX 체크

01 조달청이 계약상대자에 대하여 나라장터 종합쇼핑몰에서의 거래를 일정기간 정지하는 조치는, 비록 물품구매계약의 추가특수조건이라는 사법상 계약에 근거한 것이라고 하더라도 행정청인 조달청이 행하는 구체적 사실에 관한 법집행으로서의 공권력의 행사로서 그 상대방 회사의 권리·의무에 직접 영향을 미치므로 항고소송의 대상이 되는 행정처분에 해당한다. ( )

02 공공기관 입찰의 낙찰적격 심사기준의 점수를 감점한 조치는 항고소송의 대상이 되는 행정처분이다. ( )

03 국세감액결정 처분은 이미 부과된 과세처분에 하자가 있음을 이유로 사후에 이를 일부 취소하는 처분이고, 취소의 효력은 판결 등에 의한 취소이거나 과세관청의 직권에 의한 취소이거나에 관계없이 그 부과처분이 있었을 당시로 소급하여 발생한다. ( )

04 감액경정처분이 있는 경우, 항고소송의 대상은 당초의 부과처분 중 경정처분에 의하여 아직 취소되지 않고 남은 부분이고, 적법한 전심절차를 거쳤는지 여부도 당초 처분을 기준으로 판단하여야 한다. ( )

(3) 그 밖의 구체적 판례

 판례

1. (조달청이 사법상 계약의 성격을 갖는 물품구매계약 추가특수조건 규정에 따라 갑 회사에 대하여 6개월의 나라장터 종합쇼핑몰 거래정지 조치를 한 사안에서) 위 거래정지 조치는 비록 추가특수조건이라는 사법상 계약에 근거한 것이지만 행정청인 조달청이 행하는 구체적 사실에 관한 법집행으로서의 공권력의 행사로서 그 상대방인 갑 회사의 권리·의무에 직접 영향을 미치므로 항고소송의 대상이 되는 행정처분에 해당한다. 대법원 2018. 11. 29. 선고 2015두52395 판결 ★ **01**

2. (한국철도시설공단이 갑 주식회사에 대하여 시설공사 입찰참가 당시 허위 실적증명서를 제출하였다는 이유로 향후 2년간 공사낙찰적격심사 시 종합취득점수의 10/100을 감점한다는 내용의 통보를 한 사안에서) 위 통보는 사법상의 효력을 가지는 통지행위에 불과하여 행정소송의 대상이 되는 행정처분이라고 할 수 없다고 한 사례. 대법원 2014. 12. 24. 선고 2010두6700 판결 ★ **02**

3. (공공기관운영법이 적용되지 않는 공기업 사례) 수도권매립지관리공사가 한 입찰참가자격을 제한하는 내용의 부정당업자제재처분은 행정소송의 대상이 되는 행정처분이 아니다. 대법원 2010. 11. 26. 자 2010무137 결정

4. 수요기관이 기타공공기관인 요청조달계약의 경우에 관하여는 입찰참가자격 제한 처분의 수권 등에 관한 법령상 근거가 없으므로, 조달청장이 국가계약법 제27조 제1항에 의하여서는 계약상대방에 대하여 입찰참가자격 제한 처분을 할 수는 없고, 그 밖에 그러한 처분을 할 수 있는 별도의 법적 근거도 없다. 대법원 2017. 6. 29. 선고 2014두14389 판결

5. (공공기관운영법 제정 전 사례) 한국전력공사가 정부투자기관회계규정에 의하여 행한 입찰참가자격을 제한하는 내용의 부정당업자제재처분은 행정소송의 대상이 되는 행정처분이 아니라 단지 상대방을 위 공사가 시행하는 입찰에 참가시키지 않겠다는 뜻의 사법상의 효력을 가지는 통지행위에 불과하다. 대법원 1999. 11. 26. 자 99부3 결정

6. 변경처분

(1) 감액경정처분

- 감액경정처분은 당초처분의 직권일부취소의 성질을 가지므로, 항고소송의 대상은 수익적 성격을 갖는 감액경정처분이 아니라 감액되고 남은 당초처분(변경된 당초처분)이다.

 판례

1. 국세 감액결정 처분은 이미 부과된 과세처분에 하자가 있음을 이유로 사후에 이를 일부취소하는 처분이므로, 취소의 효력은 그 취소된 국세 부과처분이 있었을 당시에 소급하여 발생하는 것이다. 대법원 1995. 9. 15. 선고 94다16045 판결 **03**

2. 감액처분은 감액된 징수금 부분에 관해서만 법적 효과가 미치는 것으로서 당초 징수결정과 별개 독립의 징수금 결정처분이 아니라 그 실질은 처음 징수결정의 변경이고, 그에 의하여 징수금의 일부취소라는 징수의무자에게 유리한 결과를 가져오는 처분이므로 징수의무자에게는 그 취소를 구할 소의 이익이 없다. 이에 따라 감액처분으로도 아직 취소되지 않고 남아 있는 부분이 위법하다 하여 다투고자 하는 경우, 감액처분을 항고소송의 대상으로 할 수는 없고, 당초 징수결정 중 감액처분에 의하여 취소되지 않고 남은 부분을 항고소송의 대상으로 할 수 있을 뿐이며, 그 결과 제소기간의 준수 여부도 감액처분이 아닌 당초처분을 기준으로 판단해야 한다. 대법원 2012. 9. 27. 선고 2011두27247 판결 ★★ **04**

 정답
01 ○   02 ×   03 ○   04 ○

(2) 증액경정처분

- 증액경정처분이 있는 경우 당초처분은 증액경정처분에 흡수되어 소멸하므로 증액경정처분이 항고소송의 대상이 된다.

1. 증액경정처분이 있는 경우, 당초 신고나 결정은 증액경정처분에 흡수됨으로써 독립한 존재가치를 잃게 된다고 보아야 하므로, 원칙적으로는 당초 신고나 결정에 대한 불복기간의 경과 여부 등에 관계없이 증액경정처분만이 항고소송의 심판대상이 되고, 납세의무자는 그 항고소송에서 당초 신고나 결정에 대한 위법사유도 함께 주장할 수 있다. 대법원 2009. 5. 14. 선고 2006두17390 판결 ★ 01

2. 증액경정처분이 있는 경우 당초처분은 증액경정처분에 흡수되어 소멸하고, 소멸한 당초처분의 절차적 하자는 존속하는 증액경정처분에 승계되지 아니한다. 대법원 2010. 6. 24. 선고 2007두16493 판결 ★★ 02

(3) 적극적 변경처분

1. 기존의 행정처분을 변경하는 내용의 행정처분이 뒤따르는 경우, 후속처분이 종전 처분을 완전히 대체하는 것이거나 주요 부분을 실질적으로 변경하는 내용인 경우에는 특별한 사정이 없는 한 종전처분은 효력을 상실하고 후속처분만이 항고소송의 대상이 되지만, 후속처분의 내용이 종전처분의 유효를 전제로 내용 중 일부만을 추가·철회·변경하는 것이고 추가·철회·변경된 부분이 내용과 성질상 나머지 부분과 불가분적인 것이 아닌 경우에는, 후속처분에도 불구하고 종전처분이 여전히 항고소송의 대상이 된다. 대법원 2015. 11. 19. 선고 2015두295 전원합의체판결 ★

2. 선행처분의 주요 부분을 실질적으로 변경하는 내용으로 후행처분을 한 경우에 선행처분은 특별한 사정이 없는 한 효력을 상실하지만, 후행처분이 선행처분의 내용 중 일부만을 소폭 변경하는 정도에 불과한 경우에는 선행처분은 소멸하는 것이 아니라 후행처분에 의하여 변경되지 아니한 범위 내에서는 그대로 존속한다. 대법원 2020. 4. 9. 선고 2019두49953 판결

3. 선행처분이 후행처분에 의하여 변경되지 아니한 범위 내에서 존속하고 후행처분은 선행처분의 내용 중 일부를 변경하는 범위 내에서 효력을 가지는 경우, 선행처분에만 존재하는 취소사유를 이유로 후행처분의 취소를 청구할 수는 없다. 대법원 2012. 12. 13. 선고 2010두20782, 20799 판결 ★ 03

4. 당초 관리처분계획의 경미한 사항을 변경하는 경우와는 달리 당초 관리처분계획의 주요 부분을 실질적으로 변경하는 내용으로 새로운 관리처분계획을 수립하여 시장·군수의 인가를 받아 고시된 경우에는 당초 관리처분계획은 그 효력을 상실한다고 할 것이다. 이때 당초 관리처분계획이 효력을 상실한다는 것은 당초 관리처분계획이 유효하게 존속하다가 변경 시점을 기준으로 장래를 향하여 실효된다는 의미이지 소급적으로 무효가 된다는 의미가 아니다. 그리고 이러한 법리는 변경된 관리처분계획이 당초 관리처분계획의 주요 부분을 실질적으로 변경하는 정도에 이르지 않는 경우에도 동일하게 적용되므로, 이와 같은 경우 당초 관리처분계획 중 변경되는 부분은 장래를 향하여 실효된다. 대법원 2016. 6. 23. 선고 2014다16500 판결

OX 체크

01 부가가치세 증액경정처분의 취소를 구하는 항고소송에서 납세의무자는 과세관청의 증액경정사유만 다툴 수 있을 뿐이지 당초 신고에 관한 과다신고사유는 함께 주장하여 다툴 수 없다. ( )

02 증액경정처분이 있는 경우, 당초처분은 증액경정처분에 흡수되어 소멸하고, 소멸한 당초처분의 절차적 하자는 존속하는 증액경정처분에 승계되지 아니한다. ( )

03 선행처분이 후행처분에 의하여 변경되지 아니한 범위 내에서 존속하고 후행처분은 선행처분의 내용 중 일부를 변경하는 범위 내에서 효력을 가지는 경우에, 선행처분에만 존재하는 취소사유를 이유로 후행처분의 취소를 청구할 수 있다. ( )

정답
01 ✗ 02 ○ 03 ✗

7. 특별한 불복절차의 존재

• 과태료, 통고처분 등 개별 법률에 해당 행정작용을 다툴 수 있는 특별한 불복절차를 규정하고 있는 경우, 그와 같은 행정작용은 처분성이 인정되지 않는다.

판례

1. [1] 행정소송법 제2조의 처분의 개념 정의에는 해당한다고 하더라도 그 처분의 근거 법률에서 행정소송 이외의 다른 절차에 의하여 불복할 것을 예정하고 있는 처분은 항고소송의 대상이 될 수 없다. 검사의 불기소결정에 대해서는 검찰청법에 의한 항고와 재항고, 형사소송법에 의한 재정신청에 의해서만 불복할 수 있는 것이므로, 이에 대해서는 행정소송법상 항고소송을 제기할 수 없다. ★ 01
   [2] 형사소송법 제258조 제1항의 처분결과 통지는 불기소결정이라는 검사의 처분이 있은 후 그에 대한 불복과 관련된 절차일 뿐 별도의 독립된 처분이 된다고는 볼 수 없다. 대법원 2018. 9. 28. 선고 2017두47465 판결 ★

2. 검사의 공소에 대하여는 형사소송절차에 의하여서만 이를 다툴 수 있고 행정소송의 방법으로 공소의 취소를 구할 수는 없다. 대법원 2000. 3. 28. 선고 99두11264 판결

3. 파산법원이 관할하는 파산절차 내에서 그 신청의 적법 여부 등을 다투어야 할 것이므로, 위와 같은 금융감독위원회의 부실금융기관에 대한 파산신청은 행정소송법상 취소소송의 대상이 되는 행정처분이라 할 수 없다. 대법원 2006. 7. 28. 선고 2004두13219 판결

8. 구체적 판례

(1) 처분성을 인정한 사례

판례

1. 사회기반시설에 대한 민간투자법상 민간투자사업의 사업시행자지정처분. 대법원 2009. 4. 23. 선고 2007두13159 판결 ★ 02

2. 지방자치단체의 장이 민간투자사업을 추진하는 과정에서 사업시행자를 지정하기 위한 전 단계에서 공모제안을 받아 일정한 심사를 거쳐 우선협상대상자를 선정하는 행위와 이미 선정된 우선협상대상자를 그 지위에서 배제하는 행위는 모두 항고소송의 대상이 되는 행정처분으로 보아야 한다. 대법원 2020. 4. 29. 선고 2017두31064 판결 ★★★ 03

3. 지방계약직 공무원에 대한 보수의 삭감은 이를 당하는 공무원의 입장에서는 징계처분의 일종인 감봉과 다를 바 없으므로 이는 항고소송의 대상인 행정처분에 해당한다. 대법원 2008. 6. 12. 선고 2006두16328 판결 ★

4. 공정거래위원회의 입찰참가자격제한 요청 결정. 대법원 2023. 2. 2. 선고 2020두48260 판결 ★★ 04

5. 법무사의 사무원 채용승인 신청에 대하여 소속 지방법무사회가 '채용승인을 거부'하는 조치 또는 일단 채용승인을 하였으나 법무사규칙 제37조 제6항을 근거로 '채용승인을 취소'하는 조치는 항고소송의 대상인 '처분'이라고 보아야 한다. 대법원 2020. 4. 9. 선고 2015다34444 판결 ★★ 05

6. [1] 공법인인 총포·화약안전기술협회가 자신의 공행정활동에 필요한 재원을 마련하기 위하여 회비납부의무자에 대하여 한 '회비납부통지'는 납부의무자의 구체적인 부담금액을 산정·고지하는 '부담금 부과처분'으로서 항고소송의 대상이 된다고 보아야 한다. ★ 06
   [2] 화약류 안정도시험 대상자가 총포·화약안전기술협회로부터 안정도시험을 받지 않는 경우에는 경찰청장 또는 지방경찰청장이 화약류 안정도시험 대상자에 대하여 일정 기한 내에 안정도시험을 받으라는 검사명령을 할 수 있으며, 이는 항고소송이 대상이 되는 '처분'이라고 보아야 한다. 대법원 2021. 12. 30. 선고 2018다241458 판결

OX 체크

01 검사의 불기소결정은 공권력의 행사에 포함되므로, 검사의 자의적인 수사에 의하여 불기소결정이 이루어진 경우 그 불기소결정은 처분에 해당한다. ( )

02 「사회기반시설에 대한 민간투자법」상 민간투자사업의 사업시행자 지정은 공법상 계약이 아니라 행정처분에 해당한다. ( )

03 「공유재산 및 물품 관리법」에 근거하여 공모제안을 받아 이루어지는 민간투자사업 '우선협상대상자 선정행위'나 '우선협상대상자 지위배제행위'만이 항고소송의 대상인 처분에 해당한다. ( )

04 공정거래위원회가 「하도급거래 공정화에 관한 법률」 제26조(관계 행정기관의 장의 협조)에 따라 관계 행정기관의 장에게 한 원사업자 또는 수급사업자에 대한 입찰참가자격의 제한을 요청한 결정은 항고소송의 대상이 되는 처분에 해당한다. ( )

05 지방법무사회가 법무사의 사무원 채용승인 신청을 거부하거나 채용승인을 얻어 채용 중인 사람에 대한 채용승인을 취소하는 것은 처분에 해당한다. ( )

06 총포·화약안전기술협회가 자신의 공행정활동에 필요한 재원을 마련하기 위하여 회비납부의무자에 대하여 한 '회비납부통지'는 납부의무자의 구체적인 부담금액을 산정·고지하는 '부담금 부과처분'으로서 항고소송의 대상이 된다. ( )

OX 체크

01 구 「산업집적활성화 및 공장설립에 관한 법률」에 따른 산업단지 입주계약의 해지통보는 행정청인 관리권자로부터 관리업무를 위탁받은 한국산업단지공단이 우월적 지위에서 그 상대방에게 일정한 법률상 효과를 발생하게 하는 것으로서 항고소송의 대상이 되는 행정처분에 해당한다. ( )

02 택시회사들의 자발적 감차와 그에 따른 감차보상금의 지급 및 자발적 감차조치의 불이행에 따른 행정청의 직권 감차명령을 내용으로 하는 택시회사들과 행정청 간의 합의는 대등한 당사자 사이에서 체결한 공법상 계약에 해당하므로, 그에 따른 감차명령은 행정청이 우월한 지위에서 행하는 공권력의 행사로 볼 수 없다. ( )

정답

01 × 02 ○ 03 × 04 ○ 05 ○
06 ○

7. 구 「산업집적활성화 및 공장설립에 관한 법률」에 따른 산업단지 입주계약의 해지통보. 대법원 2011. 6. 30. 선고 2010두23859 판결 ★★ 01

8. 행정청은 면허발급 이후에도 운송사업자의 동의하에 여객자동차운송사업의 질서 확립을 위하여 운송사업자가 준수할 의무를 정하고 이를 위반할 경우 감차명령을 할 수 있다는 내용의 면허조건을 붙일 수 있고, 감차명령은 행정소송법이 정한 처분으로서 항고소송의 대상이 된다. 대법원 2016. 11. 24. 선고 2016두45028 판결 ★ 02

9. 과학기술기본법령상 사업 협약의 해지 통보는 행정청이 우월적 지위에서 연구개발비의 회수 및 관련자에 대한 국가연구개발사업 참여제한 등의 법률상 효과를 발생시키는 행정처분에 해당한다(재단법인 한국연구재단이 두뇌한국(BK21) 사업협약 해지통보를 한 것을 처분으로 본 사례). 대법원 2014. 12. 11. 선고 2012두28704 판결 ★★★ 03 04

10. 한국환경산업기술원장이 환경기술개발사업 협약을 체결한 甲 주식회사 등에게 연차평가 실시 결과 절대평가 60점 미만으로 평가되었다는 이유로 연구개발 중단 조치 및 연구비 집행중지 조치를 한 것. 대법원 2015. 12. 24. 선고 2015두264 판결 ★

11. 진정에 대한 국가인권위원회의 각하 및 기각결정. 헌법재판소 2015. 3. 26. 선고 2013헌마214 결정 ★ 05

12. 진실·화해를 위한 과거사정리 기본법에 따른 진실·화해를 위한 과거사정리위원회의 진실규명결정. 대법원 2013. 1. 16. 선고 2010두22856 판결 ★ 06

13. 친일반민족행위자 재산조사위원회의 재산조사개시결정. 대법원 2009. 10. 15. 선고 2009두6513 판결 ★ 07

14. 승진후보자 명부에 포함되어 있던 후보자를 승진임용인사발령에서 제외하는 행위. 대법원 2018. 3. 27. 선고 2015두47492 판결 ★ 08

15. 택지개발촉진법상의 택지개발예정지구지정 및 택지개발사업시행자에 대한 택지개발계획승인. 대법원 1992. 8. 14. 선고 91누11582 판결 ★

16. 코로나바이러스감염증-19의 예방을 위하여 음식점 및 PC방 운영자 등에게 영업시간을 제한하거나 이용자 간 거리를 둘 의무를 부여하는 서울특별시고시들은 항고소송의 대상인 행정처분에 해당한다. 헌법재판소 2023. 5. 25. 선고 2021헌마21 전원재판부 결정 ★ 09

17. 교육부장관이 대학에서 추천한 복수의 총장 후보자들 전부 또는 일부를 임용제청에서 제외하는 행위는 제외된 후보자들에 대한 불이익처분으로서 항고소송의 대상이 되는 처분에 해당한다. ★ 다만, 교육부장관이 특정 후보자를 임용제청에서 제외하고 다른 후보자를 임용제청함으로써 대통령이 임용제청된 다른 후보자를 총장으로 임용한 경우에는, 임용제청에서 제외된 후보자는 대통령이 자신에 대하여 총장 임용 제외처분을 한 것으로 보아 이를(주: 대통령의 임용제외처분) 다투어야 한다(대통령의 처분의 경우 소속 장관이 행정소송의 피고가 된다). 이러한 경우에는 교육부장관의 임용제청 제외처분을 별도로 다툴 소의 이익이 없어진다. 대법원 2018. 6. 15. 선고 2016두57564 판결 ★ 10

18. 교통안전공단이 납부의무자에 대하여 한 분담금 납부통지는 그 납부의무자의 구체적인 분담금 납부의무를 확정시키는 효력을 갖는 행정처분이라고 보아야 할 것이고, 이는 그 분담금 체납자로부터 국세징수법에 의한 강제징수를 할 수 있음을 정한 규정이 없다고 하여도 마찬가지이다. 대법원 2000. 9. 8. 선고 2000다12716 판결 ★ 11

19. 공정거래위원회의 표준약관 사용권장행위. 대법원 2010. 10. 14. 선고 2008두23184 판결 12

20. 표시·광고의 공정화에 관한 법률 위반을 이유로 한 공정거래위원회의 경고. 헌법재판소 2012. 6. 27. 선고 2010헌마508 결정

21. 평택~시흥 간 고속도로 건설공사 사업시행자인 한국도로공사가 고속도로 건설공사에 편입되는 토지소유자들을 대위하여 토지면적등록 정정신청을 하였으나 화성시장이 이를 반려한 행위. 대법원 2011. 8. 25. 선고 2011두3371 판결 13

OX 체크

01 02 ↗

03 과학기술기본법령상 국가연구개발사업 협약의 해지 통보는 단순히 대등 당사자의 지위에서 형성된 공법상 계약을 계약당사자의 지위에서 종료시키는 의사표시에 불과하다. ( )

04 재단법인 한국연구재단이 A대학교 총장에게 연구개발비의 부당집행을 이유로 과학기술기본법령에 따라 '두뇌한국(BK21) 사업' 협약의 해지를 통보한 것은 공법상 계약을 계약당사자의 지위에서 종료시키는 의사표시에 해당한다. ( )

05 국가인권위원회가 진정에 대하여 각하 및 기각결정을 할 경우 피해자인 진정인은 인권침해 등에 대한 구제조치를 받을 권리를 박탈당하게 되므로, 국가인권위원회의 진정에 대한 각하 및 기각결정은 처분에 해당한다. ( )

06 진실·화해를 위한 과거사정리 위원회의 진실규명결정은 항고소송 대상이 되는 행정처분에 해당한다. ( )

07 친일반민족행위자재산조사위원회의 재산조사개시결정은 항고소송 대상이 되는 행정처분에 해당한다. ( )

08 「교육공무원법」상 승진후보자 명부에 의한 승진심사 방식으로 행해지는 승진임용에서 승진후보자 명부에 포함되어 있던 후보자를 승진임용인사발령에서 제외하는 행위는 항고소송의 대상인 처분에 해당하지 않는다. ( )

09 코로나바이러스감염증-19의 예방을 위하여 음식점 및 PC방 운영자 등에게 영업시간을 제한하거나 이용자 간 거리를 둘 의무를 부여하는 서울특별시고시들은 항고소송의 대상인 행정처분에 해당한다. ( )

10 국립대학교 총장의 임용권한은 대통령에게 있으므로, 교육부장관이 대통령에게 임용제청을 하면서 대학에서 추천한 복수의 총장 후보자들 중 일부를 임용제청에서 제외한 행위는 처분에 해당하지 않는다. ( )

11 교통안전공단이 구 「교통안전공단법」에 의거하여 교통안전 분담금 납부의무자에게 한 분담금납부통지는 행정처분이 아니다. ( )

12 구 「약관의 규제에 관한 법률」에 따른 공정거래위원회의 표준약관 사용권장행위는 항고소송의 대상이 되는 행정처분에 해당한다. ( )

13 사업시행자인 한국도로공사가 구 「지적법」에 따라 고속도로 건설공사에 편입되는 토지소유자들을 대위하여 토지면적등록 정정신청을 하였으나 관할 행정청이 이를 반려하였다면, 이러한 반려행위는 항고소송 대상이 되는 행정처분에 해당한다. ( )

정답

01 O 02 X 03 X 04 X 05 O
06 O 07 O 08 X 09 O 10 X
11 X 12 O 13 O

22. 정부 간 항공노선의 개설에 관한 잠정협정 및 비밀양해각서와 건설교통부 내부지침에 의한 **항공노선에 대한 운수권배분처분**. 대법원 2004. 11. 26. 선고 2003두10251 판결
23. **농지처분의무통지**. 대법원 2003. 11. 14. 선고 2001두8742 판결 `01`
24. **검찰총장**이 사무검사 및 사건평정을 기초로 대검찰청 자체감사규정 등에 근거하여 검사에 대하여 하는 '**경고조치**'는 검사의 권리 의무에 영향을 미치는 행위로서 항고소송의 대상이 되는 처분이라고 보아야 한다. (한편) 검찰총장의 경고처분은 검사징계법에 따른 징계처분이 아니라 검찰청법에 근거하여 검사에 대한 **직무감독권을 행사**하는 작용에 해당하므로, 검사의 **직무상 의무 위**반의 정도가 중하지 않아 검사징계법에 따른 '**징계사유**'에는 해당하지 않더라도 징계처분보다 낮은 수준의 감독조치로서 '경고처분'을 할 수 있고, 법원은 그것이 직무감독권자에게 주어진 재량권을 일탈·남용한 것이라는 특별한 사정이 없는 한 이를 존중하는 것이 바람직하다. 대법원 2021. 2. 10. 선고 2020두47564 판결 ★ `02` `03`
25. 과세관청의 **원천징수의무자인 법인에 대한 소득금액변동통지**. 대법원 2006. 4. 20. 선고 2002두1878 전원합의체판결 ★★ `04`
26. **토지분할신청에 대한 거부행위**. 대법원 1993. 3. 23. 선고 91누8968 판결 `05`
27. **금융기관의 임원에 대한 금융감독원장의 문책경고**. 대법원 2005. 2. 17. 선고 2003두14765 판결 ★ `06`
28. 교육부장관이 **의대정원**을 각 대학별로 **증원배정**한 것. 대법원 2024. 6. 19.자 2024무689 결정 ★
29. **지방공무원에 대한 행정규칙에 의한 불문경고조치**. 대법원 2002. 7. 26. 선고 2001두3532 판결 `07`
30. **토지거래계약에 관한 허가구역의 지정**. 대법원 2006. 12. 22. 선고 2006두12883 판결
31. 사회기반시설에 대한 민간투자법 제45조 제1항에 따라 주무관청이 사업시행자에게 한 **감독명령**. 대법원 2019. 3. 28. 선고 2016두43176 판결

(2) 처분성을 부정한 사례

판례

1. **국가보훈처장의 서훈취소통보**. 대법원 2015. 4. 23. 선고 2012두26920 판결 ★
2. 행정청이 주택건설사업의 **양수인에 대하여 양도인에 대한 사업계획승인을 취소하였다는 사실을 통지한 행위**. 대법원 2000. 9. 26. 선고 99두646 판결 ★ `08`
3. 구 소득세법에 따른 **원천납세의무자인 소득의 귀속자에 대한 소득금액변동통지**. 대법원 2015. 3. 26. 선고 2013두9267 판결 ★
4. **시험승진후보자명부에서의 삭제행위**. 대법원 1997. 11. 14. 선고 97누7325 판결 ★ `09`
5. **상표권자인 법인**에 대한 **청산종결등기**가 되었음을 이유로 한 **상표권의 말소등록**. 대법원 2015. 10. 29. 선고 2014두2362 판결 ★ `10`
6. (재단법인 한국연구재단이 대학교 총장에게 **두뇌한국(BK)21 사업 협약을 해지**하고 연구팀장에 대한 **대학자체 징계 요구** 등을 통보한 사안에서) 연구팀장에 대한 **대학자체 징계 요구**. 대법원 2014. 12. 11. 선고 2012두28704 판결 ★ `11`
7. 과세관청이 **위장사업자의 사업자명의를 직권으로 실사업자의 명의로 정정**하는 행위. 대법원 2011. 1. 27. 선고 2008두2200 판결 ★ `12`
8. 과세관청의 **사업자등록 직권말소**행위. 대법원 2000. 12. 22. 선고 99두6903 판결 `13`
9. **민원사무처리에 관한 법률에서 정한 '거부처분에 대한 이의신청'을 받아들이지 않는 취지의 기각결정 또는 그 취지의 통지**. 대법원 2012. 11. 15. 선고 2010두8676 판결
10. 도지사가 도 내 특정시를 공공기관이 이전할 **혁신도시 최종입지로 선정한 행위**. 대법원 2007. 11. 15. 선고 2007두10198 판결 ★ `14`
11. 해양수산부장관의 **항만 명칭결정**. 대법원 2008. 5. 29. 선고 2007두23873 판결

OX 체크

`01` 구「농지법」상 농지처분의무의 통지는 통지를 전제로 농지처분명령 및 이행강제금부과 등의 일련의 절차가 진행되는 점에서 독립한 행정처분이다. ( )

`02` 검찰총장이 사무검사 및 사건평정을 기초로「대검찰청 자체감사규정」에 근거하여 검사에 대하여 하는 '경고조치'는 항고소송의 대상이 되는 처분에 해당한다. ( )

`03` 검사의 직무상 의무 위반의 정도가 중하지 않아「검사징계법」상 징계사유에 해당하지 않는데도 검찰총장이 대검찰청 내부규정에 근거하여 경고조치를 한 것은 법률유보원칙에 반하므로 허용될 수 없다. ( )

`04` 과세관청의 소득처분에 따른 소득금액변동통지는 항고소송의 대상이 되는 행정처분에 해당한다. ( )

`05` 지적 소관청의 토지분할신청 거부행위는 항고소송의 대상이 되는 행정처분에 해당한다. ( )

`06` 금융감독원장으로부터 문책경고를 받은 금융기관의 임원이 일정기간 금융업종 임원선임의 자격제한을 받도록 관계법령에 규정되어 있는 경우, 금융기관 임원에 대한 문책경고는 상대방의 권리의무에 직접 영향을 미치는 행위이므로 행정처분에 해당한다. ( )

`07` 공무원에 대한 불문경고조치는 항고소송의 대상이 되는 행정처분에 해당한다. ( )

`08` 행정청이 양도인에 대하여 주택건설사업계획승인취소처분을 한 후 이를 양수인에게 통지한 경우, 양수인에 대한 통지는 항고소송의 대상이 되는 행정처분이 아니다. ( )

`09` 시험승진후보자명부에서의 등재자 성명 삭제행위는 항고소송의 대상인 처분에 해당하지 않는다. ( )

`10` 상표권자인 법인에 대한 청산종결등기가 되었음을 이유로 특허청장이 행한 상표권 말소등록 행위는 항고소송의 대상이 되는 행정처분이다. ( )

`11` 재단법인 한국연구재단이 갑 대학교 총장에게 연구개발비의 부당집행을 이유로 두뇌한국(BK)21 사업 협약을 해지하고 연구팀장 을에 대한 대학자체징계를 요구한 것은 항고소송의 대상인 행정처분에 해당하지 않는다. ( )

`12` ~ `14`

정답
`01` ○ `02` ○ `03` × `04` ○ `05` ○
`06` ○ `07` ○ `08` ○ `09` ○ `10` ×
`11` ○ `12` × `13` ○ `14` ×

12. 법인세과세표준결정. 대법원 1986. 1. 21. 선고 82누236 판결 ★ 01
13. 자동차운전면허대장상 일정한 사항의 등재행위. 대법원 1991. 9. 24. 선고 91누1400 판결 ★ 02
14. 운전면허 행정처분처리대장상 벌점의 배점. 대법원 1994. 8. 12. 선고 94누2190 판결
15. 공정거래위원회의 고발조치 및 고발 의결. 대법원 1995. 5. 12. 선고 94누13794 판결 03
16. 국세환급금결정이나 환급거부결정. 대법원 1994. 12. 2. 선고 92누14250 판결 ★ 04
17. 행정청이 한 행위가 단지 사인 간 법률관계의 존부를 공적으로 증명하는 공증행위에 불과하여 그 효력을 둘러싼 분쟁의 해결이 사법원리에 맡겨져 있거나 행위의 근거 법률에서 행정소송 이외의 다른 절차에 의하여 불복할 것을 예정하고 있는 경우에는 항고소송의 대상이 될 수 없다 (주 : 법무법인의 공정증서 작성행위는 처분이 아니라고 본 사례). 대법원 2012. 6. 14. 선고 2010두19720 판결 05
18. 보건복지부장관이 의대정원을 증원할 것이라고 발표한 행위. 대법원 2024. 6. 19.자 2024무689 결정 ★
19. (갑 시장이 감사원으로부터 감사원법 제32조에 따라 을에 대하여 징계의 종류를 정직으로 정한 징계 요구를 받게 되자 감사원에 징계 요구에 대한 재심의를 청구하였고, 감사원이 재심의청구를 기각하자 을이 감사원의 징계 요구와 그에 대한 재심의결정의 취소를 구하고 갑 시장이 감사원의 재심의결정 취소를 구하는 소를 제기한 사안에서) 감사원의 징계 요구와 재심의결정이 항고소송의 대상이 되는 행정처분이라고 할 수 없다. 대법원 2016. 12. 27. 선고 2014두5637 판결 ★ 06
20. 각 군 참모총장이 수당지급대상자 결정절차에 대하여 수당지급대상자를 추천하거나 추천하지 아니하는 행위. 대법원 2009. 12. 10. 선고 2009두14231 판결
21. 진료비청구명세서에 대한 의료보험연합회의 심사결과통지. 대법원 1999. 6. 25. 선고 98두15863 판결
22. 국가보훈처장이 기포상자에게 훈격재심사계획이 없다고 한 회신. 대법원 1989. 1. 24. 선고 88누3116 판결
23. 건설부장관이 행한 국립공원지정처분에 따라 관리청이 행한 경계측량 및 표지의 설치. 대법원 1992. 10. 13. 선고 92누2325 판결 07
24. (여객자동차 운송사업자 갑 회사가 경기도지사와 광명시장에게 보조금 지급신청을 하였으나, 경기도지사가 갑 회사와 광명시장에게 '갑 회사의 보조금 지급신청을 받아들일 수 없음은 기존에 회신한 바와 같고, 광명시에서는 적의 조치하여 주기 바란다.'는 취지로 통보한 사안에서) 경기도지사의 위 통보는 갑 회사의 권리·의무에 직접적인 영향을 주는 것이라고 할 수 없어 항고소송의 대상이 되는 처분으로 볼 수 없다고 한 사례. 대법원 2023. 2. 23. 선고 2021두44548 판결

III 재결

1. 입법주의

(1) **원처분주의**
- 원처분 취소소송에서는 원처분의 하자만을 주장할 수 있고, 재결 취소소송에서는 재결 자체의 고유한 하자만을 주장할 수 있도록 하는 제도를 말한다.

(2) **재결주의**
- 원처분에 대해서는 취소소송을 제기할 수 없고, 재결에 대해서만 취소소송을 제기할 수 있도록 하는 제도를 말한다.
- 재결 취소소송에서 원처분의 하자와 재결 자체의 고유한 하자를 모두 주장할 수 있다.

OX 체크

12 과세관청이 사업자등록을 관리하는 과정에서 위장사업자의 사업자명의를 직권으로 실사업자의 명의로 정정하는 행위는 사업자로서의 지위에 변동을 가져오는 것이므로 항고소송의 대상이 되는 행정처분으로 볼 수 있다. ( )

13 「부가가치세법」상 사업자등록은 단순한 사업사실의 신고에 해당하므로, 과세관청이 직권으로 등록을 말소한 행위는 항고소송의 대상인 행정처분에 해당하지 않는다. ( )

14 「국가균형발전 특별법」에 따른 혁신도시 최종입지 선정행위는 항고소송의 대상이 되는 행정처분이다. ( )

OX 체크

01 세무서장의 법인세 과세표준결정행위는 항고소송의 대상인 처분에 해당한다. ( )

02 자동차운전면허대장에 일정한 사항을 등재하는 행위와 운전경력증명서상의 기재행위는 행정소송의 대상이 되는 독립한 행정처분으로 볼 수 없다. ( )

03 공정거래위원회의 고발조치 및 고발의결은 항고소송의 대상이 되는 행정처분에 해당한다. ( )

04 「국세기본법」에 따른 과세관청의 국세환급금결정은 항고소송의 대상이 되는 행정처분에 해당한다. ( )

05 사인 간의 법률관계의 존부를 공적으로 증명하는 법무법인의 공증행위는 항고소송의 대상이 되는 처분이다. ( )

06 갑 시장이 감사원으로부터 소속 공무원 을에 대하여 징계의 종류를 정직으로 정한 징계 요구를 받게 되자 감사원에 징계 요구에 대한 재심의를 청구하였고 감사원이 재심의청구를 기각한 경우, 감사원의 징계 요구와 재심의결정은 항고소송의 대상이 되는 행정처분에 해당한다. ( )

07 권한 있는 장관이 행한 국립공원지정처분에 따라 공원관리청이 행한 경계측량 및 표지의 설치는 행정처분이다. ( )

정답
01 × 02 ○ 03 × 04 × 05 ×
06 × 07 ×

2. 행정소송법 규정: 원처분주의

> 행정소송법 제19조 【취소소송의 대상】
> 취소소송은 처분등을 대상으로 한다. 다만, 재결취소소송의 경우에는 재결 자체에 고유한 위법이 있음을 이유로 하는 경우에 한한다. 01

3. 재결 자체의 고유한 위법

(1) 의의

- 재결 자체의 고유한 위법이란 원처분에는 없고 재결 자체에만 존재하는 주체, 절차, 형식 및 내용의 위법을 말한다.

  판례

  1. 행정소송법 제19조에서 말하는 '재결 자체에 고유한 위법'이란 원처분에는 없고 재결에만 있는 재결청의 권한 또는 구성의 위법, 재결의 절차나 형식의 위법, 내용의 위법 등을 뜻하고, 그중 내용의 위법에는 위법·부당하게 인용재결을 한 경우가 해당한다. 대법원 1997. 9. 12. 선고 96누14661 판결 ★

  2. 행정처분에 대한 행정심판의 재결에 이유모순의 위법이 있다는 사유는 재결처분 자체에 고유한 하자로서 재결처분의 취소를 구하는 소송에서는 그 위법사유로서 주장할 수 있으나, 원처분의 취소를 구하는 소송에서는 그 취소를 구할 위법사유로서 주장할 수 없다. 대법원 1996. 2. 13. 선고 95누8027 판결 ★ 03

- 기각재결의 내용을 다투는 것은 재결 자체의 고유한 위법을 주장하는 것에 해당하지 않는다.

(2) 각하재결

  판례

  행정심판청구가 부적법하지 않음에도 각하한 재결은 심판청구인의 실체심리를 받을 권리를 박탈한 것으로서 원처분에 없는 고유한 하자가 있는 경우에 해당하고, 따라서 위 재결은 취소소송의 대상이 된다. 대법원 2001. 7. 27. 선고 99두2970 판결 ★

(3) 인용재결

  판례

  1. 이른바 복효적 행정행위, 특히 제3자효를 수반하는 행정행위에 대한 행정심판청구에 있어서 그 청구를 인용하는 내용의 재결로 인하여 비로소 권리이익을 침해받게 되는 자는 그 인용재결에 대하여 다툴 필요가 있고, 그 인용재결은 원처분과 내용을 달리하는 것이므로 그 인용재결의 취소를 구하는 것은 원처분에는 없는 재결에 고유한 하자를 주장하는 셈이어서 당연히 항고소송의 대상이 된다. 대법원 2001. 5. 29. 선고 99두10292 판결 ★★ 05 06

  2. 행정청이 골프장 사업계획승인을 얻은 자의 사업시설 착공계획서를 수리한 것에 대하여 인근 주민들이 그 수리처분의 취소를 구하는 행정심판을 청구하자 재결청이 그 청구를 인용하여 수리처분을 취소하는 형성적 재결을 한 경우, 그 수리처분 취소 심판청구는 행정심판의 대상이 되지 아니하여 부적법 각하하여야 함에도 위 재결은 그 청구를 인용하여 수리처분을 취소하였으므로 재결 자체에 고유한 하자가 있다. 대법원 2001. 5. 29. 선고 99두10292 판결

  3. 인용재결의 취소를 구하는 당해 소송에서는 재결청이 원처분의 취소 근거로 내세운 판단사유의 당부뿐만 아니라 재결청이 심판청구인의 심판청구원인 사유를 배척한 판단 부분이 정당한가도 심리·판단하여야 한다. 대법원 1997. 12. 23. 선고 96누10911 판결

(4) 변경재결 및 변경명령재결 : 변경된 당초처분

1. (해임처분을 소청심사위원회가 정직 2월로 변경한 경우에 있어서 원처분청을 상대로 <u>정직 2월</u> 처분에 대한 취소소송을 제기한 사안에서) 소가 적법함을 전제로 본안판단을 한 사례. 대법원 1997. 11. 14. 선고 97누7325 판결
2. 징계혐의자에 대한 감봉 1월의 징계처분을 견책으로 변경한 소청결정 중 그를 <u>견책에 처한 조치</u>는 재량권의 남용 또는 일탈로서 위법하다는 사유는 소청결정 자체에 <u>고유한 위법을 주장하는 것으로 볼 수 없어</u> 소청결정의 취소사유가 될 수 없다. 대법원 1993. 8. 24. 선고 93누5673 판결 ★ 01
3. 행정청이 식품위생법령에 따라 영업자에게 행정제재처분을 한 후 그 처분을 영업자에게 <u>유리하게 변경</u>하는 처분을 한 경우, 변경처분에 의하여 당초 처분은 소멸하는 것이 아니고 <u>당초부터 유리하게 변경된 내용의 처분으로 존재하는 것이므로</u>, 변경처분에 의하여 유리하게 변경된 내용의 행정제재가 위법하다 하여 그 취소를 구하는 경우 그 <u>취소소송의 대상</u>은 <u>변경된 내용의 당초 처분</u>이지 변경처분은 아니고, 제소기간의 준수 여부도 변경처분이 아닌 변경된 내용의 당초 처분을 기준으로 판단하여야 한다(주 : 변경명령재결에 따른 변경처분이 있었던 사례). 대법원 2007. 4. 27. 선고 2004두9302 판결 ★ 02

(5) 재결 자체의 고유한 위법이 없는 경우 : 청구기각

재결취소소송의 경우 재결 자체에 고유한 위법이 있는지 여부를 심리할 것이고, <u>재결 자체에 고유한 위법이 없는 경우</u>에는 원처분의 당부와는 상관없이 당해 <u>재결취소소송은 이를 기각</u>하여야 한다. 대법원 1994. 1. 25. 선고 93누16901 판결 ★ 03

4. 교원소청심사위원회의 결정

(1) 관련 규정

> **교원지위법 제9조【소청심사의 청구 등】**
> ① 교원(주 : 공공립 및 사립학교 불문)이 징계처분과 그 밖에 그 의사에 반하는 불리한 처분에 대하여 불복할 때에는 그 처분이 있었던 것을 안 날부터 30일 이내에 심사위원회에 <u>소청심사를 청구할 수 있다.</u>
>
> **교원지위법 제10조【소청심사 결정 등】**
> ④ 제1항에 따른 심사위원회의 결정에 대하여 <u>교원</u>, 「사립학교법」 제2조에 따른 <u>학교법인 또는 사립학교 경영자</u> 등 당사자(공공단체는 제외한다)는 그 결정서를 송달받은 날부터 30일 이내에 「<u>행정소송법</u>」으로 정하는 바에 따라 소송을 제기할 수 있다.
>
> **국가공무원법 제16조【행정소송과의 관계】**
> ① 제75조에 따른 처분, 그 밖에 본인의 의사에 반한 불리한 처분이나 부작위에 관한 행정소송은 <u>소청심사위원회의 심사·결정을 거치지 아니하면 제기할 수 없다.</u>

OX 체크

01 징계혐의자에 대한 감봉 1월의 징계처분을 견책으로 변경한 소청결정 중 그를 견책에 처한 조치는 재량권의 남용 또는 일탈로서 위법하다는 사유는 소청결정 자체에 고유한 위법을 주장하는 것이어서 소청결정의 취소사유가 된다. (　)

02 행정청이 식품위생법령에 따라 영업자에게 행정제재처분을 한 후 당초 처분을 영업자에게 유리하게 변경하는 처분을 한 경우, 취소소송의 대상 및 제소기간 판단기준이 되는 처분은 유리하게 변경하는 처분이다. (　)

03 행정심판을 청구하여 기각재결을 받은 후 재결 자체에 고유한 위법이 있음을 주장하며 그 기각재결에 대하여 취소소송을 제기한 경우, 수소법원은 심리 결과 재결 자체에 고유한 위법이 없다면 각하판결을 하여야 한다. (　)

정답
01 × 02 × 03 ×

(2) 국공립학교 교원(공무원)

- 공무원인 국공립학교 교원에 대하여는 <u>필요적 소청 전치주의</u>와 <u>원처분주의</u>가 적용된다.

<u>국공립학교교원에 대한 징계</u> 등 불리한 처분은 행정처분이므로 국공립학교교원이 징계 등 불리한 처분에 대하여 불복이 있으면 <u>교원징계재심위원회에 재심청구를 하고 위 재심위원회의 재심결정에 불복이 있으면 항고소송으로 이를 다투어야 할 것인데, 이 경우 그 소송의 대상이 되는 처분은 원칙적으로 원처분청의 처분</u>이고, 원처분이 정당한 것으로 인정되어 재심청구를 기각한 <u>재결에 대한 항고소송은 원처분의 하자를 이유로 주장할 수는 없고 그 재결 자체에 고유한 주체·절차·형식 또는 내용상의 위법이 있는 경우에 한한다.</u> 대법원 1994. 2. 8. 선고 93누17874 판결 ★ 01 02

(3) 사립학교 교원

- 사립학교 교원에 대한 불이익처분은 사법행위로서 <u>민사소송</u>의 대상이 된다.
- 사립학교 교원은 소청심사를 청구할 수도 있는데, 소청심사위원회의 결정은 (원)처분에 해당하므로, 이에 불복하는 경우 <u>그 결정을 대상으로 취소소송을 제기할 수 있다(원처분주의).</u>

1. <u>사립학교 교원에 대한 징계처분</u>의 경우에는 <u>학교법인 등의 징계처분은 행정처분성이 없는 것이고</u> 그에 대한 <u>소청심사청구에 따라 위원회가 한 결정이 행정처분이고</u> 교원이나 학교법인 등은 그 결정에 대하여 행정소송으로 다투는 구조가 되므로, <u>행정소송에서의 심판대상은 학교법인 등의 원 징계처분이 아니라 위원회의 결정</u>이 되고, 따라서 <u>피고도 행정청인 위원회</u>가 되는 것이다. 대법원 2013. 7. 25. 선고 2012두12297 판결 ★ 03

2. 학교법인에 의하여 징계처분 등을 받은 사립학교 교원은 <u>교원지위법에 따른 재심위원회의 재심절차와 행정소송절차를 밟을 수 있을 뿐만 아니라 종래와 같이 민사소송</u>을 제기하여 권리구제를 받을 수도 있는데, 이 두 구제절차는 <u>임의적·선택적</u>이다. 헌법재판소 2003. 12. 18. 선고 2002헌바14 결정

(4) 구체적 판례

[1] <u>교원소청심사위원회의 결정은 학교법인 등에 대하여 기속력을 가지고 이는 그 결정의 주문에 포함된 사항뿐 아니라 그 전제가 된 요건사실의 인정과 판단, 즉 불리한 처분 등의 구체적 위법사유에 관한 판단에까지 미친다.</u> 따라서 교원소청심사위원회가 사립학교 교원의 소청심사청구를 인용하여 불리한 처분 등을 취소한 데 대하여 행정소송이 제기되지 아니하거나 그에 대하여 학교법인 등이 제기한 행정소송에서 법원이 교원소청심사위원회 결정의 취소를 구하는 청구를 기각하여 그 결정이 그대로 확정되면, 결정의 주문과 그 전제가 되는 이유에 관한 판단만이 학교법인 등을 기속하게 되고, 설령 판결 이유에서 교원소청심사위원회의 결정과 달리 판단된 부분이 있더라도 이는 기속력을 가질 수 없다. 그러므로 <u>사립학교 교원이 어떠한 불리한 처분을 받아 교원소청심사위원회에 소청심사청구를 하였고, 이에 대하여 교원소청심사위원회가 그 사유 자체가 인정되지 않는다는 이유로 양정의 당부에 대해서는 나아가 판단하지 않은 채 처분을 취소하는 결정을 한 경우, 그에 대하여 학교법인 등이 제기한 행정소송 절차에서 심리한 결과 처분사유 중 일부 사유는 인정된다고 판단되면 법원으로서는 교원소청심사위원회의 결정을 취소하여야 한다.</u> 법원이 교원소청심사위원회 결정의 결론이 타당하다고 하여 학교법인 등의 청구를 기각하게 되면 결국 행정소송의 대상이 된 교원소청심사위원회의 결정이 유효한 것으로 확정되어 학교법인 등이 이에 기속되므로, 그 결정의 잘못을 바로잡을 길이 없게 되고 학교법인 등도 해당 교원에 대하여 적절한 재처분을 할 수 없게 되기 때문이다.

OX 체크

01 국·공립학교 교원에 대한 징계처분의 경우에는 원 징계처분 자체가 행정처분이므로 그에 대하여 위원회에 소청심사를 청구하고 위원회의 기각결정이 있은 후 그에 불복하는 행정소송이 제기되더라도 그 심판대상은 원 징계처분이 되는 것이 원칙이다. ( )

02 국공립학교 교원의 경우에는 원처분주의에 따라 원처분만이 소의 대상이 된다. ( )

03 사립학교 교원에 대한 징계처분의 경우에는 학교법인 등의 징계처분은 행정처분이 아니므로 그에 대한 소청심사청구에 따라 위원회가 한 결정이 행정처분이고, 행정소송에서의 심판대상은 학교법인 등의 원 징계처분이 아니라 위원회의 결정이 되며, 따라서 피고도 행정청인 위원회가 된다. ( )

정답
01 O 02 × 03 O

[2] 교원소청심사위원회가 학교법인 등이 교원에 대하여 불리한 처분을 한 근거인 내부규칙이 위법하여 효력이 없다는 이유로 학교법인 등의 처분을 취소하는 결정을 하였고 그에 대하여 학교법인 등이 제기한 행정소송 절차에서 심리한 결과 내부규칙은 적법하지만 교원이 그 내부규칙을 위반하였다고 볼 증거가 없다고 판단한 경우에는, 비록 교원소청심사위원회가 내린 결정의 전제가 되는 이유와 판결 이유가 다르다고 하더라도 법원은 교원소청심사위원회의 결정을 취소할 필요 없이 학교법인 등의 청구를 기각할 수 있다고 보아야 한다. 왜냐하면 교원의 내부규칙 위반사실이 인정되지 않는 이상 학교법인 등이 해당 교원에 대하여 다시 불리한 처분을 하지 못하게 되더라도 이것이 교원소청심사위원회 결정의 기속력으로 인한 부당한 결과라고 볼 수 없기 때문이다. 그리고 행정소송의 대상이 된 교원소청심사위원회의 결정이 유효한 것으로 확정되어 학교법인 등이 이에 기속되더라도 그 기속력은 당해 사건에 관하여 미칠 뿐 다른 사건에 미치지 않으므로, 학교법인 등은 다른 사건에서 문제가 된 내부규칙을 적용할 수 있기 때문에 법원으로서는 이를 이유로 취소할 필요도 없다. 대법원 2018. 7. 12. 선고 2017두65821 판결

5. 개별법상 재결주의가 적용되는 사례

- 감사원의 변상판정에 대한 재심의 판정, 지방노동위원회의 처분에 대한 중앙노동위원회의 재심 판정 및 특허출원 거절결정에 대한 특허심판원의 심결에 대한 불복의 경우에는 재결주의가 적용된다.

판례

1. 감사원의 변상판정처분에 대하여서는 행정소송을 제기할 수 없고, 재결에 해당하는 재심의 판정에 대하여서만 감사원을 피고로 하여 행정소송을 제기할 수 있다. 대법원 1984. 4. 10. 선고 84누91 판결 ★ 01

2. 당사자가 지방노동위원회의 처분에 대하여 불복하기 위하여는 처분 송달일로부터 10일 이내에 중앙노동위원회에 재심을 신청하고 중앙노동위원회의 재심판정서 송달일로부터 15일 이내에 중앙노동위원장을 피고로 하여 재심판정취소의 소를 제기하여야 할 것이다. 대법원 1995. 9. 15. 선고 95누6724 판결 ★ 02

---

01 감사원의 변상판정 처분에 대하여 위법 또는 부당하다고 인정하는 본인 등은 이 처분에 대하여 행정소송을 제기할 수 없고, 재결에 해당하는 재심의 판정에 대하여서만 감사원을 피고로 행정소송을 제기할 수 있다. ( )

02 지방노동위원회의 결정에 불복하여 중앙노동위원회의 재심판정이 있는 경우 지방노동위원회의 결정에 대해 행정소송을 제기할 수 있다. ( )

01 O 02 ×

주제 17 원고적격

I 당사자능력

- 당사자능력이란 항고소송의 당사자인 원·피고가 될 수 있는 능력을 말한다.
- 항고소송의 당사자능력은 민사소송법에 따라 자연인, 법인 및 대표자 또는 관리인이 있는 법인이 아닌 사단이나 재단에게 인정된다.

> **판례**
>
> 자연물인 도롱뇽 또는 그를 포함한 자연 그 자체로서는 소송을 수행할 당사자능력을 인정할 수 없다. 대법원 2006. 6. 2.자 2004마114 등 결정

II 원고적격의 의의

1. 행정소송법 규정

> 행정소송법 제12조【원고적격】
> 취소소송은 처분등의 취소를 구할 법률상 이익이 있는 자가 제기할 수 있다.

2. 법률상 이익

(1) 의의 : 처분의 근거 및 관련법규에 의해 보호되는 개별적·직접적·구체적 이익(사익보호)

> **판례**
>
> 행정처분의 직접 상대방이 아닌 제3자라 하더라도 당해 행정처분으로 인하여 법률상 보호되는 이익을 침해당한 경우에는 취소소송을 제기하여 그 당부의 판단을 받을 자격이 있다. 여기에서 말하는 법률상 보호되는 이익은 당해 처분의 근거 법규 및 관련 법규에 의하여 보호되는 개별적·직접적·구체적 이익이 있는 경우를 말하고, 공익보호의 결과로 국민 일반이 공통적으로 가지는 일반적·간접적·추상적 이익과 같이 사실적·경제적 이해관계를 갖는 데 불과한 경우는 여기에 포함되지 아니한다. 또 당해 처분의 근거 법규 및 관련 법규에 의하여 보호되는 법률상 이익은 당해 처분의 근거 법규의 명문 규정에 의하여 보호받는 법률상 이익, 당해 처분의 근거 법규에 의하여 보호되지는 아니하나 당해 처분의 행정목적을 달성하기 위한 일련의 단계적인 관련 처분들의 근거 법규에 의하여 명시적으로 보호받는 법률상 이익, 당해 처분의 근거 법규 또는 관련 법규에서 명시적으로 당해 이익을 보호하는 명문의 규정이 없더라도 근거 법규 및 관련 법규의 합리적 해석상 그 법규에서 행정청을 제약하는 이유가 순수한 공익의 보호만이 아닌 개별적·직접적·구체적 이익을 보호하는 취지가 포함되어 있다고 해석되는 경우까지를 말한다. 대법원 2024. 3. 12. 선고 2021두58998 판결 ★★

(2) 반사적 이익(공익 보호) : 원고적격 부정

> **판례**
>
> 1. 절대보존지역의 유지로 지역주민회와 주민들이 가지는 주거 및 생활환경상 이익은 지역의 경관 등이 보호됨으로써 반사적으로 누리는 것일 뿐 근거 법규 또는 관련 법규에 의하여 보호되는 개별적·직접적·구체적 이익이라고 할 수 없다. 대법원 2012. 7. 5. 선고 2011두13187 등 판결 ★

OX 체크

01 자연물인 도롱뇽 또는 그를 포함한 자연 그 자체로서는 소송을 수행할 당사자능력을 인정할 수 없다. ( )

02 원고적격의 요건으로서 법률상 이익에는 당해 처분의 근거 법률에 의하여 보호되는 직접적이고 구체적인 이익뿐만 아니라 간접적이거나 사실적·경제적 이해관계를 가지는 경우도 여기에 포함된다. ( )

03 절대보존지역 변경처분에 대해 지역주민회와 주민들이 항고소송을 제기한 경우에는 절대보전지역 유지로 지역주민회와 주민들이 가지는 주거 및 생활환경상 이익은 지역의 경관 등이 보호됨으로써 누리는 법률상 이익이다. ( )

01 ◯ 02 ✕ 03 ✕

2. 상수원보호구역 설정을 통해 지역주민들이 가지는 이익은 상수원의 확보와 수질보호라는 공공의 이익이 달성됨에 따라 반사적으로 얻게 되는 이익에 불과하므로 지역주민들에 불과한 원고들에게는 위 상수원보호구역변경처분의 취소를 구할 법률상 이익이 없다. 대법원 1995. 9. 26. 선고 94누14544 판결 ★ 01

3. 생태·자연도 1등급 권역의 인근 주민들이 가지는 이익은 환경보호라는 공공의 이익이 달성됨에 따라 반사적으로 얻게 되는 이익에 불과하므로, 인근 주민에 불과한 자는 생태·자연도 등급권역을 1등급에서 일부는 2등급으로, 일부는 3등급으로 변경한 결정의 무효 확인을 구할 원고적격이 없다. 대법원 2014. 2. 21. 선고 2011두29052 판결 ★ 02

(3) 헌법상 기본권

- 구체적 기본권인 자유권의 경우 원고적격이 인정될 수 있는 반면(헌법재판소), 추상적 기본권인 사회권의 경우 원고적격이 인정되지 않는다(대법원).

판례

1. 헌법 제35조 제1항에서 정하고 있는 환경권에 관한 규정만으로는 그 권리의 주체·대상·내용·행사방법 등이 구체적으로 정립되어 있다고 볼 수 없고, 환경정책기본법 제6조도 그 규정 내용 등에 비추어 국민에게 구체적인 권리를 부여한 것으로 볼 수 없으므로, 환경영향평가 대상지역 밖에 거주하는 주민에게 헌법상의 환경권 또는 환경정책기본법에 근거하여 공유수면매립면허처분과 농지개량사업 시행인가처분의 무효확인을 구할 원고적격이 없다. 대법원 2006. 3. 16. 선고 2006두330 전원합의체판결 ★ 03

2. 청구인의 기본권인 경쟁의 자유가 바로 행정청의 지정행위의 취소를 구할 법률상 이익이 된다. 헌법재판소 1998. 4. 30. 선고 97헌마141 결정

(4) 법인 또는 단체

- 법인 또는 단체의 개별적 이익이 침해된 경우 그 법인 또는 단체에 원고적격이 인정될 수 있으나, 법인 또는 단체 구성원의 법률상 이익이 침해되었음을 이유로 법인 또는 단체가 원고적격을 인정받을 수는 없다(그 반대의 경우도 마찬가지).

판례

1. 공유수면매립목적 변경 승인처분으로 수녀원에 소속된 수녀 등이 쾌적한 환경에서 생활할 수 있는 환경상 이익을 침해받는다고 하더라도 이를 가리켜 곧바로 수녀원의 법률상 이익이 침해된다고 볼 수 없고, 자연인이 아닌 수녀원은 쾌적한 환경에서 생활할 수 있는 이익을 향수할 수 있는 주체가 아니므로 위 처분으로 위와 같은 생활상의 이익이 직접적으로 침해되는 관계에 있다고 볼 수도 없으며, (중략) 수녀원에 처분의 무효 확인을 구할 원고적격이 없다고 한 사례. 대법원 2012. 6. 28. 선고 2010두2005 판결 ★ 04 05

2. 사단법인 대한의사협회는 의료법에 의하여 의사들을 회원으로 하여 설립된 사단법인으로서, 국민건강보험법상 요양급여행위, 요양급여비용의 청구 및 지급과 관련하여 직접적인 법률관계를 갖지 않고 있으므로, 보건복지부 고시인 '건강보험요양급여행위 및 그 상대가치점수 개정'으로 인하여 자신의 법률상 이익을 침해당하였다고 할 수 없는 결과 위 고시의 취소를 구할 원고적격이 없다. 대법원 2006. 5. 25. 선고 2003두11988 판결 06

3. 운전기사의 합승행위를 이유로 회사에 대하여 한 과징금부과처분으로 말미암아 당해 운전기사의 상여금지급이 제한되었다고 하더라도, 과징금부과처분의 직접 당사자 아닌 당해 운전기사로서는 그 처분의 취소를 구할 직접적이고 구체적인 이익이 있다고 볼 수 없다. 대법원 1994. 4. 12. 선고 93누24247 판결

OX 체크

01 행정청의 상수원보호구역변경처분에 대해 그 상수원으로부터 급수를 받는 인근 지역주민은 해당 처분에 대한 취소를 구할 법률상 이익이 인정된다. ( )

02 생태·자연도 1등급으로 지정되었던 지역을 2등급 또는 3등급으로 변경하는 내용의 환경부장관의 결정에 대해 해당 1등급 권역의 인근 주민은 취소소송을 제기할 원고적격이 인정된다. ( )

03 「환경정책기본법」 제6조의 규정 내용 등에 비추어 국민에게 구체적인 권리를 부여한 것으로 볼 수 없더라도 환경영향평가 대상지역 밖에 거주하는 주민에게 헌법상의 환경권 또는 「환경정책기본법」에 근거하여 공유수면매립면허처분과 농지개량사업 시행인가처분의 무효확인을 구할 원고적격이 있다. ( )

04 재단법인인 수녀원은 소속된 수녀 등이 쾌적한 환경에서 생활할 수 있는 환경상 이익을 침해받는다면 매립목적을 택지조성에서 조선시설용지로 변경하는 내용의 공유수면매립목적 변경 승인처분의 무효확인을 구할 원고적격이 있다. ( )

05 환경상 이익은 본질적으로 자연인에게 귀속되는 것으로서 단체는 환경상 이익의 침해를 이유로 행정소송을 제기할 수 없다. ( )

06 대한의사협회는 「국민건강보험법」상 요양급여행위, 요양급여비용의 청구 및 지급과 관련하여 직접적인 법률관계를 갖지 않고 있으므로, 보건복지부 고시인 구 「건강보험요양급여행위 및 그 상대가치점수」의 개정으로 인하여 자신의 법률상 이익을 침해당하였다고 할 수 없다. ( )

정답
01 × 02 × 03 × 04 × 05 ○
06 ○

4. 법인의 주주는 법인에 대한 행정처분에 관하여 사실상이나 간접적인 이해관계를 가질 뿐이어서 스스로 그 처분의 취소를 구할 원고적격이 없는 것이 원칙이라고 할 것이지만, 그 처분으로 인하여 법인이 더 이상 영업 전부를 행할 수 없게 되고, (중략) 예외적인 경우에는 주주도 그 처분에 관하여 직접적이고 구체적인 법률상 이해관계를 가진다고 보아 그 효력을 다툴 원고적격이 있다. 대법원 2005. 1. 27. 선고 2002두5313 판결

5. (예외) 임차인대표회의도 당해 주택에 거주하는 임차인과 마찬가지로 임대주택의 분양전환과 관련하여 그 승인의 근거 법률인 구 임대주택법에 의하여 보호되는 구체적이고 직접적인 이익이 있다고 봄이 상당하다. 따라서 임차인대표회의는 행정청의 분양전환승인처분이 승인의 요건을 갖추지 못하였음을 주장하여 그 취소소송을 제기할 원고적격이 있다고 보아야 한다. 대법원 2010. 5. 13. 선고 2009두19168 판결

III 국가와 지방자치단체

1. 국가 또는 지방자치단체

(1) 국가 또는 지방자치단체가 처분의 상대방이 되는 경우 : 원고적격 인정

판례

1. 건축허가 및 건축협의 사무는 지방자치사무로서, 구 건축법상 국가라 하더라도 미리 건축물의 소재지를 관할하는 허가권자인 지방자치단체의 장과 건축협의를 하지 아니하면 건축물을 건축할 수 없다. (중략) 허가권자인 지방자치단체의 장이 한 건축협의 거부행위는 비록 그 상대방이 국가 등 행정주체라 하더라도 처분에 해당한다고 볼 수 있고, 이에 대한 법적 분쟁을 해결할 실효적인 다른 법적 수단이 없는 이상 국가 등은 허가권자를 상대로 항고소송을 통해 그 거부처분의 취소를 구할 수 있다고 해석된다. 대법원 2014. 3. 13. 선고 2013두15934 판결 ★

2. 건축협의의 실질은 지방자치단체 등에 대한 건축허가와 다르지 않으므로, (중략) 건축협의 취소는 상대방이 다른 지방자치단체 등 행정주체라 하더라도 '행정청이 행하는 구체적 사실에 관한 법집행으로서의 공권력 행사로서 처분에 해당한다고 볼 수 있고, 지방자치단체인 원고가 이를 다툴 실효적 해결 수단이 없는 이상, 지방자치단체는 건축물 소재지 관할 허가권자인 지방자치단체의 장을 상대로 항고소송을 통해 건축협의 취소의 취소를 구할 수 있다. 대법원 2014. 2. 27. 선고 2012두22980 판결 ★ 02

(2) 기관위임사무의 경우 : 법률상 이익 부정

판례

국가가 국토이용계획과 관련한 지방자치단체의 장의 기관위임사무의 처리에 관하여 지방자치단체의 장을 상대로 취소소송을 제기하는 것은 허용되지 않는다. 대법원 2007. 9. 20. 선고 2005두6935 판결 ★

2. 국가기관 : (예외) 당사자능력 및 원고적격 인정

- 국가기관(행정청)은 원칙적으로 당사자능력이 없으므로 항고소송의 원고가 될 수 없다.
- 그러나 다른 기관의 처분에 의해 국가기관이 권리를 침해받거나 의무를 부과 받는 등 중대한 불이익을 받았음에도 그 처분을 다툴 별다른 방법이 없고, 그 처분의 취소를 구하는 항고소송을 제기하는 것이 유효·적절한 수단인 경우 국가기관에게 당사자능력과 원고적격이 인정된다.

판례

1. [1] 법령이 특정한 행정기관 등으로 하여금 다른 행정기관을 상대로 제재적 조치를 취할 수 있도록 하면서, 그에 따르지 않으면 그 행정기관에 대하여 과태료를 부과하거나 형사처벌을 할 수 있도록 정하는 경우가 있다. 이러한 경우에는 단순히 국가기관이나 행정기관의 내부적 문제라거나 권한 분장에 관한 분쟁으로만 볼 수 없다. 행정기관의 제재적 조치의 내용에 따라 '구체적 사실에 대한 법집행으로서 공권력의 행사'에 해당할 수 있고, (중략) 따라서 이러한 권리구제나 권리보호의 필요성이 인정된다면 예외적으로 그 제재적 조치의 상대방인 행정기관 등에게 항고소송 원고로서의 당사자능력과 원고적격을 인정할 수 있다. ★ 01

   [2] 처분성이 인정되는 국민권익위원회의 조치요구에 불복하고자 하는 소방청장으로서는 조치요구의 취소를 구하는 항고소송을 제기하는 것이 유효·적절한 수단으로 볼 수 있으므로 소방청장이 예외적으로 당사자능력과 원고적격을 가진다고 한 사례. 대법원 2018. 8. 1. 선고 2014두35379 판결 ★★ 02

2. (국민권익위원회가 乙 시·도선거관리위원회 위원장에게 '甲에 대한 중징계요구를 취소하고 향후 신고로 인한 신분상 불이익처분 및 근무조건상의 차별을 하지 말 것을 요구'하는 내용의 조치요구를 한 사안에서) 국가기관인 乙에게 위 조치요구의 취소를 구하는 소를 제기할 당사자능력, 원고적격 및 법률상 이익이 인정된다. 대법원 2013. 7. 25. 선고 2011두1214 판결 ★ 03

Ⅳ 유형별 검토

1. 침익적 처분의 상대방

- 불이익처분의 상대방은 직접 개인적 이익의 침해를 받은 자로서 원고적격이 인정된다(대법원 2018. 3. 27. 선고 2015두47492 판결).

2. 제3자의 원고적격

- 행정처분의 직접 상대방이 아닌 제3자라 하더라도 당해 행정처분으로 인하여 법률상 보호되는 이익을 침해당한 경우에는 취소소송을 제기하여 그 당부의 판단을 받을 자격이 있다(대법원 2024. 3. 12. 선고 2021두58998 판결). 04

3. 경업자소송

- 여러 영업자가 경쟁관계에 있는 경우에 경쟁관계에 있는 영업자에 대한 처분 또는 부작위를 경쟁관계에 있는 다른 영업자가 다투는 소송을 말한다.
- 기존업자가 특허업자인 경우 원고적격이 인정되는 반면, 기존업자가 허가업자인 경우에는 원칙적으로 원고적격이 인정되지 않는다.
- 또한 허가와 특허를 불문하고, 처분의 근거 법률이 해당 업자들 사이의 과당경쟁으로 인한 경영의 불합리를 방지하는 것도 그 목적으로 하고 있는 경우에도 원고적격이 인정된다.

OX 체크

01 법령이 특정한 행정기관으로 하여금 다른 행정기관에 제재적 조치를 취할 수 있도록 하면서, 그에 따르지 않으면 그 행정기관에 과태료 등을 과할 수 있도록 정하는 경우, 권리구제나 권리보호의 필요성이 인정된다면 예외적으로 그 제재적 조치의 상대방인 행정기관에게 항고소송의 원고적격을 인정할 수 있다. ( )

02 소방청장이 처분성이 인정되는 국민권익위원회의 조치요구에 불복하여 조치요구의 취소를 구하는 경우 항고소송의 원고적격이 인정된다. ( )

03 국가기관인 시·도 선거관리위원회 위원장은 국민권익위원회가 그에게 소속직원에 대한 중징계요구를 취소하라는 등의 조치요구를 한 것에 대해서 취소소송을 제기할 원고적격을 가진다고 볼 수 없다. ( )

04 행정처분의 직접 상대방이 아닌 제3자라 하더라도 당해 행정처분으로 인하여 법률상 보호되는 이익을 침해당한 경우에는 취소소송을 제기하여 그 당부의 판단을 받을 자격이 있다. ( )

정답
01 ○ 02 ○ 03 × 04 ○

OX 체크

01 경업자에 대한 행정처분이 경업자에게 불리한 내용이라면 그와 경쟁관계에 있는 기존의 업자에게는 특별한 사정이 없는 한 유리할 것이지만 기존의 업자는 그 행정처분의 무효확인 또는 취소를 구할 법률상 이익이 있다. ( )

02 인·허가 등 수익적 처분을 신청한 여러 사람이 상호 경쟁관계에 있다면, 그 처분이 타방에 대한 불허가 등으로 될 수 밖에 없는 때에도 수익적 처분을 받지 못한 사람은 처분의 직접 상대방이 아니므로 원칙적으로 당해 수익적 처분의 취소를 구할 수 없다. ( )

판례

일반적으로 면허나 인허가 등의 수익적 행정처분의 근거가 되는 법률이 해당 업자들 사이의 과당경쟁으로 인한 경영의 불합리를 방지하는 것도 목적으로 하고 있는 경우, 다른 업자에 대한 면허나 인허가 등의 수익적 행정처분에 대하여 미리 같은 종류의 면허나 인허가 등의 수익적 행정처분을 받아 영업을 하고 있는 기존의 업자는 경업자에 대하여 이루어진 면허나 인허가 등 행정처분의 상대방이 아니라고 하더라도 당해 행정처분의 무효확인 또는 취소를 구할 이익이 있다. ★
그러나 경업자에 대한 행정처분이 경업자에게 불리한 내용이라면 그와 경쟁관계에 있는 기존의 업자에게는 특별한 사정이 없는 한 유리할 것이므로 기존의 업자가 그 행정처분의 무효확인 또는 취소를 구할 이익은 없다고 보아야 한다. 대법원 2020. 4. 9. 선고 2019두49953 판결 ★ **01**

4. 경원자소송

- 수인의 신청을 받아 일부에 대하여만 인·허가 등의 수익적 행정처분을 할 수 있는 경우에 인·허가 등을 받지 못한 자가 인·허가처분에 대하여 제기하는 소송을 말한다(배타적 경쟁자소송).
- 각 경원자에 대한 인·허가 등이 상호 배타적 관계에 있으므로 자신의 권익을 구제하기 위하여 타인에 대한 인·허가처분 등을 취소할 법률상 이익이 있다.

판례

인·허가 등의 수익적 행정처분을 신청한 수인이 서로 경쟁관계에 있어서 일방에 대한 허가 등의 처분이 타방에 대한 불허가 등으로 귀결될 수밖에 없는 때(이른바 경원관계에 있는 경우로서 동일대상지역에 대한 공유수면매립면허나 도로점용허가 혹은 일정지역에 있어서의 영업허가 등에 관하여 거리제한 규정이나 업소개수제한규정 등이 있는 경우를 그 예로 들 수 있다) 허가 등의 처분을 받지 못한 자는 비록 경원자에 대하여 이루어진 허가 등 처분의 상대방이 아니라 하더라도 당해 처분의 취소를 구할 당사자적격이 있다. 대법원 1992. 5. 8. 선고 91누13274 판결 ★ **02**

- 경원관계에 있는 자는 타인에 대한 인·허가처분의 취소를 구할 수 있을 뿐만 아니라 자신에 대한 불허가처분의 취소를 구할 수도 있고, 양자를 병합하여 제기할 수도 있다(대법원 2015. 10. 29. 선고 2013두27517 판결).
- 다만, 명백한 법적 장애로 인하여 원고 자신의 신청이 인용될 가능성이 처음부터 배제되어 있는 경우에는 당해 처분의 취소를 구할 정당한 이익이 없다(대법원 2009. 12. 10. 선고 2009두8359 판결). ★

5. 인근주민소송

(1) **의의**

- 어떠한 시설의 설치를 허가하는 처분에 대하여 당해 시설의 인근주민이 이를 다투는 소송을 말한다.
- 법률상 이익의 일반이론에 따라 원고적격의 인정 여부가 결정된다.

정답
01 × 02 ×

(2) 환경영향평가

① 의의

- 판례는 환경영향평가법령을 환경영향평가 대상사업에 대한 허가처분의 근거 내지 관련법규로 보고 있고, 당해 법령은 개별적 이익으로서의 환경상 이익도 보호하고 있다고 본다(대법원 2001. 7. 27. 선고 99두2970 판결). **01**
- 개별 법령에서 영향권을 정하고 있는 경우에도 환경영향평가법령과 마찬가지의 법리가 적용된다.

② 대상지역(영향권) 내의 주민

1. 공유수면매립과 농지개량사업시행으로 인하여 직접적이고 중대한 환경피해를 입으리라고 예상되는 환경영향평가 대상지역 안의 주민들이 전과 비교하여 수인한도를 넘는 환경침해를 받지 아니하고 쾌적한 환경에서 생활할 수 있는 개별적 이익까지도 이를 보호하려는 데에 있다고 할 것이므로, 위 주민들이 공유수면매립면허처분 등과 관련하여 갖고 있는 위와 같은 환경상의 이익은 주민 개개인에 대하여 개별적으로 보호되는 직접적·구체적 이익으로서 그들에 대하여는 특단의 사정이 없는 한 환경상의 이익에 대한 침해 또는 침해우려가 있는 것으로 사실상 추정되어 공유수면매립면허처분 등의 무효확인을 구할 원고적격이 인정된다. 대법원 2006. 3. 16. 선고 2006두330 전원합의체 판결 ★★ **02**

2. 환경상 이익에 대한 침해 또는 침해 우려가 있는 것으로 사실상 추정되어 원고적격이 인정되는 사람에는 환경상 침해를 받으리라고 예상되는 영향권 내의 주민들을 비롯하여 그 영향권 내에서 농작물을 경작하는 등 현실적으로 환경상 이익을 향유하는 사람도 포함된다. 그러나 단지 그 영향권 내의 건물·토지를 소유하거나 환경상 이익을 일시적으로 향유하는 데 그치는 사람은 포함되지 않는다. 대법원 2009. 9. 24. 선고 2009두2825 판결 ★

③ 대상지역(영향권) 밖의 주민

환경영향평가 대상지역 밖의 주민이라 할지라도 공유수면매립면허처분 등으로 인하여 그 처분 전과 비교하여 수인한도를 넘는 환경피해를 받거나 받을 우려가 있는 경우에는, 공유수면매립면허처분 등으로 인하여 환경상 이익에 대한 침해 또는 침해우려가 있다는 것을 입증함으로써 그 처분 등의 무효확인을 구할 원고적격을 인정받을 수 있다. 대법원 2006. 3. 16. 선고 2006두330 전원합의체 판결 ★★ **03**

OX 체크

01 환경영향평가에 관한 자연공원법령 및 환경영향평가법령들의 취지는 환경공익을 보호하려는 데 있으므로 환경영향평가 대상지역 안의 주민들이 수인한도를 넘는 환경침해를 받지 아니하고 쾌적한 환경에서 생활할 수 있는 개별적 이익까지 보호하는 데 있다고 볼 수는 없다. ( )

02 처분의 근거 법규 또는 관련 법규에 그 처분으로써 이루어지는 행위 등 사업으로 인하여 환경상 침해를 받으리라고 예상되는 영향권의 범위가 구체적으로 규정되어 있는 경우, 그 영향권 내의 주민들에 대하여는 특단의 사정이 없는 한 환경상 이익에 대한 침해 또는 침해 우려가 있는 것으로 사실상 추정된다. ( )

03 환경영향평가 대상지역 밖의 주민이라 할지라도 공유수면매립면허처분 등으로 인하여 그 처분 전과 비교하여 수인한도를 넘는 환경피해를 받거나 받을 우려가 있는 경우에는, 공유수면매립면허처분 등으로 인하여 환경상 이익에 대한 침해 또는 침해우려가 있다는 것을 입증함으로써 그 처분 등의 무효확인을 구할 원고적격을 인정받을 수 있다. ( )

정답
01 ✗ 02 ○ 03 ○

Ⅴ 구체적 판례

1. 원고적격을 인정한 사례

판례

1. 원고는 대한민국에서 출생하여 오랜 기간 대한민국 국적을 보유하면서 거주한 사람이므로 이미 대한민국과 실질적 관련성이 있거나 대한민국에서 법적으로 보호가치 있는 이해관계를 형성하였다고 볼 수 있다. 따라서 원고는 이 사건 사증발급 거부처분의 취소를 구할 법률상 이익이 인정된다. 대법원 2019. 7. 11. 선고 2017두38874 판결 ★★ 01

2. 지방법무사회의 사무원 채용승인 거부처분 또는 채용승인 취소처분에 대해서는 처분 상대방인 법무사뿐만 아니라 그 때문에 사무원이 될 수 없게 된 사람도 이를 다툴 원고적격이 인정되어야 한다. 대법원 2020. 4. 9. 선고 2015다34444 판결 ★★ 02

3. 학교법인에 의하여 임원으로 선임된 사람에게는 관할청의 임원취임승인신청 반려처분을 다툴 수 있는 원고적격이 있다. 대법원 2007. 12. 27. 선고 2005두9651 판결 ★ 03

4. (재단법인 한국연구재단이 대학교 총장에게 두뇌한국(BK)21 사업 협약을 해지하고 연구팀장에 대한 국가연구개발사업의 3년간 참여제한 등을 명하는 통보를 하자 연구팀장이 통보의 취소를 청구한 사안에서) 연구팀장은 위 사업에 관한 협약의 해지 통보의 효력을 다툴 법률상 이익이 있다고 한 사례. 대법원 2014. 12. 11. 선고 2012두28704 판결 ★ 04

5. (교육감이 사립학교 직원 갑 등이 소속된 학교법인의 이사장 및 학교장에게 소속 직원들의 유사경력 호봉환산이 과다하게 반영되었다는 이유로 호봉이 과다하게 산정된 직원들의 호봉정정에 따른 급여를 5년의 범위 내에서 환수하도록 하고 미이행 시 해당 직원들에 대한 재정결함 보조금(인건비) 지원을 중단하겠다는 내용의 시정명령을 한 사안에서) 사립학교 직원들이 갑 등에게 각 소속 학교법인들에 대한 위 각 명령을 다툴 개별적·직접적·구체적 이해관계가 있다고 한 사례. 대법원 2023. 1. 12. 선고 2022두56630 판결 ★ 05

6. 참여교수가 그 사업비를 용도 외로 사용하였다는 이유로 산학협력단에 대하여 학술지원 사업비 전부 또는 일부에 대한 환수처분을 한 경우, 해당 비위를 저지른 것으로 지목된 참여교수는 학술지원 사업비 환수처분의 상대방이 아니라고 하더라도, 그 환수처분으로 인하여 구 학술진흥법에서 보호하는 개별적·직접적·구체적 이익을 침해받았다고 봄이 타당하다. 대법원 2025. 2. 13. 선고 2024두57996 판결

7. 집합건물 공용부분의 대수선과 관련한 행정청의 허가, 사용승인 등 일련의 처분에 관하여는 처분의 직접 상대방 외에 해당 집합건물의 구분소유자에게도 취소를 구할 원고적격이 인정된다. 대법원 2024. 3. 12. 선고 2021두58998 판결

8. 보건복지부 고시인 약제급여·비급여목록 및 급여상한금액표로 인하여 자신이 제조·공급하는 약제의 상한금액이 인하됨에 따라 위와 같이 보호되는 법률상 이익이 침해당할 경우, 제약회사는 위 고시의 취소를 구할 원고적격이 있다. 대법원 2006. 9. 22. 선고 2005두2506 판결 ★ 06

9. 예탁금회원제 골프장의 기존회원은 사업계획의 승인을 받을 때 정한 예정인원을 초과하여 회원을 모집하는 내용의 회원모집계획서에 대한 시·도지사의 검토결과 통보의 취소를 구할 법률상의 이익이 있다. 대법원 2009. 2. 26. 선고 2006두16243 판결 ★ 07

10. (미얀마 국적의 갑이 위명인 '을' 명의의 여권으로 대한민국에 입국한 뒤 을 명의로 난민 신청을 하였으나 법무부장관이 을 명의를 사용한 갑을 직접 면담하여 조사한 후 갑에 대하여 난민불인정 처분을 한 사안에서) 처분의 상대방은 허무인이 아니라 '을'이라는 위명을 사용한 갑이라는 이유로, 갑이 처분의 취소를 구할 법률상 이익이 있다고 한 사례. 대법원 2017. 3. 9. 선고 2013두16852 판결 ★★ 08

11. 조합설립추진위원회의 구성에 동의하지 아니한 정비구역 내의 토지 등 소유자도 조합설립추진위원회 설립승인처분의 취소소송을 제기할 원고적격이 있다. 대법원 2007. 1. 25. 선고 2006두12289 판결 ★ 09

OX 체크

01 대한민국에서 출생하여 오랜 기간 대한민국 국적을 보유하면서 거주한 재외동포는 사증발급 거부처분의 취소를 구할 법률상 이익이 있다. ( )

02 지방법무사회가 법무사의 사무원 채용승인 신청을 거부하여 사무원이 될 수 없게 된 자가 지방법무사회를 상대로 거부처분의 취소를 구하는 경우 항고소송의 원고적격이 인정된다. ( )

03 학교법인에 의하여 임원으로 선임된 자는 자신에 대한 관할청의 임원취임승인신청 반려처분 취소소송의 원고적격이 있다. ( )

04 재단법인 A연구재단이 B대학교 총장에게 연구개발비의 부당집행을 이유로 국가연구개발사업인 BK21 사업 협약을 해지하고 연구팀장 甲에 대한 국가연구개발사업의 3년간 참여제한 등을 명하는 통보를 한 경우, 甲은 위 협약 해지 통보의 효력을 다툴 법률상 이익이 있다. ( )

05 교육감의 학교법인 이사장 및 학교장에 대한 호봉정정 및 급여환수 명령 등에 대하여, 호봉정정 및 급여환수의 대상인 사립학교 직원들은 항고소송으로 위 명령 등을 다툴 원고적격이 없다. ( )

06 약제를 제조·공급하는 제약회사는 보건복지부 고시인 「약제급여·비급여 목록 및 급여 상한금액표」 중 약제의 상한금액 인하 부분에 대하여 그 취소를 구할 원고적격이 있다. ( )

07 예탁금회원제 골프장에 가입되어 있는 기존 회원은 그 골프장 운영자가 당초 승인을 받을 때 정한 예정인원을 초과하여 회원을 모집하는 내용의 회원모집계획서에 대한 시·도지사의 검토결과통보의 취소를 구할 법률상 이익이 있다. ( )

08 외국 국적의 甲이 위명(僞名)인 乙 명의의 여권으로 대한민국에 입국한 뒤 乙 명의로 난민 신청을 하였고 법무부장관이 乙 명의를 사용한 甲을 직접 면담하여 조사한 후에 甲에 대하여 난민불인정 처분을 한 경우, 甲은 난민불인정 처분의 취소를 구할 법률상 이익이 없다. ( )

09 「도시 및 주거환경정비법」상 조합설립추진위원회의 구성에 동의하지 아니한 정비구역 내의 토지 등 소유자는 조합설립추진위원회 설립승인처분의 취소를 구할 원고적격이 있다. ( )

정답
01 ○ 02 ○ 03 ○ 04 ○ 05 ✕
06 ○ 07 ○ 08 ✕ 09 ○

12. 도시환경정비사업에 대한 <u>사업시행계획에 당연무효인 하자가 있는 경우</u>에는 (중략) 분양신청기간 내에 <u>분양신청을 하지 않거나 분양신청을 철회</u>함으로 인해 조합원의 지위를 상실한 토지 등 소유자도 다시 분양신청을 함으로써 건축물 등을 분양받을 수 있으므로 관리처분계획의 무효확인 또는 취소를 구할 법률상 이익이 있다. 대법원 2011. 12. 8. 선고 2008두18342 판결 ★ **01**

13. <u>도시계획사업 시행지역에 포함된 토지의 소유자</u>는 도시계획사업 실시계획 인가처분의 효력을 다툴 이익이 있다. 대법원 1995. 12. 8. 선고 93누9927 판결

14. 과세관청이 조세의 징수를 위하여 <u>체납자가 점유하고 있는 제3자의 소유 동산을 압류</u>한 경우, <u>그 체납자</u>는 압류처분의 취소나 무효확인을 구할 원고적격이 있다. 대법원 2006. 4. 13. 선고 2005두15151 판결

15. <u>구속된 피고인</u>은 교도소장의 <u>접견허가거부처분</u>으로 인하여 자신의 접견권이 침해되었음을 주장하여 위 거부처분의 취소를 구할 원고적격을 가진다. 대법원 1992. 5. 8. 선고 91누7552 판결

16. 기존의 고속형 시외버스<u>운송</u>사업자에게 직행형 시외버스운송사업자에 대한 사업계획변경인가처분의 취소를 구할 법률상의 이익이 있다. 대법원 2010. 11. 11. 선고 2010두4179 판결 ★ **02**

17. 자동차<u>운송</u>사업의 면허에 대하여 당해 노선에 관한 기존업자는 노선연장인가처분의 취소를 구할 법률상 이익이 있다. 대법원 1974. 4. 9. 선고 73누173 판결 ★

18. <u>약종상허가</u>를 받은 기존업자 갑은 같은 약종상허가를 받은 을에 대한 영업소이전허가처분의 취소를 구할 법률상 이익이 있다. 대법원 1988. 6. 14. 선고 87누873 판결

19. 업종을 <u>분뇨와 축산폐수 수집·운반업 및 정화조청소업</u>으로 하여 분뇨 등 관련 영업허가를 받아 영업을 하고 있는 기존 업자의 이익이 법률상 보호되는 이익이라고 보아, 기존 업자에게 경업자에 대한 영업허가처분의 취소를 구할 원고적격이 있다고 한 사례. 대법원 2006. 7. 28. 선고 2004두6716 판결

20. 주거지역 내에 <u>제한면적을 초과한 연탄공장 건축허가</u>처분으로 불이익을 받고 있는 제3거주자는 처분의 취소를 소구하여 그 당부의 판단을 받을 법률상의 자격이 있다. 대법원 1975. 5. 13. 선고 73누96, 97 판결

21. <u>공설화장장 설치</u>를 금지함에 의하여 보호되는 부근 주민들의 이익은 위 도시계획결정처분의 근거 법률에 의하여 보호되는 법률상 이익이다. 대법원 1995. 9. 26. 선고 94누14544 판결

22. <u>원자로 시설부지</u> 인근 주민들은 방사성물질 등에 의한 생명·신체의 안전침해를 이유로 부지사전승인처분의 취소를 구할 원고적격이 있다. 대법원 1998. 9. 4. 선고 97누19588 판결 ★

23. (김해시장이 낙동강에 합류하는 하천수 주변의 토지에 구 산업집적활성화 및 공장설립에 관한 법률에 따라 공장설립을 승인하는 처분을 한 사안에서) 공장설립으로 수질오염 등이 발생할 우려가 있는 <u>취수장에서 수돗물</u>을 공급받는 부산광역시 또는 양산시에 거주하는 주민들도 원고적격이 인정된다. 대법원 2010. 4. 15. 선고 2007두16127 판결 ★ **03**

24. <u>공유수면 점용·사용허가</u>로 인하여 인접한 토지를 적정하게 이용할 수 없게 되는 등의 피해를 받을 우려가 있는 인접 토지 소유자 등은 공유수면 점용·사용허가처분의 취소 또는 무효확인을 구할 원고적격이 인정된다. 대법원 2014. 9. 4. 선고 2014두2164 판결

25. 인근 주민들이 <u>토사채취허가</u>와 관련하여 가지게 되는 이익은 위와 같은 추상적, 평균적, 일반적인 이익에 그치는 것이 아니라 처분의 근거법규 등에 의하여 보호되는 직접적·구체적인 법률상 이익이라고 할 것이다. 대법원 2007. 6. 15. 선고 2005두9736 판결

OX 체크

01 분양신청기간 내에 분양신청을 하지 않거나 분양신청을 철회함으로 인해 조합원의 지위를 상실한 토지 등 소유자도 사업시행계획의 무효확인 또는 취소를 구할 법률상 이익이 있다. ( )

02 기존의 고속형 시외버스운송사업자는 경업관계에 있는 직행형 시외버스운송사업자에 대한 사업계획변경인가처분의 취소를 구할 법률상 이익이 있다. ( )

03 김해시장이 낙동강에 합류하는 하천수 주변의 토지에 구 「산업집적활성화 및 공장설립에 관한 법률」 제13조에 따라 공장설립을 승인하는 처분을 한 경우, 공장설립으로 수질오염 등이 발생할 우려가 있는 취수장에서 물을 공급받는 부산광역시 또는 양산시에 거주하는 주민들도 원고적격이 인정된다. ( )

정답
01 ○ 02 ○ 03 ○

OX 체크

01 분양전환승인 중 분양전환가격을 승인하는 부분은 분양계약의 효력을 보충하여 그 효력을 완성시켜주는 강학상 '인가'에 해당한다. ( )

02 중국 국적자인 외국인이 사증발급 거부처분의 취소를 구하는 경우 항고소송의 원고적격이 인정된다. ( )

03 「출입국관리법」상의 체류자격 및 사증발급의 기준과 절차에 관한 규정들은 대한민국의 출입국 질서와 국경관리라는 공익을 보호하려는 취지로 해석될 뿐이므로, 동법상 체류자격 변경 불허가처분, 강제퇴거명령 등을 다투는 외국인에게는 해당 처분의 취소를 구할 법률상 이익이 인정되지 않는다. ( )

04 건축물의 하자를 다투는 입주예정자들은 건물의 사용검사처분에 대해 제3자효 행정행위의 차원에서 행정소송을 통해 다툴 수 있다. ( )

05 개발제한구역 중 일부 취락을 개발제한구역에서 해제하는 내용의 도시관리계획변경결정에 대하여 개발제한구역 해제대상에서 누락된 토지의 소유자가 위 결정의 취소를 구하는 경우 항고소송의 원고적격이 인정된다. ( )

06 원천납세의무자는 원천징수의무자에 대한 납세고지를 다툴 수 있는 원고적격이 없다. ( )

07 영어 과목의 2종 교과용 도서에 대하여 검정신청을 하였다가 불합격결정처분을 받은 자는 자신들이 검정신청한 교과서의 과목과 전혀 관계가 없는 수학 과목의 교과용 도서에 대한 합격결정처분에 대하여 그 취소를 구할 법률상 이익이 없다. ( )

정답
01 ✕ 02 ✕ 03 ✕ 04 ✕ 05 ✕
06 ○ 07 ○

---

26. [1] 분양전환승인 중 분양전환가격을 승인하는 부분은 단순히 분양계약의 효력을 보충하여 그 효력을 완성시켜주는 강학상 '인가'에 해당한다고 볼 수 없고, 임차인들에게는 분양계약을 체결한 이후 분양대금이 강행규정인 임대주택법령에서 정한 산정기준에 의한 분양전환가격을 초과하였음을 이유로 부당이득반환을 구하는 민사소송을 제기하는 것과 별개로, 분양계약을 체결하기 전 또는 체결한 이후라도 항고소송을 통하여 분양전환승인의 효력을 다툴 법률상 이익(원고적격)이 있다고 보아야 한다. **01**

[2] 구 임대주택법의 임대사업자가 여러 세대의 임대주택에 대해 분양전환승인신청을 하여 외형상 하나의 행정처분으로 그 승인을 받았다고 하더라도 이는 승인된 개개 세대에 대한 처분으로 구성되고 각 세대별로 가분될 수 있으므로 임대주택에 대한 분양전환승인처분 중 일부 세대에 대한 부분만 취소하는 것이 가능하다. 따라서 우선 분양전환 대상자인 임차인들이 분양전환승인처분의 취소를 구하는 경우, 특별한 사정이 없는 한 그 취소를 구하는 임차인이 분양전환 받을 세대가 아닌 다른 세대에 대한 부분까지 취소를 구할 법률상 이익(원고적격)은 인정되지 않는다.

[3] 분양전환승인처분 전부에 대하여 취소소송을 제기한 임차인이 해당 임대주택에 관하여 분양전환 요건이 충족되었다는 점 자체는 다투지 않으면서 다만 분양전환가격 산정에 관해서만 다투는 경우에는 분양전환승인처분 중 임대주택의 매각을 허용하는 부분은 실질적인 불복이 없어 그 취소를 구할 법률상 이익(협의의 소의 이익)이 없다고 보아야 한다.

[4] 분양전환승인처분 이후 진행된 분양전환절차에서 분양계약을 체결하지 아니한 채 임대주택에서 퇴거한 임차인은, 분양전환승인처분에 관하여 효력정지결정이 이루어져 임대사업자가 제3자에게 해당 임대주택을 매각하지 않았다는 등의 특별한 사정이 없는 한, 분양전환승인처분의 취소를 구할 법률상 이익(협의의 소의 이익)이 인정되지 않는다고 보아야 한다. 대법원 2020. 7. 23. 선고 2015두48129 판결

2. 원고적격을 부정한 사례

판례

1. [1] 사증발급 거부처분을 다투는 외국인은, 아직 대한민국에 입국하지 않은 상태에서 대한민국에 입국하게 해달라고 주장하는 것으로, 대한민국과의 실질적 관련성 내지 대한민국에서 법적으로 보호가치 있는 이해관계를 형성한 경우는 아니어서, 해당 처분의 취소를 구할 법률상 이익이 인정되지 않는다. ★★ **02**

[2] 반면, 국적법상 귀화불허가처분이나 출입국관리법상 체류자격변경 불허가처분, 강제퇴거명령 등을 다투는 외국인은 대한민국에 적법하게 입국하여 상당한 기간을 체류한 사람이므로, 이미 대한민국과의 실질적 관련성 내지 대한민국에서 법적으로 보호가치 있는 이해관계를 형성한 경우이어서, 해당 처분의 취소를 구할 법률상 이익이 인정된다고 보아야 한다. 대법원 2018. 5. 15. 선고 2014두42506 판결 ★★ **03**

2. 구 주택법상 입주자나 입주예정자는 사용검사처분의 취소를 구할 법률상 이익이 없다. 대법원 2014. 7. 24. 선고 2011두30465 판결 ★★ **04**

3. 개발제한구역 중 일부 취락을 개발제한구역에서 해제하는 내용의 도시관리계획변경결정에 대하여, 개발제한구역 해제대상에서 누락된 토지의 소유자는 위 결정의 취소를 구할 법률상 이익이 없다. 대법원 2008. 7. 10. 선고 2007두10242 판결 ★★★ **05**

4. 소득처분에 따른 소득의 귀속자인 원천납세의무자는 원천징수의무자인 법인에 대한 소득금액변동통지의 취소를 구할 법률상 이익이 없다. 대법원 2013. 4. 26. 선고 2012두27954 판결 ★ **06**

5. 2종 교과용 도서에 대하여 검정신청을 하였다가 불합격결정처분을 받은 자는 자신이 검정신청한 교과서의 과목과 전혀 관계가 없는 과목의 교과용 도서에 대한 합격결정처분에 대하여는 그 취소를 구할 법률상의 이익이 없다. 대법원 1992. 4. 24. 선고 91누6634 판결 ★ **07**

6. (교육부장관이 사학분쟁조정위원회의 심의를 거쳐 갑 대학교를 설치·운영하는 을 학교법인의 이사 8인과 임시이사 1인을 선임한 데 대하여 갑 대학교 교수협의회와 총학생회 등이 이사선임처분의 취소를 구하는 소송을 제기한 사안에서) 갑 대학교 교수협의회와 총학생회는 이사선임처분을 다툴 법률상 이익을 가지지만, 전국대학노동조합 갑 대학교지부는 법률상 이익이 없다. 대법원 2015. 7. 23. 선고 2012두19496, 19502 판결 ★

7. 국립대학 교수에게 타인을 같은 학과 부교수로 임용한 처분의 취소를 구할 법률상 이익이 없다고 한 사례. 대법원 1995. 12. 12. 선고 95누11856 판결

8. 대학생들이 전공이 다른 교수를 임용함으로써 학습권을 침해당하였다는 이유를 들어 교수임용처분의 취소를 구할 법률상 이익이 없다. 대법원 1993. 7. 27. 선고 93누8139 판결

9. 일반적인 시민생활에 있어 도로를 이용만 하는 사람은 그 용도폐지를 다툴 법률상의 이익이 있다고 말할 수 없지만, (중략) 공공용재산이라고 하여도 당해 공공용재산의 성질상 특정개인의 생활에 개별성이 강한 직접적이고 구체적인 이익을 부여하고 있어서 그에게 그로 인한 이익을 가지게 하는 것이 법률적인 관점으로도 이유가 있다고 인정되는 특별한 사정이 있는 경우에는 그와 같은 이익은 법률상 보호되어야 할 것이고, 따라서 도로의 용도폐지처분에 관하여 이러한 직접적인 이해관계를 가지는 사람이 그와 같은 이익을 현실적으로 침해당한 경우에는 그 취소를 구할 법률상의 이익이 있다. 대법원 1992. 9. 22. 선고 91누13212 판결

10. 갑이 을 소유의 도로를 공로에 이르는 유일한 통로로 이용하였으나 갑 소유의 대지에 연접하여 새로운 공로가 개설되어 그 쪽으로 출입문을 내어 바로 새로운 공로에 이를 수 있게 된 경우, 갑은 을 소유의 도로에 대한 도로폐지허가처분의 취소를 구할 법률상 이익이 없다. 대법원 1999. 12. 7. 선고 97누12556 판결

11. 석탄가공업에 관한 허가는 사업경영의 권리를 설정하는 형성적 행정행위가 아니라 질서유지와 공공복리를 위한 금지를 해제하는 명령적 행정행위여서 (중략) 원고들은 신규허가 처분에 대하여 행정소송을 제기할 법률상 이익이 없다. 대법원 1980. 7. 22. 선고 80누33, 34 판결

12. 면허받은 장의자동차운송사업구역에 위반하였음을 이유로 한 행정청의 과징금부과처분에 의하여 동종업자의 영업이 보호되는 결과는 사업구역제도의 반사적 이익에 불과하기 때문에 그 과징금부과처분을 취소한 재결에 대하여 처분의 상대방 아닌 제3자는 그 취소를 구할 법률상 이익이 없다. 대법원 1992. 12. 8. 선고 91누13700 판결

13. 의원으로서의 인근생활시설로 용도변경된 건물과 가까운 곳에서 치과의원을 경영하는 자는 그 용도변경처분의 취소를 구할 원고적격을 가지지 않는다고 한 사례. 대법원 1990. 5. 22. 선고 90누813 판결

14. 보조금 교부조건의 설정을 위한 전제로서 에너지절감시설(다겹 보온커튼)설치 시공업체를 선정한 행위에 대한 취소소송에서 원고들에 대한 선정제외 처분 외에 다른 업체들에 대한 선정처분 및 선정제외처분에 대하여는 원고들에게 이를 다툴 법률상 이익이 인정되지 않는다고 한 사례(절대평가제를 적용하여 평가점수 70점을 기준으로 선정 여부를 결정하였기 때문에, 응모한 업체들은 상호 경쟁관계 또는 경원자 관계에 있지 않았던 것으로 본 사례). 대법원 2021. 2. 4. 선고 2020두48772 판결

OX 체크

01 교육부장관이 甲 대학교를 설치·운영하는 乙 학교법인의 이사를 선임한 처분에 대하여 甲 대학교 교수협의회와 전국대학노동조합 甲 대학교지부는 그 취소를 구할 법률상 이익이 있다. ( )

정답
01 ×

주제 18 소의 이익(권리보호의 필요)

I 의의

1. 행정소송법 규정

> **행정소송법 제12조【원고적격】**
> 취소소송은 처분등의 취소를 구할 법률상 이익이 있는 자가 제기할 수 있다. 처분등의 효과가 기간의 경과, 처분등의 집행 그 밖의 사유로 인하여 소멸된 뒤에도 그 처분등의 취소로 인하여 회복되는 법률상 이익이 있는 자의 경우에는 또한 같다. **01**

2. 법률상 이익

(1) 의의

- 소의 이익인 법률상 이익의 의미는 원고적격에 있어서의 법률상 이익의 의미와 동일하다. 따라서 원고적격이 인정되면 소의 이익 또한 원칙적으로 인정된다.
- 다만, 처분의 효력이 소멸한 경우, 원상회복이 불가능한 경우, 권리침해의 상태가 해소된 경우, 행정소송이 아닌 다른 특별한 불복 절차가 있는 경우에는 소의 이익이 인정되지 않는데, 이와 같은 경우에도 처분의 취소로 인하여 회복되는 법률상 이익이 있는 경우 예외적으로 소의 이익이 인정된다.

> **판례**
>
> 1. 행정처분을 다툴 소의 이익은 개별·구체적 사정을 고려하여 판단하여야 한다. 행정처분의 무효확인 또는 취소를 구하는 소가 제소 당시에는 소의 이익이 있어 적법하였더라도, 소송 계속 중 처분청이 다툼의 대상이 되는 행정처분을 직권으로 취소하면 그 처분은 효력을 상실하여 더 이상 존재하지 않는 것이므로, 존재하지 않는 처분을 대상으로 한 항고소송은 원칙적으로 소의 이익이 소멸하여 부적법하다고 보아야 한다. ★ **02**
> 다만, 처분청의 직권취소에도 완전한 원상회복이 이루어지지 않아 무효확인 또는 취소로써 회복할 수 있는 다른 권리나 이익이 남아 있거나 또는 동일한 소송 당사자 사이에서 그 행정처분과 동일한 사유로 위법한 처분이 반복될 위험성이 있어 행정처분의 위법성 확인 내지 불분명한 법률문제에 대한 해명이 필요한 경우 행정의 적법성 확보와 그에 대한 사법통제, 국민의 권리구제의 확대 등의 측면에서 예외적으로 그 처분의 취소를 구할 소의 이익을 인정할 수 있다. 대법원 2020. 4. 9. 선고 2019두49953 판결 ★★★
>
> 2. 비록 행정처분의 위법을 이유로 무효확인 또는 취소 판결을 받더라도 처분에 의하여 발생한 위법상태를 원상으로 회복시키는 것이 불가능한 경우에는 원칙적으로 무효확인 또는 취소를 구할 법률상 이익이 없고, 다만 원상회복이 불가능하더라도 무효확인 또는 취소로써 회복할 수 있는 다른 권리나 이익이 남아 있는 경우 예외적으로 법률상 이익이 인정될 수 있을 뿐이다. 대법원 2016. 6. 10. 선고 2013두1638 판결 ★ **03**

OX 체크

01 처분등의 효과가 소멸된 뒤에도 그 처분등의 취소로 인하여 회복되는 법률상의 이익이 있는 자는 소를 제기할 수 있다. ( )

02 행정처분의 무효확인 또는 취소를 구하는 소가 제소 당시에는 소의 이익이 있어 적법하였더라도, 소송 계속 중 처분청이 다툼의 대상이 되는 행정처분을 직권으로 취소했다면 원칙적으로 소의 이익이 소멸하여 부적법하다. ( )

03 행정처분의 취소를 구하는 소에서, 비록 행정처분의 위법을 이유로 취소판결을 받더라도 처분에 의하여 발생한 위법상태를 원상회복시키는 것이 불가능한 경우에는 원칙적으로 취소를 구할 법률상 이익이 없으므로, 수소법원은 소를 각하하여야 한다. ( )

정답
01 ○ 02 ○ 03 ○

(2) 수익적 처분의 상대방

- 수익적 처분의 상대방은 원칙적으로 법률상 이익이 없다.

1. 행정처분이 수익적인 처분이거나 신청에 의하여 신청 내용대로 이루어진 처분인 경우에는 처분 상대방의 권리나 법률상 보호되는 이익이 침해되었다고 볼 수 없으므로 달리 특별한 사정이 없는 한 처분의 상대방은 그 취소를 구할 이익이 없다. 대법원 1995. 5. 26. 선고 94누7324 판결 ★★ 01
2. 과세관청이 직권으로 상대방에 대한 소득처분을 경정하면서 일부 항목에 대한 증액과 다른 항목에 대한 감액을 동시에 한 결과 전체로서 소득처분금액이 감소된 경우에는 그에 따른 소득금액변동통지가 납세자인 당해 법인에 불이익을 미치는 처분이 아니므로 당해 법인은 그 소득금액변동통지의 취소를 구할 이익이 없다. 대법원 2012. 4. 13. 선고 2009두5510 판결 ★ 02

Ⅱ 유형별 검토

1. 처분의 효력이 소멸한 경우

(1) 소의 이익을 부정한 사례

1. 처분청이 당초의 운전면허 취소처분을 철회하고 정지처분을 한 경우, 당초의 취소처분을 대상으로 한 취소소송은 소의 이익이 없어 부적법하다. 대법원 1997. 9. 26. 선고 96누1931 판결
2. [1] 절차상 또는 형식상 하자로 무효인 행정처분에 대하여 행정청이 적법한 절차 또는 형식을 갖추어 다시 동일한 행정처분을 하였다면, 종전의 무효인 행정처분에 대한 무효확인 청구는 과거의 법률관계의 효력을 다투는 것에 불과하므로 무효확인을 구할 법률상 이익이 없다. ★ 03

   [2] 지방병무청장이 병역감면요건 구비 여부를 심사하지 않은 채 병역감면신청서 회송처분을 하고 이를 전제로 공익근무요원 소집통지를 하였다가, 병역감면신청을 재검토하기로 하여 신청서를 제출받아 병역감면요건 구비 여부를 심사한 후 다시 병역감면 거부처분을 하고 이를 전제로 다시 공익근무요원 소집통지를 한 경우, 병역감면신청서 회송처분과 종전 공익근무 요원 소집처분은 직권으로 취소되었다고 볼 수 있으므로, 그에 대한 취소를 구하는 것은 소의 이익이 없다. 대법원 2010. 4. 29. 선고 2009두16879 판결
3. 행정처분에 그 효력기간이 정하여져 있는 경우, 그 처분의 효력 또는 집행이 정지된 바 없다면 위 기간의 경과로 그 행정처분의 효력은 상실되므로 그 기간 경과 후에는 그 처분이 외형상 잔존함으로 인하여 어떠한 법률상 이익이 침해되고 있다고 볼 만한 별다른 사정이 없는 한 그 처분의 취소를 구할 법률상의 이익이 없다. 대법원 2002. 7. 26. 선고 2000두7254 판결 04
4. 행정청이 공무원에 대하여 새로운 직위해제사유에 기한 직위해제처분을 한 경우 그 이전에 한 직위해제처분은 이를 묵시적으로 철회하였다고 봄이 상당하므로, 그 이전 처분의 취소를 구하는 부분은 존재하지 않는 행정처분을 대상으로 한 것으로서 그 소의 이익이 없어 부적법하다. 대법원 2003. 10. 10. 선고 2003두5945 판결 ★ 05

OX 체크

01 행정처분의 취소를 구할 이익은 불이익처분의 상대방뿐만이 아니라 수익처분의 상대방에게도 인정되는 것이 원칙이다. (　)

02 법인세 과세표준과 관련하여 과세관청이 법인의 소득처분 상대방에 대한 소득처분을 경정하면서 증액과 감액을 동시에 한 결과 전체로서 소득처분금액이 감소된 경우, 법인이 소득금액변동통지의 취소를 구할 소의 이익이 없다. (　)

03 형식상 하자로 인하여 무효인 행정처분이 있은 후 행정청이 관계 법령에서 정한 형식을 갖추어 다시 동일한 행정처분을 하였다면 당해 행정처분은 종전의 무효인 행정처분과 관계없이 새로운 행정처분이라고 보아야 한다. (　)

04 행정처분에 그 효력기간이 정하여져 있는 경우, 그 처분의 효력 또는 집행이 정지된 바 없다면 위 기간의 경과로 그 행정처분의 효력은 상실되므로 그 기간 경과 후에는 그 처분이 외형상 잔존함으로 인하여 어떠한 법률상 이익이 침해되고 있다고 볼 만한 별다른 사정이 없는 한 그 처분의 취소를 구할 법률상 이익이 없다. (　)

05 이미 직위해제처분을 받아 직위해제된 공무원에 대하여 행정청이 새로운 사유에 기하여 직위해제처분을 하였다면, 이전 직위해제처분의 취소를 구하는 소송을 제기하는 것은 부적법하다. (　)

정답
01 ×　02 ○　03 ○　04 ○　05 ○

OX 체크

01 제재적 행정처분에서 정한 제재기간의 경과로 그 효과가 소멸되었으나, 부령인 시행규칙의 형식으로 정한 처분기준에서 제재적 행정처분을 받은 것을 가중사유나 전제요건으로 삼아 장래의 제재적 행정처분을 하도록 정하고 있는 경우, 선행처분인 제재적 행정처분을 받은 상대방이 그 처분에서 정한 제재기간이 경과하였더라도 그 처분의 취소를 구할 법률상 이익이 존재한다. ( )

02 장래의 제재적 가중처분 기준을 대통령령이 아닌 부령의 형식으로 정한 경우에는 이미 제재기간이 경과한 제재적 처분의 취소를 구할 법률상 이익이 인정되지 않는다. ( )

03 가중요건이 법령에 규정되어 있는 경우, 업무정지처분을 받은 후 새로운 제재처분을 받음이 없이 법률이 정한 기간이 경과하여 실제로 가중된 제재처분을 받을 우려가 없어졌다면 특별한 사정이 없는 한 업무정지처분의 취소를 구할 법률상 이익이 인정되지 않는다. ( )

5. 과징금 부과처분에서 행정청이 납부의무자에 대하여 부과처분을 한 후 부과처분의 하자를 이유로 과징금의 액수를 감액하는 경우에 감액처분은 감액된 과징금 부분에 관하여만 법적 효과가 미치는 것으로서 당초 부과처분과 별개 독립의 과징금 부과처분이 아니라 실질은 당초 부과처분의 변경이고, 그에 의하여 과징금의 일부취소라는 납부의무자에게 유리한 결과를 가져오는 처분이므로 당초 부과처분이 전부 실효되는 것은 아니다. 따라서 감액처분에 의하여 감액된 부분에 대한 부과처분 취소청구는 이미 소멸하고 없는 부분에 대한 것으로서 소의 이익이 없어 부적법하다. 대법원 2017. 1. 12. 선고 2015두2352 판결 ★

6. 보충역편입처분 및 공익근무요원소집처분의 취소를 구하는 소의 계속 중 병역처분변경신청에 따라 제2국민역편입처분으로 병역처분이 변경된 경우, 종전 보충역편입처분 및 공익근무요원소집처분의 취소를 구할 소의 이익이 없다. 대법원 2005. 12. 9. 선고 2004두6563 판결

7. 피고가 심각한 교통 불편을 줄 것이 명백하다는 이유로 원고에게 집회 및 시위의 금지통고를 한 후 기간의 경과로 금지통고의 효과가 소멸한 경우, 위 금지통고의 취소를 구하는 소는 소의 이익이 없어 부적법하다. 대법원 2018. 4. 12. 선고 2017두67834 판결

(2) 소의 이익을 인정한 사례

① 제재처분의 전력이 장래처분의 가중 또는 전제요건이 되는 경우

1. 제재적 행정처분이 그 처분에서 정한 제재기간의 경과로 인하여 그 효과가 소멸되었으나, 부령인 시행규칙 또는 지방자치단체의 규칙의 형식으로 정한 처분기준에서 제재적 행정처분(선행처분)을 받은 것을 가중사유나 전제요건으로 삼아 장래의 제재적 행정처분(후행처분)을 하도록 정하고 있는 경우, 제재적 행정처분의 가중사유나 전제요건에 관한 규정이 법령이 아니라 규칙의 형식으로 되어 있다고 하더라도, 그러한 규칙이 법령에 근거를 두고 있는 이상 그 법적 성질이 대외적·일반적 구속력을 갖는 법규명령인지 여부와는 상관없이, 관할 행정청이나 담당공무원은 이를 준수할 의무가 있으므로 이들이 그 규칙에 정해진 바에 따라 행정작용을 할 것이 당연히 예견되고, 그 결과 행정작용의 상대방인 국민으로서는 그 규칙의 영향을 받을 수밖에 없다. 따라서 그러한 규칙이 정한 바에 따라 선행처분을 받은 상대방이 그 처분의 존재로 인하여 장래에 받을 불이익, 즉 후행처분의 위험은 구체적이고 현실적인 것이므로, 상대방에게는 선행처분의 취소소송을 통하여 그 불이익을 제거할 필요가 있다. 따라서 규칙이 정한 바에 따라 선행처분을 가중사유 또는 전제요건으로 하는 후행처분을 받을 우려가 현실적으로 존재하는 경우에는, 선행처분을 받은 상대방은 비록 그 처분에서 정한 제재기간이 경과하였다 하더라도 그 처분의 취소소송을 통하여 그러한 불이익을 제거할 권리보호의 필요성이 충분히 인정된다고 할 것이므로, 선행처분의 취소를 구할 법률상 이익이 있다. 대법원 2006. 6. 22. 선고 2003두1684 전원합의체 판결 ★★★ **01 02**

2. 건축사법 제28조 제1항이 건축사 업무정지처분을 연 2회 이상 받고 그 정지기간이 통산하여 12월 이상이 될 경우에는 가중된 제재처분인 건축사사무소 등록취소처분을 받게 되도록 규정하여 건축사에 대한 제재적인 행정처분인 업무정지명령을 더 무거운 제재처분인 사무소등록취소처분의 기준요건으로 규정하고 있으므로, 건축사 업무정지처분을 받은 건축사로서는 위 처분에서 정한 기간이 경과하였다 하더라도 위 처분을 그대로 방치하여 둠으로써 장래 건축사사무소 등록취소라는 가중된 제재처분을 받을 우려가 있어 건축사로서 업무를 행할 수 있는 법률상 지위에 대한 위험이나 불안을 제거하기 위하여 건축사 업무정지처분의 취소를 구할 이익이 있으나, 업무정지처분을 받은 후 새로운 업무정지처분을 받음이 없이 1년이 경과하여 실제로 가중된 제재처분을 받을 우려가 없어졌다면 위 처분에서 정한 정지기간이 경과한 이상 특별한 사정이 없는 한 그 처분의 취소를 구할 법률상 이익이 없다. 대법원 2000. 4. 21. 선고 98두10080 판결 ★ **03**

정답

01 ○   02 ×   03 ○

② 위법한 처분이 반복될 가능성이 있는 경우

판례

1. 소송계속 중 해당 행정처분이 기간의 경과 등으로 그 효과가 소멸한 때에 처분이 취소되어도 원상회복이 불가능하다고 보이는 경우라도, 무효 확인 또는 취소로써 회복할 수 있는 다른 권리나 이익이 남아 있거나 또는 그 행정처분과 동일한 사유로 위법한 처분이 반복될 위험성이 있어 행정처분의 위법성 확인 내지 불분명한 법률문제에 대한 해명이 필요한 경우에는 행정의 적법성 확보와 그에 대한 사법통제, 국민의 권리구제 확대 등의 측면에서 예외적으로 그 처분의 취소를 구할 소의 이익을 인정할 수 있다. 여기에서 '그 행정처분과 동일한 사유로 위법한 처분이 반복될 위험성이 있는 경우'란 불분명한 법률문제에 대한 해명이 필요한 상황에 대한 대표적인 예시일 뿐이며, 반드시 '해당 사건의 동일한 소송 당사자 사이에서' 반복될 위험이 있는 경우만을 의미하는 것은 아니다. 대법원 2020. 12. 24. 선고 2020두30450 판결 ★★★ 01 02

2. 교도소장이 수형자 甲을 '접견내용 녹음·녹화 및 접견 시 교도관 참여대상자'로 지정한 사안에서, 비록 교도소장이 이 사건 제1심판결 선고 이후인 2013. 2. 12. 甲을 위 '접견내용 녹음·녹화 및 접견 시 교도관 참여대상자'에서 해제하기는 하였지만 앞으로도 甲에게 위와 같은 지정행위와 같은 포괄적 접견제한처분을 할 염려가 있으므로, 이 사건 소는 여전히 법률상 이익이 있다. 대법원 2014. 2. 13. 선고 2013두20899 판결 ★

3. 수형자의 영치품에 대한 사용신청 불허처분 후 수형자가 다른 교도소로 이송되었다 하더라도 수형자의 권리와 이익의 침해 등이 해소되지 않은 점 등에 비추어, 위 영치품 사용신청 불허처분의 취소를 구할 이익이 있다. 대법원 2008. 2. 14. 선고 2007두13203 판결 ★ 03 04

4. 학교법인 임원취임승인의 취소처분 후 그 임원의 임기가 만료되고 구 사립학교법 소정의 임원결격사유기간마저 경과한 경우 또는 위 취소처분에 대한 취소소송 제기 후 임시이사가 교체되어 새로운 임시이사가 선임된 경우, 위 취임승인취소처분 및 당초의 임시이사선임처분의 취소를 구할 소의 이익이 있다. 대법원 2007. 7. 19. 선고 2006두19297 전원합의체판결 ★ 05

2. 원상회복이 불가능한 경우

(1) 소의 이익을 부정한 사례

판례

1. 대집행계고처분 취소소송의 변론종결 전에 대집행영장에 의한 통지절차를 거쳐 사실행위로서 대집행의 실행이 완료된 경우에는 행위가 위법한 것이라는 이유로 손해배상이나 원상회복 등을 청구하는 것은 별론으로 하고 처분의 취소를 구할 법률상 이익은 없다. 대법원 1993. 6. 8. 선고 93누6164 판결 ★★ 06

2. 도지사의 폐업결정은 항고소송의 대상에 해당하지만 폐업결정 후 지방의료원을 해산한다는 내용의 조례가 제정·시행되었고 조례가 무효라고 볼 사정도 없어 지방의료원을 폐업 전의 상태로 되돌리는 원상회복은 불가능하므로 취소를 구할 소의 이익을 인정하기 어렵다. 대법원 2016. 8. 30. 선고 2015두60617 판결 07

3. 소음·진동배출시설에 대한 설치허가가 취소된 후 그 배출시설이 어떠한 경위로든 철거되어 다시 복구 등을 통하여 배출시설을 가동할 수 없는 상태라면 이는 배출시설 설치허가의 대상이 되지 아니하므로 외형상 설치허가취소행위가 잔존하고 있다고 하여도 특단의 사정이 없는 한 이제 와서 굳이 위 처분의 취소를 구할 법률상의 이익이 없고, 설령 원고가 이 사건 처분이 위법하다는 점에 대한 판결을 받아 피고에 대한 손해배상청구소송에서 이를 원용할 수 있다거나 위 배출시설을 다른 지역으로 이전하는 경우 행정상의 편의를 제공받을 수 있는 이익이 있다 하더라도, 그러한 이익은 사실적·경제적 이익에 불과하여 이 사건 처분의 취소를 구할 법률상 이익에 해당하지 않는다. 대법원 2002. 1. 11. 선고 2000두2457 판결 ★ 08

OX 체크

01 취소소송 계속 중에 처분청이 계쟁 처분을 직권으로 취소하더라도, 동일한 소송 당사자 사이에서 그 처분과 동일한 사유로 위법한 처분이 반복될 위험성이 있어 그 처분에 대한 위법성의 확인이 필요한 경우에는 그 처분의 취소를 구할 소의 이익이 있다. (   )

02 행정처분과 동일한 사유로 위법한 처분이 반복될 위험성이 있어 행정처분의 위법성 확인 내지 불분명한 법률문제에 대한 해명이 필요한 경우에는 취소를 구할 소의 이익을 인정할 수 있는데, 그 행정처분과 동일한 사유로 위법한 처분이 반복될 위험성이 있는 경우란 해당 사건의 동일한 소송 당사자 사이에서 반복될 위험이 있는 경우만을 의미한다. (   )

03 교도소장이 영치품인 티셔츠 사용을 재소자에게 불허한 행위는 항고소송의 대상이 되는 행정처분에 해당한다. (   )

04 수형자의 영치품에 대한 사용신청 불허처분 후 수형자가 다른 교도소로 이송된 경우 원래 교도소로의 재이송 가능성이 소멸되었으므로 그 불허처분의 취소를 구할 소의 이익이 없다. (   )

05 학교법인 임원취임승인의 취소처분 후 그 임원의 임기가 만료되고 구 「사립학교법」 소정의 임원결격사유기간마저 경과한 경우에 취임승인이 취소된 임원은 취임승인취소처분의 취소를 구할 소의 이익이 없다. (   )

06 대집행계고처분 취소소송의 변론이 종결되기 전에 대집행영장에 의한 통지절차를 거쳐 사실행위로서 대집행의 실행이 완료된 경우에는 계고처분의 취소를 구할 법률상의 이익이 없다. (   )

07 도지사가 도에서 설치·운영하는 지방의료원을 폐업하겠다는 결정을 발표하고 그에 따라 폐업을 위한 일련의 조치를 한 경우, 폐업결정은 공권력의 행사로서 행정처분에 해당한다. (   )

08 배출시설에 대한 설치허가가 취소된 후 그 배출시설이 철거되어 다시 가동할 수 없는 상태라도 그 취소처분이 위법하다는 판결을 받아 손해배상청구소송에서 이를 원용할 수 있다면 배출시설의 소유자는 당해 처분의 취소를 구할 법률상 이익이 있다. (   )

정답
01 ○ 02 × 03 ○ 04 × 05 ×
06 ○ 07 ○ 08 ×

OX 체크

01 이전고시가 효력을 발생한 후에는 조합원 등이 관리처분계획의 취소 또는 무효확인을 구할 법률상 이익이 없다. ( )

02 건축허가가 「건축법」에 따른 이격거리를 두지 아니하고 건축물을 건축하도록 되어 있어 위법하다 하더라도 건축이 완료되어 위법한 처분을 취소한다 하더라도 원상회복이 불가능한 경우에는 그 취소를 구할 법률상 이익이 없다. ( )

03 건축허가취소처분을 받은 건축물 소유자는 그 건축물이 완공된 후에도 여전히 취소처분의 취소를 구할 법률상 이익을 가진다. ( )

04 지방의회 의원에 대한 제명의결 취소소송 계속 중 의원의 임기가 만료된 경우에도 여전히 제명의결의 취소를 구할 법률상 이익이 인정된다. ( )

05 한국방송공사 사장에 대한 해임처분의 무효확인 또는 취소소송 계속 중 임기가 만료되어 그 해임처분의 무효확인 또는 취소로 그 지위를 회복할 수는 없더라도 해임처분일부터 임기만료일까지 기간에 대한 보수 지급을 구할 수 있는 경우에는 해임처분의 무효확인 또는 취소를 구할 법률상 이익이 있다. ( )

06 파면처분 취소소송의 사실심 변론종결 전에 금고 이상의 형을 선고받아 당연퇴직된 경우에도 해당 공무원은 파면처분의 취소를 구할 이익이 있다. ( )

정답
01 ○ 02 ○ 03 ○ 04 ○ 05 ○
06 ○

---

4. 정비사업의 공익적·단체법적 성격과 이전고시에 따라 이미 형성된 법률관계를 유지하여 법적 안정성을 보호할 필요성이 현저한 점 등을 고려할 때, 이전고시의 효력이 발생한 이후에는 조합원 등은 해당 정비사업을 위하여 이루어진 수용재결이나 이의재결의 취소 또는 무효확인을 구할 법률상 이익이 없다. 대법원 2017. 3. 16. 선고 2013두11536 판결 ★

5. 이전고시가 효력을 발생하게 된 이후에는 조합원 등이 관리처분계획의 취소 또는 무효확인을 구할 법률상 이익이 없다고 봄이 타당하다. 대법원 2012. 3. 22. 선고 2011두6400 전원합의체판결 ★ **01**

6. 토지수용에 의하여 이미 이 사건 토지에 대한 소유권을 상실한 자는 도시계획결정과 토지의 수용이 법률에 위반되어 당연무효라고 볼만한 특별한 사정이 보이지 않는 이상 토지에 대한 도시계획결정의 취소를 청구할 법률상의 이익이 없다. 헌법재판소 2002. 5. 30. 선고 2000헌바58 등 결정

7. 건축허가가 건축법 소정의 이격거리를 두지 아니하고 건축물을 건축하도록 되어 있어 위법하다 하더라도 이미 건축공사가 완료되었다면 인접한 대지의 소유자로서는 위 건축허가처분의 취소를 구할 소의 이익이 없다. 대법원 1992. 4. 24. 선고 91누11131 판결 ★ **02**

   비교판례 건축허가취소처분을 받은 건축물 소유자는 그 건축물이 완공된 후에도 여전히 위 취소처분의 취소를 구할 법률상 이익을 가진다고 보아야 한다. 대법원 2015. 11. 12. 선고 2015두47195 판결 ★ **03**

8. 재결취소소송의 계속 중에 해당 재결을 전심절차로 하는 과세처분에 대한 취소를 구하는 본안소송이 원고 패소로 확정된 경우, 재결취소소송의 소의 이익은 인정되지 않는다. 대법원 2025. 3. 27 선고 2024두61018 판결

(2) 소의 이익을 인정한 사례

판례

1. (지방의회 의원에 대한 제명의결 취소소송 계속 중 의원의 임기가 만료된 사안에서) 제명의결의 취소로 의원의 지위를 회복할 수는 없다 하더라도 제명의결시부터 임기만료일까지의 기간에 대한 월정수당의 지급을 구할 수 있는 등 여전히 그 제명의결의 취소를 구할 법률상 이익이 있다. 대법원 2009. 1. 30. 선고 2007두13487 판결 ★★★

2. 해임처분 무효확인 또는 취소소송 계속 중 임기가 만료되어 해임처분의 무효확인 또는 취소로 지위를 회복할 수는 없다고 할지라도, 그 무효확인 또는 취소로 해임처분일부터 임기만료일까지 기간에 대한 보수 지급을 구할 수 있는 경우에는 해임처분의 무효확인 또는 취소를 구할 법률상 이익이 있다. 대법원 2012. 2. 23. 선고 2011두5001 판결 ★ **05**

3. 파면처분취소소송의 사실심변론종결 전에 원고가 징역 8월에 2년간 집행유예의 형을 선고받아 확정되었다면 원고는 지방공무원법 규정에 따라 위 판결이 확정된 날 당연퇴직되어 그 공무원의 신분을 상실하고 (중략) 이 사건 파면처분이 있은 때부터 위 법규정에 의한 당연퇴직일자까지의 기간에 있어서는 파면처분의 취소를 구하여 그로 인해 박탈당한 이익의 회복을 구할 소의 이익이 있다 할 것이다. 대법원 1985. 6. 25. 선고 85누39 판결 ★ **06**

4. 사립학교 교원이 소청심사청구를 하여 해임처분의 효력을 다투던 중 형사판결 확정 등 당연퇴직사유가 발생하여 교원의 지위를 회복할 수 없더라도, 해임처분이 취소되거나 변경되면 해임처분일부터 당연퇴직사유 발생일까지의 기간에 대한 보수 지급을 구할 수 있는 경우에는 소청심사청구를 기각한 교원소청심사위원회 결정의 취소를 구할 법률상 이익이 있다. 대법원 2024. 2. 8. 선고 2022두50571 판결

5. 국가공무원법상 직위해제처분의 무효확인 또는 취소소송 계속 중 정년을 초과하여 직위해제처분의 무효확인 또는 취소로 공무원 신분을 회복할 수는 없다고 할지라도, 그 무효확인 또는 취소로 직위해제일부터 직권면직일까지 기간에 대한 감액된 봉급 등의 지급을 구할 수 있는 경우에는 직위해제처분의 무효확인 또는 취소를 구할 법률상 이익이 있다. 대법원 2014. 5. 16. 선고 2012두26180 판결

6. 직위해제처분은 근로자로서의 지위를 그대로 존속시키면서 다만 그 직위만을 부여하지 아니하는 처분이므로 만일 어떤 사유에 기하여 근로자를 직위해제한 후 그 직위해제 사유와 동일한 사유를 이유로 징계처분을 하였다면 뒤에 이루어진 징계처분에 의하여 그 전에 있었던 직위해제처분은 그 효력을 상실한다. 여기서 직위해제처분이 효력을 상실한다는 것은 직위해제처분이 소급적으로 소멸하여 처음부터 직위해제처분이 없었던 것과 같은 상태로 되는 것이 아니라 사후적으로 그 효력이 소멸한다는 의미이다. 따라서 직위해제처분에 기하여 발생한 효과는 당해 직위해제처분이 실효되더라도 소급하여 소멸하는 것이 아니므로, 인사규정 등에서 직위해제처분에 따른 효과로 승진·승급에 제한을 가하는 등의 법률상 불이익을 규정하고 있는 경우에는 직위해제처분을 받은 근로자는 이러한 법률상 불이익을 제거하기 위하여 그 실효된 직위해제처분에 대한 구제를 신청할 이익이 있다. 대법원 2010. 7. 29. 선고 2007두18406 판결

7. 근로기준법상 금전보상명령은 원직복직명령을 대신하는 것이고 그 금액도 임금 상당액 이상의 금액이므로, 부당해고 구제신청 후 사용자가 해고를 취소하여 원직복직을 명하고 임금 상당액을 지급하였더라도 특별한 사정이 없는 한 근로자가 금전보상명령을 받을 구제이익이 소멸하는 것은 아니다. 대법원 2025. 3. 13. 선고 2024두54683 판결

8. 근로자가 부당해고 구제신청을 하여 해고의 효력을 다투던 중 정년에 이르거나 근로계약기간이 만료하는 등의 사유로 원직에 복직하는 것이 불가능하게 된 경우에도 해고기간 중의 임금 상당액을 지급받을 필요가 있다면 임금 상당액 지급의 구제명령을 받을 이익이 유지되므로 구제신청을 기각한 중앙노동위원회의 재심판정을 다툴 소의 이익이 있다고 보아야 한다. 대법원 2020. 2. 20. 선고 2019두52386 전원합의체판결

   비교판례 근로자가 부당해고 구제신청을 할 당시 이미 정년에 이르거나 근로계약기간 만료, 폐업 등의 사유로 근로계약관계가 종료하여 근로자의 지위에서 벗어난 경우에는 노동위원회의 구제명령을 받을 이익이 소멸하였다고 보는 것이 타당하다. 대법원 2022. 7. 14. 선고 2020두54852 판결

9. 개발제한구역 안에서의 공장설립을 승인한 처분이 위법하다는 이유로 쟁송취소되었다고 하더라도 그 승인처분에 기초한 공장건축허가처분이 잔존하는 이상, 인근 주민들은 여전히 공장건축허가처분의 취소를 구할 법률상 이익이 있다고 보아야 한다. 대법원 2018. 7. 12. 선고 2015두3485 판결 ★ **01**

10. 불합격처분의 취소를 구하는 소송계속 중 당해 연도의 입학시기가 지났더라도 당해 연도의 합격자로 인정되면 다음 연도의 입학시기에 입학할 수도 있다고 할 것이고, (중략) 원고들로서는 피고의 불합격처분의 적법 여부를 다툴만한 법률상의 이익이 있다. 대법원 1990. 8. 28. 선고 89누8255 판결 ★ **02**

11. 공장등록이 취소된 후 그 공장시설물이 철거되었다 하더라도 대도시 안의 공장을 지방으로 이전할 경우 조세특례제한법상의 세액공제 및 소득세 등의 감면혜택이 있고, 공업배치 및 공장설립에 관한 법률상의 간이한 이전절차 및 우선입주의 혜택이 있는 경우, 그 공장등록취소처분의 취소를 구할 법률상의 이익이 있다. 대법원 2002. 1. 11. 선고 2000두3306 판결 ★ **03**

12. 행정청이 토지형질변경허가거부처분을 할 당시는 광업권의 존속기간이 만료되지 아니하였을 뿐만 아니라, 광업권자는 상공자원부장관의 허가를 받아 광업권의 존속기간을 연장할 수도 있는 것이므로, 행정청이 위 거부처분을 한 뒤에 광업권의 존속기간이 만료되었다고 하여 위 거부처분의 취소를 구할 법률상 이익이 없다고 할 수 없다. 대법원 1994. 4. 12. 선고 93누21088 판결

OX 체크

01 개발제한구역 안에서의 공장설립을 승인한 처분이 위법하다는 이유로 쟁송취소되었다면, 설령 그 승인처분에 기초한 공장건축허가처분이 잔존하는 경우에도 인근 주민들에게는 공장건축허가처분의 취소를 구할 법률상 이익이 없다. ( )

02 서울대학교 불합격처분의 취소를 구하는 소송계속 중 당해연도의 입학시기가 지난 경우에도 불합격처분의 취소를 구할 법률상 이익이 있다. ( )

03 공장등록이 취소된 후 그 공장시설물이 철거되었고 다시 복구를 통하여 공장을 운영할 수 없는 상태라 하더라도 대도시 안의 공장을 지방으로 이전할 경우 조세감면 및 우선입주 등의 혜택이 관계 법률에 보장되어 있다면, 공장등록취소처분의 취소를 구할 법률상 이익이 인정된다. ( )

정답
01 ✗   02 ○   03 ○

3. 권리침해상태가 해소된 경우

(1) 소의 이익을 부정한 사례

1. [1] 처분 후의 사정에 의하여 권리와 이익의 침해 등이 해소된 경우에는 그 처분의 취소를 구할 소의 이익이 없다 할 것이고, 설령 그 처분이 위법함을 이유로 손해배상청구를 할 예정이라고 하더라도 달리 볼 것이 아니다. ★

   [2] 공익근무요원 소집해제신청을 거부한 후에 원고가 계속하여 공익근무요원으로 복무함에 따라 복무기간 만료를 이유로 소집해제처분을 한 경우, 원고가 입게 되는 권리와 이익의 침해는 소집해제처분으로 해소되었으므로 위 거부처분의 취소를 구할 소의 이익이 없다고 한 사례. 대법원 2005. 5. 13. 선고 2004두4369 판결 ★ **01**

2. 불합격처분 이후 새로 실시된 치과의사 국가시험에 합격한 자들로서는 더 이상 위 불합격처분의 취소를 구할 법률상의 이익이 없다. 대법원 1993. 11. 9. 선고 93누6867 판결

3. 사법시험 제2차 시험에 관한 불합격처분 이후에 새로이 실시된 제2차 및 제3차 시험에 합격하였을 경우에는 더 이상 위 불합격처분의 취소를 구할 법률상 이익이 없다. 대법원 2007. 9. 21. 선고 2007두12057 판결 ★ **02**

4. 세무사 자격시험 제1차 시험 불합격 처분 후 새로 실시된 세무사 자격시험 제1차 시험에 합격한 경우, 불합격 처분의 취소를 구할 법률상 이익이 없다. 대법원 2014. 4. 24. 선고 2013두26071 판결

5. 현역병입영대상자로 병역처분을 받은 자가 그 취소소송 중 모병에 응하여 현역병으로 자진 입대한 경우, 그 처분의 위법을 다툴 실제적 효용 내지 이익이 없으므로 소의 이익이 없다. 대법원 1998. 9. 8. 선고 98두9165 판결 ★ **03**

(2) 소의 이익을 인정한 사례

1. 현역입영대상자로서는 현실적으로 입영을 하였다고 하더라도, 입영 이후의 법률관계에 영향을 미치고 있는 현역병입영통지처분 등을 한 관할지방병무청장을 상대로 위법을 주장하여 그 취소를 구할 소송상의 이익이 있다(주 : 자진 입대가 아니라 강제 징집된 사례). 대법원 2003. 12. 26. 선고 2003두1875 판결 ★★ **04**

2. 고등학교졸업이 대학입학자격이나 학력인정으로서의 의미밖에 없다고 할 수 없으므로 고등학교졸업학력검정고시에 합격하였다 하여 고등학교 학생으로서의 신분과 명예가 회복될 수 없는 것이니 퇴학처분을 받은 자로서는 퇴학처분의 위법을 주장하여 그 취소를 구할 소송상의 이익이 있다. 대법원 1992. 7. 14. 선고 91누4737 판결 ★★ **05**

3. 징계에 관한 일반사면이 있었다고 할지라도 사면의 효과는 소급하지 아니하므로 파면처분으로 이미 상실된 원고의 공무원지위가 회복될 수 없는 것이니 원고로서는 동 파면처분의 위법을 주장하여 그 취소를 구할 소송상 이익이 있다. 대법원 1981. 7. 14. 선고 80누536 전원합의체 판결

OX 체크

01 공익근무요원 소집해제신청을 거부한 후에 원고가 계속하여 공익근무요원으로 복무함에 따라 복무기간 만료를 이유로 소집해제처분을 한 경우, 원고는 거부처분의 취소를 구할 소의 이익이 있다. ( )

02 사법시험 제2차 시험 불합격처분 이후 새로 실시된 제2차 및 제3차 시험에 합격한 자는 불합격처분의 취소를 구할 협의의 소익이 없다. ( )

03 현역병 입영대상으로 병역처분을 받은 자가 그 취소소송 중 모병에 응하여 현역병으로 자진 입대한 경우 현역병 입영처분의 취소를 구하는 소송은 소의 이익이 없다. ( )

04 현역입영대상자가 현역병입영통지처분에 따라 현실적으로 입영을 한 후에는 처분의 집행이 종료되었고 입영으로 처분의 목적이 달성되어 실효되었으므로 입영통지처분을 다툴 법률상 이익이 인정되지 않는다. ( )

05 고등학교졸업학력검정고시에 합격하였다 하더라도, 고등학교에서 퇴학처분을 받은 자는 퇴학처분의 취소를 구할 협의의 소익이 있다. ( )

정답
01 × 02 ○ 03 ○ 04 × 05 ○

4. 그 밖의 소의 이익에 관한 판례

(1) 소의 이익을 부정한 사례

1. 해당 처분 등의 취소를 구하는 것보다 실효적이고 직접적인 구제수단이 있음에도 처분 등의 취소를 구하는 것은 특별한 사정이 없는 한 분쟁해결의 유효적절한 수단이라고 할 수 없어 법률상 이익이 있다고 할 수 없다. ★★ 01
당사자의 신청을 받아들이지 않은 거부처분이 재결에서 취소된 경우에 행정청은 종전 거부처분 또는 재결 후에 발생한 새로운 사유를 내세워 다시 거부처분을 할 수 있다. (중략) 거부처분이 재결에서 취소된 경우 재결에 따른 후속처분이 아니라 그 재결의 취소를 구하는 것은 실효적이고 직접적인 권리구제수단이 될 수 없어 분쟁해결의 유효적절한 수단이라고 할 수 없으므로 법률상 이익이 없다. 대법원 2017. 10. 31. 선고 2015두45045 판결 ★ 02

2. 현역병입영대상편입처분은 보충역편입처분취소처분과는 별개의 법률효과를 발생시키는 독립된 행정처분으로서 제소기간이 경과하여 처분의 위법성을 다툴 수 없게 되었을 뿐 아니라 당연무효라고 볼 수도 없는 이상, 이 사건 보충역편입처분취소처분이 취소되어 확정된다고 하더라도 원고로서는 현역병입영대상편입처분에 터잡은 현역병입영통지처분에 따라 현역병으로 복무하는 것을 피할 수 없고, 따라서 이 사건 보충역편입처분취소처분의 취소를 구할 법률상의 이익이 있다고 할 수 없다. 대법원 2004. 12. 10. 선고 2003두12257 판결

(2) 소의 이익을 인정한 사례

1. 현실적으로 이미 수립, 실시한 이주대책업무가 종결되었고, 그 사업을 완료하여 사업지구 내에 더 이상 분양할 이주대책용 단독택지가 없다 하더라도 보상금청구권 등의 권리를 확정하는 법률상의 이익은 여전히 남아 있는 것이므로 그러한 사정만으로 이주대책대상자 선정신청에 대한 거부처분의 취소를 구할 법률상 이익이 없다고 할 것은 아니다. 대법원 1999. 8. 20. 선고 98두17043 판결

2. 공정거래위원회가 시정명령 및 과징금 부과와 감면 여부를 분리 심리하여 별개로 의결한 후 과징금 등 처분과 별도의 처분서로 감면기각처분을 하였다면, 원칙적으로 2개의 처분, 즉 과징금 등 처분과 감면기각처분이 각각 성립한 것이고, 처분의 상대방으로서는 각각의 처분에 대하여 함께 또는 별도로 불복할 수 있다. 대법원 2016. 12. 27. 선고 2016두43282 판결

OX 체크

01 행정청이 한 처분등의 취소를 구하는 것보다 실효적이고 직접적인 구제수단이 있음에도 처분등의 취소를 구하는 것은 특별한 사정이 없는 한 분쟁해결의 유효적절한 수단이라고 할 수 없어 법률상 이익이 없다. ( )

02 거부처분이 행정심판의 재결을 통해 취소된 경우 재결에 따른 후속처분이 아니라 그 재결의 취소를 구하는 것은 분쟁해결의 유효적절한 수단이라고 할 수 없어 소의 이익이 없다. ( )

정답
01 O 02 O

주제 19 피고적격

I 의의

1. 행정소송법 규정

> 행정소송법 제13조 【피고적격】
> ① 취소소송은 다른 법률에 특별한 규정이 없는 한 그 처분등을 행한 행정청을 피고로 한다. 01

- 행정소송법은 소송수행의 편의를 위해 당사자능력이 없는 행정청에 대하여 피고적격을 부여하였다.

2. 처분등을 행한 행정청

(1) 행정청의 의의

- 피고적격을 갖는 행정청이란 행정의사를 내부적으로 결정하고 이를 외부에 표시할 수 있는 권한을 가진 행정기관으로서, 정당한 권한을 가졌는지 여부를 불문하고 실제로 그의 이름으로 처분을 한 행정기관을 말한다.

[판례]

1. '행정청'이라 함은 국가 또는 공공단체의 기관으로서 국가나 공공단체의 의견을 결정하여 외부에 표시할 수 있는 권한, 즉 처분권한을 가진 기관을 말하고, 대외적으로 의사를 표시할 수 있는 기관이 아닌 내부기관은 실질적인 의사가 그 기관에 의하여 결정되더라도 피고적격을 갖지 못한다. 대법원 2014. 5. 16. 선고 2014두274 판결 ★★ 02

2. 항고소송은 원칙적으로 소송의 대상인 행정처분 등을 외부적으로 그의 명의로 행한 행정청을 피고로 하여야 하는 것으로서, 그 행정처분을 하게 된 연유가 상급행정청이나 타행정청의 지시나 통보에 의한 것이라 하여 다르지 않고, 권한의 위임이나 위탁을 받아 수임행정청이 자신의 명의로 한 처분에 관하여도 마찬가지이다. 대법원 2013. 2. 28. 선고 2012두22904 판결 ★ 03

(2) 피고적격 관련 규정

> 행정소송법 제13조 【피고적격】
> ① 취소소송은 다른 법률에 특별한 규정이 없는 한 그 처분등을 행한 행정청을 피고로 한다. 다만, 처분등이 있은 뒤에 그 처분등에 관계되는 권한이 다른 행정청에 승계된 때에는 이를 승계한 행정청을 피고로 한다. ★ 04
> ② 제1항의 규정에 의한 행정청이 없게 된 때에는 그 처분등에 관한 사무가 귀속되는 국가 또는 공공단체를 피고로 한다.

- 공무원에 대한 불이익처분 등에 있어서 그 처분청이 대통령인 때에는 소속 장관을, 그 처분청이 중앙선거관리위원회 위원장인 때에는 중앙선거관리위원회 사무총장을 각각 피고로 한다. ★ 05 06
- 국회의장·대법원장·헌법재판소장이 행한 처분에 대해서는 각각 국회사무총장, 법원행정처장, 헌법재판소 사무처장이 피고가 된다. ★ 07 08

OX 체크

01 취소소송은 다른 법률에 특별한 규정이 없는 한 그 처분 등을 행한 행정청을 피고로 한다. ( )

02 취소소송에서 피고가 될 수 있는 행정청에는 대외적으로 의사를 표시할 수 있는 기관이 아니더라도 국가나 공공단체의 의사를 실질적으로 결정하는 기관이 포함된다. ( )

03 상급행정청의 지시에 의해 하급행정청이 자신의 명의로 처분을 하였다면, 당해 처분에 대한 취소소송에서는 지시를 내린 상급행정청이 피고가 된다. ( )

04 취소소송은 다른 법률에 특별한 규정이 없는 한 그 처분등을 행한 행정청을 피고로 하지만, 처분등이 있은 뒤에 그 처분등에 관계되는 권한이 다른 행정청에 승계된 때에는 이를 승계한 행정청을 피고로 한다. ( )

05 「국가공무원법」에 따른 처분, 그 밖에 본인의 의사에 반한 불리한 처분이나 부작위에 관한 행정소송을 제기할 때에 대통령의 처분 또는 부작위의 경우에는 소속 장관을 피고로 한다. ( )

06 대통령의 검사임용처분에 대한 취소소송의 피고는 법무부장관이 된다. ( )

07 국회의장이 행한 처분의 경우 국회사무총장이 피고가 된다. ( )

08 헌법재판소장이 소속직원에게 내린 징계처분에 대한 취소소송의 피고는 헌법재판소 사무처장이 된다. ( )

정답
01 ○ 02 × 03 × 04 ○ 05 ○
06 ○ 07 ○ 08 ○

Ⅱ 유형별 검토

1. 권한의 위임(또는 위탁) : 수임기관 명의로 처분

- 권한의 위임이 있는 경우 위임기관은 처분권한을 상실하며 수임기관이 처분권한을 갖게 되므로, **수임기관**이 피고적격을 갖는다. 01 03

> **판례**
>
> 1. 한국자산관리공사가 체납압류된 재산을 공매하는 것은 세무서장의 공매권한 위임에 의한 것으로 보아야 할 것이므로, 한국자산관리공사가 한 그 공매처분에 대한 취소 등의 항고소송을 제기함에 있어서는 수임청으로서 실제로 공매를 행한 한국자산관리공사를 피고로 하여야 하고, 위임청인 세무서장은 피고적격이 없다. 대법원 1997. 2. 28. 선고 96누1757 판결 ★ 02
> 2. 에스에이치공사가 택지개발사업 시행자인 서울특별시장으로부터 이주대책 수립권한을 포함한 택지개발사업에 따른 권한을 위임 또는 위탁받은 경우, 이주대책 대상자들이 에스에이치공사 명의로 이루어진 이주대책에 관한 처분에 대한 취소소송을 제기함에 있어 정당한 피고는 에스에이치공사가 된다고 한 사례. 대법원 2007. 8. 23. 선고 2005두3776 판결

2. 내부위임 : 위임기관 명의로 처분

(1) 내부위임에 따른 권한행사가 적법하게 이루어진 경우

- 내부위임의 경우에는 권한의 위임과 달리 수임기관에게 처분권한이 이전되는 것이 아니므로, **위임기관**이 피고적격을 갖는다.

> **판례**
>
> 권한위임의 경우에는 수임관청이 자기의 이름으로 그 권한행사를 할 수 있지만 내부위임의 경우에는 수임관청은 위임관청의 이름으로만 그 권한을 행사할 수 있을 뿐 자기의 이름으로는 그 권한을 행사할 수 없다. 대법원 1995. 11. 28. 선고 94누6475 판결

(2) 수임기관이 자신의 명의로 처분을 한 경우

- 수임기관이 위임기관이 아닌 자신의 이름으로 처분을 한 경우(이러한 처분은 권한 없는 자의 처분으로서 무효), 실제로 처분을 한 행정청인 **수임기관**이 피고적격을 갖는다.

> **판례**
>
> 행정처분을 행할 적법한 권한 있는 상급행정청으로부터 내부위임을 받은 데 불과한 하급행정청이 권한 없이 행정처분을 한 경우에도 실제로 그 처분을 행한 하급행정청을 피고로 하여야 할 것이지 그 처분을 행할 적법한 권한 있는 상급행정청을 피고로 할 것은 아니다. 대법원 1994. 8. 12. 선고 94누2763 판결 ★★★ 04

OX 체크

01 권한의 위임이나 위탁을 받아 수임행정청이 자신의 명의로 한 처분에 관한 취소소송은 원칙적으로 수임행정청을 피고로 하여 제기하여야 한다. ( )

02 「국세징수법」에 근거하여 한국자산관리공사가 행하는 공매의 대행은 세무서장의 공매권한의 위임에 해당하므로 한국자산관리공사의 공매처분에 대한 취소소송에서 피고는 한국자산관리공사이다. ( )

03 환경부장관의 권한을 위임받은 서울특별시장이 내린 처분에 대한 취소소송의 피고는 서울특별시장이 된다. ( )

04 행정처분을 행할 적법한 권한 있는 상급행정청으로부터 내부위임을 받은 데 불과한 하급행정청이 권한 없이 행정처분을 한 경우 실제로 그 처분을 행한 하급행정청을 피고로 하여야 할 것이지 그 처분을 행할 적법한 권한 있는 상급행정청을 피고로 할 것은 아니다. ( )

정답
01 ○ 02 ○ 03 ○ 04 ○

3. 권한의 대리 : 대리관계를 표시하며 처분

1. 항고소송은 다른 법률에 특별한 규정이 없는 한 원칙적으로 소송의 대상인 행정처분을 외부적으로 행한 행정청을 피고로 하여야 하고, 다만 대리기관이 대리관계를 표시하고 피대리 행정청을 대리하여 행정처분을 한 때에는 피대리 행정청이 피고로 되어야 한다. 대법원 2018. 10. 25. 선고 2018두43095 판결 ★★★ 01

2. 대리권을 수여받은 데 불과하여 그 자신의 명의로는 행정처분을 할 권한이 없는 행정청의 경우 대리관계를 밝힘이 없이 그 자신의 명의로 행정처분을 하였다면 그에 대하여는 처분명의자인 당해 행정청이 항고소송의 피고가 되어야 하는 것이 원칙이지만, 비록 대리관계를 명시적으로 밝히지는 아니하였다 하더라도 처분명의자가 피대리 행정청 산하의 행정기관으로서 실제로 피대리 행정청으로부터 대리권한을 수여받아 피대리 행정청을 대리한다는 의사로 행정처분을 하였고 처분명의자는 물론 그 상대방도 그 행정처분이 피대리 행정청을 대리하여 한 것임을 알고서 이를 받아들인 예외적인 경우에는 피대리 행정청이 피고가 되어야 한다. 대법원 2006. 2. 23. 자 2005부4 결정 ★★ 02 03

4. 합의제 행정청

- 합의제 행정청의 처분에 대해서는 특별한 규정이 없는 한 합의제 행정청이 피고가 된다.

저작권 등록처분에 대한 무효확인소송에서 피고적격자는 저작권심의조정위원회이다. 대법원 2009. 7. 9. 선고 2007두16608 판결 ★ 04

- 다만, 노동위원회법 제27조에 따라 중앙노동위원회의 처분에 대한 소송의 피고는 중앙노동위원회가 아닌 중앙노동위원회 위원장이 된다. ★★★ 05

5. 지방자치단체

(1) 지방의회

- 지방의회는 그 의사를 외부에 표시할 수 있는 권한이 없는 의결기관에 불과하므로 원칙적으로 행정청이 될 수 없다.
- 다만, 의원징계의결, 의장불신임의결, 의장선임의결 등 처분에 대해서는 지방의회가 처분청이 되므로, 이 경우 지방의회는 피고적격을 갖는다. ★ 06

(2) 처분적 조례의 경우 : 지방자치단체의 장 또는 교육감

- 처분적 조례에 대한 항고소송의 피고적격은 지방의회가 아닌 지방자치단체의 장 또는 교육감이 갖는다.

[1] 조례에 대한 무효확인소송을 제기함에 있어서 피고적격이 있는 처분 등을 행한 행정청은, 행정주체인 지방자치단체 또는 지방자치단체의 내부적 의결기관으로서 지방자치단체의 의사를 외부에 표시한 권한이 없는 지방의회가 아니라, 구 지방자치법에 의하여 지방자치단체의 집행기관으로서 조례로서의 효력을 발생시키는 공포권이 있는 지방자치단체의 장이다. ★★★ 07

[2] 시·도의 교육·학예에 관한 사무의 집행기관은 시·도 교육감이고 시·도 교육감에게 지방교육에 관한 조례안의 공포권이 있다고 규정되어 있으므로, 교육에 관한 조례의 무효확인소송을 제기함에 있어서는 그 집행기관인 시·도 교육감을 피고로 하여야 한다. 대법원 1996. 9. 20. 선고 95누8003 판결 ★ 08

6. 처분청과 통지한 자가 다른 경우: 처분청

• 처분청과 통지한 자가 다른 경우에는 처분청이 피고가 된다.

판례

1. 피고 한국농어촌공사가 '피고 농림축산식품부장관의 대행자' 지위에서 위와 같은 납부통지를 하였음을 분명하게 밝힌 이상, 피고 농림축산식품부장관이 이 사건 농지보전부담금 부과처분을 외부적으로 자신의 명의로 행한 행정청으로서 항고소송의 피고가 되어야 하고, 단순한 대행자에 불과한 피고 한국농어촌공사를 피고로 삼을 수는 없다. 대법원 2018. 10. 25. 선고 2018두43095 판결

2. [1] 서훈은 어디까지나 서훈대상자 본인의 공적과 영예를 기리기 위한 것이므로 비록 유족이라고 하더라도 제3자는 서훈수여 처분의 상대방이 될 수 없다. 이러한 서훈의 일신전속적 성격은 서훈취소의 경우에도 마찬가지이므로, 망인에게 수여된 서훈의 취소에서도 유족은 그 처분의 상대방이 되는 것이 아니다. ★ 01

   [2] 망인에 대한 서훈취소는 유족에 대한 것이 아니므로 유족에 대한 통지에 의해서만 성립하여 효력이 발생한다고 볼 수 없고, 그 결정이 처분권자의 의사에 따라 상당한 방법으로 대외적으로 표시됨으로써 행정행위로서 성립하여 효력이 발생한다고 봄이 타당하다. ★

   [3] 국무회의에서 건국훈장 독립장이 수여된 망인에 대한 서훈취소를 의결하고 대통령이 결재함으로써 서훈취소가 결정된 후 국가보훈처장이 망인의 유족에게 '독립유공자 서훈취소결정 통보'를 하자 유족이 국가보훈처장을 상대로 서훈취소결정의 무효 확인 등의 소를 제기한 사안에서, 유족이 서훈취소 처분을 행한 행정청(대통령)이 아니라 국가보훈처장을 상대로 제기한 위 소는 피고를 잘못 지정한 경우에 해당하므로, 법원으로서는 석명권을 행사하여 정당한 피고로 경정하게 하여 소송을 진행해야 함에도 국가보훈처장이 서훈취소 처분을 한 것을 전제로 처분의 적법 여부를 판단한 원심판결에 법리오해 등의 잘못이 있다고 한 사례. 대법원 2014. 9. 26. 선고 2013두2518 판결 ★ 02

Ⅲ 피고경정

1. 행정소송법령 규정

행정소송법 제14조 【피고경정】
① 원고가 피고를 잘못 지정한 때에는 법원은 원고의 신청에 의하여 결정으로써 피고의 경정을 허가할 수 있다. 03
② 법원은 제1항의 규정에 의한 결정의 정본을 새로운 피고에게 송달하여야 한다.
③ 제1항의 규정에 의한 신청을 각하하는 결정에 대하여는 즉시항고할 수 있다.
④ 제1항의 규정에 의한 결정이 있은 때에는 새로운 피고에 대한 소송은 처음에 소를 제기한 때에 제기된 것으로 본다.
⑤ 제1항의 규정에 의한 결정이 있은 때에는 종전의 피고에 대한 소송은 취하된 것으로 본다.
⑥ 취소소송이 제기된 후에 제13조제1항 단서 또는 제13조제2항에 해당하는 사유가 생긴 때에는 법원은 당사자의 신청 또는 직권에 의하여 피고를 경정한다. 이 경우에는 제4항 및 제5항의 규정을 준용한다.

행정소송규칙 제6조 【피고경정】
법 제14조제1항에 따른 피고경정은 사실심 변론을 종결할 때까지 할 수 있다. 04

OX 체크

01 서훈은 서훈대상자의 특별한 공적에 의하여 수여되는 고도의 일신전속적 성격을 가지는 것이므로 유족이라고 하더라도 처분의 상대방이 될 수 없다. ( )

02 건국훈장 독립장이 수여된 망인에 대한 서훈취소를 국무회의에서 의결하고 대통령이 결재함으로써 서훈취소가 결정된 후에 국가보훈처장이 망인의 유족에게 독립유공자 서훈취소결정 통보를 하였다면 서훈취소처분 취소소송에서의 피고적격은 국가보훈처장에 있다. ( )

03 「행정소송법」상 원고가 피고를 잘못 지정한 때에는 법원은 원고의 신청에 의하여 결정으로써 피고의 경정을 허가할 수 있다. ( )

04 「행정소송법」제14조에 의한 피고경정은 사실심변론종결시까지 허용된다. ( )

정답
01 ○ 02 × 03 ○ 04 ○

2. 구체적 판례

1. 원고가 피고를 잘못 지정하였다면 법원으로서는 당연히 석명권을 행사하여 원고로 하여금 피고를 경정하게 하여 소송을 진행케 하였어야 할 것임에도 불구하고 이러한 조치를 취하지 아니한 채 피고의 지정이 잘못되었다는 이유로 소를 각하한 것은 위법하다. 대법원 2004. 7. 8. 선고 2002두7852 판결 ★ 01

2. 행정소송법상 소의 종류의 변경에 따른 당사자(피고)의 변경은 교환적 변경에 한한다고 봄이 상당하므로 예비적 청구만이 있는 피고의 추가경정신청은 허용되지 않는다(주: 이른바 소의 주관적·예비적 병합이 인정되지 않던 구 민사소송법에 기초한 판례이다. 그러나 2002년 민사소송법이 전부 개정되면서 소의 주관적·예비적 병합이 허용되었고, 따라서 현행법에 근거하면 옳지 못한 내용이 될 여지가 있다. 다만 2020년 국가직 시험에서 옳은 선지로 출제되었으므로, 수험적으로는 옳은 내용으로 정리해야 한다). 대법원 1989. 10. 27. 자 89두1 결정

OX 체크

01 취소소송에서 원고가 처분청 아닌 행정관청을 피고로 잘못 지정한 경우, 법원은 석명권의 행사 없이 소송요건의 불비를 이유로 소를 각하할 수 있다. ( )

정답
01 ×

주제 20 제소기간

I 행정소송법 규정

행정소송법 제20조【제소기간】
① 취소소송은 처분등이 있음을 안 날부터 90일 이내에 제기하여야 한다. 다만, 제18조 제1항 단서에 규정한 경우와 그 밖에 행정심판청구를 할 수 있는 경우 또는 행정청이 행정심판청구를 할 수 있다고 잘못 알린 경우에 행정심판청구가 있은 때의 기간은 재결서의 정본을 송달받은 날부터 기산한다. ★
② 취소소송은 처분등이 있은 날부터 1년(제1항 단서의 경우는 재결이 있은 날부터 1년)을 경과하면 이를 제기하지 못한다. 다만, 정당한 사유가 있는 때에는 그러하지 아니하다. ★
③ 제1항의 규정에 의한 기간은 불변기간으로 한다.

II 행정심판을 거치지 않은 경우

1. 처분이 있음을 안 날부터 90일

(1) 처분이 송달된 경우

판례

1. 행정소송법 제20조 제1항이 정한 제소기간의 기산점인 '처분 등이 있음을 안 날'이란 통지, 공고 기타의 방법에 의하여 당해 처분 등이 있었다는 사실을 현실적으로 안 날을 의미하므로, 행정처분이 상대방에게 고지되어 상대방이 이러한 사실을 인식함으로써 행정처분이 있다는 사실을 현실적으로 알았을 때 행정소송법 제20조 제1항이 정한 제소기간이 진행한다고 보아야 하고, 처분서가 처분상대방의 주소지에 송달되는 등 사회통념상 처분이 있음을 처분상대방이 알 수 있는 상태에 놓인 때에는 반증이 없는 한 처분상대방이 처분이 있음을 알았다고 추정할 수 있다. 대법원 2017. 3. 9. 선고 2016두60577 판결 ★ 02

2. '처분이 있음을 안 날'이란 통지, 공고 기타의 방법에 의하여 당해 처분이 있었다는 사실을 현실적으로 안 날을 의미하고 구체적으로 그 행정처분의 위법 여부를 판단한 날을 가리키는 것은 아니다. 대법원 1991. 6. 28. 선고 90누6521 판결 01

3. [1] 취소소송의 제소기간 기산점으로 행정소송법 제20조 제1항이 정한 '처분 등이 있음을 안 날'은 유효한 행정처분이 있음을 안 날을, 같은 조 제2항이 정한 '처분 등이 있은 날'은 그 행정처분의 효력이 발생한 날을 각 의미한다. 이러한 법리는 행정심판의 청구기간에 관해서도 마찬가지로 적용된다.

   [2] 상대방 있는 행정처분은 특별한 규정이 없는 한 의사표시에 관한 일반법리에 따라 상대방에게 고지되어야 효력이 발생하고, 상대방 있는 행정처분이 상대방에게 고지되지 아니한 경우에는 상대방이 다른 경로를 통해 행정처분의 내용을 알게 되었다고 하더라도 행정처분의 효력이 발생한다고 볼 수 없다. 따라서 이 사건 처분은 상대방인 원고에게 고지되어 효력이 발생하였다고 볼 수 없으므로, 이에 관하여 구 공무원연금법 제80조 제2항에서 정한 심사청구기간이나 행정소송법 제20조에서 정한 취소소송의 제소기간이 진행한다고 볼 수 없다. 대법원 2019. 8. 9. 선고 2019두38656 판결 ★★ 03

OX 체크

01 제소기간의 적용에 있어 '처분이 있음을 안 날'이란 처분의 존재를 현실적으로 안 날을 의미하는 것이 아니라 처분의 위법 여부를 인식한 날을 말한다. ( )

02 처분서가 처분상대방의 주소지에 송달되는 등 사회통념상 처분이 있음을 처분상대방이 알 수 있는 상태에 놓인 때에는 반증이 없는 한 처분상대방이 처분이 있음을 알았다고 추정할 수 있다. ( )

03 '처분이 있음을 안 날'은 처분이 있었다는 사실을 현실적으로 안 날을 의미하므로, 처분서를 송달받기 전 정보공개청구를 통하여 처분을 하는 내용의 일체의 서류를 교부받았다면 그 서류를 교부받은 날부터 제소기간이 기산된다. ( )

정답
01 ✗   02 ○   03 ✗

OX 체크

01 특정인에 대한 행정처분을 주소불명 등의 이유로 송달할 수 없어 관보·공보·게시판·일간신문 등에 공고한 경우에는, 공고가 효력을 발생하는 날에 상대방이 그 행정처분이 있음을 알았다고 보아야 한다. ( )

02 고시 또는 공고에 의하여 행정처분을 하는 경우 그 행정처분에 이해관계를 갖는 사람이 고시 또는 공고가 있었다는 사실을 현실적으로 알았는지 여부에 관계없이 고시 또는 공고가 효력을 발생한 날에 행정처분이 있음을 알았다고 보아야 한다. ( )

4. 상대방이 통보서를 송달받기 전에 자신의 의무기록에 관한 정보공개를 청구하여 위 처분을 하는 내용의 통보서를 비롯한 일체의 서류를 교부받은 날부터 제소기간을 기산하여 위 소는 90일이 지난 후 제기한 것으로서 부적법하다고 본 원심판결에는 법리를 오해한 위법이 있다. 대법원 2014. 9. 25. 선고 2014두8254 판결 ★

5. 아파트 경비원이 관례에 따라 부재중인 납부의무자에게 배달되는 과징금부과처분의 납부고지서를 수령한 경우, 설사 위 경비원이 위 납부고지서를 수령한 때에 위 부과처분이 있음을 알았다고 하더라도 이로써 납부의무자 자신이 그 부과처분이 있음을 안 것과 동일하게 볼 수는 없다(주: 반증을 통해 추정을 깨뜨린 사례). 대법원 2002. 8. 27. 선고 2002두3850 판결

(2) 처분이 공고 또는 고시된 경우

① 행정절차법상 공고(공시송달)의 경우 : **현실적으로 안 날**

특정인에 대한 행정처분을 주소불명 등의 이유로 송달할 수 없어 관보·공보·게시판·일간신문 등에 공고한 경우에는, 공고가 효력을 발생하는 날에 상대방이 그 행정처분이 있음을 알았다고 볼 수는 없고, 상대방이 당해 처분이 있었다는 사실을 현실적으로 안 날에 그 처분이 있음을 알았다고 보아야 한다. 대법원 2006. 4. 28. 선고 2005두14851 판결 ★★ **01**

② 일반처분의 경우 : **처분이 효력을 발생한 날**

1. 통상 고시 또는 공고에 의하여 행정처분을 하는 경우에는 그 처분의 상대방이 불특정 다수인이고, 그 처분의 효력이 불특정 다수인에게 일률적으로 적용되는 것이므로, 그에 대한 행정심판 청구기간도 그 행정처분에 이해관계를 갖는 자가 고시 또는 공고가 있었다는 사실을 현실적으로 알았는지 여부에 관계없이 고시가 효력을 발생하는 날인 고시 또는 공고가 있은 후 5일이 경과한 날에 행정처분이 있음을 알았다고 보아야 하고, 따라서 그에 대한 취소소송은 그 날로부터 90일 이내에 제기하여야 한다. 대법원 2000. 9. 8. 선고 99두11257 판결 ★★ **02**

2. (인터넷 웹사이트에 대하여 구 청소년보호법에 따른 청소년유해매체물 결정 및 고시처분을 한 사안에서) 위 결정은 이해관계인이 고시가 있었음을 알았는지 여부에 관계없이 관보에 고시됨으로써 효력이 발생하고, 그가 위 결정을 통지받지 못하였다는 것이 제소기간을 준수하지 못한 것에 대한 정당한 사유가 될 수 없다고 한 사례. 대법원 2007. 6. 14. 선고 2004두619 판결

③ 개별토지가격결정 공고의 경우 : **현실적으로 안 날**

개별토지가격결정의 공고는 공고일로부터 그 효력을 발생하지만 처분 상대방인 토지소유자 및 이해관계인이 공고일에 개별토지가격결정처분이 있음을 알았다고까지 의제할 수는 없어 결국 개별토지가격결정에 대한 재조사 또는 행정심판의 청구기간은 처분 상대방이 실제로 처분이 있음을 안 날로부터 기산하여야 할 것이고, 특별히 위 처분을 알았다고 볼만한 사정이 없는 한 개별토지가격결정에 대한 재조사청구 또는 행정심판청구는 행정심판법 제18조 제3항 소정의 처분이 있은 날로부터 180일 이내에 이를 제기하면 된다. 대법원 1993. 12. 24. 선고 92누17204 판결

정답
01 ✗ 02 ○

(3) 불고지 또는 오고지의 경우 : 행정소송에는 적용 없음

행정청이 법정 심판청구기간보다 긴 기간으로 잘못 알린 경우에 그 잘못 알린 기간 내에 심판청구가 있으면 그 심판청구는 법정 심판청구기간 내에 제기된 것으로 본다는 취지의 행정심판법 제18조 제5항의 규정은 행정심판 제기에 관하여 적용되는 규정이지, 행정소송 제기에도 당연히 적용되는 규정이라고 할 수는 없다. 행정처분시나 그 이후 행정청으로부터 행정심판 제기기간에 관하여 법정 심판청구기간보다 긴 기간으로 잘못 통지받은 경우에 보호할 신뢰 이익은 그 통지받은 기간 내에 행정심판을 제기한 경우에 한하는 것이지 행정소송을 제기한 경우에까지 확대된다고 할 수 없다. 대법원 2001. 5. 8. 선고 2000두6916 판결 ★★★ 01 02

2. 처분이 있은 날부터 1년(처분이 있음을 알지 못한 경우)

(1) 원칙
- 처분이 있은 날이란 처분이 효력을 발생한 날을 말한다(대법원 2019. 8. 9. 선고 2019두38656 판결).

(2) 예외 : 정당한 사유가 있는 경우
- 정당한 사유가 있는 때에는 처분이 있은 날부터 1년이 경과하여도 취소소송을 제기할 수 있다.
- 행정처분의 직접상대방이 아닌 제3자는 행정처분이 있음을 곧 알 수 없는 처지이므로 행정소송법 제20조 제2항 소정의 제소기간 내에 처분이 있음을 알았다는 특별한 사정이 없는 한 그 제소기간의 적용을 배제할 같은 조항 단서 소정의 정당한 사유가 있는 때에 해당한다(대법원 1989. 5. 9. 선고 88누5150 판결). 03

3. 처분이 있음을 안 경우와 알지 못한 경우의 관계
- 처분이 있음을 안 날부터 90일과 처분이 있은 날부터 1년 중 어느 하나의 제소기간이 도과하면 더 이상 취소소송을 제기할 수 없다.

III 행정심판을 거친 경우

- 행정심판을 거쳐 취소소송을 제기하는 경우 취소소송은 재결서의 정본을 송달받은 날로부터 90일 이내에 제기하여야 한다(불변기간).
- '행정심판을 거쳐 취소소송을 제기하는 경우'라 함은 행정심판을 거쳐야 하는 경우와 그 밖에 행정심판청구를 할 수 있는 경우 또는 행정청이 행정심판청구를 할 수 있다고 잘못 알린 경우에 있어서 행정심판청구를 한 경우를 말한다. 04

OX 체크

01 행정청이 법정 심판청구기간보다 긴 기간으로 잘못 알린 경우에 그 잘못 알린 기간 내에 심판청구가 있으면 그 심판청구는 법정 심판청구기간 내에 제기된 것으로 본다는 취지의 「행정심판법」의 규정은 행정소송 제기에도 당연히 적용되는 규정이라고 할 수는 없다. ( )

02 처분시에 행정청으로부터 행정심판 제기기간에 관하여 법정 심판청구기간보다 긴 기간으로 잘못 통지받은 경우에 보호할 신뢰 이익은 그 통지받은 기간 내에 행정소송을 제기한 경우에까지 확대되지 않는다. ( )

03 제3자효 행정행위의 경우 제3자가 어떠한 경위로든 행정처분이 있음을 안 이상 그 처분이 있음을 안 날로부터 90일 이내에 취소소송을 제기하여야 한다. ( )

04 행정청이 행정심판청구를 할 수 있다고 잘못 알려 행정심판청구를 한 경우에는 재결서 정본을 송달받은 날이 아닌 처분이 있음을 안 날로부터 제소기간이 기산된다. ( )

정답
01 ○ 02 ○ 03 ○ 04 ×

OX 체크

01 처분의 불가쟁력이 발생하였고 그 이후에 행정청이 당해 처분에 대해 행정심판청구를 할 수 있다고 잘못 알렸다면, 그 처분의 취소소송의 제소기간은 행정심판의 재결서를 받은 날부터 기산한다. ( )

02 처분이 있음을 안 날부터 90일을 넘겨 청구한 부적법한 행정심판청구에 대한 재결이 있은 후 재결서를 송달받은 날부터 90일 이내에 원래의 처분에 대하여 취소소송을 제기하였다고 하여 취소소송이 다시 제소기간을 준수한 것으로 되는 것은 아니다. ( )

03 행정청이 영업자에게 행정제재를 한 후 그 처분을 영업자에게 유리하게 변경하였고 그 변경처분에 의해 유리하게 변경된 내용의 행정제재가 위법하다고 소를 제기한 경우 제소기간의 준수 여부는 변경처분을 기준으로 판단한다. ( )

판례

1. 위 규정의 취지는 <u>불가쟁력이 발생하지 않아 적법하게 불복청구를 할 수 있었던 처분 상대방에 대하여 행정청이 법령상 행정심판청구가 허용되지 않음에도 행정심판청구를 할 수 있다고 잘못 알린 경우에,</u> 잘못된 안내를 신뢰하여 부적법한 행정심판을 거치느라 본래 제소기간 내에 취소소송을 제기하지 못한 자를 구제하려는 데에 있다. 대법원 2012. 9. 27. 선고 2011두27247 판결

2. <u>이미 제소기간이 지남으로써 불가쟁력이 발생하여</u> 불복청구를 할 수 없었던 경우라면 그 이후에 행정청이 행정심판청구를 할 수 있다고 <u>잘못 알렸다고 하더라도</u> 그 때문에 처분 상대방이 적법한 제소기간 내에 취소소송을 제기할 수 있는 기회를 상실하게 된 것은 아니므로 이러한 경우에 <u>잘못된 안내에 따라 청구된 행정심판 재결서 정본을 송달받은 날부터 다시 취소소송의 제소기간이 기산되는 것은 아니다.</u> 불가쟁력이 발생하여 더 이상 불복청구를 할 수 없는 처분에 대하여 행정청의 <u>잘못된 안내가 있었다고 하여 처분 상대방의 불복청구 권리가 새로이 생겨나거나 부활한다고 볼 수는 없기 때문이다.</u> 대법원 2012. 9. 27. 선고 2011두27247 판결 ★ **01**

3. <u>처분이 있음을 안 날부터 90일을 넘겨 청구한 부적법한</u> 행정심판청구에 대한 재결이 있은 후 <u>재결서를 송달받은 날부터 90일 이내에 원래의 처분에 대하여 취소소송을 제기하였다고 하여 취소소송이 다시 제소기간을 준수한 것으로 되는 것은 아니다.</u> 대법원 2011. 11. 24. 선고 2011두18786 판결 ★ **02**

- 재결서의 정본을 송달받지 못한 경우 <u>재결이 있은 날로부터 1년</u>을 경과하면 취소소송을 제기하지 못한다. 다만, <u>정당한 사유</u>가 있는 때에는 그러하지 아니하다.

IV 유형별 검토

1. 변경처분

- **감액경정처분**이 있는 경우 취소소송의 대상은 변경된 당초처분이 되므로, 이에 대한 제소기간의 준수 여부도 감액경정처분이 아닌 (변경된)당초처분을 기준으로 판단한다(대법원 2012. 9. 27. 선고 2011두27247 판결). **03**

- 증액경정처분이 있는 경우 취소소송의 대상은 증액경정처분이 되므로, 이에 대한 제소기간의 준소 여부도 증액경정처분을 기준으로 판단한다.

2. 변경명령재결에 따른 변경처분이 있는 경우

- 변경명령재결에 따른 변경처분이 있는 경우 취소소송의 대상은 변경된 당초처분이 되므로, 이에 대한 제소기간의 준수 여부도 당초처분을 기준으로 판단하여 제소기간은 **재결서 정본을 송달받은 날부터 90일**이 된다. ★

사례

2016.12.23. 3월의 영업정지처분을 받은 갑이 행정심판을 청구하여 행정심판위원회가 2017.3.6. 3월의 영업정지처분을 2월의 영업정지에 갈음하는 과징금부과처분으로 변경하라는 재결을 하였고, 그 재결서 정본이 2017.3.10. 갑에게 송달되었으며, 그 재결에 따라 행정청이 2017.3.13. 과징금부과처분을 한 경우, 갑은 2017.3.10.(제소기간의 기산일인 재결서 정본의 송달일)로부터 90일 내에 2016.12.23.자 변경된 당초처분(과징금부과처분으로 변경된 영업정지처분)을 대상으로 행정소송을 제기해야 한다. ★

정답
01 ✗   02 ○   03 ✗

3. 과세처분에 대해 이의신청을 하여 재조사결정을 통지받은 경우

재조사결정은 처분청의 후속 처분에 의하여 그 내용이 보완됨으로써 이의신청 등에 대한 결정으로서의 효력이 발생한다고 할 것이므로, 재조사결정에 따른 심사청구기간이나 심판청구기간 또는 행정소송의 제소기간은 이의신청인 등이 후속 처분의 통지를 받은 날부터 기산된다고 봄이 타당하다. 대법원 2010. 6. 25. 선고 2007두12514 전원합의체판결 ★ 01

4. 위헌결정으로 취소소송의 제기가 가능하게 된 경우

처분 당시에는 취소소송의 제기가 법제상 허용되지 않아 소송을 제기할 수 없다가 위헌결정으로 인하여 비로소 취소소송을 제기할 수 있게 된 경우, 객관적으로는 '위헌결정이 있은 날', 주관적으로는 '위헌결정이 있음을 안 날' 비로소 취소소송을 제기할 수 있게 되어 이때를 제소기간의 기산점으로 삼아야 한다. 대법원 2008. 2. 1. 선고 2007두20997 판결 02

5. 국민고충처리제도

국민고충처리제도는 행정심판법에 의한 행정심판 내지 다른 특별법에 따른 이의신청, 심사청구, 재결의 신청 등의 불복구제절차와는 제도의 취지나 성격을 달리하고 있으므로 국민고충처리위원회에 대한 고충민원의 신청이 행정소송의 전치절차로서 요구되는 행정심판청구에 해당하는 것으로 볼 수는 없다(주: 특별한 사정이 없는 한 국민고충처리위원회에 진정서를 접수한 것만으로는 행정심판을 청구한 것으로 볼 수 없으므로, 행정소송법 제20조 제1항 단서의 규정이 적용될 수 없는 것으로 본 사례). 대법원 1995. 9. 29. 선고 95누5332 판결

6. 취소소송 이외의 다른 소송의 경우

(1) 무효등확인소송

- 무효등확인소송의 경우에는 제소기간의 제한이 없다.
- 다만, 무효선언을 구하는 취소소송의 경우 취소소송에서와 같은 제소기간의 제한이 있다 (대법원 1993. 3. 12. 선고 92누11039 판결). ★★ 03

(2) 부작위위법확인소송

부작위위법확인의 소는 부작위상태가 계속되는 한 그 위법의 확인을 구할 이익이 있다고 보아야 하므로 원칙적으로 제소기간의 제한을 받지 않는다. 그러나 행정소송법 제38조 제2항이 제소기간을 규정한 같은 법 제20조를 부작위위법확인소송에 준용하고 있는 점에 비추어 보면, 행정심판 등 전심절차를 거친 경우에는 행정소송법 제20조가 정한 제소기간 내에 부작위위법확인의 소를 제기하여야 한다. 대법원 2009. 7. 23. 선고 2008두10560 판결 ★★★ 04

OX 체크

01 납세자의 이의신청에 의한 재조사결정에 따른 행정소송의 제소기간은 이의신청인 등이 재결청으로부터 재조사결정의 통지를 받은 날부터 기산한다. ( )

02 처분 당시에는 취소소송의 제기가 법제상 허용되지 않아 소송을 제기할 수 없다가 위헌결정으로 인하여 비로소 취소소송을 제기할 수 있게 된 경우 객관적으로는 위헌결정이 있은 날, 주관적으로는 위헌결정이 있음을 안 날을 제소기간의 기산점으로 삼아야 한다. ( )

03 무효인 처분에 대해 무효선언을 구하는 취소소송을 제기하는 경우에는 제소기간의 제한이 없다. ( )

04 취소소송의 제소기간에 관한 규정은 부작위위법확인소송에 준용되지 않으므로 행정심판 등 전심절차를 거친 경우에도 부작위위법확인소송에 있어서는 제소기간의 제한을 받지 않는다. ( )

정답
01 ✗ 02 ○ 03 ✗ 04 ✗

OX 체크

01 당사자소송에는 취소소송의 제소기간에 관한 규정이 준용되지 않으나, 법령에 제소기간이 정해져 있는 경우에 그 기간은 불변기간이다. (   )

(3) 당사자소송

- 당사자소송에 관하여 법령에 제소기간이 정하여져 있는 때에는 그 기간은 불변기간으로 한다(행정소송법 제41조). ★ 01

Ⅴ 불변기간과 추후보완

- 처분이 있음을 안 날부터 90일 또는 재결서의 정본을 송달받은 날부터 90일은 불변기간이다.
- 불변기간이란 법원이 그 기간을 변경할 수 없는 기간을 말한다.
- 민사소송법에 따라 법원은 불변기간에 대하여 주소 또는 거소가 멀리 떨어진 곳에 있는 사람을 위하여 부가기간을 정할 수 있고, 당사자가 책임질 수 없는 사유로 말미암아 불변기간을 지킬 수 없었던 경우에는 그 사유가 없어진 날부터 2주(사유가 없어질 당시 외국에 있던 당사자에 대하여는 30일) 이내에 게을리 한 소송행위를 보완할 수 있다.

당사자가 행정처분시나 그 이후 행정청으로부터 행정심판 제기기간에 관하여 법정 심판청구기간보다 긴 기간으로 잘못 통지받아 행정소송법상 법정 제소기간을 도과하였다고 하더라도, 그것이 당사자가 책임질 수 없는 사유로 인한 것이라고 할 수는 없다. 대법원 2001. 5. 8. 선고 2000두6916 판결

정답

01 ○

주제 21 전심절차

I 행정소송법 규정

> 행정소송법 제18조 【행정심판과의 관계】
> ① 취소소송은 법령의 규정에 의하여 당해 처분에 대한 행정심판을 제기할 수 있는 경우에도 이를 거치지 아니하고 제기할 수 있다. 다만, 다른 법률에 당해 처분에 대한 행정심판의 재결을 거치지 아니하면 취소소송을 제기할 수 없다는 규정이 있는 때에는 그러하지 아니하다.

- 행정소송법은 원칙적으로 행정심판을 임의적 구체절차로 규정하고 있다(행정심판 임의주의).
- 다만, 임의주의의 예외로서 행정심판 전치주의가 개별법의 규정에 의해 인정되고 있다.

II 행정심판 전치주의

1. 개별법상 전치주의

- 과세처분(국세·지방세기본법), 공무원에 대한 불이익처분(국가·지방·교육공무원법) 및 도로교통법상 처분 등에 대해서는 전치주의가 적용된다. **01**
- 필요적 전치절차인 행정심판절차가 둘 이상 규정된 때에는 특별한 규정이 없는 한 그 절차 중 하나만 거치면 행정소송을 제기할 수 있다.

2. 적용범위

- 전치주의는 취소소송과 부작위위법확인소송에서만 인정되고, 무효등확인소송에는 적용되지 않는다. ★
- 다만, 무효선언을 구하는 취소소송은 전치주의가 적용된다. ★ **02**
- 주위적 청구가 무효등확인소송이더라도 병합 제기된 예비적 청구가 취소소송인 경우, 예비적 청구인 취소소송에 대해서는 전치주의가 적용된다.
- 제3자효 있는 행정행위에 있어서 제3자가 취소소송을 제기하는 경우에도 전치주의가 적용된다.

OX 체크

01 「도로교통법」에 따른 처분에 대해서는 행정심판의 재결을 거치지 아니하면 취소소송을 제기할 수 없다. ( )

02 「부가가치세법」상 과세처분의 무효선언을 구하는 의미에서 그 취소를 구하는 소송은 전심절차를 거칠 필요가 없다. ( )

정답
01 O 02 ×

3. 전치주의의 예외

행정소송법 제18조 【행정심판과의 관계】
② 제1항 단서의 경우에도 다음 각 호의 1에 해당하는 사유가 있는 때에는 행정심판의 재결을 거치지 아니하고 취소소송을 제기할 수 있다. ★ 01
  1. 행정심판청구가 있은 날로부터 60일이 지나도 재결이 없는 때
  2. 처분의 집행 또는 절차의 속행으로 생길 중대한 손해를 예방하여야 할 긴급한 필요가 있는 때
  3. 법령의 규정에 의한 행정심판기관이 의결 또는 재결을 하지 못할 사유가 있는 때
  4. 그 밖의 정당한 사유가 있는 때
③ 제1항 단서의 경우에 다음 각 호의 1에 해당하는 사유가 있는 때에는 행정심판을 제기함이 없이 취소소송을 제기할 수 있다. ★ 02
  1. 동종사건에 관하여 이미 행정심판의 기각재결이 있은 때
  2. 서로 내용상 관련되는 처분 또는 같은 목적을 위하여 단계적으로 진행되는 처분 중 어느 하나가 이미 행정심판의 재결을 거친 때
  3. 행정청이 사실심의 변론종결 후 소송의 대상인 처분을 변경하여 당해 변경된 처분에 관하여 소를 제기하는 때
  4. 처분을 행한 행정청이 행정심판을 거칠 필요가 없다고 잘못 알린 때
④ 제2항 및 제3항의 규정에 의한 사유는 이를 소명하여야 한다.

판례

1. '동종사건'에는 당해 사건은 물론이고, 당해 사건과 기본적인 점에서 동질성이 인정되는 사건도 포함되는 것으로서, 당해 사건에 관하여 타인이 행정심판을 제기하여 그에 대한 기각재결이 있었다든지 당해 사건 자체는 아니더라도 그 사건과 기본적인 점에서 동질성을 인정할 수 있는 다른 사건에 대한 행정심판의 기각재결이 있을 때도 여기에 해당한다. 대법원 1993. 9. 28. 선고 93누9132 판결
2. 국세의 납세고지처분에 대하여 적법한 전심절차를 거친 이상 가산금 및 중가산금 징수처분에 대하여 따로 전심절차를 거치지 않았다 하더라도 행정소송으로 이를 다툴 수 있다. 대법원 1986. 7. 22. 선고 85누297 판결
3. 하천구역의 무단 점용을 이유로 부당이득금 부과처분과 가산금 징수처분을 받은 사람이 부당이득금 부과처분에 대하여만 전심절차를 거친 경우, 가산금 징수처분에 대하여 이 사건 부당이득금 부과처분과 달리 피고가 안내한 전심절차를 모두 밟지 않았다 하더라도 이 사건 부당이득금 부과처분에 대하여 위와 같은 전심절차를 거친 이상 이 사건 부당이득금 부과처분과 함께 행정소송으로 이를 다툴 수 있다. 대법원 2006. 9. 8. 선고 2004두947 판결

4. 전치주의 이행 여부의 판단

(1) 적법한 행정심판청구

- 전치주의의 요건을 충족하기 위해서는 행정심판 청구가 적법해야 한다.

판례

1. 행정처분의 취소를 구하는 항고소송의 전심절차인 행정심판청구가 기간도과로 인하여 부적법한 경우에는 행정소송 역시 전치의 요건을 충족치 못한 것이 되어 부적법 각하를 면치 못하는 것이고, 이 점은 행정청이 행정심판의 제기기간을 도과한 부적법한 심판에 대하여 그 부적법을 간과한 채 실질적 재결을 하였다 하더라도 달라지는 것이 아니다. 대법원 1991. 6. 25. 선고 90누8091 판결
2. 적법한 심판청구를 재결청이 잘못 각하한 경우에는 행정심판전치의 요건을 충족한 것으로 보아야 한다. 대법원 1990. 10. 12. 선고 90누2383 판결

OX 체크

01 필요적 행정심판전치주의가 적용되는 경우 처분의 집행 또는 절차의 속행으로 생길 중대한 손해를 예방하여야 할 긴급한 필요가 있는 때에는 재결을 거치지 아니하고 취소소송을 제기할 수 있으나, 이 경우에도 행정심판은 제기하여야 한다. ( )

02 동종사건에 관하여 이미 행정심판의 기각재결이 있는 경우, 『행정소송법』상 필요적 전치주의가 적용되더라도, 행정심판을 청구하여야 하나 당해 처분에 대한 행정심판의 재결을 거치지 아니하고 취소소송을 제기할 수 있다. ( )

정답
01 ○ 02 ✗

(2) 판단의 기준시 : **사실심 변론종결시**

- 전치주의의 요건을 충족하였는지 여부는 사실심 변론종결시를 기준으로 판단한다.

전심절차를 밟지 아니한 채 증여세부과처분취소소송을 제기하였다면 제소 당시로 보면 전치요건을 구비하지 못한 위법이 있다 할 것이지만, 소송계속 중 심사청구 및 심판청구를 하여 각 기각결정을 받았다면 원심변론종결일 당시에는 위와 같은 전치요건흠결의 하자는 치유되었다고 볼 것이다. 대법원 1987. 4. 28. 선고 86누29 판결 ★ 01

(3) 새로운 공격방어방법의 주장 : **가능**

- 행정심판절차에서 주장하지 아니한 공격방어방법을 행정소송절차에서 주장할 수 있다.

1. 항고소송에 있어서 원고는 전심절차에서 주장하지 아니한 공격방어방법을 소송절차에서 주장할 수 있고 법원은 이를 심리하여 행정처분의 적법 여부를 판단할 수 있는 것이므로, 원고가 전심절차에서 주장하지 아니한 처분의 위법사유를 소송절차에서 새롭게 주장하였다고 하여 다시 그 처분에 대하여 별도의 전심절차를 거쳐야 하는 것은 아니다. 대법원 1996. 6. 14. 선고 96누754 판결 ★ 02 03

2. 교원소청심사위원회가 한 결정의 취소를 구하는 소송에서 그 결정의 적부는 결정이 이루어진 시점을 기준으로 판단하여야 하지만, 그렇다고 하여 소청심사 단계에서 이미 주장된 사유만을 행정소송의 판단대상으로 삼을 것은 아니다. 따라서 소청심사 결정 후에 생긴 사유가 아닌 이상 소청심사 단계에서 주장하지 아니한 사유도 행정소송에서 주장할 수 있고, 법원도 이에 대하여 심리·판단할 수 있다. 대법원 2018. 7. 12. 선고 2017두65821 판결 ★ 04

OX 체크

01 필요적 행정심판전치주의가 적용되는 경우 행정심판전치 요건은 사실심 변론종결시까지 충족하면 된다. ( )

02 행정심판절차에서 주장하지 아니한 사항에 대해서도 원고는 취소소송에서 주장할 수 있다. ( )

03 원고가 전심절차에서 주장하지 아니한 처분의 위법사유를 소송절차에서 새롭게 주장하였다고 하여 다시 그 처분에 대하여 별도의 전심절차를 거쳐야 하는 것은 아니다. ( )

04 소청심사결정의 취소를 구하는 소송에서 소청심사단계에서 이미 주장된 사유만을 행정소송에서 판단대상으로 삼을 것은 아니고 소청심사결정 후에 생긴 사유가 아닌 이상 소청심사단계에서 주장하지 않은 사유도 행정소송에서 주장하는 것이 가능하다. ( )

정답
01 O 02 O 03 O 04 O

주제 22 관할법원

I 행정소송법령 규정

행정소송법 제9조【재판관할】
① 취소소송의 제1심 관할법원은 피고의 소재지를 관할하는 행정법원으로 한다. 01
② 제1항에도 불구하고 다음 각 호의 어느 하나에 해당하는 피고에 대하여 취소소송을 제기하는 경우에는 대법원 소재지를 관할하는 행정법원에 제기할 수 있다. 02
　1. 중앙행정기관, 중앙행정기관의 부속기관과 합의제행정기관 또는 그 장
　2. 국가의 사무를 위임 또는 위탁받은 공공단체 또는 그 장
③ 토지의 수용 기타 부동산 또는 특정의 장소에 관계되는 처분 등에 대한 취소소송은 그 부동산 또는 장소의 소재지를 관할하는 행정법원에 이를 제기할 수 있다. 03

행정소송규칙 제5조【재판관할】
① 국가의 사무를 위임 또는 위탁받은 공공단체 또는 그 장에 대하여 그 지사나 지역본부 등 종된 사무소의 업무와 관련이 있는 소를 제기하는 경우에는 그 종된 사무소의 소재지를 관할하는 행정법원에 제기할 수 있다.
② 법 제9조제3항의 '기타 부동산 또는 특정의 장소에 관계되는 처분등'이란 부동산에 관한 권리의 설정, 변경 등을 목적으로 하는 처분, 부동산에 관한 권리행사의 강제, 제한, 금지 등을 명령하거나 직접 실현하는 처분, 특정구역에서 일정한 행위를 할 수 있는 권리나 자유를 부여하는 처분, 특정구역을 정하여 일정한 행위의 제한·금지를 하는 처분 등을 말한다.

II 행정소송의 관할의 성격: 전속관할

1. 행정소송으로 제기할 사건을 민사소송으로 제기한 경우

- 행정소송의 관할은 행정법원의 전속관할이므로 민사법원은 계쟁사건의 관할이 행정법원인 경우 당해 사건을 행정법원으로 이송하여야 한다. 다만, 계쟁행정사건의 관할이 행정법원이 아니라 지방법원인 경우에는 그러하지 아니하다.

2. 민사소송으로 제기할 사건을 행정소송으로 제기한 경우

- 민사소송의 관할은 지방법원의 전속관할이 아니므로, 민사소송으로 제기할 것을 행정소송으로 제기한 경우, 민사소송법의 변론관할에 관한 규정이 적용될 수 있다.

3. 토지관할

- 토지관할은 임의관할이므로, 민사소송법의 합의관할 및 변론관할에 관한 규정이 적용될 수 있다.

OX 체크

01 취소소송의 제1심 관할법원은 피고의 소재지를 관할하는 행정법원으로 함을 원칙으로 한다. ( )

02 국가의 사무를 위임 또는 위탁받은 공공단체 또는 그 장에 대하여 취소소송을 제기하는 경우에는 대법원 소재지를 관할하는 행정법원에 제기할 수 있다. ( )

03 토지의 수용에 대한 취소소송은 그 부동산 소재지를 관할하는 행정법원에 이를 제기할 수 있다. ( )

정답
01 ○　02 ○　03 ○

III 관할위반의 효력

1. 개관

청구	실질	법원의 조치
민사 소송	행정 소송	수소법원이 행정사건 관할 ○ (서울 이외의 법원) → 석명 통해 소 변경 후, 수소법원에서 행정소송으로 심리·판결
		수소법원이 행정사건 관할 × (서울 지방법원) (원칙) 서울행정법원으로 이송 (if 이송하지 않고 판결 → 위법) (예외) 행정소송의 소송요건 흠결이 명백 → 이송 ×, 각하 ○
행정 소송	민사 소송	• 관할위반의 항변 없이 본안에 관하여 변론 → 변론관할 발생 • 민사소송을 행정소송절차로 진행 → 위법 ×

2. 행정소송으로 제기할 사건을 민사소송으로 제기한 경우

[판례]

1. 원고가 고의 또는 중대한 과실 없이 행정소송으로 제기하여야 할 사건을 민사소송으로 잘못 제기한 경우, 수소법원으로서는 만약 그 행정소송에 대한 관할도 동시에 가지고 있다면 이를 행정소송으로 심리·판단하여야 하고, 그 행정소송에 대한 관할을 가지고 있지 아니하다면 관할법원에 이송하여야 한다. 다만 해당 소송이 이미 행정소송으로서의 전심절차 및 제소기간을 도과하였거나 행정소송의 대상이 되는 처분 등이 존재하지도 아니한 상태에 있는 등 행정소송으로서의 소송요건을 결하고 있음이 명백하여 행정소송으로 제기되었더라도 어차피 부적법하게 되는 경우에는 이송할 것이 아니라 각하하여야 한다. 대법원 2020. 10. 15. 선고 2020다222382 판결 ★★ **01 02**

2. (주택재건축정비사업조합에 대한 행정청의 조합설립인가처분이 있은 후에 조합설립결의의 하자를 이유로 민사소송으로 그 결의의 무효 등 확인을 구한 사안에서) 그 소가 공법상 법률행위에 관한 것으로서 행정소송의 일종인 당사자소송으로 제기된 것으로 봄이 상당하고, 그 소는 이송 후 관할법원의 허가를 얻어 조합설립인가처분에 대한 항고소송으로 변경될 수 있어 관할법원인 행정법원으로 이송함이 마땅하다(주: 그럼에도 불구하고 이송결정을 하지 않은 채 민사법원에서 행정사건에 대한 본안 판결을 한 것은 관할위반의 위법이 있다고 본 사례). 대법원 2009. 9. 24. 선고 2008다60568 판결 ★ **03**

3. 행정소송법상 항고소송으로 제기하여야 할 사건을 민사소송으로 잘못 제기한 경우에 수소법원이 항고소송에 대한 관할도 동시에 가지고 있다면, 전심절차를 거치지 않았거나 제소기간을 도과하는 등 항고소송으로서의 소송요건을 갖추지 못했음이 명백하여 항고소송으로 제기되었더라도 어차피 부적법하게 되는 경우가 아닌 이상, 원고로 하여금 항고소송으로 소 변경을 하도록 석명권을 행사하여 행정소송법이 정하는 절차에 따라 심리·판단하여야 한다. 대법원 2020. 4. 9. 선고 2015다34444 판결 ★

4. 원고가 행정소송법상 항고소송으로 제기해야 할 사건을 민사소송으로 잘못 제기한 경우에 수소법원이 그 항고소송에 대한 관할을 가지고 있지 아니하여 관할법원에 이송하는 결정을 하였고, 그 이송결정이 확정된 후 원고가 항고소송으로 소 변경을 하였다면, 그 항고소송에 대한 제소기간의 준수 여부는 원칙적으로 처음에 소를 제기한 때를 기준으로 판단하여야 한다. 대법원 2022. 11. 17. 선고 2021두44425 판결 ★★ **04**

OX 체크

01 원고가 고의 또는 중대한 과실 없이 행정소송으로 제기하여야 할 사건을 민사소송으로 잘못 제기한 경우, 수소법원으로서는 만약 그 행정소송에 대한 관할도 동시에 가지고 있다면 이를 행정소송으로 심리·판단하여야 하고, 그 행정소송에 대한 관할을 가지고 있지 아니하다면 관할법원에 이송하여야 한다. ( )

02 원고가 고의 또는 중대한 과실 없이 행정소송으로 제기하여야 할 사건을 민사소송으로 잘못 제기한 경우, 행정소송에 대한 관할을 가지고 있지 아니한 수소법원은 당해 소송이 행정소송으로서의 제소기간을 도과한 것이 명백하더라도 관할법원에 이송하여야 한다. ( )

03 당사자소송으로 서울행정법원에 제기할 것을 민사소송으로 지방법원에 제기하여 판결이 내려진 경우, 그 판결은 관할위반에 해당한다. ( )

04 원고가 「행정소송법」상 항고소송으로 제기해야 할 사건을 민사소송으로 잘못 제기한 경우에 수소법원이 그 항고소송에 대한 관할을 가지고 있지 아니하여 관할법원에 이송하는 결정을 하였고, 그 이송결정이 확정된 후 원고가 항고소송으로 소 변경을 하였다면, 그 항고소송에 대한 제소기간의 준수 여부는 원칙적으로 처음에 소를 제기한 때를 기준으로 판단하여야 한다. ( )

정답
01 ○ 02 × 03 ○ 04 ○

3. 민사소송으로 제기할 사건을 행정소송으로 제기한 경우

> **판례**
>
> 1. 민사소송인 이 사건 소가 서울행정법원에 제기되었는데도 피고는 제1심법원에서 관할위반이라고 항변하지 아니하고 본안에 대하여 변론을 한 사실을 알 수 있는바, (중략) 민사소송법 제30조에 의하여 제1심법원에 변론관할이 생겼다고 봄이 상당하다. 대법원 2013. 2. 28. 선고 2010두22368 판결 ★ 01
> 2. 행정사건의 심리절차는 행정소송의 특수성을 감안하여 행정소송법이 정하고 있는 특칙이 적용될 수 있는 점을 제외하면 심리절차 면에서 민사소송 절차와 큰 차이가 없으므로, 특별한 사정이 없는 한 민사사건을 행정소송 절차로 진행한 것 자체가 위법하다고 볼 수 없다. 대법원 2018. 2. 13. 선고 2014두11328 판결 ★ 02

4. 심급관할의 위반

행정소송법 제7조 【사건의 이송】
 민사소송법 제34조 제1항의 규정은 원고의 고의 또는 중대한 과실없이 행정소송이 심급을 달리하는 법원에 잘못 제기된 경우에도 적용한다. 03

민사소송법 제34조 【관할위반 또는 재량에 따른 이송】
 ① 법원은 소송의 전부 또는 일부에 대하여 관할권이 없다고 인정하는 경우에는 결정으로 이를 관할법원에 이송한다.

OX 체크

01 민사소송인 소가 서울행정법원에 제기되었는데도 피고가 제1심법원에서 관할위반이라고 항변하지 않고 본안에서 변론을 한 경우에는 제1심법원에 변론관할이 생긴다. ( )

02 민사사건을 행정소송 절차로 진행한 경우 특별한 사정이 없는 한 당해 소송은 그 자체로 위법하게 된다. ( )

03 원고의 고의 또는 중대한 과실 없이 행정소송이 심급을 달리하는 법원에 잘못 제기된 경우에 수소법원은 관할법원에 이송한다. ( )

정답
01 ○ 02 × 03 ○

Chapter 03 가구제

주제 23 집행정지

Ⅰ 집행부정지의 원칙

> 행정소송법 제23조【집행정지】
> ① 취소소송의 제기는 처분 등의 효력이나 그 집행 또는 절차의 속행에 영향을 주지 아니한다. ★ 01

Ⅱ 집행정지의 요건

1. 신청요건

(1) 적법한 본안소송의 계속

 판례

1. 행정처분의 효력정지나 집행정지를 구하는 신청사건에서는 행정처분 자체의 적법 여부는 원칙적으로 판단의 대상이 아니고, 그 행정처분의 효력이나 집행을 정지할 것인가에 관한 행정소송법 제23조 제2항에서 정한 요건의 존부만이 판단의 대상이 되는 것이다. 다만, 집행정지는 행정처분의 집행부정지원칙의 예외로서 인정되는 것이고, 또 본안에서 원고가 승소할 수 있는 가능성을 전제로 한 권리보호수단이라는 점에 비추어 보면, 집행정지사건 자체에 의하여도 신청인의 본안청구가 적법한 것이어야 한다는 것을 집행정지의 요건에 포함시키는 것이 옳다. 대법원 2010. 11. 26. 자 2010무137 결정 ★★ 02

2. 집행정지결정을 한 후에라도 본안소송이 취하되어 소송이 계속하지 아니한 것으로 되면 집행정지결정은 당연히 그 효력이 소멸되는 것이고 별도의 취소조치를 필요로 하는 것이 아니다. 대법원 1975. 11. 11. 선고 75누97 판결 ★ 03

3. 집행정지신청 기각결정 후 본안소송이 취하되었다면 위 기각결정에 대한 재항고는 그 실익이 없어 각하될 수밖에 없다. 대법원 2019. 6. 27.자 2019무622 결정 04

- 실무에 있어서는 통상 본안소송의 제기와 집행정지 신청이 동시에 행해진다.

(2) 처분등의 존재

- 집행정지가 허용될 수 있는 본안소송은 취소소송과 무효등확인소송이며, 부작위위법확인소송에서는 집행정지가 인정되지 않는다. ★ 05

OX 체크

01 취소소송의 제기는 처분등의 효력이나 그 집행 또는 절차의 속행에 영향을 주지 아니한다. ( )

02 본안문제인 행정처분 자체의 적법여부는 집행정지 신청의 요건이 되지 아니하는 것이 원칙이지만, 본안소송의 제기 자체는 적법한 것이어야 한다. ( )

03 집행정지결정을 한 후에라도 본안소송이 취하되어 소송이 계속하지 아니한 것으로 되면 집행정지결정은 당연히 그 효력이 소멸되고 별도의 취소 조치를 필요로 하는 것은 아니다. ( )

04 집행정지결정을 하려면 이에 대한 본안소송이 법원에 제기되어 계속 중임을 요하고, 집행정지신청 기각결정 후 본안소송이 취하되었다면, 그 기각결정에 대한 재항고는 그 실익이 없어 각하될 수밖에 없다. ( )

05 행정처분의 무효란 행정처분이 처음부터 아무런 효력도 발생하지 아니한다는 의미이므로 무효등 확인소송에 대해서는 집행정지가 인정되지 아니한다. ( )

정답
01 ○ 02 ○ 03 ○ 04 ○ 05 ×

(3) 신청인적격 및 신청의 이익 : 법률상 이익

- 신청인적격은 본안소송의 원고적격, 신청의 이익은 본안소송의 소의 이익에 대응하는 것으로서 모두 법률상 이익을 의미한다.

[1] 행정처분에 대한 집행정지신청을 구함에 있어서도 이를 구할 법률상 이익이 있어야 하는바, (중략) 이 사건 증원배정 처분의 근거가 된 고등교육법령 및 「대학설립·운영 규정」(대통령령)은 의과대학의 학생정원 증원의 한계를 규정함으로써 의과대학에 재학 중인 학생들이 적절하게 교육받을 권리를 개별적·직접적·구체적으로 보호하고 있다고 볼 여지가 충분하다. ★

[2] 의과대학 교수, 전공의 또는 수험생 지위에 있는 신청인들은 이 사건 증원배정 처분의 집행정지를 구할 법률상 이익이 인정되지 않는다. 대법원 2024. 6. 19.자 2024무689 결정

2. 본안요건

(1) 적극적 요건

① 회복하기 어려운 손해예방의 필요

- 집행정지 요건인 '회복하기 어려운 손해'라 함은 특별한 사정이 없는 한 금전으로 보상할 수 없는 손해로서 이는 금전보상이 불능인 경우 내지는 금전보상으로는 사회관념상 행정처분을 받은 당사자가 참고 견딜 수 없거나 또는 참고 견디기가 현저히 곤란한 경우의 유형, 무형의 손해를 일컫는다(대법원 2003. 10. 9.자 2003무23 결정). ★ **01**

- '회복하기 어려운 손해'에 해당한다고 하기 위해서는 그 경제적 손실이나 기업 이미지 및 신용의 훼손으로 인하여 사업자의 자금사정이나 경영전반에 미치는 파급효과가 매우 중대하여 사업자체를 계속할 수 없거나 중대한 경영상의 위기를 맞게 될 것으로 보이는 등의 사정이 존재하여야 한다(대법원 2003. 4. 25. 자 2003무2 결정).

〈회복하기 어려운 손해예방의 필요를 인정한 사례〉

1. 방위산업체에 종사하던 신청인이 입영하여 다시 현역병으로 복무하지 않을 수 없게 되는 경우. 대법원 1992. 4. 29. 자 92두7 결정

2. 안양교도소로부터 진주교도소로 이송되는 경우. 대법원 1992. 8. 7. 자 92두30 결정

3. 과징금을 납부하기 위하여 무리하게 외부자금을 신규차입하게 되면 사업자가 중대한 경영상의 위기를 맞게 되는 경우. 대법원 2001. 10. 10. 자 2001무29 결정 **02**

〈회복하기 어려운 손해예방의 필요를 부정한 사례〉

1. 유흥접객영업허가의 취소처분으로 5,000여만 원의 시설비를 회수하지 못하게 되는 경우. 대법원 1991. 3. 2. 선고 91두1 판결 **03**

2. '4대강 살리기 마스터플랜'에 따른 '한강 살리기 사업' 구간 인근에 거주하는 주민들이 위 사업으로 인하여 토지 소유권 기타 권리를 수용당하고 이로 인하여 정착지를 떠나 타지로 이주를 해야 하며 더 이상 농사를 지을 수 없게 되고 팔당지역의 유기농업이 사실상 해체될 위기에 처하게 되는 경우. 대법원 2011. 4. 21. 자 2010무111 전원합의체 결정

OX 체크

01 '회복하기 어려운 손해'란 금전보상이 불가능한 경우뿐만 아니라 금전보상으로는 사회관념상 행정처분을 받은 당사자가 참고 견딜 수 없거나 또는 참고 견디기가 현저히 곤란한 경우의 유형·무형의 손해를 말한다. ( )

02 과징금을 납부하기 위하여 무리하게 외부자금을 차입할 경우 자금사정이 악화되어 회사의 존립자체가 위태롭게 될 정도의 중대한 경영상의 위기를 맞게 될 우려가 있다는 사정은 집행정지 요건인 회복하기 어려운 손해에 해당한다. ( )

03 유흥접객영업허가의 취소처분으로 5,000여만 원의 시설비를 회수하지 못하게 된다면 생계까지 위협받을 수 있다는 등의 사정이 집행정지를 인정하기 위한 회복하기 어려운 손해가 생길 우려가 있는 경우에 해당하지 아니한다. ( )

정답
01 ○ 02 ○ 03 ○

② 긴급한 필요
- '긴급한 필요'란 회복하기 어려운 손해의 발생이 절박하여 손해를 회피하기 위하여 본안판결을 기다릴 여유가 없는 것을 말한다.
- '처분 등이나 그 집행 또는 절차의 속행으로 인하여 생길 회복하기 어려운 손해를 예방하기 위하여 긴급한 필요'가 있는지 여부는 처분의 성질과 태양 및 내용, 처분상대방이 입는 손해의 성질·내용 및 정도, 원상회복·금전배상의 방법 및 난이 등은 물론 본안청구의 승소가능성의 정도 등을 종합적으로 고려하여 구체적·개별적으로 판단하여야 한다(대법원 2024. 6. 19.자 2024무689 결정).

> **판례**
>
> 1. (시장이 도시환경정비구역을 지정하였다가 해당구역 및 주변지역의 역사·문화적 가치 보전이 필요하다는 이유로 정비구역을 해제하고 개발행위를 제한하는 내용을 고시함에 따라 사업시행예정구역에서 설립 및 사업시행인가를 받았던 갑 도시환경정비사업조합에 대하여 구청장이 조합설립인가를 취소하자, 갑 조합이 해제 고시의 무효확인과 인가취소처분의 취소를 구하는 소를 제기하고 판결선고시까지 각 처분의 효력 정지를 신청한 사안에서) 각 처분의 효력을 정지하지 않을 경우 갑 조합에 특별한 귀책사유가 없는데도 정비사업의 진행이 법적으로 불가능해져 갑 조합에 회복하기 어려운 손해가 발생할 우려가 있으므로 이러한 손해를 예방하기 위하여 각 처분의 효력을 정지할 긴급한 필요가 있다. 대법원 2018. 7. 12. 자 2018무600 결정
> 2. 주무관청이 민법에 의하여 비영리법인에 대하여 그 설립허가를 취소한 경우에 그 처분의 효력을 정지하지 아니할 경우, 재항고인이 제기한 이 사건 처분의 취소를 구하는 소송이 진행되는 사이에 청산절차가 진행 완료되어 재항고인 법인 자체가 소멸할 수도 있고, 그 후 이 사건 처분이 취소되더라도 재항고인은 회복하기 어려운 손해를 입을 우려가 적지 아니하므로, 이러한 손해를 예방하기 위하여 이 사건 처분의 효력을 정지할 긴급한 필요가 있다. 대법원 2014. 1. 23. 자 2011무178 결정

③ 주장 및 소명책임 : 신청인
- 집행정지의 적극적 요건에 관한 주장·소명책임은 원칙적으로 신청인 측에 있다(대법원 1999. 12. 20.자 99무42 결정). ★

(2) 소극적 요건

① 공공복리에 중대한 영향을 미칠 우려가 없을 것
- '공공복리에 중대한 영향을 미칠 우려'가 없을 것이라고 할 때의 '공공복리'는 그 처분의 집행과 관련된 구체적이고도 개별적인 공익을 말한다(대법원 1999. 12. 20.자 99무42 결정). ★ 01

> **판례**
>
> 공공복리에 미칠 영향이 중대한지의 여부는 절대적 기준에 의하여 판단할 것이 아니라, 신청인의 '회복하기 어려운 손해'와 '공공복리' 양자를 비교·교량하여, 전자를 희생하더라도 후자를 옹호하여야 할 필요가 있는지 여부에 따라 상대적·개별적으로 판단되어야 한다(증원배정 처분이 집행됨으로써 의대 재학 중인 신청인들이 입을 수 있는 손해에 비하여 증원배정의 집행이 정지됨으로써 공공복리에 중대한 영향이 발생할 우려가 크다는 이유로, 증원배정에 대한 집행정지는 허용되지 않는다고 한 사례). 대법원 2024. 6. 19.자 2024무689 결정

OX 체크

01 집행정지의 요건으로 규정하고 있는 '공공복리에 중대한 영향을 미칠 우려'가 없을 것이라고 할 때의 '공공복리'는 그 처분의 집행과 관련된 구체적이고도 개별적인 공익을 말하는 것으로서 이러한 집행정지의 소극적 요건에 대한 주장·소명책임은 행정청에게 있다. ( )

정답

01 ○

OX 체크

01 처분의 취소가능성이 없음에도 처분의 효력이나 집행의 정지를 인정한다는 것은 집행정지제도의 취지에 반하므로 집행정지사건 자체에 의하여도 신청인의 본안청구가 이유 없음이 명백하지 않아야 한다는 것도 집행정지의 요건이다. (   )

02 집행정지결정은 당사자의 신청이 있는 경우는 물론, 법원의 직권에 의해서도 행해질 수 있다. (   )

03 처분의 효력정지는 처분 등의 집행 또는 절차의 속행을 정지함으로써 목적을 달성할 수 있는 경우에는 허용되지 아니한다. (   )

04 집행정지결정은 판결이 아니므로 기속력은 인정되지 않는다. (   )

② 본안청구가 이유 없음이 명백하지 않을 것

본안소송에서의 처분의 <u>취소가능성</u>이 없음에도 불구하고 처분의 효력정지나 집행정지를 인정한다는 것은 제도의 취지에 반하므로 집행정지사건 자체에 의하여도 신청인의 <u>본안청구가 이유 없음이 명백</u>할 때에는 행정처분의 효력정지나 <u>집행정지를 명할 수 없다</u>. 대법원 1992. 8. 7. 자 92두30 결정 ★★ **01**

③ 주장 및 소명책임 : <u>행정청</u>
- 집행정지의 <u>소극적</u> 요건에 대한 주장·소명책임은 <u>행정청</u>에게 있다(대법원 1999. 12. 20.자 99무42 결정). ★

3. 행정소송법 규정

> **행정소송법 제23조【집행정지】**
> ② 취소소송이 제기된 경우에 처분 등이나 그 집행 또는 절차의 속행으로 인하여 생길 회복하기 어려운 손해를 예방하기 위하여 긴급한 필요가 있다고 인정할 때에는 <u>본안이 계속되고 있는 법원</u>은 당사자의 <u>신청 또는 직권</u>에 의하여 처분 등의 효력이나 그 집행 또는 절차의 속행의 전부 또는 일부의 정지를 결정할 수 있다. 다만, <u>처분의 효력정지</u>는 <u>처분 등의 집행 또는 절차의 속행을 정지함으로써 목적을 달성할 수 있는 경우에는 허용되지 아니한다</u>. ★★ **02 03**
> ③ 집행정지는 공공복리에 중대한 영향을 미칠 우려가 있을 때에는 <u>허용되지 아니한다</u>.
> ④ 제2항의 규정에 의한 집행정지의 결정을 신청함에 있어서는 그 이유에 대한 소명이 있어야 한다.

Ⅲ 집행정지결정의 효력

1. 형성력

- 처분의 효력을 정지하는 집행정지결정이 있으면 결정 주문에서 정한 정지기간 중에는 처분이 없었던 원래의 상태와 같은 상태가 된다(대법원 2020. 9. 3. 선고 2020두34070 판결).

2. 기속력

- <u>취소판결의 기속력에 관한 규정이 준용됨에 따라 집행정지결정은 당해 사건에 관하여 당사자인 행정청과 그 밖의 관계행정청을 기속한다.</u> **04**
- 따라서 집행정지결정이 있으면 결정 주문에서 정한 <u>정지기간 중에는 처분을 실현하기 위한 조치를 할 수 없다</u>(대법원 2020. 9. 3. 선고 2020두34070 판결).

3. 시적 범위

> **행정소송규칙 제10조【집행정지의 종기】**
> 법원이 법 제23조제2항에 따른 <u>집행정지를 결정하는 경우</u> 그 종기는 <u>본안판결 선고일부터 30일 이내의 범위</u>에서 정한다. 다만, 법원은 당사자의 의사, 회복하기 어려운 손해의 내용 및 그 성질, 본안청구의 승소가능성 등을 고려하여 달리 정할 수 있다.

정답
01 ○ 02 ○ 03 ○ 04 ×

1. 집행정지결정의 효력은 결정 주문에서 정한 기간까지 존속하다가 그 기간이 만료되면 장래에 향하여 소멸한다. (중략) 항고소송을 제기한 원고가 본안소송에서 패소확정판결을 받았더라도 집행정지결정의 효력이 소급하여 소멸하지 않는다. 대법원 2020. 9. 3 선고 2020두34070 판결 ★ 02

2. 집행정지결정의 효력은 결정 주문에서 정한 종기까지 존속하고, 그 종기가 도래하면 당연히 소멸한다. 따라서 효력기간이 정해져 있는 제재적 행정처분에 대한 취소소송에서 법원이 본안소송의 판결 선고 시까지 집행정지결정을 하면, 처분에서 정해 둔 효력기간(집행정지결정 당시 이미 일부 집행되었다면 그 나머지 기간)은 판결 선고 시까지 진행하지 않다가 판결이 선고되면 그때 집행정지결정의 효력이 소멸함과 동시에 처분의 효력이 당연히 부활하여 처분에서 정한 효력기간이 다시 진행한다. 이는 처분에서 효력기간의 시기와 종기를 정해 두었는데, 그 시기와 종기가 집행정지기간 중에 모두 경과한 경우에도 특별한 사정이 없는 한 마찬가지이다. 이러한 법리는 행정심판위원회가 행정심판법 제30조에 따라 집행정지결정을 한 경우에도 그대로 적용된다. 행정심판위원회가 행정심판 청구 사건의 재결이 있을 때까지 처분의 집행을 정지한다고 결정한 경우에는, 재결서 정본이 청구인에게 송달된 때 재결의 효력이 발생하므로 그때 집행정지결정의 효력이 소멸함과 동시에 처분의 효력이 부활한다. 대법원 2022. 2. 11. 선고 2021두40720 판결 ★ 01 03

3. 보조금 교부결정의 일부를 취소한 행정청의 처분에 대하여 법원이 효력정지결정을 하면서 주문에서 그 법원에 계속 중인 본안소송의 판결 선고 시까지 처분의 효력을 정지한다고 선언하였을 경우, 본안소송의 판결 선고에 의하여 정지결정의 효력은 소멸하고 이와 동시에 당초의 보조금 교부결정 취소처분의 효력이 당연히 되살아난다. ★ 04
따라서 효력정지결정의 효력이 소멸하여 보조금 교부결정 취소처분의 효력이 되살아난 경우, 특별한 사정이 없는 한 행정청으로서는 보조금법에 따라 취소처분에 의하여 취소된 부분의 보조사업에 대하여 효력정지기간 동안 교부된 보조금의 반환을 명하여야 한다. 대법원 2017. 7. 11. 선고 2013두25498 판결

4. 본안소송과 집행정지결정의 효력

제재처분에 대한 행정쟁송절차에서 처분에 대해 집행정지결정이 이루어졌더라도 본안에서 해당 처분이 최종적으로 적법한 것으로 확정되어 집행정지결정이 실효되고 제재처분을 다시 집행할 수 있게 되면, 처분청으로서는 당초 집행정지결정이 없었던 경우와 동등한 수준으로 해당 제재처분이 집행되도록 필요한 조치를 취하여야 한다. 집행정지는 행정쟁송절차에서 실효적 권리구제를 확보하기 위한 잠정적 조치일 뿐이므로, 본안 확정판결로 해당 제재처분이 적법하다는 점이 확인되었다면 제재처분의 상대방이 잠정적 집행정지를 통해 집행정지가 이루어지지 않은 경우와 비교하여 제재를 덜 받게 되는 결과가 초래되도록 해서는 안 된다. ★★ 05 06
반대로, 처분상대방이 집행정지결정을 받지 못했으나 본안소송에서 해당 제재처분이 위법하다는 것이 확인되어 취소하는 판결이 확정되면, 처분청은 그 제재처분으로 처분상대방에게 초래된 불이익한 결과를 제거하기 위하여 필요한 조치를 취하여야 한다. 대법원 2020. 9. 3. 선고 2020두34070 판결 07

일정한 납부기한을 정한 과징금부과처분에 대하여 집행정지결정이 내려졌다면 그 집행정지기간 동안은 과징금부과처분에서 정한 과징금의 납부기간은 더 이상 진행되지 아니하고 집행정지결정이 당해 결정의 주문에 표시된 시기의 도래로 인하여 실효되면 그 때부터 당초의 과징금부과처분에서 정한 기간(집행정지결정 당시 이미 일부 진행되었다면 그 나머지 기간)이 다시 진행하는 것으로 보아야 한다. 대법원 2003. 7. 11. 선고 2002다48023 판결

OX 체크

01 집행정지결정의 효력은 결정 주문에서 정한 시기까지 존속하며 그 시기의 도래와 동시에 효력이 당연히 소멸한다. ( )

02 항고소송을 제기한 원고가 본안소송에서 패소확정판결을 받은 경우에는 집행정지결정의 효력이 소급적으로 소멸한다. ( )

03 효력기간이 정해져 있는 제재적 행정처분에 대한 취소소송에서 법원이 본안소송의 판결 선고 시까지 집행정지결정을 하면, 처분에서 정해 둔 효력기간은 판결 선고 시까지 진행하지 않다가 판결이 선고되면 그때 집행정지결정의 효력이 소멸함과 동시에 처분의 효력이 당연히 부활하여 처분에서 정한 효력기간이 다시 진행한다. ( )

04 보조금 교부결정의 일부를 취소한 행정청의 처분에 대하여 법원이 효력정지결정을 하면서 주문에서 그 법원에 계속 중인 본안소송의 판결 선고 시까지 처분의 효력을 정지한다고 선언하였을 경우, 본안소송의 판결 선고에 의하여 정지결정의 효력은 소멸하지만 당초의 보조금교부결정취소 처분의 효력이 당연히 되살아나는 것은 아니다. ( )

05 제재처분에 대한 행정쟁송절차에서 처분에 대해 집행정지결정이 이루어졌더라도 본안에서 해당 처분이 최종적으로 적법한 것으로 확정되어 집행정지결정이 실효된 경우, 처분청은 당초 집행정지결정이 없었던 경우와 동등한 수준으로 해당 제재처분이 집행되도록 하여서는 아니 된다. ( ) 06 07

정답
01 ○ 02 × 03 ○ 04 × 05 ×
06 ○ 07 ○

Ⅳ 불복방법

1. 집행정지의 결정 또는 기각결정에 대한 불복 : 즉시항고

> **행정소송법 제23조【집행정지】**
> ⑤ 제2항의 규정에 의한 집행정지의 결정 또는 기각의 결정에 대하여는 즉시항고할 수 있다. 이 경우 집행정지의 결정에 대한 즉시항고에는 결정의 집행을 정지하는 효력이 없다. **01**

[판례]

집행정지의 요건을 결여하였다는 이유로 효력정지 신청을 기각한 결정에 대하여 행정처분 자체의 적법 여부를 가지고 불복사유로 삼을 수 없다. 대법원 2011. 4. 21.자 2010무111 전원합의체 결정 ★ **02**

2. 집행정지결정의 취소

> **행정소송법 제24조【집행정지의 취소】**
> ① 집행정지의 결정이 확정된 후 집행정지가 공공복리에 중대한 영향을 미치거나 그 정지사유가 없어진 때에는 당사자의 신청 또는 직권에 의하여 결정으로써 집행정지의 결정을 취소할 수 있다. ★ **03**
> ② 제1항의 규정에 의한 집행정지결정의 취소결정과 이에 대한 불복의 경우에는 제23조 제4항 및 제5항의 규정을 준용한다.

[판례]

행정소송법 제24조 제1항에서 규정하고 있는 집행정지 결정의 취소사유는 특별한 사정이 없는 한 집행정지 결정이 확정된 이후에 발생한 것이어야 하고, 그 중 '집행정지가 공공복리에 중대한 영향을 미치는 때'라 함은 일반적·추상적인 공익에 대한 침해의 가능성이 아니라 당해 집행정지 결정과 관련된 구체적·개별적인 공익에 중대한 해를 입힐 개연성을 말하는 것이다. 대법원 2005. 7. 15. 자 2005무16 결정 ★ **04**

Ⅴ 거부처분에 대한 집행정지 : 신청의 이익 없음

[판례]

행정청에 대한 거부처분의 효력을 정지하더라도 거부처분이 없었던 것과 같은 상태, 즉 거부처분이 있기 전의 신청시의 상태로 되돌아가는 데에 불과하고 행정청에게 신청에 따른 처분을 하여야 할 의무가 생기는 것이 아니므로, 거부처분의 효력정지는 그 거부처분으로 인하여 신청인에게 생길 손해를 방지하는 데 아무런 보탬이 되지 아니하여 그 효력정지를 구할 이익이 없다. 대법원 1995. 6. 21. 자 95두26 결정 ★★★ **05**

Ⅵ (관련문제) 항고소송에서 민사집행법상 가처분의 인정 여부 : 부정

[판례]

1. 항고소송에 있어서는 행정소송법 제14조에 불구하고 민사소송법중 가처분에 관한 규정은 준용되지 않는다. 대법원 1980. 12. 22. 자 80두5 결정 ★★ **06**
2. 항고소송의 대상이 되는 행정처분의 효력이나 집행 혹은 절차속행 등의 정지를 구하는 신청은 행정소송법상 집행정지신청의 방법으로서만 가능할 뿐 민사소송법상 가처분의 방법으로는 허용될 수 없다. 대법원 2009. 11. 2. 자 2009마596 결정

[OX 체크]

06 집행정지는 행정쟁송절차에서 실효적 권리구제를 확보하기 위한 잠정적 조치일 뿐이므로, 본안 확정판결로 해당 제재처분이 적법하다는 점이 확인되었다면 처분청은 제재처분의 상대방이 집행정지를 통해 집행정지가 이루어지지 않은 경우와 비교하여 제재를 덜 받게 되는 결과가 초래되도록 해서는 안 된다. ( )

07 처분상대방이 집행정지결정을 받지 못했으나 본안소송에서 해당 제재처분이 위법함이 확인되어 취소하는 판결이 확정되면, 처분청은 그 제재처분으로 처분상대방에게 초래된 불이익한 결과를 제거하기 위하여 필요한 조치를 취하여야 한다. ( )

[OX 체크]

01 집행정지의 결정에 대하여는 즉시항고할 수 있으며, 이 경우 집행정지의 결정에 대한 즉시항고에는 결정의 집행을 정지하는 효력이 없다. ( )

02 '처분등이나 그 집행 또는 절차의 속행으로 인한 손해발생의 우려' 등 적극적 요건에 관한 주장·소명 책임은 원칙적으로 신청인 측에 있고, 이 요건을 결여하였다는 이유로 효력정지 신청을 기각한 결정에 대하여 행정처분 자체의 적법 여부를 가지고 불복사유로 삼을 수 없다. ( )

03 집행정지의 결정이 확정된 후 집행정지가 공공복리에 중대한 영향을 미치거나 그 정지사유가 없어진 때에는 당사자의 신청 또는 직권에 의하여 결정으로써 집행정지의 결정을 취소할 수 있다. ( )

04 집행정지결정의 취소사유는 특별한 사정이 없는 한 집행정지결정이 확정된 이후에 발생한 것이어야 한다. ( )

05 거부처분의 효력정지는 그 거부처분으로 인하여 신청인에게 생길 손해를 방지하는 데 필요하므로 신청인에게는 그 효력정지를 구할 이익이 있다. ( )

06 「민사집행법」에 따른 가처분은 항고소송에서도 인정된다. ( )

[정답]
01 ○ 02 ○ 03 ○ 04 ○ 05 ×
06 ×

Chapter 04 취소소송의 심리

주제 24 심리의 일반원칙

I 심리의 내용

1. 소송요건 심리 : **직권심리**

(1) 직권조사사항

1. 행정소송에서 쟁송의 대상이 되는 <u>행정처분의 존부</u>는 소송요건으로서 <u>직권조사사항</u>이고, 자백의 대상이 될 수 없는 것이므로, 설사 그 존재를 당사자들이 다투지 아니한다 하더라도 그 존부에 관하여 의심이 있는 경우에는 이를 직권으로 밝혀 보아야 할 것이다. 대법원 2004. 12. 24. 선고 2003두15195 판결 ★★ **01**

2. 행정소송에 있어서 처분청의 <u>처분권한 유무</u>는 직권조사사항이 <u>아니다</u>. 대법원 1997. 6. 19. 선고 95누8669 전원합의체판결 ★ **02**

3. 해당 처분을 다툴 <u>법률상 이익</u>이 있는지 여부는 직권조사사항으로 이에 관한 당사자의 주장은 직권발동을 촉구하는 의미밖에 없으므로, 원심법원이 이에 관하여 판단하지 않았다고 하여 <u>판단유탈의 상고이유로 삼을 수 없다</u>. 대법원 2017. 3. 9. 선고 2013두16852 판결 ★ **03**

4. 수소법원의 <u>재판관할권 유무</u>는 법원의 직권조사사항으로서 법원이 그 관할에 속하지 아니함을 인정한 때에는 민사소송법 제34조 제1항에 의하여 <u>직권으로 이송결정을 하는 것이고, 소송당사자에게 관할위반을 이유로 하는 <u>이송신청권이 있는 것은 아니다</u>. 따라서 당사자가 관할위반을 이유로 한 이송신청을 한 경우에도 이는 단지 법원의 <u>직권발동을 촉구하는</u> 의미밖에 없다. 한편 법원이 당사자의 신청에 따른 <u>직권발동으로 이송결정을 한 경우에는 즉시항고가 허용되지만, 위와 같이 당사자에게 이송신청권이 인정되지 않는 이상 항고심에서 당초의 이송결정이 취소되었다 하더라도 이에 대한 신청인의 재항고는 허용되지 않는다. 대법원 2018. 1. 19.자 2017마1332 결정 ★ **04**

(2) 판단의 기준시 : **사실심 변론종결시**

• 소송요건의 존부는 사실심 변론종결시를 기준으로 판단한다. 따라서 <u>소 제기 당시 부적법한 소였더라도 변론종결시까지 소송요건을 구비하면 적법한 소가 되고</u>, 반대로 <u>소 제기 당시 적법하였더라도 변론종결시 소송요건을 결하였으면 부적법한 소가 된다</u>. ★

(3) 상고심의 직권심리대상

1. <u>소송요건은 직권조사사항으로서 당사자가 주장하지 않더라도 법원이 직권으로 조사하여 판단하여야 하고, 사실심 변론종결 이후에 소송요건이 흠결되거나 그 흠결이 치유된 경우 <u>상고심에서도 이를 참작</u>하여야 한다. 대법원 2020. 1. 16. 선고 2019다247385 판결 ★ **05**

2. <u>원고적격은 소송요건의 하나이므로 사실심 변론종결시는 물론 <u>상고심에서도</u> 존속하여야 하고 이를 흠결하면 부적법한 소가 된다. 대법원 2007. 4. 12. 선고 2004두7924 판결 ★ **06**

OX 체크

01 취소소송에서 쟁송의 대상이 되는 행정처분의 존부는 소송요건으로서 법원의 직권조사사항이고 자백의 대상이 될 수 없다. ( )

02 피고인 처분청의 처분권한 유무는 피고적격의 문제이므로 법원의 직권조사사항이다. ( )

03 해당 처분을 다툴 법률상 이익이 있는지 여부는 직권조사사항으로 이에 관한 당사자의 주장은 직권발동을 촉구하는 의미밖에 없으므로, 원심법원이 이에 관하여 판단하지 않았다고 하여 판단유탈의 상고이유로 삼을 수 없다. ( )

04 수소법원의 재판관할권 유무는 법원의 직권조사사항이며, 소송당사자에게도 관할위반을 이유로 하는 이송신청권이 인정된다. ( )

05 당사자적격, 권리보호이익 등 소송요건은 직권조사사항으로서 당사자가 주장하지 아니하더라도 법원이 직권으로 조사하여 판단하여야 하고, 사실심 변론종결 이후에 소송요건이 흠결되거나 그 흠결이 치유된 경우 상고심에서도 이를 참작하여야 한다. ( )

06 무효등 확인소송의 제기 당시에 원고적격을 갖추었다면 상고심 계속 중에 원고적격을 상실하더라도 그 소는 적법하다. ( )

정답
01 ○ 02 × 03 ○ 04 × 05 ○
06 ×

> **OX 체크**
>
> **01** 사실심에서 변론종결시까지 당사자가 주장하지 않던 직권조사사항에 해당하는 사항을 상고심에서 비로소 주장하는 경우 그 직권조사사항에 해당하는 사항은 상고심의 심판범위에 해당하지 않는다. (　)
>
> **02** 당사자가 확정된 취소판결의 존재를 사실심 변론종결시까지 주장하지 아니하였다고 하더라도 상고심에서 새로이 이를 주장·입증할 수 있다. (　)

3. 사실심에서 변론종결시까지 당사자가 주장하지 않던 직권조사사항에 해당하는 사항을 상고심에서 비로소 주장하는 경우 그 직권조사사항에 해당하는 사항은 상고심의 심판범위에 해당한다. 대법원 2004. 12. 24. 선고 2003두15195 판결 ★★ **01**

4. 확정판결의 존부는 당사자의 주장이 없더라도 법원이 이를 직권으로 조사하여 판단하지 않으면 안 되고, 더 나아가 당사자가 확정판결의 존재를 사실심변론종결시까지 주장하지 아니하였더라도 상고심에서 새로이 이를 주장, 입증할 수 있는 것이다. 대법원 1989. 10. 10. 선고 89누1308 판결 ★ **02**

(4) 소송요건을 갖추지 못한 경우 : 소 각하 판결

- 항고소송이 소송요건을 갖추지 못한 경우 당해 소는 부적법한 소로서 법원은 각하판결을 한다.

2. 본안 심리 : 변론주의

- 항고소송의 본안 심리는 처분의 위법 여부에 대한 실체적 심사를 말한다.
- 본안 심리에 대해서는 직권심리가 아닌 민사소송법상 변론주의가 적용된다.
- 원고의 청구가 이유 있으면 청구인용판결을, 이유 없으면 청구기각판결을 한다.

Ⅱ 민사소송법상 심리절차의 준용

1. 처분권주의(불고불리의 원칙)

- 법원은 소제기가 없으면 재판할 수 없고, 소제기가 있는 경우에도 당사자가 신청한 사항에 대하여 신청의 범위 내에서 심리·판단하여야 한다는 원칙을 말한다.

2. 변론주의

(1) 의의

- 사실의 주장과 증거의 제출 책임을 당사자에게 지우고, 오직 당사자가 제출한 소송자료만을 재판의 기초로 삼는 것을 말한다.
- 사실의 주장과 증거의 제출은 사실심 변론종결시까지 허용되고, 법률심인 상고심에서는 허용되지 않는다.

> **판례**
>
> 상고심에서 비로소 주장하는 처분의 위법성에 관한 사유는 적법한 상고이유가 될 수 없다. 대법원 1995. 11. 21. 선고 94누15684 판결

(2) 사실의 주장책임과 증명책임(입증책임)

① 의의
- 주장책임이란 당사자가 자신에게 유리한 사실을 주장하지 않으면 그 사실이 없는 것으로 취급되어 불이익한 판단을 받게 되는 것을 말한다.
- 증명책임이란 일정한 사실의 존부가 확정되지 않은 경우 그 사실이 존재하지 않는 것으로 취급되어 불이익한 판단을 받게 되는 것을 말한다.

> **정답**
> 06 ✗　07 ○

② 주장책임과 증명책임의 분배
- 기본적으로 당사자는 자신에게 유리한 사실에 관하여 이를 주장하고 증명할 책임을 진다.

> **판례**
>
> 취소소송에서 원고와 피고 행정청은 각자 자신에게 유리한 평가요소들을 적극적으로 주장·증명하여야 한다. 대법원 2019. 7. 4. 선고 2018두66869 판결

- 소송요건은 직권조사사항이지만, 그 존부가 불분명한 경우 원고가 불이익을 받게 되므로 결국 원고에게 증명책임이 있다.
- 처분의 적법사유(처분사유)에 대한 증명책임은 피고 행정청에게 있고, 반대로 처분의 위법사유에 대한 증명책임은 원고에게 있다. ★

> **판례**
>
> 1. 행정소송에 있어서 특단의 사정이 있는 경우를 제외하면 당해 행정처분의 적법성에 관하여는 당해 처분청이 이를 주장·입증하여야 하고, 행정소송에 있어서 직권주의가 가미되어 있다고 하여도 여전히 당사자주의, 변론주의를 기본 구조로 하는 이상 행정처분의 위법을 들어 그 취소를 청구함에 있어서는 직권조사사항을 제외하고는 그 취소를 구하는 자가 위법된 구체적인 사항을 먼저 주장하여야 한다. 대법원 1995. 7. 28. 선고 94누12807 판결
> 2. 민사소송법의 규정이 준용되는 행정소송에 있어서 입증책임은 원칙적으로 민사소송의 일반원칙에 따라 당사자 간에 분배되고 항고소송의 경우에는 그 특성에 따라 당해 처분의 적법을 주장하는 피고에게 그 적법사유에 대한 입증책임이 있다 할 것인바 피고가 주장하는 당해 처분의 적법성이 합리적으로 수긍할 수 있는 일응의 입증이 있는 경우에는 그 처분은 정당하다 할 것이며 이와 상반되는 주장과 입증은 그 상대방인 원고에게 그 책임이 돌아간다고 할 것이다. 대법원 1984. 7. 24. 선고 84누124 판결
> 3. 징계처분의 당부를 다투는 행정소송에서 징계사유에 대한 증명책임은 그 처분의 적법성을 주장하는 피고에게 있다. 대법원 2018. 4. 12. 선고 2017두74702 판결
> 4. 과세처분의 위법을 이유로 그 취소를 구하는 행정소송에 있어 처분의 적법성 및 과세요건사실의 존재에 관하여는 원칙적으로 과세관청이 그 입증책임을 부담하나, 경험칙상 이례에 속하는 특별한 사정의 존재에 관하여는 납세의무자에게 입증책임 내지는 입증의 필요가 돌아가는 것이다. 대법원 1996. 4. 26. 선고 96누1627 판결
> 5. 결혼이민[F-6 (다)목] 체류자격을 신청한 외국인에 대하여 행정청이 그 요건을 충족하지 못하였다는 이유로 거부처분을 하는 경우에는 '그 요건을 갖추지 못하였다는 판단', 다시 말해 '혼인파탄의 주된 귀책사유가 국민인 배우자에게 있지 않다는 판단' 자체가 처분사유가 된다. (중략) 결혼이민[F-6 (다)목] 체류자격 거부처분 취소소송에서도 그 처분사유에 관한 증명책임은 피고 행정청에 있다. 대법원 2019. 7. 4. 선고 2018두66869 판결 ★ **01**
> 6. 행정청이 폐기물처리사업계획서 부적합 통보를 하면서 처분서에 불확정개념으로 규정된 법령상의 허가기준 등을 충족하지 못하였다는 취지만을 간략히 기재하였다면, 부적합 통보에 대한 취소소송절차에서 행정청은 그 처분을 하게 된 판단 근거나 자료 등을 제시하여 구체적 불허가사유를 분명히 하여야 한다. 이러한 경우 재량행위인 폐기물처리사업계획서 부적합 통보의 효력을 다투는 원고로서는 행정청이 제시한 구체적인 불허가사유에 관한 판단과 근거에 재량권 일탈·남용의 위법이 있음을 밝히기 위하여 소송절차에서 추가적인 주장을 하고 자료를 제출할 필요가 있다. 대법원 2019. 12. 24. 선고 2019두45579 판결 ★
> 7. 자유재량에 의한 행정처분이 그 재량권의 한계를 벗어난 것이어서 위법하다는 점은 그 행정처분의 효력을 다투는 자가 이를 주장·입증하여야 하고 처분청이 그 재량권의 행사가 정당한 것이었다는 점까지 주장·입증할 필요는 없다. 대법원 1987. 12. 8. 선고 87누861 판결 ★ **02**

OX 체크

01 결혼이민[F-6 (다)목] 체류자격을 신청한 외국인에 대하여 행정청이 그 요건을 충족하지 못하였다는 이유로 거부처분을 하는 경우 '그 요건을 갖추지 못하였다는 판단', 즉 '혼인파탄의 주된 귀책사유가 국민인 배우자에게 있지 않다는 판단' 자체가 처분사유가 되는바, 결혼이민[F-6 (다)목] 체류자격 거부처분 취소소송에서 그 처분사유에 관한 증명책임은 피고 행정청에 있다. ( )

02 재량권의 일탈·남용에 관하여는 행정행위의 효력을 다투는 사람이 주장·증명책임을 부담한다. ( )

정답
01 O 02 O

OX 체크

01 행정처분의 당연무효를 주장하여 그 무효확인을 구하는 행정소송에 있어서는 피고 행정청이 그 행정처분에 중대·명백한 하자가 없음을 주장·입증할 책임이 있다. ( )

판례

11. 행정처분의 당연무효를 주장하여 무효확인을 구하는 행정소송에서는 원고에게 행정처분이 무효인 사유를 주장·증명할 책임이 있고, 이는 무효확인을 구하는 뜻에서 행정처분의 취소를 구하는 소송에 있어서도 마찬가지이다. 한편 행정처분의 무효확인을 구하는 소에는 특단의 사정이 없는 한 취소를 구하는 취지도 포함되어 있다고 보아야 하므로, 해당 행정처분의 취소를 구할 수 있는 경우라면 무효사유가 증명되지 아니한 때에 법원으로서는 취소사유에 해당하는 위법이 있는지 여부까지 심리하여야 한다. 대법원 2023. 6. 29. 선고 2020두46073 판결

8. 행정처분의 당연무효를 구하는 소송에 있어서 그 무효를 구하는 사람에게 그 행정처분에 존재하는 하자가 중대하고 명백하다는 것을 주장 입증할 책임이 있다. 대법원 1984. 2. 28. 선고 82누154 판결 ★★ 01

9. 국가유공자 인정 요건, 즉 공무수행으로 상이를 입었다는 점이나 그로 인한 신체장애의 정도가 법령에 정한 등급 이상에 해당한다는 점은 국가유공자 등록신청인이 증명할 책임이 있다 할 것이지만, 그 상이가 '불가피한 사유 없이 본인의 과실이나 본인의 과실이 경합된 사유로 입은 것'이라는 사정, 즉 지원대상자 요건에 해당한다는 사정은 국가유공자 등록신청에 대하여 지원대상자로 등록하는 처분을 하는 처분청이 증명책임을 진다. 대법원 2013. 8. 22. 선고 2011두26589 판결

10. 과세처분의 적법성에 대한 증명책임은 과세관청에 있는바, 위와 같이 교환·변경된 사유를 근거로 하는 처분의 적법성 또는 그러한 처분사유의 전제가 되는 사실관계에 관한 증명책임 역시 과세관청에 있고, 특히 무효확인소송에서 원고가 당초의 처분사유에 대하여 무효사유를 증명한 경우에는 과세관청이 그처럼 교환·변경된 처분사유를 근거로 하는 처분의 적법성에 대한 증명책임을 부담한다. 대법원 2023. 6. 29. 선고 2020두46073 판결

③ 증명의 정도

- 행정소송에서 사실의 증명은 추호의 의혹도 없어야 한다는 자연과학적 증명이 아니고, 특별한 사정이 없는 한 경험칙에 비추어 모든 증거를 종합적으로 검토하여 볼 때 어떤 사실이 있었다는 점을 시인할 수 있는 고도의 개연성을 증명하는 것이면 충분하다(대법원 2018. 4. 12. 선고 2017두74702 판결).

판례

1. 민사책임과 형사책임은 지도이념과 증명책임, 증명의 정도 등에서 서로 다른 원리가 적용되므로, 징계사유인 성희롱 관련 형사재판에서 성희롱 행위가 있었다는 점을 합리적 의심을 배제할 정도로 확신하기 어렵다는 이유로 공소사실에 관하여 무죄가 선고되었다고 하여 그러한 사정만으로 행정소송에서 징계사유의 존재를 부정할 것은 아니다. 대법원 2018. 4. 12. 선고 2017두74702 판결

2. 행정청이 현장조사를 실시하는 과정에서 조사상대방으로부터 구체적인 위반사실을 자인하는 내용의 확인서를 작성 받았다면, 그 확인서가 작성자의 의사에 반하여 강제로 작성되었거나 또는 내용의 미비 등으로 구체적인 사실에 대한 증명자료로 삼기 어렵다는 등의 특별한 사정이 없는 한 그 확인서의 증거가치를 쉽게 부정할 수 없다. 대법원 2017. 7. 11. 선고 2015두2864 판결

④ 관련 확정판결에서 인정한 사실의 구속력

- 행정소송의 수소법원이 관련 확정판결의 사실인정에 구속되는 것은 아니지만, 관련 확정판결에서 인정한 사실은 행정소송에서도 유력한 증거자료가 되므로, 행정소송에서 제출된 다른 증거들에 비추어 관련 확정판결의 사실 판단을 채용하기 어렵다고 인정되는 특별한 사정이 없는 한, 이와 반대되는 사실은 인정할 수 없다(대법원 2019. 7. 4. 선고 2018두66869 판결). ★

3. 그 밖의 심리의 주요 원칙

- 민사소송법이 준용됨에 따라 행정소송에서도 구술심리주의, 공개심리주의 등이 적용된다.

정답

01 ×

III 행정소송법상의 특수한 심리 절차

1. 직권심리주의

> 행정소송법 제26조 【직권심리】
> 법원은 필요하다고 인정할 때에는 직권으로 증거조사를 할 수 있고, 당사자가 주장하지 아니한 사실에 대하여도 판단할 수 있다. ★ 01

- 판례는 행정소송법 제26조에도 불구하고 행정소송은 당사자주의(처분권주의와 변론주의)가 원칙이며, 직권심리는 보충적으로만 인정되는 것으로 본다.

판례

1. 행정소송에 있어서도 법원은 당사자가 신청하지 아니한 사항에 대하여는 판결할 수 없는 것이고, 행정소송법 제26조에서 직권심리주의를 채용하고 있으나 이는 행정소송에 있어서 원고의 청구범위를 초월하여 그 이상의 청구를 인용할 수 있다는 의미가 아니라 원고의 청구범위를 유지하면서 그 범위 내에서 필요에 따라 주장 외의 사실에 관하여도 판단할 수 있다는 뜻이다. 대법원 1987. 11. 10. 선고 86누491 판결 ★ 02 03
2. 행정소송법 제26조는 당사자주의, 변론주의에 대한 일부 예외 규정일 뿐 법원이 아무런 제한 없이 당사자가 주장하지 아니한 사실을 판단할 수 있는 것은 아니고, 일건 기록에 현출되어 있는 사항에 관하여서만 직권으로 증거조사를 하고 이를 기초로 하여 판단할 수 있을 따름이고, 그것도 법원이 필요하다고 인정할 때에 한하여 청구의 범위 내에서 증거조사를 하고 판단할 수 있을 뿐이다. 대법원 1994. 10. 11. 선고 94누4820 판결 ★ 04 05
3. 행정소송에서 기록상 자료가 나타나 있다면 당사자가 주장하지 않더라도 판단할 수 있고, 당사자가 제출한 소송자료에 의하여 법원이 처분의 적법 여부에 관한 합리적인 의심을 품을 수 있음에도 단지 구체적 사실에 관한 주장을 하지 아니하였다는 이유만으로 당사자에게 석명을 하거나 직권으로 심리·판단하지 아니함으로써 구체적 타당성이 없는 판결을 하는 것은 행정소송법 제26조의 규정과 행정소송의 특수성에 반하므로 허용될 수 없다. 대법원 2010. 2. 11. 선고 2009두18035 판결
4. 명의신탁등기 과징금과 장기미등기 과징금은 위반행위의 태양, 부과 요건, 근거 조항을 달리하므로, 각 과징금 부과처분의 사유는 상호 간에 기본적 사실관계의 동일성이 있다고 할 수 없다. 그러므로 그중 어느 하나의 처분사유에 의한 과징금 부과처분에 대하여 당해 처분사유가 아닌 다른 처분사유가 존재한다는 이유로 적법하다고 판단하는 것은 특별한 사정이 없는 한 행정소송법상 직권심사주의의 한계를 넘는 것으로서 허용될 수 없다. 대법원 2017. 5. 17. 선고 2016두53050 판결 ★ 06
5. 처분청이 공무수행과 사이에 인과관계가 없다는 이유로 국가유공자 비해당결정을 한 데 대하여 법원이 그 인과관계의 존재는 인정하면서 직권으로 본인 과실이 경합된 사유가 있다는 이유로 그 처분이 정당하다고 판단하는 것은 행정소송법이 허용하는 직권심사주의의 한계를 벗어난 것으로서 위법하다. 대법원 2013. 8. 22. 선고 2011두26589 판결
6. 법원의 석명권은 당사자의 진술에 모순, 흠결이 있거나 애매하여 그 진술의 취지를 알 수 없을 때 이를 보완하여 명료하게 하거나 입증책임 있는 당사자에게 입증을 촉구하기 위하여 행사하는 것이지 그 정도를 넘어 당사자에게 새로운 청구를 할 것을 권유하는 것은 석명권의 한계를 넘어서는 것이다. 대법원 1992. 3. 10. 선고 91누6030 판결

2. 행정심판기록의 제출명령

> 행정소송법 제25조 【행정심판기록의 제출명령】 07
> ① 법원은 당사자의 신청이 있는 때에는 결정으로써 재결을 행한 행정청에 대하여 행정심판에 관한 기록의 제출을 명할 수 있다. ★
> ② 제1항의 규정에 의한 제출명령을 받은 행정청은 지체 없이 당해 행정심판에 관한 기록을 법원에 제출하여야 한다.

OX 체크

01 「행정소송법」에 따르면 법원은 필요하다고 인정할 때에는 직권으로 증거조사를 할 수 있으나, 당사자가 주장하지 아니한 사실에 대하여는 판단할 수 없다. ( )

02 행정소송의 심리에 있어서는 당사자가 신청하지 아니한 사항에 대하여는 판결하지 못한다는 의미의 처분권주의가 적용된다. ( )

03 취소소송의 직권심리주의를 규정하고 있는 「행정소송법」 제26조의 규정을 고려할 때, 행정소송에 있어서 법원은 원고의 청구범위를 초월하여 그 이상의 청구를 인용할 수 있다. ( )

04 「행정소송법」 제26조는 행정소송에서 직권심리주의가 적용되도록 하고 있지만, 행정소송에서도 당사자주의나 변론주의의 기본 구도는 여전히 유지된다. ( )

05 법원은 행정소송에서 기록상 자료가 나타나 있다면 당사자가 주장하지 않았더라도 판단할 수 있다. ( )

06 법원이 어느 하나의 사유에 의한 과징금부과처분에 대하여 그 사유와 기본적 사실관계의 동일성이 인정되지 아니하는 다른 처분사유가 존재한다는 이유로 적법하다고 판단하는 것은 특별한 사정이 없는 한 직권심사주의의 한계를 넘는 것이 아니다. ( )

07 「행정소송법」에 따르면 법원은 당사자의 신청이 있는 때에는 결정으로써 재결을 행한 행정청에 대하여 행정심판에 관한 기록의 제출을 명할 수 있고, 제출명령을 받은 행정청은 지체 없이 당해 행정심판에 관한 기록을 법원에 제출하여야 한다. ( )

정답
01 × 02 ○ 03 × 04 ○ 05 ○
06 × 07 ○

주제 25 구체적 심리과정

Ⅰ 관련청구소송의 이송·병합

1. 행정소송법 규정

행정소송법 제10조 【관련청구소송의 이송 및 병합】
① 취소소송과 다음 각 호의 1에 해당하는 소송(이하 "관련청구소송"이라 한다)이 각각 다른 법원에 계속되고 있는 경우에 관련청구소송이 계속된 법원이 상당하다고 인정하는 때에는 당사자의 신청 또는 직권에 의하여 이를 취소소송이 계속된 법원으로 이송할 수 있다. ★ 01
 1. 당해 처분 등과 관련되는 손해배상·부당이득반환·원상회복 등 청구소송
 2. 당해 처분 등과 관련되는 취소소송
② 취소소송에는 사실심의 변론종결 시까지 관련청구소송을 병합하거나 피고 외의 자를 상대로 한 관련청구소송을 취소소송이 계속된 법원에 병합하여 제기할 수 있다. 02

2. 구체적 검토

(1) 병합의 요건

- 손해배상청구 등의 민사소송이 행정소송에 관련청구로 병합되기 위해서는 그 청구의 내용 또는 발생 원인이 행정소송의 대상인 처분 등과 법률상 또는 사실상 공통되거나, 그 처분의 효력이나 존부 유무가 선결문제로 되는 등의 관계에 있어야 함이 원칙이다(대법원 2000. 10. 27. 선고 99두561 판결).

(2) 무효확인소송과 취소소송의 병합

1. 행정처분에 대한 무효확인과 취소청구는 서로 양립할 수 없는 청구로서 주위적·예비적 청구로서만 병합이 가능하고 선택적 청구로서의 병합이나 단순 병합은 허용되지 아니한다. 대법원 1999. 8. 20. 선고 97누6889 판결 ★ 03
2. 주위적 청구가 행정심판의 재결을 거칠 필요가 없는 무효확인소송이라 하더라도 병합 제기된 예비적 청구가 취소소송이라면 이에 대한 행정심판의 재결을 거치는 등으로 적법한 제소요건을 갖추어야 한다. 대법원 1994. 4. 29. 선고 93누12626 판결

(3) 주된 청구가 부적법 각하되는 경우

1. 행정소송법상 관련청구소송의 병합은 본래의 항고소송이 적법할 것을 요건으로 하는 것이어서 본래의 항고소송이 부적법하여 각하되면 그에 병합된 관련청구도 소송요건을 흠결한 부적합한 것으로 각하되어야 한다. 대법원 2001. 11. 27. 선고 2000두697 판결 ★
2. 행정소송법 제44조, 제10조에 의한 관련청구소송 병합은 본래의 당사자소송이 적법할 것을 요건으로 하는 것이어서 본래의 당사자소송이 부적법하여 각하되면 그에 병합된 관련청구소송도 소송요건을 흠결하여 부적합하므로 각하되어야 한다. 대법원 2011. 9. 29. 선고 2009두10963 판결 04

OX 체크

01 취소소송과 그와 관련되는 손해배상·부당이득반환·원상회복 등 청구소송(이하 '관련청구소송'이라고 함)이 각각 다른 법원에 계속되고 있는 경우에 관련청구소송이 계속된 법원이 상당하다고 인정하는 때에는 당사자의 신청 또는 직권에 의하여 이를 취소소송이 계속된 법원으로 이송할 수 있다. ( )

02 처분과 관련되는 손해배상청구소송이 계속된 법원에 당해 처분에 대한 취소소송을 병합할 수는 없다. ( )

03 행정처분에 대한 무효확인과 취소청구는 서로 양립할 수 없는 청구로서 주위적·예비적 청구로서만 병합이 가능하고 선택적 청구로서의 병합은 허용되지 않는다. ( )

04 당사자소송이 부적법하여 각하되는 경우 그에 병합된 관련청구소송 역시 부적법 각하되어야 하는 것은 아니다. ( )

정답
01 ○ 02 ○ 03 ○ 04 ✕

3. **취소소송** 등을 제기한 당사자가 당해 처분 등에 관계되는 사무가 귀속되는 국가 또는 공공단체에 대한 **당사자소송**을 행정소송법 제10조 제2항에 의하여 관련 청구로서 병합한 경우 위 **취소소송** 등이 부적법하다면 당사자는 위 당사자소송의 병합청구로서 같은 법 제21조 제1항에 의한 소변경을 할 의사를 아울러 가지고 있었다고 봄이 상당하고, 이러한 경우 법원은 청구의 기초에 변경이 없는 한 당초의 청구가 부적법하다는 이유로 병합된 청구까지 각하할 것이 아니라 병합청구 당시 유효한 **소변경청구**가 있었던 것으로 받아들여 이를 허가함이 타당하다. 대법원 1992. 12. 24. 선고 92누3335 판결

(4) 주된 청구가 병합된 청구의 선결문제인 경우

취소소송에 병합할 수 있는 당해 처분과 관련되는 부당이득반환소송에는 당해 처분의 취소를 선결문제로 하는 부당이득반환청구가 포함되고, 이러한 부당이득반환청구가 인용되기 위해서는 <u>그 소송절차에서 판결에 의해 당해 처분이 취소되면 충분하고 그 처분의 취소가 확정되어야 하는 것은 아니</u>라고 보아야 한다. 대법원 2009. 4. 9. 선고 2008두23153 판결 ★ **01**

II. 소의 변경

1. 행정소송법에 의한 소의 변경

(1) 소의 (종류의) 변경

> **행정소송법 제21조【소의 변경】**
> ① 법원은 <u>취소소송</u>을 당해 처분 등에 관계되는 사무가 귀속하는 국가 또는 공공단체에 대한 <u>당사자소송 또는 취소소송 외의 항고소송으로 변경</u>하는 것이 상당하다고 인정할 때에는 청구의 기초에 변경이 없는 한 <u>사실심의 변론종결시까지 원고의 신청</u>에 의하여 결정으로써 소의 변경을 허가할 수 있다. **02**
> ② 제1항의 규정에 의한 허가를 하는 경우 피고를 달리하게 될 때에는 <u>법원은 새로이 피고로 될 자의 의견을 들어야 한다</u>.
> ③ 제1항의 규정에 의한 허가결정에 대하여는 즉시항고할 수 있다.
> ④ 제1항의 규정에 의한 허가결정에 대하여는 제14조 제2항·제4항 및 제5항의 규정을 준용한다.
>
> **행정소송법 제14조【피고경정】**
> ④ 제1항의 규정에 의한 결정이 있은 때에는 <u>새로운 피고에 대한 소송은 처음에 소를 제기한 때에 제기된 것으로 본다</u>.
>
> **행정소송법 제37조【소의 변경】**
> 제21조의 규정은 <u>무효 등 확인소송이나 부작위위법확인소송을 취소소송 또는 당사자소송으로 변경</u>하는 경우에 준용한다.
>
> **행정소송법 제42조【소의 변경】**
> 제21조의 규정은 <u>당사자소송을 항고소송으로 변경</u>하는 경우에 준용한다.

OX 체크

01 취소소송에 당해 처분의 취소를 선결문제로 하는 부당이득반환청구가 병합된 경우 그 청구가 인용되려면 소송절차에서 당해 처분의 취소가 확정되어야 한다. ( )

02 법원은 취소소송을 당해 처분등에 관계되는 사무가 귀속하는 국가 또는 공공단체에 대한 당사자소송 또는 취소소송 외의 항고소송으로 변경하는 것이 상당하다고 인정할 때에는 청구의 기초에 변경이 없는 한 사실심의 변론종결시까지 원고의 신청 또는 직권에 의하여 결정으로써 소의 변경을 허가할 수 있다. ( )

01 ×　02 ×

1. 원고가 고의 또는 중대한 과실 없이 당사자소송으로 제기하여야 할 것을 항고소송으로 잘못 제기한 경우에, 당사자소송으로서의 소송요건을 결하고 있음이 명백하여 당사자소송으로 제기되었더라도 어차피 부적법하게 되는 경우가 아닌 이상, 법원으로서는 원고가 당사자소송으로 소 변경을 하도록 하여 심리·판단하여야 한다. 대법원 2016. 5. 24. 선고 2013두14863 판결 ★ **01**

2. 원고가 고의 또는 중대한 과실 없이 항고소송으로 제기해야 할 것을 당사자소송으로 잘못 제기한 경우에, 항고소송의 소송요건을 갖추지 못했음이 명백하여 항고소송으로 제기되었더라도 어차피 부적법하게 되는 경우가 아닌 이상, 법원으로서는 원고가 항고소송으로 소 변경을 하도록 석명권을 행사하여 행정청의 처분이나 부작위가 적법한지 여부를 심리·판단해야 한다. 대법원 2021. 12. 16. 선고 2019두45944 판결

(2) 처분변경으로 인한 소의 변경

> 행정소송법 제22조【처분변경으로 인한 소의 변경】
> ① 법원은 행정청이 소송의 대상인 처분을 소가 제기된 후 변경한 때에는 원고의 신청에 의하여 결정으로써 청구의 취지 또는 원인의 변경을 허가할 수 있다.
> ② 제1항의 규정에 의한 신청은 처분의 변경이 있음을 안 날로부터 60일 이내에 하여야 한다. **02**
> ③ 제1항의 규정에 의하여 변경되는 청구는 제18조 제1항 단서의 규정에 의한 요건을 갖춘 것으로 본다.

2. 민사소송법에 의한 소의 변경

(1) 민사소송법에 의한 소의 변경 가부 : 가능

행정소송법 제21조와 제22조가 정하는 소의 변경은 그 법조에 의하여 특별히 인정되는 것으로서 민사소송법상의 소의 변경을 배척하는 것이 아니므로, 행정소송의 원고는 행정소송법 제8조 제2항에 의하여 준용되는 민사소송법 제235조에 따라 청구의 기초에 변경이 없는 한도에서 청구의 취지 또는 원인을 변경할 수 있다. 대법원 1999. 11. 26. 선고 99두9407 판결

(2) 소의 교환적 변경
- 구소에 갈음하여 신소를 제기하는 변경으로서 '구소취하와 신소제기'의 실질을 갖는다.

(3) 소의 추가적 변경(병합)
- 구소를 유지하면서 신소를 추가하는 변경으로서 '신소제기와 병합'의 실질을 갖는다.

3. 소의 변경과 제소기간 : 변경된 소의 제소기간 준수 여부 판단시점

(1) 개관

행정 소송법	소의 (종류의) 변경	최초의 소 제기시
	처분변경으로 인한 소의 변경	처분변경 있음을 안 날로부터 60일
민사 소송법	교환적 변경	소 변경 신청시(= 청구취지 변경신청시) *예외 있음
	추가적 변경(병합)	소 변경 신청시(= 청구취지 변경신청시) *예외 있음

OX 체크

01 원고가 고의 또는 중대한 과실 없이 당사자소송으로 제기하여야 할 것을 항고소송으로 잘못 제기한 경우에, 당사자소송으로서의 소송요건을 결하고 있음이 명백하여 당사자소송으로 제기되었더라도 어차피 부적법하게 되는 경우가 아닌 이상, 법원으로서는 원고가 당사자소송으로 소변경을 하도록 하여 심리·판단하여야 한다. ( )

02 처분변경으로 인한 소의 변경의 신청은 처분의 변경이 있음을 안 날로부터 90일 이내에 하여야 한다. ( )

정답
01 ○　02 ×

(2) 행정소송법에 의한 소의 변경
① 소의 (종류의) 변경(행정소송법 제21조)
• 변경된 소가 제소기간을 준수하였는지는 처음에 소를 제기한 때를 기준으로 판단한다.
② 처분변경으로 인한 소의 변경(행정소송법 제22조)
• 처분변경으로 인한 소의 변경은 처분의 변경이 있음을 안 날로부터 60일 이내에 하여야 한다.

(3) 민사소송법에 의한 소의 변경
① 소의 교환적 변경
• 청구취지를 교환적으로 변경하여 종전의 소가 취하되고 새로운 소가 제기된 것으로 보게 되는 경우에 새로운 소에 대한 제소기간의 준수 등은 원칙적으로 소의 변경이 있은 때를 기준으로 하여 판단된다(대법원 2013. 7. 11. 선고 2011두27544 판결). ★ 01
② 소의 추가적 변경(병합)
• 청구취지를 추가하는 경우, 청구취지가 추가된 때에 새로운 소를 제기한 것으로 보므로, 추가된 청구취지에 대한 제소기간 준수 등은 원칙적으로 청구취지의 추가·변경 신청이 있는 때를 기준으로 판단하여야 한다(대법원 2018. 11. 15. 선고 2016두48737 판결). ★ 02 03

판례

1. 행정처분의 무효확인을 구하는 소에는 특단의 사정이 없는 한 그 취소를 구하는 취지도 포함되어 있다고 보아야 하는 점 등에 비추어 볼 때, 동일한 행정처분에 대하여 무효확인의 소를 제기하였다가 그 후 그 처분의 취소를 구하는 소를 추가적으로 병합한 경우, 주된 청구인 무효확인의 소가 적법한 제소기간 내에 제기되었다면 추가로 병합된 취소청구의 소도 적법하게 제기된 것으로 봄이 상당하다. 대법원 2005. 12. 23. 선고 2005두3554 판결 ★★ 04

2. 당사자가 동일한 신청에 대하여 부작위위법확인의 소를 제기하였으나 그 후 소극적 처분이 있다고 보아 처분취소소송으로 소를 교환적으로 변경한 후 여기에 부작위위법확인의 소를 추가적으로 병합한 경우, 최초의 부작위위법확인의 소가 적법한 제소기간 내에 제기된 이상 그 후 처분취소소송으로의 교환적 변경과 처분취소소송에의 추가적 변경 등의 과정을 거쳤다고 하더라도 여전히 제소기간을 준수한 것으로 봄이 상당하다. 대법원 2009. 7. 23. 선고 2008두10560 판결 ★ 05

3. 선행 처분의 취소를 구하는 소를 제기하였다가 이후 후행 처분의 취소를 구하는 청구취지를 추가한 경우에도, 선행 처분이 종국적 처분을 예정하고 있는 일종의 잠정적 처분으로서 후행 처분이 있을 경우 선행 처분은 후행 처분에 흡수되어 소멸되는 관계에 있고, 당초 선행 처분에 존재한다고 주장되는 위법사유가 후행 처분에도 마찬가지로 존재할 수 있는 관계여서 선행 처분의 취소를 구하는 소에 후행 처분의 취소를 구하는 취지도 포함되어 있다고 볼 수 있다면, 후행 처분의 취소를 구하는 소의 제소기간은 선행 처분의 취소를 구하는 최초의 소가 제기된 때를 기준으로 정하여야 한다. 대법원 2018. 11. 15. 선고 2016두48737 판결 06

OX 체크

01 청구취지를 변경하여 종전의 소가 취하되고 새로운 소가 제기된 것으로 변경되었다면 새로운 소에 대한 제소기간 준수여부는 원칙적으로 소의 변경이 있는 때를 기준으로 한다. ( )

02 어느 하나의 처분의 취소를 구하는 소에 당해 처분과 관련되는 처분의 취소를 구하는 청구를 추가적으로 병합한 경우, 추가적으로 병합된 소의 소제기 기간의 준수 여부는 그 청구취지의 추가신청이 있은 때를 기준으로 한다. ( )

03 보충역편입처분취소처분의 효력을 다투는 소에 공익근무요원복무중단처분, 현역병입영대상편입처분 및 현역병입영통지처분의 취소를 구하는 소를 추가적으로 병합한 경우, 각 추가된 소의 제소기간 준수 여부는 최초로 제기된 소인 보충역편입처분취소처분에 대한 소가 제기된 날을 기준으로 판단한다. ( )

04 동일한 처분에 대하여 무효확인의 소를 제기하였다가 그 처분의 취소를 구하는 소를 추가적으로 병합한 경우, 주된 청구인 무효확인의 소가 적법한 제소기간 내에 제기되었다면 추가로 병합된 취소청구의 소도 적법하게 제기된 것으로 볼 수 있다. ( )

05 당사자가 적법한 제소기간 내에 부작위위법확인의 소를 제기한 후 동일한 신청에 대하여 소극적 처분이 있다고 보아 처분취소소송으로 소를 교환적으로 변경한 후 부작위위법확인의 소를 추가적으로 병합한 경우 제소기간을 준수한 것으로 볼 수 있다. ( )

06 선행처분의 취소를 구하는 소를 제기하였다가 이후 후행처분의 취소를 구하는 청구취지를 추가하는 경우라면, 선행처분이 종국적 처분을 예정하고 있는 일종의 잠정적 처분으로서 후행처분이 있을 경우 선행처분은 후행처분에 흡수되어 소멸되는 관계에 있다고 하더라도, 후행처분의 취소를 구하는 소의 제소기간은 그 청구취지의 추가신청이 있은 때를 기준으로 판단하여야 한다. ( )

정답

01 O 02 O 03 X 04 O 05 O
06 X

OX 체크

01 법원은 소송의 결과에 따라 권리 또는 이익의 침해를 받을 제3자가 있는 경우에는 당사자 또는 제3자의 신청 또는 직권에 의하여 결정으로써 그 제3자를 소송에 참가시킬 수 있다. ( )

02 특정 소송사건에서 당사자 일방을 보조하기 위하여 보조참가를 하려면 당해 소송의 결과에 대하여 사실상, 경제상 또는 감정상의 이해관계가 있으면 충분하며 법률상의 이해관계가 요구되는 것은 아니다. ( )

03 「행정소송법」상 제3자 소송참가의 경우 참가인이 상소를 하였더라도, 소송당사자 본인인 피참가인은 참가인의 의사에 반하여 상소취하나 상소포기를 할 수 있다. ( )

04 행정소송의 결과에 따라 권리 또는 이익의 침해 우려가 있는 제3자는 당해 행정소송에 참가할 수 있으며, 이때 참가인인 제3자는 실제로 소송에 참가하여 소송행위를 하였는지 여부를 불문하고 판결의 효력을 받는다. ( )

정답
01 ○ 02 × 03 × 04 ○

---

③ 그 밖의 소 변경과 제소기간에 관한 판례

판례

1. 선행처분의 취소를 구하는 소가 그 후속처분의 취소를 구하는 소로 교환적으로 변경되었다가 다시 선행처분의 취소를 구하는 소로 변경된 경우 후속처분의 취소를 구하는 소에 선행처분의 취소를 구하는 취지가 그대로 남아 있었던 것으로 볼 수 있다면 선행처분의 취소를 구하는 소의 제소기간은 <u>최초의 소가 제기된 때를 기준으로</u> 정하여야 한다. 대법원 2013. 7. 11. 선고 2011두27544 판결

2. 선행 처분에 대하여 제소기간 내에 취소소송이 적법하게 제기되어 계속 중에 행정청이 선행 처분서 문언에 일부 오기가 있어 이를 정정할 수 있음에도 선행 처분을 직권으로 취소하고 실질적으로 동일한 내용의 후행 처분을 함으로써 선행 처분과 후행 처분 사이에 밀접한 관련성이 있고 선행 처분에 존재한다고 주장되는 위법사유가 후행 처분에도 마찬가지로 존재할 수 있는 관계인 경우에는 후행 처분의 취소를 구하는 소변경의 제소기간 준수 여부는 <u>따로 따질 필요가 없다</u>. 대법원 2019. 7. 4. 선고 2018두58431 판결

Ⅲ 소송참가

1. 제3자의 소송참가

(1) 행정소송법 규정

> 행정소송법 제16조 【제3자의 소송참가】
> ① 법원은 소송의 결과에 따라 <u>권리 또는 이익의 침해</u>를 받을 제3자가 있는 경우에는 당사자 또는 제3자의 <u>신청 또는 직권</u>에 의하여 결정으로써 그 제3자를 소송에 참가시킬 수 있다. ★ 01
> ② 법원이 제1항의 규정에 의한 결정을 하고자 할 때에는 <u>미리 당사자 및 제3자의 의견을 들어야</u> 한다.
> ③ 제1항의 규정에 의한 신청을 한 제3자는 그 신청을 각하한 결정에 대하여 즉시항고할 수 있다.
> ④ 제1항의 규정에 의하여 소송에 참가한 제3자에 대하여는 민사소송법 제67조의 규정을 준용한다.

- 행정소송법 제16조에서 말하는 이익은 <u>법률상 이익</u>을 말하며 단순한 사실상의 이익이나 경제상의 이익은 포함되지 않는다(대법원 2008. 5. 29. 선고 2007두23873 판결). ★ 02
- 권리나 이익의 침해란 판결의 형성력에 의해 권리나 이익을 침해받는 경우는 물론 판결의 기속력에 따른 행정청의 새로운 처분에 의해 권리나 이익을 침해받는 경우를 포함한다.

(2) 참가인의 지위 : 공동소송적 보조참가인

- 민사소송법 제67조는 공동소송인 가운데 한 사람의 소송행위는 <u>모두의 이익을 위하여서만</u> 효력을 가지는 것으로 규정하고 있으므로, 1인이 한 행위 중 참가인과 피참가인에게 유리한 행위는 효력이 생기는 반면, 일방에게라도 불리한 행위는 효력이 없다. 예컨대, 참가인이 상소를 제기하면 피참가인은 참가인의 의사에 반하여 상소를 취하·포기할 수 없다. ★ 03
- 참가인은 현실적으로 소송행위를 하였는지 여부와 관계없이 참가한 소송의 판결의 효력을 받는다. ★ 04

(3) 제3자의 재심청구

> **행정소송법 제31조【제3자에 의한 재심청구】**
> ① 처분 등을 취소하는 판결에 의하여 권리 또는 이익의 침해를 받은 제3자는 자기에게 책임없는 사유로 소송에 참가하지 못함으로써 판결의 결과에 영향을 미칠 공격 또는 방어방법을 제출하지 못한 때에는 이를 이유로 확정된 종국판결에 대하여 재심의 청구를 할 수 있다. ★ 01
> ② 제1항의 규정에 의한 청구는 확정판결이 있음을 안 날로부터 30일 이내, 판결이 확정된 날로부터 1년 이내에 제기하여야 한다. 02
> ③ 제2항의 규정에 의한 기간은 불변기간으로 한다.

2. 행정청의 소송참가

> **행정소송법 제17조【행정청의 소송참가】**
> ① 법원은 다른 행정청을 소송에 참가시킬 필요가 있다고 인정할 때에는 당사자 또는 당해 행정청의 신청 또는 직권에 의하여 결정으로써 그 행정청을 소송에 참가시킬 수 있다.
> ② 법원은 제1항의 규정에 의한 결정을 하고자 할 때에는 당사자 및 당해 행정청의 의견을 들어야 한다.
> ③ 제1항의 규정에 의하여 소송에 참가한 행정청에 대하여는 민사소송법 제76조의 규정을 준용한다.

3. 민사소송법에 의한 참가

- 행정소송 사건에서 행정소송법상 소송참가에 관한 요건을 갖추지 못한 경우, 만약 민사소송법상 보조참가의 요건을 갖추었다면 민사소송법에 의한 보조참가가 가능하다(대법원 2013. 3. 28. 선고 2011두13729 판결).

> **[판례]**
> 타인 사이의 항고소송에서 소송의 결과에 관하여 이해관계가 있다고 주장하면서 민사소송법 제71조에 의한 보조참가를 할 수 있는 제3자는 민사소송법상의 당사자능력 및 소송능력을 갖춘 자이어야 하므로 그러한 당사자능력 및 소송능력이 없는 행정청으로서는 민사소송법상의 보조참가를 할 수는 없고 다만 행정소송법 제17조 제1항에 의한 소송참가를 할 수 있을 뿐이다(행정청에 불과한 서울특별시장의 보조참가 신청을 부적법하다고 한 사례). 대법원 2002. 9. 24. 선고 99두1519 판결 ★ 03

OX 체크

01 처분을 취소하는 판결에 의하여 권리의 침해를 받은 제3자는 자기에게 책임 없는 사유로 인하여 소송에 참가하지 못함으로써 판결의 결과에 영향을 미칠 공격 또는 방어방법을 제출하지 못한 때에는 이를 이유로 확정된 종국 판결에 대하여 재심의 청구를 할 수 있다. ( )

02 제3자에 의한 재심청구는 제3자가 항고소송의 확정판결이 있음을 안 날로부터 90일 이내, 판결이 확정된 날로부터 1년 이내에 제기하여야 한다. ( )

03 행정청은「민사소송법」상의 보조참가를 할 수 있을 뿐만 아니라「행정소송법」에 의한 소송참가를 할 수 있고 공법상 당사자소송의 원고가 된다. ( )

정답
01 O 02 × 03 ×

Ⅳ 위법판단의 기준시

1. 항고소송에서 위법판단의 기준시

(1) 취소소송 및 무효등 확인소송 : 처분시

> 판례

1. 행정소송에서 행정처분의 위법 여부는 <u>행정처분이 행하여졌을 때의</u> 법령과 사실 상태를 기준으로 하여 판단하여야 하고, <u>처분 후 법령의 개폐나 사실상태의 변동에 의하여 영향을 받지는 않는다</u>. 대법원 2008. 7. 24. 선고 2007두3930 판결 ★ 01

2. 난민 인정 거부처분의 취소를 구하는 취소소송에서도 그 <u>거부처분을 한 후 국적국의 정치적 상황이 변화하였다고 하여 처분의 적법 여부가 달라지는 것은 아니다</u>. 대법원 2008. 7. 24. 선고 2007두3930 판결

3. 부당해고 구제신청에 관한 <u>중앙노동위원회의 명령 또는 결정의 취소를 구하는 소송에서 그 명령 또는 결정이 적법한지는 그 명령 또는 결정이 이루어진 시점을 기준으로 판단하여야 하고, 그 명령 또는 결정 후에 생긴 사유를 들어 적법 여부를 판단할 수는 없으나</u>, 그 명령 또는 결정의 기초가 된 사실이 동일하다면 <u>노동위원회에서 주장하지 아니한 사유도 행정소송에서 주장할 수 있다</u>. 대법원 2021. 7. 29. 선고 2016두64876 판결 ★ 02

4. 공정거래위원회의 과징금 납부명령 등이 재량권 일탈·남용으로 위법한지는 다른 특별한 사정이 없는 한 과징금 납부명령 등이 행하여진 '의결일' 당시의 사실상태를 기준으로 판단하여야 한다. 대법원 2015. 5. 28. 선고 2015두36256 판결 03

5. 공정거래위원회가 과징금 산정 시 <u>위반 횟수 가중의 근거로 삼은 위반행위에 대한 시정조치</u>가 그 후 위반행위 자체가 존재하지 않는다는 이유로 <u>취소판결이 확정</u>된 경우 과징금 부과처분의 상대방은 결과적으로 <u>처분 당시 객관적으로 존재하지 않는 위반행위로 과징금이 가중</u>되므로, 그 처분은 비례·평등원칙 및 책임주의 원칙에 위배될 여지가 있다. 다만 법 위반행위 자체가 존재하지 않아 위반행위에 대한 시정조치에 대하여 취소판결이 확정된 경우에 <u>위반 횟수 가중을 위한 횟수 산정에서 제외하더라도</u>, 그 사유가 과징금 부과처분에 영향을 미치지 아니하여 처분의 <u>정당성이 인정</u>되는 경우에는 그 처분을 위법하다고 할 수 없다. 대법원 2019. 7. 25. 선고 2017두55077 판결 ★ 04

6. 갑 회사는 <u>영업정지처분 이후 간이회생절차 종결 결정을 받아 비로소 영업정지 예외사유가 발생</u>하였으므로 <u>위 처분은 처분 당시의 법령과 사실상태를 기준으로 판단할 때 적법하고, 처분 이후 갑 회사가 간이회생절차 종결 결정을 받은 사실로 처분 당시 적법하였던 위 처분이 다시 위법하게 된다고 볼 수 없다</u>고 한 사례. 대법원 2022. 4. 28. 선고 2021두61932 판결

7. 행정처분의 적법 여부는 특별한 사정이 없는 한 그 처분 당시를 기준으로 하여 판단하여야 하고, 처분청이 <u>처분 이후에 추가한 새로운 사유를 보태어 처분 당시의 흠을 치유시킬 수는 없다</u>. 대법원 1996. 12. 20. 선고 96누9799 판결

(2) 부작위위법확인소송 : 판결시(사실심 변론종결시)

> 판례

부작위위법확인의 소는 (중략) <u>판결(사실심의 구두변론 종결)시를 기준</u>으로 그 부작위의 위법을 확인함으로써 행정청의 응답을 신속하게 하여 부작위 내지 무응답이라고 하는 소극적인 위법상태를 제거하는 것을 목적으로 하는 것이므로, <u>소제기의 전후를 통하여 판결시까지 행정청이 그 신청에 대하여 적극 또는 소극의 처분을 함으로써 부작위상태가 해소된 때에는 소의 이익을 상실하게 되어 당해 소는 각하를 면할 수가 없는 것이다</u>. 대법원 1990. 9. 25. 선고 89누4758 판결 ★ 05

OX 체크

01 행정소송에서 행정처분의 위법 여부는 행정처분이 있을 때의 법령과 사실상태를 기준으로 하여 판단하여야 하고 처분 후 법령의 개폐나 사실상태의 변동이 있다면 그러한 법령의 개폐나 사실상태의 변동에 의하여 처분의 위법성이 치유될 수 있다. ( )

02 부당해고 구제신청에 관한 중앙노동위원회의 결정에 대하여 취소소송을 제기하는 경우, 법원은 중앙노동위원회의 결정 후에 생긴 사유를 들어 그 결정의 적법 여부를 판단할 수 있다. ( )

03 공정거래위원회의 과징금 납부명령이 재량권 일탈·남용으로 위법한지는 다른 특별한 사정이 없는 한 과징금 납부명령이 행하여진 '의결일' 당시의 사실상태를 기준으로 판단하여야 한다. ( )

04 공정거래위원회의 법 위반행위에 대한 시정조치가 법 위반행위 자체가 존재하지 않음을 이유로 법원에서 취소된 경우, 그 위반행위를 위반횟수 가중을 위한 위반횟수 산정에서 제외했을 때 기존의 과징금 부과처분에 영향을 미치지 아니한다는 사정이 있더라도, 판결에 의해 취소된 법 위반행위를 기초로 한 과징금 부과처분은 위법하게 된다. ( )

05 부작위위법확인소송의 경우 사실심의 구두변론종결시점의 법적·사실적 상황을 근거로 행정청의 부작위의 위법성을 판단하여야 한다. ( )

정답
01 ✕ 02 ✕ 03 ○ 04 ✕ 05 ○

2. 위법판단의 기준시가 처분시라는 의미

1. 행정처분의 위법 여부를 판단하는 기준 시점에 관하여 판결시가 아니라 처분시라고 하는 의미는 행정처분이 있을 때의 법령과 사실상태를 기준으로 하여 위법 여부를 판단하며 처분 후 법령의 개폐나 사실상태의 변동에 영향을 받지 않는다는 뜻이지 처분 당시 존재하였던 자료나 행정청에 제출되었던 자료만으로 위법 여부를 판단한다는 의미는 아니다. 그러므로 처분 당시의 사실상태 등에 관한 증명은 사실심 변론종결 당시까지 할 수 있고, 법원은 행정처분 당시 행정청이 알고 있었던 자료뿐만 아니라 사실심 변론종결 당시까지 제출된 모든 자료를 종합하여 처분 당시 존재하였던 객관적 사실을 확정하고 그 사실에 기초하여 처분의 위법 여부를 판단할 수 있다. 대법원 2017. 4. 7. 선고 2014두37122 판결 ★★ 01

2. 항고소송에서 처분의 위법 여부는 특별한 사정이 없는 한 그 처분 당시의 법령을 기준으로 판단하여야 한다. 이는 신청에 따른 처분의 경우에도 마찬가지이다. 그러나 「뇌혈관 질병 또는 심장 질병 및 근골격계 질병의 업무상 질병 인정 여부 결정에 필요한 사항」(이하 '개정 전 고시'라고 한다)은 대외적으로 국민과 법원을 구속하는 효력은 없으므로, 근로복지공단이 처분 당시에 시행된 '개정 전 고시'를 적용하여 산재요양 불승인처분을 한 경우라고 하더라도 해당 불승인처분에 대한 항고소송에서 법원은 '개정 전 고시'를 적용할 의무는 없고, 해당 불승인처분이 있은 후 개정된 「뇌혈관 질병 또는 심장 질병 및 근골격계 질병의 업무상 질병 인정 여부 결정에 필요한 사항」(이하 '개정된 고시'라고 한다)의 규정 내용과 개정 취지를 참작하여 상당인과관계의 존부를 판단할 수 있다. 대법원 2020. 12. 24. 선고 2020두39297 판결

OX 체크

01 법원은 행정처분 당시 행정청이 알고 있었던 자료뿐만 아니라 사실심 변론종결 당시까지 제출된 모든 자료를 종합하여 처분 당시 존재하였던 객관적 사실을 확정하고 그 사실에 기초하여 처분의 위법 여부를 판단할 수 있다. ( )

정답
01 ○

주제 26 처분사유의 추가 · 변경

I 의의

- 처분사유란 처분의 적법성을 유지하기 위하여 처분청에 의해 주장되는 처분의 사실적 · 법적 근거를 말한다.
- 처분사유의 추가 · 변경이란 처분에 대한 소송계속 중 처분청이 당해 처분의 적법성을 유지하기 위해 처분 당시에 제시된 처분사유를 추가하거나 변경하는 것을 말한다.
- 처분사유의 추가 · 변경은 처분의 실체법상 적법성을 확보하기 위한 것이라는 점에서, 절차적 위법성을 치유하는 처분이유의 사후제시와 구분된다.

II 처분사유 추가 · 변경의 허용기준 및 허용범위

1. 허용기준

(1) 원칙 : 기본적 사실관계의 동일성

> 행정소송규칙 제9조【처분사유의 추가 · 변경】
> 행정청은 사실심 변론을 종결할 때까지 당초의 처분사유와 기본적 사실관계가 동일한 범위 내에서 처분사유를 추가 또는 변경할 수 있다. ★ 01

- 상대방의 방어권 보장을 위해 처분시 존재하였던 사유로서 당초의 처분사유와 기본적 사실관계의 동일성이 유지되는 범위 내에서만 처분사유의 추가 · 변경을 허용한다.

> **판례**
>
> 1. 행정처분의 취소를 구하는 항고소송에 있어서, 처분청은 당초 처분의 근거로 삼은 사유와 기본적 사실관계의 동일성이 있다고 인정되는 한도 내에서만 다른 사유를 추가하거나 변경할 수 있고, 여기서 기본적 사실관계의 동일성 유무는 처분사유를 법률적으로 평가하기 이전의 구체적인 사실에 착안하여 그 기초인 사회적 사실관계가 기본적인 점에서 동일한지 여부에 따라 결정되며 이와 같이 기본적 사실관계와 동일성이 인정되지 않는 별개의 사실을 들어 처분사유로 주장하는 것은 허용되지 않는다. 대법원 2003. 12. 11. 선고 2001두8827 판결 ★ 02
> 2. 추가 또는 변경된 사유가 당초의 처분시 그 사유를 명기하지 않았을 뿐 처분시에 이미 존재하고 있었고 당사자도 그 사실을 알고 있었다 하여 당초의 처분사유와 동일성이 있는 것이라 할 수 없다. 대법원 2003. 12. 11. 선고 2001두8827 판결 ★★ 03

(2) 예외 : 원고의 명시적인 동의가 있는 경우

> **판례**
>
> 처분청이 거부처분에 대한 항고소송에서 기존의 처분사유와 기본적 사실관계가 동일하지 않은 사유를 처분사유로 추가 · 변경한 것에 대하여 처분상대방이 추가 · 변경된 처분사유의 실체적 당부에 관하여 해당 소송 과정에서 심리 · 판단하는 것에 명시적으로 동의하는 경우에는, 법원으로서는 그 처분사유가 기존의 처분사유와 기본적 사실관계가 동일한지와 무관하게 예외적으로 이를 허용할 수 있다. 04

OX 체크

01 처분청은 원고의 권리방어가 침해되지 않는 한도 내에서 당해 취소소송의 대법원 확정판결이 있기 전까지 처분사유의 추가 · 변경을 할 수 있다. (   )

02 처분사유의 추가 · 변경이 인정되기 위한 요건으로서의 기본적 사실관계의 동일성 유무는, 처분사유를 법률적으로 평가하기 이전의 구체적인 사실에 착안하여 그 기초적인 사회적 사실관계가 기본적인 점에서 동일한지 여부에 따라 결정된다. (   )

03 추가 또는 변경된 사유가 당초의 처분시 그 사유를 명기하지 않았을 뿐 처분시에 이미 존재하고 있었고 당사자도 그 사실을 알고 있었다면 당초의 처분사유와 동일성이 인정된다. (   )

04 처분청이 거부처분에 대한 항고소송에서 기존의 처분사유와 기본적 사실관계가 동일하지 않은 사유를 처분사유로 추가 · 변경한 것에 대하여 처분상대방이 추가 · 변경된 처분사유의 실체적 당부에 관하여 해당 소송 과정에서 심리 · 판단하는 것에 명시적으로 동의하는 경우에는, 법원으로서는 그 처분사유가 기존의 처분사유와 기본적 사실관계가 동일한지와 무관하게 예외적으로 이를 허용할 수 있다. (   )

정답
01 ✕ 02 ○ 03 ✕ 04 ○

(중략) 그렇다면 법원은, 처분상대방의 명시적 동의에 따라 처분사유의 추가·변경을 허용할 경우, 추가·변경된 거부처분사유가 당초 거부처분사유와 기본적 사실관계의 동일성이 인정되지 않더라도 처분사유 추가·변경 제한 법리에 따라 처분청의 주장을 형식적으로 배척할 것이 아니라 추가·변경된 거부처분사유의 실체적 당부에 관하여 심리·판단해야 한다. 그 결과 추가·변경된 거부처분사유도 실체적으로 위법하여 처분을 취소하는 판결이 선고·확정되는 경우 추가·변경된 거부처분사유에 관한 법원의 판단에 대해서까지 취소판결의 기속력이 미친다고 보아야 한다. 이와 달리 처분상대방의 명시적인 동의가 없다면, 법원으로서는 처분사유 추가·변경 제한 법리의 원칙으로 돌아가 처분청의 거부처분사유 추가·변경을 허용해서는 안 된다. ★★★

따라서 처분청이 거부처분에 대한 항고소송에서 당초 거부처분사유와 기본적 사실관계의 동일성이 인정되지 않는 다른 거부처분사유를 주장한 것에 대하여 처분상대방이 아무런 의견을 밝히지 않고 있다면 법원은 적절하게 석명권을 행사하여 처분상대방에게 처분사유 추가·변경 제한 법리의 원칙이 그대로 적용될 것을 주장하는지, 아니면 추가·변경된 거부처분사유의 실체적 당부에 관한 법원의 판단을 구하는지에 관하여 의견을 진술할 수 있도록 기회를 주어야 한다. 그리고 법원이 기본적 사실관계가 동일하지 않은 사유의 실체적 당부에 관한 처분상대방의 명시적인 동의 없이 추가·변경된 거부처분사유를 심리·판단하여 이를 근거로 거부처분이 적법하다고 판단하는 것은 행정소송법상 직권심리주의의 한계를 벗어난 것으로 허용될 수 없다. 대법원 2024. 11. 28. 선고 2023두61349 판결 ★

2. 법적 근거의 추가·변경

(1) 허용기준 : 기본적 사실관계의 동일성

처분청이 처분 당시 적시한 구체적 사실을 변경하지 아니하는 범위 내에서 단지 처분의 근거 법령만을 추가·변경하는 것은 새로운 처분사유의 추가라고 볼 수 없으므로 이와 같은 경우에는 처분청이 처분 당시 적시한 구체적 사실에 대하여 처분 후 추가·변경한 법령을 적용하여 처분의 적법 여부를 판단하여도 무방하다. 그러나 처분의 근거 법령을 변경하는 것이 종전 처분과 동일성을 인정할 수 없는 별개의 처분을 하는 것과 다름없는 경우에는 허용될 수 없다. 대법원 2011. 5. 26. 선고 2010두28106 판결 ★ 01

(2) 기속행위가 재량행위로 변경되는 경우 등 : 추가·변경 불가능

1. 사회적 사실관계의 기본적 동일성이 인정되는 경우라고 하더라도 그에 대한 규범적 평가와 처분의 근거 법령의 변경으로, 예를 들어 기속행위가 재량행위로 변경되는 경우와 같이, 당초 처분의 내용을 변경할 필요성이 제기되는 경우에는 해당 처분을 취소한 후 처분청으로 하여금 다시 처분절차를 거쳐 새로운 처분을 하도록 하여야 할 것이지 당초 처분의 내용을 그대로 유지한 채 근거 법령만 추가·변경하는 것은 허용될 수 없다. 대법원 2024. 11. 28. 선고 2023두61349 판결 ★ 02 03

2. 근거 법령의 추가를 통하여 위 제외처분의 성질이 기속행위에서 재량행위로 변경되고, 그로 인하여 위법사유와 당사자들의 공격방어방법 내용, 법원의 사법심사방식 등이 달라지며, 특히 종래의 법 위반 사실뿐만 아니라 처분의 적정성을 확보하기 위한 양정사실까지 새로 고려되어야 하므로, 당초 처분사유와 소송 과정에서 시장이 추가한 처분사유는 기초가 되는 사회적 사실관계의 동일성이 인정되지 않는다. 대법원 2023. 11. 30. 선고 2019두38465 판결 ★ 04

OX 체크

01 처분청이 처분 당시 적시한 구체적 사실을 변경하지 아니하는 범위 내에서 단지 처분의 근거 법령만을 추가·변경하는 경우에 법원은 처분청이 처분 당시 적시한 구체적 사실에 대하여 처분 후 추가·변경한 법령을 적용하여 처분의 적법 여부를 판단할 수 있다. ( )

02 사회적 사실관계의 기본적 동일성이 인정되는 경우라면, 그에 대한 규범적 평가와 처분의 근거 법령의 변경으로, 예를 들어 기속행위가 재량행위로 변경되는 경우와 같이 당초 처분의 내용을 변경할 필요성이 제기되는 경우에도 근거 법령만 추가·변경하는 것이 허용될 수 있다. ( )

03 당초 처분의 근거로 삼은 사유와 사회적 사실관계의 기본적 동일성이 인정된다면 그에 대한 규범적 평가와 처분의 근거 법령 변경으로 당초 처분의 내용을 변경할 필요성이 제기되는 경우라도, 처분청은 당초 처분의 내용을 그대로 유지한 채 근거 법령만 추가·변경할 수 있다. ( )

04 근거 법령이 추가되는 경우 처분의 성질이 기속행위에서 재량행위로 변경되는 경우에는 당초 처분사유와 소송 과정에서 추가한 처분사유는 기본적 사실관계의 동일성이 인정되지 않는다. ( )

정답
01 ○ 02 ✕ 03 ✕ 04 ○

3. 처분사유의 근거가 되는 기초사실의 추가

- 처분사유 자체가 아니라 처분사유의 근거가 되는 기초사실 내지 평가요소에 지나지 않는 사정은 추가로 주장할 수 있다.

[1] 귀화의 요건인 구 국적법 제5조 각호 사유 중 일부를 갖추지 못하였다는 이유로 행정청이 귀화 신청을 받아들이지 않는 처분을 한 경우에 '그 각호 사유 중 일부를 갖추지 못하였다는 판단' 자체가 처분의 사유가 된다.

[2] (외국인 갑이 법무부장관에게 귀화신청을 하였으나 법무부장관이 심사를 거쳐 '품행 미단정'을 불허 사유로 국적법상의 요건을 갖추지 못하였다며 신청을 받아들이지 않는 처분을 하였는데, 법무부장관이 갑을 '품행 미단정'이라고 판단한 이유에 대하여 제1심 변론절차에서 자동차관리법위반죄로 기소유예를 받은 전력 등을 고려하였다고 주장하였다가 원심 변론절차에서 불법 체류 전력이 있다는 추가적인 사정까지 고려하였다고 주장한 사안에서) '품행 미단정'이라는 판단 결과를 위 처분의 처분사유로 보아야 하는데, 법무부장관이 원심에서 추가로 제시한 불법 체류 전력 등의 제반 사정은 불허가처분의 처분사유 자체가 아니라 그 근거가 되는 기초 사실 내지 평가요소에 지나지 않으므로, 법무부장관은 이러한 사정을 추가로 주장할 수 있다. 대법원 2018. 12. 13. 선고 2016두31616 판결

4. 처분사유의 구체화

- 단지 처분사유를 구체적으로 표시하거나 설명하는 것은 처분사유의 추가・변경에 해당하지 않는다.

1. (폐기물 중간처분업체인 갑 주식회사가 소각시설을 허가받은 내용과 달리 설치하거나 증설한 후 허가받은 처분능력의 100분의 30을 초과하여 폐기물을 과다소각하였다는 이유로 한강유역환경청장으로부터 과징금 부과처분을 받았는데, 갑 회사가 이를 취소해 달라고 제기한 소송에서 한강유역환경청장이 '갑 회사는 변경허가를 받지 않은 채 소각시설을 무단 증설하여 과다소각하였으므로 구 폐기물관리법 시행규칙 제29조 제1항 제2호 (마)목 등 위반에 해당한다.'고 주장하자 갑 회사가 이는 허용되지 않는 처분사유의 추가・변경에 해당한다고 주장한 사안에서) 한강유역환경청장의 위 주장은 소송에서 새로운 처분사유를 추가로 주장한 것이 아니라, 처분서에 다소 불명확하게 기재하였던 '당초 처분사유'를 좀 더 구체적으로 설명한 것이라고 한 사례. 대법원 2020. 6. 11. 선고 2019두49359 판결

2. 추가된 처분사유 중 '새로 임시호스와 가지관을 설치하여'라는 부분은 당초 처분사유 중 '폐수처리에 필요하지 아니한 배관을 설치하여'라는 부분을 구체적으로 표시하는 것에 불과하고 당초의 처분사유와 기본적 사실관계와 동일성이 없는 별개의 또는 새로운 처분사유를 추가하는 것이라고 할 수 없다. 대법원 2015. 6. 11. 선고 2015두752 판결

Ⅲ 구체적 판례

1. 기본적 사실관계의 동일성을 인정한 사례 : 추가·변경 가능

1. '토지가 건축법상 도로에 해당하여 건축을 허용할 수 없다'는 사유와 '토지가 인근 주민들의 통행에 제공된 사실상의 도로인데, 주택을 건축하여 주민들의 통행을 막는 것은 사회공동체와 인근 주민들의 이익에 반하므로 갑의 주택 건축을 허용할 수 없다'는 사유. 대법원 2019. 10. 31. 선고 2017두74320 판결
2. 폐기물처리사업계획 부적정 통보처분을 하면서 한 인근 농지의 농업경영과 농어촌 생활유지에 피해를 줄 것이 예상되어 농지법에 의한 농지전용이 불가능하다는 사유와 인근 주민의 생활이나 주변 농업활동에 피해를 줄 것이 예상되어 폐기물처리시설 부지로 적절하지 않다는 사유. 대법원 2006. 6. 30. 선고 2005두364 판결
3. 토지형질변경 불허가처분을 하면서 한 국립공원에 인접한 미개발지의 합리적인 이용대책 수립시까지 그 허가를 유보한다는 사유와 국립공원 주변의 환경·풍치·미관 등을 크게 손상시킬 우려가 있으므로 공공목적상 원형유지의 필요가 있는 곳으로서 형질변경허가 금지 대상이라는 사유. 대법원 2001. 9. 28. 선고 2000두8684 판결
4. 산림형질변경 불허가처분을 하면서 한 준농림지역에서의 행위제한이라는 사유와 자연경관 및 생태계의 교란, 국토 및 자연의 유지와 환경보전 등 중대한 공익상의 필요라는 사유. 대법원 2004. 11. 26. 선고 2004두4482 판결
5. 허가기준에 맞지 아니한다는 사유와 이격거리 기준위배라는 사유. 대법원 1989. 7. 25. 선고 88누11926 판결
6. 토지의 형질변경 등 행위 허가기준 등에 관한 규칙에 의거하여 행위제한을 추진하고 있다는 사유와 토지형질변경허가의 요건을 갖추지 못하였다는 사유 및 도심의 환경보전의 공익상 필요라는 사유. 대법원 1999. 4. 23. 선고 97누14378 판결
7. 지입제 운영행위를 이유로 제재처분을 하면서 한 자동차운수사업법 제26조(명의의 유용금지)를 위반하였다는 사유와 직영으로 운영하도록 한 면허조건을 위반하였다는 사유. 대법원 1992. 10. 9. 선고 92누213 판결

2. 기본적 사실관계의 동일성을 부정한 사례 : 추가·변경 불가능

1. 기존 공동사업장과의 거리제한규정에 저촉된다는 사실과 최소 주차용지에 미달한다는 사실. 대법원 1995. 11. 21. 선고 95누10952 판결
2. 중기취득세의 체납과 자동차세의 체납. 대법원 1989. 6. 27. 선고 88누6160 판결
3. '사업계획이 건설폐기물법상 허가기준을 충족하지 못한다'는 사유와 '사업계획이 국토계획법상 개발행위허가기준을 충족하지 못한다'는 사유. 대법원 2024. 11. 28. 선고 2023두61349 판결
4. 당초의 정보공개거부처분사유인 정보공개법 제9조 제1항 제4호 및 제6호의 사유와 제5호의 사유. 대법원 2003. 12. 11. 선고 2001두8827 판결
5. 본인부담금 수납대장을 비치하지 아니한 사실과 관계서류 제출명령에 위반하였다는 사실. 대법원 2001. 3. 23. 선고 99두6392 판결
6. 무자료 주류판매 및 위장거래 사유와 무면허판매업자에 대한 주류판매 사유. 대법원 1996. 9. 6. 선고 96누7427 판결
7. 공무수행과 상이 사이에 인과관계가 없다는 사유와 본인 과실이 경합되어 있어 지원대상자에 해당할 뿐이라는 사유. 대법원 2013. 8. 22. 선고 2011두26589 판결
8. 관할 군부대장의 동의를 얻지 못하였다는 사유와 탄약창에 근접한 지점에 위치하고 있어 공공의 안전과 군사시설의 보호라는 공익적인 측면의 사유. 대법원 1991. 11. 8. 선고 91누70 판결
9. 규정온도가 미달되어 온천에 해당하지 않는다는 사유와 온천으로서의 이용가치, 기존의 도시계획 및 공공사업에의 지장 여부 등을 고려했다는 사유. 대법원 1992. 11. 24. 선고 92누3052 판결

Chapter 05 취소소송의 판결

주제 27 판결의 종류

I 일부취소판결

1. 의의

- 법원이 원고의 청구 중 일부에 대하여만 인용판결을 하는 것을 일부취소(일부인용)판결이라 한다.
- 외형상 하나의 행정처분이라 하더라도 가분성이 있거나 그 처분대상의 일부가 특정될 수 있다면 그 일부만의 취소도 가능하고 그 일부의 취소는 당해 취소부분에 관하여 효력이 생긴다 (대법원 1995. 11. 16. 선고 95누8850 판결).
- 일부취소가 가능한 경우 원칙적으로 일부취소를 하여야 하고, 전부를 취소하여서는 안 된다 (대법원 2012. 3. 29. 선고 2011두9263 판결). ★

2. 구체적 판례

(1) 일부취소판결이 가능한 경우

- 금전부과처분이 기속행위이거나, 부과금액의 산정에 잘못이 있는 경우에 있어서 정당한 부과금액을 산정할 수 있는 경우에는 정당한 부과금액을 초과하는 일부만을 취소하여야 한다.

> **판례**
>
> 1. 일반적으로 금전 부과처분 취소소송에서 부과금액 산출과정의 잘못 때문에 부과처분이 위법한 것으로 판단되더라도 사실심 변론종결시까지 제출된 자료에 의하여 적법하게 부과될 정당한 부과금액이 산출되는 때에는 부과처분 전부를 취소할 것이 아니라 정당한 부과금액을 초과하는 부분만 취소하여야 하지만, 처분청이 처분시를 기준으로 정당한 부과금액이 얼마인지 주장·증명하지 않고 있는 경우에도 법원이 적극적으로 직권증거조사를 하거나 처분청에게 증명을 촉구하는 등의 방법으로 정당한 부과금액을 산출할 의무까지 부담하는 것은 아니다. 대법원 2016. 7. 14. 선고 2015두4167 판결
>
> 2. 행정청이 여러 개의 위반행위에 대하여 하나의 제재처분을 하였으나, 위반행위별로 제재처분의 내용을 구분하는 것이 가능하고 여러 개의 위반행위 중 일부의 위반행위에 대한 제재처분 부분만이 위법하다면, 법원은 제재처분 중 위법성이 인정되는 부분만 취소하여야 하고 제재처분 전부를 취소하여서는 아니 된다. 대법원 2020. 5. 14. 선고 2019두63515 판결 ★★ 01
>
> 3. 하천관리청이 하천점용허가를 받지 않고 무단으로 하천을 점용·사용한 자에 대하여 변상금을 부과하면서 여러 필지 토지에 대하여 외형상 하나의 변상금부과처분을 하였으나, 여러 필지 토지 중 일부에 대한 변상금 부과만이 위법한 경우에는 변상금부과처분 중 위법한 토지에 대한 부분만을 취소하여야 하고, 그 부과처분 전부를 취소할 수는 없다. 대법원 2024. 7. 25. 선고 2024두38025 판결 ★

OX 체크

01 행정청이 여러 개의 위반행위에 대하여 하나의 제재처분을 하였으나, 위반행위별로 제재처분의 내용을 구분하는 것이 가능하고 여러 개의 위반행위 중 일부의 위반행위에 대한 제재처분 부분만이 위법하다면, 법원은 제재처분 전부를 취소하여서는 아니 된다. ( )

정답
01 ○

4. 공정거래위원회가 위반행위에 대한 과징금을 부과하면서 여러 개의 위반행위에 대하여 외형상 하나의 과징금 납부명령을 하였으나 여러 개의 위반행위 중 일부의 위반행위에 대한 과징금 부과만이 위법하고 소송상 그 일부의 위반행위를 기초로 한 과징금액을 산정할 수 있는 자료가 있는 경우에는, 하나의 과징금 납부명령일지라도 그 일부의 위반행위에 대한 과징금액에 해당하는 부분만을 취소하여야 한다. 대법원 2019. 1. 31. 선고 2013두14726 판결 ★

5. 여러 개의 상이에 대한 국가유공자요건비해당처분에 대한 취소소송에서 그중 일부 상이가 국가유공자요건이 인정되는 상이에 해당하더라도 나머지 상이에 대하여 위 요건이 인정되지 아니하는 경우에는 국가유공자요건비해당처분 중 위 요건이 인정되는 상이에 대한 부분만을 취소하여야 할 것이고, 그 비해당처분 전부를 취소할 수는 없다고 할 것이다. 대법원 2012. 3. 29. 선고 2011두9263 판결 ★

(2) 일부취소판결이 불가능한 경우

- 금전부과처분이 재량행위이거나, 부과금액의 산정에 잘못이 있는 경우에 있어서 정당한 부과금액을 산정할 수 없는 경우에는 전부를 취소해야 한다.

판례

1. 처분을 할 것인지 여부와 처분의 정도에 관하여 재량이 인정되는 과징금 납부명령에 대하여 그 명령이 재량권을 일탈하였을 경우, 법원으로서는 재량권의 일탈 여부만 판단할 수 있을 뿐이지 재량권의 범위 내에서 어느 정도가 적정한 것인지에 관하여는 판단할 수 없어 그 전부를 취소할 수밖에 없고, 법원이 적정하다고 인정하는 부분을 초과한 부분만 취소할 수는 없다. 대법원 2009. 6. 23. 선고 2007두18062 판결 ★★★ 02

2. 자동차운수사업면허조건 등을 위반한 사업자에 대하여 행정청이 행정제재수단으로 사업 정지를 명할 것인지, 과징금을 부과할 것인지, 과징금을 부과키로 한다면 그 금액은 얼마로 할 것인지에 관하여 재량권이 부여되었다 할 것이므로 과징금부과처분이 법이 정한 한도액을 초과하여 위법할 경우 법원으로서는 그 전부를 취소할 수밖에 없고, 그 한도액을 초과한 부분이나 법원이 적정하다고 인정되는 부분을 초과한 부분만을 취소할 수 없다. 대법원 1998. 4. 10. 선고 98두2270 판결 ★ 03

3. 행정청이 영업정지처분을 함에 있어서 그 정지기간을 어느 정도로 할 것인지는 행정청의 재량권에 속하는 사항인 것이며, (중략) 법원으로서는 영업정지처분이 재량권 남용이라고 판단될 때에는 위법한 처분으로서 그 처분의 취소를 명할 수 있을 뿐이고, 재량권의 한계 내에서 어느 정도가 적정한 영업정지 기간인지를 가리는 일은 사법심사의 범위를 벗어난다. 대법원 1982. 9. 28. 선고 82누2 판결

4. 수개의 위반행위에 대하여 하나의 과징금납부명령을 하였으나 수개의 위반행위 중 일부의 위반행위만이 위법하지만, 소송상 그 일부의 위반행위를 기초로 한 과징금액을 산정할 수 있는 자료가 없는 경우에는 하나의 과징금납부명령 전부를 취소할 수밖에 없다. 대법원 2004. 10. 14. 선고 2001두2881 판결 ★

5. 개발부담금부과처분 취소소송에 있어 당사자가 제출한 자료에 의하여 적법하게 부과될 정당한 부담금액을 산출할 수 없는 경우, 개발부담금부과처분 전부를 취소하여야 한다. 대법원 2000. 6. 9. 선고 99두5542 판결

OX 체크

01 「국가유공자 등 예우 및 지원에 관한 법률」에 따른 여러 개의 상이에 대한 국가유공자요건비해당처분에 대한 취소소송에서 그 중 일부 상이만이 국가유공자요건이 인정되는 상이에 해당하는 경우, 국가유공자요건비해당처분 중 그 요건이 인정되는 상이에 대한 부분만을 취소하여야 한다. (   )

02 처분을 할 것인지 여부와 처분의 정도에 관하여 재량이 인정되는 과징금 납부명령에 대하여 그 명령이 재량권을 일탈하였을 경우, 법원은 재량권의 범위 내에서 어느 정도가 적정한 것인지에 관하여 판단할 수 있고 그 일부를 취소할 수 있다. (   )

03 자동차운수사업면허조건 등을 위반한 사업자에 대한 과징금부과처분이 법이 정한 한도액을 초과하여 위법할 경우 법원으로서는 그 전부를 취소할 수밖에 없다. (   )

정답
01 ○ 02 ✗ 03 ○

II 사정판결

1. 행정소송법 규정

행정소송법 제28조 【사정판결】
① 원고의 청구가 이유 있다고 인정하는 경우에도 처분 등을 취소하는 것이 현저히 공공복리에 적합하지 아니하다고 인정하는 때에는 법원은 원고의 청구를 기각할 수 있다. 이 경우 법원은 그 판결의 주문에서 그 처분 등이 위법함을 명시하여야 한다. ★★ 01
② 법원이 제1항의 규정에 의한 판결을 함에 있어서는 미리 원고가 그로 인하여 입게 될 손해의 정도와 배상방법 그 밖의 사정을 조사하여야 한다. ★ 02
③ 원고는 피고인 행정청이 속하는 국가 또는 공공단체를 상대로 손해배상, 제해시설의 설치 그 밖에 적당한 구제방법의 청구를 당해 취소소송 등이 계속된 법원에 병합하여 제기할 수 있다. ★ 03

2. 사정판결의 요건

- 사정판결의 요건인 현저히 공공복리에 적합하지 아니한지 여부는 위법한 행정처분을 취소·변경하여야 할 필요와 취소·변경으로 발생할 수 있는 공공복리에 반하는 사태 등을 비교·교량하여 엄격하게 판단하여야 하고, 그 과정에서는 제반 사정을 종합적으로 고려하여야 한다(대법원 2016. 7. 14. 선고 2015두4167 판결).
- 사정판결은 예외적으로 위법한 처분을 취소하지 않는 제도이므로 사정판결의 적용은 극히 엄격한 요건 아래 제한적으로 행해져야 한다.

> **판례**
>
> 1. 관리처분계획의 수정을 위한 조합원총회의 재결의를 위하여 시간과 비용이 많이 소요된다는 등의 사정만으로는 재결의를 거치지 않음으로써 위법한 관리처분계획을 취소하는 것이 현저히 공공복리에 적합하지 아니하다고 볼 수 없다는 이유로 사정판결의 필요성을 부정한 사례. 대법원 2001. 10. 12. 선고 2000두4279 판결
> 2. 징계면직된 검사의 복직이 검찰조직의 안정과 인화를 저해할 우려가 있다는 등의 사정은 검사에 대한 위법한 면직처분의 취소 필요성을 부정할 만큼 현저히 공공복리에 반하는 사유라고 볼 수 없다. 대법원 2001. 8. 24. 선고 2000두7704 판결
> 3. 국립공주대학교의 학칙개정행위를 취소하는 경우 학사 운영에 큰 혼란이 야기될 것으로 예상되는 등 공공복리에 현저히 적합하지 아니한 결과를 초래한다는 이유로 원고들의 청구를 기각하는 사정판결을 한 원심을 인정한 사례. 대법원 2009. 1. 30. 선고 2008두19550 등 판결
> 4. 법학전문대학원의 인가 취소가 이어지면 법학전문대학원 제도 자체의 운영에 큰 차질을 빚을 수 있는 점 등을 종합하여, 전남대에 대한 이 사건 인가처분이 법 제13조에 위배되었음을 이유로 취소하는 것은 현저히 공공복리에 적합하지 아니하다고 인정한 사례. 대법원 2009. 12. 10. 선고 2009두8359 판결

OX 체크

01 법원은 원고의 청구가 이유있다고 인정하는 경우에도 처분등을 취소하는 것이 현저히 공공복리에 적합하지 아니하다고 인정하는 때에는 원고의 청구를 기각할 수 있다. ( )

02 법원이 사정판결을 함에 있어서는 미리 원고가 그로 인하여 입게 될 손해의 정도와 배상방법 그 밖의 사정을 조사하여야 한다. ( )

03 법원이 사정판결을 함에 있어서, 원고는 처분을 한 행정청을 상대로 손해배상, 제해시설의 설치 그 밖에 적당한 구제방법의 청구를 당해 취소소송이 계속된 법원에 병합하여 제기할 수 있다. ( )

정답
01 ○ 02 ○ 03 ✕

3. 판단의 기준시점

> 행정소송규칙 제14조【사정판결】
> 법원이 법 제28조 제1항에 따른 판결을 할 때 그 처분등을 취소하는 것이 현저히 공공복리에 적합하지 아니한지 여부는 사실심 변론을 종결할 때를 기준으로 판단한다. ★★

- 사정판결을 함에 있어서도 처분등의 위법성은 처분시를 기준으로 판단하고, 사정판결의 필요성 즉 처분등을 취소하는 것이 현저히 공공복리에 적합하지 아니한지 여부는 사실심 변론을 종결할 때를 기준으로 판단한다. ★ 01

4. 사정판결의 절차 등

(1) **석명권의 행사**
- 법원이 사정판결을 함에 있어서는 미리 원고가 그로 인하여 입게 될 손해의 정도와 배상방법 그 밖의 사정을 조사하여야 하고, 당사자가 이를 간과하였음이 분명하다면 적절하게 석명권을 행사하여 그에 관한 의견을 진술할 수 있는 기회를 주어야 한다(대법원 2016. 7. 14. 선고 2015두4167 판결).

(2) **당사자의 주장 요부 : 불요(직권으로 가능)**
- 사정판결은 당사자의 명백한 주장이 없는 경우에도 기록에 나타난 여러 사정을 기초로 직권으로 할 수 있다(대법원 2006. 9. 22. 선고 2005두2506 판결). ★★ 02

5. 사정판결의 효과

(1) **기각판결 : 주문에 처분의 위법성 명시**
- 원고의 청구가 이유 있음에도 불구하고 법원은 청구기각판결을 한다.
- 법원은 그 판결의 주문에서 그 처분등이 위법함을 명시하여야 하고, 그 결과 사정판결에 있어서는 처분이 위법하다는 점에 대하여 기판력이 발생한다. ★ 03

(2) **소송비용 : 피고 행정청이 부담**

> 행정소송법 제32조【소송비용의 부담】
> 취소청구가 제28조의 규정(사정판결)에 의하여 기각되거나 행정청이 처분등을 취소 또는 변경함으로 인하여 청구가 각하 또는 기각된 경우에는 소송비용은 피고의 부담으로 한다. ★ 04

6. 인정범위

- 사정판결은 취소소송에서만 인정되고, 무효등확인소송과 부작위위법확인소송에서는 인정되지 않는다. ★★★ 05

|판례|

당연무효의 행정처분을 소송목적물로 하는 행정소송에서는 존치시킬 효력이 있는 행정행위가 없기 때문에 행정소송법 제28조 소정의 사정판결을 할 수 없다. 대법원 1996. 3. 22. 선고 95누5509 판결 ★

OX 체크

01 사정판결의 요건인 처분의 위법성은 변론 종결시를 기준으로 판단하고, 공공복리를 위한 사정판결의 필요성은 처분시를 기준으로 판단하여야 한다. ( )

02 원고의 청구가 이유있다고 인정하는 경우에도 이를 인용하는 것이 현저히 공공복리에 적합하지 않다고 판단되면 법원은 피고 행정청의 주장이나 신청이 없더라도 사정판결을 할 수 있다. ( )

03 사정판결의 경우에는 처분의 적법성이 아닌 처분의 위법성에 대하여 기판력이 발생한다. ( )

04 취소청구가 사정판결에 의하여 기각되거나 행정청이 처분등을 취소 또는 변경으로 인하여 청구가 각하 또는 기각된 경우에는 소송비용은 피고의 부담으로 한다. ( )

05 사정판결은 항고소송 중 취소소송 및 무효등확인소송에서 인정되는 판결의 종류이다. ( )

정답
01 ✗ 02 ○ 03 ○ 04 ○ 05 ✗

주제 28 판결의 효력

I 형성력

1. 의의

- 취소판결이 확정되면 당해 처분등은 처분청의 별도의 취소행위를 기다릴 것 없이 당연히 그 효력을 상실하는데, 이를 형성력이라 한다.
- 형성력은 취소판결에만 인정되고, 청구기각판결에는 인정되지 않는다.

2. 내용

(1) 형성효

- 행정처분을 취소한다는 확정판결이 있으면 그 취소판결의 형성력에 의하여 당해 행정처분의 취소나 취소통지 등의 별도의 절차를 요하지 아니하고 당연히 취소의 효과가 발생한다(대법원 1991. 10. 11. 선고 90누5443 판결). ★★ 01 02

과세처분을 취소하는 판결이 확정되면 그 과세처분은 처분시에 소급하여 소멸하므로 그 뒤에 과세관청에서 그 과세처분을 경정하는 경정처분을 하였다면 이는 존재하지 않는 과세처분을 경정한 것으로서 그 하자가 중대하고 명백한 당연무효의 처분이다. 대법원 1989. 5. 9. 선고 88다카16096 판결 ★ 03

(2) 소급효

- 취소의 효과는 처분시에 소급하여 발생한다.

1. 영업의 금지를 명한 영업허가취소처분 자체가 나중에 행정쟁송절차에 의하여 취소되었다면 그 영업허가취소처분은 그 처분시에 소급하여 효력을 잃게 되며, 그 영업허가취소처분에 복종할 의무가 원래부터 없었음이 확정되었다고 봄이 타당하고, 영업허가취소처분이 장래에 향하여서만 효력을 잃게 된다고 볼 것은 아니므로 그 영업허가취소처분 이후의 영업행위를 무허가영업이라고 볼 수는 없다. 대법원 1993. 6. 25. 선고 93도277 판결 ★★★ 04 05

2. 어업면허가 취소되었으나 그 후 판결로 그 처분이 취소되기까지 사이에 어장을 그대로 유지한 행위는 어업권의 임대 및 무면허 어업행위가 되지 않으므로 이를 처벌할 수 없다. 대법원 1991. 5. 14. 선고 91도627 판결

3. 조세의 부과처분을 취소하는 행정소송판결이 확정된 경우 그 조세부과처분의 효력은 처분시에 소급하여 효력을 잃게 되고 따라서 그 부과처분을 받은 사람은 그 처분에 따른 납부의무가 없다고 할 것이므로 위 확정된 행정판결은 조세포탈에 대한 무죄 내지 원판결이 인정한 죄보다 경한 죄를 인정할 명백한 증거라 할 것이다. 대법원 1985. 10. 22. 선고 83도2933 판결 ★ 06

4. 도시 및 주거환경정비법상 주택재개발사업조합의 조합설립인가처분이 법원의 재판에 의하여 취소된 경우 그 조합설립인가처분은 소급하여 효력을 상실하고, 이에 따라 당해 주택재개발사업조합 역시 조합설립인가처분 당시로 소급하여 도시정비법상 주택재개발사업을 시행할 수 있는 행정주체인 공법인으로서의 지위를 상실하므로, 당해 주택재개발사업조합이 조합설립 인가처분 취소 전에 도시정비법상 적법한 행정주체 또는 사업시행자로서 한 결의 등 처분은 달리 특별한 사정이 없는 한 소급하여 효력을 상실한다. 다만 그 효력 상실로 인한 잔존사무의 처리와 같은 업무는 여전히 수행되어야 하므로, 종전에 결의 등 처분의 법률효과를 다투는 소송에서의 당사자지위까지 함께 소멸한다고 할 수는 없다. 대법원 2012. 3. 29. 선고 2008다95885 판결

(3) 제3자효(대세효)

> **행정소송법 제29조【취소판결등의 효력】**
> ① 처분등을 취소하는 확정판결은 제3자에 대하여도 효력이 있다. ★ 01
> ② 제1항의 규정은 제23조의 규정에 의한 집행정지의 결정 또는 제24조의 규정에 의한 그 집행정지결정의 취소결정에 준용한다.

행정처분을 취소하는 확정판결이 제3자에 대하여도 효력이 있다고 하더라도 일반적으로 판결의 효력은 주문에 포함한 것에 한하여 미치는 것이니 그 취소판결 자체의 효력으로써 그 행정처분을 기초로 하여 새로 형성된 제3자의 권리까지 당연히 그 행정처분 전의 상태로 환원되는 것이라고는 할 수 없고, 단지 취소판결의 존재와 취소판결에 의하여 형성되는 법률관계를 소송당사자가 아니었던 제3자라 할지라도 이를 용인하지 않으면 아니 된다는 것을 의미하는 것에 불과하다 할 것이며, 따라서 취소판결의 확정으로 인하여 당해 행정처분을 기초로 새로 형성된 제3자의 권리관계에 변동을 초래하는 경우가 있다 하더라도 이는 취소판결 자체의 형성력에 기한 것이 아니라 취소판결의 위와 같은 의미에서의 제3자에 대한 효력의 반사적 효과로서 그 취소판결이 제3자의 권리관계에 대하여 그 변동을 초래할 수 있는 새로운 법률요건이 되는 까닭이라 할 것이다. 대법원 1986. 8. 19. 선고 83다카2022 판결 ★★ 02

- 제3자효에 관한 행정소송법 규정은 무효등확인소송과 부작위위법확인소송에도 준용된다. 03

II 기판력

1. 취소소송의 소송물 : 처분이 위법한지 여부

- 소송물이란 소송에서 심판의 대상이 되는 소송상의 청구를 말한다.
- 취소소송의 소송물은 '처분의 위법성 일반'이 된다.

취소판결의 기판력은 소송물로 된 행정처분의 위법성 존부에 관한 판단 그 자체에만 미치는 것이므로 전소와 후소가 그 소송물을 달리하는 경우에는 전소 확정판결의 기판력이 후소에 미치지 아니한다. 대법원 1996. 4. 26. 선고 95누5820 판결 ★ 04

OX 체크

01 처분등을 취소하는 확정판결은 당사자 이외의 제3자에게는 효력이 없다. ( )

02 행정처분을 취소하는 확정판결이 있으면 그 취소판결 자체의 효력에 의해 그 행정처분을 기초로 하여 새로 형성된 제3자의 권리는 당연히 그 행정처분 전의 상태로 환원된다. ( )

03 행정처분의 무효확인판결은 비록 형식상은 확인판결이라 하여도 그 확인판결의 효력은 그 취소판결의 경우와 같이 소송의 당사자는 물론 제3자에게도 미친다. ( )

04 취소판결의 기판력은 소송물로 된 행정처분의 위법성 존부에 관한 판단에 미치는 것이므로 전소와 후소가 그 소송물을 달리하는 경우에는 전소 확정판결의 기판력이 후소에 미치지 아니한다. ( )

정답
01 ✕ 02 ✕ 03 ◯ 04 ◯

2. 기판력의 의의

- 기판력이란 소송물에 관한 법원의 재판이 확정되면 당사자는 동일한 소송물에 대하여는 다시 소를 제기할 수 없고(일사부재리의 원칙), 설령 제기한다 하더라도 전소판결의 내용과 모순되는 주장을 할 수 없으며, 법원 또한 모순되는 판단을 할 수 없게 하는 구속력을 말한다.
- 기판력은 모든 확정된 종국판결에 인정되므로 청구인용판결뿐만 아니라 청구기각판결 및 소각하판결에서도 인정된다. 01
- 행정소송법은 기판력에 관한 명문의 규정을 두고 있지 않으므로, 행정소송의 기판력은 민사소송법의 준용에 의해 인정된다. 02

판례

'기판력'이란 기판력 있는 전소 판결의 소송물과 동일한 후소를 허용하지 않음과 동시에, 후소의 소송물이 전소의 소송물과 동일하지는 않더라도 전소의 소송물에 관한 판단이 후소의 선결문제가 되거나 모순관계에 있을 때에는 후소에서 전소 판결의 판단과 다른 주장을 하는 것을 허용하지 않는 작용을 한다. 대법원 2016. 3. 24. 선고 2015두48235 판결 ★ 03

3. 기판력의 작용 : 소송물이 동일하거나 선결문제 또는 모순관계

판례

1. 과세처분취소 청구를 기각하는 판결이 확정되면 그 처분이 적법하다는 점에 관하여 기판력이 생기고 그 후 원고가 다시 이를 무효라 하여 그 무효확인을 소구할 수는 없는 것이어서, 과세처분의 취소소송에서 청구가 기각된 확정판결의 기판력은 그 과세처분의 무효확인을 구하는 소송에도 미친다. 대법원 1996. 6. 25. 선고 95누1880 판결 ★ 04

2. 행정청이 관련 법령에 근거하여 행한 공사중지명령의 상대방이 명령의 취소를 구한 소송에서 패소함으로써 그 명령이 적법한 것으로 이미 확정되었다면, 이후 이러한 공사중지명령의 상대방은 그 명령의 해제신청을 거부한 처분의 취소를 구하는 소송에서 그 명령의 적법성을 다툴 수 없다. 그와 같은 공사중지명령에 대하여 그 명령의 상대방이 해제를 구하기 위해서는 명령의 내용 자체로 또는 성질상으로 명령 이후에 원인사유가 해소되었음이 인정되어야 한다. 대법원 2014. 11. 27. 선고 2014두37665 판결 ★ 05

4. 기판력의 범위

(1) 주관적 범위

판례

과세처분 취소소송의 피고는 처분청이므로 행정청을 피고로 하는 취소소송에 있어서의 기판력은 당해 처분이 귀속하는 국가 또는 공공단체에 미친다. 대법원 1998. 7. 24. 선고 98다10854 판결 ★ 06

(2) 객관적 범위

① 판결의 주문에 포함된 것

판례

기판력의 객관적 범위는 그 판결의 주문에 포함된 것, 즉 소송물로 주장된 법률관계의 존부에 관한 판단의 결론 그 자체에만 미치는 것이고 판결이유에 설시된 그 전제가 되는 법률관계의 존부에까지 미치는 것은 아니다. 대법원 1987. 6. 9. 선고 86다카2756 판결 ★★ 07

OX 체크

01 처분의 취소를 구하는 청구에 대한 기각판결은 기판력이 발생하지 않는다. ( )

02 「행정소송법」은 기판력에 관한 명문의 규정을 두지 않아, 「행정소송법」제8조제2항에 따라 「민사소송법」상 기판력 규정이 준용된다. ( )

03 전소의 판결이 확정된 경우 후소의 소송물이 전소의 소송물과 동일하지 않더라도 전소의 소송물에 관한 판단이 후소의 선결문제가 되는 경우에 후소에서 전소 판결의 판단과 다른 주장을 하는 것은 기판력에 반한다. ( )

04 과세처분의 취소소송에서 청구가 기각된 확정판결의 기판력은 그 과세처분의 무효확인을 구하는 소송에는 미치지 아니한다. ( )

05 공사중지명령의 상대방이 제기한 공사중지명령취소소송에서 기각판결이 확정된 경우 특별한 사정변경이 없더라도 그 후 상대방이 제기한 공사중지명령해제신청 거부처분취소소송에서는 그 공사중지명령의 적법성을 다시 다툴 수 있다. ( )

06 취소소송의 피고는 처분청이므로 행정청을 피고로 하는 취소소송에 있어서의 기판력은 당해 처분이 귀속하는 국가 또는 공공단체에 미친다. ( )

07 취소판결의 기판력과 기속력은 판결의 주문과 판결이유 중에 설시된 개개의 위법사유에까지 미친다. ( )

정답
01 × 02 ○ 03 ○ 04 × 05 ×
06 ○ 07 ×

② 취소소송
- 인용판결의 경우 기판력은 당해 처분이 위법하다는 점에 미친다.
- 기각판결의 경우 기판력은 당해 처분이 적법하다는 점에 미친다. 다만, 사정판결의 경우 당해 처분이 위법하다는 점에 미친다.

③ 무효확인소송
- 인용판결의 경우 기판력은 당해 처분이 위법하다는 점과 그 위법의 정도가 중대명백하여 처분이 무효라는 점에 미친다.
- 기각판결의 경우 당해 처분이 무효가 아니라는 점에만 미친다. 따라서 기각판결이 있은 경우에도 처분이 적법하다는 점에 대해서는 기판력이 발생하지 않으므로 다시 취소소송을 제기할 수 있고, 국가배상청구소송을 제기할 수도 있다.

④ 소 각하 판결
- 소 각하 판결의 기판력은 그 판결에서 확정한 소송요건의 흠결에 관하여 미친다.

(3) **시간적 범위**
- 기판력은 사실심 변론종결시를 기준으로 발생한다.

1. 확정된 종국판결의 사실심 변론종결 이전에 발생하고 제출할 수 있었던 사유에 기인한 주장이나 항변은 확정판결의 기판력에 의하여 차단되므로 당사자가 그와 같은 사유를 원인으로 확정판결의 내용에 반하는 주장을 새로이 하는 것은 허용되지 아니한다. 대법원 2015. 10. 29. 선고 2015두44288 판결
2. 확정판결의 기판력은 그 변론종결 후에 새로 발생한 사유가 있을 경우에는 효력이 차단되는 것이지만, 여기서 말하는 변론종결 후에 발생한 새로운 사유란 법률관계 사실 자체를 말하는 것이지 기존의 법률관계에 대한 새로운 증거자료를 의미하는 것이 아니다. 대법원 2001. 1. 16. 선고 2000다41349 판결

III 기속력

1. 의의

- 판결의 취지에 따라 행동하도록 당사자인 행정청과 그 밖의 관계행정청을 구속하는 효력을 말한다.
- 기속력은 인용판결이 확정된 경우에 한하여 인정되고 기각판결에는 인정되지 않는다. 따라서 기각판결이 확정된 후에도 처분청은 당해 처분을 직권으로 취소할 수 있다. ★★ 01 02

취소 확정판결의 '기속력'은 취소 청구가 인용된 판결에서 인정되는 것으로서 당사자인 행정청과 그 밖의 관계행정청에게 확정판결의 취지에 따라 행동하여야 할 의무를 지우는 작용을 한다. 대법원 2016. 3. 24. 선고 2015두48235 판결 ★ 03

OX 체크

01 취소소송의 기각판결이 확정되면 기판력은 발생하나 기속력은 발생하지 않는다. ( )

02 취소소송이 기각되어 처분의 적법성이 확정된 이후에도 처분청은 당해 처분이 위법함을 이유로 직권취소할 수 있다. ( )

03 취소판결의 기속력은 취소청구가 인용된 판결에서 인정되는 것으로서 당사자인 행정청과 그 밖의 관계행정청에 확정판결의 취지에 따라 행동하여야 할 의무를 부과한다. ( )

정답
01 ○ 02 ○ 03 ○

2. 기속력의 내용

> 행정소송법 제30조【취소판결 등의 기속력】
> ① 처분 등을 취소하는 확정판결은 그 사건에 관하여 당사자인 행정청과 그 밖의 관계행정청을 기속한다.
> ② 판결에 의하여 취소되는 처분이 당사자의 신청을 거부하는 것을 내용으로 하는 경우에는 그 처분을 행한 행정청은 판결의 취지에 따라 다시 이전의 신청에 대한 처분을 하여야 한다. ★
> ③ 제2항의 규정은 신청에 따른 처분이 절차의 위법을 이유로 취소되는 경우에 준용한다.

(1) 반복금지의무 : 동일한 처분의 반복금지

- 취소된 처분과 동일한 처분을 하는 것은 기속력에 저촉되어 허용되지 않는다.
- 동일한 처분인지 여부는 기본적 사실관계의 동일성을 기준으로 판단한다.

 판례

1. 종전 처분이 판결에 의하여 취소되었더라도 종전 처분과 다른 사유를 들어서 새로이 처분을 하는 것은 기속력에 저촉되지 않는다. 여기에서 동일 사유인지 다른 사유인지는 확정판결에서 위법한 것으로 판단된 종전 처분사유와 기본적 사실관계에서 동일성이 인정되는지 여부에 따라 판단되어야 한다. (중략) 행정청은 종전 처분 후에 발생한 새로운 사유를 내세워 다시 처분을 할 수 있고, 새로운 처분의 처분사유가 종전 처분의 처분사유와 기본적 사실관계에서 동일하지 않은 다른 사유에 해당하는 이상, 처분사유가 종전 처분 당시 이미 존재하고 있었고 당사자가 이를 알고 있었더라도 이를 내세워 새로이 처분을 하는 것은 확정판결의 기속력에 저촉되지 않는다. 대법원 2016. 3. 24. 선고 2015두48235 판결 ★★★ 01 02

2. 절차 내지 형식의 위법을 이유로 과세처분을 취소하는 판결이 확정된 경우에 그 확정판결의 기판력(주: 기속력을 의미함, 이하 같음)은 확정판결에 적시된 절차 내지 형식의 위법사유에 한하여 미친다고 할 것이므로 과세처분권자가 그 확정판결에 적시된 위법사유를 보완하여 행한 새로운 과세처분은 확정판결에 의하여 취소된 종전의 과세처분과는 별개의 처분으로서 확정판결의 기판력에 저촉되는 것은 아니다. 대법원 1986. 11. 11. 선고 85누231 판결 ★★★ 03 04

3. 어떤 처분 내용의 적법성을 뒷받침하기 위하여 당초 처분사유와 기본적 사실관계의 동일성이 인정되는 다른 사유가 있다면 처분청은 그 처분에 대한 취소소송의 사실심 변론종결 시까지 그 사유를 적극적으로 주장·증명하여 법원으로부터 그 처분이 적법하다는 판단을 받아야 한다. 만약 소송에서 추가·변경할 수 있는 다른 사유가 있었음에도 처분청이 이를 적절하게 주장·증명하지 못하여 법원이 그 처분을 위법하다고 판단하여 취소하는 판결이 확정되면, 처분청이 그 다른 사유를 근거로 다시 종전과 같은 내용의 처분을 하는 것은 허용되지 않는다. 어떤 처분의 당초 처분사유와 기본적 사실관계의 동일성이 인정되지 않는 다른 사유가 있다면, 그 처분에 대한 취소소송에서 처분사유 추가·변경은 허용되지 않지만, 처분청이 그 처분에 대한 취소판결 확정 후 그 다른 사유를 근거로 별도의 처분을 하는 것은 허용된다. 대법원 2020. 12. 24. 선고 2019두55675 판결 ★ 05 06 07

4. 원고의 비위에 대하여 징계처분 중 가장 무거운 파면에 처한 것이 재량권의 범위를 벗어난 위법한 처분이라 하여 위 파면처분을 취소하는 판결이 확정되었다 하더라도 (중략) 위 파면처분이 취소된 후에 다시 징계위원회의 의결을 거쳐 원고를 파면보다 가벼운 해임에 처한 이 사건 처분이 위 확정판결의 기판력(주: 기속력을 의미함)에 저촉된다고 볼 수는 없다. 대법원 1985. 4. 9. 선고 84누747 판결

OX 체크

01 취소 확정판결의 기속력은 판결의 주문 및 전제가 되는 처분등의 구체적 위법사유에 관한 판단에도 미치므로, 종전 처분이 판결에 의하여 취소되었다면 종전 처분의 처분사유와 기본적 사실관계에서 동일하지 않은 다른 사유를 들어서 동일한 내용을 처분하는 것 또한 확정판결의 기속력에 저촉된다. ( )

02 새로운 처분의 처분사유가 종전 처분의 처분사유와 기본적 사실관계에서 동일하지 않은 다른 사유에 해당하더라도, 처분사유가 종전 처분 당시 이미 존재하고 있었고 당사자가 이를 알고 있었다면 이를 내세워 새로이 처분을 하는 것은 확정판결의 기속력에 저촉된다. ( )

03 과세의 절차 내지 형식에 위법이 있어 과세처분을 취소하는 판결이 확정되었을 때는 그 확정판결의 기판력은 거기에 적시된 절차 내지 형식의 위법사유에 한하여 미치는 것이므로 과세관청은 그 위법사유를 보완하여 다시 새로운 과세처분을 할 수 있다. ( )

04 과세의 절차 내지 형식에 위법이 있어 과세처분을 취소하는 판결이 확정되었을 경우 과세관청은 그 위법사유를 보완하여 다시 새로운 과세처분을 할 수 있고, 그 새로운 과세처분은 확정판결에 의하여 취소된 종전의 과세처분과는 별개의 처분이다. ( )

05 어떤 처분 내용의 적법성을 뒷받침하기 위하여 당초 처분사유와 기본적 사실관계의 동일성이 인정되는 다른 사유가 처분 당시에 이미 존재하고 있다면 처분청은 그 처분에 대한 취소소송의 사실심 변론종결 시까지 그 사유를 적극적으로 주장·증명하여 법원으로부터 그 처분이 적법하다는 판단을 받아야 한다. ( )

06 소송에서 처분사유와 기본적 사실관계가 동일하여 추가·변경할 수 있는 다른 사유가 있었음에도 처분청이 이를 적절하게 주장·증명하지 못하여 법원이 그 처분을 위법하다고 판단하여 취소하는 판결이 확정되면, 처분청이 그 다른 사유를 근거로 다시 종전과 같은 내용의 처분을 하는 것은 허용되지 않는다. ( )

07 어떤 처분의 당초 처분사유와 기본적 사실관계의 동일성이 인정되지 않는 다른 사유가 있다면, 그 처분에 대한 취소소송에서 처분사유 추가·변경은 허용되지 않지만, 처분청이 그 처분에 대한 취소판결 확정 후 그 다른 사유를 근거로 별도의 처분을 하는 것은 허용된다. ( )

정답
01 ✕ 02 ✕ 03 ○ 04 ○ 05 ○
06 ○ 07 ○

(2) 재처분의무

① 신청에 대한 거부처분이 취소된 경우
- 거부처분이 취소된 경우 행정청은 '판결의 취지'에 따라 다시 이전의 신청에 대한 처분을 하여야 한다.
- 행정청은 종전의 처분사유와 기본적 사실관계의 동일성이 없는 사유를 근거로 다시 거부처분을 할 수도 있다.

판례

1. 행정소송법 제30조 제2항에 의하면, 행정청의 거부처분을 취소하는 판결이 확정된 경우에는 그 처분을 행한 행정청은 판결의 취지에 따라 이전의 신청에 대하여 재처분할 의무가 있고, 이 경우 확정판결의 당사자인 처분 행정청은 그 행정소송의 사실심 변론종결 이후 발생한 새로운 사유를 내세워 다시 이전의 신청에 대하여 거부처분을 할 수 있으며, 그러한 처분도 이 조항에 규정된 재처분에 해당한다. 대법원 1999. 12. 28. 선고 98두1895 판결 ★★★ 01

2. 주민 등의 도시관리계획 입안 제안을 거부한 처분을 이익형량에 하자가 있어 위법하다고 판단하여 취소하는 판결이 확정되었더라도 행정청에게 그 입안 제안을 그대로 수용하는 내용의 도시관리계획을 수립할 의무가 있다고는 볼 수 없고, 행정청이 다시 새로운 이익형량을 하여 적극적으로 도시관리계획을 수립하였다면 취소판결의 기속력에 따른 재처분의무를 이행한 것이라고 보아야 한다. 다만 취소판결의 기속력 위배 여부와 계획재량의 한계 일탈 여부는 별개의 문제이므로, 행정청이 적극적으로 수립한 도시관리계획의 내용이 취소판결의 기속력에 위배되지는 않는다고 하더라도 계획재량의 한계를 일탈한 것인지의 여부는 별도로 심리·판단하여야 한다. 대법원 2020. 6. 25. 선고 2019두56135 판결 ★★ 02 03

3. 거부처분 후에 법령이 개정·시행된 경우에는 개정된 법령 및 허가기준을 새로운 사유로 들어 다시 이전의 신청에 대한 거부처분을 할 수 있으며 그러한 처분도 행정소송법 제30조 제2항에 규정된 재처분에 해당된다. 대법원 1998. 1. 7. 자 97두22 결정

4. (주택건설사업계획승인 신청에 대하여 미디어밸리 조성을 위한 시가화예정 지역이라는 이유로 거부하자, 甲 회사가 거부처분의 취소를 구하는 소송을 제기하여 승소판결을 받았고 위 판결이 그대로 확정되었는데, 이후 고양시장이 해당 토지 일대가 개발행위허가 제한지역으로 지정되었다는 이유로 다시 거부하는 처분을 한 사안에서) 종전 처분사유와 새로운 처분사유는 기본적 사실관계가 동일하다고 볼 수 없으므로, 다시 거부처분을 한 것이 기속력에 반하지 않는 것으로 본 사례. 대법원 2011. 10. 27. 선고 2011두14401 판결

5. 임용기간이 만료된 교원의 재임용이 거부되었다가 그 재임용거부처분이 법원의 판결에 의하여 취소되었다고 하더라도 임용권자는 다시 재임용 심의를 하여 재임용 여부를 결정할 의무를 부담할 뿐, 위와 같은 취소 판결로 인하여 당연히 그 교원이 재임용거부처분 당시로 소급하여 신분관계를 회복한다고 볼 수는 없다. 대법원 2009. 3. 26. 선고 2009두416 판결 ★ 04

② 신청에 따른 처분이 절차의 위법을 이유로 취소되는 경우
- 제3자효 있는 행정행위가 절차위법을 이유로 취소된 경우 행정청은 적법한 절차를 거친 후 재처분을 하여야 하고, 그 내용은 인용 또는 거부처분이 모두 가능하다.

(3) 원상회복의무(위법상태제거의무)
- 어떤 행정처분을 위법하다고 판단하여 취소하는 판결이 확정되면 행정청은 취소판결의 기속력에 따라 그 판결에서 확인된 위법사유를 배제한 상태에서 다시 처분을 하거나 그 밖에 위법한 결과를 제거하는 조치를 할 의무가 있다(대법원 2019. 10. 17. 선고 2018두104 판결). ★ 05

OX 체크

01 거부처분 취소판결이 확정된 후, 사실심 변론종결 이후에 발생한 새로운 사유를 근거로 다시 거부처분을 하는 것은 기속력에 위반된다. ( )

02 주민 등의 도시관리계획의 입안 제안을 거부하는 처분에 대하여 이익형량의 하자를 이유로 취소판결이 확정된 후에 행정청이 다시 이익형량을 하여 주민 등이 제안한 것과는 다른 내용의 계획을 수립한다면 이는 재처분의무를 이행한 것으로 볼 수 없다. ( )

03 주민 등의 도시관리계획 입안 제안을 거부한 처분을 취소하는 판결이 확정된 후 행정청이 새로이 수립한 도시관리계획에 대해 제기된 취소소송에서, 도시관리계획의 내용이 취소판결의 기속력에 위배되지는 않는다고 하더라도 법원은 계획재량의 한계를 일탈한 것인지 여부를 별도로 심리·판단하여야 한다. ( )

04 임용기간이 만료된 교원의 재임용이 거부되었다가 그 재임용거부처분이 법원의 판결에 의하여 취소되었다면 이러한 취소판결로 인하여 당연히 그 교원은 재임용거부처분 당시로 소급하여 신분관계를 회복한다고 볼 수 있다. ( )

05 행정처분의 취소판결이 확정되면 그 판결에서 확인된 위법사유를 배제한 상태에서 다시 처분을 하거나 그 밖에 위법한 결과를 제거하는 조치를 할 의무가 있다. ( )

판례

취소소송에서 소송의 대상이 된 거부처분을 실체법상의 위법사유에 기하여 취소하는 판결이 확정된 경우에는 당해 거부처분을 한 행정청은 원칙적으로 신청을 인용하는 처분을 하여야 하고, 사실심 변론종결 이전의 사유를 내세워 다시 거부처분을 하는 것은 확정판결의 기속력에 저촉되어 허용되지 아니한다. 대법원 2001. 3. 23. 선고 99두5238 판결

정답
01 ✕ 02 ✕ 03 ○ 04 ✕ 05 ○

3. 기속력의 범위

(1) 주관적 범위
- 기속력은 당사자인 행정청과 그 밖의 관계행정청에 미친다. **01**

(2) 객관적 범위 : 주문과 이유

> **판례**
>
> 처분 등을 취소하는 확정판결의 기속력은 주로 판결의 실효성 확보를 위하여 인정되는 효력으로서 판결의 주문뿐만 아니라 그 전제가 되는 처분 등의 구체적 위법사유에 관한 이유 중의 판단에 대하여도 인정된다. 대법원 2001. 3. 23. 선고 99두5238 판결 ★★★ **02**

- 처분사유가 되지 아니하여 판결의 판단대상에서 제외된 부분을 행정청이 그 후 새로이 행한 처분의 적법성과 관련하여 새로운 소송에서 다시 주장하는 것은 위 확정판결의 기판력 (주: 기속력을 의미함)에 저촉되지 않는다(대법원 1991. 8. 9. 선고 90누7326 판결).
- 기속력은 판결의 결론과 직접 관련 없는 방론이나 간접사실에는 미치지 않는다.

(3) 시간적 범위
- 기속력은 처분 당시까지 존재하던 사유에 대하여만 미치고 그 이후에 생긴 사유에는 미치지 않는다.

4. 기속력 위반의 효과 : 당연무효

> **판례**
>
> 확정판결의 당사자인 처분행정청이 그 행정소송의 사실심 변론종결 이전의 사유를 내세워 다시 확정판결과 저촉되는 행정처분을 하는 것은 허용되지 않는 것으로서 이러한 행정처분은 그 하자가 중대하고도 명백한 것이어서 당연무효라 할 것이다. 대법원 1990. 12. 11. 선고 90누3560 판결 ★ **03** **04**

5. 간접강제

(1) 의의

> **행정소송법 제34조 【거부처분취소판결의 간접강제】**
> ① 행정청이 제30조 제2항(재처분의무)의 규정에 의한 처분을 하지 아니하는 때에는 제1심 수소법원은 당사자의 신청에 의하여 결정으로써 상당한 기간을 정하고 행정청이 그 기간 내에 이행하지 아니하는 때에는 그 지연기간에 따라 일정한 배상을 할 것을 명하거나 즉시 손해배상을 할 것을 명할 수 있다.

OX 체크

01 기속력은 당해 취소소송의 당사자인 행정청에 대해서만 효력을 미치며, 그 밖의 다른 행정청은 기속하지 않는다. ( )

02 취소판결의 기속력은 주로 판결의 실효성 확보를 위하여 인정되는 효력으로서 판결의 주문뿐만 아니라 그 전제가 되는 처분 등의 구체적 위법사유에 관한 이유 중의 판단에 대하여도 인정된다. ( )

03 취소판결의 당사자인 행정청이 행정소송의 사실심 변론종결 이전의 사유를 내세워 다시 확정판결과 저촉되는 행정처분을 하는 경우, 이러한 행정처분은 그 하자가 중대하고도 명백한 것이어서 당연무효이다. ( )

04 취소판결의 기속력에 반하는 처분은 그 하자가 중대하지만 명백하다고 볼 수는 없다. ( )

정답
01 ✗ 02 ○ 03 ○ 04 ✗

[1] 거부처분에 대한 취소의 확정판결이 있음에도 행정청이 <u>아무런 재처분을</u> 하지 아니하거나, <u>재처분을 하였다 하더라도 그것이 종전 거부처분에 대한 취소의 확정판결의 기속력에 반하는 등으로 당연무효라면</u> 이는 아무런 재처분을 하지 아니한 때와 마찬가지라 할 것이므로 이러한 경우에는 행정소송법상 <u>간접강제신청에 필요한 요건을 갖춘 것으로 보아야 한다.</u> ★★★ 01

[2] (주택건설사업 승인신청 거부처분의 취소를 명하는 판결이 확정되었음에도 행정청이 그에 따른 재처분을 하지 않은 채 위 취소소송 계속중에 도시계획법령이 개정되었다는 이유를 들어 다시 거부처분을 한 사안에서) 개정된 도시계획법령에 그 시행 당시 이미 개발행위허가를 신청중인 경우에는 종전 규정에 따른다는 <u>경과규정</u>을 두고 있으므로 위 사업승인신청에 대하여는 종전 규정에 따른 재처분을 하여야 함에도 불구하고 개정 법령을 적용하여 <u>새로운 거부처분을 한 것</u>은 확정된 종전 거부처분 취소판결의 <u>기속력에 저촉되어 당연무효</u>라고 한 사례. 대법원 2002. 12. 11.자 2002무22 결정 02

(2) 배상금의 성질

- 간접강제결정에 기한 배상금은 확정판결의 취지에 따른 <u>재처분의 지연에 대한 제재나 손해배상이 아니고</u>, 재처분의 이행에 관한 심리적 강제수단에 불과한 것이므로, 특별한 사정이 없는 한 간접강제결정에서 정한 의무이행<u>기한이 경과한 후에라도</u> 확정판결의 취지에 따른 재처분의 이행이 있으면 처분 상대방이 더 이상 <u>배상금을 추심하는 것은 허용되지 않는다</u>(대법원 2004. 1. 15. 선고 2002두2444 판결). ★★ 03

(3) 인정범위

- 간접강제에 관한 제34조의 규정은 <u>부작위위법확인소송에 준용된다.</u>
- 그러나 무효등확인소송에는 준용되지 않고, 따라서 <u>무효등확인소송에서는 간접강제가 허용되지 않는다</u>(입법의 불비). ★★

<u>무효확인판결에 관하여 법 제34조(간접강제)는 이를 준용한다는 규정을 두지 않고 있으므로</u>, 행정처분에 대하여 <u>무효확인 판결</u>이 내려진 경우에는 그 행정처분이 거부처분인 경우에도 행정청에 판결의 취지에 따른 재처분의무가 인정될 뿐 그에 대하여 <u>간접강제까지 허용되는 것은 아니라고</u> 할 것이다. 대법원 1998. 12. 24. 자 98무37 결정 ★★ 04

OX 체크

01 주택건설사업 승인신청 거부처분에 대한 취소의 확정판결이 있은 후 행정청이 재처분을 하였다 하더라도 그 재처분이 종전 거부처분에 대한 취소의 확정판결의 기속력에 반하는 경우, 「행정소송법」상 간접강제신청에 필요한 요건을 갖춘 것으로 보아야 한다. ( )

02 주택건설사업 승인신청 거부처분의 취소를 명하는 판결이 확정되었음에도 행정청이 그에 따른 재처분을 하지 않은 채 위 취소소송 계속 중에 도시계획법령이 개정되었다는 이유를 들어 다시 거부처분을 한 사안에서, 개정된 법령에 종전 규정에 따른다는 경과규정이 있더라도 개정된 법령을 적용하여 다시 거부처분을 할 수 있고 그 거부처분은 종전 거부처분 취소판결의 기속력에 저촉되지 않으므로 간접강제가 허용되지 않는다. ( )

03 특별한 사정이 없는 한 간접강제결정에서 정한 의무이행기한이 경과한 후라도 확정판결의 취지에 따른 재처분의 이행이 있으면 더 이상 배상금의 추심은 허용되지 않는다. ( )

04 취소 확정판결의 기속력에 대한 규정은 무효확인판결에도 준용되므로, 무효확인판결의 취지에 따른 처분을 하지 아니할 때에는 1심 수소법원은 간접강제결정을 할 수 있다. ( )

정답
01 O 02 X 03 O 04 X

Chapter 06 그 밖의 항고소송

주제 29 무효등확인소송과 부작위위법확인소송

I 무효등확인소송

1. 취소소송과 구별되는 무효등확인소송의 특수성

(1) 예외적 행정심판 전치주의 : 적용 없음

- 개별법상 전치주의가 적용되는 경우에도 무효등확인소송은 행정심판의 재결을 거치지 아니하고 제기할 수 있다. ★
- 다만, 무효선언적 의미의 취소소송에는 전치주의가 적용된다.

(2) 제소기간 : 적용 없음

- 무효등확인소송은 제소기간의 제한이 없다. ★
- 다만, 무효선언적 의미의 취소소송에는 취소소송의 제소기간이 적용된다.

행정처분의 당연무효를 선언하는 의미에서 그 취소를 청구하는 행정소송을 제기하는 경우에도 소원의 전치와 제소기간의 준수 등 취소소송의 제소요건을 갖추어야 한다. 대법원 1984. 5. 29. 선고 84누175 판결 ★★

(3) 사정판결 : 불가능

당연무효의 행정처분을 소송목적물로 하는 행정소송에서는 존치시킬 효력이 있는 행정행위가 없기 때문에 행정소송법 제28조 소정의 사정판결을 할 수 없다. 대법원 1996. 3. 22. 선고 95누5509 판결 ★★★

(4) 간접강제 : 불가능

무효확인 판결이 내려진 경우에는 그 행정처분이 거부처분인 경우에도 행정청에 판결의 취지에 따른 재처분의무가 인정될 뿐 그에 대하여 간접강제까지 허용되는 것은 아니라고 할 것이다. 대법원 1998. 12. 24. 자 98무37 결정 ★★

(5) 확인의 소의 보충성(확인의 이익) : 요구되지 않음

1. 행정소송법 제38조 제1항에서는 처분 등을 취소하는 확정판결의 기속력 및 행정청의 재처분 의무에 관한 행정소송법 제30조를 무효확인소송에도 준용하고 있으므로 무효확인판결 자체만으로도 실효성을 확보할 수 있다. (중략) 행정처분의 근거 법률에 의하여 보호되는 직접적이고 구체적인 이익이 있는 경우에는 행정소송법 제35조에 규정된 '무효확인을 구할 법률상 이익'이 있다고 보아야 하고, 이와 별도로 무효확인소송의 보충성이 요구되는 것은 아니므로 행정처분의 무효를 전제로 한 이행소송 등과 같은 직접적인 구제수단이 있는지 여부를 따질 필요가 없다고 해석함이 상당하다. 대법원 2008. 3. 20. 선고 2007두6342 전원합의체판결 ★★★ 01 02 03

2. 압류처분에 기한 압류등기가 경료되어 있는 경우에도 압류처분의 무효확인을 구할 이익이 있다. 대법원 2003. 5. 16. 선고 2002두3669 판결 04

2. 취소소송과의 관계

(1) 취소사유 있는 처분에 대해 무효등확인소송을 제기한 경우

① 취소소송의 소송요건을 갖춘 경우 : 취소판결

> 행정소송규칙 제16조【무효확인소송에서 석명권의 행사】
> 재판장은 무효확인소송이 법 제20조(취소소송의 제소기간)에 따른 기간 내에 제기된 경우에는 원고에게 처분등의 취소를 구하지 아니하는 취지인지를 명확히 하도록 촉구할 수 있다. 다만, 원고가 처분등의 취소를 구하지 아니함을 밝힌 경우에는 그러하지 아니하다.

행정처분의 무효확인을 구하는 청구에는 특별한 사정이 없는 한 그 처분의 취소를 구하는 취지까지도 포함되어 있다고 볼 수는 있으나 위와 같은 경우에 취소청구를 인용하려면 먼저 취소를 구하는 항고소송으로서의 제소요건을 구비한 경우에 한한다. 대법원 1986. 9. 23. 선고 85누838 판결 05

② 취소소송의 소송요건을 갖추지 못한 경우 : 청구기각판결
- 무효등확인소송에는 제소기간이 없으므로, 소 각하가 아닌 청구기각판결을 하여야 한다. ★

(2) 무효인 처분에 대해 취소소송을 제기한 경우(무효선언적 의미의 취소소송) : 취소판결
- 취소소송의 소송요건을 갖추었다면, 무효선언적 의미의 취소판결을 한다. ★ 06

3. 불가쟁력이 발생한 처분에 대하여 근거법률이 위헌이라는 이유로 무효확인소송이 제기된 경우

취소소송의 제기기간을 경과하여 확정력이 발생한 행정처분에는 위헌결정의 소급효가 미치지 않는다고 보아야 할 것이므로, 어느 행정처분에 대하여 그 행정처분의 근거가 된 법률이 위헌이라는 이유로 무효확인청구의 소가 제기된 경우에는 다른 특별한 사정이 없는 한 법원으로서는 그 법률이 위헌인지 여부에 대하여는 판단할 필요 없이 위 무효확인청구를 기각하여야 할 것이다. 대법원 1994. 10. 28. 선고 92누9463 판결 ★ 07

OX 체크

01 무효확인판결에는 취소판결의 기속력에 관한 규정이 준용되지 않는다. ( )

02 행정처분의 근거 법률에 의하여 보호되는 직접적이고 구체적인 이익이 있는 경우에는 「행정소송법」상 '무효확인을 구할 법률상 이익'이 있다고 보아야 하고, 이와 별도로 무효확인소송의 보충성이 요구되는 것은 아니다. ( )

03 무효확인소송에서 '무효확인을 구할 법률상 이익'이 있는지를 판단할 때, 행정처분의 무효를 전제로 한 이행소송 등과 같은 직접적 구제수단이 있는지를 먼저 따질 필요는 없다. ( )

04 압류등기가 말소된다고 하여도 압류처분이 외형적으로 효력이 있는 것처럼 존재하는 이상, 압류처분에 가한 압류등기가 경료되어 있는 경우에도 압류처분의 무효확인을 구할 이익이 있다. ( )

05 행정처분의 무효확인을 구하는 소에는 원고가 그 처분의 취소를 구하지 아니한다고 밝히지 아니한 이상 그 처분이 당연무효가 아니라면 그 취소를 구하는 취지도 포함되어 있는 것으로 보아야 하고, 그와 같은 경우에 취소청구를 인용하려면 먼저 취소를 구하는 항고소송으로서의 제소요건을 구비하여야 한다. ( )

06 무효인 처분에 대하여 취소소송이 제기된 경우 소제기요건이 구비되었다면 법원은 당해 소를 각하하여서는 아니되며, 무효를 선언하는 의미의 취소판결을 하여야 한다. ( )

07 행정처분에 대하여 그 행정처분의 근거가 된 법률이 위헌이라는 이유로 무효확인청구의 소가 제기된 경우에는 다른 특별한 사정이 없는 한 법원으로서는 그 법률이 위헌인지 여부에 대하여는 판단할 필요 없이 그 무효확인청구를 각하하여야 한디. ( )

정답
01 × 02 ○ 03 ○ 04 ○ 05 ○
06 ○ 07 ×

II 부작위위법확인소송

1. 취소소송과 구별되는 부작위위법확인소송의 특수성

- 취소소송에 관한 규정 중 집행정지, 처분변경으로 인한 소의 변경, 사정판결에 관한 규정은 부작위위법확인소송에 준용되지 않는다.

2. 소송요건

(1) 대상적격 : 신청한 처분의 부작위

- 부작위란 행정청이 당사자의 신청에 대하여 상당한 기간 내에 일정한 처분을 하여야 할 법률상 의무가 있음에도 불구하고 이를 하지 않는 것을 말한다(행정소송법 제2조).

> **판례**
>
> 1. 행정청의 응답행위는 행정소송법상 처분에 관한 것이라야 하므로 당사자가 행정청에 대하여 어떠한 행정행위를 하여 줄 것을 신청하지 아니하였거나 그러한 신청을 하였더라도 당사자가 행정청에 대하여 그러한 행정행위를 하여 줄 것을 요구할 수 있는 법규상 또는 조리상의 권리를 갖고 있지 아니하든지 또는 행정청이 당사자의 신청에 대하여 거부처분을 한 경우에는 원고적격이 없거나 항고소송의 대상인 위법한 부작위가 있다고 볼 수 없어 그 부작위위법확인의 소는 부적법하다고 할 것이다. 대법원 1992. 6. 9. 선고 91누11278 판결 ★ 01 02
>
> 2. 행정청이 행한 공사중지명령의 상대방은 그 명령 이후에 그 원인사유가 소멸하였음을 들어 행정청에게 공사중지명령의 철회를 요구할 수 있는 조리상의 신청권이 있다 할 것이고, (중략) 행정청이 상대방의 신청에 대하여 아무런 적극적 또는 소극적 처분을 하지 않고 있는 이상 행정청의 부작위는 그 자체로 위법하다고 할 것이다. 대법원 2005. 4. 14. 선고 2003두7590 판결 ★
>
> 3. 형사본안사건에서 무죄가 선고되어 확정되었다면 형사소송법에 따라 검사가 압수물을 제출자나 소유자 기타 권리자에게 환부하여야 할 의무가 당연히 발생한 것이고, 권리자의 환부신청에 대한 검사의 환부결정 등 어떤 처분에 의하여 비로소 환부의무가 발생하는 것은 아니므로 (중략) 검사가 피압수자의 압수물 환부신청에 대하여 아무런 결정이나 통지도 하지 아니하고 있다고 하더라도 그와 같은 부작위는 현행 행정소송법상의 부작위위법확인소송의 대상이 되지 아니한다. 대법원 1995. 3. 10. 선고 94누14018 판결
>
> 4. 4급 공무원이 당해 지방자치단체 인사위원회의 심의를 거쳐 3급 승진대상자로 결정되고 임용권자가 그 사실을 대내외에 공표까지 하였다면, 그 공무원은 승진임용에 관한 법률상 이익을 가진 자로서 임용권자에 대하여 3급 승진임용을 신청할 조리상의 권리가 있다. 대법원 2009. 7. 23. 선고 2008두10560 판결

(2) 원고적격

> 행정소송법 제36조【부작위위법확인소송의 원고적격】
> 부작위위법확인소송은 처분의 신청을 한 자로서 부작위의 위법의 확인을 구할 법률상 이익이 있는 자만이 제기할 수 있다. 03

- 처분의 신청을 한 자란 법규상 또는 조리상 신청권이 있는 자를 말하므로, 결국 대상적격인 부작위가 있으면 원고적격은 당연히 인정된다.

OX체크

01 어떠한 처분에 대하여 그 근거 법률에서 행정소송 이외의 다른 절차에 의하여 불복할 것을 예정하고 있는 경우, 그 처분이「행정소송법」상 처분의 개념에 해당한다고 하더라도 그 처분의 부작위는 부작위위법확인소송의 대상이 될 수 없다. ( )

02 부작위위법확인의 소에 있어 당사자가 행정청에 대하여 어떠한 행정행위를 하여 줄 것을 요구할 수 있는 법규상 또는 조리상 권리를 갖고 있지 아니한 경우에는 원고적격이 없거나 항고소송의 대상인 위법한 부작위가 있다고 볼 수 없어 그 부작위위법확인의 소는 부적법하다. ( )

03 부작위위법확인소송은 처분의 신청을 한 자로서 부작위의 위법의 확인을 구할 법률상의 이익이 있는 자만이 제기할 수 있다. ( )

정답
01 ○ 02 ○ 03 ○

(3) 소의 이익

- 당사자의 신청이 있은 이후 당사자에게 생긴 사정의 변화로 인하여 부작위가 위법하다는 확인을 받는다고 하더라도 종국적으로 침해되거나 방해받은 권리와 이익을 보호·구제받는 것이 불가능하게 되었다면 그 부작위가 위법하다는 확인을 구할 이익은 없다(대법원 2002. 6. 28. 선고 2000두4750 판결). **01**

(4) 제소기간

부작위위법확인의 소는 부작위상태가 계속되는 한 그 위법의 확인을 구할 이익이 있다고 보아야 하므로 원칙적으로 제소기간의 제한을 받지 않는다. 그러나 행정소송법 제38조 제2항이 제소기간을 규정한 같은 법 제20조를 부작위위법확인소송에 준용하고 있는 점에 비추어 보면, 행정심판 등 전심절차를 거친 경우에는 행정소송법 제20조가 정한 제소기간 내에 부작위위법확인의 소를 제기하여야 한다. 대법원 2009. 7. 23. 선고 2008두10560 판결 ★★★

3. 심리

(1) 심리의 범위 : 응답의무설(절차적 심리설)

- 부작위위법확인소송은 부작위의 위법성을 확인하는 데 그치고, 그 이상으로 행정청이 행하여야 할 처분의 내용까지 심리·판단할 수는 없다(대법원 2002. 6. 28. 선고 2000두4750 판결). ★

(2) 위법판단의 기준시 : 판결시(사실심 변론종결시)

소제기의 전후를 통하여 판결시까지 행정청이 그 신청에 대하여 적극 또는 소극의 처분을 함으로써 부작위상태가 해소된 때에는 소의 이익을 상실하게 되어 당해 소는 각하를 면할 수 없다. 대법원 1990. 9. 25. 선고 89누4758 판결 ★ **02**

4. 기속력과 간접강제

부작위위법확인판결의 취지는 피신청인이 신청인의 승진임용신청에 대하여 아무런 조치를 취하지 아니하는 것 자체가 위법함을 확인하는 것일 뿐이다. 따라서 피신청인이 승진임용을 거부하는 처분을 하는 경우에도 위 확정판결의 취지에 따른 처분을 하였다고 볼 것이다. 결국 신청인의 이 사건 간접강제신청은 그에 필요한 요건을 갖추지 못하였다는 것이다. 대법원 2010. 2. 5. 자 2009무153 판결 **03**

5. 소송비용

> **행정소송규칙 제17조 【부작위위법확인소송의 소송비용부담】**
> 법원은 부작위위법확인소송 계속 중 행정청이 당사자의 신청에 대하여 상당한 기간이 지난 후 처분 등을 함에 따라 소를 각하하는 경우에는 소송비용의 전부 또는 일부를 피고가 부담하게 할 수 있다.

OX 체크

01 처분의 신청 후에 원고에게 생긴 사정의 변화로 인하여, 그 처분에 대한 부작위가 위법하다는 확인을 받아도 종국적으로 침해되거나 방해받은 원고의 권리·이익을 보호·구제받는 것이 불가능하게 되었다면, 법원은 각하판결을 내려야 한다. ( )

02 소제기의 전후를 통하여 판결시까지 행정청이 그 신청에 대하여 적극 또는 소극의 처분을 함으로써 부작위상태가 해소된 때에는 소의 이익을 상실하게 되어 당해 소는 각하를 면할 수가 없다. ( )

03 부작위위법확인소송에 있어서의 판결은 행정청의 특정 부작위의 위법 여부를 확인하는 데 그치고, 적극적으로 행정청에 대하여 일정한 처분을 할 의무를 직접 명지지는 않는다. ( )

정답
01 ○ 02 ○ 03 ○

07 당사자소송

주제 30 당사자소송

I 당사자소송의 의의

행정소송법 제3조【행정소송의 종류】
행정소송은 다음의 네 가지로 구분한다.
2. 당사자소송: 행정청의 처분등을 원인으로 하는 법률관계에 관한 소송 그 밖에 공법상의 법률관계에 관한 소송으로서 그 법률관계의 한쪽 당사자를 피고로 하는 소송 01

II 불복방법의 구분

1. 항고소송의 대상이 되는 것(처분)으로 본 사례

1. [1] 국유재산 등의 관리청이 하는 행정재산의 사용·수익에 대한 허가는 순전히 사경제주체로서 행하는 사법상의 행위가 아니라 관리청이 공권력을 가진 우월적 지위에서 행하는 행정처분으로서 특정인에게 행정재산을 사용할 수 있는 권리를 설정하여 주는 강학상 특허에 해당한다. ★★★

    [2] 국립의료원 부설 주차장에 관한 위탁관리용역운영계약의 실질은 행정재산에 대한 사용·수익허가이므로, 위 계약에 따른 가산금 지급채무의 부존재를 주장하여 구제를 받으려면, 적절한 행정쟁송절차를 통하여 권리관계를 다투어야 할 것이다. 대법원 2006. 3. 9. 선고 2004다31074 판결 ★★★ 02

2. 국유재산의 관리청이 행정재산의 사용·수익을 허가한 다음 그 사용·수익하는 자에 대하여 하는 사용료 부과. 대법원 1996. 2. 13. 선고 95누11023 판결 ★ 03

3. 국유재산의 무단점유자에 대하여 하는 변상금부과처분. 대법원 1988. 2. 23. 선고 87누1046 판결 ★★ 04

4. 텔레비전방송수신료 부과행위. 대법원 2008. 7. 24. 선고 2007다25261 판결 ★

5. 수도료의 부과·징수와 이에 따른 수도료의 납부관계는 공법상의 권리·의무관계이다. 대법원 1977. 2. 23. 선고 76다2517 판결 ★ 05

6. 공공하수도 사용료의 부과징수관계는 공법상의 권리의무관계이다. 대법원 2003. 6. 24. 선고 2001두8865 판결

7. 법무사에 대하여 지방법무사회로부터 채용승인을 얻어 사무원을 채용할 의무는 법무사법에 의하여 강제되는 공법적 의무이다. 대법원 2020. 4. 9. 선고 2015다34444 판결 ★ 06

8. 국가나 지방자치단체에 근무하는 청원경찰은 국가공무원법이나 지방공무원법상의 공무원은 아니지만, 그 근무관계를 사법상의 고용계약관계로 보기는 어려우므로 그에 대한 징계처분의 시정을 구하는 소는 행정소송의 대상이지 민사소송의 대상이 아니다. 대법원 1993. 7. 13. 선고 92다47564 판결 ★ 07

OX 체크

01 당사자소송이란 행정청의 처분등을 원인으로 하는 법률관계에 관한 소송, 그 밖에 공법상의 법률관계에 관한 소송으로서 그 법률관계의 한쪽 당사자를 피고로 하는 소송을 의미한다. ( )

02 국립의료원 부설 주차장에 관한 위탁관리용역운영계약은 공법상 계약에 해당한다. ( )

03 행정재산의 사용·수익 허가에 따른 사용료를 미납한 경우에 부과된 가산금의 징수를 다투는 소송은 행정소송에 해당한다. ( )

04 국유재산의 무단점유에 대한 변상금부과는 공법관계에 해당한다. ( )

05 「수도법」에 의하여 지방자치단체인 수도사업자가 그 수돗물의 공급을 받는 자에게 하는 수도료 부과·징수와 이에 따른 수도료 납부관계는 공법상의 권리의무 관계이므로, 이에 관한 분쟁은 행정소송의 대상이다. ( )

06 법무사가 사무원을 채용할 때 소속 지방법무사회로부터 승인을 받아야 할 의무는 공법상 의무이다. ( )

07 국가나 지방자치단체에 근무하는 청원경찰의 징계처분에 대한 소송은 행정소송에 해당한다. ( )

정답
01 O 02 × 03 O 04 O 05 O
06 O 07 O

9. 공립유치원의 임용기간을 정한 전임강사로 임용되어 유치원 교사의 업무를 담당하여 온 유치원 교사의 자격이 있는 자는 **임시직 공무원**이므로 그에 대한 **해임처분의 시정** 및 수령지체된 보수의 지급을 구하는 소송은 행정소송의 대상이지 민사소송의 대상이 아니다(주 : **보수의 지급을 구하는 소송은 당사자소송**). 대법원 1991. 5. 10. 선고 90다10766 판결

10. **농지개량조합**과 그 직원과의 관계는 사법상의 근로계약관계가 아닌 공법상의 특별권력관계이고, 그 조합의 직원에 대한 **징계처분의 취소를 구하는 소송은 행정소송사항에 속한다**. 대법원 1995. 6. 9. 선고 94누10870 판결 ★ 01

2. 당사자소송의 대상이 되는 것으로 본 사례

판례

1. 납세의무자의 **부가가치세 환급세액** 지급청구. 대법원 2013. 3. 21. 선고 2011다95564 전원합의체판결 ★★★ 02
2. **납세의무부존재확인의 소**. 대법원 2000. 9. 8. 선고 99두2765 판결 ★ 03
3. 조세채권의 소멸시효 중단을 위하여 납세의무자를 상대로 제기한 **조세채권존재확인의 소**. 대법원 2020. 3. 2. 선고 2017두41771 판결 ★ 04
4. **고용보험 및 산재보험**에서 보험료 납부의무 부존재확인의 소. 대법원 2016. 10. 13. 선고 2016다221658 판결 ★★ 05
5. (지방자치단체가 보조금 지급결정을 하면서 일정 기한 내에 보조금을 반환하도록 하는 교부조건을 부가한 사안에서) 지방자치단체의 **보조금반환청구**. 대법원 2011. 6. 9. 선고 2011다2951 판결 ★ 06
6. **석탄가격안정지원금**의 지급을 구하는 소송. 대법원 1997. 5. 30. 선고 95다28960 판결 ★ 07
7. **석탄산업법령에 의한 재해위로금**의 지급을 구하는 소송. 대법원 1999. 1. 26. 선고 98두12598 판결 ★ 08
8. **텔레비전방송수신료를 징수할 권한이 있는지** 여부를 다투는 소송. 대법원 2008. 7. 24. 선고 2007다25261 판결 ★ 09
9. **지방공무원으로서의 지위확인**을 구하는 소송. 대법원 1998. 10. 23. 선고 98두12932 판결
10. **재개발조합 조합원 자격의 확인**을 구하는 소송. 대법원 1996. 2. 15. 선고 94다31235 판결 ★ 10
11. **신탁업자가 사업시행자인 재개발사업 또는 재건축사업**에서 신탁업자와 토지등소유자 사이에 '**위탁자**'**의 지위**에 관한 분쟁이 발생하는 경우, 토지등소유자는 사업시행자인 신탁업자를 상대로 마찬가지로 공법상 당사자소송에 의하여 앞서 본 '조합원' 개념에 대응되는 '위탁자' 지위의 확인을 구하는 소를 제기할 수 있다고 보아야 한다. 대법원 2025. 2. 20. 선고 2024두52427 판결

    비교판례 재개발조합과 조합장 또는 조합임원 사이의 선임·해임 등을 둘러싼 법률관계는 사법상의 법률관계로서 그 조합장 또는 조합임원의 지위를 다투는 소송은 **민사소송**에 의하여야 할 것이다. 대법원 2009. 9. 24. 자 2009마168, 169 결정 ★ 11

12. **중학교 의무교육의 위탁관계**는 공법적 관계이다. 대법원 2015. 1. 29. 선고 2012두7387 판결 ★ 12
13. 구 **도시정비법에 따른 정비기반시설의 소유권 귀속에 관한 소송**. 대법원 2018. 7. 26. 선고 2015다221569 판결

OX 체크

01 농지개량조합의 직원에 대한 징계처분은 사법관계에 해당한다. ( )

02 납세의무자에 대한 국가의 부가가치세 환급세액 지급의무는 부당이득반환의무에 해당하므로, 그에 대한 지급청구는 민사소송의 절차에 따라야 한다. ( )

03 납세의무부존재확인의 소는 공법상의 법률관계 그 자체를 다투는 소송으로서 당사자소송이다. ( )

04 국가 등 행정주체가 확정된 조세채권의 소멸시효 중단을 위하여 납세의무자를 상대로 제기한 조세채권존재확인의 소는 공법상 당사자소송에 해당한다. ( )

05 사업주가 당연가입자가 되는 고용보험 및 산재보험에서 보험료 납부의무부존재확인의 소는 당사자소송에 해당한다. ( )

06 지방자치단체가 보조금 지급결정을 하면서 일정 기한 내에 보조금을 반환하도록 하는 교부조건을 부가한 경우, 보조금을 교부받은 사업자에 대한 지방자치단체의 보조금반환청구소송은 당사자소송에 해당한다. ( )

07 구 「석탄산업법」상의 석탄가격안정지원금 지급청구에 관한 소송은 당사자소송에 해당한다. ( )

08 「석탄산업법」과 관련하여 피재근로자는 석탄산업합리화사업단이 한 재해위로금 지급거부의 의사표시에 불복이 있는 경우 공법상의 당사자소송을 제기하여야 한다. ( )

09 TV방송수신료 통합징수권한의 부존재확인은 당사자소송으로 다툴 수 있다. ( )

10 「도시재개발법」에 의한 재개발조합의 조합원은 조합원의 자격 인정 여부에 관하여 다툼이 있는 경우 공법상의 당사자소송에 의하여 그 조합원 자격의 확인을 구할 수 있다. ( )

11 주택재개발정비사업조합은 공법인에 해당하기 때문에, 조합과 조합장 또는 조합임원 사이의 선임, 해임 등을 둘러싼 법률관계는 공법상 법률관계로서, 그 조합장 또는 조합임원의 지위를 다투는 소송은 공법상 당사자소송에 의하여야 한다. ( )

12 중학교 의무교육의 위탁관계는 공법적 관계이다. ( )

정답
01 ×   02 ×   03 ○   04 ○   05 ○
06 ○   07 ○   08 ○   09 ○   10 ○
11 ×   12 ○

3. 민사소송의 대상이 되는 것으로 본 사례

판례

1. 국유재산을 매각하는 행위 및 국유재산매각 신청을 반려한 거부행위는 사법상의 행위이다. 대법원 1986. 6. 24. 선고 86누171 판결 ★

2. 지방자치단체가 일반재산을 입찰이나 수의계약을 통해 매각하는 것은 기본적으로 사경제주체의 지위에서 하는 행위이므로 원칙적으로 사적 자치와 계약자유의 원칙이 적용된다. 대법원 2017. 11. 14. 선고 2016다201395 판결 ★.

3. 국유림의 경영 및 관리에 관한 법률에 따른 임산물매각계약은 사법상 계약이다. 대법원 2020. 5. 14. 선고 2018다298409 판결 ★ 01

4. 국유잡종재산(현 '일반재산')을 대부하는 행위는 사법상의 계약이고, 국유잡종재산에 관한 대부료의 납부고지 역시 사법상의 이행청구에 해당한다. 대법원 2000. 2. 11. 선고 99다61675 판결 ★★★ 02 03

5. 국유임야를 대부하거나 매각하는 행위 및 대부계약에 의한 대부료부과 조치. 대법원 1993. 12. 7. 선고 91누11612 판결 ★

6. 한국공항공단이 무상사용허가를 받은 행정재산에 대하여 하는 전대행위는 통상의 사인간의 임대차와 다를 바가 없고, 그 임대차계약이 임차인의 사용승인신청과 임대인의 사용승인의 형식으로 이루어졌다고 하여 달리 볼 것은 아니다. 대법원 2004. 1. 15. 선고 2001다12638 판결 ★ 04

   비교판례 국유 일반재산의 대부료 등의 징수에 관하여는 국세징수법상 체납처분에 관한 규정을 준용한 간이하고 경제적인 특별구제절차가 마련되어 있으므로, 특별한 사정이 없는 한 민사소송의 방법으로 대부료 등의 지급을 구하는 것은 허용되지 아니한다. 대법원 2014. 9. 4. 선고 2014다203588 판결 ★★★ 05

7. 기부채납은 (사법상) 증여계약이다. 대법원 1996. 11. 8. 선고 96다20581 판결 ★

8. 지방자치단체가 기부채납받은 공유재산을 무상으로 기부자에게 사용을 허용하는 행위 및 기부자가 기부채납한 부동산을 일정기간 무상사용한 후에 한 사용허가기간 연장신청을 거부한 행위. 대법원 1994. 1. 25. 선고 93누7365 판결 06

9. 공공용지 특례법에 따른 토지 등의 협의취득은 사법상 매매 내지 사법상 계약의 실질을 가지는 것이고, 위 협의취득에 기한 손실보상금의 환수통보 역시 사법상의 이행청구에 해당하는 것이다. 대법원 2010. 11. 11. 선고 2010두14367 판결 ★★★ 07

10. 공익사업을 위한 토지 등의 취득 및 보상에 관한 법령에 의한 협의취득은 사법상의 법률행위이므로 당사자 사이의 자유로운 의사에 따라 채무불이행책임이나 매매대금 과부족금에 대한 지급의무를 약정할 수 있다. 대법원 2012. 2. 23. 선고 2010다91206 판결 ★ 08

11. 공익사업을 위한 토지 등의 취득 및 보상에 관한 법률에 규정된 환매권의 존부에 관한 확인을 구하는 소송 및 환매금액의 증감을 구하는 소송은 민사소송에 해당한다. 대법원 2013. 2. 28. 선고 2010두22368 판결 ★ 09

12. 조세부과처분이 당연무효임을 전제로 하여 이미 납부한 세금의 반환을 청구하는 것은 민사상의 부당이득반환청구로서 민사소송절차에 따라야 한다. 대법원 1995. 4. 28. 선고 94다55019 판결 ★★★ 10

13. 개발부담금 부과처분이 취소된 이상 그 후의 부당이득으로서의 과오납금 반환에 관한 법률관계는 단순한 민사 관계에 불과한 것이고, 행정소송 절차에 따라야 하는 관계로 볼 수 없다. 대법원 1995. 12. 22. 선고 94다51253 판결 ★ 11

14. 지방자치단체가 A 주식회사를 자원회수시설과 부대시설의 운영·유지관리 등을 위탁할 민간사업자로 선정하고 A 주식회사와 체결한 위 시설에 관한 위·수탁 운영 협약은 사법상 계약에 해당한다. 대법원 2019. 10. 17. 선고 2018두60588 판결 ★★ 12

15. 폐기물처리업의 허가를 받은 자가 지방자치단체와 「지방자치단체를 당사자로 하는 계약에 관한 법률」에 따라 재활용품의 수집·운반 업무를 대행하는 계약을 체결한 것은 사법상 계약에 해당한다. 대법원 2018. 2. 13. 선고 2014두11328 판결 ★ 13

OX체크

01 「국유림의 경영 및 관리에 관한 법률」에 따른 임산물매각계약은 사법상 계약에 해당한다. ( )

02 국유 일반재산의 대부행위는 사법관계에 해당한다. ( )

03 국유일반재산에 관한 사용료의 납입고지는 항고소송의 대상이 되는 행정처분이다. ( )

04 국유재산 중 행정재산의 사용허가는 공법관계이나, 한국공항공단이 무상사용허가를 받은 행정재산에 대하여 하는 전대행위는 사법관계이다. ( )

05 공유 일반재산의 대부료 지급은 사법상 법률관계이므로 행정상 강제집행절차가 인정되더라도 따로 민사소송으로 대부료의 지급을 구하는 것이 허용된다. ( )

06 기부자가 기부채납한 부동산을 일정기간 무상 사용한 후에 한 사용허가기간 연장신청을 거부한 지방자치단체의 장의 행위는 사법상의 행위이다. ( )

07 「공익사업을 위한 토지 등의 취득 및 보상에 관한 법률」상 사업시행자와 토지소유자 사이의 협의취득에 대한 분쟁은 민사소송으로 다투어야 한다. ( )

08 공익사업을 위한 토지 등의 취득 및 보상에 관한 법령에 의한 협의취득은 사법상의 법률행위이지만 당사자 사이의 자유로운 의사에 따라 채무불이행책임이나 매매대금 과부족금에 대한 지급의무를 약정할 수 있는 것은 아니다. ( )

09 「공익사업을 위한 토지 등의 취득 및 보상에 관한 법률」상 환매권의 존부에 관한 확인을 구하는 소송 및 환매금액의 증감을 구하는 소송은 민사소송이다. ( )

10 조세부과처분의 당연무효를 전제로 하여 이미 납부한 세금의 반환을 청구하는 것은 민사상 부당이득반환청구로서 당사자소송이 아니라 민사소송절차에 따른다. ( )

11 「개발이익환수에 관한 법률」상 개발부담금부과처분이 취소된 경우 그 과오납금의 반환을 청구하는 소송은 행정소송에 해당한다. ( )

12 지방자치단체가 사인과 체결한 자원회수시설에 대한 위탁운영협약은 사법상 계약에 해당하므로 그에 관한 다툼은 민사소송의 대상이 된다. ( )

13 폐기물처리업의 허가를 받은 甲이 A시 시장 乙과 「지방자치단체를 당사자로 하는 계약에 관한 법률」에 따라 재활용품의 수집·운반 업무를 대행하는 계약을 체결한 것은 공법상 계약에 해당한다. ( )

정답
01 ○ 02 ○ 03 × 04 ○ 05 ×
06 ○ 07 ○ 08 × 09 ○ 10 ○
11 × 12 ○ 13 ×

16. 서울특별시지하철공사의 임원과 직원의 근무관계는 사법관계이다. 대법원 1989. 9. 12. 선고 89누2103 판결 ★ 01

17. 한국방송공사의 직원 채용관계는 사법적인 관계에 해당한다. 헌법재판소 2006. 11. 30. 선고 2005헌마855 결정 ★

18. 한국마사회가 조교사 또는 기수의 면허를 부여하거나 취소하는 것은 사법상의 법률관계에서 이루어지는 단체 내부에서의 징계 내지 제재처분이다. 대법원 2008. 1. 31. 선고 2005두8269 판결 ★ 02

19. 공무원 및 사립학교 교직원 의료보험관리공단 직원의 근무관계는 사법관계이다. 대법원 1993. 11. 23. 선고 93누15212 판결

20. 사립학교 교원과 학교법인의 관계. 대법원 1993. 2. 12. 선고 92누13707 판결 ★

21. 지방자치단체의 관할구역 내에 있는 각급 학교에서 학교회계직원으로 근무하는 것을 내용으로 하는 근로계약은 사법상 계약이다. 대법원 2018. 5. 11. 선고 2015다237748 판결 ★ 03

22. 청년인턴지원협약에 따라 지급받은 지원금의 반환을 구하는 소송. 대법원 2019. 8. 30. 선고 2018다242451 판결

III 국가나 지방자치단체를 상대로 하는 급부청구의 소

1. 관련 법리

- 급부청구권이 법령의 규정에 의해 직접 구체적으로 발생: 급부청구의 거부 ➡ 처분 × ∴당사자소송
- 급부청구권이 행정청의 지급결정에 의해 비로소 발생: 급부청구의 거부 ➡ 거부처분 ○ ∴항고소송

판례

1. 공법상 각종 급부청구권은 행정청의 심사・결정의 개입 없이 법령의 규정에 의하여 직접 구체적인 권리가 발생하는 경우와 관할 행정청의 심사・인용결정에 따라 비로소 구체적인 권리가 발생하는 경우로 나눌 수 있다. 이러한 두 가지 유형 중 어느 것인지는 관계 법령에 구체적인 권리의 존부나 범위가 명확하게 정해져 있는지, 행정청의 거부결정에 대하여 불복절차가 마련되어 있는지 등을 종합하여 정해진다. 대법원 2021. 3. 18. 선고 2018두47264 전원합의체 판결

2. 관계 법령의 해석상 급부를 받을 권리가 법령의 규정에 의하여 직접 발생하는 것이 아니라 급부를 받으려고 하는 자의 신청에 따라 관할 행정청이 지급결정을 함으로써 구체적인 권리가 발생하는 경우에는, 급부를 받으려고 하는 자는 우선 관계 법령에 따라 행정청에 급부지급을 신청하여 행정청이 이를 거부하거나 일부 금액만 인정하는 지급결정을 하는 경우 그 결정을 대상으로 항고소송을 제기하고, 취소・무효확인판결의 기속력에 따른 재처분을 통하여 구체적인 권리를 인정받은 다음 비로소 공법상 당사자소송으로 급부의 지급을 구하여야 하고, 구체적인 권리가 발생하지 않은 상태에서 곧바로 행정청이 속한 국가나 지방자치단체 등을 상대로 한 당사자소송이나 민사소송으로 급부의 지급을 소구하는 것은 허용되지 않는다. 대법원 2020. 10. 15. 선고 2020다222382 판결 ★★

OX 체크

01 서울특별시 지하철공사의 사장이 소속 직원에게 한 징계처분에 대한 불복절차는 민사소송에 의하여야 한다. ( )

02 한국마사회의 기수에 대한 징계처분은 항고소송의 대상이 되는 행정처분에 해당한다. ( )

03 지방자치단체의 관할구역 내에 있는 각급 학교에서 학교회계직원으로 근무하는 것을 내용으로 하는 근로계약은 공법상 계약에 해당한다. ( )

정답
01 ○ 02 × 03 ×

2. 지급결정에 의해 비로소 급부청구권이 발생하는 사례: 항고소송

1. 공무원연금법령상 급여를 받으려고 하는 자는 우선 관계 법령에 따라 공무원연금공단에 급여지급을 신청하여 공무원연금공단이 이를 거부하거나 일부 금액만 인정하는 급여지급결정을 하는 경우 그 결정을 대상으로 항고소송을 제기하는 등으로 구체적 권리를 인정받아야 하고, 구체적인 권리가 발생하지 않은 상태에서 곧바로 공무원연금공단을 상대로 한 당사자소송으로 권리의 확인이나 급여의 지급을 소구하는 것은 허용되지 아니한다. 이러한 법리는 구체적인 급여를 받을 권리의 확인을 구하기 위하여 소를 제기하는 경우뿐만 아니라, 구체적인 급여수급권의 전제가 되는 지위의 확인을 구하는 경우에도 마찬가지로 적용된다. 대법원 2017. 2. 9. 선고 2014두43264 판결 ★★ **01**
2. 군인연금법령상 급여청구권. 대법원 2021. 12. 16. 선고 2019두45944 판결 ★ **02**
3. 민주화운동관련자 보상금청구권. 대법원 2008. 4. 17. 선고 2005두16185 전원합의체 판결 ★ **03**
4. 육아휴직급여 청구권 등 사회보장수급권. 대법원 2021. 3. 18. 선고 2018두47264 전원합의체판결
5. 산재보험법이 규정한 보험급여청구권. 대법원 2008. 2. 1. 선고 2005두12091 판결
6. 요양기관의 국민건강보험공단에 대한 요양급여비용청구권. 대법원 2023. 8. 31. 선고 2021다243355 판결
7. 진료기관의 보호기관에 대한 진료비지급청구권. 대법원 1999. 11. 26. 선고 97다42250 판결
8. 민간투자사업기본계획 등에 따른 제안비용보상금을 지급받을 권리. 대법원 2020. 10. 15. 선고 2020다222382 판결
9. 선순위 유족이 유족연금수급권을 상실함에 따른 후순위 유족의 유족연금수급권. 대법원 2019. 12. 27. 선고 2018두46780 판결

3. 법령에 의해 직접 급부청구권이 발생하는 사례: 당사자소송

1. [1] 공무원연금관리공단의 인정에 의하여 퇴직연금을 지급받아 오던 중 구 공무원연금법령의 개정 등으로 퇴직연금 중 일부 금액의 지급이 정지된 경우에는 당연히 개정된 법령에 따라 퇴직연금이 확정되는 것이지 같은 법에 정해진 공무원연금관리공단의 퇴직연금 결정과 통지에 의하여 비로소 그 금액이 확정되는 것이 아니므로, 공무원연금관리공단이 퇴직연금 중 일부 금액에 대하여 지급거부의 의사표시를 하였다고 하더라도 그 의사표시는 퇴직연금 청구권을 형성·확정하는 행정처분이 아니라 공법상의 법률관계의 한쪽 당사자로서 그 지급의무의 존부 및 범위에 관하여 나름대로의 사실상·법률상 의견을 밝힌 것일 뿐이어서, 이를 행정처분이라고 볼 수는 없고, 이 경우 미지급퇴직연금에 대한 지급청구권은 공법상 권리로서 그의 지급을 구하는 소송은 공법상의 법률관계에 관한 소송인 공법상 당사자소송에 해당한다. ★★★ **04**
[2] 공무원연금관리공단이 위와 같은 법령의 개정사실과 퇴직연금 수급자가 퇴직연금 중 일부 금액의 지급정지대상자가 되었다는 사실을 통보한 것은 단지 위와 같이 법령에서 정한 사유의 발생으로 퇴직연금 중 일부 금액의 지급이 정지된다는 점을 알려주는 관념의 통지에 불과하고, 그로 인하여 비로소 지급이 정지되는 것은 아니므로 항고소송의 대상이 되는 행정처분으로 볼 수 없다. 대법원 2004. 7. 8. 선고 2004두244 판결 ★ **05**

2. 명예퇴직수당은 명예퇴직수당 지급신청자 중에서 일정한 심사를 거쳐 피고가 명예퇴직수당 지급대상자로 결정한 경우에 비로소 지급될 수 있지만, 명예퇴직수당 지급대상자로 결정된 법관에 대하여 지급할 수당액은 명예퇴직수당규칙에 산정 기준이 정해져 있으므로, 위 법관은 위 규정에서 정한 정당한 산정 기준에 따라 산정된 명예퇴직수당액을 수령할 구체적인 권리를 가진다. 따라서 위 법관이 이미 수령한 수당액이 위 규정에서 정한 정당한 명예퇴직수당액에 미치지 못한다고 주장하며 차액의 지급을 신청함에 대하여 법원행정처장이 거부하는 의사를 표시했더라도, 그 의사표시는 명예퇴직수당액을 형성·확정하는 행정처분이 아니라 공법상의 법률관계의 한쪽 당사자로서 지급의무의 존부 및 범위에 관하여 자신의 의견을 밝힌 것에 불과하므로 행정처분으로 볼 수 없다. 결국 명예퇴직한 법관이 미지급 명예퇴직수당액에 대하여 가지는 권리는 명예퇴직수당 지급대상자 결정 절차를 거쳐 명예퇴직수당규칙에 의하여 확정된 공법상 법률관계에 관한 권리로서, 그 지급을 구하는 소송은 행정소송법의 당사자소송에 해당하며, 그 법률관계의 당사자인 국가를 상대로 제기하여야 한다. 대법원 2016. 5. 24. 선고 2013두14863 판결 ★★ **06**

OX 체크

01 공무원연금법령상 급여청구권은 법령상 요건이 충족되면 성립하는 권리이므로 급여의 신청에 대하여 공무원연금공단이 이를 거부한 경우 그 거부결정에 대한 항고소송은 허용되지 않는다. ( )

02 군인연금법령상 급여를 받으려고 하는 사람이 국방부장관에게 급여지급을 청구하였으나 거부된 경우, 곧바로 국가를 상대로 한 당사자소송으로 급여의 지급을 청구할 수 있다. ( )

03 「민주화운동관련자 명예회복 및 보상 등에 관한 법률」에 의한 보상금 지급청구소송은 당사자소송에 해당한다. ( )

04 공무원연금공단의 인정에 의해 퇴직연금을 지급받아 오던 중 공무원연금법령 개정 등으로 퇴직연금 중 일부 금액에 대해 지급이 정지된 경우, 미지급퇴직연금에 대한 지급청구권은 공법상 권리로서 그의 지급을 구하는 소송은 항고소송이다. ( )

05 공무원연금관리공단이 「공무원연금법령」의 개정사실과 퇴직연금 수급자가 퇴직연금 중 일부금액의 지급정지대상자가 되었다는 사실을 통보한 경우, 위 통보는 항고소송의 대상이 되는 행정처분이다. ( )

06 명예퇴직한 법관이 미지급 명예퇴직수당액에 대하여 가지는 권리는 명예퇴직수당 지급대상자 결정 절차를 거쳐 명예퇴직수당규칙에 의하여 확정된 공법상 법률관계에 관한 권리로서, 그 지급을 구하는 소송은 당사자소송에 해당하며, 그 법률관계의 당사자인 국가를 상대로 제기하여야 한다. ( )

정답
01 ✕ 02 ✕ 03 ✕ 04 ✕ 05 ✕
06 ○

3. 법령의 개정에 따른 국방부장관의 퇴역연금액 감액조치에 대하여 이의가 있는 퇴역연금수급권자는 항고소송을 제기하는 방법으로 감액조치의 효력을 다툴 것이 아니라 직접 국가를 상대로 정당한 퇴역연금액과 결정, 통지된 퇴역연금액과의 차액의 지급을 구하는 공법상 당사자소송을 제기하는 방법으로 다툴 수 있다. 대법원 2003. 9. 5. 선고 2002두3522 판결
4. 공무원의 연가보상비청구권. 대법원 1999. 7. 23. 선고 97누10857 판결 ★ 01
5. 지방소방공무원의 초과근무수당 지급청구권. 대법원 2013. 3. 28. 선고 2012다102629 판결 ★ 02
6. 광주민주화운동관련자 보상금청구권. 대법원 1992. 12. 24. 선고 92누3335 판결 ★ 03

IV 당사자소송의 소송요건

1. 원고적격

• 행정소송법은 당사자소송의 원고적격에 관한 규정을 두고 있지 않다. 그 결과 민사소송법이 준용되어, 당사자소송으로 확인소송을 제기함에 있어서는 보충성(확인의 이익)이 요구된다. ★ 04

판례

(지방계약직공무원이 당사자소송으로 채용계약해지 의사표시의 무효확인을 구한 사안에서) 이미 채용기간이 만료되어 소송 결과에 의해 법률상 그 직위가 회복되지 않는 이상 채용계약 해지의 의사표시의 무효확인만으로는 당해 소송에서 추구하는 권리구제의 기능이 있다고 할 수 없고, 침해된 급료지급청구권이나 사실상의 명예를 회복하는 수단은 바로 급료의 지급을 구하거나 명예훼손을 전제로 한 손해배상을 구하는 등의 이행청구소송으로 직접적인 권리 구제방법이 있는 이상 무효확인소송은 적절한 권리구제수단이라 할 수 없어 확인소송의 또 다른 소송요건을 구비하지 못하고 있다 할 것이다. 대법원 2008. 6. 12. 선고 2006두16328 판결

2. 피고적격 : 행정주체

• 당사자소송은 국가·공공단체 그 밖의 권리주체를 피고로 한다(행정소송법 제39조). ★ 05

판례

국토의 계획 및 이용에 관한 법률에서 정한 토지의 소유자·점유자 또는 관리인이 사업시행자의 일시 사용에 대하여 정당한 사유 없이 동의를 거부하는 경우, 사업시행자는 해당 토지의 소유자 등을 상대로 동의의 의사표시를 구하는 소를 당사자소송으로 제기할 수 있다. 06
행정소송법 제39조는, "당사자소송은 국가·공공단체 그 밖의 권리주체를 피고로 한다."라고 규정하고 있다. 이것은 당사자소송의 경우 항고소송과 달리 '행정청'이 아닌 '권리주체'에게 피고적격이 있음을 규정하는 것일 뿐, 피고적격이 인정되는 권리주체를 행정주체로 한정한다는 취지가 아니므로, 이 규정을 들어 사인을 피고로 하는 당사자소송을 제기할 수 없다고 볼 것은 아니다. 대법원 2019. 9. 9. 선고 2016다262550 판결 ★ 07

3. 관할법원

• 취소소송의 재판관할의 규정은 당사자소송의 경우에 준용한다. 다만, 국가 또는 공공단체가 피고인 경우에는 관계행정청의 소재지를 피고의 소재지로 본다(행정소송법 제40조). ★ 08

OX 체크

01 행정청이 공무원에게 국가공무원법령상 연가보상비를 지급하지 아니한 행위는 공무원의 연가보상비청구권을 제한하는 행위로서 항고소송의 대상이 되는 처분이다. ( )

02 지방소방공무원이 자신이 소속된 지방자치단체를 상대로 제기한 초과근무수당의 지급을 구하는 청구에 관한 소송은 당사자소송의 절차에 따라야 한다. ( )

03 구 「광주민주화운동 관련자 보상 등에 관한 법률」에 따른 보상금지급청구소송은 당사자소송에 해당한다. ( )

04 공법상 당사자소송에서는 이행소송이라는 직접적인 권리구제방법이 있다면 확인소송은 허용되지 않는다. ( )

05 당사자소송은 국가·공공단체 그 밖의 권리주체를 피고로 한다. ( )

06 「국토의 계획 및 이용에 관한 법률」상 토지소유자 등이 도시·군계획시설 사업시행자의 토지의 일시 사용에 대하여 정당한 사유 없이 동의를 거부한 경우, 사업시행자가 토지소유자를 상대로 동의의 의사표시를 구하는 소송은 당사자소송으로 보아야 한다. ( )

07 「행정소송법」상 당사자소송의 피고적격에 관한 규정은 당사자소송의 경우 피고적격이 인정되는 권리주체를 행정주체로 한정한다는 취지이므로, 사인을 피고로 하는 당사자소송을 제기할 수는 없다. ( )

08 국가 또는 공공단체가 당사자소송의 피고인 경우에는 관계행정청의 소재지를 피고의 소재지로 본다. ( )

정답
01 ✕ 02 ○ 03 ○ 04 ○ 05 ○
06 ○ 07 ✕ 08 ○

OX 체크

01 당사자소송은 공법상 법률관계에 관한 소송이므로 이를 본안으로 하는 가처분에 대하여는 「민사집행법」상 가처분에 관한 규정이 준용되지 않는다. ( )

02 관련청구소송의 이송 및 병합에 관한 「행정소송법」 제10조의 규정은 항고소송 이외에 당사자소송에는 준용되지 않는다. ( )

03 당사자소송의 경우 법원은 필요하다고 인정할 때에는 직권으로 증거조사를 할 수 있으나, 당사자가 주장하지 않은 사실에 대하여는 판단하여서는 아니 된다. ( )

04 「행정소송법」은 공법상 당사자소송을 민사소송으로 변경할 수 있는지에 관하여 명문의 규정을 두고 있지는 않으나, 공법상 당사자소송도 청구의 기초가 바뀌지 아니하는 한도 안에서 민사소송으로 소 변경이 가능하다. ( )

4. 제소기간

- 당사자소송에 관하여 법령에 제소기간이 정하여져 있는 때에는 그 기간은 불변기간으로 한다(행정소송법 제41조). ★

V 당사자소송의 심리

1. 가구제

구분	항고소송	행정심판	당사자소송
집행정지	○	○	×
민사집행법 가처분	×	임시처분	○

판례

당사자소송에 대하여는 행정소송법 제23조 제2항의 집행정지에 관한 규정이 준용되지 아니하므로, 이를 본안으로 하는 가처분에 대하여는 행정소송법 제8조 제2항에 따라 민사집행법상 가처분에 관한 규정이 준용되어야 한다. 대법원 2015. 8. 21. 자 2015무26 결정 ★

2. 구체적 심리과정

(1) 개관

- 취소소송의 관련청구소송의 이송·병합, 소송참가, 소의 변경, 행정심판의 기록제출명령, 직권심리에 관한 규정은 당사자소송에 준용된다.
- 민사소송법상 심리의 일반원칙인 처분권주의, 변론주의도 준용된다.

(2) 관련청구소송의 이송·병합

판례

이 사건 소는 행정소송인 공법상 당사자소송과 관련청구소송으로서 국가배상청구인 민사소송이 병합하여 제기된 경우에 해당하므로, 원심은 이 사건을 관할법원인 서울행정법원에 이송하였어야 한다. 그럼에도 당사자소송에 대한 관할이 없는 원심이 소멸시효 완성을 이유로 원고의 관할법원 이송 주장을 배척한 데에는 행정사건의 관할에 관한 법리를 오해하여 판결에 영향을 미친 잘못이 있다(주: 전역한 군인이 미지급 급여에 대한 지연이자를 구하는 소를 당사자소송으로 본 사례). 대법원 2025. 2. 27. 선고 2024다258167 판결

(3) 소의 변경

판례

공법상 당사자소송의 소 변경에 관하여 행정소송법은, 공법상 당사자소송을 항고소송으로 변경하는 경우 또는 처분변경으로 인하여 소를 변경하는 경우에 관하여만 규정하고 있을 뿐, 공법상 당사자소송을 민사소송으로 변경할 수 있는지에 관하여 명문의 규정을 두고 있지 않다. 그러나 공법상 당사자소송에서 민사소송으로의 소 변경이 금지된다고 볼 수 없다. 이유는 다음과 같다. (중략) 따라서 공법상 당사자소송에 대하여도 청구의 기초가 바뀌지 아니하는 한도 안에서 민사소송으로 소 변경이 가능하다고 해석하는 것이 타당하다. 대법원 2023. 6. 29. 선고 2022두44262 판결 ★

정답
01 × 02 × 03 × 04 ○

(4) 심리의 범위

민간투자사업 실시협약을 체결한 당사자가 공법상 당사자소송에 의하여 그 실시협약에 따른 재정지원금의 지급을 구하는 경우에, 수소법원은 단순히 주무관청이 재정지원금액을 산정한 절차 등에 위법이 있는지 여부를 심사하는 데 그쳐서는 아니 되고, 실시협약에 따른 적정한 재정지원금액이 얼마인지를 구체적으로 심리·판단하여야 한다. 대법원 2019. 1. 31. 선고 2017두46455 판결 ★ 01

VI 당사자소송의 판결

1. 일반론
- 취소판결의 기속력에 관한 행정소송법 제30조 제1항이 준용된다.

2. 가집행
- 가집행이란 확정되지 않은 판결에 대하여 확정판결과 같이 집행력을 부여하는 것을 말한다.
- 민사소송법이 준용됨에 따라 당사자소송에서 재산권의 청구를 인용하는 판결을 하는 경우 가집행선고를 할 수 있다(대법원 2000. 11. 28. 선고 99두3416 판결). 02
- 행정소송법 제43조는 '국가를 상대로 하는 당사자소송의 경우에는 가집행선고를 할 수 없다.'라고 규정하고 있었는데, 위 규정에 대해 헌법재판소가 평등원칙 위반을 이유로 위헌결정을 내림으로써, 현재는 국가를 상대로 하는 당사자소송의 경우에도 가집행선고를 할 수 있다. 03

행정소송법 제43조는 국가가 당사자소송의 피고인 경우 가집행의 선고를 제한하여, 국가가 아닌 공공단체 그 밖의 권리주체가 피고인 경우에 비하여 합리적인 이유 없이 차별하고 있으므로 평등원칙에 반한다. 헌법재판소 2022. 2. 24. 선고 2020헌가12 전원재판부결정

VII 형식적 당사자소송

- 실질적으로는 행정청의 처분을 다투는 것이나 형식적으로는 처분의 효력을 다투지도 않고, 처분청을 피고로 하지도 않으며, 그 대신 처분으로 인해 형성된 법률관계를 다투기 위해 관련 법률관계의 일방 당사자를 피고로 하여 제기하는 소송을 말한다.
- 실정법상 형식적 당사자소송의 예로 토지보상법상의 보상금증감소송이 있다.

OX 체크

01 민간투자사업 실시협약을 체결한 당사자가 공법상 당사자소송에 의하여 그 실시협약에 따른 재정지원금의 지급을 구하는 경우에, 수소법원은 주무관청이 재정지원금액을 산정한 절차 등에 위법이 있는지 여부를 심사할 수는 있지만 실시협약에 따른 적정한 재정지원금액이 얼마인지를 구체적으로 심리·판단할 수 없다. ( )

02 공법상 당사자소송에서 재산권의 청구를 인용하는 판결을 하는 경우 가집행선고를 할 수 있다. ( )

03 국가를 상대로 하는 당사자소송의 경우에는 가집행선고를 할 수 없다. ( )

정답
01 ✗ 02 ○ 03 ✗

Chapter 08 객관적 소송

주제 31 객관적 소송

I 의의

행정소송법 제3조【행정소송의 종류】
행정소송은 다음의 네 가지로 구분한다.
3. 민중소송: 국가 또는 공공단체의 기관이 법률에 위반되는 행위를 한 때에 직접 자기의 법률상 이익과 관계없이 그 시정을 구하기 위하여 제기하는 소송 01
4. 기관소송: 국가 또는 공공단체의 기관상호간에 있어서의 권한의 존부 또는 그 행사에 관한 다툼이 있을 때에 이에 대하여 제기하는 소송. 다만, 헌법재판소법 제2조의 규정에 의하여 헌법재판소의 관장사항으로 되는 소송은 제외한다.

헌법재판소법 제2조【관장사항】
헌법재판소는 다음 각 호의 사항을 관장한다.
4. 국가기관 상호간, 국가기관과 지방자치단체 간 및 지방자치단체 상호간의 권한쟁의에 관한 심판

- 개인의 권리구제와는 관계없이, 행정작용의 객관적인 적법성을 보장하기 위한 소송을 말한다.
- 행정소송법이 정한 객관적 소송으로는 민중소송과 기관소송이 있다.
- 민중소송의 예로는 선거소송, 국민투표소송, 주민소송 등이 있고, 기관소송의 예로는 지방자치단체의 장의 지방의회의 재의결에 대한 무효확인소송 등이 있다.

II 행정소송법 규정

행정소송법 제45조【소의 제기】
민중소송 및 기관소송은 법률이 정한 경우에 법률에 정한 자에 한하여 제기할 수 있다. 02

행정소송법 제46조【준용규정】
① 민중소송 또는 기관소송으로서 처분등의 취소를 구하는 소송에는 그 성질에 반하지 아니하는 한 취소소송에 관한 규정을 준용한다. 03
② 민중소송 또는 기관소송으로서 처분등의 효력 유무 또는 존재 여부나 부작위의 위법의 확인을 구하는 소송에는 그 성질에 반하지 아니하는 한 각각 무효등 확인소송 또는 부작위위법확인소송에 관한 규정을 준용한다.
③ 민중소송 또는 기관소송으로서 제1항 및 제2항에 규정된 소송외의 소송에는 그 성질에 반하지 아니하는 한 당사자소송에 관한 규정을 준용한다.

OX 체크

01 국가 또는 공공단체의 기관이 법률에 위반되는 행위를 한 때에 직접 자기의 법률상 이익과 관계없이 그 시정을 구하기 위하여 제기하는 소송을 기관소송이라 한다. ( )

02 민중소송 및 기관소송은 법률이 정한 자에 한하여 제기할 수 있다. ( )

03 「행정소송법」에서는 민중소송으로서 처분등의 취소를 구하는 소송에는 그 성질에 반하지 아니하는 한 취소소송에 관한 규정을 준용한다. ( )

정답
01 ✗ 02 ○ 03 ○

Chapter 09 행정심판

주제 32 행정심판

I 의의

1. 행정심판의 의의

- 행정심판이란 행정청의 위법·부당한 처분 또는 부작위에 대한 불복에 대하여 행정기관이 심판하는 행정쟁송절차를 말한다.
- 행정심판을 규율하는 법으로는 일반법인 행정심판법이 있고, 개별법에서 이에 대한 특칙(특별행정심판)을 규정하고 있는 경우가 있다.

2. 행정심판의 대상

> 행정심판법 제3조 【행정심판의 대상】
> ① 행정청의 처분 또는 부작위에 대하여는 다른 법률에 특별한 규정이 있는 경우 외에는 이 법에 따라 행정심판을 청구할 수 있다.
> ② 대통령의 처분 또는 부작위에 대하여는 다른 법률에서 행정심판을 청구할 수 있도록 정한 경우 외에는 행정심판을 청구할 수 없다. ★ 01

3. 특별행정심판

> 행정심판법 제4조 【특별행정심판 등】
> ① 사안의 전문성과 특수성을 살리기 위하여 특히 필요한 경우 외에는 이 법에 따른 행정심판을 갈음하는 특별한 행정불복절차(이하 "특별행정심판"이라 한다)나 이 법에 따른 행정심판 절차에 대한 특례를 다른 법률로 정할 수 없다.
> ② 다른 법률에서 특별행정심판이나 이 법에 따른 행정심판 절차에 대한 특례를 정한 경우에도 그 법률에서 규정하지 아니한 사항에 관하여는 이 법에서 정하는 바에 따른다.
> ③ 관계 행정기관의 장이 특별행정심판 또는 이 법에 따른 행정심판 절차에 대한 특례를 신설하거나 변경하는 법령을 제정·개정할 때에는 미리 중앙행정심판위원회와 협의하여야 한다. 02

OX 체크

01 대통령의 처분 또는 부작위에 대하여는 다른 법률에서 행정심판을 청구할 수 있도록 정한 경우 외에는 행정심판을 청구할 수 없다. ( )

02 관계 행정기관의 장이 특별행정심판 또는 「행정심판법」에 따른 행정심판 절차에 대한 특례를 신설하거나 변경하는 법령을 제정·개정할 때에는 미리 중앙행정심판위원회와 협의하여야 한다. ( )

정답
01 ○ 02 ○

4. 행정심판의 종류

> **행정심판법 제5조【행정심판의 종류】**
> 행정심판의 종류는 다음 각 호와 같다.
> 1. 취소심판: 행정청의 위법 또는 부당한 처분을 취소하거나 변경하는 행정심판
> 2. 무효등확인심판: 행정청의 처분의 효력 유무 또는 존재 여부를 확인하는 행정심판
> 3. 의무이행심판: 당사자의 신청에 대한 행정청의 위법 또는 부당한 거부처분이나 부작위에 대하여 일정한 처분을 하도록 하는 행정심판 ★ 01

- 거부처분에 대해서는 의무이행심판을 청구할 수 있는 것 외에 취소심판을 청구할 수도 있다. ★ 02

Ⅱ 심판기관

1. 심판기관의 종류(관할) ★

(1) 해당 행정청 소속 행정심판위원회
- 국회사무총장, 법원행정처장, 헌법재판소사무처장, 중앙선거관리위원회사무총장, 감사원 03
- 국가정보원장, 국가인권위원회 04

(2) 중앙행정심판위원회(국민권익위원회 소속)
- 국가행정기관의 장 또는 그 소속 행정청
- 광역자치단체의 장 또는 광역의회
- 국가·지방자치단체·공공법인 등이 공동으로 설립한 행정청

(3) 시·도지사 소속 행정심판위원회
- 시·도 소속 행정청
- 기초자치단체의 장 또는 기초의회 05
- 시·도의 관할구역에 있는 둘 이상의 기초자치단체·공공법인 등이 공동으로 설립한 행정청 06

(4) 특별행정심판위원회(개별법에 따라 조직)
- 특별행정심판위원회로는 소청심사위원회, 조세심판원, 중앙토지수용위원회 등이 있다.

2. 중앙행정심판위원회

> **행정심판법 제8조【중앙행정심판위원회의 구성】**
> ① 중앙행정심판위원회는 위원장 1명을 포함하여 70명 이내의 위원으로 구성하되, 위원 중 상임위원은 4명 이내로 한다.
> ② 중앙행정심판위원회의 위원장은 국민권익위원회의 부위원장 중 1명이 되며, 위원장이 없거나 부득이한 사유로 직무를 수행할 수 없거나 위원장이 필요하다고 인정하는 경우에는 상임위원(상임으로 재직한 기간이 긴 위원 순서로, 재직기간이 같은 경우에는 연장자 순서로 한다)이 위원장의 직무를 대행한다. 07
> ⑤ 중앙행정심판위원회의 회의는 위원장, 상임위원 및 위원장이 회의마다 지정하는 비상임위원을 포함하여 총 9명으로 구성한다.
> ⑦ 중앙행정심판위원회는 구성원 과반수의 출석과 출석위원 과반수의 찬성으로 의결한다.

OX 체크

01 당사자의 신청에 대한 행정청의 부당한 거부처분에 대하여 일정한 처분을 하도록 하는 행정심판의 청구는 현행법상 허용되고 있다. ( )

02 당사자의 신청에 대한 행정청의 부당한 거부처분을 취소하는 행정심판은 현행법상 허용되지 않는다. ( )

03 국회사무총장의 처분에 대한 행정심판의 청구에 대해서는 국민권익위원회에 두는 중앙행정심판위원회에서 심리·재결한다. ( )

04 국가정보원장의 행정처분에 대한 행정심판은 국민권익위원회에 두는 중앙행정심판위원회가 관할한다. ( )

05 종로구청장의 처분이나 부작위에 대한 행정심판청구는 서울특별시 행정심판위원회에서 심리·재결하여야 한다. ( )

06 시·도의 관할구역에 있는 둘 이상의 시·군·자치구 등이 공동으로 설립한 행정청의 처분에 대하여는 시·도지사 소속 행정심판위원회에서 심리·재결한다. ( )

07 중앙행정심판위원회의 위원장은 그 행정심판위원회가 소속된 행정청이 되며, 위원장이 부득이한 사유로 직무를 수행할 수 없거나 위원장이 필요하다고 인정하는 경우에는 위원장이 사전에 지명한 위원이 있는 경우 그 위원이 위원장의 직무를 대행한다. ( )

정답
01 O 02 × 03 × 04 × 05 O
06 O 07 ×

3. 중앙행정심판위원회 이외의 행정심판위원회

> 행정심판법 제7조【행정심판위원회의 구성】
> ① 행정심판위원회(중앙행정심판위원회는 제외한다)는 위원장 1명을 포함하여 50명 이내의 위원으로 구성한다.
> ② 행정심판위원회의 위원장은 그 행정심판위원회가 소속된 행정청이 되며, 위원장이 없거나 부득이한 사유로 직무를 수행할 수 없거나 위원장이 필요하다고 인정하는 경우에는 다음 각 호의 순서에 따라 위원이 위원장의 직무를 대행한다.
>   1. 위원장이 사전에 지명한 위원
> ③ 제2항에도 불구하고 시·도지사 소속으로 두는 행정심판위원회의 경우에는 해당 지방자치단체의 조례로 정하는 바에 따라 공무원이 아닌 위원을 위원장으로 정할 수 있다. 이 경우 위원장은 비상임으로 한다. 01
> ⑤ 행정심판위원회의 회의는 위원장과 위원장이 회의마다 지정하는 8명의 위원으로 구성한다.
> ⑥ 행정심판위원회는 구성원 과반수의 출석과 출석위원 과반수의 찬성으로 의결한다.

4. 위원의 제척·기피·회피

> 행정심판법 제10조【위원의 제척·기피·회피】
> ① 위원회의 위원은 다음 각 호의 어느 하나에 해당하는 경우에는 그 사건의 심리·의결에서 제척된다.
> ② 당사자는 위원에게 공정한 심리·의결을 기대하기 어려운 사정이 있으면 위원장에게 기피신청을 할 수 있다.
> ⑦ 위원회의 회의에 참석하는 위원이 제척사유 또는 기피사유에 해당되는 것을 알게 되었을 때에는 스스로 그 사건의 심리·의결에서 회피할 수 있다.
> ⑧ 사건의 심리·의결에 관한 사무에 관여하는 위원 아닌 직원에게도 제1항부터 제7항까지의 규정을 준용한다. 02

III 당사자와 관계인

1. 법인이 아닌 사단 또는 재단의 청구인 능력

- 법인이 아닌 사단 또는 재단으로서 대표자나 관리인이 정하여져 있는 경우에는 그 사단이나 재단의 이름으로 심판청구를 할 수 있다(행정심판법 제14조). ★ 03

OX 체크

01 예외적으로 당해 지방자치단체의 조례에서 시·도행정심판위원회의 위원장을 공무원이 아닌 위원으로 정한 경우에 그는 상임으로 직무를 수행한다. ( )

02 행정심판에 있어서 사건의 심리·의결에 관한 사무에 관여하는 직원에게는 「행정심판법」제10조의 위원의 제척·기피·회피가 적용되지 않는다. ( )

03 종중이나 교회와 같은 비법인사단은 사단 자체의 명의로 행정심판을 청구할 수 없고 대표자가 청구인이 되어 행정심판을 청구하여야 한다. ( )

정답
01 × 02 × 03 ×

2. 선정대표자

행정심판법 제15조【선정대표자】
① 여러 명의 청구인이 공동으로 심판청구를 할 때에는 청구인들 중에서 3명 이하의 선정대표자를 선정할 수 있다. ★ 01
② 청구인들이 제1항에 따라 선정대표자를 선정하지 아니한 경우에 위원회는 필요하다고 인정하면 청구인들에게 선정대표자를 선정할 것을 권고할 수 있다.
③ 선정대표자는 다른 청구인들을 위하여 그 사건에 관한 모든 행위를 할 수 있다. 다만, 심판청구를 취하하려면 다른 청구인들의 동의를 받아야 하며, 이 경우 동의받은 사실을 서면으로 소명하여야 한다.
④ 선정대표자가 선정되면 다른 청구인들은 그 선정대표자를 통해서만 그 사건에 관한 행위를 할 수 있다. ★ 01
⑤ 선정대표자를 선정한 청구인들은 필요하다고 인정하면 선정대표자를 해임하거나 변경할 수 있다. 이 경우 청구인들은 그 사실을 지체 없이 위원회에 서면으로 알려야 한다.

3. 청구인의 지위승계

행정심판법 제16조【청구인의 지위 승계】
① 청구인이 사망한 경우에는 상속인이나 그 밖에 법령에 따라 심판청구의 대상에 관계되는 권리나 이익을 승계한 자가 청구인의 지위를 승계한다.
② 법인인 청구인이 합병에 따라 소멸하였을 때에는 합병 후 존속하는 법인이나 합병에 따라 설립된 법인이 청구인의 지위를 승계한다.
⑤ 심판청구의 대상과 관계되는 권리나 이익을 양수한 자는 위원회의 허가를 받아 청구인의 지위를 승계할 수 있다. ★ 02

4. 피청구인의 경정

행정심판법 제17조【피청구인의 적격 및 경정】
① 행정심판은 처분을 한 행정청(의무이행심판의 경우에는 청구인의 신청을 받은 행정청)을 피청구인으로 하여 청구하여야 한다. 다만, 심판청구의 대상과 관계되는 권한이 다른 행정청에 승계된 경우에는 권한을 승계한 행정청을 피청구인으로 하여야 한다.
② 청구인이 피청구인을 잘못 지정한 경우에는 위원회는 직권으로 또는 당사자의 신청에 의하여 결정으로써 피청구인을 경정할 수 있다. ★ 03
④ 제2항에 따른 결정이 있으면 종전의 피청구인에 대한 심판청구는 취하되고 종전의 피청구인에 대한 행정심판이 청구된 때에 새로운 피청구인에 대한 행정심판이 청구된 것으로 본다.

5. 국선대리인

- 청구인이 경제적 능력으로 인해 대리인을 선임할 수 없는 경우에는 위원회에 국선대리인을 선임하여 줄 것을 신청할 수 있다(행정심판법 제18조의2). ★ 04

OX 체크

01 행정심판의 경우 여러 명의 청구인이 공동으로 심판청구를 할 때에는 청구인들 중에서 3명 이하의 선정대표자를 선정할 수 있고, 선정대표자가 선정되더라도 다른 청구인들은 그 선정대표자를 통해서만 그 사건에 관한 행위를 할 수 있는 것은 아니다. (   )

02 행정심판의 대상과 관련되는 권리나 이익을 양수한 특정승계인은 행정심판위원회의 허가를 받아 청구인의 지위를 승계할 수 있다. (   )

03 피청구인의 경정은 행정심판위원회에서 결정하며 언제나 당사자의 신청을 전제로 한다. (   )

04 행정심판 청구인이 경제적 능력으로 인해 대리인을 선임할 수 없는 경우에는 행정심판위원회에 국선대리인을 선임하여 줄 것을 신청할 수 있다. (   )

정답
01 ✕   02 ○   03 ✕   04 ○

6. 심판참가

- 행정심판의 결과에 이해관계가 있는 제3자나 행정청은 해당 심판청구에 대한 위원회나 소위원회의 의결이 있기 전까지 그 사건에 대하여 심판참가를 할 수 있다(행정심판법 제20조). 01
- 위원회는 필요하다고 인정하면 그 행정심판 결과에 이해관계가 있는 제3자나 행정청에 그 사건 심판에 참가할 것을 요구할 수 있고, 요구를 받은 제3자나 행정청은 지체 없이 그 사건 심판에 참가할 것인지 여부를 위원회에 통지하여야 한다(행정심판법 제21조).
- 참가인은 행정심판 절차에서 당사자가 할 수 있는 심판절차상의 행위를 할 수 있다(행정심판법 제22조).

Ⅳ 행정심판 청구

1. 심판청구의 방식

(1) 엄격한 형식을 요하지 않는 서면행위

행정심판청구는 엄격한 형식을 요하지 아니하는 서면행위이므로 행정청의 위법·부당한 처분으로 인하여 권리나 이익을 침해당한 사람이 당해 행정청에 그 처분의 취소나 변경을 구하는 취지의 서면을 제출하였다면 서면의 표제나 형식 여하에 불구하고 행정심판청구로 봄이 옳다. 대법원 1999. 6. 22. 선고 99두2772 판결 ★ 02

(2) 제목과 내용의 불일치 : 내용에 따라 판단

1. 비록 제목이 '진정서'로 되어 있고, (중략) 행정심판청구서로서의 형식을 다 갖추고 있다고 볼 수는 없으나, 문서의 기재 내용에 의하여 심판청구의 대상이 되는 행정처분의 내용과 심판청구의 취지 및 이유, 처분이 있은 것을 안 날을 알 수 있는 경우, 위 문서에 기재되어 있지 않은 재결청, 처분을 한 행정청의 고지의 유무 등의 내용과 날인 등의 불비한 점은 보정이 가능하므로 위 문서를 행정처분에 대한 행정심판청구로 볼 수 있다. 대법원 2000. 6. 9. 선고 98두2621 판결

2. 이의신청을 제기해야 할 사람이 처분청에 표제를 '행정심판청구서'로 한 서류를 제출한 경우라 할지라도 서류의 내용에 이의신청 요건에 맞는 불복취지와 사유가 충분히 기재되어 있다면 표제에도 불구하고 이를 처분에 대한 이의신청으로 볼 수 있다. 대법원 2012. 3. 29. 선고 2011두26886 판결 03

OX 체크

01 행정심판의 결과에 이해관계가 있는 제3자 또는 행정청은 행정심판위원회의 허가를 받아 그 사건에 참가할 수 있다. ( )

02 행정심판청구는 엄격한 형식을 요하지 아니하는 서면행위이다. ( )

03 법률상 이의신청을 제기해야 할 사람이 처분에 표제를 '행정심판청구서'로 한 서류를 제출하였다면, 서류의 내용에 이의신청 요건에 맞는 불복취지와 사유가 충분히 기재되어 있다고 하여도 이를 처분에 대한 이의신청으로 볼 수 없다. ( )

정답

01 ○ 02 ○ 03 ×

OX 체크

01 심판청구서를 받은 행정청은 그 심판청구가 이유있다고 인정할 때에는 심판청구의 취지에 따라 처분을 취소·변경 또는 확인을 하거나 신청에 따른 처분을 할 수 있고, 이를 청구인에게 알리고 행정심판위원회에 그 증명서류를 제출하여야 한다. ( )

02 취소심판이 제기된 경우, 행정청이 처분시에 심판청구 기간을 알리지 아니하였다 할지라도 당사자가 처분이 있음을 알게 된 날부터 90일이 경과하면 행정심판위원회는 부적법 각하재결을 하여야 한다. ( )

2. 심판청구의 절차

행정심판법 제23조【심판청구서의 제출】
① 행정심판을 청구하려는 자는 심판청구서를 작성하여 피청구인이나 위원회에 제출하여야 한다. 이 경우 피청구인의 수만큼 심판청구서 부본을 함께 제출하여야 한다. ★
② 행정청이 제58조에 따른 고지를 하지 아니하거나 잘못 고지하여 청구인이 심판청구서를 다른 행정기관에 제출한 경우에는 그 행정기관은 그 심판청구서를 지체 없이 정당한 권한이 있는 피청구인에게 보내야 한다.
④ 제27조에 따른 심판청구 기간을 계산할 때에는 제1항에 따른 피청구인이나 위원회 또는 제2항에 따른 행정기관에 심판청구서가 제출되었을 때에 행정심판이 청구된 것으로 본다.

행정심판법 제24조【피청구인의 심판청구서 등의 접수·처리】
① 피청구인이 심판청구서를 접수하거나 송부받으면 10일 이내에 심판청구서와 답변서를 위원회에 보내야 한다. 다만, 청구인이 심판청구를 취하한 경우에는 그러하지 아니하다.
② 제1항에도 불구하고 심판청구가 그 내용이 특정되지 아니하는 등 명백히 부적법하다고 판단되는 경우에 피청구인은 답변서를 위원회에 보내지 아니할 수 있다. 이 경우 심판청구서를 접수하거나 송부받은 날부터 10일 이내에 그 사유를 위원회에 문서로 통보하여야 한다.
③ 제2항에도 불구하고 위원장이 심판청구에 대하여 답변서 제출을 요구하면 피청구인은 위원장으로부터 답변서 제출을 요구받은 날부터 10일 이내에 위원회에 답변서를 제출하여야 한다.
④ 피청구인은 처분의 상대방이 아닌 제3자가 심판청구를 한 경우에는 지체 없이 처분의 상대방에게 그 사실을 알려야 한다. 이 경우 심판청구서 사본을 함께 송달하여야 한다.

행정심판법 제25조【피청구인의 직권취소등】
① 심판청구서를 받은 피청구인은 그 심판청구가 이유 있다고 인정하면 심판청구의 취지에 따라 직권으로 처분을 취소·변경하거나 확인을 하거나 신청에 따른 처분을 할 수 있다. 이 경우 서면으로 청구인에게 알려야 한다. ★ **01**
② 피청구인은 제1항에 따라 직권취소등을 하였을 때에는 청구인이 심판청구를 취하한 경우가 아니면 제24조 제1항 본문에 따라 심판청구서·답변서를 보내거나 같은 조 제3항에 따라 답변서를 보낼 때 직권취소등의 사실을 증명하는 서류를 위원회에 함께 제출하여야 한다.

3. 심판청구의 기간

행정심판법 제27조【심판청구의 기간】
① 행정심판은 처분이 있음을 알게 된 날부터 90일 이내에 청구하여야 한다.
③ 행정심판은 처분이 있었던 날부터 180일이 지나면 청구하지 못한다. 다만, 정당한 사유가 있는 경우에는 그러하지 아니하다.
④ 제1항과 제2항의 기간은 불변기간으로 한다.
⑤ 행정청이 심판청구 기간을 제1항에 규정된 기간보다 긴 기간으로 잘못 알린 경우 그 잘못 알린 기간에 심판청구가 있으면 그 행정심판은 제1항에 규정된 기간에 청구된 것으로 본다. ★
⑥ 행정청이 심판청구 기간을 알리지 아니한 경우에는 제3항에 규정된 기간(처분이 있었던 날부터 180일)에 심판청구를 할 수 있다. ★ **02**
⑦ 제1항부터 제6항까지의 규정은 무효등확인심판청구와 부작위에 대한 의무이행심판청구에는 적용하지 아니한다. ★

정답
01 ○ 02 ✕

판례

1. 과세관청이 조세처분을 하면서 행정심판 청구기간을 고지하지 않았다 하더라도 그 심사청구기간은 당해 처분이 있은 것을 안 날로부터 60일 내라 할 것이고, 행정심판법에 의하여 행정청이 행정심판청구기간을 알리지 아니한 때에는 180일 내에 심판청구를 할 수 있다 하더라도, 구 국세기본법이 조세처분에 대하여는 행정심판법의 규정을 적용하지 아니한다고 규정하고 있으므로, 그 심판청구기간을 처분이 있은 날로부터 180일 내라고 볼 수는 없다. 대법원 2001. 11. 13. 선고 2000두536 판결

2. 지방자치법에서 이의제출기간을 행정심판법 제18조 제3항 소정기간 보다 짧게 정하였다고 하여도 같은 법 제42조 제1항 소정의 고지의무에 관하여 달리 정하고 있지 아니한 이상 도로관리청인 피고가 이 사건 도로점용료 상당 부당이득금의 징수고지서를 발부함에 있어서 원고들에게 이의제출기간 등을 알려주지 아니하였다면 원고들은 지방자치법상의 이의제출기간에 구애됨이 없이 행정심판법 제18조 제6항, 제3항의 규정에 의하여 징수고지처분이 있은 날로부터 180일 이내에 이의를 제출할 수 있다고 보아야 할 것이다. 대법원 1990. 7. 10. 선고 89누6839 판결 **01**

Ⅴ 가구제

1. 집행정지

> 행정심판법 제30조【집행정지】
> ① 심판청구는 처분의 효력이나 그 집행 또는 절차의 속행에 영향을 주지 아니한다.
> ② 위원회는 처분, 처분의 집행 또는 절차의 속행 때문에 중대한 손해가 생기는 것을 예방할 필요성이 긴급하다고 인정할 때에는 직권으로 또는 당사자의 신청에 의하여 처분의 효력, 처분의 집행 또는 절차의 속행의 전부 또는 일부의 정지를 결정할 수 있다. 다만, 처분의 효력정지는 처분의 집행 또는 절차의 속행을 정지함으로써 그 목적을 달성할 수 있을 때에는 허용되지 아니한다. ★
> ③ 집행정지는 공공복리에 중대한 영향을 미칠 우려가 있을 때에는 허용되지 아니한다.
> ④ 위원회는 집행정지를 결정한 후에 집행정지가 공공복리에 중대한 영향을 미치거나 그 정지사유가 없어진 경우에는 직권으로 또는 당사자의 신청에 의하여 집행정지 결정을 취소할 수 있다.
> ⑥ 제2항과 제4항에도 불구하고 위원회의 심리·결정을 기다릴 경우 중대한 손해가 생길 우려가 있다고 인정되면 위원장은 직권으로 위원회의 심리·결정을 갈음하는 결정을 할 수 있다. 이 경우 위원장은 지체 없이 위원회에 그 사실을 보고하고 추인을 받아야 하며, 위원회의 추인을 받지 못하면 위원장은 집행정지 또는 집행정지 취소에 관한 결정을 취소하여야 한다.

2. 임시처분

> 행정심판법 제31조【임시처분】
> ① 위원회는 처분 또는 부작위가 위법·부당하다고 상당히 의심되는 경우로서 처분 또는 부작위 때문에 당사자가 받을 우려가 있는 중대한 불이익이나 당사자에게 생길 급박한 위험을 막기 위하여 임시지위를 정하여야 할 필요가 있는 경우에는 직권으로 또는 당사자의 신청에 의하여 임시처분을 결정할 수 있다. **02**
> ② 제1항에 따른 임시처분에 관하여는 제30조 제3항부터 제7항까지를 준용한다. 이 경우 같은 조 제6항 전단 중 "중대한 손해가 생길 우려"는 "중대한 불이익이나 급박한 위험이 생길 우려"로 본다. **04**
> ③ 제1항에 따른 임시처분은 집행정지로 목적을 달성할 수 있는 경우에는 허용되지 아니한다. ★ **03**

OX 체크

01 개별법률에서 정한 심판청구기간이「행정심판법」이 정한 심판청구기간보다 짧은 경우, 행정청이 행정처분을 하면서 그 개별법률상 심판청구기간을 고지하지 아니하였다면 그 개별법률에서 정한 심판청구기간 내에 한하여 심판청구가 가능하다. ( )

02 행정심판위원회는 당사자의 신청에 의한 경우는 물론 직권으로도 임시처분을 결정할 수 있다. ( )

03 행정심판위원회는 처분 또는 부작위가 위법·부당하다고 상당히 의심되는 경우로서 처분 또는 부작위 때문에 당사자가 받을 우려가 있는 중대한 불이익이나 당사자에게 생길 급박한 위험을 막기 위하여 임시지위를 정하여야 할 필요가 있는 경우에는 집행정지로 목적을 달성할 수 있더라도 직권으로 또는 당사자의 신청에 의하여 임시처분을 결정할 수 있다. ( )

04 행정심판위원회는 임시처분을 결정한 후에 임시처분이 공공복리에 중대한 영향을 미치는 경우에는 직권으로 또는 당사자의 신청에 의하여 이 결정을 취소할 수 있다. ( )

정답

01 × 02 ○ 03 × 04 ○

Ⅵ 행정심판의 심리

1. 심리의 원칙

- 행정심판에 있어서는 행정소송의 경우와 달리 처분의 위법 여부를 심사하는 합법성 심사뿐만 아니라 적법한 처분의 당·부당 여부를 심사하는 합목적성 심사도 할 수 있다. ★ 01
- 위원회는 필요하면 당사자가 주장하지 아니한 사실에 대하여도 심리할 수 있다(행정심판법 제39조). 02
- 행정심판의 심리는 구술심리나 서면심리로 한다. 다만, 당사자가 구술심리를 신청한 경우에는 서면심리만으로 결정할 수 있다고 인정되는 경우 외에는 구술심리를 하여야 한다(행정심판법 제40조). 03

2. 청구의 변경

> 행정심판법 제29조【청구의 변경】
> ① 청구인은 청구의 기초에 변경이 없는 범위에서 청구의 취지나 이유를 변경할 수 있다.
> ② 행정심판이 청구된 후에 피청구인이 새로운 처분을 하거나 심판청구의 대상인 처분을 변경한 경우에는 청구인은 새로운 처분이나 변경된 처분에 맞추어 청구의 취지나 이유를 변경할 수 있다. 04
> ③ 제1항 또는 제2항에 따른 청구의 변경은 서면으로 신청하여야 한다. 이 경우 피청구인과 참가인의 수만큼 청구변경신청서 부본을 함께 제출하여야 한다.
> ⑥ 위원회는 제1항 또는 제2항의 청구변경 신청에 대하여 허가할 것인지 여부를 결정하고, 지체 없이 신청인에게는 결정서 정본을, 당사자 및 참가인에게는 결정서 등본을 송달하여야 한다.
> ⑧ 청구의 변경결정이 있으면 처음 행정심판이 청구되었을 때부터 변경된 청구의 취지나 이유로 행정심판이 청구된 것으로 본다. ★ 05

3. 절차의 병합 또는 분리

- 위원회는 필요하면 관련되는 심판청구를 병합하여 심리하거나 병합된 관련 청구를 분리하여 심리할 수 있다(행정심판법 제37조).

4. 처분사유의 추가·변경

> 항고소송에서 처분청은 당초 처분의 근거로 삼은 사유와 기본적 사실관계가 동일성이 있다고 인정되는 한도 내에서만 다른 사유를 추가 또는 변경할 수 있고 (중략) 이러한 법리는 행정심판 단계에서도 그대로 적용된다. 대법원 2014. 5. 16. 선고 2013두26118 판결 ★ 06

5. 위법판단의 기준시

행정심판에 있어서 처분의 위법·부당 여부는 원칙적으로 <u>처분시</u>를 기준으로 판단하여야 할 것이나, 재결청은 처분 당시 존재하였거나 행정청에 제출되었던 자료뿐만 아니라, <u>재결 당시까지 제출</u>된 모든 자료를 종합하여 처분 당시 존재하였던 객관적 사실을 확정하고 그 사실에 기초하여 처분의 위법·부당 여부를 판단할 수 있다. 대법원 2001. 7. 27. 선고 99두5092 판결 ★ 01

- 다만, <u>의무이행심판의 경우 재결시</u>가 기준시가 된다.

6. 심판청구의 취하

- 청구인은 심판청구에 대하여 <u>의결이 있을 때까지</u> <u>서면으로</u> 심판청구를 취하할 수 있다(행정심판법 제42조). 02

Ⅶ 재결

1. 조정

> 행정심판법 제43조의2 【조정】
> ① 위원회는 당사자의 권리 및 권한의 범위에서 <u>당사자의 동의를 받아</u> 심판청구의 신속하고 공정한 해결을 위하여 조정을 할 수 있다. 다만, 그 조정이 공공복리에 적합하지 아니하거나 해당 처분의 성질에 반하는 경우에는 그러하지 아니하다. ★ 03
> ③ 조정은 당사자가 합의한 사항을 조정서에 기재한 후 당사자가 서명 또는 날인하고 <u>위원회가 이를 확인함으로써</u> 성립한다. 04
> ④ 제3항에 따른 조정에 대하여는 <u>제48조부터 제50조까지, 제50조의2, 제51조의 규정(주: 이상 재결의 효력에 관한 규정)</u>을 준용한다.

2. 사정재결

> 행정심판법 제44조 【사정재결】
> ① 위원회는 심판청구가 이유가 있다고 인정하는 경우에도 이를 인용하는 것이 공공복리에 크게 위배된다고 인정하면 그 심판청구를 기각하는 재결을 할 수 있다. 이 경우 위원회는 재결의 주문에서 그 <u>처분 또는 부작위</u>가 위법하거나 부당하다는 것을 구체적으로 밝혀야 한다(주: <u>부작위에 대한 의무이행심판에서도 사정재결이 인정됨</u>). ★ 05
> ② 위원회는 제1항에 따른 재결을 할 때에는 청구인에 대하여 <u>상당한 구제방법을 취하거나 상당한 구제방법을 취할 것을 피청구인에게 명할 수 있다</u>.
> ③ 제1항과 제2항은 <u>무효등확인심판에는 적용하지 아니한다</u>. ★ 06

OX 체크

01 행정심판에 있어서 행정처분의 위법·부당 여부는 원칙적으로 처분시를 기준으로 판단하여야 할 것이나, 재결 당시까지 제출된 모든 자료를 종합하여 처분 당시 존재하였던 객관적 사실을 확정하고 그 사실에 기초하여 처분의 위법·부당 여부를 판단할 수 있다. ( )

02 청구인은 구두로 행정심판청구를 취하할 수 있다. ( )

03 행정심판위원회는 당사자의 권리 및 권한의 범위에서 직권으로 심판청구의 신속하고 공정한 해결을 위하여 조정을 할 수 있지만, 그 조정이 공공복리에 적합하지 아니하거나 해당 처분의 성질에 반하는 경우에는 그러하지 아니하다. ( )

04 조정은 당사자가 합의한 사항을 조정서에 기재한 후 당사자가 서명 또는 날인함으로써 완성된다. ( )

05 행정청의 부작위에 대한 의무이행심판은 심판청구기간 규정의 적용을 받지 않고, 사정재결이 인정되지 아니한다. ( )

06 무효확인심판을 제기한 경우, 행정심판위원회는 심판청구가 이유있다고 인정하면서도 이를 인용하는 것이 공공복리에 크게 위배된다고 인정하면 심판청구를 기각할 수 있다. ( )

정답
01 ○ 02 × 03 × 04 × 05 ×
06 ×

3. 재결의 범위

행정심판법 제47조【재결의 범위】
① 위원회는 심판청구의 대상이 되는 처분 또는 부작위 외의 사항에 대하여는 재결하지 못한다. ★ 01
② 위원회는 심판청구의 대상이 되는 처분보다 청구인에게 불리한 재결을 하지 못한다. ★★ 02 03

4. 재결의 방식과 송달

행정심판법 제45조【재결 기간】
① 재결은 피청구인 또는 위원회가 심판청구서를 받은 날부터 60일 이내에 하여야 한다. 다만, 부득이한 사정이 있는 경우에는 위원장이 직권으로 30일을 연장할 수 있다.

행정심판법 제46조【재결의 방식】
① 재결은 서면으로 한다.
③ 재결서에 적는 이유에는 주문 내용이 정당하다는 것을 인정할 수 있는 정도의 판단을 표시하여야 한다.

행정심판법 제48조【재결의 송달과 효력 발생】
① 위원회는 지체 없이 당사자에게 재결서의 정본을 송달하여야 한다. 이 경우 중앙행정심판위원회는 재결 결과를 소관 중앙행정기관의 장에게도 알려야 한다. ★
② 재결은 청구인에게 제1항 전단에 따라 송달되었을 때에 그 효력이 생긴다. ★
③ 위원회는 재결서의 등본을 지체 없이 참가인에게 송달하여야 한다. ★
④ 처분의 상대방이 아닌 제3자가 심판청구를 한 경우 위원회는 재결서의 등본을 지체 없이 피청구인을 거쳐 처분의 상대방에게 송달하여야 한다. ★ 04

5. 인용재결의 종류

행정심판법 제43조【재결의 구분】
③ 위원회는 취소심판의 청구가 이유가 있다고 인정하면 처분을 취소 또는 다른 처분으로 변경하거나 처분을 다른 처분으로 변경할 것을 피청구인에게 명한다. ★★
④ 위원회는 무효등확인심판의 청구가 이유가 있다고 인정하면 처분의 효력 유무 또는 처분의 존재 여부를 확인한다.
⑤ 위원회는 의무이행심판의 청구가 이유가 있다고 인정하면 지체 없이 신청에 따른 처분을 하거나 처분을 할 것을 피청구인에게 명한다. ★★ 08

- **취소심판**에서의 인용재결은 **취소재결, 변경재결 및 변경명령재결** 이상 세 가지 종류가 있고, 취소명령재결은 존재하지 않는다. ★ 05 06 07
- 취소심판에서의 변경(명령)재결에는 소극적 변경(일부취소)뿐만이 아니라 처분을 다른 처분으로 변경하는 적극적 변경도 포함된다. ★
- **의무이행심판**에서의 인용재결은 **처분재결, 처분명령재결** 이상 두 가지 종류가 있고, 이 중 처분명령재결은 특정한 처분을 하도록 명하는 특정처분명령재결과 재결의 취지에 따른 일정한 처분을 할 것을 명하는 일정처분명령재결로 구분된다. ★

OX 체크

01 위원회는 직권에 의하여 심판청구의 대상이 되는 처분 또는 부작위 외의 사항에 대하여도 재결할 수 있다. ( )

02 행정심판위원회는 심판청구의 대상이 되는 처분보다 청구인에게 불리한 재결을 하지 못한다. ( )

03 영업정지 2월에 대한 행정심판의 심리과정에서 위원회가 청구인의 또 다른 법 위반 사실을 인지한 경우, 위원회는 당초의 영업정지 2월 처분과는 별도로 영업정지 1월을 추가하여 부과하는 재결을 할 수 있다. ( )

04 처분의 상대방이 아닌 제3자가 심판청구를 한 경우 행정심판위원회는 재결서의 등본을 지체 없이 피청구인을 거쳐 처분의 상대방에게 송달하여야 한다. ( )

05 취소심판의 인용재결에는 취소재결, 취소명령재결, 변경재결, 변경명령재결이 있다. ( )

06 취소심판을 제기한 경우, 행정심판위원회는 심판청구가 이유가 있다고 인정하면 처분변경명령재결을 할 수 있다. ( )

07 행정심판위원회는 심판의 대상이 되는 영업정지 2월의 처분을 과징금으로 변경할 수 없다. ( )

08 의무이행심판의 청구가 이유 있다고 인정되는 경우에는 행정심판위원회는 직접 신청에 따른 처분을 할 수 없고, 피청구인에게 처분을 할 것을 명하는 재결을 할 수 있을 뿐이다. ( )

정답
01 × 02 ○ 03 × 04 ○ 05 ×
06 ○ 07 × 08 ×

6. 재결의 효력

(1) 형성력

행정심판 재결의 내용이 처분청에게 처분의 취소를 명하는 것이 아니라 재결청이 스스로 처분을 취소하는 것일 때에는 그 재결의 형성력에 의하여 당해 처분은 별도의 행정처분을 기다릴 것 없이 당연히 취소되어 소멸되는 것이다. 대법원 1998. 4. 24. 선고 97누17131 판결 ★ 01

(2) 기판력 : 인정되지 않음

재결에 판결에서와 같은 기판력이 인정되는 것은 아니어서 재결이 확정된 경우에도 처분의 기초가 된 사실관계나 법률적 판단이 확정되고 당사자들이나 법원이 이에 기속되어 모순되는 주장이나 판단을 할 수 없게 되는 것은 아니다. 대법원 2015. 11. 27. 선고 2013다6759 판결 ★★★ 02

(3) 기속력

> 행정심판법 제49조 【재결의 기속력 등】
> ① 심판청구를 인용하는 재결은 피청구인과 그 밖의 관계 행정청을 기속한다.
> ② 재결에 의하여 취소되거나 무효 또는 부존재로 확인되는 처분이 당사자의 신청을 거부하는 것을 내용으로 하는 경우에는 그 처분을 한 행정청은 재결의 취지에 따라 다시 이전의 신청에 대한 처분을 하여야 한다. ★★ 03 04
> ③ 당사자의 신청을 거부하거나 부작위로 방치한 처분의 이행을 명하는 재결이 있으면 행정청은 지체 없이 이전의 신청에 대하여 재결의 취지에 따라 처분을 하여야 한다. ★★ 05
> ④ 신청에 따른 처분이 절차의 위법 또는 부당을 이유로 재결로써 취소된 경우에는 제2항을 준용한다. 06
> ⑤ 법령의 규정에 따라 공고하거나 고시한 처분이 재결로써 취소되거나 변경되면 처분을 한 행정청은 지체 없이 그 처분이 취소 또는 변경되었다는 것을 공고하거나 고시하여야 한다. ★ 07
> ⑥ 법령의 규정에 따라 처분의 상대방 외의 이해관계인에게 통지된 처분이 재결로써 취소되거나 변경되면 처분을 한 행정청은 지체 없이 그 이해관계인에게 그 처분이 취소 또는 변경되었다는 것을 알려야 한다.

- 기속력은 인용재결에 한하여 인정되고 기각재결에는 인정되지 않는다. 따라서 기각재결이 있은 후에도 처분청은 당해 처분을 직권으로 취소할 수 있다. ★★ 08

OX 체크

01 행정심판 재결의 내용이 처분청의 처분을 스스로 취소하는 것일 때에는 그 재결의 형성력이 발생하여 당해 행정처분은 별도의 행정처분을 기다릴 것 없이 당연히 취소되어 소멸된다. (   )

02 행정심판의 재결이 확정되면 피청구인인 행정청을 기속하는 효력이 있고 그 처분의 기초가 된 사실관계나 법률적 판단이 확정되므로 이후 당사자 및 법원은 이에 모순되는 주장이나 판단을 할 수 없다. (   )

03 재결에 의하여 취소되거나 무효 또는 부존재로 확인되는 처분이 당사자의 신청을 거부하는 것을 내용으로 하는 경우에는 그 처분을 한 행정청은 재결의 취지에 따라 다시 이전의 신청에 대한 처분을 하여야 한다. (   )

04 당사자의 신청을 거부하는 처분에 대한 취소심판에서 인용재결이 내려진 경우, 의무이행심판과 달리 행정청은 재처분의무를 지지 않는다. (   )

05 당사자의 신청을 거부하거나 부작위로 방치한 처분의 이행을 명하는 재결이 있으면 행정청은 지체 없이 이전의 신청에 대하여 재결의 취지에 따라 처분을 하여야 한다. (   )

06 신청에 따른 처분이 절차의 위법 또는 부당을 이유로 재결로써 취소된 경우 적법한 절차에 따라 신청에 따른 처분을 하거나 신청을 기각하는 처분을 하여야 한다. (   )

07 법령의 규정에 따라 공고하거나 고시한 처분이 재결로써 취소되거나 변경되면 처분을 한 행정청은 지체 없이 그 처분이 취소 또는 변경되었다는 것을 공고하거나 고시하여야 한다. (   )

08 행정심판위원회의 기각재결이 있은 후에는 행정청은 원처분을 직권으로 취소할 수 없다. (   )

정답
01 ○ 02 × 03 ○ 04 × 05 ○
06 ○ 07 ○ 08 ×

OX 체크

01 조세부과처분이 국세청장에 대한 불복심사청구에 의하여 그 불복사유가 이유있다고 인정되어 취소되었음에도 처분청이 동일한 사실에 관하여 부과처분을 되풀이 한 것이라면 설령 그 부과처분이 감사원의 시정요구에 의한 것이라 하더라도 위법하다. ( )

02 재결의 기속력은 재결의 주문 및 그 전제가 된 요건사실의 인정과 판단, 즉 처분 등의 구체적 위법사유에 관한 판단에만 미친다. ( )

03 당사자의 신청을 받아들이지 않은 거부처분이 재결에서 취소된 경우에 행정청은 종전 거부처분 또는 재결 후에 발생한 새로운 사유를 내세워 다시 거부처분을 할 수 없다. ( )

04 교원소청심사위원회의 결정은 학교법인에 대하여 기속력을 가지만 기속력은 그 결정의 주문에 포함된 사항에 미치는 것이지 그 전제가 된 요건사실의 인정과 불리한 처분 등의 구체적 위법사유에 관한 판단에까지 미치는 것은 아니다. ( )

05 행정심판위원회는 처분이행명령재결이 있음에도 피청구인이 처분을 하지 않은 경우 당사자의 신청에 의해 기간을 정하여 서면으로 시정을 명하고 그 기간 안에 이행하지 않으면 원칙적으로 직접 처분을 할 수 있다. ( )

06 거부처분에 대한 취소심판이나 무효등확인심판청구에서 인용재결이 있었음에도 불구하고 피청구인인 행정청이 재결의 취지에 따른 처분을 하지 아니한 경우에는 당사자가 신청하면 행정심판위원회는 기간을 정하여 서면으로 시정을 명하고 그 기간 이행하지 아니하면 직접 처분을 할 수 있다. ( )

07 정보공개명령재결은 행정심판위원회에 의한 직접처분의 대상이 된다. ( )

08 행정심판위원회는 직접 처분을 하였을 때에는 그 사실을 해당 행정청에 통보하여야 하며, 그 통보를 받은 행정청은 행정심판위원회가 한 처분을 자기가 한 처분으로 보아 관계 법령에 따라 관리·감독 등 필요한 조치를 하여야 한다. ( )

정답
01 O 02 O 03 X 04 X 05 O
06 X 07 X 08 O

판례

1. 양도소득세 및 방위세부과처분이 국세청장에 대한 불복심사청구에 의하여 그 불복사유가 이유있다고 인정되어 취소되었음에도 처분청이 동일한 사실에 관하여 부과처분을 되풀이 한 것이라면 설령 그 부과처분이 감사원의 시정요구에 의한 것이라 하더라도 위법하다. 대법원 1986. 5. 27. 선고 86누127 판결 ★ **01**

2. 택지초과소유부담금 부과처분을 취소하는 재결이 있는 경우 당해 처분청은 재결의 취지에 반하지 아니하는 한, 즉 당초 처분과 동일한 사정 아래에서 동일한 내용의 처분을 반복하는 것이 아닌 이상, 그 재결에 적시된 위법사유를 시정·보완하여 정당한 부담금을 산출한 다음 새로이 부담금을 부과할 수 있는 것이고, 이러한 새로운 부과처분은 재결의 기속력에 저촉되지 아니한다. 대법원 1997. 2. 25. 선고 96누14784, 14791 판결

3. 재결의 기속력은 재결의 주문 및 그 전제가 된 요건사실의 인정과 판단, 즉 처분 등의 구체적 위법사유에 관한 판단에만 미친다고 할 것이고, 종전 처분이 재결에 의하여 취소되었다 하더라도 종전 처분시와는 다른 사유를 들어서 처분을 하는 것은 기속력에 저촉되지 않는다. 대법원 2005. 12. 9. 선고 2003두7705 판결 ★★★ **02 03**

4. 교원소청심사위원회의 결정은 처분청에 대하여 기속력을 가지고 이는 그 결정의 주문에 포함된 사항뿐 아니라 그 전제가 된 요건사실의 인정과 판단, 즉 처분 등의 구체적 위법사유에 관한 판단에까지 미친다. 대법원 2013. 7. 25. 선고 2012두12297 판결 ★ **04**

7. 위원회의 직접 처분

> **행정심판법 제50조【위원회의 직접 처분】**
> ① 위원회는 피청구인이 제49조제3항(주: 의무이행심판의 처분명령재결)에도 불구하고 처분을 하지 아니하는 경우에는 당사자가 신청하면 기간을 정하여 서면으로 시정을 명하고 그 기간에 이행하지 아니하면 직접 처분을 할 수 있다. 다만, 그 처분의 성질이나 그 밖의 불가피한 사유로 위원회가 직접 처분을 할 수 없는 경우(예 정보공개명령재결)에는 그러하지 아니하다. ★★ **05 06 07**
> ② 위원회는 제1항 본문에 따라 직접 처분을 하였을 때에는 그 사실을 해당 행정청에 통보하여야 하며, 그 통보를 받은 행정청은 위원회가 한 처분을 자기가 한 처분으로 보아 관계 법령에 따라 관리·감독 등 필요한 조치를 하여야 한다. **08**

판례

1. 재결청이 직접 처분을 하기 위하여는 처분의 이행을 명하는 재결이 있었음에도 당해 행정청이 아무런 처분을 하지 아니하였어야 하므로, 당해 행정청이 어떠한 처분을 하였다면 그 처분이 재결의 내용에 따르지 아니하였다고 하더라도 재결청이 직접 처분을 할 수는 없다(주: 재량의 불행사를 이유로 거부처분에 대한 일정처분명령재결이 있었고, 그 후 행정청이 이익형량을 하여 다시 거부처분을 한 사례). 대법원 2002. 7. 23. 선고 2000두9151 판결

2. 피청구인이 행한 인용재결에서 재결의 내용에 포함된 것은 골프연습장에 관한 것뿐으로서 청구인은 인용재결내용에 포함되지 아니한 이 사건 진입도로에 대한 도시계획사업시행자지정처분을 할 의무는 없으므로, 피청구인이 이 사건 진입도로에 대하여까지 청구인의 불이행을 이유로 행정심판법 제37조 제2항에 의하여 도시계획사업시행자지정처분을 한 것은 인용재결의 범위를 넘어 청구인의 권한을 침해한 것으로서, 그 처분에 중대하고도 명백한 흠이 있어 무효라고 할 것이다. 헌법재판소 1999. 7. 22. 선고 98헌라4 전원재판부

8. 위원회의 간접강제

> 행정심판법 제50조의2【위원회의 간접강제】
> ① 위원회는 피청구인이 제49조제2항(제49조제4항에서 준용하는 경우를 포함한다)(거부처분에 대한 취소 또는 무효확인재결) 또는 제3항(의무이행심판의 처분명령재결)에 따른 처분을 하지 아니하면 청구인의 신청에 의하여 결정으로 상당한 기간을 정하고 피청구인이 그 기간 내에 이행하지 아니하는 경우에는 그 지연기간에 따라 일정한 배상을 하도록 명하거나 즉시 배상을 할 것을 명할 수 있다(주 : 취소심판의 변경명령재결에 대한 간접강제는 규정되어 있지 않음). ★★ 01 02
> ② 위원회는 사정의 변경이 있는 경우에는 당사자의 신청에 의하여 제1항에 따른 결정의 내용을 변경할 수 있다. 03
> ③ 위원회는 제1항 또는 제2항에 따른 결정을 하기 전에 신청 상대방의 의견을 들어야 한다.
> ④ 청구인은 제1항 또는 제2항에 따른 결정에 불복하는 경우 그 결정에 대하여 행정소송을 제기할 수 있다. ★ 04
> ⑤ 제1항 또는 제2항에 따른 결정의 효력은 피청구인인 행정청이 소속된 국가·지방자치단체 또는 공공단체에 미치며, 결정서 정본은 제4항에 따른 소송제기와 관계없이 「민사집행법」에 따른 강제집행에 관하여는 집행권원과 같은 효력을 가진다. 이 경우 집행문은 위원장의 명에 따라 위원회가 소속된 행정청 소속 공무원이 부여한다. ★ 05 06
> ⑥ 간접강제 결정에 기초한 강제집행에 관하여 이 법에 특별한 규정이 없는 사항에 대하여는 「민사집행법」의 규정을 준용한다.

9. 재결에 대한 불복

(1) 행정심판 재청구의 금지

- 심판청구에 대한 재결이 있으면 그 재결 및 같은 처분 또는 부작위에 대하여 다시 행정심판을 청구할 수 없다(행정심판법 제51조). ★★ 07

(2) 피청구인의 불복 가부 : 불가능

> **판례**
>
> 1. 처분행정청은 재결에 기속되어 재결의 취지에 따른 처분의무를 부담하게 되므로 이에 불복하여 행정소송을 제기할 수 없다. 대법원 1998. 5. 8. 선고 97누15432 판결 ★★ 08
> 2. 행정심판법은 심판대상조항으로 인용재결의 기속력이 미치는 주관적 범위를 단지 '피청구인'으로 정함에 따라 행정청이 아닌 피청구인에게 인용재결의 기속력이 미치게 되었다. 따라서 정보공개청구인이 정보공개와 관련한 공공기관의 결정 등에 대해 행정심판을 청구하여 그 행정심판절차에서 공공기관의 정보공개를 명하는 인용재결이 내려진 경우에는, 심판대상조항에 따라 피청구인인 공공기관(주 : 국립대학법인 서울대학교)은 인용재결에 기속되고 이에 불복하여 행정소송을 제기할 수 없다. 헌법재판소 2023. 3. 23. 선고 2018헌바385 전원재판부 결정

OX 체크

01 행정심판 인용재결에 따른 행정청의 재처분 의무에도 불구하고 행정청이 인용재결에 따른 처분을 하지 아니하는 경우에, 행정심판위원회는 청구인의 신청이 없어도 결정으로 일정한 배상을 하도록 명할 수 있다. ( )

02 처분을 다른 처분으로 변경할 것을 명령하는 재결에 대해 행정청이 이를 따르지 않는 경우 간접강제제도에 의한 강제가 가능하다. ( )

03 행정심판위원회는 사정의 변경이 있는 경우에는 당사자의 신청에 의하여 간접강제결정의 내용을 변경할 수 있으며, 변경결정을 하기 전에 신청 상대방의 의견을 들어야 한다. ( )

04 청구인은 행정심판위원회의 간접강제 결정에 불복하는 경우 그 결정에 대하여 행정소송을 제기할 수 있다. ( )

05 인용재결의 기속력은 피청구인과 그 밖의 관계 행정청에 미치고, 행정심판위원회의 간접강제 결정의 효력은 피청구인인 행정청이 소속된 국가·지방자치단체 또는 공공단체에 미친다. ( )

06 간접강제의 결정서 정본은 「민사집행법」에 따른 강제집행에 관하여는 집행권원과 같은 효력을 가진다. 다만, 청구인이 해당 결정에 불복하는 소송을 제기한 경우에는 이러한 효력이 인정될 수 없다. ( )

07 행정심판의 재결에 대해서는 재결 자체에 고유한 위법이 있음을 이유로 하는 경우에 한하여 다시 행정심판을 청구할 수 있다. ( )

08 행정심판위원회가 영업정지처분을 취소하는 재결을 할 경우, 행정청은 이 인용재결의 취소를 구하는 행정소송을 제기할 수 없다. ( )

정답
01 ✗ 02 ✗ 03 ○ 04 ○ 05 ○
06 ✗ 07 ✗ 08 ○

Ⅷ 그 밖의 주요 내용

1. 행정심판의 고지

(1) 행정심판법 규정

> **행정심판법 제58조【행정심판의 고지】**
> ① 행정청이 처분을 할 때에는 처분의 상대방에게 다음 각 호의 사항을 알려야 한다.
>   1. 해당 처분에 대하여 행정심판을 청구할 수 있는지
>   2. 행정심판을 청구하는 경우의 심판청구 절차 및 심판청구 기간
> ② 행정청은 이해관계인이 요구하면 다음 각 호의 사항을 지체 없이 알려 주어야 한다. 이 경우 서면으로 알려 줄 것을 요구받으면 서면으로 알려 주어야 한다. **01**
>   1. 해당 처분이 행정심판의 대상이 되는 처분인지
>   2. 행정심판의 대상이 되는 경우 소관 위원회 및 심판청구 기간

(2) 고지의 하자

> 고지절차에 관한 규정은 행정처분의 상대방이 그 처분에 대한 행정심판의 절차를 밟는 데 있어 편의를 제공하려는 데 있으며 처분청이 위 규정에 따른 고지의무를 이행하지 아니하였다고 하더라도 경우에 따라서는 행정심판의 제기기간이 연장될 수 있는 것에 그치고 이로 인하여 심판의 대상이 되는 행정처분에 어떤 하자가 수반된다고 할 수 없다. 대법원 1987. 11. 24. 선고 87누529 판결 ★★ **02**

2. 그 밖의 행정심판법 규정

> **행정심판법 제54조【전자정보처리조직을 이용한 송달 등】**
> ① 피청구인 또는 위원회는 제52조 제1항(전자정보처리조직을 통한 심판청구)에 따라 행정심판을 청구하거나 심판참가를 한 자에게 전자정보처리조직과 그와 연계된 정보통신망을 이용하여 재결서나 이 법에 따른 각종 서류를 송달할 수 있다. 다만, 청구인이나 참가인이 동의하지 아니하는 경우에는 그러하지 아니하다. ★ **03**
> ③ 제1항에 따른 전자정보처리조직을 이용한 서류 송달은 서면으로 한 것과 같은 효력을 가진다.
>
> **행정심판법 제55조【증거서류 등의 반환】**
> 위원회는 재결을 한 후 증거서류 등의 반환 신청을 받으면 신청인이 제출한 문서·장부·물건이나 그 밖의 증거자료의 원본을 지체 없이 제출자에게 반환하여야 한다.
>
> **행정심판법 제57조【서류의 송달】**
> 이 법에 따른 서류의 송달에 관하여는 「민사소송법」 중 송달에 관한 규정을 준용한다. ★ **04**
>
> **행정심판법 제59조【불합리한 법령 등의 개선】**
> ① 중앙행정심판위원회는 심판청구를 심리·재결할 때에 처분 또는 부작위의 근거가 되는 명령 등(대통령령·총리령·부령·훈령·예규·고시·조례·규칙 등을 말한다)이 법령에 근거가 없거나 상위 법령에 위배되거나 국민에게 과도한 부담을 주는 등 크게 불합리하면 관계 행정기관에 그 명령 등의 개정·폐지 등 적절한 시정조치를 요청할 수 있다. 이 경우 중앙행정심판위원회는 시정조치를 요청한 사실을 법제처장에게 통보하여야 한다. **05**

OX 체크

01 행정청은 제3자인 이해관계인이 요구하면, 해당 처분이 행정심판의 대상이 되는 처분인지와 행정심판의 대상이 되는 경우 소관 위원회 및 심판청구 기간을 지체 없이 알려 주어야 한다. ( )

02 행정청이 행정처분을 하면서 상대방에게 불복절차에 관한 고지의무를 이행하지 않았다면 이는 절차적 하자로서 그 행정처분은 위법하게 된다. ( )

03 피청구인 또는 행정심판위원회는 전자정보처리조직을 통하여 행정심판을 청구하거나 심판참가를 한 자가 동의한 경우에 전자정보처리조직과 그와 연계된 정보통신망을 이용하여 재결서나 「행정심판법」에 따른 각종 서류를 청구인 또는 참가인에게 송달할 수 있다. ( )

04 「행정심판법」에 따른 서류의 송달에 관하여는 「행정절차법」 중 송달에 관한 규정을 준용한다. ( )

05 중앙행정심판위원회는 심판청구를 심리·재결할 때에 처분 또는 부작위의 근거가 되는 명령 등이 상위 법령에 위반되면 관계 행정기관에 그 명령 등의 개정·폐지 등 적절한 시정조치를 요청할 수 있고, 그 사실을 법제처장에게 통보하여야 한다. ( )

정답
01 ○ 02 ✕ 03 ○ 04 ✕ 05 ○

IX 이의신청

1. 의의

- 이의신청이란 위법·부당한 행정작용으로 인하여 권리가 침해된 자가 통상 처분청에 대하여 그러한 행위의 시정을 구하는 절차를 말한다.

2. 행정기본법에 따른 이의신청

> **행정기본법 제36조 【처분에 대한 이의신청】** ★★
> ① 행정청의 처분(「행정심판법」 제3조에 따라 같은 법에 따른 행정심판의 대상이 되는 처분을 말한다. 이하 이 조에서 같다)에 이의가 있는 당사자는 처분을 받은 날부터 30일 이내에 해당 행정청에 이의신청을 할 수 있다. `01`
> ② 행정청은 제1항에 따른 이의신청을 받으면 그 신청을 받은 날부터 14일 이내에 그 이의신청에 대한 결과를 신청인에게 통지하여야 한다. 다만, 부득이한 사유로 14일 이내에 통지할 수 없는 경우에는 그 기간을 만료일 다음 날부터 기산하여 10일의 범위에서 한 차례 연장할 수 있으며, 연장 사유를 신청인에게 통지하여야 한다. `02`
> ③ 제1항에 따라 이의신청을 한 경우에도 그 이의신청과 관계없이 「행정심판법」에 따른 행정심판 또는 「행정소송법」에 따른 행정소송을 제기할 수 있다. `03`
> ④ 이의신청에 대한 결과를 통지받은 후 행정심판 또는 행정소송을 제기하려는 자는 그 결과를 통지받은 날(제2항에 따른 통지기간 내에 결과를 통지받지 못한 경우에는 같은 항에 따른 통지기간이 만료되는 날의 다음 날을 말한다)부터 90일 이내에 제1항의 처분(이의신청 결과 처분이 변경된 경우에는 변경된 처분으로 한다)에 대하여 행정심판 또는 행정소송을 제기할 수 있다. `04`
> ⑤ 행정청은 제2항 또는 다른 법률에 따라 이의신청에 대한 결과를 통지할 때에는 대통령령으로 정하는 바에 따라 제4항에 따른 행정심판 또는 행정소송을 제기할 수 있는 기간 등 행정심판 또는 행정소송의 제기에 관한 사항을 함께 안내하여야 한다. 다만, 이의신청에 대한 결과를 통지하기 전에 이미 신청인이 행정심판 또는 행정소송을 제기한 경우에는 안내하지 아니할 수 있다.
> ⑥ 다른 법률에서 이의신청과 이에 준하는 절차에 대하여 정하고 있는 경우에도 그 법률에서 규정하지 아니한 사항에 관하여는 이 조에서 정하는 바에 따른다. `05`
> ⑦ 제1항부터 제5항까지에서 규정한 사항 외에 이의신청의 방법 및 절차 등에 관한 사항은 대통령령으로 정한다.
> ⑧ 다음 각 호의 어느 하나에 해당하는 사항에 관하여는 이 조를 적용하지 아니한다.
>   1. 공무원 인사 관계 법령에 따른 징계 등 처분에 관한 사항 `06`
>   2. 「국가인권위원회법」 제30조에 따른 진정에 대한 국가인권위원회의 결정
>   3. 「노동위원회법」 제2조의2에 따라 노동위원회의 의결을 거쳐 행하는 사항
>   4. 형사, 행형 및 보안처분 관계 법령에 따라 행하는 사항
>   5. 외국인의 출입국·난민인정·귀화·국적회복에 관한 사항
>   6. 과태료 부과 및 징수에 관한 사항 `07`

OX 체크

`01` 「행정기본법」에 따르면, 행정청의 처분에 이의가 있는 당사자는 처분을 받은 날부터 30일 이내에 해당 행정청 또는 감독청에 이의신청을 할 수 있다. ( )

`02` 「행정기본법」에 따르면, 행정청은 이의신청을 받으면 부득이한 사유가 아니라면 그 신청을 받은 날부터 14일 이내에 그 이의신청에 대한 결과를 신청인에게 통지하여야 한다. ( )

`03` 「행정기본법」에 따르면, 이의신청을 한 경우에도 그 이의신청과 관계없이 「행정심판법」에 따른 행정심판 또는 「행정소송법」에 따른 행정소송을 제기할 수 있다. ( )

`04` 「행정기본법」에 따르면, 이의신청에 대한 결과를 통지받은 후 행정심판 또는 행정소송을 제기하려는 자는 그 결과를 통지받은 날부터 90일 이내에 행정심판 또는 행정소송을 제기할 수 있다. ( )

`05` 다른 법률에서 이의신청과 이에 준하는 절차에 대하여 정하고 있는 경우에도 그 법률에서 규정하지 아니한 사항에 관하여는 「행정기본법」에서 정하는 바에 따른다. ( )

`06` 공무원 인사관계 법령에 의한 징계 등 처분에 관한 사항에 대하여도 「행정기본법」상의 이의신청 규정이 적용된다. ( )

`07` 과태료 부과 및 징수에 관한 사항은 「행정기본법」에 따른 이의신청이 인정되지 아니한다. ( )

정답
01 × 02 ○ 03 ○ 04 ○ 05 ○
06 × 07 ○

[01] 과세처분에 관한 이의신청절차에서 과세관청이 이의신청사유가 옳다고 인정하여 과세처분을 직권으로 취소한 이상 그 후 특별한 사유 없이 이를 번복하고 종전 처분을 되풀이하는 것은 허용되지 않는다. ( )

3. 주요 법리

(1) 불가변력

- 이의신청은 비록 준사법적 행위는 아니지만, 불복절차인 점을 고려하여 <u>불가변력이 인정</u>된다.

> **판례**
>
> <u>과세처분에 관한 이의신청절차에서 과세관청이 이의신청 사유가 옳다고 인정하여 과세처분을 직권으로 취소한 이상 그 후 특별한 사유 없이 이를 번복하고 종전 처분을 되풀이하는 것은 허용되지 않는다</u>. 대법원 2010. 9. 30. 선고 2009두1020 판결 ★ **01**

(2) 처분사유의 추가·변경

- 이의신청은 내부적 시정절차에 불과하기 때문에 <u>기본적 사실관계의 동일성이 인정되지 않는다고 하더라도 처분사유의 추가·변경이 가능하다</u>.

> **판례**
>
> <u>산업재해보상보험법상 심사청구에 관한 절차</u>는 보험급여에 관한 처분을 한 근로복지공단으로 하여금 스스로의 심사를 통하여 당해 처분의 적법성과 합목적성을 확보하도록 하는 근로복지공단 <u>내부의 시정절차</u>에 해당한다고 보아야 한다. 따라서 <u>처분청이 스스로 당해 처분의 적법성과 합목적성을 확보하고자 행하는 자신의 <u>내부 시정절차</u>에서는 당초 처분의 근거로 삼은 사유와 <u>기본적 사실관계의 동일성이 인정되지 않는 사유라고 하더라도</u> 이를 처분의 적법성과 합목적성을 뒷받침하는 처분사유로 추가·변경할 수 있다고 보는 것이 타당하다. 대법원 2012. 9. 13. 선고 2012두3859 판결

(3) 이의신청에 대한 결정의 성질

- 이의신청에 대해 <u>원처분을 취소 또는 변경하는 결정</u>은 원처분을 취소 또는 변경하는 새로운 <u>처분</u>이다.
- 반면, 이의신청의 대상이 된 기존의 처분을 그대로 유지하는 결정(기각결정)은 단순한 <u>사실행위</u>에 그치고 처분성이 인정되지 않는 것이 원칙이다(대법원 2016. 7. 27. 선고 2015두45953 판결).
- 그러나 기각결정이 <u>별도의 의사결정과정과 절차</u>를 거쳐 이루어진 독립된 행정처분의 성질을 갖는 경우에는 <u>처분성이 인정</u>된다(대법원 2016. 7. 14. 선고 2015두58645 판결).

> **판례**
>
> 1. <u>국가유공자(보훈대상자) 비해당처분</u>에 대한 이의신청을 받아들이지 아니하는 결정은 이의신청인의 권리·의무에 새로운 변동을 가져오는 공권력의 행사나 이에 준하는 행정작용이라고 할 수 없으므로 원결정과 별개로 항고소송의 대상이 되지는 <u>않는다</u>. 대법원 2016. 7. 27. 선고 2015두45953 판결
>
> 2. (피고가 원고에 대하여 <u>이주대책 대상자</u> 제외결정(1차 결정)을 통보하면서 '이의신청을 할 수 있고, 또한 행정심판 또는 행정소송을 제기할 수 있다'고 안내하였고, 이에 원고가 <u>이의신청을 하자</u> 피고가 원고에게 다시 이주대책 대상자 제외결정(2차 결정)을 통보하면서 '다시 이의가 있는 경우 90일 이내에 행정심판 또는 행정소송을 제기할 수 있다'고 안내한 사안에서) <u>2차 결정은 1차 결정과 별도로 행정쟁송의 대상이 되는 처분에 해당</u>한다. 대법원 2021. 1. 14. 선고 2020두50324 판결
>
> 3. (한국토지주택공사가 직권으로 갑이 <u>생활대책대상자</u>에 해당하지 않는다는 결정을 하고, 갑의 <u>이의신청에 대하여 재심사 결과로도 생활대책 대상자로 선정되지 않았다는 통보를 한 사안에서) <u>재심사통보는 독립한 행정처분</u>이다. 대법원 2016. 7. 14. 선고 2015두58645 판결

정답
01 ○

4. 행정심판인 이의신청

(1) 의의
- 개별법에서는 '이의신청'이라는 명칭 하에 실질적으로는 행정심판의 성질을 갖는 불복절차를 규정하고 있는 경우가 있다(토지보상법상 이의신청).
- 행정심판인 이의신청은 명칭만 이의신청일 뿐 그 실질은 행정심판이므로, 이에 대해서는 행정심판법이 적용된다.
- 어떠한 이의신청이 행정심판인 이의신청인지는 준사법절차가 보장되는지 여부를 기준으로 판단하며, 특히 개별법에서 이의신청에 불복하는 경우 행정심판을 청구할 수 있는 것으로 정하고 있다면 이때의 이의신청은 행정심판의 성질을 갖지 않는 것으로 본다.

> 민원처리법 제35조【거부처분에 대한 이의신청】
> ③ 민원인은 제1항에 따른 이의신청 여부와 관계없이「행정심판법」에 따른 행정심판 또는「행정소송법」에 따른 행정소송을 제기할 수 있다.
>
> 난민법 제21조【이의신청】
> ② 제1항에 따른 이의신청을 한 경우에는「행정심판법」에 따른 행정심판을 청구할 수 없다.

(2) 구체적 판례

> **판례**
>
> 1. 공무원연금법상 공무원연금급여 재심위원회에 대한 심사청구는 특별행정심판에 해당한다. 대법원 2019. 8. 9. 선고 2019두38656 판결
> 2. 민원사무처리법에서 정한 민원 이의신청의 대상인 거부처분에 대하여는 민원 이의신청과 상관없이 행정심판을 제기할 수 있으며, (중략) 민원 이의신청은 행정심판법에서 정한 행정심판과는 성질을 달리한다. 대법원 2012. 11. 15. 선고 2010두8676 판결
> 3. 부동산 가격공시 및 감정평가에 관한 법률이 이의신청에 관하여 규정하고 있다고 하여 이를 행정심판법에서 행정심판의 제기를 배제하는 '다른 법률에 특별한 규정이 있는 경우'에 해당한다고 볼 수 없으므로, 개별공시지가에 대하여 이의가 있는 자는 곧바로 행정소송을 제기하거나 부동산 가격공시 및 감정평가에 관한 법률에 따른 이의신청과 행정심판법에 따른 행정심판청구 중 어느 하나만을 거쳐 행정소송을 제기할 수 있을 뿐 아니라, 이의신청을 하여 그 결과 통지를 받은 후 다시 행정심판을 거쳐 행정소송을 제기할 수도 있다고 보아야 한다. 대법원 2010. 1. 28. 선고 2008두19987 판결

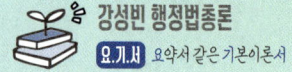

Chapter 1 행정법의 효력

Chapter 2 행정상 법률관계

Chapter 3 사인의 공법행위

PART 03

행정법통론

Chapter 01 행정법의 효력

주제 33 통치행위

I 의의

- 통치행위란 고도의 정치성을 갖는 국가기관의 행위로서 사법심사의 대상에서 제외되는 행위를 말한다.
- 통치행위에 해당하더라도 그것이 국민의 기본권 침해와 직접 관련되는 경우에는 사법심사가 허용된다.

판례

1. 통치행위란 고도의 정치적 결단에 의한 국가행위로서 사법적 심사의 대상으로 삼기에 적절하지 못한 행위라고 일반적으로 정의되고 있다. (중략) 통치행위를 포함하여 모든 국가작용은 국민의 기본권적 가치를 실현하기 위한 수단이라는 한계를 반드시 지켜야 하는 것이고, 헌법재판소는 헌법의 수호와 국민의 기본권 보장을 사명으로 하는 국가기관이므로 비록 고도의 정치적 결단에 의하여 행해지는 국가작용이라고 할지라도 그것이 국민의 기본권 침해와 직접 관련되는 경우에는 당연히 헌법재판소의 심판대상이 될 수 있다. 헌법재판소 1996. 2. 29. 선고 93헌마186 전원재판부 ★
2. 고도의 정치성을 띤 국가행위에 대하여는 이른바 통치행위라 하여 법원 스스로 사법심사권의 행사를 억제하여 그 심사대상에서 제외하는 영역이 있으나, 이와 같이 통치행위의 개념을 인정한다고 하더라도 과도한 사법심사의 자제가 기본권을 보장하고 법치주의 이념을 구현하여야 할 법원의 책무를 태만히 하거나 포기하는 것이 되지 않도록 그 인정을 지극히 신중하게 하여야 하며, 그 판단은 오로지 사법부만에 의하여 이루어져야 한다. 대법원 2004. 3. 26. 선고 2003도7878 판결 ★ **01**

- 통치행위의 주체는 일반적으로 대통령이 되나, 헌법 제64조에 따라 국회의원에 대한 징계처분에 대해서는 법원에 제소가 불가능하므로 이 경우에는 국회도 통치행위의 주체가 될 수 있다. ★

II 구체적 판례

1. 통치행위에 해당하여 사법심사를 부정한 사례

판례

1. 남북정상회담의 개최. 대법원 2004. 3. 26. 선고 2003도7878 판결
2. 외국에의 국군의 파견결정. 헌법재판소 2004. 4. 29. 선고 2003헌마814 결정 ★ **02**
3. 사면은 형의 선고의 효력 또는 공소권을 상실시키거나, 형의 집행을 면제시키는 국가원수의 고유한 권한을 의미하며, 사법부의 판단을 변경하는 제도로서 권력분립의 원리에 대한 예외가 된다. 헌법재판소 2000. 6. 1. 선고 97헌바74 결정 **03**

OX 체크

01 통치행위의 개념을 인정한다고 하더라도 과도한 사법심사의 자제가 기본권을 보장하고 법치주의 이념을 구현하여야 할 법원의 책무를 태만히 하거나 포기하는 것이 되지 않도록 그 인정을 지극히 신중하게 하여야 하며, 그 판단은 오로지 사법부만에 의하여 이루어져야 한다. ( )

02 헌법재판소는 대통령의 해외파병 결정은 국방 및 외교와 관련된 고도의 정치적 결단을 요하는 문제로서 헌법과 법률이 정한 절차를 지켜 이루어진 것이 명백한 이상 사법적 기준만으로 이를 심판하는 것은 자제되어야 한다고 판시하였다. ( )

03 대통령의 사면권행사는 형의 선고의 효력 또는 공소권을 상실시키거나 형의 집행을 면제시키는 국가원수의 고유한 권한을 의미하며, 사법부의 판단을 변경하는 제도로서 권력분립의 원리에 대한 예외이다. ( )

정답
01 O 02 O 03 O

2. 통치행위에 해당하나 사법심사를 인정한 사례

1. 남북정상회담의 개최과정에서 재정경제부장관에게 신고하지 아니하거나 통일부장관의 협력사업 승인을 얻지 아니한 채 북한측에 사업권의 대가 명목으로 송금한 행위. 대법원 2004. 3. 26. 선고 2003도7878 판결 ★ 01
2. 비상계엄의 선포나 확대가 국헌문란의 목적을 달성하기 위하여 행하여진 경우. 대법원 1997. 4. 17. 선고 96도3376 전원합의체 판결 ★ 02
3. 비상계엄선포가 고도의 정치적 결단을 요하는 행위라 하더라도 탄핵심판절차에서 그 헌법 및 법률 위반 여부를 심사할 수 있다. 헌법재판소 2025. 4. 4.자 2024헌나8 결정
4. 대통령의 긴급재정경제명령. 헌법재판소 1996. 2. 29. 선고 93헌마186 전원재판부 ★ 03
5. 개성공단 전면중단 조치. 헌법재판소 2022. 1. 27. 선고 2016헌마364 전원재판부 결정 ★ 04
6. 유신헌법 제53조에 근거한 긴급조치 제1호. 대법원 2010. 12. 16. 선고 2010도5986 전원합의체 판결 ★ 05
7. [1] 신행정수도건설이나 수도이전의 문제가 정치적 성격을 가지고 있는 것은 인정할 수 있지만, 그 자체로 고도의 정치적 결단을 요하여 사법심사의 대상으로 하기에는 부적절한 문제라고까지는 할 수 없다. (중략) 법률의 위헌여부가 헌법재판의 대상으로 된 경우 당해법률이 정치적인 문제를 포함한다는 이유만으로 사법심사의 대상에서 제외된다고 할 수는 없다. ★ 06

   [2] 다만, 이 사건 법률의 위헌여부를 판단하기 위한 선결문제로서 신행정수도건설이나 수도이전의 문제를 국민투표에 붙일지 여부에 관한 대통령의 의사결정이 사법심사의 대상이 될 경우 위 의사결정은 고도의 정치적 결단을 요하는 문제여서 사법심사를 자제함이 바람직하다고는 할 수 있고, 이에 따라 그 의사결정에 관련된 흠을 들어 위헌성이 주장되는 법률에 대한 사법심사 또한 자제함이 바람직하다고는 할 수 있다. 그러나 대통령의 위 의사결정이 국민의 기본권침해와 직접 관련되는 경우에는 헌법재판소의 심판대상이 될 수 있고, 이에 따라 위 의사결정과 관련된 법률도 헌법재판소의 심판대상이 될 수 있다. ★

   [3] 서울이 우리나라의 수도인 점은 불문의 관습헌법이므로 헌법개정절차에 의하여 새로운 수도 설정의 헌법조항을 신설함으로써 실효되지 아니하는 한 헌법으로서의 효력을 가진다. (중략) 이 사건 법률은 헌법사항인 수도의 이전을 헌법개정의 절차를 밟지 아니하고 단지 단순법률의 형태로 실현시킨 것으로서 결국 헌법 제130조에 따라 헌법개정에 있어서 국민이 가지는 참정권적 기본권인 국민투표권의 행사를 배제한 것이므로 동 권리를 침해하여 헌법에 위반된다. 헌법재판소 2004. 10. 21. 선고 2004헌마554·566(병합) 전원재판부 07

3. 통치행위에 해당하지 않는 사례

1. 비록 서훈취소가 대통령이 국가원수로서 행하는 행위라고 하더라도 법원이 사법심사를 자제하여야 할 고도의 정치성을 띤 행위라고 볼 수는 없다. 대법원 2015. 4. 23. 선고 2012두26920 판결 ★ 08
2. 한미연합 군사훈련. 헌법재판소 2009. 5. 28. 선고 2007헌마369 전원재판부 09

OX 체크

01 남북정상회담 개최는 고도의 정치적 성격을 지니고 있는 행위로서 사법심사의 대상으로 하는 것은 적절치 못하므로 그 개최과정에서 당국에 신고하지 아니하거나 승인을 얻지 아니한 채 북한 측에 송금한 행위는 사법심사의 대상이 되지 않는다. ( )

02 비상계엄의 선포와 그 확대행위가 국헌문란의 목적을 달성하기 위하여 행하여진 경우에는 법원은 그 자체가 범죄행위에 해당하는지의 여부에 관하여 심사할 수 있다. ( )

03 대통령의 긴급재정경제명령은 고도의 정치적 결단에 의하여 발동되는 이른바 통치행위에 속하지만 그것이 국민의 기본권 침해와 직접 관련되는 경우에는 헌법재판소의 심판대상이 된다. ( )

04 개성공단 전면중단 조치는 북한의 핵무기 개발로 인한 위기에 대처하기 위한 조치로서 국가안보와 관련된 대통령의 의사 결정을 포함하고 그러한 의사 결정은 고도의 정치적 결단을 요하는 문제이므로 사법심사의 대상에서 제외된다. ( )

05 유신헌법에 의한 대통령의 긴급조치 제1호는 사법심사의 대상에서 배제되는 통치행위에 해당한다. ( )

06 신행정수도건설이나 수도이전문제는 그 자체로 고도의 정치적 결단을 요하므로 사법심사의 대상에서 제외되고, 그것이 국민의 기본권 침해와 관련되는 경우에도 헌법재판소의 심판대상이 될 수 없다. ( )

07 헌법재판소는 「신행정수도의 건설을 위한 특별조치법」의 위헌확인사건에서 관습헌법은 성문헌법과 같은 헌법개정절차를 통해서 개정될 수 있다고 판시하였다. ( )

08 서훈취소는 대통령이 국가원수로서 행하는 행위이지만 통치행위는 아니다. ( )

09 한미연합 군사훈련의 일종인 2007년 전시증원연습을 하기로 한 대통령의 결정은 사법심사를 자제해야 하는 통치행위가 아니다. ( )

정답
01 ✕ 02 ○ 03 ○ 04 ✕ 05 ✕
06 ✕ 07 ○ 08 ○ 09 ○

OX 체크

01 국가가 국민의 생명·신체의 안전에 대한 보호의무를 다하지 않았는지 여부를 헌법재판소가 심사할 때에는 국가가 이를 보호하기 위하여 적어도 적절하고 효율적인 최소한의 보호조치를 취하였는가 하는 '과소보호 금지원칙'의 위반 여부를 기준으로 삼는다. ( )

02 국가보훈처장이 서훈추천 신청자에 대한 서훈추천을 거부한 것은 항고소송의 대상으로 볼 수는 없어 항고소송을 제기할 수는 없으나 행정권력의 부작위에 대한 헌법소원으로서 다툴 수 있다. ( )

주제 34 행정법의 법원과 효력

I 행정의 의의와 행정법

1. 행정의 의의

(1) 형식적 의미의 입법·사법·행정
- 작용의 주체가 입법부·사법부·행정부인지에 따라 입법·사법·행정을 구분한다.

(2) 실질적 의미의 입법·사법·행정
- 일반적·추상적인 규범정립활동은 입법, 법의 해석·적용을 통한 구체적 분쟁의 해결은 사법, 그 밖의 모든 작용은 행정으로 구분된다.

(3) 구체적 구분 예

구분	행정		입법		사법	
	형식적	실질적	형식적	실질적	형식적	실질적
집회의 금지통고	○	○	×	×	×	×
대통령령의 제정	○	×	×	○	×	×
행정심판의 재결	○	×	×	×	×	○
범칙금 통고처분	○	×	×	×	×	○
일반법관의 임명	×	○	×	×	○	×
비상계엄의 선포	통치행위					

2. 행정법의 의의

(1) 대륙법과 영미법

대륙법계	영미법계	우리나라
공법과 사법의 엄격한 구별 ○	공법과 사법의 엄격한 구별 ×	공법과 사법의 엄격한 구별 ○
사법부 외 행정재판소 설치	사법부에서 행정사건 관할	사법부에서 행정사건 관할

(2) 행정법의 분류
- 행정조직법: 행정기관의 설치·조직 및 그 권한 등에 관하여 규정한 법을 말한다.
- 행정작용법: 행정작용을 함에 있어서 필요한 근거를 규정한 법을 말한다.
- 행정구제법: 행정작용에 따른 국민의 권리구제절차·방법을 규정한 법을 말한다.

(3) 기본권의 보장

> **판례**
>
> 1. 헌법재판소는 권력분립의 관점에서 소위 과소보호금지원칙을, 즉 국가가 국민의 법익보호를 위하여 적어도 적절하고 효율적인 최소한의 보호조치를 취했는가를 기준으로 심사하게 된다. 헌법재판소 1997. 1. 16. 선고 90헌마110 결정 ★ **01**
> 2. 국가보훈처장이 서훈추천 신청자에 대한 서훈추천을 하여 주어야 할 헌법적 작위의무가 있다고 할 수는 없으므로, 서훈추천을 거부한 것에 대하여 행정권력의 부작위에 대한 헌법소원으로서 다툴 수 없다. 헌법재판소 2005. 6. 30. 선고 2004헌마859 전원재판부 **02**

01 ○ 02 ×

II 행정법의 법원

1. 법원의 의의
- 법원이란 법의 존재형식으로, 대외적 구속력을 가져 재판규범이 되는 것을 말한다.

2. 행정법의 성문법원

(1) 일반론
- 성문의 법전이 존재하는 법원으로서 헌법, 법률, 명령, 자치법규가 상하의 단계적 구조를 이루고 있다.
- 동일한 효력을 갖는 법 상호간에 모순이 있는 경우에는 특별법우선의 원칙과 신법우선의 원칙이 적용되고, 두 원칙 간에는 특별법우선의 원칙이 신법우선의 원칙에 우선한다.
- 법령의 해석에 있어서는 상위법령합치적 해석의 원칙이 적용된다.

> **판례**
> 하위법령의 규정이 상위법령의 규정에 저촉되는지가 명백하지 아니한 경우에, 관련 법령의 내용과 입법 취지 및 연혁 등을 종합적으로 살펴 하위법령의 의미를 상위법령에 합치되는 것으로 해석하는 것도 가능한 경우라면, 하위법령이 상위법령에 위반된다는 이유로 쉽게 무효를 선언할 것은 아니다. 대법원 2016. 12. 15. 선고 2014두44502 판결

(2) 국제법
- 헌법에 의하여 체결·공포된 조약과 일반적으로 승인된 국제법규는 국내법과 같은 효력을 가지고, 국회의 동의를 받은 조약은 법률과 같은 효력을, 국회의 동의를 받지 않은 조약은 명령과 같은 효력을 갖는다. **01**

> **판례**
> 1. 지방자치단체가 제정한 조례가 '1994년 관세 및 무역에 관한 일반협정'(General Agreement on Tariffs and Trade 1994)이나 '정부조달에 관한 협정'(Agreement on Government Procurement)에 위반되는 경우, 그 조례는 무효이다. 대법원 2005. 9. 9. 선고 2004추10 판결 ★ **02**
> 2. WTO 협정은 국가와 국가 사이의 권리·의무관계를 설정하는 국제협정으로, 그 내용 및 성질에 비추어 이와 관련한 법적 분쟁은 위 WTO 분쟁해결기구에서 해결하는 것이 원칙이고, 사인에 대하여는 위 협정의 직접 효력이 미치지 아니한다고 보아야 할 것이므로, 위 협정에 따른 회원국 정부의 반덤핑부과처분이 WTO 협정위반이라는 이유만으로 사인이 직접 국내 법원에 회원국 정부를 상대로 그 처분의 취소를 구하는 소를 제기하거나 위 협정위반을 처분의 독립된 취소사유로 주장할 수는 없다. 대법원 2009. 1. 30. 선고 2008두17936 판결 ★ **03**
> 3. 남북 사이의 화해와 불가침 및 교류협력에 관한 합의서는 법적 구속력이 있는 것은 아니어서 이를 국가 간의 조약 또는 이에 준하는 것으로 볼 수 없고, 따라서 국내법과 동일한 효력이 인정되는 것도 아니다. 대법원 1999. 7. 23. 선고 98두14525 판결

OX 체크

01 헌법에 의하여 체결·공포된 조약과 일반적으로 승인된 국제법규는 국내법과 동일한 효력을 갖는다. ( )

02 학교급식을 위해 국내 우수농산물을 사용하는 자에게 식재료나 구입비의 일부를 지원하는 것 등을 내용으로 하는 지방자치단체의 조례안이 '1994년 관세 및 무역에 관한 일반협정'을 위반하여 위법한 이상, 그 조례안은 효력이 없다. ( )

03 사인은 반덤핑부과처분이 세계무역기구(WTO) 협정위반이라는 이유로 직접 국내 법원에 회원국 정부를 상대로 그 처분의 취소를 구하는 소를 제기할 수 있다. ( )

정답
01 O 02 O 03 ✕

3. 행정법의 불문법원

(1) 일반론
- 법원이 되는 규범 중 문서상으로 확정되지 않은 것을 말한다.

(2) 관습법
- 행정의 영역에 있어서 사회의 거듭된 관행으로 생성한 사회생활규범이 사회의 법적 확신과 인식에 의하여 법적 규범으로 승인·강행되기에 이른 것을 말한다.
- 행정선례법과 민중적 관습법(예 관습상 어업권, 하천수사용권)이 있고, 행정절차법·국세기본법 등 법률에서 행정선례법의 구속력을 인정하고 있는 경우가 있다.
- 관습법은 성문법이 존재하지 않거나 불완전한 경우에 보충적으로만 인정된다.

> **판례**
>
> 사회의 거듭된 관행으로 생성된 사회생활규범이 관습법으로 승인되었다고 하더라도 사회 구성원들이 그러한 관행의 법적 구속력에 대하여 확신을 갖지 않게 되었다거나, 사회를 지배하는 기본적 이념이나 사회질서의 변화로 인하여 그러한 관습법을 적용하여야 할 시점에 있어서의 전체 법질서에 부합하지 않게 되었다면 그러한 관습법은 법적 규범으로서의 효력이 부정될 수밖에 없다. 대법원 2005. 7. 21. 선고 2002다1178 전원합의체 판결

(3) 판례
- 영미법계 국가는 선례구속의 원칙에 따라 판례의 법원성이 인정되나, 대륙법계 국가인 우리나라에서는 선례구속의 원칙이 인정되지 않고, 따라서 판례의 법원성이 인정되지 않는다.

> **판례**
>
> 대법원의 판례가 법률해석의 일반적인 기준을 제시한 경우에 유사한 사건을 재판하는 하급심법원의 법관은 판례의 견해를 존중하여 재판하여야 하는 것이나, 판례가 사안이 서로 다른 사건을 재판하는 하급심법원을 직접 기속하는 효력이 있는 것은 아니다. 대법원 1996. 10. 25. 선고 96다31307 판결 ★ 01

- 헌법재판소법에 따라 법률의 위헌결정은 모든 국가기관 및 지방자치단체를 기속한다.
- 그러나 헌법재판소가 법률의 위헌 여부를 판단하는 과정에서 한 법률의 해석에 법원은 구속되지 않는다.

> **판례**
>
> 합헌적 법률해석을 포함하는 법령의 해석·적용 권한은 대법원을 최고법원으로 하는 법원에 전속하는 것이며, 헌법재판소가 법률의 위헌 여부를 판단하기 위하여 불가피하게 법원의 최종적인 법률해석에 앞서 법령을 해석하거나 그 적용 범위를 판단하더라도 헌법재판소의 법률해석에 대법원이나 각급 법원이 구속되는 것은 아니다. 대법원 2009. 2. 12. 선고 2004두10289 판결 02

OX 체크

01 대법원의 판례가 법률해석의 일반적인 기준을 제시한 경우에 유사한 사건을 재판하는 하급심법원의 법관은 판례의 견해를 존중하여 재판하여야 하는 것이기 때문에, 판례가 사안이 서로 다른 사건을 재판하는 하급심법원도 직접 기속하는 효력이 있다. ( )

02 헌법재판소가 법률의 위헌 여부를 판단하기 위하여 한 법률해석에 대법원이나 각급 법원이 구속되는 것은 아니다. ( )

정답
01 ✗　02 ○

III 행정법의 효력

1. 행정법의 효력 발생

(1) 법령

- 대통령령, 총리령 및 부령은 특별한 규정이 없으면 <u>공포한 날부터 20일</u>이 경과함으로써 효력을 발생한다. ★ 01
- 국민의 <u>권리 제한 또는 의무 부과</u>와 직접 관련되는 법률, 대통령령, 총리령 및 부령은 긴급히 시행하여야 할 특별한 사유가 있는 경우를 제외하고는 공포일부터 적어도 <u>30일</u>이 경과한 날부터 시행되도록 하여야 한다. ★ 02
- 헌법개정·법률·조약·대통령령·총리령 및 부령의 <u>공포</u>와 헌법개정안·예산 및 예산 외 국고부담계약의 공고는 <u>관보에 게재함으로써 한다</u>. 03
- 관보는 종이관보와 전자관보로 운영하며, 관보의 내용 해석 및 적용 시기 등에 대하여 종이관보와 전자관보는 <u>동일한 효력</u>을 가진다. ★ 04
- 국회의장이 하는 법률 공포는 서울시에서 발행되는 둘 이상의 일간신문에 게재함으로써 한다. ★ 05
- 법령 등의 공포일 또는 공고일은 해당 법령 등을 게재한 관보 또는 신문이 발행된 날로 한다. 06

(2) 조례와 규칙

- 조례와 규칙은 특별한 규정이 없으면 공포한 날부터 20일이 지나면 효력을 발생한다. 07
- 조례와 규칙의 공포는 해당 지방자치단체의 공보에 게재하는 방법으로 한다. 다만, 지방의회의 의장이 조례를 공포하는 경우에는 공보나 일간신문에 게재하거나 게시판에 게시한다. 08 09

(3) 시행일의 기간 계산

> **행정기본법 제7조 【법령등 시행일의 기간 계산】**
> 법령등(훈령·예규·고시·지침 등을 포함한다)의 시행일을 정하거나 계산할 때에는 다음 각 호의 기준에 따른다.
> 1. 법령등을 공포한 날(훈령·예규·고시·지침 등은 고시·공고 등의 방법으로 발령한 날을 말한다. 이하 이 조에서 같다)부터 시행하는 경우에는 공포한 날을 시행일로 한다. 10
> 2. 법령등을 공포한 날부터 일정 기간이 경과한 날부터 시행하는 경우 법령등을 공포한 날을 <u>첫날에 산입하지 아니한다</u>. ★ 11
> 3. 법령등을 공포한 날부터 일정 기간이 경과한 날부터 시행하는 경우 그 기간의 말일이 토요일 또는 공휴일인 때에는 <u>그 말일로 기간이 만료한다</u>. ★ 12

OX 체크

01 대통령령, 총리령 및 부령은 특별한 규정이 없으면 공포한 날부터 20일이 경과함으로써 효력을 발생한다. ( )

02 국민의 권리 제한 또는 의무 부과와 직접 관련되는 법령은 긴급히 시행하여야 할 특별한 사유가 있는 경우를 제외하고는 공포일부터 적어도 30일이 경과한 날부터 시행되도록 하여야 한다. ( )

03 헌법개정·법률·조약·대통령령·총리령 및 부령의 공포는 관보에 게재함으로써 한다. ( )

04 관보의 내용 해석 및 적용 시기 등에 대하여 종이관보가 전자관보보다 우선적 효력을 가진다. ( )

05 「국회법」에 따라 하는 국회의장의 법률 공포는 서울특별시에서 발행되는 둘 이상의 일간신문에 게재함으로써 한다. ( )

06 법령의 공포일은 해당 법령을 게재한 관보 또는 신문이 발행된 날로 한다. ( )

07 조례와 규칙은 특별한 규정이 없으면 공포한 날부터 20일이 지나면 효력을 발생한다. ( )

08 지방자치단체의 장에 의한 조례와 규칙의 공포는 해당 지방자치단체의 공보에 게재하는 방법으로 한다. ( )

09 지방자치단체의 조례를 지방의회의 의장이 공포하는 경우에는 일간신문에 게재함과 동시에 해당 지방자치단체의 인터넷 홈페이지에 게시하여야 한다. ( )

10 법령등의 시행일을 정하거나 계산할 때에는 법령등을 공포한 날부터 시행하는 경우 공포한 날을 시행일로 한다. ( )

11 법령등의 시행일을 정하거나 계산할 때에는 법령등을 공포한 날부터 일정 기간이 경과한 날부터 시행하는 경우 법령등을 공포한 날을 첫날에 산입한다. ( )

12 법령등을 공포한 날부터 일정 기간이 경과한 날부터 시행하는 경우 그 기간의 말일이 토요일 또는 공휴일인 때에는 그 다음날로 기간이 만료한다. ( )

정답
01 ○　02 ○　03 ○　04 ×　05 ○
06 ○　07 ○　08 ○　09 ×　10 ○
11 ×　12 ×

2. 소급적용(입법) 금지의 원칙(행위시법주의)

(1) 진정소급적용

> 행정기본법 제14조【법 적용의 기준】
> ① 새로운 법령등은 법령등에 특별한 규정이 있는 경우를 제외하고는 그 법령등의 효력 발생 전에 완성되거나 종결된 사실관계 또는 법률관계에 대해서는 적용되지 아니한다. ★★ 01

- 신법의 효력이 발생하기 전에 이미 완성되거나 종결된 사실관계에 대하여 신법을 적용하는 것을 말한다.
- 진정소급적용은 원칙적으로 허용되지 않으나, 심히 중대한 공익상 사유 등이 있는 경우에는 예외적으로 허용될 수 있다.

판례

1. 기존의 법에 의하여 형성되어 이미 굳어진 개인의 법적 지위를 사후입법을 통하여 박탈하는 것 등을 내용으로 하는 진정소급입법은 개인의 신뢰보호와 법적안정성을 내용을 하는 법치국가원리에 의하여 특단의 사정이 없는 한 헌법적으로 허용되지 아니하는 것이 원칙이며, 진정소급입법이 허용되는 예외적인 경우로는 일반적으로 국민이 소급입법을 예상할 수 있었거나 법적상태가 불확실하고 혼란스러웠거나 하여 보호할만한 신뢰의 이익이 적은 경우와 소급입법에 의한 당사자의 손실이 없거나 아주 경미한 경우, 그리고 신뢰보호의 요청에 우선하는 심히 중대한 공익상의 사유가 소급입법을 정당화하는 경우 등을 들 수 있다. 헌법재판소 1998. 9. 30. 선고 97헌바38 전원재판부 결정 ★★ 02

2. 법령의 소급적용, 특히 행정법규의 소급적용은 일반적으로는 법치주의의 원리에 반하고, 개인의 권리·자유에 부당한 침해를 가하며, 법률생활의 안정을 위협하는 것이어서, 이를 인정하지 않는 것이 원칙이고, 다만 법령을 소급적용하더라도 일반 국민의 이해에 직접 관계가 없는 경우, 오히려 그 이익을 증진하는 경우, 불이익이나 고통을 제거하는 경우 등의 특별한 사정이 있는 경우에 한하여 예외적으로 법령의 소급적용이 허용된다. 대법원 2005. 5. 13. 선고 2004다8630 판결 ★ 03

3. 법령이 변경된 경우 신 법령이 피적용자에게 유리하여 이를 적용하도록 하는 경과규정을 두는 등의 특별한 규정이 없는 한 헌법 제13조 등의 규정에 비추어 볼 때 그 변경 전에 발생한 사항에 대하여는 변경 후의 신 법령이 아니라 변경 전의 구 법령이 적용되어야 한다. 대법원 2002. 12. 10. 선고 2001두3228 판결 04

(2) 부진정소급적용

- 신법이 효력을 발생할 때까지 완성되거나 종결되지 않고 계속 진행 중인 사실관계에 대하여 신법을 적용하는 것을 말한다.
- 부진정소급적용은 원칙적으로 허용되나, 신뢰보호의 원칙에 위반되는 경우에는 허용될 수 없다. 이 경우 신법의 시행을 유예하는 경과규정을 둠으로써 구법의 존속에 대한 국민의 신뢰를 보호해야 한다. 05

판례

1. 대학이 성적불량을 이유로 학생에 대하여 징계처분을 하는 경우에 있어서 수강신청이 있은 후 징계요건을 완화하는 학칙개정이 이루어지고 이어 당해 시험이 실시되어 그 개정학칙에 따라 징계처분을 한 경우라면 이는 이른바 부진정소급효에 관한 것으로서 구 학칙의 존속에 관한 학생의 신뢰보호가 대학당국의 학칙개정의 목적달성보다 더 중요하다고 인정되는 특별한 사정이 없는 한 위법이라고 할 수 없다. 대법원 1989. 7. 11. 선고 87누1123 판결 ★ 06

OX 체크

01 새로운 법령등은 법령등에 특별한 규정이 있는 경우를 제외하고는 그 법령등의 효력 발생 전에 완성되거나 종결된 사실관계 또는 법률관계에 대해서는 적용되지 아니한다. ( )

02 진정소급입법은 허용되지 않는 것이 원칙이지만 국민이 소급입법을 예상할 수 있었거나 신뢰보호의 요청에 우선하는 심히 중대한 공익상의 사유가 소급입법을 정당화하는 경우에는 허용된다. ( )

03 법령을 소급적용하더라도 일반 국민의 이해에 직접 관계가 없는 경우, 오히려 그 이익을 증진시키는 경우, 불이익이나 고통을 제거하는 경우에도 법령의 소급적용은 허용되지 않는다. ( )

04 경과규정 등의 특별규정 없이 법령이 변경된 경우, 그 변경 전에 발생한 사항에 대하여 적용할 법령은 개정 후의 신법령이다. ( )

05 신법의 효력발생일까지 진행 중인 사건에 대하여 신법을 적용하는 것은 법률의 소급적용에 해당하므로 원칙적으로 허용될 수 없다. ( )

06 수강신청 후에 징계요건을 완화하는 학칙개정이 이루어지고 이어 시험이 실시되어 그 개정학칙에 따라 대학이 성적 불량을 이유로 학생에 대하여 징계처분을 한 경우라면 이는 이른바 부진정소급효에 관한 것으로서 특별한 사정이 없는 한 위법이라고 할 수 없다. ( )

정답
01 ○ 02 ○ 03 ✕ 04 ○ 05 ✕
06 ○

2. 개정 법령이 기존의 사실 또는 법률관계를 적용대상으로 하면서 국민의 재산권과 관련하여 종전보다 불리한 법률효과를 규정하고 있는 경우에도 그러한 사실 또는 법률관계가 개정법령이 시행되기 이전에 이미 완성 또는 종결된 것이 아니라면 이를 헌법상 금지되는 소급입법에 의한 재산권 침해라고 할 수는 없으며, 그러한 개정 법령의 적용과 관련하여서는 개정 전 법령의 존속에 대한 국민의 신뢰가 개정 법령의 적용에 관한 공익상의 요구보다 더 보호가치가 있다고 인정되는 경우에 그러한 국민의 신뢰를 보호하기 위하여 그 적용이 제한될 수 있는 여지가 있을 따름이다. 대법원 2009. 9. 10. 선고 2008두9324 판결 ★★ 01

3. 현행법이 시행되기 이전에 위반행위가 종료되었더라도 그 시행 당시 구법의 처분시효가 경과하지 않은 사건에 대하여, 위 부칙조항에 따라 구법에 비하여 처분시효를 연장한 현행법을 적용하는 것은 현재 진행 중인 사실관계나 법률관계를 대상으로 하는 것으로서 부진정소급에 해당하고, 헌법상 법률불소급의 원칙에 반하지 않는다. 대법원 2020. 12. 24. 선고 2018두58295 판결

4. 법령의 개정에 있어서 구 법령의 존속에 대한 당사자의 신뢰가 합리적이고도 정당하며, 법령의 개정으로 야기되는 당사자의 손해가 극심하여 새로운 법령으로 달성하고자 하는 공익적 목적이 그러한 신뢰의 파괴를 정당화할 수 없다면, 입법자는 경과규정을 두는 등 당사자의 신뢰를 보호할 적절한 조치를 하여야 하며, 이와 같은 적절한 조치 없이 새 법령을 그대로 시행하거나 적용하는 것은 허용될 수 없는 바, 이는 헌법의 기본원리인 법치주의 원리에서 도출되는 신뢰보호의 원칙에 위배되기 때문이다. 따라서 변리사 제1차 시험을 절대평가제에서 상대평가제로 환원하는 내용의 변리사법 시행령 개정조항을 즉시 시행하도록 정한 부칙 부분이 헌법상 신뢰보호원칙에 위반되어 무효이다. 대법원 2006. 11. 16. 선고 2003두12899 전원합의체 판결 02

5. 개정 전 약사법 시행령에서 한약사 국가시험의 응시자격을 '필수 한약관련 과목과 학점을 이수하고 대학을 졸업한 자'로 규정하던 것을, 개정 시행령에서 '한약학과를 졸업한 자'로 응시자격을 변경하면서, 개정 시행령 부칙이 한약사 국가시험의 응시자격에 관하여 1996학년도 이전에 대학에 입학하여 개정 시행령 시행 당시 대학에 재학 중인 자에게는 개정 전의 시행령을 적용하게 하면서도 1997학년도에 대학에 입학하여 개정 시행령 시행 당시 대학에 재학 중인 자에게는 개정 시행령을 적용하게 하는 것은 헌법상 신뢰보호의 원칙과 평등의 원칙에 위배되어 허용될 수 없다고 한 사례. 대법원 2007. 10. 29. 선고 2005두4649 전원합의체 판결

3. 법 적용의 기준시 : 유형별 검토

(I) 신청에 따른 처분 : (원칙) 처분시

1. 허가 등의 행정처분은 원칙적으로 처분시의 법령과 허가기준에 의하여 처리되어야 하고 허가신청 당시의 기준에 따라야 하는 것은 아니며, 비록 허가신청 후 허가기준이 변경되었다 하더라도 그 허가관청이 허가신청을 수리하고도 정당한 이유 없이 그 처리를 늦추어 그 사이에 허가기준이 변경된 것이 아닌 이상 변경된 허가기준에 따라서 처분을 하여야 한다. 대법원 2006. 8. 25. 선고 2004두2974 판결 ★★★ 03

2. [1] 개정된 특수임무수행자 보상에 관한 법률 시행령이 시행령 개정 전에 이미 보상금을 신청한 자들의 이러한 기대이익을 보장하기 위한 경과규정을 두지 아니함으로써 보상금수급 요건을 엄격히 정한 개정 시행령조항이 그들에 대하여도 적용되게 하였다고 하더라도 헌법상 보장된 재산권을 소급입법에 의하여 박탈하는 것이라고 볼 수는 없다.

OX 체크

01 개정 법령이 기존의 사실 또는 법률관계를 적용대상으로 하면서 국민의 재산권과 관련하여 종전보다 불리한 법률효과를 규정하고 있는 경우, 그러한 사실 또는 법률관계가 개정 법률이 시행되기 이전에 이미 완성 또는 종결된 것이 아니라면 소급입법금지 원칙에 위반된다. ( )

02 법령의 개정에 있어서 구 법령의 존속에 대한 당사자의 신뢰가 합리적이고도 정당하며, 법령의 개정으로 야기되는 당사자의 손해가 극심하여 새로운 법령으로 달성하고자 하는 공익적 목적이 그러한 신뢰의 파괴를 정당화할 수 없다면, 입법자는 경과규정을 두는 등 당사자의 신뢰를 보호할 적절한 조치를 하여야 한다. ( )

03 허가신청 후 허가기준이 변경되었다 하더라도 허가관청이 허가신청을 수리하고도 정당한 이유 없이 그 처리를 늦추어 그 사이에 허가기준이 변경된 것이 아닌 이상, 허가관청은 변경된 허가기준에 따라서 처분을 하여야 한다. ( )

정답

01 ✕　02 ○　03 ○

OX 체크

01 장해급여 지급을 위한 장해등급 결정과 같이 행정청이 확정된 법률관계를 확인하는 처분을 하는 경우에는 처분시 법령을 적용하여야 한다. ( )

02 법령등을 위반한 행위의 성립과 이에 대한 제재처분은 법령등에 특별한 규정이 있는 경우를 제외하고는 원칙적으로 제재처분 당시의 법령등에 따른다. ( )

03 법령위반 행위가 2022년 3월 23일 있은 후 법령이 개정되어 그 위반행위에 대한 제재처분 기준이 감경된 경우, 특별한 규정이 없다면 해당 제재처분에 대해서는 개정된 법령을 적용한다. ( )

---

[2] 행정처분은 근거 법령이 개정된 경우에도 경과규정에서 달리 정함이 없는 한 처분 당시 시행되는 개정 법령과 거기에서 정한 기준에 의하는 것이 원칙이고, 그러한 개정 법령의 적용과 관련하여서는 개정 전 법령의 존속에 대한 국민의 신뢰가 개정 법령의 적용에 관한 공익상의 요구보다 더 보호가치가 있다고 인정되는 경우에 그러한 국민의 신뢰를 보호하기 위하여 적용이 제한될 수 있는 여지가 있다.

따라서 보상금 신청 후 처분 전에 보상 기준과 대상에 관한 관계 법령의 규정이 개정된 경우 처분 당시에 시행되는 개정 법령에 정한 기준에 의하여 보상금지급 여부를 결정하는 것이 원칙이지만, 행정청이 신청을 수리하고도 정당한 이유 없이 처리를 지연하여 그 사이에 법령 및 보상 기준이 변경된 경우에는 변경된 법령 및 보상 기준에 따라서 한 처분은 위법하다. 여기에서 '정당한 이유 없이 처리를 지연하였는지'는 법정 처리기간이나 통상적인 처리기간을 기초로 당해 처분이 지연되게 된 구체적인 경위나 사정을 중심으로 살펴 판단하되, 개정 전 법령의 적용을 회피하려는 행정청의 동기나 의도가 있었는지, 처분지연을 쉽게 피할 가능성이 있었는지 등도 아울러 고려할 수 있다. 대법원 2014. 7. 24. 선고 2012두23501 판결

(2) 확인처분 : (원칙) 확인의 대상이 되는 사실관계의 확정시

판례

1. 장애연금 지급을 위한 장애등급 결정은 장애연금 지급청구권을 취득할 당시, 즉 치료종결 후 신체 등에 장애가 있게 된 당시의 법령에 따르는 것이 원칙이다. 나아가 이러한 법리는 기존의 장애등급이 변경되어 장애연금액을 변경하여 지급하는 경우에도 마찬가지이므로, 장애등급 변경결정 역시 변경사유 발생 당시, 즉 장애등급을 다시 평가하는 기준일인 '질병이나 부상이 완치되는 날'의 법령에 따르는 것이 원칙이다. 대법원 2014. 10. 15. 선고 2012두15135 판결 ★

2. 산업재해보상보험법상 장해급여는 근로자가 업무상의 사유로 부상을 당하거나 질병에 걸려 치료를 종결한 후 신체 등에 장해가 있는 경우 그 지급 사유가 발생하고, 그때 근로자는 장해급여 지급청구권을 취득하므로, 장해급여 지급을 위한 장해등급 결정 역시 장해급여 지급청구권을 취득할 당시, 즉 그 지급사유 발생 당시의 법령에 따르는 것이 원칙이다. 대법원 2007. 2. 22. 선고 2004두12957 판결

3. 세금의 부과는 납세의무의 성립 시에 유효한 법령의 규정에 따라야 하고, 세법의 개정이 있을 경우에도 특별한 사정이 없는 한 개정 전후의 법령 중에서 납세의무가 성립될 당시의 법령을 적용하여야 한다. 대법원 2023. 11. 9. 선고 2020두51181 판결

(3) 제재처분

> **행정기본법 제14조【법 적용의 기준】**
> ③ 법령등을 위반한 행위의 성립과 이에 대한 제재처분은 법령등에 특별한 규정이 있는 경우를 제외하고는 법령등을 위반한 행위 당시의 법령등에 따른다. 다만, 법령등을 위반한 행위 후 법령등의 변경에 의하여 그 행위가 법령등을 위반한 행위에 해당하지 아니하거나 제재처분 기준이 가벼워진 경우로서 해당 법령등에 특별한 규정이 없는 경우에는 변경된 법령등을 적용한다. ★★

정답
01 × 02 × 03 ○

(4) 불합격처분 : 시험일

헌법재판소의 헌법불합치결정에 따라 개정된 국가유공자 등 예우 및 지원에 관한 법률의 적용 시기인 2007. 7. 1. 전에 실시한 공립 중등학교 교사 임용후보자 선정 경쟁시험에서, 위 법률 등의 개정 규정을 소급 적용하지 않고 개정 전 규정에 따른 가산점 제도를 적용하여 한 불합격처분은 적법하다고 한 사례. 대법원 2009. 1. 15. 선고 2008두15596 판결

(5) 헌법불합치결정

1. 어떠한 법률조항에 대하여 헌법재판소가 헌법불합치결정을 하여 그 법률조항을 합헌적으로 개정 또는 폐지하는 임무를 입법자의 형성 재량에 맡긴 이상, 그 개선입법의 소급적용 여부와 소급적용의 범위는 원칙적으로 입법자의 재량에 달린 것이다. 대법원 2008. 1. 17. 선고 2007두21563 판결 **01**

2. 헌법불합치결정이 선고된 경우 위헌결정과 달리 입법개선을 기다려 개선된 입법을 소급적으로 적용함으로써 합헌적 상태를 회복할 수 있으나, 헌법불합치결정도 위헌결정의 일종이므로 그 결정의 효력은 결정이 있는 날로부터 발생하고, 위헌결정의 경우와 같은 범위에서 소급효가 인정된다. 따라서 헌법불합치결정에 따른 개선입법이 소급적용되는 범위도 위헌결정에서 소급효가 인정되는 범위와 같으므로, 특별한 사정이 없는 한 헌법불합치결정 당시의 시점까지 소급되는 것이 원칙이라 할 것이다. 대법원 2024. 7. 25. 선고 2023다316790 판결

3. 비형벌조항에 대해 잠정적용 헌법불합치결정이 선고되었으나 위헌성이 제거된 개선입법이 이루어지지 않은 채 개정시한이 지남으로써 그 법률조항의 효력이 상실되었다고 하더라도 그 효과는 장래에 향해서만 미칠 뿐이고, 당해 사건이라고 하여 이와 달리 취급할 이유는 없다. 한편 비형벌조항에 대한 적용중지 헌법불합치결정이 선고되었으나 위헌성이 제거된 개선입법이 이루어지지 않은 채 개정시한이 지난 때에는 헌법불합치결정 시점과 법률조항의 효력이 상실되는 시점 사이에 아무런 규율도 존재하지 않는 법적 공백을 방지할 필요가 있으므로, 그 법률조항은 헌법불합치결정이 있었던 때로 소급하여 효력을 상실한다. 비형벌조항에 대해 잠정적용 헌법불합치결정이 선고된 경우라도 해당 법률조항의 잠정적용을 명한 부분의 효력이 미치는 사안이 아니라 적용중지 상태에 있는 부분의 효력이 미치는 사안이라면, 그 법률조항 중 적용중지 상태에 있는 부분은 헌법불합치결정이 있었던 때로 소급하여 효력을 상실한다고 보아야 한다. 대법원 2020. 1. 30. 선고 2018두49154 판결

01 어떠한 법률조항에 대하여 헌법재판소가 헌법불합치결정을 하여 그 법률조항을 합헌적으로 개정 또는 폐지하는 임무를 입법자의 형성 재량에 맡긴 이상, 그 개선입법의 소급적용 여부와 소급적용의 범위는 원칙적으로 입법자의 재량에 달린 것이다. ( )

정답

01 ○

주제 35 행정법의 일반원칙

I 개관

- 행정법의 <u>모든</u> 분야에 적용되는 보편타당한 법원칙으로서 <u>헌법적 효력</u>을 갖는다.
- 종래 행정법의 불문법원으로 기능하였는데, <u>행정기본법에서 명문의 규정</u>을 두어 성문화하였다.

II 비례의 원칙 (과잉금지의 원칙)

1. 의의

> **행정기본법 제10조【비례의 원칙】** 01
> 행정작용은 다음 각 호의 원칙에 따라야 한다.
> 1. 행정목적을 달성하는 데 <u>유효하고 적절할 것</u>
> 2. 행정목적을 달성하는 데 <u>필요한 최소한도</u>에 그칠 것
> 3. 행정작용으로 인한 <u>국민의 이익 침해가 그 행정작용이 의도하는 공익보다 크지 아니할 것</u>

- 행정작용에 있어서 행정목적과 행정수단 사이에는 합리적인 비례관계가 있어야 한다는 원칙을 말한다.
- 비례의 원칙은 세부적으로 적합성의 원칙, 필요성의 원칙(최소침해의 원칙), 협의의 비례원칙(이익형량의 원칙)으로 구성된다.

> **판례**
>
> 비례의 원칙은 <u>법치국가 원리에서 당연히 파생</u>되는 헌법상의 기본원리로서, <u>모든</u> 국가작용에 적용된다. 행정목적을 달성하기 위한 <u>수단</u>은 목적달성에 유효·적절하고, 가능한 한 최소침해를 가져오는 것이어야 하며, 아울러 그 수단의 도입에 따른 <u>침해가 의도하는 공익을 능가하여서는 안 된다</u>. 대법원 2019. 7. 11. 선고 2017두38874 판결 02

2. 구체적 판례

(1) 비례의 원칙에 위반되는 것으로 본 사례

> **판례**
>
> 1. <u>청소년유해매체물</u>로 결정·고시된 만화인 사실을 모르고 있던 도서대여업자가 그 <u>고시일로부터 8일 후</u>에 청소년에게 그 만화를 대여한 것을 사유로 <u>700만 원의 과징금을 부과</u>한 것. 대법원 2001. 7. 27. 선고 99두9490 판결
> 2. 입법자가 <u>임의적</u>(재량적) 규정으로도 법의 목적을 실현할 수 있는 경우에 구체적 사안의 개별성과 특수성을 고려할 수 있는 가능성을 일체 배제하는 <u>필요적(기속적) 규정</u>을 둔다면 이는 비례의 원칙의 한 요소인 최소침해성의 원칙에 위배된다. 헌법재판소 2000. 6. 1. 선고 99헌가11 등 전원재판부
> 3. '<u>자동차 등을 이용하여 범죄행위</u>를 한 때'를 필요적 운전면허 취소사유로 규정하고 있는 것. 헌법재판소 2005. 11. 24. 선고 2004헌가28 결정

OX 체크

01 「행정기본법」은 비례의 원칙을 명문으로 규정하고 있다. ( )

02 비례의 원칙은 법치국가원리에서 당연히 파생되는 헌법상의 기본원리이다. ( )

정답
01 ○ 02 ○

4. 원고가 부산시 영도구청의 당직 근무 대기 중 약 25분간 같은 근무조원 3명과 함께 시민 과장실에서 심심풀이로 돈을 걸지 않고 점수따기 화투놀이를 한 것에 대해 파면처분을 한 것. 대법원 1972. 12. 26. 선고 72누194 판결

5. 원고가 단지 1회 훈령에 위반하여 요정 출입을 하다가 적발된 것에 대해 파면처분을 한 것. 대법원 1967. 5. 2. 선고 67누24 판결

6. 음주운전을 2회 이상한 사람을 가중처벌하는 도로교통법은 헌법에 위반된다. 그 이유는 다음과 같다. 아무런 시간적 제한도 두지 않은 채 재범에 해당하는 음주운전행위를 가중처벌하도록 하고 있어 (이하 생략). 헌법재판소 2021. 11. 25. 선고 2019헌바446 등 병합 전원재판부 결정

7. 음주운전 금지규정 위반 또는 음주측정거부 전력이 있는 사람이 다시 음주운전 금지규정 위반행위를 한 경우 또는 음주운전 금지규정 위반 전력이 있는 사람이 다시 음주측정거부행위를 한 경우를 가중처벌하는 도로교통법은 헌법에 위반된다. 헌법재판소 2022. 5. 26. 선고 2021헌가30 등(병합) 결정

8. 개발제한구역 내 행위허가를 받아 경정장을 조성하여 운영하던 원고에 대하여 행정청이 원고가 행위허가구역 경계를 벗어난 지점에 조명탑을 설치함으로써 허가를 받지 아니한 채 개발행위를 하였다는 이유로 위 조명탑을 원상복구하라는 처분을 한 것은 비례의 원칙에 위반되어 위법하다. 대법원 2024. 7. 11. 선고 2023두62465 판결

(2) 비례의 원칙에 위반되지 않는 것으로 본 사례

1. 갑 광역시장이 관내 코로나바이러스감염증-19 누적 확진자 수 급증과 특정 교회에서의 집단감염 사례 등 확진자 증가 사실을 알리면서, '관내 종교시설에 대한 집합금지' 등을 명하는 예방 조치를 한 것은 비례의 원칙과 평등의 원칙을 위반하여 을 교회 등의 종교의 자유를 침해했다고 보기 어렵다. 대법원 2024. 7. 18. 선고 2022두43528 전원합의체 판결

2. 음주운전 내지 그 제재를 위한 음주측정 요구의 거부 등을 이유로 한 자동차운전면허의 취소에 있어서는 일반의 수익적 행정행위의 취소와는 달리 그 취소로 인하여 입게 될 당사자의 개인적인 불이익보다는 이를 방지하여야 하는 일반예방적인 측면이 더욱 강조되어야 할 것이고, 특히 당해 운전자가 영업용 택시를 운전하는 등 자동차 운전을 업으로 삼고 있는 자인 경우에는 더욱 그러하다. 대법원 1995. 9. 26. 선고 95누6069 판결 ★

3. 음주운전 2회 적발 시 운전면허를 필요적으로 취소하도록 한 도로교통법은 헌법에 위반되지 아니한다. 그 이유는 다음과 같다. 행정법규 위반의 정도와 그에 대한 행정제재 간의 비례관계가 형사상 책임과 그에 대한 형벌 간의 비례관계와 비교하여 판단의 차원을 같이하는 것이라 볼 수 없다. 형사제재와 행정제재를 부과하는 목적·기능과 그 절차상 차이를 고려하면, 운전면허 취소에 있어 과거 위반 전력이나 혈중알코올농도 수준 등을 개별적으로 고려하지 않는 심판대상조항이 지나치다고 보기는 어렵다. 헌법재판소 2023. 6. 29. 선고 2020헌바182 등 전원재판부 결정

4. 음주운전 3회 적발 시 가중처벌하도록 개정된 도로교통법을 개정법이 시행된 2011. 12. 9. 이전에 행해진 음주운전 전과까지 포함되는 것으로 해석하는 것. 대법원 2012. 11. 29. 선고 2012도10269 판결 **01**

01 「도로교통법」 제148조의2 제1항 제1호의 「도로교통법」 제44조 제1항을 2회 이상 위반한' 것에 구 「도로교통법」 제44조 제1항을 위반한 음주운전 전과도 포함된다고 해석하는 것은 비례원칙에 위반된다. ( )

01 ×

Ⅲ 평등의 원칙

1. 의의

> 행정기본법 제9조 【평등의 원칙】
> 행정청은 합리적 이유 없이 국민을 차별하여서는 아니 된다.

- 헌법상 평등원칙은 본질적으로 같은 것을 자의적으로 다르게 취급함을 금지하는 것으로서, 일체의 차별적 대우를 부정하는 절대적 평등을 뜻하는 것이 아니라 입법을 하고 법을 적용할 때에 합리적인 근거가 없는 차별을 하여서는 아니 된다는 실질적·상대적 평등을 뜻하므로, 합리적 근거가 있는 차별 또는 불평등은 평등의 원칙에 반하지 아니한다(대법원 2018. 10. 25. 선고 2018두44302 판결). ★ 01

2. 구체적 판례

(1) 평등의 원칙에 위반되는 것으로 본 사례

판례

1. 조례안이 지방의회의 감사 또는 조사를 위하여 출석요구를 받은 증인이 5급 이상 공무원인지 여부, 기관(법인)의 대표나 임원인지 여부 등 증인의 사회적 신분에 따라 미리부터 과태료의 액수에 차등을 두고 있는 것은 헌법에 규정된 평등의 원칙에 위배되어 무효이다. 대법원 1997. 2. 25. 선고 96추213 판결 ★ 02

2. [1] 국립대학교 총장은 공권력을 행사하는 주체이자 기본권 수범자로서의 지위를 갖는다. 그 결과 사적 단체 또는 사인의 경우 차별처우가 사회공동체의 건전한 상식과 법감정에 비추어 볼 때 도저히 용인될 수 있는 한계를 벗어난 경우에 한해 사회질서에 위반되는 행위로서 위법한 행위로 평가되는 것과 달리, 국립대학교 총장은 헌법상 평등원칙의 직접적인 구속을 받고, 국민의 기본권을 보호 내지 실현할 책임과 의무를 부담하므로, 그 차별처우의 위법성이 보다 폭넓게 인정된다. 국립대학교 법학전문대학원 입시 과정에서 제칠일안식일예수재림교(이하 '재림교'라 한다) 신자들이 종교적 신념을 이유로 결과적으로 불이익을 받게 되는 경우, 이를 해소하기 위한 조치가 공익이나 제3자의 이익을 다소 제한하더라도, 그 제한의 정도가 재림교 신자들이 받는 불이익에 비해 현저히 적다고 인정된다면, 헌법이 보장하는 실질적 평등을 실현할 의무와 책무를 부담하는 국립대학교 총장으로서는 재림교 신자들의 신청에 따라 그들이 받는 불이익을 해소하기 위한 적극적인 조치를 취할 의무가 있다. ★ 03

   [2] (국립대학교 법학전문대학원에 입학원서를 제출한 재림교 신자 갑이 1단계 서류전형 평가 합격 통지와 함께 토요일 오전반으로 면접고사 일정이 지정되자, 토요일 일몰 전에 세속적 행위를 금지하는 안식일에 관한 종교적 신념을 지키기 위해 면접 일정을 토요일 오후 마지막 순번으로 변경해 달라는 취지의 이의신청서를 제출했으나, 총장이 이를 거부하고 면접평가에 응시하지 않은 갑에게 불합격 통지를 한 사안에서) 갑의 면접일시 변경을 거부함으로써 갑이 종교적 신념을 이유로 받게 된 중대한 불이익을 방치한 총장의 행위는 헌법상 평등원칙을 위반한 것으로 위법하고, 위법하게 지정된 면접일정에 응시하지 않았음을 이유로 한 불합격처분은 취소되어야 한다고 한 사례.

   [3] 불합격처분이 이루어짐으로써 면접시간 지정행위와 면접일정 변경신청 거부행위는 불합격처분에 흡수되어 독립된 존재가치를 상실하였으므로, 불합격처분만이 쟁송의 대상이 되고 이 사건 거부행위의 취소를 구하는 부분은 소의 이익이 없어 부적법하게 된다.

   [4] 불합격처분이 취소된다 하더라도 원고가 2021학년도 B대 법전원 입학시험에 다시 응시할 기회를 갖게 되는 것은 아니다. 그러나 원고가 장래에 B대 법전원 입학시험에 다시 응시할 경우 1단계 평가를 별도로 거치지 않고 곧바로 면접평가와 논술평가만을 받을 여지가 있어 이 사건 불합격처분의 취소를 통해 원고에게 회복되는 이익이 없다고 단정할 수 없다. 따라서 원고에게는 예외적으로 이 사건 불합격처분의 취소를 구할 법률상 이익이 인정된다. 대법원 2024. 4. 4. 선고 2022두56661 판결 ★

OX 체크

01 평등원칙은 일체의 차별적 대우를 부정하는 절대적 평등을 의미하는 것이 아니라 입법과 법의 적용에 있어서 합리적인 근거가 없는 차별을 배제하는 상대적 평등을 뜻한다. ( )

02 지방의회의 조사·감사를 위해 채택된 증인의 불출석 등에 대한 과태료를 그 사회적 신분에 따라 차등 부과할 것을 규정한 조례안은 과태료를 부과하는 목적에 비추어 볼 때 그 합리성을 인정할 수 있어서 헌법에 규정된 평등의 원칙에 위배되지 않는다. ( )

03 입학전형 이의신청을 거부하는 경우 국립대학교 총장은 공권력을 행사하는 주체이자 기본권 수범자로서의 지위를 갖는다. ( )

정답
01 ○ 02 × 03 ○

3. [1] 밑줄친 행정청의 행정행위가 합리적 이유 없는 차별대우에 해당하여 헌법상 평등원칙을 위반하였는지를 확정하기 위해서는 먼저 행위의 근거가 된 법규의 의미와 목적을 통해 행정청이 본질적으로 같은 것을 다르게 대우했는지, 즉 다른 대우를 받아 비교되는 두 집단 사이에 본질적인 동일성이 존재하는지를 확정해야 한다. 다음으로 그러한 차별대우가 확인되면 비례의 원칙에 따라 행위의 정당성 여부를 심사하여 헌법상 평등원칙을 위반하였는지를 판단해야 한다.

[2] 특수공익법인인 국민건강보험공단은 공권력을 행사하는 주체이자 기본권 보장의 수범자로서의 지위를 갖는다. 그 결과 국민건강보험공단은 평등원칙에 따라 국민의 기본권을 보호 내지 실현할 책임과 의무를 부담하므로, 그 차별처우의 위법성이 보다 폭넓게 인정될 수 있다. ★

[3] [다수의견] (갑이 동성인 을과 교제하다가 서로를 동반자로 삼아 함께 생활하기로 합의하고 동거하던 중 결혼식을 올린 뒤 국민건강보험공단에 건강보험 직장가입자인 을의 사실혼 배우자로 피부양자 자격취득 신고를 하여 피부양자 자격을 취득한 것으로 등록되었는데, 이 사실이 언론에 보도되자 국민건강보험공단이 갑을 피부양자로 등록한 것이 '착오 처리'였다며 갑의 피부양자 자격을 소급하여 상실시키고 지역가입자로 갑의 자격을 변경한 후 그동안의 지역가입자로서의 건강보험료 등을 납입할 것을 고지한 사안에서) 직장가입자와 사실상 혼인관계에 있는 사람, 즉 이성 동반자와 달리 동성 동반자인 갑을 피부양자로 인정하지 않고 위 처분을 한 것은 합리적 이유 없이 갑에게 불이익을 주어 그를 사실상 혼인관계에 있는 사람과 차별하는 것으로 헌법상 평등원칙을 위반하여 위법하다고 한 사례. 대법원 2024. 7. 18. 선고 2023두36800 전원합의체 판결 ★ 01

4. 국·공립학교의 채용시험에 국가유공자와 그 가족이 응시하는 경우 만점의 10퍼센트를 가산하도록 규정하고 있는 국가유공자 등 예우 및 지원에 관한 법률은 평등의 원칙에 위배된다. 한편, 이 사건 조항의 위헌성은 국가유공자 등과 그 가족에 대한 가산점제도 자체가 입법정책상 전혀 허용될 수 없다는 것이 아니고, 그 차별의 효과가 지나치다는 것에 기인한다. 헌법재판소 2006. 2. 23. 선고 2004헌마675 등 결정

5. 제대군인가산점제도는 평등의 원칙에 위배된다. 헌법재판소 1999. 12. 23. 선고 98헌마363 결정

6. 청원경찰의 인원감축을 위한 면직처분대상자를 선정함에 있어서 초등학교 졸업 이하 학력소지자 집단과 중학교 중퇴 이상 학력소지자 집단으로 나누어 각 집단별로 같은 감원비율 상당의 인원을 선정한 것은 평등의 원칙에 위배된다. 대법원 2002. 2. 8. 선고 2000두4057 판결

(2) 평등의 원칙에 위반되지 않는 것으로 본 사례

1. 같은 정도의 비위를 저지른 자들 사이에 있어서도 그 직무의 특성 등에 비추어, 개전의 정이 있는지 여부에 따라 징계의 종류의 선택과 양정에 있어서 차별적으로 취급하는 것은, 사안의 성질에 따른 합리적 차별로서 이를 자의적 취급이라고 할 수 없는 것이어서 평등원칙 내지 형평에 반하지 아니한다. 대법원 1999. 8. 20. 선고 99두2611 판결 ★★ 02

2. 청원경찰은 기본적으로 공무원이 아니고 청원주가 임명하는 일반 근로자이므로 공무원과 청원경찰을 동일한 비교집단이라고 보기 어려움 동일한 비교집단임을 전제로 공무원과 비교하여 합리적 이유 없는 차별이 있다고 볼 수 없고, 또 그 징계에 관한 규정형식이 일반 공무원과 다르다고 하여 합리적인 이유 없는 차별에 해당한다고 보기 어렵다. 헌법재판소 2010. 2. 25. 선고 2008헌바160 결정

3. 대학에 편입학할 수 있는 자격을 전문대학을 졸업한 자로 규정하고 있는 고등교육법. 헌법재판소 2010. 11. 25. 선고 2010헌마144 판결

4. 연구단지내 녹지구역에 주유소 설치는 허용하면서 LPG충전소의 설치를 금지한 것. 헌법재판소 2004. 7. 15. 선고 2001헌마646 전원재판부

OX 체크

01 국민건강보험공단이 직장가입자와 사실상 혼인관계에 있는 사람, 즉 이성 동반자와 달리 동성 동반자인 자를 피부양자로 인정하지 않고 처분을 한 것은 헌법상 평등원칙 위반에 해당한다. ( )

02 동일한 사항을 다르게 취급하는 것은 합리적 이유가 없는 차별이므로, 같은 정도의 비위를 저지른 자들은 비록 개전의 정이 있는지 여부에 차이가 있다고 하더라도 징계 종류의 선택과 양정에 있어 동일하게 취급받아야 한다. ( )

정답
01 ○   02 ✗

Ⅳ 신뢰보호의 원칙

1. 의의

> 행정기본법 제12조 【신뢰보호의 원칙】
> ① 행정청은 공익 또는 제3자의 이익을 현저히 해칠 우려가 있는 경우를 제외하고는 행정에 대한 국민의 정당하고 합리적인 신뢰를 보호하여야 한다. ★ 01

- 신뢰보호의 원칙은 법치국가의 원칙에 의한 법적 안정성에 그 근거를 두고 있다.
- 행정절차법, 국세기본법 등 개별법에서도 신뢰보호의 원칙을 규정하고 있는 경우가 있다.

2. 요건

(1) 개관

신뢰보호의 원칙이 적용되기 위하여는, 첫째 행정청이 개인에 대하여 신뢰의 대상이 되는 공적인 견해표명을 하여야 하고, 둘째 행정청의 견해표명이 정당하다고 신뢰한 데에 대하여 그 개인에게 귀책사유가 없어야 하며, 셋째 그 개인이 그 견해표명을 신뢰하고 이에 기초하여 어떠한 행위를 하였어야 하고, 넷째 행정청이 위 견해표명에 반하는 처분을 함으로써 그 견해표명을 신뢰한 개인의 이익이 침해되는 결과가 초래되어야 하는바, 어떠한 행정처분이 이러한 요건을 충족하는 때에는 공익 또는 제3자의 정당한 이익을 현저히 해할 우려가 있는 경우가 아닌 한 신뢰보호의 원칙에 반하는 행위로서 위법하다. 대법원 2024. 3. 12. 선고 2022두60011 판결

(2) 공적견해의 표명(행정청의 선행조치)

① 선행조치의 범위
- 법령·처분·확약·행정계획·행정지도 등 사실행위를 포함한 일체의 조치가 포함된다. 03
- 명시적·묵시적 조치, 적극적·소극적 조치를 불문하고 모두 포함된다. ★ 02
- 반드시 문서의 형식으로 행해질 필요도 없고, 위법한 행정조치도 포함될 수 있다.

② 판단기준

1. 과세관청의 공적 견해표명이 있었는지의 여부를 판단하는 데 있어 반드시 행정조직상의 형식적인 권한분장에 구애될 것은 아니고 담당자의 조직상의 지위와 임무, 당해 언동을 하게 된 구체적인 경위 및 그에 대한 납세자의 신뢰가능성에 비추어 실질에 의하여 판단하여야 한다. 대법원 1996. 1. 23. 선고 95누13746 판결 ★★★ 04

2. 공적 견해표명이 있다고 인정하기 위해서는 적어도 담당자의 조직상 지위와 임무, 당해 언동을 하게 된 구체적인 경위 등에 비추어 그 언동의 내용을 신뢰할 수 있는 경우이어야 한다. 대법원 2021. 12. 30. 선고 2021두45671 판결 ★ 05

3. 행정청의 의사표시가 납세자의 추상적인 질의에 대한 일반론적인 견해표명에 불과한 경우에는 신뢰보호원칙의 적용을 부정하여야 할 것이다. 대법원 1993. 7. 27. 선고 90누10384 판결

4. 비록 과세관청이 질의회신 등을 통하여 어떤 견해를 표명하였다고 하더라도 그것이 중요한 사실관계와 법적인 쟁점을 제대로 드러내지 아니한 채 질의한 데 따른 것이라면 공적인 견해표명에 의하여 정당한 기대를 가지게 할 만한 신뢰가 부여된 경우라고 볼 수 없다. 또한 비과세관행 존중의 원칙도 비과세에 관하여 일반적으로 납세자에게 받아들여진 세법의 해석 또는 국세행정의 관행이 존재하여야 적용될 수 있는 것으로서, (중략) 단순히 세법의 해석기준에 관한 공적인 견해의 표명이 있었다는 사실만으로 그러한 해석 또는 관행이 있다고 볼 수는 없으며, 그러한 해석 또는 관행의 존재에 대한 증명책임은 그 주장자인 납세자에게 있다. 대법원 2013. 12. 26. 선고 2011두5940 판결 **01**

5. 국세기본법에 규정된 비과세관행이 성립하려면, 상당한 기간에 걸쳐 과세를 하지 아니한 객관적 사실이 존재할 뿐만 아니라, 과세관청 자신이 그 사항에 관하여 과세할 수 있음을 알면서도 어떤 특별한 사정 때문에 과세하지 않는다는 의사가 있어야 하며, 위와 같은 공적 견해나 의사는 명시적 또는 묵시적으로 표시되어야 하지만 묵시적 표시가 있다고 하기 위하여는 단순한 과세누락과는 달리 과세관청이 상당기간의 불과세 상태에 대하여 과세하지 않겠다는 의사표시를 한 것으로 볼 수 있는 사정이 있어야 한다. 대법원 2003. 9. 5. 선고 2001두7855 판결 ★ **02**

(3) 귀책사유 없는 신뢰

1. 신뢰보호의 원칙이 적용되기 위하여는 행정청의 견해표명이 정당하다고 신뢰한 데에 대하여 그 개인에게 귀책사유가 없어야 하며 (중략) 개인의 귀책사유라 함은 행정청의 견해표명의 하자가 상대방 등 관계자의 사실은폐나 기타 사위의 방법에 의한 신청행위 등 부정행위에 기인한 것이거나 그러한 부정행위가 없더라도 하자가 있음을 알았거나 중대한 과실로 알지 못한 경우 등을 의미하고, 귀책사유의 유무는 상대방과 그로부터 신청행위를 위임받은 수임인 등 관계자 모두를 기준으로 판단하여야 한다. 대법원 2008. 1. 17. 선고 2006두10931 판결 ★★★ **03 04**

2. 원고가 지정업체의 해당 분야에 종사하지 않고 있음에도 이를 숨기고 서울지방병무청 소속 공무원의 복무실태 조사에 응함으로써, 피고가 위와 같은 사정을 인식하지 못한 채 이 사건 복무만료처분을 하게 되었다는 것인바, 피고의 복무만료처분이 위와 같은 원고의 해당 분야 미종사 사실의 은폐행위에 기인한 것이라면, 원고는 그 처분에 의한 이익이 위법하게 취득되었음을 알아 그 취소가능성도 예상할 수 있었다고 할 것이므로, 그 자신이 위 처분에 관한 신뢰이익을 원용할 수 없다. 대법원 2008. 8. 21. 선고 2008두5414 판결

3. 법률에 따른 개인의 행위가 단지 법률이 반사적으로 부여하는 기회의 활용을 넘어서 국가에 의하여 일정 방향으로 유인된 것이라면 특별히 보호가치가 있는 신뢰이익이 인정될 수 있고, 원칙적으로 개인의 신뢰보호가 국가의 법률개정이익에 우선된다고 볼 여지가 있다. 헌법재판소 2002. 11. 28. 선고 2002헌바45 결정 ★ **05**

3. 신뢰보호의 한계

(1) 사정변경

신뢰보호의 원칙은 행정청이 공적인 견해를 표명할 당시의 사정이 그대로 유지됨을 전제로 적용되는 것이 원칙이므로, 사후에 그와 같은 사정이 변경된 경우에는 그 공적 견해가 더 이상 개인에게 신뢰의 대상이 된다고 보기 어려운 만큼, 특별한 사정이 없는 한 행정청이 그 견해표명에 반하는 처분을 하더라도 신뢰보호의 원칙에 위반된다고 할 수 없다. 대법원 2020. 6. 25. 선고 2018두34732 판결 ★★ **06**

OX 체크

01 과세관청이 질의회신 등을 통하여 어떤 견해를 대외적으로 표명하였더라도 그것이 중요한 사실관계와 법적인 쟁점을 제대로 드러내지 아니한 채 질의한 데 따른 것이라면, 공적인 견해표명에 의하여 정당한 기대를 가지게 할 만한 신뢰가 부여된 경우로 볼 수 없다. ( )

02 비과세관행의 성립을 위해서는 과세관청 스스로 과세할 수 있음을 알면서도 어떤 특별한 사정 때문에 과세하지 않는다는 의사가 있고, 이와 같은 의사는 명시적 또는 묵시적으로 표시되어야 한다. ( )

03 신뢰보호의 원칙에서 개인의 귀책사유라 함은 행정청의 견해표명의 하자가 상대방 등 관계자의 사실은폐나 기타 사위의 방법에 의한 신청행위 등 부정행위에 기인한 것이거나 그러한 부정행위가 없더라도 하자가 있음을 알았거나 중대한 과실로 알지 못한 경우 등을 의미한다. ( )

04 상대방에게 귀책사유가 있어 그 신뢰의 보호가치가 인정되지 않는다면 신뢰보호의 원칙이 적용되지 않는데, 이때 귀책사유의 유무는 상대방을 기준으로 판단하여야 하고, 상대방으로부터 신청행위를 위임받은 수임인 등의 귀책사유 유무는 고려하지 않는다. ( )

05 법령 개정에 대한 신뢰와 관련하여, 법령에 따른 개인의 행위가 국가에 의하여 일정한 방향으로 유인된 경우에 특별히 보호가치가 있는 신뢰이익이 인정될 수 있다. ( )

06 신뢰보호의 원칙은 행정청이 공적인 견해를 표명할 당시의 사정이 그대로 유지됨을 전제로 적용되는 것이 원칙이므로, 사후에 그와 같은 사정이 변경된 경우에는 특별한 사정이 없는 한 행정청이 그 견해표명에 반하는 처분을 하더라도 신뢰보호의 원칙에 위반된다고 할 수 없다. ( )

정답
01 ○ 02 ○ 03 ○ 04 × 05 ○
06 ○

(2) 이익형량

행정처분이 신뢰보호원칙의 요건을 충족하는 경우라고 하더라도 행정청이 앞서 표명한 공적인 견해에 반하는 행정처분을 함으로써 달성하려는 공익이 행정청의 공적 견해표명을 신뢰한 개인이 그 행정처분으로 인하여 입게 되는 이익의 침해를 정당화할 수 있을 정도로 강한 경우에는 신뢰보호의 원칙을 들어 그 행정처분이 위법하다고는 할 수 없다. 대법원 1998. 11. 13. 선고 98두7343 판결 ★★ **01**

4. 구체적 판례

(1) 공적견해의 표명을 인정한 사례

1. 시의 도시계획과장과 도시계획국장이 도시계획사업의 준공과 동시에 사업부지에 편입한 토지에 대한 완충녹지 지정을 해제함과 아울러 당초의 토지소유자들에게 환매하겠다는 약속을 했음에도, 이를 믿고 토지를 협의매매한 토지소유자의 완충녹지지정해제신청을 거부한 것은, 행정상 신뢰보호의 원칙을 위반하거나 재량권을 일탈·남용한 위법한 처분이다. 대법원 2008. 10. 9. 선고 2008두6127판결 ★ **02**

2. 행정청이 원고들에게 공신력이 있는 주민등록번호와 이에 따른 주민등록증을 부여한 행위는 원고들에게 대한민국 국적을 취득하였다는 공적인 견해를 표명한 것이라고 보아야 한다. 대법원 2024. 3. 12. 선고 2022두60011 판결 ★ **03**

3. 폐기물처리업에 대하여 사전에 관할 관청으로부터 적정통보를 받고 막대한 비용을 들여 허가요건을 갖춘 다음 허가신청을 하였음에도 다수 청소업자의 난립으로 안정적이고 효율적인 청소업무의 수행에 지장이 있다는 이유로 한 불허가처분은 신뢰보호의 원칙 및 비례의 원칙에 반하는 것으로서 재량권을 남용한 위법한 처분이다. 대법원 1998. 5. 8. 선고 98두4061 판결 ★★ **04**

4. 운전면허 취소사유에 해당하는 음주운전을 적발한 경찰관의 소속 경찰서장이 사무착오로 위반자에게 운전면허정지처분을 한 상태에서 위반자의 주소지 관할 지방경찰청장이 위반자에게 운전면허취소처분을 한 것은 선행처분에 대한 당사자의 신뢰 및 법적 안정성을 저해하는 것으로서 허용될 수 없다. 대법원 2000. 2. 25. 선고 99두10520 판결 ★ **05**

5. 취득세 등이 면제되는 구 지방세법에 정한 '기술진흥단체'인지 여부에 관한 질의에 대하여 건설교통부장관과 내무부장관이 비과세 의견으로 회신한 경우, 공적인 견해표명에 해당한다. 대법원 2008. 6. 12. 선고 2008두1115 판결 **06**

6. 종교법인이 도시계획구역 내 생산녹지로 답인 토지에 대하여 종교회관 건립을 이용목적으로 하는 토지거래계약의 허가를 받으면서 담당공무원이 관련 법규상 허용된다 하여 이를 신뢰하고 건축준비를 하였으나 그 후 당해 지방자치단체장이 다른 사유를 들어 토지형질변경허가신청을 불허가한 것이 신뢰보호원칙에 반한다. 대법원 1997. 9. 12. 선고 96누18380 판결 ★ **07**

7. 보세운송면허세의 부과근거이던 지방세법시행령이 1973. 10. 1. 제정되어 1977. 9. 20.에 폐지될 때까지 4년 동안 그 면허세를 부과할 수 있는 정을 알면서도 피고가 수출확대라는 공익상 필요에서 한 건도 이를 부과한 일이 없었다면 납세자인 원고는 그것을 믿을 수밖에 없고 그로써 비과세의 관행이 이루어졌다고 보아도 무방하다. 대법원 1980. 6. 10. 선고 80누6 전원합의체 판결 ★ **08**

8. 사업소세 도입 이래 20년 이상 간호전문대학의 운영자가 경영하는 병원에 대하여 사업소세를 부과하지 않으면서, 장기간 동안 인근 다른 과세관청의 유사 사례에 대한 사업소세 과세 시도를 보면서도 같은 조치를 취하지 않은 채 그 이의신청 절차나 심사청구 절차에서 사업소세의 부과처분이 취소된 취지에 부응하여 비과세조치를 계속 유지한 경우, 그 운영자의 교육적인 역할 등을 고려하여 묵시적으로 사업소세 비과세의 의사를 표시한 것으로 볼 수 있으므로, 국세기본법에서 정한 '비과세관행'이 성립하였다. 대법원 2009. 12. 24. 선고 2008두15350 판결

9. 동사무소 직원이 행정상 착오로 <u>국적이탈</u>을 사유로 주민등록을 말소한 것을 <u>신뢰하여 만 18세가 될 때까지 별도로 국적이탈신고를 하지 않았던 사람이, 만 18세가 넘은 후 동사무소의 주민등록 직권 재등록 사실을 알고 국적이탈신고를 하자 '병역을 필하였거나 면제받았다는 증명서가 첨부되지 않았다'는 이유로 이를 반려한 처분은 <u>신뢰보호의 원칙에 반하여 위법하다</u>. 대법원 2008. 1. 17. 선고 2006두10931 판결

10. <u>재건축조합에서 일단 내부 규범이 정립되면 조합원들은 특별한 사정이 없는 한 그것이 존속하리라는 신뢰를 가지게 되므로, 내부 규범 변경을 통해 달성하려는 이익이 종전 내부 규범의 존속을 신뢰한 조합원들의 이익보다 우월해야 한다.</u> 대법원 2020. 6. 25. 선고 2018두34732 판결 **01**

11. <u>택시운전사가 운전면허정지기간 중 운전행위를 하다가 적발되어 형사처벌을 받았으나 행정청이 위 위반행위가 있은 이후에 장기간에 걸쳐 아무런 행정조치를 취하지 않은 채 <u>방치하고 있다가 3년여가 지난 시점</u>에서야 운전면허를 취소하는 행정처분을 하는 것은 <u>신뢰보호의 원칙에 위반된다</u>. 대법원 1987. 9. 8. 선고 87누373 판결

(2) 공적견해의 표명을 부정한 사례

1. <u>헌법재판소의 위헌결정</u>은 행정청이 개인에 대하여 신뢰의 대상이 되는 공적인 견해를 표명한 것이라고 할 수 없으므로 그 결정에 관련한 개인의 행위에 대하여는 <u>신뢰보호의 원칙이 적용되지 아니한다</u>. 대법원 2003. 6. 27. 선고 2002두6965 판결 ★★★ **02**

2. 병무청 담당부서의 담당공무원에게 공적 견해의 표명을 구하는 <u>정식의 서면질의 등을 하지 아니한 채</u> 총무과 민원팀장에 불과한 공무원이 <u>민원봉사차원</u>에서 상담에 응하여 안내한 것을 신뢰한 경우, <u>신뢰보호 원칙이 적용되지 아니한다</u>. 대법원 2003. 12. 26. 선고 2003두1875 판결 ★★ **03**

3. 개발이익환수에 관한 법률에 정한 개발사업을 시행하기 전에, 행정청이 민원예비심사에 대하여 관련부서 의견으로 '<u>저촉사항 없음</u>'이라고 기재하였다고 하더라도, 이후의 개발부담금부과처분에 관하여 신뢰보호의 원칙을 적용하기 위한 요건인, 신뢰의 대상이 되는 <u>공적인 견해표명을 한 것이라고는 보기 어렵다</u>. 대법원 2006. 6. 9. 선고 2004두46 판결 ★★ **04**

4. 일반적으로 <u>폐기물처리업 사업계획에 대한 적정통보</u>에 당해 토지에 대한 <u>형질변경허가신청을 허가하는 취지의 공적 견해표명이 있는 것으로는 볼 수 없다</u>고 할 것이고, 더구나 토지의 지목변경 등을 조건으로 그 토지상의 폐기물처리업 사업계획에 대한 적정통보를 한 경우에는 위 조건부적정통보에 토지에 대한 형질변경허가의 공적 견해표명이 포함되어 있었다고 볼 수 없다. 대법원 1998. 9. 25. 선고 98두6494 판결 ★★ **05**

5. <u>폐기물처리업 사업계획에 대하여 적정통보</u>를 한 것만으로 그 사업부지 토지에 대한 <u>국토이용계획변경신청을 승인하여 주겠다는 취지의 공적인 견해표명을 한 것으로 볼 수 없다</u>. 대법원 2005. 4. 28. 선고 2004두8828 판결 ★★ **06**

6. 과세관청이 납세의무자에게 <u>면세사업자등록증을 교부</u>하고 수년간 면세사업자로서 한 부가가치세 예정신고 및 확정신고를 받은 행위만으로는 과세관청이 납세의무자에게 그가 영위하는 사업에 관하여 <u>부가가치세를 과세하지 아니함을 시사하는 언동이나 공적인 견해를 표명한 것이라 할 수 없다</u>. 대법원 2002. 9. 4. 선고 2001두9370 판결 ★ **07**

7. <u>입법예고</u>를 통해 법령안의 내용을 국민에게 예고한 적이 있다고 하더라도 <u>그것이 법령으로 확정되지 아니한 이상</u> 국가가 이해관계자들에게 위 법령안에 관련된 사항을 약속하였다고 볼 수 없으며, 이러한 사정만으로 어떠한 신뢰를 부여하였다고 볼 수도 없다. 대법원 2018. 6. 15. 선고 2017다249769 판결 ★★★ **08**

8. <u>국회에서 일정한 법률안을 심의하거나 의결</u>한 적이 있다고 하더라도, <u>그것이 법률로 확정되지 아니한</u> 이상 국가가 이해관계자들에게 위 법률안에 관련된 사항을 약속하였다고 볼 수 없으며, 이러한 사정만으로 어떠한 신뢰를 부여하였다고 볼 수도 없다. 대법원 2008. 5. 29. 선고 2004다33469 판결 ★ **09**

OX 체크

01 재건축조합에서 일단 내부 규범이 정립되면 조합원들은 특별한 사정이 없는 한 그것이 존속하리라는 신뢰를 가지게 되므로, 내부 규범을 변경할 경우 내부 규범 변경을 통해 달성하려는 이익이 종전 내부 규범의 존속을 신뢰한 조합원들의 이익보다 우월해야 한다. ( )

02 헌법재판소의 위헌결정은 행정청이 개인에 대하여 신뢰의 대상이 되는 공적인 견해를 표명한 것이라고 할 수 있으므로 그 결정에 관련한 개인의 행위에 대하여는 신뢰보호의 원칙이 적용된다. ( )

03 병무청 담당부서의 담당공무원에게 공적 견해의 표명을 구하지 아니한 채 민원봉사 담당공무원이 상담에 응하여 안내한 것을 신뢰한 경우에도 신뢰보호의 원칙이 적용된다. ( )

04 개발사업을 시행하기 전에 사건 토지 지상에 예식장 등을 건축하는 것이 관계 법령상 가능한지 여부를 질의하여 민원 부서로부터 '저촉사항 없음'이라고 기재된 민원예비심사 결과를 통보받았다면, 이는 이후의 개발부담금부과처분에 관하여 신뢰보호의 원칙을 적용하기 위한 공적인 견해표명을 한 것에 해당한다. ( )

05 일반적으로 행정청이 폐기물처리업 사업계획에 대한 적정통보를 한 경우 이는 토지에 대한 형질변경신청을 허가하는 취지의 공적 견해표명까지도 포함한다. ( )

06 관할관청이 폐기물처리업 사업계획에 대하여 적정통보를 한 것만으로도 그 사업부지 토지에 대한 국토이용계획변경신청을 승인하여 주겠다는 취지의 공적인 견해표명을 한 것으로 볼 수 있다. ( )

07 과세관청이 납세의무자에게 부가가치세 면세사업자용 사업자등록증을 교부한 행위는 그가 영위하는 사업에 관하여 부가가치세를 과세하지 아니함을 시사하는 언동이나 공적인 견해를 표명한 것으로 볼 수 없다. ( )

08 입법 예고를 통해 법령안의 내용을 국민에게 예고한 적이 있다고 하더라도 그것이 법령으로 확정되지 아니한 이상 국가가 이해관계자들에게 그 법령안에 관련된 사항을 약속하였다고 볼 수 없으며, 이러한 사정만으로 어떠한 신뢰를 부여하였다고 볼 수도 없다. ( )

09 국회에서 일정한 법률안을 심의하거나 의결한 적이 있다고 하더라도 그것이 법률로 확정되지 아니한 이상 국가가 이해관계자들에게 위 법률안에 관련된 사항을 약속하였다고 볼 수 없으며, 이러한 사정만으로 어떠한 신뢰를 부여하였다고 볼 수도 없다. ( )

정답

01 ○ 02 × 03 × 04 × 05 ×
06 × 07 ○ 08 ○ 09 ○

OX 체크

01 당초 정구장시설을 설치한다는 도시계획결정을 하였다가 정구장 대신 청소년 수련시설을 설치한다는 도시계획 변경결정 및 지적 승인을 한 경우 당초의 도시계획결정만으로는 도시계획사업의 시행자 지정을 받게 된다는 공적 견해를 표명했다고 할 수 없다. ( )

02 행정청이 지구단위계획을 수립하면서 그 권장용도를 판매·위락·숙박시설로 결정하여 고시하였다 하더라도 당해 지구 내에서 공익과 무관하게 언제든지 숙박시설에 대한 건축허가가 가능하다는 취지의 공적 견해를 표명한 것으로 볼 수 없다. ( )

03 과세관청이 비과세대상에 해당하는 것으로 잘못 알고 일단 비과세결정을 하였으나 그 후 과세표준과 세액의 탈루 또는 오류가 있는 것을 발견한 때에는, 이를 조사하여 결정할 수 있다. ( )

04 행정청이 단순한 착오로 어떠한 처분을 계속한 경우, 신뢰보호원칙상 행정청이 이와 배치되는 조치를 할 수 없는 행정관행이 성립하므로, 행정청이 추후 오류를 발견하여 합리적인 방법으로 변경하더라도 신뢰보호원칙에 위배된다. ( )

05 국립공원 관리권을 가진 행정청이 실제의 공원구역과 다르게 경계측량과 표지를 설치한 십수 년 후 착오를 발견하여 지형도를 수정한 조치는 신뢰보호원칙에 위배된다. ( )

06 교통사고가 일어난 지 1년 10개월이 지난 뒤 그 교통사고를 일으킨 택시에 대하여 운송사업면허를 취소한 경우, 택시운송사업자로서는 「자동차운수사업법」의 내용을 잘 알고 있어 교통사고를 낸 택시에 대하여 운송사업면허가 취소될 가능성을 예상할 수 있었으므로 별다른 행정조치가 없을 것으로 자신이 믿고 있었다 하여도 신뢰의 이익을 주장할 수는 없다. ( )

07 임용 당시 법령상 공무원임용 결격사유가 있었더라도 임용권자의 과실에 의하여 임용결격자임을 밝혀내지 못한 경우라면 그 임용행위가 당연무효가 된다고 할 수는 없다. ( )

08 국가가 임용결격사유가 있는 자에 대하여 결격사유가 있는 것을 알지 못하고 공무원으로 임용하였다가 나중에 결격사유가 있음을 발견하고 그 임용행위를 취소하는 경우 신의칙이 적용된다. ( )

정답
01 ○ 02 ○ 03 ○ 04 × 05 ×
06 ○ 07 × 08 ×

---

9. 당초 정구장 시설을 설치한다는 도시계획결정을 하였다가 정구장 대신 청소년 수련시설을 설치한다는 도시계획 변경결정 및 지적승인을 한 경우, 당초의 도시계획결정만으로는 도시계획사업의 시행자 지정을 받게 된다는 공적인 견해를 표명하였다고 할 수 없다. ★★ 01

10. 행정청이 용도지역을 자연녹지지역으로 결정한 것만으로는 그 결정 후 그 토지의 소유권을 취득한 자에게 용도지역을 종래와 같이 자연녹지지역으로 유지하거나 보전녹지지역으로 변경하지 않겠다는 취지의 공적인 견해표명을 한 것이라고 볼 수 없다. 대법원 2005. 3. 10. 선고 2002두5474 판결

11. 행정청이 지구단위계획을 수립하면서 그 권장용도를 판매·위락·숙박시설로 결정하여 고시한 행위를 당해 지구 내에서는 공익과 무관하게 언제든지 숙박시설에 대한 건축허가가 가능하리라는 공적 견해를 표명한 것이라고 평가할 수는 없다. 대법원 2005. 11. 25. 선고 2004두6822 등 판결 02

12. 관할 교육지원청 교육장이 교육환경평가승인신청에 대한 보완요청서에 '휴양 콘도미니엄업이 교육환경 보호에 관한 법률에 따른 금지행위 및 시설로 규정되어 있지는 않다.'라는 의견을 밝힌 것은 교육장이 최종적으로 교육환경평가를 승인해주겠다는 취지의 공적견해를 표명한 것이라고 볼 수 없다. 대법원 2020. 4. 29. 선고 2019두52799 판결

13. 과세관청이 일단 비과세결정을 하였다가 이를 번복하고 다시 과세처분을 하였다는 사실만으로는 그 과세처분이 신의성실의 원칙에 반하는 위법한 것이라고 할 수 없다. 대법원 1989. 1. 17. 선고 87누681 판결 03

14. 단순히 착오로 어떠한 처분을 계속한 경우는 행정관행이 성립한 경우에 해당되지 않는다 할 것이고, 따라서 처분청이 추후 오류를 발견하여 합리적인 방법으로 변경하는 것은 신뢰보호원칙에 위배되지 않는다. 대법원 1993. 6. 11. 선고 92누14021 판결 ★ 04

15. 실제의 공원구역과 다르게 경계측량 및 표지를 설치한 십수 년 후 착오를 발견하여 지형도를 수정한 조치가 신뢰보호의 원칙에 위배되거나 행정의 자기구속의 법리에 반하는 것이라 할 수 없다. 대법원 1992. 10. 13. 선고 92누2325 판결 05

16. 교통사고가 일어난 지 1년 10개월이 지난 뒤 그 교통사고를 일으킨 택시에 대하여 운송사업면허를 취소하였더라도 신뢰의 이익을 주장할 수는 없다. 대법원 1989. 6. 27. 선고 88누6283 판결 06

17. [1] 임용 당시 공무원임용 결격사유가 있었다면 비록 국가의 과실에 의하여 임용결격자임을 밝혀내지 못하였다 하더라도 그 임용행위는 당연무효로 보아야 한다. ★ 07

[2] 국가가 공무원임용 결격사유가 있는 자에 대하여 결격사유가 있는 것을 알지 못하고 공무원으로 임용하였다가 사후에 결격사유가 있는 자임을 발견하고 공무원 임용행위를 취소하는 것은 당사자에게 원래의 임용행위가 당초부터 당연무효이었음을 통지하여 확인시켜 주는 행위에 지나지 아니하는 것이므로, 그러한 의미에서 당초의 임용처분을 취소함에 있어서는 신의칙 내지 신뢰의 원칙을 적용할 수 없고 또 그러한 의미의 취소권은 시효로 소멸하는 것도 아니다. 대법원 1987. 4. 14. 선고 86누459 판결 ★★ 08

18. 고등훈련기 양산참여권의 포기대가와 관련하여 국내에서 세금이 면제될 수 있도록 협조를 구하는 국방부장관의 질의에 대하여 답변한 재정경제부장관의 검토의견은, 외국법인의 국내원천소득에 대한 재정경제부장관의 일반론적인 견해표명에 불과하므로 그에 대하여 신의성실의 원칙이 적용된다고 할 수 없다고 한 사례. 대법원 2010. 4. 29. 선고 2007두19447,19454 판결

5. 실권의 법리

> **행정기본법 제12조【신뢰보호의 원칙】**
> ② 행정청은 권한 행사의 기회가 있음에도 불구하고 장기간 권한을 행사하지 아니하여 국민이 그 권한이 행사되지 아니할 것으로 믿을 만한 정당한 사유가 있는 경우에는 그 권한을 행사해서는 아니 된다. 다만, 공익 또는 제3자의 이익을 현저히 해칠 우려가 있는 경우는 예외로 한다. ★ 01

[판례]

원고가 행정서사업 허가를 받은 때로부터 20년이 다되어 피고가 그 허가를 취소한 것이기는 하나 피고가 취소사유를 알고서도 그렇게 장기간 취소권을 행사하지 않은 것이 아니고 (중략) 피고의 처분이 실권의 법리에 저촉된 것이라고 볼 수 있는 것도 아니다. 대법원 1988. 4. 27. 선고 87누915 판결 ★ 02

V 행정의 자기구속의 원칙

- 행정관행이 성립된 경우 행정청은 특별한 사정이 없는 한 동일한 사안에서 동일한 결정을 하여야 한다는 원칙을 말한다.
- 재량준칙이 공표된 것만으로는 자기구속의 원칙이 적용될 수 없고, 재량준칙이 되풀이 시행되어 행정관행이 성립한 경우에 적용될 수 있다. ★

[판례]

1. 재량권 행사의 준칙인 행정규칙이 그 정한 바에 따라 되풀이 시행되어 행정관행이 이루어지게 되면 평등의 원칙이나 신뢰보호의 원칙에 따라 행정기관은 그 상대방에 대한 관계에서 그 규칙에 따라야 할 자기구속을 받게 되므로, 이러한 경우에는 특별한 사정이 없는 한 그를 위반하는 처분은 평등의 원칙이나 신뢰보호의 원칙에 위배되어 재량권을 일탈·남용한 위법한 처분이 된다. 대법원 2009. 12. 24. 선고 2009두7967 판결 ★★ 03 04

2. 위법한 행정처분이 수차례에 걸쳐 반복적으로 행하여졌다 하더라도 그러한 처분이 위법한 것인 때에는 행정청에 대하여 자기구속력을 갖게 된다고 할 수 없다. 대법원 2009. 6. 25. 선고 2008두13132 판결 ★★★ 05

VI 부당결부금지의 원칙

1. 의의

> **행정기본법 제13조【부당결부금지의 원칙】**
> 행정청은 행정작용을 할 때 상대방에게 해당 행정작용과 실질적인 관련이 없는 의무를 부과해서는 아니 된다.

OX 체크

01 행정청은 권한 행사의 기회가 있음에도 불구하고 장기간 권한을 행사하지 아니하여 국민이 그 권한이 행사되지 아니할 것으로 믿을 만한 정당한 사유가 있는 경우에는 그 권한을 행사해서는 아니 되지만, 공익 또는 제3자의 이익을 현저히 해칠 우려가 있는 경우는 예외이다. ( )

02 처분청이 착오로 행정서사업 허가처분을 한 후 20년이 다 되어서야 취소사유를 알고 행정서사업 허가를 취소한 경우, 그 허가취소처분은 실권의 법리에 저촉되는 것으로 보아야 한다. ( )

03 재량준칙이 공표된 것만으로는 행정의 자기구속의 원칙이 적용될 수 없고, 재량준칙이 되풀이 시행되어 행정관행이 성립한 경우에 행정의 자기구속의 원칙이 적용될 수 있다. ( )

04 재량권 행사의 준칙인 행정규칙의 공표만으로 상대방은 보호가치 있는 신뢰를 갖게 되었다고 볼 수 있다. ( )

05 평등의 원칙은 본질적으로 같은 것을 자의적으로 다르게 취급함을 금지하는 것이므로, 위법한 행정처분이 수차례에 걸쳐 반복적으로 행하여졌다면 행정청에 대하여 자기구속력을 갖게 된다. ( )

정답
01 ○ 02 × 03 ○ 04 × 05 ×

OX 체크

01 주택사업계획승인을 발령하면서 주택사업계획승인과 무관한 토지를 기부채납하도록 부관을 붙인 경우는 부당결부금지 원칙에 반해 위법하다. ( )

02 건축물에 인접한 도로의 개설을 위한 도시계획사업시행허가처분은 건축물에 대한 건축허가처분과는 별개의 행정처분이므로 사업시행허가를 함에 있어 조건으로 내세운 기부채납의무를 이행하지 않았음을 이유로 한 건축물에 대한 준공거부처분은 「건축법」에 근거 없이 이루어진 것으로서 위법하다. ( )

03 행정청이 여러 종류의 자동차운전면허를 취득한 자에 대해 그 운전면허를 취소하는 경우, 취소사유가 특정 면허에 관한 것이 아니고 다른 면허와 공통된 것이거나 운전면허를 받은 사람에 관한 것일 경우에는 여러 면허를 전부 취소할 수 있다. ( )

04 제1종 보통면허로 운전할 수 있는 차량을 음주운전한 경우에도 이와 관련된 면허인 제1종 대형면허와 원동기장치자전거면허까지 취소할 수 있는 것은 아니다. ( )

2. 구체적 판례

판례

1. 지방자치단체장이 사업자에게 <u>주택사업계획승인</u>을 하면서 그 주택사업과는 <u>아무런 관련이 없는</u> 토지를 기부채납하도록 하는 부관을 주택사업계획승인에 붙인 경우, 그 부관은 부당결부금지의 원칙에 위반되어 위법하다. 대법원 1997. 3. 11. 선고 96다49650 판결 ★ **01**

2. 건축물에 인접한 <u>도로의 개설을 위한 도시계획사업시행허가처분</u>은 건축물에 대한 건축허가처분과는 별개의 행정처분이므로 사업시행허가를 함에 있어 조건으로 내세운 기부채납의무를 이행하지 않았음을 이유로 한 건축물에 대한 <u>준공거부처분</u>은 건축법에 근거 없이 이루어진 것으로서 <u>위법하다</u>. 대법원 1992. 11. 27. 선고 92누10364 판결 **02**

3. 지방자치단체가 골프장사업계획승인과 관련하여 사업자로부터 기부금을 지급받기로 한 증여계약은 공무수행과 결부된 금전적 대가로서 그 조건이나 동기가 사회질서에 반하므로 민법 제103조에 의해 <u>무효</u>라고 본 사례. 대법원 2009. 12. 10. 선고 2007다63966 판결

3. 여러 운전면허의 취소·정지

(1) 일반론

- 한 사람이 여러 종류의 자동차운전면허를 취득하는 경우뿐 아니라 이를 <u>취소 또는 정지함에 있어서도 서로 별개의 것</u>으로 취급하는 것이 원칙이다(대법원 1997. 2. 28. 선고 96누17578 판결). ★
- 다만, 그 취소나 정지의 사유가 특정의 면허에 관한 것이 아니고 <u>다른 면허와 공통</u>된 것이거나 <u>운전면허를 받은 사람</u>에 관한 경우에는 여러 운전면허 <u>전부를 취소 또는 정지</u>할 수도 있다(대법원 1992. 9. 22. 선고 91누8289 판결). ★ **03**

(2) 부당결부금지원칙에 위반되는 것으로 본 사례

판례

1. 이륜자동차로서 <u>제2종 소형면허</u>를 가진 사람만이 운전할 수 있는 오토바이는 제1종 대형면허나 보통면허를 가지고서도 이를 운전할 수 없는 것이므로 (중략) 이륜자동차를 음주운전한 사유만 가지고서는 제1종 대형면허나 보통면허의 취소나 정지를 할 수 없다. 대법원 1992. 9. 22. 선고 91누8289 판결

2. 레이카크레인은 특수면허로는 운전이 가능하나 제1종 보통면허나 대형면허로는 운전할 수 없는 것이므로 (중략) <u>레이카크레인</u>을 음주운전한 것은 <u>특수면허</u>에 대한 취소의 사유가 될 수 있을 뿐 제1종 보통면허나 대형면허에 대한 취소의 사유는 되지 아니한다. 대법원 1995. 11. 16. 선고 95누8850 전원합의체 판결

(3) 부당결부금지원칙에 위반되지 않는 것으로 본 사례

판례

1. <u>제1종 보통면허</u>로 운전할 수 있는 차량을 음주운전한 경우에는 이와 관련된 <u>원동기장치자전거면허</u>까지 취소할 수 있는 것으로 보아야 한다. 대법원 1996. 11. 8. 선고 96누9959 판결 ★ **04**

2. <u>제1종 보통면허</u>로 운전할 수 있는 승합자동차를 음주운전한 경우, 제1종 보통면허뿐만 아니라 <u>제1종 대형면허</u>까지 취소할 수 있다. 대법원 1997. 3. 11. 선고 96누15176 판결 ★ **04**

3. <u>제1종 대형면허</u>로 운전할 수 있는 차량을 음주운전하거나 그 제재를 위한 음주측정의 요구를 거부한 경우에는 그와 관련된 <u>제1종 보통면허</u>까지 취소할 수 있다. 대법원 1997. 2. 28. 선고 96누17578 판결

정답
01 ○ 02 ○ 03 ○ 04 ×

Ⅶ 신의성실의 원칙

1. 의의

> **행정기본법 제11조 【성실의무 및 권한남용금지의 원칙】**
> ① 행정청은 법령등에 따른 의무를 성실히 수행하여야 한다.
> ② 행정청은 행정권한을 남용하거나 그 권한의 범위를 넘어서는 아니 된다.

2. 구체적 판례

1. 신의성실의 원칙에 위배된다는 이유로 그 권리의 행사를 부정하기 위하여는 상대방에게 신의를 주었다거나 객관적으로 보아 상대방이 그러한 신의를 가짐이 정당한 상태에 이르러야 하고, 이와 같은 상대방의 신의에 반하여 권리를 행사하는 것이 정의 관념에 비추어 용인될 수 없는 정도의 상태에 이르러야 하고, 일반 행정법률관계에서 관청의 행위에 대하여 신의칙이 적용되기 위해서는 합법성의 원칙을 희생하여서라도 처분의 상대방의 신뢰를 보호함이 정의의 관념에 부합하는 것으로 인정되는 특별한 사정이 있을 경우에 한하여 예외적으로 적용된다. 대법원 2004. 7. 22. 선고 2002두11233 판결

2. 지방공무원 임용신청 당시 잘못 기재된 호적상 출생연월일을 생년월일로 기재하고, 이에 근거한 공무원인사기록카드의 생년월일 기재에 대하여 처음 임용된 때부터 약 36년 동안 전혀 이의를 제기하지 않다가, 정년을 1년 3개월 앞두고 호적상 출생연월일을 정정한 후 그 출생연월일을 기준으로 정년의 연장을 요구하는 것은 신의성실의 원칙에 반하지 않는다. 대법원 2009. 3. 26. 선고 2008두21300 판결 ★ 01

3. 관할관청이 위법한 직업능력개발훈련과정 인정제한처분을 하여 사업주로 하여금 제때 훈련과정 인정신청을 할 수 없도록 하였음에도, 인정제한처분에 대한 취소판결 확정 후 사업주가 인정제한 기간 내에 실제로 실시하였던 훈련에 관하여 비용지원신청을 한 경우에, 관할관청은 단지 해당 훈련과정에 관하여 사전에 훈련과정 인정을 받지 않았다는 이유만을 들어 훈련비용 지원을 거부할 수는 없음이 원칙이다. 이러한 거부행위는 위법한 훈련과정 인정제한처분을 함으로써 사업주로 하여금 제때 훈련과정 인정신청을 할 수 없게 한 장애사유를 만든 행정청이 사업주에 대하여 사전에 훈련과정 인정신청을 하지 않았음을 탓하는 것과 다름없으므로 신의성실의 원칙에 반하여 허용될 수 없다. 대법원 2019. 1. 31. 선고 2016두52019 판결 02

4. 근로복지공단의 요양불승인처분에 대한 취소소송을 제기하여 승소확정판결을 받은 근로자가 요양으로 인하여 취업하지 못한 기간의 휴업급여를 청구한 경우 그 휴업급여청구권이 시효완성으로 소멸하였다는 근로복지공단의 항변은 신의성실의 원칙에 반하여 허용될 수 없다. 대법원 2008. 9. 18. 선고 2007두2173 전원합의체 판결 03

5. (내무부장관이 '갑 법인이 학술연구단체와 장학단체이고 갑 법인이 직접 사용하기 위하여 취득하는 부동산이라면 취득세가 면제된다.'고 회신하였고, 이에 과세관청은 약 19년 동안 갑 법인에 대하여 기숙사 건물 등 부동산과 관련한 취득세·재산세 등을 전혀 부과하지 않았는데, 그 후 과세관청이 위 부동산이 학술연구단체가 고유업무에 직접 사용하는 부동산에 해당하지 않는다는 등의 이유로 재산세 등의 부과처분을 한 사안에서) 위 처분은 신의성실의 원칙에 반하는 것으로서 위법하다고 본 사례. 대법원 2019. 1. 17. 선고 2018두42559 판결

6. 피징계자가 징계처분에 중대하고 명백한 흠이 있음을 알면서도 퇴직시에 지급되는 퇴직금 등 급여를 지급받으면서 그 징계처분에 대하여 위 흠을 들어 항고하였다가 곧 취하하고 그 후 5년 이상이나 그 징계처분의 효력을 일체 다투지 아니하다가 위 비위사실에 대한 공소시효가 완성되어 더 이상 형사소추를 당할 우려가 없게 되자 새삼 위 흠을 들어 그 징계처분의 무효확인을 구하는 소를 제기하기에 이르렀고 한편 징계권자로서도 그 후 오랜 기간 동안 피징계자의 퇴직을 전제로 승진·보직 등 인사를 단행하여 신분관계를 설정하였다면 피징계자가 이제 와서 위 흠을 내세워 그 징계처분의 무효확인을 구하는 것은 신의칙에 반한다. 대법원 1989. 12. 12. 선고 88누8869 판결

OX 체크

01 공무원 임용신청 당시 잘못 기재된 호적상 출생연월일을 생년월일로 기재하고, 임용 후 36년 동안 이의를 제기하지 않다가, 정년을 1년 3개월 앞두고 정정된 출생연월일을 기준으로 정년연장을 요구하는 것은 신의성실의 원칙에 반한다. ( )

02 관할관청이 위법한 직업능력개발훈련과정 인정제한처분을 하여 사업주로 하여금 제때 훈련과정 인정신청을 할 수 없도록 하였음에도, 인정제한처분에 대한 취소판결 확정 후 사업주가 인정제한 기간 내에 실제로 실시하였던 훈련에 관하여 비용지원신청을 한 경우에, 사전에 훈련과정 인정을 받지 않았다는 이유만을 들어 훈련비용 지원을 거부하는 것은 신의성실의 원칙에 반하여 허용될 수 없다. ( )

03 근로자가 요양불승인에 대한 취소소송의 판결확정시까지 근로복지공단에 휴업급여를 청구하지 않았던 것에 대한 근로복지공단의 소멸시효 항변은 신의성실의 원칙에 반하여 허용될 수 없다. ( )

정답
01 ✗ 02 ○ 03 ○

Chapter 02 행정상 법률관계

주제 36 행정법관계의 당사자와 개인적 공권

I 행정법관계의 당사자

1. 행정주체

(1) 의의
- 행정법관계에 있어서 법적 효과(권리·의무)가 귀속되는 당사자를 말한다.
- 국가, 지방자치단체, 공법인인 공공단체, 공무수탁사인 등이 있다.

(2) 지방자치단체
- 지방자치단체 중 보통지방자치단체는 광역자치단체(특별시·광역시·도·특별자치시·특별자치도)와 기초자치단체(시·군·자치구)로 구분된다.
- 지방자치단체가 자치사무를 수행하는 경우 지방자치단체는 공법인인 행정주체의 지위를 가지나, 기관위임사무의 경우 그 사무는 지방자치단체의 장이 위임기관의 행정기관의 지위에서 수행하는 사무이므로, 기관위임사무의 효과는 위임기관인 행정주체에 귀속한다.

(3) 공공단체
- 특정한 행정목적을 위해 설립되어 법인격이 부여된 단체를 말한다.
- 공공단체는 목적 실현에 필요한 한도 내에서 행정주체의 지위를 가지고 동시에 그 자체가 행정청이 되어 항고소송의 피고적격을 가지기도 한다.
- 공공단체의 종류로는, 법정의 자격을 가진 조합원으로 구성된 공공조합, 영조물에 독립된 법인격이 부여된 영조물법인, 공공목적을 위하여 출연된 재산을 관리하기 위해 설립된 공법상 재단법인이 있다.

> **판례**
>
> 1. 지방법무사회는 법무사 감독 사무를 수행하기 위하여 법률에 의하여 설립과 법무사의 회원 가입이 강제된 공법인으로서 법무사 사무원 채용승인에 관한 한 공권력 행사의 주체라고 보아야 한다. 대법원 2020. 4. 9 선고 2015다34444 판결 ★ 01
> 2. 대한변호사협회는 변호사 등록에 관한 한 공법인으로서 공권력 행사의 주체이다. (중략) 대한변호사협회가 등록사무의 수행과 관련하여 정립한 규범을 단순히 내부 기준이라거나 사법적인 성질을 지니는 것이라 볼 수는 없고, 변호사 등록을 하려는 자와의 관계에서 대외적 구속력을 가지는 공권력 행사에 해당한다고 할 것이다. 헌법재판소 2019. 11. 28. 선고 2017헌마759 전원재판부 결정 ★
> 3. 도시 및 주거환경정비법에 따른 주택재건축정비사업조합은 관할 행정청의 감독 아래 위 법상 주택재건축사업을 시행하는 공법인으로서, 그 목적 범위 내에서 법령이 정하는 바에 따라 일정한 행정작용을 행하는 행정주체의 지위를 가진다. 대법원 2009. 11. 2. 자 2009마596 결정 ★
> 4. 농지개량조합은 공법인이다. 헌법재판소 2000. 11. 30. 선고 99헌마190 전원재판부

OX 체크

01 지방법무사회는 법무사 감독 사무를 수행하기 위하여 법률에 의하여 설립과 법무사의 회원 가입이 강제된 공법인으로서 법무사 사무원 채용승인에 관한 한 공권력 행사의 주체라고 보아야 한다. (   )

정답
01 ○

5. 총포·화약안전기술협회는 총포화약류의 안전관리와 기술지원 등에 관한 국가사무를 수행하기 위하여 법률에 따라 설립된 '공법상 재단법인'이라고 보아야 한다. 대법원 2021. 12. 30. 선고 2018다241458 판결

(4) 공무수탁사인

- 행정사무를 위탁받아 자신의 이름으로 처리하는 권한을 갖는 행정주체인 사인을 말한다.
- 공무수탁사인은 위탁받은 행정사무의 범위에서 행정주체이면서 동시에 행정청의 지위를 가진다.
- 이와 달리, 행정사무의 실현을 위한 공의무를 부담하는 사인을 공의무부담사인이라 한다.

> **판례**
>
> 원천징수의무자가 비록 과세관청과 같은 행정청이더라도 그의 원천징수행위는 법령에서 규정된 징수 및 납부의무를 이행하기 위한 것에 불과한 것이지, 공권력의 행사로서의 행정처분을 한 경우에 해당되지 아니한다. 대법원 1990. 3. 23. 선고 89누4789 판결

2. 행정기관

(1) 의의

- 행정을 실제로 수행하는 자로서, 행정주체의 사무담당자를 말한다.
- 행정기관이 행한 행위의 법적 효과는 행정주체에 귀속된다.
- 행정기관의 종류로는 행정청, 의결기관, 보조기관, 보좌기관, 집행기관 등이 있다.

(2) 행정청

- 행정의사를 결정하고 이를 외부에 표시할 수 있는 권한을 가진 행정기관을 말한다.
- 구성원이 1인인 독임제 행정청과 2인 이상인 합의제 행정청으로 구분된다.

3. 행정객체

- 행정객체란 행정의 상대방을 말한다.
- 사인뿐만 아니라 지방자치단체와 공공단체도 국가 또는 다른 공공단체와의 관계에 있어서 행정객체가 될 수 있다.
- 수도료·전기료의 부과, 건축협의의 거부·취소 등에 있어서는 국가도 행정객체가 될 수 있다. ★ 01

II 특별권력(행정법)관계

1. 의의

- 특별권력관계란 특별한 행정목적을 달성하기 위하여 특별권력기관과 특별한 신분을 가진 자와의 사이에 성립되는 특별한 법률관계를 말한다(예 공무원, 군인, 사관생도, 수형자 등).
- 특별권력관계에 있어서도 법률유보원칙, 비례의 원칙이 적용되나 특별한 행정목적 실현을 위해, 행정주체와 일반 국민 사이에 성립되는 일반권력관계에 비하여, 그 적용이 완화될 수 있다.

OX 체크

01 국가에 대한 행정처분도 가능하다. ( )

정답
01 ○

2. 구체적 판례

> **판례**
>
> 1. 국립 교육대학 학생에 대한 퇴학처분은 항고소송의 대상이 되는 행정처분임이 명백하다. 대법원 1991. 11. 22. 선고 91누2144 판결
>
> 2. [1] 사관생도는 군 장교를 배출하기 위하여 국가가 모든 재정을 부담하는 특수교육기관인 육군3사관학교의 구성원으로서, 학교에 입학한 날에 육군 사관생도의 병적에 편입하고 준사관에 준하는 대우를 받는 특수한 신분관계에 있다. 따라서 그 존립 목적을 달성하기 위하여 필요한 한도 내에서 일반 국민보다 상대적으로 기본권이 더 제한될 수 있으나, 그러한 경우에도 법률유보원칙, 과잉금지원칙 등 기본권 제한의 헌법상 원칙들을 지켜야 한다. ★ 01
>
>   [2] (육군3사관학교 사관생도인 갑이 4회에 걸쳐 학교 밖에서 음주를 하여 '사관생도 행정예규' 제12조에서 정한 품위유지의무를 위반하였다는 이유로 육군3사관학교장이 교육운영위원회의 의결에 따라 갑에게 퇴학처분을 한 사안에서) 위 금주조항은 사관생도의 일반적 행동자유권, 사생활의 비밀과 자유 등 기본권을 과도하게 제한하는 것으로서 무효이므로 위 금주조항을 적용하여 내린 퇴학처분은 위법하다고 한 사례. 대법원 2018. 8. 30. 선고 2016두60591 판결 ★ 02
>
> 3. [1] 국방의 목적을 달성하기 위하여 상명하복의 체계적인 구조를 가지고 있는 군조직의 특수성을 감안할 때, 군인의 복무 기타 병영생활 및 정신전력 등과 밀접하게 관련되어 있는 부분은 행정부에 널리 독자적 재량을 인정할 수 있는 영역이라고 할 것이므로, 이와 같은 영역에 대하여 법률유보원칙을 철저하게 준수할 것을 요구하고, 그와 같은 요구를 따르지 못한 경우 헌법에 위반된다고 판단하는 것은 합리적인 것으로 보기 어렵다.
>
>   [2] 군인사법은 헌법이 대통령에게 부여한 군통수권을 실질적으로 존중한다는 차원에서 군인의 복무에 관한 사항을 규율할 권한을 대통령령에 위임한 것이라 할 수 있고, 대통령령으로 규정될 내용 및 범위에 관한 기본적인 사항을 다소 광범위하게 위임하였다 하더라도 포괄위임금지원칙에 위배된다고 볼 수 없다. 따라서 이 사건 복무규율조항은 이와 같은 군인사법 조항의 위임에 의하여 제정된 정당한 위임의 범위 내의 규율이라 할 것이므로 법률유보원칙을 준수한 것이다. 헌법재판소 2010. 10. 28. 선고 2008헌마638 전원재판부 ★ 03

III 개인적 공권

1. 의의

- 개인이 자기의 이익을 위하여 행정주체에게 일정한 행위를 할 것을 요구할 수 있는 공법상 권리를 말한다.
- 개인적 공권의 내용은 원고적격의 내용인 '법률상 이익'과 동일하다.
- 따라서 개인적 공권이 인정되기 위해서는 강행법규에 의해 행정주체에게 일정한 의무가 부과되어야 하고, 그 법규가 사익의 보호를 목적으로 하여야 한다.
- 개인적 공권은 공익적 성격을 가지므로 이전과 포기가 제한될 수 있다.

> **판례**
>
> 석탄산업법 시행령에 따른 재해위로금 청구권은 개인의 공권으로서 그 공익적 성격에 비추어 당사자의 합의에 의하여 이를 미리 포기할 수 없다. 대법원 1998. 12. 23. 선고 97누5046 판결 04

OX 체크

01 육군3사관학교 생도는 일반 국민보다 상대적으로 기본권이 더 제한될 수 있으나, 그러한 경우에도 법률유보원칙, 과잉금지원칙 등 기본권 제한의 헌법상 원칙들이 지켜져야 한다. ( )

02 육군3사관학교의 사관생도 행정예규에 따라 사관생도의 모든 사적 생활에서까지 예외 없이 금주의무를 이행할 것을 요구하면서 경위 등을 묻지 않고 일률적으로 2회 위반 시 원칙적으로 퇴학 조치하도록 정한 것은 사관생도의 기본권을 지나치게 침해하는 것은 아니다. ( )

03 구 「군인사법」 제47조의2가 군인의 복무에 관한 사항에 관한 규율권한을 대통령령에 위임하면서 다소 개괄적으로 위임하였다고 하여 헌법 제75조의 포괄위임금지원칙에 어긋난다고 보기 어렵다. ( )

04 구 「석탄산업법 시행령」상 재해위로금 청구권은 개인의 공권으로서 그 공익적 성격에 비추어 당사자 합의에 의해 이를 미리 포기할 수 없다. ( )

정답
01 ○ 02 × 03 ○ 04 ○

2. 개인적 공권과 기본권

- **자유권**은 그 자체로 **구체적** 권리로서의 성격을 가지므로 개인적 공권이 된다.
- **사회권**은 그 자체로는 **추상적** 권리에 그치므로 이를 구체화하는 법률이 제정되기 전에는 개인적 공권이 될 수 없다.

판례

1. **공무원연금 수급권**과 같은 **사회보장수급권**은 사회적 기본권 중의 하나로서, 헌법규정만으로는 이를 실현할 수 없어 법률에 의한 형성이 필요하고, 그 구체적인 내용 즉 수급요건, 수급권자의 범위 및 급여금액 등은 법률에 의하여 비로소 확정된다. 헌법재판소 2013. 9. 26. 선고 2011헌바272 결정 ★ 01
2. 근로자가 **퇴직급여를 청구**할 수 있는 권리도 헌법상 바로 도출되는 것이 아니라 퇴직급여법 등 관련 법률이 구체적으로 정하는 바에 따라 비로소 인정될 수 있는 것이다. 헌법재판소 2011. 7. 28. 선고 2009헌마408 결정 02
3. **사회권적 기본권**은 국가가 재정형편 등 여러 가지 상황들을 종합적으로 고려하여 법률을 통하여 구체화함으로써 법률적 권리로 인정된다. 의료급여법에 의하여 인정되는 **의료급여수급권**도 이러한 법률적 권리에 해당한다. 헌법재판소 2020. 4. 23. 선고 2017헌마103 전원재판부 결정 ★ 03

3. 무하자재량행사청구권

- 행정청에게 재량이 부여된 경우 행정청에 대하여 그 재량을 하자 없이 행사할 것을 요구할 수 있는 권리를 말한다.
- **특정한 처분을 요구할 수 있는 권리가 아니라 단지 하자 없는 재량의 행사만을 요구할 수 있다**는 점에서 형식적 권리로서의 성격을 갖는다.

판례

[1] 검사의 임용 여부는 임용권자의 자유재량에 속하는 사항이나, (중략) 법령상 검사임용 신청 및 그 처리의 제도에 관한 명문 규정이 없다고 하여도 조리상 임용권자는 임용신청자들에게 전형의 결과인 임용 여부의 응답을 해줄 의무가 있다고 할 것이며, 응답할 것인지 여부조차도 임용권자의 편의재량사항이라고는 할 수 없다. ★ 04

[2] 검사의 임용에 있어서 임용권자가 임용여부에 관하여 어떠한 내용의 응답을 할 것인지는 임용권자의 자유재량에 속하므로 일단 임용거부라는 응답을 한 이상 설사 그 응답내용이 부당하다고 하여도 사법심사의 대상으로 삼을 수 없는 것이 원칙이나, 적어도 재량권의 한계 일탈이나 남용이 없는 위법하지 않은 응답을 할 의무가 임용권자에게 있고 이에 대응하여 임용신청자로서도 재량권의 한계 일탈이나 남용이 없는 적법한 응답을 요구할 권리가 있다고 할 것이며, 이러한 응답신청권에 기하여 재량권 남용의 위법한 거부처분에 대하여는 항고소송으로서 그 취소를 구할 수 있다. 대법원 1991. 2. 12. 선고 90누5825 판결

OX 체크

01 공무원연금 수급권과 같은 사회보장수급권은 헌법규정만으로는 이를 실현할 수 없어 법률에 의한 형성이 필요하고, 그 구체적인 내용 즉 수급요건 등은 법률에 의하여 비로소 확정된다. ( )

02 근로자가 퇴직급여를 청구할 수 있는 권리와 같은 이른바 사회적 기본권은 헌법 규정에 의하여 바로 도출되는 개인적 공권이라 할 수 없다. ( )

03 「의료급여법」에 의하여 인정되는 의료급여수급권은 사회권적 기본권의 일종으로서 헌법을 통하여 직접 인정되는 헌법적 권리에 해당한다. ( )

04 다수의 검사 임용신청자 중 일부만을 검사로 임용하는 결정을 함에 있어, 임용신청자들에게 전형의 결과인 임용 여부의 응답을 할 것인지는 임용권자의 편의재량사항이다. ( )

정답
01 ○ 02 ○ 03 ✕ 04 ✕

4. 행정개입청구권

(1) 의의
- 개인이 자신의 이익을 위하여 제3자에 대해 행정권을 발동할 것을 요구할 수 있는 권리를 말한다.
- 특정한 내용의 처분을 해줄 것을 요구할 수 있다는 점에서 실체적 권리로서의 성격을 갖는다.

(2) 재량의 영(0)으로의 수축
- 국민의 생명·신체 및 재산 등 중요한 법익에 급박하고 현저한 위험이 존재하고, 그러한 위험이 행정권의 발동에 의해 제거될 수 있으며, 피해자의 개인적 노력으로는 권익침해의 방지가 이루어질 수 없는 경우, 재량권이 있는 행정청에게 선택의 여지가 없어지고 특정한 내용의 처분이나 행정작용을 해야 하는 의무가 생기는 것을 말한다.
- 재량이 영(0)으로 수축하면 재량행위가 기속행위로 전환되어 행정청은 특정한 내용의 처분이나 행정작용을 해야 할 의무가 생기고, 무하자재량행사청구권은 행정개입청구권으로 전환된다. **01**

> **판례**
>
> [1] 경찰관직무집행법 제5조는 형식상 경찰관에게 재량에 의한 직무수행권한을 부여한 것처럼 되어 있으나, 경찰관에게 그러한 권한을 부여한 취지와 목적에 비추어 볼 때 구체적인 사정에 따라 경찰관이 그 권한을 행사하여 필요한 조치를 취하지 아니하는 것이 현저하게 불합리하다고 인정되는 경우에는 그러한 권한의 불행사는 직무상의 의무를 위반한 것이 되어 위법하게 된다. ★
>
> [2] 경찰관이 농민들의 시위를 진압하고 시위과정에 도로 상에 방치된 트랙터 1대에 대하여 이를 도로 밖으로 옮기거나 후방에 안전표지판을 설치하는 것과 같은 위험발생방지조치를 취하지 아니한 채 그대로 방치하고 철수하여 버린 결과, 야간에 그 도로를 진행하던 운전자가 위 방치된 트랙터를 피하려다가 다른 트랙터에 부딪혀 상해를 입은 경우, 국가배상책임이 인정된다. 대법원 1998. 8. 25. 선고 98다16890 판결

OX 체크

01 재량권이 영으로 수축하는 경우 행정개입청구권은 무하자재량행사청구권으로 전환된다. ( )

정답
01 ×

주제 37 행정법관계에 대한 민법의 적용

I 의의

- 민법의 규정 중 일반원리적 규정과 기간 계산, 시효, 사무관리, 부당이득과 같은 법기술적 규정은 행정법관계에도 적용된다.

II 기간의 계산

1. 행정기본법 규정

행정기본법 제6조【행정에 관한 기간의 계산】
① 행정에 관한 기간의 계산에 관하여는 이 법 또는 다른 법령등에 특별한 규정이 있는 경우를 제외하고는 「민법」을 준용한다. ★ 01
② 법령등 또는 처분에서 국민의 권익을 제한하거나 의무를 부과하는 경우 권익이 제한되거나 의무가 지속되는 기간의 계산은 다음 각 호의 기준에 따른다. 다만, 다음 각 호의 기준에 따르는 것이 국민에게 불리한 경우에는 그러하지 아니하다. ★
  1. 기간을 일, 주, 월 또는 연으로 정한 경우에는 기간의 첫날을 산입한다. 02
  2. 기간의 말일이 토요일 또는 공휴일인 경우에도 기간은 그 날로 만료한다. 03

2. 민법 규정(제소기간 계산 시 적용)

민법 제157조【기간의 기산점】
　기간을 일, 주, 월 또는 연으로 정한 때에는 기간의 초일은 산입하지 아니한다. 그러나 그 기간이 오전 영시로부터 시작하는 때에는 그러하지 아니하다.

민법 제159조【기간의 만료점】
　기간을 일, 주, 월 또는 연으로 정한 때에는 기간말일의 종료로 기간이 만료한다.

민법 제161조【공휴일 등과 기간의 만료점】
　기간의 말일이 토요일 또는 공휴일에 해당한 때에는 기간은 그 익일로 만료한다.

OX 체크

01 행정에 관한 기간의 계산에 관하여는 「행정기본법」 또는 다른 법령등에 특별한 규정이 있는 경우를 제외하고는 「민법」을 준용한다. ( )

02 법령등 또는 처분에서 국민의 권익을 제한하거나 의무를 부과하는 경우 권익이 제한되거나 의무가 지속되는 기간을 계산할 때에 기간을 일, 주, 월 또는 연으로 정한 경우에는 기간의 첫날을 산입한다. 다만, 그러한 기준을 따르는 것이 국민에게 불리한 경우에는 그러하지 아니하다. ( )

03 법령등에서 국민의 권익을 제한하는 경우, 권익이 제한되는 기간의 계산에 있어 기간의 말일이 토요일 또는 공휴일인 경우에는 기간은 그 익일로 만료한다. ( )

정답
01 O　02 O　03 ✕

Ⅲ 시효

1. 소멸시효

(1) 의의

- 권리자가 권리를 행사할 수 있음에도 일정기간 계속하여 권리를 행사하지 않은 경우 그 권리를 소멸시키는 것을 말한다.

(2) 기산일 : 권리를 행사할 수 있는 때

1. 소멸시효는 객관적으로 권리가 발생하여 그 권리를 행사할 수 있는 때로부터 진행하고 그 권리를 행사할 수 없는 동안만은 진행하지 않는바, '권리를 행사할 수 없는' 경우라 함은 그 권리행사에 법률상의 장애사유, 예컨대 기간의 미도래나 조건불성취 등이 있는 경우를 말하는 것이고, 사실상 권리의 존재나 권리행사가능성을 알지 못하였고 알지 못함에 과실이 없다고 하여도 이러한 사유는 법률상 장애사유에 해당하지 않는다. 대법원 1992. 3. 31. 선고 91다32053 전원합의체 판결

2. 지방재정법에 의한 변상금부과처분이 당연무효인 경우에 이 변상금부과처분에 의하여 납부자가 납부하거나 징수당한 오납금은 지방자치단체가 법률상 원인 없이 취득한 부당이득에 해당하고, 이러한 오납금에 대한 납부자의 부당이득반환청구권은 처음부터 법률상 원인이 없이 납부 또는 징수된 것이므로 납부 또는 징수시에 발생하여 확정되며, 그 때부터 소멸시효가 진행한다. 대법원 2005. 1. 27. 선고 2004다50143 판결 ★ **01**

3. 처분에 대한 취소소송이 진행되는 동안에도 변상금 부과권의 소멸시효가 진행된다. 대법원 2006. 2. 10. 선고 2003두5686 판결 **02**

(3) 시효기간 : 원칙 5년

> 국가재정법 제96조【금전채권·채무의 소멸시효】
> ① 금전의 급부를 목적으로 하는 국가의 권리로서 시효에 관하여 다른 법률에 규정이 없는 것은 5년 동안 행사하지 아니하면 시효로 인하여 소멸한다.
> ② 국가에 대한 권리로서 금전의 급부를 목적으로 하는 것도 또한 제1항과 같다.

- 국가의 국민에 대한 금전채권, 국민의 국가에 대한 금전채권 모두 5년의 시효기간이 적용된다.
- 공법적 행위뿐만 아니라 사법적 행위로 인해 발생한 금전채권의 시효기간에 대해서도 5년의 시효기간이 적용된다(대법원 1967. 7. 4. 선고 67다751 판결). ★ **03**

국가재정법 제96조에서 '다른 법률의 규정'이라 함은 다른 법률에 국가재정법 제96조에서 규정한 5년의 소멸시효기간보다 짧은 기간의 소멸시효의 규정이 있는 경우를 가리키는 것이고, 이보다 긴 10년의 소멸시효를 규정한 민법 제766조 제2항은 국가재정법 제96조에서 말하는 '다른 법률의 규정'에 해당하지 아니한다. 대법원 2001. 4. 24. 선고 2000다57856 판결

OX 체크

01 변상금부과처분이 당연무효인 경우, 당해 변상금부과처분에 의하여 납부한 오납금에 대한 납부자의 부당이득반환청구권의 소멸시효는 변상금부과처분의 부과시부터 진행한다. ( )

02 「국유재산법」상 변상금부과처분에 대한 취소소송이 진행되는 동안에도 그 부과권의 소멸시효가 진행된다. ( )

03 「국가재정법」상 5년의 소멸시효가 적용되는 '금전의 급부를 목적으로 하는 국가의 권리'에는 국가의 사법(私法)상 행위에서 발생한 국가에 대한 금전채무도 포함된다. ( )

정답
01 ✕ 02 ○ 03 ○

(4) 중단

> **국가재정법 【금전채권·채무의 소멸시효】**
> ③ 금전의 급부를 목적으로 하는 국가의 권리의 경우 소멸시효의 중단·정지 그 밖의 사항에 관하여 다른 법률의 규정이 없는 때에는 「민법」의 규정을 적용한다. 국가에 대한 권리로서 금전의 급부를 목적으로 하는 것도 또한 같다.
> ④ 법령의 규정에 따라 국가가 행하는 납입의 고지는 시효중단의 효력이 있다.

판례

1. 납입고지에 의한 변상금 징수권자의 권리행사에 의하여 이미 발생한 소멸시효중단의 효력은 그 부과처분이 취소(쟁송취소에 의한 것이든 또는 직권취소에 의한 것이든 불문한다)되었다 하여 사라지지 아니한다. 대법원 1996. 3. 8. 선고 95누12804 판결 **01**
2. 세무공무원이 국세징수법에 의하여 체납자의 가옥·선박·창고 기타의 장소를 수색하였으나 압류할 목적물을 찾아내지 못하여 압류를 실행하지 못하고 수색조서를 작성하는 데 그친 경우에도 소멸시효 중단의 효력이 있다. 대법원 2001. 8. 21. 선고 2000다12419 판결

(5) 소멸시효 완성의 효과

- 소멸시효기간이 지나면 당사자의 주장이 없더라도 권리가 당연히 소멸한다. 다만, 소멸시효 항변은 변론주의 원칙에 따라 당사자의 주장이 있어야만 법원의 판단대상이 된다(대법원 2017. 3. 22. 선고 2016다258124 판결).

판례

조세에 관한 소멸시효가 완성되면 국가의 조세부과권과 납세의무자의 납세의무는 당연히 소멸한다 할 것이므로 소멸시효완성 후에 부과된 부과처분은 납세의무 없는 자에 대하여 부과처분을 한 것으로서 그와 같은 하자는 중대하고 명백하여 그 처분의 효력은 당연무효이다. 대법원 1985. 5. 14. 선고 83누655 판결 ★ **02**

2. 취득시효

- 물건에 대하여 권리를 가지고 있는 것 같은 외관이 일정기간 계속되는 경우에 그 외관상 권리자에게 권리취득의 효과를 생기게 하는 것을 말한다.
- 국유재산법이 정한 바에 따라 국유재산 중 행정재산은 시효취득의 대상이 되지 않고, 일반재산은 시효취득의 대상이 된다. ★ **03 04**

판례

1. 행정재산은 공용폐지가 되지 아니하는 한 사법상 거래의 대상이 될 수 없으므로 시효취득의 대상이 되지 아니하고, 관재당국이 이를 모르고 행정재산을 매각하였다 하더라도 그 매매는 당연무효이다. 대법원 1996. 5. 28. 선고 95다52383 판결
2. 국유잡종재산은 사경제적 거래의 대상으로서 사적자치의 원칙이 지배되고 있으므로 시효제도의 적용에 있어서도 동일하게 보아야 하고, 국유잡종재산에 대한 시효취득을 부인하는 법 규정은 합리적 근거 없이 국가만을 우대하는 불평등한 규정으로서 헌법상의 평등의 원칙과 사유재산권 보장의 이념 및 과잉금지의 원칙에 반한다. 헌법재판소 1991. 5. 13. 선고 89헌가97 결정

OX 체크

01 납입고지에 의한 소멸시효의 중단은 그 납입고지에 의한 부과처분이 추후 취소되면 효력이 상실된다. (　)

02 조세에 관한 소멸시효가 완성된 후에 부과된 조세부과처분은 위법한 처분이지만 당연무효라고 볼 수는 없다. (　)

03 현행법상 행정목적을 위하여 제공된 행정재산에 대해서는 공용폐지가 되지 않는 한 「민법」상 취득시효규정이 적용되지 않는다. (　)

04 「국유재산법」상 일반재산은 취득시효의 대상이 될 수 없다. (　)

정답
01 × 　02 × 　03 ○ 　04 ×

Ⅳ 공법상 사무관리

1. 의의

- 사무관리란 법률상 의무 없이 타인의 사무를 관리하는 행위를 말하며, 사무관리자는 본인에 대하여 비용의 상환을 청구할 수 있다.

2. 구체적 판례

> **판례**
>
> 1. 몰수할 수 있는 압수물에 대한 수사기관의 환가처분은 그 경제적 가치를 보존하기 위한 형사소송법상의 처분이라고 할지라도 해당 압수물이 그 후의 형사절차에 의하여 몰수되지 아니하는 경우 그 환가처분은 그 물건 소유자를 위한 사무관리에 준하는 행위라 할 것이므로, 검사가 압수물에 대한 환가처분을 하며 소요된 비용은 물건의 소유자에게 상환을 구할 수 있다 대법원 2000. 1. 21. 선고 97다58507 판결
>
> 2. [1] 타인의 사무가 국가의 사무인 경우, 사인이 처리한 국가의 사무가 사인이 국가를 대신하여 처리할 수 있는 성질의 것으로서, 사무 처리의 긴급성 등 국가의 사무에 대한 사인의 개입이 정당화되는 경우에 한하여 사무관리가 성립하고, 사인은 그 범위 내에서 국가에 대하여 국가의 사무를 처리하면서 지출된 필요비 내지 유익비의 상환을 청구할 수 있다.
>
>   [2] (甲 주식회사 소유의 유조선에서 원유가 유출되는 사고가 발생하자 해상 방제업 등을 영위하는 乙 주식회사가 피해 방지를 위해 해양경찰의 직접적인 지휘를 받아 방제작업을 보조한 사안에서) 乙 회사는 사무관리에 근거하여 국가에 방제비용을 청구할 수 있다고 본 원심판단을 수긍한 사례. 대법원 2014. 12. 11. 선고 2012다15602 판결

Ⅴ 공법상 부당이득

1. 의의

- 법률상 원인 없이 타인의 재산 또는 노무로 인하여 이익을 얻고 그로 인하여 타인에게 손해를 가한 것을 말하며, 부당이득을 얻은 자는 이를 반환하여야 한다.
- 공법상 부당이득반환청구권은 사권으로서, 그 반환을 구하는 소는 민사소송의 대상이 된다. ★

2. 구체적 판례

> **판례**
>
> 조세환급금은 조세채무가 처음부터 존재하지 않거나 그 후 소멸하였음에도 불구하고 국가가 법률상 원인 없이 수령하거나 보유하고 있는 부당이득에 해당하고, 환급가산금은 그 부당이득에 대한 법정이자로서의 성질을 가진다. 대법원 2009. 9. 10. 선고 2009다11808 판결 ★

OX 체크

01 사무처리의 긴급성으로 인하여 해양경찰의 직접적인 지휘를 받아 보조로 방제작업을 한 경우, 사인은 그 사무를 처리하며 지출한 필요비 내지 유익비의 상환을 국가에 대하여 민사소송으로 청구할 수 있다. ( )

02 조세환급금은 조세채무가 처음부터 존재하지 않거나 그 후 소멸하였음에도 불구하고 국가가 법률상 원인 없이 수령하거나 보유하고 있는 부당이득에 해당하고, 환급가산금은 그 부당이득에 대한 법정이자로서의 성질을 가진다. ( )

정답
01 ○ 02 ○

Chapter 03 사인의 공법행위

주제 38 신고

I 개관 ★★

- 신고란 사인이 행정기관에게 일정한 사실을 알리는 행위를 말한다.
- 신고는 자기완결적 신고와 행위요건적 신고로 구분된다.

구분	자기완결적(자체완성적) 신고	행위요건적(행정요건적) 신고
의미(명칭)	수리를 요하지 않는 신고	수리를 요하는 신고
효력발생	적법한 신고의 도달	신고에 따른 수리처분
심사범위	형식적 심사 (기재사항 흠 ×, 구비서류 첨부 등)	형식적 심사 + 실체적 심사 (예 기재사항의 진위 여부 등) But, 입법 목적의 범위 내로 제한
수리	사실행위	처분 (원칙적으로 기속행위)
수리거부	사실행위 But, 건축신고, 착공신고 수리거부는 처분	처분

II 자기완결적(자체완성적) 신고

1. 의의

- 요건을 갖춘 적법한 신고가 있으면 신고 그 자체로서 법적 효과를 발생시키는 신고를 말한다.
- '수리를 요하지 않는 신고'라고도 한다.

2. 신고요건의 심사

(1) 행정절차법 규정

> 행정절차법 제40조【신고】 01
> ① 법령 등에서 행정청에 일정한 사항을 통지함으로써 의무가 끝나는 신고를 규정하고 있는 경우 신고를 관장하는 행정청은 신고에 필요한 구비서류, 접수기관, 그 밖에 법령 등에 따른 신고에 필요한 사항을 게시(인터넷 등을 통한 게시를 포함한다)하거나 이에 대한 편람을 갖추어 두고 누구나 열람할 수 있도록 하여야 한다. ★
> ② 제1항에 따른 신고가 다음 각 호의 요건을 갖춘 경우에는 신고서가 접수기관에 도달된 때에 신고의무가 이행된 것으로 본다. ★ 02 03
> 1. 신고서의 기재사항에 흠이 없을 것
> 2. 필요한 구비서류가 첨부되어 있을 것
> 3. 그 밖에 법령 등에 규정된 형식상의 요건에 적합할 것 04

OX 체크

01 신고는 사인이 행하는 공법행위로 행정기관의 행위가 아니므로 「행정절차법」에는 신고에 관한 규정을 두고 있지 않다. ( )

02 법령 등에서 행정청에 대하여 일정한 사항을 통지함으로써 의무가 끝나는 신고를 규정하고 있는 경우에는 법령상 요건을 갖춘 적법한 신고서를 발송하였을 때에 신고 의무가 이행된 것으로 본다. ( )

03 「행정절차법」상 신고 요건으로는 신고서의 기재사항에 흠이 없고 필요한 구비서류가 첨부되어 있어야 하며, 신고의 기재사항은 그 진실함이 입증되어야 한다. ( )

04 「행정절차법」은 '법령등에서 행정청에 일정한 사항을 통지함으로써 의무가 끝나는 신고'에 대하여 '그 밖에 법령등에 규정된 형식상의 요건에 적합할 것'을 그 신고의무 이행요건의 하나로 정하고 있다. ( )

정답
01 × 02 × 03 × 04 ○

OX 체크

01 정보통신매체를 이용하여 학습비를 받고 불특정 다수인에게 원격 평생교육을 실시하기 위해 구 「평생교육법」에서 정한 형식적 요건을 모두 갖추어 신고한 경우, 행정청은 신고대상이 된 교육이나 학습이 공익적 기준에 적합하지 않는다는 등의 실체적 사유를 들어 신고 수리를 거부할 수 없다. ( )

02 「건축법」상 수리를 요하지 않는 건축신고에 있어서는 원칙적으로 적법한 요건을 갖춰 신고하면 행정청의 수리 등 별도의 조치를 기다릴 필요 없이 건축행위를 할 수 있다고 보아야 한다. ( )

03 건축허가권자는 건축신고가 「건축법」, 「국토의 계획 및 이용에 관한 법률」 등 관계 법령에서 정하는 명시적인 제한에 배치되지 않는 경우에도 건축을 허용하지 않아야 할 중대한 공익상 필요가 있는 경우에는 건축신고의 수리를 거부할 수 있다. ( )

04 식품접객업 영업신고에 대해서는 「식품위생법」이 「건축법」에 우선 적용되므로, 영업신고가 「식품위생법」상의 신고요건을 갖춘 경우라면 그 영업신고를 한 해당 건축물이 「건축법」상 무허가건축물이라도 적법한 신고에 해당된다. ( )

③ 행정청은 제2항 각 호의 요건을 갖추지 못한 신고서가 제출된 경우에는 지체 없이 상당한 기간을 정하여 신고인에게 보완을 요구하여야 한다.
④ 행정청은 신고인이 제3항에 따른 기간 내에 보완을 하지 아니하였을 때에는 그 이유를 구체적으로 밝혀 해당 신고서를 되돌려 보내야 한다.

- 행정절차법 제40조는 자기완결적 신고를 규정하고 있다. 다만, 같은 조 제3항과 제4항은 행위요건적 신고에 대해서도 적용된다.

(2) **심사의 범위 : 형식적 요건**

> **판례**
>
> 1. 정보통신매체를 이용하여 학습비를 받고 불특정 다수인에게 원격평생교육을 실시하기 위해 구 평생교육법에서 정한 형식적 요건을 모두 갖추어 신고한 경우, 행정청은 실체적 사유를 들어 신고 수리를 거부할 수 없다. 대법원 2011. 7. 28. 선고 2005두11784 판결 ★ 01
> 2. 신고대상인 건축물의 건축행위를 하고자 할 경우에는 그 관계 법령에 정해진 적법한 요건을 갖춘 건축신고만을 하면 그와 같은 건축행위를 할 수 있고, 행정청의 수리처분 등 별단의 조치를 기다릴 필요가 없다고 할 것이며, 또한 이와 같은 신고를 받은 행정청으로서는 그 신고가 같은 법 및 그 시행령 등 관계 법령에 신고만으로 건축할 수 있는 경우에 해당하는 여부 및 그 구비서류 등이 갖추어져 있는지 여부 등을 심사하여 그것이 법 규정에 부합하는 이상 이를 수리하여야 하고, 같은 법 규정에 정하지 아니한 사유를 심사하여 이를 이유로 신고수리를 거부할 수는 없다. 대법원 1999. 4. 27. 선고 97누6780 판결 02
> 3. 건축허가권자는 건축신고가 건축법, 국토의 계획 및 이용에 관한 법률 등 관계 법령에서 정하는 명시적인 제한에 배치되지 않는 경우에도 건축을 허용하지 않아야 할 중대한 공익상 필요가 있는 경우에는 건축신고의 수리를 거부할 수 있다. 대법원 2019. 10. 31. 선고 2017두74320 판결 ★★ 03

(3) **부적법한 신고**

- 형식적 요건을 갖추지 못한 신고는 부적법한 신고가 되고, 이 경우 그 신고에 따른 법적 효과가 발생하지 않는다.
- 특히 개별 법령상 요건을 충족한 신고라도 다른 법령에서 요구하는 요건을 갖추지 못한 경우에는 적법한 신고를 할 수 없다.

> **판례**
>
> 1. 식품위생법에 따른 식품접객업(일반음식점영업)의 영업신고의 요건을 갖춘 자라고 하더라도, 그 영업신고를 한 당해 건축물이 건축법 소정의 허가를 받지 아니한 무허가 건물이라면 적법한 신고를 할 수 없다. 대법원 2009. 4. 23. 선고 2008도6829 판결 ★★★ 04
> 2. 체육시설의 설치·이용에 관한 법률에 따른 골프연습장의 신고요건을 갖춘 자라 할지라도 골프연습장을 설치하려는 건물이 건축법상 무허가 건물이라면 적법한 신고를 할 수 없다. 대법원 1993. 4. 27. 선고 93누1374 판결
> 3. 체육시설의 설치·이용에 관한 법률에 따른 당구장업의 신고요건을 갖춘 자라 할지라도 학교보건법 소정의 학교환경 위생정화구역 내에서는 별도 요건을 충족하지 아니하는 한 적법한 신고를 할 수 없다. 대법원 1991. 7. 12. 선고 90누8350 판결
> 4. 다른 법령에 의하여 비산먼지배출사업을 하는 것 자체가 허용되지 않는다면 설령 비산먼지배출사업이 대기환경보전법에서 정한 요건을 모두 갖추고 있다고 하더라도, 비산먼지배출사업을 하고자 하는 자가 적법한 신고를 할 수 없으므로 그 수리거부가 위법하게 되는 것은 아니다. 대법원 2008. 12. 24. 선고 2007두17076 판결

01 ○ 02 ○ 03 ○ 04 ✗

3. 수리와 수리거부

(1) 수리

- 자기완결적 신고는 <u>적법한 신고</u>가 있으면 행정청의 <u>수리 여부에 관계없이</u> 신고서가 접수기관에 도달한 때 신고의 효력이 발생한다. `01`
- 따라서 <u>자기완결적 신고의 수리 또는 신고필증의 교부</u>는 단순한 <u>사실행위</u>의 성격을 갖는 것에 그칠 뿐, <u>처분성이 인정되지 않는다</u>.

판례

1. 체육시설의 설치·이용에 관한 법률에 의하면, 체육시설업은 등록체육시설업과 신고체육시설업으로 나누어지고, 당구장업과 같은 <u>신고체육시설업</u>을 하고자 하는 자는 (중략) <u>적법한 요건을 갖춘 신고의 경우에는 행정청의 수리처분 등 별단의 조치를 기다릴 필요 없이 그 접수시에 신고로서의 효력이 발생</u>하는 것이므로 그 수리가 거부되었다고 하여 <u>무신고 영업이 되는 것은 아니다</u>. 대법원 1998. 4. 24. 선고 97도3121 판결 ★ `02` `03`

2. <u>수산제조업</u>을 하고자 하는 사람이 형식적 요건을 모두 갖춘 수산제조업 신고서를 제출한 경우에는 담당 공무원이 관계 법령에 규정되지 아니한 사유를 들어 그 신고를 수리하지 아니하고 반려하였다고 하더라도 그 <u>신고서가 제출된 때에 신고가 있었다</u>고 볼 것이나, 담당 공무원이 관계 법령에 규정되지 아니한 서류를 요구하여 신고서를 제출하지 못하였다는 사정만으로는 신고가 있었던 것으로 볼 수 없다. 대법원 2002. 3. 12. 선고 2000다73612 판결

3. 건축법에 의하여 <u>신고를 함으로써 건축허가를 받은 것으로 간주되는 건축신고</u>의 경우에는 건축을 하고자 하는 자가 적법한 요건을 갖춘 신고만 하면 행정청의 수리행위 등 별다른 조치를 기다릴 필요 없이 건축을 할 수 있는 것이므로, 행정청이 위 <u>신고를 수리한 행위</u>가 건축주는 물론이고 제3자인 인근 토지 소유자나 주민들의 구체적인 권리 의무에 직접 변동을 초래하는 <u>행정처분이라 할 수 없다</u>. 대법원 1999. 10. 22. 선고 98두18435 판결 ★

4. 의료법 시행규칙에 <u>의원개설</u> 신고서를 수리한 행정관청이 소정의 <u>신고필증을 교부</u>하도록 되어있다 하여도 이는 <u>신고사실의 확인행위</u>로서 신고필증을 교부하도록 규정한 것에 불과하고 그와 같은 신고필증의 교부가 없다 하여 개설신고의 효력을 부정할 수 없다. 대법원 1985. 4. 23. 선고 84도2953 판결 ★ `04`

(2) 수리거부

- 자기완결적 신고의 <u>수리거부</u> 또한 사실행위에 불과하므로 원칙적으로 <u>처분성이 인정되지 않는다</u>.
- 다만, <u>건축신고</u>와 <u>착공신고의 수리거부</u>는 <u>처분성이 인정</u>된다.

판례

1. 건축주 등은 <u>신고제 하에서도 건축신고가 반려될 경우</u> 당해 건축물의 건축을 개시하면 시정명령, 이행강제금, 벌금의 대상이 되거나 당해 건축물을 사용하여 행할 행위의 허가가 거부될 우려가 있어 불안정한 지위에 놓이게 된다. (중략) 그러므로 <u>건축신고 반려행위는 항고소송의 대상이 된다</u>. 대법원 2010. 11. 18. 선고 2008두167 전원합의체 판결 ★★★ `05`

2. 행정청의 <u>착공신고 반려행위는 항고소송의 대상이 된다</u>. 대법원 2011. 6. 10. 선고 2010두7321 판결 ★★★ `06`

OX 체크

`01` 자기완결적 신고의 경우 적법한 요건을 갖춘 신고를 하면 신고의 대상이 되는 행위를 적법하게 할 수 있고, 별도로 행정청의 수리를 기다릴 필요가 없다. (　)

`02` 「체육시설의 설치·이용에 관한 법률」상 당구장업은 적법한 요건을 갖춘 신고를 접수한 행정청의 수리행위가 있어야 신고로서의 효력이 발생한다. (　)

`03` 수리를 요하지 아니한 신고에 있어서 적법한 요건을 갖춘 신고의 경우에는 행정청의 수리처분 등 별단의 조처를 기다릴 필요 없이 그 접수시에 신고로서의 효력이 발생하는 것이므로 그 수리가 거부되었다고 하여 무신고 영업이 되는 것은 아니다. (　)

`04` 구 「의료법 시행규칙」 제22조 제3항에 의하면 의원개설 신고서를 수리한 행정관청이 소정의 신고필증을 교부하도록 되어있기 때문에 이와 같은 신고필증의 교부가 없으면 개설신고의 효력이 없다. (　)

`05` 다른 법령에 의한 인허가가 의제되지 않는 일반적인 건축신고는 자기완결적 신고이므로 이에 대한 수리 거부행위는 항고소송의 대상이 되는 처분이 아니다. (　)

`06` 「건축법」상의 착공신고의 경우에는 신고 그 자체로서 법적 절차가 완료되어 행정청의 처분이 개입될 여지가 없으므로, 행정청의 착공신고 반려행위는 항고소송의 대상인 처분에 해당하지 않는다. (　)

정답
01 ○　02 ×　03 ○　04 ×　05 ×
06 ×

4. 그 밖에 자기완결적 신고로 본 사례

> **판례**
>
> 1. 체육시설의 설치·이용에 관한 법률에 의한 골프장이용료 변경신고서는 그 신고 자체가 위법하거나 그 신고에 무효사유가 없는 한 이것이 도지사에게 제출하여 접수된 때에 신고가 있었다고 볼 것이고, 도지사의 수리행위가 있어야만 신고가 있었다고 볼 것은 아니다. 대법원 1993. 7. 6. 자 93마635 결정 ★ 01
>
> 2. 체육시설의 설치·이용에 관한 법률상 등록체육시설업에 대한 사업계획의 승인을 얻은 자는 규정된 기한 내에 사업시설의 착공계획서를 제출하고 그 수리 여부에 상관없이 설치공사에 착수하면 되는 것이지, 착공계획서가 수리되어야만 비로소 공사에 착수할 수 있다거나 그 밖에 착공계획서 제출 및 수리로 인하여 사업계획의 승인을 얻은 자에게 어떠한 권리를 설정하거나 의무를 부담케 하는 법률효과가 발생하는 것이 아니다. 대법원 2001. 5. 29. 선고 99두10292 판결
>
> 3. 적법한 요건을 갖춘 축산물판매업 신고의 경우에는 행정관청의 수리처분 등 별단의 조처를 기다릴 필요 없이 그 접수시에 신고로서의 효력이 발생하는 것이므로 그 수리가 거부되었다고 하여 미신고 영업이 되는 것은 아니다. 대법원 2010. 4. 29. 선고 2009다97925 판결
>
> 4. 부가가치세법상의 사업자등록은 단순한 사업사실의 신고로서 사업자가 소관 세무서장에서 소정의 사업자등록신청서를 제출함으로써 성립되는 것이고, 사업자등록증의 교부는 이와 같은 등록사실을 증명하는 증서의 교부행위에 불과한 것이다. 대법원 2000. 12. 22. 선고 99두6903 판결

III 행위요건적(행정요건적) 신고

1. 의의

> **행정기본법 제34조 【수리 여부에 따른 신고의 효력】**
> 법령등으로 정하는 바에 따라 행정청에 일정한 사항을 통지하여야 하는 신고로서 법률에 신고의 수리가 필요하다고 명시되어 있는 경우(행정기관의 내부 업무 처리 절차로서 수리를 규정한 경우는 제외한다)에는 행정청이 수리하여야 효력이 발생한다. 02

- 신고가 수리되어야 법적 효과가 발생하는 신고로서 '수리를 요하는 신고'라고도 한다.
- 인허가의제 효과가 수반되는 신고는 실체적 요건에 관한 심사를 할 수 있는 행위요건적 신고로 본다.

> **판례**
>
> 1. [1] 인·허가의제 효과를 수반하는 건축신고는 일반적인 건축신고와는 달리, 특별한 사정이 없는 한 행정청이 그 실체적 요건에 관한 심사를 한 후 수리하여야 하는 이른바 '수리를 요하는 신고'로 보는 것이 옳다. ★★★ 03
>
>   [2] 국토의 계획 및 이용에 관한 법률상 개발행위허가로 의제되는 건축신고가 동법상의 개발행위허가의 기준을 갖추지 못한 경우 행정청으로서는 이를 이유로 그 수리를 거부할 수 있다고 보아야 한다. 대법원 2011. 1. 20. 선고 2010두14954 전원합의체 판결 ★★
>
> 2. 건축물의 건축은 건축주가 그 부지를 적법하게 확보한 경우에만 허용될 수 있다. 여기에서 '부지 확보'란 건축주가 건축물을 건축할 토지의 소유권이나 그 밖의 사용권원을 확보하여야 한다는 점 외에도 해당 토지가 건축물의 건축에 적합한 상태로 적법하게 형질변경이 되어 있는 등 건축물의 건축이 허용되는 법적 성질을 지니고 있어야 한다는 점을 포함한다.

OX 체크

01 구 「체육시설의 설치·이용에 관한 법률」에 의한 골프장이용료 변경신고서는 행정청에 제출하여 접수된 때에 신고가 있었다고 볼 것이고, 행정청의 수리행위가 있어야만 하는 것은 아니다. ( )

02 법령등으로 정하는 바에 따라 행정청에 일정한 사항을 통지하여야 하는 신고로서 법률에 신고의 수리가 필요하다고 명시되어 있는 경우에는 행정기관의 내부 업무 처리 절차로서 수리를 규정한 경우가 아닌 한, 행정청이 수리하여야 효력이 발생한다. ( )

03 「건축법」상 인·허가의제 효과를 수반하는 건축신고는 특별한 사정이 없는 한 행정청이 그 실체적 요건에 관한 심사를 한 후 수리하여야 하는 이른바 '수리를 요하는 신고'이다. ( )

정답
01 ○ 02 ○ 03 ○

이에 수평면에 건축할 것으로 예정된 건물을 경사가 있는 토지 위에 건축하고자 건축신고를 하면서, 그 경사 있는 토지를 수평으로 만들기 위한 절토나 성토에 대한 토지형질변경허가를 받지 못한 경우에는 건축법에서 정한 '부지 확보' 요건을 완비하지 못한 것이 된다.

따라서 건축행정청이 추후 별도로 국토의 계획 및 이용에 관한 법률상 개발행위(토지형질변경)허가를 받을 것을 명시적 조건으로 하거나 또는 묵시적인 전제로 하여 건축주에 대하여 건축법상 건축신고 수리처분을 한다면, 이는 가까운 장래에 '부지 확보' 요건을 갖출 것을 전제로 한 경우이므로 그 건축신고 수리처분이 위법하다고 볼 수는 없지만, '부지 확보' 요건을 완비하지 못한 상태에서 건축신고 수리처분이 이루어졌음에도 그 처분 당시 건축주가 장래에도 토지형질변경허가를 받지 않거나 받지 못할 것이 명백하였다면, 그 건축신고 수리처분은 '부지 확보'라는 수리요건이 갖추어지지 않았음이 확정된 상태에서 이루어진 처분으로서 적법하다고 볼 수 없다. 대법원 2023. 9. 21. 선고 2022두31143 판결

2. 신고요건의 심사

(1) 심사의 범위 : 형식적 + 실체적(실질적) 요건

- 행위요건적 신고의 경우 행정청은 형식적 요건뿐만이 아니라 기재사항의 진위 여부와 같은 실체적(실질적) 요건에 대한 심사도 할 수 있다. ★
- 다만, 실체적 심사가 광범위하게 이루어질 경우 신고제가 사실상 허가제로 변질될 우려가 있으므로, 실체적 심사의 범위는 관련 법령의 입법목적의 범위 내로 제한되는 등 일정한 한계가 있다.

판례

1. 유료노인복지주택의 설치신고를 받은 행정관청으로서는 그 유료노인복지주택의 시설 및 운영기준이 법령에 부합하는지와 아울러 그 유료노인복지주택이 적법한 입소대상자에게 분양되었는지와 설치신고 당시 부적격자들이 입소하고 있지는 않은지 여부까지 심사하여 그 신고의 수리 여부를 결정할 수 있다. 대법원 2007. 1. 11. 선고 2006두14537 전원합의체 판결 ★ 01

2. [1] 주민등록의 신고는 행정청에 도달하기만 하면 신고로서의 효력이 발생하는 것이 아니라 행정청이 수리한 경우에 비로소 신고의 효력이 발생한다. ★★★ 02

   [2] 주민들의 거주지 이동에 따른 주민등록전입신고에 대하여 행정청이 이를 심사하여 그 수리를 거부할 수는 있다고 하더라도, 그러한 행위는 자칫 헌법상 보장된 국민의 거주·이전의 자유를 침해하는 결과를 가져올 수도 있으므로, 시장·군수 또는 구청장의 주민등록전입신고 수리 여부에 대한 심사는 주민등록법의 입법 목적의 범위 내에서 제한적으로 이루어져야 한다. (중략) 전입신고를 받은 시장·군수 또는 구청장의 심사 대상은 전입신고자가 30일 이상 생활의 근거로 거주할 목적으로 거주지를 옮기는지 여부만으로 제한된다고 보아야 한다. 따라서 전입신고자가 거주의 목적 이외에 다른 이해관계에 관한 의도를 가지고 있는지 여부, 무허가 건축물의 관리, 전입신고를 수리함으로써 당해 지방자치단체에 미치는 영향 등과 같은 사유는 주민등록법이 아닌 다른 법률에 의하여 규율되어야 하고, 주민등록전입신고의 수리 여부를 심사하는 단계에서는 고려 대상이 될 수 없다. ★★★ 03

   [3] 부동산투기나 이주대책 요구 등을 방지할 목적으로 주민등록전입신고를 거부하는 것은 주민등록법의 입법 목적과 취지 등에 비추어 허용될 수 없다. ★ 04

   [4] 주민등록의 대상이 되는 실질적 의미에서의 거주지인지 여부를 심사하기 위하여 주민등록법의 입법 목적과 주민등록의 법률상 효과 이외에 지방자치법 및 지방자치의 이념까지도 고려하여야 한다고 판시하였던 과거 대법원 판결은 이 판결의 견해에 배치되는 범위 내에서 변경하기로 한다. 대법원 2009. 6. 18. 선고 2008두10997 전원합의체 판결 ★ 05

OX 체크

01 유료노인복지주택의 설치신고를 받은 행정관청은 그 유료노인복지주택의 시설 및 운용기준이 법령에 부합하는지와 설치신고 당시 부적격자들이 입소하고 있는지 여부를 심사할 수 있다. ( )

02 주민등록의 신고는 행정청에 도달하기만 하면 신고로서의 효력이 발생하는 것이 아니라 행정청이 수리한 경우에 비로소 신고의 효력이 발생한다. ( )

03 시장 등의 주민등록전입신고 수리 여부에 대한 심사는 「주민등록법」의 입법 목적의 범위 내에서 제한적으로 이루어져야 하는바, 전입신고자가 30일 이상 생활의 근거로서 거주할 목적으로 거주지를 옮기는지 여부가 심사 대상으로 되어야 한다. ( )

04 주민등록전입신고는 수리를 요하는 신고에 해당하지만, 이를 수리하는 행정청은 거주의 목적에 대한 판단 이외에 부동산투기 목적 등의 공익상의 이유를 들어 주민등록전입신고의 수리를 거부할 수는 없다. ( )

05 행정청은 주민등록전입신고의 수리 여부를 심사하는 단계에서 전입신고자가 거주의 목적 이외에 다른 이해관계에 관한 의도를 가지고 있는지 여부 및 전입신고를 수리함으로써 해당 지방자치단체에 미치는 영향이 있는지 등과 같은 사유를 고려하여야 한다. ( )

정답

01 ○ 02 ○ 03 ○ 04 ○ 05 ×

OX 체크

01 「노동조합 및 노동관계조정법」에 따른 노동조합의 설립신고는 근로자의 자주적이고 민주적인 단결권 행사를 보장하는 것에 취지가 있으므로 수리를 요하지 않는 신고에 해당한다. ( )

02 행정관청은 노동조합으로 설립신고를 한 단체가 노동조합 및 노동관계조정법상의 요건에 해당하는지 여부에 대하여 실질적인 심사를 거쳐 반려여부를 결정할 수 없다. ( )

03 「의료법」에 따라 정신과의원을 개설하려는 자가 법령에 규정되어 있는 요건을 갖추어 개설신고를 한 경우라도 관할 시장·군수·구청장은 법령에서 정한 요건 이외의 사유를 들어 의원급 의료기관 개설신고의 수리를 거부할 수 있다. ( )

04 「의료법」 등 관련 법령이 정신병원 등의 개설에 관하여는 허가제로, 정신과의원 개설에 관하여는 신고제로 각 규정하고 있는 것은 합리적 차별로서 평등의 원칙에 반하지 않는다. ( )

05 허가대상 건축물의 양수인이 구 「건축법 시행규칙」에 규정되어 있는 형식적 요건을 갖추어 시장·군수 등 행정관청에 적법하게 건축주의 명의변경을 신고한 때에는 행정관청은 그 신고를 수리하여야지 실체적인 이유를 내세워 신고의 수리를 거부할 수는 없다. ( )

06 가설건축물 존치기간을 연장하려는 건축주 등이 법령에 규정되어 있는 제반 서류와 요건을 갖추어 행정청에 연장신고를 한 경우, 행정청으로서는 법령에서 요구하고 있지도 아니한 '대지사용승낙서' 등의 서류가 제출되지 아니하였거나, 대지소유자의 사용승낙이 없다는 사유를 들어 가설건축물 존치기간 연장신고의 수리를 거부하여서는 아니 된다. ( )

07 숙박업을 하고자 하는 자가 법령이 정하는 시설과 설비를 갖추고 행정청에 신고를 하면 행정청은 공중위생관리법령의 규정에 따라 원칙적으로 이를 수리하여야 하므로, 새로 숙박업을 하려는 자가 기존에 다른 사람이 숙박업 신고를 한 적이 있는 시설 등의 소유권 등 정당한 사용권한을 취득하여 법령에서 정한 요건을 갖추어 신고하였다면, 행정청으로서는 특별한 사정이 없는 한 이를 수리하여야 하고, 기존의 숙박업 신고가 외관상 남아있다는 이유로 이를 거부할 수 없다. ( )

정답
01 × 02 × 03 × 04 ○ 05 ○
06 ○ 07 ○

---

3. 행정관청은 노동조합으로 설립신고를 한 단체가 노동조합법 제2조 제4호 각 목에 해당하는지 여부를 실질적으로 심사할 수 있다. 다만 행정관청에 광범위한 심사권한을 인정할 경우 행정관청의 심사가 자의적으로 이루어져 신고제가 사실상 허가제로 변질될 우려가 있는 점 등을 고려하면, 행정관청은 일단 제출된 설립신고서와 규약의 내용을 기준으로 노동조합법 제2조 제4호 각 목의 해당 여부를 심사하되, 설립신고서를 접수할 당시 그 해당 여부가 문제된다고 볼 만한 객관적인 사정이 있는 경우에 한하여 설립신고서와 규약 내용 외의 사항에 대하여 실질적인 심사를 거쳐 반려 여부를 결정할 수 있다. 대법원 2014. 4. 10. 선고 2011두6998 판결 ★ **01 02**

(2) 기속행위

- 행위요건적 신고의 수리는 기속행위에 해당한다. 따라서 법령에서 정한 요건을 갖춘 신고가 있다면 행정청은 이를 수리하여야 하고, 법령에서 정한 요건 이외의 사유를 들어 수리를 거부할 수 없다.

판례

1. [1] 의료법은 의료기관의 개설 주체가 의원·치과의원·한의원 또는 조산원을 개설하려고 하는 경우에는 시장·군수·구청장에게 신고하도록 규정하고 있지만, 종합병원·병원·치과병원·한방병원 또는 요양병원을 개설하려고 하는 경우에는 시·도지사의 허가를 받도록 규정하고 있다. 이와 같이 의료법이 의료기관의 종류에 따라 허가제와 신고제를 구분하여 규정하고 있는 취지는, 신고 대상인 의원급 의료기관 개설의 경우 행정청이 법령에서 정하고 있는 요건 이외의 사유를 들어 신고 수리를 반려하는 것을 원칙적으로 배제함으로써 개설 주체가 신속하게 해당 의료기관을 개설할 수 있도록 하기 위함이다. 정신과의원을 개설하려는 자가 법령에 규정되어 있는 요건을 갖추어 개설신고를 한 때에, 행정청은 원칙적으로 이를 수리하여 신고필증을 교부하여야 하고, 법령에서 정한 요건 이외의 사유를 들어 의원급 의료기관 개설신고의 수리를 거부할 수는 없다. 대법원 2018. 10. 25. 선고 2018두44302 판결 ★★ **03**

    [2] 법령이 정신병원 등의 개설에 관하여는 허가제로, 정신과의원 개설에 관하여는 신고제로 각 규정하고 있는 것은 각 의료기관의 개설 목적 및 규모 등 차이를 반영한 합리적 차별로서 평등의 원칙에 반한다고 볼 수 없다. 또한 신고제 규정으로 사인인 제3자에 의한 개인의 생명이나 신체 훼손의 위험성이 증가한다고 할 수 없어 기본권 보호의무에 위반된다고 볼 수도 없다. 대법원 2018. 10. 25. 선고 2018두44302 판결 ★ **04**

2. 허가대상 건축물의 양수인이 구 건축법 시행규칙에 규정되어 있는 형식적 요건을 갖추어 시장·군수 등 행정관청에 적법하게 건축주의 명의변경을 신고한 때에는 행정관청은 그 신고를 수리하여야지 실체적인 이유(주: 법령에서 정한 요건 이외의 실체적 사유)를 내세워 신고의 수리를 거부할 수는 없다. 대법원 2014. 10. 15. 선고 2014두37658 판결 ★ **05**

3. 가설건축물 존치기간을 연장하려는 건축주 등이 법령에 규정되어 있는 제반 서류와 요건을 갖추어 행정청에 연장신고를 한 때에는 행정청은 원칙적으로 이를 수리하여 신고필증을 교부하여야 하고, 법령에서 정한 요건 이외의 사유를 들어 수리를 거부할 수는 없다. 따라서 행정청으로서는 법령에서 요구하고 있지도 아니한 '대지사용승낙서' 등의 서류가 제출되지 아니하였거나, 대지소유권자의 사용승낙이 없다는 등의 사유를 들어 가설건축물 존치기간 연장신고의 수리를 거부하여서는 아니 된다. 대법원 2018. 1. 25. 선고 2015두35116 판결 **06**

4. 기존에 다른 사람이 숙박업 신고를 한 적이 있더라도 새로 숙박업을 하려는 자가 그 시설 등의 소유권 등 정당한 사용권한을 취득하여 법령에서 정한 요건을 갖추어 신고하였다면, 행정청으로서는 특별한 사정이 없는 한 이를 수리하여야 하고, 단지 해당 시설 등에 관한 기존의 숙박업 신고가 외관상 남아있다는 이유만으로 이를 거부할 수 없다. 대법원 2017. 5. 30. 선고 2017두34087 판결 **07**

5. 산지일시사용신고를 받은 군수 등은 신고서 또는 첨부서류에 흠이 있거나 거짓 또는 그 밖의 부정한 방법으로 신고를 한 것이 아닌 한, 그 신고내용이 법령에서 정하고 있는 신고의 기준, 조건, 대상시설, 행위의 범위, 설치지역 및 설치조건 등을 충족하는 경우에는 그 신고를 수리하여야 하고, 법령에서 정한 사유 외의 다른 사유를 들어 신고 수리를 거부할 수는 없다. 대법원 2022. 11. 30. 선고 2022두50588 판결 **01**

- 다만, 예외적으로 요건을 갖춘 신고라 하더라도 중대한 공익상 필요가 있는 경우 수리를 거부할 수 있는 기속재량행위로 보는 사례가 있다.

판례

1. 사설납골시설의 설치신고는, 장사 등에 관한 법률 및 시행령에서 정한 설치기준에 부합하는 한 이를 수리하여야 하나, 보건위생상의 위해를 방지하거나 국토의 효율적 이용 및 공공복리의 증진 등 중대한 공익상 필요가 있는 경우에는 그 수리를 거부할 수 있다고 보는 것이 타당하다. 대법원 2010. 9. 9. 선고 2008두22631 판결 ★

2. 숙박업을 하고자 하는 자가 법령이 정하는 시설과 설비를 갖추고 행정청에 신고를 하면, 행정청은 공중위생관리법령의 위 규정에 따라 원칙적으로 이를 수리하여야 한다. 행정청이 법령이 정한 요건 이외의 사유를 들어 수리를 거부하는 것은 위 법령의 목적에 비추어 이를 거부해야 할 중대한 공익상의 필요가 있다는 등 특별한 사정이 있는 경우에 한한다. 대법원 2017. 5. 30. 선고 2017두34087 판결

(3) 부적법한 신고

- 부적법한 신고의 수리는 하자 있는 수리처분이 된다. 따라서 하자의 정도가 중대명백한 경우 수리처분은 무효가 되고, 하자가 취소사유에 그치는 경우에는 공정력에 의해 취소되기 전까지는 유효하게 존속한다.
- 신고 자체가 무효인 경우, 수리처분은 중대명백한 하자가 있는지를 불문하고 당연무효이다.

판례

1. 유통산업발전법에 따른 대규모점포의 개설등록 및 재래시장법에 따른 시장관리자 지정은 행정청이 실체적 요건에 관한 심사를 한 후 수리하여야 하는 이른바 '수리를 요하는 신고'로서 행정처분에 해당한다. 그러므로 이러한 행정처분에 당연무효에 이를 정도의 중대하고도 명백한 하자가 존재하거나 그 처분이 적법한 절차에 의하여 취소되지 않는 한 구 유통산업발전법에 따른 대규모점포개설자의 지위 및 구 재래시장법에 따른 시장관리자의 지위는 공정력을 가진 행정처분에 의하여 유효하게 유지된다고 봄이 타당하다. 대법원 2019. 9. 10. 선고 2019다208953 판결 ★ **02**

2. 장기요양기관의 폐업신고와 노인의료복지시설의 폐지신고는, 행정청이 관계 법령이 규정한 요건에 맞는지를 심사한 후 수리하는 이른바 '수리를 필요로 하는 신고'에 해당한다. 그러나 행정청이 그 신고를 수리하였다고 하더라도, 신고서 위조 등의 사유가 있어 신고행위 자체가 효력이 없다면, 그 수리행위는 유효한 대상이 없는 것으로서, 수리행위 자체에 중대·명백한 하자가 있는지를 따질 것도 없이 당연히 무효이다. 대법원 2018. 6. 12. 선고 2018두33593 판결 ★★ **03**

OX 체크

01 임시도로 개설 목적으로 법령에 규정되어 있는 요건을 갖추어 산지일시사용신고를 한 경우, 신고서 또는 첨부서류에 흠이 있거나 거짓 또는 그 밖의 부정한 방법으로 신고를 한 것이 아닌 한, 행정청은 그 신고를 수리하여야 하고, 법령에서 정한 사유 이외의 다른 사유를 들어 신고 수리를 거부할 수 없다. ( )

02 구 「유통산업발전법」에 따른 대규모점포의 개설등록 및 구 「재래시장 및 상점가 육성을 위한 특별법」에 따른 시장관리자 지정은 행정청이 실체적 요건에 관한 심사를 한 후 수리하여야 하는, 수리를 요하는 신고로서 행정처분에 해당한다. ( )

03 장기요양기관의 폐업신고 자체가 효력이 없음에도 행정청이 이를 수리한 경우, 그 수리행위가 당연무효로 되는 것은 아니다. ( )

정답
01 ○ 02 ○ 03 ✕

3. 수리와 수리거부

(1) 수리

• 행위요건적 신고에 대한 수리는 항고소송의 대상이 되는 수리처분에 해당한다.

> **판례**
>
> 1. 식품위생법에 의한 영업양도에 따른 지위승계신고를 수리하는 허가관청의 행위는 단순히 양도·양수인 사이에 이미 발생한 사법상의 사업양도의 법률효과에 의하여 양수인이 그 영업을 승계하였다는 사실의 신고를 접수하는 행위에 그치는 것이 아니라, 영업허가자의 변경이라는 법률효과를 발생시키는 행위라고 할 것이다. 대법원 1995. 2. 24. 선고 94누9146 판결 ★★
> 2. 액화석유가스의 안전 및 사업관리법에 의한 사업양수에 의한 지위승계신고를 수리하는 허가관청의 행위는 실질에 있어서 양도자의 사업허가를 취소함과 아울러 양수자에게 적법히 사업을 할 수 있는 법규상 권리를 설정하여 주는 행위로서 사업허가자의 변경이라는 법률효과를 발생시키는 행위이므로, 행정처분에 해당한다. 대법원 1993. 6. 8. 선고 91누11544 판결

• 다만, 행위요건적 신고에 있어서도 신고필증의 교부는 사실행위에 그치고, 그 수리에 있어서 신고필증의 교부행위가 꼭 필요한 것도 아니다.

> **판례**
>
> 1. 수리란 신고를 유효한 것으로 판단하고 법령에 의하여 처리할 의사로 이를 수령하는 수동적 행위이므로 수리행위에 신고필증 교부 등 행위가 꼭 필요한 것은 아니다. 대법원 2011. 9. 8. 선고 2009두6766 판결 ★
> 2. [1] 납골당설치 신고는 이른바 '수리를 요하는 신고'라 할 것이므로, 납골당설치 신고가 구 장사법 관련 규정의 모든 요건에 맞는 신고라 하더라도 신고인은 곧바로 납골당을 설치할 수는 없고, 이에 대한 행정청의 수리처분이 있어야만 신고한 대로 납골당을 설치할 수 있다. 대법원 2011. 9. 8. 선고 2009두6766 판결 ★
> [2] (파주시장이 종교단체 납골당설치 신고를 한 교회에, '구 장사 등에 관한 법률에 따라 필요한 시설을 설치하고 유골을 안전하게 보관할 수 있는 설비를 갖추어야 하며 관계 법령에 따른 허가 및 준수 사항을 이행하여야 한다.'는 취지의 납골당설치 신고사항 이행통지를 한 사안에서) 파주시장이 교회에 이행통지를 함으로써 납골당설치 신고수리를 하였다고 보는 것이 타당하고, 이를 수리처분과 별도로 항고소송 대상이 되는 다른 처분으로 볼 수 없다. 대법원 2011. 9. 8. 선고 2009두6766 판결

(2) 수리거부

• 행위요건적 신고의 수리거부는 거부처분에 해당한다.

> **판례**
>
> 건축주명의변경신고 수리거부행위는 취소소송의 대상이 되는 처분이다. 대법원 1992. 3. 31. 선고 91누4911 판결

4. 그 밖에 행위요건적 신고로 본 사례

> **판례**
>
> 1. 수산업법 소정의 어업의 신고는 행정청의 수리에 의하여 비로소 그 효과가 발생하는 이른바 '수리를 요하는 신고'라고 할 것이다. 대법원 2000. 5. 26. 선고 99다37382 판결 ★
> 2. 체육시설의 회원을 모집하고자 하는 자의 시·도지사 등에 대한 회원모집계획서 제출은 수리를 요하는 신고에서의 신고에 해당하며, 시·도지사 등의 검토결과 통보는 수리행위로서 행정처분에 해당한다. 대법원 2009. 2. 26. 선고 2006두16243 판결 ★

주제 39 신청

I 신청

1. 의의

- 사인이 행정청에 대하여 일정한 조치를 취하여 줄 것을 요구하는 의사표시를 말한다.
- 신청의 의사표시는 명시적이고 확정적인 것이어야 한다.

> **판례**
>
> 신청인의 행정청에 대한 신청의 의사표시는 명시적이고 확정적인 것이어야 한다고 할 것이므로 신청인이 신청에 앞서 행정청의 허가업무 담당자에게 신청서의 내용에 대한 검토를 요청한 것만으로는 다른 특별한 사정이 없는 한 명시적이고 확정적인 신청의 의사표시가 있었다고 하기 어렵다. 대법원 2004. 9. 24. 선고 2003두13236 판결 ★ 01

2. 신청의 요건

- 신청이 적법하기 위해서는 법규상 또는 조리상 신청권이 있어야 하고, 법령에서 요구하는 구비서류 등을 갖추어야 한다.

> **판례**
>
> 고용보험법 제70조 제2항에서 정한 육아휴직급여 신청기간은 추상적 권리의 행사에 관한 '제척기간'으로서, 육아휴직급여에 관한 법률관계를 조속히 확정시키기 위한 강행규정이다. 근로자가 육아휴직급여를 지급받기 위해서는 제70조 제2항에서 정한 신청기간 내에 관할 직업안정기관의 장에게 급여 지급을 신청하여야 한다. 다시 말하면, 육아휴직급여 신청기간을 정한 제70조 제2항은 훈시규정이라고 볼 수 없다. (중략) 따라서 위 규정에서 정한 신청기간을 경과하여 한 육아휴직급여 신청을 거부한 관할 행정청의 처분은 적법하다. 대법원 2021. 3. 18. 선고 2018두47264 전원합의체 판결

3. 신청의 절차 ★

> **행정절차법 제17조【처분의 신청】**
> ① 행정청에 처분을 구하는 신청은 문서로 하여야 한다. 다만, 다른 법령등에 특별한 규정이 있는 경우와 행정청이 미리 다른 방법을 정하여 공시한 경우에는 그러하지 아니하다. 02
> ② 제1항에 따라 처분을 신청할 때 전자 문서로 하는 경우에는 행정청의 컴퓨터 등에 입력된 때에 신청한 것으로 본다.
> ③ 행정청은 신청에 필요한 구비서류, 접수기관, 처리기간, 그 밖에 필요한 사항을 게시(인터넷 등을 통한 게시를 포함한다)하거나 이에 대한 편람을 갖추어 두고 누구나 열람할 수 있도록 하여야 한다. 02
> ④ 행정청은 신청을 받았을 때에는 다른 법령등에 특별한 규정이 있는 경우를 제외하고는 그 접수를 보류 또는 거부하거나 부당하게 되돌려 보내서는 아니 되며, 신청을 접수한 경우에는 신청인에게 접수증을 주어야 한다. 다만, 대통령령으로 정하는 경우에는 접수증을 주지 아니할 수 있다. 03
> ⑤ 행정청은 신청에 구비서류의 미비 등 흠이 있는 경우에는 보완에 필요한 상당한 기간을 정하여 지체 없이 신청인에게 보완을 요구하여야 한다. 04
> ⑥ 행정청은 신청인이 제5항에 따른 기간 내에 보완을 하지 아니하였을 때에는 그 이유를 구체적으로 밝혀 접수된 신청을 되돌려 보낼 수 있다.

OX 체크

01 신청인이 신청에 앞서 행정청의 허가업무 담당자에게 한 신청서의 내용에 대한 검토요청은 다른 특별한 사정이 없는 한 명시적이고 확정적인 신청의 의사표시로 보기 어렵다. ( )

02 행정청에 처분을 구하는 신청은 문서로 함이 원칙이며, 행정청은 신청에 필요한 구비서류, 접수기관, 처리기간, 그 밖에 필요한 사항을 게시하거나 이에 대한 편람을 갖추어 두고 누구나 열람할 수 있도록 하여야 한다. ( )

03 행정청은 처리기간이 "즉시"로 되어 있는 신청의 경우에는 접수증을 주지 아니할 수 있다. ( )

04 행정청은 신청에 구비서류의 미비 등 흠이 있는 경우 접수를 거부하여야 한다. ( )

정답
01 ○ 02 ○ 03 ○ 04 ×

OX 체크

01 행정청은 신청인의 편의를 위하여 다른 행정청에 신청을 접수하게 할 수 있다. ( )

02 행정청은 다수의 행정청이 관여하는 처분을 구하는 신청을 접수한 경우에는 관계 행정청과의 신속한 협조를 통하여 그 처분이 지연되지 아니하도록 하여야 한다. ( )

03 신청한 내용의 일부를 행정청이 받아들일 수 없는 경우에는 신청내용 전체를 배척하여야 하며 일부에 대해서 인용하는 처분을 할 수는 없다. ( )

04 행정청은 사인의 신청에 구비서류의 미비와 같은 흠이 있는 경우 신청인에게 보완을 요구하여야 하는바, 이때 보완의 대상이 되는 흠은 원칙상 형식적·절차적 요건뿐만 아니라 실체적 발급요건상의 흠을 포함한다. ( )

05 행정청은 신청에 구비서류의 미비 등 흠이 있는 경우 원칙상 형식적·절차적인 요건만을 보완요구하여야 하므로 실질적인 요건에 관한 흠이 민원인의 단순한 착오나 일시적인 사정 등에 기인한 경우에도 보완을 요구할 수 없다. ( )

⑦ 행정청은 신청인의 편의를 위하여 다른 행정청에 신청을 접수하게 할 수 있다. 이 경우 행정청은 다른 행정청에 접수할 수 있는 신청의 종류를 미리 정하여 공시하여야 한다. **01**

⑧ 신청인은 처분이 있기 전에는 그 신청의 내용을 보완·변경하거나 취하할 수 있다. 다만, 다른 법령등에 특별한 규정이 있거나 그 신청의 성질상 보완·변경하거나 취하할 수 없는 경우에는 그러하지 아니하다.

행정절차법 제18조【다수의 행정청이 관여하는 처분】
행정청은 다수의 행정청이 관여하는 처분을 구하는 신청을 접수한 경우에는 관계 행정청과의 신속한 협조를 통하여 그 처분이 지연되지 아니하도록 하여야 한다. **02**

4. 신청의 효과

(1) 접수 및 처리(응답)의무

- 행정청은 신청이 있으면 이를 접수하고 처리(응답)해야 할 의무가 있다.
- 경우에 따라서는 신청의 일부만을 받아들이는 처분을 해야 하는 경우도 있다.

처분청으로서는 국가유공자 등록신청에 대하여 단지 본인의 과실이 경합되어 있다는 등의 사유만이 문제가 된다면 등록신청 전체를 단순 배척할 것이 아니라 그 신청을 일부 받아들여 지원대상자로 등록하는 처분을 하여야 한다. 그럼에도 행정청이 등록신청을 전부 배척하는 단순 거부처분을 하였다면 이는 위법한 것이니 그 처분은 전부 취소될 수밖에 없다. 대법원 2013. 7. 11. 선고 2013두2402 판결 **03**

(2) 보완요구

1. 행정절차법 제17조가 '구비서류의 미비 등 흠의 보완'과 '신청 내용의 보완'을 분명하게 구분하고 있는 점에 비추어 보면, 행정절차법 제17조 제5항은 신청인이 신청할 때 관계 법령에서 필수적으로 첨부하여 제출하도록 규정한 서류를 첨부하지 않은 경우와 같이 쉽게 보완이 가능한 사항을 누락하는 등의 흠이 있을 때 (중략) 행정청으로 하여금 신청에 대하여 거부처분을 하기 전에 반드시 신청인에게 신청의 내용이나 처분의 실체적 발급요건에 관한 사항까지 보완할 기회를 부여하여야 할 의무를 정한 것은 아니라고 보아야 한다. 대법원 2020. 7. 23 선고 2020두36007 판결 ★★ **04**

2. [1] 보완의 대상이 되는 흠은 보완이 가능한 경우이어야 함은 물론이고, 그 내용 또한 형식적·절차적인 요건이거나, 실질적인 요건에 관한 흠이 있는 경우라도 그것이 민원인의 단순한 착오나 일시적인 사정 등에 기한 경우 등이라야 한다. ★ **05**

   [2] 건축불허가처분을 하면서 그 사유의 하나로 소방시설과 관련된 소방서장의 건축부동의 의견을 들고 있으나 그 보완이 가능한 경우, 보완을 요구하지 아니한 채 곧바로 건축허가신청을 거부한 것은 재량권의 범위를 벗어난 것이다. 대법원 2004. 10. 15. 선고 2003두6573 판결

3. 흠결된 서류의 보완 또는 보정을 하면 이미 접수된 주요서류의 대부분을 새로 작성함이 불가피하게 되어 사실상 새로운 신청으로 보아야 할 경우에는 그 흠결서류의 접수를 거부하거나 그것을 반려할 정당한 사유가 있는 경우에 해당하여 이의 접수를 거부하거나 반려하여도 위법이 되지 않는다. 대법원 1991. 6. 11. 선고 90누8862 판결

정답
01 ○ 02 ○ 03 ✗ 04 ✗ 05 ✗

II 사인의 공법행위

1. 의의

- 공법적 효과의 발생을 목적으로 하는 사인의 법적 행위를 말하며, 신고와 신청이 대표적인 예이다.
- 사인의 공법행위에 대한 일반법은 없다.

2. 민법의 적용

(1) 일반론

- 민법의 의사능력, 행위능력, 대리에 관한 내용은 원칙적으로 사인의 공법행위에도 적용된다.
- 사인의 공법행위도 원칙적으로 도달주의에 따라 효력이 발생한다. ★ 01
- 행정법관계의 안정성의 요구에 비추어 사인의 공법행위에는 부관을 붙일 수는 없다.

(2) 의사표시의 하자

- 착오 또는 사기·강박에 의한 의사표시에 관한 민법 규정은 사인의 공법행위에 적용된다.

사직서의 제출이 감사기관이나 상급관청 등의 강박에 의한 경우에는 그 정도가 의사결정의 자유를 박탈할 정도에 이른 것이라면 그 의사표시가 무효로 될 것이고 그렇지 않고 의사결정의 자유를 제한하는 정도에 그친 경우라면 그 성질에 반하지 아니하는 한 의사표시에 관한 민법 제110조의 규정을 준용하여 그 효력을 따져보아야 할 것이다. 대법원 1997. 12. 12. 선고 97누13962 판결

- 다만, 민법 제107조 제1항 단서 규정은 사인의 공법행위에 적용되지 않는다.

사직원 제출자의 내심의 의사가 사직할 뜻이 아니었다 하더라도 그 의사가 외부에 객관적으로 표시된 이상 그 의사는 표시된 대로 효력을 발하는 것이며, 민법 제107조 제1항 단서의 비진의 의사표시의 무효에 관한 규정은 그 성질상 사인의 공법행위에 적용되지 아니하므로 원고의 사직원을 받아들여 의원면직처분한 것을 당연무효라고 할 수 없다. 대법원 2001. 8. 24. 선고 99두9971 판결 ★★★ 02

(3) 의사표시의 철회·보완

- 사인의 공법상 행위는 명문으로 금지되거나 성질상 불가능한 경우가 아닌 한 그에 따른 행정행위가 행하여질 때까지 자유로이 철회하거나 보정할 수 있다(대법원 2014. 7. 10. 선고 2013두7025 판결). ★ 03

1. 공무원이 한 사직 의사표시의 철회나 취소는 그에 터잡은 의원면직처분이 있을 때까지 할 수 있는 것이고, 일단 면직처분이 있고 난 이후에는 철회나 취소할 여지가 없다. 대법원 2001. 8. 24. 선고 99두9971 판결 ★★ 04 05

2. 의원면직처분이 있기 전이라도 사직의 의사표시를 철회하는 것이 신의칙에 반한다고 인정되는 특별한 사정이 있는 경우에는 그 철회는 허용되지 아니한다. 대법원 1993. 7. 27. 선고 92누16942 판결

OX 체크

01 사인의 공법행위는 원칙적으로 발신주의에 따라 그 효력이 발생한다. ( )

02 「민법」상 비진의 의사표시의 무효에 관한 규정은 그 성질상 공무원이 한 사직(일괄사직)의 의사표시와 같은 사인의 공법행위에 적용되지 않는다. ( )

03 사인의 공법상 행위는 명문으로 금지되거나 성질상 불가능한 경우가 아닌 한, 그에 의거한 행정행위가 행하여질 때까지는 자유로이 철회나 보정이 가능하다. ( )

04 공무원의 사직의 의사표시는 상대방에게 도달한 후에는 철회할 수 없다. ( )

05 공무원에 의해 제출된 사직원은 그에 터잡은 의원면직처분이 있을 때까지 철회될 수 있고, 일단 면직처분이 있고 난 이후에도 자유로이 취소 및 철회될 수 있다. ( )

정답
01 ✗ 02 ○ 03 ○ 04 ✗ 05 ✗

3. 사인의 공법행위의 하자

(1) 의의

- 사인의 공법행위의 하자도 처분의 하자와 동일하게 중대명백성을 기준으로 판단한다.

1. 신고행위의 하자가 중대하고 명백하여 당연무효에 해당하는지 여부에 대하여는 신고행위의 근거가 되는 법규의 목적, 의미, 기능 및 하자 있는 신고행위에 대한 법적 구제수단 등을 목적론적으로 고찰함과 동시에 신고행위에 이르게 된 구체적 사정을 개별적으로 파악하여 합리적으로 판단하여야 한다. 대법원 2001. 8. 24. 선고 2001다13075 판결

2. 취득세와 같은 신고납부방식의 조세의 경우에는 원칙적으로 납세의무자가 스스로 과세표준과 세액을 정하여 신고하는 행위에 의하여 납세의무가 구체적으로 확정되고, 납부행위는 신고에 의하여 확정된 구체적 납세의무의 이행으로 하는 것이며, 지방자치단체는 그와 같이 확정된 조세채권에 기하여 납부된 세액을 보유한다. 따라서 납세의무자의 신고행위가 중대하고 명백한 하자로 인하여 당연무효로 되지 아니하는 한 그것이 바로 부당이득에 해당한다고 할 수 없다. 대법원 2014. 4. 10. 선고 2011다15476 판결 ★ 01

(2) 행위요건적 공법행위의 하자와 행정행위의 효력(강학상 논의)

- 사인의 공법행위가 행정행위를 위한 단순한 동기인 경우, 사인의 공법행위에 존재하는 하자는 행정행위의 효력에 아무런 영향을 미치지 않는다.
- 사인의 공법행위가 행정행위의 전제요건인 경우, 사인의 공법행위가 무효이면 행정행위도 무효가 되고, 사인의 공법행위에 취소사유가 존재하는 경우 그것이 취소되지 않는 한 행정행위도 유효하게 존속한다.

OX 체크

01 신고납세방식의 조세의 경우 납세의무자의 신고행위가 중대하고 명백한 하자로 인하여 당연무효로 되지 아니하는 한 신고에 따라 납부한 세액이 바로 부당이득에 해당하는 것은 아니다. ( )

정답
01 ○

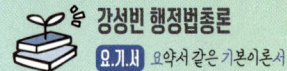

Chapter 1 실효성 확보수단 개관

Chapter 2 행정상 강제

Chapter 3 행정벌

Chapter 4 새로운 행정의 실효성 확보수단

PART 04

행정의 실효성 확보수단

Chapter 01 실효성 확보수단 개관

주제 40 실효성 확보수단의 체계

I 개관

> - 행정상 강제(장래) — 강제집행(명령 ○, 의무불이행 ○) : 대집행, 이행강제금, 직접강제, 강제징수 01
>   — 즉시강제(명령 ×, 의무불이행 ×)
> - 행정벌(과거) — 행정형벌
>   — 행정질서벌(과태료)
> - 그 밖의 수단 : 행정조사, 과징금, 가산세, 명단공표, 제재처분, 시정명령 등

- 실효성 확보수단이란 행정목적의 달성을 확보하기 위하여 인정되는 법적 수단을 말한다.
- **행정상 강제**란 장래의 행정목적의 실현을 확보하기 위하여 사람의 신체 또는 재산에 실력을 가함으로써 행정권이 직접 행정상 필요한 상태를 실현하는 권력적 행위를 말한다.
- **행정벌**이란 과거의 행정법상 의무위반행위에 대하여 제재로서 가하는 처벌을 말한다.

II 행정상 강제집행

1. 의의

- 행정법상의 의무불이행이 있는 경우에 행정청이 의무자의 신체 또는 재산에 실력을 가하여 그 의무를 이행시키거나 이행한 것과 동일한 상태를 실현시키는 작용을 말한다.

> 행정기본법 제30조【행정상 강제】
> ② 행정상 강제 조치에 관하여 이 법에서 정한 사항 외에 필요한 사항은 따로 법률로 정한다. 02
> ③ 형사, 행형 및 보안처분 관계 법령에 따라 행하는 사항이나 외국인의 출입국·난민인정·귀화·국적회복에 관한 사항에 관하여는 이 절을 적용하지 아니한다. ★ 03 04

OX 체크

01 행정대집행은 「행정기본법」상 행정상 강제에 해당한다. ( )
02 행정상 강제조치에 관하여 「행정기본법」에서 정한 사항 이외의 사항을 다른 법률에서 정할 수 없다. ( )
03 보안처분 관계 법령에 따라 행하는 사항에 관하여는 「행정기본법」상 행정상 강제에 대한 규정이 적용된다. ( )
04 외국인의 출입국에 관한 사항에 관하여는 「행정기본법」상 행정상 강제 규정이 적용된다. ( )

정답
01 ○ 02 × 03 × 04 ×

2. 민사소송을 통한 강제집행 가부

- 행정상 강제집행이 가능한 경우 민사소송을 통한 강제집행은 인정될 수 없다.

1. 관계 법령상 행정대집행의 절차가 인정되어 행정청이 행정대집행의 방법으로 건물의 철거 등 대체적 작위의무의 이행을 실현할 수 있는 경우에는 따로 민사소송의 방법으로 그 의무의 이행을 구할 수 없다. 대법원 2017. 4. 28. 선고 2016다213916 판결 ★★★ 01

2. 공법인인 대한주택공사가 법령에 의하여 대집행권한을 위탁받아 공무인 대집행을 실시하기 위하여 지출한 비용을 행정대집행법 절차에 따라 징수할 수 있음에도 민사소송절차에 의하여 그 비용의 상환을 청구한 경우, 그 청구는 소의 이익이 없어 부적법하다. 대법원 2011. 9. 8. 선고 2010다48240 판결 ★★★ 02

3. 국유 일반재산의 대부료 등의 징수에 관하여는 국세징수법상 체납처분에 관한 규정을 준용한 간이하고 경제적인 특별구제절차가 마련되어 있으므로, 특별한 사정이 없는 한 민사소송의 방법으로 대부료 등의 지급을 구하는 것은 허용되지 아니한다. 대법원 2014. 9. 4. 선고 2014다203588 판결 ★★★

4. 도시 및 주거환경정비법에 규정된 청산금의 징수에 관하여는 지방세체납처분의 예에 의한 징수 또는 징수 위탁과 같은 간이하고 경제적인 특별구제절차가 마련되어 있으므로, 시장·군수가 사업시행자의 청산금 징수 위탁에 응하지 아니하였다는 등의 특별한 사정이 없는 한 시장·군수가 아닌 사업시행자가 이와 별개로 공법상 당사자소송의 방법으로 청산금 청구를 할 수는 없다. 대법원 2017. 4. 28. 선고 2016두39498 판결

5. (예외) 국유재산법에 의한 변상금 부과·징수권은 민사상 부당이득반환청구권과 법적 성질을 달리하므로, 국가는 무단점유자를 상대로 변상금 부과·징수권의 행사와 별도로 국유재산의 소유자로서 민사상 부당이득반환청구의 소를 제기할 수 있다. 대법원 2014. 7. 16. 선고 2011다76402 전원합의체 판결 ★★ 03

- 행정상 강제집행을 인정하는 법률이 존재하지 않는 등의 사유로 강제집행이 불가능한 경우에는 행정법상 의무의 이행을 강제하기 위해 민사소송을 통한 강제집행을 할 수 있다.

아무런 권원 없이 국유재산에 설치한 시설물에 대하여 행정청이 행정대집행을 실시하지 않는 경우, 그 국유재산에 대한 사용청구권을 가지고 있는 자는 국가를 대위하여 민사소송으로 그 시설물의 철거를 구할 수 있다. 대법원 2009. 6. 11. 선고 2009다1122 판결 ★★ 04

OX 체크

01 관계 법령상 행정대집행의 절차가 인정되어 행정청이 행정대집행의 방법으로 건물의 철거 등 대체적 작위의무의 이행을 실현할 수 있는 경우에는 따로 민사소송의 방법으로 그 의무의 이행을 구할 수 없다. ( )

02 공법인이 대집행권한을 위탁받아 공무인 대집행 실시에 지출한 비용을 「행정대집행법」에 따라 강제징수할 수 있음에도 민사소송절차에 의하여 상환을 청구하는 것은 허용되지 않는다. ( )

03 국가는 국유재산의 무단점유자에 대하여 변상금부과·징수권의 행사와는 별도로 민사상 부당이득반환청구의 소를 제기할 수 없다. ( )

04 권원 없이 국유재산에 설치한 시설물에 대하여 관리청이 행정대집행을 통해 철거를 하지 않는 경우 그 국유재산에 대하여 사용청구권을 가진 자는 국가를 대위하여 민사소송으로 그 시설물의 철거를 구할 수 있다. ( )

정답
01 O   02 O   03 X   04 O

Chapter 02 행정상 강제

주제 41 행정상 강제집행

I 대집행

1. 의의

> 행정대집행법 제2조 【대집행과 그 비용징수】
> 법률(법률의 위임에 의한 명령, 지방자치단체의 조례를 포함한다)에 의하여 직접명령되었거나 또는 법률에 의거한 행정청의 명령에 의한 행위로서 타인이 대신하여 행할 수 있는 행위를 의무자가 이행하지 아니하는 경우 다른 수단으로써 그 이행을 확보하기 곤란하고 또한 그 불이행을 방치함이 심히 공익을 해할 것으로 인정될 때에는 당해 행정청은 스스로 의무자가 하여야 할 행위를 하거나 또는 제삼자로 하여금 이를 하게 하여 그 비용을 의무자로부터 징수할 수 있다. 01

- 대집행에 관한 일반법으로 행정대집행법이 있다.

2. 요건: 공법상 대체적 작위의무의 불이행

(1) 공법상 의무

- 대집행의 대상이 되는 의무는 공법상 의무이어야 한다.

> **판례**
>
> 1. 행정대집행법상 대집행의 대상이 되는 대체적 작위의무는 공법상 의무이어야 할 것인데, 구 공공용지의 취득 및 손실보상에 관한 특례법에 따른 토지 등의 협의취득은 공공사업에 필요한 토지 등을 그 소유자와의 협의에 의하여 취득하는 것으로서 공공기관이 사경제주체로서 행하는 사법상 매매 내지 사법상 계약의 실질을 가지는 것이므로, 그 협의취득시 건물소유자가 매매대상 건물에 대한 철거의무를 부담하겠다는 취지의 약정을 하였다고 하더라도 이러한 철거의무는 공법상의 의무가 될 수 없고, 이 경우에도 행정대집행법을 준용하여 대집행을 허용하는 별도의 규정이 없는 한 위와 같은 철거의무는 행정대집행법에 의한 대집행의 대상이 되지 않는다. 대법원 2006. 10. 13. 선고 2006두7096 판결 ★★★ 02 03
>
> 2. 공유재산의 점유자가 그 공유재산에 관하여 대부계약 외 달리 정당한 권원이 있다는 자료가 없는 경우 그 대부계약이 적법하게 해지된 이상 그 점유자의 공유재산에 대한 점유는 정당한 이유 없는 점유라 할 것이고, 따라서 지방자치단체의 장은 행정대집행의 방법으로 그 지상물을 철거시킬 수 있다. 대법원 2001. 10. 12. 선고 2001두4078 판결 ★ 04

- 공법상 의무는 법령(조례 포함)에 의해 직접 부과되었거나 행정청의 명령에 의해 부과된 것이어야 한다. 따라서 공법상 계약에 근거하여 발생한 의무의 불이행에 대해서는 대집행이 인정되지 않는다. ★
- 위법한 처분에 의해 부과된 의무도 그 처분이 취소되지 않는 한 대집행의 대상이 된다.

OX 체크

01 대체적 작위의무가 법률의 위임을 받은 조례에 의해 직접 부과된 경우에는 대집행의 대상이 되지 아니한다. ( )

02 「행정대집행법」상 대집행의 대상이 되는 대체적 작위의무는 공법상 의무이어야 한다. ( )

03 「공익사업을 위한 토지 등의 취득 및 보상에 관한 법률」상의 협의취득시에 매매대상 건물에 대한 철거의무를 부담하겠다는 취지의 약정을 건물소유자가 하였다고 하더라도, 그 철거의무는 대집행의 대상이 되지 않는다. ( )

04 공유재산 대부계약의 해지에 따른 원상회복으로 행정대집행의 방법에 의하여 그 지상물을 철거시킬 수 있다. ( )

05 행정청이 구 「토지구획정리사업법」상 토지구획정리사업의 환지예정지를 지정하고, 그 사업에 편입되는 건축물로서 지장물 소유자에게 지장물의 자진이전을 요구한 후 이에 응하지 않자 지장물의 이전에 대한 대집행을 계고하고 다시 대집행영장을 통지한 경우, 위 계고처분 등은 「행정대집행법」 제2조에 따라 명령된 지장물 이전의무가 없음에도 그러한 의무의 불이행을 사유로 행하여진 것이므로 위법하다. ( )

판례

(행정청이 토지구획정리사업의 환지예정지를 지정하고 그 사업에 편입되는 건축물 등 지장물의 소유자 또는 임차인에게 지장물의 자진이전을 요구한 후 이에 응하지 않자 지장물의 이전에 대한 대집행을 계고하고 다시 대집행영장을 통지한 사안에서) 위 계고처분 등은 행정대집행법 제2조에 따라 명령된 지장물 이전의무가 없음에도 그러한 의무의 불이행을 사유로 행하여진 것으로 위법하다고 한 사례. 대법원 2010. 6. 24. 선고 2010두1231 판결 05

정답
01 ✗ 02 ○ 03 ○ 04 ○ 05 ○

(2) 대체적 의무

- 대체적 의무란 타인에 의해서도 그 이행이 가능한 의무를 말한다.

1. 피고들이 이 사건 건물을 철거하여 이 사건 공유수면을 원상회복하여야 할 의무는 대체적 작위의무에 해당하므로 행정대집행의 대상이 된다. 대법원 2017. 4. 28. 선고 2016다213916 판결 ★ 01
2. 공유재산 및 물품 관리법에 따라 지방자치단체장은 행정대집행의 방법으로 공유재산에 설치한 시설물을 철거할 수 있다. 대법원 2017. 4. 13. 선고 2013다207941 판결 ★

- 따라서 명도(인도)의무나 퇴거의무와 같은 타인이 대신할 수 없는 비대체적 의무의 불이행에 대해서는 대집행이 인정되지 않는다. ★★★

1. 도시공원시설인 매점의 관리청이 그 공동점유자 중의 1인에 대하여 소정의 기간 내에 위 매점으로부터 퇴거하고 이에 부수하여 그 판매 시설물 및 상품을 반출하지 아니할 때에는 이를 대집행하겠다는 내용의 계고처분은 그 주된 목적이 매점의 원형을 보존하기 위하여 점유자가 설치한 불법시설물을 철거하고자 하는 것이 아니라, 매점에 대한 점유자의 점유를 배제하고 그 점유이전을 받는 데 있다고 할 것인데, 이러한 의무는 그것을 강제적으로 실현함에 있어 직접적인 실력행사가 필요한 것이지 대체적 작위의무에 해당하는 것은 아니어서 직접강제의 방법에 의하는 것은 별론으로 하고 행정대집행법에 의한 대집행의 대상이 되는 것은 아니다. 대법원 1998. 10. 23. 선고 97누157 판결 ★★★ 02

2. [1] 피수용자 등이 기업자에 대하여 부담하는 수용대상 토지의 인도의무에 관한 구 토지수용법 규정에서의 '인도'에는 명도도 포함되는 것으로 보아야 하고, 이러한 명도의무는 그것을 강제적으로 실현하면서 직접적인 실력행사가 필요한 것이지 대체적 작위의무라고 볼 수 없으므로 특별한 사정이 없는 한 행정대집행법에 의한 대집행의 대상이 될 수 있는 것이 아니다. ★★★ 03

[2] 피수용자 등이 기업자에 대하여 부담하는 수용대상 토지의 인도 또는 그 지장물의 명도의무 등이 비록 공법상의 법률관계라고 하더라도, 그 권리를 피보전권리로 하는 명도단행가처분은 그 권리에 끼칠 현저한 손해를 피하거나 급박한 위험을 방지하기 위하여 또는 그 밖의 필요한 이유가 있을 경우에는 허용될 수 있다. 대법원 2005. 8. 19. 선고 2004다2809 판결 ★ 04

(3) 작위의무

- 금지의무 또는 부작위의무는 비대체적 의무로서 대집행의 대상이 될 수 없다.

1. 관계 법령에 위반하여 장례식장 영업을 하고 있는 자의 장례식장 사용중지의무는 비대체적 부작위의무이므로 행정대집행법 제2조의 규정에 의한 대집행의 대상이 아니다. 대법원 2005. 9. 28. 선고 2005두7464 판결 ★★★ 05

2. [1] 단순한 부작위의무의 위반, 즉 관계 법령에 정하고 있는 절대적 금지나 허가를 유보한 상대적 금지를 위반한 경우에는 당해 법령에서 그 위반자에 대하여 위반에 의하여 생긴 유형적 결과의 시정을 명하는 행정처분의 권한을 인정하는 규정을 두고 있지 아니한 이상, 법치주의의 원리에 비추어 볼 때 위와 같은 부작위의무로부터 그 의무를 위반함으로써 생긴 결과를 시정하기 위한 작위의무를 당연히 끌어낼 수는 없으며, 또 위 금지규정(특히 허가를 유보한 상대적 금지규정)으로부터 작위의무, 즉 위반결과의 시정을 명하는 권한이 당연히 추론되는 것도 아니다. ★★★ 06 07 08

OX 체크

01 공유수면에 설치한 건물을 철거하여 공유수면을 원상회복하여야 할 의무는 대체적 작위의무에 해당하므로 행정대집행의 대상이 된다. ( )

02 도시공원시설 점유자의 퇴거 및 명도 의무는 「행정대집행법」에 의한 대집행의 대상이 아니다. ( )

03 구 「토지수용법」상 피수용자가 기업자에 대하여 부담하는 수용대상 토지의 인도의무에는 명도도 포함되고, 이러한 명도의무는 특별한 사정이 없는 한 「행정대집행법」상 대집행의 대상이 된다. ( )

04 수용재결에 따른 행정청의 철거 및 퇴거명령에도 불구하고 甲이 토지 인도의무를 이행하지 않을 경우, 甲의 토지 인도의무는 공법상 의무에 해당하므로 그 권리에 끼칠 현저한 손해를 피하기 위한 경우라 하더라도 행정청이 그 권리를 피보전권리로 하는 민사상 명도단행가처분을 구할 수는 없다. ( )

05 관계법령에 위반하여 장례식장 영업을 하고 있는 자에게 부과된 장례식장 사용중지의무는 공법상 의무로서 행정대집행의 대상이 된다. ( )

06 법령이 일정한 행위를 금지하고 있는 경우, 그 금지규정으로부터 위반결과의 시정을 명하는 행정청의 처분권한은 당연히 도출되므로 행정청은 그 금지규정에 근거하여 시정을 명하고 행정대집행에 나아갈 수 있다. ( )

07 부작위의무도 대체적 작위의무로 전환하는 규정을 두고 있는 경우에는 대체적 작위의무로 전환한 후에 대집행의 대상이 될 수 있다. ( )

08 위반 결과의 시정을 명하는 권한은 금지규정으로부터 당연히 추론되는 것은 아니다. ( )

정답
01 O 02 O 03 × 04 × 05 ×
06 × 07 O 08 O

OX 체크

01 부작위의무 위반행위에 대하여 대체적 작위의무로 전환하는 규정이 없는 경우, 부작위의무 위반결과의 시정을 명하는 원상복구명령은 무효이고, 원상복구명령의 실효성 확보를 위한 대집행의 계고처분 역시 무효이다. ( )

02 「건축법」에 위반하여 증·개축함으로써 철거의무가 있더라도 그 철거의무를 대집행하기 위한 계고처분을 하려면 다른 방법으로는 그 이행의 확보가 어렵고, 그 불이행을 방치함이 심히 공익을 해하는 것으로 인정되는 경우에 한한다. ( )

03 무허가증축부분으로 인하여 건물의 미관이 나아지고 증축부분을 철거하는 데 비용이 많이 소요된다고 하더라도 건물철거대집행계고처분을 할 요건에 해당된다. ( )

04 「행정대집행법」 제2조에 따른 대집행의 실시여부는 행정청의 재량에 속하지 않는다. ( )

05 「행정대집행법」상 건물철거 대집행은 다른 방법으로는 이행의 확보가 어렵고 불이행을 방치함이 심히 공익을 해하는 것으로 인정될 때에 한하여 허용되고, 이러한 요건의 주장·입증책임은 처분 행정청에 있다. ( )

06 계고를 함에 있어서 그 행위의 내용과 범위는 반드시 시정명령서나 대집행계고서에 의하여서만 특정되어야 하는 것은 아니고, 그 처분 전후에 송달된 문서나 기타 사정을 종합하여 이를 특정할 수 있으면 족하다. ( )

07 상당한 의무이행기간을 부여하지 아니한 대집행계고처분이 있었다면, 설령 행정청이 대집행영장으로써 대집행의 시기를 늦추었더라도 그 대집행계고처분은 적법절차에 위배한 것으로 위법한 처분이 된다. ( )

정답
01 ○ 02 ○ 03 ○ 04 × 05 ○
06 ○ 07 ○

---

[2] 부작위의무 위반행위에 대하여 대체적 작위의무로 전환하는 규정을 두고 있지 아니하므로 위 금지규정으로부터 그 위반결과의 시정을 명하는 원상복구명령을 할 수 있는 권한이 도출되는 것은 아니다. 결국 행정청의 원고에 대한 원상복구명령은 권한 없는 자의 처분으로 무효라고 할 것이고, 위 원상복구명령이 당연무효인 이상 후행처분인 계고처분의 효력에 당연히 영향을 미쳐 그 계고처분 역시 무효로 된다. 대법원 1996. 6. 28. 선고 96누4374 판결 ★★ **01**

(4) 비례의 원칙
- 대집행은 '다른 수단으로써 그 이행을 확보하기 곤란'하고 또한 그 '불이행을 방치함이 심히 공익을 해할 것으로 인정'될 때에 이루어질 수 있다. ★ **02**

판례

1. 무허가증축부분으로 인하여 건물의 미관이 나아지고 위 증축부분을 철거하는 데 비용이 많이 소요된다고 하더라도 위 무허가증축부분을 그대로 방치한다면 (중략) 더 큰 공익을 심히 해할 우려가 있다고 보이므로 건물철거대집행계고처분을 할 요건에 해당된다. 대법원 1992. 3. 10. 선고 91누4140 판결 **03**

2. 건축법위반 건물이 주위의 미관을 해칠 우려가 없을 뿐 아니라 이를 대집행으로 철거할 경우 많은 비용이 드는 반면에 공익에는 별 도움이 되지 아니하고, 도로교통·방화·보안·위생·도시미관 및 공해예방 등의 공익을 크게 해친다고도 볼 수 없어 이에 대한 철거대집행계고 처분이 그 요건을 갖추지 못한 것으로서 위법하다. 대법원 1991. 3. 12. 선고 90누10070 판결

(5) 재량행위
- 대집행권한의 행사 여부는 행정청의 재량에 속한다(대법원 1996. 10. 11. 선고 96누8086 판결). ★ **04**

(6) 증명책임 : 행정청
- 대집행 요건의 주장·입증책임은 처분 행정청에 있다(대법원 1996. 10. 11. 선고 96누8086 판결). ★ **05**

3. 대집행의 절차

(1) 계고

행정대집행법 제3조【대집행의 절차】
① 전조의 규정에 의한 처분(이하 대집행이라 한다)을 하려함에 있어서는 상당한 이행기한을 정하여 그 기한까지 이행되지 아니할 때에는 대집행을 한다는 뜻을 미리 문서로써 계고하여야 한다. 이 경우 행정청은 상당한 이행기한을 정함에 있어 의무의 성질·내용 등을 고려하여 사회통념상 해당 의무를 이행하는 데 필요한 기간이 확보되도록 하여야 한다.

판례

1. 대집행의 계고를 함에 있어서 의무자가 이행하여야 할 행위와 그 의무불이행시 대집행할 행위의 내용 및 범위는 반드시 대집행계고서에 의하여서만 특정되어야 하는 것은 아니고 그 처분 전후에 송달된 문서나 기타 사정을 종합하여 이를 특정할 수 있으면 족하다. 대법원 1992. 3. 10. 선고 91누4140 판결 ★★★ **06**

2. 상당한 의무이행기간을 부여하지 아니한 대집행계고처분이 있었다면, 설사 피고가 대집행영장으로써 대집행의 시기를 늦추었더라도 위 대집행계고처분은 상당한 이행기한을 정하여 한 것이 아니어서 대집행의 적법절차에 위배한 것으로 위법한 처분이라고 할 것이다. 대법원 1990. 9. 14. 선고 90누2048 판결 ★ **07**

3. [1] 계고서라는 명칭의 1장의 문서로서 일정기간 내에 위법건축물의 자진철거를 명함과 동시에 그 소정기한 내에 자진철거를 하지 아니할 때에는 대집행할 뜻을 미리 계고한 경우라도 건축법에 의한 철거명령과 행정대집행법에 의한 계고처분은 독립하여 있는 것으로서 각 그 요건이 충족되었다고 볼 것이다. ★★★ 01
   [2] 위와 같은 경우 철거명령에서 주어진 일정기간이 자진철거에 필요한 상당한 기간이라면 그 기간 속에는 계고시에 필요한 '상당한 이행기간'도 포함되어 있다고 보아야 할 것이다. 대법원 1992. 6. 12. 선고 91누13564 판결 ★★★ 02

4. 위법한 건물의 공유자 1인에 대한 계고처분은 다른 공유자에 대하여는 그 효력이 없다. 대법원 1994. 10. 28. 선고 94누5144 판결

(2) 영장에 의한 통지

> 행정대집행법 제3조 【대집행의 절차】
> ② 의무자가 전항의 계고를 받고 지정기한까지 그 의무를 이행하지 아니할 때에는 당해 행정청은 대집행영장으로써 대집행을 할 시기, 대집행을 시키기 위하여 파견하는 집행책임자의 성명과 대집행에 요하는 비용의 개산에 의한 견적액을 의무자에게 통지하여야 한다.
> ③ 비상시 또는 위험이 절박한 경우에 있어서 당해 행위의 급속한 실시를 요하여 전2항에 규정한 수속(주: 계고 및 영장에 의한 통지)을 취할 여유가 없을 때에는 그 수속을 거치지 아니하고 대집행을 할 수 있다. ★ 03

(3) 대집행의 실행

> 행정대집행법 제4조 【대집행의 실행 등】
> ① 행정청(제2조에 따라 대집행을 실행하는 제3자를 포함한다)은 해가 뜨기 전이나 해가 진 후에는 대집행을 하여서는 아니 된다. 다만, 다음 각 호의 어느 하나에 해당하는 경우에는 그러하지 아니하다. ★ 04
>   1. 의무자가 동의한 경우
>   2. 해가 지기 전에 대집행을 착수한 경우
>   3. 해가 뜬 후부터 해가 지기 전까지 대집행을 하는 경우에는 대집행의 목적 달성이 불가능한 경우
>   4. 그 밖에 비상시 또는 위험이 절박한 경우
> ② 행정청은 대집행을 할 때 대집행 과정에서의 안전 확보를 위하여 필요하다고 인정하는 경우 현장에 긴급 의료장비나 시설을 갖추는 등 필요한 조치를 하여야 한다.
> ③ 대집행을 하기 위하여 현장에 파견되는 집행책임자는 그가 집행책임자라는 것을 표시한 증표를 휴대하여 대집행시에 이해관계인에게 제시하여야 한다.

판례

[1] 건물의 점유자가 철거의무자일 때에는 건물철거의무에 퇴거의무도 포함되어 있는 것이어서 별도로 퇴거를 명하는 집행권원이 필요하지 않다. 따라서 행정청이 민사소송의 방법으로 점유자에 대한 퇴거를 구하는 것은 소의 이익이 없어 부적법하다. ★★★ 05 06

[2] 행정청이 행정대집행의 방법으로 건물철거의무의 이행을 실현할 수 있는 경우에는 건물철거 대집행 과정에서 부수적으로 건물의 점유자들에 대한 퇴거 조치를 할 수 있고, 점유자들이 적법한 행정대집행을 위력을 행사하여 방해하는 경우 형법상 공무집행방해죄가 성립하므로, 필요한 경우에는 '경찰관 직무집행법'에 근거한 위험발생 방지조치 또는 형법상 공무집행방해죄의 범행방지 내지 현행범체포의 차원에서 경찰의 도움을 받을 수도 있다. 대법원 2017. 4. 28. 선고 2016다213916 판결 ★★★ 07 08

OX 체크

01 계고서라는 명칭의 1장의 문서로서 건축물의 철거명령과 동시에 그 소정기한 내에 자진철거를 하지 아니할 때에는 대집행할 뜻을 미리 계고한 경우, 「건축법」에 의한 철거명령과 「행정대집행법」에 의한 계고처분은 각 그 요건이 충족되었다고 볼 수 없다. ( )

02 철거명령에서 주어진 일정기간이 자진철거에 필요한 상당한 기간이라고 하여도 그 기간 속에는 계고시에 필요한 '상당한 이행기간'이 포함되어 있다고 볼 수 없다. ( )

03 행정대집행을 함에 있어 비상시 또는 위험이 절박한 경우에 당해 행위의 급속한 실시를 요하여 절차를 취할 여유가 없을 때에는 계고 및 대집행영장 통지 절차를 생략할 수 있다. ( )

04 행정청은 해가 지기 전에 대집행을 착수한 경우라도 해가 진 후에는 대집행을 할 수 없다. ( )

05 건물의 점유자가 철거의무자일 때에도 건물철거의무에 퇴거의무가 포함되어 있지 않으므로 별도로 퇴거를 명하는 집행권원이 필요하다. ( )

06 행정청이 건물 철거의무를 행정대집행의 방법으로 실현하는 과정에서, 건물을 점유하고 있는 철거의무자들에 대하여 제기한 건물퇴거를 구하는 소송은 적법하다. ( )

07 행정청은 퇴거를 명하는 집행권원이 없더라도 건물철거 대집행 과정에서 부수적으로 철거의무자인 건물의 점유자들에 대해 퇴거 조치를 할 수 있다. ( )

08 철거대상건물의 점유자들이 적법한 행정대집행을 위력을 행사하여 방해하는 경우, 행정청은 필요하다면 「경찰관 직무집행법」에 근거한 위험발생 방지조치 차원에서 경찰의 도움을 받을 수 있다. ( )

정답
01 × 02 × 03 ○ 04 × 05 ×
06 × 07 ○ 08 ○

OX 체크

01 대집행 비용은 원칙상 의무자가 부담하며 행정청은 그 비용액과 납기일을 정하여 의무자에게 문서로 납부를 명하여야 한다. ( )

02 대집행에 요한 비용은 「국세징수법」의 예에 의하여 징수할 수 있다. ( )

03 대집행에 요한 비용에 대하여서는 행정청은 사무비의 소속에 따라 국세와 동일한 순위의 선취득권을 가지며, 대집행에 요한 비용을 징수하였을 때에는 그 징수금은 국고의 수입으로 한다. ( )

04 대집행에 요한 비용을 징수하였을 때에는 그 징수금은 사무비의 소속에 따라 국고 또는 지방자치단체의 수입으로 한다. ( )

05 후행처분인 대집행비용납부명령 취소청구 소송에서 선행처분인 계고처분이 위법하다는 이유로 대집행비용납부명령의 취소를 구할 수 없다. ( )

06 대집행에 대하여는 행정심판을 제기할 수 있다. ( )

07 계고처분이 위법한 경우 행정대집행이 완료되면 그 처분의 취소를 구할 소의 이익은 없다 하더라도, 미리 그 행정처분의 취소판결이 있어야만 그 행정처분의 위법임을 이유로 한 손해배상 청구를 할 수 있는 것은 아니다. ( )

(4) 비용징수

> **행정대집행법 제5조【비용납부명령서】**
> 대집행에 요한 비용의 징수에 있어서는 실제에 요한 비용액과 그 납기일을 정하여 의무자에게 문서로써 그 납부를 명하여야 한다. **01**
>
> **행정대집행법 제6조【비용징수】**
> ① 대집행에 요한 비용은 국세징수법의 예에 의하여 징수할 수 있다. ★ **02**
> ② 대집행에 요한 비용에 대하여서는 행정청은 사무비의 소속에 따라 국세에 다음가는 순위의 선취득권을 가진다. ★★ **03**
> ③ 대집행에 요한 비용을 징수하였을 때에는 그 징수금은 사무비의 소속에 따라 국고 또는 지방자치단체의 수입으로 한다. ★★ **04**

4. 권리구제

(1) 행정쟁송

- 계고 및 대집행영장에 의한 통지는 준법률행위적 행정행위인 통지처분, 대집행의 실행은 권력적 사실행위, 비용납부명령은 하명처분으로서 모두 항고소송의 대상이 된다.
- 대집행의 실행이 완료된 경우에는 대집행의 각 절차를 다툴 소의 이익은 없다(대법원 1993. 6. 8. 선고 93누6164 판결). ★★
- 철거명령과 대집행절차 사이에는 하자의 승계가 인정되지 않으나, 대집행을 이루는 각 절차 사이에는 하자의 승계가 인정된다. ★★

후행처분인 대집행비용납부명령의 취소를 청구하는 소송에서 청구원인으로 선행처분인 계고처분이 위법한 것이기 때문에 그 계고처분을 전제로 행하여진 대집행비용납부명령도 위법한 것이라는 주장을 할 수 있다. 대법원 1993. 11. 9. 선고 93누14271 판결 ★ **05**

- 대집행에 대하여는 행정심판을 제기할 수 있다(행정대집행법 제7조). **06**

(2) 국가배상

- 대집행의 실행이 완료되어 항고소송의 소의 이익이 없는 경우라 하더라도 국가배상청구는 가능하다(대법원 1972. 4. 28. 선고 72다337 판결). ★★★ **07**

정답
01 ○ 02 ○ 03 ✗ 04 ○ 05 ✗
06 ○ 07 ○

II. 이행강제금(집행벌)

1. 의의

(1) 이행강제금의 의의

> 행정기본법 제30조 【행정상 강제】
> ① (생략)
> 2. 이행강제금의 부과 : 의무자가 행정상 의무를 이행하지 아니하는 경우 행정청이 적절한 이행기간을 부여하고, 그 기한까지 행정상 의무를 이행하지 아니하면 금전급부의무를 부과하는 것
>
> 행정기본법 제31조 【이행강제금의 부과】
> ① 이행강제금 부과의 근거가 되는 법률에는 이행강제금에 관한 다음 각 호의 사항을 명확하게 규정하여야 한다. 다만, 제4호 또는 제5호를 규정할 경우 입법목적이나 입법취지를 훼손할 우려가 크다고 인정되는 경우로서 대통령령으로 정하는 경우는 제외한다.
>   1. 부과·징수 주체, 2. 부과 요건, 3. 부과 금액, 4. 부과 금액 산정기준, 5. 연간 부과 횟수나 횟수의 상한

- 이행강제금에 관한 일반법은 없고, 건축법 등 개별법에서 이를 규정하고 있다.

(2) 구별개념

- 대집행과 직접강제는 직접적으로 불이행한 의무를 실현시키는 수단인 반면, 이행강제금은 의무자에게 심리적 압박을 주어 간접적으로 의무이행을 강제하는 수단이다. ★
- 행정벌은 과거의 행정법상 의무위반에 대한 제재를 주된 목적으로 하는 반면, 이행강제금은 장래의 의무이행을 확보하는 것을 목적으로 한다. 따라서 행정벌과 이행강제금은 병과될 수 있다. ★

이행강제금은 일정한 기한까지 의무를 이행하지 않을 때에는 일정한 금전적 부담을 과할 뜻을 미리 계고함으로써 의무자에게 심리적 압박을 주어 장래에 그 의무를 이행하게 하려는 행정상 간접적인 강제집행 수단의 하나로서 과거의 일정한 법률위반 행위에 대한 제재로서의 형벌이 아니라 장래의 의무이행의 확보를 위한 강제수단일 뿐이어서 범죄에 대하여 국가가 형벌권을 실행한다고 하는 과벌에 해당하지 아니하므로 헌법이 금지하는 이중처벌금지의 원칙이 적용될 여지가 없다. 헌법재판소 2011. 10. 25. 선고 2009헌바140 결정 ★★★ 01 02 03 04

2. 이행강제금의 대상

- 이행강제금은 부작위의무 또는 비대체적 작위의무뿐만이 아니라 대체적 작위의무의 불이행에 대해서도 부과될 수 있다.

이행강제금은 대체적 작위의무의 위반에 대하여도 부과될 수 있다. 또한 행정청은 개별사건에 있어서 위반내용, 위반자의 시정의지 등을 감안하여 대집행과 이행강제금을 선택적으로 활용할 수 있으며, 이처럼 그 합리적인 재량에 의해 선택하여 활용하는 이상 중첩적인 제재에 해당한다고 볼 수 없다. 헌법재판소 2004. 2. 26. 선고 2001헌바80 등 결정 ★★★ 05 06

OX 체크

01 이행강제금은 심리적 압박을 통하여 간접적으로 의무이행을 확보하는 수단인 행정벌과는 달리 의무이행의 강제를 직접적인 목적으로 하므로, 강학상 직접강제에 해당한다. ( )

02 이행강제금은 행정상 간접적인 강제집행 수단이다. ( )

03 「건축법」상 이행강제금은 시정명령의 불이행이라는 과거의 위반행위에 대한 제재이다. ( )

04 형사처벌과 이행강제금은 병과될 수 있다. ( )

05 부작위의무나 비대체적 작위의무 뿐만 아니라 대체적 작위의무의 위반에 대하여도 이행강제금을 부과할 수 있다. ( )

06 「건축법」상 위반건축물에 대한 행정대집행과 이행강제금은 합리적인 재량에 의해 선택하여 활용하는 이상 중첩적인 제재에 해당한다고 볼 수 없다. ( )

정답
01 ✕ 02 ○ 03 ✕ 04 ○ 05 ○
06 ○

3. 이행강제금의 부과와 징수

(1) 부과 절차

- 일반적으로 이행강제금은 시정명령, 의무불이행, 계고, 부과의 순으로 부과된다.
- 건축법의 경우 시정명령, 의무불이행, 상당한 이행기간의 부여, 의무불이행, 계고, 부과의 순으로 부과된다.

> 건축법에 의하면, 허가권자는 먼저 건축주 등에 대하여 상당한 기간을 정하여 시정명령을 하고, 건축주 등이 그 시정 기간 내에 시정명령을 이행하지 아니하면, 다시 그 시정명령의 이행에 필요한 상당한 이행기한을 정하여 그 기한까지 시정명령을 이행할 수 있는 기회를 준 후가 아니면 이행강제금을 부과할 수 없다. 대법원 2010. 6. 24. 선고 2010두3978 판결

(2) 계고

> **행정기본법 제31조【이행강제금의 부과】**
> ③ 행정청은 이행강제금을 부과하기 전에 미리 의무자에게 적절한 이행기간을 정하여 그 기한까지 행정상 의무를 이행하지 아니하면 이행강제금을 부과한다는 뜻을 문서로 계고하여야 한다. ★ 01

> 사용자가 이행하여야 할 행정법상 의무의 내용을 초과하는 것을 '불이행 내용'으로 기재한 이행강제금 부과 예고서에 의하여 이행강제금 부과 예고를 한 다음 이를 이행하지 않았다는 이유로 이행강제금을 부과하였다면, 초과한 정도가 근소하다는 등의 특별한 사정이 없는 한 이행강제금 부과 예고는 이행강제금 제도의 취지에 반하는 것으로서 위법하고, 이에 터잡은 이행강제금 부과처분 역시 위법하다. 대법원 2015. 6. 24. 선고 2011두2170 판결 ★ 02

(3) 부과

> **행정기본법 제31조【이행강제금의 부과】**
> ② 행정청은 다음 각 호의 사항을 고려하여 이행강제금의 부과 금액을 가중하거나 감경할 수 있다.
>   1. 의무 불이행의 동기, 목적 및 결과
>   2. 의무 불이행의 정도 및 상습성
>   3. 그 밖에 행정목적을 달성하는 데 필요하다고 인정되는 사유
> ④ 행정청은 의무자가 제3항에 따른 계고에서 정한 기한까지 행정상 의무를 이행하지 아니한 경우 이행강제금의 부과 금액·사유·시기를 문서로 명확하게 적어 의무자에게 통지하여야 한다.
> ⑤ 행정청은 의무자가 행정상 의무를 이행할 때까지 이행강제금을 반복하여 부과할 수 있다. 다만, 의무자가 의무를 이행하면 새로운 이행강제금의 부과를 즉시 중지하되, 이미 부과한 이행강제금은 징수하여야 한다. ★★

> **건축법 제80조【이행강제금】**
> ⑤ 허가권자는 최초의 시정명령이 있었던 날을 기준으로 하여 1년에 2회 이내의 범위에서 해당 지방자치단체의 조례로 정하는 횟수만큼 그 시정명령이 이행될 때까지 반복하여 이행강제금을 부과·징수할 수 있다. ★ 03
> ⑥ 허가권자는 제79조 제1항에 따라 시정명령을 받은 자가 이를 이행하면 새로운 이행강제금의 부과를 즉시 중지하되, 이미 부과된 이행강제금은 징수하여야 한다. ★ 04

OX 체크

01 「건축법」상 허가권자는 이행강제금을 부과하기 전에 이행강제금을 부과·징수한다는 뜻을 미리 문서로써 계고하여야 한다. ( )

02 사용자가 이행하여야 할 행정법상 의무의 내용을 초과하는 것을 '불이행 내용'으로 기재한 이행강제금 부과 예고서에 의하여 이행강제금 부과 예고를 한 다음 이를 이행하지 않았다는 이유로 이행강제금을 부과하였다면, 초과한 정도가 근소하다는 등의 특별한 사정이 없는 한 이행강제금 부과 예고는 위법하며, 이에 터 잡은 이행강제금 부과처분 역시 위법하다. ( )

03 「건축법」상 이행강제금은 반복하여 부과·징수될 수 있다. ( )

04 「건축법」상 행정청은 의무자가 행정상 의무를 이행할 때 이행강제금을 반복하여 부과할 수 있으나, 의무자가 의무를 이행하면 새로운 이행강제금의 부과를 즉시 중지하여야 하고 이미 부과한 이행강제금은 징수하지 아니한다. ( )

정답
01 ○   02 ○   03 ○   04 ✕

1. 개발제한구역의 지정 및 관리에 관한 특별조치법상 이행강제금의 부과·징수를 위한 계고는 시정명령을 불이행한 경우에 취할 수 있는 절차라 할 것이고, 따라서 이행강제금을 부과·징수할 때마다 그에 앞서 시정명령 절차를 다시 거쳐야 할 필요는 없다. 대법원 2013. 12. 12. 선고 2012두19137 판결 ★ 01

2. 농지법에 따른 이행강제금을 부과할 때에는 그때마다 이행강제금을 부과·징수한다는 뜻을 미리 문서로 알려야 하고, 이와 같은 절차를 거치지 아니한 채 이행강제금을 부과하는 것은 이행강제금 제도의 취지에 반하는 것으로서 위법하다. 대법원 2018. 11. 2.자 2018마5608 결정 ★ 02

3. 이행강제금의 본질상 시정명령을 받은 의무자가 이행강제금이 부과되기 전에 그 의무를 이행한 경우에는 비록 시정명령에서 정한 기간을 지나서 이행한 경우라도 이행강제금을 부과할 수 없다. 대법원 2018. 1. 25. 선고 2015두35116 판결 ★★★ 03

4. 장기미등기자가 이행강제금 부과 전에 등기신청의무를 이행하였다면 이행강제금의 부과로써 이행을 확보하고자 하는 목적은 이미 실현된 것이므로 부동산실명법에 규정된 기간이 지나서 등기신청의무를 이행한 경우라 하더라도 이행강제금을 부과할 수 없다. 대법원 2016. 6. 23. 선고 2015두36454 판결 ★ 04

5. 주의 공정거래법상 기업결합 제한 위반행위자에 대한 이행강제금이 부과되기 전에 시정조치를 이행하거나 부작위 의무를 명하는 시정조치 불이행을 중단한 경우 과거의 시정조치 불이행기간에 대하여 이행강제금을 부과할 수 있다. 대법원 2019. 12. 12. 선고 2018두63563 판결 ★ 05

6. 비록 건축주 등이 장기간 시정명령을 이행하지 아니하였더라도, 그 기간 중에는 시정명령의 이행 기회가 제공되지 아니하였다가 뒤늦게 시정명령의 이행 기회가 제공된 경우라면, 시정명령의 이행 기회 제공을 전제로 한 1회분의 이행강제금만을 부과할 수 있고, 시정명령의 이행 기회가 제공되지 아니한 과거의 기간에 대한 이행강제금까지 한꺼번에 부과할 수는 없다. 그리고 이를 위반하여 이루어진 이행강제금 부과처분은 과거의 위반행위에 대한 제재가 아니라 행정상의 간접강제 수단이라는 이행강제금의 본질에 반하여 건축법 등 법규의 중요한 부분을 위반한 것으로서, 그러한 하자는 중대할 뿐만 아니라 객관적으로도 명백하다. 대법원 2016. 7. 14. 선고 2015두46598 판결 ★★ 06

7. 시정명령을 받은 의무자가 그 시정명령의 취지에 부합하는 의무를 이행하기 위한 정당한 방법으로 행정청에 신청 또는 신고를 하였으나 행정청이 위법하게 이를 거부 또는 반려함으로써 결국 그 처분이 취소되기에 이르렀다면, 특별한 사정이 없는 한 그 시정명령의 불이행을 이유로 이행강제금을 부과할 수는 없다고 보는 것이 위와 같은 이행강제금 제도의 취지에 부합한다. 대법원 2018. 1. 25. 선고 2015두35116 판결 ★ 07

8. 공무원들이 위법건축물임을 알지 못하여 공사 도중에 시정명령이 내려지지 않아 위법건축물이 완공되었다 하더라도, 공공복리의 증진이라는 위 목적의 달성을 위해서는 완공 후에라도 위법건축물임을 알게 된 이상 시정명령을 할 수 있다고 보아야 할 것이고, 그 시정명령의 불이행에 대한 이행강제금의 부과 또한 가능하다. 대법원 2002. 8. 16. 자 2002마1022 결정

(4) 징수

> **행정기본법 제31조 【이행강제금의 부과】**
> ⑥ 행정청은 이행강제금을 부과받은 자가 납부기한까지 이행강제금을 내지 아니하면 국세강제징수의 예 또는 「지방행정제재·부과금의 징수 등에 관한 법률」에 따라 징수한다. ★ 08

이행강제금 부과처분을 받은 자가 이행강제금을 기한 내에 납부하지 아니한 때에는 그 납부를 독촉할 수 있으며, 납부독촉에도 불구하고 이행강제금을 납부하지 않으면 체납절차에 의하여 이행강제금을 징수할 수 있고, 이때 이행강제금 납부의 최초 독촉은 징수처분으로서 항고소송의 대상이 되는 행정처분이 될 수 있다. 대법원 2009. 12. 24. 선고 2009두14507 판결 ★ 09

OX 체크

01 개발제한구역법에 따른 행정청의 시정명령 불이행에 대한 이행강제금의 부과·징수를 위한 계고는 시정명령을 불이행한 경우에 취할 수 있는 절차라 할 것이고, 따라서 이행강제금을 부과·징수할 때마다 그에 앞서 시정명령 절차를 다시 거쳐야 할 필요는 없다. (　)

02 「농지법」에 따른 이행강제금을 부과할 때에는 그때마다 이행강제금을 부과·징수한다는 뜻을 미리 문서로 알려야 하고, 이와 같은 절차를 거치지 아니한 채 이행강제금을 부과하는 것은 이행강제금 제도의 취지에 반하는 것으로써 위법하다. (　)

03 「건축법」상 시정명령을 받은 의무자가 이행강제금이 부과되기 전에 그 의무를 이행하였더라도 그 시정명령에서 정한 기간을 지나서 이행한 경우라면 행정청은 이행강제금을 부과할 수 있다. (　)

04 「부동산 실권리자명의 등기에 관한 법률」상 장기미등기자가 이행강제금 부과 전에 등기신청의무를 이행하였더라도 동법에 규정된 기간이 지나서 등기신청의무를 이행하였다면 이행강제금을 부과할 수 있다. (　)

05 「공정거래법」상 기업결합 제한 위반행위자에 대한 이행강제금이 부과되기 전에 시정조치를 이행하거나 부작위 의무를 명하는 시정조치 불이행을 중단한 경우, 과거의 시정조치 불이행기간에 대하여 이행강제금을 부과할 수 있다. (　)

06 장기간 시정명령을 이행하지 아니하였더라도, 그 기간 중에는 시정명령의 이행 기회가 제공되지 아니하였다가 뒤늦게 시정명령의 이행 기회가 제공된 경우라면, 시정명령의 이행 기회 제공을 전제로 한 1회분의 이행강제금만을 부과할 수 있고, 시정명령의 이행 기회가 제공되지 아니한 과거의 기간에 대한 이행강제금까지 한꺼번에 부과할 수는 없으며 이를 위반하여 이루어진 이행강제금 부과처분은 무효이다. (　)

07 「건축법」상 시정명령을 받은 의무자가 그 시정명령의 취지에 부합하는 의무를 이행하기 위한 정당한 방법으로 행정청에 신청 또는 신고를 하였으나 행정청이 위법하게 이를 거부 또는 반려함으로써 결국 그 처분이 취소되기에 이르렀더라도, 이행강제금 제도의 취지에 비추어 볼 때 그 시정명령의 불이행을 이유로 이행강제금을 부과할 수 있다. (　)

08 09 ↘

정답
01 ○　02 ○　03 ×　04 ×　05 ○
06 ○　07 ×　08 ○　09 ○

4. 권리구제

(1) 개별법령상 특별한 불복절차가 존재하는 경우 : 처분 ×

농지법은 농지 처분명령에 대한 이행강제금 부과처분에 불복하는 자가 그 처분을 고지받은 날부터 30일 이내에 부과권자에게 이의를 제기할 수 있고, 이의를 받은 부과권자는 지체 없이 관할 법원에 그 사실을 통보하여야 하며, 그 통보를 받은 관할 법원은 비송사건절차법에 따른 과태료 재판에 준하여 재판을 하도록 정하고 있다. 따라서 농지법에 따른 이행강제금 부과처분에 불복하는 경우에는 비송사건절차법에 따른 재판절차가 적용되어야 하고, 행정소송법상 항고소송의 대상이 될 수 없다. ★★★ **01**
농지법이 위와 같이 이행강제금 부과처분에 대한 불복절차를 분명하게 규정하고 있으므로, 이와 다른 불복절차를 허용할 수는 없다. 설령 관할청이 이행강제금 부과처분을 하면서 재결청에 행정심판을 청구하거나 관할 행정법원에 행정소송을 할 수 있다고 잘못 안내하거나 관할 행정심판위원회가 각하재결이 아닌 기각재결을 하면서 관할 법원에 행정소송을 할 수 있다고 잘못 안내하였다고 하더라도, 그러한 잘못된 안내로 행정법원의 항고소송 재판관할이 생긴다고 볼 수도 없다. 대법원 2019. 4. 11. 선고 2018두42955 판결 ★★★ **02**

(2) 개별법령상 특별한 불복절차가 존재하지 않는 경우 : 처분 ○

- 건축법상 이행강제금은 처분성이 인정되어 항고소송의 제기가 가능하다. ★ **03**

5. 이행강제금의 부과대상자 : 상속인에 대한 부과 불가

[1] 건축법상의 이행강제금 납부의무는 상속인 기타의 사람에게 승계될 수 없는 일신전속적인 성질의 것이므로 이미 사망한 사람에게 이행강제금을 부과하는 내용의 처분이나 결정은 당연무효이고, 이행강제금을 부과받은 사람의 이의에 의하여 비송사건절차법에 의한 재판절차가 개시된 후에 그 이의한 사람이 사망한 때에는 사건 자체가 목적을 잃고 절차가 종료한다. ★★★ **04**

[2] 구 건축법상 이행강제금을 부과받은 사람이 이행강제금사건의 제1심결정 후 항고심결정이 있기 전에 사망한 경우, 항고심결정은 당연무효이고, 이미 사망한 사람의 이름으로 제기된 재항고는 보정할 수 없는 흠결이 있는 것으로서 부적법하다. 대법원 2006. 12. 8.자 2006마470 결정 ★ **05**

III 직접강제

1. 의의

행정기본법 제30조【행정상 강제】
① (생략)
   3. 직접강제 : 의무자가 행정상 의무를 이행하지 아니하는 경우 행정청이 의무자의 신체나 재산에 실력을 행사하여 그 행정상 의무의 이행이 있었던 것과 같은 상태를 실현하는 것

- 직접강제의 예로는 식품위생법에 따른 영업장 또는 사업장의 폐쇄, 출입국관리법에 따른 외국인의 강제퇴거 등이 있다. ★ **06 07**
- 직접강제에 관한 일반법은 없다.

2. 직접강제의 한계

행정기본법 제32조 【직접강제】
① 직접강제는 행정대집행이나 이행강제금 부과의 방법으로는 행정상 의무 이행을 확보할 수 없거나 그 실현이 불가능한 경우에 실시하여야 한다. ★ 01
② 직접강제를 실시하기 위하여 현장에 파견되는 집행책임자는 그가 집행책임자임을 표시하는 증표를 보여 주어야 한다.
③ 직접강제의 계고 및 통지에 관하여는 제31조 제3항 및 제4항(주: 이행강제금의 계고와 문서 통지)을 준용한다. 02

Ⅳ 강제징수

1. 의의

행정기본법 제30조 【행정상 강제】
① (생략)
　4. 강제징수: 의무자가 행정상 의무 중 금전급부의무를 이행하지 아니하는 경우 행정청이 의무자의 재산에 실력을 행사하여 그 행정상 의무가 실현된 것과 같은 상태를 실현하는 것

- 국세징수법 또는 지방세징수법이 사실상 일반법의 지위를 가지며, 그 외 지방행정제재·부과금의 징수 등에 관한 법률이 있다.

2. 국세징수법상 강제징수의 절차

(1) **독촉**
- 납세의무자에게 납세의무의 이행을 최고하고 최고기한까지 납부하지 않을 때에는 강제징수를 하겠다는 것을 예고하는 것을 말한다.
- 독촉이 있으면 국세징수권의 소멸시효는 중단된다.

참가압류처분에 앞서 독촉절차를 거치지 아니하였고 또 참가압류조서에 납부기한을 잘못 기재한 잘못이 있다고 하더라도 이러한 위법사유만으로는 참가압류처분을 무효로 할 만큼 중대하고도 명백한 하자라고 볼 수 없다. 대법원 1992. 3. 10. 선고 91누6030 판결 ★ 03

(2) **압류**
- 체납자의 재산에 대해 사실상·법률상의 처분을 금지시킴으로써 그 재산을 확보하는 행위를 말한다. 04
- 세무공무원이 재산을 압류하거나 압류를 위한 수색 또는 질문·검사를 하는 경우 그 신분을 나타내는 증표 및 압류·수색 등 통지서를 지니고 이를 관계자에게 보여 주어야 한다. 05
- 체납자 또는 그와 생계를 같이 하는 가족의 생활에 없어서는 아니 될 의복, 침구, 가구, 주방기구, 그 밖의 생활필수품은 압류할 수 없다.
- 체납액의 납부, 부과의 전부 취소 등 사유가 있는 때에는 압류를 해제하여야 한다.

OX 체크

01 직접강제는 행정대집행이나 이행강제금 부과의 방법으로는 행정상 의무 이행을 확보할 수 없거나 그 실현이 불가능한 경우에 실시하여야 한다. ( )

02 행정청은 직접강제를 하기 전에 미리 의무자에게 적절한 이행기간을 정하여 그 기한까지 행정상 의무를 이행하지 아니하면 직접강제를 한다는 뜻을 문서로 계고하여야 한다. ( )

03 독촉절차 없이 압류처분을 하였다고 하더라도 이러한 사유만으로는 압류처분을 무효로 되게 하는 중대하고도 명백한 하자가 되지 아니한다. ( )

04 체납자는 압류된 재산에 대하여 법률상의 처분을 할 수 있다. ( )

05 세무공무원이 체납처분을 하기 위하여 질문·검사 또는 수색을 하거나 재산을 압류할 때에는 그 신분을 표시하는 증표를 지니고 이를 관계자에게 보여 주어야 한다. ( )

정답
01 ○　02 ○　03 ○　04 ×　05 ○

- 체납자가 사망한 후 체납자 명의의 재산에 대하여 한 압류는 그 재산을 상속한 상속인에 대하여 한 것으로 본다. 01

판례

1. 납세자가 아닌 제3자의 재산을 대상으로 한 압류처분은 그 처분의 내용이 법률상 실현될 수 없는 것이어서 당연무효이다. 대법원 2012. 4. 12. 선고 2010두4612 판결 ★ 02

2. 세무공무원이 국세의 징수를 위해 납세자의 재산을 압류하는 경우 그 재산의 가액이 징수할 국세액을 초과한다 하여 위 압류가 당연무효의 처분이라고는 할 수 없다. 대법원 1986. 11. 11. 선고 86누479 판결 03

(3) 매각

- 압류재산은 공매 또는 수의계약으로 매각한다. 04
- 관할 세무서장은 한국자산관리공사에 공매를 대행하게 할 수 있고, 이 경우 공매는 관할 세무서장이 한 것으로 본다. 05

판례

1. 한국자산공사가 당해 부동산을 인터넷을 통하여 재공매(입찰)하기로 한 결정 자체는 내부적인 의사결정에 불과하여 항고소송의 대상이 되는 행정처분이라고 볼 수 없고, 또한 한국자산공사의 공매통지는 공매사실 자체를 체납자에게 알려주는 데 불과한 것으로서, 통지의 상대방의 법적 지위나 권리·의무에 직접 영향을 주는 것이 아니라고 할 것이므로 이것 역시 행정처분에 해당한다고 할 수 없다. 대법원 2007. 7. 27. 선고 2006두8464 판결 ★★ 06 07

2. 과세관청이 체납처분으로서 행하는 공매는 우월한 공권력의 행사로서 행정소송의 대상이 되는 공법상의 행정처분이며 공매에 의하여 재산을 매수한 자는 그 공매처분이 취소된 경우에 그 취소처분의 위법을 주장하여 행정소송을 제기할 법률상 이익이 있다. 대법원 1984. 9. 25. 선고 84누201 판결 ★★ 08

3. 체납자 등에 대한 공매통지는 국가의 강제력에 의하여 진행되는 공매에서 체납자 등의 권리 내지 재산상의 이익을 보호하기 위하여 법률로 규정한 절차적 요건이라고 보아야 하며, 공매처분을 하면서 체납자 등에게 공매통지를 하지 않았거나 공매통지를 하였더라도 그것이 적법하지 아니한 경우에는 절차상의 흠이 있어 그 공매처분은 위법하다. 다만, 공매통지의 목적이나 취지 등에 비추어 보면, 체납자 등은 자신에 대한 공매통지의 하자만을 공매처분의 위법사유로 주장할 수 있을 뿐 다른 권리자에 대한 공매통지의 하자를 들어 공매처분의 위법사유로 주장하는 것은 허용되지 않는다. 대법원 2008. 11. 20. 선고 2007두18154 전원합의체 판결 ★★ 09 10

4. 체납자에 대한 공매통지는 국가의 강제력에 의하여 진행되는 공매절차에서 체납자의 권리 내지 재산상 이익을 보호하기 위하여 법률로 규정한 절차적 요건에 해당하지만, 그 통지를 하지 아니한 채 공매처분을 하였다 하여도 그 공매처분이 당연무효로 되는 것은 아니다. 대법원 2012. 7. 26. 선고 2010다50625 판결 ★ 11

5. 공매대행사실을 통지하지 않았다고 하더라도 공매처분이 위법하게 된다고 볼 수는 없다. 대법원 2013. 6. 28. 선고 2011두18304 판결

(4) 청산

- 강제징수한 금전은 체납액과 채권에 배분하고, 남은 금액이 있는 경우 체납자에게 지급한다. 12

3. 권리구제

- 독촉은 준법률행위적 행정행위인 통지처분, 압류는 권력적 사실행위, 공매는 공법상 대리행위인 처분으로서 모두 항고소송의 대상이 된다.
- 강제징수에 대한 불복에는 행정심판 전치주의가 적용되어, 국세기본법에 따른 심사청구 또는 심판청구 중 하나에 대한 결정을 거친 후 행정소송을 제기할 수 있다. 01
- 과세처분과 강제징수절차 사이에는 하자의 승계가 인정되지 않으나, 강제징수를 이루는 각 절차 사이에는 하자의 승계가 인정된다. 02

판례

[1] 지방세의 결손처분은 국세의 결손처분과 마찬가지로 더 이상 납세의무가 소멸하는 사유가 아니라 체납처분을 종료하는 의미만을 가지게 되었고, 결손처분의 취소 역시 국민의 권리와 의무에 영향을 미치는 행정처분이 아니라 과거에 종료되었던 체납처분 절차를 다시 시작한다는 행정절차로서의 의미만을 가지게 되었다고 할 것이다. ★ 03

[2] 지방자치단체의 장이 결손처분을 하였다가 체납처분의 일환으로 지방세의 교부청구를 하는 과정에서 법령을 위반하여 결손처분의 취소 및 그 통지에 관한 절차적 요건을 준수하지 않았다면, 강제집행절차에서 적법한 배당요구가 이루어지지 아니한 경우와 마찬가지로, 해당 교부청구에 기해서는 의미 진행 중인 강제환가절차에서 배당을 받을 수 없다. 대법원 2019. 8. 9. 선고 2018다272407 판결

OX 체크

01 과세관청의 압류처분에 대해서는 심사청구 또는 심판청구 중 하나에 대한 결정을 거친 후 행정소송을 제기하여야 한다. ( )

02 조세부과처분에 취소사유인 하자가 있는 경우 그 하자는 후행 강제징수절차인 독촉·압류·매각·청산절차에 승계된다. ( )

03 구 「지방세징수법」상 지방세의 결손처분은 국세의 결손처분과 마찬가지로 더 이상 납세의무가 소멸하는 사유가 아니라 체납처분을 종료하는 의미만을 가지고, 결손처분의 취소는 국민의 권리와 의무에 영향을 미치는 행정처분이 아니다. ( )

정답
01 O 02 X 03 O

주제 42 즉시강제

I 의의

> 행정기본법 제30조【행정상 강제】
> ① (생략)
>   5. 즉시강제: 현재의 급박한 행정상의 장해를 제거하기 위한 경우로서 다음 각 목의 어느 하나에 해당하는 경우에 행정청이 곧바로 국민의 신체 또는 재산에 실력을 행사하여 행정목적을 달성하는 것 ★
>   가. 행정청이 미리 행정상 의무 이행을 명할 시간적 여유가 없는 경우
>   나. 그 성질상 행정상 의무의 이행을 명하는 것만으로는 행정목적 달성이 곤란한 경우

- 즉시강제는 의무의 부과 및 그 불이행을 전제로 하지 않는다는 점에서 의무의 부과 및 그 불이행을 요건으로 하는 직접강제와 구분된다. 01 02 03
- 즉시강제에 관한 일반법은 없다. 다만 경찰분야에서는 경찰관 직무집행법이 일반법의 지위를 갖는다.
- 즉시강제는 침익적 행정작용이므로 법률유보의 원칙에 따라 법적 근거가 필요하며, 권력적 사실행위로서 처분성이 인정된다. 04 05

II 즉시강제의 종류

1. 대인적 강제

- 경찰관 직무집행법상 보호조치, 위험발생의 방지조치, 범죄의 예방과 제지, 감염병예방법상 강제건강진단, 예방접종, 강제격리 등이 있다. ★ 06

2. 대물적 강제

- 경찰관 직무집행법상 물건 등의 임시영치, 도로교통법상 위법공작물의 제거, 소방기본법상 물건의 파기, 식품위생법상 위해식품 압류, 마약관리법상 승인되지 않은 마약류 폐기 등이 있다. ★ 07

OX 체크

01 즉시강제란 법령 또는 행정처분에 의한 선행의 구체적 의무의 불이행으로 인한 목전의 급박한 장해를 제거할 필요가 있는 경우에 행정기관이 즉시 국민의 신체 또는 재산에 실력을 행사하여 행정상의 필요한 상태를 실현하는 작용을 말한다. ( )

02 행정상 즉시강제는 과거의 의무 위반에 대하여 가해지는 제재이다. ( )

03 행정상 즉시강제는 직접강제와는 달리 행정상 강제집행에 해당하지 않는다. ( )

04 행정상 즉시강제가 목전에 급박한 장해를 예방하기 위한 경우에는 예외적으로 법률의 근거가 없이도 발동될 수 있다는 것이 일반적인 견해이다. ( )

05 행정상 즉시강제는 항고소송의 대상이 되는 처분의 성질을 갖는다. ( )

06 행정상 즉시강제 중 강제 건강진단과 예방접종은 대인적 강제수단에 해당한다. ( )

07 「소방기본법」상의 소방활동에 방해가 되는 물건 등에 대한 강제처분, 「식품위생법」상의 위해식품에 대한 압류, 「마약류 관리에 관한 법률」상의 승인을 받지 못한 마약에 대한 폐기는 모두 행정상 즉시강제에 해당한다. ( )

정답
01 × 02 × 03 ○ 04 × 05 ○
06 ○ 07 ○

III 즉시강제의 한계

1. 비례의 원칙

행정기본법 제33조【즉시강제】
① 즉시강제는 다른 수단으로는 행정목적을 달성할 수 없는 경우에만 허용되며, 이 경우에도 최소한으로만 실시하여야 한다. ★ 01

[판례]

1. 행정강제는 행정상 강제집행을 원칙으로 하며, 법치국가적 요청인 예측가능성과 법적 안정성에 반하고, 기본권 침해의 소지가 큰 권력작용인 행정상 즉시강제는 어디까지나 예외적인 강제수단이라고 할 것이다. 이러한 행정상 즉시강제는 엄격한 실정법상의 근거를 필요로 할 뿐만 아니라, 그 발동에 있어서는 법규의 범위 안에서도 다시 행정상의 장해가 목전에 급박하고, 다른 수단으로는 행정목적을 달성할 수 없는 경우이어야 하며, 이러한 경우에도 그 행사는 필요 최소한도에 그쳐야 함을 내용으로 하는 조리상의 한계에 기속된다. 헌법재판소 2002. 10. 31. 선고 2000헌가12 결정 ★

2. 경찰관직무집행법 제6조 제1항 중 경찰관의 제지에 관한 부분은 범죄의 예방을 위한 경찰 행정상 즉시강제에 관한 근거 조항이다. 행정상 즉시강제는 그 본질상 행정 목적 달성을 위하여 불가피한 한도 내에서 예외적으로 허용되는 것이므로, 위 조항에 의한 경찰관의 제지 조치 역시 그러한 조치가 불가피한 최소한도 내에서만 행사되도록 그 발동·행사 요건을 신중하고 엄격하게 해석하여야 한다. 대법원 2008. 11. 13. 선고 2007도9794 판결

2. 절차법적 한계

행정기본법 제33조【즉시강제】
② 즉시강제를 실시하기 위하여 현장에 파견되는 집행책임자는 그가 집행책임자임을 표시하는 증표를 보여 주어야 하며, 즉시강제의 이유와 내용을 고지하여야 한다. 02
③ 제2항에도 불구하고 집행책임자는 즉시강제를 하려는 재산의 소유자 또는 점유자를 알 수 없거나 현장에서 그 소재를 즉시 확인하기 어려운 경우에는 즉시강제를 실시한 후 집행책임자의 이름 및 그 이유와 내용을 고지할 수 있다. 다만, 다음 각 호에 해당하는 경우에는 게시판이나 인터넷 홈페이지에 게시하는 등 적절한 방법에 의한 공고로써 고지를 갈음할 수 있다.
　1. 즉시강제를 실시한 후에도 재산의 소유자 또는 점유자를 알 수 없는 경우
　2. 재산의 소유자 또는 점유자가 국외에 거주하거나 행방을 알 수 없는 경우
　3. 그 밖에 대통령령으로 정하는 불가피한 사유로 고지할 수 없는 경우

행정기본법 시행령 제10조의2【공고에 의한 즉시강제의 고지】
법 제33조 제3항 제3호에서 "대통령령으로 정하는 불가피한 사유로 고지할 수 없는 경우"란 다음 각 호의 어느 하나에 해당하는 경우를 말한다.
　1. 통상적인 방법으로는 재산의 소유자 또는 점유자의 주소·거소·영업소·사무소·전자우편주소 및 전화번호를 모두 확인할 수 없는 경우
　2. 등기우편으로 재산의 소유자 또는 점유자에게 법 제33조제3항 본문에 따라 고지했으나 2회 이상 반송되는 경우
　3. 재산의 소유자 또는 점유자가 정당한 사유 없이 고지받기를 거부하는 경우
　4. 그 밖에 제1호부터 제3호까지에 준하는 경우로서 재산의 소유자 또는 점유자에게 고지가 불가능한 경우

OX 체크

01 즉시강제는 다른 수단으로는 행정목적을 달성할 수 없는 경우에만 허용되며, 이 경우에도 최소한으로만 실시하여야 한다. ( )

02 즉시강제를 실시하기 위하여 현장에 파견되는 집행책임자는 그가 집행책임자임을 표시하는 증표를 보여 주어야 하며, 즉시강제의 이유와 내용을 고지하여야 한다. ( )

정답
01 O　02 O

3. 영장주의 적용 여부

(1) 헌법재판소

[1] 행정상 즉시강제는 상대방의 임의이행을 기다릴 시간적 여유가 없을 때 하명 없이 바로 실력을 행사하는 것으로서, 그 본질상 급박성을 요건으로 하고 있어 법관의 영장을 기다려서는 그 목적을 달성할 수 없다고 할 것이므로, 원칙적으로 영장주의가 적용되지 않는다고 보아야 할 것이다. ★

[2] 관계행정청이 등급분류를 받지 아니하거나 등급분류를 받은 게임물과 다른 내용의 게임물을 발견한 경우 관계공무원으로 하여금 이를 수거·폐기하게 할 수 있도록 한 구 음반·비디오물 및 게임물에 관한 법률 규정은 영장주의에 위반되거나 헌법에 위반되지 아니한다. 헌법재판소 2002. 10. 31. 선고 2000헌가12 결정 ★ 01 02

(2) 대법원

1. [1] 사전영장주의 원칙은 인신보호를 위한 헌법상의 기속원리이기 때문에 인신의 자유를 제한하는 국가의 모든 영역(예컨대, 행정상의 즉시강제)에서도 존중되어야 하고 다만 사전영장주의를 고수하다가는 도저히 그 목적을 달성할 수 없는 지극히 예외적인 경우에만 형사절차에서와 같은 예외가 인정된다.

   [2] 지방의회에서의 사무감사·조사를 위한 증인의 동행명령장제도도 증인의 신체의 자유를 억압하여 일정 장소로 인치하는 것으로서 헌법 제12조 제3항의 '체포 또는 구속'에 준하는 사태로 보아야 할 것이고, 거기에 현행범 체포와 같이 사후에 영장을 발부받지 아니하면 목적을 달성할 수 없는 긴박성이 있다고 인정할 수는 없을 것이다. (중략) 동행명령장을 법관이 아닌 의장이 발부하고 이에 기하여 증인의 신체의 자유를 침해하여 증인을 일정 장소에 인치하도록 규정된 조례안은 영장주의원칙을 규정한 헌법에 위반한 것이라고 할 것이다. 대법원 1995. 6. 30. 선고 93추83 판결 ★ 03

2. 구 사회안전법 소정의 동행보호규정은 재범의 위험성이 현저한 자를 상대로 긴급히 보호할 필요가 있는 경우에 한하여 단기간의 동행보호를 허용한 것으로서 그 요건을 엄격히 해석하는 한, 동 규정 자체가 사전영장주의를 규정한 헌법규정에 반한다고 볼 수는 없다. 대법원 1997. 6. 13. 선고 96다56115 판결 ★ 04

OX 체크

01 구 「음반·비디오물 및 게임물에 관한 법률」상 불법게임물에 대한 수거 및 폐기조치는 행정상 즉시강제에 해당한다. ( )

02 구 「음반·비디오물 및 게임물에 관한 법률」상 등급분류를 받지 아니한 게임물을 발견한 경우 관계행정청이 관계공무원으로 하여금 이를 수거·폐기하게 할 수 있도록 한 규정은 헌법상 영장주의와 피해 최소성의 요건을 위배하는 과도한 입법으로 헌법에 위반된다. ( )

03 지방의회에서의 사무감사·조사를 위한 증인의 동행명령장제도는 현행법 체포와 같이 사후에 영장을 발부받지 아니하면 목적을 달성할 수 없는 긴박성이 있다고 인정할 수 있다. ( )

04 재범의 위험성이 현저한 자를 상대로 긴급히 보호할 필요가 있는 경우에 단기간의 동행보호를 허용한 구 「사회안전법」상 동행보호규정은 사전영장주의를 규정한 헌법규정에 반한다. ( )

정답
01 ○ 02 × 03 × 04 ×

Chapter 03 행정벌

주제 43 행정형벌

I 행정벌 개관

- 행정법상의 의무위반행위에 대하여 제재로서 가하는 처벌을 말한다.
- 형법상의 형벌을 과하는 **행정형벌**과 과태료가 과하여지는 **행정질서벌**로 구분된다.

판례

어떤 행정법규위반의 행위에 대하여 이를 단지 간접적으로 행정상의 질서에 장애를 줄 위험성이 있음에 불과한 경우로 보아 **행정질서벌인 과태료를 과할 것인지** 아니면 직접적으로 행정목적과 공익을 침해한 행위로 보아 **행정형벌을 과할 것인지**는 기본적으로 입법권자가 제반사정을 고려하여 결정할 **입법재량**에 속하는 문제이다. 헌법재판소 1998. 5. 28. 선고 96헌바83 결정 ★ 01

II 행정범과 행정형벌의 특수한 법적 규율

1. 개관

- 행정법규의 위반으로 성립되는 범죄를 **행정범**이라 한다.
- 행정범에 대해서는 형법총칙과 **죄형법정주의**가 적용되고, 형사소송법상 절차에 따라 **행정형벌**이 부과된다.

2. 고의 또는 과실(책임주의)

- 행정범의 성립에는 고의 또는 과실이 있어야 한다.
- 과실행위를 처벌하는 명문의 규정이 없는 경우에도 **법규의 해석에 의하여** 과실행위도 처벌한다는 뜻이 도출되는 경우에는 과실행위를 처벌할 수 있다. ★ 02

판례

법정의 배출허용기준을 초과하는 배출가스를 배출하면서 자동차를 운행하는 행위를 처벌하고자 하는 대기환경보전법의 규정은 고의범 즉, 자동차의 운행자가 그 자동차에서 배출되는 배출가스가 소정의 운행자동차 배출허용기준을 초과한다는 점을 실제로 인식하면서 운행한 경우는 물론이고, **과실범 즉, 운행자의 과실로 인하여** 그러한 내용을 인식하지 못한 경우도 함께 **처벌하는 규정이라고 해석함**이 상당하다. 대법원 1993. 9. 10. 선고 92도1136 판결 ★ 03

OX 체크

01 어떤 행정법규 위반행위에 대해 과태료를 과할 것인지 행정형벌을 과할 것인지는 기본적으로 입법재량에 속한다. ( )

02 과실범을 처벌한다는 명문의 규정이 없더라도 행정형벌법규의 해석에 의하여 과실행위도 처벌한다는 뜻이 도출되는 경우에는 과실범도 처벌될 수 있다. ( )

03 구「대기환경보전법」에 따라 배출허용기준을 초과하는 배출가스를 배출하는 자동차를 운행하는 행위를 처벌하는 규정은 과실범의 경우에 적용하지 아니한다. ( )

정답
01 ○ 02 ○ 03 ×

3. 위법성의 착오(금지착오)

- 자기의 행위가 법령에 의하여 죄가 되지 아니하는 것으로 오인한 행위는 그 오인에 정당한 이유가 있는 때에 한하여 벌하지 아니한다(형법 제16조).

> **판례**
>
> 국민학교 교장이 도 교육위원회의 지시에 따라 교과내용으로 되어 있는 꽃양귀비를 교과식물로 비치하기 위하여 양귀비 종자를 사서 교무실 앞 화단에 심은 것이라면 이는 죄가 되지 아니하는 것으로 오인한 행위로서 그 오인에 정당한 이유가 있는 경우에 해당한다고 할 것이다. 대법원 1972. 3. 31. 선고 72도64 판결

III 양벌규정

1. 의의

- 범죄행위자와 함께 행위자 이외의 자를 처벌하는 규정을 양벌규정이라 한다.
- 양벌규정은 행위자의 처벌규정임과 동시에 그 위반행위의 이익귀속주체인 업무주에 대한 처벌규정이다(대법원 1999. 7. 15. 선고 95도2870 전원합의체 판결).
- 명문의 양벌규정이 없더라도 관계 법규의 해석에 의하여 과실 있는 사업주도 벌할 뜻이 명확한 경우에는 행위자 외에 사업주도 처벌할 수 있다(대법원 2010. 2. 11. 선고 2009도9807 판결).

> **판례**
>
> 행정상의 단속을 주안으로 하는 법규라 하더라도 '명문규정이 있거나 해석상 과실범도 벌할 뜻이 명확한 경우'를 제외하고는 형법의 원칙에 따라 '고의'가 있어야 벌할 수 있다. 대법원 2010. 2. 11. 선고 2009도9807 판결

2. 행위자 이외의 자의 책임의 성질 : 독자적 과실책임

- 행위자 이외의 자가 지는 책임은 종업원에 대한 감독의무를 소홀히 한 독자적인 과실책임이다.
- 따라서 경우에 따라 종업원을 처벌하지 않고 영업주만 처벌하는 것도 가능하다. ★★

> **판례**
>
> 양벌규정에 의한 영업주의 처벌은 금지위반행위자인 종업원의 처벌에 종속하는 것이 아니라 독립하여 그 자신의 종업원에 대한 선임감독상의 과실로 인하여 처벌되는 것이므로 종업원의 범죄성립이나 처벌이 영업주 처벌의 전제조건이 될 필요는 없다. 대법원 2006. 2. 24. 선고 2005도7673 판결 ★★★ 04

3. 법인의 책임

(1) 개관

- 행정범에 있어서 법인은 범죄능력은 없지만, 형벌능력은 있다.
- 법인의 대표자 또는 종업원이 그 법인의 업무와 관련하여 행정범을 범한 경우에 행위자뿐만 아니라 법인도 함께 처벌한다는 양벌규정을 두는 경우가 많다. 05

OX 체크

01 양벌규정은 행위자에 대한 처벌규정임과 동시에 그 위반행위의 이익귀속주체인 영업주에 대한 처벌규정이다. ( )

02 종업원의 위반행위에 대해 사업주도 처벌하는 경우, 사업주가 지는 책임은 무과실책임이다. ( )

03 양벌규정에 의한 영업주의 처벌은 금지위반행위자인 종업원의 처벌에 종속되는 것이므로 영업주만 따로 처벌할 수는 없다. ( )

04 종업원의 범죄성립이나 처벌이 영업주 처벌의 전제조건이 되는 것은 아니다. ( )

05 양벌규정에 의한 법인의 처벌은 어디까지나 행정적 제재처분일 뿐 형벌과는 성격을 달리한다. ( )

01 ○ 02 × 03 × 04 ○ 05 ×

개인정보 보호법은 양벌규정에 의하여 처벌되는 개인정보처리자로 법 제74조 제2항에서 '법인 또는 개인'만을 규정하고 있을 뿐이고, 법인격 없는 공공기관에 대하여도 위 양벌규정을 적용할 것인지 여부에 대하여는 명문의 규정을 두고 있지 않으므로, 죄형법정주의의 원칙상 '법인격 없는 공공기관'을 위 양벌규정에 의하여 처벌할 수 없고, 그 경우 행위자 역시 위 양벌규정으로 처벌할 수 없다고 봄이 타당하다. 대법원 2021. 10. 28. 선고 2020도1942 판결 ★ 01

(2) 지방자치단체

- 지방자치단체가 자치사무를 처리하는 경우에는 양벌규정의 대상이 되는 법인에 해당할 수 있으나, 기관위임사무를 처리하는 경우에는 법인에 해당하지 않는다.

1. 지방자치단체가 그 고유의 자치사무를 처리하는 경우에는 지방자치단체는 국가기관의 일부가 아니라 국가기관과는 별도의 독립한 공법인이므로, 지방자치단체 소속 공무원이 지방자치단체 고유의 자치사무를 수행하던 중 도로법의 규정에 의한 위반행위를 한 경우에는 지방자치단체는 도로법의 양벌규정에 따라 처벌대상이 되는 법인에 해당한다. 대법원 2005. 11. 10. 선고 2004도2657 판결 ★★★ 02
2. 항만순찰 업무는 부산광역시장이 국가로부터 위임받은 기관위임사무에 해당한다고 봄이 상당하고, 이러한 경우에 지방자치단체인 피고인을 양벌규정에 의한 처벌대상이 되는 법인에 해당하는 것으로 보아 처벌할 수는 없다. 대법원 2009. 6. 11. 선고 2008도6530 판결 ★ 03

(3) 책임의 성질

- 법인의 대표자의 범죄행위에 대한 법인의 책임은 법인의 직접책임이고, 종업원의 범죄행위에 대한 법인의 책임은 종업원에 대한 감독의무를 소홀히 한 과실책임이다. ★

[1] 심판대상조항 중 '법인의 종업원 관련 부분'은 종업원 등의 범죄행위에 관하여 비난할 근거가 되는 법인의 의사결정 및 행위구조, 즉 종업원 등이 저지른 행위의 결과에 대한 법인의 독자적인 책임에 관하여 전혀 규정하지 않은 채, 단순히 법인이 고용한 종업원 등이 업무에 관하여 범죄행위를 하였다는 이유만으로 법인에 대하여 형사처벌을 과하고 있는바, 이는 다른 사람의 범죄에 대하여 그 책임 유무를 묻지 않고 형벌을 부과하는 것으로서, 헌법상 법치국가의 원리 및 죄형법정주의로부터 도출되는 책임주의원칙에 반한다. ★ 04

[2] 법인은 기관을 통하여 행위하므로 법인이 대표자를 선임한 이상 그의 행위로 인한 법률효과는 법인에게 귀속되어야 하고, 법인 대표자의 범죄행위에 대하여는 법인이 자신의 행위에 대한 책임을 부담하는 것이다. 법인 대표자의 법규위반행위에 대한 법인의 책임은, 법인 자신의 법규위반행위로 평가될 수 있는 행위에 대한 법인의 직접책임으로서, 대표자의 고의에 의한 위반행위에 대하여는 법인 자신의 고의에 의한 책임을, 대표자의 과실에 의한 위반행위에 대하여는 법인 자신의 과실에 의한 책임을 부담하는 것이다. 따라서 심판대상조항 중 '법인의 대표자 관련 부분'은 대표자의 책임을 요건으로 하여 법인을 처벌하는 것이므로 책임주의원칙에 반하지 아니한다. 헌법재판소 2013. 10. 24. 선고 2013헌가18 전원재판부 ★ 05

OX 체크

01 「개인정보 보호법」에 따르면, 죄형법정주의의 원칙상 '법인격 없는 공공기관'을 「개인정보 보호법」 소정의 양벌규정에 의하여 처벌할 수 없고, 그 경우 행위자 역시 위 양벌규정으로 처벌할 수 없다. ( )

02 지방자치단체 소속 공무원이 지방자치단체 고유의 자치사무를 수행하던 중 구 「도로법」에 위반하는 행위를 한 경우 지방자치단체는 구 「도로법」상 양벌규정에 따라 처벌대상이 되는 법인에 해당한다. ( )

03 국가가 그의 사무의 일부를 지방자치단체의 장에게 위임하여 처리하게 하는 기관위임사무의 경우 지방자치단체는 양벌규정에 의한 처벌대상이 되는 법인에 해당한다고 볼 수 없다. ( )

04 종업원 등의 범죄에 대해 법인에게 어떠한 잘못이 있는지를 전혀 묻지 않고, 곧바로 그 종업원 등을 고용한 법인에게도 종업원 등에 대한 처벌조항에 규정된 벌금형을 과하도록 규정하는 것은 책임주의에 반한다. ( )

05 법인 대표자의 법규위반행위에 대한 법인의 책임은 법인 자신의 법규위반행위로 평가될 수 있는 행위에 대한 법인의 직접책임이다. ( )

정답
01 ○ 02 ○ 03 ○ 04 ○ 05 ○

Ⅳ 통고처분

1. 의의

- 행정범에 대하여 형사절차에 의한 형벌을 과하기 전에 행정청이 형벌을 대신하여 금전적 제재인 범칙금을 과하는 것을 말한다.
- 현행법상 조세범, 관세범, 출입국관리사범, 교통사범 등에 대하여 인정되고 있다.
- 통고처분을 할 것인지 여부는 행정청의 재량이다.

> **판례**
>
> 통고처분을 할 것인지의 여부는 관세청장 또는 세관장의 재량에 맡겨져 있고, 따라서 관세청장 또는 세관장이 관세범에 대하여 통고처분을 하지 아니한 채 고발하였다는 것만으로는 그 고발 및 이에 기한 공소의 제기가 부적법하게 되는 것은 아니다. 대법원 2007. 5. 11. 선고 2006도1993 판결 ★ 01

2. 효과

(1) 통고처분의 효과

> **판례**
>
> 경찰서장이 범칙행위에 대하여 통고처분을 한 이상, 범칙자의 위와 같은 절차적 지위를 보장하기 위하여 통고처분에서 정한 범칙금 납부기간까지는 원칙적으로 경찰서장은 즉결심판을 청구할 수 없고, 범칙행위에 대한 형사소추를 위하여 이미 한 통고처분을 임의로 취소할 수 없으며, 검사도 동일한 범칙행위에 대하여 공소를 제기할 수 없다고 보아야 한다. 이때 공소를 제기할 수 없는 범칙행위는 통고처분 시까지의 행위 중 범칙금 통고의 이유에 기재된 당해 범칙행위 자체 및 그 범칙행위와 동일성이 인정되는 범칙행위에 한정된다. 대법원 2023. 3. 16. 선고 2023도751 판결 ★★ 02 03

(2) 범칙금 납부의 효과

- 범칙금을 납부하면 과벌절차는 종료되고, 일사부재리의 원칙이 적용되어 동일한 사건에 대해 다시 처벌받지 않게 된다. ★ 04

> **판례**
>
> 1. [1] 도로교통법은 범칙금 납부통고서를 받은 사람이 그 범칙금을 납부한 경우 그 범칙행위에 대하여 다시 벌 받지 아니한다고 규정하고 있는바, 이는 범칙금의 납부에 확정재판의 효력에 준하는 효력을 인정하는 취지로 해석하여야 한다. ★ 05
>
>   [2] 범칙금의 납부에 확정판결에 준하는 효력이 인정됨에 따라 다시 벌 받지 아니하게 되는 행위사실은 범칙금 통고의 이유에 기재된 당해 범칙행위 자체 및 그 범칙행위와 동일성이 인정되는 범칙행위에 한정된다. 대법원 2002. 11. 22. 선고 2001도849 판결 ★ 06
>
> 2. 지방국세청장 또는 세무서장이 조세범 처벌절차법에 따라 통고처분을 거치지 아니하고 즉시 고발하였다면 이로써 조세범칙사건에 대한 조사 및 처분 절차는 종료되고 형사사건 절차로 이행되어 지방국세청장 또는 세무서장으로서는 동일한 조세범칙행위에 대하여 더 이상 통고처분을 할 권한이 없다. ★★ 07
>
>   따라서 지방국세청장 또는 세무서장이 조세범칙행위에 대하여 고발을 한 후에 동일한 조세범칙행위에 대하여 통고처분을 하였더라도, 이는 법적 권한 소멸 후에 이루어진 것으로서 특별한 사정이 없는 한 효력이 없고, 조세범칙행위자가 이러한 통고처분을 이행하였더라도 조세범 처벌절차법에서 정한 일사부재리의 원칙이 적용될 수 없다. 대법원 2016. 9. 28. 선고 2014도10748 판결 ★ 08

OX 체크

01 「관세법」상 통고처분을 할 것인지의 여부는 관세청장 또는 세관장의 재량에 맡겨져 있고, 따라서 관세청장 또는 세관장이 관세범에 대하여 통고처분을 하지 아니한 채 고발하였다는 것만으로는 그 고발 및 이에 기한 공소의 제기가 부적법하게 되는 것은 아니다. (　)

02 경찰서장이 범칙행위에 대하여 통고처분을 한 이상, 통고처분에서 정한 범칙금 납부 기간까지는 원칙적으로 경찰서장은 즉결심판을 청구할 수 없고, 검사도 동일한 범칙행위에 대하여 공소를 제기할 수 없다. (　)

03 특별한 사정이 없는 이상 경찰서장은 범칙행위에 대한 형사소추를 위하여 이미 한 통고처분을 임의로 취소할 수 없다. (　)

04 행정법규 위반자가 통고처분에 의해 부과된 금액을 납부하면 과벌절차가 종료되며 동일한 사건에 대하여 다시 처벌받지 아니한다. (　)

05 구 「도로교통법」상 범칙금 납부통고서를 받은 자가 그 범칙금을 납부한 경우 그 범칙행위에 대하여 다시 벌받지 아니한다고 규정하고 있는바, 이는 범칙금의 납부에 확정재판의 효력에 준하는 효력을 인정하는 취지로 해석하여야 한다. (　)

06 통고처분에 의해 범칙금을 납부한 경우, 그 납부의 효력에 따라 다시 벌 받지 아니하게 되는 행위사실은 범칙금 통고의 이유에 기재된 당해 범칙행위 자체에 한정될 뿐, 그 범칙행위와 동일성이 인정되는 범칙행위에는 미치지 않는다. (　)

07 지방국세청장 또는 세무서장이 「조세범 처벌절차법」에 따라 통고처분을 거치지 아니하고 즉시 고발하였다면 이로써 조세범칙사건에 대한 조사 및 처분 절차는 종료되고 형사사건 절차로 이행되어 지방국세청장 또는 세무서장으로서는 동일한 조세범칙행위에 대하여 더 이상 통고처분을 할 권한이 없다. (　)

08 지방국세청장이 조세범칙행위에 대하여 고발을 한 후에 동일한 조세범칙행위에 대하여 통고처분을 하여 조세범칙행위자가 이를 이행하였다면, 고발에 따른 형사절차의 이행은 일사부재리의 원칙에 반하여 위법하게 된다. (　)

정답
01 ○　02 ○　03 ○　04 ○　05 ○
06 ×　07 ○　08 ×

3. 불복방법

- 법정기간 내에 범칙금 납부의무를 이행하지 않은 경우, 통고처분은 효력을 상실하고 관계 기관장의 즉결심판청구 또는 고발에 의해 형사소송절차로 이행한다.
- 따라서 통고처분은 항고소송의 대상이 되는 처분에 해당하지 않는다.

> **판례**
>
> 1. 도로교통법에서 규정하는 경찰서장의 통고처분은 행정소송의 대상이 되는 행정처분이 아니므로 그 처분의 취소를 구하는 소송은 부적법하고, 도로교통법상의 통고처분을 받은 자가 그 처분에 대하여 이의가 있는 경우에는 통고처분에 따른 범칙금의 납부를 이행하지 아니함으로써 경찰서장의 즉결심판청구에 의하여 법원의 심판을 받을 수 있게 될 뿐이다. 대법원 1995. 6. 29. 선고 95누4674 판결 ★★★ 01 02
> 2. 통고처분은 상대방의 임의의 승복을 그 발효요건으로 하기 때문에 그 자체만으로는 통고이행을 강제하거나 상대방에게 아무런 권리의무를 형성하지 않으므로 행정심판이나 행정소송의 대상으로서의 처분성을 부여할 수 없고, 통고처분에 대하여 이의가 있으면 통고내용을 이행하지 않음으로써 고발되어 형사재판절차에서 통고처분의 위법·부당함을 얼마든지 다툴 수 있기 때문에 관세법 규정이 법관에 의한 재판받을 권리를 침해한다든가 적법절차의 원칙에 저촉된다고 볼 수 없다. 헌법재판소 1998. 5. 28. 선고 96헌바4 전원재판부 ★ 03

V 징계벌(징계처분)과의 병과 : 가능

피고인이 행형법에 의한 징벌을 받아 그 집행을 종료하였다고 하더라도 행형법상의 징벌은 수형자의 교도소 내의 준수사항위반에 대하여 과하는 행정상의 질서벌의 일종으로서 형법 법령에 위반한 행위에 대한 형사책임과는 그 목적, 성격을 달리하는 것이므로 징벌을 받은 뒤에 형사처벌을 한다고 하여 일사부재리의 원칙에 반하는 것은 아니다. 대법원 2000. 10. 27. 선고 2000도3874 판결 ★ 04

OX 체크

01 행정법규 위반자가 법정기간 내에 통고처분에 의해 부과된 금액을 납부하지 않으면 「비송사건절차법」에 의해 처리된다. ( )

02 「도로교통법」상 경찰서장의 통고처분은 행정소송의 대상이 되는 행정처분이 아니다. ( )

03 통고처분은 상대방의 임의의 승복을 그 발효요건으로 하기 때문에 그 자체만으로는 통고이행을 강제하거나 상대방에게 아무런 권리·의무를 형성하지 않으므로 행정심판이나 행정소송의 대상으로서의 처분성을 인정할 수 없다. ( )

04 구 「행형법」에 의한 징벌을 받은 뒤에 형사처벌을 한다고 하여 일사부재리의 원칙에 반하는 것은 아니다. ( )

정답
01 ✕ 02 ○ 03 ○ 04 ○

주제 44 행정질서벌(과태료)

I 의의

- 행정법규 위반에 대하여 과태료가 과하여지는 행정벌을 말한다.

판례

1. <u>과태료</u>는 행정상의 질서유지를 위한 행정질서벌에 해당할 뿐 형벌이라고 할 수 없어 <u>죄형법정주의의 규율대상에 해당하지 아니한다</u>. 헌법재판소 1998. 5. 28. 선고 96헌바83 결정 ★ 01

2. <u>과태료처분</u>이나 감차처분 등은 규정 위반자에 대하여 <u>처벌 또는 제재를 가하는 것</u>이므로 같은 법이 정하고 있는 처분대상인 위반행위를 <u>함부로 유추해석하거나 확대해석하여서는 아니 된다</u>. 대법원 2007. 3. 30. 선고 2004두7665 판결

- 행정법규를 위반해 과태료를 부과한다고 하여 <u>사법상 계약의 효력이 당연히 부인되는 것은 아니다</u>.

판례

주택건설촉진법은 '제32조의 <u>규정을 위반하여 주택을 공급한 자</u>'를 과태료에 처하도록 규정하고 있으나, 주택공급계약이 위 법 규정에 <u>위반하였다고 하더라도 그 사법적 효력</u>까지 부인된다고 할 수는 없다. 대법원 2007. 8. 23. 선고 2005다59475 등 판결 ★ 02

II 질서위반행위규제법

1. 총칙

(1) 정의

> **질서위반행위규제법 제2조 【정의】**
> 이 법에서 사용하는 용어의 뜻은 다음과 같다.
> 1. "<u>질서위반행위</u>"란 법률(지방자치단체의 <u>조례를 포함</u>한다. 이하 같다)상의 의무를 위반하여 과태료를 부과하는 행위를 말한다. 다만, 다음 각 목의 어느 하나에 해당하는 행위를 <u>제외</u>한다. ★ 03
>   가. 대통령령으로 정하는 <u>사법(私法)상·소송법상</u> 의무를 위반하여 과태료를 부과하는 행위
>   나. 대통령령으로 정하는 법률에 따른 징계사유에 해당하여 과태료를 부과하는 행위
> 3. "<u>당사자</u>"란 질서위반행위를 한 자연인 또는 법인(법인이 아닌 사단 또는 재단으로서 대표자 또는 관리인이 있는 것을 포함한다. 이하 같다)을 말한다.

(2) **법 적용의 시간적 범위**
- 질서위반행위의 성립과 과태료 처분은 <u>행위 시</u>의 법률에 따른다. ★ 04
- 질서위반행위 후 법률이 변경되어 그 행위가 질서위반행위에 <u>해당하지 아니하게</u> 되거나 과태료가 변경되기 전의 법률보다 <u>가볍게</u> 된 때에는 법률에 특별한 규정이 없는 한 <u>변경된 법률</u>을 적용한다. ★★ 05

OX체크

01 행정질서벌인 과태료는 죄형법정주의의 규율 대상이다. ( )
02 구 「주택건설촉진법」의 규정을 위반하여 주택을 공급한 자에게 과태료를 부과한다고 하여 주택을 공급한 자와 제3자 간에 체결한 주택공급계약의 사법적 효력까지 부인된다고 볼 수는 없다. ( )
03 지방자치단체의 조례도 과태료 부과의 근거가 될 수 있다. ( )
04 질서위반행위의 성립과 과태료 처분은 행위시의 법률에 따른다. ( )
05 질서위반행위 후 법률이 변경되어 그 행위가 질서위반행위에 해당하지 아니하게 되거나 과태료가 변경되기 전의 법률보다 가볍게 된 때에는 법률에 특별한 규정이 없는 한 변경된 법률을 적용하여야 한다. ( )

정답
01 ✕ 02 ○ 03 ○ 04 ○ 05 ○

질서위반행위에 대하여 과태료를 부과하는 근거 법령이 개정되어 행위 시의 법률에 의하면 과태료 부과대상이었지만 재판 시의 법률에 의하면 부과대상이 아니게 된 때에는 개정 법률의 부칙 등에서 행위 시의 법률을 적용하도록 명시하는 등 특별한 사정이 없는 한 재판 시의 법률을 적용하여야 하므로 과태료를 부과할 수 없다. 대법원 2017. 4. 7. 자 2016마1626 결정 ★★ 01

- 행정청의 과태료 처분이나 법원의 과태료 재판이 확정된 후 법률이 변경되어 그 행위가 질서위반행위에 해당하지 아니하게 된 때에는 변경된 법률에 특별한 규정이 없는 한 과태료의 징수 또는 집행을 면제한다. ★★★ 02

(3) 법 적용의 장소적 범위

> 질서위반행위규제법 제4조【법 적용의 장소적 범위】
> ① 이 법은 대한민국 영역 안에서 질서위반행위를 한 자에게 적용한다.
> ② 이 법은 대한민국 영역 밖에서 질서위반행위를 한 대한민국의 국민에게 적용한다. ★ 03
> ③ 이 법은 대한민국 영역 밖에 있는 대한민국의 선박 또는 항공기 안에서 질서위반행위를 한 외국인에게 적용한다.

(4) 다른 법률과의 관계

- 과태료의 부과·징수, 재판 및 집행 등의 절차에 관한 다른 법률의 규정 중 질서위반행위규제법의 규정에 저촉되는 것은 질서위반행위규제법으로 정하는 바에 따른다. ★★ 04

2. 질서위반행위의 성립 등

(1) 질서위반행위 법정주의

- 법률에 따르지 아니하고는 어떤 행위도 질서위반행위로 과태료를 부과하지 아니한다. ★ 05

(2) 고의 또는 과실

- 고의 또는 과실이 없는 질서위반행위는 과태료를 부과하지 아니한다. ★★★ 06

질서위반행위규제법은 과태료의 부과대상인 질서위반행위에 대하여도 책임주의 원칙을 채택하였으므로, 질서위반행위를 한 자가 자신의 책임 없는 사유로 위반행위에 이르렀다고 주장하는 경우 법원으로서는 그 내용을 살펴 행위자에게 고의나 과실이 있는지를 따져보아야 한다. 대법원 2011. 7. 14. 자 2011마364 결정 ★ 07

(3) 위법성의 착오

- 자신의 행위가 위법하지 아니한 것으로 오인하고 행한 질서위반행위는 그 오인에 정당한 이유가 있는 때에 한하여 과태료를 부과하지 아니한다. ★ 08

(4) 책임연령

- 14세가 되지 아니한 자의 질서위반행위는 과태료를 부과하지 아니한다. 다만, 다른 법률에 특별한 규정이 있는 경우에는 그러하지 아니하다. ★ 09

OX 체크

01 질서위반행위에 대하여 과태료를 부과하는 근거 법령이 개정되어 행위 시의 법률에 의하면 과태료 부과대상이었지만 재판 시의 법률에 의하면 부과대상이 아니게 된 때에는 개정 법률의 부칙 등에서 행위 시의 법률을 적용하도록 명시하는 등 특별한 사정이 없는 한 재판 시의 법률을 적용하여야 하므로 과태료를 부과할 수 없다. ( )

02 「질서위반행위규제법」상 법원의 과태료 재판이 확정된 후에는 법률이 변경되어 그 행위가 질서위반행위에 해당하지 아니하게 된 경우라 하더라도 과태료의 집행을 면제하지 못한다. ( )

03 질서위반행위는 행정질서벌이므로 대한민국 영역 밖에서 질서위반행위를 한 대한민국의 국민에게는 적용되지 않는다. ( )

04 과태료의 부과·징수, 재판 및 집행 등의 절차에 관한 다른 법률의 규정 중 「질서위반행위규제법」의 규정에 저촉되는 것은 「질서위반행위규제법」이 정하는 바에 따른다. ( )

05 법률에 따르지 아니하고는 어떤 행위도 질서위반행위로 과태료를 부과하지 아니한다. ( )

06 「질서위반행위규제법」에 따르면 고의 또는 과실이 없는 질서위반행위는 과태료를 부과하지 아니한다. ( )

07 질서위반행위를 한 자가 자신의 책임 없는 사유로 위반행위에 이르렀다고 주장하는 경우 법원은 그 내용을 살펴 행위자에게 고의나 과실이 있는지를 따져보아야 한다. ( )

08 자신의 행위가 위법하지 아니한 것으로 오인하고 행한 질서위반행위는 그 오인에 정당한 이유가 있는 때에 한하여 과태료를 부과하지 아니한다. ( )

09 다른 법률에 특별한 규정이 없는 경우, 14세가 되지 아니한 자의 질서위반행위는 과태료를 부과하지 아니한다. ( )

정답

01 ○ 02 × 03 × 04 ○ 05 ○
06 ○ 07 ○ 08 ○ 09 ○

OX 체크

01 심신장애로 인하여 행위의 옳고 그름을 판단할 능력이 없거나 그 판단에 따른 행위를 할 능력이 없는 자의 질서위반행위는 과태료를 부과하지 아니한다. ( )

02 심신장애로 인하여 행위의 옳고 그름을 판단할 능력이 미약한 자의 질서위반행위는 과태료를 감경한다. ( )

03 스스로 심신장애 상태를 일으켜 질서위반행위를 한 자에 대하여는 과태료를 감경한다. ( )

04 「질서위반행위규제법」상 개인의 대리인이 업무에 관하여 그 개인에게 부과된 법률상의 의무를 위반한 때에는 행위자인 대리인에게 과태료를 부과한다. ( )

05 2인 이상이 질서위반행위에 가담한 때에는 각자가 질서위반행위를 한 것으로 본다. ( )

06 신분에 의하여 성립하는 질서위반행위에 신분이 없는 자가 가담한 때에는 신분이 없는 자에 대하여는 질서위반행위가 성립하지 않는다. ( )

07 신분에 의하여 과태료를 감경 또는 가중하거나 과태료를 부과하지 아니하는 때에는 그 신분의 효과는 신분이 없는 자에게는 미치지 않는다. ( )

08 하나의 행위가 2 이상의 질서위반행위에 해당하는 경우에는 각 질서위반행위에 대하여 정한 과태료 중 가장 중한 과태료를 부과한다. ( )

09 하나의 행위가 2 이상의 질서위반행위에 해당하는 경우를 제외하고 2 이상의 질서위반행위가 경합하는 경우에는 가장 중한 과태료에 그 1/2을 가산한다. 다만, 다른 법령(지방자치단체의 조례를 포함한다)에 특별한 규정이 있는 경우에는 그 법령으로 정하는 바에 따른다. ( )

10 행정청에 의해 부과된 과태료는 질서위반행위가 종료된 날(다수인이 질서위반행위에 가담한 경우에는 최종행위가 종료된 날을 말한다)부터 5년간 징수하지 아니하거나 집행하지 아니하면 시효로 인하여 소멸한다. ( )

11 행정청이 질서위반행위에 대하여 과태료를 부과하고자 하는 때에는 미리 당사자에게 대통령령으로 정하는 사항을 통지하고, 10일 이상의 기간을 정하여 의견을 제출할 기회를 주어야 한다. ( )

정답
01 ○ 02 ○ 03 × 04 × 05 ○
06 × 07 ○ 08 ○ 09 × 10 ○
11 ○

---

(5) 심신장애

> **질서위반행위규제법 제10조【심신장애】**
> ① 심신장애로 인하여 행위의 옳고 그름을 판단할 능력이 없거나 그 판단에 따른 행위를 할 능력이 없는 자의 질서위반행위는 과태료를 부과하지 아니한다. ★ 01
> ② 심신장애로 인하여 제1항에 따른 능력이 미약한 자의 질서위반행위는 과태료를 감경한다. ★ 02
> ③ 스스로 심신장애 상태를 일으켜 질서위반행위를 한 자에 대하여는 제1항 및 제2항을 적용하지 아니한다. ★ 03

(6) 법인의 처리 등
- 법인의 대표자, 법인 또는 개인의 대리인·사용인 및 그 밖의 종업원이 업무에 관하여 법인 또는 그 개인에게 부과된 법률상의 의무를 위반한 때에는 법인 또는 그 개인에게 과태료를 부과한다. ★ 04

(7) 다수인의 질서위반행위 가담
- 2인 이상이 질서위반행위에 가담한 때에는 각자가 질서위반행위를 한 것으로 본다. ★ 05
- 신분에 의하여 성립하는 질서위반행위에 신분이 없는 자가 가담한 때에는 신분이 없는 자에 대하여도 질서위반행위가 성립한다. ★★ 06
- 신분에 의하여 과태료를 감경 또는 가중하거나 과태료를 부과하지 아니하는 때에는 그 신분의 효과는 신분이 없는 자에게는 미치지 아니한다. ★★ 07

(8) 수개의 질서위반행위의 처리

> **질서위반행위규제법 제13조【수개의 질서위반행위의 처리】**
> ① 하나의 행위가 2 이상의 질서위반행위에 해당하는 경우에는 각 질서위반행위에 대하여 정한 과태료 중 가장 중한 과태료를 부과한다. ★★ 08
> ② 제1항의 경우를 제외하고 2 이상의 질서위반행위가 경합하는 경우에는 각 질서위반행위에 대하여 정한 과태료를 각각 부과한다. 다만, 다른 법령(지방자치단체의 조례를 포함한다. 이하 같다)에 특별한 규정이 있는 경우에는 그 법령으로 정하는 바에 따른다. 09

(9) 과태료의 시효
- 과태료는 행정청의 과태료 부과처분이나 법원의 과태료 재판이 확정된 후 5년간 징수하지 아니하거나 집행하지 아니하면 시효로 인하여 소멸한다. ★★ 10
- 소멸시효의 중단·정지 등에 관하여는 「국세기본법」 제28조를 준용한다.

3. 행정청의 과태료 부과 및 징수

(1) 사전통지 및 의견제출
- 행정청이 질서위반행위에 대하여 과태료를 부과하고자 하는 때에는 미리 당사자에게 일정한 사항을 통지하고, 10일 이상의 기간을 정하여 의견을 제출할 기회를 주어야 한다. 이 경우 지정된 기일까지 의견 제출이 없는 경우에는 의견이 없는 것으로 본다. ★ 11

(2) 과태료의 부과
- 행정청은 의견 제출 절차를 마친 후에 서면(당사자가 동의하는 경우에는 전자문서를 포함한다)으로 과태료를 부과하여야 한다. ★

(3) 자진납부자에 대한 과태료 감경
- 행정청은 당사자가 의견 제출 기한 이내에 과태료를 자진하여 납부하고자 하는 경우에는 과태료를 감경할 수 있다.

(4) 과태료 부과의 제척기간
- 행정청은 질서위반행위가 종료된 날(다수인이 질서위반행위에 가담한 경우에는 최종행위가 종료된 날을 말한다)부터 5년이 경과한 경우에는 해당 질서위반행위에 대하여 과태료를 부과할 수 없다. ★★ 01
- 다만, 과태료 재판에 따른 법원의 결정이 있는 경우에는 그 결정이 확정된 날부터 1년이 경과하기 전까지는 과태료를 정정부과 하는 등 해당 결정에 따라 필요한 처분을 할 수 있다.

(5) 질서위반행위의 조사
- 행정청은 질서위반행위가 발생하였다는 합리적 의심이 있어 그에 대한 조사가 필요하다고 인정할 때에는 당사자 또는 참고인의 출석 요구 및 진술의 청취, 당사자에 대한 보고 명령 또는 자료 제출의 명령을 할 수 있다.
- 행정청은 질서위반행위가 발생하였다는 합리적 의심이 있어 그에 대한 조사가 필요하다고 인정할 때에는 그 소속 직원으로 하여금 당사자의 사무소 또는 영업소에 출입하여 장부·서류 또는 그 밖의 물건을 검사하게 할 수 있다.

(6) 자료제공의 요청
- 행정청은 과태료의 부과·징수를 위하여 필요한 때에는 관계 행정기관, 지방자치단체, 그 밖에 대통령령으로 정하는 공공기관의 장에게 그 필요성을 소명하여 자료 또는 정보의 제공을 요청할 수 있으며, 그 요청을 받은 공공기관등의 장은 특별한 사정이 없는 한 이에 응하여야 한다.

(7) 가산금 징수 및 체납처분
- 행정청은 당사자가 납부기한까지 과태료를 납부하지 아니한 때에는 납부기한을 경과한 날부터 체납된 과태료에 대하여 100분의 3에 상당하는 가산금을 징수한다. ★ 02

(8) 상속재산 등에 대한 집행
- 과태료는 당사자가 과태료 부과처분에 대하여 이의를 제기하지 아니한 채 이의제기 기한이 종료한 후 사망한 경우에는 그 상속재산에 대하여 집행할 수 있다. ★ 03

4. 과태료 재판

(1) 항고소송 제기 가부: 불가능

과태료처분의 당부는 최종적으로 비송사건절차법에 의한 절차에 의하여만 판단되어야 한다고 보아야 할 것이므로 위와 같은 과태료처분은 행정소송의 대상이 되는 행정처분이라고 볼 수 없다. 대법원 1993. 11. 23. 선고 93누16833 판결 ★★★ 04

OX 체크

01 행정청은 질서위반행위가 종료된 날(다수인이 질서위반행위에 가담한 경우에는 최종행위가 종료된 날을 말한다)부터 5년이 경과한 경우에는 해당 질서위반행위에 대하여 과태료를 부과할 수 없다. ( )

02 행정청은 당사자가 납부기한까지 과태료를 납부하지 아니한 때에는 납부기한을 경과한 날부터 체납된 과태료에 대하여 100분의 5에 상당하는 가산금을 징수한다. ( )

03 과태료는 당사자가 과태료 부과처분에 대하여 이의를 제기하지 아니한 채 이의제기 기한이 종료한 후 사망한 경우에는 그 상속재산에 대하여 집행할 수 있다. ( )

04 행정청의 과태료 부과에 불복하는 당사자는 과태료 부과 통지를 받은 날부터 90일 이내에 관할 법원에 취소소송을 제기할 수 있다. ( )

정답

01 ○ 02 × 03 ○ 04 ×

OX 체크

01 행정청의 과태료 부과에 불복하는 당사자는 그 통지를 받은 날부터 60일 이내에 해당 행정청에 서면으로 이의제기를 할 수 있다. ( )

02 행정청의 과태료 부과에 불복하는 이의제기가 있더라도 과태료 부과처분은 그 효력을 상실하지 않는다. ( )

03 과태료 사건은 다른 법령에 특별한 규정이 있는 경우를 제외하고는 과태료 부과관청의 소재지의 지방법원 또는 그 지원의 관할로 한다. ( )

04 과태료 재판의 경우 법원은 기록상 현출되어 있는 사항에 관하여 직권으로 증거조사를 하고 이를 기초로 하여 판단할 수 있으나, 행정청의 과태료 부과처분사유와 기본적 사실관계에 있어서 동일성이 인정되는 한도 내에서만 과태료를 부과할 수 있다. ( )

05 법원이 하는 과태료재판에는 원칙적으로 행정소송에서와 같은 신뢰보호의 원칙이 적용된다. ( )

06 행정청이 위반사실을 적발하면 과태료를 부과받을 자의 주소지를 관할하는 지방법원에 통보하여야 하고, 당해 법원은 「비송사건절차법」에 따라 결정으로써 과태료를 부과한다. ( )

(2) 이의제기

- 행정청의 과태료 부과에 불복하는 당사자는 <u>과태료 부과 통지를 받은 날부터 60일</u> 이내에 해당 행정청에 <u>서면으로</u> 이의제기를 할 수 있다. ★★ **01**
- 이의제기가 있는 경우에는 행정청의 과태료 부과처분은 그 <u>효력을 상실한다</u>. ★★★ **02**

(3) 법원에의 통보

- 이의제기를 받은 행정청은 이의제기를 받은 날부터 <u>14일</u> 이내에 이에 대한 의견 및 증빙서류를 첨부하여 <u>관할 법원에 통보</u>하여야 한다. ★ **06**

(4) 관할법원

- 과태료 사건은 다른 법령에 특별한 규정이 있는 경우를 제외하고는 <u>당사자의 주소지의</u> 지방법원 또는 그 지원의 관할로 한다. ★★★ **03**
- 법원의 관할은 행정청이 이의제기 사실을 통보한 때를 표준으로 정한다.

(5) 구체적 심리절차

- <u>「비송사건절차법」</u>의 규정은 이 법에 따른 <u>과태료 재판에 준용</u>한다.
- 법원직원의 제척·기피 및 회피에 관한 「민사소송법」의 규정은 과태료 재판에 준용한다.
- 법원은 행정청의 통보가 있는 경우 이를 즉시 <u>검사</u>에게 통지하여야 한다.
- 법원은 <u>심문기일</u>을 열어 당사자의 진술을 들어야 한다. 이 경우 법원은 검사의 의견을 구하여야 하고, 검사는 심문에 참여하여 의견을 진술하거나 서면으로 의견을 제출하여야 한다.
- 법원은 행정청의 참여가 필요하다고 인정하는 때에는 행정청으로 하여금 심문기일에 출석하여 의견을 진술하게 할 수 있다. 이 경우 행정청은 법원의 허가를 받아 소속 공무원으로 하여금 심문기일에 출석하여 의견을 진술하게 할 수 있다.
- 법원은 <u>직권으로</u> 사실의 탐지와 필요하다고 인정하는 증거의 조사를 하여야 한다. ★

판례

1. 과태료재판의 경우, 법원으로서는 <u>기록상 현출</u>되어 있는 사항에 관하여 직권으로 증거조사를 하고 이를 기초로 하여 판단할 수 있는 것이나, 그 경우 <u>행정청의 과태료부과처분사유와 기본적 사실관계에서 동일성</u>이 인정되는 한도 내에서만 과태료를 부과할 수 있다. 대법원 2012. 10. 19. 자 2012마1163 결정 ★ **04**

2. 법원이 <u>비송사건절차법</u>에 따라서 하는 과태료 재판은 관할 관청이 부과한 과태료처분에 대한 당부를 심판하는 <u>행정소송절차가 아니라</u> 법원이 <u>직권으로</u> 개시·결정하는 것이므로, 원칙적으로 과태료 재판에서는 <u>행정소송에서와 같은 신뢰보호의 원칙</u> 위반 여부가 문제로 되지 <u>아니하고</u>, 다만 위반자가 그 의무를 알지 못하는 것이 무리가 아니었다고 할 수 있어 그것을 정당시할 수 있는 사정이 있을 때 또는 그 의무의 이행을 그 당사자에게 기대하는 것이 무리라고 하는 사정이 있을 때 등 그 의무 해태를 탓할 수 없는 정당한 사유가 있는 때에는 이를 부과할 수 없다(주: 비송재판인 과태료 재판에 있어서는 행정소송에서와 같은 신뢰보호의 원칙이 적용되지 않음). 대법원 2006. 4. 28. 자 2003마715 결정 ★ **05**

정답

01 ○ 02 × 03 × 04 ○ 05 ×
06 ×

(6) 재판
- 과태료 재판은 <u>이유를 붙인 결정</u>으로써 한다. `01`
- 결정은 당사자와 검사에게 <u>고지함으로써</u> 효력이 생긴다. `01`
- 당사자와 검사는 과태료 재판에 대하여 <u>즉시항고</u>를 할 수 있다. 이 경우 항고는 <u>집행정지의 효력이 있다</u>. ★★ `02`
- 과태료 <u>재판절차의 비용</u>은 과태료에 처하는 선고가 있는 경우에는 그 선고를 받은 자의 부담으로 하고, 그 외의 경우에는 국고의 부담으로 한다.

(7) 과태료 재판의 집행
- 과태료 재판은 <u>검사</u>의 명령으로써 집행한다. 이 경우 그 명령은 집행력 있는 집행권원과 동일한 효력이 있다. ★ `03`
- 검사는 과태료를 <u>최초 부과한 행정청</u>에 대하여 과태료 재판의 집행을 <u>위탁</u>할 수 있고, 위탁을 받은 행정청은 국세 또는 지방세 <u>체납처분</u>의 예에 따라 집행한다.

(8) 약식재판
- 법원은 상당하다고 인정하는 때에는 <u>심문 없이</u> 과태료 재판을 할 수 있다. ★
- 당사자와 검사는 약식재판의 고지를 받은 날부터 <u>7일</u> 이내에 <u>이의신청</u>을 할 수 있다. ★ `04`
- 법원이 이의신청이 적법하다고 인정하는 때에는 약식재판은 그 효력을 잃는다. 이 경우 법원은 심문을 거쳐 다시 재판하여야 한다.

5. 보칙
(1) 관허사업의 제한
- 행정청은 허가·인가·면허·등록 및 갱신을 요하는 사업을 경영하는 자로서 일정한 사유에 모두 해당하는 체납자에 대하여는 사업의 정지 또는 허가등의 취소를 할 수 있다.

(2) 고액·상습체납자에 대한 제재
- 법원은 <u>검사의 청구</u>에 따라 결정으로 <u>30일</u>의 범위 이내에서 과태료의 납부가 있을 때까지 일정한 사유에 모두 해당하는 경우 체납자(법인인 경우에는 대표자를 말한다)를 <u>감치</u>에 처할 수 있다. ★ `05`

OX 체크

`01` 과태료 재판은 이유를 붙인 결정으로써 하며, 결정은 당사자와 검사에게 고지함으로써 효력이 발생한다. ( )

`02` 「질서위반행위규제법」에 따르면, 당사자와 검사는 과태료 재판에 대하여 즉시항고를 할 수 있으며, 이 경우 항고는 집행정지의 효력이 있다. ( )

`03` 과태료의 재판은 판사의 명령으로 집행하며, 이 경우 그 명령은 집행력 있는 집행권원과 동일한 효력이 있다. ( )

`04` 법원이 심문 없이 과태료 재판을 하고자 하는 때에는 당사자와 검사는 특별한 사정이 없는 한 약식재판의 고지를 받은 날부터 7일 이내에 이의신청을 할 수 있다. ( )

`05` 과태료의 고액상습체납자에 대해서도 자유를 박탈하는 제재인 감치처분을 행할 수는 없다. ( )

정답
01 ○ 02 ○ 03 × 04 ○ 05 ×

III 행정형벌과 행정질서벌의 병과

1. 대법원 : 가능

행정법상의 질서벌인 과태료의 부과처분과 형사처벌은 그 성질이나 목적을 달리하는 별개의 것이므로 행정법상의 질서벌인 과태료를 납부한 후에 형사처벌을 한다고 하여 이를 일사부재리의 원칙에 반하는 것이라고 할 수는 없다. ★★★ 01
따라서 임시운행허가기간을 벗어나 무등록차량을 운행한 자에 대한 과태료의 제재와 형사처벌은 일사부재리의 원칙에 반하지 않는다. 대법원 1996. 4. 12. 선고 96도158 판결 ★ 02

2. 헌법재판소 : 불가능

행정질서벌로서의 과태료는 행정상 의무의 위반에 대하여 국가가 일반통치권에 기하여 과하는 제재로서 형벌(특히 행정형벌)과 목적·기능이 중복되는 면이 없지 않으므로, 동일한 행위를 대상으로 하여 형벌을 부과하면서 아울러 행정질서벌로서의 과태료까지 부과한다면 그것은 이중처벌금지의 기본정신에 배치되어 국가 입법권의 남용으로 인정될 여지가 있음을 부정할 수 없다. 헌법재판소 1994. 6. 30. 선고 92헌바38 결정

Chapter 04 새로운 행정의 실효성 확보수단

주제 45 행정조사

I 의의

- 행정기관이 정책을 결정하거나 직무를 수행하는 데 필요한 정보나 자료를 수집하기 위하여 현장조사·문서열람·시료채취 등을 하거나 조사대상자에게 보고요구·자료제출요구 및 출석·진술요구를 행하는 활동을 말한다.
- 행정조사에 관한 일반법으로 **행정조사기본법**이 있다.

II 행정조사기본법

1. 총칙

(1) 적용범위

> 행정조사기본법 제3조【적용범위】
> ① 행정조사에 관하여 다른 법률에 특별한 규정이 있는 경우를 제외하고는 이 법으로 정하는 바에 따른다.
> ② 다음 각 호의 어느 하나에 해당하는 사항에 대하여는 이 법을 적용하지 아니한다. **01**
>   1. 행정조사를 한다는 사실이나 조사내용이 공개될 경우 국가의 존립을 위태롭게 하거나 국가의 중대한 이익을 현저히 해칠 우려가 있는 국가안전보장·통일 및 외교에 관한 사항
>   2. 국방 및 안전에 관한 사항 중 다음 각 목의 어느 하나에 해당하는 사항
>   가. 군사시설·군사기밀보호 또는 방위사업에 관한 사항
>   나. 「병역법」·「예비군법」·「민방위기본법」·「비상대비자원 관리법」에 따른 징집·소집·동원 및 훈련에 관한 사항
>   3. 「공공기관의 정보공개에 관한 법률」 제4조 제3항의 정보에 관한 사항
>   4. 「근로기준법」 제101조에 따른 근로감독관의 직무에 관한 사항
>   5. 조세·형사·행형 및 보안처분에 관한 사항 ★
>   6. 금융감독기관의 감독·검사·조사 및 감리에 관한 사항
>   7. 공정거래위원회의 법률위반행위 조사에 관한 사항
> ③ 제2항에도 불구하고 제4조(행정조사의 기본원칙), 제5조(행정조사의 근거) 및 제28조(정보통신수단을 통한 행정조사)는 제2항 각 호의 사항에 대하여 적용한다. ★ **02**

OX 체크

01 조세에 관한 사항, 「근로기준법」상 근로감독관의 직무에 관한 사항, 금융감독기관의 감독·검사·조사 및 감리에 관한 사항에 대하여는 「행정조사기본법」을 적용하지 아니한다. ( )

02 「행정조사기본법」 제4조(행정조사의 기본원칙)는 조세·보안처분에 관한 사항에 대하여 적용하지 아니한다. ( )

정답
01 ○ 02 ×

OX 체크

01 행정조사는 조사목적을 달성하는 데 필요한 최소한의 범위 안에서 실시하여야 한다. ( )

02 행정조사는 법령등의 위반에 대한 처벌에 중점을 두되 법령등을 준수하도록 유도하여야 한다. ( )

03 「행정조사기본법」은 행정조사 실시를 위한 일반적인 근거규범으로서 행정기관은 다른 법령 등에서 따로 행정조사를 규정하고 있지 않더라도 「행정조사기본법」을 근거로 행정조사를 실시할 수 있다. ( )

04 「행정조사기본법」제5조 단서에서 정한 '조사대상자의 자발적인 협조를 얻어 실시하는 행정조사'는 개별 법령 등에서 행정조사를 규정하고 있는 경우에도 실시할 수 있다. ( )

05 행정조사는 법령등 또는 행정조사운영계획으로 정하는 바에 따라 정기적으로 실시함을 원칙으로 하나, 법령등의 위반에 대한 신고를 받거나 민원이 접수된 경우에는 수시조사를 할 수 있다. ( )

(2) 조사의 기본원칙

> **행정조사기본법 제4조 【행정조사의 기본원칙】**
> ① 행정조사는 조사목적을 달성하는데 필요한 최소한의 범위 안에서 실시하여야 하며, 다른 목적 등을 위하여 조사권을 남용하여서는 아니 된다. **01**
> ② 행정기관은 조사목적에 적합하도록 조사대상자를 선정하여 행정조사를 실시하여야 한다.
> ③ 행정기관은 유사하거나 동일한 사안에 대하여는 공동조사 등을 실시함으로써 행정조사가 중복되지 아니하도록 하여야 한다.
> ④ 행정조사는 법령등의 위반에 대한 처벌보다는 법령등을 준수하도록 유도하는 데 중점을 두어야 한다. ★ **02**
> ⑤ 다른 법률에 따르지 아니하고는 행정조사의 대상자 또는 행정조사의 내용을 공표하거나 직무상 알게 된 비밀을 누설하여서는 아니 된다.
> ⑥ 행정기관은 행정조사를 통하여 알게 된 정보를 다른 법률에 따라 내부에서 이용하거나 다른 기관에 제공하는 경우를 제외하고는 원래의 조사목적 이외의 용도로 이용하거나 타인에게 제공하여서는 아니 된다.

(3) 행정조사의 근거

> **행정조사기본법 제5조 【행정조사의 근거】**
> 행정기관은 법령등에서 행정조사를 규정하고 있는 경우에 한하여 행정조사를 실시할 수 있다. 다만, 조사대상자의 자발적인 협조를 얻어 실시하는 행정조사의 경우에는 그러하지 아니하다. ★★★ **03**

행정조사기본법 제5조 단서에서 정한 '조사대상자의 자발적인 협조를 얻어 실시하는 행정조사'는 개별 법령 등에서 행정조사를 규정하고 있는 경우에도 실시할 수 있다. 대법원 2016. 10. 27. 선고 2016두41811 판결 ★ **04**

2. 조사계획의 수립 및 조사대상의 선정

(1) 행정조사운영계획의 수립

- 행정기관의 장은 매년 12월 말까지 다음 연도의 행정조사운영계획을 수립하여 국무조정실장에게 제출하여야 한다.

(2) 조사의 주기

> **행정조사기본법 제7조 【조사의 주기】**
> 행정조사는 법령등 또는 행정조사운영계획으로 정하는 바에 따라 정기적으로 실시함을 원칙으로 한다. 다만, 다음 각 호 중 어느 하나에 해당하는 경우에는 수시조사를 할 수 있다. ★ **05**
> 1. 법률에서 수시조사를 규정하고 있는 경우
> 2. 법령등의 위반에 대하여 혐의가 있는 경우
> 3. 다른 행정기관으로부터 법령등의 위반에 관한 혐의를 통보 또는 이첩받은 경우
> 4. 법령등의 위반에 대한 신고를 받거나 민원이 접수된 경우

정답
01 ○ 02 × 03 × 04 ○ 05 ○

(3) 조사대상의 선정

> 행정조사기본법 제8조 【조사대상의 선정】
> ① 행정기관의 장은 행정조사의 목적, 법령준수의 실적, 자율적인 준수를 위한 노력, 규모와 업종 등을 고려하여 명백하고 객관적인 기준에 따라 행정조사의 대상을 선정하여야 한다.
> ② 조사대상자는 조사대상 선정기준에 대한 열람을 행정기관의 장에게 신청할 수 있다. ★ 01
> ③ 행정기관의 장이 제2항에 따라 열람신청을 받은 때에는 다음 각 호의 어느 하나에 해당하는 경우를 제외하고 신청인이 조사대상 선정기준을 열람할 수 있도록 하여야 한다. ★ 02
>   1. 행정기관이 당해 행정조사업무를 수행할 수 없을 정도로 조사활동에 지장을 초래하는 경우
>   2. 내부고발자 등 제3자에 대한 보호가 필요한 경우

3. 조사방법

(1) 조사기관 : 행정기관

- 행정기관이란 법령 및 조례·규칙에 따라 행정권한이 있는 기관과 그 권한을 위임 또는 위탁받은 법인·단체 또는 그 기관이나 개인을 말한다. 03

(2) 출석·진술 요구

- 행정기관의 장이 조사대상자의 출석·진술을 요구하는 때에는 일정한 사항이 기재된 출석요구서를 발송하여야 한다.
- 조사원은 특별한 사정이 없는 한 조사대상자의 1회 출석으로 당해 조사를 종결하여야 한다.

(3) 보고요구와 자료제출의 요구

- 행정기관의 장은 조사대상자에게 조사사항에 대하여 보고를 요구하거나 장부·서류나 그 밖의 자료를 제출하도록 요구하는 때에는 일정한 사항이 포함된 요구서를 발송하여야 한다.

(4) 현장조사

> 행정조사기본법 제11조 【현장조사】
> ① 조사원이 가택·사무실 또는 사업장 등에 출입하여 현장조사를 실시하는 경우에는 행정기관의 장은 다음 각 호의 사항이 기재된 현장출입조사서 또는 법령등에서 현장조사시 제시하도록 규정하고 있는 문서를 조사대상자에게 발송하여야 한다.
> ② 제1항에 따른 현장조사는 해가 뜨기 전이나 해가 진 뒤에는 할 수 없다. 다만, 다음 각 호의 어느 하나에 해당하는 경우에는 그러하지 아니하다. ★ 04 05
>   1. 조사대상자(대리인 및 관리책임이 있는 자를 포함한다)가 동의한 경우
>   2. 사무실 또는 사업장 등의 업무시간에 행정조사를 실시하는 경우
>   3. 해가 뜬 후부터 해가 지기 전까지 행정조사를 실시하는 경우에는 조사목적의 달성이 불가능하거나 증거인멸로 인하여 조사대상자의 법령등의 위반 여부를 확인할 수 없는 경우
> ③ 제1항 및 제2항에 따라 현장조사를 하는 조사원은 그 권한을 나타내는 증표를 지니고 이를 조사대상자에게 내보여야 한다. 06

OX 체크

01 조사대상자는 법령 등에서 규정하고 있는 경우에 한하여 조사대상 선정기준에 대한 열람을 행정기관의 장에게 신청할 수 있다. ( )

02 조사대상자가 조사대상 선정기준에 대한 열람을 신청한 경우에 행정기관은 그 열람이 당해 행정조사업무를 수행할 수 없을 정도로 조사활동에 지장을 초래한다는 이유로 열람을 거부할 수 없다. ( )

03 행정조사를 행하는 행정기관에는 법령 및 조례·규칙에 따라 행정권한이 있는 기관뿐만 아니라 그 권한을 위임 또는 위탁받은 법인·단체 또는 그 기관이나 개인이 포함된다. ( )

04 조사대상자의 동의가 있는 경우 해가 뜨기 전이나 해가 진 뒤에도 현장조사가 가능하다. ( )

05 사무실 또는 사업장 등의 업무시간에 행정조사를 실시하는 경우에도 현장조사는 해가 뜨기 전이나 해가 진 뒤에는 할 수 없다. ( )

06 「행정조사기본법」상 조사원이 가택·사무실 또는 사업장 등에 출입하여 현장조사를 실시하는 경우, 그 권한을 나타내는 증표를 지니고 이를 조사대상자에게 내보여야 한다. ( )

정답
01 × 02 × 03 ○ 04 ○ 05 ×
06 ○

OX 체크

01 행정기관의 장은 조사원이 조사목적의 달성을 위하여 한 시료채취로 조사대상자에게 손실을 입힌 때에는 그 손실을 보상하여야 한다. ( )

02 조사원이 현장조사 중에 자료·서류·물건 등을 영치하는 경우에 조사대상자의 생활이나 영업이 사실상 불가능하게 될 우려가 있는 때에는 조사원은 증거인멸의 우려가 있는 경우가 아니라면 사진촬영 등의 방법으로 영치에 갈음할 수 있다. ( )

03 행정기관의 장은 당해 행정기관 내의 2 이상의 부서가 동일하거나 유사한 업무분야에 대하여 동일한 조사대상자에게 행정조사를 실시하는 경우에는 공동조사를 하여야 한다. ( )

04 정기조사 또는 수시조사를 실시한 행정기관의 장은 조사대상자의 자발적인 협조를 얻어 실시하는 경우가 아닌 한, 동일한 사안에 대하여 동일한 조사대상자를 재조사하여서는 아니 된다. ( )

05 행정기관의 장은 조사대상자의 신상이나 사업비밀 등이 유출될 우려가 있으므로 인터넷 등 정보통신망을 통하여 조사대상자로 하여금 자료의 제출 등을 하게 할 수 없다. ( )

(5) 시료채취

> 행정조사기본법 제12조【시료채취】
> ① 조사원이 조사목적의 달성을 위하여 시료채취를 하는 경우에는 그 시료의 소유자 및 관리자의 정상적인 경제활동을 방해하지 아니하는 범위 안에서 최소한도로 하여야 한다.
> ② 행정기관의 장은 제1항에 따른 시료채취로 조사대상자에게 손실을 입힌 때에는 대통령령으로 정하는 절차와 방법에 따라 그 손실을 보상하여야 한다. ★ **01**

(6) 자료 등의 영치

> 행정조사기본법 제13조【자료등의 영치】
> ① 조사원이 현장조사 중에 자료·서류·물건 등을 영치하는 때에는 조사대상자 또는 그 대리인을 입회시켜야 한다.
> ② 조사원이 제1항에 따라 자료등을 영치하는 경우에 조사대상자의 생활이나 영업이 사실상 불가능하게 될 우려가 있는 때에는 조사원은 자료등을 사진으로 촬영하거나 사본을 작성하는 등의 방법으로 영치에 갈음할 수 있다. 다만, 증거인멸의 우려가 있는 자료등을 영치하는 경우에는 그러하지 아니하다. ★ **02**

(7) 공동조사

> 행정조사기본법 제14조【공동조사】
> ① 행정기관의 장은 다음 각 호의 어느 하나에 해당하는 행정조사를 하는 경우에는 공동조사를 하여야 한다. ★ **03**
> 1. 당해 행정기관 내의 2 이상의 부서가 동일하거나 유사한 업무분야에 대하여 동일한 조사대상자에게 행정조사를 실시하는 경우
> 2. 서로 다른 행정기관이 대통령령으로 정하는 분야에 대하여 동일한 조사대상자에게 행정조사를 실시하는 경우
> ② 제1항 각 호에 따른 사항에 대하여 행정조사의 사전통지를 받은 조사대상자는 관계 행정기관의 장에게 공동조사를 실시하여 줄 것을 신청할 수 있다. 이 경우 조사대상자는 신청인의 성명·조사일시·신청이유 등이 기재된 공동조사신청서를 관계 행정기관의 장에게 제출하여야 한다.
> ③ 제2항에 따라 공동조사를 요청받은 행정기관의 장은 이에 응하여야 한다.

(8) 중복조사의 제한

> 행정조사기본법 제15조【중복조사의 제한】
> ① 제7조에 따라 정기조사 또는 수시조사를 실시한 행정기관의 장은 동일한 사안에 대하여 동일한 조사대상자를 재조사 하여서는 아니 된다. 다만, 당해 행정기관이 이미 조사를 받은 조사대상자에 대하여 위법행위가 의심되는 새로운 증거를 확보한 경우에는 그러하지 아니하다. ★ **04**

(9) 정보통신수단을 통한 행정조사

- 행정기관의 장은 인터넷 등 정보통신망을 통하여 조사대상자로 하여금 자료의 제출 등을 하게 할 수 있다. ★ **05**

정답
01 ○ 02 ○ 03 ○ 04 × 05 ×

4. 조사실시

(1) 조사의 사전통지

> **행정조사기본법 제17조 【조사의 사전통지】**
> ① 행정조사를 실시하고자 하는 행정기관의 장은 제9조에 따른 출석요구서, 제10조에 따른 보고요구서·자료제출요구서 및 제11조에 따른 현장출입조사서를 조사개시 7일 전까지 조사대상자에게 서면으로 통지하여야 한다. 다만, 다음 각 호의 어느 하나에 해당하는 경우에는 행정조사의 개시와 동시에 출석요구서등을 조사대상자에게 제시하거나 행정조사의 목적 등을 조사대상자에게 구두로 통지할 수 있다. ★★ 01 02
>   1. 행정조사를 실시하기 전에 관련 사항을 미리 통지하는 때에는 증거인멸 등으로 행정조사의 목적을 달성할 수 없다고 판단되는 경우 ★
>   2. 「통계법」 제3조제2호에 따른 지정통계의 작성을 위하여 조사하는 경우
>   3. 제5조 단서에 따라 조사대상자의 자발적인 협조를 얻어 실시하는 행정조사의 경우 ★

(2) 조사의 연기신청

> **행정조사기본법 제18조 【조사의 연기신청】**
> ① 출석요구서등을 통지받은 자가 천재지변이나 그 밖에 대통령령으로 정하는 사유로 인하여 행정조사를 받을 수 없는 때에는 당해 행정조사를 연기하여 줄 것을 행정기관의 장에게 요청할 수 있다.
> ② 제1항에 따라 연기요청을 하고자 하는 자는 연기하고자 하는 기간과 사유가 포함된 연기신청서를 행정기관의 장에게 제출하여야 한다.
> ③ 행정기관의 장은 제2항에 따라 행정조사의 연기요청을 받은 때에는 연기요청을 받은 날부터 7일 이내에 조사의 연기 여부를 결정하여 조사대상자에게 통지하여야 한다.

(3) 제3자에 대한 보충조사

> **행정조사기본법 제19조 【제3자에 대한 보충조사】**
> ① 행정기관의 장은 조사대상자에 대한 조사만으로는 당해 행정조사의 목적을 달성할 수 없거나 조사대상이 되는 행위에 대한 사실 여부 등을 입증하는 데 과도한 비용 등이 소요되는 경우로서 다음 각 호의 어느 하나에 해당하는 경우에는 제3자에 대하여 보충조사를 할 수 있다.
>   1. 다른 법률에서 제3자에 대한 조사를 허용하고 있는 경우
>   2. 제3자의 동의가 있는 경우
> ② 행정기관의 장은 제1항에 따라 제3자에 대한 보충조사를 실시하는 경우에는 조사개시 7일 전까지 보충조사의 일시·장소 및 보충조사의 취지 등을 제3자에게 서면으로 통지하여야 한다.
> ③ 행정기관의 장은 제3자에 대한 보충조사를 하기 전에 그 사실을 원래의 조사대상자에게 통지하여야 한다. 다만, 제3자에 대한 보충조사를 사전에 통지하여서는 조사목적을 달성할 수 없거나 조사목적의 달성이 현저히 곤란한 경우에는 제3자에 대한 조사결과를 확정하기 전에 그 사실을 통지하여야 한다.

OX 체크

01 「행정조사기본법」에 따르면, 행정조사를 실시하는 경우 조사개시 7일 전까지 조사대상자에게 출석요구서, 보고요구서·자료제출요구서, 현장출입조사서를 서면으로 통지하여야 하나, 조사대상자의 자발적인 협조를 얻어 행정조사를 실시하는 경우에는 미리 서면으로 통지하지 않고 행정조사의 개시와 동시에 이를 조사대상자에게 제시할 수 있다. ( )

02 「행정조사기본법」상 행정조사를 실시하기 전에 관련 사항을 미리 통지하는 경우 증거인멸 등으로 행정조사의 목적을 달성할 수 없다고 판단되는 때에는, 행정기관의 장은 행정조사 종료 후 지체 없이 행정조사의 목적 등을 조사대상자에게 구두로 통지할 수 있다. ( )

정답
01 O 02 ✕

OX 체크

01 「행정조사기본법」에 따르면 조사대상자의 자발적인 협조를 얻어 행정조사를 실시하고자 하는 경우 조사대상자는 문서·전화·구두 등의 방법으로 당해 행정조사를 거부할 수 있다. ( )

02 자발적인 협조에 따라 실시하는 행정조사에 대하여 조사대상자가 조사에 응할 것인지에 대한 응답을 하지 아니 하는 경우에는 법령 등에 특별한 규정이 없는 한 그 조사에 동의한 것으로 본다. ( )

03 조사대상자에 의한 조사원 교체신청은 그 이유를 명시한 서면으로 행정기관의 장에게 하여야 한다. ( )

04 행정기관의 장은 법령등에 특별한 규정이 있는 경우를 제외하고는 행정조사의 결과를 확정한 날부터 7일 이내에 그 결과를 조사대상자에게 통지하여야 한다. ( )

05 행정기관의 장은 법령 등에서 규정하고 있는 조사사항을 조사대상자로 하여금 스스로 신고하도록 하는 자율신고제도를 운영할 수 있다. ( )

06 행정기관의 장은 조사대상자가 자율신고제도에 따라 신고한 내용이 거짓의 신고라고 인정할 만한 근거가 있거나 신고내용을 신뢰할 수 없는 경우를 제외하고는 그 신고내용을 행정조사에 갈음하여야 한다. ( )

(4) 자발적인 협조에 따라 실시하는 행정조사

> **행정조사기본법 제20조【자발적인 협조에 따라 실시하는 행정조사】**
> ① 행정기관의 장이 제5조 단서에 따라 조사대상자의 자발적인 협조를 얻어 행정조사를 실시하고자 하는 경우 조사대상자는 문서·전화·구두 등의 방법으로 당해 행정조사를 거부할 수 있다. ★ **01**
> ② 제1항에 따른 행정조사에 대하여 조사대상자가 조사에 응할 것인지에 대한 응답을 하지 아니하는 경우에는 법령등에 특별한 규정이 없는 한 그 조사를 거부한 것으로 본다. ★★ **02**

(5) 의견제출

- 조사대상자는 사전통지의 내용에 대하여 행정기관의 장에게 의견을 제출할 수 있고, 행정기관의 장은 조사대상자가 제출한 의견이 상당한 이유가 있다고 인정하는 경우에는 이를 행정조사에 반영하여야 한다.

(6) 조사원 교체신청

> **행정조사기본법 제22조【조사원 교체신청】**
> ① 조사대상자는 조사원에게 공정한 행정조사를 기대하기 어려운 사정이 있다고 판단되는 경우에는 행정기관의 장에게 당해 조사원의 교체를 신청할 수 있다.
> ② 제1항에 따른 교체신청은 그 이유를 명시한 서면으로 행정기관의 장에게 하여야 한다. **03**

(7) 조사권 행사의 제한

> **행정조사기본법 제23조【조사권 행사의 제한】**
> ① 조사원은 제9조부터 제11조까지에 따라 사전에 발송된 사항에 한하여 조사대상자를 조사하되, 사전통지한 사항과 관련된 추가적인 행정조사가 필요할 경우에는 조사대상자에게 추가조사의 필요성과 조사내용 등에 관한 사항을 서면이나 구두로 통보한 후 추가조사를 실시할 수 있다.
> ② 조사대상자는 법률·회계 등에 대하여 전문지식이 있는 관계 전문가로 하여금 행정조사를 받는 과정에 입회하게 하거나 의견을 진술하게 할 수 있다.
> ③ 조사대상자와 조사원은 조사과정을 방해하지 아니하는 범위 안에서 행정조사의 과정을 녹음하거나 녹화할 수 있다. 이 경우 녹음·녹화의 범위 등은 상호 협의하여 정하여야 한다.

(8) 조사결과의 통지

- 행정기관의 장은 법령등에 특별한 규정이 있는 경우를 제외하고는 행정조사의 결과를 확정한 날부터 7일 이내에 그 결과를 조사대상자에게 통지하여야 한다. ★ **04**

5. 자율관리체제의 구축 등

> **행정조사기본법 제25조【자율신고제도】**
> ① 행정기관의 장은 법령등에서 규정하고 있는 조사사항을 조사대상자로 하여금 스스로 신고하도록 하는 제도를 운영할 수 있다. ★ **05**
> ② 행정기관의 장은 조사대상자가 제1항에 따라 신고한 내용이 거짓의 신고라고 인정할 만한 근거가 있거나 신고내용을 신뢰할 수 없는 경우를 제외하고는 그 신고내용을 행정조사에 갈음할 수 있다. ★ **06**

정답
01 ○ 02 × 03 ○ 04 ○ 05 ○
06 ×

Ⅲ 영장주의 적용 여부

- 수사기관의 강제처분(압수·수색)이 아닌 행정조사의 경우 영장이 요구되지 않으나, 범죄수사인 압수·수색의 경우에는 영장이 필요하다. ★

1. 우편물 통관검사절차에서 이루어지는 우편물의 개봉, 시료채취, 성분분석 등의 검사는 수출입물품에 대한 적정한 통관 등을 목적으로 한 행정조사의 성격을 가지는 것으로서 수사기관의 강제처분이라고 할 수 없으므로, 압수·수색영장 없이 우편물의 개봉, 시료채취, 성분분석 등 검사가 진행되었다 하더라도 특별한 사정이 없는 한 위법하다고 볼 수 없다. 대법원 2013. 9. 26. 선고 2013도7718 판결 ★★ 01

2. 수출입물품 통관검사절차에서 이루어지는 물품의 개봉, 시료채취, 성분분석 등의 검사는 수출입물품에 대한 적정한 통관 등을 목적으로 조사를 하는 것으로서 이를 수사기관의 강제처분이라고 할 수 없으므로, 세관공무원은 압수·수색영장 없이 이러한 검사를 진행할 수 있다. 그러나 마약류 불법거래 방지에 관한 특례법에 따른 조치의 일환으로 특정한 수출입물품을 개봉하여 검사하고 그 내용물의 점유를 취득한 행위는 위에서 본 수출입물품에 대한 적정한 통관 등을 목적으로 조사를 하는 경우와는 달리, 범죄수사인 압수 또는 수색에 해당하여 사전 또는 사후에 영장을 받아야 한다. 대법원 2017. 7. 18. 선고 2014도8719 판결 ★ 02

Ⅳ 권리구제

1. 위법한 행정조사에 기초한 행정행위의 효력 : 위법

1. 세무조사가 과세자료의 수집 또는 신고내용의 정확성 검증이라는 본연의 목적이 아니라 부정한 목적을 위하여 행하여진 것이라면 이는 세무조사에 중대한 위법사유가 있는 경우에 해당하고 위법한 세무조사에 의하여 수집된 과세자료를 기초로 한 과세처분 역시 위법하다. 대법원 2016. 12. 15. 선고 2016두47659 판결 ★★★ 03

2. 국세기본법에 따라 금지되는 재조사에 기하여 과세처분을 하는 것은 단순히 당초 과세처분의 오류를 경정하는 경우에 불과하다는 등의 특별한 사정이 없는 한 그 자체로 위법하고, 이는 과세관청이 그러한 재조사로 얻은 과세자료를 과세처분의 근거로 삼지 않았다거나 이를 배제하고서도 동일한 과세처분이 가능한 경우라고 하여 달리 볼 것은 아니다. 대법원 2017. 12. 13. 선고 2016두55421 판결 ★ 04

3. 납세자 등이 대답하거나 수인할 의무가 없고 납세자의 영업의 자유 등을 침해하거나 세무조사권이 남용될 염려가 없는 조사행위까지 재조사가 금지되는 '세무조사'에 해당한다고 볼 것은 아니다. 대법원 2017. 3. 16. 선고 2014두8360 판결 ★ 05

4. 납세자 등을 접촉하여 상당한 시일에 걸쳐 질문검사권을 행사하여 과세요건사실을 조사·확인하고 일정한 기간 과세에 필요한 직간접의 자료를 검사·조사하고 수집하는 일련의 행위를 한 경우에는 특별한 사정이 없는 한 재조사가 금지되는 '조사'로 보아야 한다. 대법원 2020. 2. 13. 선고 2015두745 판결

5. 세무조사대상 선정사유가 없음에도 세무조사대상으로 선정하여 과세자료를 수집하고 그에 기하여 과세처분을 하는 것은 적법절차의 원칙을 어기고 국세기본법을 위반한 것으로서 특별한 사정이 없는 한 과세처분은 위법하다. 대법원 2014. 6. 26. 선고 2012두911 판결

6. 음주운전 여부에 대한 조사 과정에서 운전자 본인의 동의를 받지 아니하고 또한 법원의 영장도 없이 채혈조사를 한 결과를 근거로 한 운전면허 정지·취소 처분은 도로교통법을 위반한 것으로서 특별한 사정이 없는 한 위법한 처분으로 볼 수밖에 없다. 대법원 2016. 12. 27. 선고 2014두46850 판결 ★ 06

OX 체크

01 우편물 통관검사절차에서 이루어지는 우편물 개봉 등의 검사는 행정조사의 성격을 가지는 것으로서 수사기관의 강제처분이라고 할 수 없으므로, 압수·수색영장 없이 검사가 진행되었다 하더라도 특별한 사정이 없는 한 위법하다고 볼 수 없다. ( )

02 세관공무원이 「마약류 불법거래 방지에 관한 특례법」에 따른 조치의 일환으로 특정한 수출입물품을 개봉하여 검사하고 그 내용물의 점유를 취득한 행위는 수출입물품에 대한 적정한 통관 등을 목적으로 실시하는 행정조사라는 점에서 사전 또는 사후 영장을 요하지 않는다. ( )

03 위법한 세무조사를 통하여 수집된 과세자료에 기초하여 과세처분을 하였더라도 그러한 사정만으로 그 과세처분이 위법하게 되는 것은 아니다. ( )

04 「국세기본법」상 금지되는 재조사에 기하여 과세처분을 하는 것은 과세관청이 그러한 재조사로 얻은 과세자료를 배제하고서도 동일한 과세처분이 가능한 경우라면 적법하다. ( )

05 납세자 등이 대답하거나 수인할 의무가 없고 납세자의 영업의 자유 등을 침해하거나 세무조사권이 남용될 염려가 없는 조사행위라 하더라도 재조사가 금지되는 세무조사에 해당한다. ( )

06 음주운전 여부에 대한 조사 과정에서 운전자 본인의 동의를 받지 아니하고 법원의 영장 없이 채혈조사를 한 결과를 근거로 한 운전면허 정지·취소처분은 특별한 사정이 없는 한 위법한 처분으로 볼 수밖에 없다. ( )

정답
01 O 02 × 03 × 04 × 05 ×
06 O

OX 체크

01 행정조사는 처분성이 인정되지 않으므로 세무조사결정이 위법하더라도 이에 대해서는 항고소송을 제기할 수 없다. ( )

7. 토양환경보전법상 토양정밀조사명령의 전제가 되는 토양오염실태조사를 실시할 권한은 시·도지사에게 있는바, (중략) 여러 사정과 토양환경보전법의 입법취지 등을 종합해 보면 이 사건 토양오염실태조사가 감사원에 의해 실시되었다는 사정이 이 사건 토양정밀조사명령을 위법하게 하는 하자에 해당한다고 볼 수는 없다고 본 사례. 대법원 2009. 1. 30. 선고 2006두9498 판결

2. 항고소송

판례

세무조사결정은 납세의무자의 권리·의무에 직접 영향을 미치는 공권력의 행사에 따른 행정작용으로서 항고소송의 대상이 된다. 대법원 2011. 3. 10. 선고 2009두23617,23624 판결 ★★★

정답

01 ×

주제 46 새로운 행정의 실효성 확보수단

I 과징금

1. 의의

(1) 본래적 과징금
- 법규위반행위에 대한 행정상 제재금으로서의 기본적 성격에 법규위반으로 인한 부당이득을 환수하는 성격을 갖는 과징금을 말한다(대법원 2004. 3. 12. 선고 2001두7220 판결).

(2) 변형된 과징금
- 영업정지에 갈음하여 부과되는 과징금을 말한다. ★
- 영업을 정지함으로써 다수의 시민이 큰 불편을 겪거나 국민경제에 적지 않은 피해를 주는 등 공익을 해할 우려가 있는 경우에, 영업정지 대신 그 영업으로 인한 이익을 박탈하기 위하여 부과된다.
- 영업정지처분에 갈음하는 과징금이 규정되어 있는 경우, 과징금을 부과할 것인지 아니면 영업정지처분을 내릴 것인지는 통상 행정청의 재량에 속한다(대법원 2015. 6. 24. 선고 2015두39378 판결). ★

(3) 행정형벌과의 병과 가부 : 가능

> **판례**
>
> 공정거래법에 의한 부당내부거래에 대한 과징금은 행정상의 제재금으로서의 기본적 성격에 부당이득 환수적 요소도 부가되어 있는 것이라 할 것이고, 이를 두고 헌법 제13조 제1항에서 금지하는 국가형벌권 행사로서의 '처벌'에 해당한다고는 할 수 없으므로, 공정거래법에서 형사처벌과 아울러 과징금의 병과를 예정하고 있더라도 이중처벌금지원칙에 위반된다고 볼 수 없다. 헌법재판소 2003. 7. 24. 선고 2001헌가25 결정 ★★ 02 03

2. 법적 근거

> **행정기본법 제28조【과징금의 기준】**
> ① 행정청은 법령등에 따른 의무를 위반한 자에 대하여 법률로 정하는 바에 따라 그 위반행위에 대한 제재로서 과징금을 부과할 수 있다. ★ 04
> ② 과징금의 근거가 되는 법률에는 과징금에 관한 다음 각 호의 사항을 명확하게 규정하여야 한다. 05
>   1. 부과·징수 주체, 2. 부과 사유, 3. 상한액, 4. 가산금을 징수하려는 경우 그 사항
>   5. 과징금 또는 가산금 체납 시 강제징수를 하려는 경우 그 사항
> ③ 제2항제4호에 따라 체납된 과징금에 대한 가산금을 부과하는 규정을 정할 때에는 가산금의 부과율 및 부과기간이 금융기관 등이 연체대출금에 대하여 적용하는 이자율 등을 고려하여 대통령령으로 정하는 부과율 및 부과기간을 넘지 아니하도록 규정하여야 한다. [시행일: 2026. 3. 19.]

OX 체크

01 영업정지에 갈음하여 부과되는 이른바 변형된 과징금의 부과 여부는 통상 행정청의 재량행위이다. ( )

02 구「독점규제 및 공정거래에 관한 법률」소정의 부당지원행위에 대한 과징금은 부당지원행위의 억지라는 행정목적을 실현하기 위한 행정상 제재금으로서의 성격에 부당이득환수적 요소도 부가되어 있으므로 국가형벌권 행사로서의 처벌에 해당하지 아니한다. ( )

03 과징금은 행정상 제재금이고 범죄에 대한 국가 형벌권의 실행이 아니므로 행정법규 위반에 대해 벌금 이외에 과징금을 부과하는 것은 이중처벌금지의 원칙에 위반되지 않는다. ( )

04 「행정기본법」제28조제1항에 과징금 부과의 법적 근거를 마련하였으므로 행정청은 직접 이 규정에 근거하여 과징금을 부과할 수 있다. ( )

05 과징금의 근거가 되는 법률에는 과징금에 관한 부과·징수 주체, 부과 사유, 상한액, 가산금을 징수하려는 경우 그 사항, 과징금 또는 가산금 체납 시 강제징수를 하려는 경우 그 사항을 명확하게 규정하여야 한다. ( )

정답
01 O 02 O 03 O 04 × 05 O

3. 법적 성질

- 과징금부과처분은 통상 재량행위로 규정되고 있으나, 기속행위로 규정된 경우도 있다.

판례

부동산 실권리자명의 등기에 관한 법률 및 시행령상 명의신탁자에 대하여 과징금을 부과할 것인지 여부는 기속행위에 해당한다. 대법원 2007. 7. 12. 선고 2005두17287 판결 **01**

- 과징금납부의무는 일신전속적인 것이 아니므로 상속인에게 승계될 수 있다.

판례

부동산 실권리자명의 등기에 관한 법률 제5조에 의하여 부과된 과징금 채무는 대체적 급부가 가능한 의무이므로 위 과징금을 부과받은 자가 사망한 경우 그 상속인에게 포괄승계된다. 대법원 1999. 5. 14. 선고 99두35 판결 ★ **02**

4. 과징금의 부과

판례

1. 과징금부과처분은 반드시 현실적인 행위자가 아니라도 법령상 책임자로 규정된 자에게 부과되고 원칙적으로 위반자의 고의·과실을 요하지 아니하나, 위반자의 의무 해태를 탓할 수 없는 정당한 사유가 있는 등의 특별한 사정이 있는 경우에는 이를 부과할 수 없다. 대법원 2014. 10. 15. 선고 2013두5005 판결 ★★★ **03 04**

2. 공정거래법상 부과되는 과징금은 법이 규정한 범위 내에서 그 부과처분 당시까지 부과관청이 확인한 사실을 기초로 일의적으로 확정되어야 할 것이고, 그렇지 아니하고 부과관청이 과징금을 부과하면서 추후에 부과금 산정 기준이 되는 새로운 자료가 나올 경우에는 과징금액이 변경될 수도 있다고 유보한다든지, 실제로 추후에 새로운 자료가 나왔다고 하여 새로운 부과처분을 할 수는 없다. 대법원 1999. 5. 28. 선고 99두1571 판결 ★★ **05**

3. [1] 관할 행정청이 여객자동차운송사업자의 여러 가지 위반행위를 인지하였다면 전부에 대하여 일괄하여 5,000만 원의 최고한도 내에서 하나의 과징금 부과처분을 하는 것이 원칙이고, 인지한 여러 가지 위반행위 중 일부에 대해서만 우선 과징금 부과처분을 하고 나머지에 대해서는 차후에 별도의 과징금 부과처분을 하는 것은 다른 특별한 사정이 없는 한 허용되지 않는다. 만약 행정청이 여러 가지 위반행위를 인지하여 그 전부에 대하여 일괄하여 하나의 과징금 부과처분을 하는 것이 가능하였음에도 임의로 몇 가지로 구분하여 각각 별도의 과징금 부과처분을 할 수 있다고 보게 되면, 행정청이 여러 가지 위반행위에 대하여 부과할 수 있는 과징금의 최고한도액을 정한 구 여객자동차 운수사업법 시행령 제46조 제2항의 적용을 회피하는 수단으로 악용될 수 있기 때문이다. ★ **06**

[2] 관할 행정청이 여객자동차운송사업자가 범한 여러 가지 위반행위 중 일부만 인지하여 과징금 부과처분을 하였는데 그 후 과징금 부과처분 시점 이전에 이루어진 다른 위반행위를 인지하여 이에 대하여 별도의 과징금 부과처분을 하게 되는 경우에도 종전 과징금 부과처분의 대상이 된 위반행위와 추가 과징금 부과처분의 대상이 된 위반행위에 대하여 일괄하여 하나의 과징금 부과처분을 하는 경우와의 형평을 고려하여 추가 과징금 부과처분의 처분양정이 이루어져야 한다. 다시 말해, 행정청이 전체 위반행위에 대하여 하나의 과징금 부과처분을 할 경우에 산정되었을 정당한 과징금액에서 이미 부과된 과징금액을 뺀 나머지 금액을 한도로 하여서만 추가 과징금 부과처분을 할 수 있다. 행정청이 여러 가지 위반행위를 언제 인지하였느냐는 우연한 사정에 따라 처분상대방에게 부과되는 과징금의 총액이 달라지는 것은 그 자체로 불합리하기 때문이다. 대법원 2021. 2. 4. 선고 2020두48390 판결 ★ **07**

5. 납부기한 연기 및 분할 납부

행정기본법 제29조 【과징금의 납부기한 연기 및 분할 납부】
과징금은 한꺼번에 납부하는 것을 원칙으로 한다. 다만, 행정청은 과징금을 부과받은 자가 다음 각 호의 어느 하나에 해당하는 사유로 과징금 전액을 한꺼번에 내기 어렵다고 인정될 때에는 그 납부기한을 연기하거나 분할 납부하게 할 수 있으며, 이 경우 필요하다고 인정하면 담보를 제공하게 할 수 있다. ★ 01
1. 재해 등으로 재산에 현저한 손실을 입은 경우
2. 사업 여건의 악화로 사업이 중대한 위기에 처한 경우
3. 과징금을 한꺼번에 내면 자금 사정에 현저한 어려움이 예상되는 경우
4. 그 밖에 제1호부터 제3호까지에 준하는 경우로서 대통령령으로 정하는 사유가 있는 경우

행정기본법 시행령 제7조 【과징금의 납부기한 연기 및 분할 납부】
① 과징금 납부 의무자는 법 제29조 각 호 외의 부분 단서에 따라 과징금 납부기한을 연기하거나 과징금을 분할 납부하려는 경우에는 납부기한 10일 전까지 과징금 납부기한의 연기나 과징금의 분할 납부를 신청하는 문서에 같은 조 각 호의 사유를 증명하는 서류를 첨부하여 행정청에 신청해야 한다. ★ 02
③ 행정청은 법 제29조 각 호 외의 부분 단서에 따라 과징금 납부기한이 연기되거나 과징금의 분할 납부가 허용된 과징금 납부 의무자가 다음 각 호의 어느 하나에 해당하는 경우에는 그 즉시 과징금을 한꺼번에 징수할 수 있다.
  1. 분할 납부하기로 한 과징금을 그 납부기한까지 내지 않은 경우
  2. 담보 제공 요구에 따르지 않거나 제공된 담보의 가치를 훼손하는 행위를 한 경우
  3. 강제집행, 경매의 개시, 파산선고, 법인의 해산, 국세 또는 지방세 강제징수 등의 사유로 과징금의 전부 또는 나머지를 징수할 수 없다고 인정되는 경우
  4. 법 제29조 각 호의 사유가 해소되어 과징금을 한꺼번에 납부할 수 있다고 인정되는 경우

II 가산세

1. 의의

- 세법상 의무의 성실한 이행을 확보하기 위하여 납세자가 정당한 이유 없이 법에 규정된 신고·납세의무 등을 위반한 경우에 세법에 따라 산출한 세액에 가산하여 징수하는 금액을 말한다.

판례

1. 세법상 가산세는 과세권의 행사 및 조세채권의 실현을 용이하게 하기 위하여 납세자가 정당한 이유 없이 법에 규정된 신고, 납세 등 각종 의무를 위반한 경우에 개별세법이 정하는 바에 따라 부과되는 행정상의 제재로서 납세자의 고의, 과실은 고려되지 않는 반면, (중략) 그 의무해태를 탓할 수 없는 정당한 사유가 있는 경우에는 이를 과할 수 없다. 대법원 2005. 1. 27. 선고 2003두13632 판결 ★ 03
2. 가산세는 형벌이 아니므로 행위자의 고의 또는 과실·책임능력·책임조건 등을 고려하지 아니하고 가산세 과세요건의 충족 여부만을 확인하여 조세의 부과 절차에 따라 과징할 수 있다. 헌법재판소 2006. 7. 27. 선고 2004헌가13 전원재판부 ★ 04
3. 법령의 부지는 그 정당한 사유에 해당한다고 볼 수 없다. 대법원 1999. 12. 28. 선고 98두3532 판결 05

OX 체크

01 과징금은 한꺼번에 납부하는 것이 원칙이나 행정청은 과징금을 부과받은 자가 재해 등으로 재산에 현저한 손실을 입어 전액을 한꺼번에 내기 어렵다고 인정될 때에는 그 납부기한을 연기하거나 분할납부하게 할 수 있다. ( )

02 행정기본법령에 따르면, 과징금 납부 의무자가 과징금을 분할 납부하려는 경우에는 납부기한 7일 전까지 과징금의 분할 납부를 신청하는 문서에 해당 사유를 증명하는 서류를 첨부하여 행정청에 신청해야 한다. ( )

03 가산세는 납세자가 정당한 이유 없이 법에 규정된 신고, 납세 등 각종 의무를 위반한 경우에 개별세법이 정하는 바에 따라 부과되는 행정상의 제재로서 납세자의 고의·과실 또한 중요한 고려 요소가 된다. ( )

04 「법인세법」상 가산세는 형벌이 아니므로 행위자의 고의 또는 과실·책임능력·책임조건 등을 고려하지 아니하며, 조세의 부과절차에 따라 과징할 수 있다. ( )

05 세법상 가산세는 과세권 행사 및 조세채권 실현을 용이하게 하기 위하여 납세자가 정당한 이유 없이 법에 규정된 신고, 납세 등의 의무를 위반한 경우에 개별세법에 따라 부과하는 행정상 제재로서, 납세자의 고의·과실은 고려되지 아니하고 법령의 부지·착오 등은 그 의무위반을 탓할 수 없는 정당한 사유에 해당하지 아니한다. ( )

정답
01 O 02 × 03 × 04 O 05 O

OX 체크

01 납세의무자가 세무공무원의 잘못된 설명을 믿고 그 신고납부의무를 이행하지 아니한 경우에는 그것이 관계 법령에 어긋나는 것임이 명백하다고 하더라도 정당한 사유가 있는 경우에 해당한다. ( )

02 가산세는 세법에서 규정하는 의무의 성실한 이행을 확보하기 위하여 세법에 따라 산출한 본세액에 가산하여 징수하는 조세로서, 본세에 감면사유가 인정된다면 가산세도 감면대상에 포함된다. ( )

03 행정재산의 사용·수익 허가에 따른 사용료에 대하여는 「국세징수법」에 따라 가산금과 중가산금을 징수할 수 있고, 이는 미납분에 관한 지연이자의 의미로 부과되는 부대세의 일종이다. ( )

04 국세를 납부기한까지 납부하지 아니하면 과세권자의 가산금 확정절차 없이 「국세징수법」 제21조에 의하여 가산금이 당연히 발생하고 그 액수도 확정된다. ( )

05 구 「국세징수법」상 가산금 또는 중가산금의 고지는 항고소송의 대상이 되는 처분이 아니다. ( )

4. 납세의무자가 세무공무원의 잘못된 설명을 믿고 그 신고납부의무를 이행하지 아니하였다 하더라도 그것이 관계 법령에 어긋나는 것임이 명백한 때에는 그러한 사유만으로 정당한 사유가 있다고 볼 수 없다. 대법원 1997. 8. 22. 선고 96누15404 판결 ★ 01

5. 단순한 법률의 부지나 오해의 범위를 넘어 세법해석상 의의(疑意)로 인한 견해의 대립이 있는 등으로 인해 납세의무자가 그 의무를 알지 못하는 것이 무리가 아니었다고 할 수 있어서 그를 정당시할 수 있는 사정이 있을 때 또는 그 의무의 이행을 그 당사자에게 기대하는 것이 무리라고 하는 사정이 있을 때 등 그 의무를 게을리한 점을 탓할 수 없는 정당한 사유가 있는 경우에는 이러한 제재를 과할 수 없다. 또한 (중략) 가산세를 면할 정당한 사유가 있는지는 특별한 사정이 없는 한 개별 세법에 따른 신고·납부기한을 기준으로 판단하여야 한다. 대법원 2022. 1. 14. 선고 2017두41108 판결

2. 법적 성질: 가산금과의 비교

- 가산세 부과처분은 본세의 부과처분과 구분되는 독립한 별개의 과세처분이다(대법원 2005. 9. 30. 선고 2004두2356 판결).

[판례]

가산세는 세법에서 규정하는 의무의 성실한 이행을 확보하기 위하여 세법에 따라 산출한 본세액에 가산하여 징수하는 독립된 조세로서, 본세에 감면사유가 인정된다고 하여 가산세도 감면대상에 포함되는 것이 아니고, 반면에 그 의무를 이행하지 아니한 데 대한 정당한 사유가 있는 경우에는 본세 납세의무가 있더라도 가산세는 부과하지 않는다. 대법원 2018. 11. 29. 선고 2015두56120 판결 ★ 02

- 가산세와 달리 가산금은 미납된 금전에 대한 지연이자의 성격을 가지고, 독립한 처분이 되지 않는다.

[판례]

1. 가산금과 중가산금은 위 사용료가 납부기한까지 납부되지 않은 경우 미납분에 관한 지연이자의 의미로 부과되는 부대세의 일종이다. 대법원 2006. 3. 9. 선고 2004다31074 판결 ★ 03

2. 국세징수법이 규정하는 가산금 또는 중가산금은 국세를 납부기한까지 납부하지 아니하면 과세청의 확정절차 없이도 법률 규정에 의하여 당연히 발생하는 것이므로 가산금 또는 중가산금의 고지가 항고소송의 대상이 되는 처분이라고 볼 수 없다. 대법원 2005. 6. 10. 선고 2005다15482 판결 ★ 04 05

Ⅲ 명단의 공표(위반사실의 공표)

1. 의의

(1) 명단공표의 의의
- 행정법상 의무 위반이 있는 경우에 그 위반자의 성명·위반사실 등을 일반에게 공개하여 명예 또는 신용에 침해를 가함으로써 심리적인 압박을 가하여 간접적으로 행정법상의 의무이행을 확보하는 수단을 말한다.
- 고액·상습체납자의 명단공개, 병역기피자의 명단공개 등이 그 예이다.

정답
01 × 02 × 03 ○ 04 ○ 05 ○

(2) 행정절차법 규정

> **행정절차법 제40조의3 【위반사실 등의 공표】**
> ① 행정청은 법령에 따른 의무를 위반한 자의 성명·법인명·위반사실, 의무 위반을 이유로 한 처분사실 등(이하 "위반사실등"이라 한다)을 법률로 정하는 바에 따라 일반에게 공표할 수 있다. ★
> ② 행정청은 위반사실등의 공표를 하기 전에 사실과 다른 공표로 인하여 당사자의 명예·신용 등이 훼손되지 아니하도록 객관적이고 타당한 증거와 근거가 있는지를 확인하여야 한다.
> ③ 행정청은 위반사실등의 공표를 할 때에는 미리 당사자에게 그 사실을 통지하고 의견제출의 기회를 주어야 한다. 다만, 다음 각 호의 어느 하나에 해당하는 경우에는 그러하지 아니하다. ★ 01 02
>   1. 공공의 안전 또는 복리를 위하여 긴급히 공표를 할 필요가 있는 경우
>   2. 해당 공표의 성질상 의견청취가 현저히 곤란하거나 명백히 불필요하다고 인정될 만한 타당한 이유가 있는 경우
>   3. 당사자가 의견진술의 기회를 포기한다는 뜻을 명백히 밝힌 경우
> ④ 제3항에 따라 의견제출의 기회를 받은 당사자는 공표 전에 관할 행정청에 서면이나 말 또는 정보통신망을 이용하여 의견을 제출할 수 있다.
> ⑤ 제4항에 따른 의견제출의 방법과 제출 의견의 반영 등에 관하여는 제27조 및 제27조의2를 준용한다. 이 경우 "처분"은 "위반사실등의 공표"로 본다.
> ⑥ 위반사실등의 공표는 관보, 공보 또는 인터넷 홈페이지 등을 통하여 한다.
> ⑦ 행정청은 위반사실등의 공표를 하기 전에 당사자가 공표와 관련된 의무의 이행, 원상회복, 손해배상 등의 조치를 마친 경우에는 위반사실등의 공표를 하지 아니할 수 있다. ★ 03
> ⑧ 행정청은 공표된 내용이 사실과 다른 것으로 밝혀지거나 공표에 포함된 처분이 취소된 경우에는 그 내용을 정정하여, 정정한 내용을 지체 없이 해당 공표와 같은 방법으로 공표된 기간 이상 공표하여야 한다. 다만, 당사자가 원하지 아니하면 공표하지 아니할 수 있다. ★ 04

2. 구체적 판례

[판례]

[1] 병무청장이 병역법에 따라 병역의무 기피자의 인적사항 등을 인터넷 홈페이지에 게시하는 등의 방법으로 공개한 경우 병무청장의 공개결정을 항고소송의 대상이 되는 행정처분으로 보아야 한다. 그 구체적인 이유는 다음과 같다. ★ 05
① 병무청장이 하는 병역의무 기피자의 인적사항 등 공개는, 특정인을 병역의무 기피자로 판단하여 그 사실을 일반 대중에게 공표함으로써 그의 명예를 훼손하고 그에게 수치심을 느끼게 하여 병역의무 이행을 간접적으로 강제하려는 조치로서 병역법에 근거하여 이루어지는 공권력의 행사에 해당한다.
② 병무청장이 하는 병역의무 기피자의 인적사항 등 공개조치에는 특정인을 병역의무 기피자로 판단하여 그에게 불이익을 가한다는 행정결정이 전제되어 있고, 공개라는 사실행위는 행정결정의 집행행위라고 보아야 한다. 병무청장이 그러한 행정결정을 공개 대상자에게 미리 통보하지 않은 것이 적절한지는 본안에서 해당 처분이 적법한가를 판단하는 단계에서 고려할 요소이며, 병무청장이 그러한 행정결정을 공개 대상자에게 미리 통보하지 않았다거나 처분서를 작성·교부하지 않았다는 점만으로 항고소송의 대상적격을 부정하여서는 아니 된다. 06

OX 체크

01 「행정절차법」에 따르면, 행정청은 위반사실등의 공표를 할 때에는 특별한 사정이 없는 한 미리 당사자에게 그 사실을 통지하고 의견제출의 기회를 주어야 하며, 의견제출의 기회를 받은 당사자는 공표 전에 관할 행정청에 서면이나 말 또는 정보통신망을 이용하여 의견을 제출할 수 있다. ( )

02 「행정절차법」에 따르면, 위반사실등의 공표에 관하여 당사자가 의견진술의 기회를 포기한다는 뜻을 명백히 밝힌 경우라도 행정청은 미리 당사자에게 그 사실을 통지하고 의견제출의 기회를 주어야 한다. ( )

03 「행정절차법」에 따르면, 행정청은 위반사실등의 공표를 하기 전에 당사자가 공표와 관련된 의무의 이행, 원상회복, 손해배상 등의 조치를 마친 경우에는 위반사실등의 공표를 하지 아니할 수 있다. ( )

04 「행정절차법」에 따르면, 행정청은 공표된 내용이 사실과 다른 것으로 밝혀지거나 공표에 포함된 처분이 취소된 경우라도 당사자가 원하지 아니하면 정정한 내용을 공표하지 아니할 수 있다. ( )

05 병무청장이 「병역법」에 따라 병역의무 기피자의 인적사항 등을 인터넷 홈페이지에 게시하는 등의 방법으로 공개한 경우 병무청장의 공개결정은 항고소송의 대상이 되는 행정처분이다. ( )

06 병무청장이 「병역법」에 따라 병역의무 기피자의 인적사항 등을 공개하기로 하는 행정결정을 공개 대상자에게 미리 통보하지 않은 것이 적절한지는 본안에서 해당 처분이 적법한가를 판단하는 단계에서 고려할 요소이다. ( )

정답
01 O 02 × 03 O 04 O 05 O
06 O

OX 체크

01 「병역법」에 따라 관할 지방병무청장이 1차로 병역의무기피자 인적사항 공개 대상자 결정을 하고 그에 따라 병무청장이 같은 내용으로 최종적 공개결정을 하였더라도, 해당 공개 대상자는 관할 지방병무청장의 공개 대상자 결정을 다툴 수 있다. (   )

③ 병무청 인터넷 홈페이지에 공개 대상자의 인적사항 등이 게시되는 경우 그의 명예가 훼손되므로, 공개 대상자는 자신에 대한 공개결정이 병역법령에서 정한 요건과 절차를 준수한 것인지를 다툴 <u>법률상 이익</u>이 있다. 병무청장이 인터넷 홈페이지 등에 게시하는 사실행위를 함으로써 공개 대상자의 인적사항 등이 이미 공개되었더라도, 재판에서 병무청장의 공개결정이 위법함이 확인되어 <u>취소판결이 선고되는 경우</u>, 병무청장은 <u>취소판결의 기속력</u>에 따라 위법한 결과를 제거하는 조치를 할 의무가 있으므로 공개 대상자의 실효적 권리구제를 위해 병무청장의 공개결정을 행정처분으로 인정할 필요성이 있다. 만약 병무청장의 공개결정을 항고소송의 대상이 되는 처분으로 보지 않는다면 국가배상청구 외에는 침해된 권리 또는 법률상 이익을 구제받을 적절한 방법이 없다.

④ 관할 지방병무청장의 공개 대상자 결정은 병무청장의 최종적인 결정에 앞서 이루어지는 행정기관 내부의 중간적 결정에 불과하다. 가까운 시일 내에 최종적인 결정과 외부적인 표시가 예정된 상황에서, 외부에 표시되지 않은 행정기관 내부의 결정을 항고소송의 대상인 <u>처분으로 보아야 할 필요성은 크지 않다.</u> 관할 지방병무청장이 1차로 공개 대상자 결정을 하고, 그에 따라 <u>병무청장이 같은 내용으로 최종적 공개결정</u>을 하였다면, 공개 대상자는 <u>병무청장의 최종적 공개결정</u>만을 다투는 것으로 충분하고, 관할 <u>지방병무청장의 공개 대상자 결정</u>을 별도로 다툴 <u>소의 이익은 없어진다</u>. ★ 01

[2] 대법원이 이른바 양심적 병역거부가 병역법에서 정한 병역의무 불이행의 '정당한 사유'에 해당할 수 있다는 취지로 판례를 변경하자, 피고는 위 대법원 판례변경의 취지를 존중하여 이 사건 상고심 계속 중에 원고들에 대한 공개결정을 <u>직권으로 취소</u>한 다음, 그 사실을 원고들에게 개별적으로 통보하고 병무청 인터넷 홈페이지에서 <u>게시물을 삭제</u>한 사실을 인정할 수 있다. 따라서 이 사건 소는 이미 소멸하고 없는 처분의 무효확인 또는 취소를 구하는 것으로서 원칙적으로 <u>소의 이익이 소멸</u>하였다고 보아야 한다. 또한, 피고가 양심적 병역 거부자인 '여호와의 증인' 신도들에 대하여 대법원의 판례변경의 취지를 존중하여 당초 처분을 직권취소한 것이므로, 동일한 소송 당사자 사이에서 당초 처분과 동일한 사유로 위법한 처분이 반복될 위험성이 있어 행정처분의 위법성 확인이나 불분명한 법률문제에 대한 해명이 필요한 경우도 아니어서, 소의 이익을 예외적으로 인정할 필요도 없다. 결국 <u>이 사건 소는 부적법하다</u>고 판단된다. 대법원 2019. 6. 27. 선고 2018두49130 판결

Ⅳ 제재처분

1. 의의

(1) 제재처분의 의의

> **행정기본법 제2조 【정의】**
> 이 법에서 사용하는 용어의 뜻은 다음과 같다.
> 5. "제재처분"이란 법령등에 따른 의무를 위반하거나 이행하지 아니하였음을 이유로 <u>당사자에게 의무를 부과하거나 권익을 제한하는 처분</u>을 말한다. 다만, 제30조 제1항 각 호에 따른 <u>행정상 강제는 제외</u>한다.

• 법위반을 이유로 한 <u>영업허가 취소·정지, 징계처분, 과징금, 입찰참가자격제한</u> 등이 그 예이다.

정답
01 ×

(2) 행정형벌과의 병과 가부 : 가능

행정처분과 형벌은 각각 그 권력적 기초, 대상, 목적이 다르다. 일정한 법규 위반 사실이 행정처분의 전제사실이자 형사법규의 위반 사실이 되는 경우에 동일한 행위에 관하여 독립적으로 행정처분이나 형벌을 부과하거나 이를 병과할 수 있다. 법규가 예외적으로 형사소추 선행 원칙을 규정하고 있지 않은 이상 형사판결 확정에 앞서 일정한 위반사실을 들어 행정처분을 하였다고 하여 절차적 위반이 있다고 할 수 없다. 대법원 2017. 6. 19. 선고 2015두59808 판결 ★ 01

2. 행정기본법 규정

행정기본법 제22조 【제재처분의 기준】
① 제재처분의 근거가 되는 법률에는 제재처분의 주체, 사유, 유형 및 상한을 명확하게 규정하여야 한다. 이 경우 제재처분의 유형 및 상한을 정할 때에는 해당 위반행위의 특수성 및 유사한 위반행위와의 형평성 등을 종합적으로 고려하여야 한다.
② 행정청은 재량이 있는 제재처분을 할 때에는 다음 각 호의 사항을 고려하여야 한다.
 1. 위반행위의 동기, 목적 및 방법, 2. 위반행위의 결과, 3. 위반행위의 횟수

3. 제재처분의 부과

1. 행정법규 위반에 대한 제재조치는 행정목적의 달성을 위하여 행정법규 위반이라는 객관적 사실에 착안하여 가하는 제재이므로, 반드시 현실적인 행위자가 아니라도 법령상 책임자로 규정된 자에게 부과되고, 특별한 사정이 없는 한 위반자에게 고의나 과실이 없더라도 부과할 수 있다. 다만, 그렇다고 하여 위반자의 의무 해태를 탓할 수 없는 정당한 사유가 있는 경우까지 부과할 수 있는 것은 아니다.
대법원 2017. 5. 11. 선고 2014두8773 판결 ★★★ 02

2. 여기에서 '의무위반을 탓할 수 없는 정당한 사유'가 있는지를 판단할 때에는 직업정보제공사업자 본인이나 그 대표자의 주관적인 인식을 기준으로 하는 것이 아니라, 그의 가족, 대리인, 피용인 등과 같이 본인에게 책임을 객관적으로 귀속시킬 수 있는 관계자 모두를 기준으로 판단하여야 한다. 대법원 2021. 2. 25. 선고 2020두51587 판결

OX 체크

01 일정한 법규위반 사실이 행정처분의 전제사실이자 형사법규의 위반사실이 되는 경우, 형사판결이 확정되기 전에 그 위반사실을 이유로 제재처분을 하였다면 절차적 위반에 해당한다. ( )

02 행정법규 위반에 대하여 가하는 제재조치는 반드시 현실적인 행위자가 아니라도 법령상 책임자로 규정된 자에게 부과되고 특별한 사정이 없는 한 위반자에게 고의나 과실이 없더라도 부과할 수 있다. ( )

정답
01 ✗ 02 ○

4. 제재처분의 제척기간

행정기본법 제23조 【제재처분의 제척기간】
① 행정청은 법령등의 위반행위가 종료된 날부터 5년이 지나면 해당 위반행위에 대하여 제재처분(인허가의 정지·취소·철회, 등록 말소, 영업소 폐쇄와 정지를 갈음하는 과징금 부과를 말한다. 이하 이 조에서 같다)을 할 수 없다. ★★★ 01 02
② 다음 각 호의 어느 하나에 해당하는 경우에는 제1항을 적용하지 아니한다. ★
  1. 거짓이나 그 밖의 부정한 방법으로 인허가를 받거나 신고를 한 경우
  2. 당사자가 인허가나 신고의 위법성을 알고 있었거나 중대한 과실로 알지 못한 경우
  3. 정당한 사유 없이 행정청의 조사·출입·검사를 기피·방해·거부하여 제척기간이 지난 경우
  4. 제재처분을 하지 아니하면 국민의 안전·생명 또는 환경을 심각하게 해치거나 해칠 우려가 있는 경우
③ 행정청은 제1항에도 불구하고 행정심판의 재결이나 법원의 판결에 따라 제재처분이 취소·철회된 경우에는 재결이나 판결이 확정된 날부터 1년(합의제행정기관은 2년)이 지나기 전까지는 그 취지에 따른 새로운 제재처분을 할 수 있다. 03
④ 다른 법률에서 제1항 및 제3항의 기간보다 짧거나 긴 기간을 규정하고 있으면 그 법률에서 정하는 바에 따른다. 04

5. 구체적 판례

1. 효력기간이 정해져 있는 제재적 행정처분의 효력이 발생한 이후에도 행정청은 특별한 사정이 없는 한 상대방에 대한 별도의 처분으로써 효력기간의 시기와 종기를 다시 정할 수 있다. 이는 당초의 제재적 행정처분이 유효함을 전제로 그 구체적인 집행시기만을 변경하는 후속 변경처분이다. 이러한 후속 변경처분도 특별한 규정이 없는 한 의사표시에 관한 일반법리에 따라 상대방에게 고지되어야 효력이 발생한다. 위와 같은 후속 변경처분서에 효력기간의 시기와 종기를 다시 특정하는 대신 당초 제재적 행정처분의 집행을 특정 소송사건의 판결시까지 유예한다고 기재되어 있다면, 처분의 효력기간은 원칙적으로 그 사건의 판결 선고 시까지 진행이 정지되었다가 판결이 선고되면 다시 진행된다. 다만 이러한 후속 변경처분 권한은 특별한 사정이 없는 한 당초의 제재적 행정처분의 효력이 유지되는 동안에만 인정된다. 당초의 제재적 행정처분에서 정한 효력기간이 경과하면 그로써 처분의 집행은 종료되어 처분의 효력이 소멸하는 것이므로, 그 후 동일한 사유로 다시 제재적 행정처분을 하는 것은 위법한 이중처분에 해당한다. 대법원 2022. 2. 11. 선고 2021두40720 판결 ★★★ 05 06

2. 화물자동차 운수사업법 시행령상 '위반행위의 횟수에 따른 가중처분기준'이 적용되려면 실제 선행 위반행위가 있고 그에 대하여 유효한 제재처분이 이루어졌음에도 그 제재처분일로부터 1년 이내에 다시 같은 내용의 위반행위가 적발된 경우이면 족하다고 보아야 한다. 선행 위반행위에 대한 선행 제재처분이 반드시 구 시행령 [별표 1] 제재처분기준 제2호에 명시된 처분내용대로 이루어진 경우이어야 할 필요는 없으며, 선행 제재처분에 처분의 종류를 잘못 선택하거나 처분양정에서 재량권을 일탈·남용한 하자가 있었던 경우라고 해서 달리 볼 것은 아니다. 대법원 2020. 5. 28. 선고 2017두73693 판결 07

3. 요양기관 등이 이미 서류보존의무를 위반하여 요양·약제의 지급 등 보험급여 내지 진료·약제의 지급 등 의료급여에 관한 서류를 보존하고 있지 않음을 이유로 서류제출명령에 응할 수 없는 경우에는 처분청이 요양기관 등에 서류제출명령 불이행을 이유로 제재를 할 수 없음이 원칙이지만, 요양기관 등이 서류제출명령을 받을 것을 예상하였거나 실제 서류제출명령이 부과되었음에도 이를 회피할 의도에서 급여 관계 서류를 폐기하는 경우에는 처분청이 요양기관 등에 서류제출명령 불이행을 이유로 제재처분을 부과할 수 있다. 대법원 2023. 12. 21. 선고 2023두42904 판결

V 시정명령

1. 의의

- 행정법규 위반에 의해 초래된 위법상태를 제거하는 것을 명하는 행정행위를 말한다.

2. 시정명령의 대상

1. 비록 하도급법 위반행위가 있었더라도 그 위반행위의 결과가 더 이상 존재하지 않는다면 하도급법에 의한 시정명령을 할 수 없다고 보아야 한다. 대법원 2015. 12. 10. 선고 2013두35013 판결 ★ 01
2. 독점규제 및 공정거래에 관한 법률에 의한 시정명령이 지나치게 구체적인 경우 매일 매일 다소간의 변형을 거치면서 행해지는 수많은 거래에서 정합성이 떨어져 결국 무의미한 시정명령이 되므로 그 본질적인 속성상 다소간의 포괄성·추상성을 띨 수밖에 없다 할 것이고, 한편 시정명령 제도를 둔 취지에 비추어 시정명령의 내용은 과거의 위반행위에 대한 중지는 물론 가까운 장래에 반복될 우려가 있는 동일한 유형의 행위의 반복금지까지 명할 수는 있는 것으로 해석함이 상당하다. 대법원 2003. 2. 20. 선고 2001두5347 전원합의체 판결 ★ 02

3. 시정명령의 상대방

1. 산림법령상 채석허가는 대물적 허가의 성질을 가지는 점 등을 감안하여 보면, 수허가자가 사망한 경우 특별한 사정이 없는 한 수허가자의 상속인이 수허가자로서의 지위를 승계한다고 봄이 상당하다. 산림법에 따른 원상회복명령에 따른 복구의무는 타인이 대신하여 행할 수 있는 의무로서 일신전속적인 성질을 가진 것으로 보기 어려운 점 등에 비추어 보면, 산림을 무단형질변경한 자가 사망한 경우 당해 토지의 소유권 또는 점유권을 승계한 상속인은 그 복구의무를 부담한다고 봄이 상당하고, 따라서 관할 행정청은 그 상속인에 대하여 복구명령을 할 수 있다고 보아야 한다. 대법원 2005. 8. 19. 선고 2003두9817 판결 ★ 03
2. 건축법상 시정명령은 대지나 건축물이 건축 관련 법령 또는 건축 허가 조건을 위반한 상태를 해소하기 위한 조치를 명하는 처분으로, 건축 관련 법령 등을 위반한 객관적 사실이 있으면 할 수 있고, 원칙적으로 시정명령의 상대방에게 고의·과실을 요하지 아니하며 대지 또는 건축물의 위법상태를 직접 초래하거나 또는 그에 관여한 바 없다고 하더라도 부과할 수 있다. 그러나 건축법상 위법상태의 해소를 목적으로 하는 시정명령 제도의 본질상, 시정명령의 이행을 기대할 수 없는 자, 즉 대지 또는 건축물의 위법상태를 시정할 수 있는 법률상 또는 사실상의 지위에 있지 않은 자는 구 건축법 제79조 제1항에 따른 시정명령의 상대방이 될 수 없다. 대법원 2022. 10. 14 선고 2021두45008 판결
3. 위법건축물에 대한 건축주 명의를 갖는 명의만 빌려준 명목상 건축주도 명의가 도용되었다는 등의 특별한 사정이 있지 않은 한 시정명령의 상대방이 되는 건축주에 해당한다. 대법원 2008. 7. 24. 선고 2007두5639 판결
4. 원고가 이 사건 각 건물의 소유자인 회사의 대표이사로서 실질적으로 이 사건 각 건물을 관리하여 왔다는 등의 판시 사정들을 종합하여, 원고가 이 사건 각 건물의 관리자로서 이 사건 각 건물의 위법상태를 직접 초래하거나 또는 그에 관여하였으므로, 이 사건 건축법 위반행위에 대한 시정명령의 상대방이 될 수 있다고 한 사례. 대법원 2016. 10. 27. 선고 2016두41811 판결

OX 체크

01 시정명령이란 행정법령의 위반행위로 초래된 위법상태의 제거 내지 시정을 명하는 행정행위를 말하는 것으로서, 그 위법행위의 결과가 더 이상 존재하지 않는다면 시정명령을 할 수 없다. ( )

02 「독점규제 및 공정거래에 관한 법률」상의 시정명령은 과거의 위반행위는 물론 가까운 장래에 반복될 우려가 있는 위반행위에 대해서도 할 수 있다. ( )

03 구 「산림법」에 의해 형질변경허가를 받지 아니하고 산림을 형질변경한 자가 사망한 경우, 해당 토지의 소유권을 승계한 상속인은 그 복구의무를 부담하지 않으므로, 행정청은 그 상속인에 대하여 복구명령을 할 수 없다. ( )

정답
01 O 02 O 03 ×

4. 구체적 판례

판례

1. 관할청이 시정을 요구하면서 부여한 기간이 너무 불합리하거나 부당하지 않는 한 단기간이라는 이유만으로 그 시정 요구가 위법하다고 볼 수는 없으며, 또한 시정이 가능한 사항에 대하여만 시정 요구할 것을 전제로 하고 있다거나 시정이 불가능하여 시정 요구가 무의미한 경우에는 임원취임승인취소처분을 할 수 없다고 해석할 수는 없다. 대법원 2007. 7. 19. 선고 2006두19297 전원합의체 판결 ★ 01

2. 건축법 및 기타 관계 법령에 국민이 행정청에 대하여 제3자에 대한 건축허가의 취소나 준공검사의 취소 또는 제3자 소유의 건축물에 대한 철거 등의 조치를 요구할 수 있다는 취지의 규정이 없고, 같은 법 제69조 제1항 등은 각 조항 소정의 사유가 있는 경우에 시장·군수·구청장에게 건축허가 등을 취소하거나 건축물의 철거 등 필요한 조치를 명할 수 있는 권한 내지 권능을 부여한 것에 불과할 뿐, 시장·군수·구청장에게 그러한 의무가 있음을 규정한 것은 아니므로 위 조항들도 그 근거 규정이 될 수 없으며, 그 밖에 조리상 이러한 권리가 인정된다고 볼 수도 없다. 대법원 1999. 12. 7. 선고 97누17568 판결 ★ 02

Ⅵ 공급거부

- 행정법상 의무를 위반한 자에 대하여 행정상의 서비스 또는 재화의 공급을 거부하는 행위를 말한다.
- 권력적 사실행위로서 처분성이 인정된다.

Ⅶ 관허사업의 제한

1. 의의

- 행정법상 의무를 위반한 자에 대하여 각종 인·허가를 거부하거나 또는 철회·정지할 수 있게 함으로써 행정법상 의무의 준수 또는 이행을 간접적으로 강제하는 수단을 말한다.

2. 종류

(1) **관련 관허사업의 제한**
- 의무불이행과 관련이 있는 사업에 대한 제한을 말한다.
- 건축법상 위법건축물을 이용한 영업허가의 제한, 국세징수법상 체납자에 대한 관련 관허사업의 제한 등이 그 예이다.

(2) **일반적 관허사업의 제한**
- 의무불이행과 관련이 없는 사업 일반에 대한 제한을 말한다.
- 병역법상 병역의무불이행자에 대한 관허사업의 제한 등이 그 예이다.
- 부당결부금지의 원칙에 위배되는지 여부에 대한 견해의 대립이 있다.

OX 체크

01 관할청이 시정을 요구하면서 부여한 기간이 너무 불합리하거나 부당하지 않는 한 단기간이라는 이유만으로 그 시정 요구가 위법하다고 볼 수는 없다. (　)

02 규제권한발동에 관해 행정청의 재량을 인정하는 「건축법」의 규정은 소정의 사유가 있는 경우 행정청에 건축물의 철거 등을 명할 수 있는 권한을 부여한 것일 뿐만 아니라, 행정청에 그러한 의무가 있음을 규정한 것이다. (　)

정답
01 ○　02 ×

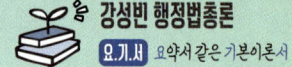

Chapter 1 행정절차

Chapter 2 행정정보

PART

05

행정절차와 행정정보

Chapter 01 행정절차

주제 47 행정절차법

I 행정절차의 헌법적 근거: 적법절차의 원칙

[판례]

1. 적법절차의 원칙은 헌법조항에 규정된 형사절차상의 제한된 범위 내에서만 적용되는 것이 아니라 국가작용으로서 기본권제한과 관련되든 관련되지 않든 모든 입법작용 및 행정작용에도 광범위하게 적용된다. 헌법재판소 1992. 12. 24. 선고 92헌가8 결정 ★ 01 02

2. [1] 개별 세법에서 납세고지에 관한 별도의 규정을 두지 않은 경우라 하더라도 해당 본세의 납세고지서에 국세징수법이 규정한 것과 같은 세액의 산출근거 등이 기재되어 있지 않다면 그 과세처분은 적법하지 않다. 이는 적법절차의 원칙이 과세처분에도 적용됨에 따른 당연한 귀결이다. 같은 맥락에서, 하나의 납세고지서에 의하여 복수의 과세처분을 함께 하는 경우에는 과세처분별로 그 세액과 산출근거 등을 구분하여 기재함으로써 납세의무자가 각 과세처분의 내용을 알 수 있도록 해야 하는 것 역시 당연하다고 할 것이다. ★ 03

   [2] 하나의 납세고지서에 의하여 본세와 가산세를 함께 부과할 때에는 납세고지서에 본세와 가산세 각각의 세액과 산출근거 등을 구분하여 기재해야 하는 것이고, 또 여러 종류의 가산세를 함께 부과하는 경우에는 그 가산세 상호 간에도 종류별로 세액과 산출근거 등을 구분하여 기재함으로써 납세의무자가 납세고지서 자체로 각 과세처분의 내용을 알 수 있도록 하는 것이 당연한 원칙이다. 대법원 2012. 10. 18. 선고 2010두12347 판결

II 행정절차법 총칙

1. 총칙 규정

행정절차법 제2조【정의】
이 법에서 사용하는 용어의 뜻은 다음과 같다.
4. "당사자등"이란 다음 각 목의 자를 말한다. ★★ 04
  가. 행정청의 처분에 대하여 직접 그 상대가 되는 당사자
  나. 행정청이 직권으로 또는 신청에 따라 행정절차에 참여하게 한 이해관계인

행정절차법 제4조【신의성실 및 신뢰보호】
② 행정청은 법령등의 해석 또는 행정청의 관행이 일반적으로 국민들에게 받아들여졌을 때에는 공익 또는 제3자의 정당한 이익을 현저히 해칠 우려가 있는 경우를 제외하고는 새로운 해석 또는 관행에 따라 소급하여 불리하게 처리하여서는 아니 된다.

OX 체크

01 헌법 제12조 제1항에서 규정하고 있는 적법절차의 원칙은 형사소송절차에 국한되지 않고 모든 국가작용 전반에 대하여 적용되는 원칙이므로 세무공무원의 세무조사권의 행사에서도 적법절차의 원칙은 준수되어야 한다. ( )

02 헌법 제12조 제1항과 제3항은 형사사건의 적법절차에 관한 규정이므로 행정절차에는 적용되지 아니한다. ( )

03 하나의 납세고지서에 의하여 복수의 과세처분을 함께하는 경우에는 과세처분별로 그 세액과 산출근거 등을 구분하여 기재함으로써 납세의무자가 각 과세처분의 내용을 알 수 있도록 해야 한다. ( )

04 「행정절차법」상 사전통지 및 의견제출에 대한 권리를 부여하고 있는 '당사자등'에는 불이익처분의 직접 상대방인 당사자와 행정청이 직권으로 또는 신청에 따라 행정절차에 참여하게 한 이해관계인, 그 밖에 제3자가 포함된다. ( )

01 ○ 02 × 03 ○ 04 ×

행정절차법 제8조【행정응원】
⑤ 행정응원을 위하여 파견된 직원은 응원을 요청한 행정청의 지휘·감독을 받는다. 다만, 해당 직원의 복무에 관하여 다른 법령등에 특별한 규정이 있는 경우에는 그에 따른다. 01
⑥ 행정응원에 드는 비용은 응원을 요청한 행정청이 부담하며, 그 부담금액 및 부담방법은 응원을 요청한 행정청과 응원을 하는 행정청이 협의하여 결정한다. 02

2. 당사자등

행정절차법 제9조【당사자등의 자격】
다음 각 호의 어느 하나에 해당하는 자는 행정절차에서 당사자등이 될 수 있다.
1. 자연인, 2. 법인, 법인이 아닌 사단 또는 재단

행정절차법 제10조【지위의 승계】
① 당사자등이 사망하였을 때의 상속인과 다른 법령등에 따라 당사자등의 권리 또는 이익을 승계한 자는 당사자등의 지위를 승계한다.
② 당사자등인 법인등이 합병하였을 때에는 합병 후 존속하는 법인등이나 합병 후 새로 설립된 법인등이 당사자등의 지위를 승계한다.
③ 제1항 및 제2항에 따라 당사자등의 지위를 승계한 자는 행정청에 그 사실을 통지하여야 한다.
④ 처분에 관한 권리 또는 이익을 사실상 양수한 자는 행정청의 승인을 받아 당사자등의 지위를 승계할 수 있다. ★ 03
⑤ 제3항에 따른 통지가 있을 때까지 사망자 또는 합병 전의 법인등에 대하여 행정청이 한 통지는 제1항 또는 제2항에 따라 당사자등의 지위를 승계한 자에게도 효력이 있다.

행정절차법 제11조【대표자】
① 다수의 당사자등이 공동으로 행정절차에 관한 행위를 할 때에는 대표자를 선정할 수 있다.
② 행정청은 제1항에 따라 당사자등이 대표자를 선정하지 아니하거나 대표자가 지나치게 많아 행정절차가 지연될 우려가 있는 경우에는 그 이유를 들어 상당한 기간 내에 3인 이내의 대표자를 선정할 것을 요청할 수 있다. 이 경우 당사자등이 그 요청에 따르지 아니하였을 때에는 행정청이 직접 대표자를 선정할 수 있다.
③ 당사자등은 대표자를 변경하거나 해임할 수 있다.
④ 대표자는 각자 그를 대표자로 선정한 당사자등을 위하여 행정절차에 관한 모든 행위를 할 수 있다. 다만, 행정절차를 끝맺는 행위에 대하여는 당사자등의 동의를 받아야 한다. ★
⑤ 대표자가 있는 경우에는 당사자등은 그 대표자를 통하여서만 행정절차에 관한 행위를 할 수 있다. ★ 04
⑥ 다수의 대표자가 있는 경우 그중 1인에 대한 행정청의 행위는 모든 당사자등에게 효력이 있다. 다만, 행정청의 통지는 대표자 모두에게 하여야 그 효력이 있다. ★ 05

행정절차법 제12조【대리인】
① 당사자등은 다음 각 호의 어느 하나에 해당하는 자를 대리인으로 선임할 수 있다.
  1. 당사자등의 배우자, 직계 존속·비속 또는 형제자매
  2. 당사자등이 법인등인 경우 그 임원 또는 직원
  3. 변호사
  4. 행정청 또는 청문 주재자(청문의 경우만 해당한다)의 허가를 받은 자
② 대리인에 관하여는 제11조제3항·제4항 및 제6항을 준용한다.

OX 체크

01 행정응원을 위하여 파견된 직원은 당해 직원의 복무에 관하여 다른 법령 등에 특별한 규정이 없는 한, 응원을 요청한 행정청의 지휘·감독을 받는다. ( )

02 행정응원에 드는 비용은 응원을 요청한 행정청이 부담하며, 그 부담금액 및 부담방법은 응원을 하는 행정청이 결정한다. ( )

03 처분에 관한 권리 또는 이익을 사실상 양수한 자는 행정청의 승인을 받아 당사자등의 지위를 승계할 수 있다. ( )

04 다수의 당사자등에 의해 선정된 대표자가 있는 경우에는 당사자등은 직접 또는 그 대표자를 통하여 행정절차에 관한 행위를 할 수 있다. ( )

05 다수의 당사자등이 공동으로 행정절차에 관한 행위를 할 때에는 대표자를 선정할 수 있고, 다수의 대표자가 있는 경우 그중 1인에 대한 행정청의 행위는 모든 당사자등에게 효력이 있지만, 행정청의 통지는 대표자 모두에게 하여야 그 효력이 있다. ( )

정답
01 O 02 X 03 O 04 X 05 O

3. 행정절차법의 적용범위

(1) 행정절차법 규정

행정절차법 제3조【적용 범위】
① 처분, 신고, 확약, 위반사실 등의 공표, 행정계획, 행정상 입법예고, 행정예고 및 행정지도의 절차에 관하여 다른 법률에 특별한 규정이 있는 경우를 제외하고는 이 법에서 정하는 바에 따른다. ★ 01
② 이 법은 다음 각 호의 어느 하나에 해당하는 사항에 대하여는 적용하지 아니한다. ★ 02 03
   1. 국회 또는 지방의회의 의결을 거치거나 동의 또는 승인을 받아 행하는 사항
   2. 법원 또는 군사법원의 재판에 의하거나 그 집행으로 행하는 사항
   3. 헌법재판소의 심판을 거쳐 행하는 사항
   4. 각급 선거관리위원회의 의결을 거쳐 행하는 사항
   5. 감사원이 감사위원회의 결정을 거쳐 행하는 사항
   6. 형사, 행형 및 보안처분 관계 법령에 따라 행하는 사항
   7. 국가안전보장·국방·외교 또는 통일에 관한 사항 중 행정절차를 거칠 경우 국가의 중대한 이익을 현저히 해칠 우려가 있는 사항
   8. 심사청구, 해양안전심판, 조세심판, 특허심판, 행정심판, 그 밖의 불복절차에 따른 사항
   9. 「병역법」에 따른 징집·소집, 외국인의 출입국·난민인정·귀화, 공무원 인사 관계 법령에 따른 징계와 그 밖의 처분, 이해 조정을 목적으로 하는 법령에 따른 알선·조정·중재·재정 또는 그 밖의 처분 등 해당 행정작용의 성질상 행정절차를 거치기 곤란하거나 거칠 필요가 없다고 인정되는 사항과 행정절차에 준하는 절차를 거친 사항으로서 대통령령으로 정하는 사항

행정절차법 시행령 제2조【적용제외】
법 제3조 제2항 제9호에서 "대통령령으로 정하는 사항"이라 함은 다음 각 호의 어느 하나에 해당하는 사항을 말한다.
   5. 조세관계법령에 의한 조세의 부과·징수에 관한 사항
   6. 「독점규제 및 공정거래에 관한 법률」, 「하도급거래 공정화에 관한 법률」, 「약관의 규제에 관한 법률」에 따라 공정거래위원회의 의결·결정을 거쳐 행하는 사항
   8. 학교·연수원등에서 교육·훈련의 목적을 달성하기 위하여 학생·연수생등을 대상으로 행하는 사항

(2) 제3조 제2항 제9호의 해석

판례

1. 공무원 인사 관계 법령에 의한 처분에 관한 사항 전부에 대하여 행정절차법의 적용이 배제되는 것이 아니라 성질상 행정절차를 거치기 곤란하거나 불필요하다고 인정되는 처분이나 행정절차에 준하는 절차를 거치도록 하고 있는 처분의 경우에만 행정절차법의 적용이 배제된다. 대법원 2007. 9. 21. 선고 2006두20631 판결 ★★ 04

2. 행정절차법의 적용이 제외되는 '외국인의 출입국에 관한 사항'이란 해당 행정작용의 성질상 행정절차를 거치기 곤란하거나 거칠 필요가 없다고 인정되는 사항이나 행정절차에 준하는 절차를 거친 사항으로서 행정절차법 시행령으로 정하는 사항만을 가리킨다. '외국인의 출입국에 관한 사항'이라고 하여 행정절차를 거칠 필요가 당연히 부정되는 것은 아니다. 대법원 2019. 7. 11. 선고 2017두38874 판결 ★

OX 체크

01 행정절차에 관하여는 「행정절차법」이 다른 법률 규정에 우선하여 적용된다. ( )

02 지방의회의 동의를 얻어 행하는 처분에 대해서는 「행정절차법」이 적용되지 아니한다. ( )

03 헌법재판소의 심판을 거쳐 행하는 사항 및 「병역법」에 따른 집집·소집에 대해서는 「행정절차법」이 적용되지 아니한다. ( )

04 행정절차법령이 '공무원 인사관계 법령에 의한 처분에 관한 사항'에 대하여 「행정절차법」의 적용이 배제되는 것으로 규정하고 있는 이상, '공무원 인사관계 법령에 의한 처분에 관한 사항' 전부에 대해 「행정절차법」의 적용이 배제되는 것으로 보아야 한다. ( )

정답
01 ✕ 02 ○ 03 ○ 04 ✕

(3) 행정절차법이 적용되지 않는 것으로 본 사례

1. 국가공무원법상 **직위해제처분**은 당해 행정작용의 성질상 행정절차를 거치기 곤란하거나 불필요하다고 인정되는 사항 또는 행정절차에 준하는 절차를 거친 사항에 해당하므로, 처분의 사전통지 및 의견청취 등에 관한 행정절차법의 규정이 별도로 적용되지 않는다. 대법원 2014. 5. 16. 선고 2012두26180 판결 ★★★ **01**
2. 군인사법상 **보직해임처분**. 대법원 2014. 10. 15. 선고 2012두5756 판결 ★ **02**
3. 국적법상 **귀화**. 대법원 2018. 12. 13. 선고 2016두31616 판결 ★ **03**
4. **공정거래위원회**의 시정조치 및 과징금납부명령에 행정절차법 소정의 의견청취절차 생략사유가 존재한다고 하더라도, 공정거래위원회는 행정절차법을 적용하여 의견청취절차를 생략할 수는 없다. 대법원 2001. 5. 8. 선고 2000두10212 판결 ★ **04**

(4) 행정절차법이 적용되는 것으로 본 사례

1. **별정직 공무원**에 대한 직권면직 처분. 대법원 2013. 1. 16. 선고 2011두30687 판결 ★★ **05**
2. **산업기능요원 편입취소처분**. 대법원 2002. 9. 6. 선고 2002두554 판결 ★ **06**
3. **진급예정자 명단에 포함된 자의 진급선발을 취소**하는 처분은 행정절차법의 적용이 제외되는 경우에 해당한다고 할 수 없으며, 나아가 원고가 수사과정 및 징계과정에서 자신의 비위행위에 대한 해명기회를 가졌다는 사정만으로 사전통지를 하지 않거나 의견제출의 기회를 주지 아니하여도 되는 예외적인 경우에 해당한다고 할 수 없으므로, 군인사법령에 의하여 진급예정자명단에 포함된 자에 대하여 의견제출의 기회를 부여하지 아니한 채 진급선발을 취소하는 처분을 한 것은 절차상 하자가 있어 위법하다. 대법원 2007. 9. 21. 선고 2006두20631 판결 ★★ **07**
4. **외국인의 사증발급 신청에 대한 거부처분**이 그 성질상 행정절차법 제24조에서 정한 '처분서 작성·교부'를 할 필요가 없거나 곤란하다고 일률적으로 단정하기 어렵다. 또한 출입국관리법에 사증발급 거부처분서 작성에 관한 규정을 따로 두고 있지 않으므로, 외국인의 사증발급 신청에 대한 거부처분을 하면서 행정절차법 제24조에 정한 절차를 따르지 않고 '행정절차에 준하는 절차'로 대체할 수도 없다. 대법원 2019. 7. 11. 선고 2017두38874 판결
5. [1] 징계와 같은 불이익처분절차에서 징계심의대상자에게 **변호사를 통한 방어권의 행사**를 보장하는 것이 필요하고, 징계심의대상자가 선임한 변호사가 징계위원회에 출석하여 징계심의대상자를 위하여 필요한 의견을 진술하는 것은 방어권 행사의 본질적 내용에 해당하므로, 행정청은 특별한 사정이 없는 한 이를 거부할 수 없다. ★★ **08**

   [2] 행정절차법 시행령은 '학교·연수원 등에서 교육·훈련의 목적을 달성하기 위하여 학생·연수생들을 대상으로 하는 사항'을 행정절차법의 적용이 제외되는 경우로 규정하고 있으나, 이는 교육과정과 내용의 구체적 결정, 과제의 부과, 성적의 평가, 공식적 징계에 이르지 아니한 질책·훈계 등과 같이 **교육·훈련의 목적을 직접 달성**하기 위하여 행하는 사항을 말하는 것으로 보아야 하고, **생도에 대한 퇴학처분**과 같이 **신분을 박탈**하는 징계처분은 여기에 해당한다고 볼 수 없다. ★ **09**

OX 체크

01 「국가공무원법」상 직위해제처분은 공무원의 인사상 불이익을 주는 처분이므로 「행정절차법」상 사전통지 및 의견청취절차를 거쳐야 한다. ( )

02 「군인사법」에 따라 당해 직무를 수행할 능력이 없다고 인정하여 장교를 보직해임 하는 경우, 처분의 근거와 이유 제시 등에 관하여 「행정절차법」의 규정이 적용된다. ( )

03 구 「국적법」에 따른 귀화는 성질상 행정절차를 거치기 곤란하거나 거칠 필요가 없다고 인정되는 사항이 아니므로, 처분의 이유제시를 규정한 「행정절차법」이 적용된다. ( )

04 공정거래위원회의 시정조치 및 과징금납부명령에 「행정절차법」 소정의 의견청취절차 생략사유가 존재하면 공정거래위원회는 「행정절차법」을 적용하여 의견청취절차를 생략할 수 있다. ( )

05 별정직 공무원인 대통령기록관장에 대한 직권면직 처분에는 처분의 사전통지 및 의견청취 등에 관한 「행정절차법」 규정이 적용되지 않는다. ( )

06 산업기능요원편입취소처분에 대해서는 「행정절차법」이 적용되지 아니한다. ( )

07 공무원 인사관계 법령에 따른 처분에 관하여는 「행정절차법」 적용을 배제하고 있으므로, 군인사법령에 의하여 진급예정자명단에 포함된 자에 대하여 의견제출의 기회를 부여하지 아니하고 진급선발취소처분을 한 것이 절차상 하자가 있어 위법하다고 할 수 없다. ( )

08 징계심의대상자가 선임한 변호사가 징계위원회에 출석하여 징계심의대상자를 위하여 필요한 의견을 진술하는 것은 방어권 행사의 본질적 내용에 해당하므로, 행정청은 특별한 사정이 없는 한 이를 거부할 수 없다. ( )

09 「행정절차법 시행령」 제2조 제8호는 '학교·연수원 등에서 교육·훈련의 목적을 달성하기 위하여 학생·연수생들을 대상으로 하는 사항'을 「행정절차법」이 적용되지 않는 경우로 규정하고 있으나 생도의 퇴학처분과 같이 신분을 박탈하는 징계처분은 여기에 해당한다고 할 수 없다. ( )

정답
01 ✕ 02 ✕ 03 ✕ 04 ✕ 05 ✕
06 ✕ 07 ✕ 08 ○ 09 ○

OX체크

01 육군3사관학교의 사관생도에 대한 징계절차에서 징계심의대상자가 대리인으로 선임한 변호사가 징계위원회 심의에 출석하여 진술하려고 하였음에도, 징계권자나 그 소속 직원이 변호사가 징계위원회의 심의에 출석하는 것을 막은 후 내린 징계위원회의 징계의결에 따른 징계처분은 특별한 사정이 없는 한 위법하여 원칙적으로 취소되어야 한다. ( )

02 대통령이 한국방송공사 사장을 해임하면서 사전통지절차를 거치지 않은 경우에는 그 해임처분은 위법하다. ( )

03 처분기준의 설정·공표의 규정은 침익적 처분뿐만 아니라 수익적 처분의 경우에도 적용된다. ( )

04 인허가의제의 경우 관련 인허가 행정청은 관련 인허가의 처분기준을 주된 인허가 행정청에 제출하여야 하고, 주된 인허가 행정청은 제출받은 관련 인허가의 처분기준을 통합하여 공표하여야 한다. ( )

05 처분기준을 공표하는 것이 해당 처분의 성질상 현저히 곤란하거나 공공의 안전 또는 복리를 현저히 해치는 것으로 인정될 만한 상당한 이유가 있는 경우에는 처분기준을 공표하지 아니할 수 있다. ( )

06 행정청이 처분기준 사전공표 의무를 위반하여 미리 공표하지 아니한 기준을 적용하여 처분을 하였다고 하더라도, 그러한 사정만으로 곧바로 해당 처분에 취소사유에 이를 정도의 흠이 존재한다고 볼 수는 없다. ( )

[3] 육군3사관학교의 사관생도에 대한 징계절차에서 징계심의대상자가 대리인으로 선임한 변호사가 징계위원회 심의에 출석하여 진술하려고 하였음에도, 징계권자나 그 소속 직원이 변호사가 징계위원회의 심의에 출석하는 것을 막았다면 징계위원회 심의·의결은 절차적 정당성이 상실되어 그 징계의결에 따른 징계처분은 위법하여 원칙적으로 취소되어야 한다. 다만 징계심의대상자의 대리인이 관련된 행정절차나 소송절차에서 이미 실질적인 증거조사를 하고 의견을 진술하는 절차를 거쳐서 징계심의대상자의 방어권 행사에 실질적으로 지장이 초래되었다고 볼 수 없는 특별한 사정이 있는 경우에는, 징계권자가 징계심의대상자의 대리인에게 징계위원회에 출석하여 의견을 진술할 기회를 주지 아니하였더라도 그로 인하여 징계위원회 심의에 절차적 정당성이 상실되었다고 볼 수 없으므로 징계처분을 취소할 것은 아니다. 대법원 2018. 3. 13. 선고 2016두33339 판결 ★★ **01**

6. 대통령의 한국방송공사 사장의 해임. 대법원 2012. 2. 23. 선고 2011두5001 판결 ★ **02**

7. (정규공무원으로 임용된 사람에게 시보임용처분 당시 지방공무원법에 정한 공무원임용 결격사유가 있어 시보임용처분을 취소하고 그에 따라 정규임용처분을 취소한 사안에서) 정규임용처분을 취소하는 처분은 성질상 행정절차를 거치는 것이 불필요하여 행정절차법의 적용이 배제되는 경우에 해당하지 않으므로, 그 처분을 하면서 사전통지를 하거나 의견제출의 기회를 부여하지 않은 것은 위법하다. 대법원 2009. 1. 30. 선고 2008두16155 판결

Ⅲ 공통의 처분절차

1. 처분기준의 설정·공표 **03**

> **행정절차법 제20조【처분기준의 설정·공표】**
> ① 행정청은 필요한 처분기준을 해당 처분의 성질에 비추어 되도록 구체적으로 정하여 공표하여야 한다. 처분기준을 변경하는 경우에도 또한 같다. ★
> ②「행정기본법」제24조에 따른 인허가의제의 경우 관련 인허가 행정청은 관련 인허가의 처분기준을 주된 인허가 행정청에 제출하여야 하고, 주된 인허가 행정청은 제출받은 관련 인허가의 처분기준을 통합하여 공표하여야 한다. 처분기준을 변경하는 경우에도 또한 같다. **04**
> ③ 제1항에 따른 처분기준을 공표하는 것이 해당 처분의 성질상 현저히 곤란하거나 공공의 안전 또는 복리를 현저히 해치는 것으로 인정될 만한 상당한 이유가 있는 경우에는 처분기준을 공표하지 아니할 수 있다. ★ **05**
> ④ 당사자등은 공표된 처분기준이 명확하지 아니한 경우 해당 행정청에 그 해석 또는 설명을 요청할 수 있다. 이 경우 해당 행정청은 특별한 사정이 없으면 그 요청에 따라야 한다.

판례

1. 행정청이 행정절차법 제20조 제1항의 처분기준 사전공표 의무를 위반하여 미리 공표하지 아니한 기준을 적용하여 처분을 하였다고 하더라도, 그러한 사정만으로 곧바로 해당 처분에 취소사유에 이를 정도의 흠이 존재한다고 볼 수는 없다. (중략) 구체적인 이유는 다음과 같다. ★★
① 행정청이 행정절차법 제20조 제1항에 따라 정하여 공표한 처분기준은, 그것이 해당 처분의 근거 법령에서 구체적 위임을 받아 제정·공포되었다는 특별한 사정이 없는 한, 원칙적으로 대외적 구속력이 없는 행정규칙에 해당한다. ★ **06**

정답
01 ○ 02 ○ 03 ○ 04 ○ 05 ○
06 ○

② 처분이 적법한지는 행정규칙에 적합한지 여부가 아니라 상위법령의 규정과 입법목적 등에 적합한지 여부에 따라 판단해야 한다. 처분이 행정규칙을 위반하였다고 하여 그러한 사정만으로 곧바로 위법하게 되는 것은 아니고, 처분이 행정규칙을 따른 것이라고 하여 적법성이 보장되는 것도 아니다. 행정청이 미리 공표한 기준, 즉 행정규칙을 따랐는지 여부가 처분의 적법성을 판단하는 결정적인 지표가 되지 못하는 것과 마찬가지로, 행정청이 미리 공표하지 않은 기준을 적용하였는지 여부도 처분의 적법성을 판단하는 결정적인 지표가 될 수 없다. ★ 01

③ 행정청이 정하여 공표한 처분기준이 과연 구체적인지 또는 행정절차법 제20조 제2항에서 정한 처분기준 사전공표 의무의 예외사유에 해당하는지는 일률적으로 단정하기 어렵고, 구체적인 사안에 따라 개별적으로 판단하여야 한다. 만약 행정청이 행정절차법 제20조 제1항에 따라 구체적인 처분기준을 사전에 공표한 경우에만 적법하게 처분을 할 수 있는 것이라고 보면, 처분의 적법성이 지나치게 불안정해지고 개별법령의 집행이 사실상 유보·지연되는 문제가 발생하게 된다. 대법원 2020. 12. 24. 선고 2018두45633 판결

2. 행정청으로 하여금 처분기준을 구체적으로 정하여 공표하도록 한 것은 해당 처분이 가급적 미리 공표된 기준에 따라 이루어질 수 있도록 함으로써 해당 처분의 상대방으로 하여금 결과에 대한 예측가능성을 높이고 이를 통하여 행정의 공정성, 투명성, 신뢰성을 확보하며 행정청의 자의적인 권한행사를 방지하기 위한 것이다. 그러나 처분의 성질상 처분기준을 미리 공표하는 경우 행정목적을 달성할 수 없게 되거나 행정청에 일정한 범위 내에서 재량권을 부여함으로써 구체적인 사안에서 개별적인 사정을 고려하여 탄력적으로 처분이 이루어지도록 하는 것이 오히려 공공의 안전 또는 복리에 더 적합한 경우도 있다. 그러한 경우에는 행정절차법 제20조 제2항에 따라 처분기준을 따로 공표하지 않거나 개략적으로만 공표할 수도 있다. (중략) 공증인법에 따른 공증인가는 지역별 사정과 공증수요를 고려하여 결정하여야 하므로 성질상 처분기준을 공표하는 것이 현저히 곤란한 경우에 해당한다고 볼 수 있다. 대법원 2019. 12. 13. 선고 2018두41907 판결

2. 처분의 이유제시 02

행정절차법 제23조 【처분의 이유 제시】
① 행정청은 처분을 할 때에는 다음 각 호의 어느 하나에 해당하는 경우를 제외하고는 당사자에게 그 근거와 이유를 제시하여야 한다. ★
  1. 신청 내용을 모두 그대로 인정하는 처분인 경우
  2. 단순·반복적인 처분 또는 경미한 처분으로서 당사자가 그 이유를 명백히 알 수 있는 경우
  3. 긴급히 처분을 할 필요가 있는 경우
② 행정청은 제1항 제2호 및 제3호의 경우에 처분 후 당사자가 요청하는 경우에는 그 근거와 이유를 제시하여야 한다. ★ 03 04 05

행정절차법 시행령 제14조의2 【처분의 이유제시】
행정청은 법 제23조의 규정에 의하여 처분의 이유를 제시하는 경우에는 처분의 원인이 되는 사실과 근거가 되는 법령 또는 자치법규의 내용을 구체적으로 명시하여야 한다.

OX 체크

01 행정청이 미리 공표한 처분기준인 행정규칙을 따랐는지 여부가 처분의 적법성을 판단하는 결정적인 지표가 되지 못하는 것과 마찬가지로, 행정청이 미리 공표하지 않은 처분기준을 적용하였는지 여부도 처분의 적법성을 판단하는 결정적인 지표가 될 수 없다. ( )

02 행정청은 침익적 행정처분의 경우에만 이유를 제시하여야 하고 수익적 행정처분의 경우에는 이유제시를 하지 않아도 무방하다. ( )

03 행정청은 당사자의 신청 내용을 모두 그대로 인정하는 처분을 하는 경우에도 처분 후 당사자가 요청하는 경우에는 그 근거와 이유를 제시하여야 한다. ( )

04 「행정절차법」상 행정청은 처분을 할 때에 단순·반복적인 처분 또는 경미한 처분으로서 당사자가 그 이유를 명백히 알 수 있는 경우에는 처분 후 당사자가 요청하더라도 당사자에게 그 근거와 이유를 제시하지 않아도 된다. ( )

05 긴급히 처분을 할 필요가 있는 경우, 처분 후 당사자가 요청하더라도 행정청은 그 근거와 이유를 제시하지 않아도 된다. ( )

정답
01 ○ 02 × 03 × 04 × 05 ×

OX 체크

01 과세처분 시 납세고지서에 법으로 규정한 과세표준 등의 기재가 누락되면 그 과세처분 자체가 위법한 처분이 되어 취소의 대상이 된다. ( )

02 처분 당시 당사자가 어떠한 근거와 이유로 처분이 이루어진 것인지를 충분히 알 수 있어서 그에 불복하여 행정구제절차로 나아가는 데에 별다른 지장이 없었던 것으로 인정되는 경우에도 처분서에 처분의 근거와 이유가 구체적으로 명시되어 있지 않았다면 그 처분은 위법하다. ( )

03 행정청이 처분을 하면서 당사자가 그 근거를 알 수 있을 정도로 이유를 제시한 경우에는 처분의 근거와 이유를 구체적으로 명시하지 않았더라도 그로 말미암아 그 처분이 위법하다고 볼 수는 없다. ( )

04 당사자가 근거규정 등을 명시하여 신청하는 인·허가 등을 거부하는 처분을 함에 있어 당사자가 그 근거를 알 수 있을 정도로 상당한 이유를 제시한 경우에는 당해 처분의 근거 및 이유를 구체적 조항 및 내용까지 명시하지 않더라도 그로 말미암아 그 처분이 위법한 것이 된다고 할 수 없다. ( )

05 교육부장관이 부적격사유가 없는 후보자들 사이에서 어떤 후보자를 상대적으로 더욱 적합하다고 판단하여 국립대학교의 총장으로 임용제청을 하였다면, 그러한 임용제청행위 자체로서 이유제시의무를 다한 것이다. ( )

06 교육부장관이 어떤 후보자를 총장 임용에 부적격하다고 판단하여 배제하고 다른 후보자를 임용제청하는 경우라면 그러한 임용제청행위 자체로서 「행정절차법」상 이유제시의무를 다한 것이다. ( )

판례

1. 허가의 취소처분에는 그 근거가 되는 법령과 처분을 받은 자가 어떠한 위반사실에 대하여 당해처분이 있었는지를 알 수 있을 정도의 위 법령에 해당하는 사실의 적시를 요한다. 대법원 1984. 7. 10. 선고 82누551 판결

2. 세무서장이 주류도매업자에 대하여 일반주류도매업면허취소통지를 하면서 그 구체적 위반사실을 특정하지 아니한 경우, 그 면허취소처분은 위법하다. 대법원 1990. 9. 11. 선고 90누1786 판결

3. 납세고지서에 과세표준등의 기재를 누락시킨 하자가 있는 때에는 적법한 부과결정의 고지라 볼 수 없어 부과처분 자체가 위법한 것이므로 설사 납세의무자가 사실상 과세표준과 세액 등을 알고 쟁송에 이르렀다 하여 그 위법이 치유될 수는 없다 할 것이다. 대법원 1984. 6. 26. 선고 83누679 판결 **01**

4. 처분청이 변상금 부과처분을 함에 있어서 그 납부고지서 또는 적어도 사전통지서에 그 산출근거를 밝히지 아니하였다면 위법한 것이고, 위 시행령에 변상금 산정의 기초가 되는 사용료의 산정방법에 관한 규정이 마련되어 있다고 하여 산출근거를 명시할 필요가 없다거나, 부과통지서 등에 위 시행령 제56조를 명기함으로써 간접적으로 산출근거를 명시하였다고는 볼 수 없다. 대법원 2001. 12. 14. 선고 2000두86 판결

5. 행정청의 자의적 결정을 배제하고 당사자로 하여금 행정구제절차에서 적절히 대처할 수 있도록 하는 처분의 근거 및 이유제시 제도의 취지에 비추어, 처분을 하면서 당사자가 그 근거를 알 수 있을 정도로 이유를 제시한 경우에는 처분의 근거와 이유를 구체적으로 명시하지 않았더라도 그로 말미암아 그 처분이 위법하다고 볼 수는 없다. 이때 '이유를 제시한 경우'는 처분서에 기재된 내용과 관계 법령 및 당해 처분에 이르기까지의 전체적인 과정 등을 종합적으로 고려하여, 처분 당시 당사자가 어떠한 근거와 이유로 처분이 이루어진 것인지를 충분히 알 수 있어서 그에 불복하여 행정구제절차로 나아가는 데 별다른 지장이 없었다고 인정되는 경우를 뜻한다. 대법원 2019. 1. 31. 선고 2016두64975 판결 **03**

6. 처분 당시 당사자가 어떠한 근거와 이유로 처분이 이루어진 것인지를 충분히 알 수 있어서 그에 불복하여 행정구제절차로 나아가는 데에 별다른 지장이 없었던 것으로 인정되는 경우에는 처분서에 처분의 근거와 이유가 구체적으로 명시되어 있지 않다고 하더라도 그로 말미암아 그 처분이 위법한 것으로 된다고 할 수는 없다. 대법원 2013. 11. 14. 선고 2011두18571 판결 ★★★ **02**

7. 일반적으로 당사자가 근거규정 등을 명시하여 신청하는 인·허가 등을 거부하는 처분을 함에 있어 당사자가 그 근거를 알 수 있을 정도로 상당한 이유를 제시한 경우에는 당해 처분의 근거 및 이유를 구체적 조항 및 내용까지 명시하지 않았더라도 그로 말미암아 그 처분이 위법한 것이 된다고 할 수 없다. 대법원 2002. 5. 17. 선고 2000두8912 판결 ★★★ **04**

8. 교육부장관이 어떤 후보자를 총장 임용에 부적격하다고 판단하여 배제하고 다른 후보자를 임용제청하는 경우라면 배제한 후보자에게 연구윤리 위반, 선거부정, 그 밖의 비위행위 등과 같은 부적격사유가 있다는 점을 구체적으로 제시할 의무가 있다. **06**
그러나 부적격사유가 없는 후보자들 사이에서 어떤 후보자를 상대적으로 더욱 적합하다고 판단하여 임용제청하는 경우라면, 이는 후보자의 경력, 인격, 능력, 대학운영계획 등 여러 요소를 종합적으로 고려하여 총장 임용의 적격성을 정성적으로 평가하는 것으로 그 판단 결과를 수치화하거나 이유제시를 하기 어려울 수 있다. 이 경우에는 교육부장관이 어떤 후보자를 총장으로 임용제청하는 행위 자체에 그가 총장으로 더욱 적합하다는 정성적 평가 결과가 당연히 포함되어 있는 것으로, 이로써 행정절차법상 이유제시의무를 다한 것이라고 보아야 한다. 여기에서 나아가 교육부장관에게 개별 심사항목이나 고려요소에 대한 평가 결과를 더 자세히 밝힐 의무까지는 없다. 대법원 2018. 6. 15. 선고 2016두57564 판결 ★ **05**

정답

01 O 02 × 03 O 04 O 05 O
06 ×

3. 처분의 형식 : 문서주의

> **행정절차법 제24조 【처분의 방식】**
> ① 행정청이 처분을 할 때에는 다른 법령등에 특별한 규정이 있는 경우를 제외하고는 문서로 하여야 하며, 다음 각 호의 어느 하나에 해당하는 경우에는 전자문서로 할 수 있다.
>   1. 당사자등의 동의가 있는 경우
>   2. 당사자가 전자문서로 처분을 신청한 경우
> ② 제1항에도 불구하고 공공의 안전 또는 복리를 위하여 긴급히 처분을 할 필요가 있거나 사안이 경미한 경우에는 말, 전화, 휴대전화를 이용한 문자 전송, 팩스 또는 전자우편 등 문서가 아닌 방법으로 처분을 할 수 있다. 이 경우 당사자가 요청하면 지체 없이 처분에 관한 문서를 주어야 한다. ★ 01
> ③ 처분을 하는 문서에는 그 처분 행정청과 담당자의 소속·성명 및 연락처(전화번호, 팩스번호, 전자우편주소 등을 말한다)를 적어야 한다.

[판례]

1. 사증발급 신청에 대한 거부처분이 성질상 행정절차법 제24조에서 정한 '처분서 작성·교부'를 할 필요가 없거나 곤란하다고 일률적으로 단정하기 어렵다. 또한 출입국관리법령에 사증발급 거부처분서 작성에 관한 규정을 따로 두고 있지 않으므로, 외국인의 사증발급 신청에 대한 거부처분을 하면서 행정절차법 제24조에 정한 절차를 따르지 않고 '행정절차에 준하는 절차'로 대체할 수도 없다. 나아가 사증발급 거부처분이 문서에 의한 처분 방식의 예외로 행정절차법 제24조 제1항 단서에서 정한 '신속히 처리할 필요가 있거나 사안이 경미한 경우'에 해당한다고 볼 수도 없다. 따라서 피고의 사증발급 거부처분에는 행정절차법 제24조 제1항을 위반한 하자가 있다. 대법원 2019. 7. 11. 선고 2017두38874 판결 ★ 02

2. [1] 전자문서법의 규정에 비추어 보면, 전자우편은 물론 휴대전화 문자메시지도 전자문서에 해당한다고 할 것이므로, 휴대전화 문자메시지가 전자문서법에서 정한 요건을 갖춘 이상 폐기물관리법 시행규칙에서 정한 서면의 범위에 포함된다고 할 것이다. 다만, 행정청이 폐기물관리법 시행규칙에서 정한 폐기물 조치명령을 전자문서로 하고자 할 때에는 구 행정절차법 제24조 제1항에 따라 당사자의 동의가 필요하다.
[2] 반복적으로 이루어진 조치명령 중 일부는 전자우편을 통해 피고인에게 송달되었는데, 피고인이 전자우편을 통한 송달에 이의를 제기하지 않았고, 그 결과 피고인이 위와 같이 전자우편으로 송달된 폐기물 조치명령을 이행하지 않았다는 이유로 과거에 형사처벌을 받은 적이 있는 사실을 알 수 있다. 그러나 과거에 피고인이 동일한 내용의 폐기물 조치명령을 전자우편으로 송달받고도 이의를 제기하지 않았다는 사정만으로, 피고인이 이 사건 조치명령을 휴대전화 문자메시지로 송달받는 데에 동의하였다고 볼 수는 없다. 결국, 이 사건 조치명령은 당사자의 동의가 없었음에도 전자문서로 이루어진 처분으로서 구 행정절차법 제24조 제1항을 위반한 하자가 있다. 대법원 2024. 5. 9. 선고 2023도3914 판결

3. [1] 행정청이 문서로 처분을 한 경우 원칙적으로 처분서의 문언에 따라 어떤 처분을 하였는지 확정하여야 한다. 그러나 처분서의 문언만으로는 행정청이 어떤 처분을 하였는지 불분명한 경우에는 처분 경위와 목적, 처분 이후 상대방의 태도 등 여러 사정을 고려하여 처분서의 문언과 달리 처분의 내용을 해석할 수 있다. 특히 행정청이 행정처분을 하면서 논리적으로 당연히 수반되어야 하는 의사표시를 명시적으로 하지 않았다고 하더라도, 그것이 행정청의 추단적 의사에도 부합하고 상대방도 이를 알 수 있는 경우에는 행정처분에 위와 같은 의사표시가 묵시적으로 포함되어 있다고 볼 수 있다. ★★ 03 04
[2] 임시이사는 이사의 결원을 보충하기 위하여 정식이사가 선임될 때까지만 재임하는 것이 원칙이므로, 정식이사의 선임과 종전 임시이사의 해임은 동시에 이루어져야 한다. 따라서 새로 선임된 정식이사와 종전 임시이사가 일시적으로라도 병존하여야 하는 다른 특별한 사정이 없는 한, 관할 행정청이 사회복지법인의 정식이사 선임보고를 수리하는 처분에는 정식이사가 선임되어 이사의 결원이 해소되었음을 이유로 종전 임시이사를 해임하는 의사표시, 즉 임시이사 해임처분이 포함된 것으로 보아야 한다. 대법원 2020. 10. 29. 선고 2017다269152 판결

OX 체크

01 행정청은 공공의 안전 또는 복리를 위하여 긴급히 처분을 할 필요가 있어 처분을 말로써 하는 경우, 당사자가 요청하면 지체 없이 해당 처분에 관한 문서를 주어야 한다. ( )

02 외국인의 출입국에 관한 사항은 「행정절차법」이 적용되지 않으므로, 미국국적을 가진 교민에 대한 사증거부처분에 대해서도 처분의 방식에 관한 「행정절차법」 제24조는 적용되지 않는다. ( )

03 「행정절차법」상 문서주의 원칙에도 불구하고, 행정청의 처분서의 문언만으로는 행정청이 어떤 처분을 하였는지 불분명하다는 등 특별한 사정이 있는 때에는 처분 경위나 처분 이후의 상대방의 태도 등 다른 사정을 고려하여 처분서의 문언과 달리 그 처분의 내용을 해석할 수도 있다. ( )

04 행정청이 행정처분을 하면서 논리적으로 당연히 수반되어야 하는 의사표시를 명시적으로 하지 않았다고 하더라도, 그것이 행정청의 추단적 의사에도 부합하고 상대방도 이를 알 수 있는 경우에는 행정처분에 위와 같은 의사표시가 묵시적으로 포함되어 있다고 볼 수 있다. ( )

정답
01 ○ 02 ✕ 03 ○ 04 ○

OX 체크

01 행정청은 처분에 오기, 오산 기타 이에 준하는 명백한 잘못이 있는 때에는 직권 또는 신청에 의하여 지체 없이 정정하고 이를 당사자에게 통지하여야 한다. ( )

02 처분의 처리기간에 관한 규정은 강행규정이므로 행정청이 처리기간이 지나 처분을 하였다면 이는 처분을 취소할 절차상 하자로 볼 수 있다. ( )

4. 처분서의 문언만으로도 행정청이 어떤 처분을 하였는지가 <u>분명</u>한데도 처분 경위나 처분 이후의 상대방의 태도 등 다른 사정을 고려하여 <u>처분서의 문언과는 달리 다른 처분까지 포함되어 있는 것으로 확대해석해서는 안 된다.</u> 대법원 2017. 8. 29. 선고 2016두44186 판결

4. 그 밖의 절차

행정절차법 제25조【처분의 정정】
행정청은 처분에 오기, 오산 또는 그 밖에 이에 준하는 명백한 잘못이 있을 때에는 직권으로 또는 신청에 따라 지체 없이 정정하고 그 사실을 당사자에게 통지하여야 한다. **01**

행정절차법 제26조【고지】
행정청이 처분을 할 때에는 당사자에게 그 처분에 관하여 행정심판 및 행정소송을 제기할 수 있는지 여부, 그 밖에 불복을 할 수 있는지 여부, 청구절차 및 청구기간, 그 밖에 필요한 사항을 알려야 한다.

Ⅳ 신청에 따른 처분(수익적 처분)의 절차

1. 처분의 신청

행정절차법 제17조【처분의 신청】
(내용 생략, 자세한 내용은 '주제39. 신청' 참고)

행정절차법 제18조【다수의 행정청이 관여하는 처분】
(내용 생략, 자세한 내용은 '주제39. 신청' 참고)

2. 처리기간의 설정·공표

행정절차법 제19조【처리기간의 설정·공표】
① 행정청은 신청인의 편의를 위하여 처분의 <u>처리기간을 종류별로 미리 정하여 공표하여야 한다.</u>
② 행정청은 부득이한 사유로 제1항에 따른 처리기간 내에 처분을 처리하기 곤란한 경우에는 <u>해당 처분의 처리기간의 범위에서 한 번만 그 기간을 연장할 수 있다.</u>

<u>처리기간에 관한 규정은 훈시규정</u>에 불과할 뿐 강행규정이라고 볼 수 없다. 행정청이 <u>처리기간이 지나</u> 처분을 하였더라도 이를 처분을 취소할 <u>절차상 하자로 볼 수 없다.</u> 민원처리법 시행령 제23조에 따른 민원처리진행상황 통지도 민원인의 편의를 위한 부가적인 제도일 뿐, 그 통지를 하지 않았더라도 이를 처분을 취소할 절차상 하자로 볼 수 없다. 대법원 2019. 12. 13. 선고 2018두41907 판결 ★★ **02**

정답
01 O 02 ✕

Ⅴ 침익적 처분의 절차① : 사전통지

1. 사전통지의 대상 : 의무 부과 또는 권익 제한

> 행정절차법 제21조【처분의 사전 통지】
> ① 행정청은 당사자에게 의무를 부과하거나 권익을 제한하는 처분을 하는 경우에는 미리 다음 각 호의 사항을 당사자등에게 통지하여야 한다. ★
> 　3. 처분하려는 원인이 되는 사실과 처분의 내용 및 법적 근거
> 　6. 의견제출기한
> ③ 제1항 제6호에 따른 기한은 의견제출에 필요한 기간을 10일 이상으로 고려하여 정하여야 한다. ★ 01

- 상대방의 귀책사유로 야기된 하자를 이유로 수익적 행정행위를 취소하는 처분도 사전통지의 대상이 된다. 02

1. 신청에 따른 처분이 이루어지지 아니한 경우에는 아직 당사자에게 권익이 부과되지 아니하였으므로 특별한 사정이 없는 한 신청에 대한 거부처분이라고 하더라도 직접 당사자의 권익을 제한하는 것은 아니어서 신청에 대한 거부처분을 여기에서 말하는 '당사자의 권익을 제한하는 처분'에 해당한다고 할 수 없는 것이어서 처분의 사전통지대상이 된다고 할 수 없다. 대법원 2003. 11. 28. 선고 2003두674 판결 ★★★ 03
2. 국민건강보험공단의 자격변경(직장가입자의 피부양자를 지역가입자로 변경)처분은 갑의 피부양자 자격을 소급하여 박탈하는 내용을 포함하므로, 국민건강보험공단은 위 처분에 앞서 갑에게 행정절차법 제21조 제1항에 따라 사전통지를 하거나 의견 제출의 기회를 주어야 하고, 이를 하지 않은 것은 절차상 하자에 해당한다. 대법원 2024. 7. 18. 선고 2023두36800 전원합의체 판결 ★ 04

2. 사전통지의 상대방 : 당사자등

1. 불이익처분의 직접 상대방인 당사자 또는 행정청이 참여하게 한 이해관계인이 아닌 제3자에 대하여는 사전통지 및 의견제출에 관한 행정절차법 제21조, 제22조가 적용되지 않는다. 대법원 2009. 4. 23. 선고 2008두686 판결 ★★ 05
2. 행정절차법은 국가를 '당사자등'에서 제외하지 않고 있다. (중략) 행정기관의 처분에 의하여 불이익을 입게 되는 국가를 일반 국민과 달리 취급할 이유가 없다. 따라서 국가에 대해 행정처분을 할 때에도 사전 통지, 의견청취, 이유 제시와 관련한 행정절차법이 그대로 적용된다고 보아야 한다. 대법원 2023. 9. 21. 선고 2023두39724 판결 ★★★ 06
3. 영업시간 제한 등 처분의 대상인 대규모점포 중 개설자의 직영매장 이외에 개설자에게서 임차하여 운영하는 임대매장이 병존하는 경우에도, 전체 매장에 대하여 법령상 대규모점포 등의 유지·관리 책임을 지는 개설자만이 처분상대방이 되고, 임대매장의 임차인이 별도로 처분상대방이 되는 것은 아니다. 대법원 2015. 11. 19. 선고 2015두295 전원합의체 판결 ★ 07

OX 체크

01 행정청은 당사자에게 사전통지를 하면서 의견제출에 필요한 기간을 10일 이상으로 고려하여 정하여 통지하여야 한다. ( )

02 상대방의 귀책사유로 야기된 처분의 하자를 이유로 수익적 행정행위를 취소하는 경우에는 특별한 규정이 없는 한 「행정절차법」상 사전통지의 대상이 되지 않는다. ( )

03 수익적 행정행위의 신청에 대한 거부처분은 직접 당사자의 권익을 제한하는 처분에 해당하므로, 그 거부처분은 「행정절차법」상 처분의 사전통지대상이 된다. ( )

04 국민건강보험공단의 자격변경(직장가입자의 피부양자를 지역가입자로 변경)처분은 처분 상대방의 피부양자 자격을 소급하여 박탈하는 내용을 포함하므로, 국민건강보험공단은 위 처분에 앞서 상대방에게 「행정절차법」 제21조 제1항에 따라 사전통지를 하거나 의견 제출의 기회를 주어야 하고, 이를 하지 않은 것은 절차상 하자에 해당한다. ( )

05 행정청은 행정처분으로 인하여 권익을 침해받게 되는 제3자에 대하여 처분의 원인이 되는 사실과 처분의 내용 및 법적 근거를 미리 통지하여야 한다. ( )

06 국가에 대해 행정처분을 할 때에도 사전 통지, 의견청취, 이유 제시와 관련한 「행정절차법」이 그대로 적용된다고 보아야 한다. ( )

07 대형마트 영업시간 제한 등 처분의 대상인 대규모점포 중 개설자의 직영매장 외에 개설자로부터 임차하여 운영하는 임대매장이 병존하는 경우, 전체 매장에 대하여 법령상 대규모점포 등의 유지·관리 책임을 지는 개설자만이 그 처분상대방이 되므로, 임대매장의 임차인들을 상대로 별도의 사전통지 등 절차를 거칠 필요가 없다. ( )

정답

01 ○　02 ×　03 ×　04 ○　05 ×
06 ○　07 ○

3. 사전통지의 생략사유 : 긴·반·성

> **행정절차법 제21조 【처분의 사전 통지】**
> ④ 다음 각 호의 어느 하나에 해당하는 경우에는 제1항에 따른 통지를 하지 아니할 수 있다. ★
> 1. 공공의 안전 또는 복리를 위하여 긴급히 처분을 할 필요가 있는 경우
> 2. 법령등에서 요구된 자격이 없거나 없어지게 되면 반드시 일정한 처분을 하여야 하는 경우에 그 자격이 없거나 없어지게 된 사실이 법원의 재판 등에 의하여 객관적으로 증명된 경우 **01**
> 3. 해당 처분의 성질상 의견청취가 현저히 곤란하거나 명백히 불필요하다고 인정될 만한 상당한 이유가 있는 경우
> ⑥ 제4항에 따라 사전 통지를 하지 아니하는 경우 행정청은 처분을 할 때 당사자등에게 통지를 하지 아니한 사유를 알려야 한다. 다만, 신속한 처분이 필요한 경우에는 처분 후 그 사유를 알릴 수 있다.

판례

1. '고시'의 방법으로 불특정 다수인을 상대로 의무를 부과하거나 권익을 제한하는 처분은 성질상 의견제출의 기회를 주어야 하는 상대방을 특정할 수 없으므로, 이와 같은 처분에 있어서까지 구 행정절차법 제22조 제3항에 의하여 그 상대방에게 의견제출의 기회를 주어야 한다고 해석할 것은 아니다. 대법원 2014. 10. 27. 선고 2012두7745 판결 ★★★ **02**

2. 도로법이 도로구역을 결정하거나 변경할 경우 이를 고시에 의하도록 하면서, 그 도면을 일반인이 열람할 수 있도록 한 점 등을 종합하여 보면, 도로구역을 변경한 이 사건 처분은 행정절차법 제21조 제1항의 사전통지나 제22조 제3항의 의견청취의 대상이 되는 처분은 아니라고 할 것이다. 대법원 2008. 6. 12. 선고 2007두1767 판결 ★ **03**

3. '의견청취가 현저히 곤란하거나 명백히 불필요하다고 인정될 만한 상당한 이유가 있는 경우'에 해당하는지는 해당 행정처분의 성질에 비추어 판단하여야 하며, 처분상대방이 이미 행정청에 위반사실을 시인하였다거나 처분의 사전통지 이전에 의견을 진술할 기회가 있었다는 사정을 고려하여 판단할 것은 아니다. 대법원 2016. 10. 27. 선고 2016두41811 판결 ★ **04**

4. 건축법상의 공사중지명령에 대한 사전통지를 하고 의견제출의 기회를 준다면 많은 액수의 손실보상금을 기대하여 공사를 강행할 우려가 있다는 사정이 사전통지 및 의견제출절차의 예외사유에 해당하지 아니한다. 대법원 2004. 5. 28. 선고 2004두1254 판결 **05**

5. 행정지도방식에 의한 사전고지나 그에 따른 당사자의 자진 폐공의 약속 등의 사유만으로는 사전통지 등을 하지 않아도 되는 행정절차법 소정의 예외의 경우에 해당한다고 볼 수 없다. 대법원 2000. 11. 14. 선고 99두5870 판결

6. [1] 행정절차법 시행령 제13조 제2호에서 정한 "법원의 재판 또는 준사법적 절차를 거치는 행정기관의 결정 등에 따라 처분의 전제가 되는 사실이 객관적으로 증명되어 처분에 따른 의견청취가 불필요하다고 인정되는 경우"는 법원의 재판 등에 따라 처분의 전제가 되는 사실이 객관적으로 증명되면 행정청이 반드시 일정한 처분을 해야 하는 경우 등 의견청취가 행정청의 처분 여부나 그 수위 결정에 영향을 미치지 못하는 경우를 의미한다고 보아야 한다. 처분의 전제가 되는 '일부' 사실만 증명된 경우이거나 의견청취에 따라 행정청의 처분 여부나 처분 수위가 달라질 수 있는 경우라면 위 예외사유에 해당하지 않는다. ★ **06**

   [2] (관할 시장이 甲에게 구 폐기물관리법에 따라 토지에 장기보관 중인 폐기물을 처리할 것을 명하는 1차, 2차 조치명령을 각각 하였고, 甲이 위 각 조치명령을 불이행하였다고 하여 폐기물관리법 위반죄로 유죄판결이 각각 선고·확정되었는데, 이후 관할 시장이 폐기물 방치 실태를 확인하고 별도의 사전 통지와 의견청취 절차를 밟지 않은 채 甲에게 폐기물 처리에 관한 3차 조치명령을 한 사안에서) 3차 조치명령은 재량행위로서 행정절차법 시행령 제13조 제2호에서 정한 사전 통지, 의견청취의 예외사유에 해당하지 않는다고 한 사례. 대법원 2020. 7. 23. 선고 2017두66602 판결

OX 체크

01 법령등에서 요구된 자격이 없거나 없어지게 되면 반드시 일정한 처분을 하여야 하는 경우에 그 자격이 없거나 없어지게 된 사실이 법원의 재판에 의하여 객관적으로 증명된 경우에는 사전통지를 생략할 수 있다. ( )

02 고시의 방법으로 불특정 다수인을 상대로 권익을 제한하는 처분을 하는 경우, 상대방에게 사전에 통지하여 의견제출 기회를 주어야 한다. ( )

03 「도로법」 제25조 제3항에 의한 도로구역변경고시의 경우는 「행정절차법」상 사전통지나 의견청취의 대상이 되는 처분에 해당한다. ( )

04 처분상대방이 이미 행정청에 위반사실을 시인하였다는 사정은 사전통지의 예외가 적용되는 '의견청취가 현저히 곤란하거나 명백히 불필요하다고 인정될 만한 상당한 이유가 있는 경우'에 해당한다. ( )

05 「건축법」상의 공사중지명령에 대한 사전통지를 하고 의견제출의 기회를 준다면 많은 액수의 손실보상금을 기대하여 공사를 강행할 우려가 있다는 사정은 사전통지 및 의견제출절차의 예외사유에 해당하지 아니한다. ( )

06 「행정절차법 시행령」 제13조 제2호에서 정한 의견청취절차의 예외사유는 법원의 재판 등에 따라 처분의 전제가 되는 사실이 객관적으로 증명되면 행정청이 반드시 일정한 처분을 해야 하는 경우 등 의견청취가 행정청의 처분 여부나 그 수위 결정에 영향을 미치지 못하는 경우를 의미한다. ( )

정답
01 ○ 02 × 03 × 04 × 05 ○
06 ○

7. 평가인증취소처분은 보조금 반환명령과는 전혀 별개의 절차로서 보조금 반환명령이 있으면 피고 보건복지부장관이 평가인증을 취소할 수 있지만 반드시 취소하여야 하는 것은 아닌 점 등에 비추어 보면, 보조금 반환명령 당시 사전통지 및 의견제출의 기회가 부여되었다 하더라도 그 사정만으로 평가인증취소처분이 구 행정절차법 제21조 제4항 제3호에서 정하고 있는 사전통지 등을 하지 아니하여도 되는 예외사유에 해당한다고도 볼 수 없으므로, 구 행정절차법 제21조 제1항에 따른 사전통지를 거치지 않은 이 사건 평가인증취소처분은 위법하다. 대법원 2016. 11. 9. 선고 2014두1260 판결

VI 침익적 처분의 절차② : 의견청취

1. 의의

(1) 의견청취(진술)절차의 의의

- 당사자등의 방어권을 보장하기 위하여 행정청이 처분 전에 당사자등에게 의견을 진술할 수 있는 기회를 주는 절차를 말한다.
- 의견청취절차에는 청문, 공청회, 의견제출 이상 세 가지 방식이 있다.

(2) 의견청취절차의 생략사유 : 긴·반·성·포

> 행정절차법 제22조 【의견청취】
> ④ 제1항부터 제3항까지의 규정에도 불구하고 제21조제4항 각 호의 어느 하나(주 : 사전통지의 생략사유인 긴·반·성)에 해당하는 경우와 당사자가 의견진술의 기회를 포기한다는 뜻을 명백히 표시한 경우에는 의견청취를 하지 아니할 수 있다. 01

원고의 방문 당시 담당공무원이 원고에게 관련 법규와 행정처분 절차에 대하여 설명을 하였다거나 그 자리에서 청문절차를 진행하고자 하였음에도 원고가 이에 응하지 않았다는 사정만으로 '처분의 성질상 의견청취가 현저히 곤란하거나 명백히 불필요하다고 인정될 만한 상당한 이유가 있는 경우'나 또는 '당사자가 의견진술의 기회를 포기한다는 뜻을 명백히 표시한 경우'에 해당한다고 볼 수도 없다. 대법원 2017. 4. 7. 선고 2016두63224 판결

2. 청문

(1) 의의

- 행정청이 어떠한 처분을 하기 전에 당사자등의 의견을 직접 듣고 증거를 조사하는 절차를 말한다. 02

OX 체크

01 행정청의 처분으로 의무가 부과되거나 권익이 제한되는 경우라도 당사자가 의견진술의 기회를 포기한다는 뜻을 명백히 표시한 경우에는 의견청취를 생략할 수 있다. ( )

02 청문은 행정청이 어떠한 처분을 하기 전에 당사자 등의 의견을 직접 듣는 절차일 뿐, 증거를 조사하는 절차는 아니다. ( )

정답
01 O 02 X

OX 체크

01 행정청이 신분·자격의 박탈 처분을 할 때에는 당사자등의 신청이 있는 경우에 한하여 청문을 한다. ( )

02 행정처분의 상대방에 대한 청문통지서가 반송되었거나 행정처분의 상대방이 청문일시에 불출석하였다는 이유만으로 행정청이 관계 법령상 그 실시가 요구되는 청문을 실시하지 아니하고 한 침해적 행정처분은 위법하다. ( )

03 행정청이 당사자와 사이에 도시계획사업의 시행과 관련한 협약을 체결하면서 관련 법령상 요구되는 청문절차를 배제하는 조항을 두었다면, 이는 청문을 실시하지 않아도 되는 예외적인 경우에 해당한다. ( )

04 퇴직연금의 환수결정은 당사자에게 의무를 과하는 처분이기는 하나 관련 법령에 따라 당연히 환수금액이 정하여지는 것이므로, 퇴직연금의 환수결정에 앞서 당사자에게 의견진술의 기회를 주지 아니하여도 「행정절차법」에 어긋나지 아니한다. ( )

05 지방자치단체의 장이 「공유재산 및 물품관리법」에 근거하여 민간투자사업을 추진하던 중 우선협상대상자 지위를 박탈하는 처분을 하기 위하여 반드시 청문을 실시할 의무가 있다고 볼 수는 없다. ( )

06 청문 주재자는 당사자의 신청을 받아 행정청이 선정한다. ( )

07 행정청은 다수 국민에게 불편이나 부담을 주는 처분을 하려는 경우에는 청문 주재자를 2명 이상으로 선정할 수 있다. ( )

정답
01 ✕ 02 ○ 03 ✕ 04 ○ 05 ○
06 ✕ 07 ○

---

(2) 청문사유 : 다·필·취

> **행정절차법 제22조【의견청취】**
> ① 행정청이 처분을 할 때 다음 각 호의 어느 하나에 해당하는 경우에는 청문을 한다. **01**
> 1. 다른 법령등에서 청문을 하도록 규정하고 있는 경우
> 2. 행정청이 필요하다고 인정하는 경우
> 3. 다음 각 목의 처분을 하는 경우
>   가. 인허가 등의 취소
>   나. 신분·자격의 박탈
>   다. 법인이나 조합 등의 설립허가의 취소

판례

1. 행정처분의 상대방이 통지된 청문일시에 불출석하였다는 이유만으로 행정청이 관계 법령상 그 실시가 요구되는 청문을 실시하지 아니한 채 침해적 행정처분을 할 수는 없을 것이므로, 행정처분의 상대방에 대한 청문통지서가 반송되었다거나, 행정처분의 상대방이 청문일시에 불출석하였다는 이유로 청문을 실시하지 아니하고 한 침해적 행정처분은 위법하다. 대법원 2001. 4. 13. 선고 2000두3337 판결 ★★★ **02**

2. 행정청이 당사자와 사이에 도시계획사업의 시행과 관련한 협약을 체결하면서 관계 법령 및 행정절차법에 규정된 청문의 실시 등 의견청취절차를 배제하는 조항을 두었다고 하더라도, (중략) 이러한 협약이 체결되었다고 하여 청문의 실시에 관한 규정의 적용이 배제된다거나 청문을 실시하지 않아도 되는 예외적인 경우에 해당한다고 할 수 없다. 대법원 2004. 7. 8. 선고 2002두8350 판결 ★★★ **03**

3. 퇴직연금의 환수결정은 당사자에게 의무를 과하는 처분이기는 하나, 관련 법령에 따라 당연히 환수금액이 정하여지는 것이므로, 퇴직연금의 환수결정에 앞서 당사자에게 의견진술의 기회를 주지 아니하여도 행정절차법 제22조 제3항이나 신의칙에 어긋나지 아니한다. 대법원 2000. 11. 28. 선고 99두5443 판결 ★★★ **04**

4. (신분·자격의 박탈을 '임의적 청문사유'로 규정했던 구법이 적용된 사례) 지방자치단체의 장이 공유재산 및 물품관리법에 근거하여 민간투자사업을 추진하던 중 우선협상대상자 지위를 박탈하는 처분을 하기 위하여 반드시 청문을 실시할 의무가 있다고 볼 수는 없다. 대법원 2020. 4. 29. 선고 2017두31064 판결 **05**

(3) 구체적 청문 절차

> **행정절차법 제28조【청문 주재자】**
> ① 행정청은 소속 직원 또는 대통령령으로 정하는 자격을 가진 사람 중에서 청문 주재자를 공정하게 선정하여야 한다. **06**
> ② 행정청은 다음 각 호의 어느 하나에 해당하는 처분을 하려는 경우에는 청문 주재자를 2명 이상으로 선정할 수 있다. 이 경우 선정된 청문 주재자 중 1명이 청문 주재자를 대표한다. **07**
> 1. 다수 국민의 이해가 상충되는 처분
> 2. 다수 국민에게 불편이나 부담을 주는 처분
> 3. 그 밖에 전문적이고 공정한 청문을 위하여 행정청이 청문 주재자를 2명 이상으로 선정할 필요가 있다고 인정하는 처분
> ③ 행정청은 청문이 시작되는 날부터 7일 전까지 청문 주재자에게 청문과 관련한 필요한 자료를 미리 통지하여야 한다.

행정절차법 제29조【청문 주재자의 제척·기피·회피】
(내용 생략)

행정절차법 제21조【처분의 사전 통지】
② 행정청은 청문을 하려면 청문이 시작되는 날부터 10일 전까지 제1항 각 호의 사항을 당사자등에게 통지하여야 한다. **01**

행정절차법 제30조【청문의 공개】
청문은 당사자가 공개를 신청하거나 청문 주재자가 필요하다고 인정하는 경우 공개할 수 있다. 다만, 공익 또는 제3자의 정당한 이익을 현저히 해칠 우려가 있는 경우에는 공개하여서는 아니 된다. ★ **02**

행정절차법 제31조【청문의 진행】
② 당사자등은 의견을 진술하고 증거를 제출할 수 있으며, 참고인이나 감정인 등에게 질문할 수 있다.
③ 당사자등이 의견서를 제출한 경우에는 그 내용을 출석하여 진술한 것으로 본다. ★ **03**

행정절차법 제32조【청문의 병합·분리】
행정청은 직권으로 또는 당사자의 신청에 따라 여러 개의 사안을 병합하거나 분리하여 청문을 할 수 있다. **04**

행정절차법 제33조【증거조사】
① 청문 주재자는 직권으로 또는 당사자의 신청에 따라 필요한 조사를 할 수 있으며, 당사자등이 주장하지 아니한 사실에 대하여도 조사할 수 있다. ★ **05**
③ 청문 주재자는 필요하다고 인정할 때에는 관계 행정청에 필요한 문서의 제출 또는 의견의 진술을 요구할 수 있다. 이 경우 관계 행정청은 직무 수행에 특별한 지장이 없으면 그 요구에 따라야 한다.

행정절차법 제34조【청문조서】
① 청문 주재자는 다음 각 호의 사항이 적힌 청문조서를 작성하여야 한다.
② 당사자등은 청문조서의 내용을 열람·확인할 수 있으며, 이의가 있을 때에는 그 정정을 요구할 수 있다. ★ **06**

행정절차법 제35조【청문의 종결】
② 청문 주재자는 당사자등의 전부 또는 일부가 정당한 사유 없이 청문기일에 출석하지 아니하거나 제31조제3항에 따른 의견서를 제출하지 아니한 경우에는 이들에게 다시 의견진술 및 증거제출의 기회를 주지 아니하고 청문을 마칠 수 있다. ★ **07**
③ 청문 주재자는 당사자등의 전부 또는 일부가 정당한 사유로 청문기일에 출석하지 못하거나 제31조 제3항에 따른 의견서를 제출하지 못한 경우에는 10일 이상의 기간을 정하여 이들에게 의견진술 및 증거제출을 요구하여야 하며, 해당 기간이 지났을 때에 청문을 마칠 수 있다. ★

행정절차법 제35조의2【청문결과의 반영】
행정청은 처분을 할 때에 제35조제4항에 따라 받은 청문조서, 청문 주재자의 의견, 그 밖의 관계 서류 등을 충분히 검토하고 상당한 이유가 있다고 인정하는 경우에는 청문결과를 반영하여야 한다. **08**

OX 체크

01 행정청이 청문을 실시하고자 하는 경우에 처분의 사전통지를 청문이 시작되는 날부터 10일 전까지 당사자 등에게 하여야 한다. ( )

02 청문은 당사자가 공개를 신청하거나 청문 주재자가 필요하다고 인정하는 경우 공개할 수 있다. 다만, 공익 또는 제3자의 정당한 이익을 현저히 해칠 우려가 있는 경우에는 공개하여서는 아니 된다. ( )

03 청문에서 당사자등이 의견서를 제출한 경우에는 그 내용을 출석하여 진술한 것으로 본다. ( )

04 행정청은 직권으로 또는 당사자의 신청에 따라 여러 개의 사안을 병합하거나 분리하여 청문을 할 수 있다. ( )

05 청문주재자는 직권으로 또는 당사자의 신청에 따라 필요한 조사를 할 수 있으며, 당사자 등이 주장하지 아니한 사실에 대하여도 조사할 수 있다. ( )

06 당사자등은 청문조서의 내용을 열람·확인할 수 있을 뿐, 그 청문조서에 이의가 있더라도 정정을 요구할 수는 없다. ( )

07 청문 주재자는 당사자등의 전부 또는 일부가 정당한 사유 없이 청문기일에 출석하지 아니한 경우라도 이들에게 다시 의견진술 및 증거제출의 기회를 주지 아니하고는 청문을 마칠 수 없다. ( )

08 행정청은 처분을 함에 있어서 청문조서, 청문주재자의 의견서, 그 밖의 관계서류 등을 충분히 검토하고 상당한 이유가 있다고 인정하는 경우에는 청문결과를 반영하여야 한다. ( )

정답
01 ○　02 ○　03 ○　04 ○　05 ○
06 ×　07 ×　08 ○

OX 체크

01 행정청은 온라인공청회를 개최하는 경우 공청회와 병행하여 실시할 수 없다. ( )

02 공청회가 개최는 되었으나 정상적으로 진행되지 못하고 무산된 횟수가 2회인 경우 온라인공청회를 단독으로 개최할 수 있다. ( )

> **행정절차법 제36조 【청문의 재개】**
> 행정청은 청문을 마친 후 처분을 할 때까지 새로운 사정이 발견되어 청문을 재개할 필요가 있다고 인정할 때에는 제35조제4항에 따라 받은 청문조서 등을 되돌려 보내고 청문의 재개를 명할 수 있다. 이 경우 제31조제5항을 준용한다.

> **행정절차법 제37조 【문서의 열람 및 비밀유지】**
> ① 당사자등은 의견제출의 경우에는 처분의 사전 통지가 있는 날부터 의견제출기한까지, 청문의 경우에는 청문의 통지가 있는 날부터 청문이 끝날 때까지 행정청에 해당 사안의 조사결과에 관한 문서와 그 밖에 해당 처분과 관련되는 문서의 열람 또는 복사를 요청할 수 있다. 이 경우 행정청은 다른 법령에 따라 공개가 제한되는 경우를 제외하고는 그 요청을 거부할 수 없다.
> ⑥ 누구든지 의견제출 또는 청문을 통하여 알게 된 사생활이나 경영상 또는 거래상의 비밀을 정당한 이유 없이 누설하거나 다른 목적으로 사용하여서는 아니 된다.

3. 공청회

(1) 의의

- 행정청이 공개적인 토론을 통하여 어떠한 행정작용에 대하여 당사자등, 전문지식과 경험을 가진 사람, 그 밖의 일반인으로부터 의견을 널리 수렴하는 절차를 말한다.

(2) 공청회 개최 사유: 다·필·요

> **행정절차법 제22조 【의견청취】**
> ② 행정청이 처분을 할 때 다음 각 호의 어느 하나에 해당하는 경우에는 공청회를 개최한다. ★
> 1. 다른 법령등에서 공청회를 개최하도록 규정하고 있는 경우
> 2. 해당 처분의 영향이 광범위하여 널리 의견을 수렴할 필요가 있다고 행정청이 인정하는 경우
> 3. 국민생활에 큰 영향을 미치는 처분으로서 대통령령으로 정하는 처분에 대하여 대통령령으로 정하는 수(30명) 이상의 당사자등이 공청회 개최를 요구하는 경우

(3) 온라인 공청회

> **행정절차법 제38조의2 【온라인공청회】**
> ① 행정청은 제38조에 따른 공청회와 병행하여서만 정보통신망을 이용한 공청회(온라인공청회)를 실시할 수 있다. ★ **01**
> ② 제1항에도 불구하고 다음 각 호의 어느 하나에 해당하는 경우에는 온라인공청회를 단독으로 개최할 수 있다. ★ **02**
> 1. 국민의 생명·신체·재산의 보호 등 국민의 안전 또는 권익보호 등의 이유로 제38조에 따른 공청회를 개최하기 어려운 경우
> 2. 제38조에 따른 공청회가 행정청이 책임질 수 없는 사유로 개최되지 못하거나 개최는 되었으나 정상적으로 진행되지 못하고 무산된 횟수가 3회 이상인 경우
> 3. 행정청이 널리 의견을 수렴하기 위하여 온라인공청회를 단독으로 개최할 필요가 있다고 인정하는 경우. 다만, 제22조 제2항 제1호 또는 제3호에 따라 공청회를 실시하는 경우는 제외한다.
> ④ 온라인공청회를 실시하는 경우에는 누구든지 정보통신망을 이용하여 의견을 제출하거나 제출된 의견 등에 대한 토론에 참여할 수 있다.

01 × 02 ×

(4) 구체적 공청회 절차

> **행정절차법 제38조【공청회 개최의 알림】**
> 행정청은 공청회를 개최하려는 경우에는 공청회 개최 14일 전까지 다음 각 호의 사항을 당사자등에게 통지하고 관보, 공보, 인터넷 홈페이지 또는 일간신문 등에 공고하는 등의 방법으로 널리 알려야 한다. 다만, 공청회 개최를 알린 후 예정대로 개최하지 못하여 새로 일시 및 장소 등을 정한 경우에는 공청회 개최 7일 전까지 알려야 한다.
>
> **제38조의3【공청회의 주재자 및 발표자의 선정】**
> ① 행정청은 해당 공청회의 사안과 관련된 분야에 전문적 지식이 있거나 그 분야에 종사한 경험이 있는 사람으로서 대통령령으로 정하는 자격을 가진 사람 중에서 공청회의 주재자를 선정한다.
> ② 공청회의 발표자는 발표를 신청한 사람 중에서 행정청이 선정한다. 다만, 발표를 신청한 사람이 없거나 공청회의 공정성을 확보하기 위하여 필요하다고 인정하는 경우에는 다음 각 호의 사람 중에서 지명하거나 위촉할 수 있다. **01**
>   1. 해당 공청회의 사안과 관련된 당사자등
>   2. 해당 공청회의 사안과 관련된 분야에 전문적 지식이 있는 사람
>   3. 해당 공청회의 사안과 관련된 분야에 종사한 경험이 있는 사람
>
> **행정절차법 제39조【공청회의 진행】**
> ① 공청회의 주재자는 공청회를 공정하게 진행하여야 하며, 공청회의 원활한 진행을 위하여 발표내용을 제한할 수 있고, 질서유지를 위하여 발언 중지 및 퇴장 명령 등 행정안전부장관이 정하는 필요한 조치를 할 수 있다.
> ② 발표자는 공청회의 내용과 직접 관련된 사항에 대하여만 발표하여야 한다.
>
> **행정절차법 제39조의2【공청회 및 온라인공청회 결과의 반영】**
> 행정청은 처분을 할 때에 공청회, 온라인공청회 및 정보통신망 등을 통하여 제시된 사실 및 의견이 상당한 이유가 있다고 인정하는 경우에는 이를 반영하여야 한다.
>
> **행정절차법 제39조의3【공청회의 재개최】**
> 행정청은 공청회를 마친 후 처분을 할 때까지 새로운 사정이 발견되어 공청회를 다시 개최할 필요가 있다고 인정할 때에는 공청회를 다시 개최할 수 있다.

판례

묘지공원과 화장장의 후보지를 선정하는 과정에서 서울특별시, 비영리법인, 일반 기업 등이 공동 발족한 협의체인 추모공원건립추진협의회가 후보지 주민들의 의견을 청취하기 위하여 그 명의로 개최한 공청회는 행정청이 도시계획시설결정을 하면서 개최한 공청회가 아니므로, 위 공청회의 개최에 관하여 행정절차법에서 정한 절차를 준수하여야 하는 것은 아니다. 대법원 2007. 4. 12. 선고 2005두1893 판결 ★★

OX 체크

01 행정청은 공청회의 발표자를 관련전문가 중에서 우선적으로 지명 또는 위촉하여야 하며, 적절한 발표자를 선정하지 못하거나 필요한 경우에만 발표를 신청한 자 중에서 지명할 수 있다. ( )

02 도시계획시설인 추모공원 건립을 위해 지방자치단체, 비영리법인, 일반 기업 등이 공동발족한 추모공원건립추진협의회에서 후보지 주민들의 의견을 청취하기 위하여 추진협의회 명의로 개최한 공청회의 경우「행정절차법」에서 정한 절차를 준수하여야 한다. ( )

정답
01 ✕ 02 ✕

4. 의견제출

(1) 의의

- 행정청이 어떠한 행정작용을 하기 전에 당사자등이 의견을 제시하는 절차로서 청문이나 공청회에 해당하지 아니하는 절차를 말한다.

(2) 구체적 의견제출 절차

> **행정절차법 제27조【의견제출】**
> ① 당사자등은 처분 전에 그 처분의 관할 행정청에 서면이나 말로 또는 정보통신망을 이용하여 의견제출을 할 수 있다. 01
> ② 당사자등은 제1항에 따라 의견제출을 하는 경우 그 주장을 입증하기 위한 증거자료 등을 첨부할 수 있다.
> ③ 행정청은 당사자등이 말로 의견제출을 하였을 때에는 서면으로 그 진술의 요지와 진술자를 기록하여야 한다.
> ④ 당사자등이 정당한 이유 없이 의견제출기한까지 의견제출을 하지 아니한 경우에는 의견이 없는 것으로 본다.
>
> **행정절차법 제27조의2【제출 의견의 반영 등】**
> ① 행정청은 처분을 할 때에 당사자등이 제출한 의견이 상당한 이유가 있다고 인정하는 경우에는 이를 반영하여야 한다.
> ② 행정청은 당사자등이 제출한 의견을 반영하지 아니하고 처분을 한 경우 당사자등이 처분이 있음을 안 날부터 90일 이내에 그 이유의 설명을 요청하면 서면으로 그 이유를 알려야 한다. 다만, 당사자등이 동의하면 말, 정보통신망 또는 그 밖의 방법으로 알릴 수 있다.
>
> **행정절차법 제21조【처분의 사전 통지】**
> ⑥ 행정청은 처분 후 1년 이내에 당사자등이 요청하는 경우에는 청문·공청회 또는 의견제출을 위하여 제출받은 서류나 그 밖의 물건을 반환하여야 한다. 02

VII 입법예고와 행정예고

1. 입법예고

> **행정절차법 제41조【행정상 입법예고】**
> ① 법령등을 제정·개정 또는 폐지(이하 "입법"이라 한다)하려는 경우에는 해당 입법안을 마련한 행정청은 이를 예고하여야 한다. 다만, 다음 각 호의 어느 하나에 해당하는 경우에는 예고를 하지 아니할 수 있다. ★ 03
> 1. 신속한 국민의 권리 보호 또는 예측 곤란한 특별한 사정의 발생 등으로 입법이 긴급을 요하는 경우
> 2. 상위 법령등의 단순한 집행을 위한 경우
> 3. 입법내용이 국민의 권리·의무 또는 일상생활과 관련이 없는 경우
> 4. 단순한 표현·자구를 변경하는 경우 등 입법내용의 성질상 예고의 필요가 없거나 곤란하다고 판단되는 경우
> 5. 예고함이 공공의 안전 또는 복리를 현저히 해칠 우려가 있는 경우

OX 체크

01 이해관계가 있는 제3자는 자신의 신청 또는 행정청의 직권에 의하여 행정절차에 참여하여 처분 전에 그 처분의 관할 행정청에 서면이나 말로 또는 정보통신망을 이용하여 의견제출을 할 수 있다. ( )

02 행정청은 처분 후 2년 이내에 당사자등이 요청하는 경우에는 청문·공청회 또는 의견제출을 위하여 제출받은 서류나 그 밖의 물건을 반환하여야 한다. ( )

03 상위법령 등의 단순한 집행을 위해 총리령을 제정하려는 경우, 행정상 입법예고를 하지 아니할 수 있다. ( )

정답
01 ○ 02 × 03 ○

③ 법제처장은 입법예고를 하지 아니한 법령안의 심사 요청을 받은 경우에 입법예고를 하는 것이 적당하다고 판단할 때에는 해당 행정청에 입법예고를 권고하거나 직접 예고할 수 있다. 01

④ 입법안을 마련한 행정청은 입법예고 후 예고내용에 국민생활과 직접 관련된 내용이 추가되는 등 대통령령으로 정하는 중요한 변경이 발생하는 경우에는 해당 부분에 대한 입법예고를 다시 하여야 한다. 다만, 제1항 각 호의 어느 하나에 해당하는 경우에는 예고를 하지 아니할 수 있다.

행정절차법 제42조【예고방법】

① 행정청은 입법안의 취지, 주요 내용 또는 전문을 다음 각 호의 구분에 따른 방법으로 공고하여야 하며, 추가로 인터넷, 신문 또는 방송 등을 통하여 공고할 수 있다.
  1. 법령의 입법안을 입법예고하는 경우 : 관보 및 법제처장이 구축·제공하는 정보시스템을 통한 공고
  2. 자치법규의 입법안을 입법예고하는 경우 : 공보를 통한 공고

② 행정청은 대통령령을 입법예고하는 경우 국회 소관 상임위원회에 이를 제출하여야 한다. ★ 02

③ 행정청은 입법예고를 할 때에 입법안과 관련이 있다고 인정되는 중앙행정기관, 지방자치단체, 그 밖의 단체 등이 예고사항을 알 수 있도록 예고사항을 통지하거나 그 밖의 방법으로 알려야 한다.

④ 행정청은 제1항에 따라 예고된 입법안에 대하여 온라인공청회 등을 통하여 널리 의견을 수렴할 수 있다. 이 경우 제38조의2 제3항부터 제5항까지의 규정을 준용한다.

행정절차법 제43조【예고기간】

입법예고기간은 예고할 때 정하되, 특별한 사정이 없으면 40일(자치법규는 20일) 이상으로 한다. ★ 03

행정절차법 제44조【의견제출 및 처리】

① 누구든지 예고된 입법안에 대하여 의견을 제출할 수 있다.

행정절차법 제45조【공청회】 04

① 행정청은 입법안에 관하여 공청회를 개최할 수 있다.
② 공청회에 관하여는 제38조, 제38조의2, 제38조의3, 제39조 및 제39조의2를 준용한다.

판례

1. (행정절차법 제정 전의 판례) 소득세법시행령이 개정됨에 있어서 입법예고나 홍보가 없었다고 하여 그 조항이 신의성실의 원칙에 위배되는 무효인 규정이라고 볼 수도 없으므로 그 위임에 따라 제정된 소득세법시행규칙 제56조의5 제7항도 같은 시행령 제115조 제1항이나 제2항에 위배되는 무효인 규정이라고 볼 수 없다. 대법원 1990. 6. 8. 선고 90누2420 판결

2. (행정절차법 제정 후의 하급심 판례) 행정절차법 및 그 하위법령에서 정한 행정상 입법예고절차에 위반하여 입법이 이루어진 경우에 당해 법령 등은 위법하여 무효라고 할 것이다. 서울고등법원 2019. 5. 10 선고 2018누71863 판결

OX 체크

01 법제처장은 입법예고를 하지 아니한 법령안의 심사 요청을 받은 경우에 입법예고를 하는 것이 적당하다고 판단할 때에는 해당 행정청에 입법예고를 권고하거나 직접 예고할 수 있다. ( )

02 행정청은 대통령령을 입법예고하는 경우에는 이를 국회 소관 상임위원회에 제출하여야 한다. ( )

03 입법예고기간은 예고할 때 정하되, 특별한 사정이 없으면 40일(자치법규는 20일) 이상으로 한다. ( )

04 행정청은 행정입법안에 관하여 공청회를 마친 후 입법할 때까지 새로운 사정이 발견되어 공청회를 다시 개최할 필요가 있다고 인정할 때에는 공청회를 다시 개최하여야 한다. ( )

정답
01 O 02 O 03 O 04 ✕

2. 행정예고

행정절차법 제46조【행정예고】

① 행정청은 정책, 제도 및 계획(이하 "정책등"이라 한다)을 수립·시행하거나 변경하려는 경우에는 이를 예고하여야 한다. 다만, 다음 각 호의 어느 하나에 해당하는 경우에는 예고를 하지 아니할 수 있다.
　1. 신속하게 국민의 권리를 보호하여야 하거나 예측이 어려운 특별한 사정이 발생하는 등 긴급한 사유로 예고가 현저히 곤란한 경우
　2. 법령등의 단순한 집행을 위한 경우
　3. 정책등의 내용이 국민의 권리·의무 또는 일상생활과 관련이 없는 경우
　4. 정책등의 예고가 공공의 안전 또는 복리를 현저히 해칠 우려가 상당한 경우
② 제1항에도 불구하고 법령등의 입법을 포함하는 행정예고는 입법예고로 갈음할 수 있다.
③ 행정예고기간은 예고 내용의 성격 등을 고려하여 정하되, 20일 이상으로 한다. ★ 01
④ 제3항에도 불구하고 행정목적을 달성하기 위하여 긴급한 필요가 있는 경우에는 행정예고기간을 단축할 수 있다. 이 경우 단축된 행정예고기간은 10일 이상으로 한다. ★ 01

행정절차법 제46조의2【행정예고 통계 작성 및 공고】

행정청은 매년 자신이 행한 행정예고의 실시 현황과 그 결과에 관한 통계를 작성하고, 이를 관보·공보 또는 인터넷 등의 방법으로 널리 공고하여야 한다.

행정절차법 제47조【예고방법 등】

① 행정청은 정책등안의 취지, 주요 내용 등을 관보·공보나 인터넷·신문·방송 등을 통하여 공고하여야 한다.
② 행정예고의 방법, 의견제출 및 처리, 공청회 및 온라인공청회에 관하여는 제38조, 제38조의2, 제38조의3, 제39조, 제39조의2, 제39조의3, 제42조(제1항·제2항 및 제4항은 제외한다), 제44조 제1항부터 제3항까지 및 제45조 제1항을 준용한다.

OX 체크

01 행정예고기간은 예고 내용의 성격 등을 고려하여 정하되, 20일 이상으로 한다. 다만, 행정목적을 달성하기 위하여 긴급한 필요가 있는 경우에는 행정예고기간을 단축할 수 있고, 이 경우 단축된 행정예고기간은 7일 이상으로 한다. (　)

정답
01 ×

주제 48 인허가의제 제도

I 의의

- 인허가의제란 하나의 인허가(주된 인허가)를 받으면 법률로 정하는 바에 따라 그와 관련된 여러 인허가(관련 인허가)를 받은 것으로 보는 것을 말한다(행정기본법 제24조 제1항).
- 인허가의제 제도는 관련 인허가 행정청의 권한을 제한하거나 박탈하는 효과를 가진다는 점에서 법률 또는 법률의 위임에 따른 법규명령의 근거가 있어야 한다(대법원 2022. 9. 7. 선고 2020두40327 판결). ★★ 01

판례

1. 대기환경보전법령에서는 대기오염물질배출시설 설치허가를 받으면 악취배출시설 설치·운영신고가 수리된 것으로 의제하는 규정을 두고 있지 않다. 따라서 대기환경보전법에 따른 대기오염물질배출시설 설치허가를 받았다고 하더라도 악취배출시설 설치·운영신고가 수리되어 그 효력이 발생한다고 볼 수 없다. 대법원 2022. 9. 7. 선고 2020두40327 판결
2. 산업집적법에 따르면, 산업단지에서 제조업을 하려는 자가 관리기관과 입주계약을 체결한 때에는 시장·군수 또는 구청장의 공장설립 승인을 받은 것으로 의제된다. 그러나 공장설립 승인이 의제된다고 하여 건축법상 건축허가 또는 국토계획법상 개발행위허가를 받은 것으로 의제하는 규정은 없다. 따라서 입주계약 체결에 따라 공장설립 승인을 받은 것으로 의제되는 경우에도 그 공장건물을 건축하려면 건축법상 건축허가와 국토계획법상 개발행위허가를 받아야 한다고 보아야 한다. 대법원 2021. 6. 24. 선고 2021두33883 판결

II 인허가의제의 절차

1. 주된 인허가의 신청

> 행정기본법 제24조 【인허가의제의 기준】
> ② 인허가의제를 받으려면 주된 인허가를 신청할 때 관련 인허가에 필요한 서류를 함께 제출하여야 한다. 다만, 불가피한 사유로 함께 제출할 수 없는 경우에는 주된 인허가 행정청이 별도로 정하는 기한까지 제출할 수 있다. ★ 02

판례

[1] 어떤 인허가의 근거 법령에서 절차간소화를 위하여 관련 인허가를 의제 처리할 수 있는 근거 규정을 둔 경우에는, 사업시행자가 인허가를 신청하면서 하나의 절차 내에서 관련 인허가를 의제 처리해줄 것을 신청할 수 있다. 관련 인허가 의제 제도는 사업시행자의 이익을 위하여 만들어진 것이므로, 사업시행자가 반드시 관련 인허가 의제 처리를 신청할 의무가 있는 것은 아니다. ★★★ 03

[2] 건축주가 건축물을 건축하기 위해서는 건축법상 건축허가와 국토계획법상 개발행위(건축물의 건축) 허가를 각각 별도로 신청하여야 하는 것이 아니라, 건축법상 건축허가절차에서 관련 인허가 의제 제도를 통해 두 허가의 발급 여부가 동시에 심사·결정되도록 하여야 한다. 즉, 건축주는 건축행정청에 건축법상 건축허가를 신청하면서 국토계획법상 개발행위(건축물의 건축) 허가 심사에도 필요한 자료를 첨부하여 제출하여야 하고, 건축행정청은 개발행위허가권자와 사전 협의절차를 거침으로써 건축법상 건축허가를 발급할 때 국토계획법상 개발행위(건축물의 건축) 허가가 의제되도록 하여야 한다. ★

OX 체크

01 인·허가의제는 의제되는 행위에 대하여 본래적으로 권한을 갖는 행정기관의 권한행사를 보충하는 것이므로 법령의 근거가 없는 경우에도 인정된다. (   )

02 인허가의제를 받으려면 주된 인허가를 신청할 때 관련 인허가에 필요한 서류를 함께 제출하여야 한다. 다만, 불가피한 사유로 함께 제출할 수 없는 경우에는 관련 인허가 행정청이 별도로 정하는 기한까지 제출할 수 있다. (   )

03 인·허가의 근거 법령인 건축법령에서 절차간소화를 위하여 관련 인·허가를 의제 처리할 수 있는 근거 규정을 둔 경우, 주된 인·허가를 신청하려는 사업시행자는 반드시 관련 인·허가 의제 처리를 동시에 신청해야 한다. (   )

정답
01 ✕ 02 ✕ 03 ✕

OX 체크

01 건축주의 건축계획이 건축법상 건축허가기준을 충족하더라도 국토계획법상 개발행위 허가기준을 충족하지 못한 경우 건축행정청은 건축법상 건축허가를 발급하면서 국토계획법상 개발행위(건축물의 건축) 허가가 의제되지 않은 것으로 처리해야 한다. ( )

02 「행정기본법」에 따르면, 주된 인허가 행정청은 주된 인허가를 하기 전에 관련 인허가에 관하여 미리 관련 인허가 행정청과 협의하여야 한다. ( )

03 「행정기본법」에 따르면, 관련 인허가 행정청은 주된 인허가 행정청으로부터 관련 인허가에 관하여 협의를 요청받으면 그 요청을 받은 날부터 20일 이내에 의견을 제출하여야 하고, 그 기간 내에 협의 여부에 관하여 의견을 제출하지 않으면 주된 인허가 행정청은 재협의를 요청하여야 한다. ( )

04 「행정기본법」에 따르면, 관련 인허가에 필요한 심의, 의견청취 등 절차에 관하여는 법률에 인허가의제 시에도 해당 절차를 거친다는 명시적인 규정이 있는 경우에만 이를 거친다. ( )

05 주택건설사업계획 승인권자가 구 「주택법」에 따라 도시·군관리계획 결정권자와 협의를 거쳐 관계 주택건설사업계획을 승인하면 도시·군관리계획결정이 이루어진 것으로 의제되고, 이러한 협의 절차와 별도로 「국토의 계획 및 이용에 관한 법률」 등에서 정한 도시·군관리계획 입안을 위한 주민 의견청취 절차를 거칠 필요는 없다. ( )

정답
01 ✕ 02 ○ 03 ✕ 04 ○ 05 ○

이를 통해 건축법상 건축허가절차에서 건축주의 건축계획이 국토계획법상 개발행위 허가기준을 충족하였는지가 함께 심사되어야 한다. 건축주의 건축계획이 건축법상 건축허가기준을 충족하더라도 국토계획법상 개발행위 허가기준을 충족하지 못한 경우에는 해당 건축물의 건축은 법질서상 허용되지 않는 것이므로, 건축행정청은 건축법상 건축허가를 발급하면서 국토계획법상 개발행위(건축물의 건축) 허가가 의제되지 않은 것으로 처리하여서는 안 되고, 건축법상 건축허가의 발급을 거부하여야 한다. 건축법상 건축허가절차에서 국토계획법상 개발행위 허가기준 충족 여부에 관한 심사가 누락된 채 건축법상 건축허가가 발급된 경우에는 그 건축법상 건축허가는 위법하므로 취소할 수 있다. 이때 건축허가를 취소한 경우 건축행정청은 개발행위허가권자와의 사전협의를 통해 국토계획법상 개발행위 허가기준 충족 여부를 심사한 후 건축법상 건축허가 발급 여부를 다시 결정하여야 한다. 대법원 2020. 7. 23. 선고 2019두31839 판결 ★ **01**

2. 관련 행정청과의 협의 등

(1) 관련 행정청과의 협의

> **행정기본법 제24조【인허가의제의 기준】**
> ③ 주된 인허가 행정청은 주된 인허가를 하기 전에 관련 인허가에 관하여 미리 관련 인허가 행정청과 협의하여야 한다. **02**
> ④ 관련 인허가 행정청은 제3항에 따른 협의를 요청받으면 그 요청을 받은 날부터 20일 이내(제5항 단서에 따른 절차에 걸리는 기간은 제외한다)에 의견을 제출하여야 한다. 이 경우 전단에서 정한 기간(민원 처리 관련 법령에 따라 의견을 제출하여야 하는 기간을 연장한 경우에는 그 연장한 기간을 말한다) 내에 협의 여부에 관하여 의견을 제출하지 아니하면 협의가 된 것으로 본다. ★ **03**
>
> **행정기본법 시행령 제4조【인허가의제 관련 협의·조정】**
> ① 법 제24조 제1항에 따른 주된 인허가 행정청은 같은 조 제3항에 따른 협의 과정에서 협의의 신속한 진행이나 이견 조정을 위하여 필요하다고 인정하는 경우에는 같은 조 제1항에 따른 관련 인허가 행정청과 협의·조정을 위한 회의를 개최할 수 있다.
> ② 제1항에 따른 협의·조정을 위한 회의의 구성·운영 등에 필요한 사항은 주된 인허가 행정청이 관련인허가 행정청과 협의하여 정한다.

(2) 절차 집중 : 인정

> **행정기본법 제24조【인허가의제의 기준】**
> ⑤ 제3항에 따라 협의를 요청받은 관련 인허가 행정청은 해당 법령을 위반하여 협의에 응해서는 아니 된다. 다만, 관련 인허가에 필요한 심의, 의견 청취 등 절차에 관하여는 법률에 인허가의제 시에도 해당 절차를 거친다는 명시적인 규정이 있는 경우에만 이를 거친다. ★ **04**

판례

1. 건설부장관이 구 주택건설촉진법 제33조에 따라 관계기관의 장과의 협의를 거쳐 사업계획승인을 한 이상 같은 조 제4항의 허가·인가·결정·승인 등이 있는 것으로 볼 것이고, 그 절차와 별도로 도시계획법 소정의 중앙도시계획위원회의 의결이나 주민의 의견청취 등 절차를 거칠 필요는 없다. 대법원 1992. 11. 10. 선고 92누1162 판결 ★

2. 인허가 의제 규정의 입법 취지를 고려하면, 주택건설사업계획 승인권자가 구 주택법 제17조 제3항에 따라 도시·군관리계획 결정권자와 협의를 거쳐 관계 주택건설사업계획을 승인하면 같은 조 제1항 제5호에 따라 도시·군관리계획결정이 이루어진 것으로 의제되고, 이러한 협의 절차와 별도로 국토의 계획 및 이용에 관한 법률에서 정한 도시·군관리계획 입안을 위한 주민 의견청취 절차를 거칠 필요는 없다. 대법원 2018. 11. 29. 선고 2016두38792 판결 ★★ **05**

(3) 실체 집중 : 부정

판례

1. 인허가 의제 제도는 목적사업의 원활한 수행을 위해 창구를 단일화하여 행정절차를 간소화하는 데 입법 취지가 있고 목적사업이 관계 법령상 인허가의 실체적 요건을 충족하였는지에 관한 심사를 배제하려는 취지는 아니다. 대법원 2021. 3. 11. 선고 2020두42569 판결 ★ 01

2. 도시계획시설인 주차장에 대한 건축허가신청을 받은 행정청으로서는 건축법상 허가 요건뿐 아니라 국토의 계획 및 이용에 관한 법령이 정한 도시계획시설사업에 관한 실시계획인가 요건도 충족하는 경우에 한하여 이를 허가해야 한다. 대법원 2015. 7. 9. 선고 2015두39590 판결 ★ 02

3. 국토계획법상 건축물의 건축에 관한 개발행위허가가 의제되는 건축허가신청이 국토계획법령이 정한 개발행위허가기준에 부합하지 아니하면 허가권자로서는 이를 거부할 수 있다. 대법원 2016. 8. 24. 선고 2016두35762 판결 ★ 03

4. 공유수면 점용허가를 필요로 하는 채광계획 인가신청에 대하여도, 공유수면 관리청이 재량적 판단에 의하여 공유수면 점용의 허가 여부를 결정할 수 있고, 그 결과 공유수면 점용을 허용하지 않기로 결정하였다면, 채광계획인가 관청은 이를 사유로 하여 채광계획을 인가하지 아니할 수 있는 것이다. 대법원 2002. 10. 11. 선고 2001두151 판결

III 인허가의제의 효과

행정기본법 제25조 【인허가의제의 효과】
① 제24조 제3항·제4항에 따라 협의가 된 사항에 대해서는 주된 인허가를 받았을 때 관련 인허가를 받은 것으로 본다. ★ 04
② 인허가의제의 효과는 주된 인허가의 해당 법률에 규정된 관련 인허가에 한정된다. ★★ 05

행정기본법 제26조 【인허가의제의 사후관리 등】
① 인허가의제의 경우 관련 인허가 행정청은 관련 인허가를 직접 한 것으로 보아 관계 법령에 따른 관리·감독 등 필요한 조치를 하여야 한다. ★ 06
② 주된 인허가가 있은 후 이를 변경하는 경우에는 제24조·제25조 및 이 조 제1항을 준용한다.

판례

1. 주된 인허가에 관한 사항을 규정하고 있는 법률에서 주된 인허가가 있으면 다른 법률에 의한 인허가를 받은 것으로 의제한다는 규정을 둔 경우, 주된 인허가가 있으면 다른 법률에 의한 인허가가 있는 것으로 보는 데 그치고, 거기에서 더 나아가 다른 법률에 의하여 인허가를 받았음을 전제로 하는 그 다른 법률의 모든 규정들까지 적용되는 것은 아니다. 대법원 2016. 11. 24. 선고 2014두47686 판결 ★ 07

2. 실시계획승인에 의해 의제되는 도로공사시행허가 및 도로점용허가는 원칙적으로 당해 택지개발사업을 시행하는 데 필요한 범위 내에서만 그 효력이 유지된다고 보아야 한다. 따라서 원고가 이 사건 택지개발사업과 관련하여 그 사업시행의 일환으로 이 사건 도로예정지 또는 도로에 전력관을 매설하였다고 하더라도 사업시행완료 후 이를 계속 유지·관리하기 위해 도로를 점용하는 것에 대한 도로점용허가까지 그 실시계획 승인에 의해 의제된다고 볼 수는 없다. 대법원 2010. 4. 29. 선고 2009두18547 판결 ★ 08

OX 체크

01 「건축법」에서 관련 인·허가 의제 제도를 둔 취지는 인·허가 의제사항 관련 법률에 따른 각각의 인·허가 요건에 관한 일체의 심사를 배제하려는 것이 아니다. ( )

02 도시계획시설인 주차장에 대한 건축허가신청을 받은 행정청으로서는 「건축법」상 허가 요건뿐 아니라 그에 의해 의제되는 국토의 계획 및 이용에 관한 법령이 정한 도시계획시설사업에 관한 실시계획인가 요건도 충족하는 경우에 한하여 이를 허가해야 한다. ( )

03 건축물의 건축이 「국토의 계획 및 이용에 관한 법률」상 개발행위에 해당할 경우 그 건축의 허가권자는 국토계획법령의 개발행위허가기준을 확인하여야 하므로, 국토계획법상 건축물의 건축에 관한 개발행위허가가 의제되는 건축허가신청이 국토계획법령이 정한 개발행위허가기준에 부합하지 아니하면 허가권자로서는 이를 거부할 수 있다. ( )

04 인허가의제에 있어서, 주된 행정청과 관련 행정청 간에 협의가 된 사항에 대해서는 협의 성립시점에 관련 인허가를 받은 것으로 의제된다. ( )

05 인허가의제의 효과는 주된 인허가의 해당 법률에 규정된 관련 인허가에 한정된다. ( )

06 인허가의제의 경우 주된 인허가 행정청은 관련 인허가를 직접 한 것으로 보아 관계 법령에 따른 관리·감독 등 필요한 조치를 하여야 한다. ( )

07 주된 인·허가에 관한 사항을 규정하고 있는 법률에서 주된 인·허가가 있으면 다른 법률에 의한 인·허가를 받은 것으로 의제한다는 규정을 둔 경우, 주된 인·허가가 있으면 다른 법률에 의하여 인·허가를 받았음을 전제로 하는 그 다른 법률의 모든 규정들까지 적용되는 것은 아니다. ( )

08 주된 인·허가에 의해 의제되는 인·허가는 원칙적으로 주된 인·허가로 인한 사업을 시행하는 데 필요한 범위 내에서만 그 효력이 유지되는 것은 아니므로, 주된·인·허가로 인한 사업이 완료된 이후에도 효력이 있다. ( )

정답
01 O 02 O 03 O 04 X 05 O
06 X 07 O 08 X

3. 관련 인허가 사항에 관한 사전 협의가 이루어지지 않은 채 중소기업창업법 제33조 제3항에서 정한 20일의 처리기간이 지난 날의 다음 날에 (주된 인허가인) 사업계획승인처분이 이루어진 것으로 의제된다고 하더라도, 창업자는 중소기업창업법에 따른 사업계획승인처분을 받은 지위를 가지게 될 뿐이고 관련 인허가까지 받은 지위를 가지는 것은 아니다. 따라서 창업자는 공장을 설립하기 위해 필요한 관련 인허가를 관계 행정청에 별도로 신청하는 절차를 거쳐야 한다. 만일 창업자가 공장을 설립하기 위해 필요한 국토의 계획 및 이용에 관한 법률에 따른 개발행위허가를 신청하였다가 거부처분이 이루어지고 그에 대하여 제소기간이 도과하는 등의 사유로 더 이상 다툴 수 없는 효력이 발생한다면, 시장 등은 공장설립이 객관적으로 불가능함을 이유로 중소기업창업법에 따른 사업계획승인처분을 직권으로 철회하는 것도 가능하다. 대법원 2021. 3. 11. 선고 2020두42569 판결

Ⅳ 불복방법

1. 관련 인허가의 요건 불비 등을 이유로 주된 인허가를 거부한 경우

- 주된 행정청이 관련 인허가의 요건 불비 등을 이유로 주된 인허가에 대한 거부처분을 하였다 하더라도, 관련 인허가에 대한 거부처분이 존재하는 것은 아니므로, 주된 인허가 거부처분에 대한 항고소송을 제기해야 한다.

건축불허가처분을 하면서 그 처분사유로 건축불허가 사유뿐만 아니라 형질변경불허가 사유나 농지전용불허가 사유를 들고 있다고 하여 그 건축불허가처분 외에 별개로 형질변경불허가처분이나 농지전용불허가처분이 존재하는 것이 아니므로, 그 건축불허가처분을 받은 사람은 그 건축불허가처분에 관한 쟁송에서 건축법상의 건축불허가 사유뿐만 아니라 같은 도시계획법상의 형질변경불허가 사유나 농지법상의 농지전용불허가 사유에 관하여도 다툴 수 있는 것이지, 그 건축불허가처분에 관한 쟁송과는 별개로 형질변경불허가처분이나 농지전용불허가처분에 관한 쟁송을 제기하여 이를 다투어야 하는 것은 아니며, 그러한 쟁송을 제기하지 아니하였어도 형질변경불허가 사유나 농지전용불허가 사유에 관하여 불가쟁력이 생기지 아니한다. 대법원 2001. 1. 16. 선고 99두10988 판결 ★★★ 01 02

2. 의제된 인허가에 대한 독립쟁송 가부 : 가능

|판례|

1. 의제된 인·허가는 통상적인 인·허가와 동일한 효력을 가지므로, 적어도 '부분 인·허가 의제'가 허용되는 경우에는 그 효력을 제거하기 위한 법적 수단으로 의제된 인·허가의 취소나 철회가 허용될 수 있고, 이러한 직권 취소·철회가 가능한 이상 그 의제된 인·허가에 대한 쟁송취소 역시 허용된다. 따라서 주택건설사업계획 승인처분에 따라 의제된 인·허가가 위법함을 다투고자 하는 이해관계인은, 주택건설사업계획 승인처분의 취소를 구할 것이 아니라 의제된 인·허가의 취소를 구하여야 하며, 의제된 인·허가는 주택건설사업계획 승인처분과 별도로 항고소송의 대상이 되는 처분에 해당한다. 대법원 2018. 11. 29. 선고 2016두38792 판결 ★★★ 03

2. 구 중소기업창업 지원법에 따른 사업계획승인의 경우, 의제된 인·허가만 취소 내지 철회함으로써 사업계획에 대한 승인의 효력은 유지하면서 해당 의제된 인·허가의 효력만을 소멸시킬 수 있다.
③ 사업계획승인으로 의제된 인허가는 통상적인 인허가와 동일한 효력을 가지므로, 그 효력을 제거하기 위한 법적 수단으로 의제된 인허가의 취소나 철회가 허용될 필요가 있다. 사업계획승인 후 의제된 인허가 사항을 변경할 수 있다면 의제된 인허가 사항과 관련하여 취소 또는 철회 사유가 발생한 경우 해당 의제된 인허가의 효력만을 소멸시키는 취소 또는 철회도 할 수 있다고 보아야 한다.

01 ○ 02 × 03 ×

④ 이와 같이 사업계획승인으로 의제된 인허가 중 일부를 취소 또는 철회하면, 취소 또는 철회된 인허가를 제외한 나머지 인허가만 의제된 상태가 된다. 이 경우 당초 사업계획승인을 하면서 사업 관련 인허가 사항 중 일부에 대하여만 인허가가 의제되었다가 의제되지 않은 사항에 대한 인허가가 불가한 경우 사업계획승인을 취소할 수 있는 것처럼, 취소 또는 철회된 인허가 사항에 대한 재인허가가 불가한 경우 사업계획승인 자체를 취소할 수 있다. 대법원 2018. 7. 12. 선고 2017두48734 판결

3. 의제된 인허가에 하자가 있는 경우

판례

1. 인허가 의제 대상이 되는 처분에 어떤 하자가 있더라도, 그로써 해당 인허가 의제의 효과가 발생하지 않을 여지가 있게 될 뿐이고, 그러한 사정이 주택건설사업계획 승인처분 자체의 위법사유가 될 수는 없다. 대법원 2018. 11. 29. 선고 2016두38792 판결
2. [1] 사업부지에 관한 선행 도시·군관리계획결정이 존재하지 않거나 또는 그 결정에 관하여 하자가 있더라도, 특별한 사정이 없는 한 그것만으로는 곧바로 주택건설사업계획 승인처분의 위법사유를 구성한다고 볼 수는 없다.
[2] 인허가 의제대상이 되는 처분의 공시방법에 관한 하자가 있더라도, 그로써 해당 인허가 등 의제의 효과가 발생하지 않을 여지가 있게 될 뿐이고, 그러한 사정이 주택건설사업계획 승인처분 자체의 위법사유가 될 수는 없다. 대법원 2017. 9. 12. 선고 2017두45131 판결

Ⅴ 부분 인허가의제

1. 의의

- 주된 인허가로 인해 의제되는 인허가 중 일부에 대해서만 협의가 완료된 경우에도 민원인의 요청이 있으면 주된 인허가를 할 수 있고, 이 경우 협의가 완료된 일부 인허가만 의제되는 것으로 하는 제도를 말한다.

판례

1. 구 지원특별법 제11조에 의한 사업시행승인을 하는 경우 같은 법 제29조 제1항에 규정된 사업 관련 모든 인·허가의제 사항에 관하여 관계 행정기관의 장과 일괄하여 사전 협의를 거칠 것을 요건으로 하는 것은 아니고, 사업시행승인 후 인·허가의제 사항에 관하여 관계 행정기관의 장과 협의를 거치면 그때 해당 인·허가가 의제된다고 보는 것이 타당하다. 대법원 2012. 2. 9. 선고 2009두16305 판결 ★ 01
2. 구 주택법 제17조 제1항에 따르면, 주택건설사업계획 승인권자가 관계 행정청의 장과 미리 협의한 사항에 한하여 승인처분을 할 때에 인허가 등이 의제될 뿐이고, 각 호에 열거된 모든 인허가 등에 관하여 일괄하여 사전협의를 거칠 것을 주택건설사업계획 승인처분의 요건으로 규정하고 있지 않다. 대법원 2018. 11. 29. 선고 2016두38792 판결

2. 구별개념: 선승인 후협의제

- 인허가의제 효과를 갖는 인허가에 대하여 관계행정청과의 모든 협의가 완료되기 전이라도 공익상 긴급한 필요가 있고 사업시행을 위한 중요한 사항에 대한 협의가 있는 경우, 협의가 완료되지 않은 인허가에 대한 협의를 완료할 것을 조건으로 각종 공사 또는 사업의 시행승인이나 시행인가를 할 수 있도록 하는 제도를 말한다.

OX 체크

01 인·허가 의제에 관계기관의 장과 협의가 요구되는 경우, 주된 인·허가를 하기 전에 의제되는 모든 인·허가 사항에 관하여 관계기관의 장과 사전협의를 거쳐야 한다. ( )

정답
01 ×

02 행정정보

주제 49 정보공개법

I 법적 근거

1. 헌법적 근거: 알 권리

1. 정보에의 접근·수집·처리의 자유, 즉 알 권리는 표현의 자유와 표리일체의 관계에 있으며 자유권적 성질과 청구권적 성질을 공유하는 것이다. 자유권적 성질은 일반적으로 정보에 접근하고 수집·처리함에 있어서 국가권력의 방해를 받지 아니한다는 것을 말하며, 청구권적 성질을 의사형성이나 여론형성에 필요한 정보를 적극적으로 수집하고 수집을 방해하는 방해제거를 청구할 수 있다는 것을 의미하는 바 이는 정보수집권 또는 정보공개청구권으로 나타난다. (중략) 알 권리의 핵심은 정부가 보유하고 있는 정보에 대한 국민의 알 권리, 즉 국민의 정부에 대한 일반적 정보공개를 구할 권리(청구권적 기본권)라고 할 것이며, 이러한 알 권리의 실현은 법률의 제정이 뒤따라 이를 구체화시키는 것이 충실하고도 바람직하지만, 그러한 법률이 제정되어 있지 않다고 하더라도 불가능한 것은 아니고 헌법 제21조에 의해 직접 보장될 수 있다. 헌법재판소 1991. 5. 13. 선고 90헌마133 결정 ★ 01

2. 국민의 '알 권리', 즉 정보에의 접근·수집·처리의 자유는 자유권적 성질과 청구권적 성질을 공유하는 것으로서 헌법 제21조에 의하여 직접 보장되는 권리이다. 대법원 2009. 12. 10. 선고 2009두12785 판결

2. 정보공개법

> **정보공개법 제4조【적용 범위】**
> ① 정보의 공개에 관하여는 다른 법률에 특별한 규정이 있는 경우를 제외하고는 이 법에서 정하는 바에 따른다.
> ② 지방자치단체는 그 소관 사무에 관하여 법령의 범위에서 정보공개에 관한 조례를 정할 수 있다. ★ 02
> ③ 국가안전보장에 관련되는 정보 및 보안 업무를 관장하는 기관에서 국가안전보장과 관련된 정보의 분석을 목적으로 수집하거나 작성한 정보에 대해서는 이 법을 적용하지 아니한다. 다만, 제8조 제1항에 따른 정보목록의 작성·비치 및 공개에 대해서는 그러하지 아니한다.

OX 체크

01 국민의 알 권리의 내용에는 일반 국민 누구나 국가에 대하여 보유·관리하고 있는 정보의 공개를 청구할 수 있는 이른바 일반적인 정보공개청구권이 포함된다. ( )

02 지방자치단체는 그 소관 사무에 관하여 법령의 범위에서 정보공개에 관한 조례를 정할 수 있다. ( )

정답
01 ○ 02 ○

1. 지방자치단체는 그 내용이 주민의 권리의 제한 또는 의무의 부과에 관한 사항이거나 벌칙에 관한 사항이 아닌 한 법률의 위임이 없더라도 조례를 제정할 수 있다 할 것인데, 청주시의회에서 의결한 청주시 행정정보공개조례안은 (중략) 주민의 권리를 제한하거나 의무를 부과하는 조례라고는 단정할 수 없고 따라서 그 제정에 있어서 반드시 법률의 개별적 위임이 따로 필요한 것은 아니다. 대법원 1992. 6. 23. 선고 92추17 판결

2. 학교에 대하여 교육기관정보공개법이 적용된다고 하여 더 이상 정보공개법을 적용할 수 없게 되는 것은 아니라고 할 것이다. 대법원 2013. 11. 28. 선고 2011두5049 판결 **01**

3. [1] '정보공개에 관하여 다른 법률에 특별한 규정이 있는 경우'에 해당한다고 하여 정보공개법의 적용을 배제하기 위해서는, 특별한 규정이 '법률'이어야 하고, 나아가 내용이 정보공개의 대상 및 범위, 정보공개의 절차, 비공개대상정보 등에 관하여 정보공개법과 달리 규정하고 있는 것이어야 한다. ★
   [2] 형사소송법은 형사재판확정기록의 공개 여부나 공개 범위, 불복절차 등에 대하여 구 공공기관의 정보공개에 관한 법률과 달리 규정하고 있는 것으로 정보공개법 제4조 제1항에서 정한 '정보의 공개에 관하여 다른 법률에 특별한 규정이 있는 경우'에 해당한다. 따라서 형사재판확정기록의 공개에 관하여는 정보공개법에 의한 공개청구가 허용되지 아니한다. 대법원 2016. 12. 15. 선고 2013두20882 판결 ★ **02**

4. 군사법원법은 정보공개법 제4조 제1항에서 정한 '정보의 공개에 관하여 다른 법률에 특별한 규정이 있는 경우'에 해당한다. 따라서 군검사가 공소제기된 사건과 관련하여 보관하고 있는 서류 또는 물건에 관하여는 피고인이나 변호인의 정보공개법에 의한 정보공개청구가 허용되지 아니한다. 대법원 2024. 5. 30. 선고 2022두65559 판결 **03**

5. 민사소송법 제344조 제2항은 같은 조 제1항에서 정한 문서에 해당하지 아니한 문서라도 문서의 소지자는 원칙적으로 그 제출을 거부하지 못하나, 다만 '공무원 또는 공무원이었던 사람이 그 직무와 관련하여 보관하거나 가지고 있는 문서'는 예외적으로 제출을 거부할 수 있다고 규정하고 있는바, (중략) 이러한 공문서의 공개에 관하여는 공공기관의 정보공개에 관한 법률에서 정한 절차와 방법에 의하여야 할 것이다. 대법원 2010. 1. 19. 자 2008마546 결정

Ⅱ 정보공개법 총칙

1. 정보와 공개

> **정보공개법 제2조 【정의】**
> 이 법에서 사용하는 용어의 뜻은 다음과 같다.
> 1. "정보"란 공공기관이 직무상 작성 또는 취득하여 관리하고 있는 문서(전자문서를 포함한다. 이하 같다) 및 전자매체를 비롯한 모든 형태의 매체 등에 기록된 사항을 말한다. **04**
> 2. "공개"란 공공기관이 이 법에 따라 정보를 열람하게 하거나 그 사본·복제물을 제공하는 것 또는 「전자정부법」 제2조 제10호에 따른 정보통신망을 통하여 정보를 제공하는 것 등을 말한다.

OX 체크

01 사립학교에 대하여 「교육관련기관의 정보공개에 관한 특례법」이 적용되는 경우에도 「공공기관의 정보공개에 관한 법률」을 적용할 수 없는 것은 아니다. (   )

02 「형사소송법」은 형사재판확정기록의 공개 여부 등에 대하여 「공공기관의 정보공개에 관한 법률」과 달리 규정하고 있으므로, 형사재판확정기록의 공개에 관하여는 「공공기관의 정보공개에 관한 법률」에 의한 공개청구가 허용되지 아니한다. (   )

03 군검사가 공소제기된 사건과 관련하여 보관하고 있는 서류 또는 물건에 관하여는 피고인이나 변호인의 정보공개법에 의한 정보공개청구가 허용되지 아니한다. (   )

04 「정보공개법」상 정보란 공공기관이 직무상 작성 또는 취득하여 관리하고 있는 문서(전자문서를 포함한다) 및 전자매체를 비롯한 모든 매체 등에 기록된 사항을 말한다. (   )

정답
01 ○ 02 ○ 03 ○ 04 ○

2. 공공기관

> **정보공개법 제2조【정의】**
> 이 법에서 사용하는 용어의 뜻은 다음과 같다.
> 3. "공공기관"이란 다음 각 목의 기관을 말한다.
>   가. 국가기관
>   1) 국회, 법원, 헌법재판소, 중앙선거관리위원회
>   2) 중앙행정기관(대통령 소속 기관과 국무총리 소속 기관을 포함한다) 및 그 소속 기관
>   3) 「행정기관 소속 위원회의 설치·운영에 관한 법률」에 따른 위원회
>   나. 지방자치단체
>   다. 「공공기관의 운영에 관한 법률」 제2조에 따른 공공기관
>   라. 「지방공기업법」에 따른 지방공사 및 지방공단
>   마. 그 밖에 대통령령으로 정하는 기관
>
> **정보공개법 시행령 제2조【공공기관의 범위】**
> 법 제2조제3호마목에서 "대통령령으로 정하는 기관"이란 다음 각 호의 기관 또는 단체를 말한다.
> 1. 「유아교육법」, 「초·중등교육법」, 「고등교육법」에 따른 각급 학교 또는 그 밖의 다른 법률에 따라 설치된 학교(주: 각급 학교에는 사립학교도 포함됨) ★★ 01 02
> 4. 특별법에 따라 설립된 특수법인
> 5. 「사회복지사업법」 제42조 제1항에 따라 국가나 지방자치단체로부터 보조금을 받는 사회복지법인과 사회복지사업을 하는 비영리법인

판례

1. 정보공개법 시행령 제2조 제1호가 정보공개의무를 지는 공공기관의 하나로 사립대학교를 들고 있는 것이 모법인 구 공공기관의 정보공개에 관한 법률의 위임 범위를 벗어났다거나 사립대학교가 국비의 지원을 받는 범위 내에서만 공공기관의 성격을 가진다고 볼 수 없다. 대법원 2006. 8. 24. 선고 2004두2783 판결 ★ 03

2. 한국방송공사(KBS)는 공공기관의 정보공개에 관한 법률 시행령 제2조 제4호의 '특별법에 의하여 설립된 특수법인'으로서 정보공개의무가 있는 공공기관의 정보공개에 관한 법률 제2조 제3호의 '공공기관'에 해당한다. 대법원 2010. 12. 23. 선고 2008두13101 판결 04

3. 한국증권업협회는 공공기관의 정보공개에 관한 법률 시행령 제2조 제4호의 '특별법에 의하여 설립된 특수법인'에 해당한다고 보기 어렵다. 대법원 2010. 4. 29. 선고 2008두5643 판결 05

OX 체크

01 국·공립의 초등학교는 공공기관의 정보공개에 관한 법령상 공공기관에 해당하지만, 사립 초등학교는 이에 해당하지 않는다. ( )

02 「유아교육법」에 따른 사립유치원은 공공기관의 정보공개에 관한 법령상 공공기관에 해당하지 않는다. ( )

03 사립대학교는 「정보공개법」 시행령에 따른 정보공개의무를 지는 공공기관에 해당하나, 국비의 지원을 받는 범위 내에서만 그러한 공공기관의 성격을 가진다. ( )

04 한국방송공사는 「공공기관의 정보공개에 관한 법률 시행령」 제2조제4호에 규정된 '특별법에 따라 설립된 특수법인'에 해당한다. ( )

05 '한국증권업협회'는 정보공개의무를 지는 '특별법에 의하여 설립된 특수법인'에 해당한다. ( )

정답
01 × 02 × 03 × 04 ○ 05 ×

Ⅲ 정보공개 청구권자와 공공기관의 의무

1. 정보공개 청구권자

(1) 모든 국민

> **정보공개법 제5조【정보공개 청구권자】**
> ① 모든 국민은 정보의 공개를 청구할 권리를 가진다. ★★ 01
> ② 외국인의 정보공개 청구에 관하여는 대통령령으로 정한다.
>
> **정보공개법 시행령 제3조【외국인의 정보공개 청구】**
> 법 제5조 제2항에 따라 정보공개를 청구할 수 있는 외국인은 다음 각 호의 어느 하나에 해당하는 자로 한다. 02
> 1. 국내에 일정한 주소를 두고 거주하거나 학술・연구를 위하여 일시적으로 체류하는 사람 ★★
> 2. 국내에 사무소를 두고 있는 법인 또는 단체

1. 여기에서 말하는 국민에는 자연인은 물론 법인, 권리능력 없는 사단・재단도 포함되고, 법인, 권리능력 없는 사단・재단 등의 경우에는 설립목적을 불문한다(주: 이해관계가 없는 시민단체의 공익을 위한 정보공개청구를 인정한 사례). 대법원 2003. 12. 12. 선고 2003두8050 판결 ★★★ 03 05

2. 지방자치단체는 공공기관의 정보공개에 관한 법률 제5조에서 정한 정보공개청구권자인 '국민'에 해당되지 아니한다. 서울행정법원 2005. 10. 12. 선고 2005구합10484 판결 04

3. 정보공개법은 정보공개 청구권자가 공개를 청구하는 정보와 어떤 관련성을 가질 것을 요구하거나 정보공개청구의 목적에 특별한 제한을 두고 있지 아니하므로 정보공개 청구권자의 권리구제 가능성 등은 정보의 공개 여부 결정에 아무런 영향을 미치지 못한다. 대법원 2017. 9. 7. 선고 2017두44558 판결 ★ 06

(2) 권리남용

1. [1] 실제로는 해당 정보를 취득 또는 활용할 의사가 전혀 없이 정보공개 제도를 이용하여 사회통념상 용인될 수 없는 부당한 이득을 얻으려 하거나, 오로지 공공기관의 담당공무원을 괴롭힐 목적으로 정보공개청구를 하는 경우처럼 권리의 남용에 해당하는 것이 명백한 경우에는 정보공개청구권의 행사를 허용하지 아니하는 것이 옳다. ★ 07

   [2] (교도소에 복역 중인 甲이 지방검찰청 검사장에게 자신에 대한 불기소사건 수사기록 중 타인의 개인정보를 제외한 부분의 공개를 청구하였으나 검사장이 정보공개법 제9조 제1항 등에 규정된 비공개 대상 정보에 해당한다는 이유로 비공개 결정을 한 사안에서) 甲은 위 정보에 접근하는 것을 목적으로 정보공개를 청구한 것이 아니라, 청구가 거부되면 거부처분의 취소를 구하는 소송에서 승소한 뒤 소송비용 확정절차를 통해 자신이 그 소송에서 실제 지출한 소송비용보다 다액을 소송비용으로 지급받아 금전적 이득을 취하거나, 수감 중 변론기일에 출정하여 강제노역을 회피하는 것 등을 목적으로 정보공개를 청구하였다고 볼 여지가 큰 점 등에 비추어 甲의 정보공개청구는 권리를 남용하는 행위로서 허용되지 않는다고 한 사례. 대법원 2014. 12. 24. 선고 2014두9349 판결

2. 원고가 이 사건 정보공개를 청구한 목적이 이 사건 손해배상소송에 제출할 증거자료를 획득하기 위한 것이었고 위 소송이 이미 종결되었다고 하더라도, 원고가 오로지 피고를 괴롭힐 목적으로 정보공개를 구하고 있다는 등의 특별한 사정이 없는 한, 위와 같은 사정만으로는 원고가 이 사건 소송을 계속하고 있는 것이 권리남용에 해당한다고 볼 수 없다. 대법원 2004. 9. 23. 선고 2003두1370 판결 ★ 08

OX 체크

01 모든 국민은 정보의 공개를 청구할 권리를 가진다. ( )

02 국내에 일정한 주소를 두고 있지 않은 외국인이 학술대회 발표를 위해 1주일간 체류하는 경우에는 정보공개청구권자가 될 수 없다. ( )

03 정보공개청구권자에는 자연인은 물론 법인, 권리능력 없는 사단・재단도 포함되고, 법인, 권리능력 없는 사단・재단 등의 경우에는 설립목적을 불문한다. ( )

04 「공공기관의 정보공개에 관한 법률」은 모든 국민을 정보공개청구권자로 규정하고 있는데, 이에는 자연인은 물론 법인, 권리능력 없는 사단・재단, 지방자치단체 등이 포함된다. ( )

05 정보공개청구는 시민단체의 정보공개청구와 같이 개인적인 이해관계가 없는 공익을 위한 경우에도 인정된다. ( )

06 「공공기관의 정보공개에 관한 법률」은 정보공개청구권자가 공개를 청구하는 정보와 어떤 관련성을 가질 것을 요구하거나 정보공개청구의 목적에 특별한 제한을 두고 있지 아니하므로 정보공개청구권자의 권리구제 가능성 등은 정보의 공개 여부 결정에 아무런 영향을 미치지 못한다. ( )

07 해당 정보를 취득 또는 활용할 의사가 전혀 없이 정보공개 제도를 이용하여 사회통념상 용인될 수 없는 부당한 이득을 얻으려 하거나, 오로지 공공기관의 담당 공무원을 괴롭힐 목적으로 정보공개청구를 하는 경우 권리 남용에 해당함이 명백하므로 정보공개청구권의 행사가 허용되지 아니한다. ( )

08 정보공개를 청구한 목적이 손해배상소송에 제출할 증거자료를 획득하기 위한 것이었고 그 소송이 이미 종결되었다면, 그러한 정보공개청구는 권리남용에 해당한다. ( )

정답
01 ○ 02 × 03 ○ 04 × 05 ○
06 ○ 07 ○ 08 ×

OX 체크

01 「공공기관의 정보공개에 관한 법률」에 따라 중앙행정기관은 전자적 형태로 보유·관리하는 정보 중 공개대상으로 분류된 정보를 국민의 정보공개 청구가 없더라도 정보통신망을 활용한 정보공개시스템 등을 통하여 공개하여야 한다. ( )

02 국민의 알 권리에서 파생되는 정부의 공개의무는 특별한 사정이 없는 한 국민의 적극적인 정보수집행위나 특정의 정보에 대한 공개청구가 있는 경우에야 비로소 존재하는 것은 아니다. ( )

03 「공공기관의 정보공개에 관한 법률」상 공개청구의 대상이 되는 정보란 공공기관이 직무상 작성 또는 취득하여 현재 보유·관리하고 있는 원본인 문서만을 의미한다. ( )

04 전자적 형태로 보유·관리되는 정보의 경우에 그 정보가 청구인이 구하는 대로 되어 있지 않더라도 공개청구를 받은 공공기관이 공개청구대상정보의 기초자료를 검색하여 청구인이 구하는 대로 편집할 수 있으며, 그 작업이 당해 기관의 업무수행에 별다른 지장을 초래하지 않는다면 그 공공기관이 공개청구대상정보를 보유·관리하고 있는 것으로 볼 수 있다. ( )

2. 공공기관의 의무

> **정보공개법 제7조【정보의 사전적 공개 등】**
>
> ① 공공기관은 다음 각 호의 어느 하나에 해당하는 정보에 대해서는 공개의 구체적 범위, 주기, 시기 및 방법 등을 미리 정하여 정보통신망 등을 통하여 알리고, 이에 따라 정기적으로 공개하여야 한다. 다만, 제9조 제1항 각 호의 어느 하나에 해당하는 정보에 대해서는 그러하지 아니하다.
> 1. 국민생활에 매우 큰 영향을 미치는 정책에 관한 정보
> 2. 국가의 시책으로 시행하는 공사 등 대규모 예산이 투입되는 사업에 관한 정보
> 3. 예산집행의 내용과 사업평가 결과 등 행정감시를 위하여 필요한 정보
> 4. 그 밖에 공공기관의 장이 정하는 정보
>
> **정보공개법 제8조【정보목록의 작성·비치 등】**
>
> ① 공공기관은 그 기관이 보유·관리하는 정보에 대하여 국민이 쉽게 알 수 있도록 정보목록을 작성하여 갖추어 두고, 그 목록을 정보통신망을 활용한 정보공개시스템 등을 통하여 공개하여야 한다. 다만, 정보목록 중 제9조 제1항에 따라 공개하지 아니할 수 있는 정보가 포함되어 있는 경우에는 해당 부분을 갖추어 두지 아니하거나 공개하지 아니할 수 있다.
>
> **정보공개법 제8조의2【공개대상 정보의 원문공개】**
>
> 공공기관 중 중앙행정기관 및 대통령령으로 정하는 기관은 전자적 형태로 보유·관리하는 정보 중 공개대상으로 분류된 정보를 국민의 정보공개 청구가 없더라도 정보통신망을 활용한 정보공개시스템 등을 통하여 공개하여야 한다. **01**

판례

알 권리에서 파생되는 정부의 공개의무는 특별한 사정이 없는 한 국민의 적극적인 정보수집행위, 특히 특정의 정보에 대한 공개청구가 있는 경우에야 비로소 존재하므로, 정보공개청구가 없었던 경우 대한민국과 중화인민공화국이 2000. 7. 31. 체결한 양국간 마늘교역에 관한 합의서 및 그 부속서 중 '2003. 1. 1.부터 한국의 민간기업이 자유롭게 마늘을 수입할 수 있다'는 부분을 사전에 마늘재배농가들에게 공개할 정부의 의무는 인정되지 아니한다. 헌법재판소 2004. 12. 16. 선고 2002헌마579 전원재판부

Ⅳ 공개대상 정보 : 공공기관이 보유·관리하는 정보

판례

1. 공공기관의 정보공개에 관한 법률상 공개청구의 대상이 되는 정보란 공공기관이 직무상 작성 또는 취득하여 현재 보유·관리하고 있는 문서에 한정되는 것이기는 하나, 그 문서가 반드시 원본일 필요는 없다. 대법원 2006. 5. 25. 선고 2006두3049 판결 ★★★ **03**

2. 전자적 형태로 보유·관리되는 정보의 경우에는, 그 정보가 청구인이 구하는 대로는 되어 있지 않다고 하더라도, 공개청구를 받은 공공기관이 공개청구대상정보의 기초자료를 전자적 형태로 보유·관리하고 있고, 당해 기관에서 통상 사용되는 컴퓨터 하드웨어 및 소프트웨어와 기술적 전문지식을 사용하여 그 기초자료를 검색하여 청구인이 구하는 대로 편집할 수 있으며, 그러한 작업이 당해 기관의 컴퓨터 시스템 운용에 별다른 지장을 초래하지 아니한다면, 그 공공기관이 공개청구대상정보를 보유·관리하고 있는 것으로 볼 수 있다. 대법원 2010. 2. 11. 선고 2009두6001 판결 ★

01 ○ 02 × 03 × 04 ○

Ⅴ 비공개대상 정보

1. 개관

> **정보공개법 제9조 【비공개 대상 정보】**
> ① 공공기관이 보유·관리하는 정보는 공개 대상이 된다. 다만, 다음 각 호의 어느 하나에 해당하는 정보는 공개하지 아니할 수 있다.

비공개사유에 해당하는지 여부는 비공개에 의하여 보호되는 업무수행의 공정성 등의 이익과 공개에 의하여 보호되는 국민의 알권리의 보장과 국정에 대한 국민의 참여 및 국정운영의 투명성 확보 등의 이익을 비교·교량하여 구체적인 사안에 따라 개별적으로 판단하여야 한다. 대법원 2009. 12. 10. 선고 2009두12785 판결

2. 구체적 비공개사유

(Ⅰ) 비밀이나 비공개 사항으로 규정된 정보(제1호)

> 다른 법률 또는 법률에서 위임한 명령(국회규칙·대법원규칙·헌법재판소규칙·중앙선거관리위원회규칙·대통령령 및 조례로 한정한다)에 따라 비밀이나 비공개 사항으로 규정된 정보 ★ 01

- '법률이 위임한 명령'은 정보의 공개에 관하여 법률의 구체적인 위임 아래 제정된 법규명령(위임명령)을 의미한다(대법원 2006. 10. 26. 선고 2006두11910 판결). ★ 02

〈비공개대상에 해당하는 것으로 본 사례〉

1. 학교폭력대책자치위원회의 회의록. 대법원 2010. 6. 10. 선고 2010두2913 판결 ★★ 03
2. 국가정보원의 조직·소재지 및 정원에 관한 정보. 대법원 2013. 1. 24. 선고 2010두18918 판결
3. 국가정보원이 직원에게 지급하는 현금급여 및 월초수당에 관한 정보. 대법원 2010. 12. 23. 선고 2010두14800 판결 ★ 04
4. 국방부의 한국형 다목적 헬기(KMH) 도입사업에 대한 감사원장의 감사결과보고서(군사2급비밀). 대법원 2006. 11. 10. 선고 2006두9351 판결 ★ 05

〈비공개대상에 해당하지 않는 것으로 본 사례〉

1. 교육공무원승진규정은 정보공개에 관한 사항에 관하여 구체적인 법률의 위임에 따라 제정된 명령이라고 할 수 없고, 따라서 교육공무원승진규정 제26조에서 근무성적평정의 결과를 공개하지 아니한다고 규정하고 있다고 하더라도 위 교육공무원승진규정은 법률이 위임한 명령에 해당하지 아니하므로 위 규정을 근거로 정보공개청구를 거부하는 것은 잘못이다. 대법원 2006. 10. 26. 선고 2006두11910 판결 ★★ 06
2. 검찰보존사무규칙은 비록 법무부령으로 되어 있으나, 그중 불기소사건기록 등의 열람·등사에 대하여 제한하고 있는 부분은 위임 근거가 없어 행정기관 내부의 사무처리준칙으로서 행정규칙에 불과하므로, 위 규칙에 의한 열람·등사의 제한을 '다른 법률 또는 법률에 의한 명령에 의하여 비공개 사항으로 규정된 경우'에 해당한다고 볼 수 없다. 대법원 2004. 9. 23. 선고 2003두1370 판결 ★★ 07

OX 체크

01 다른 법률 또는 법률에서 위임한 대통령령 및 부령에 따라 비밀이나 비공개사항으로 규정된 정보는 비공개의 대상이 된다. ( )

02 「공공기관의 정보공개에 관한 법률」에 의하면 "다른 법률 또는 법률에서 위임한 명령에 의하여 비밀 또는 비공개 사항으로 규정된 정보"는 이를 공개하지 아니할 수 있다고 규정하고 있는바, 여기에서 '법률에 의한 명령'은 정보의 공개에 관하여 법률의 구체적인 위임 아래 제정된 법규명령(위임명령)을 의미한다. ( )

03 학교폭력대책자치위원회가 피해학생의 보호를 위한 조치, 가해학생에 대한 조치, 학교폭력과 관련된 분쟁의 조정 등에 관하여 심의한 결과를 기재한 회의록은 「공공기관의 정보공개에 관한 법률」 소정의 비공개대상 정보에 해당한다. ( )

04 국가정보원이 그 직원에게 지급하는 현금급여 및 월초수당에 관한 정보는 비공개대상 정보에 해당한다. ( )

05 감사원장의 감사결과가 군사2급 비밀에 해당한다고 하여 공공기관의 정보공개에 관한 법률 제9조 제1항 제1호에 의하여 공개하지 아니할 수는 없다. ( )

06 교육공무원의 근무성적평정 결과를 공개하지 아니한다고 규정하고 있는 「교육공무원 승진규정」을 근거로 정보공개청구를 거부하는 것은 위법하다. ( )

07 법무부령인 「검찰보존사무규칙」은 행정기관 내부의 사무처리준칙인 행정규칙이지만, 「검찰보존사무규칙」상의 열람·등사의 제한은 「공공기관의 정보공개에 관한 법률」 제9조제1항제1호의 '다른 법률 또는 법률에 의한 명령에 의하여 비공개사항으로 규정된 경우'에 해당한다. ( )

정답
01 ✕ 02 ○ 03 ○ 04 ○ 05 ✕
06 ○ 07 ✕

OX 체크

01 「보안관찰법」소정의 보안관찰 관련 통계자료는 「공공기관의 정보공개에 관한 법률」 소정의 비공개대상 정보에 해당하지 않는다. ( )

02 「공공기관의 정보공개에 관한 법률」 제9조제1항제4호의 '진행 중인 재판에 관련된 정보'에 해당한다는 사유로 정보공개를 거부하기 위해서는 그 정보가 진행 중인 재판의 소송기록 그 자체에 포함된 내용이어야 한다. ( )

03 비공개대상정보로 '진행 중인 재판에 관련된 정보'는 재판에 관련된 일체의 정보가 그에 해당하는 것은 아니고, 진행 중인 재판의 심리 또는 재판결과에 구체적으로 영향을 미칠 위험이 있는 정보에 한정된다. ( )

3. 공직자윤리법상의 등록의무자가 제출한 '자신의 재산등록사항의 고지를 거부한 직계존비속의 본인과의 관계, 성명, 고지거부사유, 서명(날인)'이 기재되어 있는 문서. 대법원 2007. 12. 13. 선고 2005두13117 판결

4. '소송에 관한 서류는 공판의 개정 전에는 공익상 필요 기타 상당한 이유가 없으면 공개하지 못한다.'고 정하고 있는 형사소송법이 (중략) 당해 사건의 고소인에게 그 고소에 따른 공소제기내용을 알려주는 것을 금지하려는 취지는 아니므로, 이와 같은 형사소송법 제47조의 공개금지를 '다른 법률 또는 법률에 의한 명령에 의하여 비공개사항으로 규정된 경우'에 해당한다고 볼 수 없다. 대법원 2006. 5. 25. 선고 2006두3049 판결

(2) 국가의 중대한 이익을 현저히 해칠 우려가 있는 정보 등(제2호 및 제3호)

2. 국가안전보장·국방·통일·외교관계 등에 관한 사항으로서 공개될 경우 국가의 중대한 이익을 현저히 해칠 우려가 있다고 인정되는 정보
3. 공개될 경우 국민의 생명·신체 및 재산의 보호에 현저한 지장을 초래할 우려가 있다고 인정되는 정보

판례

1. 일본군과 관헌에 의한 위안부 '강제연행'의 존부 및 사실인정 문제에 대해 한일 외교장관이 협의한 정보를 공개하지 않은 처분이 적법하다고 본 원심판단이 정당하다고 한 사례. 대법원 2023. 6. 1. 선고 2019두41324 판결

2. 보안관찰법 소정의 보안관찰 관련 통계자료는 제2호 소정의 공개될 경우 국가안전보장·국방·통일·외교관계 등 국가의 중대한 이익을 해할 우려가 있는 정보 또는 제3호 소정의 공개될 경우 국민의 생명·신체 및 재산의 보호 기타 공공의 안전과 이익을 현저히 해할 우려가 있다고 인정되는 정보에 해당한다. 대법원 2004. 3. 18. 선고 2001두8254 전원합의체 판결 ★ 01

(3) 진행 중인 재판 또는 형사절차와 관련된 정보(제4호)

진행 중인 재판에 관련된 정보와 범죄의 예방, 수사, 공소의 제기 및 유지, 형의 집행, 교정, 보안처분에 관한 사항으로서 공개될 경우 그 직무수행을 현저히 곤란하게 하거나 형사피고인의 공정한 재판을 받을 권리를 침해한다고 인정할 만한 상당한 이유가 있는 정보

판례

1. '진행 중인 재판에 관련된 정보'에 해당한다는 사유로 정보공개를 거부하기 위하여는 반드시 그 정보가 진행 중인 재판의 소송기록 자체에 포함된 내용일 필요는 없다. 그러나 재판에 관련된 일체의 정보가 그에 해당하는 것은 아니고 진행 중인 재판의 심리 또는 재판결과에 구체적으로 영향을 미칠 위험이 있는 정보에 한정된다. 대법원 2011. 11. 24. 선고 2009두19021 판결 ★★ 02 03

정답
01 × 02 × 03 ○

2. 수사기록 중의 의견서, 보고문서, 메모, 법률검토, 내사자료 등은 '수사에 관한 사항으로서 공개될 경우 그 직무수행을 현저히 곤란하게 한다고 인정할 만한 상당한 이유가 있는 정보'에 해당하나, 공개청구대상인 정보가 의견서 등에 해당한다고 하여 곧바로 정보공개법 제9조 제1항 제4호에 규정된 비공개대상정보라고 볼 것은 아니고, 의견서 등의 실질적인 내용을 구체적으로 살펴 수사의 방법 및 절차 등이 공개됨으로써 수사기관의 직무수행을 현저히 곤란하게 한다고 인정할 만한 상당한 이유가 있어야만 위 비공개대상정보에 해당한다. 여기에서 '공개될 경우 그 직무수행을 현저히 곤란하게 한다고 인정할 만한 상당한 이유가 있는 정보'란 당해 정보가 공개될 경우 수사 등에 관한 직무의 공정하고 효율적인 수행에 직접적이고 구체적으로 장애를 줄 고도의 개연성이 있고 그 정도가 현저한 경우를 의미하며, 여기에 해당하는지는 비공개에 의하여 보호되는 업무수행의 공정성 등의 이익과 공개에 의하여 보호되는 국민의 알권리의 보장과 수사절차의 투명성 확보 등의 이익을 비교·교량하여 구체적 사안에 따라 신중히 판단하여야 한다. 대법원 2017. 9. 7. 선고 2017두44558 판결 `01`

3. (재소자가 교도관의 가혹행위를 이유로 형사고소 및 민사소송을 제기하면서 그 증명자료 확보를 위해 '근무보고서'와 '징벌위원회 회의록' 등의 정보공개를 요청하였으나 교도소장이 이를 거부한 사안에서) 교도관이 작성한 근무보고서는 비공개대상정보에 해당한다고 볼 수 없고, 징벌위원회 회의록 중 비공개 심사·의결 부분은 비공개사유에 해당하지만 징벌절차 진행 부분은 비공개사유에 해당하지 않는다. 대법원 2009. 12. 10. 선고 2009두12785 판결 ★ `02` `03`

(4) 업무의 공정한 수행에 현저한 지장을 초래할 정보(제5호)

> 감사·감독·검사·시험·규제·입찰계약·기술개발·인사관리에 관한 사항이나 의사결정 과정 또는 내부검토 과정에 있는 사항 등으로서 공개될 경우 업무의 공정한 수행이나 연구·개발에 현저한 지장을 초래한다고 인정할 만한 상당한 이유가 있는 정보. 다만, 의사결정 과정 또는 내부검토 과정을 이유로 비공개할 경우에는 제13조제5항에 따라 통지를 할 때 의사결정 과정 또는 내부검토 과정의 단계 및 종료 예정일을 함께 안내하여야 하며, 의사결정 과정 및 내부검토 과정이 종료되면 제10조에 따른 청구인에게 이를 통지하여야 한다.

〈비공개대상에 해당하는 것으로 본 사례〉

1. [1] '감사·감독·검사·시험·규제·입찰계약·기술개발·인사관리·의사결정과정 또는 내부검토과정에 있는 사항'은 비공개대상정보를 예시적으로 열거한 것이라고 할 것이므로 의사결정과정에 제공된 회의관련자료나 의사결정과정이 기록된 회의록 등은 의사가 결정되거나 의사가 집행된 경우에는 더 이상 의사결정과정에 있는 사항 그 자체라고는 할 수 없으나, 의사결정과정에 있는 사항에 준하는 사항으로서 비공개대상정보에 포함될 수 있다. ★ `04`

   [2] '공개될 경우 업무의 공정한 수행에 현저한 지장을 초래한다고 인정할 만한 상당한 이유가 있는 경우'라 함은 공개될 경우 업무의 공정한 수행이 객관적으로 현저하게 지장을 받을 것이라는 고도의 개연성이 존재하는 경우를 의미한다고 할 것이고, 여기에 해당하는지 여부는 (중략) 비교·교량하여 구체적인 사안에 따라 신중하게 판단되어야 한다. `05`

   [3] 학교환경위생구역 내 금지행위(숙박시설) 해제결정에 관한 학교환경위생정화위원회의 회의록에 기재된 발언내용에 대한 해당 발언자의 인적사항 부분에 관한 정보는 비공개대상에 해당한다고 한 사례. 대법원 2003. 8. 22. 선고 2002두12946 판결 ★ `06`

2. 망인들에 대한 독립유공자서훈 공적심사위원회의 심의·의결 과정 및 그 내용을 기재한 회의록. 대법원 2014. 7. 24. 선고 2013두20301 판결 ★ `07`

3. 문제은행 출제방식을 채택하고 있는 치과의사 국가시험의 문제지와 정답지. 대법원 2007. 6. 15. 선고 2006두15936 판결 `08`

OX 체크

`01` 공개청구된 정보가 수사의견서인 경우 수사의 방법 및 절차 등이 공개되더라도 수사기관의 직무수행을 현저히 곤란하게 하지 않는 때에는 비공개대상정보에 해당하지 않는다. ( )

`02` 교도소에 수용 중이던 재소자가 담당 교도관들을 상대로 가혹행위를 이유로 형사고소 및 민사소송을 제기하면서 그 증명자료의 확보를 위해 정보공개를 요청한 '근무보고서'는 비공개대상정보이다. ( )

`03` 재소자가 교도관의 가혹행위를 이유로 형사고소 및 민사소송을 제기하면서 그 증명자료 확보를 위해 '징벌위원회 회의록' 등의 정보공개를 요청한 경우, 징벌위원회 회의록 중 징벌절차 진행 부분은 비공개사유에 해당한다. ( )

`04` 의사결정과정에 제공된 회의관련자료나 의사결정과정이 기록된 회의록은 의사가 결정되거나 의사가 집행된 경우에는 더 이상 의사결정과정에 있는 사항 그 자체라고는 할 수 없으므로 비공개대상정보에 포함될 수 없다. ( )

`05` 「공공기관의 정보공개에 관한 법률」 제9조제1항제5호의 '공개될 경우 업무의 공정한 수행에 현저한 지장을 초래한다고 인정할 만한 상당한 이유가 있는 경우'란 공개될 경우 업무의 공정한 수행이 객관적으로 현저하게 지장을 받을 것이라는 고도의 개연성이 존재하는 경우를 의미한다. ( )

`06` 학교환경위생구역 내 금지행위 해제결정에 관한 학교환경위생정화위원회의 회의록에 기재된 발언내용에 대한 해당 발언자의 인적사항 부분에 관한 정보는 비공개대상에 해당하지 아니한다. ( )

`07` 독립유공자서훈 공적심사위원회의 심의·의결 과정 및 그 내용을 기재한 회의록은 독립유공자 등록에 관한 신청당사자의 알 권리 보장과 공정한 업무수행을 위해서 공개되어야 한다. ( )

`08` 문제은행 출제방식을 채택하고 있는 치과의사 국가시험의 문제지와 정답지는 비공개정보에 해당한다. ( )

정답
01 ○ 02 × 03 × 04 × 05 ○
06 × 07 × 08 ○

OX 체크

01 사법시험 제2차 시험의 답안지와 시험문항에 대한 채점위원별 채점 결과는 비공개정보에 해당한다. ( )

02 '2002학년도부터 2005학년도까지의 대학수학능력시험 원데이터'는 연구목적으로 그 정보의 공개를 청구하는 경우 「공공기관의 정보공개에 관한 법률」 소정의 비공개대상정보에 해당한다. ( )

03 도시공원위원회의 회의관련자료 및 회의록은 시장 등의 결정의 대외적 공표행위가 있은 후에는 이를 의사결정과정이나 내부검토과정에 있는 사항이라고 할 수 없고 위 위원회의 회의관련자료 및 회의록을 공개하더라도 업무의 공정한 수행에 지장을 초래할 염려가 없으므로 공개대상이 된다. ( )

04 외국 또는 외국 기관으로부터 비공개를 전제로 입수한 정보는 비공개를 전제로 하였다는 이유만으로 비공개대상정보에 해당한다. ( )

05 직무를 수행한 공무원의 성명과 직위는 공개될 경우 개인의 사생활의 비밀 또는 자유를 침해할 우려가 있다면 비공개대상정보에 해당한다. ( )

06 국민의 알권리를 두텁게 보호하기 위해 「공공기관의 정보공개에 관한 법률」 제9조 제1항 제6호 본문의 규정에 따라 비공개대상이 되는 정보는 이름·주민등록번호 등 '개인식별정보'로 한정된다. ( )

〈비공개대상에 해당하지 않는 것으로 본 사례〉

1. 사법시험 제2차 시험의 답안지 열람은 시험문항에 대한 채점위원별 채점 결과의 열람과 달리 사법시험업무의 수행에 현저한 지장을 초래한다고 볼 수 없다고 한 사례. 대법원 2003. 3. 14. 선고 2000두6114 판결 ★ 01

2. '2002년도 및 2003년도 국가 수준 학업성취도평가 자료'는 비공개대상정보에 해당하는 부분이 있으나, '2002학년도부터 2005학년도까지의 대학수학능력시험 원데이터'는 연구목적으로 그 정보의 공개를 청구하는 경우 비공개대상정보에 해당하지 않는다고 한 사례. 대법원 2010. 2. 25. 선고 2007두9877 판결 ★ 02

3. 도시공원위원회의 심의 후 그 심의사항들에 대한 시장 등의 결정의 대외적 공표행위가 있기 전까지는 위 위원회의 회의관련자료 및 회의록은 비공개대상정보에 해당한다고 할 것이고, 다만 (중략) 시장 등의 결정의 대외적 공표행위가 있은 후에는 위 위원회의 회의관련자료 및 회의록은 공개대상이 된다고 할 것인바, 지방자치단체의 도시공원에 관한 조례안에서 공개시기 등에 관한 아무런 제한 규정 없이 위 위원회의 회의관련자료 및 회의록은 공개하여야 한다고 규정하였다면 이는 같은 법 제7조 제1항 제5호에 위반된다고 할 것이다. 대법원 2000. 5. 30. 선고 99추85 판결 ★ 03

4. 외국 또는 외국 기관으로부터 비공개를 전제로 정보를 입수하였다는 이유만으로 이를 공개할 경우 업무의 공정한 수행에 현저한 지장을 받을 것이라고 단정할 수는 없다. 다만 위와 같은 사정은 정보 제공자와의 관계, 정보 제공자의 의사, 정보의 취득 경위, 정보의 내용 등과 함께 업무의 공정한 수행에 현저한 지장이 있는지를 판단할 때 고려하여야 할 형량 요소이다. 2018. 9. 28. 선고 2017두69892 판결 ★ 04

(5) 사생활을 침해할 우려가 있는 정보(제6호)

해당 정보에 포함되어 있는 성명·주민등록번호 등 「개인정보 보호법」 제2조 제1호에 따른 개인정보로서 공개될 경우 사생활의 비밀 또는 자유를 침해할 우려가 있다고 인정되는 정보. 다만, 다음 각 목에 열거한 사항은 제외한다. 05
가. 법령에서 정하는 바에 따라 열람할 수 있는 정보
나. 공공기관이 공표를 목적으로 작성하거나 취득한 정보로서 사생활의 비밀 또는 자유를 부당하게 침해하지 아니하는 정보
다. 공공기관이 작성하거나 취득한 정보로서 공개하는 것이 공익이나 개인의 권리 구제를 위하여 필요하다고 인정되는 정보
라. 직무를 수행한 공무원의 성명·직위 ★
마. 공개하는 것이 공익을 위하여 필요한 경우로서 법령에 따라 국가 또는 지방자치단체가 업무의 일부를 위탁 또는 위촉한 개인의 성명·직업

판례

1. 정보공개법 제9조 제1항 제6호 본문의 규정에 따라 비공개대상이 되는 정보에는 이름·주민등록번호 등 정보 형식이나 유형을 기준으로 비공개대상정보에 해당하는지를 판단하는 '개인식별정보'뿐만 아니라 그 외에 정보의 내용을 구체적으로 살펴 '개인에 관한 사항의 공개로 개인의 내밀한 내용의 비밀 등이 알려지게 되고, 그 결과 인격적·정신적 내면생활에 지장을 초래하거나 자유로운 사생활을 영위할 수 없게 될 위험성이 있는 정보'도 포함된다고 새겨야 한다. 대법원 2012. 6. 18. 선고 2011두2361 전원합의체 판결 ★ 06

정답
01 ✕ 02 ✕ 03 ○ 04 ✕ 05 ✕
06 ✕

2. 제9조 제1항 제6호 단서 (다)목 소정의 '공개하는 것이 공익을 위하여 필요하다고 인정되는 정보'에 해당하는지 여부는 비공개에 의하여 보호되는 개인의 사생활 보호 등의 이익과 공개에 의하여 보호되는 국민의 알권리의 보장과 국정에 대한 국민의 참여 및 국정운영의 투명성 확보 등의 공익을 비교·교량하여 구체적 사안에 따라 개별적으로 판단하여야 한다. 대법원 2003. 12. 12. 선고 2003두8050 판결 ★ 01

3. 정보공개법 제9조 제1항 제6호는 공공기관이 보유·관리하고 있는 개인정보의 공개 과정에서의 개인정보를 보호하기 위한 규정으로서 「개인정보 보호법」 제6조에서 말하는 '개인정보 보호에 관하여 다른 법률에 특별한 규정이 있는 경우'에 해당한다. 따라서 공공기관이 보유·관리하고 있는 개인정보의 공개에 관하여는 정보공개법 제9조 제1항 제6호가 「개인정보 보호법」에 우선하여 적용된다. 대법원 2021. 11. 11. 선고 2015두53770 판결 02

〈비공개대상에 해당하는 것으로 본 사례〉

1. 공무원이 직무와 관련하여 금품을 수령한 정보는 '공개하는 것이 공익을 위하여 필요하다고 인정되는 정보'에 해당한다고 하더라도, 공무원이 직무와 관련 없이 개인적인 자격으로 간담회·연찬회 등 행사에 참석하고 금품을 수령한 정보는 정보공개법 제7조 제1항 제6호 단서 (다)목 소정의 '공개하는 것이 공익을 위하여 필요하다고 인정되는 정보'에 해당하지 않는다고 한 사례. 대법원 2003. 12. 12. 선고 2003두8050 판결 03

2. 불기소처분 기록 중 피의자신문조서 등에 기재된 피의자 등의 인적사항 이외의 진술내용 역시 개인의 사생활의 비밀 또는 자유를 침해할 우려가 인정되는 경우 정보공개법 제9조 제1항 제6호 본문 소정의 비공개대상에 해당한다. 대법원 2012. 6. 18. 선고 2011두2361 전원합의체 판결 ★ 04

3. 지방자치단체의 업무추진비 세부항목별 집행내역 및 그에 관한 증빙서류에 포함된 개인에 관한 정보. 대법원 2003. 3. 11. 선고 2001두6425 판결 05

4. 공직자윤리법상의 등록의무자가 구 공직자윤리법 시행규칙에 따라 정부공직자윤리위원회에 제출한 문서에 포함되어 있는 고지거부자의 인적사항. 대법원 2007. 12. 13. 선고 2005두13117 판결

〈비공개대상에 해당하지 않는 것으로 본 사례〉

사면대상자들의 사면실시건의서와 그와 관련된 국무회의 안건자료에 관한 정보. 대법원 2006. 12. 7. 선고 2005두241 판결 ★ 06

(6) 영업상 비밀에 관한 정보(제7호)

> 법인·단체 또는 개인의 경영상·영업상 비밀에 관한 사항으로서 공개될 경우 법인등의 정당한 이익을 현저히 해칠 우려가 있다고 인정되는 정보. 다만, 다음 각 목에 열거한 정보는 제외한다.
> 가. 사업활동에 의하여 발생하는 위해로부터 사람의 생명·신체 또는 건강을 보호하기 위하여 공개할 필요가 있는 정보
> 나. 위법·부당한 사업활동으로부터 국민의 재산 또는 생활을 보호하기 위하여 공개할 필요가 있는 정보

OX 체크

01 「공공기관의 정보공개에 관한 법률」상 '공개하는 것이 공익 또는 개인의 권리구제를 위하여 필요하다고 인정되는 정보'에 해당하는지 여부는 비공개에 의하여 보호되는 개인의 사생활의 비밀 등 이익과 공개에 의하여 보호되는 국정운영의 투명성 확보 등의 공익 또는 개인의 권리구제 등 이익을 비교·교량하여 구체적 사안에 따라 신중히 판단하여야 한다. ( )

02 공공기관이 보유·관리하고 있는 개인정보의 공개에 관하여는 구 「정보공개법」 제9조 제1항 제6호가 「개인정보 보호법」에 우선하여 적용된다. ( )

03 공무원이 직무와 관련 없이 개인적 자격으로 금품을 수령한 정보는 공개대상이 되는 정보이다. ( )

04 불기소처분기록 중 피의자신문조서 등에 기재된 피의자 등의 인적사항 이외의 진술내용이 개인의 사생활의 비밀 또는 자유를 침해할 우려가 인정된다면 비공개대상에 해당한다. ( )

05 지방자치단체의 업무추진비 세부항목별 집행내역 및 그에 관한 증빙서류에 포함된 개인에 관한 정보는 「공공기관의 정보공개에 관한 법률」 소정의 '공개하는 것이 공익을 위하여 필요하다고 인정되는 정보'에 해당하여 공개대상이 된다. ( )

06 사면대상자들의 사면실시건의서와 그와 관련된 국무회의 안건자료는 공개대상이 되는 정보이다. ( )

정답
01 O 02 O 03 × 04 O 05 ×
06 O

OX 체크

01 비공개대상인 '법인 등의 경영·영업상 비밀'은 「부정경쟁방지 및 영업비밀보호에 관한 법률」 제2조 제2호에 규정된 '영업비밀'에 한하지 않고, '타인에게 알려지지 아니함이 유리한 사업활동에 관한 일체의 정보' 또는 '사업활동에 관한 일체의 비밀사항'을 말한다. ( )

02 법인 등이 거래하는 금융기관의 계좌번호에 관한 정보는 영업상 비밀에 관한 사항으로서 「공공기관의 정보공개에 관한 법률」상 비공개대상정보에 해당한다. ( )

03 공개될 경우 부동산 투기로 특정인에게 이익 또는 불이익을 줄 우려가 있다고 인정되는 정보는 비공개대상에 해당한다. ( )

판례

정보공개법 소정의 '법인 등의 경영·영업상 비밀'은 부정경쟁방지법 소정의 '영업비밀'에 한하지 않고, '타인에게 알려지지 아니함이 유리한 사업활동에 관한 일체의 정보' 또는 '사업활동에 관한 일체의 비밀사항'으로 해석함이 상당하다. ★ 01

그러나 한편, 정보공개법은 '법인 등의 경영·영업상의 비밀에 관한 사항'이라도 공개를 거부할 만한 정당한 이익이 있는지의 여부에 따라 그 공개 여부가 결정되어야 한다고 해석되는 바, 그 정당한 이익이 있는지의 여부는 이를 엄격하게 해석하여야 할 뿐만 아니라 국민에 의한 감시의 필요성이 크고 이를 감수하여야 하는 면이 강한 공익법인에 대하여는 다른 법인 등에 대하여 보다 소극적으로 해석할 수밖에 없다. 대법원 2008. 10. 23. 선고 2007두1798 판결

〈비공개대상에 해당하는 것으로 본 사례〉
1. 법인 등이 거래하는 금융기관의 계좌번호에 관한 정보. 대법원 2004. 8. 20. 선고 2003두8302 판결 **02**
2. 한국방송공사(KBS)가 제작한 '추적 60분' 가제 '새튼은 특허를 노렸나'인 방송용 편집원본 테이프. 대법원 2010. 12. 23. 선고 2008두13101 판결

〈비공개대상에 해당하지 않는 것으로 본 사례〉
1. 아파트재건축주택조합의 조합원들에게 제공될 무상보상평수의 사업수익성 등을 검토한 자료. 대법원 2006. 1. 13. 선고 2003두9459 판결
2. 대한주택공사의 아파트 분양원가 산출내역에 관한 정보. 대법원 2007. 6. 1. 선고 2006두20587 판결

(7) 특정인에게 이익 또는 불이익을 줄 우려가 있는 정보(제8호)

> 공개될 경우 부동산 투기, 매점매석 등으로 특정인에게 이익 또는 불이익을 줄 우려가 있다고 인정되는 정보 **03**

3. 비공개사유의 소멸 등

> 정보공개법 제9조 【비공개 대상 정보】
> ② 공공기관은 제1항 각 호의 어느 하나에 해당하는 정보가 기간의 경과 등으로 인하여 비공개의 필요성이 없어진 경우에는 그 정보를 공개 대상으로 하여야 한다.
> ③ 공공기관은 제1항 각 호의 범위에서 해당 공공기관의 업무 성격을 고려하여 비공개 대상 정보의 범위에 관한 세부 기준을 수립하고 이를 정보통신망을 활용한 정보공개시스템 등을 통하여 공개하여야 한다.
> ④ 공공기관(국회·법원·헌법재판소 및 중앙선거관리위원회는 제외한다)은 제3항에 따라 수립된 비공개 세부 기준이 제1항 각 호의 비공개 요건에 부합하는지 3년마다 점검하고 필요한 경우 비공개 세부 기준을 개선하여 그 점검 및 개선 결과를 행정안전부장관에게 제출하여야 한다.

정답
01 ○ 02 ○ 03 ○

Ⅵ 정보공개의 절차

1. 정보공개의 청구

> **정보공개법 제10조【정보공개의 청구방법】**
> ① 정보의 공개를 청구하는 자는 해당 정보를 보유하거나 관리하고 있는 공공기관에 다음 각 호의 사항을 적은 정보공개 청구서를 제출하거나 말로써 정보의 공개를 청구할 수 있다. ★ 01
> ② 제1항에 따라 청구인이 말로써 정보의 공개를 청구할 때에는 담당 공무원 또는 담당 임직원의 앞에서 진술하여야 하고, 담당공무원등은 정보공개 청구조서를 작성하여 이에 청구인과 함께 기명날인하거나 서명하여야 한다.

판례

[1] 청구대상정보를 기재함에 있어서는 사회일반인의 관점에서 청구대상정보의 내용과 범위를 확정할 수 있을 정도로 특정함을 요한다. ★ 02

[2] 정보비공개결정의 취소를 구하는 사건에 있어서, 만일 공개를 청구한 정보의 내용 중 너무 포괄적이거나 막연하여서 사회일반인의 관점에서 그 내용과 범위를 확정할 수 있을 정도로 특정되었다고 볼 수 없는 부분이 포함되어 있다면, 이를 심리하는 법원으로서는 마땅히 공공기관의 정보공개에 관한 법률 제20조 제2항의 규정에 따라 공공기관에게 그가 보유·관리하고 있는 공개청구정보를 제출하도록 하여 이를 비공개로 열람·심사하는 등의 방법으로 공개청구정보의 내용과 범위를 특정시켜야 하고, 나아가 위와 같은 방법으로도 특정이 불가능한 경우에는 특정되지 않은 부분과 나머지 부분을 분리할 수 있고 나머지 부분에 대한 비공개결정이 위법한 경우라고 하여도 정보공개의 청구 중 특정되지 않은 부분에 대한 비공개결정의 취소를 구하는 부분은 나머지 부분과 분리하여 이를 기각하여야 한다.

[3] 공공기관의 정보공개에 관한 법률에 따라 공개를 청구한 정보의 내용이 '대한주택공사의 특정 공공택지에 관한 수용가, 택지조성원가, 분양가, 건설원가 등 및 관련 자료 일체'인 경우, '관련 자료 일체' 부분은 그 내용과 범위가 정보공개청구 대상정보로서 특정되지 않았다고 한 사례. 대법원 2007. 6. 1. 선고 2007두2555 판결

2. 정보공개 여부의 결정

> **정보공개법 제11조【정보공개 여부의 결정】**
> ① 공공기관은 제10조에 따라 정보공개의 청구를 받으면 그 청구를 받은 날부터 10일 이내에 공개 여부를 결정하여야 한다. ★ 03
> ② 공공기관은 부득이한 사유로 제1항에 따른 기간 이내에 공개 여부를 결정할 수 없을 때에는 그 기간이 끝나는 날의 다음 날부터 기산하여 10일의 범위에서 공개 여부 결정기간을 연장할 수 있다. 이 경우 공공기관은 연장된 사실과 연장 사유를 청구인에게 지체 없이 문서로 통지하여야 한다. ★ 03
> ③ 공공기관은 공개 청구된 공개 대상 정보의 전부 또는 일부가 제3자와 관련이 있다고 인정할 때에는 그 사실을 제3자에게 지체 없이 통지하여야 하며, 필요한 경우에는 그의 의견을 들을 수 있다. ★ 04
> ④ 공공기관은 다른 공공기관이 보유·관리하는 정보의 공개 청구를 받았을 때에는 지체 없이 이를 소관 기관으로 이송하여야 하며, 이송한 후에는 지체 없이 소관 기관 및 이송 사유 등을 분명히 밝혀 청구인에게 문서로 통지하여야 한다.
> ⑤ 공공기관은 정보공개 청구가 다음 각 호의 어느 하나에 해당하는 경우로서 「민원 처리에 관한 법률」에 따른 민원으로 처리할 수 있는 경우에는 민원으로 처리할 수 있다. ★ 05
>   1. 공개 청구된 정보가 공공기관이 보유·관리하지 아니하는 정보인 경우
>   2. 공개 청구의 내용이 진정·질의 등으로 이 법에 따른 정보공개 청구로 보기 어려운 경우

OX 체크

01 정보의 공개를 청구하는 자는 해당 정보를 보유하거나 관리하고 있는 공공기관에 정보공개 청구서를 제출하거나 말로써 정보의 공개를 청구할 수 있다. ( )

02 청구대상정보를 기재할 때는 사회일반인의 관점에서 청구대상정보의 내용과 범위를 확정할 수 있을 정도로 특정하여야 한다. ( )

03 공공기관은 정보공개의 청구를 받으면 그 청구를 받은 날부터 10일 이내에 공개 여부를 결정하여야 하나 부득이한 사유로 이 기간 이내에 공개 여부를 결정할 수 없는 때에는 그 기간이 끝나는 날의 다음 날부터 기산하여 10일의 범위에서 공개 여부 결정기간을 연장할 수 있다. ( )

04 공공기관은 공개 청구된 공개 대상 정보의 전부 또는 일부가 제3자와 관련이 있다고 인정할 때에는 그 사실을 제3자에게 지체 없이 통지하여야 하며, 필요한 경우에는 그의 의견을 들을 수 있다. ( )

05 공공기관은 공개 청구된 정보가 공공기관이 보유·관리하지 아니하는 정보인 경우로서 「민원 처리에 관한 법률」에 따른 민원으로 처리할 수 있는 경우에는 민원으로 처리할 수 있다. ( )

정답
01 ○ 02 ○ 03 ○ 04 ○ 05 ○

OX 체크

01 정보공개를 청구하여 정보공개 여부에 대한 결정의 통지를 받은 자가 정당한 사유 없이 해당 정보의 공개를 다시 청구하는 경우, 공공기관은 종전 청구와의 내용적 유사성·관련성 등을 고려하여 해당 청구를 종결 처리할 수 있다. ( )

정보공개법 제11조의2 【반복 청구 등의 처리】

① 공공기관은 제11조에도 불구하고 제10조제1항 및 제2항에 따른 정보공개 청구가 다음 각 호의 어느 하나에 해당하는 경우에는 정보공개 청구 대상 정보의 성격, 종전 청구와의 내용적 유사성·관련성, 종전 청구와 동일한 답변을 할 수밖에 없는 사정 등을 종합적으로 고려하여 해당 청구를 종결 처리할 수 있다. 이 경우 종결 처리 사실을 청구인에게 알려야 한다. ★ **01**

1. 정보공개를 청구하여 정보공개 여부에 대한 결정의 통지를 받은 자가 정당한 사유 없이 해당 정보의 공개를 다시 청구하는 경우
2. 정보공개 청구가 제11조 제5항에 따라 민원으로 처리되었으나 다시 같은 청구를 하는 경우

② 공공기관은 제11조에도 불구하고 제10조 제1항 및 제2항에 따른 정보공개 청구가 다음 각 호의 어느 하나에 해당하는 경우에는 다음 각 호의 구분에 따라 안내하고, 해당 청구를 종결 처리할 수 있다.

1. 제7조 제1항에 따른 정보 등 공개를 목적으로 작성되어 이미 정보통신망 등을 통하여 공개된 정보를 청구하는 경우: 해당 정보의 소재를 안내 ★
2. 다른 법령이나 사회통념상 청구인의 여건 등에 비추어 수령할 수 없는 방법으로 정보공개 청구를 하는 경우: 수령이 가능한 방법으로 청구하도록 안내

정보공개법 제12조 【정보공개심의회】

① 국가기관, 지방자치단체, 「공공기관의 운영에 관한 법률」 제5조에 따른 공기업 및 준정부기관, 「지방공기업법」에 따른 지방공사 및 지방공단은 제11조에 따른 정보공개 여부 등을 심의하기 위하여 정보공개심의회를 설치·운영한다. 이 경우 국가기관등의 규모와 업무성격, 지리적 여건, 청구인의 편의 등을 고려하여 소속 상급기관에서 협의를 거쳐 심의회를 통합하여 설치·운영할 수 있다.

③ 심의회의 위원은 소속 공무원, 임직원 또는 외부 전문가로 지명하거나 위촉하되, 그 중 3분의 2는 해당 국가기관 등의 업무 또는 정보공개의 업무에 관한 지식을 가진 외부 전문가로 위촉하여야 한다. 다만, 제9조 제1항 제2호 및 제4호에 해당하는 업무를 주로 하는 국가기관은 그 국가기관의 장이 외부 전문가의 위촉 비율을 따로 정하되, 최소한 3분의 1 이상은 외부 전문가로 위촉하여야 한다.

정보공개법 제12조의2 【위원의 제척·기피·회피】

(내용 생략)

정보공개법 시행령 제11조 【정보공개심의회】

② 심의회는 다음 각 호의 사항을 심의한다.

1. 공개 청구된 정보의 공개 여부를 결정하기 곤란한 사항
2. 법 제18조 및 제21조제2항에 따른 이의신청

정답
01 ○

3. 정보공개 여부 결정의 통지

> **정보공개법 제13조【정보공개 여부 결정의 통지】**
> ① 공공기관은 제11조에 따라 정보의 공개를 결정한 경우에는 공개의 일시 및 장소 등을 분명히 밝혀 청구인에게 통지하여야 한다.
> ⑤ 공공기관은 제11조에 따라 정보의 <u>비공개 결정</u>을 한 경우에는 그 사실을 청구인에게 지체 없이 <u>문서로 통지</u>하여야 한다. 이 경우 제9조제1항 각 호 중 어느 규정에 해당하는 비공개 대상 정보인지를 포함한 <u>비공개 이유</u>와 <u>불복의 방법 및 절차를 구체적으로 밝혀야 한다.

(甲이 재판기록 일부의 정보공개를 청구한 데 대하여 서울행정법원장이 민사소송법 제162조를 이유로 소송기록의 정보를 비공개한다는 결정을 전자문서로 통지한 사안에서) 정보의 비공개결정은 정보공개법 제13조 제4항에 의하여 <u>전자문서로 통지할 수 있다</u>고 본 사례. 대법원 2014. 4. 10. 선고 2012두17384 판결 ★ **01**

4. 정보공개의 방법

(1) 특정한 공개방법을 지정하여 청구할 수 있는 신청권

> **정보공개법 제13조【정보공개 여부 결정의 통지】**
> ② 공공기관은 청구인이 <u>사본 또는 복제물의 교부</u>를 원하는 경우에는 <u>이를 교부하여야 한다</u>.
> ③ 공공기관은 공개 대상 정보의 양이 너무 많아 정상적인 업무수행에 현저한 지장을 초래할 우려가 있는 경우에는 해당 정보를 일정 기간별로 나누어 제공하거나 <u>사본·복제물의 교부 또는 열람과 병행하여 제공할 수 있다.
> ④ 공공기관은 제1항에 따라 정보를 공개하는 경우에 그 정보의 원본이 더럽혀지거나 파손될 우려가 있거나 그 밖에 상당한 이유가 있다고 인정할 때에는 그 정보의 <u>사본·복제물을 공개할 수 있다</u>. **02**

판례

1. 청구인에게는 <u>특정한 공개방법을 지정</u>하여 정보공개를 청구할 수 있는 <u>법령상 신청권</u>이 있다. 따라서 공공기관이 공개청구의 대상이 된 정보를 <u>공개는 하되, 청구인이 신청한 공개방법 이외의 방법으로 공개하기로 하는 결정</u>을 하였다면, 이는 정보공개청구 중 <u>정보공개방법에 관한 부분에 대하여 <u>일부 거부처분</u>을 한 것이고, 청구인은 그에 대하여 <u>항고소송으로 다툴 수 있다</u>. 대법원 2016. 11. 10. 선고 2016두44674 판결 ★★★ **03**

2. 정보공개를 청구하는 자가 공공기관에 대해 정보의 사본 또는 출력물의 교부의 방법으로 공개방법을 선택하여 정보공개청구를 한 경우에 공개청구를 받은 <u>공공기관으로서는</u> 같은 법 제8조 제2항에서 규정한 정보의 사본 또는 복제물의 교부를 제한할 수 있는 사유에 해당하지 않는 한 정보공개청구자가 선택한 공개방법에 따라 정보를 공개하여야 하므로 그 <u>공개방법을 선택할 재량권이 없다</u>. 대법원 2003. 12. 12. 선고 2003두8050 판결 ★★★ **04**

OX 체크

01 행정소송의 재판기록 일부의 정보공개청구에 대한 비공개결정은 전자문서로 통지할 수 없다. ( )

02 행정청이 정보를 공개하는 경우에 그 정보의 원본이 더럽혀지거나 파손될 우려가 있거나 그 밖에 상당한 이유가 있다고 인정할 때에는 그 정보의 사본·복제물을 공개할 수 있다. ( )

03 공공기관이 공개청구의 대상이 된 정보를 공개는 하되, 청구인이 신청한 공개방법 이외의 방법으로 공개하기로 하는 결정을 한 경우 이는 정보공개방법만을 달리 한 것이므로 일부 거부처분이라 할 수 없다. ( )

04 공개방법을 선택하여 정보공개를 청구하였더라도 공공기관은 정보공개청구자가 선택한 방법에 따라 정보를 공개하여야 하는 것은 아니며, 원칙적으로 그 공개방법을 선택할 재량권이 있다. ( )

정답
01 ✗ 02 ○ 03 ✗ 04 ✗

OX 체크

01 공개를 거부한 정보에 비공개대상정보에 해당하는 부분과 공개가 가능한 부분이 혼합되어 있고, 공개청구의 취지에 어긋나지 아니하는 범위 안에서 두 부분을 분리할 수 있을 때에는 청구취지의 변경이 없더라도 공개가 가능한 부분만의 일부취소를 명할 수 있다. ( )

02 정보의 부분 공개가 허용되는 경우란 당해 정보에서 비공개대상정보에 관련된 기술 등을 제외 혹은 삭제하고 나머지 정보만 공개하는 것이 가능하고 나머지 부분의 정보만으로도 공개의 가치가 있는 경우를 의미한다. ( )

03 법령 등에 따라 공개를 목적으로 작성된 정보로서 즉시 또는 말로 처리가 가능한 정보라도 정보공개 여부의 결정에 따른 절차를 거쳐 공개하여야 한다. ( )

04 정보공개가 결정되고 공개에 오랜 시간이 걸리지 않는 정보는 구술로도 공개할 수 있다. ( )

05 정보의 공개 및 우송 등에 드는 비용은 정보공개청구를 받은 행정청이 부담한다. ( )

06 정보의 공개 및 우송 등에 소요되는 비용은 실비의 범위에서 청구인이 부담하나, 공개를 청구하는 정보의 사용 목적이 공공복리의 유지·증진을 위하여 필요하다고 인정되는 경우에는 그 비용을 감면할 수 있다. ( )

(2) 부분공개

> **정보공개법 제14조【부분 공개】**
> 공개 청구한 정보가 제9조 제1항 각 호의 어느 하나에 해당하는 부분과 공개 가능한 부분이 혼합되어 있는 경우로서 공개 청구의 취지에 어긋나지 아니하는 범위에서 두 부분을 분리할 수 있는 경우에는 제9조 제1항 각 호의 어느 하나에 해당하는 부분을 제외하고 공개하여야 한다. ★

> 법원이 행정기관의 정보공개거부처분의 위법 여부를 심리한 결과 공개를 거부한 정보에 비공개대상 정보에 해당하는 부분과 공개가 가능한 부분이 혼합되어 있고 공개청구의 취지에 어긋나지 아니하는 범위 안에서 두 부분을 분리할 수 있음을 인정할 수 있을 때에는 청구취지의 변경이 없더라도 공개가 가능한 정보에 관한 부분만의 일부취소를 명할 수 있다. ★★★ **01**
> 공개청구의 취지에 어긋나지 아니하는 범위 안에서 비공개대상 정보에 해당하는 부분과 공개가 가능한 부분을 분리할 수 있다고 함은, 이 두 부분이 물리적으로 분리가능한 경우를 의미하는 것이 아니고 당해 정보의 공개방법 및 절차에 비추어 당해 정보에서 비공개대상 정보에 관련된 기술 등을 제외 내지 삭제하고 그 나머지 정보만을 공개하는 것이 가능하고 나머지 부분의 정보만으로도 공개의 가치가 있는 경우를 의미한다고 해석하여야 한다. 대법원 2004. 12. 9. 선고 2003두12707 판결 ★ **02**

(3) 전자적 공개

> **정보공개법 제15조【정보의 전자적 공개】**
> ① 공공기관은 전자적 형태로 보유·관리하는 정보에 대하여 청구인이 전자적 형태로 공개하여 줄 것을 요청하는 경우에는 그 정보의 성질상 현저히 곤란한 경우를 제외하고는 청구인의 요청에 따라야 한다.
> ② 공공기관은 전자적 형태로 보유·관리하지 아니하는 정보에 대하여 청구인이 전자적 형태로 공개하여 줄 것을 요청한 경우에는 정상적인 업무수행에 현저한 지장을 초래하거나 그 정보의 성질이 훼손될 우려가 없으면 그 정보를 전자적 형태로 변환하여 공개할 수 있다.

(4) 즉시 처리가 가능한 정보의 공개

> **정보공개법 제16조【즉시 처리가 가능한 정보의 공개】**
> 다음 각 호의 어느 하나에 해당하는 정보로서 즉시 또는 말로 처리가 가능한 정보에 대해서는 제11조에 따른 절차를 거치지 아니하고 공개하여야 한다. **03 04**
> 1. 법령 등에 따라 공개를 목적으로 작성된 정보
> 2. 일반국민에게 알리기 위하여 작성된 각종 홍보자료
> 3. 공개하기로 결정된 정보로서 공개에 오랜 시간이 걸리지 아니하는 정보
> 4. 그 밖에 공공기관의 장이 정하는 정보

5. 비용부담

> **정보공개법 제17조【비용 부담】**
> ① 정보의 공개 및 우송 등에 드는 비용은 실비의 범위에서 청구인이 부담한다. ★ **05**
> ② 공개를 청구하는 정보의 사용 목적이 공공복리의 유지·증진을 위하여 필요하다고 인정되는 경우에는 제1항에 따른 비용을 감면할 수 있다. **06**

정답
01 ○ 02 ○ 03 × 04 ○ 05 ×
06 ○

Ⅶ 불복방법

1. 이의신청

> **정보공개법 제18조【이의신청】**
> ① 청구인이 정보공개와 관련한 공공기관의 비공개 결정 또는 부분 공개 결정에 대하여 불복이 있거나 정보공개 청구 후 20일이 경과하도록 정보공개 결정이 없는 때에는 공공기관으로부터 정보공개 여부의 결정 통지를 받은 날 또는 정보공개 청구 후 20일이 경과한 날부터 30일 이내에 해당 공공기관에 문서로 이의신청을 할 수 있다. ★★ 01
> ② 국가기관등은 제1항에 따른 이의신청이 있는 경우에는 심의회를 개최하여야 한다. 다만, 다음 각 호의 어느 하나에 해당하는 경우에는 심의회를 개최하지 아니할 수 있으며 개최하지 아니하는 사유를 청구인에게 문서로 통지하여야 한다. ★ 02
>   1. 심의회의 심의를 이미 거친 사항
>   2. 단순·반복적인 청구
>   3. 법령에 따라 비밀로 규정된 정보에 대한 청구
> ③ 공공기관은 이의신청을 받은 날부터 7일 이내에 그 이의신청에 대하여 결정하고 그 결과를 청구인에게 지체 없이 문서로 통지하여야 한다. 다만, 부득이한 사유로 정하여진 기간 이내에 결정할 수 없을 때에는 그 기간이 끝나는 날의 다음 날부터 기산하여 7일의 범위에서 연장할 수 있으며, 연장 사유를 청구인에게 통지하여야 한다. 03
> ④ 공공기관은 이의신청을 각하 또는 기각하는 결정을 한 경우에는 청구인에게 행정심판 또는 행정소송을 제기할 수 있다는 사실을 제3항에 따른 결과 통지와 함께 알려야 한다.

2. 행정심판

> **정보공개법 제19조【행정심판】**
> ① 청구인이 정보공개와 관련한 공공기관의 결정에 대하여 불복이 있거나 정보공개 청구 후 20일이 경과하도록 정보공개 결정이 없는 때에는 「행정심판법」에서 정하는 바에 따라 행정심판을 청구할 수 있다. 이 경우 국가기관 및 지방자치단체 외의 공공기관의 결정에 대한 감독행정기관은 관계 중앙행정기관의 장 또는 지방자치단체의 장으로 한다. 04
> ② 청구인은 제18조에 따른 이의신청 절차를 거치지 아니하고 행정심판을 청구할 수 있다. ★★ 05

3. 행정소송

(1) 항고소송

- 청구인이 정보공개와 관련한 공공기관의 결정에 대하여 불복이 있거나 정보공개 청구 후 20일이 경과하도록 정보공개 결정이 없는 때에는 「행정소송법」에서 정하는 바에 따라 행정소송을 제기할 수 있다.
- 정보공개청구에 대한 거부는 거부처분이므로 이에 대한 쟁송의 형태는 항고소송에 해당한다. ★ 06

(2) 원고적격

- 정보공개청구권은 법률상 보호되는 구체적인 권리이므로 청구인이 공공기관에 대하여 정보공개를 청구하였다가 거부처분을 받은 것 자체가 법률상 이익의 침해에 해당한다(대법원 2004. 8. 20. 선고 2003두8302 판결). ★★★ 07 08

OX 체크

01 청구인이 정보공개와 관련한 공공기관의 비공개 결정 또는 부분 공개 결정에 대하여 불복이 있거나 정보공개 청구 후 20일이 경과하도록 정보공개 결정이 없는 때에는 공공기관으로부터 정보공개 여부의 결정 통지를 받은 날 또는 정보공개 청구 후 20일이 경과한 날부터 7일 이내에 해당 공공기관에 문서로 이의신청을 할 수 있다. ( )

02 정보비공개결정에 대하여 이의신청이 있는 경우 국가기관등은 정보공개심의회를 개최해야 하는데, 법령에 따라 비밀로 규정된 정보에 대한 청구에 해당하는 경우에는 정보공개심의회를 개최하지 아니할 수 있다. ( )

03 공공기관은 이의신청을 받은 날부터 7일 이내에 그 이의신청에 대하여 결정하고 그 결과를 청구인에게 지체없이 문서로 통지하여야 한다. ( )

04 청구인이 정보공개와 관련한 공공기관의 결정에 대하여 불복이 있거나 정보공개청구 후 10일이 경과하도록 정보공개 결정이 없는 때에는 「행정심판법」에서 정하는 바에 따라 행정심판을 청구할 수 있다. ( )

05 정보공개청구인은 공공기관의 비공개결정에 불복하는 행정심판을 청구하려면 「공공기관의 정보공개에 관한 법률」에서 정하는 이의신청 절차를 거쳐야 한다. ( )

06 행정청의 정보공개거부에 대해서는 정보공개의 이행을 구하는 당사자소송을 제기하여 다툴 수 있다. ( )

07 정보공개청구권은 법률상 보호되는 구체적인 권리이므로 청구인이 공공기관에 대하여 정보공개를 청구하였다가 거부처분을 받은 것 자체가 법률상 이익의 침해에 해당한다. ( )

08 정보공개를 청구한 자는 공개청구한 정보에 대해 개별·구체적 이익이 없는 경우에도 행정청의 정보공개거부에 대해 취소소송으로 다툴 수 있다. ( )

정답
01 ✕　02 ○　03 ○　04 ✕　05 ✕
06 ✕　07 ○　08 ○

01 정보공개가 신청된 정보를 공공기관이 보유·관리하고 있지 아니한 경우에는 특별한 사정이 없는 한 정보공개거부처분의 취소를 구할 법률상의 이익이 없다. ( )

02 공개청구의 대상이 되는 정보가 인터넷 등을 통하여 공개되어 인터넷검색 등을 통하여 쉽게 알 수 있는 경우에는 비공개결정이 정당화될 수 있다. ( )

03 정보공개거부처분의 취소를 구하는 소송에서 공공기관이 청구정보를 증거 등으로 법원에 제출하여 법원을 통하여 그 사본을 청구인에게 교부 또는 송달되게 하여 결과적으로 청구인에게 정보를 공개하는 셈이 되었다면, 당해 정보의 비공개결정의 취소를 구할 소의 이익은 소멸된다. ( )

04 견책의 징계처분을 받은 자가 소속기관의 장에게 징계위원회에 참여한 징계위원의 성명과 직위에 대한 정보공개청구를 하였으나 해당 정보가 비공개 대상이라는 이유로 거부된 경우, 그 견책처분에 대한 취소소송의 기각판결이 확정되었다면 정보공개거부처분의 취소를 구할 법률상 이익은 인정되지 않는다. ( )

05 정보공개청구인이 공공기관의 비공개 결정 또는 부분 공개 결정에 대한 이의신청을 하여 공공기관으로부터 이의신청에 대한 결과를 통지받은 후 취소소송을 제기하는 경우, 그 제소기간은 이의신청에 대한 결과를 통지받은 날부터 기산한다. ( )

06 공개를 구하는 정보를 공공기관이 한때 보유·관리하였으나 후에 그 정보가 담긴 문서등이 폐기되어 존재하지 않게 된 것이라면 그 정보를 더 이상 보유·관리하고 있지 아니하다는 점에 대한 증명책임은 공공기관에게 있다. ( )

07 공공기관이 정보공개를 거부하는 경우에는 어느 부분이 어떠한 법익 또는 기본권과 충돌되어 비공개사유에 해당하는지를 주장·증명하여야 하고, 그에 이르지 아니한 채 개괄적인 사유만을 들어 공개를 거부하는 것은 허용되지 아니한다. ( )

정답
01 ○ 02 × 03 × 04 × 05 ○
06 ○ 07 ○

(3) 피고적격

- 피고적격은 정보공개청구에 대해 거부처분을 한 공공기관이 갖는다.

(4) 소의 이익

판례

1. 만일 공개청구자가 특정한 바와 같은 정보를 공공기관이 보유·관리하고 있지 않은 경우라면 특별한 사정이 없는 한 해당 정보에 대한 공개거부처분에 대하여는 취소를 구할 법률상 이익이 없다. 대법원 2013. 1. 24. 선고 2010두18918 판결 ★ **01**

2. 공개청구의 대상이 되는 정보가 이미 다른 사람에게 공개하여 널리 알려져 있다거나 인터넷이나 관보 등을 통하여 공개하여 인터넷검색이나 도서관에서의 열람 등을 통하여 쉽게 알 수 있다는 사정만으로는 소의 이익이 없다거나 비공개결정이 정당화될 수는 없다. 대법원 2008. 11. 27. 선고 2005두15694 판결 ★★ **02**

3. 청구인이 정보공개거부처분의 취소를 구하는 소송에서 공공기관이 청구정보를 증거 등으로 법원에 제출하여 법원을 통하여 그 사본을 청구인에게 교부 또는 송달되게 하여 결과적으로 청구인에게 정보를 공개하는 셈이 되었다고 하더라도, 이러한 우회적인 방법은 정보공개법이 예정하고 있지 아니한 방법으로서 정보공개법에 의한 공개라고 볼 수는 없으므로, 당해 정보의 비공개결정의 취소를 구할 소의 이익은 소멸되지 않는다. 대법원 2016. 12. 15. 선고 2012두11409 판결 ★★★ **03**

4. (견책의 징계처분을 받은 갑이 사단장에게 징계위원회에 참여한 징계위원의 성명과 직위에 대한 정보공개청구를 하였으나 위 정보가 비공개사유에 해당한다는 이유로 공개를 거부한 사안에서) 비록 징계처분 취소사건에서 갑의 청구를 기각하는 판결이 확정되었더라도 이러한 사정만으로 위 처분의 취소를 구할 이익이 없어지지 않고, 사단장이 갑의 정보공개청구를 거부한 이상 갑으로서는 여전히 정보공개거부처분의 취소를 구할 법률상 이익이 있으므로, 이와 달리 본 원심판결에 법리오해의 잘못이 있다고 한 사례. 대법원 2022. 5. 26. 선고 2022두33439 판결 ★★ **04**

(5) 제소기간

- 청구인이 공공기관의 비공개 결정 또는 부분 공개 결정에 대한 이의신청을 하여 공공기관으로부터 이의신청에 대한 결과를 통지받은 후 취소소송을 제기하는 경우 그 제소기간은 이의신청에 대한 결과를 통지받은 날부터 기산한다(대법원 2023. 7. 27. 선고 2022두52980 판결). ★ **05**

(6) 전심절차 : 행정심판 임의주의

- 정보공개거부처분에 대해서는 행정심판의 재결을 거치지 아니하고 항고소송을 제기할 수 있다.

(7) 증명책임

1. 공개청구자는 그가 공개를 구하는 정보를 공공기관이 보유·관리하고 있을 상당한 개연성이 있다는 점에 대하여 입증할 책임이 있으나, 공개를 구하는 정보를 공공기관이 한때 보유·관리하였으나 후에 그 정보가 담긴 문서들이 폐기되어 존재하지 않게 된 것이라면 그 정보를 더 이상 보유·관리하고 있지 않다는 점에 대한 증명책임은 공공기관에 있다. 대법원 2013. 1. 24. 선고 2010두18918 판결 ★ **06**

2. 공공기관으로서는 (중략) 정보공개법 제9조 제1항 몇 호에서 정하고 있는 비공개사유에 해당하는지를 주장·입증하여야만 할 것이며, 그에 이르지 아니한 채 개괄적인 사유만을 들어 공개를 거부하는 것은 허용되지 아니한다. 대법원 2003. 12. 11. 선고 2001두8827 판결 ★ **07**

(8) 재판장의 비공개 열람·심사

> **정보공개법 제20조【행정소송】**
> ② 재판장은 필요하다고 인정하면 당사자를 참여시키지 아니하고 제출된 공개 청구 정보를 비공개로 열람·심사할 수 있다. ★ 01
> ③ 재판장은 행정소송의 대상이 제9조 제1항 제2호에 따른 정보 중 국가안전보장·국방 또는 외교관계에 관한 정보의 비공개 또는 부분 공개 결정처분인 경우에 공공기관이 그 정보에 대한 비밀 지정의 절차, 비밀의 등급·종류 및 성질과 이를 비밀로 취급하게 된 실질적인 이유 및 공개를 하지 아니하는 사유 등을 입증하면 해당 정보를 제출하지 아니하게 할 수 있다.
>
> **행정소송규칙 제11조【비공개 정보의 열람·심사】**
> ① 재판장은 「공공기관의 정보공개에 관한 법률」 제20조 제1항에 따른 취소소송 사건, 같은 법 제21조제2항에 따른 취소소송이나 이를 본안으로 하는 집행정지신청 사건의 심리를 위해 같은 법 제20조 제2항에 따른 비공개 열람·심사를 하는 경우 피고에게 공개 청구된 정보의 원본 또는 사본·복제물의 제출을 명할 수 있다.

[판례]

[1] 대통령지정기록물을 지정하고 이에 대하여 보호기간을 정한 대통령의 행위(이하 '보호기간 설정행위'라 한다)가 현저히 불합리하다고 볼 만한 명백한 사정이 없는 한, 법원으로서는 원칙적으로 그 결정을 최대한 존중함으로써 보호기간 설정행위의 효력이 사후에 함부로 부정되지 않도록 하는 것이 바람직하다. 그러나 (중략) 대통령의 보호기간 설정행위는 대통령기록물법에서 정한 절차와 요건을 준수하여야만 비로소 적법하게 효력을 갖게 되는 것이므로, 보호기간 설정행위의 효력 유무에 대한 사법심사가 대통령기록물법에 의해 배제된다고 볼 수는 없다.

[2] 대통령기록물법은 보호기간이 정해진 대통령지정기록물의 경우 그 보호기간 동안 다른 법률에 따른 자료제출의 요구 대상에 포함되지 아니한다고 규정하고 있다. 그러나 (중략) 정보공개 거부처분을 다투는 항고소송에서, 해당 정보를 대통령지정기록물로 지정하고 보호기간을 정한 행위의 적법성을 심사하기 위해 정보공개법 제20조 제2항에 따라 비공개 열람·심사가 이루어지는 경우에는 행정청이 대통령기록물법 제17조 제4항을 근거로 그 자료제출을 거부할 수 없다고 해석하는 것이 헌법을 최고법규로 하는 통일적인 법질서의 형성을 위한 합헌적 법률해석의 원칙에 부합한다.

[3] 법원으로서는 우선 피고로 하여금 다툼의 대상이 되는 정보의 유형, 해당 정보를 대통령지정기록물로 보아 보호기간을 정한 절차 및 그 실질적인 이유, 이를 공개하지 않는 사유, 동종의 정보에 대하여 보호기간을 정한 사례의 유무 등의 간접사실에 의하여 해당 정보에 적법하게 보호기간이 정해졌는지를 증명하도록 하여야 한다. 법원은 피고가 제출한 간접사실만으로 그 증명이 충분하지 않아 보호기간을 정한 행위의 적법성을 의심할 만한 상당한 이유가 있는 때에 비로소 정보공개법 제20조 제2항에 따라 피고로 하여금 다툼의 대상이 된 정보를 제출하도록 하여 비공개 열람·심사를 진행할 수 있다고 할 것이다. 대법원 2025. 1. 9. 선고 2019두35763 판결

(9) 일부취소 판결

법원이 정보공개거부처분의 위법 여부를 심리한 결과, 공개가 거부된 정보에 비공개대상정보에 해당하는 부분과 공개가 가능한 부분이 혼합되어 있으며, 공개청구의 취지에 어긋나지 아니하는 범위 안에서 두 부분을 분리할 수 있다고 인정할 수 있을 때에는, 공개가 거부된 정보 중 공개가 가능한 부분을 특정하고, 판결의 주문에 정보공개거부처분 중 공개가 가능한 정보에 관한 부분만을 취소한다고 표시하여야 한다. 대법원 2010. 2. 11. 선고 2009두6001 판결 ★★★

OX 체크

01 정보공개 관련결정에 대하여 행정소송이 제기된 경우에 재판장은 필요시 당사자 없이 비공개로 해당정보를 열람할 수 있다. ( )

02 정보공개거부처분 취소소송에서 공개청구의 취지에 어긋나지 아니하는 범위 안에서 공개를 거부한 정보가 비공개대상정보에 해당하는 부분과 공개가 가능한 부분으로 분리될 수 있다고 인정되면 법원은 공개가 가능한 부분을 특정하고 판결의 주문에 공개가 가능한 정보에 관한 부분만을 취소한다고 표시해야 한다. ( )

정답
01 ○ 02 ○

OX 체크

01 공공기관은 공개 청구된 공개대상정보의 전부 또는 일부가 제3자와 관련이 있다고 인정할 때에는 그 사실을 제3자에게 지체 없이 통지하여야 하며, 공개 청구된 사실을 통지받은 제3자는 그 통지를 받은 날부터 3일 이내에 해당 공공기관에 대하여 자신과 관련된 정보를 공개하지 아니할 것을 요청할 수 있다. ( )

02 공공기관이 보유·관리하고 있는 정보가 제3자와 관련이 있는 경우, 제3자의 비공개요청이 있다는 사유만으로도 「공공기관의 정보공개에 관한 법률」상 정보의 비공개사유에 해당한다. ( )

03 제3자가 자신과 관련된 정보를 공개하지 아니할 것을 요청하였음에도 불구하고 공공기관이 공개 결정을 한 경우, 그 제3자는 해당 공공기관에 문서로 이의신청을 하거나 행정심판 또는 행정소송을 제기할 수 있다. ( )

04 공공기관은 제3자의 비공개요청에도 불구하고 공개결정을 하는 때에는 공개결정일과 공개실시일의 사이에 최소한 20일의 간격을 두어야 한다. ( )

4. 정보공개결정에 대한 제3자의 불복

(1) 비공개요청

- 정보공개법 제11조 제3항에 따라 공개 청구된 사실을 통지받은 제3자는 그 통지를 받은 날부터 3일 이내에 해당 공공기관에 대하여 자신과 관련된 정보를 공개하지 아니할 것을 요청할 수 있다. **01**
- 제3자의 비공개요청이 있다는 사유만으로 정보공개법상 정보의 비공개사유에 해당한다고 볼 수 없다(대법원 2008. 9. 25. 선고 2008두8680 판결). ★ **02**

(2) 불복방법

> **정보공개법 제21조 【제3자의 비공개 요청 등】**
> ② 제1항에 따른 비공개 요청에도 불구하고 공공기관이 공개 결정을 할 때에는 공개 결정 이유와 공개 실시일을 분명히 밝혀 지체 없이 문서로 통지하여야 하며, 제3자는 해당 공공기관에 문서로 이의신청을 하거나 행정심판 또는 행정소송을 제기할 수 있다. 이 경우 이의신청은 통지를 받은 날부터 7일 이내에 하여야 한다. **03**
> ③ 공공기관은 제2항에 따른 공개 결정일과 공개 실시일 사이에 최소한 30일의 간격을 두어야 한다. **04**

Ⅷ 그 밖의 정보공개법 규정

> **정보공개법 제22조 【정보공개위원회의 설치】**
> 다음 각 호의 사항을 심의·조정하기 위하여 행정안전부장관 소속으로 정보공개위원회를 둔다.
> 1. 정보공개에 관한 정책 수립 및 제도 개선에 관한 사항
> 2. 정보공개에 관한 기준 수립에 관한 사항
> 4. 제24조 제2항 및 제3항에 따른 공공기관의 정보공개 운영실태 평가 및 그 결과 처리에 관한 사항
> 5. 정보공개와 관련된 불합리한 제도·법령 및 그 운영에 대한 조사 및 개선권고에 관한 사항
>
> **정보공개법 제24조 【제도 총괄 등】**
> ① 행정안전부장관은 이 법에 따른 정보공개제도의 정책 수립 및 제도 개선 사항 등에 관한 기획·총괄 업무를 관장한다.
> ② 행정안전부장관은 위원회가 정보공개제도의 효율적 운영을 위하여 필요하다고 요청하면 공공기관(국회·법원·헌법재판소 및 중앙선거관리위원회는 제외한다)의 정보공개제도 운영실태를 평가할 수 있다.
> ③ 행정안전부장관은 제2항에 따른 평가를 실시한 경우에는 그 결과를 위원회를 거쳐 국무회의에 보고한 후 공개하여야 하며, 위원회가 개선이 필요하다고 권고한 사항에 대해서는 해당 공공기관에 시정 요구 등의 조치를 하여야 한다.
> ④ 행정안전부장관은 정보공개에 관하여 필요할 경우에 공공기관(국회·법원·헌법재판소 및 중앙선거관리위원회는 제외한다)의 장에게 정보공개 처리 실태의 개선을 권고할 수 있다. 이 경우 권고를 받은 공공기관은 이를 이행하기 위하여 성실하게 노력하여야 하며, 그 조치 결과를 행정안전부장관에게 알려야 한다.

정답
01 ○ 02 × 03 ○ 04 ×

정보공개법 제25조 【자료의 제출 요구】
국회사무총장·법원행정처장·헌법재판소사무처장·중앙선거관리위원회사무총장 및 행정안전부장관은 필요하다고 인정하면 관계 공공기관에 정보공개에 관한 자료 제출 등의 협조를 요청할 수 있다.

정보공개법 제26조 【국회에의 보고】
① 행정안전부장관은 전년도의 정보공개 운영에 관한 보고서를 매년 정기국회 개회 전까지 국회에 제출하여야 한다.

정보공개법 제29조 【기간의 계산】
① 이 법에 따른 기간의 계산은 「민법」에 따른다.
② 제1항에도 불구하고 다음 각 호의 기간은 "일" 단위로 계산하고 첫날을 산입하되, 공휴일과 토요일은 산입하지 아니한다.
   1. 제11조 제1항 및 제2항에 따른 정보공개 여부 결정기간
   2. 제18조 제1항, 제19조 제1항 및 제20조 제1항에 따른 정보공개 청구 후 경과한 기간
   3. 제18조 제3항에 따른 이의신청 결정기간

주제 50 개인정보 보호법

Ⅰ 법적 근거

1. 헌법적 근거: 개인정보자기결정권

판례

1. 헌법 제10조의 인간의 존엄과 가치, 행복추구권과 헌법 제17조의 사생활의 비밀과 자유에서 도출되는 개인정보자기결정권은 자신에 관한 정보가 언제 누구에게 어느 범위까지 알려지고 또 이용되도록 할 것인지를 정보주체가 스스로 결정할 수 있는 권리이다. 대법원 2016. 3. 10. 선고 2012다 105482 판결
2. 개인정보자기결정권의 헌법상 근거로는 헌법 제17조의 사생활의 비밀과 자유, 헌법 제10조 제1문의 인간의 존엄과 가치 및 행복추구권에 근거를 둔 일반적 인격권 또는 위 조문들과 동시에 우리 헌법의 자유민주적 기본질서 규정 또는 국민주권원리와 민주주의원리 등을 고려할 수 있으나, (중략) 개인정보자기결정권은 이들을 이념적 기초로 하는 독자적 기본권으로서 헌법에 명시되지 아니한 기본권이라고 보아야 할 것이다. 헌법재판소 2005. 5. 26. 선고 99헌마513 등 결정 **01**

2. 개인정보 보호법

> 개인정보 보호법 제6조 【다른 법률과의 관계】
> ① 개인정보의 처리 및 보호에 관하여 다른 법률에 특별한 규정이 있는 경우를 제외하고는 이 법에서 정하는 바에 따른다.
> ② 개인정보의 처리 및 보호에 관한 다른 법률을 제정하거나 개정하는 경우에는 이 법의 목적과 원칙에 맞도록 하여야 한다.

Ⅱ 개인정보 보호법 총칙

1. 정의

> 개인정보 보호법 제2조 【정의】
> 이 법에서 사용하는 용어의 뜻은 다음과 같다.
> 1. 개인정보란 살아 있는 개인에 관한 정보로서 다음 각 목의 어느 하나에 해당하는 정보를 말한다. ★ **02**
>   가. 성명, 주민등록번호 및 영상 등을 통하여 개인을 알아볼 수 있는 정보
>   나. 해당 정보만으로는 특정 개인을 알아볼 수 없더라도 다른 정보와 쉽게 결합하여 알아볼 수 있는 정보. 이 경우 쉽게 결합할 수 있는지 여부는 다른 정보의 입수 가능성 등 개인을 알아보는 데 소요되는 시간, 비용, 기술 등을 합리적으로 고려하여야 한다.
>   다. 가목 또는 나목을 제1호의2에 따라 가명처리함으로써 원래의 상태로 복원하기 위한 추가 정보의 사용・결합 없이는 특정 개인을 알아볼 수 없는 정보(이하 "가명정보"라 한다) **03**
> 3. 정보주체란 처리되는 정보에 의하여 알아볼 수 있는 사람으로서 그 정보의 주체가 되는 사람을 말한다.
> 5. 개인정보처리자란 업무를 목적으로 개인정보파일을 운용하기 위하여 스스로 또는 다른 사람을 통하여 개인정보를 처리하는 공공기관, 법인, 단체 및 개인 등을 말한다. **04 05**

OX 체크

01 헌법재판소는 개인정보자기결정권을 사생활의 비밀과 자유, 일반적 인격권 등을 이념적 기초로 하는 독자적 기본권으로서 헌법에 명시되지 않은 기본권으로 보고 있다. ( )

02 「개인정보 보호법」상 '개인정보'란 살아있는 개인에 관한 정보로서 사자(死者)나 법인의 정보는 포함되지 않는다. ( )

03 가명정보는 원래의 상태로 복원하기 위한 추가 정보의 사용・결합 없이는 특정 개인을 알아볼 수 없는 정보이기 때문에 「개인정보 보호법」상 개인정보에 해당하지 않는다. ( )

04 개인정보처리자란 업무를 목적으로 개인정보파일을 운용하기 위하여 스스로 또는 다른 사람을 통하여 개인정보를 처리하는 공공기관, 법인, 단체 및 개인 등을 말한다. ( )

05 「개인정보 보호법」은 공공기관에 의해 처리되는 정보뿐만 아니라 민간에 의해 처리되는 정보까지 보호대상으로 하고 있다. ( )

정답
01 ○ 02 ○ 03 × 04 ○ 05 ○

1. 개인정보자기결정권의 보호대상이 되는 개인정보는 개인의 신체, 신념, 사회적 지위, 신분 등과 같이 인격주체성을 특징짓는 사항으로서 개인의 동일성을 식별할 수 있게 하는 일체의 정보를 의미하며, 반드시 개인의 내밀한 영역에 속하는 정보에 국한되지 않고 공적 생활에서 형성되었거나 이미 공개된 개인정보까지도 포함한다. 또한 그러한 개인정보를 대상으로 한 조사·수집·보관·처리·이용 등의 행위는 모두 원칙적으로 개인정보자기결정권에 대한 제한에 해당한다. 대법원 2014. 7. 24. 선고 2012다49933 판결 ★ 01

2. 개인의 고유성, 동일성을 나타내는 지문은 그 정보주체를 타인으로부터 식별가능하게 하는 개인정보이므로, 시장·군수 또는 구청장이 개인의 지문정보를 수집하고, 경찰청장이 이를 보관·전산화하여 범죄수사목적에 이용하는 것은 모두 개인정보자기결정권을 제한하는 것이다. 헌법재판소 2005. 5. 26. 선고 99헌마513 결정 ★ 02

2. 개인정보 보호원칙

> 개인정보 보호법 제3조【개인정보 보호 원칙】
> ① 개인정보처리자는 개인정보의 처리 목적을 명확하게 하여야 하고 그 목적에 필요한 범위에서 최소한의 개인정보만을 적법하고 정당하게 수집하여야 한다.
> ② 개인정보처리자는 개인정보의 처리 목적에 필요한 범위에서 적합하게 개인정보를 처리하여야 하며, 그 목적 외의 용도로 활용하여서는 아니 된다.
> ⑦ 개인정보처리자는 개인정보를 익명 또는 가명으로 처리하여도 개인정보 수집목적을 달성할 수 있는 경우 익명처리가 가능한 경우에는 익명에 의하여, 익명처리로 목적을 달성할 수 없는 경우에는 가명에 의하여 처리될 수 있도록 하여야 한다.

3. 정보주체의 권리

> 개인정보 보호법 제4조【정보주체의 권리】
> 정보주체는 자신의 개인정보 처리와 관련하여 다음 각 호의 권리를 가진다.
> 1. 개인정보의 처리에 관한 정보를 제공받을 권리
> 2. 개인정보의 처리에 관한 동의 여부, 동의 범위 등을 선택하고 결정할 권리
> 3. 개인정보의 처리 여부를 확인하고 개인정보에 대한 열람(사본의 발급을 포함) 및 전송을 요구할 권리
> 4. 개인정보의 처리 정지, 정정·삭제 및 파기를 요구할 권리 03
> 5. 개인정보의 처리로 인하여 발생한 피해를 신속하고 공정한 절차에 따라 구제받을 권리
> 6. 완전히 자동화된 개인정보 처리에 따른 결정을 거부하거나 그에 대한 설명 등을 요구할 권리

4. 개인정보 보호위원회

- 개인정보 보호에 관한 사무를 독립적으로 수행하기 위하여 국무총리 소속으로 개인정보 보호위원회를 둔다. 04

01 개인정보자기결정권의 보호대상이 되는 개인정보는 반드시 개인의 내밀한 영역에 속하는 정보에 국한되지 않고 공적 생활에서 형성되었거나 이미 공개된 개인정보까지도 포함한다. ( )

02 개인의 고유성, 동일성을 나타내는 지문은 그 정보주체를 타인으로부터 식별가능하게 하는 개인정보이다. ( )

03 정보주체는 자신의 개인정보 처리와 관련하여 개인정보의 처리 정지, 정정·삭제 및 파기를 요구할 권리를 가진다. ( )

04 개인정보 보호에 관한 사무를 독립적으로 수행하기 위하여 행정안전부 소속으로 개인정보 보호위원회를 둔다. ( )

정답
01 ○ 02 ○ 03 ○ 04 ✕

III 개인정보의 처리

1. 개인정보의 수집·이용·제공

(1) 개인정보의 수집·이용

> **개인정보 보호법 제15조【개인정보의 수집·이용】**
> ① 개인정보처리자는 다음 각 호의 어느 하나에 해당하는 경우에는 개인정보를 수집할 수 있으며 그 수집 목적의 범위에서 이용할 수 있다.
>   1. 정보주체의 동의를 받은 경우
>   2. 법률에 특별한 규정이 있거나 법령상 의무를 준수하기 위하여 불가피한 경우
>   3. 공공기관이 법령 등에서 정하는 소관 업무의 수행을 위하여 불가피한 경우
>   4. 정보주체와 체결한 계약을 이행하거나 계약을 체결하는 과정에서 정보주체의 요청에 따른 조치를 이행하기 위하여 필요한 경우
>   5. 명백히 정보주체 또는 제3자의 급박한 생명, 신체, 재산의 이익을 위하여 필요하다고 인정되는 경우
>   6. 개인정보처리자의 정당한 이익을 달성하기 위하여 필요한 경우로서 명백하게 정보주체의 권리보다 우선하는 경우. 이 경우 개인정보처리자의 정당한 이익과 상당한 관련이 있고 합리적인 범위를 초과하지 아니하는 경우에 한한다.
>   7. 공중위생 등 공공의 안전과 안녕을 위하여 긴급히 필요한 경우 ★ **01**
>
> **개인정보 보호법 제16조【개인정보의 수집 제한】**
> ① 개인정보처리자는 제15조 제1항 각 호의 어느 하나에 해당하여 개인정보를 수집하는 경우에는 그 목적에 필요한 최소한의 개인정보를 수집하여야 한다. 이 경우 최소한의 개인정보 수집이라는 입증책임은 개인정보처리자가 부담한다.
> ② 개인정보처리자는 정보주체의 동의를 받아 개인정보를 수집하는 경우 필요한 최소한의 정보 외의 개인정보 수집에는 동의하지 아니할 수 있다는 사실을 구체적으로 알리고 개인정보를 수집하여야 한다.
> ③ 개인정보처리자는 정보주체가 필요한 최소한의 정보 외의 개인정보 수집에 동의하지 아니한다는 이유로 정보주체에게 재화 또는 서비스의 제공을 거부하여서는 아니 된다. ★ **02**

(2) 개인정보의 제공

> **개인정보 보호법 제17조【개인정보의 제공】**
> ① 개인정보처리자는 다음 각 호의 어느 하나에 해당되는 경우에는 정보주체의 개인정보를 제3자에게 제공(공유를 포함)할 수 있다.
>   1. 정보주체의 동의를 받은 경우
>   2. 제15조 제1항 제2호, 제3호 및 제5호부터 제7호까지에 따라 개인정보를 수집한 목적 범위에서 개인정보를 제공하는 경우
>
> **개인정보 보호법 제19조【개인정보를 제공받은 자의 이용·제공 제한】**
> 개인정보처리자로부터 개인정보를 제공받은 자는 다음 각 호의 어느 하나에 해당하는 경우를 제외하고는 개인정보를 제공받은 목적 외의 용도로 이용하거나 이를 제3자에게 제공하여서는 아니 된다.
>   1. 정보주체로부터 별도의 동의를 받은 경우
>   2. 다른 법률에 특별한 규정이 있는 경우

OX 체크

01 개인정보처리자는 공중위생 등 공공의 안전과 안녕을 위하여 긴급히 필요한 경우에는 개인정보를 수집할 수 있으며 그 수집 목적의 범위에서 이용할 수 있다. ( )

02 개인정보처리자는 정보주체가 필요한 최소한의 정보 외의 개인정보 수집에 동의하지 아니한다는 이유로 정보주체에게 재화 또는 서비스의 제공을 거부하여서는 아니 된다. ( )

01 ○ 02 ○

개인정보 보호법 제22조의2 【아동의 개인정보 보호】
① 개인정보처리자는 만 14세 미만 아동의 개인정보를 처리하기 위하여 이 법에 따른 동의를 받아야 할 때에는 그 법정대리인의 동의를 받아야 하며, 법정대리인이 동의하였는지를 확인하여야 한다.

판례

1. [1] 개인정보자기결정권이라는 인격적 법익을 침해·제한한다고 주장되는 행위의 내용이 이미 정보주체의 의사에 따라 공개된 개인정보를 그의 별도의 동의 없이 영리 목적으로 수집·제공하였다는 것인 경우에는, (중략) 구체적으로 비교·형량하여 어느 쪽 이익이 더 우월한 것으로 평가할 수 있는지에 따라 정보처리 행위의 최종적인 위법성 여부를 판단하여야 하고, 단지 정보처리자에게 영리 목적이 있었다는 사정만으로 곧바로 정보처리 행위를 위법하다고 할 수는 없다. ★

   [2] 이미 공개된 개인정보를 정보주체의 동의가 있었다고 객관적으로 인정되는 범위 내에서 수집·이용·제공 등 처리를 할 때는 정보주체의 별도의 동의는 불필요하다고 보아야 하고, 별도의 동의를 받지 아니하였다고 하여 개인정보 보호법 제15조나 제17조를 위반한 것으로 볼 수 없다. ★ 01

   [3] (법률정보 제공 사이트를 운영하는 갑 주식회사가 공립대학교인 을 대학교 법과대학 법학과 교수로 재직 중인 병의 사진, 성명, 성별, 출생연도, 직업, 직장, 학력, 경력 등의 개인정보를 위 법학과 홈페이지 등을 통해 수집하여 위 사이트 내 '법조인' 항목에서 유료로 제공한 사안에서) 갑 회사의 행위를 병의 개인정보자기결정권을 침해하는 위법한 행위로 평가하거나, 갑 회사가 개인정보 보호법 제15조나 제17조를 위반하였다고 볼 수 없다고 한 사례. 대법원 2016. 8. 17. 선고 2014다235080 판결

2. 개개의 사건에 대하여 재판사무를 담당하는 법원(수소법원)은 '개인정보처리자'에서 제외된다고 보는 것이 타당하다. 재판사무를 담당하는 법원(수소법원)이 그 재판권에 기하여 법에서 정해진 방식에 따라 행하는 공권적 통지행위로서 여러 소송서류 등을 송달하는 경우에는 '개인정보처리자'로서 개인정보를 제공한 것으로 볼 수 없다. 대법원 2024. 12. 12. 선고 2021도12868 판결 ★ 02

3. 재판사무를 담당하는 법원(수소법원)이 피고인의 신청에 따라 재판기록을 열람·복사할 수 있도록 하였더라도 '개인정보처리자'로서 개인정보를 제공한 것으로 볼 수 없다. 대법원 2025. 3. 13. 선고 2025도266 판결 ★

4. 영상정보처리기기에 의하여 촬영된 개인의 초상, 신체의 모습과 위치정보 등과 관련한 영상의 형태로 존재하는 개인정보의 경우, 영상이 담긴 매체를 전달받는 등 영상 형태로 개인정보를 이전받는 것 외에도 이를 시청하는 등의 방식으로 영상에 포함된 특정하고 식별할 수 있는 살아있는 개인에 관한 정보를 지득함으로써 지배·관리권을 이전받은 경우에도 구 개인정보 보호법 제71조 제5호 후단의 '개인정보를 제공받은 자'에 해당할 수 있다(주: 피고인이 A가 도박신고를 하였는지 여부를 확인하기 위하여 장례식장 직원에게 장례식장 CCTV 영상을 보여줄 것을 부탁한 뒤, 그 직원으로부터 허락받은 CCTV 영상을 시청하고 이를 자신의 휴대전화를 이용하여 촬영한 사안에서, 위 직원이 영상을 재생하여 피고인에게 볼 수 있도록 하여 피고인이 이를 시청한 것은 구 개인정보 보호법 제71조 제5호 후단의 '개인정보를 제공받은 행위'에 해당할 수 있다고 본 사례). 대법원 2024. 8. 23 선고 2020도18397 판결

OX 체크

01 이미 공개된 개인정보를 정보주체의 동의가 있었다고 객관적으로 인정되는 범위 내에서 처리를 할 때는 정보주체의 별도의 동의는 불필요하다고 보아야 하고, 별도의 동의를 받지 아니하였다고 하여 「개인정보 보호법」을 위반한 것으로 볼 수 없다. ( )

02 재판사무를 담당하는 수소법원이 그 재판권에 기하여 법에서 정해진 방식에 따라 행하는 공권적 통지행위로서 여러 소송서류 등을 송달하는 경우에는 '개인정보처리자'로서 개인정보를 제공한 것으로 볼 수 있다. ( )

정답
01 ○ 02 ×

OX 체크

01 개인정보처리자의 지휘·감독을 받아 개인정보를 처리하는 자인 개인정보취급자가 개인정보처리자의 업무 수행을 위하여 개인정보를 이전받는 경우, 위와 같은 개인정보취급자는 「개인정보 보호법」 제19조에서 말하는 '개인정보처리자로부터 개인정보를 제공받은 자'에 해당하지 않는다. ( )

5. [1] 임직원, 파견근로자, 시간제근로자 등 개인정보처리자의 지휘·감독을 받아 개인정보를 처리하는 자인 개인정보취급자(같은 법 제28조)가 개인정보처리자의 업무 수행을 위하여 개인정보를 이전받는 경우 위와 같은 개인정보취급자는 '개인정보처리자로부터 개인정보를 제공받은 자'에 해당하지 않는다. 그 이유는 다음과 같다. **01**

① 개인정보의 '제3자 제공'은 본래의 개인정보 수집·이용 목적의 범위를 넘어 그 정보를 제공받는 자의 업무처리와 이익을 위하여 개인정보의 지배·관리권이 이전되는 것으로, 개인정보처리자가 개인정보의 지배·관리권을 그대로 유지하면서 개인정보처리자의 업무처리와 이익을 위하여 내부적으로 개인정보를 이용하는 것과 구별된다. 개인정보처리자는 다른 사람을 통하여 개인정보를 처리하는 것도 가능하므로 개인정보처리자의 의사에 따라 개인정보처리 업무를 직접 수행하는 개인정보취급자가 개인정보처리자로부터 정보주체의 개인정보를 이전받더라도 이와 같은 이전은 '제3자 제공'에 해당한다고 볼 수 없다.

② 「개인정보 보호법」 제19조에서 말하는 '개인정보처리자로부터 개인정보를 제공받은 자'라 함은 같은 법 제17조, 제18조 등에 규정된 바에 따라 개인정보처리자로부터 개인정보의 지배·관리권을 이전받은 그 제3자를 의미한다고 보는 것이 타당하다.

[2] 피고인이 대학수학능력시험 감독관으로 위촉되어 수험생의 동일성 확인업무 수행을 위하여 교육청으로부터 수험생의 성명, 주민등록번호, 연락처, 주소 등 개인정보가 포함된 응시원서를 전달받고, 이를 통하여 알게 된 수험생의 연락처로 "사실 ○○씨가 맘에 들어서요" 등의 메시지를 발송함으로써 개인정보처리자로부터 제공받은 개인정보를 제공받은 목적 외 용도로 이용하였다는 「개인정보 보호법」 위반으로 기소된 사안에서, 공립학교 교사인 피고인은 개인정보처리자인 교육청의 지휘·감독 하에 수험생들의 개인정보를 처리한 자로 개인정보취급자에 해당할 뿐, 개인정보처리자인 서울특별시교육청으로부터 '개인정보를 제공받은 자'로 보기 어렵다고 보아, 이와 달리 판단한 원심을 파기·환송한 사례. 대법원 2025. 2. 13. 선고 2020도14713 판결

2. 개인정보의 처리 제한

개인정보 보호법 제23조 【민감정보의 처리 제한】
① 개인정보처리자는 사상·신념, 노동조합·정당의 가입·탈퇴, 정치적 견해, 건강, 성생활 등에 관한 정보, 그 밖에 정보주체의 사생활을 현저히 침해할 우려가 있는 개인정보로서 대통령령으로 정하는 정보를 처리하여서는 아니 된다. 다만, 다음 각 호의 어느 하나에 해당하는 경우에는 그러하지 아니하다.

개인정보 보호법 제24조 【고유식별정보의 처리 제한】
① 개인정보처리자는 다음 각 호의 경우를 제외하고는 법령에 따라 개인을 고유하게 구별하기 위하여 부여된 식별정보로서 대통령령으로 정하는 정보를 처리할 수 없다.

개인정보 보호법 제24조의2 【주민등록번호 처리의 제한】
① 제24조 제1항에도 불구하고 개인정보처리자는 다음 각 호의 어느 하나에 해당하는 경우를 제외하고는 주민등록번호를 처리할 수 없다.

개인정보 보호법 제25조 【고정형 영상정보처리기기의 설치·운영 제한】
① 누구든지 다음 각 호의 경우를 제외하고는 공개된 장소에 고정형 영상정보처리기기를 설치·운영하여서는 아니 된다.
  1. 법령에서 구체적으로 허용하고 있는 경우
  2. 범죄의 예방 및 수사를 위하여 필요한 경우
  3. 시설의 안전 및 관리, 화재 예방을 위하여 정당한 권한을 가진 자가 설치·운영하는 경우

정답
01 ○

4. 교통단속을 위하여 정당한 권한을 가진 자가 설치·운영하는 경우
　　5. 교통정보의 수집·분석 및 제공을 위하여 정당한 권한을 가진 자가 설치·운영하는 경우
　　6. 촬영된 영상정보를 저장하지 아니하는 경우로서 대통령령으로 정하는 경우
② 누구든지 불특정 다수가 이용하는 목욕실, 화장실, 발한실, 탈의실 등 개인의 사생활을 현저히 침해할 우려가 있는 장소의 내부를 볼 수 있도록 고정형 영상정보처리기기를 설치·운영하여서는 아니 된다. 다만, 교도소, 정신보건 시설 등 법령에 근거하여 사람을 구금하거나 보호하는 시설로서 대통령령으로 정하는 시설에 대하여는 그러하지 아니하다. ★ 01
⑤ 고정형 영상정보처리기기운영자는 고정형 영상정보처리기기의 설치 목적과 다른 목적으로 고정형 영상정보처리기기를 임의로 조작하거나 다른 곳을 비춰서는 아니 되며, 녹음기능은 사용할 수 없다. ★ 02

개인정보 보호법 제25조의2【이동형 영상정보처리기기의 운영 제한】
① 업무를 목적으로 이동형 영상정보처리기기를 운영하려는 자는 다음 각 호의 경우를 제외하고는 공개된 장소에서 이동형 영상정보처리기기로 사람 또는 그 사람과 관련된 사물의 영상(개인정보에 해당하는 경우로 한정한다)을 촬영하여서는 아니 된다.
　　1. 제15조 제1항 각 호의 어느 하나에 해당하는 경우
　　2. 촬영 사실을 명확히 표시하여 정보주체가 촬영 사실을 알 수 있도록 하였음에도 불구하고 촬영 거부 의사를 밝히지 아니한 경우. 이 경우 정보주체의 권리를 부당하게 침해할 우려가 없고 합리적인 범위를 초과하지 아니하는 경우로 한정한다.
　　3. 그 밖에 제1호 및 제2호에 준하는 경우로서 대통령령으로 정하는 경우
② 누구든지 불특정 다수가 이용하는 목욕실, 화장실, 발한실, 탈의실 등 개인의 사생활을 현저히 침해할 우려가 있는 장소의 내부를 볼 수 있는 곳에서 이동형 영상정보처리기기로 사람 또는 그 사람과 관련된 사물의 영상을 촬영하여서는 아니 된다. 다만, 인명의 구조·구급 등을 위하여 필요한 경우로서 대통령령으로 정하는 경우에는 그러하지 아니하다. ★ 03

개인정보 보호법 제26조【업무위탁에 따른 개인정보의 처리 제한】
① 개인정보처리자가 제3자에게 개인정보의 처리 업무를 위탁하는 경우에는 다음 각 호의 내용이 포함된 문서로 하여야 한다.
⑥ 수탁자는 위탁받은 개인정보의 처리 업무를 제3자에게 다시 위탁하려는 경우에는 위탁자의 동의를 받아야 한다. ★
⑦ 수탁자가 위탁받은 업무와 관련하여 개인정보를 처리하는 과정에서 이 법을 위반하여 발생한 손해배상책임에 대하여는 수탁자를 개인정보처리자의 소속 직원으로 본다.

개인정보 보호법 제28조의2【가명정보의 처리 등】
① 개인정보처리자는 통계작성, 과학적 연구, 공익적 기록보존 등을 위하여 정보주체의 동의 없이 가명정보를 처리할 수 있다.

판례

개인정보 보호법 제17조에서 말하는 개인정보의 '제3자 제공'은 본래의 개인정보 수집·이용 목적의 범위를 넘어 정보를 제공받는 자의 업무처리와 이익을 위하여 개인정보가 이전되는 경우인 반면, 개인정보 보호법 제26조에서 말하는 개인정보의 '처리위탁'은 본래의 개인정보 수집·이용 목적과 관련된 위탁자 본인의 업무 처리와 이익을 위하여 개인정보가 이전되는 경우를 의미한다. 개인정보 처리위탁에 있어 수탁자는 위탁자로부터 위탁사무 처리에 따른 대가를 지급받는 것 외에는 개인정보 처리에 관하여 독자적인 이익을 가지지 않고, 정보제공자의 관리·감독 아래 위탁받은 범위 내에서만 개인정보를 처리하게 되므로, 개인정보 보호법 제17조에 정한 '제3자'에 해당하지 않는다. 대법원 2017. 4. 7. 선고 2016도13263 판결 ★ 04

OX 체크

01 불특정 다수가 이용하는 목욕실, 화장실, 발한실, 탈의실 등에의 영상정보처리기기 설치는 대통령령으로 정하는 바에 따라 안내판 설치 등 필요한 조치를 취하는 경우에만 허용된다. (　)

02 고정형 영상정보처리기기운영자는 고정형 영상정보처리기기의 설치 목적과 다른 목적으로 고정형 영상정보처리기기를 임의로 조작하거나 다른 곳을 비춰서는 아니 되며, 녹음기능은 사용할 수 없다. (　)

03 불특정 다수가 이용하는 목욕실, 화장실 등 개인의 사생활을 현저히 침해할 우려가 있는 장소의 내부를 볼 수 있는 곳에서라도 소방공무원이 화재 발생시 인명의 구조·구급을 위하여 필요한 경우에는 이동형 영상정보처리기기로 개인정보에 해당하는 사람 또는 그 사람과 관련된 사물의 영상을 촬영할 수 있다. (　)

04 개인정보 처리위탁에 있어 수탁자는 정보제공자의 관리·감독 아래 위탁받은 범위 내에서만 개인정보를 처리하게 되지만, 위탁자로부터 위탁사무 처리에 따른 대가를 지급받는 이상 개인정보 처리에 관하여 독자적인 이익을 가지므로, 그러한 수탁자는 「개인정보 보호법」 제17조에 의해 개인정보처리자가 정보주체의 개인정보를 제공할 수 있는 '제3자'에 해당한다. (　)

정답
01 ✕　02 ◯　03 ◯　04 ✕

Ⅳ 정보주체의 권리 보장

1. 정보주체의 권리

개인정보 보호법 제34조【개인정보 유출 등의 통지·신고】
① 개인정보처리자는 개인정보가 분실·도난·유출되었음을 알게 되었을 때에는 지체 없이 해당 정보주체에게 다음 각 호의 사항을 알려야 한다. 다만, 정보주체의 연락처를 알 수 없는 경우 등 정당한 사유가 있는 경우에는 대통령령으로 정하는 바에 따라 통지를 갈음하는 조치를 취할 수 있다.

개인정보 보호법 제35조【개인정보의 열람】
① 정보주체는 개인정보처리자가 처리하는 자신의 개인정보에 대한 열람을 해당 개인정보처리자에게 요구할 수 있다.

개인정보 보호법 제36조【개인정보의 정정·삭제】
① 제35조에 따라 자신의 개인정보를 열람한 정보주체는 개인정보처리자에게 그 개인정보의 정정 또는 삭제를 요구할 수 있다. 다만, 다른 법령에서 그 개인정보가 수집 대상으로 명시되어 있는 경우에는 그 삭제를 요구할 수 없다.

개인정보 보호법 제37조【개인정보의 처리정지 등】
① 정보주체는 개인정보처리자에 대하여 자신의 개인정보 처리의 정지를 요구하거나 개인정보 처리에 대한 동의를 철회할 수 있다. 이 경우 공공기관에 대해서는 제32조에 따라 등록 대상이 되는 개인정보파일 중 자신의 개인정보에 대한 처리의 정지를 요구하거나 개인정보 처리에 대한 동의를 철회할 수 있다.

개인정보 보호법 제37조의2【자동화된 결정에 대한 정보주체의 권리 등】
① 정보주체는 완전히 자동화된 시스템(인공지능 기술을 적용한 시스템을 포함한다)으로 개인정보를 처리하여 이루어지는 결정(「행정기본법」제20조에 따른 행정청의 자동적 처분은 제외한다)이 자신의 권리 또는 의무에 중대한 영향을 미치는 경우에는 해당 개인정보처리자에 대하여 해당 결정을 거부할 수 있는 권리를 가진다. 다만, 자동화된 결정이 제15조 제1항 제1호·제2호 및 제4호에 따라 이루어지는 경우에는 그러하지 아니하다. ★ 01

2. 손해배상책임

개인정보 보호법 제39조【손해배상책임】
① 정보주체는 개인정보처리자가 이 법을 위반한 행위로 손해를 입으면 개인정보처리자에게 손해배상을 청구할 수 있다. 이 경우 그 개인정보처리자는 고의 또는 과실이 없음을 입증하지 아니하면 책임을 면할 수 없다. ★ 02
③ 개인정보처리자의 고의 또는 중대한 과실로 인하여 개인정보가 분실·도난·유출·위조·변조 또는 훼손된 경우로서 정보주체에게 손해가 발생한 때에는 법원은 그 손해액의 5배를 넘지 아니하는 범위에서 손해배상액을 정할 수 있다. 다만, 개인정보처리자가 고의 또는 중대한 과실이 없음을 증명한 경우에는 그러하지 아니하다. ★ 03

OX 체크

01 정보주체는 「행정기본법」제20조에 따른 행정청의 자동적 처분이 자신의 권리 또는 의무에 중대한 영향을 미치는 경우에는 해당 개인정보처리자에 대하여 해당 결정을 거부할 수 있는 권리를 가진다. ( )

02 개인정보처리자의 「개인정보 보호법」 위반행위로 손해를 입은 정보주체는 개인정보처리자에게 손해배상을 청구할 수 있고, 그 개인정보처리자는 고의 또는 과실이 없음을 입증하지 않으면 책임을 면할 수 없다. ( )

03 개인정보처리자의 고의 또는 중대한 과실로 인하여 개인정보가 분실된 경우로서 정보주체에게 손해가 발생한 때에는 법원은 그 손해액의 3배를 넘지 아니하는 범위에서 손해배상액을 정할 수 있다. ( )

정답
01 ✗   02 ○   03 ✗

개인정보 보호법 제39조의2【법정손해배상의 청구】
① 제39조 제1항에도 불구하고 정보주체는 개인정보처리자의 고의 또는 과실로 인하여 개인정보가 분실·도난·유출·위조·변조 또는 훼손된 경우에는 300만원 이하의 범위에서 상당한 금액을 손해액으로 하여 배상을 청구할 수 있다. 이 경우 해당 개인정보처리자는 고의 또는 과실이 없음을 입증하지 아니하면 책임을 면할 수 없다.

판례

개인정보 보호법 제39조 제1항은 정보주체가 개인정보처리자의 개인정보 보호법 위반행위로 입은 손해의 배상을 청구하는 경우에 개인정보처리자의 고의나 과실을 증명하는 것이 곤란한 점을 감안하여 그 증명책임을 개인정보처리자에게 전환하는 것일 뿐이고, 개인정보처리자가 개인정보 보호법을 위반한 행위를 하였다는 사실 자체는 정보주체가 주장·증명하여야 한다. 대법원 2024. 5. 17. 선고 2018다262103 판결 ★★ **01**

V 개인정보 분쟁조정위원회

개인정보 보호법 제40조【설치 및 구성】
① 개인정보에 관한 분쟁의 조정을 위하여 개인정보 분쟁조정위원회를 둔다.

개인정보 보호법 제43조【조정의 신청 등】
① 개인정보와 관련한 분쟁의 조정을 원하는 자는 분쟁조정위원회에 분쟁조정을 신청할 수 있다.

개인정보 보호법 제49조【집단분쟁조정】
① 국가 및 지방자치단체, 개인정보 보호단체 및 기관, 정보주체, 개인정보처리자는 정보주체의 피해 또는 권리침해가 다수의 정보주체에게 같거나 비슷한 유형으로 발생하는 경우로서 대통령령으로 정하는 사건에 대하여는 분쟁조정위원회에 일괄적인 분쟁조정을 의뢰 또는 신청할 수 있다. ★ **02**
⑥ 제48조 제2항에도 불구하고 분쟁조정위원회는 집단분쟁조정의 당사자인 다수의 정보주체 중 일부의 정보주체가 법원에 소를 제기한 경우에는 그 절차를 중지하지 아니하고, 소를 제기한 일부의 정보주체를 그 절차에서 제외한다.

VI 개인정보 단체소송

개인정보 보호법 제51조【단체소송의 대상 등】
다음 각 호의 어느 하나에 해당하는 단체는 개인정보처리자가 제49조에 따른 집단분쟁조정을 거부하거나 집단분쟁조정의 결과를 수락하지 아니한 경우에는 법원에 권리침해 행위의 금지·중지를 구하는 소송을 제기할 수 있다. ★ **03 04**
1. 「소비자기본법」 제29조에 따라 공정거래위원회에 등록한 소비자단체로서 다음 각 목의 요건을 모두 갖춘 단체
  가. 정관에 따라 상시적으로 정보주체의 권익증진을 주된 목적으로 하는 단체일 것
  나. 단체의 정회원수가 1천명 이상일 것 **05**
  다. 「소비자기본법」 제29조에 따른 등록 후 3년이 경과하였을 것 **06**

OX 체크

01 정보주체가 개인정보처리자의 「개인정보 보호법」 위반행위로 입은 손해에 대해 그 배상을 청구하는 경우, 개인정보처리자가 「개인정보 보호법」을 위반한 행위를 하였다는 사실 자체는 정보주체가 주장·증명하여야 한다. ( )

02 국가 및 지방자치단체, 개인정보 보호단체 및 기관, 정보주체, 개인정보처리자는 정보주체의 피해 또는 권리침해가 다수의 정보주체에게 같거나 비슷한 유형으로 발생하는 경우로서 대통령령으로 정하는 사건에 대하여는 분쟁조정위원회에 일괄적인 분쟁조정(집단분쟁조정)을 의뢰 또는 신청할 수 있다. ( )

03 개인정보 단체소송은 개인정보처리자가 「개인정보보호법」상의 집단분쟁조정을 거부하거나 집단분쟁조정의 결과를 수락하지 아니한 경우에 법원의 허가를 받아 제기할 수 있다. ( )

04 「개인정보 보호법」에는 개인정보 단체소송을 제기할 수 있는 단체에 대한 제한을 두고 있지 않으므로 법인격이 있는 단체라면 어느 단체든지 권리침해 행위의 금지·중지를 구하는 소송을 제기할 수 있다. ( )

05 「소비자기본법」에 따라 공정거래위원회에 등록한 소비자단체가 개인정보 단체소송을 제기하려면 그 단체의 정회원수가 1백명 이상이어야 한다. ( )

06 개인정보처리자가 「개인정보 보호법」 제49조에 따른 집단분쟁조정의 결과를 수락하지 아니한 경우, 「소비자기본법」 제29조에 따라 공정거래위원회에 등록한 후 1년이 경과한 소비자단체는 법원에 권리침해 행위의 중지를 구하는 단체소송을 제기할 수 있다. ( )

정답
01 ○ 02 ○ 03 ○ 04 × 05 ×
06 ×

OX 체크

01 단체소송의 원고는 변호사를 소송대리인으로 선임하여야 한다. ( )

02 개인정보 단체소송을 허가하거나 불허가하는 법원의 결정에 대하여는 불복할 수 없다. ( )

03 개인정보 단체소송에 관하여 「개인정보보호법」에 특별한 규정이 없는 경우에는 「행정소송법」을 적용한다. ( )

2. 「비영리민간단체 지원법」 제2조에 따른 비영리민간단체로서 다음 각 목의 요건을 모두 갖춘 단체
   가. 법률상 또는 사실상 동일한 침해를 입은 100명 이상의 정보주체로부터 단체소송의 제기를 요청받을 것
   나. 정관에 개인정보 보호를 단체의 목적으로 명시한 후 최근 3년 이상 이를 위한 활동실적이 있을 것
   다. 단체의 상시 구성원수가 5천명 이상일 것
   라. 중앙행정기관에 등록되어 있을 것

개인정보 보호법 제52조 【전속관할】
① 단체소송의 소는 피고의 주된 사무소 또는 영업소가 있는 곳, 주된 사무소나 영업소가 없는 경우에는 주된 업무담당자의 주소가 있는 곳의 지방법원 본원 합의부의 관할에 전속한다.

개인정보 보호법 제53조 【소송대리인의 선임】
단체소송의 원고는 변호사를 소송대리인으로 선임하여야 한다. ★ **01**

개인정보 보호법 제54조 【소송허가신청】
① 단체소송을 제기하는 단체는 소장과 함께 다음 각 호의 사항을 기재한 소송허가신청서를 법원에 제출하여야 한다.

개인정보 보호법 제55조 【소송허가요건 등】
① 법원은 다음 각 호의 요건을 모두 갖춘 경우에 한하여 결정으로 단체소송을 허가한다.
   1. 개인정보처리자가 분쟁조정위원회의 조정을 거부하거나 조정결과를 수락하지 아니하였을 것
   2. 제54조에 따른 소송허가신청서의 기재사항에 흠결이 없을 것
② 단체소송을 허가하거나 불허가하는 결정에 대하여는 즉시항고할 수 있다. **02**

개인정보 보호법 제57조 【「민사소송법」의 적용 등】
① 단체소송에 관하여 이 법에 특별한 규정이 없는 경우에는 「민사소송법」을 적용한다. ★ **03**
③ 단체소송의 절차에 관하여 필요한 사항은 대법원규칙으로 정한다.

Ⅶ 벌칙

> **판례**
>
> 개인정보 보호법 제72조 제2호가 전단과 후단에서 '취득한 자'와 '제공받은 자'를 구별하여 정하고 있으므로 개인정보가 정보주체의 동의 등에 기하지 아니한 채 유통되고 있는 사정을 알면서 개인정보를 제공받은 것만으로는 구 개인정보 보호법 제72조 제2호 전단의 '거짓이나 그 밖의 부정한 수단이나 방법'을 사용하여 개인정보를 취득하였다고 보기는 어렵다. 다만 개인정보를 제공받은 사람이 '개인정보를 처리하거나 처리하였던 자가 거짓이나 그 밖의 부정한 수단이나 방법을 사용하여 개인정보를 취득하거나 개인정보 처리에 관한 동의를 받았다는 사정'을 알면서도 영리 또는 부정한 목적으로 개인정보를 제공받은 경우에는 구 개인정보 보호법 제72조 제2호 후단에 해당될 수 있다. 대법원 2024. 6. 17. 선고 2019도3402 판결

정답
01 ○ 02 × 03 ×

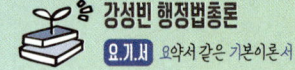

Chapter 1 국가배상

Chapter 2 손실보상

PART
06

행정상 손해전보

Chapter 01 국가배상

주제 51 국가배상법

Ⅰ 국가배상 개관

1. 법적 근거

(1) 헌법적 근거: 헌법 제29조 제1항
- 공무원의 직무상 불법행위로 손해를 받은 국민은 법률이 정하는 바에 의하여 국가 또는 공공단체에 정당한 배상을 청구할 수 있다. 이 경우 공무원 자신의 책임은 면제되지 아니한다.

(2) 국가배상법

> 국가배상법 제8조【다른 법률과의 관계】
> 국가나 지방자치단체의 손해배상 책임에 관하여는 이 법에 규정된 사항 외에는「민법」에 따른다. 다만,「민법」외의 법률에 다른 규정이 있을 때에는 그 규정에 따른다. 01

2. 쟁송형태: 민사소송
- 국가배상청구소송은 민사소송으로 제기하여야 한다. ★ 02

Ⅱ 국가배상법 제2조의 책임

> 국가배상법 제2조【배상책임】
> ① 국가나 지방자치단체는 공무원 또는 공무를 위탁받은 사인(이하 "공무원"이라 한다)이 직무를 집행하면서 고의 또는 과실로 법령을 위반하여 타인에게 손해를 입히거나,「자동차손해배상 보장법」에 따라 손해배상의 책임이 있을 때에는 이 법에 따라 그 손해를 배상하여야 한다.

1. 공무원

판례

1. [1] 국가배상법 제2조 소정의 '공무원'이라 함은 국가공무원법이나 지방공무원법에 의하여 공무원으로서의 신분을 가진 자에 국한하지 않고, 널리 공무를 위탁받아 실질적으로 공무에 종사하고 있는 일체의 자를 가리키는 것으로서, 공무의 위탁이 일시적이고 한정적인 사항에 관한 활동을 위한 것이어도 달리 볼 것은 아니다. ★★ 03

OX 체크

01 국가나 지방자치단체의 손해배상 책임에 관하여는「국가배상법」에 규정된 사항 외에는「민법」에 따른다. 다만,「민법」외의 법률에 다른 규정이 있을 때에는 그 규정에 따른다. ( )

02 국가배상소송을 제기하는 경우 민사소송이 아니라 공법상 당사자소송으로 제기하여야 한다. ( )

03 「국가배상법」상 '공무원'이라 함은 널리 공무를 위탁받아 실질적으로 공무에 종사하고 있는 일체의 자를 가리키는 것으로서, 단지 공무의 위탁이 일시적인 사항에 관한 활동을 위한 것은 포함되지 않는다. ( )

정답
01 ○ 02 × 03 ×

[2] '교통할아버지'로 선정된 노인이 위탁받은 업무 범위를 넘어 교차로 중앙에서 교통정리를 하다가 교통사고를 발생시킨 경우, 지방자치단체가 국가배상법 제2조 소정의 배상책임을 부담한다. 대법원 2001. 1. 5. 선고 98다39060 판결 **01**

2. 통장이 전입신고서에 확인인을 찍는 행위는 공무를 위탁받아 실질적으로 공무를 수행하는 것이라고 보아야 하므로, 통장은 그 업무범위 내에서는 국가배상법 제2조 소정의 공무원에 해당한다. 대법원 1991. 7. 9. 선고 91다5570 판결 ★ **02**

3. 국가나 지방자치단체에 근무하는 청원경찰은 국가 또는 지방공무원법상의 공무원은 아니지만, 직무상의 불법행위에 대하여도 민법이 아닌 국가배상법이 적용된다. 대법원 1993. 7. 13. 선고 92다47564 판결 ★

4. 향토예비군도 그 동원기간 중에는 국가배상법 제2조 소정의 공무원에 포함된다. 대법원 1970. 5. 26. 선고 70다471 판결

5. 서울시 산하 구청소속의 청소차량 운전원은 공무원이다. 대법원 1980. 9. 24. 선고 80다1051 판결

6. 수산청장으로부터 뱀장어에 대한 수출 추천 업무를 위탁받은 수산업협동조합은 (중략) 공무원으로서 타인에게 손해를 가한 때에 해당한다. 대법원 2003. 11. 14. 선고 2002 다55304 판결

7. 의용소방대원의 직무대행 과정의 불법행위에 대하여 국가는 배상책임이 없다. 대법원 1966. 6. 28. 선고 66다808 판결

2. 직무행위

(1) 직무행위의 범위

1. 국가배상법이 정한 배상청구의 요건인 '공무원의 직무'에는 권력적 작용만이 아니라 행정지도와 같은 비권력적 작용도 포함되며 단지 행정주체가 사경제주체로서 하는 활동만 제외된다. 대법원 1998. 7. 10. 선고 96다38971 판결 ★★★ **03**

2. 시영버스사고에 대하여 시는 민법에 의한 책임을 지고 그 운전사가 시의 별정직공무원이라 하여 결론을 달리하지 않는다. 대법원 1969. 4. 22. 선고 68다2225 판결

3. 국가의 철도운행사업은 국가가 공권력의 행사로서 하는 것이 아니고 사경제적 작용이라 할 것이므로, 이로 인한 사고에 공무원이 간여하였다고 하더라도 국가배상법을 적용할 것이 아니고 일반 민법의 규정에 따라야 한다. 대법원 1999. 6. 22. 선고 99다7008 판결 **04**

4. 서울시가 그 산하 구청관내의 청소를 목적으로 그 소속차량을 운행하는 것은 공권력의 행사이다. 대법원 1980. 9. 24. 선고 80다1051 판결

5. 도로가설 등 공사로 인한 무허가건물의 강제철거와 관련하여 이루어지는 시나 구 등 지방자치단체의 철거건물 소유자에 대한 시영아파트분양권 부여 및 세입자에 대한 지원대책 등의 업무는 지방자치단체의 공권력 행사 기타 공행정작용과 관련된 활동으로 볼 것이지 단순한 사경제주체로서 하는 활동이라고는 볼 수 없다. 대법원 1991. 7. 26. 선고 91다14819 판결 **05**

OX 체크

01 서울특별시 강서구 교통할아버지사건과 같은 경우 공무를 위탁받아 수행하는 일반 사인은 「국가배상법」 제2조 제1항에 따른 공무원이 될 수 없다. ( )

02 통장이 전입신고서에 확인인을 찍는 행위는 공무를 위탁받아 실질적으로 공무를 수행하는 것이라고 보아야 하므로, 통장은 그 업무범위 내에서는 「국가배상법」 소정의 공무원에 해당한다. ( )

03 국가배상의 요건인 '공무원의 직무'에는 국가나 지방자치단체의 비권력적 작용과 사경제 주체로서 하는 작용이 포함된다. ( )

04 국가의 철도운행사업과 관련하여 발생한 사고로 인한 손해배상청구의 경우 그 사고에 공무원이 간여하였다고 하더라도 「국가배상법」이 아니라 「민법」이 적용되어야 한다. ( )

05 도로개설 등 공사로 인한 무허가 건물의 강제철거와 관련하여 이루어지는 지방자치단체의 그 철거건물 소유자에 대한 시영아파트 분양권부여 등의 업무는, 사경제주체로서의 활동이므로 지방자치단체의 공권력행사로 보기 어렵다고 할 것이다. ( )

정답
01 X 02 O 03 X 04 O 05 X

OX 체크

01 행위 자체의 외관을 객관적으로 관찰하여 공무원의 직무행위로 보여진다 하더라도 그것이 실질적으로 직무행위에 해당하지 않는다면 그 행위는 「국가배상법」소정의 '직무를 집행하면서' 행한 것으로 볼 수 없다. ( )

02 공무원들의 공무원증 발급 업무를 하는 공무원이 다른 공무원의 공무원증을 위조하는 행위는 「국가배상법」상의 직무집행에 해당하지 않는다. ( )

03 공무원의 행위가 실질적으로 공무집행행위가 아니라는 사정을 피해자가 알았던 경우 「국가배상법」상의 직무행위에 해당하지 않는다. ( )

04 국회의원의 입법행위는 그 입법내용이 헌법의 문언에 명백히 위배됨에도 불구하고 국회가 굳이 당해 입법을 한 것과 같은 특수한 경우가 아닌 한 「국가배상법」제2조제1항 소정의 위법행위에 해당된다고 볼 수 없다. ( )

05 국가가 일정한 사항에 관하여 헌법에 의하여 부과되는 구체적인 입법의무를 부담하고 있음에도 불구하고 그 입법에 필요한 상당한 기간이 경과하도록 고의·과실로 입법의무를 이행하지 아니하는 경우, 국가배상책임이 인정될 수 있다. ( )

(2) 외관(외형) 이론

1. [1] 국가배상법 제2조 제1항의 '직무를 집행함에 당하여'라 함은 직접 공무원의 직무집행행위이거나 그와 밀접한 관련이 있는 행위를 포함하고, 이를 판단함에 있어서는 행위 자체의 외관을 객관적으로 관찰하여 공무원의 직무행위로 보여질 때에는 비록 그것이 실질적으로 직무행위가 아니거나 또는 행위자로서는 주관적으로 공무집행의 의사가 없었다고 하더라도 그 행위는 공무원이 '직무를 집행함에 당하여' 한 것으로 보아야 한다. ★★★ **01**

   [2] 인사업무담당 공무원이 다른 공무원의 공무원증 등을 위조하는 행위는 비록 그것이 실질적으로는 직무행위에 속하지 아니한다 할지라도 적어도 외관상으로는 공무원증과 재직증명서를 발급하는 행위로서 직무집행으로 보여지므로 결국 그 위조행위는 국가배상법 제2조 제1항 소정의 공무원이 직무를 집행함에 당하여 한 행위로 인정된다. 대법원 2005. 1. 14. 선고 2004다26805 판결 대법원 2005. 1. 14. 선고 2004다26805 판결 ★ **02**

2. 가해행위가 실질적으로 공무집행행위가 아니라는 사정을 피해자가 알았다 하더라도 그것을 '직무를 행함에 당하여'라고 단정하는 데 아무런 영향을 미치는 것이 아니다. 대법원 1966. 6. 28. 선고 66다781 판결 ★ **03**

3. 육군중사가 훈련에 대비하여 개인 소유의 오토바이를 운전하여 사전정찰차 훈련지역 일대를 돌아보고 귀대하다가 교통사고를 일으킨 경우, 오토바이의 운전행위는 국가배상법 제2조 소정의 직무집행행위에 해당한다. 대법원 1994. 5. 27. 선고 94다6741 판결

4. 미군부대 소속 선임하사관이 공무차 개인소유차를 운전하고 출장을 갔다가 퇴근하기 위하여 집으로 운행하던 중 사고가 발생한 경우 위 차량의 운전행위는 국가배상법 제2조 소정의 직무집행행위에 속한다. 대법원 1988. 3. 22. 선고 87다카1163 판결

5. 상급자가 전입신병인 하급자에게 암기사항에 관하여 교육 중 훈계하다가 도가 지나쳐 폭행한 경우에 국가배상법상의 직무집행성이 인정된다. 대법원 1995. 4. 21. 선고 93다14240 판결

(3) 입법행위

1. 국회의원은 입법에 관하여 원칙적으로 국민 전체에 대한 관계에서 정치적 책임을 질 뿐 국민 개개인의 권리에 대응하여 법적 의무를 지는 것은 아니므로, 국회의원의 입법행위는 그 입법 내용이 헌법의 문언에 명백히 위반됨에도 불구하고 국회가 굳이 당해 입법을 한 것과 같은 특수한 경우가 아닌 한 국가배상법 제2조 제1항 소정의 위법행위에 해당된다고 볼 수 없다. 대법원 1997. 6. 13. 선고 96다56115 판결 ★ **04**

2. 국가가 일정한 사항에 관하여 헌법에 의하여 부과되는 구체적인 입법의무를 부담하고 있음에도 불구하고 그 입법에 필요한 상당한 기간이 경과하도록 고의 또는 과실로 이러한 입법의무를 이행하지 아니하는 등 극히 예외적인 사정이 인정되는 사안에 한정하여 국가배상법 소정의 배상책임이 인정될 수 있으며, 위와 같은 구체적인 입법의무 자체가 인정되지 않는 경우에는 애당초 부작위로 인한 불법행위가 성립할 여지가 없다. 대법원 2008. 5. 29. 선고 2004다33469 판결 ★ **05**

정답
01 × 02 × 03 × 04 ○ 05 ○

(4) 사법행위

1. [1] 법관의 재판에 법령의 규정을 따르지 아니한 잘못이 있다 하더라도 이로써 바로 그 재판상 직무행위가 국가배상법 제2조 제1항에서 말하는 위법한 행위로 되어 국가의 손해배상책임이 발생하는 것은 아니고, 그 국가배상책임이 인정되려면 당해 법관이 위법 또는 부당한 목적을 가지고 재판을 하였다거나 법이 법관의 직무수행상 준수할 것을 요구하고 있는 기준을 현저하게 위반하는 등 법관이 그에게 부여된 권한의 취지에 명백히 어긋나게 이를 행사하였다고 인정할 만한 특별한 사정이 있어야 한다. ★ 01

   [2] 재판에 대하여 따로 불복절차 또는 시정절차가 마련되어 있는 경우에는 재판의 결과로 불이익 내지 손해를 입었다고 여기는 사람은 그 절차에 따라 자신의 권리 내지 이익을 회복하도록 함이 법이 예정하는 바이므로, 불복에 의한 시정을 구할 수 없었던 것 자체가 법관이나 다른 공무원의 귀책사유로 인한 것이라거나 그와 같은 시정을 구할 수 없었던 부득이한 사정이 있었다는 등의 특별한 사정이 없는 한, 스스로 그와 같은 시정을 구하지 아니한 결과 권리 내지 이익을 회복하지 못한 사람은 원칙적으로 국가배상에 의한 권리구제를 받을 수 없다고 봄이 상당하다고 하겠으나, 재판에 대하여 불복절차 내지 시정절차 자체가 없는 경우에는 부당한 재판으로 인하여 불이익 내지 손해를 입은 사람은 국가배상 이외의 방법으로는 자신의 권리 내지 이익을 회복할 방법이 없으므로, 이와 같은 경우에는 배상책임의 요건이 충족되는 한 국가배상책임을 인정하지 않을 수 없다. ★ 02

   [3] 헌법재판소 재판관이 청구기간 내에 제기된 헌법소원심판청구 사건에서 청구기간을 오인하여 각하결정을 한 경우, 이에 대한 불복절차 내지 시정절차가 없는 때에는 국가배상책임(위법성)을 인정할 수 있다고 한 사례. ★★★ 03

   [4] 헌법소원심판을 청구한 자로서는 헌법재판소 재판관이 일자 계산을 정확하게 하여 본안판단을 할 것으로 기대하는 것이 당연하고, 따라서 헌법재판소 재판관의 위법한 직무집행의 결과 잘못된 각하결정을 함으로써 청구인으로 하여금 본안판단을 받을 기회를 상실하게 한 이상, 설령 본안판단을 하였더라도 어차피 청구가 기각되었을 것이라는 사정이 있다고 하더라도 잘못된 판단으로 인하여 헌법소원심판 청구인의 위와 같은 합리적인 기대를 침해한 것이고 이러한 기대는 인격적 이익으로서 보호할 가치가 있다고 할 것이므로 그 침해로 인한 정신상 고통에 대하여는 위자료를 지급할 의무가 있다. 대법원 2003. 7. 11. 선고 99다24218 판결 ★★ 04

2. 재판작용에 대한 국가배상책임에 관한 판례는 재판에 대한 불복절차 또는 시정절차가 마련되어 있으면 이를 통한 시정을 구하지 않고서는 원칙적으로 국가배상을 구할 수 없다는 것으로, 보전재판이라고 해서 이와 달리 보아야 할 이유가 없다. 대법원 2022. 3. 17. 선고 2019다226975 판결

3. 배당표원안을 작성하고 확정하는 사법보좌관의 행위는 재판상 직무행위에 해당하고, 사법보좌관의 이러한 재판상 직무행위에 대한 국가의 손해배상책임에 대하여도 위 법리가 마찬가지로 적용된다고 할 것이다. 대법원 2023. 6. 1. 선고 2021다202224 판결

4. 재판장의 그러한 판단이 법관의 직무수행상 준수할 것으로 요구되는 기준을 현저하게 위반하는 등 법관이 그에게 부여된 권한의 취지에 명백히 어긋나게 이를 행사하였다고 볼 사정이 없는 이상, 그에 따라 이루어진 대법원 변론 또는 선고의 중계방송 내지 녹화 결과물의 게시에 대하여 국가배상책임이 인정될 수는 없다. 대법원 2025. 2. 27. 선고 2023다233895 판결

OX 체크

01 법령의 규정을 따르지 아니한 법관의 재판상 직무행위는 곧바로 「국가배상법」제2조제1항에서 규정하고 있는 위법행위가 되어 국가의 손해배상책임이 발생한다. ( )

02 재판작용에 대한 국가배상의 경우, 재판에 대하여 불복절차 내지 시정절차 자체가 없는 경우에는 부당한 재판으로 인하여 불이익 내지 손해를 입은 사람은 국가배상책임의 요건이 충족된다면 국가배상을 청구할 수 있다. ( )

03 헌법재판소 재판관이 청구기간 내에 제기된 헌법소원심판청구 사건에서 청구기간을 오인하여 각하결정을 한 경우, 이에 대한 불복절차 내지 시정절차가 없는 때에는 배상책임의 요건이 충족되는 한 국가배상책임을 인정할 수 있다. ( )

04 헌법재판소 재판관의 위법한 직무집행의 결과 잘못된 각하결정을 함으로써 청구인으로 하여금 본안판단을 받을 기회를 상실하게 한 경우, 만약 본안판단을 하였더라도 어차피 청구가 기각되었을 것이라는 사정이 있다면 국가배상책임이 인정되지 아니한다. ( )

정답

01 ✕　02 ○　03 ○　04 ✕

3. 고의 또는 과실

(1) 의의

- 공무원의 직무집행상의 과실이라 함은 공무원이 그 직무를 수행함에 있어 당해 직무를 담당하는 평균인이 통상 갖추어야 할 주의의무를 게을리 한 것을 말한다(대법원 1987. 9. 22. 선고 87다카1164 판결). ★ 01
- 가해행위가 공무원의 행위에 의한 것으로 보이는 한 가해공무원의 특정은 필요하지 않다. ★ 02
- 공무원의 고의 또는 과실에 대한 입증책임은 피해자인 원고(국민)에게 있다. ★ 03

판례

1. (을 지방자치단체가 갑 회사에 주변 경관 등을 이유로 사업계획 불승인처분을 한 사안에서) 을 지방자치단체의 담당 공무원이 경관 훼손 여부를 검토하기 위해 수행한 업무는 현장실사를 나가 사진을 촬영하여 분석자료를 작성한 것이 전부이고, 그 분석자료의 내용이 실제에 부합하는 방식으로 작성되었다고 볼 수 없는 등 (중략) 담당 공무원의 업무 수행은 보통 일반의 공무원을 표준으로 하여 볼 때 객관적 주의의무를 소홀히 한 것이므로, 을 지방자치단체의 국가배상책임이 인정된다. 대법원 2021. 6. 30. 선고 2017다249219 판결

2. (해양수산부 산하 어업관리단의 불법어로행위 특별합동단속 중 갑이 승선하고 있던 선박이 단속정의 추적을 피해 도주하는 과정에서 암초와 충돌하였고, 인근에서 갑이 익사한 상태로 발견되었는데, 갑의 유족들이 단속정에 승선하고 있던 감독공무원들의 구조의무 위반 등을 주장하며 국가를 상대로 손해배상을 구한 사안에서) (중략) 결과론적·사후적 관점에서 최선이 아니었다고 하더라도 사고 당시를 기준으로 전혀 합리성이 없다거나 평균인이 통상 갖추어야 할 주의의무를 게을리 한 잘못이 있다고 쉽게 단정할 수 없다. 대법원 2021. 6. 10. 선고 2017다286874 판결

3. 국세가 확정되기 전에 보전압류를 한 후 보전압류에 의하여 징수하려는 국세의 전부 또는 일부가 확정되지 못하였다면 보전압류로 인하여 납세자가 입은 손해에 대하여 특별한 반증이 없는 한 과세관청의 담당공무원에게 고의 또는 과실이 있다고 사실상 추정되므로, 국가는 부당한 보전압류로 인한 손해를 배상할 책임이 있다. 이러한 법리는 보전압류 후 과세처분에 의해 일단 국세가 확정되었으나 과세처분이 취소되어 결국 국세의 전부 또는 일부가 확정되지 못한 경우에도 마찬가지로 적용된다. 대법원 2015. 10. 29. 선고 2013다209534 판결

4. 긴급조치 제9호는 위헌·무효임이 명백하고 긴급조치 제9호 발령으로 인한 국민의 기본권 침해는 그에 따른 강제수사와 공소제기, 유죄판결의 선고를 통하여 현실화되었다. 이러한 경우 긴급조치 제9호의 발령부터 적용·집행에 이르는 일련의 국가작용은, 전체적으로 보아 공무원이 직무를 집행하면서 객관적 주의의무를 소홀히 하여 그 직무행위가 객관적 정당성을 상실한 것으로서 위법하다고 평가되고, 긴급조치 제9호의 적용·집행으로 강제수사를 받거나 유죄판결을 선고받고 복역함으로써 개별 국민이 입은 손해에 대해서는 국가배상책임이 인정될 수 있다. 대법원 2022. 8. 30. 선고 2018다212610 전원합의체 판결

(2) 민법의 사용자책임과의 차이

- 국가배상법은 민법상의 사용자책임을 규정한 민법에서 사용자가 피용자의 선임감독에 무과실인 경우에는 면책되도록 규정한 것과는 달리 이러한 면책규정을 두지 아니함으로써 국가배상책임이 용이하게 인정되도록 하고 있다(대법원 1996. 2. 15. 선고 95다38677 전원합의체 판결). 04

OX 체크

01 공무원의 직무집행상의 과실이라 함은 공무원이 그 직무를 수행함에 있어 당해 직무를 담당하는 평균인이 통상 갖추어야 할 주의의무를 게을리 한 것을 말한다. ( )

02 손해배상책임을 묻기 위해서는 가해 공무원을 특정하여야 한다. ( )

03 가해공무원의 과실 여부에 대한 입증책임은 원고에게 있다. ( )

04 국가나 지방자치단체는 공무원이 직무를 집행하면서 고의 또는 과실로 위법하게 타인에게 손해를 가한 때에 「국가배상법」상 배상책임을 지고, 공무원의 선임 및 감독에 상당한 주의를 한 경우에도 그 배상책임을 면할 수 없다. ( )

정답
01 ○ 02 × 03 ○ 04 ○

(3) 유형별 검토

① 공무원의 잘못된 법령 해석·적용

1. 법령에 대한 해석이 복잡, 미묘하여 워낙 어렵고, 이에 대한 학설, 판례조차 귀일되어 있지 않는 등의 특별한 사정이 없는 한 일반적으로 공무원이 관계 법규를 알지 못하거나 필요한 지식을 갖추지 못하고 법규의 해석을 그르쳐 행정처분을 하였다면 그가 법률전문가가 아닌 행정직공무원이라고 하여 과실이 없다고는 할 수 없다. 대법원 2001. 2. 9. 선고 98다52988 판결 ★ 01

2. 법령에 대한 해석이 그 문언 자체만으로는 명백하지 아니하여 여러 견해가 있을 수 있는데다가 이에 대한 선례나 학설, 판례 등도 귀일된 바 없어 의의(疑意)가 없을 수 없는 경우에 관계 공무원이 그 나름대로 신중을 다하여 합리적인 근거를 찾아 그 중 어느 한 견해를 따라 내린 해석이 후에 대법원이 내린 입장과 같지 않아 결과적으로 잘못된 해석에 돌아가고, 이에 따른 처리가 역시 결과적으로 위법하게 되어 그 법령의 부당집행이라는 결과를 가져오게 되었다고 하더라도, 그와 같은 처리 방법 이상의 것을 성실한 평균적 공무원에게 기대하기는 어려운 일이고, 따라서 이러한 경우에까지 국가배상법상 공무원의 과실을 인정할 수는 없다. 대법원 1995. 10. 13. 선고 95다32747 판결 ★★ 02

3. 대법원의 판단으로 관계 법령의 해석이 확립되고 이어 상급 행정기관 내지 유관 행정부서로부터 시달된 업무지침이나 업무연락 등을 통하여 이를 충분히 인식할 수 있게 된 상태에서, 확립된 법령의 해석에 어긋나는 견해를 고집하여 계속하여 위법한 행정처분을 하거나 이에 준하는 행위로 평가될 수 있는 불이익을 처분상대방에게 주게 된다면, 이는 그 공무원의 고의 또는 과실로 인한 것이 되어 그 손해를 배상할 책임이 있다. 대법원 2007. 5. 10. 선고 2005다31828 판결

4. 수사기관이 법령에 의하지 않고는 변호인의 접견교통권을 제한할 수 없다는 것은 대법원이 오래전부터 선언해 온 확고한 법리로서 변호인의 접견신청에 대하여 허용 여부를 결정하는 수사기관으로서는 마땅히 이를 숙지해야 한다. 이러한 법리에 반하여 변호인의 접견신청을 허용하지 않고 변호인의 접견교통권을 침해한 경우에는 접견 불허결정을 한 공무원에게 고의나 과실이 있다고 볼 수 있다. 대법원 2018. 12. 27. 선고 2016다266736 판결 03

② 처분의 근거법령에 대한 위헌·위법결정

판례

1. 행정심판법 제27조에 대하여 위헌결정이 선고된다 하더라도, 공무원들로서는 그 행위 당시에 위 법률조항이 헌법에 위반되는지 여부를 심사할 권한이 없이 오로지 위 법률조항에 따라 증거자료를 제출하고 이를 송달하였을 뿐이라 할 것이므로 당해 공무원들에게 고의 또는 과실이 있다 할 수 없어 국가배상책임은 성립되지 아니한다 할 것이다. 헌법재판소 2009. 9. 24. 선고 2008헌바23 결정 ★

2. 형벌에 관한 법령이 헌법재판소의 위헌결정으로 소급하여 효력을 상실하였거나 법원에서 위헌·무효로 선언된 경우, 그 법령이 위헌으로 선언되기 전에 그 법령에 기초하여 수사가 개시되어 공소가 제기되고 유죄판결이 선고되었더라도, 그러한 사정만으로 수사기관의 직무행위나 법관의 재판상 직무행위가 국가배상법 제2조 제1항에서 말하는 공무원의 고의 또는 과실에 의한 불법행위에 해당하여 국가의 손해배상책임이 발생한다고 볼 수는 없다. 대법원 2014. 10. 27. 선고 2013다217962 판결 ★ 04

OX 체크

01 일반적으로 공무원이 필요한 지식을 갖추지 못하고 법규의 해석을 그르쳐 행정처분을 하였다면 그가 법률전문가가 아닌 행정직공무원이라고 하여 과실이 없다고는 할 수 없다. ( )

02 공무원이 관계 법령의 해석이 확립되기 전에 어느 한 설을 취하여 업무를 처리한 것이 결과적으로 위법하더라도 처분 당시 그 이상의 업무처리를 성실한 평균적 공무원에게 기대하기 어려웠던 경우라면 원칙적으로 공무원의 과실을 인정할 수 없다. ( )

03 변호인의 접견신청을 허용하지 않고 변호인의 접견교통권을 침해한 경우에는 접견 불허결정을 한 국가정보원 소속 수사관에게 고의나 과실이 있다고 볼 수 있다. ( )

04 형벌에 관한 법령이 헌법재판소의 위헌결정으로 소급하여 효력을 상실한 경우, 위헌 선언 전 그 법령에 기초하여 수사가 개시되어 공소가 제기되고 유죄판결이 선고되었더라도, 그러한 사정만으로 국가의 손해배상책임이 발생한다고 볼 수 없다. ( )

정답
01 ○ 02 ○ 03 ○ 04 ○

OX 체크

01 영업허가취소처분이 나중에 행정심판에 의하여 재량권을 일탈한 위법한 처분이 되었더라도 그 처분이 당시 시행되던 「공중위생법 시행규칙」에 정하여진 행정처분의 기준에 따른 것이라면 그 영업허가취소처분을 한 공무원에게 그와 같은 위법한 처분을 한 데 있어 어떤 직무집행상의 과실이 있다고 할 수 없다. ( )

02 행정처분이 후에 항고소송에서 취소되었다고 할지라도 그 기판력에 의하여 당해 행정처분이 곧바로 공무원의 고의 또는 과실로 인한 것으로서 불법행위를 구성한다고 단정할 수는 없다. ( )

03 국가배상책임에서의 법령위반은, 인권존중·권력남용금지·신의성실·공서양속 등의 위반도 포함해 널리 그 행위가 객관적인 정당성을 결여하고 있음을 의미한다. ( )

04 행정처분의 담당공무원이 주관적 주의의무를 결하여 그 행정처분이 주관적 정당성을 상실하였다고 인정될 정도에 이른 경우에 「국가배상법」 제2조의 요건을 충족하였다고 봄이 상당하다. ( )

3. 행정입법에 관여한 공무원이 입법 당시의 상황에서 다양한 요소를 고려하여 나름대로 합리적인 근거를 찾아 어느 하나의 견해에 따라 경과규정을 두는 등의 조치 없이 새 법령을 그대로 시행하거나 적용하였다면, 그와 같은 공무원의 판단이 나중에 대법원이 내린 판단과 같지 아니하여 결과적으로 시행령 등이 신뢰보호의 원칙 등에 위배되는 결과가 되었다고 하더라도, 이러한 경우에까지 국가배상법 제2조 제1항에서 정한 국가배상책임의 성립요건인 공무원의 과실이 있다고 할 수는 없다. 대법원 2013. 4. 26. 선고 2011다14428 판결

4. 법률전문가가 아닌 행정공무원에게 시행령이 상위 법규에 위배되는지 여부까지 사법적으로 심사하여 그 적용을 거부할 것을 기대하기는 매우 어렵다. 대법원 1999. 9. 17. 선고 96다53413 판결

5. 행정청이 행정처분 단계에서 당해 처분의 근거가 되는 법률이 위헌이라고 판단하여 그 적용을 거부하는 것은 권력분립의 원칙상 허용될 수 없다. 헌법재판소 2008. 4. 24. 선고 2004헌바44 전원재판부

③ 행정규칙에 따른 처분

판례

영업허가취소처분이 나중에 행정심판에 의하여 재량권을 일탈한 위법한 처분임이 판명되어 취소되었다고 하더라도 그 처분이 당시 시행되던 공중위생법 시행규칙에 정하여진 행정처분의 기준에 따른 것인 이상 그 영업허가취소처분을 한 행정청 공무원에게 그와 같은 위법한 처분을 한 데 있어 어떤 직무집행상의 과실이 있다고 할 수는 없다. 대법원 1994. 11. 8. 선고 94다26141 판결 ★ **01**

④ 항고소송에 의한 처분의 취소

판례

어떠한 행정처분이 후에 항고소송에서 취소되었다고 할지라도 그 기판력에 의하여 당해 행정처분이 곧바로 공무원의 고의 또는 과실로 인한 것으로서 불법행위를 구성한다고 단정할 수는 없는 것이다. 대법원 2000. 5. 12. 선고 99다70600 판결 ★★★ **02**

4. 법령 위반

(1) 의의

판례

1. '법령을 위반하여'라고 함은 엄격하게 형식적 의미의 법령에 명시적으로 공무원의 행위의무가 정하여져 있음에도 이를 위반하는 경우만을 의미하는 것은 아니고, 인권존중·권력남용금지·신의성실과 같이 공무원으로서 마땅히 지켜야 할 준칙이나 규범을 지키지 아니하고 위반한 경우를 비롯하여 널리 그 행위가 객관적인 정당성을 결여하고 있는 경우도 포함한다. 대법원 2015. 8. 27. 선고 2012다204587 판결 ★★★ **03 04**

2. 객관적 정당성을 상실하였는지 여부는 피침해이익의 종류 및 성질, 침해행위가 되는 행정처분의 태양 및 그 원인, 행정처분의 발동에 대한 피해자측의 관여의 유무, 정도 및 손해의 정도 등 제반 사정을 종합하여 손해의 전보책임을 국가 또는 지방자치단체에게 부담시켜야 할 실질적인 이유가 있는지 여부에 의하여 판단하여야 한다. 대법원 2000. 5. 12. 선고 99다70600 판결

3. 수사기관이 범죄수사를 하면서 지켜야 할 법규상 또는 조리상의 한계를 위반하였다면 이는 법령을 위반한 경우에 해당한다. 대법원 2020. 4. 29. 선고 2015다224797 판결

01 ○ 02 ○ 03 ○ 04 ×

4. 헌법상 과잉금지의 원칙 내지 비례의 원칙을 위반하여 국민의 기본권을 침해한 국가작용은 국가배상책임에 있어 법령을 위반한 가해행위가 된다. 대법원 2022. 9. 29. 선고 2018다224408 판결 `01`

5. 공무원의 직무집행이 법령이 정한 요건과 절차에 따라 이루어진 것이라면 특별한 사정이 없는 한 이는 법령에 적합한 것이고 그 과정에서 개인의 권리가 침해되는 일이 생긴다고 하여 그 법령적합성이 곧바로 부정되는 것은 아니다. 대법원 2000. 11. 10. 선고 2000다26807 판결 ★ `02`

6. 형사상 범죄를 구성하지 아니하는 침해행위라고 하더라도 그것이 민사상 불법행위를 구성하는지 여부는 형사책임과 별개의 관점에서 검토하여야 한다(형사상 범죄를 구성하지 아니하는 침해행위가 민사상 불법행위를 구성할 수 있다는 사례). 대법원 2008. 2. 1. 선고 2006다6713 판결 ★ `03`

7. 대외적으로 처분 권한이 있는 처분청이 상급행정기관의 지시를 위반하는 처분을 하였다고 해서 그러한 사정만으로 처분이 곧바로 위법하게 되는 것은 아니고, 처분이 상급행정기관의 지시를 따른 것이라고 해서 적법성이 보장되는 것도 아니다. 대법원 2019. 7. 11. 선고 2017두38874 판결 ★ `04`

(2) 구체적 판례

1. 공무원에 대한 전보인사가 법령이 정한 기준과 원칙에 위배되거나 인사권을 다소 부적절하게 행사한 것으로 볼 여지가 있다 하더라도 그러한 사유만으로 그 전보인사가 당연히 불법행위를 구성한다고 볼 수는 없고, 인사권자가 당해 공무원에 대한 보복감정 등 다른 의도를 가지고 인사재량권을 일탈·남용하여 객관적 정당성을 상실하였음이 명백한 경우 등 전보인사가 우리의 건전한 사회통념이나 사회상규상 도저히 용인될 수 없음이 분명한 경우에, 그 전보인사는 위법하게 상대방에게 정신적 고통을 가하는 것이 되어 당해 공무원에 대한 관계에서 불법행위를 구성한다. 그리고 이러한 법리는 구 부패방지법에 따라 다른 공직자의 부패행위를 부패방지위원회에 신고한 공무원에 대하여 위 신고행위를 이유로 불이익한 전보인사가 행하여진 경우에도 마찬가지이다. 대법원 2009. 5. 28. 선고 2006다16215 판결 ★ `05`

2. (해군본부가 해군 홈페이지 자유게시판에 게시된 '제주해군기지 건설사업에 반대하는 취지의 항의글' 100여 건을 삭제하는 조치를 취하자, 항의글을 게시한 갑 등이 국가를 상대로 손해배상을 구한 사안에서) 위 삭제 조치가 객관적 정당성을 상실한 위법한 직무집행에 해당한다고 보기 어렵다고 한 사례. 대법원 2020. 6. 4. 선고 2015다233807 판결

3. 피고인의 변호인으로부터 조력을 받을 권리와 변호인의 피고인에 대한 접견교통권을 침해하는 행위는 불법행위이고, 그에 대해 국가배상책임이 인정된다. 대법원 2021. 11. 25. 선고 2019다235450 판결

4. 경찰관이 교통법규 등을 위반하고 도주하는 차량을 순찰차로 추적하는 직무를 집행하는 중에 그 도주차량의 주행에 의하여 제3자가 손해를 입었다고 하더라도 (중략) 특별한 사정이 없는 한 그 추적행위를 위법하다고 할 수는 없다. 대법원 2000. 11. 10. 선고 2000다26807,26814 판결

5. 성폭력범죄의 담당 경찰관이 경찰서에 설치되어 있는 범인식별실을 사용하지 않고 공개된 장소인 형사과 사무실에서 피의자들을 한꺼번에 세워 놓고 나이 어린 학생인 피해자에게 범인을 지목하도록 한 행위가 국가배상법상의 '법령 위반' 행위에 해당한다. 대법원 2008. 6. 12. 선고 2007다64365 판결 `06`

6. 고의 또는 과실로 위 직무상 의무를 위반하여 피의자신문조서를 작성함으로써 피의자의 방어권이 실질적으로 침해되었다고 인정된다면, 국가는 그로 인하여 피의자가 입은 손해를 배상하여야 한다. 대법원 2020. 4. 29. 선고 2015다224797 판결

7. 특별한 사정이 없는 한 수사기관이 '범죄를 구성하지 않는 사실관계'까지 피의사실에 포함시켜 수사 결과로서 발표하는 것은 원칙적으로 허용될 수 없다. 따라서 수사기관이 발표한 피의사실에 '범죄를 구성하지 않는 사실관계'까지 포함되어 있고, 발표 내용에 비추어 볼 때 피의사실은 부수적인 것에 불과하고 오히려 '범죄를 구성하지 않는 사실관계'가 주된 것인 경우에는 그러한 피의사실 공표행위는 위법하다고 보아야 한다. 대법원 2022. 1. 14. 선고 2019다282197 판결

OX 체크

`01` 헌법상 과잉금지의 원칙 내지 비례의 원칙을 위반하여 국민의 기본권을 침해한 국가작용은 국가배상책임에 있어 법령을 위반한 가해행위가 된다. ( )

`02` 공무원의 직무집행이 법령이 정한 요건과 절차에 따라 이루어진 것이라면 특별한 사정이 없는 한 공무원의 행위는 법령에 적합한 것이나, 그 과정에서 개인의 권리가 침해된 경우에는 법령적합성이 곧바로 부정된다. ( )

`03` 공무원의 가해행위에 대해 형사상 무죄판결이 있었더라도 그 가해행위를 이유로 국가배상책임이 인정될 수 있다. ( )

`04` 상급행정기관이 소속 공무원이나 하급행정기관에 대하여 업무처리지침이나 법령의 해석·적용 기준을 정해 주는 행정규칙을 위반한 공무원의 조치가 있다고 해서 그러한 사정만으로 곧바로 그 조치의 위법성이 인정되는 것은 아니다. ( )

`05` 공무원에 대한 전보인사가 인사권을 다소 부적절하게 행사한 것으로 볼 여지가 있다 하더라도 그러한 사유만으로 그 전보인사가 당연히 불법행위를 구성한다고 볼 수는 없다. ( )

`06` 성폭력범죄의 수사를 담당하거나 수사에 관여하는 경찰관이 직무상 의무에 위반하여 피해자의 인적사항 등을 공개 또는 누설한 경우, 그로 인하여 피해자가 입은 손해에 대하여 국가는 배상책임을 진다. ( )

정답

01 ○ 02 ✕ 03 ○ 04 ○ 05 ○
06 ○

OX 체크

01 공무원이 그 권한을 행사하지 아니한 것이 직무상 의무를 위반하여 위법한 것으로 되는 경우에는 특별한 사정이 없는 한 과실도 인정된다. ( )

02 공무원의 부작위로 인한 국가배상책임을 인정하기 위하여는 공무원의 작위로 인한 국가배상책임을 인정하는 경우와 마찬가지로「국가배상법」제2조 제1항의 요건이 충족되어야 한다. ( )

03 소방공무원의 권한 행사가 관계 법령의 규정에 의하여 소방공무원의 재량에 맡겨져 있으면 구체적인 상황에서 소방공무원이 권한을 행사하지 아니한 것이 현저하게 합리성을 잃어 사회적 타당성이 없는 경우에도 직무상 의무를 위반하여 위법하게 되는 것은 아니다. ( )

04 식품의약품안전청장이 구「식품위생법」상의 규제 권한을 행사하지 않아서 미니컵 젤리가 수입·유통되어 이를 먹던 아동이 질식사하였다면 국가는 이에 대한 손해배상책임을 부담해야 한다. ( )

05 공무원의 부작위로 인한 국가배상책임을 인정할 것인지 여부가 문제되는 경우에 관련 공무원에 대하여 작위의무를 명하는 형식적 법률의 규정이 없는 경우에는 국가배상책임이 인정되지 않는다. ( )

06 국민의 생명·신체·재산 등에 대하여 절박하고 중대한 위험상태가 발생하였거나 발생할 상당한 우려가 있는 경우가 아닌 한, 원칙적으로 공무원이 관련법령에서 정하여진 대로 직무를 수행하였다면 손해방지조치를 제대로 이행하지 않은 부작위를 가지고 '고의 또는 과실로 법령에 위반'하였다고 할 수는 없다. ( )

(3) 부작위의 위법성

- 부작위에 의한 국가배상책임이 성립하기 위해서는 행정기관의 **작위의무 위반**이 있어야 한다.
- 작위의무는 재량이 영(0)으로 수축하는 경우 **재량행위(규정)**에서도 인정될 수 있고, 또한 **조리**에 의해서도 인정될 수 있다. ★
- 권한을 행사하지 아니한 것이 직무상 의무를 위반하여 위법한 것으로 되는 경우에는 특별한 사정이 없는 한 **과실도 인정된다**(대법원 2010. 9. 9. 선고 2008다77795 판결). ★ **01**

> **판례**
>
> 1. 공무원의 부작위로 인한 국가배상책임을 인정하기 위하여는 공무원의 작위로 인한 국가배상책임을 인정하는 경우와 마찬가지로 '공무원이 그 직무를 집행함에 당하여 고의 또는 과실로 법령에 위반하여 타인에게 손해를 가한 때'라고 하는 국가배상법 제2조 제1항의 요건이 충족되어야 할 것이다. 대법원 1998. 10. 13. 선고 98다18520 판결 **02**
>
> 2. [1] 관련 규정이 식품의약품안전청장 및 관련 공무원에게 합리적인 재량에 따른 직무수행 권한을 부여한 것으로 해석된다고 하더라도, (중략) 식품의약품안전청장 등이 그 권한을 행사하지 아니한 것이 현저하게 합리성을 잃어 사회적 타당성이 없는 경우에는 직무상 의무를 위반한 것이 되어 위법하게 된다. ★ **03**
>
>   [2] (어린이가 '미니컵 젤리'를 먹다가 질식하여 사망한 사안에서) 식약처장 등이 조치를 취하지 않은 것이 현저하게 합리성을 잃어 사회적 타당성이 없다거나 객관적 정당성을 상실하여 위법하다고 할 수 있을 정도에까지 이르렀다고 보기 어렵고, 그 권한 불행사에 과실이 있다고 할 수도 없다고 한 사례. 대법원 2010. 9. 9. 선고 2008다77795 판결 **04**
>
> 3. 국민의 생명, 신체, 재산 등에 대하여 절박하고 중대한 위험상태가 발생하였거나 발생할 우려가 있어서 국민의 생명, 신체, 재산 등을 보호하는 것을 본래적 사명으로 하는 국가가 초법규적, 일차적으로 그 위험 배제에 나서지 아니하면 국민의 생명, 신체, 재산 등을 보호할 수 없는 경우에는 형식적 의미의 법령에 근거가 없더라도 국가나 관련 공무원에 대하여 그러한 위험을 배제할 작위의무를 인정할 수 있다. ★ **05**
>
>   다만, 그와 같은 절박하고 중대한 위험상태가 발생하였거나 발생할 우려가 있는 경우가 아니라면 원칙적으로 공무원이 관련 법령을 준수하여 직무를 수행하였다면 그와 같은 공무원의 부작위를 가지고 '고의 또는 과실로 법령에 위반'하였다고 할 수는 없을 것이므로, 공무원의 부작위로 인한 국가배상책임을 인정할 것인지 여부가 문제되는 경우에 관련 공무원에 대하여 작위의무를 명하는 법령의 규정이 없다면 공무원의 부작위로 인하여 침해된 국민의 법익 또는 국민에게 발생한 손해가 어느 정도 심각하고 절박한 것인지, 관련 공무원이 그와 같은 결과를 예견하여 그 결과를 회피하기 위한 조치를 취할 수 있는 가능성이 있는지 등을 종합적으로 고려하여 판단하여야 할 것이다. 대법원 1998. 10. 13. 선고 98다18520 판결 ★ **06**
>
> 4. (토석채취공사 도중 경사지를 굴러 내린 암석이 가스저장시설을 충격하여 화재가 발생한 사안에서) 토지형질변경허가권자에게 허가 당시 사업자로 하여금 위해방지시설을 설치하게 할 의무를 다하지 아니한 위법과 작업 도중 구체적인 위험이 발생하였음에도 작업을 중지시키는 등의 사고예방조치를 취하지 아니한 위법이 있다고 한 사례. 대법원 2001. 3. 9. 선고 99다64278 판결
>
> 5. 피해자로부터 범죄신고와 함께 신변보호요청을 받은 경찰관의 보호의무 위반을 인정한 사례. 대법원 1998. 5. 26. 선고 98다11635 판결
>
> 6. 경찰서 및 교도소 소속 공무원들이 인신이 구금된 자의 생명·신체·건강의 위험을 방지할 주의의무를 위반하였다고 본 사례. 대법원 2005. 7. 22. 선고 2005다27010 판결

정답
01 ○ 02 ○ 03 × 04 × 05 ×
06 ○

7. [1] 국회가 법률로 행정청에 특정한 사항을 위임했음에도 불구하고 행정청이 정당한 이유 없이 이를 이행하지 않는다면 권력분립의 원칙과 법치국가 또는 법치행정의 원칙에 위배되는 것으로서 위법함과 동시에 위헌적인 것이 되고, 이는 행정청이 법률에서 대통령령으로 정하도록 위임받은 사항을 전혀 입법하지 않은 경우는 물론 그 법률이 위임한 사항을 불충분하게 규정함으로써 법률이 위임한 행정입법의무를 제대로 이행하지 않은 경우도 마찬가지이다(주: 이른바 '부진정 행정입법부작위'를 의미함).

[2] 법률이 행정청에 대하여 행정입법을 할 재량을 부여하였다 하더라도, 그 재량을 부여한 취지와 목적에 비추어 행정청이 행정입법의 권한을 행사하지 아니한 것이 현저하게 합리성을 잃어 사회적 타당성이 없는 경우에는 그 부작위가 객관적 정당성을 상실하였다고 볼 수 있고, 객관적 정당성을 상실하였다고 볼 수 있는 경우에는 특별한 사정이 없으면 국가배상법 제2조 제1항에서 정한 공무원의 과실도 인정된다.

[3] 행정청에는 장애인을 위한 편의시설 설치가 강제되는 대상시설을 확대하여 장애인의 접근권을 실질적으로 개선하는 형태로 해당 행정입법을 개정할 구체적인 의무가 발생한다고 할 것이고, 행정청이 정당한 이유 없이 그 개선입법의무를 이행하지 않는다면 그 행정입법 부작위는 위법하다고 할 것이다.

[4] (위법한 부진정 행정입법부작위로 인해 장애인의 접근권이 침해되었다고 주장하면서 국가배상으로 위자료를 청구한 사안에서) 원고들 중 일부에게 각 10만 원의 위자료를 인정한 사례. 대법원 2024. 12. 19. 선고 2022다289051 전원합의체 판결

(4) 수익적 행정처분의 위법

1. 수익적 행정처분이 신청인에 대한 관계에서 국가배상법 제2조 제1항의 위법성이 있는 것으로 평가되기 위하여는 당해 행정처분에 관한 법령의 내용, 그 성질과 법률적 효과, 그로 인하여 신청인이 무익한 비용을 지출할 개연성에 관한 구체적 사정 등을 종합적으로 고려하여 객관적으로 보아 그 행위로 인하여 신청인이 손해를 입게 될 것임이 분명하다고 할 수 있어 신청인을 위하여도 당해 행정처분을 거부할 것이 요구되는 경우이어야 할 것이다(도로구역결정 전의 도로계획부지에 대한 중소기업창업승인행위가 위법하지 않다고 한 사례). 대법원 2001. 5. 29. 선고 99다37047 판결

2. 수익적 행정처분인 허가 등을 신청한 사안에서 행정처분을 통하여 달성하고자 하는 신청인의 목적 등을 자세하게 살펴 목적 달성에 필요한 안내나 배려 등을 하지 않았다는 사정만으로 직무집행에 있어 위법한 행위를 한 것이라고 보아서는 아니 된다(하천부지가 개발제한구역으로서 시설물 설치에 개발행위허가가 필요하다는 점 등을 갑 회사에 따로 알려주지 않은 채 하천점용허가를 하였더라도, 이러한 을 지방자치단체 소속 담당 공무원의 행위를 위법한 행위라고 볼 수 없다고 한 사례). 대법원 2017. 6. 29. 선고 2017다211726 판결

5. 손해

- 손해는 적극적 손해, 소극적 손해(일실손해), 정신적 손해(위자료)를 모두 포함한다.
- 불법행위를 이유로 배상하여야 할 손해는 현실로 입은 확실한 손해에 한한다(대법원 2020. 10. 15. 선고 2017다278446 판결).

1. 국가나 지방자치단체가 공익사업을 시행하는 과정에서 해당 사업부지 인근 주민들은 의견제출을 통한 행정절차 참여 등 법령에서 정하는 절차적 권리를 행사하여 환경권이나 재산권 등 사적 이익을 보호할 기회를 가질 수 있다. 그러나 법령에서 주민들의 행정절차 참여에 관하여 정하는 것은 어디까지나 주민들에게 자신의 의사와 이익을 반영할 기회를 보장하고 행정의 공정성, 투명성과 신뢰성을 확보하며 국민의 권익을 보호하기 위한 것일 뿐, 행정절차에 참여할 권리 그 자체가 사적 권리로서의 성질을 가지는 것은 아니다. 이와 같이 행정절차는 그 자체가 독립적으로 의미를 가지는 것이라기보다는 행정의 공정성과 적정성을 보장하는 공법적 수단으로서의 의미가 크므로, 관련 행정처분의 성립이나 무효·취소 여부 등을 따지지 않은 채 주민들이 일시적으로 행정절차에 참여할 권리를 침해받았다는 사정만으로 곧바로 국가나 지방자치단체가 주민들에게 정신적 손해에 대한 배상의무를 부담한다고 단정할 수 없다. ★
이와 같은 행정절차상 권리의 성격이나 내용 등에 비추어 볼 때, 국가나 지방자치단체가 행정절차를 진행하는 과정에서 주민들의 의견제출 등 절차적 권리를 보장하지 않은 위법이 있다고 하더라도 그 후 이를 시정하여 절차를 다시 진행한 경우, 종국적으로 행정처분 단계까지 이르지 않거나 처분을 직권으로 취소하거나 철회한 경우, 행정소송을 통하여 처분이 취소되거나 처분의 무효를 확인하는 판결이 확정된 경우 등에는 주민들이 절차적 권리의 행사를 통하여 환경권이나 재산권 등 사적 이익을 보호하려던 목적이 실질적으로 달성된 것이므로 특별한 사정이 없는 한 절차적 권리 침해로 인한 정신적 고통에 대한 배상은 인정되지 않는다. 다만 이러한 조치로도 주민들의 절차적 권리 침해로 인한 정신적 고통이 여전히 남아 있다고 볼 특별한 사정이 있는 경우에 국가나 지방자치단체는 그 정신적 고통으로 인한 손해를 배상할 책임이 있다. 이때 특별한 사정이 있다는 사실에 대한 주장·증명책임은 이를 청구하는 주민들에게 있고, 특별한 사정이 있는지는 주민들에게 행정절차 참여권을 보장하는 취지, 행정절차 참여권이 침해된 경위와 정도, 해당 행정절차 대상사업의 시행경과 등을 종합적으로 고려해서 판단해야 한다. 대법원 2021. 7. 29. 선고 2015다221668 판결 ★★★ 01 02

2. (한국전력공사가 송전선로 예정경과지를 선정하면서 당초 예정경과지의 주민들의 반대로 갑 지역을 예정경과지로 변경하면서 갑 지역 주민들을 상대로 구 환경·교통·재해 등에 관한 영향평가법상 주민의견수렴절차를 거치지 않았는데, 사업관할청으로부터 갑 지역을 사업부지로 포함하는 송전선로 건설사업 승인을 받은 사안에서) 사업부지가 변경된 후 한국전력공사가 갑 지역에 대한 환경영향평가서 초안을 재작성하고 갑 지역 주민들의 의견을 수렴하는 절차를 거치지 않은 채 사업을 진행함으로써, 갑 지역 주민들이 환경상 이익의 침해를 최소화할 수 있는 의견을 제출할 수 있는 기회를 박탈하여 갑 지역 주민들에게 상당한 정신적 고통을 가하였다고 보아 한국전력공사에 갑 지역 주민들이 입은 정신적 손해를 배상할 의무가 있다고 한 사례. 대법원 2021. 8. 12. 선고 2015다208320 판결 ★

OX 체크

01 국가나 지방자치단체가 행정절차를 진행하는 과정에서 주민들의 의견제출 등 절차적 권리를 보장하지 않은 경우, 설령 사후적으로 이를 시정하여 절차를 다시 진행하였다 하더라도 특별한 사정이 없는 한 절차적 권리 침해로 인한 국가배상책임이 성립한다. ( )

02 공법인이 국가나 지방자치단체의 행정작용을 대신하여 공익사업을 시행하면서 행정절차를 진행하는 과정상 주민들의 절차적 권리를 보장하지 않은 위법이 있는 경우, 절차상 위법의 시정으로도 주민들에게 정신적 고통이 남아있다고 볼 특별한 사정이 있어도 정신적 손해의 배상을 구하는 것은 불가능하다. ( )

정답
01 ✕ 02 ✕

6. 상당인과관계 : 사익보호성

(1) 의의

1. 공무원이 고의 또는 과실로 그에게 부과된 직무상 의무를 위반하였을 경우라고 하더라도 국가는 그러한 직무상의 의무 위반과 피해자가 입은 손해 사이에 상당인과관계가 인정되는 범위 내에서만 배상책임을 지는 것이고, 이 경우 상당인과관계가 인정되기 위하여는 공무원에게 부과된 직무상 의무의 내용이 단순히 공공 일반의 이익을 위한 것이거나 행정기관 내부의 질서를 규율하기 위한 것이 아니고 전적으로 또는 부수적으로 사회구성원 개인의 안전과 이익을 보호하기 위하여 설정된 것이어야 한다. 대법원 2010. 9. 9. 선고 2008다77795 판결 ★★★ 01 02

2. 상당인과관계의 유무를 판단함에 있어서는 일반적인 결과발생의 개연성은 물론 직무상 의무를 부과한 법령 기타 행동규범의 목적이나 가해행위의 태양 및 피해의 정도 등을 종합적으로 고려하여야 한다. 대법원 2001. 4. 13. 선고 2000다34891 판결

(2) 구체적 판례

1. 국가 등에게 일정한 기준에 따라 상수원수의 수질을 유지하여야 할 의무를 부과하고 있는 법령의 규정은 국민에게 양질의 수돗물이 공급되게 함으로써 국민 일반의 건강을 보호하여 공공 일반의 전체적인 이익을 도모하기 위한 것이지, 국민 개개인의 안전과 이익을 직접적으로 보호하기 위한 규정이 아니므로, 국가 또는 지방자치단체가 법령이 정하는 상수원수 수질기준 유지의무를 다하지 못하고, 법령이 정하는 고도의 정수처리방법이 아닌 일반적 정수처리방법으로 수돗물을 생산·공급하였다는 사유만으로 그 수돗물을 마신 개인에 대하여 손해배상책임을 부담하지 아니한다. 대법원 2001. 10. 23. 선고 99다36280 판결 03

2. 인감증명은 인감 자체의 동일성과 거래행위자의 의사에 의한 것임을 확인하는 자료로서 일반인의 거래상 극히 중요한 기능을 갖고 있는 것이므로 인감증명사무를 처리하는 공무원으로서는 그것이 타인과의 권리의무에 관계되는 일에 사용되어 지는 것을 예상하여 그 발급된 인감으로 인한 부정행위의 발생을 방지할 직무상의 의무가 있고 따라서 발급된 허위의 인감증명에 의하여 그 인감명의인과 계약을 체결한 자가 그로 인한 손해를 입었다면 위 인감증명의 교부와 그 손해사이에는 상당인과관계가 있다고 할 것이다. 대법원 1991. 3. 22. 선고 90다8152 판결 ★ 04

3. 주민등록사무를 담당하는 공무원으로서는 만일 개명과 같은 사유로 주민등록상의 성명을 정정한 경우에는 법령의 규정에 따라 반드시 본적지의 관할관청에 대하여 그 변경사항을 통보하여 본적지의 호적관서로 하여금 그 정정사항의 진위를 재확인할 수 있도록 할 직무상의 의무가 있다고 할 것이고, 이러한 직무상 의무는 단순히 공공 일반의 이익을 위한 것이거나 행정기관 내부의 질서를 규율하기 위한 것이 아니고 전적으로 또는 부수적으로 사회구성원 개인의 안전과 이익을 보호하기 위하여 설정된 것이다. 대법원 2003. 4. 25. 선고 2001다59842 판결 ★ 05

4. (공무원 甲이 내부전산망을 통해 乙에 대한 범죄경력자료를 조회하여 공직선거 및 선거부정방지법 위반죄로 실형을 선고받는 등 실효된 4건의 금고형 이상의 전과가 있음을 확인하고도 乙의 공직선거 후보자용 범죄경력조회 회보서에 이를 기재하지 않은 사안에서) 공직선거법이 위와 같이 후보자가 되고자 하는 자와 그 소속 정당에게 전과기록을 조회할 권리를 부여하고 수사기관에 회보의무를 부과한 것은 (중략) 정당의 신뢰도 하락을 방지할 수 있게 하는 등 개별적인 이익도 보호하기 위한 것이다. 대법원 2011. 9. 8. 선고 2011다34521 판결 ★ 06

OX 체크

01 공무원이 직무를 수행하면서 그 근거가 되는 법령의 규정에 따라 구체적으로 의무를 부여받았어도 그것이 국민의 이익과 관계없이 순전히 행정기관 내부의 질서를 유지하기 위한 것이라면 그 의무에 위반하여 국민에게 손해를 가하여도 국가 등은 배상책임을 부담하지 않는다. ( )

02 직무상 의무를 부과한 법령의 목적이 단순히 공공일반의 이익을 위한 것이라도 공무원이 그 직무상 의무를 위반하여 손해를 입힌 경우 국가배상책임이 인정된다. ( )

03 국민이 법령에 정하여진 수질기준에 미달한 상수원수로 생산된 수돗물을 마심으로써 건강상의 위해 발생에 대한 염려 등에 따른 정신적 고통을 받았다고 하더라도, 이러한 사정만으로는 국가 또는 지방자치단체가 국민에게 손해배상책임을 부담하지 아니한다. ( )

04 인감증명사무를 처리하는 공무원은 인감증명이 타인과의 권리·의무에 관계되는 일에 사용되는 것을 예상하여 그 발급된 인감증명으로 인한 부정행위의 발생을 방지할 직무상의 의무가 있다. ( )

05 甲이 乙과 동일한 이름으로 개명허가를 받은 것처럼 호적등본을 위조하여 주민등록상 성명을 위법하게 정정하고, 乙 명의의 주민등록증을 발급받아 乙의 부동산에 관하여 근저당권 설정등기를 마친 경우, 주민등록사무를 담당하는 공무원이 위와 같은 성명정정 사실을 甲의 본적지 관할관청에 통보하지 아니한 직무상 의무위배행위와 乙이 입은 손해 사이에 상당인과관계를 인정할 수 없다. ( )

06 「공직선거법」이 후보자가 되고자 하는 자와 그 소속 정당에게 전과기록을 조회할 권리를 부여하고 수사기관에 회보의무를 부과한 것은 공공의 이익만을 위한 것이지 후보자가 되고자 하는 자나 그 소속 정당의 개별적 이익까지 보호하기 위한 것은 아니다. ( )

정답

01 ○ 02 × 03 ○ 04 ○ 05 ×
06 ×

OX 체크

01 개별공시지가 산정업무 담당공무원 등이 그 직무상 의무에 위반하여 현저하게 불합리한 개별공시지가가 결정되도록 함으로써 갑의 재산권을 침해한 경우 상당인과관계가 인정되는 범위에서 그 손해에 대하여 그 담당공무원 등이 속한 지방자치단체가 배상책임을 지게 된다. ( )

02 음주운전으로 적발된 주취운전자가 도로 밖으로 차량을 이동하겠다며 단속경찰관으로부터 보관 중이던 차량열쇠를 반환받아 몰래 차량을 운전하여 가던 중 사고를 일으킨 경우, 국가배상책임이 인정되지 않는다. ( )

03 유흥주점의 화재로 여종업원들이 사망한 경우, 담당 공무원의 유흥주점의 용도변경, 무허가 영업 및 시설기준에 위배된 개축에 대하여 시정명령 등 「식품위생법」상 취하여야 할 조치를 게을리 한 직무상 의무위반행위와 여종업원들의 사망 사이에는 상당인과관계가 존재하지 아니한다. ( )

정답
01 ○　02 ×　03 ○

---

5. [1] 개별공시지가 산정업무 담당공무원 등이 그 직무상 의무에 위반하여 현저하게 불합리한 개별공시지가가 결정되도록 함으로써 국민 개개인의 재산권을 침해한 경우에는 그 손해에 대하여 상당인과관계 있는 범위 내에서 그 담당공무원 등이 소속된 지방자치단체가 배상책임을 지게 된다. **01**

    [2] (개별공시지가 산정업무 담당공무원 등이 잘못 산정·공시한 개별공시지가를 신뢰한 나머지 토지의 담보가치가 충분하다고 믿고 그 토지에 관하여 근저당권설정등기를 경료한 후 물품을 추가로 공급함으로써 손해를 입었음을 이유로 그 담당공무원이 속한 지방자치단체에 손해배상을 구한 사안에서) 그 담당공무원 등의 개별공시지가 산정에 관한 직무상 위반행위와 위 손해 사이에 상당인과관계가 있다고 보기 어렵다고 판단한 사례. 대법원 2010. 7. 22. 선고 2010다13527 판결

6. 음주운전으로 적발된 주취운전자가 도로 밖으로 차량을 이동하겠다며 단속경찰관으로부터 보관 중이던 차량열쇠를 반환받아 몰래 차량을 운전하여 가던 중 사고를 일으킨 경우, 국가배상책임을 인정한 사례. 대법원 1998. 5. 8. 선고 97다54482 판결 ★ **02**

7. (주점에서 발생한 화재로 사망한 갑 등의 유족들이 을 광역시를 상대로 손해배상을 구한 사안에서) 소방공무원들이 업주들에 대하여 적절한 지도·감독을 하지 않는 등 직무상 의무를 위반하였고, 소방공무원들의 직무상 의무 위반과 갑 등의 사망 사이에 상당인과관계가 인정된다. 대법원 2016. 8. 25. 선고 2014다225083 판결

8. [1] (유흥주점에 감금된 채 윤락을 강요받으며 생활하던 여종업원들이 유흥주점에 화재가 났을 때 미처 피신하지 못하고 유독가스에 질식해 사망한 사안에서) 지방자치단체의 담당 공무원이 위 유흥주점의 용도변경, 무허가 영업 및 시설기준에 위배된 개축에 대하여 시정명령 등 식품위생법상 취하여야 할 조치를 게을리 한 직무상 의무위반행위와 위 종업원들의 사망 사이에 상당인과관계가 존재하지 않는다고 한 사례. ★ **03**

    [2] 소방공무원이 위 유흥주점에 대하여 화재 발생 전 실시한 소방점검 등에서 구 소방법상 방염규정 위반에 대한 시정조치 및 화재 발생시 대피에 장애가 되는 잠금장치의 제거 등 시정조치를 명하지 않은 직무상 의무 위반은 현저히 불합리한 경우에 해당하여 위법하고, 이러한 직무상 의무 위반과 위 사망의 결과 사이에 상당인과관계가 존재한다고 한 사례. 대법원 2008. 4. 10. 선고 2005다48994 판결

9. 하천의 유지·관리 및 점용허가 관련 업무를 맡고 있는 지방자치단체 담당공무원의 직무상 의무는 부수적으로라도 사회구성원 개개인의 안전과 이익을 보호하기 위하여 설정된 것이라고 본 사례 (하천노상주차장에 주차되어 있는 차량의 침수피해에 대해 국가배상책임을 인정한 사례). 대법원 2006. 4. 14. 선고 2003다41746 판결

10. 선박안전법이나 유선 및 도선업법의 각 규정은 공공의 안전 외에 일반인의 인명과 재화의 안전보장도 그 목적으로 하는 것이라고 할 것이므로 국가 소속 선박검사관이나 시 소속 공무원들이 직무상 의무를 위반하여 시설이 불량한 선박에 대하여 선박중간검사에 합격하였다 하여 선박검사증서를 발급하고, 해당 법규에 규정된 조치를 취함이 없이 계속 운항하게 함으로써 화재사고가 발생한 것이라면, 화재사고와 공무원들의 직무상 의무위반행위와의 사이에는 상당인과관계가 있다. 대법원 1993. 2. 12. 선고 91다43466 판결

11. 금융감독원에 금융기관에 대한 검사·감독의무를 부과한 법령의 목적이 금융상품에 투자한 투자자 개인의 이익을 직접 보호하기 위한 것이라고 할 수 없으므로, 금융감독원 및 그 직원들의 위법한 직무집행과 은행의 후순위사채에 투자한 원고들이 입은 손해 사이에 상당인과관계가 있다고 보기 어렵다. 대법원 2015. 12. 23. 선고 2015다210194 판결

12. 공공기관이 구 산업기술혁신 촉진법령에서 정한 인증신제품 구매의무를 위반하였다고 하더라도, 이를 이유로 신제품 인증을 받은 자에 대하여 국가배상법 제2조가 정한 배상책임이나 불법행위를 이유로 한 손해배상책임을 지는 것은 아니다. 대법원 2015. 5. 28. 선고 2013다41431 판결

13. 헌병대 영창에서 탈주한 군인들이 민가에 침입하여 저지른 범죄행위에 대한 국가의 손해배상책임을 인정한 사례. 대법원 2003. 2. 14. 선고 2002다62678 판결

14. 무장공비색출체포를 위한 대간첩작전을 수행하기 위하여 파출소 소장 등이 파출소에서 합동대기하고 있던 중 그로부터 불과 60여 미터 거리에서 약 15분간에 걸쳐 주민들이 무장간첩과 격투를 벌이다 주민 중 1인이 사망하였다면 위 군경공무원들의 직무유기행위와 망인의 사망 사이에는 인과관계가 있다. 대법원 1971. 4. 6. 선고 71다124 판결

Ⅲ 국가배상법 제5조의 책임(영조물책임)

국가배상법 제5조【공공시설 등의 하자로 인한 책임】
① 도로·하천, 그 밖의 공공의 영조물의 설치나 관리에 하자가 있기 때문에 타인에게 손해를 발생하게 하였을 때에는 국가나 지방자치단체는 그 손해를 배상하여야 한다. 이 경우 제2조 제1항 단서, 제3조 및 제3조의2를 준용한다.
② 제1항을 적용할 때 손해의 원인에 대하여 책임을 질 자가 따로 있으면 국가나 지방자치단체는 그 자에게 구상할 수 있다. ★ 01

1. 요건

(Ⅰ) 공공의 영조물(공물)

1. [1] 국가배상법 제5조 제1항 소정의 '공공의 영조물'이라 함은 국가 또는 지방자치단체에 의하여 특정 공공의 목적에 공여된 유체물 내지 물적 설비를 말하며, 국가 또는 지방자치단체가 소유권, 임차권 그 밖의 권한에 기하여 관리하고 있는 경우뿐만 아니라 사실상의 관리를 하고 있는 경우도 포함된다. ★★★ 02 03

   [2] 사고 당시 설치하고 있던 옹벽은 소외 회사가 공사를 도급받아 공사 중에 있었을 뿐만 아니라 아직 완성도 되지 아니하여 일반 공중의 이용에 제공되지 않고 있었던 이상 국가배상법 제5조 제1항 소정의 영조물에 해당한다고 할 수 없다고 한 사례. 대법원 1998. 10. 23. 선고 98다17381 판결 ★ 04

2. 국가배상법 제5조 소정의 공공의 영조물이란 공유나 사유임을 불문하고 행정주체에 의하여 특정 공공의 목적에 공여된 유체물 또는 물적 설비를 의미하므로 사실상 군민의 통행에 제공되고 있던 도로 옆의 암벽으로부터 떨어진 낙석에 맞아 소외인이 사망하는 사고가 발생하였다고 하여도 동 사고지점 도로가 피고 군에 의하여 노선인정 기타 공용개시가 없었으면 이를 영조물이라 할 수 없다. 대법원 1981. 7. 7. 선고 80다2478 판결 ★ 05 06

3. 공공의 영조물인 철도시설물의 설치 또는 관리의 하자로 인한 불법행위를 원인으로 하여 국가에 대하여 손해배상청구를 하는 경우에는 국가배상법이 적용된다. 대법원 1999. 6. 22. 선고 99다7008 판결 ★ 07 08

OX 체크

01 영조물의 설치·관리상의 하자로 인한 손해의 원인에 대하여 책임을 질 사람이 따로 있는 경우에는 국가·지방자치단체는 그 사람에게 구상할 수 있다. ( )

02 「국가배상법」상의 '공공의 영조물'은 일반공중의 자유로운 사용에 직접적으로 제공되는 공공용물에 한하고, 행정주체 자신의 사용에 제공되는 공용물은 포함하지 않는다. ( )

03 '공공의 영조물'이란 국가 또는 지방자치단체가 소유권, 임차권 그 밖의 권한에 기하여 관리하고 있는 경우를 의미하고, 그러한 권원 없이 사실상의 관리를 하고 있는 경우는 제외된다. ( )

04 설치 공사 중인 옹벽은 아직 완성되지 아니하여 일반 공중의 이용에 제공되지 않고 있었던 이상 공공의 영조물에 해당한다고 할 수 없다. ( )

05 국가 또는 지방자치단체가 관리하지만 사인의 소유에 속하는 공물에 대하여는 「국가배상법」제5조가 적용되지 아니한다. ( )

06 공유나 사유임을 불문하고 사실상 도로로 사용되고 있었다면, 도로의 노선인정 기타 공용개시가 없었다고 하여도 해당 도로는 「국가배상법」상 영조물이라고 할 수 있다. ( )

07 '공공의 영조물'에는 철도시설물인 대합실과 승강장 및 도로 상에 설치된 보행자 신호기와 차량 신호기도 포함된다. ( )

08 철도시설물의 설치 또는 관리의 하자로 인한 손해배상청구의 경우에는 「국가배상법」이 적용된다. ( )

정답
01 ○ 02 × 03 × 04 ○ 05 ×
06 × 07 ○ 08 ○

(2) 설치 또는 관리의 하자

① 하자의 의의 및 판단기준

1. 국가배상법 제5조 제1항 소정의 '영조물의 설치 또는 관리의 하자'라 함은 영조물이 그 용도에 따라 통상 갖추어야 할 안전성을 갖추지 못한 상태에 있음을 말하는 것으로서, 영조물이 완전무결한 상태에 있지 아니하고 그 기능상 어떠한 결함이 있다는 것만으로 영조물의 설치 또는 관리에 하자가 있다고 할 수 없고, 위와 같은 안전성의 구비 여부는 당해 영조물의 용도, 그 설치장소의 현황 및 이용 상황 등 제반 사정을 종합적으로 고려하여 설치·관리자가 그 영조물의 위험성에 비례하여 사회통념상 일반적으로 요구되는 정도의 방호조치의무를 다하였는지 여부를 그 기준으로 삼아 판단하여야 하고, 다른 생활필수시설과의 관계나 그것을 설치하고 관리하는 주체의 재정적, 인적, 물적 제약 등을 고려하여 그것을 이용하는 자의 상식적이고 질서 있는 이용 방법을 기대한 상대적인 안전성을 갖추는 것으로 족하며, 객관적으로 보아 시간적·장소적으로 영조물의 기능상 결함으로 인한 손해발생의 예견가능성과 회피가능성이 없는 경우 즉 그 영조물의 결함이 영조물의 설치관리자의 관리행위가 미칠 수 없는 상황 아래에 있는 경우에는 영조물의 설치·관리상의 하자를 인정할 수 없다. 대법원 2008. 9. 25. 선고 2007다88903 판결 ★★ 01 02 03 04

2. [1] 영조물이 안전성을 갖추지 못한 상태, 즉 타인에게 위해를 끼칠 위험성이 있는 상태라 함은 당해 영조물을 구성하는 물적 시설 그 자체에 있는 물리적·외형적 흠결이나 불비로 인하여 그 이용자에게 위해를 끼칠 위험성이 있는 경우뿐만 아니라, 그 영조물이 공공의 목적에 이용됨에 있어 그 이용상태 및 정도가 일정한 한도를 초과하여 제3자에게 사회통념상 수인할 것이 기대되는 한도를 넘는 피해를 입히는 경우까지 포함된다고 보아야 한다. ★ 05

[2] 김포공항에서 발생하는 소음 등으로 인근 주민들이 입은 피해는 사회통념상 수인한도를 넘는 것으로서 김포공항의 설치·관리에 하자가 있다고 본 사례. 대법원 2005. 1. 27. 선고 2003다49566 판결

② 유형별 판단기준

1. 하천의 관리청이 관계 규정에 따라 설정한 계획홍수위를 변경시켜야 할 사정이 생기는 등 특별한 사정이 없는 한, 이미 존재하는 하천의 제방이 계획홍수위를 넘고 있다면 그 하천은 용도에 따라 통상 갖추어야 할 안전성을 갖추고 있다고 보아야 하고, 그와 같은 하천이 그 후 새로운 하천시설을 설치할 때 기준으로 삼기 위하여 제정한 '하천시설기준'이 정한 여유고를 확보하지 못하고 있다는 사정만으로 바로 안전성이 결여된 하자가 있다고 볼 수는 없다. 대법원 2003. 10. 23. 선고 2001다48057 판결 ★ 06

2. [1] 강설에 대처하기 위하여 완벽한 방법으로 도로 자체에 융설 설비를 갖추는 것이 현대의 과학기술 수준이나 재정사정에 비추어 사실상 불가능하다고 하더라도, 최저 속도의 제한이 있는 고속도로의 경우에 있어서는 도로관리자가 도로의 구조, 기상예보 등을 고려하여 사전에 충분한 인적·물적 설비를 갖추어 강설시 신속한 제설작업을 하고 나아가 필요한 경우 제때에 교통통제 조치를 취함으로써 고속도로로서의 기본적인 기능을 유지하거나 신속히 회복할 수 있도록 하는 관리의무가 있다. ★ 07

[2] (폭설로 차량 운전자 등이 고속도로에서 장시간 고립된 사안에서) 고속도로의 관리자가 고립구간의 교통정체를 충분히 예견할 수 있었음에도 교통제한 및 운행정지 등 필요한 조치를 충실히 이행하지 아니하였으므로 고속도로의 관리상 하자가 있다고 한 사례. 대법원 2008. 3. 13. 선고 2007다29287,29294 판결

3. 강설의 특성, 기상적 요인과 지리적 요인, 이에 따른 도로의 상대적 안전성을 고려하면 겨울철 산간지역에 위치한 도로에 강설로 생긴 빙판을 그대로 방치하고 도로상황에 대한 경고나 위험표지판을 설치하지 않았다는 사정만으로 도로관리상의 하자가 있다고 볼 수 없다. 대법원 2000. 4. 25. 선고 99다54998 판결 ★

4. 도로의 설치 후 집중호우 등 자연력이 작용하여 본래 목적인 통행상의 안전에 결함이 발생한 경우에는 그 결함이 제3자의 행위에 의하여 발생한 경우와 마찬가지로, 도로에 그와 같은 결함이 있다는 것만으로 성급하게 도로의 보존상 하자를 인정하여서는 안 되고, 당해 도로의 구조, 장소적 환경과 이용 상황 등 제반 사정을 종합하여 그와 같은 결함을 제거하여 원상으로 복구할 수 있는데도 이를 방치한 것인지 여부를 개별적·구체적으로 심리하여 하자의 유무를 판단하여야 한다. 대법원 1998. 2. 13. 선고 97다49800 판결

5. 차량이 통행하는 도로에서 유입되는 소음 때문에 인근 주택의 거주자에게 사회통념상 일반적으로 수인할 정도를 넘어서는 침해가 있는지 여부는, 주택법 등에서 제시하는 주택건설기준보다는 환경정책기본법 등에서 설정하고 있는 환경기준을 우선적으로 고려하여 판단하여야 한다. 대법원 2008. 8. 21. 선고 2008다9358,9365 판결 ★ `01`

③ 구체적 판례

판례

〈설치 또는 관리의 하자를 인정한 사례〉

1. 매향리 사격장에서 발생하는 소음 등으로 지역 주민들이 입은 피해는 사회통념상 참을 수 있는 정도를 넘는 것으로서 사격장의 설치 또는 관리에 하자가 있다. 대법원 2004. 3. 12. 선고 2002다14242 판결

2. 가변차로에 설치된 두 개의 신호등에서 서로 모순되는 신호가 들어오는 오작동이 발생하였고 그 고장이 현재의 기술 수준상 부득이한 것이라고 가정하더라도 그와 같은 사정만으로 손해발생의 예견가능성이나 회피가능성이 없어 영조물의 하자를 인정할 수 없는 경우라고 단정할 수 없다. 대법원 2001. 7. 27. 선고 2000다56822 판결 `02`

3. (보행자 신호기가 고장난 횡단보도 상에서 교통사고가 발생한 사안에서) 적색등의 전구가 단선되어 있었던 위 보행자 신호기는 그 용도에 따라 통상 갖추어야 할 안전성을 갖추지 못한 관리상의 하자가 있어 지방자치단체의 배상책임이 인정된다고 한 사례. 대법원 2007. 10. 26. 선고 2005다51235 판결

〈설치 또는 관리의 하자를 부정한 사례〉

1. (고등학교 3학년 학생이 교사의 단속을 피해 담배를 피우기 위하여 3층 건물 화장실 밖의 난간을 지나다가 실족하여 사망한 사안에서) (중략) 학교시설의 설치·관리상의 하자가 없다. 대법원 1997. 5. 16. 선고 96다54102 판결 `03`

2. (트럭 앞바퀴가 고속도로 상에 떨어져 있는 자동차 타이어에 걸려 중앙분리대를 넘어가 사고가 발생한 사안에서) 도로의 설치 또는 관리상 하자를 부정한 사례(사고발생의 원인이 된 타이어가 사고지점 고속도로 상에 떨어진 것은 도로 순찰자가 사고지점을 통과한 후로서 사고시로부터 10분 내지 15분밖에 경과되지 않은 것으로 확인된 사례임). 대법원 1992. 9. 14. 선고 92다3243 판결

3. 쇠파이프가 도로에 떨어져 있었다면 일단 도로의 관리에 하자가 있는 것으로 볼 수 있으나 (중략) 피고가 관리하는 넓은 국도상을 더 짧은 간격으로 일일이 순찰하면서 낙하물을 제거하는 것은 현실적으로 불가능하다 하여 도로의 설치 또는 관리상 하자를 부정한 사례. 대법원 1997. 4. 22. 선고 97다3194 판결

4. 교차로의 진행방향 신호기의 정지신호가 단선으로 소등되어 있는 상태에서 그대로 진행하다가 다른 방향의 진행신호에 따라 교차로에 진입한 차량과 충돌한 경우, 신호기의 적색신호가 소등된 기능상 결함이 있었다는 사정만으로 신호기의 설치 또는 관리상의 하자를 인정할 수 없다고 한 사례. 대법원 2000. 2. 25. 선고 99다54004 판결

OX 체크

`01` 차량이 통행하는 도로에서 유입되는 소음 때문에 인근 주택의 거주자에게 사회통념상 일반적으로 수인할 정도를 넘어서는 침해가 있는지 여부는 「환경정책기본법」 등에서 설정하고 있는 환경기준보다 「주택법」 등에서 제시하는 주택건설기준을 우선적으로 고려하여 판단하여야 한다. ( )

`02` 가변차로에 설치된 두 개의 신호기에서 서로 모순되는 신호가 들어오는 고장으로 인하여 사고가 발생한 경우, 그 고장이 현재의 기술 수준상 부득이한 것으로 예방할 방법이 없는 것이라면 손해발생의 예견가능성이나 회피가능성이 없어 영조물의 하자를 인정할 수 없다. ( )

`03` 학교관리자에게 고등학교 학생이 교사의 단속을 피해 담배를 피우기 위하여 3층 건물 화장실 밖의 난간을 지나다가 실족할 경우까지 대비하여 화장실 창문에 난간으로의 출입을 막는 출입금지장치를 설치할 의무가 있다고 볼 수는 없다. ( )

정답
01 × 02 × 03 ○

2. 국가배상책임의 감면사유

(1) 불가항력

1. 100년 발생빈도의 강우량을 기준으로 책정된 계획홍수위를 초과하여 600년 또는 1,000년 발생빈도의 강우량에 의한 하천의 범람은 예측가능성 및 회피가능성이 없는 불가항력적인 재해로서 그 영조물의 관리청에게 책임을 물을 수 없다. 대법원 2003. 10. 23. 선고 2001다48057 판결 ★ 01

2. 집중호우로 제방도로가 유실되면서 그 곳을 걸어가던 보행자가 강물에 휩쓸려 익사한 경우, 사고 당일의 집중호우가 50년 빈도의 최대강우량에 해당한다는 사실만으로 불가항력에 기인한 것으로 볼 수 없다. 대법원 2000. 5. 26. 선고 99다53247 판결 ★ 02

(2) 예산부족

- 설치자의 재정사정이나 영조물의 사용목적에 의한 사정은 안전성을 요구하는데 대한 정도 문제로서 참작사유에는 해당할지언정 안전성을 결정지을 절대적 요건에는 해당하지 아니한다(대법원 1967. 2. 21. 선고 66다1723 판결). ★ 03

(3) 피해자의 과실

1. 소음 등을 포함한 공해 등의 위험지역으로 이주하여 들어가 거주하는 경우와 같이 위험의 존재를 인식하거나 과실로 인식하지 못하고 이주한 경우에는 손해배상액의 산정에 있어 형평의 원칙상 과실상계에 준하여 감경 또는 면제사유로 고려하여야 한다. 대법원 2010. 11. 11. 선고 2008다57975 판결 ★ 04

2. 소음 등의 공해로 인한 법적 쟁송이 제기되거나 그 피해에 대한 보상이 실시되는 등 피해지역임이 구체적으로 드러나고 또한 이러한 사실이 그 지역에 널리 알려진 이후에 이주하여 오는 경우에는 위와 같은 위험에의 접근에 따른 가해자의 면책 여부를 보다 적극적으로 인정할 여지가 있다. 다만 일반인이 공해 등의 위험지역으로 이주하여 거주하는 경우라고 하더라도 위험에 접근할 당시에 그러한 위험이 존재하는 사실을 정확하게 알 수 없는 경우가 많고, 그 밖에 위험에 접근하게 된 경위와 동기 등의 여러 가지 사정을 종합하여 그와 같은 위험의 존재를 인식하면서도 위험으로 인한 피해를 용인하면서 접근하였다고 볼 수 없는 경우에는 손해배상액의 산정에 있어 형평의 원칙상 과실상계에 준하여 감액사유로 고려하여야 한다. 대법원 2010. 11. 25. 선고 2007다74560 판결 05 06

3. 영조물의 설치 또는 관리상의 하자로 인한 사고라 함은 영조물의 설치 또는 관리상의 하자만이 손해발생의 원인이 되는 경우만을 말하는 것이 아니고, 다른 자연적 사실이나 제3자의 행위 또는 피해자의 행위와 경합하여 손해가 발생하더라도 영조물의 설치 또는 관리상의 하자가 공동원인의 하나가 되는 이상 그 손해는 영조물의 설치 또는 관리상의 하자에 의하여 발생한 것이라고 해석함이 상당하다. 대법원 1994. 11. 22. 선고 94다32924 판결 07

4. 불법행위에 기한 손해배상 사건에 있어서 피해자가 입은 손해가 자연력과 가해자의 과실행위가 경합되어 발생된 경우 가해자의 배상 범위는 손해의 공평한 부담이라는 견지에서 손해 발생에 대하여 자연력이 기여하였다고 인정되는 부분을 공제한 나머지 부분으로 제한하여야 함이 상당한 것이지만, 다른 한편, 피해자가 입은 손해가 통상의 손해와는 달리 특수한 자연적 조건 아래 발생한 것이라 하더라도, 가해자가 그와 같은 자연적 조건이나 그에 따른 위험의 정도를 미리 예상할 수 있었고 또 과도한 노력이나 비용을 들이지 아니하고도 적절한 조치를 취하여 자연적 조건에 따른 위험의 발생을 사전에 예방할 수 있었다면, 그러한 사고방지 조치를 소홀히 하여 발생한 사고로 인한 손해배상의 범위를 정함에 있어서 자연력의 기여분을 인정하여 가해자의 배상 범위를 제한할 것은 아니다. 대법원 2001. 2. 23. 선고 99다61316 판결

3. 제2조의 책임과 제5조의 책임의 경합

권한을 위임받은 기관 소속의 공무원이 위임사무 처리에 있어 고의 또는 과실로 타인에게 손해를 가하였거나 위임사무로 설치·관리하는 영조물의 하자로 타인에게 손해를 발생하게 한 경우에는 권한을 위임한 관청이 소속된 지방자치단체가 국가배상법 제2조 또는 제5조에 의한 배상책임을 부담한다. 대법원 1999. 6. 25. 선고 99다11120 판결 **01**

4. 증명책임

- 공공의 영조물에 하자가 있다는 사실에 대해서는 피해자가 입증책임을 진다. ★
- 책임감면사유가 존재한다는 사실에 대해서는 영조물의 관리주체가 입증책임을 진다. ★

고속도로의 보존상의 하자의 존재에 관한 입증책임은 피해자에게 있으나 일단 그 하자있음이 인정되는 이상 고속도로의 점유관리자는 그 하자가 불가항력에 의한 것이거나 손해의 방지에 필요한 주의를 해태하지 아니하였다는 점을 주장·입증하여야 비로소 그 책임을 면할 수가 있다. 대법원 1988. 11. 8. 선고 86다카775 판결 **02**

5. 민법상 공작물책임과의 비교 : 무과실책임

국가배상법 제5조 소정의 영조물의 설치·관리상의 하자로 인한 책임은 무과실책임이고 나아가 민법 제758조 소정의 공작물의 점유자의 책임과는 달리 면책사유도 규정되어 있지 않으므로, 국가 또는 지방자치단체는 영조물의 설치·관리상의 하자로 인하여 타인에게 손해를 가한 경우에 그 손해의 방지에 필요한 주의를 해태하지 아니하였다 하여 면책을 주장할 수 없다. 대법원 1994. 11. 22. 선고 94다32924 판결 ★ **03**

IV 배상책임자

1. 국가배상법 제6조

(1) 사무귀속주체와 비용부담주체

> 국가배상법 제6조 【비용부담자 등의 책임】
> ① 제2조·제3조 및 제5조에 따라 국가나 지방자치단체가 손해를 배상할 책임이 있는 경우에 공무원의 선임·감독 또는 영조물의 설치·관리를 맡은 자(주 : 사무귀속주체)와 공무원의 봉급·급여, 그 밖의 비용 또는 영조물의 설치·관리 비용을 부담하는 자(주 : 비용부담주체)가 동일하지 아니하면 그 비용을 부담하는 자도 손해를 배상하여야 한다. ★ **04**
> ② 제1항의 경우에 손해를 배상한 자는 내부관계에서 그 손해를 배상할 책임이 있는 자에게 구상할 수 있다. ★ **05**

OX 체크

01 동일한 손해가 공무원의 직무상 불법행위와 영조물 설치·관리상 하자로 인하여 발생된 경우, 결국 영조물 설치·관리상 하자는 공무원의 직무와 관련된 것이므로 전자만을 근거로 국가배상을 청구하여야 한다. ( )

02 국가배상청구소송에서 공공의 영조물에 하자가 있다는 입증책임은 피해자가 지지만, 관리주체에게 손해 발생의 예견가능성과 회피가능성이 없다는 입증책임은 관리주체가 진다. ( )

03 「국가배상법」상의 영조물의 설치·관리상의 하자로 인한 책임은 무과실책임이고 나아가 「민법」상의 공작물의 점유자의 책임과는 달리 면책사유도 규정되어 있지 않다. ( )

04 국가나 지방자치단체가 손해를 배상할 책임이 있는 경우에 공무원의 선임·감독 또는 영조물의 설치·관리를 맡은 자와 공무원의 봉급·급여, 그 밖의 비용 또는 영조물의 설치·관리 비용을 부담하는 자가 동일하지 아니하면 그 비용을 부담하는 자도 손해를 배상하여야 한다. ( )

05 영조물의 설치·관리자와 비용부담자가 다른 경우 피해자에게 손해를 배상한 자는 내부관계에서 그 손해를 배상할 책임이 있는 자에게 구상할 수 있다. ( )

정답
01 ✕ 02 ○ 03 ○ 04 ○ 05 ○

OX 체크

01 「국가배상법」 제6조 제1항에 의하면 지방자치단체장이 설치하여 관할 지방경찰청장에게 관리권한이 위임된 교통신호기의 고장으로 인하여 교통사고가 발생한 경우, 지방자치단체가 손해배상책임을 지고 국가는 피해자에 대하여 배상책임을 지지 않는다. ( )

02 지방자치단체장 간의 기관위임의 경우에는 사무귀속의 주체가 달라진다고 할 수 있으므로, 하위 지방자치단체장을 보조하는 하위 지방자치단체 소속 공무원이 위임사무처리에 있어 고의 또는 과실로 타인에게 손해를 가하였다면 상위 지방자치단체는 그 사무귀속 주체로서 손해배상책임을 지지 않는다. ( )

03 지방자치단체의 장이 국도의 관리청이 되었다 하더라도 국가는 도로관리상 하자로 인한 손해배상책임을 면할 수 없다. ( )

04 국도의 관리권이 A 지방자치단체의 장에게 위임되었다면, A 지방자치단체가 도로의 관리에 필요한 일체의 경비를 대외적으로 지출하는 자에 불과하더라도 피해자는 A 지방자치단체에 대해 국가배상을 청구할 수 있다. ( )

판례

1. 지방자치단체장이 교통신호기를 설치하여 그 관리권한이 도로교통법 규정에 의하여 관할 지방경찰청장에게 위임되어 지방자치단체 소속 공무원과 지방경찰청 소속 공무원이 합동 근무하는 교통종합관제센터에서 그 관리업무를 담당하던 중 위 신호기가 고장난 채 방치되어 교통사고가 발생한 경우, 국가배상법 제2조 또는 제5조에 의한 배상책임을 부담하는 것은 지방경찰청장이 소속된 국가가 아니라, 그 권한을 위임한 지방자치단체장이 소속된 지방자치단체라고 할 것이나, 교통신호기를 관리하는 지방경찰청장 산하 경찰관들에 대한 봉급을 부담하는 국가도 국가배상법 제6조 제1항에 의한 배상책임을 부담한다. 대법원 1999. 6. 25. 선고 99다11120 판결 ★★★ 01

2. 지방자치단체장 간의 기관위임의 경우에 위임받은 하위 지방자치단체장은 상위 지방자치단체 산하 행정기관의 지위에서 그 사무를 처리하는 것이므로 사무귀속의 주체가 달라진다고 할 수 없고, 따라서 하위 지방자치단체장을 보조하는 하위 지방자치단체 소속 공무원이 위임사무처리에 있어 고의 또는 과실로 타인에게 손해를 가하였더라도 상위 지방자치단체는 여전히 그 사무귀속 주체로서 손해배상책임을 진다. 대법원 1996. 11. 8. 선고 96다21331 판결 ★ 02

3. 권한을 위임받은 기관 소속의 공무원이 위임사무 처리에 있어 고의 또는 과실로 타인에게 손해를 가하였거나 위임사무로 설치·관리하는 영조물의 하자로 타인에게 손해를 발생하게 한 경우에는 권한을 위임한 관청이 소속된 지방자치단체가 국가배상법 제2조 또는 제5조에 의한 배상책임을 부담하고, 권한을 위임받은 관청이 속하는 지방자치단체 또는 국가가 국가배상법 제2조 또는 제5조에 의한 배상책임을 부담하는 것이 아니다. 대법원 1999. 6. 25. 선고 99다11120 판결 ★

4. 도로법에 의하여 지방자치단체의 장인 시장이 국도의 관리청이 되었다 하더라도 이는 시장이 국가로부터 관리업무를 위임받아 국가행정기관의 지위에서 집행하는 것이므로 국가는 도로관리상 하자로 인한 손해배상책임을 면할 수 없다. 대법원 1993. 1. 26. 선고 92다2684 판결 ★ 03

5. 농수산부장관으로부터 도지사를 거쳐 군수에게 재위임된 국가사무인 개간허가 및 그 취소사무의 처리에 있어 고의 또는 과실로 타인에게 손해를 가한 경우, 원칙적으로 군에는 국가배상책임이 없고 그 사무의 귀속주체인 국가가 손해배상책임을 지는 것이며, 다만 국가배상법 제6조에 의하여 군이 비용을 부담한다고 볼 수 있는 경우에 한하여 국가와 함께 손해배상책임을 부담한다. 대법원 2000. 5. 12. 선고 99다70600 판결

(2) 비용부담주체의 범위: 대외적 지출자

판례

국가배상법 제6조 제1항 소정의 '공무원의 봉급·급여 기타의 비용'이란 공무원의 인건비만을 가리키는 것이 아니라 당해사무에 필요한 일체의 경비를 의미한다고 할 것이고, 적어도 대외적으로 그러한 경비를 지출하는 자는 경비의 실질적·궁극적 부담자가 아니더라도 그러한 경비를 부담하는 자에 포함된다. 지방자치단체의 장이 기관위임된 국가행정사무를 처리하는 경우 그에 소요되는 경비의 실질적·궁극적 부담자는 국가라고 하더라도 당해 지방자치단체는 국가로부터 내부적으로 교부된 금원으로 그 사무에 필요한 경비를 대외적으로 지출하는 자이므로, 이러한 경우 지방자치단체는 국가배상법 제6조 제1항 소정의 비용부담자로서 공무원의 불법행위로 인한 같은 법에 의한 손해를 배상할 책임이 있다. 대법원 1994. 12. 9. 선고 94다38137 판결 ★ 04

정답

01 ✕ 02 ✕ 03 ○ 04 ○

(3) 종국적 배상책임자

1. 국가가 사무의 귀속주체 및 보조금 지급을 통한 실질적 비용부담자로서, 해당 시·도가 구 하천법 제59조 단서에 따른 법령상 비용부담자로서 각각 책임을 중첩적으로 지는 경우에는 국가와 해당 시·도 모두가 국가배상법 제6조 제2항 소정의 궁극적으로 손해를 배상할 책임이 있는 자에 해당한다. (나아가) 사무의 귀속주체에 해당하여야만 내부관계에서 국가배상법 제6조 제2항에 규정된 종국적인 배상책임자가 되는 것은 아니다. 대법원 2015. 4. 23. 선고 2013다211834 판결

2. 교통신호기의 관리사무는 원고(안산시)가 안산경찰서장에게 그 권한을 위임한 사무로서 피고(대한민국) 소속 경찰공무원 등은 원고의 사무를 처리하는 지위에 있으므로, 원고가 그 사무에 관하여 선임·감독자에 해당하고, 그 교통신호기 시설은 지방자치법 제132조 단서의 규정에 따라 원고의 비용으로 설치·관리되고 있으므로, 그 신호기의 설치·관리비용을 실질적으로 부담하는 비용부담자의 지위도 아울러 지니는 반면, 피고는 단지 그 소속 경찰공무원에게 봉급만 지급하고 있을 뿐이므로, 원고와 피고 사이에서 이 사건 손해배상의 궁극적인 책임은 전적으로 원고에게 있다. 대법원 2001. 9. 25. 선고 2001다41865 판결

3. 국가배상법 제6조 제2항의 규정은 도로의 관리주체인 국가와 그 비용을 부담하는 경제주체인 시 상호간에 내부적으로 구상의 범위를 정하는데 적용될 뿐 이를 들어 구상권자인 공동불법행위자에게 대항할 수 없다. 대법원 1993. 1. 26. 선고 92다2684 판결

2. 공무원 개인의 책임

(1) 공무원의 피해자에 대한 책임

[1] 헌법 제29조 제1항 단서는 공무원이 한 직무상 불법행위로 인하여 국가 등이 배상책임을 진다고 할지라도 그 때문에 공무원 자신의 민·형사책임이나 징계책임이 면제되지 아니한다는 원칙을 규정한 것이나, 그 조항 자체로 공무원 개인의 구체적인 손해배상책임의 범위까지 규정한 것으로 보기는 어렵다.

[2] 공무원이 직무수행 중 불법행위로 타인에게 손해를 입힌 경우에 국가 등이 국가배상책임을 부담하는 외에 공무원 개인도 고의 또는 중과실이 있는 경우에는 불법행위로 인한 손해배상책임을 진다고 할 것이지만, 공무원에게 경과실뿐인 경우에는 공무원 개인은 손해배상책임을 부담하지 아니한다. 대법원 1996. 2. 15. 선고 95다38677 전원합의체 판결 ★ 01

(2) 공무원의 국가에 대한 구상책임

- 공무원에게 고의 또는 중대한 과실이 있으면 국가나 지방자치단체는 그 공무원에게 구상할 수 있다(국가배상법 제2조 제2항). ★ 02

1. 국가 등은 당해 공무원의 평소 근무태도 등 제반사정을 참작하여 손해의 공평한 분담이라는 견지에서 신의칙상 상당하다고 인정되는 한도 내에서만 당해 공무원에 대하여 구상권을 행사할 수 있다. 대법원 1991. 5. 10. 선고 91다6764 판결 ★ 03

OX 체크

01 공무원 개인이 고의 또는 중과실이 있는 경우에는 불법행위로 인한 손해배상책임을 진다고 할 것이지만, 공무원의 위법행위가 경과실에 기한 경우에는 공무원은 손해배상책임을 부담하지 않는다. ( )

02 가해공무원이 경과실인 경우에는 국가배상책임을 이행한 국가가 그 공무원에 대하여 구상할 수 없다. ( )

03 국가가 가해 공무원에 대하여 구상권을 행사하는 경우 국가가 배상한 배상액 전액에 대하여 구상권을 행사하여야 한다. ( )

정답
01 ○ 02 ○ 03 ✕

OX 체크

01 국가배상청구권의 소멸시효 기간은 지났으나 국가가 소멸시효 완성을 주장하는 것이 신의성실의 원칙에 반하는 권리남용으로 허용될 수 없어 배상책임을 이행한 경우, 국가는 원칙적으로 해당 공무원에 대해 구상권을 행사할 수 있다. ( )

02 경과실로 불법행위를 한 공무원이 피해자에게 손해를 배상하였다면 이는 타인의 채무를 변제한 경우에 해당하므로 피해자는 공무원에게 이를 반환할 의무가 있다. ( )

03 피해자에게 손해를 직접 배상한 경과실이 있는 공무원은 특별한 사정이 없는 한 국가에 대하여 국가의 피해자에 대한 손해배상책임의 범위 내에서 공무원이 변제한 금액에 관하여 구상권을 취득한다. ( )

04 법령의 위탁에 의해 지방자치단체로부터 대집행을 수권받은 구 한국토지공사는 지방자치단체의 기관으로서 「국가배상법」 제2조 소정의 공무원에 해당한다. ( )

05 지방자치단체로부터 법령에 의해 대집행권한을 위탁받은 한국토지주택공사가 공무인 대집행을 실시하면서 경과실로 불법행위를 한 경우 한국토지주택공사는 불법행위로 인한 손해배상책임을 진다. ( )

2. 공무원의 불법행위로 손해를 입은 피해자의 국가배상청구권의 소멸시효 기간이 지났으나 국가가 소멸시효 완성을 주장하는 것이 신의성실의 원칙에 반하는 권리남용으로 허용될 수 없어 배상책임을 이행한 경우에는, 그 소멸시효 완성 주장이 권리남용에 해당하게 된 원인행위와 관련하여 해당 공무원이 그 원인이 되는 행위를 적극적으로 주도하였다는 등의 특별한 사정이 없는 한, 국가가 해당 공무원에게 구상권을 행사하는 것은 신의칙상 허용되지 않는다. 대법원 2016. 6. 9. 선고 2015다200258 판결 **01**

(3) 경과실 있는 공무원의 국가에 대한 구상권

|판례|

경과실이 있는 공무원이 피해자에 대하여 손해배상책임을 부담하지 아니함에도 피해자에게 손해를 배상하였다면 그것은 채무자 아닌 사람이 타인의 채무를 변제한 경우에 해당하고, 이는 민법 제469조의 '제3자의 변제' 또는 민법 제744조의 '도의관념에 적합한 비채변제'에 해당하여 피해자는 공무원에 대하여 이를 반환할 의무가 없고, 그에 따라 피해자의 국가에 대한 손해배상청구권이 소멸하여 국가는 자신의 출연 없이 채무를 면하게 되므로, 피해자에게 손해를 직접 배상한 경과실이 있는 공무원은 특별한 사정이 없는 한 국가에 대하여 국가의 피해자에 대한 손해배상책임의 범위 내에서 공무원이 변제한 금액에 관하여 구상권을 취득한다. 대법원 2014. 8. 20. 선고 2012다54478 판결 ★★ **02 03**

3. 공공단체의 배상책임

- 공공단체가 국가나 지방자치단체로부터 공무를 수탁받은 경우, 공공단체는 배상책임의 주체가 되는 행정주체의 지위를 갖는 것이지, 국가배상법 제2조의 공무원에 해당하지 않는다. 따라서 국가나 지방자치단체는 배상책임을 지지 않고, 공공단체가 행정주체의 지위에서 배상책임을 지게 된다. 또한 공공단체는 공무원이 아니므로 경과실만이 있는 경우에도 배상책임을 면하지 못한다. ★

- 국가배상법은 국가배상책임의 주체로 국가와 지방자치단체만을 정하고 있으므로, 공무를 수탁받은 공공단체는 국가배상법이 아닌 민법에 따른 배상책임을 진다. ★

- 이 경우 공공단체의 임직원은 국가배상법 제2조의 공무원에 해당하고 그 결과 고의 또는 중과실이 있는 경우에만 배상책임을 부담한다. ★

|판례|

1. [1] 한국토지공사는 이러한 법령의 위탁에 의하여 대집행을 수권받은 자로서 공무인 대집행을 실시함에 따르는 권리·의무 및 책임이 귀속되는 행정주체의 지위에 있다고 볼 것이지 지방자치단체 등의 기관으로서 국가배상법 제2조 소정의 공무원에 해당한다고 볼 것은 아니다. ★★★ **04**

[2] 한국토지공사에 대해서도 국가배상법 제2조 소정의 공무원에 포함됨을 전제로 이 사건 대집행에 따른 손해배상책임이 고의 또는 중과실로 인한 경우로 제한된다고 한 원심의 판단에는 손해배상책임의 요건에 관한 법리를 오해한 잘못이 있다. 대법원 2010. 1. 28. 선고 2007다82950,82967 판결 ★ **05**

정답
01 × 02 × 03 ○ 04 × 05 ○

2. 공법인이 국가로부터 위탁받은 공행정사무를 집행하는 과정에서 공법인의 임직원이나 피용인이 고의 또는 과실로 법령을 위반하여 타인에게 손해를 입힌 경우에는, <u>공법인은</u> 위탁받은 공행정사무에 관한 <u>행정주체의 지위에서 배상책임을 부담</u>하여야 하지만, 공법인의 <u>임직원이나 피용인</u>은 실질적인 의미에서 공무를 수행한 사람으로서 국가배상법 제2조에서 정한 <u>공무원에 해당</u>하므로 <u>고의 또는 중과실이 있는 경우에만 배상책임을 부담</u>하고 <u>경과실</u>이 있는 경우에는 배상책임을 면한다. 한편 공무원의 <u>중과실</u>이란 공무원에게 통상 요구되는 정도의 상당한 주의를 하지 않더라도 <u>약간의 주의를 한다면</u> 손쉽게 위법·유해한 결과를 예견할 수 있는 경우임에도 만연히 이를 간과한 경우와 같이, <u>거의 고의에 가까운 현저한 주의를 결여한 상태를 의미한다.</u> 대법원 2021. 1. 28. 선고 2019다260197 판결 ★★ **01 02**

3. (사인인 성동구 도시관리공단이 지방자치단체로부터 위탁을 받아 운영하는 수영장에 어린이가 빠져 중상해를 입은 것에 대하여 해당 수영장을 운영하는 사인에게 손해배상을 청구한 사안에서) 수영장의 설치·보존상의 하자가 존재한다고 하면서 수영장 운영자에게 <u>민법</u> 제758조 제1항에 규정된 공작물 책임을 인정한 사례. 대법원 2019. 11. 28. 선고 2017다14895 판결

4. (고속도로의 확장으로 인해 소음·진동이 증가하여 인근 양돈업자가 양돈업을 폐업하게 된 사안에서) <u>한국도로공사의 민법상 불법행위에 따른 손해배상책임을 인정한 사례.</u> 대법원 2001. 2. 9. 선고 99다55434 판결

4. 자동차사고와 국가배상책임

> **국가배상법 제2조【배상책임】**
> ① 국가나 지방자치단체는 「자동차손해배상 보장법」에 따라 손해배상의 책임이 있을 때에는 <u>이 법에 따라 그 손해를 배상하여야 한다.</u>

(1) 의의

- 국가배상책임의 성립요건에 관하여 <u>자동차손해배상보장법</u>은 민법이나 국가배상법에 <u>우선하여 적용된다</u>(대법원 1996. 3. 8. 선고 94다23876 판결). ★ **03**
- '자동차에 대한 운행지배와 운행이익'을 가지고 있는 자, 즉 <u>자기를 위하여 자동차를 운행하는 자</u>(<u>운행자</u>)가 그 운행으로 다른 사람을 사망하게 하거나 부상하게 한 경우, 면책사유가 없는 이상 자동차손해배상보장법에 따라 배상책임을 지게 된다.

(2) 공무원이 직무집행을 위해 <u>관용차</u>를 운전한 경우 : 운행자는 <u>국가</u>

> 공무원이 그 직무를 집행하기 위하여 국가 또는 지방자치단체 소유의 <u>관용차를 운행</u>하는 경우, 그 자동차에 대한 운행지배나 운행이익은 그 공무원이 소속한 국가 또는 지방자치단체에 귀속된다고 할 것이고, 그 공무원 자신이 개인적으로 그 자동차에 대한 운행지배나 운행이익을 가지는 것이라고는 볼 수 없으므로, 그 <u>공무원</u>은 자기를 위하여 관용차를 운행하는 자로서 <u>자동차손해배상법 소정의 손해배상책임의 주체가 될 수는 없다.</u> 대법원 1992. 2. 25. 선고 91다12356 판결

OX 체크

01 공법인이 국가로부터 위탁받은 공행정사무를 집행하는 과정에서 공법인의 임직원이나 피용인이 고의 또는 과실로 법령을 위반하여 타인에게 손해를 입힌 경우, 공법인의 임직원이나 피용인은 고의 또는 중과실이 있는 경우에만 배상책임을 부담하고 경과실이 있는 경우에는 배상책임을 면한다. ( )

02 공무원 개인이 지는 손해배상책임에서 중과실이란 공무원에게 통상 요구되는 정도의 상당한 주의를 하지 않더라도 약간의 주의를 한다면 손쉽게 위법·유해한 결과를 예견할 수 있는 경우임에도 만연히 이를 간과한 경우와 같이, 거의 고의에 가까운 현저한 주의를 결여한 상태를 의미한다. ( )

03 「자동차손해배상 보장법」은 배상책임의 성립요건에 관하여 「국가배상법」에 우선하여 적용된다. ( )

정답
01 ○ 02 ○ 03 ○

OX 체크

01 공무원이 자기 소유의 자동차로 공무수행 중 사고를 일으킨 경우에는 그 공무원은 「자동차손해배상 보장법」에 의한 '자기를 위하여 자동차를 운행하는 자'에 해당하지 않아 손해배상책임을 부담하지 않는다. ( )

(3) 공무원이 직무집행을 위해 자기 소유 자동차를 운전한 경우 : 운행자는 공무원

1. 공무원이 자기 소유의 자동차로 공무수행 중 사고를 일으킨 경우에는 그 손해배상책임은 자동차손해배상보장법이 정한 바에 의하게 되어, 그 사고가 자동차를 운전한 공무원의 경과실에 의한 것인지 중과실 또는 고의에 의한 것인지를 가리지 않고 그 공무원이 자동차손해배상보장법 제3조 소정의 '자기를 위하여 자동차를 운행하는 자'에 해당하는 한 손해배상책임을 부담한다. 대법원 1996. 5. 31. 선고 94다15271 판결 ★ **01**

2. 공무원이 자신의 소유인 승용차를 운전하여 공무를 수행하고 돌아오던 중 동승한 다른 공무원을 사망하게 하는 교통사고를 발생시킨 경우, 이는 외형상 객관적으로 직무와 밀접한 관련이 있는 행위이고, 가해행위를 한 공무원과 동일한 목적을 위한 업무를 수행한 공무원이라 할지라도 그가 가해행위에 관여하지 아니한 이상 국가배상법 제2조 제1항 소정의 '타인'에 해당하므로 국가배상법에 의한 손해배상책임이 인정된다. 대법원 1998. 11. 19. 선고 97다36873 전원합의체 판결

(4) 그 밖의 판례

1. 국가소속 공무원이 관리권자의 허락을 받지 아니한 채 국가소유의 오토바이를 무단으로 사용하다가 교통사고가 발생한 경우에 있어 국가가 그 오토바이와 시동열쇠를 무단운전이 가능한 상태로 잘못 보관하였고 (중략) 국가가 위 공무원의 무단운전에도 불구하고 위 오토바이에 대한 객관적, 외형적인 운행지배 및 운행이익을 계속 가지고 있었다고 봄이 상당하다. 대법원 1988. 1. 19. 선고 87다카2202 판결

2. 군소속 차량의 운전수가 일과시간 후에 피해자의 적극적인 요청에 따라 동인의 개인적인 용무를 위하여 상사의 허락 없이 무단으로 위 차를 운행하다가 사고가 일어났다면 군은 자동차손해배상보장법 소정의 자기를 위하여 자동차를 운행하는 자에 해당되지도 아니하며 위 사고가 위 운전수의 직무집행중의 과실에 기인된 것도 아니므로 군에 대하여 국가배상법상의 책임도 물을 수 없다. 대법원 1981. 2. 10. 선고 80다2720 판결

3. SOFA 제23조 제5항 및 주한미군민사법 제2조에 따라 국가배상법이 적용될 경우 미합중국 군대의 공용 차량에 대해서는 국가배상법 제2조 제1항 본문 후단의 자동차손해배상보장법에 따른 손해배상책임 규정은 적용되지 않고, 국가배상법 제2조 제1항 본문 전단에 따른 손해배상책임 규정만 적용된다. 대법원 2023. 6. 29. 선고 2023다205968 판결

Ⅴ 이중배상금지

1. 국가배상법 제2조 제1항 단서

> 국가배상법 제2조 【배상책임】
> ① 다만, 군인·군무원·경찰공무원 또는 예비군대원이 전투·훈련 등 직무 집행과 관련하여 전사·순직하거나 공상을 입은 경우에 본인이나 그 유족이 다른 법령에 따라 재해보상금·유족연금·상이연금 등의 보상을 지급받을 수 있을 때에는 이 법 및 「민법」에 따른 손해배상을 청구할 수 없다.

정답
01 ×

2. 이중배상금지규정의 위헌 여부

1. 국가배상법 제2조 제1항 단서는 헌법 제29조 제1항에 의하여 보장되는 국가배상청구권을 헌법 내재적으로 제한하는 헌법 제29조 제2항에 직접 근거하고, 실질적으로 그 내용을 같이하는 것이므로 헌법에 위반되지 아니한다. 헌법재판소 2001. 2. 22. 선고 2000헌바38 결정
2. 헌법의 개별규정 자체는 헌법소원에 의한 위헌심사의 대상이 아니다. 헌법재판소 1995. 12. 28. 선고 95헌바3 전원재판부

3. 적용요건

(1) 피해자가 군인·군무원·경찰공무원 또는 예비군대원일 것
- 전투경찰순경은 이중배상이 금지되는 군인 등에 해당하나, 현역병으로 입영하여 경비교도로 임용된 자, 공익근무요원은 이중배상이 금지되는 군인 등에 해당하지 않는다. ★ 01

(2) 전투·훈련 등 직무집행과 관련하여 전사·순직하거나 공상을 입었을 것

1. (경찰공무원이 낙석사고 현장 주변 교통정리를 위하여 사고현장 부근으로 이동하던 중 대형 낙석이 순찰차를 덮쳐 사망하자, 도로를 관리하는 지방자치단체가 국가배상법 제2조 제1항 단서에 따른 면책을 주장한 사안에서) 국가배상법 제2조 제1항 단서의 면책조항은 전투·훈련 또는 이에 준하는 직무집행뿐만 아니라 '일반 직무집행'에 관하여도 국가나 지방자치단체의 배상책임을 제한하는 것이라고 해석하여야 한다. 대법원 2011. 3. 10. 선고 2010다85942 판결 ★ 02
2. 경찰서서의 숙직실은 국가배상법 제2조 제1항 단서에서 말하는 전투·훈련에 관련된 시설이라고 볼 수 없으므로 위 숙직실에서 순직한 경찰공무원의 유족들은 국가배상법 제2조 제1항 본문에 의하여 국가배상법 및 민법의 규정에 의한 손해배상을 청구할 권리가 있다(주 : 개정 전 구법이 적용된 사례임). 대법원 1979. 1. 30. 선고 77다2389 전원합의체 판결

(3) 본인이나 유족이 다른 법령의 규정에 의하여 보상을 지급받을 수 있을 것

1. 군인·군무원 등 국가배상법 제2조 제1항에 열거된 자가 전투, 훈련 기타 직무집행과 관련하는 등으로 공상을 입은 경우라고 하더라도 군인연금법 또는 국가유공자예우 등에 관한 법률에 의하여 재해보상금·유족연금·상이연금 등 별도의 보상을 받을 수 없는 경우에는 국가배상법 제2조 제1항 단서의 적용 대상에서 제외하여야 한다. 대법원 1997. 2. 14. 선고 96다28066 판결 ★ 03
2. [1] 국가배상법 제2조 제1항 단서 규정은 다른 법령에 보상제도가 규정되어 있고, 그 법령에 규정된 상이등급 또는 장애등급 등의 요건에 해당되어 그 권리가 발생한 이상, 실제로 그 권리를 행사하였는지 또는 그 권리를 행사하고 있는지 여부에 관계없이 적용된다고 보아야 하고, 그 각 법률에 의한 보상금청구권이 시효로 소멸되었다 하여 적용되지 않는다고 할 수는 없다. ★ 04
[2] 법률에 의한 보상금청구권과 군인연금법에 의한 재해보상금청구권이 모두 시효완성된 경우, 국가배상법 제2조 제1항 단서 소정의 '다른 법령에 의하여 보상을 받을 수 있는 경우'라 하여 국가배상청구를 할 수 없다고 한 사례. 대법원 2002. 5. 10. 선고 2000다39735 판결 ★
3. 국가유공자예우 등에 관한 법률 및 군인연금법의 각 보상규정은 국가배상법 제2조 제1항 단서 소정의 '다른 법령의 규정'에 해당한다. 대법원 1994. 12. 13. 선고 93다29969 판결 ★

OX 체크

01 공익근무요원은 「국가배상법」 제2조제1항 단서규정에 의하여 손해배상청구가 제한된다. ( )

02 「국가배상법」 제2조제1항 단서의 면책조항은 전투·훈련 또는 이에 준하는 직무집행뿐만 아니라 '일반 직무집행'에 관하여도 국가나 지방자치단체의 배상책임을 제한하는 것으로 해석된다. ( )

03 군인이 교육훈련으로 공상을 입은 경우라도 「군인연금법」 또는 「국가유공자예우등에관한법률」에 의하여 재해보상금·유족연금·상이연금 등 별도의 보상을 받을 수 없는 경우에는 「국가배상법」 제2조제1항 단서의 적용 대상에서 제외하여야 한다. ( )

04 「국가배상법」 제2조제1항 단서에서 정한 '다른 법령의 규정'에 따른 보상금청구권이 모두 시효로 소멸된 경우라고 하더라도 「국가배상법」 제2조제1항 단서 규정이 적용된다. ( )

정답
01 ✗ 02 ○ 03 ○ 04 ○

OX 체크

01 경찰공무원인 피해자가 「공무원연금법」에 따라 공무상 요양비를 지급받는 것은 「국가배상법」 제2조 제1항 단서에서 정한 '다른 법령의 규정'에 따라 보상을 지급받는 것에 해당하지 않는다. ( )

02 직무집행과 관련하여 공상을 입은 군인 등이 먼저 「국가배상법」에 따라 손해배상금을 지급받은 다음 구 「국가유공자 등 예우 및 지원에 관한 법률」이 정한 보상금 등 보훈급여금의 지급을 청구하는 경우, 「국가배상법」에 따라 손해배상을 받았다는 이유로 그 지급을 거부할 수 없다. ( )

03 훈련으로 공상을 입은 군인이 「국가배상법」에 따라 손해배상금을 지급받은 다음 「보훈보상대상자 지원에 관한 법률」이 정한 보훈급여금의 지급을 청구하는 경우, 국가는 「국가배상법」 제2조 제1항 단서에 따라 그 지급을 거부할 수 있다. ( )

04 군 복무 중 사망한 군인 등의 유족이 「국가배상법」에 따른 손해배상금을 지급받은 경우 그 손해배상금 상당 금액에 대해서는 「군인연금법」에서 정한 사망보상금을 지급받을 수 없다. ( )

05 군 복무 중 사망한 군인 등의 유족인 원고가 「국가배상법」에 따른 손해배상금을 지급받은 경우, 국가는 「군인연금법」 소정의 사망보상금을 지급함에 있어 원고가 받은 손해배상금 상당 금액을 공제할 수 없다. ( )

06 군 복무 중 사망한 사람의 유족이 국가배상을 받은 경우, 관할 행정청 등은 「군인연금법」상 사망보상금에서 소극적 손해배상금 상당액을 공제할 수 있을 뿐, 이를 넘어 정신적 손해배상금까지 공제할 수는 없다. ( )

4. 보훈보상대상자 지원에 관한 법률이 정한 보상에 관한 규정은 국가배상법 제2조 제1항 단서가 정한 '다른 법령'에 해당한다. 대법원 2017. 2. 3. 선고 2015두60075 판결 ★

5. 구 공무원연금법에 따라 각종 급여를 지급하는 제도는 공무원의 생활안정과 복리향상에 이바지하기 위한 것이라는 점에서 국가배상법 제2조 제1항 단서에 따라 손해배상금을 지급하는 제도와 그 취지 및 목적을 달리하므로, 경찰공무원인 피해자가 구 공무원연금법의 규정에 따라 공무상 요양비를 지급받는 것은 국가배상법 제2조 제1항 단서에서 정한 '다른 법령의 규정'에 따라 보상을 지급받는 것에 해당하지 않는다. ★ 01

다만, 경찰공무원인 피해자가 구 공무원연금법에 따라 공무상 요양비를 지급받은 후 추가로 국가배상법에 따라 치료비의 지급을 구하는 경우나 반대로 국가배상법에 따라 치료비를 지급받은 후 추가로 구 공무원연금법에 따라 공무상 요양비의 지급을 구하는 경우, 공무상 요양비와 치료비는 실제 치료에 소요된 비용에 대하여 지급되는 것으로서 같은 종류의 급여라고 할 것이므로, 치료비나 공무상 요양비가 추가로 지급될 때 구 공무원연금법 제33조 등을 근거로 먼저 지급된 공무상 요양비나 치료비 상당액이 공제될 수 있을 뿐이다.

한편, 군인연금법이 국가배상법 제2조 제1항 단서에서 정한 '다른 법령'에 해당한다고 하여, 구 공무원연금법도 군인연금법과 동일하게 취급되어야 하는 것은 아니다. 대법원 2019. 5. 30. 선고 2017다16174 판결

4. 국가배상을 받은 다음 보상금을 청구하는 경우

판례

1. 전투·훈련 등 직무집행과 관련하여 공상을 입은 군인 등이 먼저 국가배상법에 따라 손해배상금을 지급받은 다음 구 국가유공자법이 정한 보상금 등 보훈급여금의 지급을 청구하는 경우 피고로서는 국가배상법에 따라 손해배상을 받았다는 사정을 들어 보상금 등 보훈급여금의 지급을 거부할 수 없다. 대법원 2017. 2. 3. 선고 2014두40012 판결 ★★★ 02

2. 국가배상법 제2조 제1항 단서가 보훈보상자법 등에 의한 보상을 받을 수 있는 경우 국가배상법에 따른 손해배상청구를 하지 못한다는 것을 넘어 국가배상법상 손해배상금을 받은 경우 보훈보상자법상 보상금 등 보훈급여금의 지급을 금지하는 것으로 해석하기는 어려운 점 등에 비추어, 국가보훈처장은 국가배상법에 따라 손해배상을 받았다는 사정을 들어 보상금 등 보훈급여금의 지급을 거부할 수 없다. 대법원 2017. 2. 3. 선고 2015두60075 판결 ★★★ 03

3. 다른 법령에 따라 지급받은 급여와의 조정에 관한 조항을 두고 있지 아니한 보훈보상대상자 지원에 관한 법률과 달리, 군인연금법은 '다른 법령에 따라 국가나 지방자치단체의 부담으로 이 법에 따른 급여와 같은 종류의 급여를 받은 사람에게는 그 급여금에 상당하는 금액에 대하여는 이 법에 따른 급여를 지급하지 아니한다.'라고 명시적으로 규정하고 있다. 나아가 군인연금법이 정하고 있는 급여 중 사망보상금은 일실손해의 보전을 위한 것으로 불법행위로 인한 소극적 손해배상과 같은 종류의 급여라고 봄이 타당하다. 따라서 피고에게 군인연금법에 따라 원고가 받은 손해배상금 상당 금액에 대하여는 사망보상금을 지급할 의무가 존재하지 아니한다(군 복무 중 사망한 군인 등의 유족이 국가배상법에 따른 손해배상금을 지급받은 경우, 그 손해배상금 상당 금액에 대해서는 군인연금법에서 정한 사망보상금을 지급받을 수 없다고 본 사례). 대법원 2018. 7. 20. 선고 2018두36691 판결 ★★★ 04

4. 군인연금법이 정하고 있는 급여 중 사망보상금은 일실손해의 보전을 위한 것으로 불법행위로 인한 소극적 손해배상과 같은 종류의 급여이므로, 군복무 중 사망한 망인의 유족이 국가배상을 받은 경우 피고는 사망보상금에서 소극적 손해배상금 상당액을 공제할 수 있을 뿐, 이를 넘어 정신적 손해배상금 상당액까지 공제할 수는 없다. 대법원 2022. 3. 31. 선고 2019두36711 판결 ★★★ 05 06

정답

01 ○ 02 ○ 03 × 04 ○ 05 ×
06 ○

5. 이중배상금지와 공동불법행위에 따른 구상책임

(1) 쟁점의 정리

- 민간인과 직무집행 중인 군인의 공동불법행위로 인하여 직무집행 중인 다른 군인이 손해를 입은 경우, 그 민간인이 피해 군인에게 손해배상을 하였을 때 국가에 대하여 구상권을 행사할 수 있는지 문제된다.

(2) 헌법재판소: 구상 가능

일반국민이 공동불법행위자인 군인의 부담부분에 관하여 국가에 대하여 구상권을 행사할 수 없다고 해석한다면, 합리적인 이유 없이 일반국민을 국가에 대하여 지나치게 차별하는 경우에 해당하므로 헌법 제11조, 제29조에 위반된다. (중략) 또한 위와 같은 해석은 비례의 원칙에 위배하여 일반국민의 재산권을 과잉 제한하는 경우에 해당하여 헌법 제23조 제1항 및 제37조 제2항에도 위반된다고 할 것이다. 헌법재판소 1994. 12. 29. 선고 93헌바21 결정

(3) 대법원: 구상 불가능

국가배상법 제2조 제1항 단서가 적용되는 공무원의 직무상 불법행위로 인하여 직무집행과 관련하여 피해를 입은 군인 등에 대하여 위 불법행위에 관련된 일반국민이 공동불법행위책임, 사용자책임, 자동차운행자책임 등에 의하여 그 손해를 자신의 귀책부분을 넘어서 배상한 경우에도, 국가 등은 피해 군인 등에 대한 국가배상책임을 면할 뿐만 아니라, 나아가 민간인에 대한 국가의 귀책비율에 따른 구상의무도 부담하지 않는다고 하여야 할 것이다. 위와 같은 경우에는 공동불법행위자 등이 부진정연대채무자로서 각자 피해자의 손해 전부를 배상할 의무를 부담하는 공동불법행위의 일반적인 경우와 달리 예외적으로 민간인은 피해 군인 등에 대하여 그 손해 중 국가 등이 민간인에 대한 구상의무를 부담한다면 그 내부적인 관계에서 부담하여야 할 부분을 제외한 나머지 자신의 부담부분에 한하여 손해배상의무를 부담하고, 한편 국가 등에 대하여는 그 귀책부분의 구상을 청구할 수 없다. 대법원 2001. 2. 15. 선고 96다42420 전원합의체 판결 ★ 01 02

6. 국가배상법 제2조 제3항

- 제2조 제1항 단서에도 불구하고 전사하거나 순직한 군인·군무원·경찰공무원 또는 예비군대원의 유족은 자신의 정신적 고통에 대한 위자료를 청구할 수 있다. ★ 03

OX 체크

01 「국가배상법」 제2조 제1항 단서에 의해 군인 등의 국가배상청구권이 제한되는 경우, 공동불법행위자인 민간인은 피해를 입은 군인 등에게 그 손해 전부에 대하여 배상하여야 하는 것은 아니며 자신의 부담부분에 한하여 손해배상의무를 부담한다. ( )

02 민간인과 직무집행 중인 군인의 공동불법행위로 인하여 직무집행 중인 다른 군인이 피해를 입은 경우 민간인이 피해 군인에게 자신의 과실비율에 따라 내부적으로 부담할 부분을 초과하여 피해금액 전부를 배상한 경우에 대법원 판례에 따르면 민간인은 국가에 대해 가해 군인의 과실비율에 대한 구상권을 행사할 수 있다. ( )

03 「국가배상법」 제2조제1항 단서가 적용되는 경우라면 직무집행과 관련하여 전사하거나 순직한 군인·군무원·경찰공무원 또는 예비군대원의 유족은 자신의 정신적 고통에 대한 위자료를 청구할 수 없다. ( )

정답
01 ○ 02 ✕ 03 ✕

VI 그 밖의 국가배상법 규정

1. 배상심의회에 대한 배상신청

국가배상법 제12조 【배상신청】
① 이 법에 따라 배상금을 지급받으려는 자는 그 주소지·소재지 또는 배상원인 발생지를 관할하는 지구심의회에 배상신청을 하여야 한다.

국가배상법 제9조 【소송과 배상신청의 관계】
이 법에 따른 손해배상의 소송은 배상심의회에 배상신청을 하지 아니하고도 제기할 수 있다. ★ 01

- 심의회의 결정은 법적 구속력을 갖지 않고, 따라서 신청인은 그 결정에 대한 동의 여부를 결정할 수 있다. 02
- 신청인은 배상결정에 동의하거나 배상금을 수령한 경우에도 법원에 국가배상청구소송을 제기하여 배상금의 증액을 청구할 수 있다. ★

2. 손해배상의 기준

- 국가배상법 제3조는 배상기준에 대하여 규정하고 있는데, 판례는 위 배상기준은 단순한 배상의 기준에 불과하므로 법원은 이에 구속되지 않는다고 한다. ★ 03 04
- 국가배상책임을 발생시키는 행위로 인하여 피해자가 손해를 입은 동시에 이익을 얻은 경우에는 손해배상액에서 그 이익에 상당하는 금액을 빼야 한다(국가배상법 제3조의2 제1항). 05

3. 양도·압류 금지

- 생명·신체의 침해로 인한 국가배상을 받을 권리는 양도하거나 압류하지 못한다(국가배상법 제4조). ★ 06

4. 소멸시효

- 국가배상청구권은 민법에 따라 피해자나 그 법정대리인이 손해 및 가해자를 안 날로부터 3년간 이를 행사하지 아니하거나 국가재정법에 따라 배상청구를 할 수 있는 날(가해행위를 한 날)로부터 5년을 경과하면 시효로 소멸한다. 07

> **판례**
>
> 1. 국가배상법 제2조 제1항 본문 전단 규정에 따른 배상책임을 묻는 사건에 대하여는 동법 제8조의 규정에 의하여 민법 제766조 소정의 단기소멸시효제도가 적용되는 것인 바, 여기서 가해자를 안다는 것은 피해자가 가해 공무원이 국가 또는 지방자치단체와의 간에 공법상 근무관계가 있다는 사실을 알고, 또한 일반인이 당해 공무원의 불법행위가 국가 또는 지방자치단체의 직무를 집행함에 있어서 행해진 것이라고 판단하기에 족한 사실까지도 인식하는 것을 의미한다. 대법원 1989. 11. 14. 선고 88다카32500 판결 08
> 2. 불법구금이나 고문을 당하고 공판절차에서 유죄 확정판결을 받았으며 수사관들을 직권남용, 감금 등 혐의로 고소하였으나 '혐의 없음' 결정까지 받은 경우 재심절차에서 무죄판결이 확정될 때까지는 국가를 상대로 불법구금이나 고문을 원인으로 한 손해배상청구를 할 것을 기대할 수 없는 장애사유가 있었다고 볼 수 있고, 그 원인을 국가가 제공했으므로 국가의 소멸시효 완성 주장은 신의성실의 원칙에 반하여 받아들일 수 없다. 대법원 2019. 1. 31. 선고 2016다258148 판결

OX 체크

01 「국가배상법」에 따른 손해배상의 소송은 배상심의회에 배상신청을 하지 아니하면 제기할 수 없다. ( )
02 배상심의회의 결정은 대외적인 법적 구속력을 가지므로 배상 신청인과 상대방은 그 결정에 항상 구속된다. ( )
03 판례는 구 「국가배상법」(67. 3. 3. 법률 제1899호) 제3조의 배상액 기준은 배상심의회 배상액 결정의 기준이 될 뿐 배상 범위를 법적으로 제한하는 규정이 아니므로 법원을 기속하지 않는다고 보았다. ( )
04 「국가배상법」상의 손해배상의 기준은 배상심의회의 배상금지급기준을 정함에 있어서의 하나의 기준을 정한 것에 지나지 아니하는 것이고 이로써 배상액의 상한을 제한한 것으로 볼 수 없다. ( )
05 피해자가 손해를 입은 동시에 이익을 얻은 경우에는 손해배상액에서 그 이익에 상당하는 금액을 빼야 한다. ( )
06 생명·신체의 침해로 인한 국가배상을 받을 권리는 양도하거나 압류하지 못한다. ( )
07 국가배상청구권은 피해자나 법정대리인이 손해 및 가해자를 안 날로부터 3년간, 불법행위가 있은 날로부터 5년간 이를 행사하지 않으면 시효로 인하여 소멸된다. ( )
08 배상청구권의 시효와 관련하여 '가해자를 안다는 것'은 피해자나 그 법정대리인이 가해 공무원의 불법행위가 그 직무를 집행함에 있어서 행해진 것이라는 사실까지 인식함을 요구하지 않는다. ( )

정답
01 × 02 × 03 ○ 04 ○ 05 ○
06 ○ 07 ○ 08 ×

5. 외국인의 국가배상청구

- 국가배상법은 외국인이 피해자인 경우에는 해당 국가와 상호 보증이 있을 때에만 적용한다(국가배상법 제7조). ★ 01

> **판례**
>
> 상호보증은 외국의 법령, 판례 및 관례 등에 의하여 승인요건을 비교하여 인정되면 충분하고 반드시 당사국과 조약이 체결되어 있을 필요는 없으며, 해당 외국에서 구체적으로 우리나라의 같은 종류의 판결을 승인한 사례가 없다고 하더라도 실제로 승인할 것이라고 기대할 수 있을 정도이면 충분하다. 대법원 2017. 5. 30. 선고 2012다23832 판결 ★ 02

- 대한민국에 주둔하는 아메리카합중국 군대의 구성원, 고용원 또는 합중국 군대에 파견 근무하는 대한민국의 증원군대 구성원이 그 직무를 수행하면서 대한민국에서 대한민국 정부 외의 제3자에게 손해를 입힌 경우 및 합중국 군대 또는 합중국 군대에 파견 근무하는 대한민국의 증원군대가 점유·소유 또는 관리하는 토지의 공작물과 그 밖의 시설 또는 물건의 설치나 관리의 하자로 인하여 대한민국 정부 외의 제3자에게 손해를 입힌 경우에는 「국가배상법」에 따라 국가가 그 손해를 배상하여야 한다(주한미군민사법 제2조).

OX 체크

01 외국인이 피해자인 경우 해당 국가와 상호보증이 없더라도 「국가배상법」이 적용된다. ( )

02 외국인이 피해자인 경우에는 해당 국가와 상호보증이 있을 때에만 「국가배상법」이 적용되며, 상호보증은 해당 국가와 조약이 체결되어 있어야 한다. ( )

정답
01 × 02 ×

Chapter 02 손실보상

주제 52 행정상 손실보상

I 의의

1. 손실보상의 의의

- **적법한** 공권력 행사에 의해 국민에게 발생한 특별한 손실을 보상하여 주는 것을 말한다.
- 재산권보장과 공적부담 앞의 평등원칙을 그 이론적 근거로 한다.

2. 분리이론과 경계이론

(1) 헌법 제23조

> 헌법 제23조
> ① 모든 국민의 재산권은 보장된다. 그 내용과 한계는 법률로 정한다.
> ② 재산권의 행사는 공공복리에 적합하도록 하여야 한다.
> ③ 공공필요에 의한 재산권의 수용·사용 또는 제한 및 그에 대한 보상은 법률로써 하되, 정당한 보상을 지급하여야 한다. ★ 01

- 헌법 제23조 제1항과 제2항은 보상을 요하지 않는 재산권의 <u>사회적 제약</u>을, 헌법 제23조 제3항은 정당한 보상을 지급해야 하는 <u>공용침해</u>를 규정하고 있다.
- 사회적 제약과 공용침해를 구분하는 기준이 무엇인지에 관하여 견해가 대립한다.

(2) 판례의 태도 : 분리이론

- 판례는 사회적 제약과 공용침해는 <u>입법자의 의사</u>에 따라 구분된다고 본다.

> **판례**
>
> 1. [1] 개발제한구역을 지정하여 그 안에서는 건축물의 건축 등을 할 수 없도록 하고 있는 도시계획법 제21조는 헌법 제23조 제1항, 제2항에 따라 토지재산권에 관한 권리와 의무를 일반·추상적으로 확정하는 규정으로서 재산권을 형성하는 규정인 동시에 공익적 요청에 따른 <u>재산권의 사회적 제약</u>을 구체화하는 규정인바, 토지재산권은 강한 사회성, 공공성을 지니고 있어 이에 대하여는 다른 재산권에 비하여 보다 강한 제한과 의무를 부과할 수 있으나, 그렇다고 하더라도 다른 기본권을 제한하는 입법과 마찬가지로 비례성원칙을 준수하여야 하고, 재산권의 본질적 내용인 사용·수익권과 처분권을 부인하여서는 아니된다. ★
>
>   [2] 개발제한구역 지정으로 인하여 토지를 종래의 목적으로도 사용할 수 없거나 또는 더 이상 법적으로 허용된 토지이용의 방법이 없기 때문에 <u>실질적으로 토지의 사용·수익의 길이 없는 경우</u>에는 토지소유자가 <u>수인해야 하는 사회적 제약의 한계를 넘는 것</u>으로 보아야 한다. ★

OX 체크

01 공공필요에 의한 재산권의 수용·사용 또는 제한 및 그에 대한 보상은 법률로써 하되, 정당한 보상을 지급하여야 한다. ( )

정답
01 ○

[3] 종래의 지목과 토지현황에 의한 이용방법에 따른 토지의 사용도 할 수 없거나 실질적으로 사용·수익을 전혀 할 수 없는 예외적인 경우에도 아무런 보상없이 이를 감수하도록 하고 있는 한, 비례의 원칙에 위반되어 당해 토지소유자의 재산권을 과도하게 침해하는 것으로서 헌법에 위반된다. ★

[4] 도시계획법 제21조에 규정된 개발제한구역제도 그 자체는 원칙적으로 합헌적인 규정인데, 다만 개발제한구역의 지정으로 말미암아 일부 토지소유자에게 사회적 제약의 범위를 넘는 가혹한 부담이 발생하는 예외적인 경우에 대하여 보상규정을 두지 않은 것에 위헌성이 있는 것이고, 보상의 구체적 기준과 방법은 헌법재판소가 결정할 성질의 것이 아니라 광범위한 입법형성권을 가진 입법자가 입법정책적으로 정할 사항이므로, 입법자가 보상입법을 마련함으로써 위헌적인 상태를 제거할 때까지 위 조항을 형식적으로 존속케 하기 위하여 헌법불합치결정을 하는 것인바, 입법자는 되도록 빠른 시일내에 보상입법을 하여 위헌적 상태를 제거할 의무가 있고, 행정청은 보상입법이 마련되기 전에는 새로 개발제한구역을 지정하여서는 아니 되며, 토지소유자는 보상입법을 기다려 그에 따른 권리행사를 할 수 있을 뿐 개발제한구역의 지정이나 그에 따른 토지재산권의 제한 그 자체의 효력을 다투거나 위 조항에 위반하여 행한 자신들의 행위의 정당성을 주장할 수는 없다. 헌법재판소 1998. 12. 24. 선고 89헌마214 등 병합 전원재판부 ★ 01

2. 개발제한구역의 지정으로 인하여 토지의 효용이 현저히 감소하거나 그 사용·수익이 사실상 불가능한 토지소유자에게 토지매수청구권을 인정하는 등 보상규정을 두고 있는 점에 비추어, (중략) 이 사건 특조법 조항이 비례의 원칙을 위반하여 청구인들의 재산권을 과도하게 침해한 것으로 보기 어렵다. 헌법재판소 2004. 2. 26. 선고 2001헌바80 등 병합 전원재판부 02

3. 도시계획시설의 지정으로 말미암아 당해 토지의 이용가능성이 배제되거나 또는 토지소유자가 토지를 종래 허용된 용도대로도 사용할 수 없기 때문에 이로 말미암아 현저한 재산적 손실이 발생하는 경우에는, 원칙적으로 사회적 제약의 범위를 넘는 수용적 효과를 인정하여 국가나 지방자치단체는 이에 대한 보상을 해야 한다. 헌법재판소 1999. 10. 21. 선고 97헌바26 전원재판부 ★ 03

4. 국립공원구역지정 후 토지를 종래의 목적으로도 사용할 수 없거나 토지를 사적으로 사용할 수 있는 방법이 없이 공원구역내 일부 토지소유자에 대하여 가혹한 부담을 부과하면서 아무런 보상규정을 두지 않은 경우에는 비례의 원칙에 위반되어 당해 토지소유자의 재산권을 과도하게 침해하는 것이라고 할 수 있다. 헌법재판소 2003. 4. 24. 선고 99헌바110, 2000헌바46(병합) 전원재판부 ★ 04

5. 개성공단 전면중단 조치는 개성공단에서의 영업활동을 중단시키는 것을 목적으로 하고, 개성공단 내에 존재하는 토지나 건물, 설비, 생산물품 등에 직접 공용부담을 가하여 개별적, 구체적으로 이용을 제한하고자 하는 것이 아니다. 개성공단에서의 영업활동을 중단시킴으로써 개성공단 내에 위치한 사업용 토지나 건물 등 재산을 사용할 수 없게 되는 제한이 발생하기는 하였으나 이는 개성공단이라는 특수한 지역에 위치한 사업용 재산이 받는 사회적 제약이 구체화된 것일 뿐이므로, 공익목적을 위해 개별적, 구체적으로 이미 형성된 구체적 재산권을 제한하는 공용 제한과는 구별된다. 따라서 헌법 제23조 제3항이 규정한 정당한 보상이 지급되지 않았더라도, 이 사건 중단조치가 위 헌법규정을 위반하여 청구인들의 재산권을 침해한 것으로 볼 수 없다. 헌법재판소 2022. 1. 27. 선고 2016헌마364 전원재판부 결정 05

6. [1] 가축의 살처분으로 인한 재산권의 제약은 헌법 제23조 제3항에 따라 보상을 요하는 수용에 해당하지 않고, 가축의 소유자가 수인해야 하는 사회적 제약의 범위에 속한다. 그러나 헌법 제23조 제1항 및 제2항에 따라 재산권의 사회적 제약을 구체화하는 법률조항이라 하더라도 권리자에게 수인의 한계를 넘어 가혹한 부담이 발생하는 예외적인 경우에는 이를 완화하는 보상규정을 두어야 한다.

[2] 축산계열화사업자가 가축의 소유자라 하여 살처분 보상금을 오직 계약사육농가에게만 지급하는 방식은 축산계열화사업자에 대한 재산권의 과도한 부담을 완화하기에 적절한 보상조치라고 할 수 없다. 따라서 심판대상조항은 입법형성재량의 한계를 벗어나 가축의 소유자인 축산계열화사업자의 재산권을 침해한다.

OX 체크

01 헌법재판소는 구 「도시계획법」상 개발제한구역의 지정으로 일부 토지소유자에게 사회적 제약의 범위를 넘는 가혹한 부담이 발생하는 경우에 보상규정을 두지 않은 것은 위헌성이 있는 것이고, 보상의 구체적 기준과 방법은 입법자가 입법정책적으로 정할 사항이라고 결정하였다. ( )

02 헌법재판소는 「개발제한구역의 지정 및 관리에 관한 특별조치법」 제11조제1항 등에 대한 위헌소원사건에서 토지의 효용이 감소한 토지소유자에게 토지매수청구권을 인정하는 등 보상규정을 두었지만 적절한 손실보상에 해당하지 않는다고 위헌결정을 하였다. ( )

03 도시계획시설의 지정으로 말미암아 당해 토지의 이용가능성이 배제되거나 또는 토지소유자가 토지를 종래 허용된 용도대로도 사용할 수 없기 때문에 이로 인하여 현저한 재산적 손실이 발생하는 경우에는, 원칙적으로 국가나 지방자치단체는 이에 대한 보상을 해야 한다. ( )

04 국립공원구역지정 후 토지를 종래의 목적으로도 사용할 수 없거나 토지를 사적으로 사용할 수 있는 방법이 없이 공원구역 내 일부 토지소유자에 대하여 가혹한 부담을 부과하면서 아무런 보상규정을 두지 않은 경우에는 비례의 원칙에 위반되어 당해 토지소유자의 재산권을 과도하게 침해하는 것이라고 할 수 있다. ( )

05 개성공단 전면중단 조치는 개성공단 내에 존재하는 토지나 건물, 설비, 생산물품 등에 직접 공용부담을 가하여 개별적, 구체적으로 이용을 제한하고자 하는 것이므로, 이에 대해서는 헌법 제23조 제3항이 규정한 정당한 보상이 이루어져야 한다. ( )

정답
01 O 02 X 03 O 04 O 05 X

OX 체크

01 정비기반시설과 그 부지의 소유·관리·유지관계를 정한 「도시 및 주거환경정비법」 제65조 제2항의 전단에 따른 정비기반시설의 소유권 귀속은 헌법 제23조 제3항의 수용에 해당한다. ( )

02 헌법 제23조제1항의 규정이 재산권의 존속을 보호하는 것이라면 제23조제3항의 수용제도를 통해 존속보장은 가치보장으로 변하게 된다. ( )

[3] 심판대상조항의 위헌성은 살처분 보상금 중에서 가축의 소유자인 축산계열화사업자에게 지급되어야 하는 몫까지도 계약사육농가에게 지급한다는 점에 있다. 그런데 심판대상조항에 대하여 단순위헌결정을 하게 되면, 가축의 소유자인 축산계열화사업자에게 살처분 보상금이 전액 지급되는 불합리한 결과가 발생한다. (중략) 이러한 점들을 고려하면, 심판대상조항에 대하여는 단순위헌결정을 하는 대신 입법자의 개선입법이 있을 때까지 계속 적용을 명하는 헌법불합치결정을 선고함이 타당하다. 헌법재판소 2024. 5. 30. 선고 2021헌가3 전원재판부 결정

7. 도시정비법 제65조 제2항 전단에 따른 정비기반시설의 소유권 귀속은 헌법 제23조 제3항의 수용에 해당하지 않고, (중략) 이 사건 법률조항에 관하여 정당한 보상의 원칙이 적용될 여지가 없다. 헌법재판소 2013. 10. 24. 선고 2011헌바355 결정 01

(3) 분리이론과 경계이론 비교(강학상 논의)

분리이론	경계이론
사회적 제약과 공용침해는 입법자의 의사에 따라 구분되는 전혀 별개의 제도	사회적 제약과 공용침해는 재산권 제한의 정도만 다를 뿐 본질적으로는 동일한 제도
사회적 제약이 그 한계를 넘는 경우, 비례의 원칙 위반으로 위헌이 됨	사회적 제약이 한계(경계)를 넘는 경우 사회적 제약은 보상을 요하는 공용침해로 전환됨
재산권의 '존속보장'을 중시하는 견해	재산권의 '가치보장'을 중시하는 견해

3. 존속보장과 가치보장(강학상 논의)

(1) 존속보장

- 재산권자가 재산권을 보유하고 사용·수익·처분하는 것을 보장하는 것을 말한다.
- 분리이론, 환매제도, 공용침해에서의 공공필요성 요건, 위법한 재산권 침해행위에 대한 취소소송 등이 그 실현제도가 된다.

(2) 가치보장

- 공공필요에 의해 재산권에 대한 공권적 침해가 행해지는 경우에 재산권의 가치를 보장하기 위해 보상 등 가치보장조치를 취하는 것을 말한다.
- 손실보상, 매수청구제도 등이 그 실현제도가 된다.

(3) 존속보장과 가치보장의 관계

- 헌법 제23조 제1항이 재산권의 존속을 보장하는 것이라면, 제23조 제3항의 수용제도를 통해 존속보장은 가치보장으로 변하게 된다. 즉, 공공필요를 위해 공용침해가 행해지고 보상금이 지급되는 경우, 재산권의 존속보장은 가치보장으로 전환된다. 02

정답
01 ✗ 02 ○

Ⅱ 손실보상의 요건

1. 공공필요

1. 헌법 제23조 제3항에서 규정하고 있는 '공공필요'는 "국민의 재산권을 그 의사에 반하여 강제적으로라도 취득해야 할 공익적 필요성"으로서, '공공필요'의 개념은 '공익성'과 '필요성'이라는 요소로 구성되어 있다. 공익성은 추상적인 공익 일반 또는 국가의 이익 이상의 중대한 공익을 요구하므로 기본권 일반의 제한사유인 '공공복리'보다 좁게 보는 것이 타당하며, 공익성의 정도를 판단함에 있어서는 공용수용을 허용하고 있는 개별법의 입법목적, 사업내용, 사업이 입법목적에 이바지 하는 정도는 물론, 특히 그 사업이 대중을 상대로 하는 영업인 경우에는 그 사업 시설에 대한 대중의 이용·접근가능성도 아울러 고려하여야 한다. 그리고 '필요성'이 인정되기 위해서는 공용수용을 통하여 달성하려는 공익과 그로 인하여 재산권을 침해당하는 사인의 이익 사이의 형량에서 사인의 재산권침해를 정당화할 정도의 공익의 우월성이 인정되어야 하며, 사업시행자가 사인인 경우에는 그 사업 시행으로 획득할 수 있는 공익이 현저히 해태되지 않도록 보장하는 제도적 규율도 갖추어져 있어야 한다. 헌법재판소 2014. 10. 30. 선고 2011헌바129 등 결정 ★ 01

2. [1] 헌법 제23조 제3항은 정당한 보상을 전제로 하여 재산권의 수용 등에 관한 가능성을 규정하고 있지만, 재산권 수용의 주체를 한정하지 않고 있다. 위 헌법조항의 핵심은 당해 수용이 공공필요에 부합하는가, 정당한 보상이 지급되고 있는가 여부 등에 있는 것이지, 그 수용의 주체가 국가인지 민간기업인지 여부에 달려 있다고 볼 수 없다. 또한 국가 등의 공적 기관이 직접 수용의 주체가 되는 것이든 그러한 공적 기관의 최종적인 허부판단과 승인결정하에 민간기업이 수용의 주체가 되는 것이든, 양자 사이에 공공필요에 대한 판단과 수용의 범위에 있어서 본질적인 차이를 가져올 것으로 보이지 않는다. 따라서 위 수용 등의 주체를 국가 등의 공적 기관에 한정하여 해석할 이유가 없다. ★ 02

   [2] 민간기업에게 산업단지개발사업에 필요한 토지 등을 수용할 수 있도록 규정한 법률규정이 헌법에 위반되지 않는 것으로 본 사례. 헌법재판소 2009. 9. 24. 선고 2007헌바114 결정 ★ 03

2. 재산권의 침해

(1) 재산권의 의의

- 헌법상 재산권이란 모든 재산가치 있는 구체적 권리 즉, 경제적 가치가 있는 모든 공법상·사법상의 권리를 말한다.

1. 개발제한구역의 지정으로 인한 개발가능성의 소멸과 그에 따른 지가의 하락이나 지가상승률의 상대적 감소는 토지소유자가 감수해야 하는 사회적 제약의 범주에 속하는 것으로 보아야 한다. 자신의 토지를 장래에 건축이나 개발목적으로 사용할 수 있으리라는 기대가능성이나 신뢰 및 이에 따른 지가상승의 기회는 원칙적으로 재산권의 보호범위에 속하지 않는다. 헌법재판소 1998. 12. 24. 선고 89헌마214 등 병합 전원재판부 04

2. 금연구역조항의 시행에 따라 흡연 고객이 이탈함으로써 청구인들의 영업이익이 감소된다고 하더라도, 이는 장래의 기대이익이나 영리획득의 기회에 손상을 입는 것에 지나지 않으므로, 이를 가리켜 헌법에 의해 보호되는 재산권의 침해라고 볼 수는 없다. 헌법재판소 2013. 6. 27. 선고 2011헌마315 등 결정 04

3. 문화적, 학술적 가치는 특별한 사정이 없는 한 그 토지의 부동산으로서의 경제적, 재산적 가치를 높여 주는 것이 아니므로 토지수용법 소정의 손실보상의 대상이 될 수 없다. 대법원 1989. 9. 12. 선고 88누11216 판결 05

OX 체크

01 헌법재판소는 헌법 제23조제3항의 '공공필요'는 '국민의 재산권을 그 의사에 반하여 강제적으로라도 취득해야 할 공익적 필요성'을 의미하고, 이 요건 중 공익성은 기본권 일반의 제한사유인 '공공복리'보다 좁은 것으로 보고 있다. ( )

02 공용수용은 공공필요에 부합하여야 하므로, 수용 등의 주체를 국가 등의 공적 기관에 한정하여야 한다. ( )

03 헌법재판소는 「산업입지 및 개발에 관한 법률」에서 민간기업에게 산업단지개발사업에 필요한 토지 등을 수용할 수 있도록 규정한 조항이 헌법 제23조 제3항에 위반되지 않는다고 판시하였다. ( )

04 손실보상이 이루어지는 재산권에는 지가상승에 대한 기대이익이나 영업이익의 가능성이 포함되지 아니한다. ( )

05 토지의 문화적·학술적 가치는 특별한 사정이 없는 한 손실보상의 대상이 되지 않는다. ( )

정답
01 ○ 02 × 03 ○ 04 ○ 05 ○

OX 체크

01 지장물인 건물은 적법한 건축허가를 받아 건축된 건물만이 손실보상의 대상이 된다. ( )

02 「감염병의 예방 및 관리에 관한 법률」에 근거한 집합제한조치로 인하여 영업이 제한되어 영업이익이 감소되었다 하더라도, 청구인들이 소유하는 영업시설·장비 등에 대한 구체적인 사용·수익 및 처분권한을 제한받는 것은 아니므로 보상규정의 부재가 청구인들의 재산권을 제한한다고 볼 수 없다. ( )

03 손실보상이 인정되기 위하여 재산권에 대한 침해가 현실적으로 발생하여야 하는 것은 아니다. ( )

04 공유수면매립면허의 고시가 있는 경우 그 사업이 시행되고 그로 인하여 직접 손실이 발생한다고 할 수 있으므로, 관행어업권자는 공유수면매립면허의 고시를 이유로 손실보상을 청구할 수 있다. ( )

4. 의약품을 판매하여 얻게 되는 이익 역시 장래의 불확실한 기대이익에 불과한 것이므로, 약사법상 약사에게 인정된 한약조제권은 재산권의 범위에 속하지 아니한다. 헌법재판소 1997. 11. 27. 선고 97헌바10 전원재판부

5. 토지수용법상의 사업인정 고시 이전에 건축되고 공공사업용지 내의 토지에 정착한 지장물인 건물은 통상 적법한 건축허가를 받았는지 여부에 관계없이 손실보상의 대상이 되나, (중략) 위법의 정도가 관계 법령의 규정이나 사회통념상 용인할 수 없을 정도로 크고 객관적으로도 합법화될 가능성이 거의 없어 거래의 객체도 되지 아니하는 경우에는 예외적으로 수용보상 대상이 되지 아니한다. 대법원 2001. 4. 13. 선고 2000두6411 판결 **01**

6. [1] 헌법 제23조에서 보장하는 재산권은 사적 유용성 및 그에 대한 원칙적 처분권을 내포하는 재산가치 있는 구체적 권리이므로, 구체적인 권리가 아닌 단순한 이익이나 재화의 획득에 관한 기회 또는 기업활동의 사실적·법적 여건 등은 재산권보장의 대상에 포함되지 아니한다. 감염병예방법에 근거한 집합제한 조치로 인하여 청구인들의 일반음식점 영업이 제한되어 영업이익이 감소되었다 하더라도, 청구인들이 소유하는 영업 시설·장비 등에 대한 구체적인 사용·수익 및 처분권한을 제한받는 것은 아니므로, 보상규정의 부재가 청구인들의 재산권을 제한한다고 볼 수 없다. **02**

[2] 감염병 예방을 위한 '집합'의 제한 또는 금지 조치는 그 자체로 구체적인 재산상 손실을 초래하는 것이 아니고, 다만 이러한 조치로 인하여 사람의 모임, 방문을 전제로 하는 영업이 제한되는 경우 영업손실이 발생한다. 감염병예방법이 제정된 이래 코로나19와 같이 높은 전파력과 치명률을 갖고 백신과 치료제가 존재하지 않는 감염병의 유행은 미증유의 것이었고, 이에 따라 집합제한 또는 금지 조치가 예상을 뛰어넘어 장기화되는 상황 역시 처음 겪는 것이었기 때문에, 장기간의 집합제한 또는 금지 조치로 인하여 중대한 영업상 손실이 발생하리라는 것을 예상하기 어려웠다. (후략)

[3] 국가의 방역정책으로 인하여 입은, 재산권의 보호범위에 포함되지 않는 영업상 손실을 보상할지 여부는 국가의 재정상황이나 대상의 범위, 피해 정도 등 여러 사정이 고려되어 정해질 입법정책의 문제이다. (중략) 따라서 심판대상조항이 감염병환자가 방문한 영업장의 폐쇄 등과 달리, 감염병의 예방을 위하여 집합제한 조치를 받은 영업장의 손실을 보상하는 규정을 두고 있지 않다고 하더라도, 청구인들의 평등권을 침해한다고 할 수 없다. 헌법재판소 2023. 6. 29. 선고 2020헌마1669 전원재판부 결정

(2) 실질적·현실적 침해

공유수면 매립면허의 고시가 있다고 하여 반드시 그 사업이 시행되고 그로 인하여 손실이 발생한다고 할 수 없으므로, 매립면허 고시 이후 매립공사가 실행되어 관행어업권자에게 실질적이고 현실적인 피해가 발생한 경우에만 공유수면매립법에서 정하는 손실보상청구권이 발생하였다고 할 것이다. 대법원 2010. 12. 9. 선고 2007두6571 판결 ★ **03 04**

(3) 공익사업과 손실 사이의 상당인과관계

산림 내에서의 토석채취허가는 산지관리법 소정의 토석채취제한지역에 속하는 경우에 허용되지 아니함은 물론이나 그에 해당하는 지역이 아니라 하여 반드시 허가하여야 하는 것으로 해석할 수는 없고 허가권자는 신청지 내의 임황과 지황 등의 사항 등에 비추어 국토 및 자연의 보전 등의 중대한 공익상 필요가 있을 때에는 재량으로 그 허가를 거부할 수 있으므로, 공익상의 필요가 있는 공익사업이 시행되어 토석채취허가를 연장받지 못하게 되었다고 하더라도 토석채취허가가 연장되지 않게 됨으로 인한 손실과 공익사업 사이에 상당인과관계가 있다고 할 수 없다. 대법원 2009. 6. 23. 선고 2009두2672 판결

정답

01 × 02 ○ 03 × 04 ×

3. 특별한 희생

- 특별한 희생이란 재산권의 사회적 제약의 한계를 넘는 손실을 의미한다.

> **판례**
>
> 1. 토지의 사적 이용권이 배제된 상태에서 토지소유자로 하여금 10년 이상을 아무런 보상 없이 수인하도록 하는 것은 공익실현의 관점에서도 정당화될 수 없는 과도한 제한으로서 헌법상의 재산권보장에 위배된다. 헌법재판소 1999. 10. 21. 선고 97헌바26 결정
> 2. 공공용물에 관하여 적법한 개발행위 등이 이루어짐으로 말미암아 이에 대한 일정범위의 사람들의 일반사용이 종전에 비하여 제한받게 되었다 하더라도 특별한 사정이 없는 한 그로 인한 불이익은 손실보상의 대상이 되는 특별한 손실에 해당한다고 할 수 없다. 대법원 2002. 2. 26. 선고 99다35300 판결 ★ **01**
> 3. 어업허가를 받거나 어업신고가 수리된 자가 갖는 어업에 대한 재산적 이익은 공유수면에서 자유로이 생존하는 수산동식물을 포획할 수 있는 지위로서 어업허가취득이나 수산동식물의 포획에 어떤 대가를 지불하는 것이 아니어서 일반 재산권처럼 보호가치가 확고하다고 보기 어려운 점 등을 종합하면, 수산업법에서 허가·신고 어업에 대하여 '국방상 필요하다고 인정하여 국방부장관으로부터 요청이 있을 때'에는 '공익사업을 위한 토지 등의 취득 및 보상에 관한 법률 제4조의 공익사업상 필요한 때'와 달리 손실보상 없이 이를 제한할 수 있도록 정한 것이 재산권자가 수인하여야 하는 사회적 제약의 한계를 넘어 가혹한 부담을 발생시키는 등 비례의 원칙을 위반하였다고 보기 어려우므로 위 단서 조항이 헌법에 위배된다고 볼 수 없다. 대법원 2016. 5. 12. 선고 2013다62261 판결

4. 보상규정의 존재

(1) 의의

- 헌법 제23조 제3항은 보상청구권의 근거에 관하여서뿐만 아니라 보상의 기준과 방법에 관하여서도 법률의 규정에 유보하고 있으므로, 손실보상을 청구하기 위해서는 법률에 보상규정이 존재해야 한다(대법원 1993. 7. 13. 선고 93누2131 판결). **02**

(2) 보상규정 흠결시 실무상 권리구제방법(판례의 태도)

- 판례는 관련 법령의 손실보상규정을 유추적용하여 보상청구를 인정하거나 민사상 부당이득반환청구 또는 불법행위에 따른 손해배상청구를 통해 사업시행자에게 손해전보책임을 지우고 있다.

> **판례**
>
> 1. [1] 수산업법상 어업허가를 받고 허가어업에 종사하던 어민이 공유수면매립사업의 시행으로 피해를 입게 된 경우 (중략) 관련 법령의 규정을 유추적용하여 어민들에게 손실보상을 하여 줄 의무가 있다.
>
>   [2] 정당한 어업허가를 받고 공유수면매립사업지구 내에서 허가어업에 종사하고 있던 어민들에 대하여 손실보상을 할 의무가 있는 사업시행자가 손실보상의무를 이행하지 아니한 채 공유수면매립공사를 시행함으로써 실질적이고 현실적인 침해를 가한 때에는 불법행위를 구성하는 것이고, 이 경우 허가어업자들이 입게 되는 손해는 그 손실보상금 상당액이다. 대법원 1999. 11. 23. 선고 98다11529 판결 **03**

OX 체크

01 일반 공중의 이용에 제공되는 공공용물을 허가나 특허 없이 일반사용하고 있던 자가 당해 공공용물에 관한 적법한 개발행위로 인하여 종전에 비하여 그 일반사용이 제한을 받게 되었다면 그로 인한 불이익은 특별한 사정이 없는 한 손실보상의 대상이 된다. ( )

02 헌법은 보상청구권의 근거뿐만 아니라 보상의 기준과 방법에 관해서도 법률에 유보하고 있다. ( )

03 정당한 어업허가를 받고 공유수면매립사업지구 내에서 허가어업에 종사하고 있던 어민들에 대하여 손실보상을 할 의무가 있는 사업시행자가 손실보상의무를 이행하지 아니한 채 공유수면매립공사를 시행함으로써 실질적이고 현실적인 침해를 가한 때에는 불법행위를 구성하는 것이고, 이 경우 허가어업자들이 입게 되는 손해는 그 손실보상금 상당액이다. ( )

정답
01 ✕ 02 ○ 03 ○

OX 체크

01 공익사업의 시행자는 해당 공익사업을 위한 공사에 착수하기 이전에 토지소유자에게 보상액 전액을 지급하여야 하나, 사업시행자가 보상액을 지급하지 않고 승낙도 받지 않은 채 공사에 착수하였다 하더라도 토지소유자에 대하여 불법행위로 인한 손해배상 책임이 발생하는 것은 아니다. ( )

02 공익사업의 시행자가 사전보상을 하지 않은 채 공사에 착수함으로써 토지소유자와 관계인이 손해를 입은 경우, 토지소유자와 관계인이 입은 손해는 손실보상청구권이 침해된 데에 따른 손해이므로 사업시행자가 배상해야 할 손해액은 원칙적으로 손실보상금이다. ( )

03 헌법 제23조 제3항이 규정하는 "정당한 보상"이란 원칙적으로 피수용재산의 객관적인 재산가치를 완전하게 보상하는 것이어야 한다는 완전보상을 뜻하는 것으로서 보상금액뿐만 아니라 보상의 시기나 방법 등에 있어서도 어떠한 제한을 두어서는 아니 된다는 것을 의미한다. ( )

2. [1] 공익사업의 시행자가 토지소유자와 관계인에게 보상액을 지급하지 않고 승낙도 받지 않은 채 공사에 착수함으로써 토지소유자와 관계인이 손해를 입은 경우, 토지소유자와 관계인에 대하여 불법행위가 성립할 수 있고, 사업시행자는 그로 인한 손해를 배상할 책임을 진다. ★ **01**

   [2] 공익사업의 시행자가 사전보상을 하지 않은 채 공사에 착수함으로써 토지소유자와 관계인이 손해를 입은 경우, 토지소유자와 관계인이 입은 손해는 손실보상청구권이 침해된 데에 따른 손해이므로, 사업시행자가 배상해야 할 손해액은 원칙적으로 손실보상금이다. 다만 그 과정에서 토지소유자와 관계인에게 손실보상금에 해당하는 손해 외에 별도의 손해가 발생하였다면, 사업시행자는 그 손해를 배상할 책임이 있으나, 이와 같은 손해배상책임의 발생과 범위는 이를 주장하는 사람에게 증명책임이 있다. 대법원 2021. 11. 11. 선고 2018다204022 판결 ★ **02**

3. 사업시행자가 수용재결에 의한 수용의 효력이 발생하기 전에 공사에 착수하고 진입 도로를 차단하는 등 사업을 시행함으로 인하여 영업상의 피해를 입은 사실이 있다고 하더라도, 이를 이유로 하여 사업시행자에 대하여 민사상의 손해배상이나 부당이득의 반환을 구함은 별론으로 하고 그에 대한 손실보상을 구할 수는 없다. 대법원 2005. 7. 29. 선고 2003두2311 판결

4. 농지개량사업 시행지역 내의 토지 등 소유자가 토지사용에 관한 승낙을 하였더라도 그에 대한 정당한 보상을 받은 바가 없다면 농지개량사업 시행자는 토지 소유자 및 승계인에 대하여 보상할 의무가 있고, 그러한 보상 없이 타인의 토지를 점유·사용하는 것은 법률상 원인 없이 이득(주: 부당이득)을 얻은 때에 해당한다. 대법원 2016. 6. 23. 선고 2016다206369 판결

(3) 보상규정 흠결시 권리구제에 관한 견해의 대립(강학상 논의)

위헌무효설	헌법 제23조 제3항은 불가분조항으로서 입법자를 구속하므로, 공용침해를 규정하면서 보상규정을 두지 않은 법률은 위헌무효임
직접효력설	헌법 제23조 제3항은 국민에 대하여 직접적 효력이 있으므로, 헌법 제23조 제3항에 직접 근거하여 보상을 청구할 수 있음(제23조 제3항을 불가분조항으로 보지 않음)
유추적용설	헌법 제23조 제1항 및 헌법 제11조(평등원칙)로부터 손실보상청구권이 도출되므로 동 규정을 통해 손실보상을 청구할 수 있음
보상입법부작위위헌설	공용침해를 규정한 법률이 위헌인 것은 아니고, 보상규정을 두지 않은 입법부작위가 위헌이 됨

III 보상의 기준 : 완전보상

판례

헌법이 규정한 '정당한 보상'이란 원칙적으로 피수용재산의 객관적인 재산가치를 완전하게 보상하는 것이어야 한다는 완전보상을 뜻하는 것으로서 보상금액 뿐만 아니라 보상의 시기나 방법 등에 있어서도 어떠한 제한을 두어서는 아니 된다는 것을 의미한다. 헌법재판소 1990. 6. 25. 선고 89헌마107 결정 ★ **03**

정답
01 ✕ 02 ○ 03 ○

IV 손실보상청구권의 행사

1. 행정소송의 대상이 되는 것으로 본 사례: 하천법, 토지보상법

1. 하천법 부칙 및 하천구역 편입토지 보상에 관한 특별조치법의 각 규정들을 종합하면, 위 규정들에 의한 손실보상청구권은 토지가 하천구역으로 된 경우에는 당연히 발생되는 것이지, 관리청의 보상금지급결정에 의하여 비로소 발생하는 것은 아니므로, 위 규정들에 의한 손실보상금의 지급을 구하거나 손실보상청구권의 확인을 구하는 소송은 행정소송법상 당사자소송에 의하여야 한다. 대법원 2006. 5. 18. 선고 2004다6207 전원합의체 판결 ★★ 01 02

2. 공익사업을 위한 토지 등의 취득 및 보상에 관한 법률상의 농업손실보상청구권은 (중략) 행정소송절차에 의하여야 할 것이다. 대법원 2011. 10. 13. 선고 2009다43461 판결 ★

3. 공익사업을 위한 토지 등의 취득 및 보상에 관한 법률 시행규칙에 따른 사업폐지 등에 대한 보상청구권은 (중략) 행정소송절차에 의하여야 한다. 대법원 2012. 10. 11. 선고 2010다23210 판결 ★ 03

2. 민사소송의 대상이 되는 것으로 본 사례: 수산업법, 유추적용

수산업법 제81조의 규정에 의한 손실보상청구권이나 손실보상 관련 법령의 유추적용에 의한 손실보상청구권의 행사방법은 민사소송인 것으로 본 반면, 공익사업을 위한 토지 등의 취득 및 보상에 관한 법률의 관련 규정에 의하여 취득하는 어업피해에 관한 손실보상청구권의 행사방법은 행정소송인 것으로 본 사례. 대법원 2014. 5. 29. 선고 2013두12478 판결

3. 손실보상청구권 유무의 판단시점: 해당 공익사업 시행 당시(사업인정시)

공공사업의 시행으로 손해를 입었다고 주장하는 자가 보상을 받을 권리를 가졌는지의 여부는 해당 공공사업의 시행 당시를 기준으로 판단하여야 하고, 그와 같은 공공사업의 시행에 관한 실시계획 승인과 그에 따른 고시가 된 이상 그 이후에 영업을 위하여 이루어진 각종 허가나 신고는 위와 같은 공공사업의 시행에 따른 제한이 이미 확정되어 있는 상태에서 이루어진 것으로 그 이후의 공공사업 시행으로 그 허가나 신고권자가 특별한 손실을 입게 되었다고는 볼 수 없다. 대법원 2002. 11. 26. 선고 2001다44352 판결

OX 체크

01 「하천법」 부칙과 이에 따른 특별조치법이 하천구역으로 편입된 토지에 대하여 손실보상청구권을 규정하였다고 하더라도 당해 법률규정이 아니라 관리청의 보상금지급결정에 의하여 비로소 손실보상청구권이 발생한다. ( )

02 대법원은 구 「하천법」 부칙 제2조와 이에 따른 특별조치법에 의한 손실보상청구권의 법적 성질을 사법상의 권리로 보아 그에 대한 쟁송은 행정소송이 아닌 민사소송절차에 의하여야 한다고 판시하고 있다. ( )

03 「공익사업을 위한 토지 등의 취득 및 보상에 관한 법률」에 따른 사업폐지 등에 대한 보상청구권은 사법상 권리로서 그에 관한 소송은 민사소송절차에 의하여야 한다. ( )

정답
01 × 02 × 03 ×

주제 53 토지보상법

I 공익사업의 절차

1. 개관

(1) 공익사업의 절차 개관

> 사업시행자 선정 ➡ 토지조서 및 물건조서 작성 ➡ 보상계획 공고 ➡ (협의) ➡ 사업인정 ➡ 협의 ➡ 수용재결(수용 +보상금) ➡ 불복절차(이의신청, 행정소송)

(2) 용어의 정의

> 토지보상법 제2조 【정의】
> 이 법에서 사용하는 용어의 뜻은 다음과 같다.
> 3. 사업시행자란 공익사업을 수행하는 자를 말한다.
> 4. 토지소유자란 공익사업에 필요한 토지의 소유자를 말한다.
> 5. 관계인이란 사업시행자가 취득하거나 사용할 토지에 관하여 지상권·지역권·전세권·저당권·사용대차 또는 임대차에 따른 권리 또는 그 밖에 토지에 관한 소유권 외의 권리를 가진 자나 그 토지에 있는 물건에 관하여 소유권이나 그 밖의 권리를 가진 자를 말한다. 다만, 제22조에 따른 사업인정의 고시가 된 후에 권리를 취득한 자는 기존의 권리를 승계한 자를 제외하고는 관계인에 포함되지 아니한다.
> 6. 가격시점이란 제67조 제1항에 따른 보상액 산정의 기준이 되는 시점을 말한다.
> 7. 사업인정이란 공익사업을 토지등을 수용하거나 사용할 사업으로 결정하는 것을 말한다.

공익사업을 위한 토지 등의 취득 및 보상에 관한 법률상 보상 대상이 되는 '기타 토지에 정착한 물건에 대한 소유권 그 밖의 권리를 가진 관계인'에는 수거·철거권 등 실질적 처분권을 가진 자도 포함된다. 대법원 2019. 4. 11. 선고 2018다277419 판결

(3) 토지수용위원회

> 토지보상법 제49조 【설치】
> 토지등의 수용과 사용에 관한 재결을 하기 위하여 국토교통부에 중앙토지수용위원회를 두고, 특별시·광역시·도·특별자치도(이하 '시·도'라 한다)에 지방토지수용위원회를 둔다.
>
> 토지보상법 제51조 【관할】
> ① 제49조에 따른 중앙토지수용위원회는 다음 각 호의 사업의 재결에 관한 사항을 관장한다.
>   1. 국가 또는 시·도가 사업시행자인 사업
>   2. 수용하거나 사용할 토지가 둘 이상의 시·도에 걸쳐 있는 사업
> ② 제49조에 따른 지방토지수용위원회는 제1항 각 호 외의 사업의 재결에 관한 사항을 관장한다.

2. 협의 및 계약의 체결

- 사업시행자는 토지등에 대한 보상에 관하여 토지소유자 및 관계인과 성실하게 협의하여야 하며, 협의의 절차 및 방법 등 협의에 필요한 사항은 대통령령으로 정한다.
- 사업시행자는 협의가 성립되었을 때에는 토지소유자 및 관계인과 계약을 체결하여야 한다.

3. 사업인정

> **토지보상법 제19조 【토지등의 수용 또는 사용】**
> ① 사업시행자는 공익사업의 수행을 위하여 필요하면 이 법에서 정하는 바에 따라 토지등을 수용하거나 사용할 수 있다.
> ② 공익사업에 수용되거나 사용되고 있는 토지등은 특별히 필요한 경우가 아니면 다른 공익사업을 위하여 수용하거나 사용할 수 없다.
>
> **토지보상법 제20조 【사업인정】**
> ① 사업시행자는 제19조에 따라 토지등을 수용하거나 사용하려면 대통령령으로 정하는 바에 따라 국토교통부장관의 사업인정을 받아야 한다. 01
>
> **토지보상법 제22조 【사업인정의 고시】**
> ① 국토교통부장관은 제20조에 따른 사업인정을 하였을 때에는 지체 없이 그 뜻을 사업시행자, 토지소유자 및 관계인, 관계 시·도지사에게 통지하고 사업시행자의 성명이나 명칭, 사업의 종류, 사업지역 및 수용하거나 사용할 토지의 세목을 관보에 고시하여야 한다.
> ③ 사업인정은 제1항에 따라 고시한 날부터 그 효력이 발생한다.

판례

1. [1] 사업인정이란 공익사업을 토지 등을 수용 또는 사용할 사업으로 결정하는 것으로서 공익사업의 시행자에게 그 후 일정한 절차를 거칠 것을 조건으로 일정한 내용의 수용권을 설정하여 주는 형성행위이므로, 해당 사업이 외형상 토지 등을 수용 또는 사용할 수 있는 사업에 해당한다고 하더라도 사업인정기관으로서는 그 사업이 공용수용을 할 만한 공익성이 있는지의 여부와 공익성이 있는 경우에도 그 사업의 내용과 방법에 관하여 사업인정에 관련된 자들의 이익을 공익과 사익 사이에서는 물론, 공익 상호간 및 사익 상호간에도 정당하게 비교·교량하여야 하고, 그 비교·교량은 비례의 원칙에 적합하도록 하여야 한다. 그뿐만 아니라 해당 공익사업을 수행하여 공익을 실현할 의사나 능력이 없는 자에게 타인의 재산권을 공권력적·강제적으로 박탈할 수 있는 수용권을 설정하여 줄 수는 없으므로, 사업시행자에게 해당 공익사업을 수행할 의사와 능력이 있어야 한다는 것도 사업인정의 한 요건이라고 보아야 한다. ★ 01 02 03

   [2] 사업시행자가 사업인정을 받은 후 그 사업이 공용수용을 할 만한 공익성을 상실하거나 사업인정에 관련된 자들의 이익이 현저히 비례의 원칙에 어긋나게 된 경우 또는 사업시행자가 해당 공익사업을 수행할 의사나 능력을 상실하였음에도 여전히 그 사업인정에 기하여 수용권을 행사하는 것은 수용권의 공익 목적에 반하는 수용권의 남용에 해당하여 허용되지 않는다. 대법원 2011. 1. 27. 선고 2009두1051 판결 04

2. 사업인정고시는 수용재결절차로 나아가 강제적인 방식으로 토지소유자나 관계인의 권리를 취득·보상하기 위한 절차적 요건에 지나지 않고 영업손실보상의 요건이 아니다. 토지보상법령도 반드시 사업인정이나 수용이 전제되어야 영업손실 보상의무가 발생한다고 규정하고 있지 않다. 따라서 피고가 시행하는 사업이 토지보상법상 공익사업에 해당하고 원고들의 영업이 해당 공익사업으로 폐업하거나 휴업하게 된 것이어서 토지보상법령에서 정한 영업손실 보상대상에 해당하면, 사업인정고시가 없더라도 피고는 원고들에게 영업손실을 보상할 의무가 있다. 대법원 2021. 11. 11. 선고 2018다204022 판결 ★ 05

OX 체크

01 사업시행자가 토지 등을 수용하거나 사용하려면 국토교통부장관의 사업인정을 받아야 하며, 이러한 사업인정은 수용권을 설정해 주는 행정처분이다. ( )

02 사업인정은 공익사업의 시행자에게 그 후 일정한 절차를 거칠 것을 조건으로 일정한 내용의 수용권을 설정하여 주는 형성행위이다. ( )

03 사업인정은 공익사업의 시행자에게 일정한 절차를 거칠 것을 조건으로 일정한 내용의 수용권을 설정하여 주는 형성행위이며, 사업시행자에게 해당 공익사업을 수행할 의사와 능력이 있어야 한다는 것도 사업인정의 한 요건이 된다. ( )

04 토지수용위원회는 「공익사업을 위한 토지 등의 취득 및 보상에 관한 법률」에 의한 사업인정 후 그 사업이 공익성을 결한다고 판단할 경우에 수용재결을 하지 않을 수 있다. ( )

05 사업인정고시는 수용재결절차로 나아가 강제적인 방식으로 토지소유자나 관계인의 권리를 취득·보상하기 위한 요건으로서, 영업손실 보상청구를 위해서는 반드시 사업인정이나 수용이 전제되어야 한다. ( )

정답
01 ○ 02 ○ 03 ○ 04 ○ 05 ✕

4. 협의 및 계약의 체결

토지보상법 제26조 【협의 등 절차의 준용】
① 제20조에 따른 사업인정을 받은 사업시행자는 토지조서 및 물건조서의 작성, 보상계획의 공고·통지 및 열람, 보상액의 산정과 토지소유자 및 관계인과의 협의 절차를 거쳐야 한다. 이 경우 제14조부터 제16조까지 및 제68조를 준용한다.
② 사업인정 이전에 제14조부터 제16조까지 및 제68조에 따른 절차를 거쳤으나 협의가 성립되지 아니하고 제20조에 따른 사업인정을 받은 사업으로서 토지조서 및 물건조서의 내용에 변동이 없을 때에는 제1항에도 불구하고 제14조부터 제16조까지의 절차를 거치지 아니할 수 있다. 다만, 사업시행자나 토지소유자 및 관계인이 제16조에 따른 협의를 요구할 때에는 협의하여야 한다.

토지보상법 제29조 【협의 성립의 확인】
① 사업시행자와 토지소유자 및 관계인 간에 제26조에 따른 절차를 거쳐 협의가 성립되었을 때에는 사업시행자는 제28조제1항에 따른 재결 신청기간 이내에 해당 토지소유자 및 관계인의 동의를 받아 대통령령으로 정하는 바에 따라 관할 토지수용위원회에 협의 성립의 확인을 신청할 수 있다.
④ 제1항 및 제3항에 따른 확인은 이 법에 따른 재결로 보며, 사업시행자, 토지소유자 및 관계인은 그 확인된 협의의 성립이나 내용을 다툴 수 없다.

판례

토지보상법에 의한 보상합의는 공공기관이 사경제주체로서 행하는 사법상 계약의 실질을 가지는 것으로서, 당사자 간의 합의로 같은 법 소정의 손실보상의 기준에 의하지 아니한 손실보상금을 정할 수 있으며, 이와 같이 같은 법이 정하는 기준에 따르지 아니하고 손실보상액에 관한 합의를 하였다고 하더라도 그 합의가 착오 등을 이유로 적법하게 취소되지 않는 한 유효하다. 따라서 공익사업법에 의한 보상을 하면서 손실보상금에 관한 당사자 간의 합의가 성립하면 그 합의 내용대로 구속력이 있고, 손실보상금에 관한 합의 내용이 공익사업법에서 정하는 손실보상 기준에 맞지 않는다고 하더라도 합의가 적법하게 취소되는 등의 특별한 사정이 없는 한 추가로 공익사업법상 기준에 따른 손실보상금 청구를 할 수는 없다. 대법원 2013. 8. 22. 선고 2012다3517 판결 ★ 01

5. 수용재결의 신청

토지보상법 제28조 【재결의 신청】
① 제26조에 따른 협의가 성립되지 아니하거나 협의를 할 수 없을 때(제26조 제2항 단서에 따른 협의 요구가 없을 때를 포함한다)에는 사업시행자는 사업인정고시가 된 날부터 1년 이내에 대통령령으로 정하는 바에 따라 관할 토지수용위원회에 재결을 신청할 수 있다. ★

토지보상법 제23조 【사업인정의 실효】
① 사업시행자가 제22조 제1항에 따른 사업인정의 고시가 된 날부터 1년 이내에 제28조 제1항에 따른 재결신청을 하지 아니한 경우에는 사업인정고시가 된 날부터 1년이 되는 날의 다음 날에 사업인정은 그 효력을 상실한다. ★ 02
② 사업시행자는 제1항에 따라 사업인정이 실효됨으로 인하여 토지소유자나 관계인이 입은 손실을 보상하여야 한다.

OX 체크

01 손실보상금에 관한 당사자 간의 합의가 성립하면, 그 합의내용이 토지보상법에서 정하는 손실보상 기준에 맞지 않는다고 하더라도 합의가 적법하게 취소되는 등의 특별한 사정이 없는 한 추가로 토지보상법상 기준에 따른 손실보상금 청구를 할 수 없다. ( )

02 사업시행자가 사업인정고시가 된 날부터 1년 이내에 재결신청을 하지 아니한 경우에는 사업인정고시가 된 날부터 1년이 되는 날의 다음 날에 사업인정은 그 효력을 상실한다. ( )

정답
01 ◯ 02 ◯

> **토지보상법 제30조 【재결 신청의 청구】**
> ① 사업인정고시가 된 후 협의가 성립되지 아니하였을 때에는 토지소유자와 관계인은 대통령령으로 정하는 바에 따라 서면으로 사업시행자에게 재결을 신청할 것을 청구할 수 있다. ★
> ② 사업시행자는 제1항에 따른 청구를 받았을 때에는 그 청구를 받은 날부터 60일 이내에 대통령령으로 정하는 바에 따라 관할 토지수용위원회에 재결을 신청하여야 한다.

[판례]

1. '협의가 성립되지 아니한 때'에는 사업시행자가 토지소유자 등과 공익사업법 제26조에서 정한 협의절차를 거쳤으나 보상액 등에 관하여 협의가 성립하지 아니한 경우는 물론 토지소유자 등이 손실보상대상에 해당한다고 주장하며 보상을 요구하는데도 사업시행자가 손실보상대상에 해당하지 아니한다며 보상대상에서 이를 제외한 채 협의를 하지 않아 결국 협의가 성립하지 않은 경우도 포함된다. 대법원 2011. 7. 14. 선고 2011두2309 판결 ★ 01

2. 공익사업을 위한 토지 등의 취득 및 보상에 관한 법률에 따르면, 사업시행자만이 재결을 신청할 수 있고 토지소유자와 관계인은 사업시행자에게 재결신청을 청구하도록 규정하고 있으므로, 토지소유자나 관계인의 재결신청 청구에도 사업시행자가 재결신청을 하지 않을 때 토지소유자나 관계인은 사업시행자를 상대로 거부처분 취소소송 또는 부작위 위법확인소송의 방법으로 다투어야 한다. 구체적인 사안에서 토지소유자나 관계인의 재결신청 청구가 적법하여 사업시행자가 재결신청을 할 의무가 있는지는 본안에서 사업시행자의 거부처분이나 부작위가 적법한가를 판단하는 단계에서 고려할 요소이지, 소송요건 심사단계에서 고려할 요소가 아니다. 대법원 2019. 8. 29. 선고 2018두57865 판결 ★ 02

3. 문화재청장이 토지조서 및 물건조서를 작성하는 등 위 토지에 대하여 구 공익사업법에 따른 수용절차를 개시한 바 없으므로, 甲에게 문화재청장으로 하여금 관할 토지수용위원회에 재결을 신청할 것을 청구할 법규상의 신청권이 인정된다고 할 수 없어, 문화재청장이 한 거부취지의 회신은 항고소송의 대상이 되는 거부처분에 해당하지 않는다고 한 사례. 대법원 2014. 7. 10. 선고 2012두22966 판결

6. 수용재결

> **토지보상법 제36조 【재결의 경정】**
> ① 재결에 계산상 또는 기재상의 잘못이나 그 밖에 이와 비슷한 잘못이 있는 것이 명백할 때에는 토지수용위원회는 직권으로 또는 당사자의 신청에 의하여 경정재결을 할 수 있다. 03

> **토지보상법 제50조 【재결사항】**
> ② 토지수용위원회는 사업시행자, 토지소유자 또는 관계인이 신청한 범위에서 재결하여야 한다. 다만, 제1항제2호의 손실보상의 경우에는 증액재결을 할 수 있다. ★ 04

[판례]

토지수용위원회의 수용재결이 있은 후라고 하더라도 토지소유자 등과 사업시행자가 다시 협의하여 토지 등의 취득이나 사용 및 그에 대한 보상에 관하여 임의로 계약을 체결할 수 있다고 보아야 한다. 대법원 2017. 4. 13. 선고 2016두64241 판결 ★ 05

[OX체크]

01 토지소유자 등이 손실보상대상에 해당한다고 주장하며 보상을 요구하는데도 사업시행자가 손실보상대상에 해당하지 아니한다며 보상대상에서 이를 제외한 채 협의를 하지 않아 결국 협의가 성립하지 않은 경우, 토지소유자 등에게는 재결신청청구권이 인정된다. ( )

02 사업시행자가 토지소유자 등의 재결신청의 청구를 거부하는 경우, 토지소유자 등은 민사소송의 방법으로 그 절차 이행을 구할 수 있다. ( )

03 재결에 계산상 또는 기재상의 잘못이 있는 것이 명백할 때에는 토지수용위원회는 직권으로 또는 당사자의 신청에 의하여 경정재결을 할 수 있다. ( )

04 토지수용위원회는 손실보상의 신청범위와 관계없이 손실보상의 증액재결을 할 수 없다. ( )

05 토지수용위원회의 수용재결이 있은 후라고 하더라도 토지소유자와 사업시행자가 다시 협의하여 토지 등의 취득·사용 및 그에 대한 보상에 관하여 임의로 계약을 체결할 수 있다. ( )

[정답]
01 O 02 X 03 O 04 X 05 O

7. 수용의 효과

토지보상법 제40조【보상금의 지급 또는 공탁】
① 사업시행자는 제38조 또는 제39조에 따른 사용의 경우를 제외하고는 수용 또는 사용의 개시일(토지수용위원회가 재결로써 결정한 수용 또는 사용을 시작하는 날을 말한다)까지 관할 토지수용위원회가 재결한 보상금을 지급하여야 한다.
② 사업시행자는 다음 각 호의 어느 하나에 해당할 때에는 수용 또는 사용의 개시일까지 수용하거나 사용하려는 토지등의 소재지의 공탁소에 보상금을 공탁할 수 있다.

토지보상법 제42조【재결의 실효】
① 사업시행자가 수용 또는 사용의 개시일까지 관할 토지수용위원회가 재결한 보상금을 지급하거나 공탁하지 아니하였을 때에는 해당 토지수용위원회의 재결은 효력을 상실한다.

토지보상법 제43조【토지 또는 물건의 인도 등】
토지소유자 및 관계인과 그 밖에 토지소유자나 관계인에 포함되지 아니하는 자로서 수용하거나 사용할 토지나 그 토지에 있는 물건에 관한 권리를 가진 자는 수용 또는 사용의 개시일까지 그 토지나 물건을 사업시행자에게 인도하거나 이전하여야 한다.

II 불복방법

1. 개관

판례

1. 토지소유자가 사업시행자로부터 공익사업법에 따른 잔여지 또는 잔여 건축물 가격감소 등으로 인한 손실보상을 받기 위해서는 공익사업법에 규정된 재결절차를 거친 다음 그 재결에 대하여 불복할 때 비로소 공익사업법 제83조 내지 제85조에 따라 권리구제를 받을 수 있을 뿐이며, 특별한 사정이 없는 한 이러한 재결절차를 거치지 않은 채 곧바로 사업시행자를 상대로 손실보상을 청구하는 것은 허용되지 않는다 할 것이고, 이는 잔여지 또는 잔여 건축물 수용청구에 대한 재결절차를 거친 경우라고 하여 달리 볼 것은 아니다. 대법원 2014. 9. 25. 선고 2012두24092 판결 ★ 01

2. 재결절차를 거쳤는지 여부는 보상항목별로 판단하여야 한다. 피보상자별로 어떤 토지, 물건, 권리 또는 영업이 손실보상대상에 해당하는지, 나아가 보상금액이 얼마인지를 심리·판단하는 기초 단위를 보상항목이라고 한다. 편입토지·물건 보상, 지장물 보상, 잔여 토지·건축물 손실보상 또는 수용청구의 경우에는 원칙적으로 개별물건별로 하나의 보상항목이 되지만, 잔여 영업시설 손실보상을 포함하는 영업손실보상의 경우에는 '전체적으로 단일한 시설 일체로서의 영업' 자체가 보상항목이 되고, 세부 영업시설이나 영업이익, 휴업기간 등은 영업손실보상금 산정에서 고려하는 요소에 불과하다. 그렇다면 영업의 단일성·동일성이 인정되는 범위에서 보상금 산정의 세부요소를 추가로 주장하는 것은 하나의 보상항목 내에서 허용되는 공격방법일 뿐이므로, 별도로 재결절차를 거쳐야 하는 것은 아니다. 대법원 2018. 7. 20. 선고 2015두4044 판결

3. 수용재결이 있은 후에 수용 대상 토지에 숨은 하자가 발견되는 때에는 불복기간이 경과되지 아니한 경우라면 공평의 견지에서 기업자는 그 하자를 이유로 재결에 대한 이의를 거쳐 손실보상금의 감액을 내세워 행정소송을 제기할 수 있다고 보는 것이 상당하나, 이러한 불복절차를 취하지 않음으로써 그 재결에 대하여 더 이상 다툴 수 없게 된 경우에는 기업자는 그 재결이 당연무효이거나 취소되지 않는 한 재결에서 정한 손실보상금의 산정에 있어서 위 하자가 반영되지 않았다는 이유로 민사소송절차로 토지소유자에게 부당이득의 반환을 구할 수는 없다. 대법원 2001. 1. 16. 선고 98다58511 판결 ★ 02

OX 체크

01 공익사업으로 인해 농업손실을 입은 자가 사업시행자에게서「공익사업을 위한 토지 등의 취득 및 보상에 관한 법률」에 따른 보상을 받으려면 재결절차를 거쳐야 하고, 이를 거치지 않고 곧바로 민사소송으로 보상금을 청구하는 것은 허용되지 않는다. ( )

02 구「토지수용법」및 관계법령에 따라 행해진 재결에 대하여 불복절차를 취하지 아니함으로써 그 재결에 대하여 더 이상 다툴 수 없게 된 경우, 기업자(사업시행자)는 그 재결이 당연무효이거나 취소되지 않는 한 이미 보상금을 지급받은 자에 대하여 민사소송으로 그 보상금을 부당이득이라 하여 반환청구할 수 없다. ( )

정답
01 ○ 02 ○

4. 재결절차를 거치지 않은 채 곧바로 사업시행자를 상대로 손실보상을 청구하는 것은 허용되지 않고, 이는 수용대상토지에 대하여 재결절차를 거친 경우에도 마찬가지이다. 따라서 잔여 건축물 보수비에 관한 손실보상을 받으려는 건축물 소유자는 잔여 건축물 보수비에 관한 손실보상청구의 소를 제기하기 전에 그에 관한 적법한 재결을 거쳐야 한다. 잔여 건축물 가격감소에 관한 손실보상에 관한 재결만을 받은 이후 제기한 잔여 건축물 가격감소에 관한 손실보상청구의 소에서 잔여 건축물 보수비에 관한 손실보상청구를 구하는 것은 적법한 재결절차를 거치지 못한 것으로 부적법하여 허용되지 않는다고 보아야 한다. 대법원 2024. 1. 25. 선고 2023두49172 판결

2. 이의신청(행정심판)

토지보상법 제83조 【이의의 신청】
① 중앙토지수용위원회의 제34조에 따른 재결에 이의가 있는 자는 중앙토지수용위원회에 이의를 신청할 수 있다. ★ 01
② 지방토지수용위원회의 제34조에 따른 재결에 이의가 있는 자는 해당 지방토지수용위원회를 거쳐 중앙토지수용위원회에 이의를 신청할 수 있다. ★ 01
③ 제1항 및 제2항에 따른 이의의 신청은 재결서의 정본을 받은 날부터 30일 이내에 하여야 한다. ★ 02

토지보상법 제84조 【이의신청에 대한 재결】
① 중앙토지수용위원회는 제83조에 따른 이의신청을 받은 경우 제34조에 따른 재결이 위법하거나 부당하다고 인정할 때에는 그 재결의 전부 또는 일부를 취소하거나 보상액을 변경할 수 있다. ★ 03
② 제1항에 따라 보상금이 늘어난 경우 사업시행자는 재결의 취소 또는 변경의 재결서 정본을 받은 날부터 30일 이내에 보상금을 받을 자에게 그 늘어난 보상금을 지급하여야 한다. 다만, 제40조 제2항제1호·제2호 또는 제4호에 해당할 때에는 그 금액을 공탁할 수 있다.

토지보상법 제86조 【이의신청에 대한 재결의 효력】
① 제85조 제1항에 따른 기간 이내에 소송이 제기되지 아니하거나 그 밖의 사유로 이의신청에 대한 재결이 확정된 때에는 「민사소송법」상의 확정판결이 있은 것으로 보며, 재결서 정본은 집행력 있는 판결의 정본과 동일한 효력을 가진다. 04

토지보상법 제88조 【처분효력의 부정지】
제83조에 따른 이의의 신청이나 제85조에 따른 행정소송의 제기는 사업의 진행 및 토지의 수용 또는 사용을 정지시키지 아니한다. ★ 05

- 토지보상법상 이의신청은 행정심판의 성질을 가진다(특별행정심판). ★
- 이의신청은 임의적 절차이므로, 수용재결에 불복하는 당사자는 이의신청 절차를 거침이 없이 곧바로 행정소송을 제기할 수 있다. ★ 06
- 이의신청의 대상은 수용재결의 내용 중 수용 자체 및 보상액 모두를 포함한다. ★

판례

토지수용위원회의 수용재결에 대한 이의절차는 실질적으로 행정심판의 성질을 갖는 것이므로 토지수용법에 특별한 규정이 있는 것을 제외하고는 행정심판법의 규정이 적용된다. (중략) 재결서정본을 송달함에 있어서 상대방에게 이의신청기간을 알리지 않았다면 행정심판법 제18조 제6항의 규정에 의하여 같은 조 제3항의 기간(처분이 있었던 날부터 180일) 내에 이의신청을 할 수 있다. 대법원 1992. 6. 9. 선고 92누565 판결

OX 체크

01 중앙토지수용위원회의 재결에 이의가 있는 자는 중앙토지수용위원회에, 지방토지수용위원회의 재결에 이의가 있는 자는 해당 지방토지수용위원회를 거쳐 중앙토지수용위원회에 이의를 신청할 수 있다. ( )

02 토지수용위원회의 재결에 대한 이의의 신청은 재결서의 정본을 받은 날부터 30일 이내에 하여야 한다. ( )

03 중앙토지수용위원회는 이의신청을 받은 경우 재결이 위법하다고 인정할 때에는 그 재결의 전부 또는 일부를 취소할 수 있고 보상액을 변경할 수는 없다. ( )

04 이의신청에 대한 재결에 대하여 기한 내에 행정소송이 제기되지 않거나 그 밖의 사유로 이의신청에 대한 재결이 확정된 때에는 「민사소송법」상의 확정판결이 있은 것으로 본다. ( )

05 토지소유자가 수용재결에 대하여 이의신청을 제기하면 사업의 진행 및 토지의 수용 또는 사용을 정지시키는 효력이 있다. ( )

06 수용재결에 대하여 불복하는 경우 이의재결을 거치지 아니하면 취소소송을 제기할 수 없다. ( )

정답
01 O 02 O 03 X 04 O 05 X
06 X

3. 행정소송

(1) 토지보상법 제85조 등

토지보상법 제85조 【행정소송의 제기】

① 사업시행자, 토지소유자 또는 관계인은 제34조에 따른 재결에 불복할 때에는 재결서를 받은 날부터 90일 이내에, 이의신청을 거쳤을 때에는 이의신청에 대한 재결서를 받은 날부터 60일 이내에 각각 행정소송을 제기할 수 있다. 이 경우 사업시행자는 행정소송을 제기하기 전에 제84조에 따라 늘어난 보상금을 공탁하여야 하며, 보상금을 받을 자는 공탁된 보상금을 소송이 종결될 때까지 수령할 수 없다. ★★ 01

② 제1항에 따라 제기하려는 행정소송이 보상금의 증감에 관한 소송인 경우 그 소송을 제기하는 자가 토지소유자 또는 관계인일 때에는 사업시행자를, 사업시행자일 때에는 토지소유자 또는 관계인을 각각 피고로 한다. ★★★ 02 03

토지보상법 제88조 【처분효력의 부정지】

제83조에 따른 이의의 신청이나 제85조에 따른 행정소송의 제기는 사업의 진행 및 토지의 수용 또는 사용을 정지시키지 아니한다. ★ 04

(2) 항고소송 : 수용 자체를 다투는 경우 05

수용재결에 불복하여 취소소송을 제기하는 때에는 이의신청을 거친 경우에도 수용재결을 한 중앙토지수용위원회 또는 지방토지수용위원회를 피고로 하여 수용재결의 취소를 구하여야 하고, 다만 이의신청에 대한 재결 자체에 고유한 위법이 있음을 이유로 하는 경우에는 그 이의재결을 한 중앙토지수용위원회를 피고로 하여 이의재결의 취소를 구할 수 있다고 보아야 한다(주 : 원처분주의). 대법원 2010. 1. 28. 선고 2008두1504 판결 ★★★ 06

(3) 당사자소송(보상금증감소송) : 보상금의 액수를 다투는 경우

1. 토지보상법 제85조 제2항은 토지소유자 등이 보상금 증액 청구의 소를 제기할 때에는 사업시행자를 피고로 한다고 규정하고 있다. 위 규정에 따른 보상금 증액 청구의 소는 토지소유자 등이 사업시행자를 상대로 제기하는 당사자소송의 형식을 취하고 있지만, 토지수용위원회의 재결 중 보상금 산정에 관한 부분에 불복하여 그 증액을 구하는 소이므로 실질적으로는 재결을 다투는 항고소송의 성질을 가진다. 대법원 2022. 11. 24. 선고 2018두67 전원합의체 판결 ★

2. 어떤 보상항목이 공익사업을 위한 토지 등의 취득 및 보상에 관한 법령상 손실보상대상에 해당함에도 관할 토지수용위원회가 사실을 오인하거나 법리를 오해함으로써 손실보상대상에 해당하지 않는다고 잘못된 내용의 재결을 한 경우에는, 피보상자는 관할 토지수용위원회를 상대로 그 재결에 대한 취소소송을 제기할 것이 아니라, 사업시행자를 상대로 구 공익사업을 위한 토지 등의 취득 및 보상에 관한 법률 제85조 제2항에 따른 보상금증감소송을 제기하여야 한다. 대법원 2018. 7. 20. 선고 2015두4044 판결 ★★★ 07

OX 체크

01 수용재결에 불복할 때에는 그 재결서를 받은 날부터 60일 이내에, 이의신청을 거쳤을 때에는 이의신청에 대한 재결서를 받은 날부터 30일 이내에 각각 행정소송을 제기하여야 한다. ( )

02 「공익사업을 위한 토지 등의 취득 및 보상에 관한 법률」상 보상금의 증감에 관한 소송인 경우 그 소송을 제기하는 자가 토지소유자 또는 관계인일 때에는 지방토지수용위원회 또는 중앙토지수용위원회를 피고로 한다. ( )

03 토지소유자가 손실보상금의 액수를 다투고자 하는 경우 토지수용위원회가 아니라 사업시행자를 상대로 보상금의 증액을 구하는 소송을 제기해야 한다. ( )

04 토지수용위원회의 재결에 대한 토지소유자의 행정소송 제기는 사업의 진행 및 토지의 수용 또는 사용을 정지시키지 아니한다. ( )

05 토지소유자가 수용 자체를 다투는 경우 관할 토지수용위원회를 상대로 수용재결에 대하여 취소소송을 제기할 수 있다. ( )

06 수용재결에 불복하여 취소소송을 제기하는 때에는 이의신청을 거친 경우에도 수용재결을 한 중앙토지수용위원회 또는 지방토지수용위원회를 피고로 하여 수용재결의 취소를 구하여야 하지만, 이의신청에 대한 재결 자체에 고유한 위법이 있는 경우에는 그 이의재결을 한 중앙토지수용위원회를 피고로 하여 이의재결의 취소를 구할 수 있다. ( )

07 어떤 보상항목이 공익사업을 위한 토지 등의 취득 및 보상에 관한 법령상 손실보상대상에 해당함에도 관할 토지수용위원회가 사실을 오인하거나 법리를 오해함으로써 손실보상대상에 해당하지 않는다고 잘못된 내용의 재결을 한 경우에는, 피보상자는 관할 토지수용위원회를 상대로 재결취소소송을 제기하여야 한다. ( )

정답
01 ✗ 02 ✗ 03 ○ 04 ○ 05 ○
06 ○ 07 ✗

3. [1] 하나의 재결에서 피보상자별로 여러 가지의 토지, 물건, 권리 또는 영업의 손실에 관하여 심리·판단이 이루어졌을 때, 피보상자 또는 사업시행자가 반드시 재결 전부에 관하여 불복하여야 하는 것은 아니며, 여러 보상항목들 중 일부에 관해서만 불복하는 경우에는 그 부분에 관해서만 개별적으로 불복의 사유를 주장하여 행정소송을 제기할 수 있다. 이러한 보상금 증감 소송에서 법원의 심판범위는 하나의 재결 내에서 소송당사자가 구체적으로 불복신청을 한 보상항목들로 제한된다. ★★ 01

법원이 구체적인 불복신청이 있는 보상항목들에 관해서 감정을 실시하는 등 심리한 결과, 재결에서 정한 보상금액이 일부 보상항목의 경우 과소하고 다른 보상항목의 경우 과다한 것으로 판명되었다면, 법원은 보상항목 상호 간의 유용을 허용하여 항목별로 과다 부분과 과소 부분을 합산하여 보상금의 합계액을 정당한 보상금으로 결정할 수 있다.

[2] 피보상자가 당초 여러 보상항목들에 관해 불복하여 보상금 증액 청구소송을 제기하였으나, 그 중 일부 보상항목에 관해 법원에서 실시한 감정 결과 그 평가액이 재결에서 정한 보상금액보다 적게 나온 경우에는, 피보상자는 해당 보상항목에 관해 불복신청이 이유 없음을 자인하는 진술을 하거나 단순히 불복신청을 철회함으로써 해당 보상항목을 법원의 심판범위에서 제외하여 달라는 소송상 의사표시를 할 수 있다. (중략) 사업시행자는 그에 대응하여 법원이 피보상자에게 불리하게 나온 보상항목들에 관한 법원의 감정 결과가 정당하다고 인정하는 경우 이를 적용하여 과다하게 산정된 금액을 보상금액에서 공제하는 등으로 과다 부분과 과소 부분을 합산하여 당초 불복신청된 보상항목들 전부에 관하여 정당한 보상금액을 산정하여 달라는 소송상 의사표시를 할 수 있다. 이러한 법리는 정반대의 상황, 다시 말해 사업시행자가 여러 보상항목들에 관해 불복하여 보상금 감액 청구소송을 제기하였다가 그중 일부 보상항목에 관해 법원 감정 결과가 불리하게 나오자 해당 보상항목에 관한 불복신청을 철회하는 경우에도 마찬가지로 적용될 수 있다. 대법원 2018. 5. 15. 선고 2017두41221 판결

III 손실보상의 원칙

토지보상법 제61조【사업시행자 보상】
공익사업에 필요한 토지등의 취득 또는 사용으로 인하여 토지소유자나 관계인이 입은 손실은 사업시행자가 보상하여야 한다. ★ 02

토지보상법 제62조【사전보상】
사업시행자는 해당 공익사업을 위한 공사에 착수하기 이전에 토지소유자와 관계인에게 보상액 전액을 지급하여야 한다. 다만, 제38조에 따른 천재지변 시의 토지 사용과 제39조에 따른 시급한 토지 사용의 경우 또는 토지소유자 및 관계인의 승낙이 있는 경우에는 그러하지 아니하다. ★ 03

토지보상법 제63조【현금보상 등】
① 손실보상은 다른 법률에 특별한 규정이 있는 경우를 제외하고는 현금으로 지급하여야 한다(주: 일정한 경우 토지, 채권 등으로 보상할 수 있음). 04

토지보상법 제64조【개인별 보상】
손실보상은 토지소유자나 관계인에게 개인별로 하여야 한다. 다만, 개인별로 보상액을 산정할 수 없을 때에는 그러하지 아니하다. ★ 05

OX 체크

01 하나의 수용재결에서 여러 가지의 토지, 물건, 권리 또는 영업의 손실의 보상에 관하여 심리·판단이 이루어졌을 때, 피보상자는 재결 전부에 관하여 불복하여야 하고 여러 보상항목 중 일부에 관해서만 개별적으로 불복할 수는 없다. ( )

02 공익사업에 필요한 토지등의 취득 또는 사용으로 인하여 토지소유자나 관계인이 입은 손실은 사업시행자가 보상하여야 한다. ( )

03 사업시행자는 해당 공익사업을 위한 공사에 착수하기 이전에 토지소유자에게 보상액 전액을 지급하여야 한다. ( )

04 손실보상은 금전(현금)보상을 원칙으로 하고 채권보상은 인정되지 않는다. ( )

05 「공익사업을 위한 토지 등의 취득 및 보상에 관한 법률」에 따른 보상은 토지소유자나 관계인 개인별로 하는 것이 아니라 수용 또는 사용의 대상이 되는 물건별로 행해지는 것이다. ( )

정답
01 × 02 ○ 03 ○ 04 × 05 ×

OX 체크

01 사업시행자는 동일한 사업지역에 보상시기를 달리하는 동일인 소유의 토지등이 여러 개가 있는 경우 토지등의 소유자가 일괄보상을 요구하더라도 「공익사업을 위한 토지 등의 취득 및 보상에 관한 법률」에 따라 단계적으로 보상금을 지급하여야 한다. ( )

02 사업시행자는 동일한 소유자에게 속하는 일단의 토지의 일부를 취득하거나 사용하는 경우 해당 공익사업의 시행으로 인하여 잔여지의 가격이 증가하거나 그 밖의 이익이 발생한 경우에는 그 이익을 그 취득 또는 사용으로 인한 손실과 상계할 수 있다. ( )

03 보상액의 산정은 협의에 의한 경우에는 협의 성립 당시의 가격을, 재결에 의한 경우에는 수용 또는 사용의 재결 당시의 가격을 기준으로 한다. ( )

04 토지에 대한 보상액은 일시적인 이용상황과 토지소유자나 관계인이 갖는 주관적 가치 및 특별한 용도에 사용할 것을 전제로 한 경우 등은 고려하지 아니한다. ( )

05 보상액을 산정할 경우에 해당 공익사업으로 인하여 토지등의 가격이 변동되었을 때에는 이를 고려하여야 한다. ( )

정답
01 × 02 × 03 ○ 04 ○ 05 ×

토지보상법 제65조【일괄보상】
사업시행자는 동일한 사업지역에 보상시기를 달리하는 동일인 소유의 토지등이 여러 개 있는 경우 토지소유자나 관계인이 요구할 때에는 한꺼번에 보상금을 지급하도록 하여야 한다. ★ **01**

토지보상법 제66조【사업시행 이익과의 상계금지】
사업시행자는 동일한 소유자에게 속하는 일단의 토지의 일부를 취득하거나 사용하는 경우 해당 공익사업의 시행으로 인하여 잔여지의 가격이 증가하거나 그 밖의 이익이 발생한 경우에도 그 이익을 그 취득 또는 사용으로 인한 손실과 상계할 수 없다. ★ **02**

Ⅳ 손실보상의 종류

1. 취득재산의 객관적 가치 보상

(1) 가격시점과 가격기준

토지보상법 제67조【보상액의 가격시점 등】
① 보상액의 산정은 협의에 의한 경우에는 협의 성립 당시의 가격을, 재결에 의한 경우에는 수용 또는 사용의 재결 당시의 가격을 기준으로 한다. ★ **03**

토지보상법 제70조【취득하는 토지의 보상】
① 협의나 재결에 의하여 취득하는 토지에 대하여는 「부동산 가격공시에 관한 법률」에 따른 공시지가(주 : 표준지공시지가)를 기준으로 하여 보상한다.
② 토지에 대한 보상액은 가격시점에서의 현실적인 이용상황과 일반적인 이용방법에 의한 객관적 상황을 고려하여 산정하되, 일시적인 이용상황과 토지소유자나 관계인이 갖는 주관적 가치 및 특별한 용도에 사용할 것을 전제로 한 경우 등은 고려하지 아니한다. ★ **04**
③ 사업인정 전 협의에 의한 취득의 경우에 제1항에 따른 공시지가는 해당 토지의 가격시점 당시 공시된 공시지가 중 가격시점과 가장 가까운 시점에 공시된 공시지가로 한다.

관계 법령에 따라 보상액을 산정한 결과 그 보상액이 당해 토지의 개별공시지가를 기준으로 하여 산정한 지가보다 저렴하게 되었다는 사정만으로 그 보상액 산정이 잘못되어 위법한 것이라고 할 수는 없다. 대법원 2002. 3. 29. 선고 2000두10106 판결

(2) 개발이익의 배제

토지보상법 제67조【보상액의 가격시점 등】
② 보상액을 산정할 경우에 해당 공익사업으로 인하여 토지등의 가격이 변동되었을 때에는 이를 고려하지 아니한다. ★★ **05**

토지보상법 제70조【취득하는 토지의 보상】
④ 사업인정 후의 취득의 경우에 제1항에 따른 공시지가는 사업인정고시일 전의 시점을 공시기준일로 하는 공시지가로서, 해당 토지에 관한 협의의 성립 또는 재결 당시 공시된 공시지가 중 그 사업인정고시일과 가장 가까운 시점에 공시된 공시지가로 한다.

1. 개발이익은 그 성질상 완전보상의 범위에 포함되는 피수용자의 손실이라고는 볼 수 없으므로, 개발이익을 배제하고 손실보상액을 산정한다 하여 헌법이 규정한 정당보상의 원리에 어긋나는 것이라고는 판단되지 않는다. 헌법재판소 1990. 6. 25. 선고 89헌마107 결정 ★ 01

2. 수용 대상 토지의 보상액을 산정함에 있어 해당 공익사업의 시행을 직접 목적으로 하는 계획의 승인, 고시로 인한 가격변동은 이를 고려함이 없이 재결 당시의 가격을 기준으로 하여 적정가격을 정하여야 하나, 해당 공익사업과는 관계없는 다른 사업의 시행으로 인한 개발이익은 이를 포함한 가격으로 평가하여야 하고, 개발이익이 해당 공익사업의 사업인정고시일 후에 발생한 경우에도 마찬가지이다. 대법원 2014. 2. 27. 선고 2013두21182 판결 ★ 02 03

3. 공법상의 제한을 받는 토지의 수용보상액을 산정함에 있어서는 그 공법상의 제한이 당해 공공사업의 시행을 직접 목적으로 하여 가하여진 경우에는 그 제한을 받지 아니하는 상태대로 평가하여야 할 것이지만, 공법상 제한이 당해 공공사업의 시행을 직접 목적으로 하여 가하여진 경우가 아니라면 그러한 제한을 받는 상태 그대로 평가하여야 하고, 그와 같은 제한이 당해 공공사업의 시행 이후에 가하여진 경우라고 하여 달리 볼 것은 아니다. 대법원 2005. 2. 18. 선고 2003두14222 판결 ★ 04

4. 당해 수용사업의 시행으로 인한 개발이익은 수용대상토지의 수용당시의 객관적 가치에 포함되지 아니하는 것이므로 위 규정에 의하여 손실보상액 산정의 기준이 되는 지가공시 및 토지 등의 평가에 관한 법률에 의한 공시지가에 당해 수용사업의 시행으로 인한 개발이익이 포함되어 있을 경우에는 그 공시지가에서 그러한 개발이익을 배제한 다음 이를 기준으로 하여 손실보상액을 평가하고, 반대로 그 공시지가가 당해 수용사업의 시행으로 지가가 동결된 관계로 개발이익을 배제한 자연적인 지가상승분도 반영하지 못한 경우에는 그 자연적인 지가상승율을 산출하여 이를 기타사항으로 참작하여 손실보상액을 평가하는 것이 정당보상의 원리에 합당하다. 대법원 1993. 7. 27. 선고 92누11084 판결

5. 공법상 제한을 받는 토지에 대한 보상액을 산정할 때에 해당 공법상 제한이 구 도시계획법에 따른 용도지역·지구·구역의 지정 또는 변경과 같이 그 자체로 제한목적이 달성되는 일반적 계획제한으로서 구체적 도시계획사업과 직접 관련되지 아니한 경우에는 그러한 제한을 받는 상태 그대로 평가하여야 하지만, 도로·공원 등 특정 도시계획시설의 설치를 위한 계획결정과 같이 구체적 사업이 따르는 개별적 계획제한이거나 일반적 계획제한에 해당하는 용도지역·지구·구역의 지정 또는 변경에 따른 제한이더라도 그 용도지역·지구·구역의 지정 또는 변경이 특정 공익사업의 시행을 위한 것일 때에는 당해 공익사업의 시행을 직접 목적으로 하는 제한으로 보아 위 제한을 받지 아니하는 상태를 상정하여 평가하여야 한다. 대법원 2012. 5. 24. 선고 2012두1020 판결

OX 체크

01 헌법 제23조 제3항에서 정한 '정당한 보상'이란 피수용재산의 객관적인 재산가치를 완전하게 보상하여야 한다는 완전보상을 뜻하는 것이므로, 해당 공익사업의 시행으로 인한 개발이익도 완전보상의 범위에 포함된다. (   )

02 토지수용으로 인한 손실보상액은 당해 공공사업의 시행을 직접 목적으로 하는 계획의 승인·고시로 인한 가격변동을 고려함이 없이 수용재결 당시의 가격을 기준으로 하여 정하여야 한다. (   )

03 토지수용으로 인한 보상액을 산정함에 있어서 당해 공공사업과 관계없는 다른 사업의 시행으로 인한 개발이익은 이를 배제하지 아니한 가격으로 평가하여야 한다. (   )

04 공법상의 제한을 받는 토지의 수용보상액을 산정함에 있어서는 그 공법상의 제한이 당해 공공사업의 시행을 직접 목적으로 하여 가하여진 경우에는 그 제한을 받지 아니하는 상태대로 평가하여야 할 것이지만, 공법상 제한이 당해 공공사업의 시행을 직접 목적으로 하여 가하여진 경우가 아니라면 그러한 제한을 받는 상태 그대로 평가하여야 하고, 그와 같은 제한이 당해 공공사업의 시행 이후에 가하여진 경우에도 마찬가지이다. (   )

정답
01 × 02 ○ 03 ○ 04 ○

2. 부수적 재산상 손실의 보상

(1) 잔여지 및 잔여건축물 보상

> **토지보상법 제73조【잔여지의 손실과 공사비 보상】**
> ① 사업시행자는 동일한 소유자에게 속하는 일단의 토지의 일부가 취득되거나 사용됨으로 인하여 잔여지의 가격이 감소하거나 그 밖의 손실이 있을 때 또는 잔여지에 통로・도랑・담장 등의 신설이나 그 밖의 공사가 필요할 때에는 국토교통부령으로 정하는 바에 따라 그 손실이나 공사의 비용을 보상하여야 한다. 다만, 잔여지의 가격 감소분과 잔여지에 대한 공사의 비용을 합한 금액이 잔여지의 가격보다 큰 경우에는 사업시행자는 그 잔여지를 매수할 수 있다.
>
> **토지보상법 제75조의2【잔여 건축물의 손실에 대한 보상 등】**
> ① 사업시행자는 동일한 소유자에게 속하는 일단의 건축물의 일부가 취득되거나 사용됨으로 인하여 잔여 건축물의 가격이 감소하거나 그 밖의 손실이 있을 때에는 국토교통부령으로 정하는 바에 따라 그 손실을 보상하여야 한다. 다만, 잔여 건축물의 가격 감소분과 보수비를 합한 금액이 잔여 건축물의 가격보다 큰 경우에는 사업시행자는 그 잔여 건축물을 매수할 수 있다.

판례

1. 사업시행자가 동일한 토지소유자에 속하는 일단의 토지 일부를 취득함으로 인하여 잔여지의 가격이 감소하거나 그 밖의 손실이 있을 때 등에는 잔여지를 종래의 목적으로 사용하는 것이 가능한 경우라도 잔여지 손실보상의 대상이 되며, 잔여지를 종래의 목적에 사용하는 것이 불가능하거나 현저히 곤란한 경우이어야만 잔여지 손실보상청구를 할 수 있는 것이 아니다. 대법원 2018. 7. 20. 선고 2015두4044 판결 ★ 01
2. 잔여지에 대하여 현실적 이용상황 변경 또는 사용가치 및 교환가치의 하락 등이 발생하였더라도, 그 손실이 토지의 일부가 공익사업에 취득되거나 사용됨으로 인하여 발생하는 것이 아니라면 특별한 사정이 없는 한 토지보상법 제73조 제1항 본문에 따른 잔여지 손실보상 대상에 해당한다고 볼 수 없다. 대법원 2017. 7. 11. 선고 2017두40860 판결

(2) 그 밖의 부수적 재산상 손실의 보상

> **토지보상법 제75조【건축물등 물건에 대한 보상】**
> ① 건축물・입목・공작물과 그 밖에 토지에 정착한 물건에 대하여는 이전에 필요한 비용으로 보상하여야 한다. 다만, 다음 각 호의 어느 하나에 해당하는 경우에는 해당 물건의 가격으로 보상하여야 한다.
>
> **토지보상법 제76조【권리의 보상】**
> ① 광업권・어업권・양식업권 및 물(용수시설을 포함한다) 등의 사용에 관한 권리에 대하여는 투자비용, 예상 수익 및 거래가격 등을 고려하여 평가한 적정가격으로 보상하여야 한다.
>
> **토지보상법 제77조【영업의 손실 등에 대한 보상】**
> ① 영업을 폐업하거나 휴업함에 따른 영업손실에 대하여는 영업이익과 시설의 이전비용 등을 고려하여 보상하여야 한다. 02
> ② 농업의 손실에 대하여는 농지의 단위면적당 소득 등을 고려하여 실제 경작자에게 보상하여야 한다. 다만, 농지소유자가 해당 지역에 거주하는 농민인 경우에는 농지소유자와 실제 경작자가 협의하는 바에 따라 보상할 수 있다.
> ③ 휴직하거나 실직하는 근로자의 임금손실에 대하여는 「근로기준법」에 따른 평균임금 등을 고려하여 보상하여야 한다.

OX 체크

01 사업시행자가 동일한 토지소유자에 속하는 일단의 토지 일부를 취득함으로써 잔여지의 가격이 감소하거나 그 밖의 손실이 있을 때에 잔여지를 종래의 목적으로 사용할 수 있는 경우라면 잔여지 손실보상의 대상이 되지 못한다. ( )

02 영업을 폐업하거나 휴업함에 따른 영업손실에 대하여는 영업이익과 시설의 이전비용 등을 고려하여 보상하여야 한다. ( )

정답
01 ✕   02 ○

1. 하천법에 의한 하천수 사용권은 공익사업을 위한 토지 등의 취득 및 보상에 관한 법률 제76조 제1항이 손실보상의 대상으로 규정하고 있는 '물의 사용에 관한 권리'에 해당한다. 대법원 2018. 12. 27. 선고 2014두11601 판결 ★ 01

2. '영업상의 손실'이란 수용의 대상이 된 토지·건물 등을 이용하여 영업을 하다가 그 토지·건물 등이 수용됨으로 인하여 영업을 할 수 없거나 제한을 받게 됨으로 인하여 생기는 직접적인 손실을 말하는 것이므로 위 규정은 영업을 하기 위하여 투자한 비용이나 그 영업을 통하여 얻을 것으로 기대되는 이익에 대한 손실보상의 근거규정이 될 수 없다. 대법원 2006. 1. 27. 선고 2003두13106 판결 ★ 02

3. 체육시설업의 영업주체가 영업시설의 양도나 임대 등에 의하여 변경되었음에도 그에 관한 신고를 하지 않은 채 영업을 하던 중에 공익사업으로 영업을 폐지 또는 휴업하게 된 경우라 하더라도, 그 임차인 등의 영업을 보상대상에서 제외되는 위법한 영업이라고 할 것은 아니다. 따라서 그로 인한 영업손실에 대해서는 법령에 따른 정당한 보상이 이루어져야 마땅하다. 대법원 2012. 12. 13. 선고 2010두12842 판결

3. 확장수용

(1) 잔여지 등의 매수 및 수용청구

> **토지보상법 제74조【잔여지 등의 매수 및 수용 청구】**
> ① 동일한 소유자에게 속하는 일단의 토지의 일부가 협의에 의하여 매수되거나 수용됨으로 인하여 잔여지를 종래의 목적에 사용하는 것이 현저히 곤란할 때에는 해당 토지소유자는 사업시행자에게 잔여지를 매수하여 줄 것을 청구할 수 있으며, 사업인정 이후에는 관할 토지수용위원회에 수용을 청구할 수 있다. 이 경우 수용의 청구는 매수에 관한 협의가 성립되지 아니한 경우에만 할 수 있으며, 사업완료일까지 하여야 한다. ★★ 03
>
> **토지보상법 제75조의2【잔여 건축물의 손실에 대한 보상 등】**
> ② 동일한 소유자에게 속하는 일단의 건축물의 일부가 협의에 의하여 매수되거나 수용됨으로 인하여 잔여 건축물을 종래의 목적에 사용하는 것이 현저히 곤란할 때에는 그 건축물소유자는 사업시행자에게 잔여 건축물을 매수하여 줄 것을 청구할 수 있으며, 사업인정 이후에는 관할 토지수용위원회에 수용을 청구할 수 있다. 이 경우 수용 청구는 매수에 관한 협의가 성립되지 아니한 경우에만 하되, 사업완료일까지 하여야 한다.

1. 잔여지 수용청구권의 행사기간은 제척기간으로서, 토지소유자가 그 행사기간 내에 잔여지 수용청구권을 행사하지 아니하면 그 권리가 소멸한다. 또한 위 조항의 문언 내용 등에 비추어 볼 때, 잔여지 수용청구의 의사표시는 관할 토지수용위원회에 하여야 하는 것으로서, 관할 토지수용위원회가 사업시행자에게 잔여지 수용청구의 의사표시를 수령할 권한을 부여하였다고 인정할 만한 사정이 없는 한, 사업시행자에게 한 잔여지 매수청구의 의사표시를 관할 토지수용위원회에 한 잔여지 수용청구의 의사표시로 볼 수는 없다. 대법원 2010. 8. 19. 선고 2008두822 판결 ★ 04

01 구「하천법」에 의한 하천수 사용권은「공익사업을 위한 토지 등의 취득 및 보상에 관한 법률」이 손실보상의 대상으로 규정하고 있는 '물의 사용에 관한 권리'에 해당한다. ( )

02 영업을 하기 위해 투자한 비용이나 그 영업을 통해 얻을 것으로 기대되는 이익에 대한 손실은 영업손실보상의 대상이 된다는 것이다. ( )

03 동일한 소유자에게 속하는 일단의 토지의 일부가 협의에 의하여 매수되거나 수용됨으로 인하여 잔여지를 종래의 목적에 사용하는 것이 현저히 곤란할 때에는 해당 토지소유자는 사업시행자에게 잔여지를 매수하여 줄 것을 청구할 수 있으며, 사업인정 이후에는 관할 토지수용위원회에 수용을 청구할 수 있고, 이 경우 수용의 청구는 매수에 관한 협의가 성립되지 아니한 경우에만 할 수 있으며 사업완료일까지 하여야 한다. ( )

04 사업시행자에게 한 잔여지매수청구의 의사표시는 일반적으로 관할 토지수용위원회에 한 잔여지수용청구의 의사표시로 볼 수 있다. ( )

정답
01 ○ 02 ○ 03 ○ 04 ×

OX 체크

01 「공익사업을 위한 토지 등의 취득 및 보상에 관한 법률」에 의한 잔여지 수용청구를 받아들이지 않은 토지수용위원회의 재결에 대하여 토지소유자가 불복하여 제기하는 소송은 항고소송에 해당한다. ( )

02 「공익사업을 위한 토지 등의 취득 및 보상에 관한 법률」에 따라 사업인정고시가 된 후 토지의 사용으로 인하여 토지의 형질이 변경되는 경우에 토지소유자는 중앙토지수용위원회에 그 토지의 매수청구권을 행사할 수 있다. ( )

03 사업인정고시가 된 후 사업시행자가 토지를 사용하는 기간이 3년 이상인 경우 토지소유자는 토지수용위원회에 토지의 수용을 청구할 수 있고, 토지수용위원회가 이를 받아들이지 않는 재결을 한 경우에는 사업시행자를 피고로 하여 「토지보상법」상 보상금의 증감에 관한 소송을 제기할 수 있다. ( )

2. 잔여지 수용청구권은 손실보상의 일환으로 토지소유자에게 부여되는 권리로서 그 요건을 구비한 때에는 잔여지를 수용하는 토지수용위원회의 재결이 없더라도 그 청구에 의하여 수용의 효과가 발생하는 형성권적 성질을 가지므로, 잔여지 수용청구를 받아들이지 않은 토지수용위원회의 재결에 대하여 토지소유자가 불복하여 제기하는 소송은 위 법 제85조 제2항에 규정되어 있는 '보상금의 증감에 관한 소송'에 해당하여 사업시행자를 피고로 하여야 한다. 대법원 2010. 8. 19. 선고 2008두822 판결 ★★ **01**

3. 토지수용법에서 규정한 '종래의 목적'이라 함은 수용재결 당시에 당해 잔여지가 현실적으로 사용되고 있는 구체적인 용도를 의미하고, '사용하는 것이 현저히 곤란한 때'라고 함은 물리적으로 사용하는 것이 곤란하게 된 경우는 물론 사회적, 경제적으로 사용하는 것이 곤란하게 된 경우, 즉 절대적으로 이용 불가능한 경우만이 아니라 이용은 가능하나 많은 비용이 소요되는 경우를 포함한다. 대법원 2005. 1. 28. 선고 2002두4679 판결

(2) 사용하는 토지의 매수 및 수용청구(공용사용으로 인한 보상)

> **토지보상법 제72조【사용하는 토지의 매수청구 등】**
> 사업인정고시가 된 후 다음 각 호의 어느 하나에 해당할 때에는 해당 토지소유자는 사업시행자에게 해당 토지의 매수를 청구하거나 관할 토지수용위원회에 그 토지의 수용을 청구할 수 있다. 이 경우 관계인은 사업시행자나 관할 토지수용위원회에 그 권리의 존속을 청구할 수 있다. ★ **02**
> 1. 토지를 사용하는 기간이 3년 이상인 경우
> 2. 토지의 사용으로 인하여 토지의 형질이 변경되는 경우
> 3. 사용하려는 토지에 그 토지소유자의 건축물이 있는 경우

판례

토지보상법 제72조가 정한 수용청구권은 그 청구에 의하여 수용효과가 생기는 형성권의 성질을 지니므로, 토지소유자의 토지수용청구를 받아들이지 아니한 토지수용위원회의 재결에 대하여 토지소유자가 불복하여 제기하는 소송은 토지보상법 제85조 제2항에 규정되어 있는 '보상금의 증감에 관한 소송'에 해당하고, 피고는 토지수용위원회가 아니라 사업시행자로 하여야 한다. 대법원 2015. 4. 9. 선고 2014두46669 판결 ★ **03**

4. 생활보상

(1) 개관

- 피수용자가 종전과 같은 생활을 유지할 수 있도록 실질적으로 보상하는 것을 말한다.
- 생활보상의 헌법적 근거와 관련하여, 대법원은 이주대책은 생존권(사회권)에 근거한 것인 반면, 생활대책은 헌법 제23조 제3항의 정당한 보상에 포함되는 것으로 본다. 이와 달리 헌법재판소는 이주대책과 생활대책 모두 생존권에 근거한 것으로 본다.

정답
01 ✕ 02 ✕ 03 ○

판례

〈대법원의 태도〉

1. <u>이주대책</u>은 (중략) <u>인간다운 생활을 보장</u>하여 주기 위한 이른바 생활보상의 일환으로 국가의 적극적이고 <u>정책적인 배려</u>에 의하여 마련된 제도라 할 것이다. 대법원 2003. 7. 25. 선고 2001다57778 판결 **01**

2. 토지보상법은 생활대책에 관한 분명한 근거 규정을 두고 있지는 않으나, 사업시행자 스스로 공익사업의 원활한 시행을 위하여 필요하다고 인정함으로써 생활대책을 수립·실시할 수 있도록 하는 내부규정을 두고 있고 내부규정에 따라 생활대책대상자 선정기준을 마련하여 생활대책을 수립·실시하는 경우에는, 이러한 <u>생활대책</u> 역시 헌법 제23조 제3항에 따른 정당한 보상에 포함되는 것으로 보아야 한다. 대법원 2011. 10. 13. 선고 2008두17905 판결

〈헌법재판소의 태도〉

1. <u>이주대책</u>은 헌법 제23조 제3항에 규정된 정당한 보상에 포함되는 것이라기보다는 이에 부가하여 이주자들에게 종전의 생활상태를 회복시키기 위한 생활보상의 일환으로서 <u>국가의 정책적인 배려</u>에 의하여 마련된 제도라고 볼 것이다. 따라서 이주대책의 실시 여부는 입법자의 <u>입법정책적 재량</u>의 영역에 속하므로 <u>토지보상법령</u>이 이주대책의 대상자에서 세입자를 제외하고 있는 것이 세입자의 <u>재산권을 침해하는 것이라 볼 수 없다.</u> 헌법재판소 2006. 2. 23. 선고 2004헌마19 결정 **02**

2. 생업의 근거를 상실하게 된 자에 대하여 일정 규모의 상업용지 또는 상가분양권 등을 공급하는 <u>생활대책</u>은 헌법 제23조 제3항에 규정된 정당한 보상에 포함되는 것이라기보다는 생활보상의 일환으로서 국가의 정책적인 배려에 의하여 마련된 제도이므로, 그 실시 여부는 입법자의 <u>입법정책적 재량</u>의 영역에 속한다. 이 사건 법률조항이 공익사업의 시행으로 인하여 농업 등을 계속할 수 없게 되어 이주하는 농민 등에 대한 생활대책 수립의무를 규정하고 있지 않다는 것만으로 재산권을 침해한다고 볼 수 없다. 헌법재판소 2013. 7. 25. 선고 2012헌바71 결정 **03**

(2) 이주대책

① 토지보상법 규정

> **토지보상법 제78조【이주대책의 수립 등】**
> ① 사업시행자는 공익사업의 시행으로 인하여 <u>주거용 건축물을 제공함에 따라 생활의 근거를 상실하게 되는 자</u>(이하 '이주대책대상자'라 한다)를 위하여 대통령령으로 정하는 바에 따라 <u>이주대책을 수립·실시하거나 이주정착금을 지급하여야 한다</u>. ★
> ② 사업시행자는 제1항에 따라 이주대책을 수립하려면 미리 <u>관할 지방자치단체의 장과 협의하여야 한다</u>.
> ④ <u>이주대책의 내용에는 이주정착지</u>(이주대책의 실시로 건설하는 주택단지를 포함한다)에 대한 도로, 급수시설, 배수시설, 그 밖의 공공시설 등 <u>통상적인 수준의 생활기본시설이 포함</u>되어야 하며, 이에 필요한 <u>비용은 사업시행자</u>가 부담한다. 다만, 행정청이 아닌 사업시행자가 이주대책을 수립·실시하는 경우에 <u>지방자치단체는 비용의 일부를 보조할 수 있다</u>. ★ **04**
> ⑥ 주거용 건물의 거주자에 대하여는 주거 이전에 필요한 비용과 가재도구 등 동산의 운반에 <u>필요한 비용을 산정하여 보상하여야 한다</u>.

OX 체크

01 이주대책은 생활보상의 일환으로 국가의 적극적이고 정책적인 배려에 의하여 마련된 제도이다. ( )

02 이주대책의 실시여부는 입법자의 입법정책적 재량의 영역에 속하므로, 세입자를 이주대책대상자에서 제외하는 것은 세입자의 평등권과 재산권을 침해하지 않는다. ( )

03 헌법재판소는 생업의 근거를 상실하게 된 자에 대하여 일정 규모의 상업용지 또는 상가분양권 등을 공급하는 생활대책이 헌법 제23조 제3항이 규정하는 정당한 보상에 포함된다고 결정하였다. ( )

04 「공익사업을 위한 토지 등의 취득 및 보상에 관한 법률」상 행정청이 아닌 사업시행자가 이주대책을 수립·실시하는 경우에 이주정착지에 대한 도로 등 통상적인 생활기본시설에 필요한 비용은 지방자치단체가 부담하여야 한다. ( )

정답

01 ◯ 02 ◯ 03 ✕ 04 ✕

② 구체적 판례

1. 사업시행자의 이주대책 수립·실시의무를 정하고 있는 구 공익사업법 제78조 제1항은 물론 이주대책의 내용에 관하여 규정하고 있는 같은 조 제4항 본문 역시 당사자의 합의 또는 사업시행자의 재량에 의하여 적용을 배제할 수 없는 강행법규이다. 대법원 2011. 6. 23. 선고 2007다63089 등 전원합의체 판결 ★ 01

2. 사업시행자는 이주대책기준을 정하여 이주대책대상자 중에서 이주대책을 수립·실시하여야 할 자를 선정하여 그들에게 공급할 택지 또는 주택의 내용이나 수량을 정할 수 있고, 이를 정하는 데 재량을 가지므로, 이를 위해 사업시행자가 설정한 기준은 그것이 객관적으로 합리적이 아니라거나 타당하지 않다고 볼 만한 다른 특별한 사정이 없는 한 존중되어야 한다. 대법원 2009. 3. 12. 선고 2008두12610 판결 ★ 02

3. 이주대책은 공공사업의 시행으로 생활근거를 상실하게 되는 이주자에게 이주정착지의 택지를 분양하도록 하는 것이고, 사업시행자는 특별공급주택의 수량, 특별공급대상자의 선정 등에 있어 재량을 가진다. 대법원 2007. 2. 22. 선고 2004두7481 판결

4. 사업시행자는 제반 사정을 고려하여 법이 정한 이주대책대상자를 포함하여 그 밖의 이해관계인에게까지 넓혀 이주대책 수립 등을 시행할 수 있다. 사업시행자가 이주대책 수립 등의 시행 범위를 넓힌 경우에, 그 내용은 법이 정한 이주대책대상자에 관한 것과 그 밖의 이해관계인에 관한 것으로 구분되고, 그 밖의 이해관계인에 관한 이주대책 수립 등은 법적 의무가 없는 시혜적인 것이다. 대법원 2015. 7. 23. 선고 2012두22911 판결 03

5. 이주대책의 대상이 되는 주거용 건축물이란 '공익사업을 위한 관계 법령에 의한 고시 등이 있은 날' 당시 건축물의 용도가 주거용인 건물을 의미한다고 해석되므로, 그 당시 주거용 건물이 아니었던 건물이 그 이후에 주거용으로 용도 변경된 경우에는 건축 허가를 받았는지 여부에 상관없이 수용재결 내지 협의계약 체결 당시 주거용으로 사용된 건물이라 할지라도 이주대책 대상이 되는 주거용 건축물이 될 수 없다. 대법원 2009. 2. 26. 선고 2007두13340 판결 04

6. 토지보상법령상 주거이전비 청구권이 인정되는 세입자에는 주거용 건축물을 무상으로 사용하는 거주자도 포함된다. 대법원 2023. 7. 27. 선고 2022두44392 판결

7. 세입자의 주거이전비 보상청구권은 그 요건을 충족하는 경우에 당연히 발생하는 것이므로, 주거이전비 보상청구소송은 행정소송법상 당사자소송에 의하여야 한다. 세입자의 주거이전비 보상에 관하여 재결이 이루어진 다음 세입자가 보상금의 증감 부분을 다투는 경우에는 같은 법 제85조 제2항에 규정된 행정소송에 따라, 보상금의 증감 이외의 부분을 다투는 경우에는 같은 조 제1항에 규정된 행정소송에 따라 권리구제를 받을 수 있다. 대법원 2008. 5. 29. 선고 2007다8129 판결 ★ 05

③ 수분양권의 발생시기 및 불복방법

[1] 토지보상법이 사업시행자에게 이주대책의 수립·실시의무를 부과하고 있다고 하여 그 규정 자체만에 의하여 이주자에게 사업시행자가 수립한 이주대책상의 택지분양권이나 아파트 입주권 등을 받을 수 있는 구체적인 권리(수분양권)가 직접 발생하는 것이라고는 도저히 볼 수 없으며, 사업시행자가 이주대책에 관한 구체적인 계획을 수립하여 이를 해당자에게 통지 내지 공고한 후, 이주자가 수분양권을 취득하기를 희망하여 이주대책에 정한 절차에 따라 사업시행자에게 이주대책대상자 선정신청을 하고 사업시행자가 이를 받아들여 이주대책대상자로 확인·결정하여야만 비로소 구체적인 수분양권이 발생하게 된다. ★ 06

OX 체크

01 「공익사업을 위한 토지 등의 취득 및 보상에 관한 법률」상 사업시행자에 의한 이주대책 수립·실시 및 이주대책의 내용에 관한 규정은 당사자의 합의에 의하여 적용을 배제할 수 있다. (　)

02 도시개발사업의 사업시행자가 이주대책기준을 정하여 이주대책대상자 가운데 이주대책을 수립·실시하여야 할 자를 선정하여 그들에게 공급할 택지 등을 정할 때는 재량권을 갖는다. (　)

03 사업시행자가 법령이 정한 이주대책대상자의 범위를 넘어 미거주 소유자까지 이주대책대상자에 포함시킨다고 하더라도, 법령에서 정한 이주대책대상자가 아닌 미거주 소유자에게 제공하는 이주대책은 법령에 의한 의무로서가 아니라 시혜적인 것이다. (　)

04 '공익사업을 위한 관계 법령에 의한 고시 등이 있은 날' 당시 주거용 건물이 아니었던 건물이 그 이후에 주거용으로 불법 용도변경된 경우에도 이주대책대상이 되는 주거용 건축물이 될 수 있다. (　)

05 「공익사업을 위한 토지 등의 취득 및 보상에 관한 법률」상 적법하게 시행된 공익사업으로 인하여 이주하게 된 주거용 건축물 세입자의 주거이전비 보상청구권은 공법상의 권리이고, 따라서 그 보상을 둘러싼 쟁송은 민사소송이 아니라 공법상의 법률관계를 대상으로 하는 행정소송에 의하여야 한다. (　)

06 이주대책은 이른바 생활보상에 해당하는 것으로서 헌법 제23조 제3항이 규정하는 손실보상의 한 형태로 보아야 하므로, 법률이 사업시행자에게 이주대책의 수립·실시의무를 부과하였다면 이로부터 사업시행자가 수립한 이주대책상의 택지분양권 등의 구체적 권리가 이주자에게 직접 발생한다. (　)

정답
01 ✗　02 ○　03 ○　04 ✗　05 ○
06 ✗

[2] 위와 같은 사업시행자가 하는 확인·결정은 곧 구체적인 이주대책상의 수분양권을 취득하기 위한 요건이 되는 행정작용으로서의 처분인 것이지, 결코 이를 단순히 절차상의 필요에 따른 사실행위에 불과한 것으로 평가할 수는 없다. 따라서 수분양권의 취득을 희망하는 이주자가 소정의 절차에 따라 이주대책대상자 선정신청을 한 데 대하여 사업시행자가 이주대책대상자가 아니라고 하여 위 확인·결정 등의 처분을 하지 않고 이를 제외시키거나 또는 거부조치한 경우에는, 이주자로서는 당연히 사업시행자를 상대로 항고소송에 의하여 그 제외처분 또는 거부처분의 취소를 구할 수 있다고 보아야 한다. ★ 01

[3] 이러한 수분양권은 위와 같이 이주자가 이주대책을 수립·실시하는 사업시행자로부터 이주대책대상자로 확인·결정을 받음으로써 취득하게 되는 택지나 아파트 등을 분양받을 수 있는 공법상의 권리라고 할 것이므로, 이주자가 사업시행자에 대한 이주대책대상자 선정신청 및 이에 따른 확인·결정 등 절차를 밟지 아니하여 구체적인 수분양권을 아직 취득하지도 못한 상태에서 곧바로 분양의무의 주체를 상대방으로 하여 민사소송이나 공법상 당사자소송으로 이주대책상의 수분양권의 확인 등을 구하는 것은 허용될 수 없고, 나아가 그 공급대상인 택지나 아파트 등의 특정부분에 관하여 그 수분양권의 확인을 소구하는 것은 더더욱 불가능하다고 보아야 한다. 대법원 1994. 5. 24. 선고 92다35783 전원합의체 판결 01

(3) 생활대책

생활대책대상자 선정기준에 해당하는 자는 사업시행자에게 생활대책대상자 선정 여부의 확인·결정을 신청할 수 있는 권리를 가지는 것이어서, 만일 사업시행자가 그러한 자를 생활대책대상자에서 제외하거나 선정을 거부하면, 이러한 생활대책대상자 선정기준에 해당하는 자는 사업시행자를 상대로 항고소송을 제기할 수 있다. 대법원 2011. 10. 13. 선고 2008두17905 판결 02 03

5. 간접손실 보상(사업시행지역 밖에 있는 토지등의 보상)

> 토지보상법 제79조 【그 밖의 토지에 관한 비용보상 등】
> ② 공익사업이 시행되는 지역 밖에 있는 토지등이 공익사업의 시행으로 인하여 본래의 기능을 다할 수 없게 되는 경우에는 국토교통부령으로 정하는 바에 따라 그 손실을 보상하여야 한다.

【판례】

1. 공공사업의 시행 결과 공공사업의 기업지 밖에서 발생한 간접손실에 관하여 그 피해자와 사업시행자 사이에 협의가 이루어지지 아니하고 그 보상에 관한 명문의 근거 법령이 없는 경우라고 하더라도, (중략) 공공사업의 시행으로 인하여 그러한 손실이 발생하리라는 것을 쉽게 예견할 수 있고 그 손실의 범위도 구체적으로 이를 특정할 수 있는 경우라면 그 손실의 보상에 관하여 공공용지의 취득 및 손실보상에 관한 특례법 시행규칙의 관련 규정 등을 유추적용할 수 있다고 해석함이 상당하고, (중략) 그 보상을 청구하려는 자는 사업시행자가 보상청구를 거부하거나 보상금액을 결정한 경우라도 이에 대하여 행정소송을 제기할 것이 아니라, 사업시행자를 상대로 민사소송으로 직접 손실보상금 지급청구를 하여야 한다. 대법원 1999. 6. 11. 선고 97다56150 판결 ★ 04

2. 공익사업시행지구 밖 영업손실보상의 요건인 '공익사업의 시행으로 인한 그 밖의 부득이한 사유로 일정 기간 동안 휴업이 불가피한 경우'란 공익사업의 시행 또는 시행 당시 발생한 사유로 휴업이 불가피한 경우만을 의미하는 것이 아니라 공익사업의 시행 결과, 즉 그 공익사업의 시행으로 설치되는 시설의 형태·구조·사용 등에 기인하여 휴업이 불가피한 경우도 포함된다고 해석함이 타당하다. 대법원 2019. 11. 28. 선고 2018두227 판결

OX 체크

01 이주대책대상자 선정에서 배제된 이주자는 사업시행자를 상대로 그 선정거부처분의 취소를 구하는 항고소송을 제기할 필요 없이 공법상 당사자소송으로 이주대책상의 수분양권 확인을 구하는 소송을 제기할 수 있다. ( )

02 사업시행자 스스로 생활대책을 수립·실시하는 경우, 이는 내부적인 기준에 불과하므로 생활대책대상자 선정기준에 해당하는 자는 사업시행자에게 생활대책대상자 선정여부의 확인·결정을 신청할 수 있는 권리를 갖지 못한다. ( )

03 생활대책대상자 선정기준에 해당하는 자는 자신을 생활대책대상자에서 제외하거나 선정을 거부한 사업시행자를 상대로 항고소송을 제기할 수 있다. ( )

04 공공사업 시행으로 사업시행지 밖에서 발생한 간접손실은 손실 발생을 쉽게 예견할 수 있고 손실 범위도 구체적으로 특정할 수 있더라도, 사업시행자와 협의가 이루어지지 않고 그 보상에 관한 명문의 근거 법령이 없는 경우에는 보상의 대상이 아니다. ( )

정답
01 X 02 X 03 O 04 X

강성빈

주요 약력

고려대학교 사회학과, 법학과 졸업
고려대학교 대학원 법학과 졸업(법학 석사)
전북대학교 법학전문대학원 졸업
공군 학사장교
변호사시험 합격
現) 변호사
前) 메가공무원/메가소방 행정법
現) 박문각공무원 행정법 전임교수

주요 저서

2026 강성빈 행정법총론 요.기.서
2025 강성빈 행정법총론 기본서
2025 강성빈 행정법총론 기출문제집(전2권)
2025 강성빈 행정법총론 기출지문 OX
2025 강성빈 행정법총론 적중동형 국가직·지방직 봉투모의고사 Vol.1
2025 강성빈 행정법총론 적중동형 봉투모의고사 Vol.2
2024 박문각 공무원 입문서 시작! 강성빈 행정법
2024 강성빈 행정법총론 OX + 요약노트
2024 강성빈 행정법총론 실전동형 모의고사

강성빈
행정법총론 요.기.서

초판 발행 2025년 7월 15일 | **2쇄 발행** 2026년 1월 8일	저자와의
편저자 강성빈 | **발행인** 박 용 | **발행처** (주)박문각출판	협의하에
등록 2015. 4. 29. 제2019-000137호	인지생략
주소 06654 서울시 서초구 효령로 283 서경빌딩 4층	
교재 문의 02-6466-7202 | **온라인강의 문의** 02-6466-7201	
팩스 02-584-2927	

이 책의 무단 전재 또는 복제 행위를 금합니다.

정가 38,000원   ISBN 979-11-7262-972-4